한 번에 합격, 자격증은 이기적

이렇게 기막힌 적중률

 함께 공부하고 특별한 혜택까지!
이기적 스터디 카페

 구독자 약 15만 명, 전강 무료!
이기적 유튜브

오직 스터디 카페 멤버에게만
주어지는 특별 혜택!

이기적 스터디 카페

이기적 스터디 카페

합격을 위한 기적 같은 선물
또기적 합격자료집

혼자 공부하기 외롭다면?
온라인 스터디 참여

모든 궁금증 바로 해결!
전문가와 1:1 질문답변

1년 내내 진행되는
이기적 365 이벤트

도서 증정 & 상품까지!
우수 서평단 도전

간편하게 한눈에
시험 일정 확인

합격까지 모든 순간 이기적과 함께!
이기적 365 EVENT

QR코드를 찍어 이벤트에 참여하고 푸짐한 선물 받아가세요!

1. 기출문제 복원하기
이기적 책으로 공부하고 시험을 봤다면 7일 내로 문제를 제보해 주세요!

2. 합격 후기 작성하기
당신만의 특별한 합격 스토리와 노하우를 전해 주세요!

3. 온라인 서점 리뷰 남기기
온라인 서점에서 책을 구매하고 평점과 리뷰를 남겨 주세요!

4. 정오표 이벤트 참여하기
더 완벽한 이기적이 될 수 있게 수험서의 오류를 제보해 주세요!

※ 이벤트별 혜택은 변경될 수 있으므로 자세한 내용은 해당 QR을 참고해 주세요.

기적의 적중률, 여러분의 참여로 완성됩니다
기출 복원 EVENT

1. 이기적 수험서로 공부하고 시험에 응시했다면 누구나 참여 가능

2. 응시일로부터 7일 이내 복원 문제만 인정(수험표 첨부 필수!)

3. 중복, 누락, 허위 문제는 당첨 대상에서 제외

※ 이벤트별 혜택은 변경될 수 있으므로 자세한 내용은 해당 QR을 참고해 주세요.

도서 인증하면 고퀄리티 강의가 따라온다!
100% 무료 강의

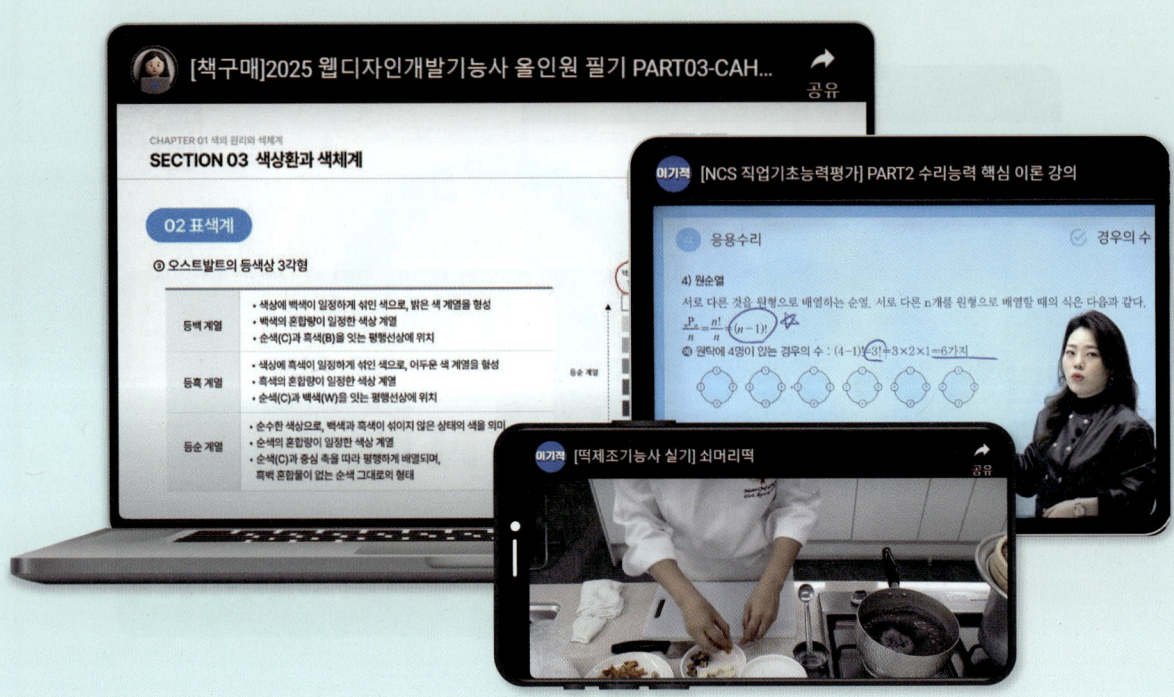

이용방법

STEP 1

이기적 홈페이지
(https://license.
youngjin.com/) 접속

STEP 2

무료 동영상
게시판에서 도서와
동일한 메뉴 선택

STEP 3
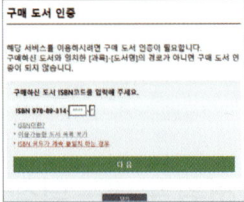
책 바코드 아래의
ISBN 코드와
도서 인증 정답 입력

STEP 4
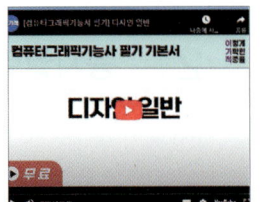
이기적 수험서와
동영상 강의로
학습 효율 UP!

※ 도서별 동영상 제공 범위는 상이하며, 도서 내 차례에서 확인할 수 있습니다.

◀ 이기적 홈페이지 바로가기

영진닷컴 이기적

합격을 위해 모두 드려요.
이기적 합격 솔루션!
이기적이 여러분을 위해 준비했어요

저자가 직접 알려주는, 무료 동영상 강의

도서와 연계된 저자 직강을 100% 무료로 제공합니다.
도서 내에 수록된 QR 코드로 바로 접속하여 시청하세요.

도서 구매 인증 시 증정, 핵심 요약 & 추가 문제

이기적 스터디 카페에서 도서 구매를 인증하면 '또기적 합격자료집'을 드립니다.
핵심 요약과 기출문제뿐만 아니라 다양한 추가 학습 자료를 하나로 준비했습니다.

채점도 편리하게, 자동 채점 서비스

QR 코드를 찍어 오픈된 모바일 답안지에 정답 번호만 찍어주세요.
1초 만에 자동으로 채점되고 오답은 해설을 제공해 드리는 서비스입니다.

여기로 물어보세요, 1:1 질문답변

학습하다가 모르는 문제가 있다면 혼자 고민하지 말고 선생님께 질문하세요.
이기적 스터디 카페에서 전문 강사님이 1:1로 답변해 드립니다.

※ 2026 이기적 컴퓨터활용능력 1급 필기 기본서를 구매하고 인증한 회원에게만 드리는 혜택입니다.

◀ 모든 혜택 한 번에 보기

또, 드릴게요! 이기적이 준비한 선물
또기적 합격자료집

1. 시험에 관한 A to Z 합격 비법서
책에 다 담지 못한 혜택은 또기적 합격자료집에서 확인

2. 편리하고 똑똑한 디지털 자료
PC · 태블릿 · 스마트폰으로 언제든 열람하고 필요한 부분만 출력 가능

3. 초보자, 독학러 필수 신청
혼자서도 충분한 학습 플랜과 수험생 맞춤 구성으로 한 번에 합격

※ 도서 구매 시 추가로 증정되는 PDF용 자료이며 실제 도서가 아닙니다.

◀ 또기적 합격자료집 받으러 가기

이렇게 기막힌 적중률

컴퓨터활용능력
1급 필기 기본서
1권 · 컴퓨터 일반

"이" 한 권으로 합격의 "기적"을 경험하세요!

차례

출제빈도에 따라 분류하였습니다.
- 상 : 반드시 보고 가야 하는 이론
- 중 : 보편적으로 다루어지는 이론
- 하 : 알고 가면 좋은 이론

▶ 합격 강의
동영상 강의가 제공되는 부분을 표시했습니다.
이기적 수험서 사이트(license.youngjin.com)에 접속하여 시청하세요.
▶ 본 도서에서 제공하는 동영상은 1판 1쇄 기준 2년간 유효합니다. 단, 출제기준안에 따라 내용은 변경될 수 있습니다.

PART 01 컴퓨터 일반   1권

CHAPTER 01 운영체제 사용
- 상 SECTION 01 Windows의 기초   1-24
- 중 SECTION 02 바탕 화면   1-38
- 상 SECTION 03 파일 탐색기   1-58
- 하 SECTION 04 Windows 보조프로그램   1-79
- 중 SECTION 05 인쇄   1-88

CHAPTER 02 컴퓨터 시스템 설정 변경
- 상 SECTION 01 설정   1-94
- 중 SECTION 02 유·무선 네트워크 설정   1-109

CHAPTER 03 컴퓨터 시스템 관리
- 하 SECTION 01 컴퓨터의 개념 및 원리   1-118
- 하 SECTION 02 컴퓨터의 발전 과정   1-120
- 하 SECTION 03 컴퓨터의 분류   1-123
- 상 SECTION 04 자료의 표현 및 처리 방식   1-125
- 하 SECTION 05 수의 표현 및 연산   1-133
- 중 SECTION 06 중앙 처리 장치   1-136
- 상 SECTION 07 기억 장치   1-142
- 하 SECTION 08 입출력 장치   1-151
- 상 SECTION 09 기타 장치   1-155
- 하 SECTION 10 소프트웨어   1-160
- 하 SECTION 11 유틸리티(Utility)   1-162
- 중 SECTION 12 프로그래밍 언어   1-164
- 하 SECTION 13 PC 유지와 보수   1-170
- 하 SECTION 14 Windows에서 PC관리   1-175

CHAPTER 04 인터넷 자료 활용

- 상 SECTION 01 인터넷 일반 　　　　　　　　　　　　　1-186
- 상 SECTION 02 인터넷 서비스 　　　　　　　　　　　　1-195
- 하 SECTION 03 멀티미디어의 개념 　　　　　　　　　　1-202
- 상 SECTION 04 멀티미디어의 운용 　　　　　　　　　　1-206
- 중 SECTION 05 정보 통신 일반 　　　　　　　　　　　　1-212

CHAPTER 05 컴퓨터 시스템 보호

- 중 SECTION 01 정보 윤리 　　　　　　　　　　　　　　1-218
- 상 SECTION 02 컴퓨터 범죄 　　　　　　　　　　　　　1-223
- 중 SECTION 03 바이러스 예방과 치료 　　　　　　　　　1-230

Index　　　　　　　　　　　　　　　　　　　　　　　1-234

PART 02 스프레드시트 일반 ▶ 　　　　　　　　　　　2권

CHAPTER 01 스프레드시트 개요

- 하 SECTION 01 스프레드시트 개요 　　　　　　　　　　2-6
- 중 SECTION 02 파일 관리 　　　　　　　　　　　　　　2-10
- 상 SECTION 03 워크시트의 관리 　　　　　　　　　　　2-15

CHAPTER 02 데이터 입력 및 편집

- 상 SECTION 01 데이터 입력 　　　　　　　　　　　　　2-22
- 하 SECTION 02 일러스트레이션 　　　　　　　　　　　 2-29
- 하 SECTION 03 [Excel 옵션] 대화 상자 　　　　　　　　2-35
- 하 SECTION 04 데이터 편집 　　　　　　　　　　　　　2-39
- 하 SECTION 05 셀 편집 　　　　　　　　　　　　　　　2-47
- 중 SECTION 06 셀 서식 및 사용자 지정 표시 형식 　　　2-53
- 하 SECTION 07 서식 설정 　　　　　　　　　　　　　　2-63

CHAPTER 03 수식 활용

- 하 SECTION 01 수식의 기본 사용법 　　　　　　　　　　2-72
- 하 SECTION 02 셀 참조 　　　　　　　　　　　　　　　2-76

- 🔽 **SECTION 03** 함수의 기본 개념 — 2-84
- 🔸 **SECTION 04** 수학과 삼각 함수/날짜와 시간 함수 — 2-87
- 🔸 **SECTION 05** 통계 함수/문자열 함수 — 2-92
- 🔺 **SECTION 06** 논리 함수/찾기와 참조 함수 — 2-97
- 🔸 **SECTION 07** D 함수/재무 함수/정보 함수 — 2-112
- 🔸 **SECTION 08** 배열과 배열 수식 — 2-122
- 🔽 **SECTION 09** 배열 함수 — 2-128

CHAPTER 04 데이터 관리 및 분석

- 🔸 **SECTION 01** 정렬 — 2-134
- 🔸 **SECTION 02** 필터 기능 — 2-138
- 🔽 **SECTION 03** 기타 데이터 관리 기능 — 2-144
- 🔸 **SECTION 04** 데이터 가져오기 — 2-154
- 🔺 **SECTION 05** 부분합/데이터 표/데이터 통합 — 2-164
- 🔸 **SECTION 06** 피벗 테이블 — 2-171
- 🔽 **SECTION 07** 피벗 차트 — 2-180
- 🔸 **SECTION 08** 목표값 찾기/시나리오 — 2-187

CHAPTER 05 출력

- 🔸 **SECTION 01** 인쇄 — 2-194
- 🔺 **SECTION 02** 페이지 설정 — 2-199
- 🔸 **SECTION 03** 리본 메뉴와 창 다루기 — 2-205

CHAPTER 06 차트의 생성 및 수정

- 🔸 **SECTION 01** 차트의 기본 — 2-214
- 🔺 **SECTION 02** 차트의 종류 — 2-221
- 🔽 **SECTION 03** 차트 편집 — 2-235
- 🔸 **SECTION 04** 차트의 요소 추가와 서식 지정 — 2-243

CHAPTER 07 매크로 및 프로그래밍

- 🔺 **SECTION 01** 매크로 작성 — 2-252
- 🔽 **SECTION 02** VBA 프로그래밍의 기본 개념 — 2-256
- 🔸 **SECTION 03** VBA 문법 — 2-263
- 🔺 **SECTION 04** 개체 속성 및 컨트롤 속성 — 2-270

Index — 2-281

PART 03 데이터베이스 일반 ▶ 3권

CHAPTER 01 데이터베이스 개요

- SECTION 01 데이터베이스의 개념과 용어 — 3-6
- SECTION 02 데이터베이스 설계 — 3-13

CHAPTER 02 테이블(Table) 작성

- SECTION 01 액세스 사용의 기초 — 3-18
- SECTION 02 테이블 생성 — 3-27
- SECTION 03 테이블 수정 — 3-36
- SECTION 04 필드 속성 1–속성과 형식 — 3-40
- SECTION 05 필드 속성 2–입력 마스크/조회 속성 — 3-48
- SECTION 06 필드 속성 3–유효성 검사/기타 필드 속성/기본키/인덱스 — 3-53
- SECTION 07 필드 속성 4–관계 설정/참조 무결성 — 3-61
- SECTION 08 데이터 입력 — 3-69
- SECTION 09 데이터 내보내기 — 3-82

CHAPTER 03 쿼리(Query) 작성

- SECTION 01 쿼리(Query) — 3-88
- SECTION 02 단순 조회 쿼리(SQL문) — 3-92
- SECTION 03 식의 사용 — 3-100
- SECTION 04 다중 테이블을 이용한 쿼리 — 3-106
- SECTION 05 실행 쿼리(Action Query) — 3-112
- SECTION 06 기타 데이터베이스 쿼리 — 3-115

CHAPTER 04 폼(Form) 작성

- SECTION 01 폼 작성 기본 — 3-122
- SECTION 02 폼의 주요 속성 — 3-131
- SECTION 03 하위 폼 — 3-137
- SECTION 04 컨트롤의 사용1–컨트롤의 개념/컨트롤 만들기 — 3-146
- SECTION 05 컨트롤의 사용2–컨트롤 다루기/컨트롤의 주요 속성 — 3-159
- SECTION 06 폼 작성 기타 — 3-165

CHAPTER 05 보고서(Report) 작성

- ㉜ SECTION 01 보고서 작성과 인쇄 — 3-172
- ㉟ SECTION 02 보고서 구역 및 그룹화 — 3-181
- ㉛ SECTION 03 다양한 보고서 작성 — 3-186
- ㉜ SECTION 04 보고서 작성 기타 — 3-193

CHAPTER 06 데이터베이스 프로그래밍

- ㉛ SECTION 01 매크로의 활용1–매크로 함수의 개념/매크로 만들기 — 3-198
- ㉜ SECTION 02 매크로의 활용2–실행/수정/주요 매크로 함수 — 3-202
- ㉟ SECTION 03 VBA를 이용한 모듈 작성 — 3-212

Index — 3-217

별책 기출공략집 ▶ 　　　　　　　　　　　4권

- 대표 기출 60선 — 4-4
- 2025년 상시 기출문제 01회 — 4-32
- 2025년 상시 기출문제 02회 — 4-43
- 2025년 상시 기출문제 03회 — 4-54
- 2024년 상시 기출문제 01회 — 4-64
- 2024년 상시 기출문제 02회 — 4-74
- 상시 기출문제 정답 & 해설 — 4-87

또기적 합격자료집

- 시험장 스케치
- 스터디 플래너
- 기적의 기출 복원 강의
- CBT 온라인 문제집 서비스
- 기출 ○X 퀴즈 파일
- 따라하기 실습 파일
- 시험장까지 함께 가는 핵심요약
- 2023~2024년 상시 기출문제 5회

※ **참여 방법** : '이기적 스터디 카페' 검색 → 이기적 스터디카페(cafe.naver.com/yjbooks) 접속 → '구매 인증 PDF 증정' 게시판 → 구매 인증 → 메일로 자료 받기

… 이 책의 구성

STEP 1 핵심만 정리한 이론

STEP 2 이론 복습 & 빈출 문제

전문가가 핵심만 정리한
완벽 이론

이론을 확인하는 기출문제 &
대표 기출 60선

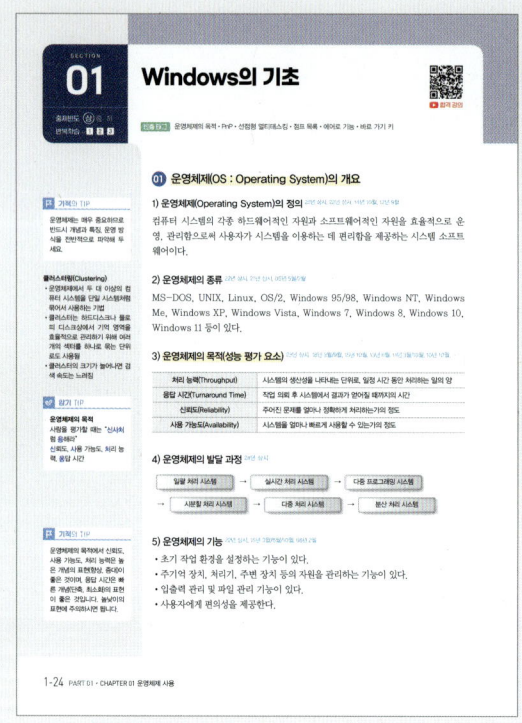

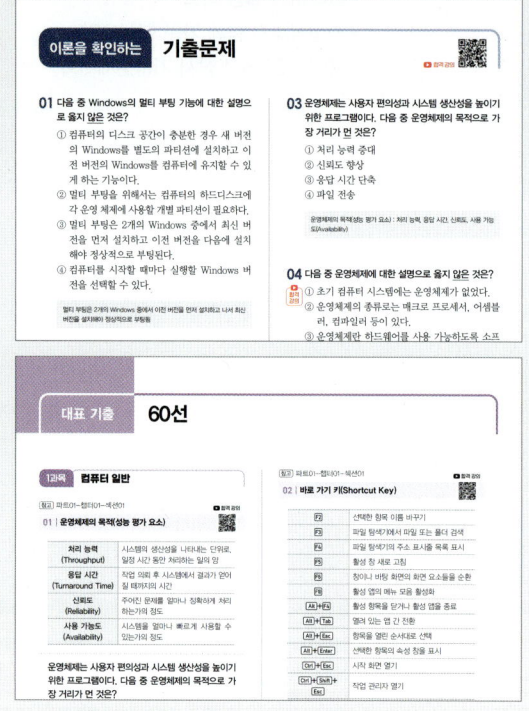

- 출제빈도와 빈출 태그 확인
- QR 코드로 동영상 강의 바로 시청
- 다양한 팁으로 학습 능률 상승

- 기출문제로 이론 복습
- QR 코드로 중요 문제 강의 바로 시청
- 엄선한 대표 기출문제로 빈출 유형 확인

STEP 3 실전 대비 기출문제

2024~2025년
상시 기출문제 5회 수록

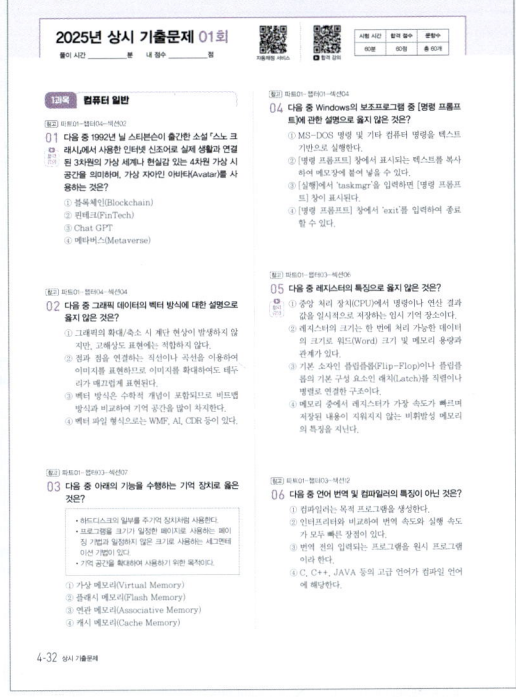

- 최신 기출문제로 출제 경향 파악
- QR 코드로 중요 문제 강의 바로 시청
- 친절한 해설로 오답 복습

 BONUS 또기적 합격자료집

도서 구매자 특별 제공
이기적 스터디 카페에서 인증하기

- 시험장 스케치 & 스터디 플래너
- 기적의 기출 복원 강의 & CBT 온라인 문제집
- 기출 OX 퀴즈 파일
- 따라하기 실습 파일
- 시험장까지 함께 가는 핵심요약
- 2023~2024년 상시 기출문제 5회

이 책의 구성 1-13

CBT 시험 가이드

CBT란?

CBT는 시험지와 필기구로 응시하는 일반 필기시험과 달리, 컴퓨터 화면으로 시험 문제를 확인하고 그에 따른 정답을 클릭하면 네트워크를 통하여 감독자 PC에 자동으로 수험자의 답안이 저장되는 방식의 시험입니다.
오른쪽 QR코드를 스캔해서 큐넷 CBT를 체험해 보세요!

CBT 응시 유의사항

- 수험자마다 문제가 모두 달라요, 문제은행에서 자동 출제됩니다!
- 답지는 따로 없어요!
- 문제를 다 풀면, 반드시 '제출' 버튼을 눌러야만 시험이 종료되어요!
- 시험 종료 안내방송이 따로 없어요!

FAQ

Q. CBT 시험이 처음이에요! 시험 당일에는 어떤 것들을 준비해야 좋을까요?

A. 시험 20분 전 도착을 목표로 출발하고 시험장에는 주차할 자리가 마땅하지 않은 경우가 많으므로, 대중교통을 이용하는 것을 추천합니다. 무사히 시험 장소에 도착했다면 수험자 입장 시간에 늦지 않게 시험실에 입실하고, 자신의 자리를 확인한 뒤 착석하세요.

Q. 기존보다 더 어려워졌을까요?

A. 시험 자체의 난이도 차이는 없지만, 랜덤으로 출제되는 CBT 시험 특성상 경우에 따라 유독 어려운 문제가 많이 출제될 수는 있습니다. 이러한 돌발 상황에 대비하기 위해 이기적 CBT 온라인 문제집으로 실제 시험과 동일한 환경에서 미리 연습해 두세요.

Q. 풀었던 문제의 답안 수정은 어떻게 하나요?

A. 마킹한 답안을 수정할 경우에는 문제지 화면에서 수정하고자 하는 문제의 답을 다시 클릭하면 먼저 체크한 번호는 없어지고 새로 선택한 번호가 검은색으로 마킹됩니다.

Q. 문제를 다 풀고 나면 어떻게 하나요?

A. 문제를 다 풀고 시험을 종료하려면, '시험 종료' 버튼을 클릭하면 됩니다. 마킹하지 않은 문제가 있을 경우 남은 문제의 문제 번호 목록을 보여 주고, 남은 문제번호를 선택한 다음 [문항으로 이동] 버튼을 클릭하면 문제 화면에 클릭한 문제가 나타납니다. 남은 문제가 없을 경우 최종적으로 종료 여부를 확인하는 대화 상자가 나타나며 [예]를 클릭하면 시험이 종료되고 수험자가 작성한 답안은 자동으로 저장되어 서버로 전송됩니다.

CBT 진행 순서

좌석번호 확인
수험자 접속 대기 화면에서 본인의 좌석번호를 확인합니다.

↓

수험자 정보 확인
시험 감독관이 수험자의 신분을 확인하는 단계입니다.
신분 확인이 끝나면 시험이 시작됩니다.

↓

안내사항
시험 안내사항을 확인하고, 다음을 클릭합니다.

↓

유의사항
시험과 관련된 유의사항을 확인합니다.

↓

문제풀이 메뉴 설명
시험을 볼 때 필요한 메뉴에 대한 설명을 확인합니다.
메뉴를 이용해 글자 크기와 화면 배치를 조정할 수 있습니다.
남은 시간을 확인하며 답을 표기하고, 필요한 경우 아래의 계산기를 이용할 수 있습니다.

↓

문제풀이 연습
시험 보기 전, 연습을 해 보는 단계입니다.
직접 시험 메뉴화면을 클릭하며, CBT가 어떻게 진행되는지 확인합니다.

↓

시험 준비 완료
문제풀이 연습을 모두 마친 후 [시험 준비 완료] 버튼을 클릭하면 시험 감독관의 지시에 따라
시험이 시작됩니다.

↓

시험 시작
시험이 시작되었습니다. 수험자는 제한 시간에 맞추어 문제풀이를 시작합니다.

↓

답안 제출
시험을 완료하면 [답안 제출] 버튼을 클릭합니다. 답안을 수정하기 위해 시험화면으로 돌아가고
싶으면 [아니오] 버튼을 클릭합니다.

↓

답안 제출 최종 확인
답안 제출 메뉴에서 [예] 버튼을 클릭하면, 수험자의 실수를 방지하기 위해 한 번 더 주의 문구가
나타납니다. 시험 문제 풀이가 완벽히 끝났다면 [예] 버튼을 클릭하여 최종 제출합니다.

↓

합격 발표
CBT 시험이 모두 종료되면, 퇴실할 수 있습니다.

이제 완벽하게 CBT 필기시험에 대해 이해하셨나요?
그렇다면 이기적이 준비한 CBT 온라인 문제집으로 학습해 보세요!
이기적 온라인 문제집 : https://cbt.youngjin.com

이기적 CBT
바로가기

시험의 모든 것

시험 알아보기

● 자격 소개 및 이슈

〈컴퓨터활용능력〉 검정은 사무자동화의 필수 프로그램인 스프레드시트(SpreadSheet), 데이터베이스(Database) 활용능력을 평가하는 국가기술자격 시험

● 응시 자격

자격 제한 없음

● 시험 형식

- 1급 : 시험 시간 60분, 총 60문항
- 2급 : 시험 시간 40분, 총 40문항
- CBT(Computer Based Test) 형식으로 진행

● MS 오피스 프로그램 버전

1급 시험 준비 시 MS 오피스 LTSC Professional plus 2021 버전이 필요하지만, 스프레드시트 과목만 있는 2급만 준비할 경우에는 MS 오피스 LTSC Standard 2021 버전을 구매하여도 문제 없음

● 프로그램 버전의 차이점

- MS 오피스 LTSC Standard 2021 버전에서 여러 기능이 추가된 것이 바로 MS 오피스 LTSC Professional plus 2021 버전
- Standard 버전과 Professional Plus 버전의 대표적인 차이점은 'Access' 오피스 응용 프로그램 존재 유무
- 대한상공회의소 상시 시험장은 2024년부터 컴퓨터활용능력 1급 시행을 위해 'Access' 오피스 응용 프로그램이 포함된 MS 오피스 LTSC Professional Plus 2021 버전을 설치 중

출제 기준

● 출제 기준

- 적용 기간 : 2024.01.01.~2026.12.31.
- 컴퓨터 일반(Windows 10버전 적용)

출제 기준 상세보기

컴퓨터 시스템 활용	운영체제 사용, 컴퓨터 시스템 설정 변경, 컴퓨터 시스템 관리
인터넷 자료 활용	인터넷 활용, 멀티미디어 활용, 최신 정보통신기술 활용
컴퓨터 시스템 보호	정보 보안 유지, 시스템 보안 유지

- 스프레드시트 일반(Microsoft Office 2021 버전)

응용 프로그램 준비	프로그램 환경 설정, 파일 관리, 통합 문서 관리
데이터 입력	데이터 입력, 데이터 편집, 서식 설정
데이터 계산	기본 계산식, 고급 계산식
데이터 관리	기본 데이터 관리, 외부 데이터 관리, 데이터 분석
차트 활용	차트 작성, 차트 편집
출력 작업	페이지 레이아웃 설정, 인쇄 작업
매크로 활용	매크로 작성, 매크로 편집

- 데이터베이스 일반(Microsoft Office 2021 버전)

DBMS 파일 사용	데이터베이스 파일 관리, 인쇄 작업
테이블 활용	테이블 작성, 제약 요건 설정, 데이터 입력
쿼리 활용	선택 쿼리 사용, 실행 쿼리 사용, SQL 명령문 사용
폼 활용	기본 폼 작성, 컨트롤 사용, 기타 폼 작성
보고서 활용	기본 보고서 작성, 컨트롤 사용, 기타 보고서 작성
모듈 활용	매크로 함수 사용, 이벤트 프로시저 사용

접수 및 응시

● **접수 기간**

개설일로부터 시험일 4일 전까지

● **시험 일자**

상시(시험 개설 여부는 시험장 상황에 따라 다름)

● **시험 접수**

- 시행처 홈페이지 license.korcham.net에서 접수
- 시험 시간 조회 후 원하는 날짜/시간에 접수(21년부터 상시 검정만 시행)

● **합격 기준**

각 과목 100점 만점에 과목당 40점 이상, 전체 평균 60점 이상 합격

● **과락**

한 과목이라도 40점 미만으로 나올 경우 과락으로 불합격 처리

합격 발표

● **합격 발표**

대한상공회의소 홈페이지에서 상시 검정 시험일 다음날 오전 10:00 이후 발표

● **자격증 발급**

- 휴대할 수 있는 카드 형태의 자격증 발급(신청자)
- 취득(합격)확인서를 필요로 하는 경우 취득(합격)확인서 발급
- 인터넷(license.korcham.net)을 통해 자격 증 발급 신청 가능
- 자격증 신청 기간은 따로 없으며 신청 후 10~15일 후 수령 가능

● **자격 특전**

- 공무원 채용 가산점
  - 소방공무원(사무관리직) : 컴퓨터활용능력1급(3%), 컴퓨터활용능력2급(1%)
  - 경찰공무원 : 컴퓨터활용능력1, 2급(2점)
  - 해양경찰공무원 : 컴퓨터활용능력1, 2급(1점)
- 학점은행제 학점인정 : 1급 14학점, 2급 6학점
- 100여개 공공기관·공기업 등 채용·승진 우대

고사장 및 시험 관련 문의

- 시행처 : 대한상공회의소
- license.korcham.net

📞 02-2102-3600

시험 출제 경향

PART 01 컴퓨터 일반 — 무조건 점수를 따고 들어가야 하는 컴퓨터 일반!

20문항

자료의 표현과 처리, 기억 장치와 설정, 프로그래밍 언어 및 인터넷 개념과 서비스, 컴퓨터 범죄, 멀티미디어의 운용 등에서 출제 비율이 높은 경향을 보이고 있습니다.

01 운영체제 사용 — 18%
빈출 태그 ▶ 바로 가기 키, 시작 메뉴, 파일 탐색기, 레지스트리, 프린터

02 컴퓨터 시스템 설정 변경 — 11%
빈출 태그 ▶ 개인 설정, 시스템, 사용자 계정, 네트워크, 인터넷 프로토콜

03 컴퓨터 시스템 관리 — 32%
빈출 태그 ▶ 자료의 표현 단위, 외부적 표현 방식, RAM, 캐시 메모리, 포트

04 인터넷 자료 활용 — 32%
빈출 태그 ▶ IP 주소, 프로토콜, FTP, 인터넷 관련 용어, 그래픽 데이터

05 컴퓨터 시스템 보호 — 7%
빈출 태그 ▶ 저작 재산권의 제한, 방화벽, 암호화 기법, 바이러스

PART 02 스프레드시트 일반 — 어려운 함수는 꼭 실습을 통해 학습하기!

20문항

시트에서 데이터를 입력하고 편집하는 방법, 함수와 배열 수식을 이용한 수식 활용, 차트 작성의 기본과 편집에서 지속해서 출제되고 있습니다.

01 스프레드시트 개요 — 5%
빈출 태그 ▶ Excel 옵션, 워크시트, 통합 문서

02 데이터 입력 및 편집 — 17%
빈출 태그 ▶ 셀 포인터, 수식 데이터, 채우기 핸들, 사용자 지정 표시 형식, 조건부 서식

03 수식 활용 — 28%
빈출 태그 ▶ 수식의 오류값, 수학 함수, 문자열 함수, 논리 함수, 찾기/참조 함수, 날짜 및 시간 함수, 배열

04 데이터 관리 및 분석 — 17%
빈출 태그 ▶ 정렬, 고급 필터, 외부 데이터, 부분합, 피벗 테이블, 목표값 찾기

05 출력 — 9%
빈출 태그 ▶ 인쇄 미리 보기, 페이지 설정, 화면 제어, 틀 고정

06 차트 생성 및 수정 — 9%
빈출 태그 ▶ 원형 차트, 분산형 차트, 차트 도구, 추세선

07 매크로 및 프로그래밍 — 15%
빈출 태그 ▶ 매크로 기록, 프로그래밍, 사용자 정의 함수, For 구문

PART 03 데이터베이스 일반
개념과 용어는 이해를 통한 암기 위주로 학습하기!

20문항

데이터베이스의 개요와 데이터를 담는 역할을 하는 테이블, 작성된 테이블에서 여러 가지 방법으로 데이터를 추출하는 방법인 쿼리(질의), 효율적인 입출력을 하기 위한 폼 작성과 보고를 위한 서식 개념의 보고서 작성 및 프로그래밍에 대한 내용으로 구성됩니다. 개념과 용어는 암기 위주의 학습이 중요하며, 실습을 통한 이해와 기능별 숙지로 공부하는 것이 효율적입니다.

01 데이터베이스 개요 — 11%
빈출 태그 DBMS, DBL, 기본키, 정규화, E-R 다이어그램

02 테이블 작성 — 20%
빈출 태그 데이터 형식의 종류, 필드 속성, 리터럴 표시 문자, 유효성 검사

03 쿼리 작성 — 25%
빈출 태그 SQL문-SELECT, ORDER BY, 문자 연산자, 내부 조인, 매개 변수 쿼리

04 폼 작성 — 20%
빈출 태그 폼의 개념, 탭 순서, 하위 폼, 레이블, 도메인 함수

05 보고서 작성 — 16%
빈출 태그 보고서, 보고서의 구성, 그룹화, 레이블, 페이지 번호, 조건부 서식

06 데이터베이스 프로그래밍 — 8%
빈출 태그 매크로 함수, 객체 지향 프로그래밍, 모듈 작성

Q&A

Q 상시 검정 시험 일자 변경은 어떻게 하나요?

A 상시 검정 시험 일자 변경은 접수 기간 내(시험일 기준 4일전)까지 총 3회 변경 가능하며, 홈페이지에서 변경하시면 됩니다.
〈변경이 불가능한 경우〉
1. 실기시험 접수 시 필기 합격 유효 기간이 지난 경우(시험 일자 기준), 2. 변경하려는 시험 날짜의 시험 기간에 수험 인원이 모두 찼을 경우, 3. 시험장 및 종목, 4. 해당 상공회의소에서 이미 시험장을 마감했을 경우, 5. 변경 등급의 자격증을 취득한 경우, 6. 수험료 반환을 신청한 경우, 7. 당해년도 접수 내역을 내년도 변경할 경우, 8. 변경하려는 시험 날짜가 최초 접수일 기준 180일을 초과하였을 경우, 9. 변경 가능 횟수가 3번을 초과하였을 경우

Q 컴퓨터활용능력 필기 합격 유효 기간은 어떻게 되나요?

A 필기 합격 유효 기간은 필기 합격 발표일을 기준으로 만 2년입니다. 예를 들어 컴퓨터활용능력 1급 필기를 2025년 12월 30일에 합격하시면 필기 합격 유효 기간은 2027년 12월 29일입니다. 본인의 정확한 필기 합격 유효 기간은 대한상공회의소 자격평가사업단 홈페이지(license.korcham.net) 회원 가입 후 [마이페이지-취득 내역]에서 확인할 수 있습니다.

Q 컴퓨터활용능력 필기 합격 유효 기간을 연장할 수 있나요?

A 필기 합격 유효 기간은 국가기술자격법 시행령에 의하여 시행되는 것으로 기간의 변경이나 연장이 되지 않습니다.

Q 상시 검정 발표는 언제인가요?

A 〈상시 필기 검정〉
응시 일자의 다음 날 오전 10시에 발표가 이뤄집니다. 필기 합격 후 실기 접수가 가능하며, 최소 4일 전에는 원서를 접수해야 합니다.

〈상시 실기 검정〉
응시한 주를 제외한 2주 차 금요일이 합격자 발표일이며, 발표 예정 시각은 오전 10시입니다(한 주의 기준은 달력 표기와 동일합니다. 일~토).

Q 자격증 신청은 어떻게 하나요?

A 자격증은 신청하신 분에 한하여 발급하고 있습니다. 자격증 신청 기간은 따로 없으며 필요할 때 신청하면 됩니다(단, 신청 후 10~15일 사이 수령 가능). 또한 자격증 신청은 인터넷 신청만 있으며, 홈페이지(license.korcham.net)의 자격증 신청 메뉴에서 가능합니다. 스캔 받은 어권 사진을 올리셔야 하며 전자 결제(신규 3,100원, 재발급 3,100원)를 히어야 합니다. 자격증 신청 시 수령 방법은 우편 등기 배송만 있으며, 배송료는 3,000원입니다.

Q 컴퓨터활용능력 자격증 취득 시 자격 특전이 있을까요?

A 컴퓨터활용능력 자격증 취득 시 자격 특전은 다음과 같습니다.
- 공무원 채용 가산점
  - 소방공무원(사무관리직) : 컴퓨터활용능력 1급(3%), 컴퓨터활용능력 2급(1%)
  - 경찰공무원 : 컴퓨터활용능력 1, 2급(2점 가점)
- 학점은행제 학점 인정 : 1급 14학점, 2급 6학점
- 300여 개 공공기관·공기업 등 채용·승진 우대

Q 컴퓨터활용능력 필기 합격 결정 기준과 과락에 대해 알고 싶습니다.

A 컴퓨터활용능력 필기 합격 결정 기준은 과목당 100점 만점에 매 과목 40점 이상, 전 과목 평균 60점 이상으로 한 과목이라도 40점 미만으로 나올 경우 과락으로 불합격 처리됩니다.

Q IT Plus 시행 과목 중 상공회의소가 시행하고 있는 워드프로세서, 컴퓨터활용능력을 가지고 있는 경우 관련 과목을 면제해 주나요?

A 면제 조건은 IT Plus 과목을 1가지 이상 응시해서 Level을 부여받은 자에 한해 면제 받을 수 있습니다.
면제 대상 종목은 대한상공회의소가 시행한 국가기술자격 워드프로세서, 컴퓨터활용능력 1, 2급입니다. 자세한 내용은 대한상공회의소 자격평가사업단 홈페이지(license.korcham.net) IT Plus 검정기준을 참고하시기 바랍니다.

컴퓨터활용능력 시험 공식 버전 안내

- 컴퓨터활용능력 시험 공식 버전 : Windows 10, MS Office LTSC 2021
- Office Professional 2021 : 가정이나 직장에서 사용하기 위해 한 대의 PC에 기본 Office 앱과 전자 메일을 설치하려는 가족 및 소규모 기업용을 위한 제품입니다.
- Office LTSC : 상용 및 공공기관 고객을 위한 Microsoft 365의 최신 영구 버전으로, 두 플랫폼(Windows 및 Mac)에서 모두 이용 가능한 일회성 '영구' 구매로 사용할 수 있는 디바이스 기반 라이선스입니다.
- MS Office Professional 2021 프로그램의 업데이트 버전을 사용하는 경우, LTSC 버전과 일부 명칭 및 메뉴가 다를 수 있습니다. 본 도서는 시험장에서 사용하는 LTSC 버전으로 작성되었으며, 일반 사용자 프로그램인 MS Office Professional 2021의 업데이트 버전을 사용하고 계신 독자분들을 위해 본문에 Tip으로 두 프로그램의 차이점을 알려드리고 있습니다. 또한, 업데이트는 계속될 수 있으며, 이후 추가되는 업데이트로 인해 내용이 달라질 수 있음을 알려드립니다.

PART 01

컴퓨터 일반

파트 소개

1과목은 컴퓨터 시스템 활용을 위한 운영체제 사용과 설정을 이용한 컴퓨터 시스템의 설정, 하드웨어와 소프트웨어의 컴퓨터 시스템 관리, 인터넷과 멀티미디어, 정보 통신 기술의 인터넷 자료 활용, 정보와 시스템 보안을 위한 컴퓨터 시스템 보호로 구성됩니다. 자료의 표현과 처리, 기억 장치와 설정, 프로그래밍 언어 및 인터넷 개념과 서비스, 컴퓨터 범죄, 멀티미디어의 운용 등에서 출제 비율이 높은 경향을 보이고 있습니다.

※ 운영체제는 Windows 10버전에서 출제됨

CHAPTER

01

운영체제 사용

학습 방향

운영체제 부분은 어느 한 부분에 치우치지 않고 다양한 문제가 출제되고 있으므로 전반적으로 이해 위주의 학습이 필요합니다. 개념을 이해한 후 기능에 대해 정확히 숙지하도록 하세요. 컴퓨터 실습을 통해 직접 따라 하면서 익히는 것이 좋습니다.

출제 빈도

SECTION 01

Windows의 기초

빈출 태그 운영체제의 목적 • PnP • 선점형 멀티태스킹 • 점프 목록 • 에어로 기능 • 바로 가기 키

01 운영체제(OS : Operating System)의 개요

1) 운영체제(Operating System)의 정의 25년 상시, 22년 상시, 14년 10월, 12년 9월

컴퓨터 시스템의 각종 하드웨어적인 자원과 소프트웨어적인 자원을 효율적으로 운영, 관리함으로써 사용자가 시스템을 이용하는 데 편리함을 제공하는 시스템 소프트웨어이다.

2) 운영체제의 종류 22년 상시, 21년 상시, 05년 5월/2월

MS-DOS, UNIX, Linux, OS/2, Windows 95/98, Windows NT, Windows Me, Windows XP, Windows Vista, Windows 7, Windows 8, Windows 10, Windows 11 등이 있다.

3) 운영체제의 목적(성능 평가 요소) 23년 상시, 18년 3월/9월, 15년 10월, 13년 6월, 11년 3월/10월, 10년 10월, ···

처리 능력(Throughput)	시스템의 생산성을 나타내는 단위로, 일정 시간 동안 처리하는 일의 양
응답 시간(Turnaround Time)	작업 의뢰 후 시스템에서 결과가 얻어질 때까지의 시간
신뢰도(Reliability)	주어진 문제를 얼마나 정확하게 처리하는가의 정도
사용 가능도(Availability)	시스템을 얼마나 빠르게 사용할 수 있는가의 정도

4) 운영체제의 발달 과정 24년 상시

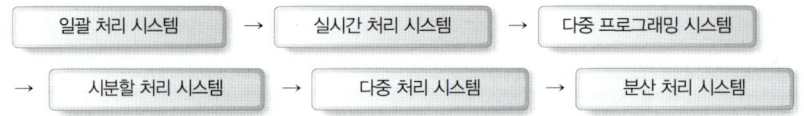

5) 운영체제의 기능 22년 상시, 15년 3월/6월/10월, 08년 2월

- 초기 작업 환경을 설정하는 기능이 있다.
- 주기억 장치, 처리기, 주변 장치 등의 자원을 관리하는 기능이 있다.
- 입출력 관리 및 파일 관리 기능이 있다.
- 사용자에게 편의성을 제공한다.

기적의 TIP

운영체제는 매우 중요하므로 반드시 개념과 특징, 운영 방식을 전반적으로 파악해 두세요.

클러스터링(Clustering)
- 운영체제에서 두 대 이상의 컴퓨터 시스템을 단일 시스템처럼 묶어서 사용하는 기법
- 클러스터는 하드디스크나 플로피 디스크상에서 기억 영역을 효율적으로 관리하기 위해 여러 개의 섹터를 하나로 묶는 단위로도 사용됨
- 클러스터의 크기가 늘어나면 검색 속도는 느려짐

암기 TIP

운영체제의 목적
사람을 평가할 때는 "신사처럼 응해라"
신뢰도, **사**용 가능도, **처**리 능력, **응**답 시간

기적의 TIP

운영체제의 목적에서 신뢰도, 사용 가능도, 처리 능력은 높은 개념의 표현(향상, 증대)이 좋은 것이며, 응답 시간은 빠른 개념(단축, 최소화)의 표현이 좋은 것입니다. 높낮이의 표현에 주의하시면 됩니다.

6) 운영체제의 구성 25년 상시, 21년 상시, 15년 10월

운영체제는 제어 프로그램(Control Program)과 처리 프로그램(Process Program)으로 구성된다.

① 제어 프로그램(Control Program) 13년 10월

감시 프로그램	시스템 전체의 동작 상태를 감독하고 지원하며 제어 프로그램의 중추적 역할을 담당함
작업 관리 프로그램	어떤 작업을 처리하고 다른 작업으로의 자동적 이행을 위한 준비와 처리를 수행함
데이터 관리 프로그램	주기억 장치와 외부 보조 기억 장치 사이의 데이터 전송, 입출력 데이터와 프로그램의 논리적 연결, 파일 조작 및 처리 등을 담당함

> **암기 TIP**
> 제어 프로그램
> 감작데
> 과일 중에 수박은 큰데, 감은 작데 – 감시, 작업 관리, 데이터 관리

② 처리 프로그램(Process Program) 14년 10월

언어 번역 프로그램	• 원시 프로그램을 컴퓨터가 알 수 있는 기계어로 번역시키는 프로그램 • 종류 : 컴파일러, 어셈블러, 인터프리터 등
서비스 프로그램	• 시스템에서 사용 빈도가 높은 프로그램을 미리 개발하여 놓은 프로그램 • 종류 : 연계 편집 프로그램, 로더(Loader)★, 디버깅 프로그램, 정렬/병합 프로그램, 라이브러리 등
문제 처리 프로그램	• 컴퓨터 사용자가 필요한 업무에 맞게 개발한 프로그램 • 종류 : 급여 관리, 인사 관리, 회계 관리 등

> **암기 TIP**
> 처리 프로그램
> 언서문
> 어서 문을 열어라! – 언서문 – 언어 번역, 서비스, 문제 처리

★ 로더(Loader)
로드 모듈 프로그램을 주기억 장치 내로 옮겨서 실행해 주는 소프트웨어

02 한글 Windows의 특징 및 새로운 기능 25년 상시, 24년 상시, 22년 상시, 21년 상시, 19년 8월, …

그래픽 사용자 인터페이스(GUI)	사용자와 컴퓨터 간의 상호 대화는 마우스를 이용하여 아이콘이나 메뉴를 사용하여 명령을 내리고 작업을 수행할 수 있음
선점형 멀티태스킹 (Preemptive Multi-Tasking)	• 운영체제가 CPU를 미리 선점하여 각 응용 소프트웨어의 CPU 사용을 통제하고 관리하여 멀티태스킹(다중 작업)이 원활하게 이루어짐 • 응용 소프트웨어의 CPU 선점이 통제되어 시스템의 안정성이 강화됨 • 작업 관리자(Ctrl+Shift+Esc)에서 문제를 야기하는 응용 소프트웨어(프로세스)를 강제로 종료할 수 있음
플러그 앤 플레이(PnP : Plug & Play)의 지원	자동 감지 설치 기능으로 컴퓨터에 장치를 연결하면 자동으로 장치를 인식하여 설치 및 환경 설정을 용이하게 하므로 새로운 주변 장치를 쉽게 연결함
핫 스왑(Hot Swap)	컴퓨터의 전원을 켠 상태에서 컴퓨터 시스템의 장치를 연결하거나 분리할 수 있는 기능
64비트 지원	• 64비트의 데이터 처리를 지원하므로 처리 속도가 빠름 • 32비트 프로세서는 x86, 64비트 프로세서는 x64로 표시함 • 32비트의 최대 메모리는 4GB, 64비트의 최대 메모리는 128GB(Home 버전)까지 지원됨 • 64비트 버전의 소프트웨어는 32비트 버전에서는 호환되지 않음
NTFS 지원	• 디스크 관련 오류의 자동 복구 기능과 대용량 하드디스크 지원 및 보안 강화(사용 권한, 암호화)로 특정 파일에 대한 특정 사용자의 액세스가 제한됨 • 파일 및 폴더에 대한 액세스 제어를 유지하고 제한된 계정을 지원함 • 하드디스크의 공간 낭비를 줄이고 시스템의 안정성이 향상됨 • 최대 255자의 긴 파일 이름을 지원하며 공백의 사용도 가능함 • 최대 파일 크기는 16TB이며 파티션(볼륨)의 크기는 256TB까지 지원됨 • FAT32 파일 시스템보다 성능 및 안전성 면에서 우수함 • 비교적 큰 크기에 유용하며 약 400MB 이하의 적은 볼륨에서는 효율적이지 않음

64비트는 최대 메모리가 버전에 따라 달라서 Windows 10 Home은 128GB, Pro와 Education은 2TB, Enterprise는 6TB까지 지원되므로 처리 속도가 빠름

점프 목록	• 자주 사용하는 자료(문서, 사진, 웹사이트 등)를 빠르고 간편하게 이용할 수 있음 • 작업 표시줄에 있는 프로그램 단추나 시작 메뉴의 프로그램의 바로 가기 메뉴에 최근 사용한 항목이 표시됨	
에어로 피크 (Aero Peek)	• 작업 표시줄에서 실행 중인 프로그램의 아이콘에 마우스 포인터를 위치시키면 축소 형태의 미리보기가 나타남 • 작업 표시줄 오른쪽 끝의 [바탕 화면 보기]에 마우스 포인터를 위치시키면 바탕 화면이 일시적으로 나타남(■+,) • [바탕 화면 보기]를 클릭하면 모든 창이 최소화되면서 바탕 화면이 표시되고 다시 클릭하면 모든 창이 나타남(■+D)	
에어로 스냅 (Aero Snap)	• 창을 화면의 가장자리로 끌면 열려 있는 창의 크기가 조정되는 기능 • ■+←, →, ↑, ↓	
에어로 쉐이크 (Aero Shake)	• 창의 제목 표시줄을 클릭한 채로 마우스를 흔들면 현재 창을 제외한 열린 모든 창이 순식간에 사라졌다가 다시 흔들면 원래대로 복원되는 기능(■+Home)	
라이브러리 (Library)	• 여러 개의 폴더에 분산되어 저장된 위치에 상관없이 문서, 비디오, 사진, 음악 등의 기타 파일을 하나의 폴더처럼 구성하고 액세스가 가능함	
장치 스테이지 (Device Stage)	• 스마트 폰, MP3 플레이어, 디지털 카메라 등과 같은 다양한 디지털 기기를 PC에서 간편하게 연결하여 사용할 수 있는 기능 • [제어판]-[장치 및 프린터]를 선택하여 연결된 장치를 사용하며 상태 정보와 선택 가능한 메뉴 옵션은 각 장치마다 다르게 표시됨	

03 한글 Windows의 시작과 종료

1) [시스템 구성]을 사용하여 안전 모드로 부팅 24년 상시, 21년 상시, 20년 2월

- 안전 모드는 핵심(최소) 드라이버 및 서비스 집합을 사용하여 Windows를 부팅한다.
- 컴퓨터에서 예기치 않은 에러나 문제점이 발생한 경우 안전 모드로 부팅하여 문제점을 찾을 수 있다.
- 안전 모드는 네트워크에 연결되지 않아 바이러스나 악성 코드 등에 감염될 우려가 없다.

방법 1	[시작(■)]-[Windows 관리 도구]-[시스템 구성]을 클릭함
방법 2	[시작(■)]-[Windows 시스템]-[실행]에서 열기란에 'msconfig'를 입력하고 [확인]을 클릭함
방법 3	[Windows 검색 상자]★에 '시스템 구성'을 입력한 다음 결과에서 [시스템 구성]을 클릭함

- [시스템 구성] 대화 상자의 [부팅] 탭에서 [부팅 옵션]의 [안전 부팅] 확인란을 클릭, 체크하여 활성화하고 [확인]을 클릭한다.

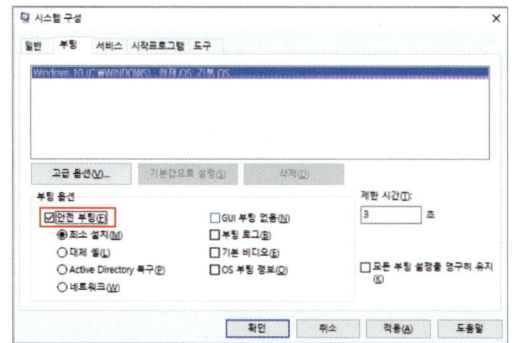

- [다시 시작]을 클릭하면 검은색 바탕 화면 네 모서리에 '안전 모드'가 표시되면서 [안전 모드]로 부팅된다.

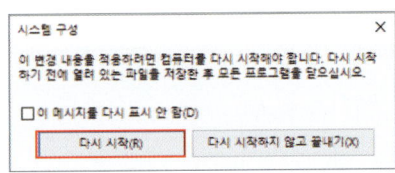

- 다시 [일반 모드]로 부팅하기 위해서는 반드시 [시스템 구성] 대화 상자의 [부팅] 탭에서 [부팅 옵션]의 [안전 부팅] 확인란을 클릭하여 해제하고 [확인]을 클릭한 다음 [다시 시작] 단추를 클릭하여 재부팅을 하면 된다.

> [시스템 구성] 대화 상자 [일반] 탭의 시작 모드 선택
> - 정상 모드 : 모든 장치 드라이버 및 서비스 로드
> - 진단 모드 : 기본 장치 및 서비스만 로드
> - 선택 모드 : 시스템 서비스 로드, 시작 항목 로드, 원래 부팅 구성 사용

2) 멀티 부팅(Multi Booting) 17년 3월

- 여러 개의 운영체제가 설치되어 있는 경우 멀티 부팅이 가능하다.
- 이전 버전이 먼저 설치되어 있는 상태에서 별도의 파티션에 새 버전의 Windows를 설치한다.
- 부팅 시 실행할 Windows 버전을 선택할 수 있다.
- [제어판]-[시스템]-[고급 시스템 설정]-[시스템 속성] 대화 상자의 [고급] 탭에서 [시작 및 복구]의 [설정] 단추를 클릭한다.
- [시작 및 복구] 대화 상자에서 '기본 운영 체제' 선택 및 '운영 체제 목록을 표시할 시간'과 '필요할 때 복구 옵션을 표시할 시간' 등을 설정할 수 있다.

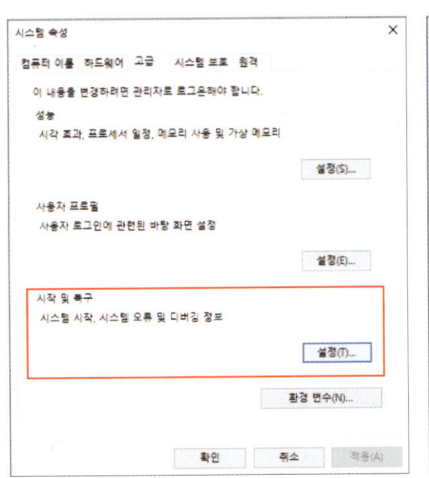 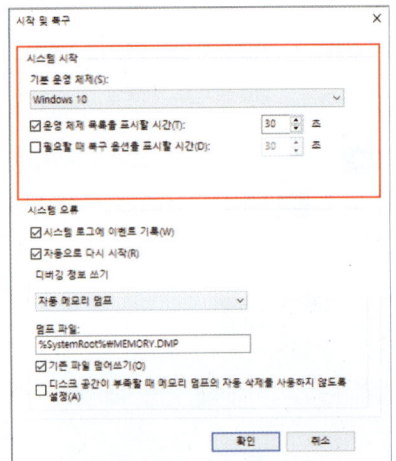

3) 한글 Windows의 종료

① [시작(■)]의 [시스템 종료] 이용하기
- [시작(■)]-[전원(⏻)]을 클릭한 다음 [시스템 종료]를 클릭한다.
- 이 때 종료하지 않은 창이 있거나 저장하지 않은 파일이 있을 경우 저장 유무를 확인하는 대화 상자가 나타난다.

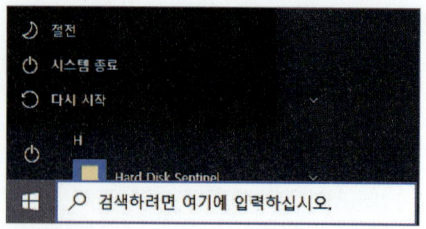

★ 앱(App : Application)
한글 Windows 10에서는 프로그램을 앱(App)이라고 함

절전	PC가 켜져 있는 상태지만 저 전원 상태이며 절전 모드를 해제하면 열려 있었던 앱★은 이전 상태로 돌아감
시스템 종료	앱을 모두 닫고 PC를 종료함
다시 시작	앱을 모두 닫고 PC를 다시 시작함

② 바로 가기 키를 이용하여 종료

Alt + F4 를 누른 다음 [Windows 종료] 대화 상자가 나타나면 "시스템 종료" 상태에서 [확인]을 클릭한다.

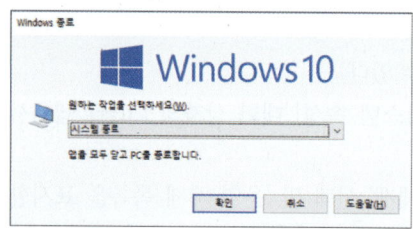 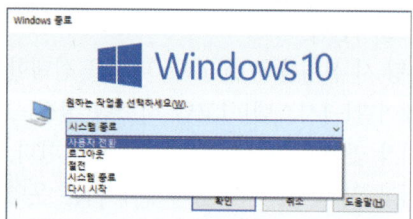

★ Shift +[다시 시작]
• 고급 시작 옵션(안전 모드)이 실행됨
• [문제 해결] → [고급 옵션] → [시작 설정] → [다시 시작] → [4)안전 모드 사용]

• [사용자 전환], [로그 아웃], [절전], [시스템 종료], [다시 시작]★ 기능을 지원한다.

사용자 전환	앱을 닫지 않고 사용자를 전환함
로그아웃	앱을 닫고 로그아웃함

③ [시작( )]의 바로 가기 메뉴를 이용하여 종료

★ +X
시작 단추에서 마우스 오른쪽 단추 클릭 메뉴 열기(빠른 링크 메뉴 열기)

• [시작] 단추( )에서 마우스 오른쪽 단추를 클릭한 다음 [바로 가기 메뉴](+ X)★에서 [종료 또는 로그아웃]-[시스템 종료]를 클릭한다.

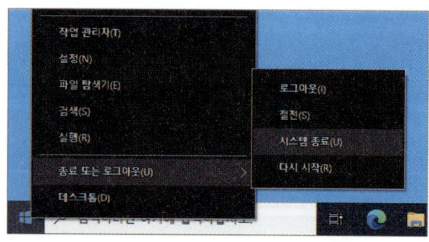

• 바로 가기 키 : + X , U , U

4) 한글 Windows의 종료 예약 및 취소

- [시작(■)]-[Windows 시스템]-[실행]에서 열기란에 'shutdown /s /t 1800'을 입력하고 [확인]을 클릭한다("shutdown –s –t 1800"도 가능).

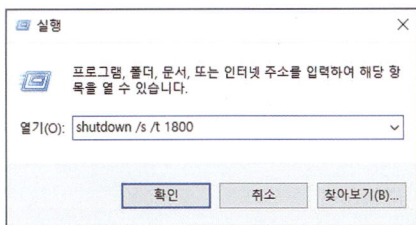

- shutdown /s /t 1800 → 30분 경과 후에 컴퓨터가 종료된다.

명령 및 옵션	기능
shutdown	컴퓨터 종료
/s	종료
/t xxx초	xxx초 경과 후 종료
/a	종료 중단

- 예약된 컴퓨터의 종료를 중단시킬 때는 [실행]★에서 열기란에 'shutdown /a'를 입력하고 [확인]을 클릭하면 컴퓨터의 종료가 중단된다("shutdown –a"도 가능).

★ 실행
■+R

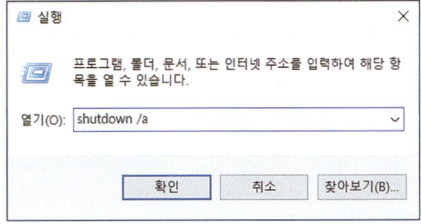

04 마우스 및 키보드 사용법

1) 마우스 사용법 12년 6월

마우스 동작	방법 및 기능
클릭(Click)	• 마우스 왼쪽 단추를 한 번 클릭했다 떼는 동작 • 아이콘, 폴더, 파일, 창, 메뉴 호출 등을 선택할 때 사용함
더블클릭(Double Click)	• 마우스 왼쪽 단추를 빠르게 두 번 클릭했다 떼는 동작 • 파일 및 폴더를 열거나 프로그램을 실행할 때 사용함
드래그(Drag)	마우스 왼쪽 단추를 클릭한 상태로 끌기하여 움직이는 동작
드래그 앤 드롭 (Drag & Drop)	• 마우스 단추를 클릭한 상태로 끌어다 놓는 동작 • 아이콘, 개체 등을 이동, 복사, 삭제하거나 창의 크기를 변경할 때 사용함

기적의 TIP

마우스 사용법
딸각은 클릭, 두 번 빠르게 딸각은 더블클릭, 단추를 클릭한 상태에서 마우스를 움직여 이동, 복사하는 것은 드래그 앤 드롭이라고 해요.

2) 키보드 사용법 18년 3월, 09년 7월

커서(포인터)의 모양은 [마우스] 속성의 [포인터] 탭에서 설정할 수 있음

[제어판]-[키보드]를 이용하여 키의 재입력 시간이나 반복 속도, 커서 깜박임 속도 등을 조절할 수 있다.

한글과 영문 입력	한글과 영문은 [한/영]을 이용하여 상호 변경하며 입력함
한자 입력	한글을 입력한 후, [한자]를 눌러 화면 하단에 표시되는 한자표를 이용하여 입력함
특수 문자 입력	Windows 응용 프로그램에서는 한글 자음을 입력한 후, [한자]를 눌러 화면 하단에 표시되는 문자표를 이용하여 입력함

▶ 키보드의 주요 Key 기능

주요 키	기능	분류
[F1]~[F12]	운영체제 및 응용 프로그램에서 미리 정해진 기능을 수행함	기능키
[Tab]	화면상의 커서 위치를 일정한 간격으로 빠르게 이동시킴	이동키
[Shift], [Ctrl], [Alt]	다른 키와의 조합으로 특수한 기능을 수행함	조합키
[Caps Lock]	영문 대/소문자를 입력할 수 있음	토글키
[Num Lock]	숫자키/이동키로 변환함(기본값은 숫자키)	
[한/영]	한글/영문 입력을 전환함	
[Insert]	삽입/수정 모드를 전환함(기본값은 삽입)	
[Scroll Lock]	화면의 이동(Scroll)을 설정/해제함	
[Print Screen]	화면 내용을 클립보드(Clipboard)에 저장함	화면 캡처키

3) 바로 가기 키(Shortcut Key) 25년 상시, 23년 상시, 21년 상시, 15년 6월, 14년 6월/10월, 12년 3월/6월, …

분류	바로 가기 키	기능
기능키	[F2]	선택한 항목 이름 바꾸기
	[F3]	파일 탐색기에서 파일 또는 폴더 검색
	[F4]	파일 탐색기에서 주소 표시줄 목록 표시
	[F5]	활성창 새로 고침([Ctrl]+[R])
	[F6]	창이나 바탕 화면의 화면 요소들을 순환
	[F10]	활성 앱의 메뉴 모음 활성화
파일 관리	[Ctrl]+[C]	선택한 항목 복사([Ctrl]+[Insert])
	[Ctrl]+[Insert]	선택한 항목 복사([Ctrl]+[C])
	[Ctrl]+[V]	선택한 항목 붙여넣기([Shift]+[Insert])
	[Shift]+[Insert]	선택한 항목 붙여넣기([Ctrl]+[V])
	[Ctrl]+[X]	선택한 항목 잘라내기
	[Ctrl]+[A]	문서나 창에 있는 모든 항목 선택
	[Ctrl]+[D]	선택한 항목을 삭제하고 휴지통으로 이동([Delete])
	[Ctrl]+[F4]	활성 문서 닫기

> 🚩 **기적의 TIP**
> 바로 가기 키는 매우 중요하며 매 회 시험에서 등장하는 문제입니다. 실습을 통해 확실히 익혀 두세요.

> 💟 **암기 TIP**
> • 한(1) 번만 도와줘
>   - [⊞]+[F1] : 도움말
> • 이(2)름 바꾸기
>   - [F2] : 이름 바꾸기
> • 인삼(3)을 찾아라
>   - [F3] : 찾기
> • 사(4)주소
>   - [F4] : 주소 표시줄
> • 오(5) 새로워라
>   - [F5] : 새로 고침
> • 육(6)순 잔치
>   - [F6] : 요소들을 순환
> • 열(10)매 모음
>   - [F10] : 메(뉴) 모음 활성화

분류	바로 가기 키	기능
캡처	Print Screen	화면 전체 내용을 클립보드에 복사
	Alt + Print Screen	현재 사용 중인 활성 창을 클립보드에 복사
	⊞ + Print Screen	스크린샷 자동 저장
	⊞ + Shift + S	화면 부분의 스크린샷을 생성
종료	Esc	현재 작업을 중단하거나 나가기
	Alt + F4	활성 항목을 닫거나 활성 앱을 종료
	Ctrl + Shift + Esc	작업 관리자 열기([프로세스] 탭에서 [작업 끝내기]로 작업 종료)
	Ctrl + Alt + Delete	잠금, 사용자 전환, 로그아웃, 암호 변경, 작업 관리자
기타 기능	Ctrl + Z	액션 실행 취소
	Ctrl + Y	액션 다시 실행
	Ctrl + R	활성창 새로 고침(F5)
	Ctrl + F1	리본 메뉴 최소화
	Ctrl + Esc	시작 화면 열기(⊞)
	Ctrl + Alt + Tab	화살표 키를 사용해 열려 있는 모든 앱 사이를 전환
	Ctrl + 휠 단추 드래그	아이콘 크기 변경
	Alt + P	파일 탐색기에서 미리 보기 창 표시 및 숨기기
	Alt + Shift + P	파일 탐색기에서 세부 정보 창 표시 및 숨기기
	Alt + Tab	열려 있는 앱 간 전환
	Alt + Esc	열린 순서대로 항목 순환
	Alt + Enter	선택한 항목에 대해 속성 표시
	Alt + Space Bar	활성창의 창 조절(바로 가기) 메뉴★ 표시
	Alt + 밑줄이 그어진 문자	해당 문자에 대한 명령 수행
	Shift + F10	선택한 항목에 대한 바로 가기 메뉴 표시
	Shift + Delete	휴지통을 사용하지 않고 완전 삭제
⊞	⊞	시작 화면 열기((Ctrl + Esc))
	⊞ + A	알림 센터 열기
	⊞ + B	알림 영역에 포커스 설정(숨긴 아이콘 표시)
	⊞ + D	바탕 화면 표시 및 숨기기
	⊞ + Alt + D	바탕 화면에 날짜 및 시간 표시/숨기기
	⊞ + E	파일 탐색기 열기
	⊞ + F	피드백 허브를 열고 스크린샷을 생성
	⊞ + I	설정 열기
	⊞ + L	PC 잠금 또는 계정 전환
	⊞ + M	모든 창 최소화
	⊞ + Shift + M	바탕 화면에서 최소화된 창 복원
	⊞ + P	프레젠테이션 표시 모드 선택
	⊞ + R	실행 대화 상자 열기
	⊞ + U	접근성 센터 열기

★ 창 조절(바로 가기) 메뉴

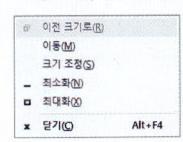

⊞	⊞+V	클립보드 열기([시작]-[설정]-[시스템]-[클립보드]를 선택한 다음 '클립보드 검색 기록' 아래의 토글을 켜서 활성화함)
	⊞+.	바탕 화면에서 임시로 미리 보기
	⊞+마침표(.) 또는 세미콜론(;)	이모지 패널 열기
	⊞+F1	도움말 표시
	⊞+Ctrl+F	PC 검색(네트워크에 연결되어 있는 경우)
	⊞+Ctrl+Enter	내레이터 열기
	⊞+Pause	시스템 속성 대화 상자 표시
	⊞+←	앱이나 바탕 화면 창을 화면의 왼쪽으로 최대화
	⊞+→	앱이나 바탕 화면 창을 화면의 오른쪽으로 최대화
	⊞+↑	창 최대화
	⊞+↓	화면에서 현재 앱을 제거하거나 바탕 화면 창을 최소화
	⊞+Home	활성 바탕 화면 창을 제외한 모든 창 최소화/모든 창 복원
	⊞+Shift+↑	바탕 화면 창을 화면 위쪽 및 아래쪽으로 늘리기
	⊞+Shift+↓	너비를 유지하면서 활성 바탕 화면 창을 세로로 복원/최소화
	⊞+Shift+← 또는 →	모니터 간에 바탕 화면의 앱이나 창을 이동
작업 표시줄	⊞+S	검색 열기
	⊞+T	작업 표시줄의 앱을 순환(Enter를 누르면 실행됨)
	⊞+X	빠른 링크 메뉴 열기
	⊞+숫자	작업 표시줄에 있는 왼쪽 첫 앱(숫자 1에 해당)부터 실행
	⊞+Shift+숫자	작업 표시줄에 있는 왼쪽 첫 앱(숫자 1에 해당)부터 새로 실행
	⊞+Ctrl+숫자	작업 표시줄에서 숫자가 나타내는 위치에 고정된 앱의 마지막 활성 창으로 전환
	⊞+Alt+숫자	작업 표시줄에서 숫자가 나타내는 위치에 고정된 앱에 대한 점프 목록 열기
	마우스 휠 단추	작업 표시줄의 앱을 클릭하면 새로 실행
	Shift+마우스 왼쪽 단추	작업 표시줄의 해당 앱을 새로 실행
	Shift+마우스 오른쪽 단추	점프 목록 대신 바로 가기 메뉴나 창 메뉴 표시
돋보기	⊞++	돋보기를 이용한 확대
	⊞+-	돋보기를 이용한 축소
	⊞+Esc	돋보기 끝내기
가상 데스크톱	⊞+Tab	작업 보기 열기
	⊞+Ctrl+D	가상 데스크톱 추가
	⊞+Ctrl+→	오른쪽에 생성된 가상 데스크톱으로 전환
	⊞+Ctrl+←	왼쪽에 생성된 가상 데스크톱으로 전환
	⊞+Ctrl+F4	사용 중인 가상 데스크톱 닫음

05 메뉴 및 창 사용법

1) 리본 메뉴 및 창 사용법

- 리본 메뉴는 Windows와 Microsoft Office Excel이나 Access 등의 소프트웨어에서 사용되는 새로운 명령 인터페이스 형식으로 쉽고 빠르게 명령 단추를 실행할 수 있다.
- 리본 메뉴는 여러 개의 탭으로 구성되며 각 탭은 명령 단추와 옵션으로 이루어진 여러 그룹으로 구성된다.

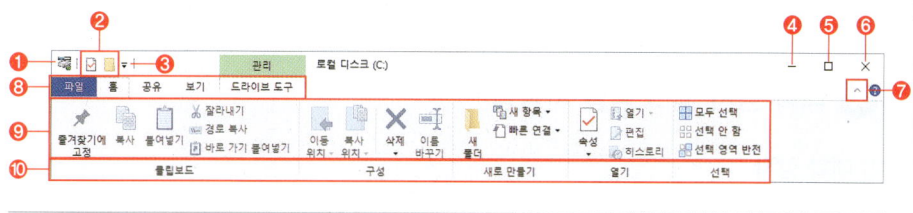

❶ 조절 메뉴 단추	• 이전 크기로, 이동, 크기 조정, 최소화, 최대화, 닫기 작업을 수행할 수 있음 • 바로 가기 키 : Alt + Space Bar	
❷ 빠른 실행 도구 모음	[속성]과 [새 폴더] 도구로 빠르게 실행할 도구임	
❸ 빠른 실행 도구 모음 사용자 지정 단추	빠르게 실행할 도구를 사용자가 지정함	
❹ 최소화	작업 표시줄로 작업 창을 최소화함	
❺ 최대화	작업 창을 최대화함(최대화하면 ⧠(이전 크기로 복원) 단추가 표시됨)	
❻ 닫기	프로그램을 종료함(Alt + F4)	
❼ 리본 최소화	• 리본 메뉴에 탭 이름만 표시하여 최소화하거나 확장함(Ctrl + F1) • 각 탭에서 마우스 오른쪽 버튼 누른 다음 [리본 메뉴 최소화]를 클릭함	
❽ 탭	• 프로그램의 작업에 필요한 메뉴를 모아 놓은 것 • ⓐ [파일] 탭, [컴퓨터] 탭, [보기] 탭, [관리] 탭이 있음	
❾ 명령 단추	• 명령 단추를 클릭하면 해당 명령 단추가 실행됨 • 명령 단추의 ▼을 클릭하면 명령 단추와 연관된 하위 명령 메뉴가 표시됨	
❿ 그룹	• 각 탭을 구성, 명령 단추들을 그룹지어 놓은 것 • ⓐ [컴퓨터] 탭의 그룹은 [위치], [네트워크], [시스템]으로 구성됨	

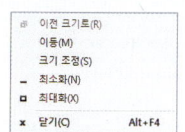

▲ 창 조절(바로 가기) 메뉴

2) 바로 가기 메뉴

- 임의의 위치나 특정 항목을 선택한 후 마우스 오른쪽 단추를 클릭했을 때 나타나는 메뉴를 바로 가기 메뉴라고 한다.
- 바로 가기 메뉴는 선택한 항목에 따라 다르게 나타난다.
- 팝업 메뉴(Pop-Up Menu)라고도 하며, Shift + F10 을 이용하여 바로 가기 메뉴를 나타나게 할 수 있다.

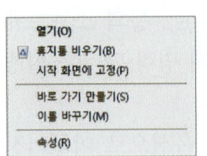
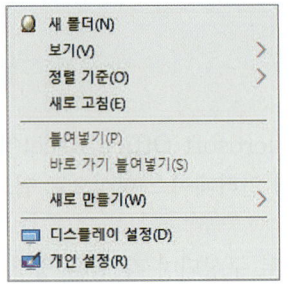

▲ 휴지통의 바로 가기 메뉴   ▲ 바탕 화면의 바로 가기 메뉴

06 대화 상자 및 도움말 사용법

1) 대화 상자

★ GUI
Graphic User Interface

- 그래픽 사용자 인터페이스(GUI)★ 환경에서 사용자로부터 명령이나 항목 이름, 설정 여부, 값 등의 입력을 받아들이기 위하여 운영체제 또는 응용 프로그램(앱)에 의하여 표시되는 특별한 형태의 창을 의미한다.
- 열기 대화 상자, 저장 대화 상자, 속성 대화 상자, 실행 대화 상자, 옵션 대화 상자 등이 있으며 유형에 따라 대화 상자는 다른 형태로 표시된다.

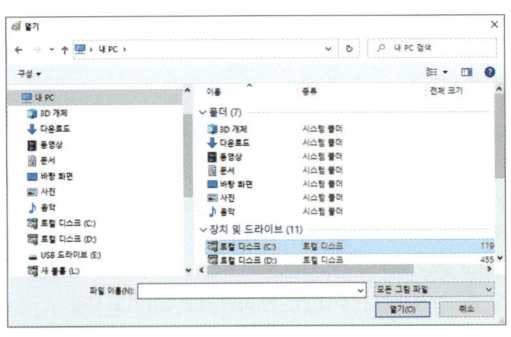

▲ [열기] 대화 상자

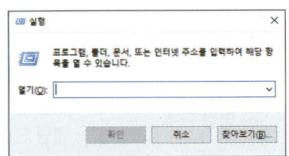

▲ [실행] 대화 상자

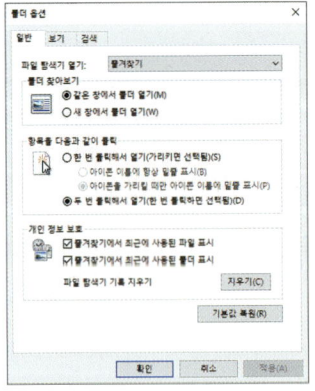

▲ [폴더 옵션] 대화 상자

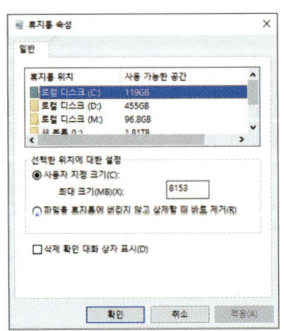

▲ [휴지통 속성] 대화 상자

2) 도움말 및 팁 사용법

[도움말]이나 [팁]은 바로 가기 메뉴를 이용하여 [시작 화면에 고정]하거나 [작업 표시줄에 고정]하면 필요할 때마다 쉽게 사용할 수 있다.

▶ 실행 방법

방법 1	[시작(⊞)]-[도움말]을 클릭함
방법 2	[Windows 검색 상자]에 '도움말'을 입력한 다음 결과에서 [도움말]을 클릭함
방법 3	[시작(⊞)]-[팁]을 클릭함
방법 4	[Windows 검색 상자]에 '팁'을 입력한 다음 결과에서 [팁]을 클릭함
방법 5	⊞+F1을 누름

07 프로그램(앱) 시작 및 종료

1) 프로그램(앱) 시작

▶ 실행 방법

방법 1	[시작] 단추(⊞)를 클릭한 다음 실행을 원하는 프로그램(앱)을 찾아서 클릭함
방법 2	[Windows 검색 상자]에 실행을 원하는 프로그램(앱)의 이름을 입력한 다음 검색된 결과에서 해당 프로그램(앱)을 클릭함
방법 3	[시작(⊞)]-[Windows 시스템]-[실행](⊞+R)에서 실행을 원하는 프로그램(앱)의 실행 명령을 입력한 다음 [확인]을 클릭함
방법 4	[파일 탐색기]에서 실행을 원하는 프로그램(앱)의 파일을 더블클릭하여 실행함

2) 프로그램(앱)의 종료

▶ 실행 방법

방법 1	[파일] 탭의 [닫기]나 [끝내기]를 클릭함
방법 2	창 조절 메뉴에서 [닫기]를 클릭하거나 더블클릭함
방법 3	창 조절 단추에서 닫기 단추(×)를 클릭함
방법 4	작업 표시줄의 실행 프로그램(앱)의 바로 가기 메뉴에서 [창 닫기]를 클릭함
방법 5	Alt+F4를 누름

※ Ctrl+F4를 누르면 프로그램(앱)의 문서 창 중에서 현재 문서 창만 종료함

작업 관리자
Ctrl + Shift + Esc

3) 프로그램(앱)의 강제 종료

[시작(⊞)]-[Windows 시스템]-[작업 관리자]를 클릭한 다음 [프로세스] 탭에서 응답하지 않는 프로그램이나 실행 중지를 원하는 프로그램이 있을 경우 해당 프로그램을 선택한 다음 [작업 끝내기] 단추를 사용하여 해당 프로세스를 중지할 수 있다.

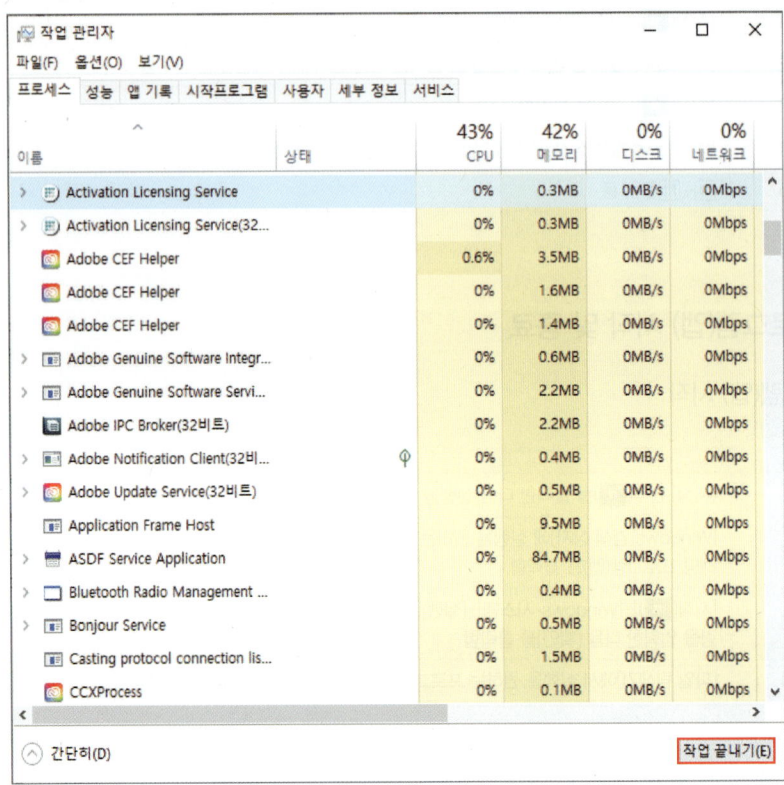

이론을 확인하는 기출문제

01 다음 중 Windows의 멀티 부팅 기능에 대한 설명으로 옳지 않은 것은?
① 컴퓨터의 디스크 공간이 충분한 경우 새 버전의 Windows를 별도의 파티션에 설치하고 이전 버전의 Windows를 컴퓨터에 유지할 수 있게 하는 기능이다.
② 멀티 부팅을 위해서는 컴퓨터의 하드디스크에 각 운영 체제에 사용할 개별 파티션이 필요하다.
③ 멀티 부팅은 2개의 Windows 중에서 최신 버전을 먼저 설치하고 이전 버전을 다음에 설치해야 정상적으로 부팅된다.
④ 컴퓨터를 시작할 때마다 실행할 Windows 버전을 선택할 수 있다.

> 멀티 부팅은 2개의 Windows 중에서 이전 버전을 먼저 설치하고 나서 최신 버전을 설치해야 정상적으로 부팅됨

02 다음 중 32비트 및 64비트 버전의 Windows OS에 관한 설명으로 옳지 않은 것은?
① 64비트 버전의 Windows에서는 대용량 RAM을 32비트 시스템보다 효과적으로 처리한다.
② 64비트 버전의 Windows를 설치하려면 64비트 버전의 Windows를 실행할 수 있는 CPU가 필요하다.
③ 64비트 버전의 Windows에서 하드웨어 장치가 정상적으로 동작하려면 64비트용 장치 드라이버가 필요하다.
④ 프로그램이 64비트 버전의 Windows용으로 설계된 경우 호환성 유지를 위해 32비트 버전의 Windows에서도 작동되도록 설계되어 있다.

> 프로그램이 64비트 버전의 Windows용으로 설계된 경우 32비트 버전과의 호환성 유지 기능은 지원되지 않음

03 운영체제는 사용자 편의성과 시스템 생산성을 높이기 위한 프로그램이다. 다음 중 운영체제의 목적으로 가장 거리가 먼 것은?
① 처리 능력 증대
② 신뢰도 향상
③ 응답 시간 단축
④ 파일 전송

> 운영체제의 목적(성능 평가 요소) : 처리 능력, 응답 시간, 신뢰도, 사용 가능도(Availability)

04 다음 중 운영체제에 대한 설명으로 옳지 않은 것은?
① 초기 컴퓨터 시스템에는 운영체제가 없었다.
② 운영체제의 종류로는 매크로 프로세서, 어셈블러, 컴파일러 등이 있다.
③ 운영체제란 하드웨어를 사용 가능하도록 소프트웨어나 펌웨어(Firmware)로 구현된 프로그램이다.
④ 운영체제의 주된 역할은 프로세서, 기억 장치, 입출력 장치, 통신 장치, 데이터 등과 같은 자원의 관리이다.

> 운영체제의 종류 : MS-DOS, UNIX, Linux, OS/2, Windows 95/98, Windows NT, Windows Me, Windows XP, Windows Vista, Windows 7, Windows 8, Windows 10, Windows 11 등이 있음

05 다음 중 NTFS 파일 시스템에 관한 설명으로 옳지 않은 것은?
① 파일 및 폴더에 대한 액세스 제어를 유지하고 제한된 계정을 지원한다.
② Active Directory 서비스를 제공한다.
③ 하드디스크의 파티션(볼륨) 크기를 100GB까지 지원한다.
④ FAT나 FAT32 파일 시스템보다 성능, 보안, 안전성이 높다.

> • 하드디스크의 파티션(볼륨) 크기 : 256TB까지 지원
> • 최대 파일 크기 : 16TB까지 지원

정답 01 ③ 02 ④ 03 ④ 04 ② 05 ③

SECTION 02 바탕 화면

출제빈도 상 중 하
반복학습 1 2 3

합격 강의

빈출 태그 바로 가기 아이콘・작업 표시줄・시작 메뉴・시작 프로그램・레지스트리・작업 관리자

01 바탕 화면의 구성과 설정 04년 5월

1) 바탕 화면의 기본 구성 요소

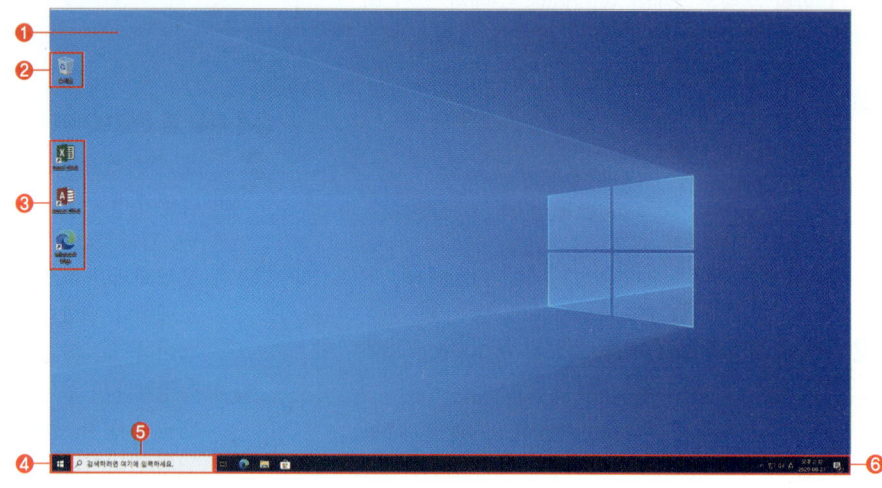

⊞+S
검색 창의 검색 상자 열기

❶ 바탕 화면	설치된 프로그램(앱)의 실행과 작업을 위한 공간으로, 작업 표시줄, 창, 아이콘, 대화 상자가 표시되는 화면상의 작업 영역임
❷ 휴지통	삭제한 파일을 보관하기 위한 장소로 복원이 가능함
❸ 바로 가기 아이콘	프로그램(앱)을 보다 빠르고 간편하게 실행하는 기능을 가진 아이콘으로 화살표 모양이 표시됨
❹ [시작] 단추	Windows의 다양한 프로그램(앱)과 사용자가 설치한 프로그램이 등록되어 있음
❺ 검색 창	모든 앱 및 프로그램의 검색부터 웹 정보까지 검색할 수 있음
❻ 작업 표시줄	현재 실행 중인 프로그램(앱)의 아이콘이 표시되며 작업 보기, 숨겨진 아이콘 표시, 시스템 아이콘, 입력 도구 모음, 알림 센터, 바탕 화면 보기 등으로 구성됨

2) 바로 가기 아이콘(Shortcut Icon) — 지름길 25년 상시, 24년 상시, 23년 상시, 20년 7월, 15년 10월

작업하고자 하는 프로그램(앱)을 보다 빠르고 간편하게 실행시킬 수 있는 기능으로, 바로 가기 아이콘의 왼쪽 아래에는 화살표 모양의 그림이 표시된다.

> **기적의 TIP**
> 바로 가기 아이콘의 특징과 만드는 방법을 묻는 문제가 출제되므로 그에 대한 중점적인 학습이 필요합니다.

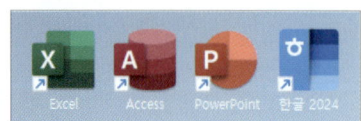

① 바로 가기 아이콘(Shortcut Icon)의 특징
- 바로 가기를 삭제해도 원본 프로그램에는 영향을 미치지 않는다.
- 바로 가기는 여러 개 만들 수 있다.
- 바로 가기는 실행 파일에 대해서만 만들 수 있는 것이 아니라 파일, 드라이브, 폴더, 프린터 등 모든 개체에 대해 만들 수 있다.
- 바로 가기의 확장자는 .lnk이다.

- 원본 파일을 삭제한 경우 바로 가기 아이콘은 실행되지 않음
- 원본 파일이 있는 위치와 상관없이 다른 위치에 만들 수 있음
- 하나의 바로 가기 아이콘에 여러 개의 원본 파일을 연결할 수는 없음

② 바탕 화면에 바로 가기를 만드는 방법 15년 10월
- 바로 가기를 만들 항목에서 마우스 오른쪽 단추를 클릭한 후 [바로 가기 만들기]를 클릭한다.
- 마우스 오른쪽 단추를 클릭하여 바로 가기를 만들 항목을 바탕 화면으로 드래그한 다음 [여기에 바로 가기 만들기]를 클릭한다.
- 바탕 화면에서 마우스 오른쪽 단추를 클릭한 후 [새로 만들기]-[바로 가기] 메뉴를 클릭한 다음 [찾아보기]를 이용하여 바로 가기를 만들 파일이나 폴더를 선택한다.
- 바로 가기를 만들 파일을 복사(Ctrl+C)한 다음 바탕 화면에서 오른쪽 단추를 클릭한 후 [바로 가기 붙여넣기]를 선택한다.
- 시작 메뉴에서 바로 가기를 만들려면 프로그램(앱) 항목에서 마우스 오른쪽 단추를 클릭한 후 [자세히]-[파일 위치 열기]를 선택하고 [파일 탐색기]가 실행되면서 선택되어 표시된 파일에서 마우스 오른쪽 단추를 클릭하고 [보내기]-[바탕 화면에 바로 가기 만들기]를 클릭한다.

바탕 화면에 바로 가기 아이콘을 만드는 바로 가기 키
[파일 탐색기]에서 바로 가기를 만들 항목을 Ctrl+Shift를 누른 상태로 바탕 화면으로 드래그 앤 드롭함

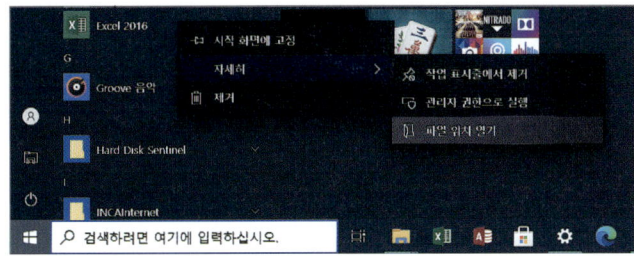

- 시작 메뉴에서 빠르게 바로 가기를 만들려면 프로그램(앱) 항목을 클릭한 다음 바탕 화면으로 드래그한다.

바로 가기 아이콘의 [속성] 창
- 대상 파일, 대상 형식, 대상 위치 등에 관한 연결된 항목의 정보 확인
- 바로 가기 키 지정
- 바로 가기 아이콘에 할당된 디스크 크기 확인
- 만든 날짜, 수정 날짜, 액세스한 날짜 등을 확인

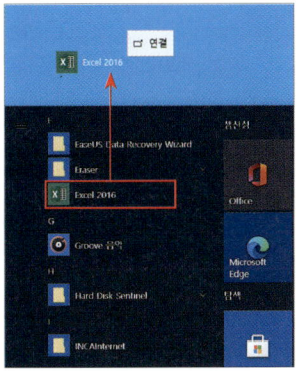

▲ 바탕 화면으로 드래그하여 바로 가기 아이콘 만들기

③ 바로 가기 아이콘 이름 변경하기
- 이름을 바꾸려는 바로 가기 아이콘에서 마우스 오른쪽 단추를 클릭한 후 [이름 바꾸기]를 클릭한다.
- 이름을 클릭하고 나서 잠시 후에 다시 클릭하여 이름을 바꿀 수도 있다.

3) 바탕 화면 아이콘 정렬/표시하기

- 바탕 화면 아이콘 정렬 : 바탕 화면에서 마우스 오른쪽 단추를 클릭한 후 [정렬 기준]에서 정렬할 기준(이름, 크기, 항목 유형, 수정한 날짜)을 클릭한다.

바탕 화면의 바로 가기 메뉴
- 바로 가기 키 : [Shift]+[F10]
- [보기]에서 아이콘의 크기(큰 아이콘, 보통 아이콘, 작은 아이콘)를 변경할 수 있음
- [보기]에서 아이콘 자동 정렬, 아이콘을 그리드에 맞춤, 바탕 화면 아이콘 표시 등을 설정함
- [정렬 기준]에서 아이콘의 정렬 기준(이름, 크기, 항목 유형, 수정한 날짜)를 변경할 수 있음
- [새로 만들기]로 바탕 화면에 폴더나 바로 가기, 텍스트 문서, 압축 파일 등을 만들 수 있음

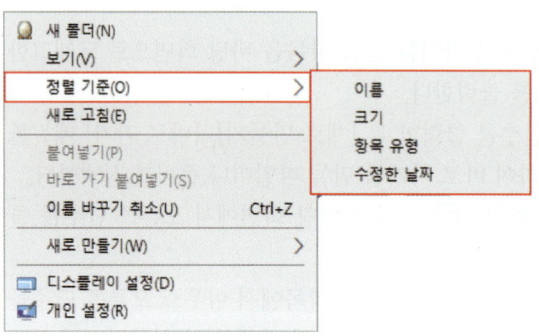

- 바탕 화면 아이콘 표시 : 바탕 화면에서 마우스 오른쪽 단추를 클릭한 후 [보기]에서 [바탕 화면 아이콘 표시]의 선택 여부에 따라 모든 바탕 화면 아이콘을 표시하거나 숨길 수 있다.

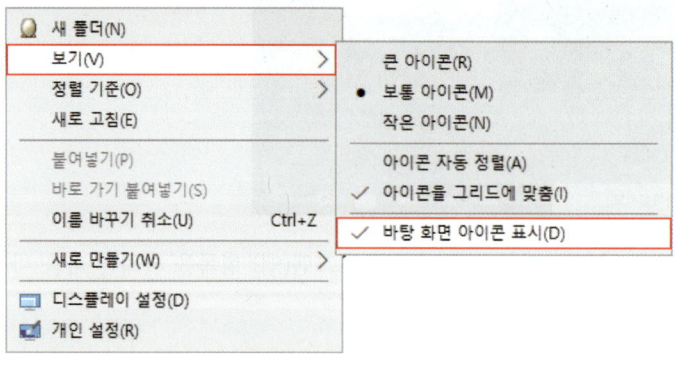

4) 바로 가기 아이콘 삭제하기

- 삭제할 바로 가기 아이콘에서 마우스 오른쪽 단추를 클릭한 후 [삭제]를 클릭하거나 [Delete]를 누른다.
- 삭세할 바로 가기 아이콘을 바탕 화면에 있는 [휴지통] 아이콘으로 드래그한다.

02 작업 표시줄(Task Bar) 25년 상시, 24년 상시, 21년 상시, 20년 2월

- 현재 수행 중인 프로그램(앱)들이 표시되는 부분으로 응용 프로그램 간 작업 전환이 한 번의 클릭으로 가능하다.
- 시작 단추, 검색 창, 작업 보기, 작업 표시줄, 숨겨진 아이콘 표시, 시스템 아이콘, 입력 도구 모음, 시간/날짜, 알림 센터, 바탕 화면 보기 등으로 구성된다.

❶ 시작 단추	• 바로 가기 키 : ⊞, Ctrl + Esc • 시작 메뉴가 표시되며 최근에 추가한 앱과 자주 사용되는 앱, 앱 목록, 사용자 계정, 설정, 전원 등이 표시됨 • 전원(⏻)에서 절전, 시스템 종료, 다시 시작이 가능함 • 시작 단추에서 마우스 오른쪽 버튼을 클릭하여 [앱 및 기능], [전원 옵션], [이벤트 뷰어], [시스템], [장치 관리자], [네트워크 연결], [디스크 관리], [컴퓨터 관리], [Windows PowerShell], [Windows PowerShell(관리자)], [작업 관리자], [설정], [파일 탐색기], [검색], [실행], [종료 또는 로그아웃(로그아웃, 절전, 시스템 종료, 다시 시작)], [데스크톱] 메뉴에서 필요한 작업을 수행할 수 있음(⊞+X(빠른 링크 메뉴 열기))
❷ 검색 창	• 바로 가기 키 : ⊞+S (검색 열기) • 원하는 검색어를 입력하여 모든 앱 및 프로그램의 검색부터 웹 정보까지 검색할 수 있음 • 작업 표시줄에서 마우스 오른쪽 단추를 클릭한 다음 [검색]에서 [숨김], [검색 아이콘 표시(🔍)], [검색 상자 표시] 메뉴에서 숨기거나 표시 방법을 설정할 수 있음
❸ 작업 보기	• 바로 가기 키 : ⊞+Tab (작업 보기 열기) • 현재 실행 중인 앱이 모두 표시되며 클릭하면 해당 앱으로 전환되어 표시됨 • 좌측 상단의 '+ 새 데스크톱'을 클릭하면 새로운 데스크톱(가상 데스크톱)이 추가됨
❹ 작업 표시줄	작업 표시줄에 고정된 프로그램(앱)으로 인터넷 등의 자주 사용하는 프로그램을 클릭만으로 빠르게 실행할 수 있는 빠른 실행 아이콘과 실행 중인 아이콘이 표시됨
❺ 숨겨진 아이콘 표시	• 바로 가기 키 : ⊞+B (알림 영역에 포커스 설정) • 클릭하면 숨겨진 아이콘과 기타 아이콘을 표시해 주며 작업 표시줄로 드래그하여 작업 표시줄에 추가할 수 있으며 반대로 사라지게 할 수도 있음 • 작업 표시줄에서 마우스 오른쪽 단추를 클릭한 다음 [작업 표시줄 설정]을 클릭하고 [설정] 창의 [작업 표시줄]에서 알림 영역의 [작업 표시줄에 표시할 아이콘 선택]을 이용하여 표시할 아이콘을 설정할 수 있음
❻ 시스템 아이콘	• 시계, 볼륨, 네트워크, 전원, 입력 표시기, 위치, 알림 센터, 터치 키보드, Windows Ink 작업 영역, 터치 패드, 마이크 등이 시스템 아이콘에 해당됨 • 작업 표시줄에서 마우스 오른쪽 단추를 클릭한 다음 [작업 표시줄 설정]을 클릭하고 [설정] 창의 [작업 표시줄]에서 알림 영역의 [시스템 아이콘 켜기 또는 끄기]를 이용하여 표시할 시스템 아이콘을 설정할 수 있음
❼ 입력 도구 모음	• 키보드의 한글/영문 전환, 한자 입력 등을 위한 도구를 표시함 • [시스템 아이콘 켜기 또는 끄기]에서 '입력 표시기'가 '끔'이면 나타나지 않음
❽ 시간/날짜	• 바로 가기 키 : ⊞+Alt+D (바탕 화면에서 날짜 및 시간 표시/숨기기) • 클릭하면 바탕 화면에 시간과 날짜가 표시되며 일정 관리도 가능함 • [시스템 아이콘 켜기 또는 끄기]에서 '시계'가 '끔'이면 나타나지 않음

> 시작 단추는 작업 표시줄에 고정된 것으로 표시 여부를 설정할 수 없음

⑨ 알림 센터	• 바로 가기 키 : ⊞+A(알림 센터 열기) • [태블릿 모드], [네트워크], [노트], [모든 설정], [위치], [방해 금지 모드], [야간 모드], [VPN], [다른 화면에 표시], [연결] 등의 바로 가기 설정이 가능함 • 앱 및 다른 보낸 사람의 알림 받기], [잠금 화면에 알림 표시], [잠금 화면에 미리 알림 및 수신 VoIP 통화 표시], [화면을 복제하는 동안 알림 숨기기], [Windows에 대한 팁 표시], [새로운 기능과 제안 내용을 강조 표시하기 위해 업데이트 후와 로그인 시 때때로 Windows 시작 환경 표시] 등을 설정할 수 있음
⑩ 바탕 화면 보기	• 바로 가기 키 : ⊞+D(바탕 화면 표시 및 숨기기) • 마우스를 위치시키면 바탕 화면이 나타나며 클릭하면 모든 창을 최소화함

- 작업 표시줄의 위치를 상하 좌우 자유롭게 배치시킬 수 있다.
- 화면의 반 정도(50%)까지 크기 조절이 가능하다.
- 자동 숨김 기능이 있다(작업 표시줄 설정에서 '데스크톱 모드에서 작업 표시줄 자동 숨기기'가 '켬'인 경우).
- 작업 표시줄을 이동하거나 크기를 변경하고자 할 때는 작업 표시줄의 빈 공간에서 마우스 오른쪽 단추를 클릭한 다음 [작업 표시줄 잠금]의 설정을 취소해야 한다.

바로 가기 키	기능
Alt+Tab	작업 전환 창에서 Tab 을 사용하여 열려 있는 모든 앱 사이를 전환함
Ctrl+Alt+Tab	작업 전환 창에서 화살표 키를 사용하여 열려 있는 모든 앱 사이를 전환함
Alt+Esc	현재 실행 중인 다음 창으로 전환함(열린 순서대로 항목 순환)
⊞+T	작업 표시줄의 앱을 순환함(Enter 를 누르면 실행됨)

시작 메뉴의 점프 목록 또는 작업 표시줄에 최근에 사용한 항목 표시하지 않기
[설정](⊞+I)-[개인 설정]-[시작]에서 [시작 메뉴의 점프 목록, 작업 표시줄 또는 파일 탐색기 즐겨찾기에서 최근에 연 항목 표시]를 '끔'으로 설정함

- 작업 표시줄의 실행 중인 프로그램 위에 마우스 포인터를 위치시키면 작은 미리 보기 화면이 표시되고 작은 미리 보기 화면에 마우스를 올려 놓으면 화면에 창이 바로 표시되며 클릭하면 열리게 된다.

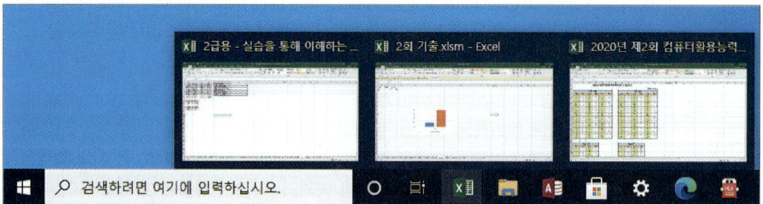

- 작업 표시줄 및 시작 메뉴의 앱에서 마우스 오른쪽 단추를 클릭하면 점프 목록이 나타난다.

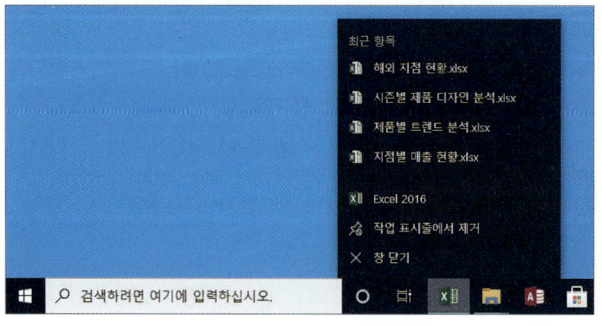

1) 작업 표시줄 바로 가기 키

바로 가기 키	기능
Shift +작업 표시줄 단추 클릭	작업 표시줄의 앱을 새로 실행함
Ctrl + Shift +작업 표시줄 단추 클릭	작업 표시줄의 앱을 관리자 권한으로 열음
Shift +작업 표시줄 단추를 마우스 오른쪽 단추로 클릭	작업 표시줄의 앱에서 바로 가기 메뉴나 창 메뉴 표시함

2) 작업 표시줄에 도구 모음 추가하기

작업 표시줄의 빈 영역에서 마우스 오른쪽 단추를 클릭한 다음 [도구 모음] 메뉴에서 추가할 도구 모음을 선택한다.

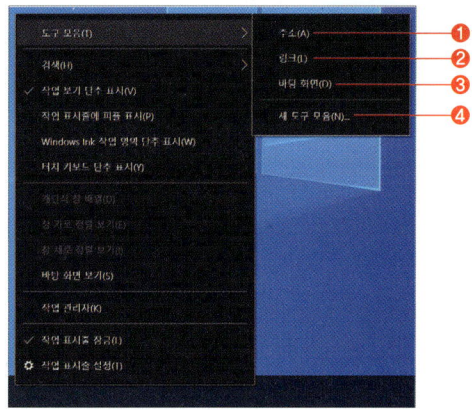

❶	주소	웹 사이트의 주소를 입력하면 브라우저가 실행되면서 해당 사이트로 이동함
❷	링크	저장된 북마크를 사용하여 웹 사이트에 빠르게 접속할 수 있음
❸	바탕 화면	바탕 화면에 있는 프로그램이나 파일, 폴더를 선택하여 실행함
❹	새 도구 모음	[새 도구 모음—폴더 선택] 창에서 자주 사용하는 폴더를 추가함

▲ 작업 표시줄에 추가된 주소, 링크, 바탕 화면, 새 도구 모음

3) 작업 표시줄에 프로그램(앱) 고정 및 제거하기

① 작업 표시줄에 프로그램(앱) 고정하기

방법 1	자주 사용하는 프로그램(앱)을 작업 표시줄에 고정시키기 위해서는 작업 표시줄에 고정시키려는 프로그램(앱)에서 마우스 오른쪽 단추를 클릭한 다음 [자세히]-[작업 표시줄에 고정]을 선택함
방법 2	작업 표시줄에 고정시킬 프로그램(앱)을 클릭한 다음 작업 표시줄로 드래그함

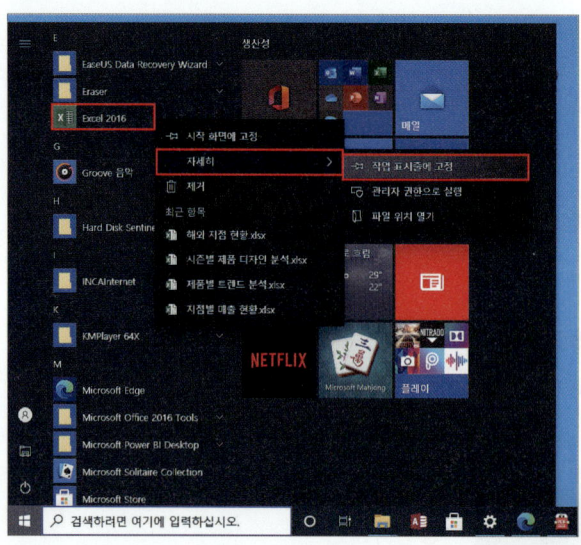

② 작업 표시줄에서 프로그램(앱) 제거하기

작업 표시줄에 고정된 프로그램(앱)에서 마우스 오른쪽 단추를 클릭한 다음 [작업 표시줄에서 제거]를 선택한다.

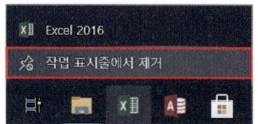

4) 작업 표시줄에 고정된 프로그램(앱)의 최근 항목 고정 및 제거하기

- 작업 표시줄에 고정된 프로그램에서 마우스 오른쪽 단추를 클릭한 다음 최근 항목에 있는 파일 중 고정을 원하는 파일에서 📌(이 목록에 고정)을 클릭한다.
- 고정된 항목이 생기면서 해당 파일이 고정된다.
- 제거할 때는 📌(이 목록에서 제거)를 클릭하면 된다.

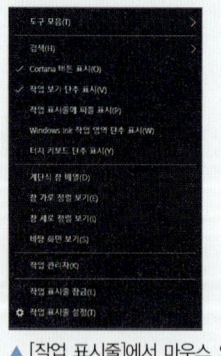

▲ [작업 표시줄]에서 마우스 오른쪽 단추 클릭

5) 작업 표시줄 설정 14년 3월

방법 1	작업 표시줄의 빈 영역에서 마우스 오른쪽 단추를 클릭한 다음 [작업 표시줄 설정]을 클릭함
방법 2	[시작] 단추(■)에서 마우스 오른쪽 단추를 클릭한 다음 [설정]–[개인 설정]–[작업 표시줄]을 클릭함
방법 3	■+I를 누른 후 [개인 설정]–[작업 표시줄]을 클릭함
방법 4	■+X ★, N을 누른 후 [개인 설정]–[작업 표시줄]을 클릭함

★ ■+X
시작 단추에서 마우스 오른쪽 단추 클릭 메뉴 열기(빠른 링크 메뉴 열기)

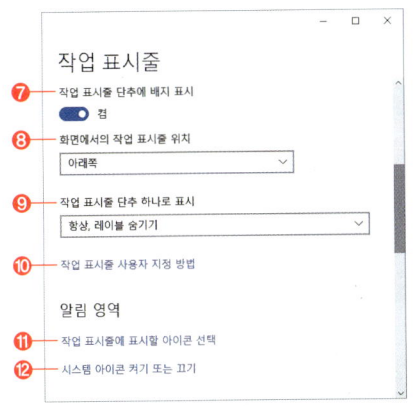

❶	• 작업 표시줄의 이동이나 크기, 도구 모음의 위치 및 크기 조절을 잠그는 기능 • 작업 표시줄의 빈 영역에서 마우스 오른쪽 단추를 클릭한 다음 [작업 표시줄 잠금]을 클릭하여도 됨
❷	데스크톱 모드에서 작업 표시줄의 자동 숨기기의 설정 여부로 작업 표시줄 자리에 마우스를 위치시키면 다시 나타남
❸	태블릿 모드에서 작업 표시줄의 자동 숨기기의 설정 여부로 작업 표시줄 자리에 마우스를 위치시키면 다시 나타남
❹	작업 표시줄에 작은 아이콘을 사용하여 나타냄
❺	'끔'으로 설정하면 바탕 화면 보기 단추를 이용한 미리 보기가 실행되지 않음
❻	'끔'으로 설정하면 [명령 프롬프트], [명령 프롬프트(관리자)]로 변경되어 표시됨

★ **배지(Badge)**
앱에서 특정 작업이 발생하여 진행하고 있거나 발생해야 함을 알려주는 경고

★ **작업 표시줄에 단추 표시 유형**
- **항상, 레이블 숨기기**: 기본 설정으로 레이블 없이 앱을 항상 단추 하나로 표시함
- **작업 표시줄이 꽉 찼을 때**: 여러 개의 창이 열려 있는 앱을 단일 앱 단추로 축소하여 표시함
- **안 함**: 각 창을 레이블이 있는 개별 단추로 표시하고 열려 있는 창의 개수에 관계없이 창을 하나로 표시하지 않음(열린 앱과 창이 많아지면 단추는 더 작아지다가 나중에는 스크롤됨)

❼	기본적으로 켜져 있으며 [알람 및 시계] 앱의 경우 벨 배지(🔔)★는 설정한 시간에 알려줄 것임을 나타냄
❽	• 화면에서의 작업 표시줄 위치를 설정함(왼쪽, 위쪽, 오른쪽, 아래쪽) • 마우스로 작업 표시줄을 원하는 위치로 드래그하여 변경 가능함
❾	작업 표시줄에 단추 표시 유형★을 설정함 • 항상, 레이블 숨기기(기본 설정) • 작업 표시줄이 꽉 찼을 때 • 안 함
❿	작업 표시줄 사용 방법에 대한 정보를 보여줌
⓫	작업 표시줄에 표시할 아이콘을 설정할 수 있으며 '항상 모든 아이콘을 알림 영역에 표시'하게 설정할 수 있음
⓬	시계, 볼륨, 네트워크, 전원, 입력 표시기, 위치, 알림 센터, 터치 키보드, Windows Ink 작업 영역, 터치 패드, 마이크 등의 시스템 아이콘의 켜기 또는 끄기가 가능함

03 시작 메뉴 25년 상시, 19년 3월, 14년 6월, 13년 10월, 11년 7월/10월, 08년 8월, 07년 5월

- 모든 작업이 시작되는 곳으로 내 PC에 저장된 폴더와 파일, 프로그램(앱), 설정 등을 모두 시작 메뉴에서 찾을 수 있으며 실행하는 기능을 수행한다.
- 내 PC에 설치되어 있는 앱과 프로그램을 시작 화면이나 작업 표시줄에 고정시키고 파일의 위치를 열 수 있으며 제거까지 가능하다.
- 시작 메뉴의 크기 조정이 가능하므로 앱과 프로그램이 많아서 공간이 필요한 경우 크기를 넓힐 수 있다.

1) 시작 메뉴의 실행

방법 1	⊞를 누름
방법 2	Ctrl + Esc 를 누름
방법 3	작업 표시줄에서 [시작] 단추(⊞)를 클릭함

2) 시작 메뉴의 구성

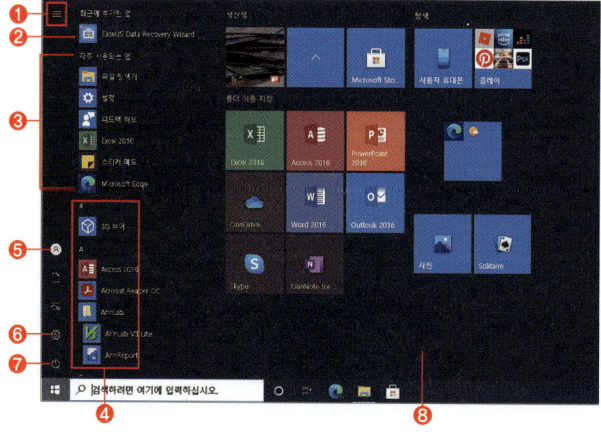

❶ 확장 단추	확장 단추를 클릭하면 모든 메뉴의 항목 이름이 표시됨
❷ 최근에 추가한 앱	최근에 설치한 앱이 있을 경우 목록을 표시함
❸ 자주 사용하는 앱	자주 사용하는 앱의 목록을 표시함
❹ 앱 목록	• 내 PC에 설치된 모든 앱과 프로그램의 목록을 사전순으로 표시함 • 앱 이름 앞의 아이콘 모양이 ■인 경우는 여러 개의 앱을 포함하고 있는 그룹화 앱을 의미하며 클릭하면 모두 나열하여 표시함
❺ 사용자 계정	• 현재 로그인된 사용자 계정의 이름이 표시됨 • 계정 설정 변경, 잠금, 로그아웃을 실행함
❻ 설정	[시스템], [장치], [전화], [네트워크 및 인터넷], [개인 설정], [앱], [계정], [시간 및 언어], [게임], [접근성], [검색], [개인 정보], [업데이트 및 보안] 등에 대한 설정이 가능함
❼ 전원	시스템을 종료하거나 다시 시작할 수 있으며 절전 모드로 전환할 수 있음
❽ 시작 화면	자주 사용하는 프로그램이나 앱을 타일 형식으로 표시함

> **기적의 TIP**
> 시작 메뉴의 구성과 시작 프로그램의 각 기능을 중점적으로 공부해 두세요.

> **암기 TIP**
> C(씨)E(이)작
> 시작 메뉴는 Ctrl + Esc

3) 시작 화면에 프로그램(앱) 고정 및 제거하기

① 시작 화면에 프로그램(앱) 고정하기

방법 1	자주 사용하는 프로그램(앱)을 시작 화면에 고정시키기 위해서는 시작 화면에 고정시키려는 프로그램(앱)에서 마우스 오른쪽 단추를 클릭한 다음 [시작 화면에 고정]을 선택함
방법 2	시작 화면에 고정시킬 프로그램(앱)을 클릭한 다음 시작 화면으로 드래그함

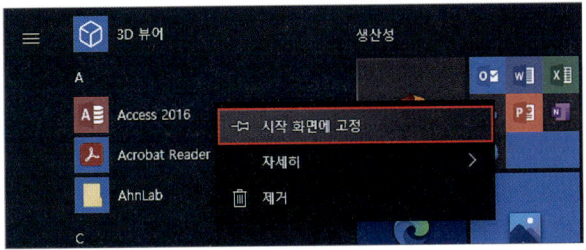

② 시작 화면에서 프로그램(앱) 제거하기

시작 화면에 고정된 프로그램(앱)에서 마우스 오른쪽 단추를 클릭한 다음 [시작 화면에서 제거]를 선택한다.

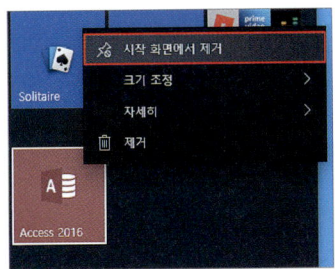

4) 시작 메뉴의 프로그램(앱)의 이름 변경하기

- 이름 변경을 원하는 프로그램(앱) 항목에서 마우스 오른쪽 단추를 클릭한 후 [자세히]-[파일 위치 열기]를 선택한다.

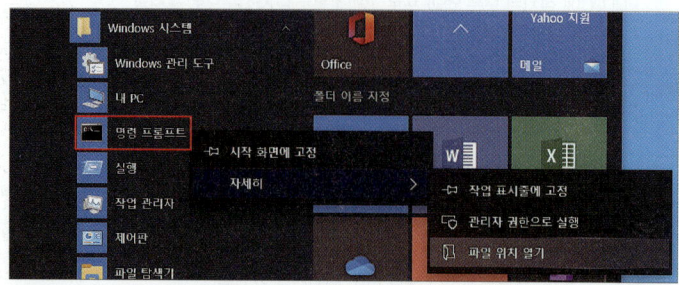

- [파일 탐색기]가 실행되면서 선택되어 표시된 파일에서 마우스 오른쪽 단추를 클릭하고 [이름 바꾸기]([F2])를 클릭한 후 새 이름을 입력하고 [Enter]를 누른다(◎ 명령 프롬프트 → 검정 고무신 화면).

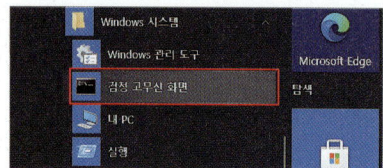

▲ 명령 프롬프트 → 검정 고무신 화면으로 변경됨

- 프로그램(앱)에 따라 [파일 위치 열기]가 지원되지 않는 프로그램(앱)은 이름을 변경할 수 없다.

5) 시작 메뉴에서 알파벳 목록이나 한글 자음 목록으로 빠르게 프로그램(앱) 찾기

- 시작 메뉴의 모든 프로그램(앱)에서 알파벳이나 한글 자음을 클릭하면(◎ A, ㄱ) 시작 메뉴에 알파벳 목록과 한글 자음 목록이 표시된다.

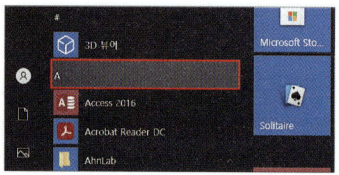

- 알파벳 목록이나 한글 자음 목록에서 찾고자 하는 프로그램(앱)에 해당하는 것을 클릭하면 빠르게 원하는 프로그램(앱)을 찾을 수 있다(◎ Windows 보조프로그램의 경우 W를 클릭).

6) 시작 화면의 앱 타일 사용하기

① 크기 조절 및 이동

- 크기 조절을 원하는 앱 타일에서 마우스 오른쪽 단추를 클릭한 다음 [크기 조정]에서 [작게], [보통], [넓게], [크게] 중에서 선택한다.

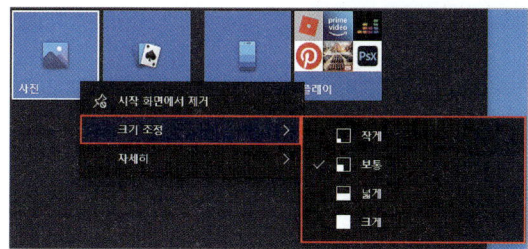

- 이동을 원하는 앱 타일을 클릭한 다음 원하는 위치로 드래그한다.

② 라이브 타일(Live Tile) 기능 켜고 끄기

- 라이브 타일은 날씨, 뉴스, 일정, 메일 등 실시간으로 정보를 표시해 주는 기능의 타일이다.
- 라이브 타일의 기능을 켜고 끄기 위해서는 라이브 타일에서 마우스 오른쪽 단추를 클릭한 다음 [자세히]-[라이브 타일 끄기 및 켜기]를 선택한다.

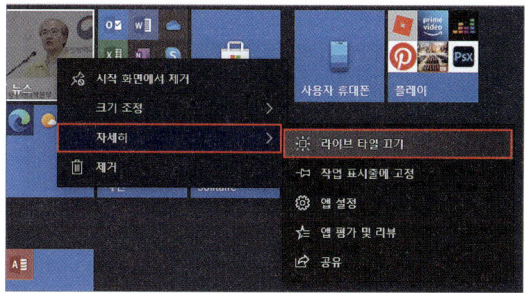

③ 앱 그룹 이름 변경 및 새 그룹 생성
- 변경하고자 하는 앱 그룹 이름을 클릭한 다음 원하는 새 그룹명을 입력하고 Enter 를 누른다.
- 새 그룹을 만들기 위해서 시작 메뉴의 프로그램(앱)이나 앱 타일을 시작 화면의 빈 공간에 파란색 수평 막대 모양이 표시될 때까지 드래그하여 배치한다.

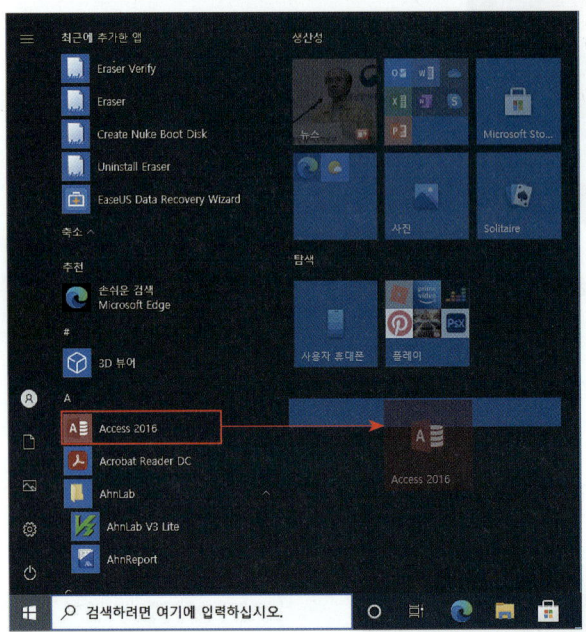

- [그룹 이름 지정] 상자를 클릭한 다음 새로운 그룹 이름을 입력하고 Enter 를 누른다.

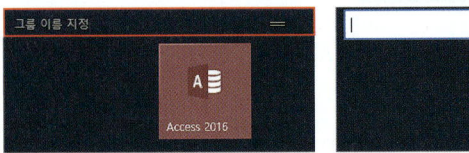

7) 시작 메뉴 및 시작 화면에서 내 PC에 설치된 프로그램(앱) 삭제하기
- 삭제를 원하는 프로그램(앱)에서 마우스 오른쪽 단추를 클릭한 다음 [제거]를 클릭한다.

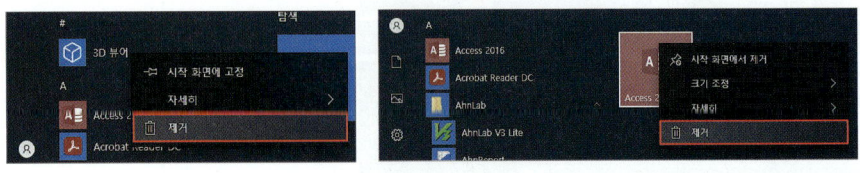

- [프로그램 제거 또는 변경] 창에서 해당 프로그램(앱)을 선택하여 삭제한다.

8) 시작 메뉴 설정

방법 1	작업 표시줄의 빈 영역에서 마우스 오른쪽 단추를 클릭한 다음 [작업 표시줄 설정]을 클릭한 다음 [시작]을 클릭함
방법 2	[시작] 단추(⊞)에서 마우스 오른쪽 단추를 클릭한 다음 [설정]–[개인 설정]–[시작]을 클릭함
방법 3	⊞+I(설정)를 누른 후 [개인 설정]–[시작]을 클릭함
방법 4	⊞+X ★, N을 누른 후 [개인 설정]–[시작]을 클릭함

★ ⊞+X
시작 단추에서 마우스 오른쪽 단추 클릭 메뉴 열기(빠른 링크 메뉴 열기)

시작

① 시작 화면에 더 많은 타일 표시 — 끔
② 시작 메뉴에서 앱 목록 표시 — 켬
③ 최근에 추가된 앱 표시 — 켬
④ 가장 많이 사용하는 앱 표시 — 끔
⑤ 때때로 시작 메뉴에 제안 표시 — 켬
⑥ 전체 시작 화면 사용 — 끔
⑦ 시작 메뉴의 점프 목록, 작업 표시줄 또는 파일 탐색기 즐겨찾기에서 최근에 연 항목 표시 — 켬
⑧ 시작 메뉴에 표시할 폴더 선택

①	'켬'으로 설정하면 시작 화면이 더 많은 타일을 표시할 수 있게 넓어짐
②	'끔'으로 설정하면 시작 메뉴에서 앱 목록이 표시되지 않으며 [고정된 타일(品)]과 [모든 앱(☰)] 중에 선택하여 나타낼 수 있음
③	'끔'으로 설정하면 최근에 추가된 앱이 표시되지 않음
④	'끔'으로 설정하면 가장 많이 사용하는 앱이 표시되지 않음
⑤	'끔'으로 설정하면 제안 표시가 있는 경우 표시하지 않음(예 시작 메뉴에 광고 등의 표시를 원치 않을 경우)
⑥	'켬'으로 설정하면 모니터 화면 전체를 시작 화면으로 사용하며 [고정된 타일(品)]과 [모든 앱(☰)] 중에서 선택하여 나타낼 수 있음
⑦	'끔'으로 설정하면 시작 메뉴의 점프 목록, 작업 표시줄 또는 파일 탐색기 즐겨찾기에서 최근에 연 항목을 표시하지 않음
⑧	• 시작 메뉴에 표시할 폴더를 선택함 • [파일 탐색기], [설정], [문서], [다운로드], [음악], [사진], [동영상], [네트워크], [개인 폴더] 등을 선택할 수 있음

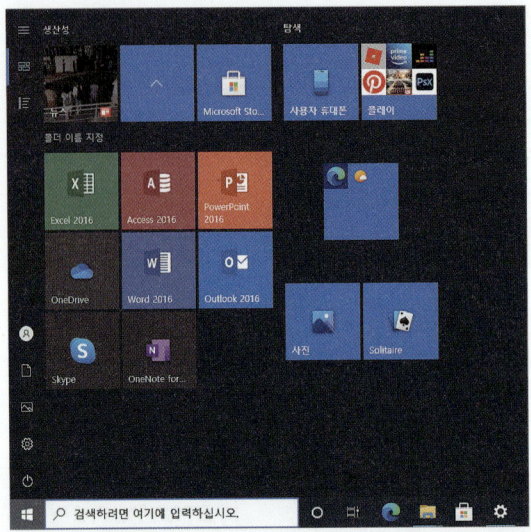

▲ ❷ 시작 메뉴에서 앱 목록 표시를 '끔'으로 한 경우

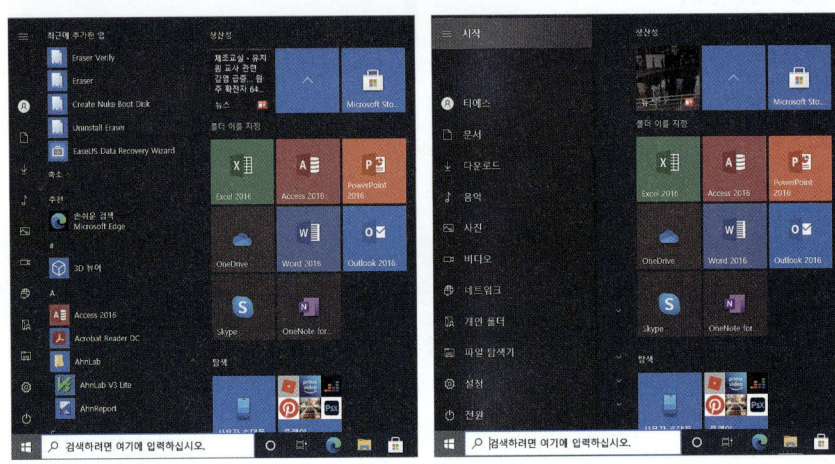

▲ ❸ 시작 메뉴에 표시할 모든 폴더를 선택한 경우   ▲ ❸ 시작 메뉴에 표시할 모든 폴더를 확장한 경우

04 시작 프로그램 16년 3월, 13년 6월, 09년 2월, 08년 2월, 06년 7월, 04년 5월

- 시작 프로그램에 들어 있는 프로그램들은 Windows가 시작될 때 자동으로 실행된다.
- 사용자가 자동으로 실행되기를 원하는 프로그램(앱)이나 파일을 시작 프로그램에 복사해 놓으면 된다.

▶ 실행 방법

방법 1	[시작(■)]-[Windows 시스템]-[실행]에서 열기란에 'shell:startup'을 입력하고 [확인]을 클릭함
방법 2	파일 탐색기(■+E)의 주소 표시줄에 'shell:startup'을 입력하고 Enter를 누름

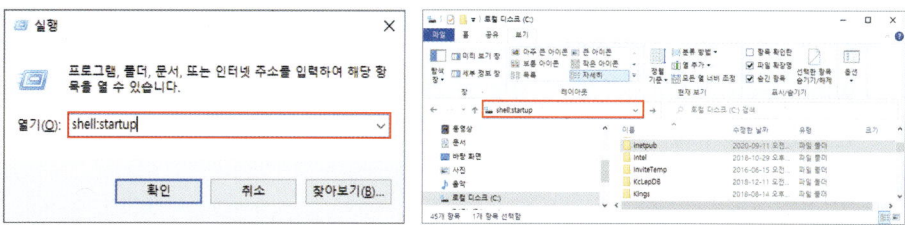

- 시작프로그램 폴더가 열리면 Windows 시작 시 자동으로 실행되기를 원하는 파일이나 프로그램(앱)을 복사하여 폴더에 넣으면 된다.

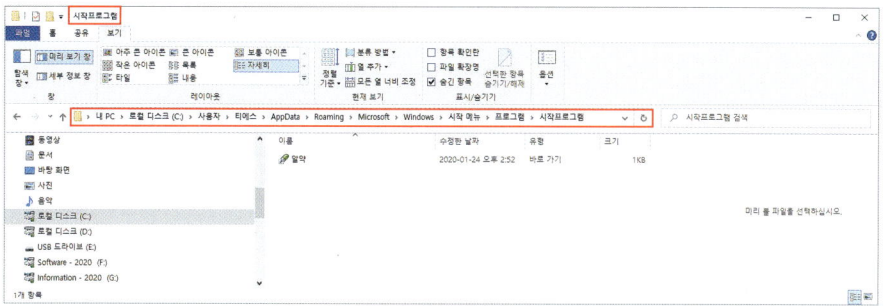

- 시작프로그램 폴더는 '내 PC > 로컬 디스크(C:) > 사용자 > 사용자이름 > AppData > Roaming > Microsoft > Windows > 시작 메뉴 > 프로그램 > 시작프로그램'에 위치한다.
- 자동 실행을 원치 않을 경우 작업 관리자(Ctrl + Shift + Esc)의 [시작프로그램] 탭에서 [사용 안 함]을 이용하여 자동 실행을 해제한다.

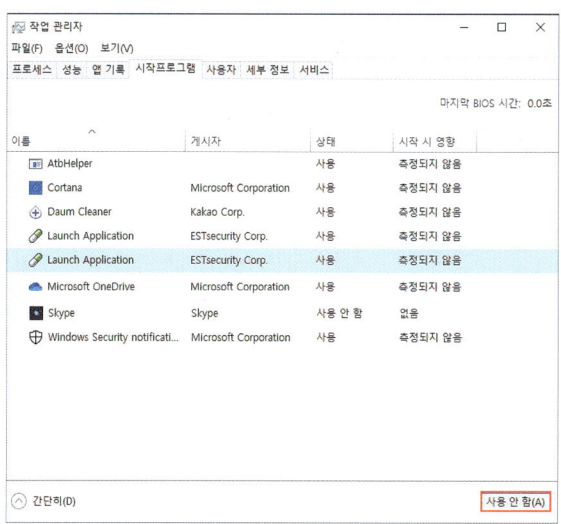

- Windows가 시작할 때 시작 프로그램 오류 메시지가 나타나거나 더 이상 자동 실행을 원치 않을 경우 시작프로그램 폴더에서 해당 프로그램(앱)이나 파일을 선택한 다음 마우스 오른쪽 단추를 클릭, [삭제]를 클릭하여 삭제한다.

05 레지스트리(Registry) 25년 상시, 22년 상시, 18년 9월, 14년 3월, 13년 6월, 09년 7월/10월, 08년 5월, …

— 등록소, 등기소

- Windows에서 사용하는 환경 설정 및 각종 시스템과 관련된 정보가 저장되어 있는 계층 구조식 데이터베이스이다.

▶ 실행 방법

방법 1	[시작(■)]-[Windows 관리 도구]-[레지스트리 편집기]를 클릭함
방법 2	[시작(■)]-[Windows 시스템]-[실행]에서 열기란에 'regedit'를 입력하고 [확인]을 클릭함
방법 3	[실행] 열기란에 'msconfig'를 입력한 다음 [시스템 구성]의 [도구] 탭에서 [레지스트리 편집기]를 선택한 후 [시작]을 클릭함

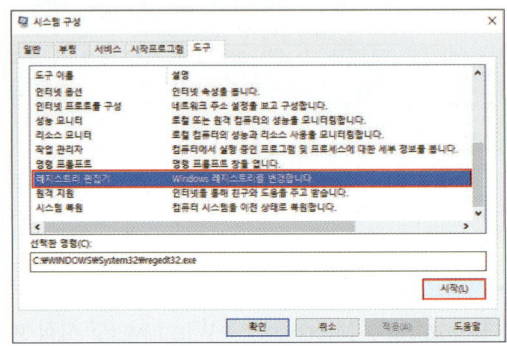

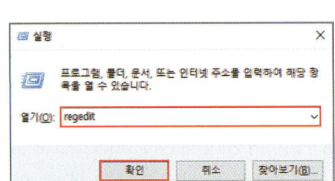

- 레지스트리 키와 레지스트리 값을 추가 및 편집하고, 백업으로부터 레지스트리를 복원한다.
- 레지스트리에 이상이 있을 경우 Windows 운영체제에 치명적인 손상이 생길 수 있다.
- 레지스트리는 Windows의 부팅 이외에 응용 프로그램 실행에도 참조되며, 레지스트리 편집기를 이용하여 Windows 등의 프로그램 환경을 설정할 때에도 사용된다.
- 레지스트리는 IRQ, I/O 주소, DMA 등과 같은 하드웨어 자원과 프로그램 실행 정보와 같은 소프트웨어 자원을 관리한다.
- 사용자 프로필과 관련된 부분은 'NTUSER.DAT' 파일에 저장된다.

06 작업 관리자 16년 6월, 15년 6월, 14년 3월, 12년 3월/6월

- 내 PC에서 실행되고 있는 프로그램(앱)들에 대한 프로세스(앱, 백그라운드 프로세스, Windows 프로세스), 성능(CPU, 메모리, 디스크, 이더넷), 앱 기록(리소스 사용량), 시작 프로그램(상태, 사용 안 함 설정), 사용자(CPU, 메모리, 디스크, 네트워크 사용 정보), 세부 정보(실행 파일의 상태, 사용자 이름, CPU와 메모리 사용 정보), 서비스(이름, 상태) 등에 대한 정보를 제공해 준다.

▶ 실행 방법

방법 1	[시작(⊞)]-[Windows 시스템]-[작업 관리자]를 클릭함
방법 2	작업 표시줄의 빈 영역에서 마우스 오른쪽 단추를 클릭한 다음 [작업 관리자]를 클릭함
방법 3	[시작] 단추(⊞)에서 마우스 오른쪽 단추를 클릭한 후 [바로 가기 메뉴]에서 [작업 관리자(T)]를 클릭함
방법 4	[Windows 검색 상자]★에 '작업 관리자'를 입력한 다음 결과에서 [작업 관리자]를 클릭함
방법 5	[시작(⊞)]-[Windows 시스템]-[실행](⊞+R)에서 'taskmgr'을 입력하고 [확인]을 클릭함
방법 6	[실행] 열기란에 'msconfig'를 입력한 다음 [시스템 구성]의 [도구] 탭에서 [작업 관리자]를 선택한 후 [시작]을 클릭함
방법 7	[시스템 구성]의 [시작 프로그램] 탭에서 [작업 관리자 열기]를 클릭함
방법 8	Ctrl+Alt+Delete 를 누른 후 [작업 관리자]를 클릭함
방법 9	Ctrl+Shift+Esc 를 누름
방법 10	⊞+X★, T를 누름

★ Windows 검색 상자
⊞+S

★ ⊞+X
시작 단추에서 마우스 오른쪽 단추 클릭 메뉴 열기(빠른 링크 메뉴 열기)

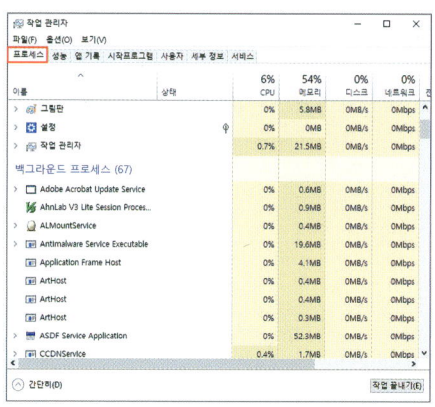

▲ [프로세스] 탭

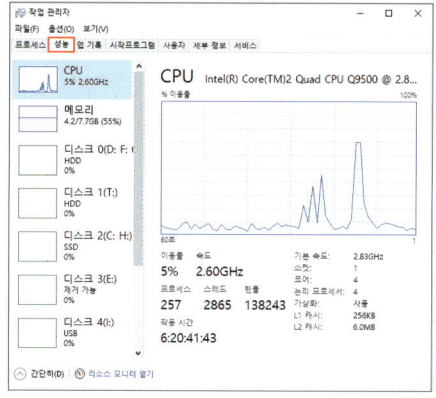

▲ [성능] 탭

- [프로세스] 탭에서 응답하지 않는 프로그램이나 실행 중지를 원하는 프로그램이 있을 경우 해당 프로그램을 선택한 다음 [작업 끝내기] 단추를 사용하여 해당 프로세스를 중지할 수 있다.
- [성능] 탭에서 CPU, 메모리, 디스크, 이더넷의 성능을 모니터링할 수 있다.
- [앱 기록] 탭에서 앱의 리소스 사용량(CPU 시간, 네트워크, 타일 업데이트 등) 정보를 확인하고 사용 현황을 삭제할 수 있다.
- 작업 관리자에서 현재 실행 중인 응용 프로그램의 작업 수행 순서를 변경하지는 못한다.

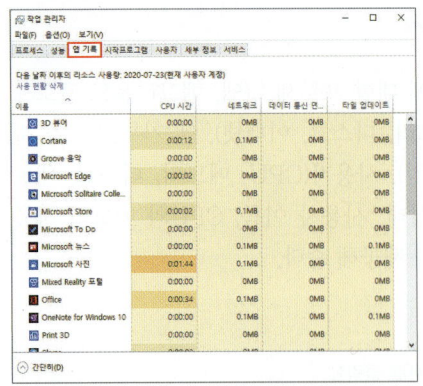

▲ [앱 기록] 탭

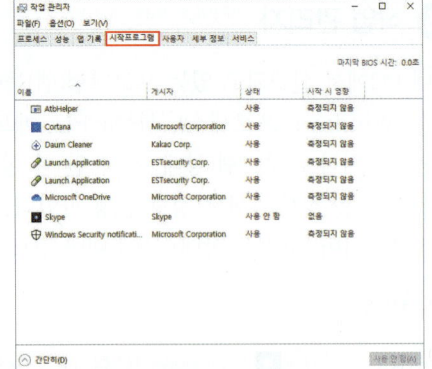

▲ [시작프로그램] 탭

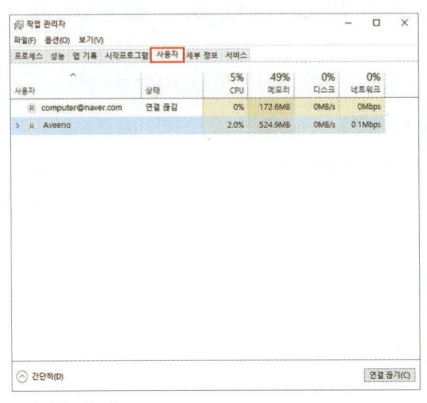

▲ [사용자] 탭

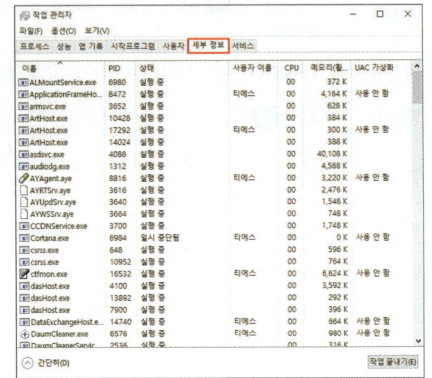

▲ [세부 정보] 탭

▲ [서비스] 탭

이론을 확인하는 기출문제

01 다음 중 Windows에서 바로 가기 아이콘에 관한 설명으로 옳지 <u>않은</u> 것은?

① 바로 가기 아이콘을 실행하면 연결된 원본 파일이 실행된다.
② 파일, 폴더뿐만 아니라 디스크 드라이브나 프린터에도 바로 가기 아이콘을 만들 수 있다.
③ 일반 아이콘과 비교하여 왼쪽 아랫부분에 화살표가 포함되어 표시된다.
④ 하나의 바로 가기 아이콘에 여러 개의 원본 파일을 연결할 수 있다.

하나의 바로 가기 아이콘에 여러 개의 원본 파일을 연결할 수 없음

02 다음 중 Windows의 [시스템 구성]에 대한 설명으로 옳지 <u>않은</u> 것은?

① Windows가 제대로 시작되지 않는 문제를 식별하도록 도와주는 고급 도구이며 문제를 찾아 격리시키기 위한 것이다.
② 시작 모드 중 '선택 모드'는 기본 장치 및 서비스로만 Windows를 시작하여 발생된 문제를 진단하는 데 유용하다.
③ [도구] 탭에서 작업 관리자나 레지스트리 편집기를 실행할 수 있다.
④ 부팅 옵션 중 '안전 부팅'의 '최소 설치'를 선택하면 중요한 시스템 서비스만 실행되는 안전 모드로 Windows를 시작하며, 네트워킹은 사용할 수 없다.

- 진단 모드 : 기본 장치 및 서비스로만 Windows를 시작하여 발생된 문제를 진단하는 데 유용함
- 실행(⊞+R)에서 'msconfig'를 입력하고 [확인]을 눌러 [시스템 구성]을 실행함
- [시스템 구성]의 [일반] 탭에서 시작 모드 선택을 설정할 수 있음
- 시작 모드 선택

정상 모드	모든 장치 드라이버 및 서비스 로드
진단 모드	기본 장치 및 서비스만 로드
선택 모드	시스템 서비스 로드, 시작 항목 로드, 원래 부팅 구성 사용

03 다음 중 레지스트리(Registry)에 대한 설명으로 옳은 것은?

① Windows에서 사용하는 환경 설정 및 각종 시스템과 관련된 정보가 저장된 계층 구조식 데이터베이스이다.
② CPU의 처리 효율을 높이고 데이터의 입출력을 빠르게 할 수 있게 만든 입출력 전용 처리기이다.
③ 휘발성 메모리로, 속도가 빠른 CPU와 상대적으로 속도가 느린 주기억 장치 사이에 있는 고속의 버퍼 메모리이다.
④ 하드디스크의 일부를 주기억 장치처럼 사용하는 메모리 사용 기법이다.

레지스트리(Registry)
- Windows에서 사용하는 환경 설정 및 각종 시스템과 관련된 정보가 저장된 계층 구조식 데이터베이스
- 레지스트리 키와 레지스트리 값을 추가 및 편집하고, 백업으로부터 레지스트리를 복원함
- 레지스트리에 이상이 있을 경우 Windows 운영체제에 치명적인 손상이 생길 수 있음

오답 피하기
- ② : 입출력 채널(I/O Channel)
- ③ : 캐시 메모리(Cache Memory)
- ④ : 가상 메모리(Virtual Memory)

04 다음 중 한글 Windows의 [작업 표시줄 및 시작 메뉴]에 대한 설명으로 옳지 <u>않은</u> 것은?

① 작업 표시줄에서 PC에 설치된 모든 프로그램이나 앱을 실행할 수 있다.
② 화면에서 작업 표시줄의 위치는 사용자가 지정할 수 있다.
③ 작업 표시줄은 작업 시 필요에 의해 숨기기할 수 있다.
④ 시작 메뉴는 Ctrl + Esc 로 호출할 수 있다.

작업 표시줄은 현재 수행 중인 프로그램이나 앱이 표시됨

정답 01 ④ 02 ② 03 ① 04 ①

SECTION 03 파일 탐색기

빈출태그 파일 • 폴더 • 복사와 이동 • 폴더 옵션 • 라이브러리 • 휴지통

01 파일 탐색기의 기본 14년 10월, 12년 9월, 07년 5월, 05년 2월/10월, 04년 2월, 03년 2월

- 파일 탐색기는 사용자가 사용할 수 있는 시스템에 장착된 모든 디스크 드라이브 및 폴더 관리 등 시스템의 전반적인 정보를 갖는다.
- 파일 탐색기는 새로운 폴더의 생성과 자료의 이동, 복사, 삭제 등의 작업을 손쉽게 할 수 있는 파일 관리 프로그램이며 계층적 디렉터리 구조를 갖고 있다.
- 왼쪽에 탐색 창이 표시되며 오른쪽에는 폴더 내용 창이 표시된다.
- 파일 탐색기가 열리면서 기본적으로 표시되는 [즐겨찾기]는 자주 사용하는 파일과 폴더, 가장 최근 사용한 파일과 폴더를 표시하므로 이를 찾기 위해 여러 폴더를 검색할 필요가 없다.
- [즐겨찾기]에 원하는 폴더를 고정시키는 방법

방법 1	해당 폴더를 선택한 다음 [홈] 탭-[클립보드] 그룹-[즐겨찾기에 고정]을 클릭함
방법 2	마우스 오른쪽 단추를 클릭하고 [즐겨찾기에 고정]을 클릭함
방법 3	해당 폴더를 [즐겨찾기 메뉴]로 드래그함

- [즐겨찾기]에 표시된 폴더에서 마우스 오른쪽 단추를 클릭하고 [즐겨찾기에서 제거]를 선택하면 즐겨찾기에서 제거된다.
- [파일]-[폴더 및 검색 옵션 변경]을 클릭, [폴더 옵션] 창의 [일반] 탭에서 [파일 탐색기 열기]를 '즐겨찾기'에서 '내 PC'로 변경할 수 있다.
- 클라우드 서비스인 OneDrive가 파일 탐색기에 포함되어 표시되며 바로 파일을 공유할 수 있다.

> **즐겨찾기 또는 바로 가기**
> Windows 10의 최신 업데이트 버전에서는 '즐겨찾기'로, 이전 버전에서는 '바로 가기'로 표시됨

1) 파일 탐색기의 화면 구성

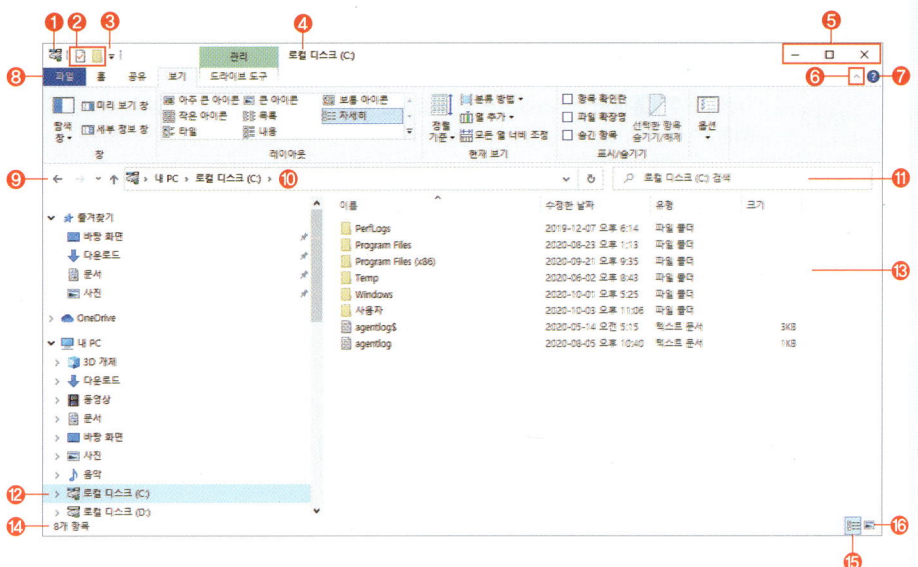

❶ 조절 메뉴 단추	이전 크기로, 이동, 크기 조정, 최소화, 최대화, 닫기(Alt + F4) 등의 조절 메뉴가 나타남(Alt + Space Bar)	
❷ 빠른 실행 도구 모음	빠르게 실행할 도구 모음으로 [속성](Alt + Enter)과 [새 폴더](Ctrl + Shift + N)가 표시됨	
❸ 빠른 실행 도구 모음 사용자 지정 단추	[실행 취소], [다시 실행], [삭제], [속성], [새 폴더], [이름 바꾸기] 등을 빠른 실행 도구로 지정할 수 있으며 [리본 메뉴 아래에 표시]와 [리본 메뉴 최소화]를 설정함	
❹ 제목 표시줄	현재 선택된 드라이브나 폴더의 이름이 표시됨	
❺ 창 조절 단추	[최소화], [이전 크기로 복원(▭)], [최대화], [닫기] 단추를 이용하여 파일 탐색기의 창 크기를 조절함	
❻ 리본 최소화 단추	리본에 탭 이름만 표시(Ctrl + F1)하며, [리본 확장 단추(⌄)]로 변경됨	
❼ 도움말	Windows 도움말 검색창과 도움말이 표시됨	
❽ 리본 메뉴	리본 메뉴는 기본적으로 [파일] 탭, [홈] 탭, [공유] 탭, [보기] 탭이 표시됨	
❾ 폴더 이동 단추	[뒤로](Alt + ←), [앞으로](Alt + →), [최근 위치], [위로](Alt + ↑) 폴더를 이동함	
❿ 주소 표시줄	현재 선택된 파일이나 폴더의 탐색 경로를 표시함	
⓫ 검색 상자	현재 폴더나 하위 폴더의 파일을 검색함	
⓬ 탐색 창	즐겨찾기, 내 PC, 네트워크, OneDrive, 라이브러리 등을 표시함	
⓭ 파일 목록 창	현재 선택된 폴더의 내용을 표시하며 선택, 이동, 복사 등을 실행함	
⓮ 항목 수 표시	선택한 드라이브나 폴더의 항목 수와 선택한 항목 수를 표시함	
⓯ [자세히] 단추	창의 각 항목에 대한 정보를 '자세히' 표시함(이름, 날짜, 유형, 크기, 길이 등)(Ctrl + Shift + 6)	
⓰ [큰 아이콘] 단추	창의 각 항목에 대한 정보를 '큰 아이콘'으로 표시함(Ctrl + Shift + 2)	

파일이나 폴더, 프린터, 드라이브 등 컴퓨터 자원의 공유

- 공유 폴더에 대한 접근 권한은 사용자에 따라 다르게 설정할 수 있음
- 파일 탐색기의 주소 표시줄에 '\\localhost'를 입력하면 네트워크를 통해 공유한 파일이나 폴더를 확인할 수 있음
- 파일 탐색기의 공유 기능을 이용하면 파일이나 폴더를 쉽게 다른 사용자와 공유할 수 있음
- 공유 이름 뒤에 '$'를 붙이면 공유 숨기기가 되므로 네트워크의 다른 사용자가 공유 여부를 알 수 없음

2) Windows 10의 파일 탐색기 실행 21년 상시

방법 1	작업 표시줄에서 [파일 탐색기]( )를 클릭함
방법 2	[시작( )]-[Windows 시스템]-[파일 탐색기]를 클릭함
방법 3	[시작] 단추( )에서 마우스 오른쪽 단추 클릭한 후 [바로 가기 메뉴]에서 [파일 탐색기(E)]를 클릭함
방법 4	[Windows 검색 상자]에 '파일 탐색기'를 입력한 다음 결과에서 [파일 탐색기]를 클릭함
방법 5	[시작( )]-[Windows 시스템]-[실행](+ R)에서 'explorer'을 입력하고 [확인]을 클릭함
방법 6	+ E 를 누름
방법 7	+ X ★, E 를 누름

★ + X
시작 단추에서 마우스 오른쪽 단추 클릭 메뉴 열기(빠른 링크 메뉴 열기)

3) 리본 메뉴의 구성

- 리본 메뉴는 여러 개의 탭으로 구성되며 각 탭은 명령 단추와 옵션으로 이루어진 여러 그룹으로 구성된다.
- 파일 탐색기는 기본적으로 [파일] 탭, [홈] 탭, [공유] 탭, [보기] 탭이 표시된다.
- 선택된 항목에 따라 드라이브는 [드라이브 도구] 탭, 사진 파일은 [사진 도구] 탭, 비디오 파일은 [비디오 도구] 탭, 음악 파일은 [음악 도구] 탭, 압축 파일은 [압축 폴더 도구] 탭, 검색은 [검색] 탭, 내 PC는 [컴퓨터] 탭, 휴지통은 [휴지통 도구] 탭, 라이브러리는 [라이브러리 도구] 탭이 표시된다.

① [파일] 탭 21년 상시

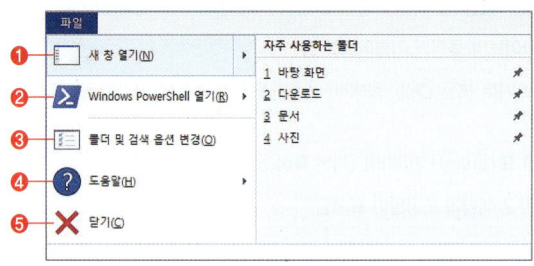

메뉴	기능
❶ 새 창 열기	선택한 위치를 새 창으로 열어줌(Ctrl + N), [새 창 열기]와 [새 프로세스로 새 창 열기]가 있음
❷ Windows PowerShell 열기	Windows PowerShell에 명령을 입력하는 데 사용할 수 있는 창을 열어주며 관리자 권한으로도 열기할 수 있음
❸ 폴더 및 검색 옵션 변경	[폴더 옵션] 창이 나타나며 항목 열기, 파일 및 폴더 보기, 검색에 대한 설정을 변경할 수 있음
❹ 도움말	도움말과 Windows 정보를 알 수 있음
❺ 닫기	파일 탐색기를 종료함

② [홈] 탭

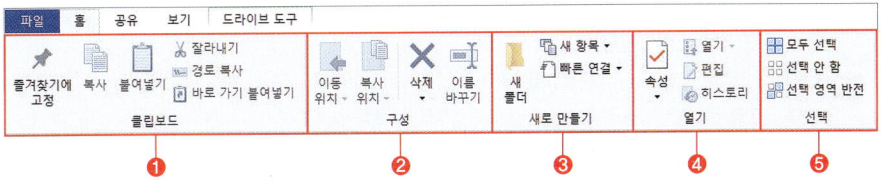

그룹	명령 단추	기능		
❶ 클립보드	즐겨찾기에 고정	• [즐겨찾기]에 고정할 폴더를 선택한 다음 [즐겨찾기에 고정]을 클릭하면 [즐겨찾기]에 폴더가 고정됨 • 고정된 폴더의 바로 가기 메뉴에서 [즐겨찾기에서 제거]를 클릭하면 즐겨찾기에서 제거됨		
	복사	• 선택한 항목을 클립보드로 복사함 • 바로 가기 키 : Ctrl+C, Ctrl+Insert		
	붙여넣기	• 클립보드의 내용을 현재 위치로 붙여넣기함 • 바로 가기 키 : Ctrl+V, Shift+Insert		
	잘라내기	선택한 항목을 클립보드로 이동함(Ctrl+X)		
	경로 복사	선택한 항목의 경로를 클립보드로 복사함		
	바로 가기 붙여넣기	항목에 대한 바로 가기를 클립보드에 붙여넣기함		
❷ 구성	이동 위치	선택한 항목을 지정한 위치로 이동함		
	복사 위치	선택한 항목을 지정한 위치로 복사함		
	삭제	휴지통으로 이동	선택한 항목을 휴지통으로 이동(재생 : Ctrl+D)	
		완전히 삭제	선택한 항목을 완전히 삭제 (영구 삭제 : Shift+Delete)	
		휴지통으로 삭제 전 확인	항목을 휴지통으로 보내기 전에 표시 할 삭제 확인 메시지를 켜거나 끔	
	이름 바꾸기	선택한 항목의 이름을 바꿈(F2)		
❸ 새로 만들기	새 폴더	새로운 폴더를 만듦(Ctrl+Shift+N)		
	새 항목	현재 위치에 새 항목(폴더, 바로 가기, 비트맵 이미지, 텍스트, 여러 응용 프로그램 등)을 만듦		
	빠른 연결	라이브러리에 포함, 네트워크 드라이브 연결, 항상 오프라인 사용 가능, 동기화, 오프라인으로 작업 등을 할 수 있음		
❹ 열기	속성	속성	선택한 항목에 대한 속성을 표시함(Alt+Enter)	
		속성 제거	선택한 파일에서 속성을 제거함	
	열기	폴더를 열거나 선택한 파일을 기본 프로그램으로 실행함		
	편집	선택한 파일을 편집함		
	히스토리	선택한 항목의 기록을 표시함. 파일 히스토리는 손실되거나 손상된 파일을 다시 복원할 수 있도록 복사본을 저장함		
❺ 선택	모두 선택	모든 항목을 선택함(Ctrl+A)		
	선택 안 함	선택한 항목의 선택을 해제함		
	선택 영역 반전	현재 선택 영역을 반전함		

③ [공유] 탭

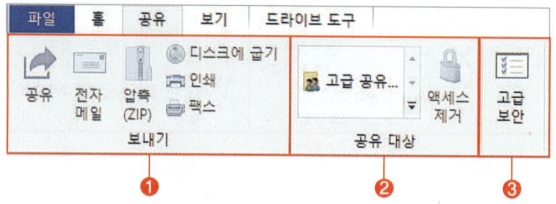

그룹	명령 단추	기능
❶ 보내기	공유	선택한 파일을 공유할 앱을 선택함
	전자 메일	파일은 첨부 파일로, 폴더는 링크로 전자 메일을 보냄
	압축	선택한 항목을 포함한 폴더를 압축함
	디스크에 굽기	선택한 항목을 기록 가능한 디스크에 굽기함
	인쇄	선택한 항목을 프린터로 보냄
	팩스	선택한 항목을 팩스로 보냄
❷ 공유 대상	고급 공유	선택한 항목을 네트워크의 다른 사람과 공유함
	액세스 제거	선택한 항목의 공유를 중지함
❸ 고급 보안		선택한 항목에 대한 고급 공유 설정을 수동으로 지정함

④ [보기] 탭 21년 상시

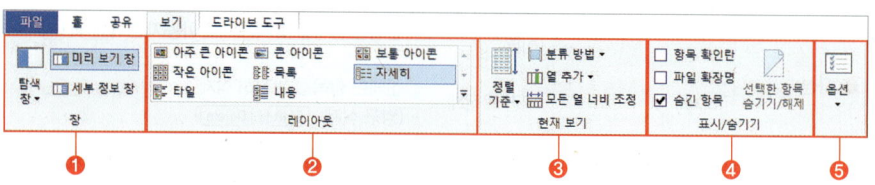

★ 탐색 창
폴더 옵션 [보기] 탭의 [고급 설정]의 '탐색 창'에서도 설정 가능함

그룹	명령 단추		기능
❶ 창	탐색 창 ★	탐색 창	탐색창을 표시하거나 숨김
		확장하여 폴더 열기	확장하여 폴더를 열기함
		모든 폴더 표시	모든 폴더를 표시함
		라이브러리 표시	라이브러리를 표시함
	미리 보기 창		미리 보기 창을 표시하거나 숨김(Alt+P)
	세부 정보 창		세부 정보 창을 표시하거나 숨기며(Alt+Shift+P), 미리 보기 창과 동시에 나타낼 수 없음
❷ 레이아웃	아주 큰 아이콘		• 항목을 아주 크게 표시하며 항목명만 표시함 • 바로 가기 키 : Ctrl+Shift+1
	큰 아이콘		• 항목을 크게 표시하며 항목명만 표시함 • 바로 가기 키 : Ctrl+Shift+2
	보통 아이콘		• 항목을 보통 크기로 표시하며 항목명만 표시함 • 바로 가기 키 : Ctrl+Shift+3

그룹	명령 단추	기능
❷ 레이아웃	작은 아이콘	• 항목을 작게 표시하며 항목명만 표시함 • 바로 가기 키 : Ctrl + Shift + 4
	목록	• 항목 목록을 정렬하여 항목명만 표시함 • 바로 가기 키 : Ctrl + Shift + 5
	자세히	• 항목 목록을 정렬하여 이름, 수정한 날짜, 유형, 크기 등을 자세히 표시함 • 바로 가기 키 : Ctrl + Shift + 6
	타일	• 항목 목록을 타일 형식으로 나란히 표시함 • 바로 가기 키 : Ctrl + Shift + 7
	내용	• 항목 목록을 정렬하여 유형과 수정한 날짜, 크기 등을 표시함 • 바로 가기 키 : Ctrl + Shift + 8
❸ 현재 보기	정렬 기준	• 항목을 이름, 수정한 날짜, 유형, 크기, 만든 날짜, 만든 이, 태그, 제목 등으로 오름차순이나 내림차순으로 정렬하여 표시함 • 열 선택 : 항목에 대해 표시할 정보를 선택함
	분류 방법	항목을 열(이름, 수정한 날짜, 유형, 크기 등) 별로 분류함
	열 추가	더 많은 정보 열(수정한 날짜, 유형, 크기, 만든 날짜 등)을 표시함
	모든 열 너비 조정	내용에 맞게 모든 열의 너비를 변경함
❹ 표시/숨기기	항목 확인란 ★	• 항목 앞에 항목 확인란을 추가하거나 제거함 • Ctrl 을 사용하지 않고 불연속적인 항목의 선택이 가능함
	파일 확장명 ★	파일 확장명을 나타내거나 숨김
	숨긴 항목 ★	숨긴 항목을 나타내거나 숨김
	선택한 항목 숨기기/해제	선택한 항목을 숨기기 또는 해제함
❺ 옵션	폴더 및 검색 옵션 변경	[폴더 옵션] 창이 나타나며 파일 탐색기 열기, 파일 및 폴더 보기, 검색에 대한 설정을 변경할 수 있음

⑤ [드라이브 도구] 탭
- 파일 탐색기의 탐색 창에서 [드라이브]를 선택하면 리본 메뉴에 [관리]가 표시되면서 [드라이브 도구] 탭이 표시된다.

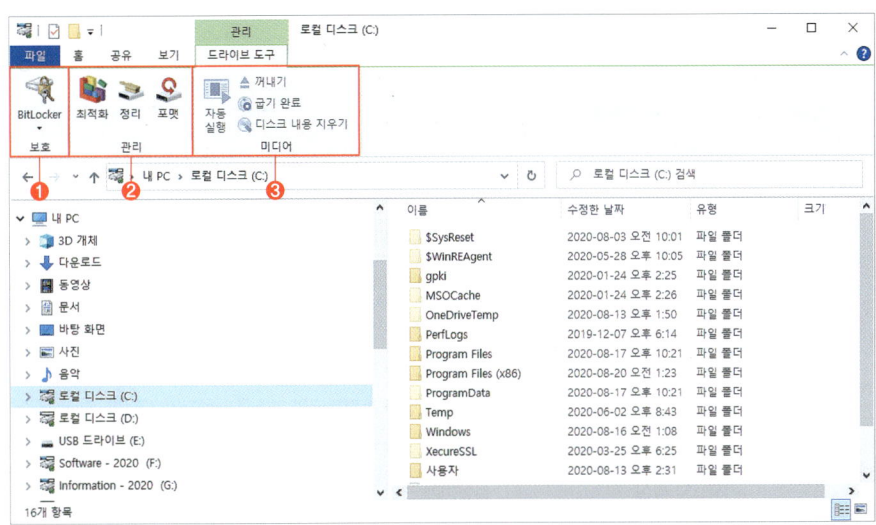

★ 항목 확인란
폴더 옵션 [보기] 탭의 [고급 설정]의 '확인란을 사용하여 항목 선택'에서도 설정 가능함

★ 파일 확장명
폴더 옵션 [보기] 탭의 [고급 설정]의 '알려진 파일 형식의 파일 확장명 숨기기'에서도 설정 가능함

★ 숨긴 항목
폴더 옵션 [보기] 탭의 [고급 설정]의 '숨길 파일 및 폴더'에서도 설정 가능함

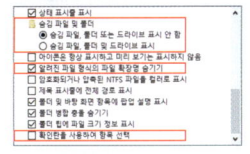

그룹	명령 단추	기능
❶ 보호	BitLocker	하드디스크를 암호화하여 보호함
❷ 관리	최적화	디스크 조각 모음 및 최적화를 실행하여 디스크에 단편화되어 저장된 파일들을 모아서 디스크를 최적화함
	정리	디스크 정리를 실행하여 임시 파일, 휴지통에 있는 파일, 다운로드한 프로그램 파일, 임시 인터넷 파일, 오프라인 웹 페이지 등을 삭제함
	포맷	하드디스크를 초기화하는 것으로 트랙과 섹터로 구성하는 작업을 실행함
❸ 미디어	자동 실행	선택한 미디어나 장치에 대한 기본 작업을 자동으로 실행함
	꺼내기	선택한 드라이브나 장치를 꺼내거나 제거함
	굽기 완료	항목을 굽고 디스크를 사용할 준비를 함
	디스크 내용 지우기	다시 쓰기가 가능한 디스크의 모든 내용을 지움

⑥ [컴퓨터] 탭

파일 탐색기의 탐색 창에서 [내 PC]를 선택하면 리본 메뉴에 [내 PC]가 표시되면서 [컴퓨터] 탭이 나타난다.

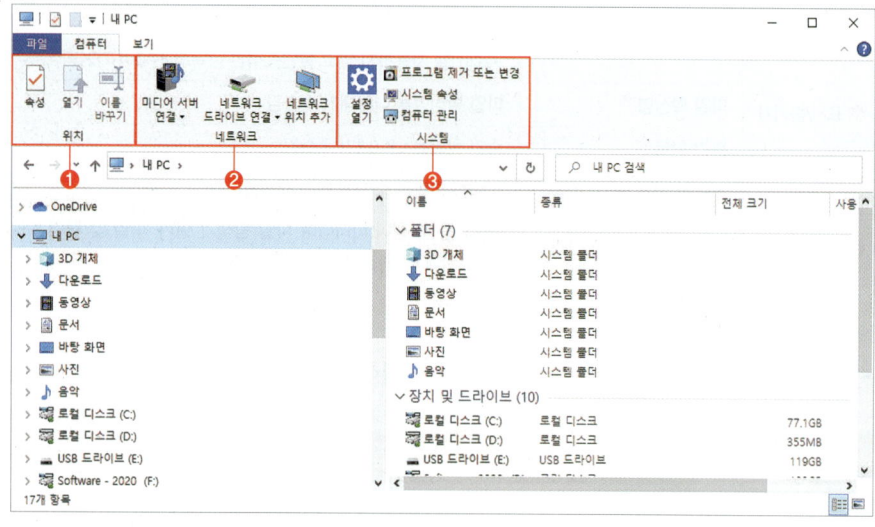

그룹	명령 단추	기능
❶ 위치	속성	선택한 항목에 대한 속성을 표시함([Alt]+[Enter])
	열기	선택한 파일을 기본 프로그램에서 엶
	이름 바꾸기	선택한 항목의 이름을 바꿈([F2])
❷ 네트워크	미디어 서버 연결	미디어 서버에 연결하거나 끊음
	네트워크 드라이브 연결	네트워크 드라이브에 연결하거나 끊음
	네트워크 위치 추가	인터넷 위치에 대한 바로 가기를 만듦
❸ 시스템	설정 열기★	설정을 변경하고 컴퓨터의 기능을 사용자가 지정함
	프로그램 제거 또는 변경	프로그램을 제거, 설치된 기능 변경, 설치를 복구함
	시스템 속성	컴퓨터에 관한 정보(프로세서, 메모리 용량 등)를 표시함
	컴퓨터 관리	시스템 도구, 저장소, 서비스 및 응용 프로그램을 관리함

★ 설정 열기
[■]+[I]

4) 탐색 창에서 하위 폴더 열기 및 감추기

- 탐색 창에서 `>`는 하위 폴더가 존재한다는 의미이며 클릭하면 하위 폴더가 열리면서 `v`로 바뀐다.
- 하위 폴더를 감추기 위해서는 `v`을 클릭하면 된다.

> **기적의 TIP**
> 파일 탐색기는 계층적 디렉터리 구조를 갖고 있습니다. 왼쪽의 탐색 창에서 `>`와 `v`가 갖는 의미를 알아두고, 파일 및 폴더를 선택하는 여러 가지 방법도 잘 알아 두세요.

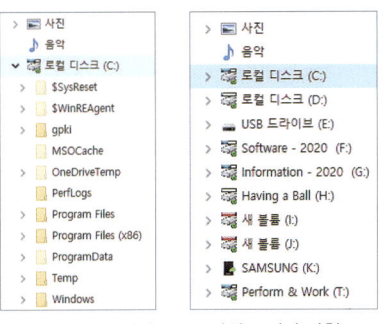

▲ 하위 폴더가 열림   ▲ 하위 폴더가 닫힘

`>`	하위 폴더를 포함하고 있으며 현재 그 하위 폴더를 표시하지 않은 상태임
`v`	현재 포함되어 있는 하위 폴더를 표시함
`*`	숫자 키패드의 `*`를 누르면 현재 선택한 폴더 내의 모든 하위 폴더를 표시함

5) 파일 탐색기에서 항목의 선택 25년 상시, 22년 상시, 19년 3월, 15년 3월, 04년 2월

한 개의 항목만을 선택하는 경우	불연속적으로 항목을 선택하는 경우	연속적인 영역의 항목을 선택하는 경우	전체 항목을 선택하는 경우
해당 항목을 클릭	`Ctrl`+클릭	영역의 첫 항목을 클릭한 후 `Shift`를 누른 상태로 마지막 항목을 클릭	`Ctrl`+`A`
1-22-1 **1-23-1** 1-23-2 1-23-3 1-24-1 1-24-2	1-22-1 **1-23-1** 1-23-2 **1-23-3** 1-24-1 **1-24-2**	1-22-1 **1-23-1** **1-23-2** **1-23-3** **1-24-1** 1-24-2	**1-22-1** **1-23-1** **1-23-2** **1-23-3** **1-24-1** **1-24-2**

> **암기 TIP**
> - 불은 잘 컨트롤해야 됩니다.
>   - 불연속적인 선택은 컨트롤(`Ctrl`)
> - 연속적인 안타 시원합니다.
>   - 연속적인 선택은 시프트(`Shift`)

6) 파일 탐색기에서 사용하는 바로 가기 키 22년 상시, 21년 상시, 09년 4월

바로 가기 키	기능
`←`	현재 선택 영역이 확장되어 있으면 축소하고 아니면 상위 폴더를 선택
`→`	현재 선택 영역이 축소되어 있으면 표시하고 아니면 첫 번째 하위 폴더를 선택
`F11`	현재 창 최대화 또는 최소화
`End`	현재 창의 아래쪽을 표시
`Home`	현재 창의 맨 위를 표시
`Back Space`	현재 폴더의 상위 폴더로 이동

단축키	기능
Alt + ←	이전 폴더 열기
Alt + →	다음 폴더 열기
Alt + ↑	상위 폴더 열기
Alt + D	주소 표시줄 선택
Alt + P	미리 보기 창 표시
Alt + Enter	선택한 항목에 대한 속성 대화 상자 열기
Alt + Shift + P	세부 정보 창 표시
Ctrl + N	새 창 열기
Ctrl + E	검색창 선택
Ctrl + F	검색창 선택
Ctrl + W	활성 창 닫기
Ctrl + Shift + N	새 폴더 만들기
Ctrl + Shift + E	선택한 폴더 위에 있는 모든 폴더를 표시
Num Lock + ✱	선택한 폴더의 모든 하위 폴더를 표시
Num Lock + +	선택한 폴더의 내용을 표시
Num Lock + -	선택한 폴더를 축소

02 파일(File) 24년 상시, 23년 상시, 07년 5월/7월, 04년 2월

- 컴퓨터에서 사용되는 자료 저장의 기본 단위이며 파일명과 확장자로 구성된다.
- 파일명은 255자까지 사용이 가능하며 공백 포함이 허용되고 확장자는 그 파일의 성격을 나타낸다.
- *, ?, :, /, ₩, <, >, ", | 등은 폴더명이나 파일명으로 사용할 수 없다.

시스템 관련 파일의 확장자
- dll : 동적 링크 라이브러리
- inf : 시스템 설치 정보
- ini : 초기화 정보
- ocx : ActiveX 컨트롤

종류별 파일의 확장자
- 실행 파일 : COM, EXE
- 그림 파일 : BMP, JPG, GIF
- 사운드 파일 : WAV, MP3, MID
- 동영상 파일 : MPG, AVI, MOV
- 압축 파일 : ZIP

확장자	의미	확장자	의미
xlsx	Microsoft Excel 통합 문서	hwp	한글 문서
accdb	Microsoft Access 파일	hwpx	한글 표준 문서
pptx	Microsoft Powerpoint 파일	wav	사운드 파일
docx	Microsoft Word 파일	avi	MS사가 개발한 동영상 파일
txt	ASCII 코드로 작성된 텍스트 파일	exe	실행 가능한 파일
bat	일괄 처리 파일	rtf	서식이 있는 문서
bmp	비트맵 그림 파일(그림판)	htm, html	인터넷 웹 문서 파일

03 폴더(Folder)

- 서로 관련 있는 파일들을 저장하는 장소로 파일들을 효율적이고 체계적으로 관리할 수 있다.
- 폴더의 구조를 볼 수 있는 폴더 창이나 바탕 화면, 파일 탐색기에서 새 폴더의 생성 및 삭제가 가능하다.
- 폴더는 바로 가기 아이콘, 복사나 이동, 찾기, 이름 바꾸기, 삭제 등 파일에서 가능한 작업을 할 수 있다.
- 동일한 폴더 안에 같은 이름의 파일은 존재할 수 없다.

1) 폴더 만들기

리본 메뉴	[홈] 탭-[새로 만들기] 그룹-[새 폴더]를 클릭함
리본 메뉴	[홈] 탭-[새로 만들기] 그룹-[새 항목]-[폴더]를 클릭함
바로 가기 메뉴	파일 목록 창이나 바탕 화면의 바로 가기 메뉴에서 [새로 만들기]-[폴더]를 클릭함
빠른 실행 도구	파일 탐색기에서 상단의 빠른 실행 도구 모음의 ■(새 폴더)를 클릭함
바로 가기 키	Ctrl + Shift + N 을 누름

2) 폴더 안의 파일 열기

방법 1	응용 프로그램을 실행한 다음 해당 프로그램에서 [파일] 탭-[열기]를 클릭함
방법 2	파일 탐색기에서 열고자 하는 파일을 더블클릭하여 실행함
방법 3	파일 탐색기에서 열고자 하는 파일을 선택한 다음 [홈] 탭-[열기] 그룹-[열기]를 클릭함
방법 4	[실행]에서 [찾아보기]를 이용하여 해당 파일을 찾은 후 [열기], [확인]을 클릭함
방법 5	파일의 바로 가기 메뉴에서 [열기]를 클릭함

3) 연결 프로그램 25년 상시, 22년 상시, 19년 3월, 16년 10월, 14년 6월

- 파일을 열어서 보여주는 해당 프로그램을 연결 프로그램이라고 한다.
- 파일의 확장명에 따라 연결 프로그램이 자동으로 결정된다.
- 연결 프로그램을 삭제하더라도 연결된 데이터 파일은 삭제되지 않는다.
- 바로 가기 메뉴의 [연결 프로그램]에서 연결 프로그램을 변경할 수 있다.

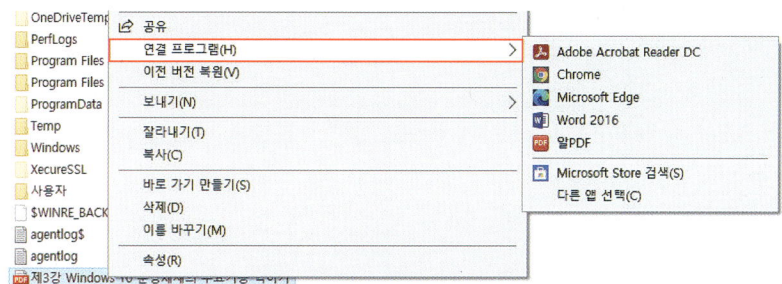

폴더의 [속성] 창 [일반] 탭
- 종류, 위치, 크기, 디스크 할당 크기
- 내용(파일 및 폴더 수), 만든 날짜
- 특성(읽기 전용, 숨김)
- 해당 폴더의 바로 가기 아이콘은 만들 수 없음

- [공유] 탭에서 폴더를 네트워크와 연결되어 있는 다른 컴퓨터에서 접근할 수 있도록 공유시킬 수 있음
- [사용자 지정] 탭에서 일반 항목, 문서, 사진, 음악, 비디오 등 폴더의 최적화 유형을 설정할 수 있음
- [사용자 지정] 탭에서 폴더 사진 선택 및 폴더 아이콘을 변경할 수 있음
- [보안] 탭에서 사용 권한을 설정할 수 있음(폴더 안의 파일을 삭제할 수는 없음)

- 연결 프로그램이 지정되지 않은 확장명의 파일을 열려고 하면 자동으로 연결 프로그램 지정 대화 상자가 나타난다.
- 서로 다른 확장명의 파일들이 하나의 연결 프로그램에 지정될 수 있고, 필요에 따라 연결 프로그램을 바꿀 수 있다.
- 바로 가기 메뉴의 [속성]을 클릭한 다음 [속성] 창의 연결 프로그램에서 [변경]을 클릭하여 연결 프로그램을 변경할 수도 있다.

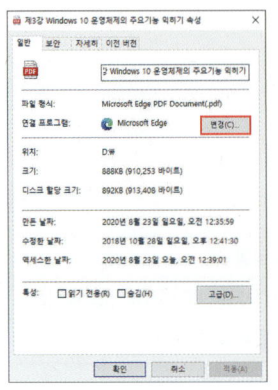

4) 프로그램(앱) 및 파일, 폴더 검색 18년 9월, 17년 3월, 11년 10월, 09년 10월, 07년 2월, 05년 5월, 03년 2월

- 내 PC에 있는 프로그램(앱)이나 파일 및 폴더 중에서 찾기를 원하는 프로그램(앱)과 파일, 폴더를 쉽게 찾을 수 있게 검색하는 기능이다.

★ Windows 검색 상자
⊞+S

★ 만능 문자(Wild Card)
문자를 대신할 수 있는 *, ? 문자를 말하며 ?는 한 문자를 대신할 수 있으며, *는 모든 문자열을 대신할 수 있음
⑩ 컴?.* : 컴으로 시작하고 파일명이 두 글자인 모든 파일을 검색
⑩ 컴??.* : 컴으로 시작하고 파일명이 세 글자인 모든 파일을 검색
⑩ 컴*.* : 컴으로 시작되는 모든 파일을 검색

★ F3
파일 탐색기에서 파일 또는 폴더 검색

방법 1	• [Windows 검색 상자]★에 프로그램이나 파일명을 입력하여 프로그램을 실행할 수 있음 • [Windows 검색 상자]에서는 검색 필터를 사용하여 파일을 검색할 수 없음 • ⑩ 메모장, 워드패드, 그림판, 계산기, 실행, 설정, 제어판, 캡처 도구, 파일 탐색기 등
방법 2	• 파일 탐색기에서 검색 상자를 클릭한 다음 단어나 단어의 일부를 입력하여 해당 폴더나 파일을 검색함 • 만능 문자(*, ?)★나 -(검색에서 제외)를 이용할 수 있음

- 파일 탐색기에서 검색 상자를 클릭하거나 F3 ★을 누른 다음 검색어를 입력하여 검색하면 리본 메뉴에 [검색 도구]가 표시되면서 [검색] 탭이 나타난다.

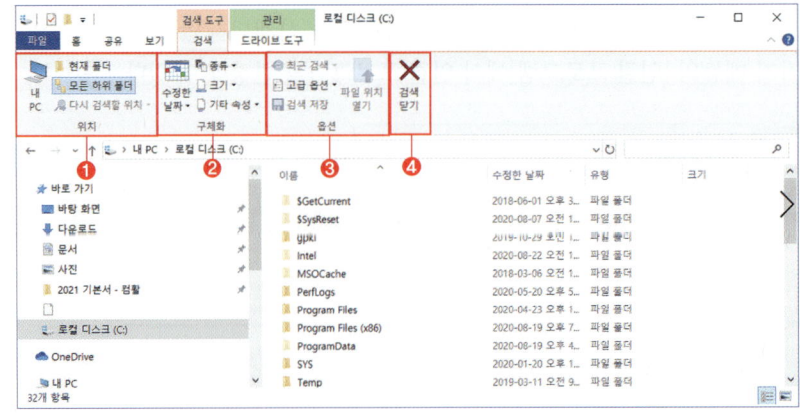

그룹	명령 단추	기능
❶ 위치	내 PC	내 PC를 검색함
	현재 폴더	현재 선택한 폴더만 검색함(하위 폴더는 검색하지 않음)
	모든 하위 폴더	선택한 폴더와 하위 폴더 모두 검색함
	다시 검색할 위치	원하는 정보를 검색한 후 다른 위치에서 다시 검색함
❷ 구체화	수정한 날짜	• '오늘, 어제, 이번 주, 지난 주, 이번 달, 지난 달, 올해, 작년' 중에서 선택하여 수정한 정보를 검색함 • 검색 상자에 '수정한 날짜:'를 입력하면 달력이 표시되어 원하는 날짜를 선택할 수 있음
	종류	파일을 종류별(일정, 통신, 연락처, 문서 등)로 검색함
	크기	• 파일 크기별로 선택하여 검색함 • '크기:)1GB'처럼 크기를 직접 입력하여 검색할 수 있음
	기타 속성	기타 속성(유형, 이름, 폴더 경로, 태그 등)으로 검색함
❸ 옵션	최근 검색	이전 검색을 보거나 [검색 기록 지우기]로 검색 기록을 지움
	고급 옵션	부분 일치 및 색인되지 않은 위치의 항목을 제외하거나 포함함
	검색 저장	• 검색 기준에 맞게 검색한 내용을 저장함 • 파일 형식 : *.search-ms(단 크기 1GB 이상.search-ms) • 저장된 파일을 더블클릭하면 검색된 내용을 볼 수 있음
	파일 위치 열기	검색된 파일의 위치를 열어줌
❹ 검색 닫기		검색 결과 창과 검색 탭을 닫음

"수정한 날짜:"를 입력하면 달력이 표시됨

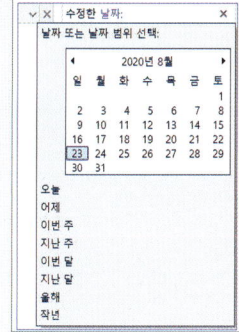

5) 이름 바꾸기 12년 6월

- 파일이나 폴더의 이름을 바꿀 때는 Windows에서 사용하는 모든 글자를 사용할 수 있다(단, *, ?, :, /, ₩, 〈, 〉, ", | 는 제외).
- 이름을 바꾸는 도중에 Esc 를 누르면 이름 바꾸기가 취소된다.
- Windows 내에서 이름을 바꿀 때는 여러 개를 동시에 바꿀 수 없다.

리본 메뉴	파일 탐색기에서 항목을 선택한 후 [홈] 탭-[구성] 그룹-[이름 바꾸기]를 클릭함
바로 가기 키	항목을 선택한 후 F2 를 누름
바로 가기 메뉴	항목을 선택한 후 바로 가기 메뉴의 [이름 바꾸기]를 선택함
마우스	항목을 선택한 후 잠시 기다렸다가 다시 클릭함

휴지통 안에 있는 파일의 이름은 변경할 수 없음

6) 복사와 이동 22년 상시, 19년 3월, 10년 10월, 03년 5월/9월

- 복사, 이동, 붙여넣기를 할 때는 클립보드(Clipboard)를 사용한다.
- 마우스로 드래그하여 복사할 때에는 마우스 포인터 옆에 + 표시가 나타난다.
- 이동을 하면 원래의 위치에 있던 원본은 삭제된다.

🎯 기적의 TIP

복사와 이동은 매우 중요합니다. 실습을 통해 확실히 파악해 두세요.

① 복사 방법

리본 메뉴	항목을 선택한 후 [홈] 탭–[구성] 그룹–[복사 위치]에서 [위치 선택]을 클릭, [항목 복사]에서 복사할 위치를 선택 후 [복사]를 클릭함(새 폴더 생성 가능)
리본 메뉴	항목을 선택한 후 [홈] 탭–[클립보드] 그룹에서 [복사], 붙여넣기할 폴더 선택 후 [붙여넣기]를 클릭함
바로 가기 메뉴	항목을 선택한 후 바로 가기 메뉴에서 [복사], 붙여넣기할 폴더 선택 후 [붙여넣기]를 클릭함
바로 가기 키	항목을 선택한 후 Ctrl+C를 눌러 복사한 후 붙여넣기할 곳으로 이동하여 Ctrl+V를 누름
같은 드라이브	Ctrl을 누른 상태에서 마우스 왼쪽 버튼으로 드래그 앤 드롭
다른 드라이브	아무 키도 누르지 않거나 Ctrl을 누른 상태에서 마우스 왼쪽 버튼으로 드래그 앤 드롭

② 이동 방법

리본 메뉴	항목을 선택한 후 [홈] 탭–[구성] 그룹–[이동 위치]에서 [위치 선택]을 클릭, [항목 이동]에서 이동할 위치를 선택 후 [이동]을 클릭함(새 폴더 생성 가능)
리본 메뉴	항목을 선택한 후 [홈] 탭–[클립보드] 그룹에서 [잘라내기], 붙여넣기할 폴더 선택 후 [붙여넣기]를 클릭함
바로 가기 메뉴	항목을 선택한 후 바로 가기 메뉴에서 [잘라내기], 붙여넣기할 폴더 선택 후 [붙여넣기]를 클릭함
바로 가기 키	항목을 선택한 후 Ctrl+X를 눌러 잘라내기 후 붙여넣기할 곳으로 이동하여 Ctrl+V를 누름
같은 드라이브	아무 키도 누르지 않거나 Shift를 누른 상태에서 마우스 왼쪽 버튼으로 드래그 앤 드롭
다른 드라이브	Shift를 누른 상태에서 마우스 왼쪽 버튼으로 드래그 앤 드롭

• 복사나 이동 시 작업 일시 중지(▐▐), 작업 다시 시작(▶), 작업 취소(✖)가 가능하다.

> **기적의 TIP**
>
> **복사와 이동**
> 복사는 똑같은 파일을 여러 개 만드는 것이고, 이동은 원본 파일을 잘라내었다가 원하는 위치로 붙여서 이동하는 것이예요.

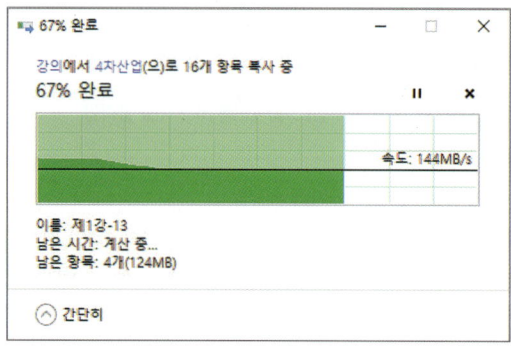

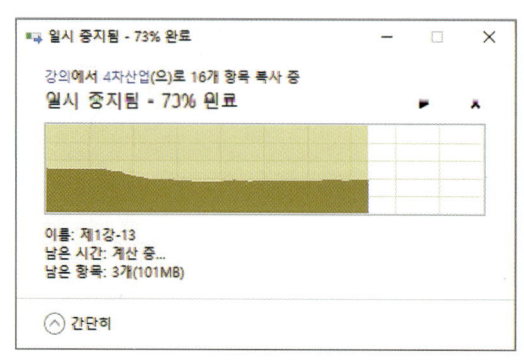

7) 클립보드(Clipboard)

- 복사, 이동, 캡처 등의 작업을 저장하는 임시 기억 장소이다.
- Windows에서 [복사]나 [잘라내기]를 실행하면 클립보드에 임시로 보관되었다가, [붙여넣기]를 실행하면 클립보드의 내용이 붙여진다.
- Windows 뿐만 아니라 설치된 모든 응용 프로그램에서 공동으로 이용한다.

Print Screen	화면 전체 내용을 클립보드에 복사함
Alt + Print Screen	현재 사용 중인 활성 창을 클립보드에 복사
■ + Print Screen	• 캡처 후 붙여넣기한 다음 저장하는 작업 없이 자동으로 저장함 • 저장 폴더 : 내 PC 〉 사진 〉 스크린샷 • 저장 파일명 : 스크린샷(순번).png • [스크린샷] 폴더에서 파일을 선택하면 리본 메뉴에 [사진 도구]가 표시 되면서 [관리] 탭이 나타남 • 회전(왼쪽, 오른쪽), 슬라이드 쇼, 배경으로 설정이 가능함
■ + Shift + S	• 화면 부분의 스크린샷을 생성함 • 마우스를 드래그하여 캡처(사각형, 자유형, 창, 전체 화면 등)한 다음 화면 우측 하단의 [캡처가 클립보드에 저장됨]을 클릭하면 [캡처 및 스케치]★ 앱이 실행됨

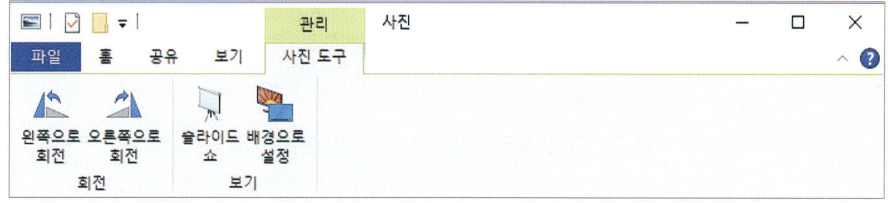

▲ 사진 파일 선택 시 [사진 도구] 탭이 표시됨

04 폴더 옵션 24년 상시, 22년 상시, 20년 2월, 10년 6월, 09년 2월, 08년 2월, 07년 2월, 04년 2월

폴더 옵션은 파일 및 폴더가 작동하는 방식과 컴퓨터에 항목을 표시하는 방법을 변경하고 폴더에 관한 각종 옵션을 지정하는 곳이다.

▶ 실행 방법

방법 1	[파일] 탭–[옵션]을 클릭함
방법 2	[보기] 탭–[옵션]–[폴더 및 검색 옵션 변경]을 클릭함
방법 3	[Windows 검색 상자]에 '파일 탐색기 옵션'을 입력한 다음 결과에서 [파일 탐색기 옵션]을 클릭함
방법 4	[시작(■)]–[Windows 시스템]–[제어판]–[파일 탐색기 옵션]을 클릭함

■ + V
- 클립보드 열기
- [시작]–[설정]–[시스템]–[클립보드]를 선택한 다음 '클립보드 검색 기록' 아래의 토글을 켜서 활성화함
- 클립보드 기록은 25개 항목으로 제한되며, 클라우드에 동기화할 수도 있음
- 크기 제한은 항목당 4MB이며 텍스트, HTML 및 비트맵이 지원됨
- [삭제], [고정], [모두 지우기] 기능이 지원되며 [고정]은 클립보드 검색 기록을 삭제하거나 PC를 다시 시작하는 경우에도 항목을 유지함

★ 캡처 및 스케치
- [시작(■)]–[캡처 및 스케치]를 클릭함
- [캡처 및 스케치]를 시작하지 않고 화면에 있는 내용을 캡처하려면 ■ + Shift + S 를 누름
- [캡처 및 스케치] 창에서 새 캡처(지금 캡처, 3초 후 캡처, 10초 후 캡처)가 가능하고 '터치 쓰기, 볼펜, 연필, 형광펜, 지우개, 눈금자, 이미지 자르기' 등을 이용하여 이미지에 마크업을 추가할 수 있으며 확대/축소, 다른 이름으로 저장(*.PNG), 복사, 공유, 파일 열기, 다른 프로그램으로 열기, 인쇄 등이 가능함

🏁 기적의 TIP

폴더 옵션은 자주 사용하는 기능입니다. 각 탭의 항목별 기능을 숙지해 두세요.

① [폴더 옵션]의 [일반] 탭

★ 즐겨찾기에 최근에 사용된 파일 표시
[설정]([⊞]+[I])-[개인 설정]-[시작]에서 '시작 메뉴의 점프 목록, 작업 표시줄 또는 파일 탐색기 즐겨찾기에서 최근에 연 항목 표시'가 '켬'으로 설정되어 있어야 함

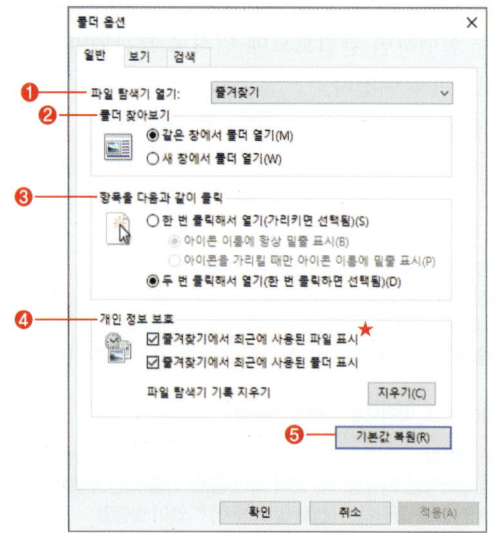

▲ [폴더 옵션]의 [일반] 탭(기본값 복원 상태)

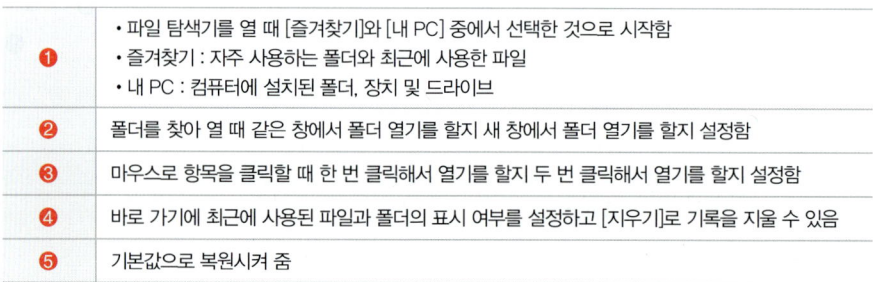

❶	• 파일 탐색기를 열 때 [즐겨찾기]와 [내 PC] 중에서 선택한 것으로 시작함 • 즐겨찾기 : 자주 사용하는 폴더와 최근에 사용한 파일 • 내 PC : 컴퓨터에 설치된 폴더, 장치 및 드라이브
❷	폴더를 찾아 열 때 같은 창에서 폴더 열기를 할지 새 창에서 폴더 열기를 할지 설정함
❸	마우스로 항목을 클릭할 때 한 번 클릭해서 열기를 할지 두 번 클릭해서 열기를 할지 설정함
❹	바로 가기에 최근에 사용된 파일과 폴더의 표시 여부를 설정하고 [지우기]로 기록을 지울 수 있음
❺	기본값으로 복원시켜 줌

② [폴더 옵션]의 [보기] 탭

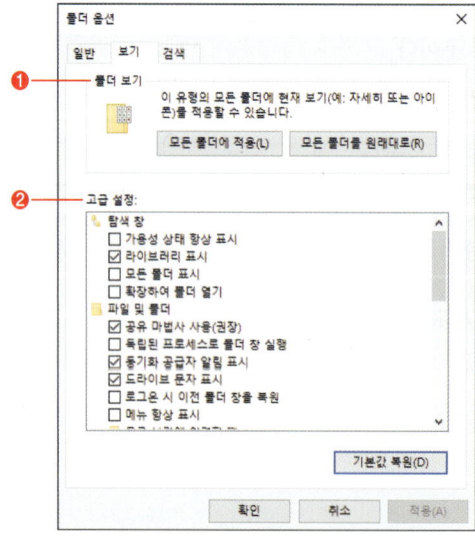

▲ [폴더 옵션]의 [보기] 탭(기본값 복원 상태)

❶	폴더 보기는 현재 폴더에서 사용하는 보기를 모든 폴더에 적용할지의 여부를 설정함
❷	고급 설정 • 탐색 창에 [라이브러리 표시], [모든 폴더 표시], [확장하여 폴더 열기] 여부를 설정함 • 공유 마법사 사용(권장), 드라이브 문자 표시 여부를 설정함 • 파일 및 폴더를 [로그온 시 이전 폴더 창을 복원] 할지의 여부를 설정함 • [보호된 운영 체제 파일 숨기기(권장)]★, [상태 표시줄 표시] 여부를 설정함 • 숨김 파일 및 폴더 또는 드라이브의 표시 여부를 설정함 • 알려진 파일 형식의 파일 확장자 숨기기 여부를 설정함 • 제목 표시줄에 전체 경로 표시 여부를 설정함 • 폴더 팁에 파일 크기 정보 표시 여부를 설정함 • 확인란을 사용하여 항목 선택 여부를 설정함([Ctrl]을 사용하지 않고 불연속적인 항목의 선택이 가능)

★ 보호된 운영체제에서 숨길 수 있는 파일
boot.ini, io.sys, autoexec.bat

③ [폴더 옵션]의 [검색] 탭

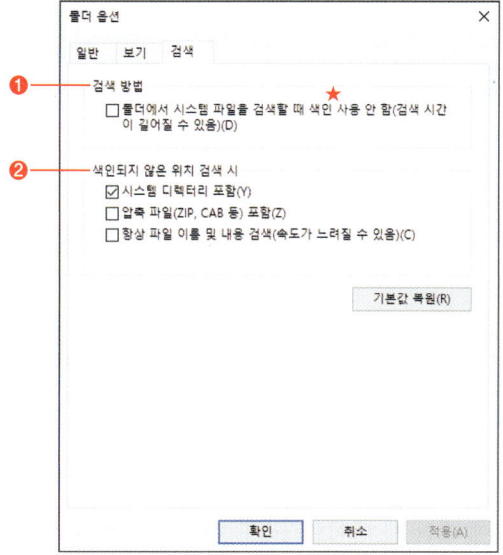

▲ [폴더 옵션]의 [검색] 탭(기본값 복원 상태)

★ 색인
파일 검색 시 속도를 향상시키는 기능

❶	폴더에서 시스템 파일을 검색하는 방법으로 색인을 사용할지 안 할지의 여부를 설정함
❷	색인되지 않은 위치 검색 시 시스템 디렉터리 포함, 압축 파일을 포함, 항상 파일 이름 및 내용 검색에 대한 여부를 설정함

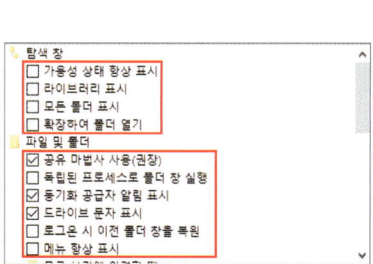 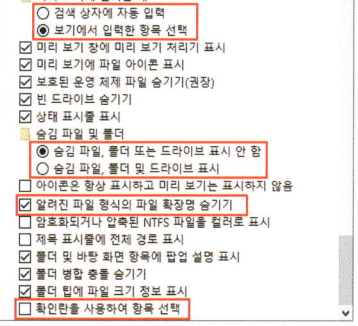

▲ [폴더 옵션]의 [보기] 탭의 [고급 설정](기본값 복원 상태)

05 라이브러리(Library) ─ 도서관

- 라이브러리(Library)는 사전적 의미인 '도서관'이 여러 종류의 도서를 분야별로 보관하여 쉽게 찾을 수 있는 것처럼 내 PC에 저장된 위치에 상관없이 여러 위치에 있는 같은 유형의 폴더를 모아 구성하고 관리할 수 있는 기능이다.
- 해마다 찍은 사진이 여러 폴더에 저장되어 있는 경우 따로 관리하지 않고 라이브러리의 사진에 포함시켜서 파일 이동 없이 하나의 모음으로 볼 수 있다.
- 파일 탐색기의 [보기] 탭-[창] 그룹의 [탐색 창]에서 [라이브러리 표시]를 클릭하면 라이브러리가 표시된다.

- 기본 라이브러리로 문서, 비디오, 사진, 음악이 있으며 삭제 시 바로 가기 메뉴의 [기본 라이브러리 복원]으로 복원시킬 수 있다.

1) 새 라이브러리 만들기

기본 라이브러리 외에 기타 다른 모음에 대한 새 라이브러리도 바로 가기 메뉴의 [새로 만들기]-[라이브러리]에서 생성할 수 있다.

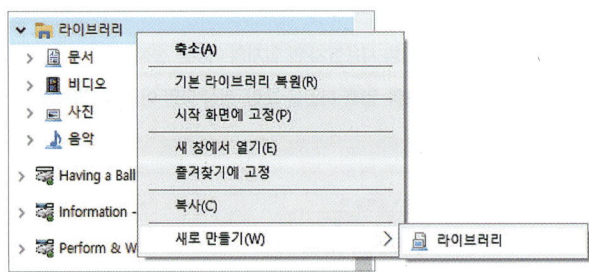

2) 라이브러리에 폴더 추가하기

리본 메뉴	파일 탐색기의 파일 목록창에서 라이브러리에 추가할 폴더를 선택한 다음 [홈] 탭-[새로 만들기] 그룹-[빠른 연결]에서 [라이브러리에 포함]을 클릭한 후 포함시킬 라이브러리를 선택함
바로 가기 메뉴	라이브러리에 포함시킬 해당 폴더의 바로 가기 메뉴에서 [라이브러리 포함]을 클릭한 후 포함시킬 라이브러리를 선택함
라이브러리 도구	파일 탐색기의 탐색 창에서 라이브러리 폴더를 선택, [관리]-[라이브러리 도구] 탭-[관리] 그룹-[라이브러리 관리]를 클릭하고 [추가]를 실행함

- 라이브러리에 폴더를 추가하면 라이브러리에서 파일을 볼 수 있지만 실제 파일은 원래 위치에 저장되어 있다.
- 한 라이브러리에는 최대 50개까지 폴더를 포함할 수 있다.

3) 라이브러리에서 폴더 제거하기

- 파일 탐색기의 탐색 창에서 라이브러리 폴더를 선택, [관리]-[라이브러리 도구] 탭-[관리] 그룹-[라이브러리 관리]를 클릭한 다음 [제거]를 클릭하여 제거한다.
- 제거는 폴더를 삭제하는 것이 아닌 라이브러리와의 연결을 끊는 작업이다.

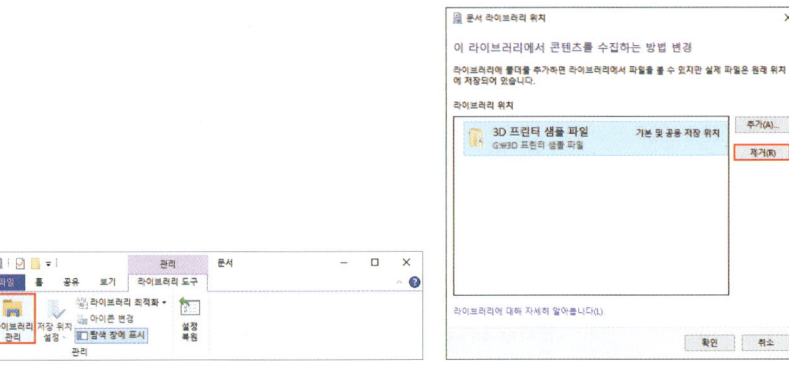

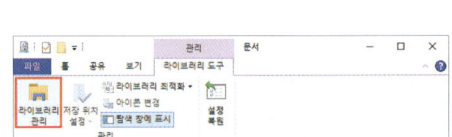

- 라이브러리를 삭제하면 라이브러리 자체가 휴지통으로 이동되며 복원이 가능하다.
- 단, 주의할 부분은 라이브러리에 포함된 폴더나 파일을 삭제하면 원본 폴더의 파일도 삭제됨에 주의해야 된다(완전 삭제가 아닌 경우 휴지통에서 복원이 가능함).
- 라이브러리에 폴더를 포함하고 원래 위치에서 폴더를 삭제하면 라이브러리에서 해당 폴더에 더 이상 액세스할 수 없다.
- 이동식 미디어(CD, DVD)는 라이브러리에 포함할 수 없다.
- 단, USB 플래시 드라이브는 탐색 창의 [내 PC]에서 장치 및 드라이브 섹션에 장치가 나타나 있는 경우만 가능하다.

> **기적의 TIP**
>
> 휴지통의 개념 및 기능, 보관되지 않는 경우는 자주 출제되므로 반드시 숙지해 두세요.

▲ 휴지통이 빈 경우

▲ 휴지통에 삭제된 항목이 있는 경우

06 휴지통 25년 상시, 24년 상시, 23년 상시, 22년 상시, 21년 상시, 17년 9월, 12년 9월, 10년 3월, 09년 10월, 07년 7월, …

— 휴지통을 비우거나 하드디스크의 파일을 삭제하더라도 주기억 장치의 용량 문제는 해결되지 않음

- 작업 도중 삭제된 자료들이 임시적으로 보관되는 장소로, 필요한 경우 복원이 가능하다.
- 복원시킬 경우, 경로 지정을 하지 않아도 자동으로 원래 위치로 복원한다.
- 휴지통 내에서의 파일의 실행 작업과 항목의 이름 변경은 불가능하다.
- 휴지통의 바로 가기 메뉴의 [이름 바꾸기]나 F2 를 이용하여 '휴지통' 자체 이름을 변경할 수 있다(단, 휴지통 안에 있는 파일의 이름은 변경할 수 없음).
- 휴지통의 폴더 위치는 C:\$Recycle.Bin이다.

1) 휴지통 열기

▶ 실행 방법

방법 1	바탕 화면의 휴지통을 더블클릭하여 실행함
방법 2	바탕 화면의 휴지통의 바로 가기 메뉴에서 [열기]를 클릭함
방법 3	[Windows 검색 상자]에 '휴지통'을 입력한 다음 결과에서 [휴지통]을 클릭함

2) 휴지통 비우기와 복원하기

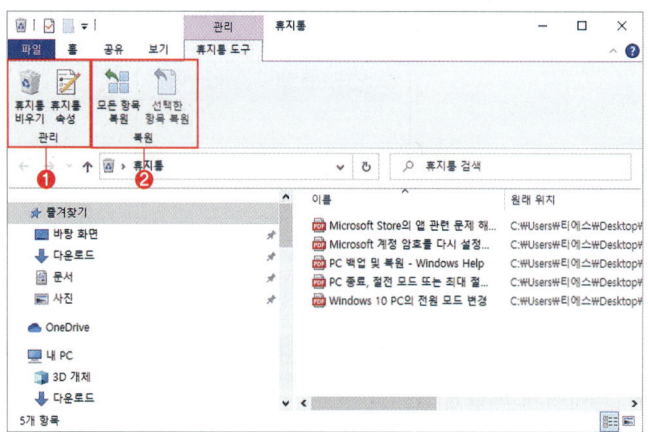

그룹	명령 단추	기능
❶ 관리	휴지통 비우기	• 삭제한 항목이 있는 경우 활성화됨 • 휴지통의 모든 항목을 삭제하여 디스크 공간을 늘림 • 휴지통 비우기 후 복원할 수 없음
	휴지통 속성	• 휴지통 속성 대화 상자가 표시됨 • 휴지통의 위치와 사용 가능한 공간을 알 수 있음 • 사용자가 휴지통의 크기를 지정할 수 있음 • 삭제 시 휴지통에 버리지 않고 바로 제거하게 설정함 • 삭제 확인 대화 상자의 표시 여부를 설정함
❷ 복원	모든 항목 복원	• 삭제한 항목이 있는 경우 활성화됨 • 휴지통의 모든 내용을 복원시킴
	선택한 항목 복원	• 복원할 항목을 선택하면 활성화됨 • 선택한 항목을 휴지통에서 사용자 컴퓨터의 원래 위치로 이동시켜 복원함

3) 휴지통 바로 가기 메뉴

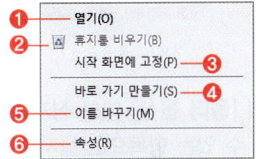

❶ 열기	• 휴지통이 열리면서 실행됨 • 파일 탐색기 창이 열리면서 [관리]의 [휴지통 도구] 탭이 표시됨
❷ 휴지통 비우기	휴지통에 삭제된 파일이 있는 경우만 활성화되며 휴지통을 비움
❸ 시작 화면에 고정	휴지통을 시작 화면에 고정함
❹ 바로 가기 만들기	바로 가기 아이콘이 만들어짐
❺ 이름 바꾸기	휴지통 이름을 변경함
❻ 속성	휴지통 속성 대화 상자가 열림

4) [휴지통 속성] 대화 상자에서 가능한 작업

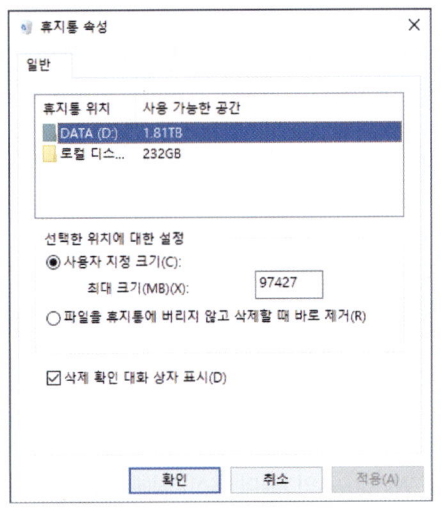

- 휴지통의 크기를 드라이브마다 따로 설정하거나 모든 드라이브를 동일하게 설정할 수 있다.
- [파일을 휴지통에 버리지 않고 삭제할 때 바로 제거]를 설정하면 휴지통에 버리지 않고 바로 제거된다.
- 휴지통의 최대 크기를 설정할 수 있다.
- '삭제 확인 대화 상자 표시'를 설정하면 삭제 시 삭제를 확인하는 대화 상자가 표시된다.

5) 휴지통에 보관되지 않고 완전히 삭제되는 경우

- 파일 탐색기의 [홈] 탭-[구성] 그룹-[삭제]에서 [완전히 삭제]로 삭제한 경우
- 플로피 디스크나 USB 메모리, DOS 모드, 네트워크 드라이브에서 삭제한 경우
- 휴지통 비우기를 한 경우
- Shift + Delete 로 삭제한 경우
- [휴지통 속성]의 [파일을 휴지통에 버리지 않고 삭제할 때 바로 제거]를 선택한 경우
- 같은 이름의 항목을 복사/이동 작업으로 덮어쓴 경우

이론을 확인하는 기출문제

01 다음 중 파일의 성격 유형 분류에 해당하는 확장자의 종류로 옳지 않은 것은?

① 실행 파일 : COM, EXE, ZIP
② 그림 파일 : BMP, JPG, GIF
③ 사운드 파일 : WAV, MP3, MID
④ 동영상 파일 : MPG, AVI, MOV

ZIP 파일은 압축 파일의 확장자임

02 다음 중 Windows에서 Ctrl 을 사용해야 하는 작업으로 옳지 않은 것은?

① 마우스와 함께 사용하여 같은 드라이브 내의 다른 폴더로 파일이나 폴더를 복사할 때
② 마우스와 함께 사용하여 비연속적인 위치에 있는 여러 파일이나 폴더를 동시에 선택할 때
③ 마우스와 함께 사용하여 다른 드라이브로 파일을 이동시킬 때
④ Esc 와 함께 사용하여 시작 메뉴를 표시하고자 할 때

마우스와 함께 사용하여 다른 드라이브로 파일을 이동시킬 때는 Shift 를 사용함

03 다음 중 파일 탐색기에서 수행할 수 있는 작업으로 옳지 않은 것은?

① 컴퓨터 시스템을 재부팅할 수 있다.
② 미리 보기 창이 설정된 경우 파일의 내용을 미리 보여 준다.
③ 컴퓨터에 장착된 하드디스크의 용량을 알 수 있다.
④ 파일이나 폴더를 복사하거나 이동할 수 있다.

시스템 재부팅은 [시작]-[전원]을 클릭한 다음 [다시 시작]을 실행해야 함

04 다음 중 한글 Windows의 [폴더 옵션] 대화 상자에 있는 [일반] 탭에서 설정할 수 있는 항목으로 옳지 않은 것은?

① 연결 프로그램의 변경
② 한 번 클릭해서 열기
③ 새 창에서 폴더 열기
④ 같은 창에서 폴더 열기

바로 가기 메뉴의 [연결 프로그램]에서 연결 프로그램을 변경할 수 있음

05 다음 중 Windows의 [휴지통]에 관한 설명으로 옳지 않은 것은?

① 휴지통에 지정된 최대 크기를 초과하면 보관된 파일 중 가장 용량이 큰 파일부터 자동 삭제된다.
② 휴지통에 보관된 실행 파일은 복원은 가능하지만 휴지통에서 실행하거나 이름을 변경할 수는 없다.
③ 휴지통 속성에서 파일이나 폴더가 삭제될 때마다 삭제 확인 대화 상자가 표시되지 않도록 설정할 수 있다.
④ 휴지통의 파일이 실제 저장된 폴더 위치는 일반적으로 C:\$Recycle.Bin이다.

가장 용량이 큰 파일이 아니라 가장 오래된 파일부터 자동 삭제됨

06 다음 중 Windows의 [폴더 옵션] 창에서 설정할 수 있는 작업으로 옳지 않은 것은?

① 탐색 창, 미리 보기 창, 세부 정보 창의 표시 여부를 선택할 수 있다.
② 숨김 파일이나 폴더의 표시 여부를 지정할 수 있다.
③ 폴더에서 시스템 파일을 검색할 때 색인의 사용 여부를 선택할 수 있다.
④ 알려진 파일 형식의 파일 확장명을 숨기도록 설정할 수 있다.

파일 탐색기의 [보기] 탭-[창] 그룹에서 탐색 창, 미리 보기 창, 세부 정보 창의 표시 여부를 선택할 수 있음

정답 01 ① 02 ③ 03 ① 04 ① 05 ① 06 ①

SECTION 04

Windows 보조프로그램

출제빈도 상 중 **하**
반복학습 1 2 3

빈출 태그 메모장・그림판・실행

01 메모장(Notepad) 23년 상시, 16년 10월, 12년 3월, 11년 3월, 08년 2월, 07년 10월, 05년 7월/10월

- 서식이 없는 간단한 문서 또는 웹 페이지를 만들 때 사용할 수 있는 기본 텍스트 편집기이다.

▶ 실행 방법

방법 1	[시작(⊞)]-[Windows 보조프로그램]-[메모장]을 클릭함
방법 2	[실행](⊞+R)에서 'notepad'를 입력하고 [확인]을 클릭함
방법 3	텍스트 파일(*.txt)을 더블클릭함
방법 4	[파일 탐색기]에서 텍스트 파일(*.txt)을 선택한 후 [홈] 탭-[열기] 그룹에서 [열기]를 클릭함
방법 5	[Windows 검색 상자]에 '메모장'을 입력한 다음 결과에서 [메모장]을 클릭함

- 기본 확장자는 *.txt이다.
- 그림, 차트, OLE★ 관련 개체는 삽입할 수 없다.
- 웹 페이지용 HTML 문서를 만들 때 사용할 수 있다.
- Windows 메모장은 파일의 크기와 상관없이 편집과 저장이 가능하다.
- [보기]-[상태 표시줄]을 실행하여 설정하면 상태 표시줄이 추가되어 나타나 현재 커서의 라인과 컬럼 번호를 알 수 있다(Ln 1, Col 1).
- 문서의 첫 줄 왼쪽에 .LOG(대문자)를 입력하고 저장한 다음 다시 그 파일을 열기 하면 시간과 날짜가 자동으로 삽입된다(시간/날짜 삽입 바로 가기 키 : F5).

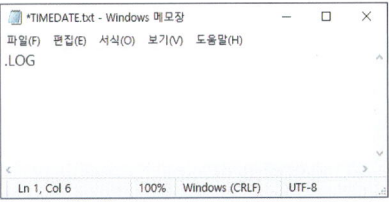
▲ .LOG 입력 후 저장

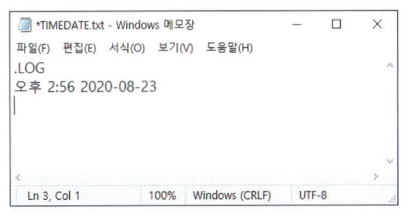
▲ 시간과 날짜가 자동으로 삽입됨

- 글꼴, 글꼴 스타일, 크기는 변경이 가능하나 글자색은 지원되지 않는다.
- 서식 변경은 문서 전체 단위로 이루어지며 부분적인 변경은 지원되지 않는다.
- 자동 줄 바꿈 기능, 찾기, 바꾸기 기능을 제공한다.
- 용지, 방향, 여백, 머리글, 바닥글, 미리 보기의 설정이 가능하다('단 나누기' 기능은 제공되지 않음).

> **기적의 TIP**
>
> 메모장의 기능과 특징에 대해 묻는 문제가 자주 출제되고 있습니다. 또한 메모장의 사용 용도에 대해 잘 숙지해 두기 바랍니다.

메모장의 실행 파일 위치
C:\Windows\System32\notepad.exe

★ OLE(Object Linking & Embedding)
- Windows 환경의 각종 응용 프로그램 간에 데이터 교환을 위하여 서로의 데이터를 공유하는 것
- 데이터를 제공하는 프로그램에서 데이터를 수정/편집하면 데이터를 제공받는 프로그램에서도 자동으로 반영되는 데이터 공유 방법임

- 문서의 내용이 많은 경우 [편집]-[이동]([Ctrl]+[G])을 실행하면 문서에 줄 번호가 표시되지 않은 상태라도 특정 줄로 이동할 수 있다(단, [서식]-[자동 줄 바꿈]이 설정된 경우에는 [이동] 명령을 사용할 수 없음).

02 워드패드(Wordpad)

- Windows에서 기본으로 제공하는 워드프로세서 프로그램이다.

워드패드의 실행 파일 위치
C:\Windows\System32\write.exe

▶ 실행 방법

방법 1	[시작([⊞])]-[Windows 보조프로그램]-[워드패드]를 클릭함
방법 2	[실행]([⊞]+[R])에서 'wordpad' 또는 'write'를 입력하고 [확인]을 클릭함
방법 3	[Windows 검색 상자]에 '워드패드'를 입력한 다음 결과에서 [워드패드]를 클릭함

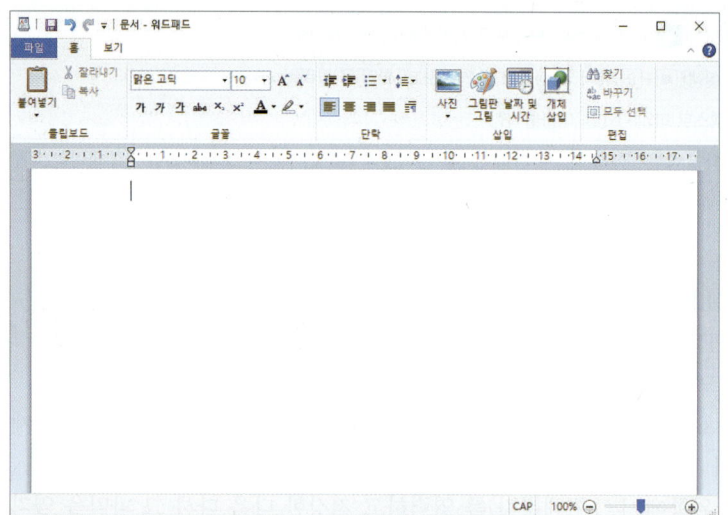

- 기본 확장자는 *.rtf(서식이 있는 텍스트)이다.
- 찾기, 바꾸기, 모두 선택 등의 편집이 지원된다.
- 글꼴, 크기, 서식(굵게, 기울임, 밑줄, 취소선, 아래 첨자, 위 첨자, 텍스트 강조색), 정렬(왼쪽, 가운데, 오른쪽, 양쪽), 목록 시작, 줄 간격 등의 기능을 사용할 수 있다.
- 사진, 그림판 그림, 날짜 및 시간, OLE 관련 개체를 삽입할 수 있다.
- 매크로, 스타일, 선 그리기 등의 고급 편집 기능은 지원되지 않는다.
- 확장자가 *.docx, *.odt, *.txt인 파일도 워드패드에서 열기가 가능하며 편집할 수 있다

03 그림판 24년 상시, 22년 상시, 21년 상시, 14년 3월, 11년 7월

포토샵에서 제공되는 레이어 기능은 지원되지 않음

- Windows에서 기본으로 제공되는 그림 편집 프로그램이다.

▶ 실행 방법

방법 1	[시작(■)]-[Windows 보조프로그램]-[그림판]을 클릭함
방법 2	[실행](■+R)에서 'mspaint' 또는 'pbrush'를 입력하고 [확인]을 클릭함
방법 3	[Windows 검색 상자]에 '그림판'을 입력한 다음 결과에서 [그림판]을 클릭함

그림판 실행 파일 위치
C:\Windows\System32\mspaint.exe

- 기본 확장자는 *.png이다.
- 비트맵(Bitmap)★형식의 그림 파일을 작성, 수정 등 편집과 인쇄가 가능하다.
- 확장자가 *.jpg, *.gif, *.tif, *.bmp, *.dib인 파일을 열어 편집할 수 있다.
- 작성한 그림은 저장한 상태에서 바탕 화면 배경으로 설정(채우기, 바둑판식, 가운데)할 수 있다.
- Shift 를 누르고 선을 그리면 수평선, 수직선, 45°의 대각선, 정원, 정사각형, 정삼각형 등을 쉽게 그릴 수 있다.
- 3차원 그림을 그릴 수 있는 [그림판 3D로 편집] 기능이 지원된다.

★ **비트맵(Bitmap)**
- 래스터(Raster) 이미지라고도 함
- 점(Pixel, 화소) 형식으로 제공되는 그림으로 무수히 많은 점이 모여 형태를 표현
- 각각의 점들은 독립된 정보를 가지고, 세밀한 표현을 할 수 있음
- 확대하면 계단식으로 표현되고 거칠어짐(계단 현상(Alias) 발생)

04 계산기

- 덧셈, 뺄셈, 곱셈 및 나눗셈과 같은 간단한 계산을 수행할 수 있는 표준(Alt+1)부터 공학용(Alt+2), 그래프(Alt+3), 프로그래머(Alt+4), 날짜 계산(Alt+5)까지 고급 기능이 제공된다.
- 통화 환율, 부피, 길이, 무게 및 질량, 온도, 에너지, 면적, 속도, 시간, 일률, 데이터, 압력, 각도 등에 대한 변환기 기능도 제공된다.

계산기의 실행 파일 위치
C:\Windows\System32\calc.exe

▶ 실행 방법

방법 1	[시작(■)]-[계산기]를 클릭함
방법 2	[실행](■+R)에서 'calc'를 입력하고 [확인]을 클릭함
방법 3	[Windows 검색 상자]에 '계산기'를 입력한 다음 결과에서 [계산기]를 클릭함

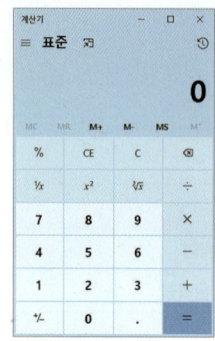

▲ 표준 계산기　　　　▲ 데이터 변환기

05 실행 10년 6월, 08년 2월, 07년 10월

- 실행 명령을 사용하면 프로그램, 파일, 폴더 및 웹 사이트를 신속하게 열 수 있다.

▶ 실행 방법

방법 1	[시작(⊞)]-[Windows 시스템]-[실행]을 클릭함
방법 2	[시작] 단추(⊞)에서 마우스 오른쪽 단추를 클릭한 후 [바로 가기 메뉴](⊞+X)에서 [실행(R)]을 클릭함
방법 3	[Windows 검색 상자]에 '실행'을 입력한 다음 결과에서 [실행]을 클릭함
방법 4	⊞+R을 누름
방법 5	⊞+X, R을 누름

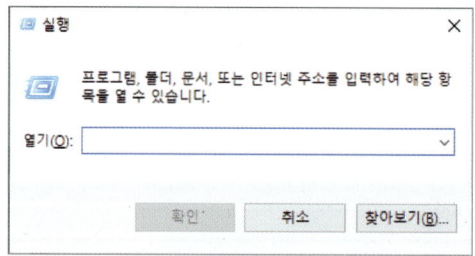

- 실행 명령 대신 [Windows 검색 상자]를 사용할 수도 있다.
- 열기란에 명령을 입력하고 [확인]을 클릭하면 해당 프로그램이 실행된다.

▶ 프로그램 실행 명령(대소문자 구분 없으며 확장자는 *.exe)

명령	실행 프로그램	명령	실행 프로그램
calc	계산기	control	제어판
cmd	명령 프롬프트	explorer	파일 탐색기
write, wordpad	워드패드	iexplore	인터넷 익스플로러
regedit	레지스트리 편집기	msconfig	시스템 구성 유틸리티
notepad	메모장	excel	Microsoft Office Excel

pbrush, mspaint	그림판	msaccess	Microsoft Office Access
Magnify	돋보기	powerpnt	Microsoft Office Powerpoint
winver	Windows 버전 정보	recent	최근에 사용한 항목 표시
msinfo32	시스템 정보	cleanmgr	디스크 정리
msiexec	Windows Installer	dfrgui	드라이브 최적화
perfmon	성능 모니터	taskmgr	작업 관리자

hdwwiz
하드웨어 추가 마법사

06 캡처 도구

- PC 화면의 전체 또는 일부를 캡처하고 저장할 수 있으며, 메모를 추가하고, 캡처 도구 창에서 캡처를 메일로 보낼 수 있다.

캡처 도구의 실행 파일 위치
C:\Windows\System32\SnippingTool.exe

▶ 실행 방법

방법 1	[시작(■)]-[Windows 보조프로그램]-[캡처 도구]를 클릭함
방법 2	[실행](■+R)에서 'SnippingTool'을 입력하고 [확인]을 클릭함
방법 3	[Windows 검색 상자]에 '캡처 도구'를 입력한 다음 결과에서 [캡처 도구]를 클릭함

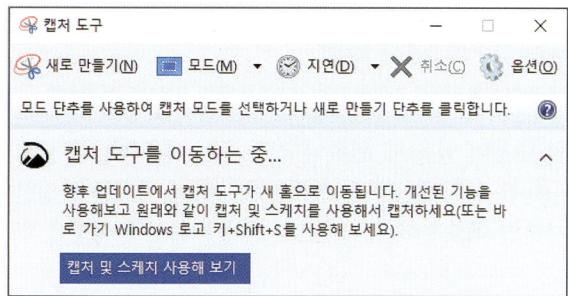

- 캡처 유형은 자유형 캡처, 사각형 캡처, 창 캡처, 전체 화면 캡처 등이 있다.
- 캡처한 이미지는 *.JPG, *.PNG, *.GIF, *.MHT 형태로 저장할 수 있다.

07 문자표

- 문자표를 사용하면 선택한 글꼴에서 사용할 수 있는 문자를 볼 수 있다.
- 개별 문자나 문자 그룹을 클립보드에 복사한 다음 복사한 문자를 프로그램에 붙여 넣을 수 있다.

문자표의 실행 파일 위치
C:\Windows\System32\charmap.exe

▶ 실행 방법

방법 1	[시작(■)]-[Windows 보조프로그램]-[문자표]를 클릭함
방법 2	[실행](■+R)에서 'charmap'을 입력하고 [확인]을 클릭함
방법 3	[Windows 검색 상자]에 '문자표'를 입력한 다음 결과에서 [문자표]를 클릭함

사용자 정의 문자 편집기
- 사용자가 직접 필요한 문자를 정의하여 만들 수 있는 문자 편집기
- [실행](■+R)에서 'eudcedit'을 입력하고 [확인]을 클릭
- [Windows 검색 상자]에 '사용자 정의 문자 편집기'를 입력한 다음 결과에서 [사용자 정의 문자 편집기]를 클릭

- 문자표는 Windows와 호환되는 프로그램에서만 실행된다.

08 명령 프롬프트 25년 상시, 16년 3월, 14년 10월

Alt + Enter 를 사용하여 창을 전체 화면 모드로 확대할 수 있음

- 대 · 소문자 상관없이 MS-DOS 명령이나 기타 명령을 실행할 수 있다.

▶ 실행 방법

방법 1	[시작(■)]-[Windows 시스템]-[명령 프롬프트]를 클릭함
방법 2	[실행](■+R)에서 'cmd'를 입력하고 [확인]을 클릭함
방법 3	[Windows 검색 상자]에 '명령 프롬프트'를 입력한 다음 결과에서 [명령 프롬프트]를 클릭함

- [명령 프롬프트] 창에서 복사할 내용이 있을 때 왼쪽의 조절 메뉴 단추(■)를 클릭한 다음 [편집]-[표시](Ctrl+M)를 클릭하면 마우스로 드래그하여 범위를 설정할 수 있으며, Enter 를 눌러 복사하면 메모장이나 워드프로세서 등에서 붙여넣을 수 있다.

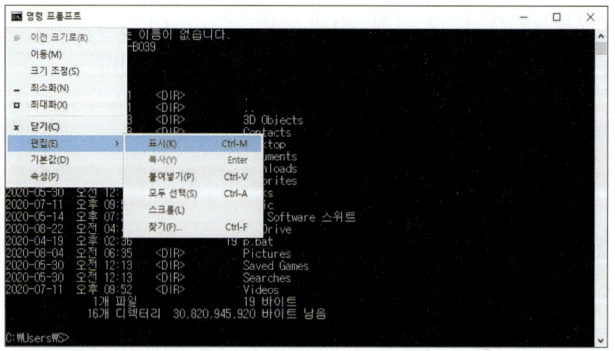

- [명령 프롬프트] 창에서 'exit'를 입력하고 Enter 를 누르거나 [닫기] 단추(■)를 클릭하면 [명령 프롬프트] 창이 종료된다.

09 돋보기

- 화면의 여러 부분을 확대하여 항목을 더 크게 표시해 준다(100~1,600%까지 확대).

돋보기 실행 파일 위치
C:\Windows\System32\Magnify.exe

▶ 실행 방법

방법 1	[시작(■)]-[Windows 접근성]-[돋보기]를 클릭함
방법 2	[실행](■+R)에서 'magnify'를 입력하고 [확인]을 클릭함
방법 3	[Windows 검색 상자]에 '돋보기'를 입력한 다음 결과에서 [돋보기]를 클릭함
방법 4	■+ + 를 누름

	기능
❶ 축소	확대된 디스플레이를 축소함(■+-)
❷ 100%	확대하거나 축소한 디스플레이의 비율(100~1,600%)을 표시함
❸ 확대	디스플레이의 일부를 확대함(■++)
❹ 이전 문장	이전 문장 읽기(Ctrl+Alt+H)
❺ 재생/일시 중지	읽기를 재생하거나 일시 중지시킴(Ctrl+Alt+Enter)
❻ 다음 문장	다음 문장 읽기(Ctrl+Alt+K)
❼ 여기에서 읽기	돋보기가 화면에서 읽을 곳을 지정함(Ctrl+Alt+왼쪽 마우스 클릭)
❽ 설정	• 음성 유형 선택 및 음성 속도 조정(0%~200%) • [설정]-[접근성]-[돋보기]로 이동함(■+Ctrl+M) • [설정]-[접근성]-[돋보기]에서 돋보기 사용, 돋보기 화면 변경, 읽기 보조키 선택 등을 설정함
❾ 닫기	돋보기를 종료함(■+Esc)

- 돋보기 실행 시 화면의 보기 방법은 바로 가기 키나 [설정]-[접근성]-[돋보기]의 '돋보기 화면 변경'에서 선택할 수 있다.

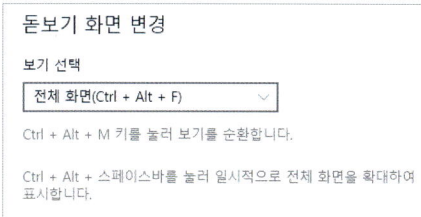
▲ [설정]-[접근성]-[돋보기]의 '돋보기 화면 변경'

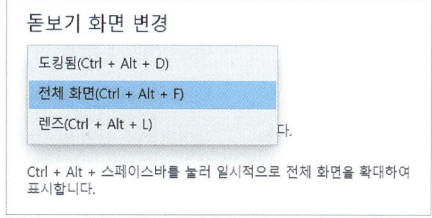
▲ 돋보기 화면 보기로 선택 가능한 세가지 모드

바로 가기 키	모드	기능
Ctrl+Alt+F	전체 화면	화면 전체를 확대함, 돋보기는 마우스 포인터 뒤에 표시됨
Ctrl+Alt+L	렌즈	마우스 포인터 주위의 영역을 확대함, 마우스 포인터 이동 시 확대되는 화면 영역도 같이 이동됨, 렌즈 크기 변경(10~100) 가능
Ctrl+Alt+D	도킹	화면의 일부분만 확대함, 확대 이 나머지 부분은 정상 상태 유지, 확대되는 화면 영역을 사용자가 제어 가능함

10 스티커 메모

- 바탕 화면에 필요한 메모나 작업 사항, 스케줄, 전화 번호 등을 적어 놓는 기능으로 크기와 색을 변경할 수 있으며 이동도 가능하다.

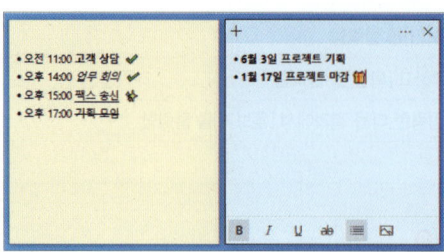

▶ 실행 방법

방법 1	[시작(■)]-[스티커 메모]를 클릭함
방법 2	[Windows 검색 상자]에 '스티커 메모'를 입력한 다음 결과에서 [스티커 메모]를 클릭함

Windows Media Player
- 오디오 또는 비디오 파일 재생
- CD 또는 DVD 재생 및 굽기
- CD에서 음악 복사
- 인터넷 미디어 스트리밍(단, 사진이나 영상 등의 편집 기능은 지원되지 않음)

아이콘	기능	바로 가기 키
❶ 새 메모	새 메모를 추가함	Ctrl + N
❷ 메뉴	메모 색상 변경, 노트 목록, 메모 삭제	Ctrl + H (노트 목록), Ctrl + D (메모 삭제)
❸ 메모 닫기	메모 종료	Alt + F4
❹ 굵게	굵은 텍스트로 변경	Ctrl + B
❺ 기울임꼴	기울임꼴 텍스트로 변경	Ctrl + I
❻ 밑줄	텍스트에 밑줄 추가	Ctrl + U
❼ 취소선	텍스트에 취소선 추가	Ctrl + T
❽ 글머리 기호 전환	글머리 기호 삽입 및 삭제	Ctrl + Shift + L
❾ 이미지 추가	메모에 이미지 파일 추가	

이론을 확인하는 기출문제

01 다음 중 한글 Windows에서 사용하는 [메모장]에서 할 수 있는 기능으로 옳지 않은 것은?

① 특정 문자나 단어를 찾아서 바꾸기를 할 수 있다.
② 텍스트를 잘라내기, 복사하기, 붙여넣기 또는 삭제를 할 수 있다.
③ 글꼴의 스타일과 크기를 바꿀 수 있다.
④ 편집 중인 문서에 그림을 삽입할 수 있다.

[메모장]에서는 그림, 차트, OLE 관련 개체는 삽입할 수 없음

02 다음 중 한글 Windows의 [보조프로그램]의 [그림판]에 관한 설명으로 옳지 않은 것은?

① [그림판]으로 작성된 파일의 형식은 BMP, JPG, GIF 등으로 저장할 수 있다.
② 레이어 기능으로 그림의 작성과 편집 과정을 편리하게 하여 준다.
③ 배경색을 설정하려면 [홈] 탭의 [색] 그룹에서 색 2를 클릭한 다음 원하는 색 사각형을 클릭한다.
④ 정원 또는 정사각형을 그리려면 타원이나 직사각형을 선택한 후에 Shift 를 누른 상태로 그리면 된다.

그림판은 레이어 기능이 지원되지 않으며, 레어어 기능은 포토샵 같은 소프트웨어에서 가능함

03 다음 중 [메모장]에 대한 설명으로 맞지 않는 것은?

① 메모장은 크기가 1MB 크기 이상인 텍스트 파일만 저장할 수 있다.
② 용지 크기와 용지 출력 방향, 여백, 머리글, 바닥글을 변경할 수 있다.
③ ASCII 형식의 문자열을 작성하여 저장할 수 있고, 기본 저장 파일 확장자는 .txt이다.
④ OLE 개체 삽입, 그림이나 차트 등의 고급 기능은 사용할 수 없다.

파일의 크기와 상관없이 저장 가능함

04 다음 중 컴퓨터에 윈도우용 프로그램의 명령줄에서 Windows Installer의 작업을 설치하고 수정하는 명령어는?

① msiconfig
② msiexec
③ msinfo32
④ mode

msiexec : Windows 인스톨러(Installer)

05 다음 중 [그림판]에 대한 설명으로 옳지 않은 것은?

① 레이어 기능을 이용하여 정교하게 그림을 그릴 수 있다.
② 그림을 그린 다음 다른 문서에 붙여넣거나 바탕 화면 배경으로 사용할 수 있다.
③ JPG, GIF, BMP와 같은 그림 파일도 그림판에서 작업할 수 있다.
④ 선택한 영역의 색을 [색 채우기] 도구를 이용하여 다른 색으로 변경할 수 없다.

그림판에서는 포토샵 같은 소프트웨어에서 제공하는 레이어 기능은 지원하지 않음

06 다음 중 Windows의 보조프로그램 중 [명령 프롬프트]에 관한 설명으로 옳지 않은 것은?

① MS-DOS 명령 및 기타 컴퓨터 명령을 텍스트 기반으로 실행한다.
② [명령 프롬프트] 창에서 표시되는 텍스트를 복사하여 메모장에 붙여 넣을 수 있다.
③ [실행]에서 'taskmgr'을 입력하면 [명령 프롬프트] 창이 표시된다.
④ [명령 프롬프트] 창에서 'exit'를 입력하여 종료할 수 있다.

[실행]에서 'taskmgr'을 입력하면 작업 관리자가 실행됨

정답 01 ④ 02 ② 03 ① 04 ② 05 ① 06 ③

SECTION 05 인쇄

출제빈도 상 중 하
반복학습 1 2 3

빈출 태그 프린터 설치 및 삭제 • 기본 프린터 • 스풀 • 공유

> **기적의 TIP**
>
> 프린터의 설치 및 기본 프린터는 자주 출제되고 있습니다. 개념 및 특징을 반드시 짚고 넘어가세요.

[장치 및 프린터]에는 사용자 컴퓨터, 하드디스크 드라이브, 컴퓨터의 USB에 연결하는 모든 장치, 컴퓨터에 연결된 호환 네트워크 장치가 표시됨(단, 사운드 카드는 표시되지 않음)

01 프린터의 설치 및 제거
23년 상시, 21년 상시, 13년 3월/6월, 09년 4월, 06년 5월, 04년 2월, 03년 7월, …

1) 프린터 설치

방법 1	[시작()]-[Windows 시스템]-[제어판]-[하드웨어 및 소리]-[장치 및 프린터]-[프린터 추가]를 클릭함
방법 2	보기 기준을 [큰 아이콘]이나 [작은 아이콘]으로 변경한 다음 [장치 및 프린터]를 클릭한 다음 [프린터 추가]를 클릭함
방법 3	[시작( )]-[설정]-[장치]-[프린터 및 스캐너]-[프린터 또는 스캐너 추가]를 클릭함

- 프린터 추가에서 PC에 추가할 장치 또는 프린터를 선택한다.
- Windows에서는 USB 프린터는 연결하면 자동으로 설치되므로 로컬 프린터 추가는 USB 프린터를 사용하지 않는 경우에만 선택한다.

▶ 프린터의 유형

로컬 프린터	직접 PC와 연결된 프린터를 의미함
네트워크, 무선, Bluetooth 프린터	네트워크상에 연결된 프린터나 무선, 근거리 무선 접속이 지원되는 프린터를 의미함

- 설치 시 [로컬 프린터]를 선택한 경우 연결할 프린터의 포트를 지정하고, [네트워크 프린터]를 선택한 경우는 네트워크에 연결되어 있는 프린터 목록 중에서 하나를 선택하면 된다.

2) 프린터 제거하기

프린터 아이콘을 클릭한 다음 [장치 제거]를 클릭하거나 바로 가기 메뉴의 [장치 제거]를 클릭한다.

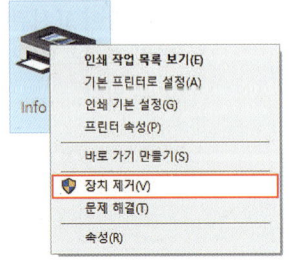

02 기본 프린터 24년 상시, 23년 상시, 19년 3월, 11년 3월/10월, 10년 3월, 09년 4월/7월, 06년 5월/9월

- 프로그램에서 사용할 프린터를 지정하지 않고 인쇄 명령을 선택했을 때 컴퓨터가 자동으로 문서를 보내는 프린터이다. 즉, 인쇄 시 프린터를 따로 지정하지 않아도 설정되는 기본 프린터로 곧바로 인쇄된다.
- 현재 인쇄를 담당하고 있는 기본 프린터의 프린터 아이콘에는 ✓ 표시가 나타난다.
- 기본 프린터는 한 대만 지정할 수 있으며, 기본 프린터로 설정된 프린터도 제거할 수 있다.
- 기본 프린터는 로컬 프린터와 네트워크로 공유한 프린터 모두 설정이 가능하다.
- 기본 프린터로 지정하고자 하는 프린터를 선택한 다음 [Alt]를 누른 뒤 [파일]-[기본 프린터로 설정]을 클릭하여 지정하거나 바로 가기 메뉴에서 [기본 프린터로 설정]을 클릭하여 지정할 수 있다.

▲ 기본 프린터 아이콘

03 인쇄 08년 8월, 04년 2월

1) 문서의 인쇄
- 문서를 인쇄하려면 인쇄하려는 프로그램에서 [파일] 탭-[인쇄]를 클릭하여 실행한다.
- 인쇄할 문서 파일을 프린터 아이콘으로 드래그하여 인쇄할 수 있다.

2) 인쇄 관리자 사용 22년 상시, 18년 3월, 13년 3월/6월, 11년 3월/7월, 07년 2월, 06년 7월, 04년 8월/10월
- 인쇄가 실행될 때 인쇄 작업 내용을 보려면 작업 표시줄의 알림 영역에 프린터 모양의 아이콘을 더블클릭하여 인쇄 관리자 창을 연다. 인쇄가 완료되면 아이콘은 사라진다.
- 인쇄 관리자는 인쇄 대기열에 있는 문서의 인쇄 순서를 변경할 수 있으며, 취소 및 일시 중지 등의 작업을 수행할 수 있다.
- 현재 인쇄 중인 문서가 인쇄가 완료되기 전에 다른 문서의 인쇄가 있을 경우 인쇄 대기열에 쌓이게 된다.
- 인쇄 작업에 들어간 것도 중간에 강제로 종료시킬 수 있다.

> **프린터 속성 [고급] 탭의 설정 기능**
> - 인쇄를 빨리 끝낼 수 있도록 문서 스풀
> - 스풀 기능을 사용하지 않고 인쇄
> - 짝이 맞지 않는 문서는 보류
> - 스풀된 문서를 먼저 처리
> - 인쇄된 문서 보관
> - 고급 인쇄 기능 사용
> - 기본값으로 인쇄
> - 단, 보안을 위한 사용 권한 설정은 [보안] 탭에서 설정함

04 프린터 스풀(SPOOL) 25년 상시, 23년 상시, 12년 3월, 06년 2월

- 장치의 이용 효율을 높이기 위해 중앙 처리 장치(CPU)의 처리 동작과 저속의 입출력 장치의 동작이 동시에 이루어지도록 하는 처리 형태이다. 스풀이 설정되면 인쇄 도중에도 다른 작업을 할 수 있는 병행 처리 기능을 의미한다.
- 프린터에서 인쇄를 하기 전에 인쇄 내용을 하드디스크에 임시로 보관하는 것이다.
- 스풀 기능을 사용하려면 스풀에 사용될 디스크의 추가 용량이 필요하다.
- 인쇄 속도는 스풀 설정 이전보다 오히려 느려진다.

> **기적의 TIP**
> 스풀링을 이용하면 인쇄할 내용을 하드디스크에 미리 저장해 놓으므로 인쇄되는 동안 재미있는 게임도 하고, 인터넷도 할 수 있어요.

> **기적의 TIP**
> 스풀 설정 시 속도가 느려지는 점에 유념하세요.

- [파일] 탭-[열기]-[프린터 사용자 지정]을 더블클릭하여 실행한 다음 [고급] 탭에서 설정한다.
- 프린터를 선택한 다음 Alt를 누른 뒤 [파일]-[프린터 속성]을 클릭하거나 바로 가기 메뉴의 [프린터 속성]을 클릭한 다음 [고급] 탭에서 설정한다.

05 프린터 공유 13년 3월, 12년 6월, 10년 6월/10월, 07년 7월, 06년 2월, 05년 5월, 04년 8월

- 프린터를 선택한 다음 Alt를 누른 뒤 [파일]-[프린터 속성]을 클릭하거나 바로 가기 메뉴의 [프린터 속성]을 클릭한 다음 [공유] 탭에서 설정한다.
- 프린터 한 대를 공유하여 여러 대의 컴퓨터에서 사용할 수 있다. 즉, 기본 프린터로 설정된 프린터를 네트워크상의 다른 컴퓨터도 사용 가능하다(자동으로 네트워크 공유가 설정되는 것이 아니라 사용자가 직접 공유를 설정해야 함).
- 같은 네트워크 내에서 여러 대의 프린터를 공유할 수 있다.
- 공유된 프린터를 클릭하여 선택하면 상태에 공유된 아이콘(상태:) 모양이 표시된다.
- 프린터 속성에서 공유, 프린터 포트, 최대 해상도, 사용 가능한 용지, 스풀 등 속성 설정 작업을 할 수 있지만 인쇄 중인 문서 이름은 알 수 없다.

이론을 확인하는 기출문제

01 다음 중 Windows에서의 프린터 설치에 관한 설명으로 옳지 <u>않은</u> 것은?

① Bluetooth 프린터를 설치하려면 컴퓨터에 Bluetooth 무선 어댑터를 연결하거나 켠 후 [프린터 추가 마법사]를 실행한다.
② 새로운 프린터를 설치하는 과정에서 네트워크 프린터를 기본 프린터로 설정하려면 반드시 스풀링의 설정이 필요하다.
③ 로컬 프린터 설치 시 프린터가 USB(범용 직렬 버스) 모델인 경우에는 프린터를 컴퓨터에 연결하면 Windows에서 자동으로 검색하고 설치한다.
④ 공유 프린터 설정 시 프린터가 연결된 컴퓨터의 전원이 켜져 있어야 프린터의 사용이 가능하다.

새로운 프린터를 설치하는 과정에서 네트워크 프린터를 기본 프린터로 설정하는 경우라도 반드시 스풀링 설정을 할 필요는 없음

02 다음 중 한글 Windows의 인쇄 작업에 대한 설명으로 옳지 <u>않은</u> 것은?

① 프린터에서 인쇄 작업이 시작된 경우라도 잠시 중지시켰다가 다시 이어서 인쇄할 수 있다.
② 여러 개의 출력 파일들의 출력 대기 상태를 확인할 수 있다.
③ 여러 개의 출력 파일들이 출력 대기 할 때 출력 순서를 임의로 조정할 수 있다.
④ 일단 프린터에서 인쇄 작업에 들어간 것은 프린터 전원을 끄기 전에는 강제로 종료시킬 수 없다.

인쇄 작업에 들어간 것은 인쇄 취소로 종료시킬 수 있음

03 다음 중 Windows에 설치된 기본 프린터에 관한 설명으로 옳지 <u>않은</u> 것은?

① 프로그램에서 사용할 프린터를 지정하지 않고 인쇄 명령을 내렸을 때 컴퓨터가 자동으로 문서를 보내는 프린터이다.
② 여러 개의 프린터가 설치된 경우 네트워크 프린터와 로컬 프린터 각각 1대씩을 기본 프린터로 설정할 수 있다.
③ 현재 설정되어 있는 기본 프린터를 다른 프린터로 변경할 수 있다.
④ 기본 프린터로 설정된 프린터도 삭제할 수 있다.

여러 개의 프린터가 설치된 경우라도 네트워크 프린터와 로컬 프린터 중에서 1대만 기본 프린터로 설정할 수 있음

04 다음 중 한글 Windows에 설치된 프린터의 인쇄 관리자 창에 관한 설명으로 옳지 <u>않은</u> 것은?

① 인쇄 대기열에 있는 문서의 인쇄를 일시 중지시킬 수 있다.
② [문서]-[취소] 메뉴를 선택하면 일시 중지가 취소되어 문서를 다시 인쇄한다.
③ 현재 인쇄가 수행 중인 상태에서 새로운 문서의 인쇄 명령을 하면 인쇄 대기열에 추가된다.
④ 인쇄 대기열에 있는 문서의 인쇄 순서를 변경할 수 있다.

[문서]-[취소] 메뉴를 선택하면 일시 중지가 취소되는 것이 아니라 문서 인쇄가 취소됨

정답 01 ② 02 ④ 03 ② 04 ②

05 다음 중 Windows에서 프린터를 공유하기 위한 작업 선택의 순서로 옳은 것은?

① [설정]-[프린터 및 하드웨어]-[프린터 추가]-[로컬 프린터 선택]
② [설정]-[장치]-[프린터 및 스캐너]-프린터 선택 후 [관리]-[프린터 속성]-[공유]
③ [설정]-[프린터 및 하드웨어]-[프린터 추가]-[포트 선택]
④ [설정]-[공유]-[프린터를 선택]-[기본 프린터 설정]

> 프린터를 선택한 다음 Alt 를 누른 뒤 [파일]-[프린터 속성]을 클릭하거나 바로 가기 메뉴의 [프린터 속성]을 클릭한 다음 [공유] 탭에서 설정함

06 다음 중 한글 Windows에서 프린터를 이용한 인쇄 기능의 설명으로 옳지 않은 것은?

① 현재 인쇄 중인 문서가 인쇄가 완료되기 전에 다른 문서의 인쇄가 있을 경우 현재의 인쇄 작업은 중단되거나 취소된다.
② 인쇄 대기열에는 인쇄 대기 중인 문서가 표시되며, 목록의 각 항목에는 인쇄 상태 및 페이지 수와 같은 정보가 제공된다.
③ 문서가 인쇄되는 동안 프린터 아이콘이 알림 영역에 표시되며, 인쇄가 완료되면 아이콘이 사라진다.
④ 인쇄 대기열에서 프린터의 작동을 일시 중지하거나 계속할 수 있으며, 인쇄 대기 중인 모든 문서의 인쇄를 취소할 수 있다.

> 현재 인쇄 중인 문서가 인쇄가 완료되기 전에 다른 문서의 인쇄가 있을 경우 인쇄 대기열에 쌓이게 됨

07 다음 중 Windows 10의 기본 프린터 설정에 관한 설명으로 옳지 않은 것은?

① 기본 프린터는 해당 프린터 아이콘에 체크 표시가 추가된다.
② 기본 프린터는 한 대만 지정할 수 있다.
③ 인쇄 시 특정 프린터를 지정하지 않으면 기본 프린터로 인쇄된다.
④ 네트워크 프린터를 제외한 로컬 프린터만 기본 프린터로 지정할 수 있다.

> 기본 프린터 : 프로그램에서 사용할 프린터를 지정하지 않고 인쇄 명령을 선택했을 때 컴퓨터가 자동으로 문서를 보내는 프린터로 네트워크 프린터도 기본 프린터로 지정할 수 있음

08 다음 중 프린터 스풀(SPOOL)에 대한 설명으로 옳지 않은 것은?

① 인쇄 도중에도 다른 작업을 할 수 있는 병행 처리 기능이다.
② 프린터에서 인쇄를 하기 전에 인쇄 내용을 주기억 장치에 영구히 보관하는 것이다.
③ 인쇄 속도는 스풀 설정 이전보다 느려진다.
④ 중앙 처리 장치(CPU)의 처리 동작과 저속의 입출력 장치의 동작이 동시에 이루어지도록 하는 처리 형태이다.

> 프린터에서 인쇄하기 전에 인쇄 내용을 하드디스크에 임시로 보관함

CHAPTER

02

컴퓨터 시스템 설정 변경

학습 방향

설정을 이용한 컴퓨터 시스템의 설정 변경 방법과 네트워크 설정에 대한 부분이 출제되고 있습니다. 개인 설정과 앱 및 기능, 시스템, 장치 관리자, 관리 도구, 사용자 계정 등에서 꾸준히 출제되는 경향을 보이고 있으므로 설정의 각 기능에 대해 실습을 통해 정확히 익혀 두시는 것이 좋습니다. 또한, 네트워크 관련 명령어도 명령 프롬프트 창에서 직접 실행을 통해 익히시면 좋습니다.

출제 빈도

SECTION 01   상   60%
SECTION 02   중   40%

SECTION 01 설정

출제빈도 상 중 하
반복학습 1 2 3

빈출 태그 앱 및 기능 • 개인 설정 • 정보 • 접근성 • 장치 관리자 • 관리 도구 • 계정 • 글꼴

01 설정의 기본 개념

1) 설정

- Windows 운영체제의 작업 환경에 도움이 되는 여러 가지 컴퓨터 시스템의 환경 설정 작업 및 변경을 수행하는 기능을 제공한다.
- 데스크톱 PC 외 태블릿이나 터치 환경에서도 쉽게 사용할 수 있다.
- [시스템 설정], [장치 설정], [전화 설정], [네트워크 및 인터넷 설정], [개인 설정], [앱 설정], [계정 설정], [시간 및 언어 설정], [게임 설정], [접근성 설정], [검색 설정], [개인 정보 설정], [업데이트 및 보안 설정] 등을 지원한다.

▲ [설정] 홈페이지 화면

2) 설정 실행 방법

방법 1	[시작(■)]-[설정]
방법 2	■+I 를 누름
방법 3	[시작] 단추(■)에서 마우스 오른쪽 버튼을 클릭한 다음 [설정]을 클릭함
방법 4	검색 상자에 '설정'이라고 입력한 다음 [설정] 앱을 실행함
방법 5	■+X, N을 누름

방법 6	실행(■+R)에서 'ms-settings:'★을 입력한 다음 [확인]을 클릭함
방법 7	파일 탐색기(■+E)의 주소 표시줄에 'ms-settings:'을 입력한 다음 Enter 를 누름
방법 8	웹 브라우저의 주소 표시줄에 'ms-settings:'을 입력한 다음 Enter 를 누름
방법 9	[작업 표시줄]-[작업 표시줄 설정]-[홈]
방법 10	[바탕 화면]의 바로 가기 메뉴-[개인 설정]-[홈]
방법 11	[바탕 화면]의 바로 가기 메뉴-[디스플레이 설정]-[홈]
방법 12	작업 표시줄의 [알림]-[모든 설정]

★ ms-settings:
- [설정]으로 바로 이동할 수 있는 URI(Uniform Resource Identifier) 스키마
- 실행이나 파일 탐색기, 웹 브라우저의 주소 표시줄에 입력함

- 설정에서 자주 사용되는 항목은 마우스 오른쪽 버튼을 클릭한 후 [시작 화면에 고정]을 클릭하여 시작 화면에 고정할 수 있다.
- 설정에서 지원되는 각 항목을 사용자가 임의로 제거할 수 없다.

3) 설정의 범주별 기능

범주	범주 항목 및 주요 기능
시스템	디스플레이, 소리, 알림 및 작업, 집중 지원, 전원 및 절전, 저장소 등을 설정
장치	BlueTooth 및 기타 디바이스, 프린터 및 스캐너, 마우스, 입력, USB 등을 설정
전화	사용자의 PC에서 바로 문자를 보내고 휴대폰의 최근 사진을 볼 수 있음
네트워크 및 인터넷	• 네트워크 상태, 이더넷 속성, 데이터 사용량, 사용 가능한 네트워크 표시 • Wi-Fi 설정, 사용 가능한 네트워크 표시, 하드웨어 속성, 알려진 네트워크 관리
개인 설정	배경, 색, 잠금 화면, 테마, 글꼴, 시작, 작업 표시줄 등을 설정
앱	• 앱 제거 및 수정 또는 이동 설정 • 기본 앱 선택 및 Microsoft 권장 기본값으로 초기화 설정
계정	• 사용자 계정, 계정 유형, 내 Microsoft 계정 관리 • 장치에 로그인하는 방법 관리(Windows Hello 얼굴, Windows Hello 지문, Hello PIN, 보안 키, 비밀번호, 사진 암호), 동적 잠금 설정
시간 및 언어	날짜 및 시간, 지역, 언어, 음성 등을 설정
게임	• PC 게임을 플레이하는 동안 비디오와 스크린샷을 캡처할 수 있음 • 스크린샷 및 게임 클립을 통해 게임을 캡처하는 방법을 제어함
접근성	• 돋보기를 사용하여 디스플레이 일부를 확대함 • 화면의 내용을 설명하는 화면 읽기 프로그램 켜기 • 장치를 듣기 쉽게 하거나 사운드 없이 사용하기 쉽게 설정
검색	• 유해 정보 차단(엄격, 중간, 끔), 클라우드 콘텐츠 검색 설정 • 인덱싱 상태(색인된 항목 등)
개인 정보	Windows 사용 권한, 앱 사용 권한 등을 설정
업데이트 및 보안	Windows 업데이트, Windows 보안, 백업, 문제 해결, 복구, 정품 인증 등을 설정

범주 항목에서 백스페이스(Back Space)를 누르면 [설정] 홈페이지로 돌아감

02 설정의 각 항목

1) 앱 및 기능 18년 3월, 15년 6월, 09년 4월, 05년 5월/7월

▶ 실행 방법

방법 1	[설정]-[앱]-[앱 및 기능]을 클릭함
방법 2	[시작] 단추( )에서 마우스 오른쪽 버튼을 클릭한 다음 [앱 및 기능]을 클릭함
방법 3	"ms-settings:appsfeatures"을 실행이나 파일 탐색기 및 웹 브라우저의 주소 표시줄에 입력한 다음 Enter 를 누름

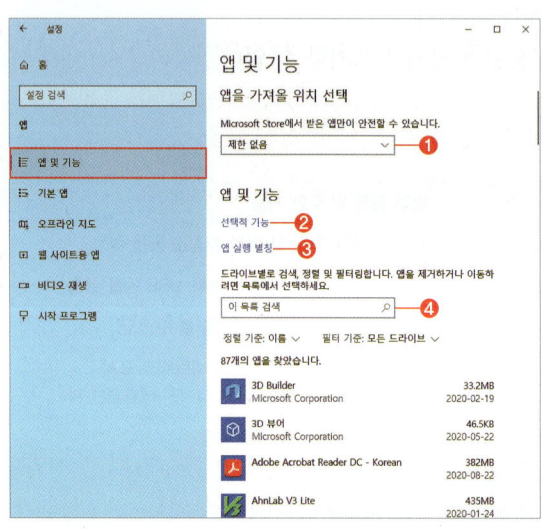

❶ 앱을 가져올 위치를 선택할 수 있다.
❷ [선택적 기능]에서 앱을 제거하거나 관리할 수 있으며 기능을 추가할 수도 있다.
❸ [앱 실행 별칭]에서 명령 프롬프트에서 앱을 실행하는 데 사용되는 이름을 선언할 수 있으며 동일한 이름을 사용하는 경우 사용할 앱 하나를 선택한다.
❹ 앱을 이동하거나 수정 및 제거할 수 있으며 드라이브 별로 검색, 정렬 및 필터링이 가능하다.

2) 기본 앱

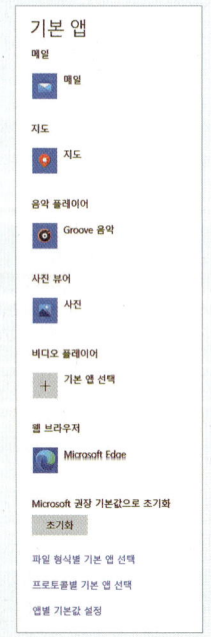

- 메일, 지도, 음악 플레이어, 사진 뷰어, 비디오 플레이어, 웹 브라우저와 같은 작업에 사용할 앱을 선택한다.
- [파일 형식별 기본 앱 선택], [프로토콜별 기본 앱 선택]으로 기본 앱을 선택할 수 있으며 [앱별 기본값 설정]이 가능하다.
- Microsoft에서 권장하는 기본 앱으로 돌아가려는 경우 [Microsoft 권장 기본값으로 초기화]에서 [초기화] 버튼을 클릭한다.

▶ 실행 방법

방법 1	[설정]-[앱]-[기본 앱]을 클릭함
방법 2	'ms-settings:defaultapps'를 실행이나 파일 탐색기 및 웹 브라우저의 주소 표시줄에 입력한 다음 Enter 를 누름

3) 디스플레이 15년 3월

▶ 실행 방법

방법 1	[설정]-[시스템]-[디스플레이]를 클릭함
방법 2	[바탕 화면]의 [바로 가기 메뉴]에서 [디스플레이 설정]을 클릭함
방법 3	'ms-settings:display'를 실행이나 파일 탐색기 및 웹 브라우저의 주소 표시줄에 입력한 다음 Enter 를 누름

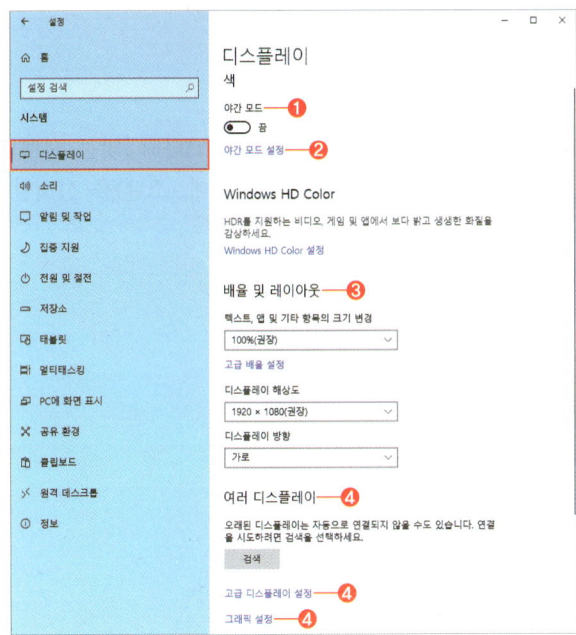

❶ 야간 모드를 '끔'과 '켬'으로 설정할 수 있다.
❷ [야간 모드 설정] : 지금 켜기/끄기, 강도 조정, 야간 모드 예약이 가능하다.
❸ [배율 및 레이아웃] : 텍스트, 앱 및 기타 항목의 크기 변경(100%(권장), 125%, 150%, 175%), 고급 배율 설정, 디스플레이 해상도, 디스플레이 방향(가로, 세로, 가로(대칭 이동), 세로(대칭 이동)) 등을 설정할 수 있다.
❹ [여러 디스플레이 연결], [고급 디스플레이 설정], [그래픽 설정] 등의 설정이 가능하다.

4) 개인 설정 25년 상시, 19년 3월, 10년 6월, 09년 4월, 08년 10월, 07년 10월, 06년 5월/7월/9월, 05년 7월, 04년 2월, ⋯

- [배경], [색], [잠금 화면], [테마], [글꼴], [시작], [작업 표시줄] 등에 대해 설정할 수 있다.

▶ 실행 방법

방법 1	[설정]-[개인 설정]을 클릭함	
방법 2	[바탕 화면]의 [바로 가기 메뉴]에서 [개인 설정]을 클릭함	
방법 3	다음의 각 URI를 실행이나 파일 탐색기 및 웹 브라우저의 주소 표시줄에 입력함	
	[배경]	ms-settings:personalization-background
	[색]	ms-settings:personalization-colors 또는 ms-settings:colors
	[잠금 화면]	ms-settings:lockscreen
	[테마]	ms-settings:themes
	[글꼴]	ms-settings:fonts
	[시작]	ms-settings:personalization-start
	[작업 표시줄]	ms-settings:taskbar

- [배경] : 바탕 화면의 배경 화면을 설정(사진, 단색, 슬라이드 쇼)하고 [맞춤 선택]에서 나타내는 유형(채우기, 맞춤, 확대, 바둑판식 배열, 가운데, 스팬)을 선택할 수 있다.

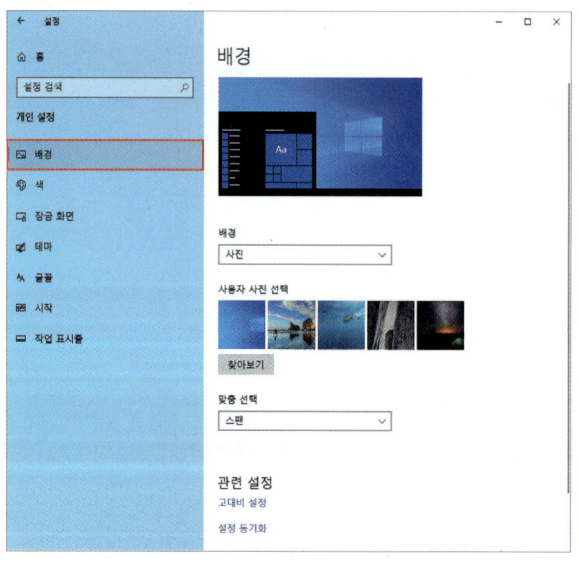

[색 선택] - [사용자 지정]
[색 선택]-[사용자 지정]을 선택한 경우에 [기본 Windows 모드 선택(밝게, 어둡게)]과 [기본 앱 모드 선택(밝게, 어둡게)]이 나타남

- [색] : 색 선택(밝게, 어둡게, 사용자 지정), 투명 효과(켬, 끔) 등을 설정할 수 있으며 [테마 컬러 선택]에서 자동으로 내 배경 화면에서 테마 컬러 선택이 가능하고 [최근에 사용한 색이나 Windows 색상표], [사용자 지정 색]을 이용한 색 지정도 가능하며 테마 컬러 표시를 [시작, 작업 표시줄 및 알림 센터], [제목 표시줄 및 창 테두리]에 적용시킬 수 있다.

- [잠금 화면] : 잠금 화면 배경을 설정(Windows 추천, 사진, 슬라이드 쇼)할 수 있고 [잠금 화면의 Windows 및 Cortana에서 재미있는 정보, 팁 등 가져오기], [잠금 화면에서 세부 상태를 표기할 앱 하나 선택], [잠금 화면에 빠른 상태를 표시할 앱 선택] 등이 가능하며 [로그인 화면에 잠금 화면 배경 그림 표시]의 여부와 [화면 시간 제한 설정]에서 전원 및 절전 모드를 설정하고 [화면 보호기 설정]에서 화면 보호기와 전원 설정 변경 등을 할 수 있다.

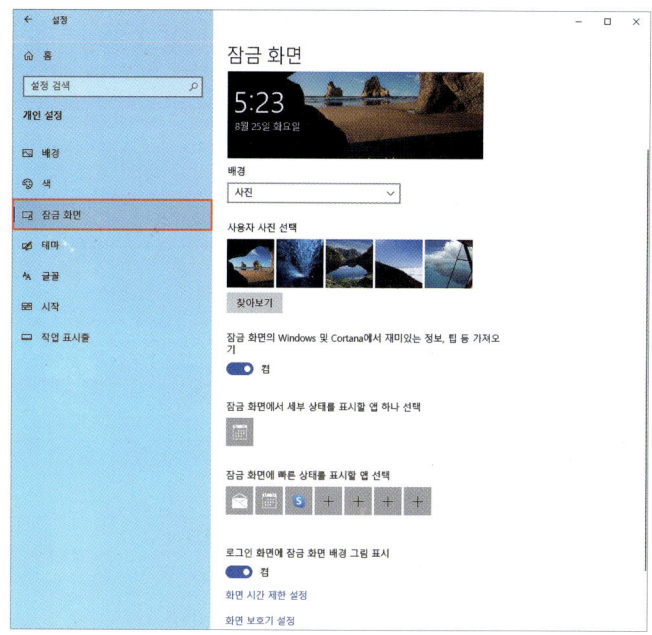

- [테마] : 배경, 색, 소리, 마우스 커서 등의 설정으로 사용자 지정 테마를 저장할 수 있고 [Microsoft Store에서 더 많은 테마 보기]를 선택하여 Microsoft 사에서 제공하는 다양한 테마를 추가 설치할 수 있으며, 관련 설정의 [바탕 화면 아이콘 설정]에서 바탕 화면에 표시할 아이콘(컴퓨터, 휴지통, 문서, 제어판, 네트워크)을 설정하고 아이콘 변경과 기본값 복원이 가능하다.

★ [마우스 커서]-[마우스 속성] 대화 상자
[마우스 속성] 대화 상자에서 단추 구성(오른쪽 단추와 왼쪽 단추 기능 바꾸기), 두 번 클릭 속도, 클릭 잠금, 포인터, 포인터 옵션, 휠 설정 등이 가능함

- [글꼴] : 글꼴 추가 및 사용 가능한 글꼴의 확인이 가능하며 각 글꼴을 클릭하면 글꼴 미리 보기, 글꼴 크기 변경, 메타 데이터(전체 이름, 글꼴 파일, 버전, 제조업체, 저작권, 등록 상표, 라이선스 설명 등) 확인, 글꼴 제거가 가능하다. 관련 설정으로 [ClearType 텍스트 조정], [모든 언어에 대한 글꼴 다운로드]가 있다.

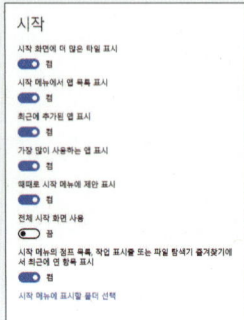

- [시작] : [시작 화면에 더 많은 타일 표시], [시작 메뉴에서 앱 목록 표시], [최근에 추가된 앱 표시], [가장 많이 사용하는 앱 표시], [때때로 시작 메뉴에 제안 표시], [전체 시작 화면 사용], [시작 메뉴의 점프 목록, 작업 표시줄 또는 파일 탐색기 즐겨찾기에서 최근에 연 항목 표시], [시작 메뉴에 표기할 폴더 선택] 등을 설정한다.

▶ 작업 표시줄

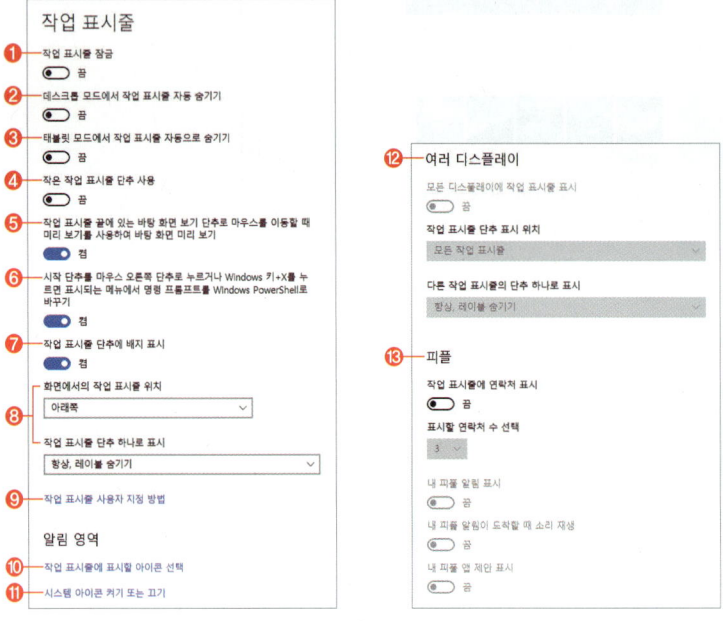

❶	[작업 표시줄 잠금] 설정
❷	[데스크톱 모드에서 작업 표시줄 자동 숨기기] 설정
❸	[태블릿 모드에서 작업 표시줄 자동으로 숨기기] 설정
❹	[작은 작업 표시줄 단추 사용] 설정
❺	[작업 표시줄 끝에 있는 바탕 화면 보기 단추로 마우스를 이동할 때 미리 보기를 사용하여 바탕 화면 미리 보기] 설정
❻	[시작 단추를 마우스 오른쪽 단추로 누르거나 Windows 키+X를 누르면 표시되는 메뉴에서 명령 프롬프트를 Windows PowerShell로 바꾸기] 설정
❼	[작업 표시줄 단추에 배지 표시] 설정
❽	[화면에서의 작업 표시줄 위치(왼쪽, 위쪽, 오른쪽, 아래쪽)], [작업 표시줄 단추 하나로 표시(항상, 레이블 숨기기, 작업 표시줄이 꽉 찼을 때, 안 함)] 설정
❾	[작업 표시줄 사용자 지정 방법] 설정
❿	[작업 표시줄에 표시할 아이콘 선택] 설정
⓫	[시스템 아이콘 켜기 또는 끄기] 설정
⓬	[여러 디스플레이] 설정
⓭	[피플] 설정

5) 시스템 정보 18년 9월, 17년 9월, 15년 3월, 09년 2월/4월/7월, 08년 5월, 06년 2월, 05년 7월, 03년 9월

- [정보] : PC가 모니터링되고 보호되는 상황(바이러스 및 위협 방지, 방화벽 및 네트워크 보호, 웹 및 브라우저 컨트롤, 계정 보호, 장치 보안 등)에 대해 알 수 있다.
- [장치 사양] : 디바이스 이름, 프로세서(CPU), 설치된 RAM, 장치 ID, 제품 ID, 시스템 종류(32/64비트 운영체제), 펜 및 터치 등에 대해 알 수 있다.
- [이 PC의 이름 바꾸기] : 현재 설정되어 있는 PC의 이름을 변경할 수 있으며, 변경 후 시스템을 다시 시작해야 완전히 변경된다.
- [Windows 사양] : 에디션, 버전, 설치 날짜, OS 빌드, 경험 등을 알 수 있다.
- [제품 키 변경 또는 Windows 버전 업그레이드] : 정품 인증 및 제품 키 업데이트(제품 키 변경), Microsoft 계정 추가를 할 수 있다.

설정 외 [시스템 정보] 보기
- 실행(■+R)에서 'msinfo32'를 입력한 다음 [확인] 클릭
- 명령 프롬프트창('cmd')에서 'systeminfo'를 입력한 다음 Enter를 누름
- ■+Pause (시스템 속성 대화 상자 표시)를 누름

▶ 실행 방법

방법 1	[설정]-[시스템]-[정보]를 클릭함
방법 2	[시작] 단추(■)에서 마우스 오른쪽 버튼을 클릭한 다음 [시스템]을 클릭함
방법 3	■+X, Y를 누름
방법 4	'ms-settings:about'을 실행이나 파일 탐색기 및 웹 브라우저의 주소 표시줄에 입력한 다음 Enter를 누름

▶ 32비트(x86) 운영체제인지 64비트(x64) 운영체제인지 확인하는 방법

방법 1	[시작(■)]-[설정]-[시스템]-[정보]
방법 2	[시작(■)]-바로 가기 메뉴의 [시스템]
방법 3	■+X(시작 버튼의 오른쪽 클릭 메뉴 열기/닫기), Y(시스템)를 누름
방법 4	■+Pause (시스템 속성 대화 상자 표시)
방법 5	[시작(■)]-[Windows 시스템]-[제어판]-[시스템]
방법 6	[시작(■)]-[Windows 시스템]-[내 PC]의 바로 가기 메뉴-[자세히]-[속성]
방법 7	실행(■+R)에서 'msinfo32'를 입력한 다음 [확인]을 클릭함
방법 8	실행(■+R)에서 'control system'을 입력한 다음 [확인]을 클릭함
방법 9	명령 프롬프트창('cmd')에서 'systeminfo'를 입력한 다음 Enter를 누름
방법 10	'ms-settings:about'을 실행이나 파일 탐색기 및 웹 브라우저의 주소 표시줄에 입력한 다음 Enter를 누름

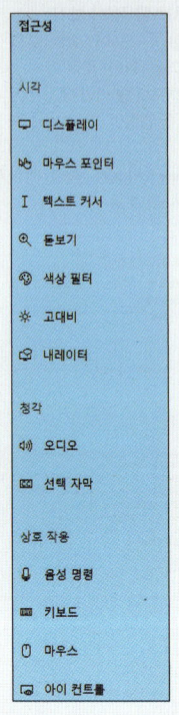

6) 접근성 08년 5월, 07년 7월, 06년 9월, 03년 2월/9월

- 사용자의 시력, 청력, 기동성에 따라 컴퓨터 설정을 조정하고 음성 인식을 사용하여 음성 명령으로 컴퓨터를 조정하게 한다.

▶ 실행 방법

| 방법 1 | [설정]-[접근성]을 클릭함 | 방법 2 | ⊞+U를 누름 |

- [시각] 범주에서 디스플레이, 마우스 포인터, 텍스트 커서, 돋보기, 색상 필터, 고대비, 내레이터 등을 설정할 수 있다.
- [청각] 범주에서 오디오와 선택 자막 등을 설정할 수 있다.
- [상호 작용] 범주에서 음성 명령, 키보드, 마우스, 아이 컨트롤 등을 설정할 수 있다.

7) 장치 관리자 24년 상시, 22년 상시, 21년 상시, 12년 9월, 11년 3월

- 컴퓨터에 설치된 디바이스 하드웨어 설정 및 드라이버 소프트웨어를 관리한다.

▶ 실행 방법

방법 1	[시작] 단추(⊞)에서 마우스 오른쪽 버튼을 클릭한 다음 [장치 관리자]를 클릭함
방법 2	검색 상자에 '장치 관리자'라고 입력한 다음 [장치 관리자] 앱을 실행함
방법 3	[제어판]-[장치 관리자]를 클릭함(보기 기준 : 큰 아이콘/작은 아이콘)

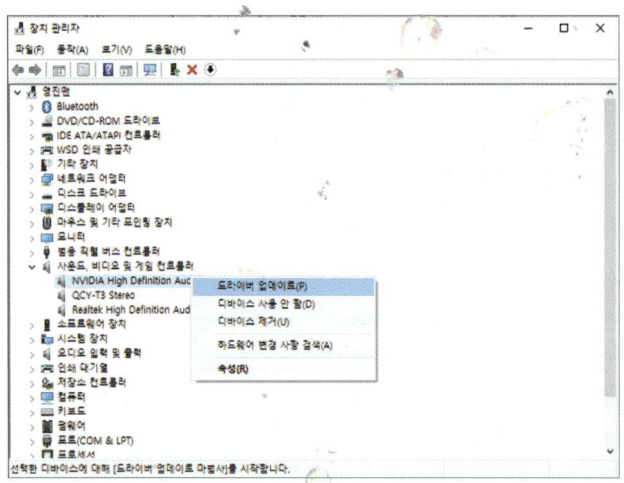

- 컴퓨터의 하드웨어가 올바르게 작동하는지 확인할 수 있고, 문제가 있거나 불필요한 하드웨어 장치를 제거할 수 있다.
- 바로 가기 메뉴에서 [드라이버 업데이트], [디바이스 사용 안 함], [디바이스 제거], [하드웨어 변경 사항 검색], [속성] 등의 작업을 수행할 수 있다.

8) 관리 도구 19년 8월, 16년 10월, 10년 6월, 09년 10월, 03년 2월

- 관리 도구는 제어판의 폴더이며 Windows 관리를 위한 도구로 시스템 구성 및 정보, 고급 사용자용 도구가 포함되어 있다.

▶ 실행 방법

방법 1	검색 상자에 "관리 도구"라고 입력한 다음 [Windows 관리 도구] 앱을 실행함
방법 2	[제어판]의 [관리 도구]를 클릭함(보기 기준 : 큰 아이콘/작은 아이콘)

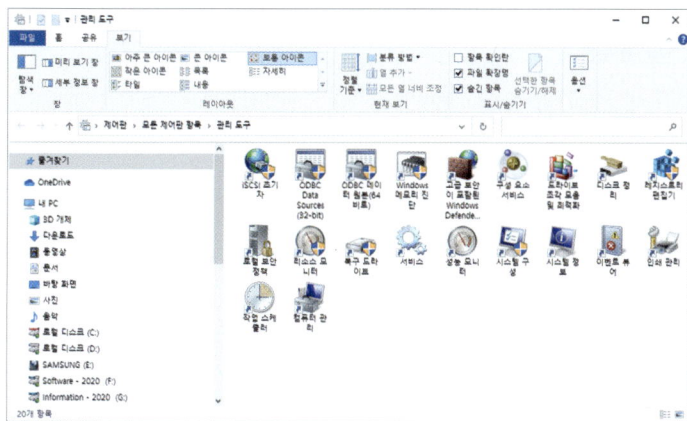

- [컴퓨터 관리]의 [저장소]-[디스크 관리]★-드라이브의 바로 가기 메뉴에서 [열기], [탐색], [파티션을 활성 파티션으로 표시], [드라이브 문자 및 경로 변경], [포맷], [볼륨 확장], [볼륨 축소], [미러 추가], [볼륨 삭제] 등의 작업이 가능하다(분석 및 디버그 로그 표시는 [이벤트 뷰어]에서 가능).

★ 디스크 관리
[시작] 단추(■)에서 마우스 오른쪽 단추를 클릭한 다음 [디스크 관리]를 클릭하여 실행할 수도 있음

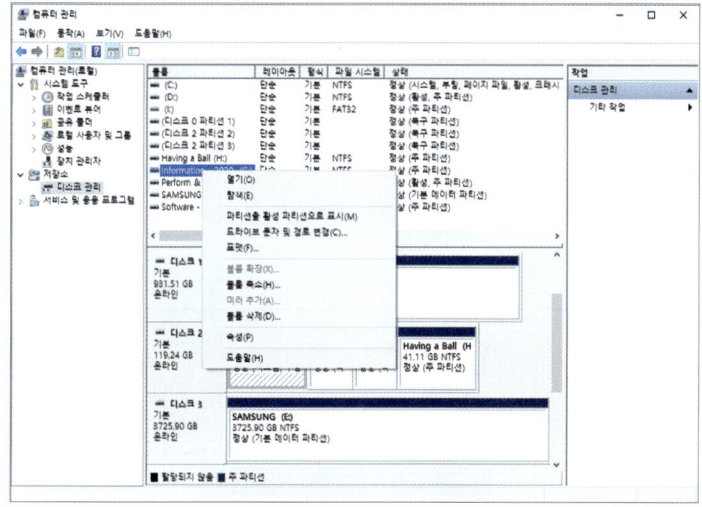

9) 마우스 21년 상시, 15년 10월

- 기본 단추 선택(왼쪽, 오른쪽), 커서 속도, 마우스 휠을 돌릴 때 스크롤할 양(한 번에 여러 줄(1~100), 한 번에 한 화면씩), 비활성 창을 가리킬 때 스크롤 여부 등을 설정할 수 있다.

▶ 실행 방법

방법 1	[설정]-[장치]-[마우스]를 클릭함
방법 2	검색 상자에 '마우스'라고 입력한 다음 [마우스 설정] 앱을 실행함
방법 3	'ms-settings:mousetouchpad'를 실행이나 파일 탐색기 및 웹 브라우저의 주소 표시줄에 입력한 다음 Enter 를 누름

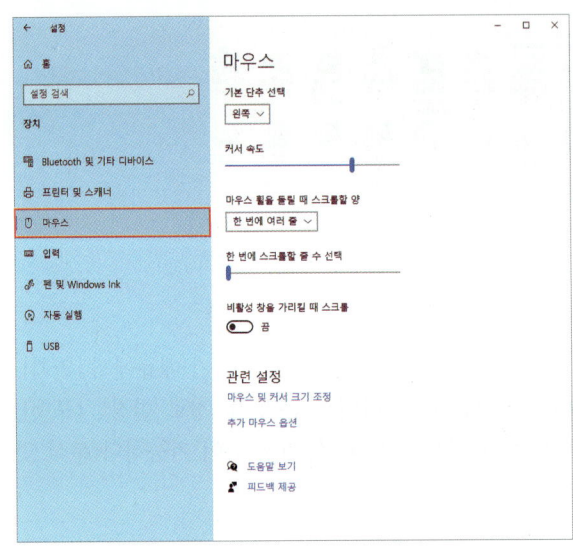

- [관련 설정]에서 [마우스 및 커서 크기 조정] 및 [추가 마우스 옵션] 설정이 가능하다.
- [마우스 및 커서 크기 조정] : 마우스 포인터 및 터치 피드백을 보기 쉽게 설정하며 포인터 크기 변경(1~15)과 포인터 색 변경이 가능하다.
- [추가 마우스 옵션] : [마우스 속성] 대화 상자에서 단추 구성(오른쪽 단추와 왼쪽 단추 기능 바꾸기), 두 번 클릭 속도, 클릭 잠금, 마우스 포인터, 포인트 옵션, 휠 등의 마우스 설정을 사용자가 지정할 수 있다.

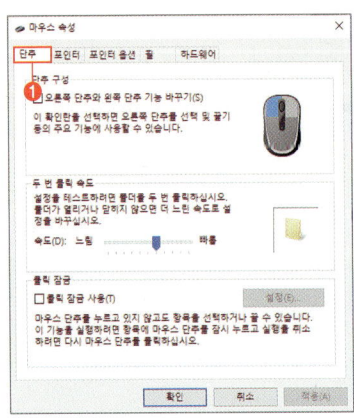 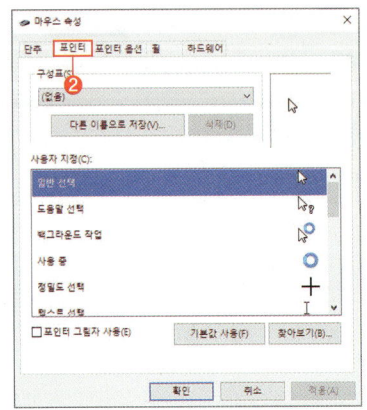

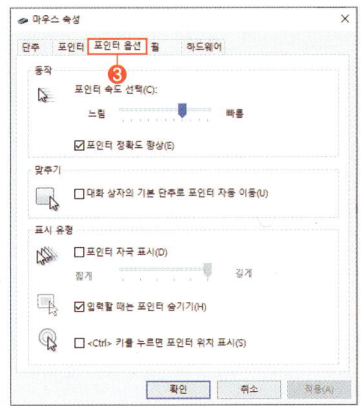
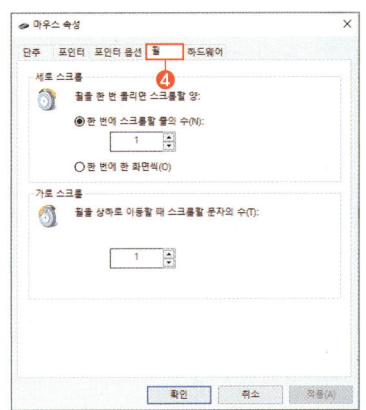
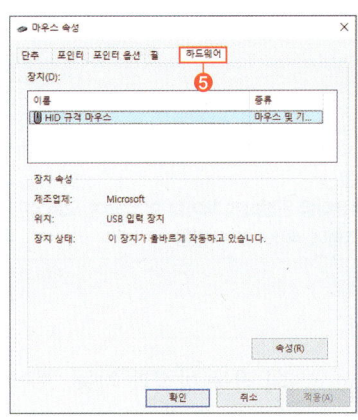

❶ [단추] 탭		오른쪽 단추와 왼쪽 단추 기능 바꾸기와 두 번 클릭 속도, 클릭 잠금 등을 설정함
❷ [포인터] 탭		마우스 구성표와 포인터 사용자 지정 및 포인터 그림자 사용 등을 설정함
❸ [포인터 옵션] 탭		포인터의 속도 선택 및 대화 상자의 기본 단추로 포인터 자동 이동, 포인터 자국 표시, 입력할 때는 포인터 숨기기, Ctrl 키를 누르면 포인터 위치 표시 등을 설정함
❹ [휠] 탭		• 세로 스크롤(한 번에 스크롤할 줄의 수(1~100), 한 번에 한 화면씩)을 설정함 • 가로 스크롤(휠을 상하로 이동할 때 스크롤할 문자의 수(1~100))을 설정함
❺ [하드웨어] 탭		사용하고 있는 마우스 장치의 이름, 종류, 장치 속성(제조업체, 위치, 장치 상태)을 표시함

10) 사용자 계정 정보 16년 6월, 15년 3월, 13년 3월, 10년 10월, 09년 2월/7월, 08년 2월/8월, 07년 7월, 06년 9월, 05년 10월, …

계정에 대한 사용자 정보(계정 이름, 계정 유형)를 알 수 있으며 [사진 만들기]에서 카메라나 찾아보기로 사용자 사진을 만들 수 있다.

▶ 실행 방법

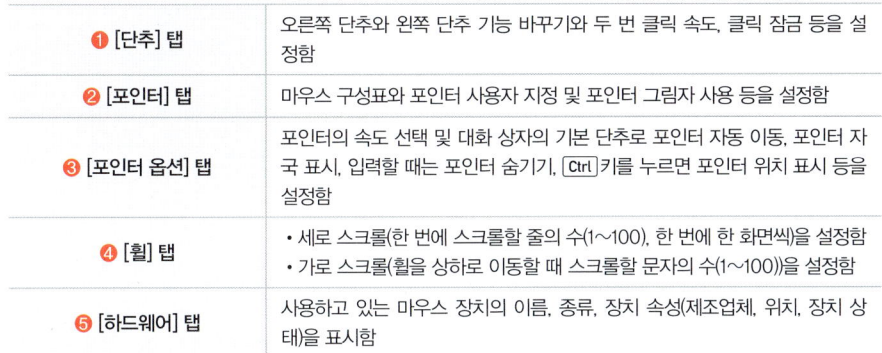

방법 1	[설정]-[계정]-[사용자 정보]를 클릭함
방법 2	'ms-settings:yourinfo'를 실행이나 파일 탐색기 및 웹 브라우저의 주소 표시줄에 입력한 다음 Enter 를 누름

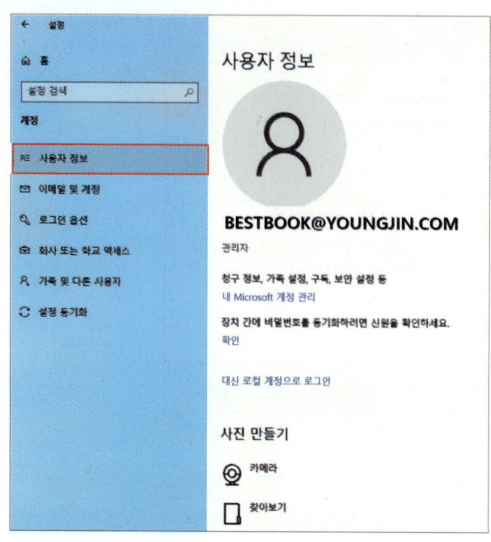

계정 유형	• 표준 : 컴퓨터에 설치된 대부분의 소프트웨어를 사용할 수 있으며, 다른 사용자나 컴퓨터의 보안에 영향을 주지 않는 시스템 설정을 변경할 수 있음 • 관리자 : 컴퓨터에 대한 모든 제어 권한을 가지며 컴퓨터를 완전하게 제어할 수 있으며, 모든 설정을 변경하고 컴퓨터에 저장된 모든 파일 및 프로그램에 액세스할 수 있음

11) Windows 업데이트

컴퓨터 시스템의 문제를 예방하거나 해결하고 Windows의 작동 방식과 기능, 보안 예방을 향상시킬 수 있도록 추가하는 기능이다.

▶ 실행 방법

방법 1	[설정]-[업데이트 및 보안]-[Windows 업데이트]를 클릭함
방법 2	'ms-settings:windowsupdate'를 실행이나 파일 탐색기 및 웹 브라우저의 주소 표시줄에 입력한 다음 Enter 를 누름

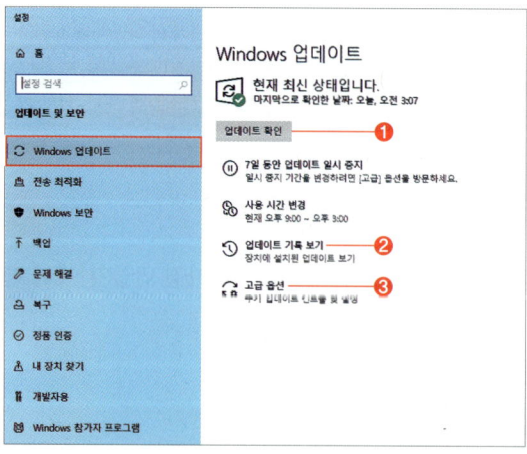

❶ 업데이트 확인	컴퓨터에 대한 업데이트 설치를 확인함	
❷ 업데이트 기록 보기	• 모든 중요 업데이트가 성공적으로 설치되었는지 확인함 • 업데이트 제거 및 복구 옵션 지원	
❸ 고급 옵션	• [Windows를 업데이트할 때 다른 Microsoft 제품에 대한 업데이트 받기] 설정 • [데이터 통신 연결을 통해 다운로드(추가 요금이 부과될 수 있음)] 설정 • [업데이트 완료를 위해 PC를 다시 시작해야 할 때 알림 표시] 설정 • 업데이트 일시 중지(최대 35일 동안) 설정	

12) 기타 설정 항목 24년 상시, 21년 상시, 18년 3월, 16년 3월, 15년 6월, 14년 6월/10월, 12년 9월, 11년 7월, 10년 3월/10월, …

항목	기능
Microsoft Defender 바이러스 백신	• [설정]-[업데이트 및 보안]-[Windows 보안]-[바이러스 및 위협 방지]에서 실행함 • [Microsoft Defender 바이러스 백신 옵션]에서 주기적 검사를 '켬'으로 설정함 • 스파이웨어, 바이러스, 맬웨어(악성 코드)를 검색하고 치료해주는 백신으로 실시간 보호 기능을 제공함
글꼴	• [설정]-[개인 설정]-[글꼴]을 클릭함 • 텍스트의 가독성을 향상 시켜주는 ClearType 사용이 가능함 • 현재 설치된 글꼴을 미리보거나 삭제하고 표시하거나 숨길 수 있음 • C:\Windows\Fonts 폴더에 설치됨 • 글꼴 파일의 확장자는 ttf, ttc, fon 등이 있음 • TrueType, OpenType 글꼴이 제공되며 프로그램이나 프린터에서 동작함 • 글꼴 스타일은 보통, 기울임꼴, 굵게, 굵게 기울임꼴 등이 있음
키보드	• [설정]-[장치]-[입력]을 클릭하여 실행함 • AI가 사용자에게 도움을 주는 방식인 [입력 인사이트]를 설정함 • 입력할 때 추천 단어 표시, 입력할 때 철자가 틀린 단어 자동 고침 설정 • 입력 중인 인식 언어를 기준으로 텍스트 제안 표시 • 키보드 포커스를 쉽게 볼 수 있도록 설정(포인트 크기 및 색 변경)함 • 고급 키보드 설정(기본 입력 방법 재설정, 입력 방법 전환 등)이 가능함
날짜 및 시간	• [설정]-[시간 및 언어]를 클릭하여 실행함 • 컴퓨터의 날짜, 시간, 표준 시간대를 설정함
국가 또는 지역	• [설정]-[시간 및 언어]-[지역]을 클릭하여 실행함 • 국가 또는 지역, 사용지역 언어, 사용지역 언어 데이터, 데이터 형식 변경 등
색인 옵션	• [설정]-[검색]-[Windows 검색]-[고급 검색 인덱서 설정]을 클릭하여 실행함 • 검색할 방법이나 위치 또는 검색할 파일 형식을 미세하게 조정할 수 있음 • PC의 콘텐츠를 인덱싱하면 파일, 전자 메일 또는 기타 로컬 콘텐츠를 검색할 때 검색 결과를 더 빠르게 얻을 수 있음

이론을 확인하는 기출문제

01 다음 중 Windows의 [장치 관리자]에 대한 기능 및 설명으로 옳지 않은 것은?

① 디스크에 단편화되어 저장된 파일들을 모아서 디스크를 최적화한다.
② [시작] 단추(⊞)에서 마우스 오른쪽 버튼을 클릭한 다음 [장치 관리자]를 클릭하여 실행한다.
③ 드라이버 소프트웨어 및 컴퓨터에 설치된 디바이스 하드웨어 설정을 관리한다.
④ 문제가 있거나 불필요한 하드웨어 장치를 제거할 수 있다.

> 드라이브 조각 모음 및 최적화
> • 디스크에 단편화되어 저장된 파일들을 모아서 디스크를 최적화함
> • 단편화를 제거하여 디스크의 수행 속도를 높여줌
> • 처리 속도면에서는 효율적이나 총 용량이 늘어나지는 않음

02 다음 중 Windows의 [추가 마우스 옵션]에서 설정 가능한 기능으로 옳지 않은 것은?

① 입력할 때 포인터 숨기기를 할 수 있다.
② [Alt]를 눌러 포인터의 위치를 표시할 수 있다.
③ 포인터 자국의 길이를 조정하여 표시할 수 있다.
④ 포인터의 그림자를 사용할 수 있다.

> [포인터 옵션] 탭의 '표시 유형'에서 [Ctrl]키를 누르면 포인터 위치 표시를 설정할 수 있음

03 다음 중 한글 Windows에서 시스템에 설치되어 있는 [글꼴]에 대한 설명으로 옳지 않은 것은?

① 글꼴 파일은 png 또는 txt의 확장자를 가지고 있다.
② C:\Windows\Fonts 폴더에 글꼴이 설치되어 있다.
③ 설치되어 있는 글꼴을 폴더에서 제거할 수 있다.
④ 트루타입 글꼴 파일노 있고 여러 가시 트루바입의 글꼴을 모아놓은 글꼴 파일도 있다.

> txt는 텍스트 파일 확장자이지만, png는 이미지 확장자임

04 다음 중 Windows의 [관리 도구] 중 [컴퓨터 관리]에서 수행 가능한 [디스크 관리] 작업에 해당하지 않는 것은?

① 볼륨을 확장하거나 축소할 수 있다.
② 드라이브 문자를 변경할 수 있다.
③ 포맷을 실행할 수 있다.
④ 분석 및 디버그 로그를 표시할 수 있다.

> [실행] 대화 상자의 열기란에 "eventvwr.msc"을 입력하고 [확인]을 누른 다음 [이벤트 뷰어]의 [보기]에서 [분석 및 디버그 로그 표시]를 클릭하여 설정함

05 다음 중 Windows의 [장치 및 프린터]에 표시되지 않는 것은?

① 사용자 컴퓨터
② 하드디스크 드라이브와 사운드 카드
③ 컴퓨터의 USB 포트에 연결하는 모든 장치
④ 컴퓨터에 연결된 호환 네트워크 장치

> 사운드, 비디오 및 게임 컨트롤러 등은 [장치 관리자]에서 확인할 수 있음

06 다음 중 바탕 화면의 바로 가기 메뉴 [개인 설정]을 선택하여 설정할 수 있는 작업에 대한 설명으로 옳지 않은 것은?

① 바탕 화면의 배경, 창 색, 소리 등을 한 번에 변경할 수 있는 테마를 선택할 수 있다.
② 바탕 화면의 배경 이미지를 변경할 수 있다.
③ 바탕 화면에 시계, 일정, 날씨 등과 같은 가젯을 표시하도록 설정할 수 있다.
④ 화면 보호기를 설정할 수 있다.

> [개인 설정]에서 시계, 일정, 날씨 등과 같은 가젯을 표시하도록 설정하는 기능은 지원되지 않음

정답 01 ① 02 ② 03 ① 04 ④ 05 ② 06 ③

SECTION 02 유·무선 네트워크 설정

출제빈도 상 중 하
반복학습 1 2 3

빈출 태그   네트워크 개념 • 네트워크 구성 요소 • TCP/IP 설정 • 네트워크 명령어

▶ 합격 강의

01 네트워크(Network)의 개념 09년 10월, 08년 2월/5월, 07년 7월/10월, 06년 7월, 03년 2월

- 네트워크(Network)란 여러 컴퓨터나 단말기들을 통신 회선으로 연결한 컴퓨터의 이용 형태이다.
- 컴퓨터를 통신망에 의하여 상호 연결하여 소프트웨어나 데이터베이스를 공유함으로써 효율적인 이용을 목적으로 하거나, 대형 컴퓨터를 원격지에서 이용하기 위한 방법으로 통신망을 구성한다.
- Windows에서는 데이터★, 드라이브, 프로그램과 주변 장치 등을 공유하기 위하여 네트워크를 구성한다.
- 공유가 되어 있는 폴더라도 해당 폴더를 삭제할 수 있다.

1) 네트워크 및 공유 센터 14년 10월
- 기본 네트워크 정보 보기 및 연결 설정을 확인하고 네트워크 설정을 변경할 수 있다.

▶ 실행 방법

| 방법 | [설정]-[네트워크 및 인터넷]-[상태]-[네트워크 및 공유 센터]를 클릭하여 실행함 |

> **기적의 TIP**
> 네트워크의 개념과 연결, TCP/IP 설정에 대해 묻는 문제가 자주 출제됩니다. 각별히 유념해서 공부해 두세요.

★ 데이터
프로그램, 문서, 비디오, 소리, 그림 등의 데이터도 공유 가능함

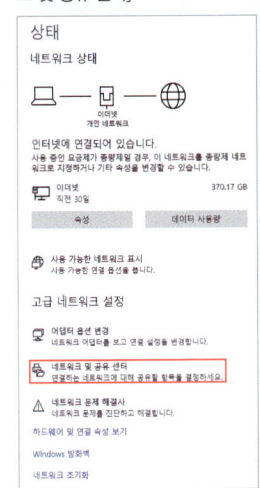

[설정]-[네트워크 및 인터넷]-[상태]-고급 네트워크 설정의 [네트워크 및 공유 센터]

- [새 연결 또는 네트워크 설정]을 실행하여 광대역, 전화 접속 또는 VPN 연결을 설정하거나 라우터 또는 액세스 지점을 설정할 수 있다.

이더넷 또는 로컬 영역 연결
Windows 10의 최신 업데이트 버전에서는 '이더넷'으로, 이전 버전에서는 '로컬 영역 연결'로 표시됨

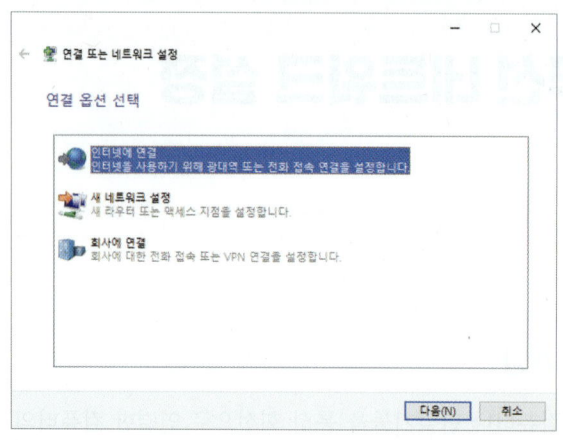

2) 무선 랜(WLAN : Wireless Local Area Network) 시스템의 주요 구성 요소

AP(Access Point)	• 기존 유선 네트워크와 무선 네트워크 사이에서 중계기 역할을 담당하는 기기임 • 전파의 송수신을 위한 내장 안테나가 내장되어 있으며 확장 안테나로 전송 거리를 확장할 수 있음
무선 랜카드	• 무선으로 네트워크에 연결시키기 위한 기본 장비임 • 전송 속도와 인터페이스 규격에 따라 여러 종류가 있음
안테나(Antenna)	• 무지향성 확장 안테나 : 무선 랜을 사용할 수 있는 도달 영역을 확장시키기 위해 모든 방향으로 전파를 확장하는 기능 • 지향성 안테나 : 특정 지점 사이를 연결시키는 기능

3) 바탕 화면에 네트워크 아이콘 생성하기

▶ 실행 방법

방법 1	[설정]의 [개인 설정]-[테마]-[바탕 화면 아이콘 설정]을 클릭함
방법 2	[바탕 화면]의 [바로 가기 메뉴]에서 [개인 설정]-[테마]-[바탕 화면 아이콘 설정]을 클릭함

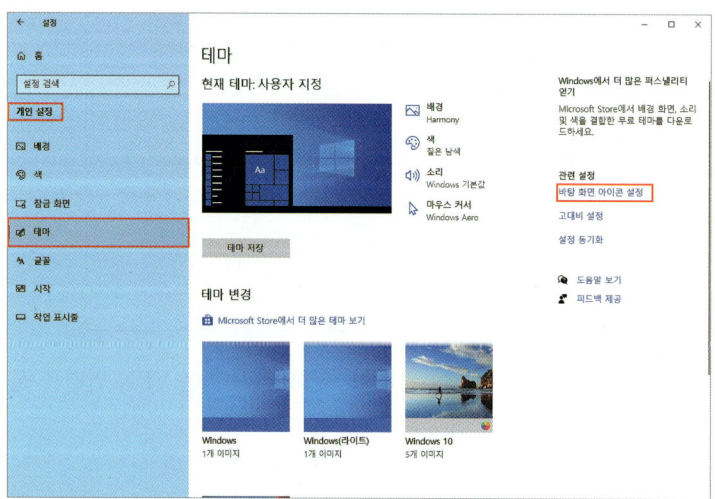

- [바탕 화면 아이콘 설정] 창에서 바탕 화면에 표시할 아이콘을 선택한 다음 [확인]을 클릭하면 바탕 화면에 선택한 항목의 아이콘이 생성된다(기본적으로 설정 이전에는 휴지통만 선택되어 있음).

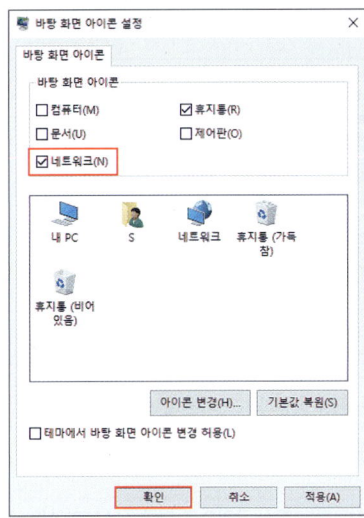

- 해당 아이콘을 선택한 후 [아이콘 변경] 단추를 이용하여 아이콘의 모양도 변경할 수 있으며 [기본값 복원]으로 원래 아이콘으로 되돌릴 수 있다.

▲ 네트워크 아이콘

02 네트워크 구성 요소 _{14년 3월, 11년 7월/10월, 10년 3월/10월, 09년 7월/10월, 05년 5월, 04년 8월}

- [네트워크 및 공유 센터]를 실행한 다음 [이더넷]을 클릭한 후 [이더넷 상태] 대화 상자에서 [속성]을 선택한다.

- [이더넷 속성] 대화 상자에서 [설치]를 클릭하면 [네트워크 기능 유형 선택] 대화 상자가 열린다.

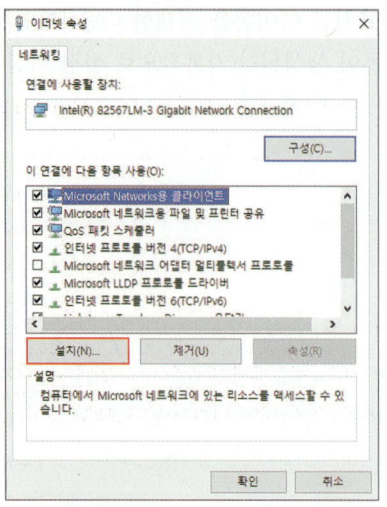
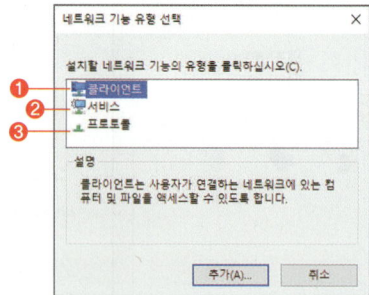

❶ 클라이언트(Client)	네트워크에 연결된 다른 시스템에 있는 공유 파일과 프린터 등을 사용할 수 있음
❷ 서비스(Service)	파일과 프린터의 공유, 자동 시스템 백업, 원격 레지스트리, 네트워크 모니터 에이전트 등의 서비스
❸ 프로토콜(Protocol)	컴퓨터가 네트워크에서 통신하는 데 사용하는 통신 규약으로 다른 시스템과 상호 통신이 가능하려면 같은 프로토콜을 사용해야 함

03 인터넷 프로토콜 TCP/IP 설정 22년 상시, 21년 상시, 18년 3월, 14년 3월, 13년 3월, 12년 6월, 10년 10월, …

- [이더넷 상태] 대화 상자의 [일반] 탭에서 [속성]을 클릭하면 [이더넷 속성] 대화 상자가 나타난다.
- '인터넷 프로토콜 버전 4(TCP/IPv4)'를 선택한 다음 [속성]을 클릭하면 [인터넷 프로토콜 버전 4(TCP/IPv4) 속성] 대화 상자가 표시된다.

IPX/SPX
작업 그룹끼리 연결하기 위한 프로토콜

NetBEUI(NetBIOS Extended User Interface)
- NetBIOS의 확장 프로토콜로 Microsoft 고유의 네트워크 프로토콜이며 토큰 링 소스 라우팅 방식만 사용함
- 200대 정도의 컴퓨터를 접속할 수 있음

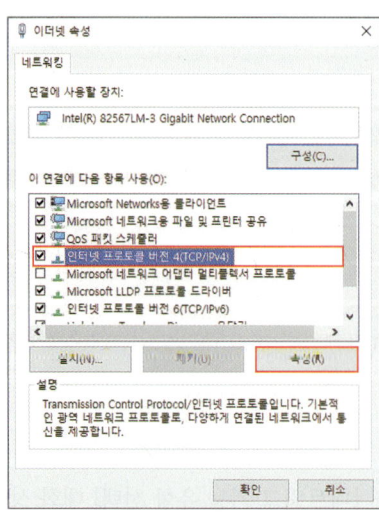
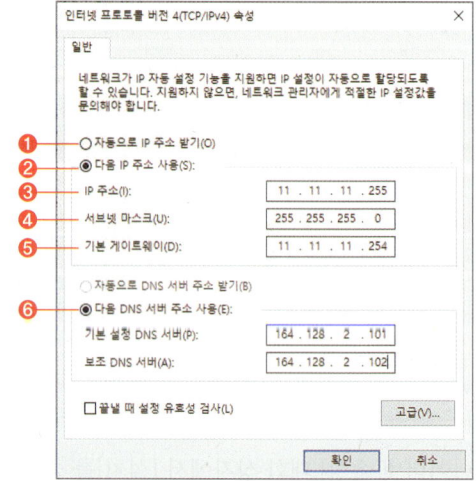

❶ 자동으로 IP 주소 받기	IP 설정이 자동으로 할당됨(유동 IP 방식)	
❷ 다음 IP 주소 사용	네트워크 관리자에게 IP 설정값을 부여받아야 함(고정 IP 방식)	
❸ IP 주소	• 현재 컴퓨터에 설정된 IP 주소임 • 네트워크 주소와 호스트 주소로 구성됨 • 32비트 주소를 8비트씩 점(.)으로 구분함 • 호스트 PC에서 사용한 IP 주소 맨 끝에 숫자를 하나 늘려줌	
❹ 서브넷 마스크	• 네트워크 ID와 호스트 ID를 구분해주는 역할을 함 • 서브넷은 여러 개의 LAN에 접속하는 경우 하나의 LAN을 의미함 • IP 수신자에게 제공하는 32비트 주소임 • 대부분 255.255.255.0의 C 클래스(Class)로 정의됨	
❺ 기본 게이트웨이	• 프로토콜이 서로 다른 통신망을 상호 접속하기 위한 장치임 • 호스트 PC에서 사용하는 IP 주소를 사용함 • 일반적으로 라우터(Router)의 주소임	
❻ 다음 DNS★ 서버 주소 사용	• 도메인 네임(문자 형식)을 숫자로 된 IP 주소로 변환하는 DNS 서버의 IP 주소임 • 일반적으로 백업(Backup)의 목적으로 2개가 할당됨	★ DNS (Domain Name System) 도메인 네임과 IP 주소를 대응(Mapping)시켜 주는 역할을 담당하는 분산 네이밍 시스템

04 네트워크 명령어 25년 상시, 23년 상시, 20년 2월, 16년 6월/10월, 14년 6월, 13년 6월, 12년 6월, 11년 3월, …

- 네트워크 관련 명령어는 명령 프롬프트에서 실행할 수 있다.
- [시작(■)]-[Windows 시스템]-[명령 프롬프트]를 클릭하거나 [실행] 열기란에 'cmd'를 입력하고 [확인]을 클릭한다.

명령	ipconfig
기능	사용자 자신의 컴퓨터 IP 주소를 확인하는 명령
형식	C:\>IPCONFIG [Enter]
사용 예	C:\>IPCONFIG/ALL [Enter] ○ 자세한 정보를 제공함 C:\>IPCONFIG/? [Enter] ○ 도움말

🎯 기적의 TIP

네트워크 명령어 중 ipconfig, ping 명령의 쓰임새에 대해 자주 출제됩니다. 실습을 통해 반드시 숙지해 두세요.

명령	ping
기능	네트워크의 현재 상태나 다른 컴퓨터의 네트워크 접속 여부를 확인하는 명령
형식	C:\>PING [IP 주소 또는 DNS 주소] [Enter]
사용 예	C:\>PING www.youngjin.com [Enter]

✅ 암기 TIP

ping
네트워크가 접속되어 핑(ping) 핑(ping) 잘 돌아간다.

명령	tracert
기능	• 네트워크에 연결된 컴퓨터의 경로(라우팅 경로)를 추적할 때 사용하는 명령 • IP 주소, 목적지까지 거치는 경로의 수, 각 구간 사이의 데이터 왕복 속도를 확인 • 특정 사이트가 열리지 않을 때 해당 서버가 문제인지 인터넷망이 문제인지 확인 • 인터넷 속도가 느릴 때 어느 구간에서 정체를 일으키는지 확인
형식	C:\>TRACERT [목적지 IP / URL주소] [Enter]
사용 예	C:\>TRACERT www.youngjin.com [Enter]

✅ 암기 TIP

tracert 경로 추적
trace(추적하라)+route(통로, 경로)

route
로컬 IP 라우팅 테이블에서 항목을 표시하거나 변경함

netstat
- 활성 TCP 연결 상태, 컴퓨터 수신 포트, 이더넷 통계 등을 표시함
- 현재 자신의 컴퓨터에 연결된 다른 컴퓨터의 IP 주소나 포트 정보를 확인할 수 있음

핑거(Finger)
특정 네트워크에 접속된 사용자의 정보를 확인할 때 사용하는 명령

네트워크 상의 액세스 주소
네트워크 내의 컴퓨터 이름이 'server'이고 공유 폴더가 'share'인 경우 액세스 주소는 \\server\share 가 됨

명령	nslookup
기능	• URL 주소로 IP 주소를 확인하는 명령 • DNS의 동작 여부를 확인하는 명령
형식	C:\>NSLOOKUP [URL 주소] Enter
사용 예	C:\>NSLOOKUP www.youngjin.com Enter

명령	nbtstat
기능	IP 주소가 중복되어 충돌되는 경우 충돌 지점을 알아내는 명령
형식	C:\>NBTSTAT -A(반드시 대문자) [IP 주소] Enter
사용 예	C:\>NBTSTAT -A 211.117.251.66 Enter

명령	net view
기능	특정 컴퓨터 시스템에 공유되어 있는 현황을 보여주는 명령
형식	C:\>NET VIEW [\\IP 주소] Enter
사용 예	C:\>NET VIEW \\211.117.251.66 Enter

이론을 확인하는 기출문제

01 다음 중 한글 Windows에서 네트워크 관련 명령에 대한 설명으로 옳지 <u>않은</u> 것은?

① route : 로컬 IP 라우팅 테이블에서 항목을 표시하거나 변경한다.
② ping : TTL 필드 값을 점차적으로 늘려 ICMP 에코 요청 메시지를 대상 위치로 보냄으로써 대상 위치의 경로를 확인한다.
③ nslookup : DNS 인프라를 진단하는 데 사용하는 정보를 표시한다.
④ netstat : 활성 TCP 연결 상태, 컴퓨터 수신 포트, 이더넷 통계 등을 표시한다.

> ping : 네트워크의 현재 상태나 다른 컴퓨터의 네트워크 접속 여부를 확인하는 명령으로 값이 줄어든 TTL 필드 값을 통해 확인함

02 네트워크상에서 원격으로 대상이 되는 장비의 연결 상태 및 작동 여부를 확인할 때 사용하는 명령어는?

① Echo
② Roll-back
③ Regedit
④ Ping

> Ping : 연결하고자 하는 컴퓨터가 정상적으로 동작 하는지, 네트워크에 연결되어 있는지를 테스트하기 위한 명령

03 다음 중 인터넷 서버까지의 경로를 추적하는 명령어인 'Tracert'의 실행 결과에 관한 설명으로 옳지 <u>않은</u> 것은?

① IP 주소, 목적지까지 거치는 경로의 수, 각 구간 사이의 데이터 왕복 속도를 확인할 수 있다.
② 특정 사이트가 열리지 않을 때 해당 서버가 문제인지 인터넷 망이 문제인지 확인할 수 있다.
③ 인터넷 속도가 느릴 때 어느 구간에서 정체를 일으키는지 확인할 수 있다.
④ 현재 자신의 컴퓨터에 연결된 다른 컴퓨터의 IP 주소나 포트 정보를 확인할 수 있다.

> Tracert : 네트워크에 연결된 컴퓨터의 경로(라우팅 경로)를 추적할 때 사용하는 명령

04 다음 중 한글 Windows의 네트워크를 통한 공유에 관한 설명으로 옳지 <u>않은</u> 것은?

① 네트워크를 통해서 폴더도 공유할 수 있다.
② 폴더를 공유시키면 네트워크를 통해서 누구나 해당 폴더에 항상 읽고/쓰기가 가능하다.
③ 탐색기에서 공유시키려는 폴더를 선택한 후에 마우스의 오른쪽 단추를 클릭해서 나오는 팝업 메뉴에서 공유 항목을 선택하여 공유를 설정할 수 있다.
④ 네트워크를 통해서 프린터도 공유할 수 있다.

> 폴더를 공유시킨 경우 접속이 인증된 컴퓨터만 접속할 수 있고 누구나 해당 폴더에 항상 읽고/쓰기가 가능한 것이 아님

05 다음 중 한글 Windows의 [이더넷 속성] 창에서 설치 가능한 네트워크 기능의 유형으로 옳지 <u>않은</u> 것은?

① 어댑터
② 서비스
③ 프로토콜
④ 클라이언트

> [이더넷 속성] 창에서 설치 가능한 네트워크 기능의 유형 : 클라이언트, 서비스, 프로토콜

06 TCP/IP 프로토콜의 설정에 있어 서브넷 마스크(Subnet Mask)의 역할은?

① 도메인 명을 IP 주소로 변환해 주는 서버를 지정
② 네트워크 ID 부분과 호스트 ID 부분을 구별
③ 호스트의 수를 식별
④ 사용자의 수를 식별

> **서브넷 마스크(Subnet Mask)**
> • 네트워크 ID와 호스트 ID를 구분해 주는 역할을 함
> • Subnet은 여러 개의 LAN에 접속하는 경우 하나의 LAN을 의미함
> • Subnet Mask는 IP 수신자에게 제공하는 32비트 주소
> • 대부분 255.255.255.0의 C 클래스(Class)로 정의함

정답 01 ② 02 ④ 03 ④ 04 ② 05 ① 06 ②

07 다음 중 네트워크와 관련하여 Ping 서비스에 대한 설명으로 옳은 것은?

① 인터넷의 기원, 구성, 사용 가능한 인터넷 서비스 등 기초적인 정보를 제공하는 서비스이다.
② 웹 브라우저와 웹 서버 사이의 정보 전달을 위한 인터페이스를 제공해 주는 서비스이다.
③ DNS가 가지고 있는 특정 도메인의 IP 주소를 검색해 주는 서비스이다.
④ 지정된 호스트에 대해 네트워크층의 통신이 가능한지의 여부를 확인하는 서비스이다.

ping : 네트워크의 현재 상태나 다른 컴퓨터의 네트워크 접속 여부를 확인하는 명령

08 다음 중 DNS가 가지고 있는 특정 도메인의 IP Address를 검색해 주는 서비스로 옳은 것은?

① Gopher
② Archie
③ IRC
④ Nslookup

Nslookup : IP Address 또는 도메인 이름을 검색하는 서비스

오답 피하기
- Gopher : 인터넷에 있는 정보를 계층적 또는 메뉴 방식으로 찾아주는 서비스
- Archie : Anonymous(익명) FTP 서버 내의 파일 리스트를 검색하기 위해 사용되는 데이터베이스 검색 서비스
- IRC : 인터넷 채팅으로 인터넷에 연결된 다른 사용자와 실시간으로 채팅함

09 다음 중 Windows에서 네트워크 연결 시 IP 설정이 자동으로 할당되지 않을 경우 직접 설정해야 하는 TCP/IP 속성에 해당하지 않는 것은?

① IP 주소
② 기본 게이트웨이
③ 서브넷 마스크
④ 라우터 주소

직접 설정해야 하는 TCP/IP 속성
IP 주소, 서브넷 마스크(IPv4), 서브넷 접두사 길이(IPv6), 기본 게이트웨이, DNS 서버 주소 등

10 네트워크 관련 명령어는 명령 프롬프트에서 실행할 수 있다. 다음 중 명령 프롬프트를 실행하기 위한 명령으로 옳은 것은?

① exit
② propmt
③ cmd
④ command

[시작]-[Windows 시스템]-[명령 프롬프트]를 클릭하거나 [실행] 열기란에 'cmd'를 입력하고 [확인]을 클릭함

11 다음 중 아래의 화면은 명령 프롬프트에서 어떤 명령을 실행한 결과인가?

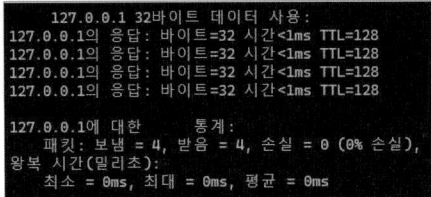

① ping
② ipconfig
③ tracert
④ nslookup

- ping : 네트워크의 현재 상태나 다른 컴퓨터의 네트워크 접속 여부를 확인하는 명령
- 127.0.0.1 : 루프백(Loopback) 주소로 네트워크상에서 자기 자신을 의미함
- ping 127.0.0.1 : 손실 없이 패킷을 보내고 받음으로 원활한 네트워크 상태임

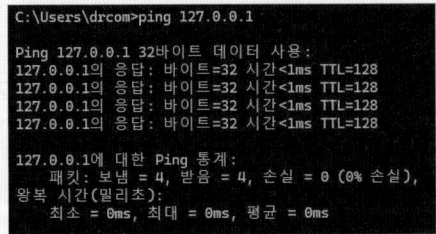

오답 피하기
- ipconfig : 사용자 자신의 컴퓨터 IP 주소를 확인하는 명령
- tracert : 네트워크에 연결된 컴퓨터의 경로(라우팅 경로)를 추적할 때 사용하는 명령
- nslookup : URL 주소로 IP 주소를 확인하는 명령

CHAPTER 03

컴퓨터 시스템 관리

학습 방향

취급 데이터에 따른 분류와 자료의 단위, 외부적 표현 방식, 레지스터와 CISC/RISC 특징, 기억 장치의 기능과 역할이 자주 출제되는 경향이므로 이해를 통한 숙지가 필요합니다. 소프트웨어의 구분과 유틸리티, 언어 번역 과정, 웹 언어의 특징, PC 유지와 보수, PC 관리에서 유사한 형태의 문제들이 꾸준히 출제되고 있으므로 기능과 특징에 대해 공부해 두기 바랍니다.

출제 빈도

SECTION 01	하	1%
SECTION 02	하	2%
SECTION 03	하	3%
SECTION 04	상	16%
SECTION 05	하	2%
SECTION 06	중	8%
SECTION 07	상	20%
SECTION 08	하	3%
SECTION 09	상	16%
SECTION 10	하	6%
SECTION 11	하	1%
SECTION 12	중	11%
SECTION 13	하	5%
SECTION 14	하	6%

SECTION 01 컴퓨터의 개념 및 원리

출제빈도 상 중 **하** | 반복학습 1 2 3

빈출 태그 EDPS・ADPS・GIGO・호환성・범용성・신뢰성

▶ 합격 강의

> "전자계산기"라고 하면 손바닥 크기의 작은 소형 탁상용 계산기(Calculator)와 혼동할 수 있으므로 EDPS 또는 ADPS라고도 함

01 컴퓨터의 정의

컴퓨터	• 컴퓨터(Computer)의 Compute는 『~계산하다』의 의미로 –er이 붙어 계산을 하는 기계, 즉 전자계산기를 의미함 • 대량의 데이터를 프로그램에 의해 자동으로 고속 처리가 가능함
EDPS (Electronic Data Processing System)	전자적인 성질을 이용하여 주어진 데이터를 신속, 정확하게 처리하여 유용한 정보를 만드는 전자적 자료 처리 장치
ADPS (Automatic Data Processing System)	입력된 데이터를 프로그램에 의해 자동(Automatic)으로 처리하는 자동 자료 처리 장치

> 🚩 **기적의 TIP**
> GIGO는 컴퓨터의 수동성을 의미합니다. 기억해 두세요.
>
> ★ **GIGO**
> **(Garbage In Garbage Out)**
> "쓰레기가 입력되면 쓰레기가 출력된다"는 의미임
>
> ★ **수동성**
> 스스로 알아서 동작하지 못하고 명령을 받아 시키는대로만 동작하는 성질

02 컴퓨터의 기본 원리

2진법(2진수)	컴퓨터 내에서 숫자와 문자를 일종의 전기 신호인 펄스의 조합('0'과 '1'의 2진수)으로 모든 자료 및 명령어를 처리함
GIGO★	올바른 정보를 얻고자 한다면 입력되는 자료가 정확해야 한다는 자료 처리의 기본 원칙으로, 컴퓨터의 수동성★을 의미함

> 🚩 **기적의 TIP**
> 컴퓨터의 특징 중 호환성과 범용성은 숙지해 두세요. 컴퓨터 특징에 창조성은 포함되지 않습니다.
>
> ★ **호환성**
> 서로 다른 컴퓨터끼리 차이가 없어 교환이 가능한 성질
>
> ★ **범용성**
> 여러 용도로 널리 사용되는 것

03 컴퓨터의 특징

자동성	프로그램에 의해 자동으로 처리되는 것
정확성	컴퓨터에 의해 처리된 결과는 정확함
신속성	컴퓨터에 의한 처리 속도는 빠름
호환성★	서로 다른 컴퓨터 간에도 프로그램이나 자료의 공유가 가능함
내탕성	내탕의 사료 처리 및 보관이 가능함
범용성★	일부분에 국한되지 않고 다목적(사무처리, 과학, 교육, 게임 등)으로 사용함

※ 신뢰성 : 컴퓨터 시스템이 주어진 환경에서 고장 없이 담당 기능 및 문제 처리를 원활하게 수행할 수 있는 척도
※ 단, 컴퓨터의 특징에 『창조성』은 해당되지 않음

> ✅ **암기 TIP**
> 컴퓨터의 특징
> **자정**에 **신호**를 **대범**하게 보내라.
> **자**동성, **정**확성, **신**속성, **호**환성, **대**용량성, **범**용성

04 컴퓨터의 구성

컴퓨터는 크게 인간의 육체에 해당하는 하드웨어와 두뇌, 정신에 해당하는 소프트웨어로 구분한다.

하드웨어 (Hardware)	• 컴퓨터를 구성하고 있는 물리적 기계 장치 • 중앙 처리 장치(CPU)★, 기억 장치, 입출력 장치 등으로 구성함
소프트웨어 (Software)	• 시스템을 동작시키고 임의의 작업을 처리할 순서와 방법을 지시하는 명령어의 집합 • 기능에 따라 크게 시스템 소프트웨어와 응용 소프트웨어로 구분함

★ 중앙 처리 장치(CPU : Central Processing Unit)
명령어의 해석과 자료의 연산, 비교 등의 처리를 제어하는 컴퓨터 시스템의 핵심적 장치

05 컴퓨터의 기능

입력 기능	자료나 명령을 컴퓨터 안으로 들여보냄
출력 기능	처리된 결과, 즉 정보를 컴퓨터 외부로 내보냄
저장 기능	입력된 자료를 기억하거나 저장함
연산 기능	산술적인 사칙 연산과 논리 연산을 수행함
제어 기능	각각의 모든 장치들에 대한 지시 또는 감독 기능을 수행함

└─ 논리곱(AND), 논리합(OR), 논리 부정(NOT) 등
└─ 덧셈, 뺄셈, 곱셈, 나눗셈

✓ 암기 TIP
하드웨어는 인간의 육체, 소프트웨어는 정신, 두뇌에 해당하는 점에 유의하여 정확하게 구분하세요.

이론을 확인하는 기출문제

01 다음 중 컴퓨터의 기능에 대한 설명으로 가장 옳지 <u>않은</u> 것은?

① 입력 : 컴퓨터 외부의 데이터를 장치를 통해 컴퓨터 내부로 읽어오는 기능이다.
② 출력 : 컴퓨터가 처리한 결과를 장치를 통해 사람에게 보여주는 기능이다.
③ 저장 : 컴퓨터에 데이터나 프로그램을 기억하는 기능이다.
④ 연산 : 입력, 출력, 기억들을 제어하고 감독하는 기능이다.

연산 기능 : 산술적인 연산이나 논리 연산을 수행하는 기능
오답 피하기
제어 기능 : 입력 장치, 출력 장치, 기억 장치를 제어하고 감시, 감독하는 기능

02 컴퓨터의 특징을 나타내는 다음 용어들 중 "다른 컴퓨터나 매체에서 작성한 자료도 공유하여 처리할 수 있다"는 의미로 가장 적절하게 사용될 수 있는 것은?

① 다중성(Multitasking)
② 범용성(General-purpose)
③ 신뢰성(Reliability)
④ 호환성(Compatibility)

호환성(Compatibility) : 서로 다른 컴퓨터 간에도 자료나 프로그램의 공유가 가능함
오답 피하기
• 다중성(Multitasking) : 여러 가지 작업을 처리하는 의미로 Windows의 특징에 해당함
• 범용성(General-purpose) : 특정 분야가 아닌 여러 가지 목적으로 사용됨
• 신뢰성(Reliability) : 주어진 환경에서 아무 고장 없이 담당 기능 및 문제 처리를 원활하게 수행 가능한 척도

정답 01 ④ 02 ④

SECTION 02 컴퓨터의 발전 과정

빈출 태그 일괄 처리 • 프로그램 내장 방식 • 주요 소자 • 연산 속도 • 집적 회로

01 컴퓨터의 발전 과정

1) 기계식 계산기

구분		특징
파스칼의 치차식 계산기		톱니바퀴의 원리를 이용, 가감산이 가능한 계산기
라이프니츠의 가감승제 계산기		치차식 계산기를 보완하여 가감승제가 가능하며 탁상용 계산기의 시조
배비지	차분 기관	기계식 계산기로 삼각 함수 계산이 가능함
	해석 기관	현재의 디지털 컴퓨터의 모체
홀러리스의 천공 카드 시스템		• PCS(Punch Card System)는 천공 카드 시스템으로 미국의 국세 조사에 사용 • 일괄 처리 방식의 효시
에이컨의 MARK-I		에이컨이 개발한 최초의 기계식 자동 계산기

2) 전자식 계산기 15년 3월

구분	특징	
에니악(ENIAC)	• 1946년 에커트와 모클리가 제작함 • 최초의 전자식 계산기로, 외부 프로그램 방식을 사용함	프로그램 외장 방식
에드삭(EDSAC)	• 윌키스가 제작함 • 최초로 프로그램 내장 방식★을 도입함	프로그램 내장 방식
유니박(UNIVAC-I)	• 에커트와 모클리가 제작함 • 최초의 상업용 전자 계산기로, 국세 조사 및 미국 인구의 통계 조사 등에 사용함	
에드박(EDVAC)	• 폰 노이만이 제작함 • 프로그램 내장 방식을 완성하고 이진법을 채택함	

암기 TIP

기계식 계산기
파라배의 홀(구멍)을 마~
파스칼, 라이프니츠, 배비지, 홀러리스, 마크원

기적의 TIP

ENIAC은 프로그램 외장 방식입니다. 또한 최초에 해당하는 부분은 알아 두세요.

암기 TIP

전자식 계산기
악싸 빡빡
에니악, 에드삭(싸), 유니박(빡), 에드박(빡)

★ **프로그램 내장 방식 (Stored Program)**
• 폰 노이만(J. Von. Neumann)에 의해 고안된 방식
• 프로그램을 2진수로 코드화하여 기억 장치에 저장해 두고 명령에 따라 컴퓨터가 순서대로 해독하면서 처리하는 방식

기적의 TIP

에니악/에드삭
에니악은 프로그램이 내장되어 있지 않아 사람이 일일이 조작해야 했지만, 에드삭은 프로그램이 내장되어 반복 동작 시 일일이 조작할 필요가 없어요.

02 컴퓨터의 세대별 발전과 특징 18년 3월, 15년 6월

세대	주요 소자	연산 속도	주기억 장치	사용 언어	특징
1세대	진공관 (Vacuum Tube)	ms(10^{-3})	자기 드럼	기계어, 어셈블리어	• 하드웨어 개발 중심 • 일괄 처리 시스템 • 속도가 느리고 부피가 큼
2세대	트랜지스터 (TR)	μs(10^{-6})	자기 코어	FORTRAN, COBOL, ALGOL, LISP	• 소프트웨어 중심 • 온라인 실시간 처리 시스템 • 운영체제(OS) 등장 • 다중 프로그래밍★
3세대	집적 회로 (IC) └ 모아 쌓아 놓은 것	ns(10^{-9})	집적 회로(IC)	BASIC, PASCAL, PL/1	• OMR, OCR, MICR 도입 • 시분할 처리(TSS) • 다중 처리★ 시스템 • 경영 정보 시스템★
4세대	고밀도 집적 회로 (LSI)	ps(10^{-12})	고밀도 집적 회로 (LSI)	C 언어, ADA 등 문제 중심 지향 언어	• 개인용 컴퓨터 개발 • 마이크로프로세서 개발 • 가상 기억 장치 • 슈퍼 컴퓨터 개발 • 네트워크 발달
5세대	초고밀도 집적 회로 (VLSI)	fs(10^{-15})	초고밀도 집적 회로 (VLSI)	Visual C++, Visual Basic, Java, Delphi 등 객체 지향 언어	• 인공 지능★ • 전문가 시스템★ • 퍼지 이론★ • 음성 인식 개발 • 의사 결정 지원 시스템 (DSS) • 패턴 인식

▶ 컴퓨터의 연산 속도 단위 19년 3월

ms	μs	ns	ps	fs	as
milli second, 밀리세컨	micro second, 마이크로세컨	nano second, 나노세컨	pico second, 피코세컨	femto second, 펨토세컨	atto second, 아토세컨
10^{-3}초	10^{-6}초	10^{-9}초	10^{-12}초	10^{-15}초	10^{-18}초

▶ 집적 회로(IC)

SSI(Small Scale Integration)	하나의 실리콘에 1백여 개의 반도체를 집적시킨 것
MSI(Middle Scale Integration)	하나의 실리콘에 1천여 개의 반도체를 집적시킨 것
LSI(Large Scale Integration)	하나의 실리콘에 1만여 개의 반도체를 집적시킨 것
VLSI(Very Large Scale Integration)	하나의 실리콘에 10만여 개의 반도체를 집적시킨 것
ULSI(Ultra Large Scale Integration)	하나의 실리콘에 100만여 개의 반도체를 집적시킨 것

기적의 TIP

각 세대별 주요 소자와 연산 속도, 특징에 대해서 숙지하고 세대별로 구분이 가능하도록 공부하세요.

★ **다중 프로그래밍 (Multi-Programming)**
하나의 CPU로 여러개의 프로그램을 동시에 처리하는 기법

★ **다중 처리(Multi-Processing)**
두 개 이상의 CPU로 동시에 하나 또는 여러 개의 프로그램을 처리하는 기법

★ **경영 정보 시스템(MIS : Management Information System)**
경영 정보를 집계하고 분석하여 기업 활동에 필요한 의사 결정 정보를 제공하는 시스템

★ **인공 지능 (AI : Artificial Intelligence)**
인간의 지능을 컴퓨터와 접목시킨 개념의 시스템으로 컴퓨터의 처리 능력을 향상시키기 위한 시스템

★ **전문가 시스템(Expert System)**
의료 진단 등과 같은 특정 분야의 전문가가 수행하는 고도의 업무를 지원하기 위한 컴퓨터 응용 프로그램

★ **퍼지 이론(Fuzzy Theory)**
애매하고 불분명한 상황에서 여러 문제들을 두뇌가 판단 결정하는 과정에 대하여 수학적으로 접근하려는 이론으로 가전 제품, 자동 제어 분야에 응용한 제품이 출현되고 있음

암기 TIP

속도 단위
밀 - 마 - 나 - 피 - 펨 - 아
10^{-3}초에서 시작하여 3의 배수로 올라갑니다.

이론을 확인하는 기출문제

01 다음은 컴퓨터 세대와 주요 회로를 연결한 것이다. 틀리게 연결된 것은?

① 1세대 – 진공관
② 2세대 – 트랜지스터
③ 3세대 – 자기드럼
④ 4세대 – 고밀도 집적 회로

3세대 : 주요 회로와 주기억 장치로 집적 회로(IC)를 사용함

02 다음 중 컴퓨터의 처리 시간 단위가 빠른 것에서 느린 순서로 바르게 나열된 것은?

① ps–as–fs–ns–ms–μs
② as–fs–ps–ns–μs–ms
③ ms–μs–ns–ps–fs–as
④ fs–ns–ps–μs–as–ms

- ms(milli second, 밀리세컨) : 10^{-3}초
- μs(micro second, 마이크로세컨) : 10^{-6}초
- ns(nano second, 나노세컨) : 10^{-9}초
- ps(pico second, 피코세컨) : 10^{-12}초
- fs(femto second, 펨토세컨) : 10^{-15}초
- as(atto second, 아토세컨) : 10^{-18}초

03 다음 중 집적 회로를 집적의 크기 순서로 나열한 것은?

① LSI–MSI–VLSI–ULSI–SSI
② SSI–MSI–LSI–VLSI–ULSI
③ SSI–LSI–ULSI–MSI–VLSI
④ VLSI–ULSI–SSI–MSI–LSI

SSI(1백여 개)–MSI(1천여 개)–LSI(1만여 개)–VLSI(10만여 개)–ULSI(100만여 개)

04 다음 중 컴퓨터의 연산속도 단위로 가장 빠른 것은?

① 1ms ② 1μs
③ 1ns ④ 1ps

ms → μs → ns → ps → fs → as

05 최초의 전자 계산기 ENIAC에서 사용된 프로그램 방식은?

① 프로그램 내장 방식
② 어셈블리어 방식
③ 고급 언어 방식
④ 외부 프로그램 방식

ENIAC : 프로그램이 내장되지 않은 외부 프로그램 방식을 사용함

06 다음 중 1952년 폰 노이만이 프로그램 내장 방식과 2진 연산 방식을 적용하여 제작한 초창기 전자식 계산기는?

① 에니악(ENIAC)
② 에드삭(EDSAC)
③ 유니박(UNIVAC)
④ 에드박(EDVAC)

에드박(EDVAC) : 폰노이만이 제작, 프로그램 내장 방식을 완성하고 2진법을 채택함

오답 피하기
- 에니악(ENIAC) : 최초의 전자식 계산기로 외부 프로그램 방식을 사용
- 에드삭(EDSAC) : 최초로 프로그램 내장 방식을 도입
- 유니박(UNIVAC) : 최초의 상업용 전자 계산기로 국세 조사 및 미국 인구의 통계 조사 등에 사용

07 다음 중 컴퓨터의 발전 과정으로 3세대 이후의 특징에 해당하지 않는 것은?

① 개인용 컴퓨터의 사용
② 전문가 시스템
③ 일괄처리 시스템
④ 집적회로의 사용

1세대 : 일괄처리 시스템, 하드웨어 개발 중심, 속도가 느리고 부피가 큼

오답 피하기
- ① 개인용 컴퓨터의 사용 : 4세대
- ② 전문가 시스템 : 5세대
- ④ 집적회로의 사용 : 3세대

정답 01 ③ 02 ② 03 ② 04 ④ 05 ④ 06 ④ 07 ③

SECTION 03 컴퓨터의 분류

출제빈도 상 중 하
반복학습 1 2 3

빈출 태그 디지털 컴퓨터 • 아날로그 컴퓨터 • 하이브리드 컴퓨터 • 워크스테이션 • 팜톱 컴퓨터

합격 강의

01 취급 데이터에 따른 분류
24년 상시, 23년 상시, 17년 3월, 11년 10월, 08년 2월/10월, 07년 7월/10월, …

분류	디지털 컴퓨터 (Digital Computer)	아날로그 컴퓨터 (Analog Computer)	하이브리드 컴퓨터 (Hybrid Computer)
취급 데이터	셀 수 있는 데이터 (숫자, 문자 등)	연속적인 물리량 (전류, 온도, 속도 등)	디지털 컴퓨터와 아날로그 컴퓨터의 장점만을 조합한 컴퓨터
구성 회로	논리 회로	증폭 회로	
주요 연산	사칙 연산	미적분 연산	
연산 속도	느림	빠름	
정밀도	필요한 한도까지	제한적(0.01%까지)	
기억 장치/프로그램	필요함	필요 없음	

※ 혼합물, 집중

> **기적의 TIP**
> 디지털 컴퓨터와 아날로그 컴퓨터의 특징과 차이점을 확실하게 구분할 수 있도록 공부하세요. 디지털 컴퓨터는 셀 수 있는 데이터이며, 아날로그 컴퓨터는 연속적인 물리량을 데이터로 취급합니다.

> **암기 TIP**
> 아날로그 컴퓨터
> 아연, 아빠, 아증, 아미, 아제
> • 아날로그는 **연**속적인 물리량이다.
> • 아날로그는 **빠**르다.
> • 아날로그는 **증**폭 회로이다.
> • 아날로그는 **미**적분 연산에 이용된다.
> • 아날로그의 정밀도는 **제**한적이다.

02 사용 목적에 따른 분류

전용 컴퓨터	특수 목적으로 사용되는 컴퓨터로 군사, 기상 관측, 자동 제어 등에 사용되는 컴퓨터
범용 컴퓨터	다양한 분야에서 여러 가지 목적으로 사용되는 컴퓨터

03 처리 능력에 따른 분류

개인용 컴퓨터 (PC : Personal Computer)	• 데스크톱(DeskTop)과 휴대용(노트북, 랩톱, 팜톱 등)으로 구분함 • 마이크로 컴퓨터라고도 함
워크스테이션 (Workstation)	• 개인용 컴퓨터의 규모에 미니 컴퓨터의 성능을 집약시킨 고성능 컴퓨터 • 32비트 중앙 처리 장치, 대용량의 주기억/보조 기억 장치, 고해상도 그래픽, 고속의 통신망을 필수 조건으로 하며, 한 사람이 사용함
소형 컴퓨터 (Mini Computer)	PC보다 정보 처리 능력이 뛰어나고 기업체나 학교, 연구소 등에서 사용함
대형 컴퓨터 (Main Frame Computer)	소형 컴퓨터보다 규모나 성능이 좋으며 은행이나 정부 기관, 대학 등에서 사용함
슈퍼 컴퓨터 (Super Computer)	• 연산 속도가 빠른 초고속 컴퓨터 • 기상 관측 및 예보, 우주 및 항공 분야 등 고속 계산이 필요한 분야에서 사용함

> **아날로그 신호의 특성 요소**
> 진폭, 파장, 위상
>
> **샘플링(Sampling)**
> 아날로그의 연속적인 소리 신호를 일정한 주기로 측정한 다음 그 값을 디지털화시킴
>
> **처리 용량 및 속도**
> (작은 용량, 느린 속도 → 큰 용량, 빠른 속도)
> 마이크로 컴퓨터 → 미니(소형) 컴퓨터 → 메인(대형) 프레임 → 슈퍼 컴퓨터

마이크로 컴퓨터의 크기
(작은 것 → 큰 것)
팜톱 → 노트북 → 랩톱 → 데스크톱

★ PDA
(Personal Digital Assistant)
전자 수첩, 이동 통신, 컴퓨터 등의 기능이 있으며 휴대가 가능한 개인용 정보 단말기

04 마이크로 컴퓨터의 분류

데스크톱(Desktop) 컴퓨터	일반적으로 책상 위에 놓고 사용하는 탁상용 컴퓨터	
랩톱(Laptop) 컴퓨터 ─무릎	무릎 위에 올려 놓고 사용 가능한 컴퓨터	
노트북(Notebook) 컴퓨터	휴대가 가능한 노트(A4) 크기 정도의 컴퓨터	
팜톱(Palmtop) 컴퓨터 ─손바닥	• 손바닥 위에 올려놓고 사용할 수 있는 전자 수첩 크기의 개인용 컴퓨터 • PDA★ 기능을 덧붙인 휴대 전화기도 있음	

▲ 데스크톱 컴퓨터

▲ 랩톱 컴퓨터

▲ 노트북 컴퓨터

이론을 확인하는 기출문제

01 다음 중 아날로그 신호와 디지털 신호에 대한 설명으로 잘못된 것은?

① 범용 컴퓨터는 아날로그 신호를 취급하기 때문에 정밀도가 제한적이다.
② 아날로그 신호는 시간에 따라 크기가 연속적으로 변하는 정보를 말한다.
③ 디지털 신호는 시간에 따라 이산적으로 변하는 정보를 말한다.
④ 아날로그 신호는 연속된 곡선 그래프로 표현할 수 있다.

범용 컴퓨터는 개인용 컴퓨터 등 다양한 분야에서 이용되는 컴퓨터이며 디지털 신호를 사용하므로 정밀도는 필요한 한도까지 가능함

02 다음 중 아날로그 컴퓨터와 비교하여 디지털 컴퓨터의 특징으로 옳지 않은 것은?

① 데이터의 각 자리마다 0 혹은 1의 비트로 표현한 이산적인 데이터를 처리한다.
② 데이터 처리를 위한 명령어들로 구성된 프로그램에 의해 동작된다.
③ 온도, 전압, 진동 등과 같이 연속적으로 변하는 데이터를 효율적으로 처리할 수 있다.
④ 산술 및 논리 연산을 처리하는 회로에 기반을 둔 범용 컴퓨터로 사용된다.

아날로그 컴퓨터 : 온도, 전압, 진동 등과 같이 연속적으로 변하는 데이터를 효율적으로 처리

정답 01 ① 02 ③

SECTION 04 자료의 표현 및 처리 방식

출제빈도 상 중 하
반복학습 1 2 3

빈출 태그 자료 • 정보 • 피드백 • 정보 처리 방식 • 분산 처리 시스템 • 자료 단위 • 기억 용량 단위 • 팩 10진 형식 • 음수 표현법 • 부동 소수점 형식 • 외부적 표현 방식 • 해밍 코드

01 자료와 정보의 개념

자료(Data)	처리 이전 상태의 문자나 수치, 그림 등 컴퓨터에 입력되는 기초 자료
정보(Information)	어떤 목적에 의해 유용하게 활용될 수 있는 상태로, 자료를 처리한 결과

02 컴퓨터의 정보 처리 과정

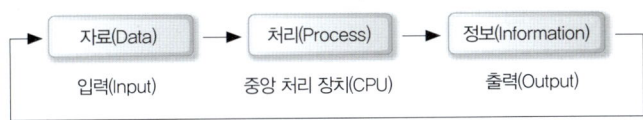

- 입력된 자료가 중앙 처리 장치(CPU)에 의해 처리되어 정보를 출력(Output)한다.
- 피드백(Feedback)은 출력으로 나갈 정보의 이상 유무에 따라 자료를 입력측으로 되돌리는 것을 의미한다.
  — 되돌림, 환원

부하 분산(Load Balancing)
CPU가 여러 개인 다중 처리 시스템에서 특정 처리기에 부하가 걸리지 않도록 타임 분배를 통해 작업을 분산 처리하는 기능

03 정보 처리 방식 25년 상시, 23년 상시, 22년 상시, 20년 2월, 17년 3월/9월, 16년 3월, 13년 6월, 11년 3월

온라인 처리 시스템	하나의 중앙 처리 장치에 통신 회선을 통하여 여러 개의 입출력 장치를 항상 연결해서 자료를 처리하는 방식
오프라인 처리 시스템	중앙 처리 장치와 입출력 장치가 통신 회선으로 연결되지 않은 처리 방식
일괄 처리 시스템 (Batch Processing System)	발생된 자료를 일정 기간 모아 두었다가 한꺼번에 처리하는 방식
시분할 시스템 (Time Sharing System)	한 CPU를 여러 사용자가 사용하는 경우 사용권을 일정 시간(Time Slice) 동안 할당하여 혼자 독점하여 사용하는 것처럼 하는 기법
실시간 처리 시스템 (Real Time Processing System)	• 발생된 자료를 바로 처리하는 방식 • 예약이나 조회 업무 등이 해당됨
다중 프로그래밍 시스템 (Multi-Programming System)	하나의 CPU로 동시에 여러 개의 프로그램을 처리하는 기법 — 중앙 처리 장치
다중 처리 시스템 (Multi-Processing System)	두 개 이상의 CPU로 동시에 여러 개의 프로그램을 처리하는 기법

일괄 처리 시스템: 한 묶음, 한 다발

개념 체크

1 일괄 처리 시스템은 발생된 자료를 즉시 처리하는 방식이다. (○, ×)
2 다중 프로그래밍 시스템은 하나의 CPU에 여러 개의 프로그램을 동시에 실행하는 기법이다. (○, ×)
3 정보의 이상 유무에 따라 자료를 되돌리는 것은?
4 정보를 얻기 위해서는 자료를 ( )해야 한다.
5 다중 처리 시스템은 두 개 이상의 ( )으로 동시에 여러 개의 ( )을 처리하는 기법

1 × 2 ○
3 피드백(Feedback) 4 처리
5 CPU, 프로그램

듀플렉스 시스템 (Duplex System)	두 개의 CPU 중 한 CPU가 작업 중일 때 다른 하나는 예비로 대기하는 시스템
듀얼 시스템 (Dual System)	• 두 개의 CPU가 동시에 같은 업무를 처리하는 방식 • 업무의 신뢰도를 높이는 작업에 이용됨

▶ 정보 처리 속도 단위

LIPS(Logical Inference Per Second)	1초 동안 실행 가능한 논리적 추론 횟수
KIPS(Kilo Instruction Per Second)	1초 동안 1,000개의 연산을 수행함
MIPS(Million Instruction Per Second)	1초 동안 1백만 개의 연산을 수행함
FLOPS(FLoating-point Operation Per Second)	초당 수행 가능한 부동 소수점 연산
MFLOPS(Mega FLoating-point Operation Per Second)	초당 1백만 회 수행 가능한 부동 소수점 연산
GFLOPS(Giga FLoating-point Operation Per Second)	초당 10억 회 수행 가능한 부동 소수점 연산

04 정보 처리 시스템의 종류

24년 상시, 22년 상시, 19년 3월, 18년 9월, 16년 3월/10월, 13년 3월/6월, …

비집중 처리 시스템	• 자료가 발생되는 곳에 처리할 컴퓨터를 설치하는 시스템 • 업무량이 증가함에 따라 처리할 컴퓨터의 수가 늘어남
집중 처리 시스템	• 현장에서 발생한 자료를 중앙의 컴퓨터로 집중시켜 처리하는 시스템 • 중앙으로의 집중 처리로 인한 시스템의 과부하와 시스템 장애 시 정보 처리가 중단되는 현상이 발생함
분산 처리 시스템	• 각 지역별로 발생된 자료를 분산 처리하는 방식 • 시스템의 과부하를 방지할 수 있으며 시스템의 안전성, 유연성, 신뢰성, 확장성 등에서 유리함 • 클라이언트★/서버★ 시스템 등이 있음
동배간 시스템 (P2P : Peer To Peer)	• 인터넷 상에서 개인끼리 파일을 공유하는 기술이나 행위로, 컴퓨터와 컴퓨터가 동등하게 연결되는 방식 • 각각의 컴퓨터는 클라이언트 동시에 서버가 될 수 있음 • 워크스테이션이나 개인 PC를 단말기로 사용하는 작은 규모의 네트워크에 많이 사용됨

기적의 TIP

듀플렉스 시스템과 듀얼 시스템
듀플렉스 시스템은 하나의 CPU만 동작하며, 하나의 CPU는 예비용입니다.
듀얼 시스템은 같은 업무를 2개의 CPU가 동시에 처리하여 그 결과를 상호 점검하면서 운영해요.

기적의 TIP

분산 처리 시스템의 클라이언트/서버와 P2P(동배 시스템)의 개념 및 역할에 대해 숙지해 두세요.

★ 클라이언트(Client)
'의뢰인'의 의미로 분산 처리 시스템에서 네트워크상의 다른 컴퓨터나 프로그램(서버)으로부터 서비스를 받는 컴퓨터나 프로그램

★ 서버(Server)
클라이언트의 자료를 처리하여 그 결과를 전송하는 기능을 담당하는 컴퓨터

개념 체크

1 듀플렉스 시스템은 두 개의 CPU가 동시에 같은 업무를 처리하는 방식이다. (o, ×)
2 자료가 발생되는 곳에 처리할 컴퓨터를 설치하고 업무량이 증가함에 따라 처리할 컴퓨터의 수가 늘어나는 시스템은 정보 처리 시스템의 종류 중 무엇인가?
3 집중 처리 시스템은 현장에서 발생한 자료를 중앙의 컴퓨터로 (   )시켜 처리하는 시스템이다.

1 × 2 비집중 처리 시스템 3 집중

05 자료의 표현 단위

1) 자료의 단위 25년 상시, 24년 상시, 23년 상시, 16년 10월, 13년 6월, 08년 5월, 06년 9월, 04년 8월/10월

비트(Bit)	• Binary Digit의 약자 • 정보 표현의 최소 단위로 2진수 0 또는 1을 나타냄
니블(Nibble)	4개의 Bit로 구성, 2^4(=16)개의 정보를 표현할 수 있음
바이트(Byte)	• 문자를 표현하는 기본 단위로, 8개의 Bit로 구성됨 • 영문, 숫자는 1Byte로, 한글, 한문, 특수 문자는 2Byte로 표현함 • 2^8(=256)개의 정보를 표현함
워드(Word)	• 컴퓨터 내부의 명령 처리 단위 • 한 번에 처리할 수 있는 데이터의 양을 가리킴 • Half Word : 2Byte • Full Word : 4Byte(=1Word) • Double Word : 8Byte
필드(Field)	• 파일 구성의 최소 단위로, 아이템(Item) 또는 항목이라고 함 • 데이터베이스에서 열을 나타냄
레코드(Record)	• 하나 이상의 필드들이 모여서 구성된 자료 처리 단위 • 논리 레코드는 프로그램을 처리하는 단위로 사용되며, 논리 레코드를 블록킹하면 물리 레코드(=블록)가 됨 • 물리 레코드는 입출력 단위로 사용되며 블록(Block)이라고도 함 • 데이터베이스를 구성하는 행을 나타냄
파일(File)	여러 개의 레코드가 모여 구성되며, 디스크의 저장 단위로 사용함
데이터베이스(Database)	파일들의 집합으로 중복을 제거한 통합된 상호 관련 있는 데이터의 집합

※ 데이터의 논리적 단위는 정보를 처리하고 저장하는 단위로 '필드, 레코드, 파일, 데이터베이스'가 해당됨

비트 — 조금씩 먹는 것, 소량

2) 기억 용량 단위

KB(Kilo Byte)	2^{10}(Byte) = 1,024(Byte)	MB(Mega Byte)	2^{20}(Byte) = 1,024(KB)
GB(Giga Byte)	2^{30}(Byte) = 1,024(MB)	TB(Tera Byte)	2^{40}(Byte) = 1,024(GB)
PB(Peta Byte)	2^{50}(Byte) = 1,024(TB)	EB(Exa Byte)	2^{60}(Byte) = 1,024(PB)

1기가 바이트(Giga Byte) 1,024 × 1,024 × 1,024

06 자료의 표현 방식 17년 3월

내부적 표현	정수 연산	10진 연산	언팩 10진 형식
			팩 10진 형식
		2진 고정 소수점 표현	부호화 절대치
			부호화 1의 보수
			부호화 2의 보수
	실수 연산	부동 소수점 연산(부호, 지수부, 가수부로 구성됨)	
외부적 표현	BCD★ 코드(2진화 10진) : 6비트로 구성됨		
	ASCII★ 코드(미국 표준) : 7비트로 구성됨		
	EBCDIC★ 코드(확장 2진화 10진) : 8비트로 구성됨		

> 🚩 **기적의 TIP**
> 자료의 표현 단위는 각 단위의 특성과 크기 순이 중요합니다. 특히 워드의 종류와 크기, 물리 레코드의 개념은 정확히 알아 두세요.

> ✅ **암기 TIP**
> **자료의 단위**
> 비(니)바워<필레<파데
> 비트<니블<바이트<워드
> <필드<레코드<파일<데이터베이스

> ✅ **암기 TIP**
> **워드**
> Half의 a가 2와 비슷해서 2Byte이며, 영어로 4는 Four이므로 Full은 4Byte, Double은 D와 o가 누워있는 8과 유사해서 8Byte랍니다.

> ✅ **암기 TIP**
> **물리 레코드**
> 물리 레코드는 블록과 같은 의미입니다. 그건 물을 많이 마시면 배가 블록해지기 때문이랍니다.

> ✅ **암기 TIP**
> **기억 용량 단위**
> 킬(K)-메(M)-기(G)-털(T)-피(P)-이(E)

★ BCD
(Binary Coded Decimal)
2진화 10진 코드

★ ASCII
(American Standard Code for Information Interchange)
미국 표준 코드

★ EBCDIC
(Extended BCD Interchange Code)
확장 2진화 10진 코드

1) 내부적 표현 방식 10년 10월

① 언팩 10진(Unpacked Decimal, Zoned Decimal) 형식

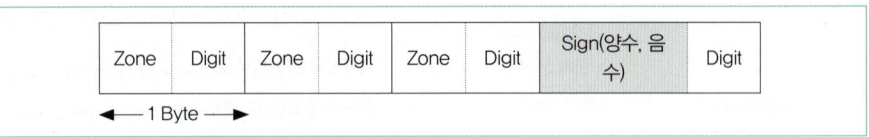

- 1 Byte에 숫자 1자리씩 표현한다.
- 숫자 표현 시 Zone 부분을 'F'로 채운다.
- 출력은 가능하나 연산은 불가능하다. 만약 연산하려면, Packed Decimal로 변경하여 수행해야 한다.
- Sign은 부호 비트로 양수(+)는 C(1100), 음수(-)는 D(1101), 부호 없는 양수는 F(1111)로 표기한다.

예 +2014

F	2	F	0	F	1	C(양수)	4
1111	0010	1111	0000	1111	0001	1100	0100

예 -2014

F	2	F	0	F	1	D(음수)	4
1111	0010	1111	0000	1111	0001	1101	0100

② 팩 10진(Packed Decimal) 형식

'꽉 찬'의 의미처럼 1Byte에 숫자 2자리씩 꽉 채워서 표현함

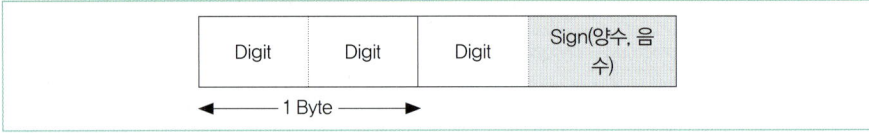

- 1 Byte에 숫자 2자리씩 표현한다.
- 연산은 가능하나 출력은 불가능하다. 만약 출력하려면, Unpacked Decimal로 변경하여 수행해야 한다.
- Sign은 부호 비트로 양수(+)는 C(1100), 음수(-)는 D(1101), 부호 없는 양수는 F(1111)로 표기한다.

예 +129

1	2	9	C(양수)
0001	0010	1001	1100

예 -129

1	2	9	D(음수)
0001	0010	1001	1101

③ 2진 연산 25년 상시, 14년 3월, 10년 10월

부호	수

양수(+) : 0, 음수(-) : 1

- 2진 정수 데이터를 표현한다.
- 부호 비트와 수로 표현한다.
- 표현 범위는 작으나 연산 속도는 빠르다.
- 양수값은 부호화 절대치, 부호화 1의 보수, 부호화 2의 보수 표현 방법이 모두 같다.

▶ 음수 표현법

부호화 절대치	• 최상위 1비트를 양수는 0, 음수는 1로 표현하고 나머지 비트는 절대치로 표현함 • 표현 범위 : $-(2^{n-1}-1) \sim (2^{n-1}-1)$
부호화 1의 보수	• 부호화 절대치의 부호 비트를 제외하고 나머지 비트를 0은 1로, 1은 0으로 변환함 • 표현 범위 : $-(2^{n-1}-1) \sim (2^{n-1}-1)$
부호화 2의 보수	• 부호화 1의 보수로 바꾼 다음 오른쪽 끝자리에 1을 더함 • 표현 범위 : $-(2^{n-1}) \sim (2^{n-1}-1)$

예) 10진수 -9를 8비트로 표시하는 경우

형식	부호	정수부						
부호화 절대치	1	0	0	0	1	0	0	1
부호화 1의 보수	1	1	1	1	0	1	1	0
부호화 2의 보수	1	1	1	1	0	1	1	1

④ 부동 소수점(Floating Point Number) 형식 10년 10월, 09년 7월, 05년 10월

＿＿＿ 고정되지 않는 유동적인

0	1 2	7 8	n-1
부호	지수부	가수부(소수부)	

양수(+) : 0, 음수(-) : 1

- 소수점이 있는 2진 실수 연산에 사용한다.
- 대단히 큰 수나 작은 수의 표현이 가능하며 속도가 느리다.
- 소수점은 자릿수에 포함되지 않으며 묵시적으로 지수★부와 가수★부 사이에 있는 것으로 간주한다.
- 지수부와 가수부를 분리시키는 정규화 작업이 필요하다.
- 부동 소수점 형식에서 정규화의 필요성
  - 지수부를 이용함으로써 표현할 수 있는 유효 숫자의 표현 범위가 넓어진다.
  - 정규화 과정 : 소수 이하 첫째 자리값이 0이 아닌 유효 숫자가 오도록 한다.
    예) 0.000025를 정규화시키면 0.25×10^{-4}가 된다.

▶ 기적의 TIP

음수 표현의 종류와 표현 범위에 유념하고, 특히 부호화 2의 보수 표현 범위가 크다는 점을 기억해 두세요.

▶ 암기 TIP

음수(-)는 1입니다.
1이 피곤해서 누웠네요.

★ 지수
거듭제곱을 나타내는 숫자

★ 가수
소수점 아래의 수(소수)

▶ 개념 체크

1 팩 10진 형식은 어떤 경우에 Unpacked Decimal로 변경하여 수행해야 하는가?
2 팩 10진 형식으로 표현할 때 1 Byte에 숫자 ( )자리씩 표현한다.

1 출력할 경우 2 2

기적의 TIP

BCD, ASCII, EBCDIC 코드의 크기 및 사용 용도는 중요합니다. 꼭 알고 넘어가세요.

KS × 1001 한글 부분
- KS × 1001 완성형 한글에서 영문 표현 : 1바이트
- KS × 1001 완성형, 조합형 한글에서 한글 표현 : 2바이트

유니코드(Unicode)
- 2바이트 코드로 세계 각 나라의 언어를 표현할 수 있는 국제 표준 코드
- 한글의 경우 조합, 완성, 옛 글자 모두 표현 가능함
- 16비트이므로 2^{16}인 65,536자까지 표현 가능함
- 한글은 초성 19개, 중성 21개, 종성 28개가 조합된 총 11,172개의 코드로 모든 한글을 표현함

암기 TIP

ASCII(아스키) 코드
아새끼, 7칠 맞은데 통신은 잘해 아스키는 7비트, 통신용 코드

기적의 TIP

전송 에러 검출 방식은 반드시 숙지해 두세요. 아울러 CSMA/CD는 전송 에러 검출 방식이 아닙니다. 혼동하지 마세요!

기적의 TIP

패리티 비트는 1비트로 구성되고, 해밍 코드는 에러 검출 및 교정이 가능한 코드입니다.

암기 TIP

순환 중복 검사(CRC)에서 C가 앞뒤로 중복되어 순환되네요.

2) 외부적 표현 방식
25년 상시, 24년 상시, 23년 상시, 22년 상시, 20년 2월, 19년 3월/8월, 16년 3월/10월, 14년 3월, …

BCD 코드 (2진화 10진)	• Zone은 2비트, Digit는 4비트로 구성됨 • 6비트로 2^6=64가지의 문자 표현이 가능함 • 영문자의 대소문자를 구별하지 못함	Zone Bit | Digit Bit
ASCII 코드 (미국 표준)	• Zone은 3비트, Digit는 4비트로 구성됨 • 7비트로 2^7=128가지의 표현이 가능함 • 일반 PC용 컴퓨터 및 데이터 통신용 코드 • 대소문자 구별이 가능함 • 확장된 ASCII 코드는 8비트를 사용하여 256가지 문자를 표현함	Zone Bit | Digit Bit
EBCDIC 코드 (확장 2진화 10진)	• Zone은 4비트, Digit는 4비트로 구성됨 • 8비트로 2^8=256가지의 표현이 가능함 • 확장된 BCD 코드로 대형 컴퓨터에서 사용되는 범용 코드	Zone Bit | Digit Bit

07 에러 검출 및 교정 코드
25년 상시, 24년 상시, 23년 상시, 22년 상시, 09년 10월, 06년 2월, 04년 2월, …

패리티 체크 비트 (Parity Check Bit)	• 원래 데이터 1비트를 추가하여 에러 발생 여부를 검사하는 체크 비트 - 홀수 체크법(Odd Check) : 1의 개수가 홀수 개인지 체크(=기수 검사) - 짝수 체크법(Even Check) : 1의 개수가 짝수 개인지 체크(=우수 검사) • 에러 검출만 가능하고 교정은 불가능함 • 2개 이상의 에러가 동시에 발생하면 검출이 불가능함
해밍 코드 (Hamming Code)	• 에러 검출과 교정이 가능한 코드로, 최대 2비트까지 에러를 검출하고 1비트의 에러 교정이 가능한 방식 • 일반적으로 8421코드에 3비트의 짝수 패리티를 추가해서 구성함
순환 중복 검사 (CRC)	• 다항식 코드를 사용하여 오류를 검출하는 방식 • 집단 에러에 대한 신뢰성 있는 에러 검출을 위해서 사용함
블록합 검사 (BSC)	• 패리티 검사의 단점을 보완한 검사 방식으로, 각 문자당 패리티 체크 비트와 전송 프레임의 모든 문자들에 대한 패리티 문자를 함께 전송함 • 두 비트에서 오류가 발생한 경우 검출이 가능한 방식
정 마크 부호 방식	• 패리티 검사가 코드 자체적으로 이루어지는 방식 • 사용되는 코드는 2 out of 5 코드나 비퀴너리(Biquinary) 코드 등이 있음

- BSC — Block Sum Check
- CRC — Cyclic Redundancy Check

※ CSMA/CD(Carrier Sense Multiple Access/Collision Detection) LAN
- 반송파 감지 다중 접근/충돌 검사로 데이터의 충돌을 방지하기 위해 송신 데이터가 없을 때에만 데이터를 송신하고, 다른 장비가 송신 중일 때에는 송신을 멈추는 방식이다.
- 일정 시간의 간격을 두고 대기하면서 순서에 따라 다시 송신하는 방식으로 매체 접근 방법에 의한 분류이다(※ 전송 오류 검출 방식이 아님).
- 성형이나 버스형 LAN에서 사용하는 방식이다.

08 주소 지정 방식

1) 접근 방식에 의한 주소 지정 방식

묵시적 주소 지정 (Implied Addressing)	주소 부분이 묵시적(암시적)으로 정해져 있는 방식으로, 스택★ 구조의 0 주소 방식임(메모리 참조 횟수 : 0회)
즉시 주소 지정 (Immediate Addressing)	명령어 주소 부분에 있는 값 자체가 실제의 데이터가 되는 구조로, 주기억 장치의 참조가 없으므로 속도가 빠르며, 주소부 길이의 제약으로 인해 모든 데이터의 표현이 어려움(메모리 참조 횟수 : 0회)
직접 주소 지정 (Direct Addressing)	• 주소 부분에 있는 값이 실제 데이터가 있는 주기억 장치 내의 주소를 나타냄 • 메모리 참조 횟수 : 1회
간접 주소 지정 (Indirect Addressing)	• 주소 부분으로 지정한 기억 장소의 내용이 실제 데이터가 있는 주소로 사용됨 • 메모리 참조 횟수 : 2회 이상

> ★ 스택(Stack)
> • 삽입과 삭제가 한 쪽 끝에서만 이루어지는 선형 구조
> • 후입선출(LIFO : Last In First Out) 구조로, 나중에 입력된 데이터가 가장 먼저 출력되는 구조
> • 삽입(Push Down) : A → B → C
> • 삭제(Pop Up) : C → B → A
>
> | C |
> |---|
> | B |
> | A |
>
> Stack 구조

2) 계산에 의한 주소 지정 방식

• 데이터가 기억될 위치를 명령어의 주소 부분에 있는 값과 특정 레지스터에 기억된 값을 더해서 지정하는 방식이다.
• 특정 레지스터 종류 : 프로그램 카운터(PC), 인덱스(Index) 레지스터, 베이스(Base) 레지스터 등이 있다.

상대 주소 지정 (Relative Addressing)	프로그램 카운터(PC)와 주소 부분의 값을 더해서 주소를 지정하는 방식
인덱스 주소 지정 (Indexed Addressing)	인덱스 레지스터 주소 부분의 값을 더해서 주소를 지정하는 방식
베이스 주소 지정 (Base Addressing)	베이스 레지스터 값과 주소 부분의 값을 더해서 주소를 지정하는 방식

> 명령어의 길이(짧은 순 → 긴 순)
> 즉시 주소 → 직접 주소 → 간접 주소
>
> 처리 속도(느린 순 → 빠른 순)
> 간접 주소 → 직접 주소 → 즉시 주소

3) 실제 기억 장소와 연관성이 있는 주소 지정 방식

절대 번지 (Absolute Address)	• 기억 장치 고유의 번지로서 0, 1, 2, 3과 같이 16진수로 약속하여 순서대로 정해 놓은 번지 • 기억 장소를 직접 숫자로 지정하는 주소로, 기계어 정보가 기억되어 있는 곳 • 장점 : 이해하기 쉽고 간편함 • 단점 : 기억 공간의 효율성이 떨어짐(실제 기억 장치의 크기가 커질 때)
상대 번지 (Relative Address)	• 별도로 지정된 번지를 기준으로 하여 상대적으로 나타내는 번지 • 상대 번지를 기준 번지에 더하면 해당 위치의 절대 번지를 구할 수 있음 • 장점 : 주소 지정이 용이하므로 기억 공간의 효율이 좋음 • 단점 : 자료 접근에 따른 계산 과정으로 절차가 복잡함

> 🎯 개념 체크
>
> 1 간접 주소 지정은 메모리 참조 횟수가 2회 이상이다. (O, ×)
>
> 2 직접 주소 지정 방식은 명령어 주소 부분에 있는 값이 실제 데이터가 있는 주기억 장치 내의 주소를 나타낸다. (O, ×)
>
> 3 직접 주소 지정 방식은 메모리 참조 횟수가 2회 이상이다. (O, ×)
>
>

이론을 확인하는 기출문제

01 다음 중 컴퓨터에서 사용하는 자료의 외부적 표현 방식에 관한 설명으로 옳은 것은?

① ASCII는 데이터 통신용이나 개인용 컴퓨터에서 사용하며, 128가지의 문자를 표현할 수 있다.
② BCD는 8비트로 구성되어 있으며, 하나의 문자를 표현할 수 있다.
③ EBCDIC는 대형 컴퓨터에서 사용되는 범용코드이며, 6비트로 구성되어 있다.
④ Unicode는 국제 표준 코드로 최대 256가지의 문자 표현이 가능하다.

> ASCII 코드(미국 표준 코드) : Zone은 3비트, Digit는 4비트로 구성됨, 7비트로 128가지의 표현이 가능함, 일반 PC용 컴퓨터 및 데이터 통신용 코드, 대소문자 구별이 가능함
>
> **오답 피하기**
> - BCD 코드(2진화 10진 코드) : Zone은 2비트, Digit는 4비트로 구성됨, 6비트로 64가지의 문자 표현이 가능함, 영문자의 대소문자를 구별하지 못함
> - EBCDIC 코드(확장 2진화 10진 코드) : Zone은 4비트, Digit는 4비트로 구성됨, 8비트로 256가지의 표현이 가능함, 확장된 BCD 코드로 대형 컴퓨터에서 사용되는 범용 코드
> - 유니코드(Unicode) : 2바이트 코드로 세계 각 나라의 언어를 표현할 수 있는 국제 표준 코드, 한글의 경우 조합, 완성, 옛 글자 모두 표현 가능함. 16비트이므로 65,536자까지 표현 가능함

02 다음 내용이 설명하는 정보 처리 방식으로 옳은 것은?

> 하나의 컴퓨터에 여러 개의 중앙 처리 장치(CPU)를 설치하여 주기억 장치나 주변 장치들을 공유하여 신뢰성과 연산 능력을 향상시키는 시스템

① 분산 처리 시스템
② 시분할 시스템
③ 다중 처리 시스템
④ 다중 프로그래밍 시스템

> 다중 처리 시스템(Multi-Processing System) : 두 개 이상의 CPU로 동시에 여러 개의 프로그램을 처리하는 기법
>
> **오답 피하기**
> - 분산 처리 시스템 : 각 지역별로 발생된 자료를 분산 처리하는 방식으로 시스템의 과부하를 방지할 수 있으며 시스템의 안전성, 유연성, 신뢰성, 확장성 등에서 유리함, 클라이언트/서버(Client/Server) 시스템 등이 있음
> - 시분할 시스템 : CPU의 빠른 처리 속도를 이용하여 하나의 컴퓨터에서 여러 사용자의 작업을 다중으로 처리하는 방식
> - 다중 프로그래밍 시스템 : 여러 개의 프로그램들을 동시에 처리하는 방식으로, CPU가 입출력 시간을 이용하여 여러 프로그램들을 순환 수행

03 다음 중 컴퓨터에서 사용하는 데이터의 논리적 구성 단위를 작은 것에서 큰 것 순으로 바르게 나열한 것은?

① 비트 – 바이트 – 워드 – 필드
② 워드 – 필드 – 바이트 – 레코드
③ 워드 – 필드 – 파일 – 레코드
④ 필드 – 레코드 – 파일 – 데이터베이스

> 데이터의 논리적 구성 단위 : 필드 – 레코드 – 파일 – 데이터베이스

04 다음 중 전송 오류 검출 방식이 아닌 것은?

① CRC(순환 중복 검사) 방식
② 패리티 검사 방식
③ 정마크 부호 방식
④ CSMA/CD(매체 접근 제어) 방식

> CSMA/CD(반송파 감지 다중 접근/충돌 검사) 방식 : LAN의 접근 방식으로 한 회선을 여러 사용자가 사용할 때 이용하는 방식
>
> **오답 피하기**
> 전송 오류 검출 방식은 패리티 비트, 정마크 부호 방식, 해밍 코드, 블록합 검사, CRC 등이 있음

05 다음 중 컴퓨터 통신과 관련하여 P2P 방식에 관한 설명으로 옳은 것은?

① 인터넷에서 이루어지는 개인 대 개인의 파일 공유를 위한 기술이다.
② 인터넷을 통해 MP3를 제공해 주는 기술 및 서비스이다.
③ 인터넷을 통해 동영상을 상영해 주는 기술 및 서비스이다.
④ 여러 사용자가 동시에 온라인 게임을 할 수 있도록 제공해 주는 기술이다.

> P2P(Peer To Peer) : 인터넷상에서 개인끼리 파일을 공유하는 기술이나 행위로, 컴퓨터와 컴퓨터가 동등하게 연결되는 방식

정답 01 ① 02 ③ 03 ④ 04 ④ 05 ①

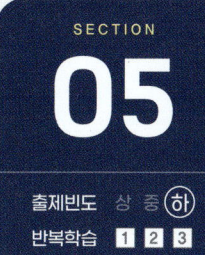

SECTION 05 수의 표현 및 연산

빈출 태그 진법 변환 • 1, 2의 보수 • 이항 연산

01 진수 표현 20년 7월

- 2진수 : 숫자 0과 1로 구성된 수
- 8진수 : 숫자 0~7 사이의 숫자로 구성된 수
- 10진수 : 숫자 0~9까지의 숫자로 구성된 수
- 16진수 : 숫자 0~15사이의 숫자로 구성된 수(숫자 10~15의 수는 A~F로 표현)

▶ 진수별 숫자 1자리 표현을 위한 최대 비트 수

2진수 1자리 표현	1비트(0 또는 1이므로 1비트가 필요함)
8진수 1자리 표현	3비트(최댓값 7을 2진수로 변환하면 1110이므로 3비트가 필요함)
10진수 1자리 표현	4비트(0~9 중에 최댓값 9를 2진수로 변환하면 1001이므로 4비트가 필요함)
16진수 1자리 표현	4비트(최댓값 15를 2진수로 변환하면 1111이므로 4비트가 필요함)

> **암기 TIP**
> 16진수 10은 A
> 용돈으로 10원 주면 에이(A), 10원으로 뭘해!!!

> **기적의 TIP**
> 진법 간의 변환은 자주 출제되는 내용입니다. 각 진법의 특성 및 변환에 대해 정확히 알아 두세요.

02 진법 변환 22년 상시, 20년 7월

1) 10진수에서 다른 진수(2, 8, 16진수)로 변환 05년 7월, 03년 7월

- 10진수를 변환하고자 하는 각 진수로 몫이 안 나눠질 때까지 나누어서 몫부터 나머지를 역순으로 취한다.

    예 $(17)_{10} = (10001)_2 = (21)_8 = (11)_{16}$

    ```
    2) 17
    2)  8 … 1
    2)  4 … 0
    2)  2 … 0
        1 … 0
    (10001)₂
    ```
    ```
    8) 17
        2 … 1
    (21)₈
    ```
    ```
    16) 17
         1 … 1
    (11)₁₆
    ```

▲ 8진수
전구 3개로 0~7까지 표현

▲ 16진수
전구 4개로 0~15까지 표현

- 소수점 앞에 있는 수는 나누어서 역순으로, 소수점 뒤에 있는 수는 곱해서 정수 부분만 취해서 계산한다.

    예 $(0.1875)_{10} = (0.14)_8$ 예 $(10.375)_{10} = (1010.011)_2$

    ```
      0.1875        0.5
    ×     8   →   ×   8
      1.5000        4.0
    ```

    ⟨소수점 이상⟩
    ```
    2) 10
    2)  5 … 0
    2)  2 … 1
        1 … 0
    ```

    ⟨소수점 이하⟩
    ```
      0.375        0.75        0.5
    ×    2   →   ×   2   →   ×   2
      0.750        1.50        1.0
    ```

2) 다른 진수(2, 8, 16진수)에서 10진수로 변환

① 정수 변환

$(10001)_2 = 1 \times 2^4 + 0 \times 2^3 + 0 \times 2^2 + 0 \times 2^1 + 1 \times 2^0 = (17)_{10}$

$(21)_8 = 2 \times 8^1 + 1 \times 8^0 = (17)_{10}$

$(11)_{16} = 1 \times 16^1 + 1 \times 16^0 = (17)_{10}$

② 실수 변환

$(101.11)_2 = 1 \times 2^2 + 0 \times 2^1 + 1 \times 2^0 + 1 \times 2^{-1} + 1 \times 2^{-2} = (5.75)_{10}$

$(12.5)_8 = 1 \times 8^1 + 2 \times 8^0 + 5 \times 8^{-1} = (10.625)_{10}$

3) 다른 진수에서 다른 진수로 변환

- 2진수가 기준이 된다.
- 8진수 1개 : 3Bit 이므로 2진수를 소수 이상은 오른쪽부터, 소수 이하는 왼쪽부터 3자리씩 묶어서 표현하며, 각 자리의 가중치는 421이다.
- 16진수 1개 : 4Bit이므로 2진수를 소수 이상은 오른쪽부터, 소수 이하는 왼쪽부터 4자리씩 묶어서 표현하며, 각 자리의 가중치는 8421이다.

> **암기 TIP**
> 38광땡
> 3자리씩 구분하는건 8진수입니다.

예 2진수 1001011.11011을 8진수로 변환

001	001	011	.	110	110
1	1	3	.	6	6

예 2진수 1001011.11011을 16진수로 변환

0100	1011	.	1101	1000
4	B	.	D	8

예 16진수 256.AC를 2진수로 변환

2	5	6	.	A	C
0010	0101	0110	.	1010	1100

예 8진수 113.66을 2진수로 변환

1	1	3	.	6	6
001	001	011	.	110	110

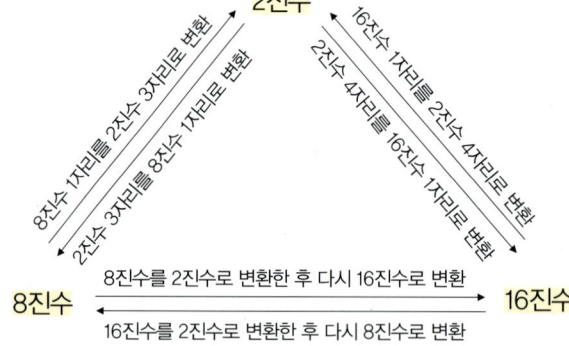

03 보수(Complement) 17년 9월, 10년 10월

보수는 컴퓨터에서 보수를 취하고 가산하여 감산의 결과를 얻기 위해 사용한다.

1의 보수	방법	입력값의 반전된 값(0 → 1, 1 → 0)
	예	A=(100110)$_2$의 1의 보수 $\overline{A}$=(011001)$_2$
2의 보수	방법	1의 보수+1
	예	A=(100110)$_2$의 2의 보수 먼저, 1의 보수를 구하면, $\overline{A}$=(011001)$_2$ ∴ $\overline{A}$+1=(011010)$_2$

> **기적의 TIP**
> 2의 보수는 뒷자리부터 시작해서 최초의 1이 나타날 때까지는 그대로, 나머지는 반전(보수)시키는 방법으로 구할 수도 있습니다.

보수를 사용하는 이유
- 보수를 사용하지 않으면 가산기 이외에 감산기를 따로 두어야 하는데 보수를 사용하면 감산 과정을 가산으로 계산할 수 있기 때문임
- 컴퓨터 내에서의 감산(뺄셈)의 원리는 보수의 가산임

04 연산

1) 입력되는 수에 따른 연산의 구분

단항 연산 (Unary)	• 하나의 입력에 하나의 출력이 있는 연산 • 종류 : Shift, Rotate, Move, 논리 부정(Not)
이항 연산 (Binary)	• 두 개의 입력에 하나의 출력이 있는 연산 • 종류 : AND, OR, 사칙 연산(+, −, *, /) 등

> **암기 TIP**
> 이항 연산
> 이(2)항 연산은 입력이 2(이)개

2) 자료 성격에 따른 연산의 구분

수치적 연산	• 수치적 연산에 사용되는 연산 • 종류 : 사칙 연산, 산술적 Shift 등
비수치적 연산	• 논리적 연산에 사용되는 연산 • 종류 : Shift, Rotate, Move, AND, OR, NOT 등

이론을 확인하는 기출문제

01 10진수 (47)$_{10}$을 16진수로 올바르게 표현한 것은?

① (2F)$_{16}$
② (F2)$_{16}$
③ (A1)$_{16}$
④ (1A)$_{16}$

> 10진수 47를 16으로 몫이 안나눠질 때까지 나누어서 몫부터 나머지의 역순을 취하면 2F가 됨
> 16)47
>   2 ⋯ 15(F)

02 10진수 1,024(=2^{10})를 이진수로 올바르게 표현한 것은?

① 10000000000
② 1111111111
③ 11111111111
④ 1000000000

> 1×2^{10}+0×2^9+0×2^8+0×2^7+0×2^6+0×2^5+0×2^4+0×2^3+0×2^2+0×2^1+0×2^0=1,024

정답 01 ① 02 ①

SECTION 06 중앙 처리 장치

빈출 태그 프로그램 카운터(PC) • 누산기(ACC) • 명령 레지스터(IR) • 번지 레지스터(MAR) • 기억 레지스터(MBR) • CISC • RISC

01 중앙 처리 장치의 개념 13년 10월

- 중앙 처리 장치(CPU : Central Processing Unit)는 명령어의 해석과 자료의 연산, 비교 등의 처리를 제어하는 컴퓨터 시스템의 핵심적인 장치이다.
- 다양한 입력 장치로부터 자료를 받아서 처리한 후 그 결과를 출력 장치로 보내는 일련의 과정을 제어하고 조정하는 일을 수행한다.

▶ 중앙 처리 장치(CPU)의 성능 평가 단위

MIPS(Million Instructions Per Second)	1초 동안 처리할 수 있는 명령의 개수를 100만 단위로 표시함
FLOPS(FLoating-point Operations Per Second)	1초 동안 처리할 수 있는 부동 소수점 연산의 횟수를 표시함
클럭(Clock)★	1초 동안 발생하는 클럭 펄스의 주파수를 표시함
메가헤르츠(MHz)	중앙 처리 장치가 동작하는 클럭 속도의 단위로, 전기적 주파수의 단위를 표시함

02 중앙 처리 장치의 구성

제어 장치	레지스터 사이의 데이터 전송을 감시하고 ALU의 동작을 지시하는 장치
연산 장치	명령어를 실행하기 위한 마이크로 연산을 수행하는 장치
레지스터	프로그램을 실행하는 데 필요한 명령어나 데이터를 임시로 보관하는 기억 장소

기적의 TIP
제어 장치와 연산 장치의 종류와 특징에 대해 출제되므로 반드시 공부해 두세요.

CPU 성능 영향 요인
클럭 주파수, 캐시 메모리, 워드(명령어)의 크기

★ 클럭(Clock)
- CPU의 처리 속도를 나타내는 단위로, 1초를 기준으로 어느 정도의 계산을 처리하였느냐를 'Hz(헤르츠)'라는 단위로 표시함
- 초당 반복되는 주파수를 의미하며 데이터 처리를 위한 신호로 사용함
- 하나의 클럭에 처리할 수 있는 명령어의 수가 많을수록, 작동하는 클럭 주파수가 높을수록 CPU의 성능은 좋음

MTBF(Mean Time Between Failure)
평균 고장 간격 시간으로, 고장 시점부터 다음 고장까지의 동작한 시간의 평균

MTTR(Mean Time To Repair)
평균 수리 시간으로, 수리하는데 걸린 평균 시간

GPU(Graphics Processing Unit)
- 컴퓨터 그래픽을 처리하는 장치로 CPU보다 비싸며 수천 개의 코어가 동시에 작업하는 병렬 처리 방식임
- 영상 편집이나 게임 등의 멀티미디어 작업에서부터 인공지능(AI)의 핵심 부품으로 각광을 받고 있음

1) 제어 장치(CU : Control Unit) 25년 상시, 23년 상시, 20년 2월/7월, 17년 3월, 13년 10월, 12년 3월, 11년 3월, …

- 전체 컴퓨터 시스템의 작동을 통제·지시하는 장치로, 적절한 순서로 명령을 꺼내고, 각 명령을 해석하여 그 해석에 따라서 산술 논리 연산 장치나 기타의 부분으로 적절한 신호를 보내는 장치이다.
- 기억 장치에 축적되어 있는 일련의 프로그램 명령을 순차적으로 꺼내 이것을 분석·해독하여 각 장치에 필요한 지령 신호를 주고, 장치 간의 정보 조작을 제어하는 역할을 수행한다.

구성 장치	기능
프로그램 카운터(Program Counter) =명령 계수기(프로그램 계수기)	다음에 수행할 명령어의 번지(주소)를 기억하는 레지스터
명령 해독기(Instruction Decoder)	수행해야 할 명령어를 해석하여 부호기로 전달하는 회로
번지 해독기(Address Decoder)	명령 레지스터로부터 보내온 번지(주소)를 해석하는 회로
부호기(Encoder)	명령 해독기에서 전송된 명령어를 제어에 필요한 신호로 변환하는 회로
명령 레지스터 (IR : Instruction Register)	현재 수행 중인 명령어를 기억하는 레지스터
번지 레지스터 (MAR : Memory Address Register)	주소를 기억하는 레지스터
기억 레지스터 (MBR : Memory Buffer Register)	내용(자료)을 기억하는 레지스터

> **암기 TIP**
> **명령 계수기(PC)**
> 다음에는 어디 갈거야? PC방
> PC는 다음에 수행할 명령어의 번지를 기억합니다.

> **기적의 TIP**
> 레지스터의 종류별 기능이 자주 출제됩니다. 꼭 암기해 두세요.

2) 연산 장치(ALU : Arithmetic and Logical Unit) 25년 상시, 23년 상시, 22년 상시, 18년 9월, 13년 3월, …

연산에 필요한 자료를 입력받아 산술, 논리, 관계, 이동(Shift) 연산 등 다양한 실제적 연산을 수행하는 장치이다.

구성 장치	기능
가산기(Adder)	2진수 덧셈을 수행하는 회로
보수기(Complementor)	뺄셈을 수행하기 위하여 입력된 값을 보수로 변환하는 회로
누산기(ACCumulator)	중간 연산 결과를 일시적으로 기억하는 레지스터
데이터 레지스터(Data Register)	연산에 사용될 데이터를 기억하는 레지스터
프로그램 상태 워드 (PSW : Program Status Word)	명령어 실행 중에 발생하는 CPU의 상태 정보를 저장하는 상태 레지스터(Status Register)
인덱스 레지스터(Index Register)	유효 번지를 상대적으로 계산할 때 사용하는 레지스터
베이스 레지스터(Base Ragister)	유효 번지를 절대적으로 계산할 때 사용하는 레지스터

> **기적의 TIP**
> **제어 장치와 연산 장치**
> CPU 내부에서 시스템을 '제어'하느냐, '연산'하느냐에 따라서 구분됩니다.

> **기계 사이클(Machine Cycle)**
> CPU가 하나의 명령을 기억 장치로부터 인출하거나 실행하는 데 걸리는 시간으로, 인출 사이클과 실행 사이클로 이루어짐(호출 – 해독 – 실행 – 저장)

3) 레지스터(Register) 25년 상시, 22년 상시, 19년 8월, 16년 10월, 12년 3월, 09년 10월, 08년 5월, 05년 5월/7월, …
  기록, 명부

- 중앙 처리 장치(CPU)에서 명령이나 연산 결과값을 일시적으로 저장하는 임시 기억 장소이다.
- 레지스터의 크기는 한 번에 처리 가능한 데이터의 크기로 워드(Word) 크기 및 메모리 용량과 관계가 있다.
- 레지스터는 기본 소자인 플립플롭(Flip-Flop)★이나 플립플롭의 기본 구성 요소인 래치(Latch)★를 직렬이나 병렬로 연결한 구조이다.
- 메모리 중에서 레지스터가 가장 속도가 빠르다(레지스터 → 캐시 메모리 → 주기억 장치 → 보조 기억 장치).

★ 플립플롭(Flip-Flop)
- 레지스터를 구성하는 기본 소자로 1비트(0또는 1)의 정보를 기억할 수 있는 최소의 기억 소자
- 플립플롭의 종류 : RS 플립플롭, JK 플립플롭, T 플립플롭, D 플립플롭, 주/종 플립플롭 등

★ 래치(Latch)
플립플롭의 기본 구성 요소로 한 비트의 정보를 상태가 바뀌기 전까지 계속 유지하는 회로

03 마이크로프로세서(Microprocessor) 18년 9월, 16년 10월

- 제어 장치(CU)와 연산 장치(ALU)가 하나로 통합된 집적 회로이다.
- 몇 개의 트랜지스터를 집적시켰느냐에 따라 기본적인 처리 속도가 결정된다.
- 마이크로프로세서를 제조하는 업체는 인텔(Intel), AMD, 사이릭스(Cyrix) 등이 있다.
- 설계 방식에 따라 CISC 방식과 RISC 방식으로 구분된다.
- 전류가 흐르고 흐르지 않는 On/Off의 주기적 반복 상태인 클럭 주파수(Clock Frequency)와 내부 버스의 비트수에 의해 성능이 달라진다.
- 모바일 스마트 기기나 웨어러블(Wearable) 디바이스, 임베디드 시스템, 개인용 컴퓨터(PC), 소형(Mini) 컴퓨터, 대형(Main Frame) 컴퓨터, 슈퍼(Super) 컴퓨터 등 여러 분야에서 다양하게 응용되고 있다.

1) 마이크로프로세서의 역사 06년 9월

종류	특징
8086	최초의 마이크로프로세서, 내부 처리 : 16Bit, 외부 처리 : 16Bit
8088(XT)	내부 처리 : 16Bit, 외부 처리 : 8Bit
80286(AT)	내부 처리 : 16Bit, 외부 처리 : 16Bit
80386DX	최초의 32Bit 처리 프로세서, 내부 처리 : 32Bit, 외부 처리 : 32Bit
80386SX	내부 처리 : 32Bit, 외부 처리 : 16Bit
80486DX	수치 보조 프로세서 장착, 내부 처리 : 32Bit, 외부 처리 : 32Bit
80486SX	수치 보조 프로세서 미장착, 내부 처리 : 32Bit, 외부 처리 : 32Bit
펜티엄	파이프라이닝, 향상된 부동 소수점 연산, 내부 처리 : 32Bit, 외부 처리 : 64Bit
펜티엄프로	32Bit 운영체제로 서버나 워크스테이션 같은 고성능 컴퓨터에 적합한 프로세서
펜티엄MMX	57개의 멀티미디어 처리 명령으로 빠른 멀티미디어 데이터 처리가 가능함
펜티엄II	슬롯 방식으로, 512KB의 L2 캐시를 내장하여 처리 성능을 높인 CPU
셀러론	펜티엄II에서 L2 캐시를 떼어낸 저가형의 보급형 CPU
펜티엄III	스트리밍 SIMD(단일 명령, 다중 데이터)의 확장인 SSE 명령으로 3D 그래픽과 미디어 처리 속도가 빨라짐
펜티엄4	슈퍼 파이프라인 구조와 높은 클럭, 64Bit의 부동 소수점 계산까지 가능함

> 암기 TIP
> 내부 = 외부 = 32비트는 같은 3으로 시작하는 386부터랍니다.

2) 마이크로프로세서의 설계 방식에 따른 구분 23년 상시, 14년 6월, 13년 10월, 09년 4월, 08년 2월/8월, …

① CISC(Complex Instruction Set Computer) _{복잡한}
- 많은 종류의 명령어와 주소 지정 모드가 지원된다.
- 명령어의 길이가 가변적이고 주소 지정 방식이 다양하다.
- 많은 명령어로 프로그램 구현이 수월하나 처리 속도는 느리다.
- 80286, 80386, 80486, Pentium CPU에 사용된 설계 방식이다.

② RISC(Reduced Instruction Set Computer) _{축소된}
- 적은 종류의 명령어와 주소 지정 모드가 지원된다.
- 적은 명령어로 프로그램 구현이 어려우나 처리 속도는 빠르다.
- 복잡한 연산을 수행하기 위해 명령어들이 반복, 조합되어야 하므로 레지스터의 수가 많다.
- 명령어의 길이가 고정적이고 주소 지정 방식이 최소화된다.
- 성능이 좋은 그래픽용이나 워크스테이션에서 주로 사용된다.
- 최근 들어 CISC 계열의 CPU가 RISC의 장점을 흡수하면서 구별이 줄어들고 있다.

> **암기 TIP**
> woRkstation = Risc 같은 RR

구분	CISC	RISC
목적	1개의 명령어로 최대의 동작	시간의 최소화
명령어 수	많음	적음
주소 지정	복잡	간단
레지스터	적음	많음
처리 속도	느림	빠름
전력 소모	많음	적음
생산 가격	고가	저가
프로그래밍	간단	복잡함
용도	일반 PC	서버, 워크스테이션

> **기적의 TIP**
> CISC와 RISC의 각 특징과 차이점은 자주 출제되는 문제이므로 비교해가며 정확히 공부하세요.

04 버스(Bus) 24년 상시, 18년 3월, 13년 6월, 09년 4월

컴퓨터 내에서 중앙 처리 장치(CPU)와 주기억 장치, 입출력 장치 간에 정보를 전송하는 데 사용되는 전기적 공통 선로이다. 사용되는 용도에 따라 내부, 외부(시스템), 확장 버스로 분류된다.

내부 버스	CPU 내부에 있는 레지스터와 레지스터 간에 데이터를 전송할 때 사용되는 통로
외부 버스(시스템 버스)	CPU 외부에 있는 주변 장치와 데이터를 전송할 때 사용되는 통로로 시스템 버스라고도 하며 전달하는 신호의 형태에 따라 데이터 버스, 주소 버스, 제어 버스로 나누어짐
확장 버스(확장 슬롯)	슬롯(Slot)에 장치를 장착하여 확장된 기능을 사용하므로 확장 슬롯이라고도 하며 LAN 카드나 MODEM(모뎀), 그래픽 카드 등을 연결할 때 사용함

> **개념 체크**
> 1. CISC는 명령어의 길이가 고정적이다. (o, ×)
> 2. RISC는 적은 명령어로 프로그램 구현이 어렵지만 처리 속도가 빠르다. (o, ×)
> 3. RISC는 명령어 실행을 위해 레지스터의 수가 많이 필요하다. (o, ×)
> 4. RISC는 (   )이나 (   ) 분야에서 주로 사용된다.
> 5. (   )에서 명령어의 종류와 주소 지정 모드가 많이 지원된다.
> 6. (   )에서 명령어의 길이가 고정적이고 주소 지정 방식이 최소화된다.
>
> 1 × 2 o 3 o
> 4 그래픽용, 워크스테이션
> 5 CISC 6 RISC

▶ 외부(시스템) 버스의 종류

데이터 버스(Data Bus)	중앙 처리 장치(CPU)에서 메모리나 입출력 기기에 데이터를 송출하거나 반대로 메모리나 입출력 기기에서 CPU에 데이터를 읽어 들일 때 필요한 전송로
주소 버스(Address Bus)	• 중앙 처리 장치(CPU)가 메모리나 입출력 기기의 주소를 지정할 때 사용되는 전송로 • CPU에서만 주소를 지정할 수 있기 때문에 단방향 버스라고 함
제어 버스(Control Bus)	• 주소 신호 버스, 데이터 신호 버스와 함께 컴퓨터 신호 버스의 3요소 중 하나임 • 중앙 처리 장치(CPU)가 기억 장치나 입출력 장치와 데이터 전송을 할 때 또는 자신의 상태를 다른 장치들에 알리기 위해 사용하는 신호를 전달함

> **암기 TIP**
> 외부(시스템) 버스의 종류
> 오늘이야 어제야..어제데(어드레스, 제어, 데이터버스)

▶ 버스의 설계 방식에 따른 구분 03년 5월

ISA	한 번에 16비트 이동이 가능하며 병목 현상이 발생함
EISA	ISA 개선하여 한 번에 32비트 이동이 가능함
VESA	한 번에 32비트 이동이 가능하며 병목 현상을 개선함
PCI	최대 64비트 이동 가능함
AGP	디지털 영상 데이터를 출력하고 편집하는 데 이용되는 차세대 버스 규격

이론을 확인하는 기출문제

01 다음 중 레지스터(Register)에 대한 설명 중 옳지 않은 것은?

① CPU 내부에서 처리할 명령어나 연산 결과값을 일시적으로 저장하는 기억 장치이다.
② 레지스터의 크기는 컴퓨터가 한 번에 처리할 수 있는 데이터의 크기를 나타낸다.
③ 펌웨어(Firmware)를 저장하는 비휘발성 메모리로 액세스 속도가 가장 빠른 기억 장치이다.
④ 구조는 플립플롭(Flip-Flop)이나 래치(Latch)를 직렬 또는 병렬로 연결한다.

펌웨어(Firmware)는 비휘발성 메모리인 ROM에 저장됨

02 다음 중 컴퓨터의 제어 장치에 있는 레지스터에 관한 설명으로 옳지 않은 것은?

① 다음 번에 실행할 명령어의 번지를 기억하는 프로그램 계수기(PC)가 있다.
② 현재 실행 중인 명령어를 기억하는 명령 레지스터(IR)가 있다.
③ 명령 레지스터에 있는 명령이를 해독하는 명령 해독기(Decoder)가 있다.
④ 해독된 데이터의 음수 부호를 검사하는 부호기(Encoder)가 있다.

부호기(Encoder) : 명령 해독기에서 전송된 명령어를 제어에 필요한 신호로 변환하는 회로

정답 01 ③ 02 ④

03 다음 중 컴퓨터의 클럭 주파수에 대한 설명으로 옳지 않은 것은?

① 컴퓨터는 전류가 흐르는 상태(ON)와 흐르지 않는 상태(OFF)가 반복되어 작동하는데, 이 전류의 흐름을 클럭 주파수라 한다.
② CPU는 클럭 주기에 따라 명령을 수행하며 클럭 주파수가 적을수록 연산 속도가 빠르다고 할 수 있다.
③ PC의 클럭 속도 단위는 보통 GHz를 사용하는데 1GHz는 1,000,000,000Hz를 의미하며, 1Hz는 1초 동안 1번의 주기가 반복되는 것을 의미한다.
④ 컴퓨터의 메인 보드에 공급되는 클럭은 CPU의 속도에 맞추어 적절하게 적용되어야 컴퓨터가 안정적으로 구동된다.

하나의 클럭에 처리할 수 있는 명령어의 수가 많을수록, 작동하는 클럭 주파수가 높을수록 연산 속도가 빠름

04 다음 중 컴퓨터 메인보드의 버스(Bus)에 관한 설명으로 옳지 않은 것은?

① 컴퓨터에서 데이터를 주고받는 통로로 사용 용도에 따라 내부 버스, 외부 버스, 확장 버스로 구분된다.
② 내부 버스는 CPU와 주변 장치 간의 데이터 전송에 사용되는 통로이다.
③ 외부 버스는 전달하는 신호의 형태에 따라 데이터 버스, 주소 버스, 제어 버스로 구분된다.
④ 확장 버스는 메인보드에서 지원하는 기능 외에 다른 기능을 지원하는 장치를 연결하는 부분으로 끼울 수 있는 형태이기에 확장 슬롯이라고도 한다.

외부 버스 : CPU와 주변 장치 간의 데이터 전송에 사용되는 통로

오답 피하기
내부 버스 : CPU 내부에 있는 레지스터와 레지스터 간에 데이터를 전송할 때 사용되는 통로

05 다음 중 RISC 마이크로프로세서에 대한 설명으로 틀린 것은?

① 명령의 대부분은 1머신 사이클에 실행되고, 명령 길이는 고정이며, 명령 세트는 단순한 것으로 구성된다.
② 어드레싱 모드가 적으며, 마이크로프로그램에 의한 제어를 줄이고, 와이어드 로직을 많이 이용한다.
③ 어셈블러 코드를 읽기 어려울 뿐만 아니라 파이프라인을 효과적으로 사용하기 위해서 일부 어셈블러 코드를 시계열로 나열하지 않은 부분이 존재한다.
④ 레지스터 수가 적으며 마이크로 프로그램을 저장하는 칩의 공간에 레지스터를 배치한다.

RISC(Reduced Instruction Set Computer) 마이크로프로세서는 제공되는 명령어 수가 적어서 프로그래밍이 어려우나, 레지스터의 수가 많아서 처리 속도가 빠름

06 컴퓨터가 현재 실행하고 있는 명령을 끝낸 후 다음에 실행할 명령의 주소를 기억하고 있는 레지스터는?

① 명령 레지스터(Instruction Register)
② 명령 계수기(Program Counter)
③ 부호기(Encoder)
④ 명령 해독기(Instruction Decoder)

오답 피하기
• 명령 레지스터(Instruction Register) : 현재 수행 중인 명령어를 보관
• 부호기(Encoder) : 명령 해독기에서 전송된 명령어를 제어에 필요한 신호로 변환하는 회로
• 명령 해독기(Instruction Decoder) : 수행해야 할 명령어를 해석하여 부호기로 전달하는 회로

SECTION 07 기억 장치

출제빈도 상 중 하
반복학습 1 2 3

빈출 태그 ROM • RAM • IBG • IRG • 블록화 인수 • 실린더 • RAID • 캐시 메모리 • 플래시 메모리

합격 강의

01 기억 장치의 구성

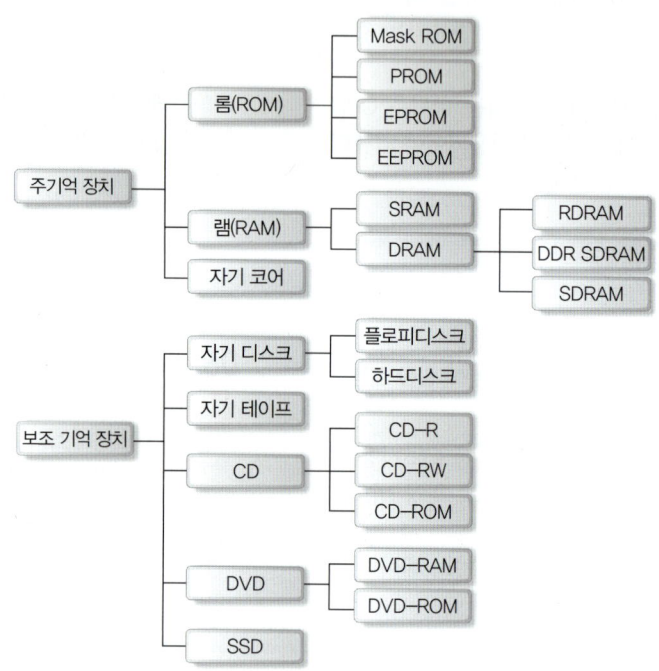

기억 장치 처리 속도(느림 → 빠름)
플로피디스크 → CD-RW → 하드디스크 → RAM

> 🔖 **기적의 TIP**
> RAM은 휘발성, ROM은 비휘발성의 성질이 있습니다. 각 특성 및 종류를 정확히 구분하세요.

★ **펌웨어(Firmware)**
- 비휘발성 메모리인 ROM에 저장된 프로그램으로, 하드웨어의 교체 없이 소프트웨어의 업그레이드만으로 시스템의 성능을 높일 수 있음
- 하드웨어의 동작을 지시하는 소프트웨어이지만 하드웨어적으로 구성되어 하드웨어의 일부분으로도 볼 수 있음

02 주기억 장치(Main Memory) 17년 3월, 03년 2월
— 두뇌 속에 기억하는 역할을 담당하는 장치

- CPU가 직접 참조하는 고속의 메모리로, 프로그램이 실행될 때 보조 기억 장치로부터 프로그램이나 자료를 이동시켜 실행시킬 수 있는 기억 장소이다.
- 프로그램을 기억하는 프로그램 영역과 입력 자료를 기억하는 영역, 출력 자료를 기억하는 영역, 작업을 실행하여 중간 계산 결과를 기억하는 작업 영역으로 구성된다.

1) ROM(Read Only Memory) 06년 9월, 05년 10월, 04년 5월, 03년 2월/9월
- 한 번 기록한 정보에 대해 오직 읽기만을 허용하도록 설계된 비휘발성 기억 장치이다.
- 수정이 필요 없는 기본 입출력 프로그램이나 글꼴 등의 펌웨어(Firmware)★를 저장하는 데 사용한다.

— 두뇌 속 기억 중 절대 잊으면 안되는 내용을 저장함
— 'Firm'은 '굳은', '단단한'의 의미가 있으며 ROM에 소프트웨어를 단단하게 고정시켜 놓는 것을 의미함

종류	특징
Mask ROM	• 제조회사에서 필요한 자료를 제조 과정에서 미리 기록하여 제공하는 ROM • 사용자의 수정이 불가능함
PROM (Programmable ROM)	사용자가 ROM Writer를 이용하여 한 번에 한해 기록(쓰기)이 가능한 ROM
EPROM (Erasable PROM)	기록된 내용을 자외선을 이용하여 반복해서 여러 번 정보를 기록할 수 있는 ROM
EEPROM (Electrically EPROM)	기록된 내용을 전기를 이용하여(소프트웨어적으로) 반복해서 여러 번 정보를 기록할 수 있는 ROM

▲ ROM

2) RAM(Random Access Memory) 25년 상시, 24년 상시, 23년 상시, 22년 상시, 16년 6월, 15년 3월/10월, …

- 실행 중인 프로그램이나 데이터를 저장하며, 자유롭게 읽고 쓰기가 가능한 주기억 장치이다. — 두뇌 속 기억 중 시간이 흐르면 잊혀지는 내용을 저장함
- 전원이 공급되지 않으면 기억된 내용이 사라지는 휘발성(소멸성) 메모리이다.
- 임의의 위치에 있는 자료를 시간 차이 없이 입출력할 수 있는 메모리이며, 자료가 저장된 위치는 주소(Address)로 구분한다. — 보조 기억 장치로 사용할 수 없는 이유임

종류	특징
SRAM(Static RAM)	• 정적인 램으로, 전원이 공급되는 한 내용이 그대로 유지됨 • 가격이 비싸고, 용량이 적으나 속도가 빨라 캐시(Cache) 메모리 등에 이용됨
DRAM(Dynamic RAM)	• 구조는 단순하지만 가격이 저렴하고 집적도가 높아 PC의 메모리로 이용됨 • 일정 시간이 지나면 전하가 방전되므로 재충전(Refresh) 시간이 필요함

— 일정한 주기마다 전류를 흐르게 하여 정전기를 유지하는 동작

▶ SRAM과 DRAM의 비교

구분	SRAM	DRAM
용도	캐시 메모리	PC의 주기억 장치
구조	복잡	단순
가격	비쌈	저렴
소비 전력	높음	낮음
재충전 여부	불필요	필요
집적도	낮음	높음
접근 속도	빠름	느림
구성	트랜지스터	콘덴서(축전지)

03 보조 기억 장치(Auxiliary Storage Unit)
— 두꺼운 공책이나 얇은 공책, 메모지 같은 역할을 담당하는 장치

- 주기억 장치의 한정된 기억 용량을 보조하기 위해 사용하는 메모리로, 전원이 차단되어도 기억된 내용이 유지된다.
- 주기억 장치에 비해 속도는 느리지만, 대량의 자료를 영구적으로 저장할 수 있다.
- 자료 접근 방법에 따라 SASD★ 방식과 DASD★ 방식으로 구분된다.

DRAM의 종류
- EDORAM : CPU를 거치지 않고 데이터가 입출력되기 때문에 일반적인 DRAM에 비해 처리 속도가 빠름
- SDRAM : 중앙 처리 장치가 사용하는 주 클럭을 직접 받아서 동작하는 기억 장치

✅ 암기 TIP

D램에서 D처럼 배가 나오면 재충전이 필요합니다.

RAM 덤프(Dump)
- 덤프(Dump) : 프로그램이나 기억 장치의 내용 중 일부 또는 전체를 수정이나 검사의 목적으로 외부로 꺼내는 작업
- RAM 덤프 : RAM 기억 장치 내부의 일부분이나 전체를 외부 장치인 프린터나 디스플레이 장치 등으로 꺼내어 출력시키는 것

▲ RAM

★ SASD
(Sequential Access Storage Device)
순차 접근 방식으로, 데이터를 찾거나 기록할 때 차례에 따라 순차적으로 하는 방식

★ DASD
(Direct Access Storage Device)
직접 접근 방식으로, 데이터가 저장된 위치에 관계없이 임의로 접근이 가능한 방식

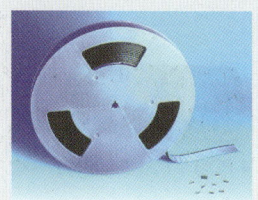
▲ 자기 테이프

블록화 작업의 목적
- 검색 시간(Access Time)이 빠름
- 기억 공간을 많이 확보할 수 있음(기억 공간의 낭비 최소화)

1) 자기 테이프(Magnetic Tape)

- 폴리에스테르 필름에 자성체를 입혀 놓아 그 곳을 자화시켜 데이터 기록 및 읽기가 가능하며, 순차적인 처리만 가능한 대용량의 보조 기억 장치(SASD)이다.
- 가격이 저렴하여 장기간 대용량의 데이터 보관이나 백업(Backup)용으로 사용한다.

▶ 자기 테이프 관련 용어

IRG (Inter Record Gap)	논리 레코드와 논리 레코드 사이에 자료가 기록되지 않은 공백의 영역
IBG (Inter Block Gap)	블록화(Blocking)된 테이프에서 물리 레코드와 물리 레코드 사이에 자료가 기록되지 않은 공백의 영역
블록화 인수 (Blocking Factor)	Block(물리 레코드) 안에 포함된 Record(논리 레코드)의 개수
기록 밀도 단위 BPI(Byte Per Inch)	1인치(2.54cm)에 기록할 수 있는 문자 수를 나타냄(800, 1600, 3200, 6250 BPI 등)

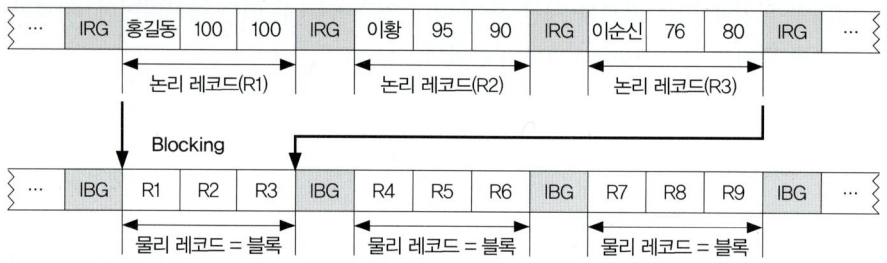
▲ 논리 레코드의 블록화(Blocking)

2) 자기 디스크(Magnetic Disk)

- 레코드판과 같은 형태의 알루미늄과 같은 금속성 표면에 자성 물질을 입혀서 그 위에 데이터를 기록하고, 기록된 데이터를 읽어내는 기억 장치로, 순차적인 처리와 비순차(직접)적인 처리가 가능한 보조 기억 장치(DASD)이다.
- 디스크 구동기, 디스크 제어기, 디스크로 구성되고, 디스크 구동기는 헤드(Head)와 액세스 암(Access Arm)으로 이루어져 있으며, Read/Write Head가 각 디스크 표면마다 설치되어 있다.
- 회전축을 중심으로 자료가 저장되는 동심원을 트랙(Track)이라고 하고, 하나의 트랙을 여러 개로 구분한 것을 섹터(Sector)라고 하며, 동일 위치의 트랙 집합을 실린더(Cylinder)라고 한다.
- 안쪽의 트랙과 바깥쪽의 트랙이 길이는 다르지만 정보량은 같게 되어 있다.
- 실린더, 트랙, 섹터의 번호는 자료를 저장하는 장소, 즉 주소로 이용된다.
- 여러 장의 디스크로 구성된 자기 디스크의 윗면과 밑면은 정보를 기억하지 않는 보호면으로 사용된다.
- 실제 사용면 = 총 디스크 장 수 × 2면 − 윗면 − 밑면
  - 예) 6장의 디스크인 경우 : 6장 × 2면 − 2(가장 윗면 + 밑면) = 10면 사용 가능

개념 체크

1. 자기 테이프는 데이터를 기록하고 읽기 위해 필요한 자화성을 가진 대용량 보조 기억장치이다. (○, ×)
2. 자기 테이프는 비싼 가격 때문에 잘 사용되지 않는다. (○, ×)
3. 자기 테이프는 대용량의 데이터 (   )이나 (   )용으로 사용한다.
4. 자기 디스크는 비순차(직접)적인 처리만 가능한 보조 기억 장치이다. (○, ×)
5. 여러 장의 디스크로 구성된 자기 디스크의 윗면과 밑면은 정보를 기억하는 사용면으로 사용된다. (○, ×)
6. 자기 디스크의 회전축을 중심으로 자료가 저장되는 동심원을 (   )이라고 한다.
7. 6장의 디스크로 구성된 자기 디스크의 총 사용 가능한 면은 몇 개인가?

1 ○   2 ×   3 보관, 백업   4 ×
5 ×   6 트랙(Track)   7 10면

▶ 자기 디스크 관련 용어 07년 7월

트랙(Track)	회전축을 중심으로 구성된 여러 개의 동심원
섹터(Sector)	트랙을 여러 구역으로 나누어 놓은 것
실린더(Cylinder)	동일한 수직선 상의 트랙들의 집합(트랙 수 = 실린더 수)
디스크 팩(Disk Pack)	여러 장의 디스크를 하나의 축에 고정시켜 사용하는 것
탐색 시간(Seek Time)	읽기/쓰기(Read/Write) 헤드가 원하는 데이터가 있는 트랙(실린더)까지 이동하는 데 걸리는 시간
회전 지연 시간(Search Time, Latency Time)	읽기/쓰기(Read/Write) 헤드가 원하는 데이터가 있는 트랙(실린더)을 찾은 후 디스크가 회전하여 원하는 섹터가 헤드에 올 때까지 걸리는 시간
접근 시간(Access Time)	탐색 시간(Seek Time) + 회전 지연 시간(Search Time) + 전송 시간(Transfer Time)

- '부채꼴'의 의미로, 섹터는 부채꼴 모양으로 나누어짐
- 데이터의 전송이 완료될 때까지 소요되는 시간

> **기적의 TIP**
>
> 자기 디스크 관련 용어의 정확한 이해가 필요합니다. 실린더와 트랙의 개수가 같다는 것을 기억해 두세요.

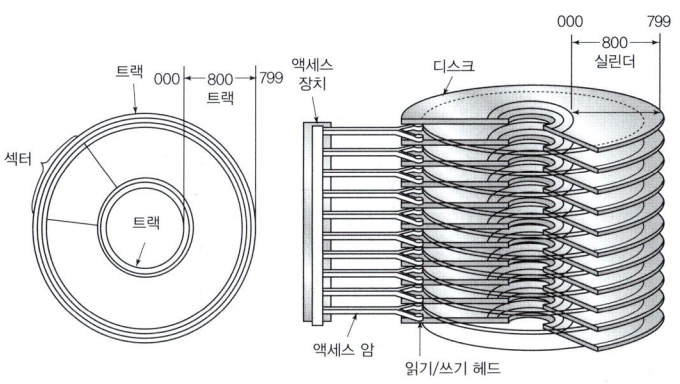

▲ 자기 디스크의 단면과 디스크 팩

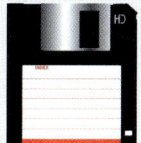

▲ 플로피디스크

3) 플로피디스크(Floppy Disk)

- 얇은 플라스틱 원판에 자성체를 입혀 정보를 기억시키는 장치로, 소규모의 데이터를 저장하는 데 사용하는 외부 기억 매체이다.
- 일반적으로 디스켓은 기록 밀도에 따라 2D · 2HD 등으로 분리하고, 크기에 따라 5.25인치, 3.5인치 등으로 분리하고 있다.
- 플로피디스크 용량 = 기록면 수 × 트랙 수 × 섹터 수 × 섹터 당 바이트 수

4) 하드디스크(Hard Disk) 25년 상시, 16년 10월, 11년 10월, 10년 10월, 04년 10월

- 하드디스크는 디스크 표면을 전자기적으로 변화시켜 대량의 데이터를 저장하고 비교적 빠르게 접근할 수 있는 보조 기억 매체로, 일련의 '디스크'들이 레코드판처럼 겹쳐져 있는 것이다.
- 디스크 위에는 '트랙'이라 불리는 동심원들이 있으며 그 안에 데이터가 전자기적으로 기록되어 있다.
- 하드디스크는 논리적인 영역 확보를 위해 디스크 내부를 분할(파티션, Partition)하여 사용할 수 있다.

파티션 작업 후에 반드시 포맷을 해야 되며, 파티션마다 운영체제를 달리 사용 가능하고, [컴퓨터 관리] 창에서 수행함

▲ 하드디스크

파티션(Partition)
- 하드디스크를 분할하는 기능으로, 포맷을 해야 사용할 수 있음
- 파티션을 나누어 하나 이상의 운영체제를 사용할 수 있으며, 파티션마다 운영체제를 달리 사용할 수 있음
- 운영체제에서는 파티션이 하나의 드라이브로 인식됨
- [제어판]-[관리 도구]-[컴퓨터 관리]-[저장소]-[디스크 관리]에서 파티션 작업을 선택할 수 있음

> **기적의 TIP**
>
> 하드디스크의 연결 방식과 RAID의 저장 방식의 각 특징에 대해 알아 두세요.

> **암기 TIP**
>
> - IDE에서 E(2)가 한 개이므로 주변장치가 2개로 한정된다.
> - EIDE에서는 E(2)+E(2)=4 이므로 주변장치를 4개까지 연결한다.

RAID의 목적
- 전송 속도의 향상
- 안전성 향상
- 데이터 복구 용이

SATA(Serial ATA)
- 직렬 ATA로 하드디스크 또는 광학 드라이브와의 전송을 위해 만들어진 버스의 한 종류임
- SATA 어댑터와 디바이스들은 직렬로 연결이 되고 CRC가 적용되어 속도와 신뢰도 면에서 효율적인 방식
- Master/Slave 설정이 필요 없고 핫 플러그 인 기능이 있으며, 케이블이 얇아서 냉각 효과도 갖추고 있음
- PATA 방식보다 데이터 전송 속도가 빠름

광 디스크의 속도(배속)
1초당 150KB의 데이터를 CD-ROM으로 전송하는 단위
例) 32배속 = 32 × 150KB
= 4,800KB = 4.8MB

▲ DVD 드라이브

① **하드디스크 연결 방식** 24년 상시, 22년 상시, 20년 7월, 17년 3월, 16년 6월, 15년 3월, 14년 3월, 12년 3월, 08년 8월, 07년 10월, …

IDE(Intelligent Drive Electronics)	• 저가에 안정적이지만 연결할 수 있는 주변 장치의 수가 2개로 한정됨 • 용량은 최대 528M까지 사용 가능함
EIDE (Enhanced IDE)	• IDE의 확장판으로, 종전의 단점을 보완하여 주변기기를 4개까지 연결함 • LBA 모드를 지원하기 때문에 8.4GB 용량의 하드디스크의 사용이 가능함
SCSI (Small Computer System Interface)	• 시스템 구분 없이 주변장치를 7개에서 최대 15개까지 연결함 • 빠른 전송 속도로 주변장치의 데이터를 컴퓨터로 전달함 • 별도의 컨트롤러가 필요하며, 컨트롤러 자체에 프로세서가 장치되어 있어 CPU에 무리를 주지 않고 데이터 처리가 가능함
RAID (Redundant Array of Inexpensive Disks)	• 여러 드라이브의 집합을 하나의 저장 장치처럼 취급함 • 장애가 발생했을 때 데이터를 잃어버리지 않게 하며 각각에 대해 독립적으로 동작할 수 있도록 하는 시스템 • 여러 개의 HDD(하드디스크)를 하나의 Virtual Disk로 구성하므로 대용량 저장 장치 구축이 가능함

② **RAID의 저장 방식** 25년 상시

스트리핑(Striping) 방식	분산 저장 방식으로 하나의 자료를 여러 디스크에 분산시키므로 입출력은 빠르나 장애 시 복구가 어려움(RAID 0)
미러링(Mirroring) 방식	거울 저장 방식으로 같은 자료를 2개의 디스크에 동일하게 기록하므로 장애 시 복구가 용이하며 읽는 속도가 빠름(RAID 1)
패리티(Parity) 방식	스트리핑 방식에 패리티 정보를 따라 기록 저장하므로 장애 시 패리티를 사용하여 복구할 수 있으며 가장 많이 사용됨(RAID 5)

5) 광 디스크(Optical Disk) 11년 3월, 07년 10월

- 레이저 빔을 이용하여 데이터를 기록하고 읽어내는 장치이다.
- 하드디스크와 플로피디스크의 장점을 모아 만든 저장 매체이다.
- 플로피디스크와 같이 개별 디스크를 교환할 수 있고 이동이 편리하다.
- 하드디스크처럼 수백 MB의 내용을 저장한다.
- 중요한 데이터를 백업할 때 많이 사용한다.

CD-ROM (Compact Disc Read Only Memory)	• 콤팩트 디스크(CD)에 기록되어 있는 데이터를 읽고 이들 데이터를 컴퓨터로 전송할 수 있도록 설계된 읽기 전용 디스크 드라이브 • 650MB 이상의 데이터를 저장할 수 있는 멀티미디어 저장 매체
CD-R (Compact Disk Recordable)	• 데이터를 한 번 기록할 수 있으며, 많은 양의 데이터를 백업할 때 사용함 • WORM(Write Once Read Memory) CD라고도 함
CD-RW (CD-Rewritable)	• 여러 번에 걸쳐 기록과 삭제를 할 수 있는 CD • 데이터를 담기 위해서는 CD-R/W 드라이브가 필요함
DVD (Digital Versatile Disk)	• 기존의 다른 매체와는 달리 4.7GB의 기본 용량(최대 17GB)을 가짐 • 1배속은 초 당 1,200KB의 전송 속도임

└ 디지털 다기능 디스크

6) SSD(Solid State Drive) '반도체로 만들어진'의 의미가 있음
23년 상시, 22년 상시, 20년 2월, 19년 8월, 16년 10월, 15년 10월, 14년 6월

- 하드디스크를 대체할 무소음, 저전력, 소형화, 경량화, 고효율의 속도를 지원하는 차세대 반도체 보조 기억 장치이다.
- 기억 매체로 플래시 메모리나 DRAM을 사용하나 DRAM은 제품 규격이나 휘발성, 가격 등의 문제로 많이 쓰이지는 않는다.
- HDD보다 외부로부터의 충격에 강하며, 기계적인 디스크가 아닌 반도체 메모리에 데이터를 저장하므로 배드 섹터(Bad Sector)가 생기지 않는다.
- HDD에 비해 저장 용량당 가격 면에서 SSD가 더 비싸다.

▲ SSD

블루레이(Blu-ray) 디스크
CD, DVD와 같은 크기로 짧은 파장을 갖는 레이저를 사용. 트랙의 폭이 가장 좁으며 단층 구조는 25GB, 듀얼 레이어는 50GB까지 저장이 가능하고, 한 장의 블루레이 디스크에는 3층, 4층으로 데이터 기록이 가능하여 100~128GB까지의 용량이 저장 가능함

04 기타 기억 장치

1) 캐시 메모리(Cache Memory)
25년 상시, 24년 상시, 22년 상시, 20년 7월, 17년 9월, 16년 6월, 14년 3월/10월, 13년 6월…
— 은닉 장소

- 휘발성 메모리로, 속도가 빠른 CPU와 상대적으로 속도가 느린 주기억 장치 사이에 있는 고속의 버퍼 메모리이다.
- 자주 참조되는 데이터나 프로그램을 메모리에 저장한다.
- 컴퓨터의 처리 속도를 향상시켜 메모리 접근 시간을 감소시키는 데 목적이 있다.
- 캐시 메모리는 SRAM 등이 사용되며, 주기억 장치보다 소용량으로 구성된다.
- 캐시 메모리의 효율성을 적중률(Hit Ratio)로 나타낼 수 있으며, 적중률이 높을수록 시스템의 전체적인 속도가 향상된다.

L1 캐시 (Level1 Cache)	• 1차 캐시로, CPU 안에 있는 메모리이며 자주 사용하는 프로그램이나 명령의 일부를 미리 채워 넣어 처리 시간을 절약함 • 메모리의 용량은 대부분이 CPU의 종합 성능에 큰 영향을 미침
L2 캐시 (Level2 Cache)	• 2차 캐시로, CPU가 데이터를 고속으로 읽어 넣는데 필요한 메인보드상에 설치된 SRAM(펜티엄 프로부터 CPU에 내장) • CPU에 내장된 L1캐시 다음으로 속도가 빠르며, 그 용량이 CPU의 종합 성능을 결정하는 간접적인 요소가 됨

2) 버퍼 메모리(Buffer Memory) 10년 6월
— 완충

- 읽거나 기록한 데이터를 일시적으로 기억할 수 있는 메모리이다.
- 두 개의 장치 사이에 위치하여 두 개의 장치가 데이터를 주고받을 때 생기는 속도 차이를 해결하기 위하여 중간에 데이터를 임시로 저장해 두는 공간이다.
- 키보드 버퍼, 프린터 버퍼 등에 내장되어 있으며, 캐시 메모리도 일종의 버퍼 메모리에 해당한다.

기적의 TIP
캐시 메모리의 특징과 위치, 목적에 대해 묻는 문제가 자주 출제되고 있습니다.

암기 TIP
캐시 메모리
주중에 캐러가자.
캐시 메모리는 주기억 장치와 중앙 처리 장치 사이에 위치한다.

기적의 TIP
캐시 메모리의 역할
속도가 빠른 CPU에 비해 속도가 느린 주기억 장치의 속도 차이를 완충시켜 주는 역할을 해요.

기억 장치 접근 속도(빠름 → 느림)
레지스터(CPU) → 캐시 메모리(SRAM) → 주기억 장치(DRAM) → 보조 기억 장치(자기 디스크 → 자기 테이프)

기억 장치 용량(대용량 → 소용량)
보조 기억 장치(자기 테이프 → 자기 디스크) → 주기억 장치(DRAM) → 캐시 메모리(SRAM) → 레지스터(CPU)

노트북 사양
- Intel Core i5-8세대 : 인텔사에서 제작한 코어 프로세서의 종류
- Intel UHD Graphics 620 : 인텔사에서 제작한 UHD(Ultra High Definition) 디스플레이로 고선명도(고해상도)를 지원하는 그래픽 카드
- 16GB DDR4 RAM : DDR은 동작 속도 등을 규정한 D램 반도체 규격으로 DDR4(Double Data Rate 4) RAM은 전송 속도가 1,600~3,200Mbps, 지원 용량은 64MB~16GB에 이르는 주기억 장치이며 16GB는 용량을 의미함
- SSD 256GB : SSD(Solid State Drive)는 하드디스크를 대체할 무소음, 저전력, 소형화, 경량화, 고효율의 속도를 지원하는 차세대 반도체 보조 기억 장치이며 256GB는 SSD의 용량을 의미함

기적의 TIP
가상 메모리의 목적이 기억 공간의 확대라는 것을 기억해 두세요.

암기 TIP
가상 메모리
보주사
보조 기억 장치의 일부를 **주**기억 장치처럼 **사**용

3) 연관 메모리(Associative Memory) 24년 상시, 22년 상시, 20년 7월, 16년 6월, 12년 3월, 10년 6월
- 저장된 내용의 일부를 이용하여 기억 장치에 접근하여 데이터를 읽어오는 기억 장치이다.
- 캐시 메모리에서 특정 내용을 찾는 방식 중 매핑 방식에 주로 사용된다.
- CAM(Content Addressable Memory)이라고도 한다.
- 메모리에 기억된 정보를 찾는데 저장된 내용에 의하여 접근한다(병렬 탐색 가능).

4) 가상 메모리(Virtual Memory) 25년 상시, 24년 상시, 23년 상시, 22년 상시, 19년 3월, 16년 6월, 11년 3월, 10년 6월, …
- 보조 기억 장치의 일부, 즉 하드디스크의 일부를 주기억 장치처럼 사용하는 메모리 사용 기법으로, 기억 장소를 주기억 장치의 용량으로 제한하지 않고, 보조 기억 장치까지 확대하여 사용한다.
- 주기억 장치보다 큰 프로그램을 로드하여 실행할 경우에 유용하다.
- 기억 공간의 확대에 목적이 있다(처리 속도 향상 아님).
- 가상 기억 장치로는 임의 접근이 가능한 자기 디스크를 많이 사용한다.
- 프로그램 전체가 동시에 주기억 장치에 없어도 된다.
- 프로그램을 크기가 일정하지 않은 세그먼트(Segment) 기법이나 일정한 크기의 페이지(Page) 단위로 분할해서 사용하는 페이징(Paging) 기법을 사용한다.
- CPU가 접근하는 각 주소는 가상 주소를 주기억 장치의 실제적인 주소로 매핑(Mapping)하는 방법을 통해서 구현한다.

15k	10k
5k	10k
22k	10k
	10k
8k	10k

▲ 세그먼트 기법과 페이징 기법(50k)

5) 자기 코어(Magnetic Core)
- 도넛 모양의 기억 소자로 페라이트(Ferrite)라는 자성 물질로 만들어진다.
- 과거에 주기억 장치로 사용되었다.
- 파괴성 메모리이고 비휘발성 기억 소자이다.
- 반도체 기억 소자보다 기록 밀도가 낮고 전력 소모가 많다.
- 내용을 읽고 쓸 수 있다.

6) 플래시 메모리(Flash Memory) 23년 상시, 20년 7월, 11년 10월, 07년 5월, 04년 10월

- RAM 같은 ROM으로 기억된 내용은 전원이 나가도 지워지지 않고 쉽게 쓰기가 가능하다.
- 읽기/쓰기가 수만 번 가능한 메모리이다(블록 단위로 기록).
- 외부 기억 장치인 하드디스크(Hard Disk)를 대체하는 데 많이 사용한다.
- EEPROM의 일종으로, PROM 플래시라고도 하며, 전기적으로 내용을 변경하거나 일괄 소거도 가능하다.
- 디지털 카메라, MP3 Player와 같은 디지털 기기에서 사용된다.

7) 집 드라이브(ZIP Drive)

주로 PC 파일들의 백업이나 파일 보관 등에 사용되는 휴대용 디스크 드라이브로, 플로피디스크 약 70장에 해당하는 분량의 크기인 100MB 크기의 데이터를 담을 수 있다.

> **기적의 TIP**
> 플래시 메모리의 개념을 이해하고 특징에 대해 알아 두세요.
>
> **디스크 캐시 메모리 (Disk Cache Memory)**
> - 디스크 캐시라고도 하며 디스크의 액세스를 빠르게 하기 위해 주기억 장치 내에 설치한 버퍼 메모리
> - 디스크 캐시로 파일을 미리 읽어 들여 속도를 높이는 방법으로 프로세스의 지역성을 이용한 방식

이론을 확인하는 기출문제

▶ 합격 강의

01 컴퓨터에서 바이오스 롬(BIOS ROM)을 새 버전으로 업그레이드할 때 롬 칩(ROM Chip)을 교환하지 않고 사용자가 바이오스 업데이트용 소프트웨어를 이용하여 편리하게 업그레이드하기 위한 롬은?

① Mask ROM
② PROM
③ APROM
④ EEPROM

오답 피하기
- Mask ROM : 한 번 내용을 기록하면 변경할 수 없음
- PROM : 한 번만 재기록되며 ROM Writer를 이용함

02 전원이 공급되지 않아도 내용이 지워지지 않는 비휘발성 메모리 EEPROM의 일종으로 휴대용 컴퓨터나 디지털 카메라 등의 보조 기억 장치로 이용되는 메모리는?

① 플래시 메모리(Flash Memory)
② 플로피디스크(Floppy Disk)
③ 카세트 테이프(Cassette Tape)
④ 광 디스크(Optical Disk)

플래시 메모리(Flash Memory) : 기억된 내용은 전원이 나가도 지워지지 않고 쉽게 쓰기가 가능하며 전기적으로 내용을 변경하거나 일괄 소거가 가능함

정답 01 ④ 02 ①

03 다음 중 컴퓨터에서 사용하는 캐시 메모리에 관한 설명으로 옳은 것은?

① 중앙 처리 장치와 주기억 장치 사이에 위치하여 컴퓨터의 처리 속도를 향상시키는 역할을 한다.
② RAM의 종류 중 DRAM이 캐시 메모리로 사용된다.
③ 보조 기억 장치의 일부를 주기억 장치처럼 사용하는 메모리이다.
④ 주기억 장치의 용량보다 큰 프로그램을 로딩하여 실행시킬 경우에 사용된다.

> 캐시 메모리(Cache Memory) : CPU와 주기억 장치 사이에 있는 고속의 버퍼 메모리, 자주 참조되는 데이터나 프로그램을 메모리에 저장, 메모리 접근 시간을 감소시키는 데 그 목적이 있음, RAM의 종류 중 SRAM이 캐시 메모리로 사용됨

04 다음 중 보조 기억 장치인 SSD에 대한 설명으로 옳지 않은 것은?

① SSD는 Solid State Drive(또는 Disk)의 약자로 HDD에 비해 속도가 빠르고, 발열 및 소음이 적으며, 소형화·경량화할 수 있는 장점이 있다.
② 기억 매체로 플래시 메모리나 DRAM을 사용하나 DRAM은 제품 규격이나 가격, 휘발성의 문제로 많이 사용하지는 않는다.
③ SSD는 HDD에 비해 외부의 충격에 강하며, 디스크가 아닌 메모리에 데이터를 기록하므로 배드 섹터가 발생하지 않는다.
④ SSD는 HDD에 비해 저장 용량당 가격이 저렴하여 향후 빠르게 하드디스크를 대체할 것으로 전망된다.

> SSD는 하드디스크를 대체할 무소음, 저전력, 소형화, 경량화, 고효율의 속도를 지원하는 차세대 보조 기억 장치이나 HDD에 비해 저장 용량당 가격이 저렴하지 않음

05 다음 중 RAM(Random Access Memory)의 설명으로 가장 옳지 않은 것은?

① 전원이 꺼지고 나면 기억된 내용이 모두 사라지는 휘발성 메모리이다.
② 일반적으로 주기억 장치라고 하면 RAM을 의미하는 경우가 많다.
③ RAM은 재충전 여부에 따라 DRAM과 SRAM으로 구분할 수 있다.
④ 제조 과정에서 필요한 내용을 미리 기억시키므로 사용자가 임의로 수정할 수 없다.

> ④ : ROM(Read Only Memory)에 대한 설명임

06 다음 중 컴퓨터에서 하드디스크를 연결하는 SATA 방식에 관한 설명으로 옳지 않은 것은?

① 직렬 인터페이스 방식을 사용한다.
② PATA 방식보다 데이터 전송 속도가 빠르다.
③ 핫 플러그인 기능을 지원한다.
④ EIDE는 일반적으로 SATA를 의미한다.

> EIDE(Enhanced IDE) : IDE의 확장판으로, 종전의 단점을 보완하여 주변기기를 4개까지 연결함. LBA 모드를 지원하기 때문에 8.4GB 용량의 하드디스크의 사용이 가능함
>
> **오답 피하기**
> SATA(Serial ATA) : 직렬 ATA로 하드디스크 또는 광학 드라이브와의 전송을 위해 만들어진 버스의 한 종류임. SATA 어댑터와 디바이스들은 직렬로 연결이 되고 CRC가 적용되어 속도와 신뢰도 면에서 효율적인 방식. Master/Slave 설정이 필요 없고 핫 플러그인 기능이 있으며, 케이블이 얇아서 냉각 효과도 갖추고 있음

07 다음 중 컴퓨터 시스템에서 사용하는 가상 기억 장치(Virtual memory)에 대한 설명으로 옳지 않은 것은?

① 보조 기억 장치 같은 큰 용량의 기억 장치를 주기억 장치처럼 사용하는 개념이다.
② 주기억 장치의 용량보다 큰 프로그램의 실행을 가능하게 한다.
③ 주소 매핑(Mapping)이라는 작업이 필요하다.
④ 주기억 장치의 접근 시간을 최소화하여 시스템의 처리 속도가 빨라진다.

> 가상 기억 장치는 처리 속도의 향상이 아닌 기억 공간의 확대에 목적이 있음
>
> **오답 피하기**
> 주소 매핑(Mapping) : 가상 주소를 주기억 장치의 실제적인 주소로 대응 관계를 설정하는 것

SECTION 08 입출력 장치

출제빈도 상 중 **하**
반복학습 1 2 3

빈출 태그 POS • LCD • PDP • CPS • LPM • PPM

01 입력 장치(Input Unit)

키보드(Keyboard)	CUI(Character User Interface) 환경의 기본적인 문자 입력 장치
마우스(Mouse)	GUI(Graphic User Interface) 환경의 기본적인 입력 장치
광학 마크 판독기(OMR : Optical Mark Reader)	카드나 용지의 특정 장소에 연필이나 펜 등으로 표시한 것을 직접 광학적으로 판독하는 장치로, 시험 답안용, 설문지용으로 이용됨
광학 문자 판독기(OCR : Optical Character Reader)	문서에 인자(印字)된 문자를 광학적으로 판독하는 장치로, 공공요금 청구서 등에 이용됨
자기 잉크 문자 판독기(MICR : Magnetic Ink Character Reader)	자성 재료의 미립자를 함유한 특수 잉크로 기록된 숫자나 기호를 감지하여 판독하는 장치로, 수표나 어음 등에 이용됨
바코드 판독기(BCR : Bar Code Reader)	바코드를 판독하여 컴퓨터 내부로 입력하는 장치로 POS★ 시스템에 이용됨
스캐너(Scanner)	그림이나 사진 등을 컴퓨터 그림 파일로 변환하여 입력하는 장치
디지타이저(Digitizer)	입력 원본의 좌표를 판독하여 컴퓨터에 설계 도면이나 도형을 입력하는데 사용되는 입력 장치로, 주로 컴퓨터 그래픽이나 CAD★ 작업 등에 이용됨
디지털 카메라(Digital Camera)	촬영한 이미지 정보를 필름에 기록하지 않고 디지털 카메라에 내장된 디지털 저장 매체에 저장하여 스캐너를 통하지 않고 직접 컴퓨터에 디지털 이미지를 입력함
터치 스크린(Touch Screen)	사용자의 손가락을 통해 입력받기 때문에 마우스에 비해 해상도는 떨어지나 마우스를 사용하기 부적절한 장소에, 특히 공공 목적으로 배치된 키오스크★ 시스템의 입력 도구로서 많이 사용됨

★ **POS(Point Of Sales : 판매시점 관리)**
- 판매와 관련된 데이터를 물품이 판매되는 그 시간과 장소에서 즉시 취득하는 것
- 상품에 붙어있는 바코드를 읽어들이는 바로 그 시점에 재고량이 조정되고, 신용 조회 등 판매와 관련되어 필요한 일련의 조치가 한 번에 모두 이루어지는 시스템

★ **CAD(캐드)**
컴퓨터를 이용하여 제품 및 부품을 설계하는 소프트웨어

★ **키오스크(Kiosk)**
백화점, 쇼핑 센터 등의 공공 장소에 설치된 무인 자동화 정보 안내 시스템으로 터치 스크린 방식을 이용함

터치 스크린(Touch Screen) 작동 방식
- 저항식 : 투명한 전극 사이에 압력을 가하여 터치를 감지하는 방식
- 정전식 : 몸의 정전기를 이용하여 터치를 감지하는 방식
- 광학식 : 빛을 이용하여 터치를 감지하는 방식

 ▲ OMR

 ▲ OCR

 ▲ MICR

 ▲ BCR

 ▲ 스캐너

 ▲ 디지타이저

 ▲ 디지털카메라

 ▲ 터치 스크린

02 출력 장치(Output Unit)

1) 모니터(Monitor) 25년 상시, 09년 7월, 07년 2월/5월, 05년 2월, 04년 5월

① CRT(Cathode Ray Tube : 음극선관)

장점	• 입출력 표시 속도가 빠르고 고해상도 정보를 표현할 수 있음 • 가격이 저렴함 • PC의 표시 장치로 이용됨
단점	• 큰 부피로 휴대가 불편함 • 화면의 떨림이 많아 눈이 쉽게 피로해짐 • 소비 전력이 높으며, 고전압으로 인해 정전기가 발생함

> **기적의 TIP**
>
> 각 영상 표시 장치의 장점과 단점을 혼돈하지 않도록 익혀 두세요.

▲ CRT

② LCD(Liquid Crystal Display : 액정 디스플레이)

장점	• 액정 물질이 들어있는 두 장의 유리판에 전압을 가해 반사되는 빛의 양을 변화시켜 문자나 도형을 표시함 • 작은 부피로 휴대가 편리함 • 화면의 떨림이 없고, 비발광체이므로 눈에 부담이 적음 • 소비 전력이 낮음
단점	• 보는 위치에 따라 화면의 내용이 다르게 표시함 • 가격이 고가이고, 입출력 속도가 느림

▲ LCD

③ PDP(Plasma Display Panel : 플라즈마 디스플레이)

장점	• 네온 또는 아르곤 혼합 가스로 채워진 셀에 고전압을 걸어 나타나는 플라즈마 현상을 이용함 • 두께가 얇고 가벼워 휴대 및 이동이 편리함 • 화면의 떨림이 없고, 해상도가 뛰어남 • 입출력 속도가 빠름
단점	• 가격이 고가이고 소비 전력이 높음 • 발열량이 많아 부가적인 냉각 장치가 필요함

▲ PDP

OLED(Organic Light Emitting Diodes)
• 자체 발광의 차세대 디스플레이로 형광성 유기화합물을 기반으로 한 발광 소자의 일종임
• 액정과 달리 자체적으로 빛을 발산하기 때문에 백라이트가 필요 없으며 저전력으로 작동함
• 백라이트가 없으므로 제품을 더욱 얇게 제작할 수 있으며, 플라스틱이나 특수 유리 등을 이용해 휘거나 구부릴 수 있는 디스플레이 기기도 만들 수 있음
• 수동형 구동 방식과 능동형 구동 방식으로 구분됨

▶ **모니터 관련 용어** 20년 7월, 16년 6월, 11년 3월, 09년 7월, 07년 2월

해상도(Resolution)	• 디스플레이 모니터 내에 포함되어 있는 픽셀(Pixel)의 숫자 • 일반적으로 그래픽 화면의 선명도를 나타내는 것으로, 픽셀의 수가 많아질수록 해상도는 높아짐
픽셀(Pixel)	모니터 화면을 이루는 최소 단위
점 간격(Dot Pitch)	픽셀들 사이의 공간
재생률(Refresh Rate)	• 픽셀들이 밝게 빛나는 것을 유지하도록 하기 위한 1초당 재충전 횟수 • 재생률이 높을수록 모니터의 깜빡임 수는 줄어듦
화면의 크기	화면의 대각선의 길이를 인치(Inch) 단위로 표시함

※ 눈의 피로를 줄이기 위해서는 플리커 프리(Flicker Free)가 적용된 모니터가 좋음

백화 현상
주로 모니터의 AD보드나 액정상의 불량 문제로 백라이트만 켜지고 영상이 나타나지 않는 증세로 모니터의 화면이 하얗게 표시되는 현상

▶ CRT, LCD, PDP의 비교

구분	CRT(음극선관)	LCD(액정 디스플레이)	PDP(플라즈마 디스플레이)
장점	• 해상도가 뛰어남 • 가격이 저렴함	• 휴대가 편리함 • 화면의 떨림이 없음	• 해상도가 뛰어남 • 휴대가 간편함
단점	• 부피가 크고 무거움 • 화면의 떨림이 심함	• 해상도가 낮음 • 각도에 따라 선명도가 다름	• 가격이 고가임 • 소비 전력이 높음
이용 분야	PC(개인용 컴퓨터)	휴대용 컴퓨터(노트북 등)	전문 그래픽 시스템용
가격	저가	고가	고가
입출력 속도	빠름	느림	매우 빠름
소비 전력	높음	낮음	매우 높음

2) 프린터(Printer)

① 충격식 프린터

잉크 리본을 헤드로 두드려 인쇄하는 방식으로, 소음이 크고 인쇄 품질이 다소 떨어진다.

도트 매트릭스 프린터	헤드의 금속 핀을 이용하는 인쇄 방식
활자식 프린터	잉크 리본에 활자 충격을 이용한 인쇄 방식

② 비충격식 프린터

물리적인 충격을 가하지 않고 열과 잉크를 뿌려서 인쇄하는 방식으로, 소음이 없으며 낱장 공급 용지를 이용한다.

열전사 프린터	잉크 리본을 녹여 인쇄하는 방식
감열 프린터	감열 용지를 변색시켜 인쇄하는 방식
잉크젯 프린터	잉크를 분사시켜 인쇄하는 방식
레이저 프린터	복사기의 원리를 이용하여 인쇄하는 방식

▶ 인쇄 속도 단위 22년 상시

CPS(Characters Per Second)	1초당 인쇄되는 문자 수(도트 매트릭스 프린터, 활자식 프린터 등)
LPM(Lines Per Minute)	1분당 인쇄되는 라인 수(활자식 프린터, 잉크젯 프린터 등)
PPM(Pages Per Minute)	1분당 인쇄되는 페이지 수(잉크젯 프린터, 레이저 프린터 등)

3) 기타 출력 장치

X-Y 플로터(Plotter)	설계 도면이나 그래프를 출력해 내는 출력 장치
마이크로 필름 출력 장치(COM : Computer Output Microfilm)	• 컴퓨터의 출력 결과를 축소하여 마이크로필름으로 촬영 및 현상하는 기술 • 반영구 보존이 가능하며 고속 인쇄 및 대량 복사가 가능함

▲ 도트 매트릭스 프린터

▲ 열전사 프린터

▲ 감열 프린터

▲ 잉크젯 프린터

▲ 레이저 프린터

▲ 플로터

IPM(Images Per Minute)
ISO(국제 표준화 기구)에서 규정한 잉크젯 속도 측정 방식으로 각 프린터 업체의 자체 기준에 맞춘 고속 모드로 출력된 PPM과는 달리 일반(보통) 모드에서 ISO 규격 문서를 측정함

인쇄 해상도
• 인쇄된 문자나 숫자 등의 선명한 정도를 나타내며, 표시 단위로는 DPI를 사용함
• DPI(Dots Per Inch) : 1인치에 인쇄되는 점의 수(해상도를 나타내는 단위로, 높을수록 해상도가 높아짐)

이론을 확인하는 기출문제

01 플로터(Plotter)를 직렬 포트(Serial Port)에 연결하여 사용하고 있을 때 전송 속도의 단위로 가장 적절한 것은?

① CPS
② BPS
③ IPS
④ DPI

BPS : 초당 비트 수를 의미하며 직렬 포트에서 전송 단위로 사용함

오답 피하기
- CPS(Characters Per Second) : 초당 인쇄 가능한 문자 수
- DPI(Dots Per Inch) : 인치당 인쇄 가능한 점의 수

02 다음 중 국제 표준화 기구(ISO)가 규정한 잉크젯 프린터의 속도 측정 방식으로 일반(보통) 모드에서 출력 속도를 측정, 1분 동안 출력할 수 있는 흑백/컬러 인쇄의 최대 매수를 의미하는 것은?

① CPS   ② IPM
③ LPM   ④ PPM

IPM(Images Per Minute) : ISO(국제 표준화 기구)에서 규정한 잉크젯 속도 측정 방식으로 각 프린터 업체의 자체 기준에 맞춰 고속 모드로 출력된 PPM과는 달리 일반(보통) 모드에서 ISO 규격 문서를 측정함

03 다음 중 인쇄 속도 단위에 대한 설명으로 옳지 않은 것은?

① CPS는 1초당 인쇄되는 문자 수를 의미한다.
② LPM은 1분당 인쇄되는 라인 수를 의미한다.
③ PPM은 1분당 인쇄되는 페이지 수를 의미한다.
④ ISO는 잉크젯 속도 측정 방식으로 일반(보통) 모드에서 규격 문서를 측정한다.

IPM(Images Per Minute) : ISO(국제 표준화 기구)에서 규정한 잉크젯 속도 측정 방식으로 각 프린터 업체의 자체 기준에 맞춰 고속 모드로 출력된 PPM과는 달리 일반(보통) 모드에서 ISO 규격 문서를 측정함

04 다음 중 모니터에서 발생하는 아래의 내용에 해당하는 문제로 옳은 것은?

- 모니터에서 발생하는 문제로 AD보드나 액정상의 불량 문제이다.
- 백라이트만 켜지고 영상이 나타나지 않으며, 증세로 모니터의 화면이 하얗게 표시된다.

① 냉납 현상
② 교착 상태
③ 백화 현상
④ 병목 현상

백화 현상 : 주로 모니터의 AD보드나 액정상의 불량 문제로 백라이트만 켜지고 영상이 나타나지 않는 증세로 모니터의 화면이 하얗게 표시되는 현상

오답 피하기
- 냉납 현상 : 납땜 불량으로 과열이나 충격으로 인해 저온에서 납땜이 녹아서 떨어져 나가는 현상으로 주로 CPU나 그래픽카드에서 발생함
- 교착 상태 : 한정된 자원을 프로세서들이 서로 차지하려고 무한정 대기하는 상태
- 병목 현상 : 중앙 처리 장치와 보조 기억 장치(HDD나 SSD) 간에 데이터 양이 폭증하면서 전송 지연이 발생하는 현상

05 다음 중 컴퓨터 출력 장치인 모니터에 관한 용어의 설명으로 옳지 않은 것은?

① 픽셀(Pixel) : 화면을 이루는 최소의 단위로서 그림의 화소라는 뜻을 의미하며 픽셀 수가 많을수록 해상도가 높아진다.
② 해상도(Resolution) : 모니터 화면의 명확성을 나타내는 것으로 1인치(Inch) 사각형에 픽셀의 수가 많을수록 표시할 수 있는 색상의 수가 증가한다.
③ 점 간격(Dot Pitch) : 픽셀들 사이의 공간을 나타내는 것으로 간격이 가까울수록 영상은 선명하다.
④ 재생률(Refresh Rate) : 픽셀들이 밝게 빛나는 것을 유지하도록 하기 위한 1초당 재충전 횟수를 의미한다.

해상도는 모니터 등 출력 장치의 선명도를 나타내는 것으로, 픽셀 수에 따라 그 정밀도와 선명도가 결정되며, 색상의 수가 증가하는 것은 아님

정답 01 ② 02 ② 03 ④ 04 ③ 05 ②

SECTION 09 기타 장치

빈출 태그 AGP 방식 • CMOS • USB 포트 • 인터럽트 • 교착 상태 • 채널

01 메인보드(Mainboard) 09년 4월

- 마더 보드(Mother Board)라고도 하며, CPU, 메모리, 그래픽 카드 등 각종 외부 기기 컨트롤러 등을 장착할 수 있는 주기판이다.
- CPU 소켓/슬롯, RAM 소켓, 확장 버스 슬롯, BIOS, CMOS 배터리 등으로 구성되어 있다.

1) 확장 슬롯(Slot)★

- 카드 형태(사운드 카드, 그래픽 카드, 모뎀 등)의 주변장치를 장착하는 곳이다.
- 지원 방식에 따라 AGP 슬롯, PCI 슬롯, ISA 슬롯 등이 있다.

2) 칩셋(Chipset) 19년 8월, 13년 6월, 09년 4월

- 메인보드에 장착된 부품들 간의 데이터 흐름 제어 및 중요 역할을 담당하는 장치이다.
- 칩셋의 CPU 지원 여부에 따라 장착 가능한 CPU와 RAM, 구성 가능한 최대 RAM 용량, DMA 지원 가능 여부 등이 달라진다.

3) 버스★ 방식

ISA 방식	• 16비트 버스 방식으로 IBM PC 초기부터 사용되기 시작함 • 호환성이 뛰어나고 가격이 저렴함 • 속도가 느려 현재는 거의 사용되지 않음
VESA 방식	• 486 시스템에서 사용하기 시작한 32비트 버스 • 그래픽 카드의 속도를 개선함 • CPU와 슬롯에 꽂혀 있는 카드가 직접 연결되므로 빠른 속도를 낼 수 있음
PCI 방식	• 펜티엄과 함께 등장한 32비트의 버스 • 빠른 전송 속도와 호환성이 좋음 • 최대 10개까지 주변장치를 장착할 수 있음
AGP 방식	• PCI 버스 방식을 개선함 • 고성능 그래픽이나 3D 카드를 위한 인터페이스 • 3차원 그래픽 표현을 빠르게 구현할 수 있게 해주는 버스 규격
PCI Express 방식	직렬 방식의 데이터 전송으로, 속도가 빠르며 64비트의 대역폭을 가짐

PCMCIA(Personal Computer Memory Card International Association)
노트북용 표준 확장 슬롯으로 MODEM이나 Memory, 하드디스크, LAN 카드 등을 삽입하여 사용함

★ **슬롯(Slot)**
CPU와 외부 장치를 연결하는 버스 중간의 커넥터

그래픽 카드 종류
- MDA, CGA, EGA, 허큘리스(Hercules)
- VGA, SVGA
- AGP
  (단, DXF(Drawing eXchange Format)는 설계 도면 파일을 교환하기 위한 표준 포맷임)

★ **버스**
버스는 메인보드와 주변장치 사이에 정보를 교환하기 위한 통로

BIOS는 EPROM이나 플래시 메모리 등에 저장되어 있음

★ POST(Power On Self Test)
컴퓨터에 전원이 공급되면 CMOS에 설정된 하드웨어 사양과 실제 하드웨어가 일치하는지, 하드웨어가 정상적으로 동작하는지를 검사함

★ CMOS 설정 항목
시스템 날짜/시간, 하드디스크 유형, 부팅 순서 설정, 칩셋 및 USB 관련 설정, 전원 관리, PnP/PCI 구성, 시스템 암호 설정 등

4) 롬 바이오스(ROM BIOS) 23년 상시, 22년 상시, 20년 2월, 16년 6월, 14년 10월, 13년 6월, 10년 3월

- 바이오스(BIOS : Basic Input Output System)는 컴퓨터의 기본 입출력 시스템이며 부팅(Booting)과 운영에 대한 기본적인 정보가 들어 있다.
- 주변장치와 운영체제 간의 데이터 흐름을 관리하는 프로그램이다.
- 펌웨어(Firmware)라고도 부른다.
- PC의 전원을 켜면 POST★라는 자체 진단 프로그램이 시스템을 점검하고 구성하며, 주변장치들을 초기화한다.

5) CMOS(Complementary Metal-Oxide Semiconductor) 셋업 24년 상시, 19년 3월, …

- 바이오스(BIOS)의 여러 사항을 설정★하는 것이며, 메인보드의 내장 기능 설정 및 주변장치에 대한 정보를 기록한다.
- CMOS 셋업은 사용자가 직접 내용 설정(F2, Delete)을 하는 것을 의미한다.
- 전원이 들어와 있지 않은 상태라도 항상 그 설정 내용을 유지하기 위해 CMOS 배터리가 사용된다.
- CMOS 셋업 시 사용하는 비밀번호를 잊어버린 경우 메인보드에 장착되어 있는 배터리를 뽑았다가 다시 장착하면 된다.

6) 포트(Port) 22년 상시, 21년 상시, 16년 6월, 14년 10월, 13년 6월, 12년 3월/6월/9월, 10년 10월, 09년 2월/4월, 08년 8월/10월, …

컴퓨터와 주변 장치를 연결하기 위한 접속 부분이다.

📝 **기적의 TIP**
포트의 종류 중 USB 포트는 자주 출제되므로 반드시 특징을 숙지해 두세요.

USB 2.0의 포트 색깔은 검정색 또는 흰색이며 USB 3.0의 포트 색깔은 파란색임

★ 핫 플러그 인(Hot Plug In)
전원이 연결된 상태에서도 주변장치의 설치/제거가 가능함

★ 플러그 앤 플레이(Plug & Play)
Intel이 개발한 규격으로, 새로운 하드웨어를 감지하여 필요한 소프트웨어를 설치하므로 별도의 설정을 하지 않아도 연결하면 바로 사용할 수 있는 기능

직렬 포트	• 한 번에 1비트씩 전송하는 방식으로, 데이터를 직렬로 전송하기 위한 포트 • 모뎀과 마우스를 연결하는 데 사용함 • COM1~COM4 등이 있음
병렬 포트	한 번에 8비트의 데이터가 동시에 전송되는 방식으로, 주로 프린터 등의 연결에 사용
PS/2 포트	• 마우스나 키보드를 PC에 접속하기 위해 IBM이 개발한 포트 • PS/2 포트는 6핀을 가지고 있는 소형 DIN 플러그를 지원함
USB 포트	• 허브(Hub)를 사용하면 최대 127개의 주변기기 연결이 가능하며, 기존의 직렬, 병렬, PS/2 포트 등을 하나의 포트로 대체하기 위한 범용 직렬 버스 장치 • 직렬 포트나 병렬 포트보다 빠른 속도로 데이터를 전송함 • 핫 플러그 인★, 플러그 앤 플레이★를 지원함 • USB 1.0에서는 1.5Mbps, USB 1.1에서는 최대 12Mbps, USB 2.0에서는 최대 480Mbps, USB 3.0에서는 최대 5Gbps, USB 3.1에서는 최대 10Gbps로 빨라짐
IEEE 1394	• 미국전기전자학회(IEEE)가 표준화한 새로운 직렬 인터페이스 규격의 포트 • Apple 사와 TI 사가 공동으로 디자인한 'Firewire'를 표준화한 것으로 디지털 가전 기기 간 전송 기술 표준 • 컴퓨터 주변장치뿐만 아니라 비디오 카메라, 오디오 제품, TV, VCR 등의 가전 기기를 개인용 컴퓨터에 접속하는 인터페이스로 개발됨 • 핫 플러그인을 지원하며 최대 63대까지 연결할 수 있음 • 멀티미디어 데이터를 100Mbps에서부터 1Gbps까지 송수신할 수 있게 하는 인터페이스 규격
IrDA	적외선을 이용한 무선 직렬 포트로 주변 장치와의 통신에 사용함

Infrared Data Association

02 하드웨어 관련 용어

1) 인터럽트(Interrupt) 25년 상시, 24년 상시, 22년 상시, 19년 8월, 15년 6월, 06년 5월, 04년 8월

- 컴퓨터에서 정상적인 프로그램을 처리하고 있는 도중 특수한 상태가 발생했을 때 현재 실행하고 있는 프로그램을 일시 중지하고, 그 특수한 상태를 처리한 후 다시 원래의 프로그램으로 복귀하여 정상적으로 처리하는 것을 의미한다.

구분	종류	원인
하드웨어 인터럽트	정전(Power Failure) 인터럽트	정전 시 발생함
	기계 고장(Machine Check) 인터럽트	기계 고장 시 발생함
	외부(External) 인터럽트	Timer 종료, 오퍼레이터의 콘솔 버튼을 조작함
	입출력(Input/Output) 인터럽트	데이터의 I/O 종료, 오류
소프트웨어 인터럽트	프로그램 인터럽트	무한 루프나 0으로 나누는 등 프로그램 명령 시 사용법이나 지정법에 잘못이 있을 때
	SVC(SuperVisor Call) 인터럽트	감시자의 호출, SVC 명령을 실행함

- 인터럽트는 외부 인터럽트, 내부 인터럽트, 소프트웨어 인터럽트로 구분할 수 있다.
- 내부 인터럽트는 불법적 명령이나 데이터 사용 시 발생하며 트랩(Trap)이라고도 한다. ─ 함정, 덫, 속임수

2) IRQ(Interrupt ReQuest) 06년 7월, 04년 5월, 03년 9월

- 주변기기(마우스, 키보드, LAN 보드 등)에서 일어나는 인터럽트 신호이다.
- 우선순위에 따라 접수할 것인지 판단하고, 접수하면 현재 실행 중인 처리를 중단하여 식별 번호에 따라 대응 처리를 하게 된다.
- 발생한 장치 중 우선순위가 가장 높은 장치에 허용하며 두 개 이상의 하드웨어가 동일한 이것을 사용하면 충돌이 발생하게 된다. ─ IRQ 고유 번호가 있어 같은 IRQ를 가지면 시스템에서 충돌이 일어남

3) 데드락(Deadlock, 교착 상태) 24년 상시, 21년 상시, 12년 9월, 08년 5월
─ '막다른 상태', '교착'의 의미로, 이러지도 저러지도 못하는 상태

자원은 한정되어 있으나 각 프로세스들이 서로 자원을 차지하려고 무한정 대기하는 상태로, 해당 프로세스의 진행이 중단되는 상태를 의미한다.

▶ 교착 상태가 일어나기 위한 4가지 조건

상호 배제 (Mutual Exclusion)	필요한 자원을 각각의 프로세스가 배타적 통제권을 요구할 때
점유와 대기 (Hold and Wait)	프로세스가 자원을 할당받아 점유하면서 다른 자원을 요구할 때
비선점 (Non-preemption)	프로세스에 할당된 자원을 사용이 끝날 때까지 강제로 빼앗을 수 없을 때
환형 대기 (Circular Wait)	각각 다른 프로세스 간 자원의 요구가 연속적으로 순환시키는 원형과 같은 사슬 형태로 존재할 때

🏁 **기적의 TIP**

인터럽트, IRQ, 교착 상태 모두 중요하며 자주 출제됩니다. 특히 인터럽트의 종류, 우선순위, 교착 상태가 일어나기 위한 4가지 조건은 반드시 숙지하세요.

인터럽트 우선순위
정전 → 기계 고장 → 외부 인터럽트 → 입출력 인터럽트 → 프로그램 인터럽트 → SVC 인터럽트

✅ **암기 TIP**

상점에 비가 오면 환기시켜라.
상호 배제, 점유와 대기, 비선점, 환형 대기

🎯 **개념 체크**

1. 하드웨어 인터럽트는 프로그램 명령어에 의해 발생하는 인터럽트이다. (O, X)
2. 입출력 인터럽트는 데이터의 I/O 종료나 오류에 의해 발생한다. (O, X)
3. 내부 인터럽트는 ( )이라고도 한다.
4. 주변기기에서 일어나는 인터럽트 신호는?

1 X 2 O 3 트랩(Trap)
4 IRQ

4) 입출력 채널(I/O Channel) 24년 상시, 23년 상시, 21년 상시, 19년 3월, 17년 9월, 12년 6월, 11년 7월/10월, …

- CPU의 처리 효율을 높이고 데이터의 입출력을 빠르게 할 수 있게 만든 입출력 전용 처리기이다.
- 입출력 장치와 주기억 장치 사이의 속도 차이를 위한 장치(자체 메모리 없음)이다.
- CPU의 간섭 없이 입출력을 수행하며 작업 완료 시 인터럽트로 알린다.

① 채널의 종류

셀렉터 채널	주기억 장치와 고속의 입출력 장치(자기 테이프, 자기 디스크) 간에 데이터를 전송하는 프로세서로, 한 번에 한 개의 장치를 선택하여 동작하는 채널
멀티플렉서 채널	저속의 여러 입출력 장치(프린터, 카드)를 여러 개의 서브 채널이 있어서 동시에 조작할 수 있는 채널
블록 멀티플렉서 채널	블록 단위로 이동시키는 멀티플렉서 채널로, 셀렉터 채널과 멀티플렉서 채널의 복합 형태

② 채널의 기능

- 입력과 출력에 관한 명령을 해독한다.
- 각 입출력 장치에 해독된 명령의 실행을 지시한다.
- 지시된 명령의 실행 상황을 제어한다.

5) DMA(Direct Memory Access) 23년 상시, 09년 4월

- CPU의 간섭 없이 주기억 장치와 입출력 장치 사이에서 직접 전송이 이루어지는 방법이다.
- DMA 방식에 의한 입출력은 CPU의 레지스터를 경유하지 않고 전송한다.
- 고속으로 대량의 데이터를 전송한다.

기적의 TIP
채널의 종류와 기능은 매우 중요합니다. 정확히 이해하고 넘어가세요.

기적의 TIP
채널은 입출력 처리기로 저속의 입출력 장치를 직접 제어해 줍니다.

개념 체크

1 채널은 CPU와 입출력 장치 사이에서 데이터 전송을 수행하는 장치이다. (o, x)
2 멀티플렉서 채널은 여러 개의 입출력 장치 중에서 하나씩만 조작할 수 있는 채널이다. (o, x)
3 채널은 입출력 장치와 ( ) 장치 사이의 속도 차이를 위한 장치(자체 메모리 없음)이다.
4 DMA는 저속으로 소량의 데이터를 전송하는 데 사용된다. (o, x)

1 o 2 x 3 주기억 4 x

이론을 확인하는 기출문제

01 다음 중 컴퓨터에서 정상적인 프로그램을 처리하고 있는 도중에 특수한 상태가 발생했을 때 현재 실행하고 있는 프로그램을 일시 중단하고, 그 특수한 상태를 처리한 후 다시 원래의 프로그램을 처리하는 과정을 무엇이라 하는가?

① 채널(Channel)
② 인터럽트(Interrupt)
③ 데드락(Deadlock)
④ 스풀(Spool)

오답 피하기
- 채널(Channel) : 입출력 전용 데이터 통로이며, CPU를 대신해서 입출력 조작을 수행하는 장치이므로, CPU는 입출력 작업을 수행하는 대신 연산을 동시에 할 수 있음
- 데드락(Deadlock) : 동일한 자원을 공유하고 있는 두 개의 컴퓨터 프로그램들이 상대방이 자원에 접근하는 것을 사실상 서로 방해함으로써 두 프로그램 모두 기능이 중지되는 교착 상태
- 스풀(Spool) : 저속의 입출력 장치를 중앙 처리 장치와 병행하여 작동시켜 컴퓨터 전체의 처리 효율을 높이는 기능

02 다음 중 컴퓨터에서 중앙 처리 장치와 입출력 장치 사이의 속도 차이로 인한 문제점을 해결해 주는 장치는?

① 레지스터(Register)
② 인터럽트(Interrupt)
③ 콘솔(Console)
④ 채널(Channel)

채널(Channel) : CPU의 처리 효율을 높이고 데이터의 입출력을 빠르게 할 수 있게 만든 입출력 전용 처리기

오답 피하기
- 레지스터(Register) : CPU에서 명령이나 연산 결과값을 일시적으로 저장하는 임시 기억 장소
- 인터럽트(Interrupt) : 프로그램 처리 중 특수한 상태가 발생, 처리를 중지하고 특수한 상태를 처리한 후 다시 정상적인 처리를 하는 것
- 콘솔(Console) : 대형 컴퓨터에서 컴퓨터와 오퍼레이터가 의사 전달을 할 수 있는 장치로 오퍼레이터는 콘솔을 통하여 프로그램과 주변 장치를 총괄함

03 둘 이상의 프로세스들이 자원을 점유한 상태에서 서로 다른 프로세스가 점유하고 있는 자원을 서로 사용하기를 원해서 시스템이 정지되는 상황을 무엇이라 부르는가?

① Lock
② Deadlock
③ Unlock
④ Block

데드락(Deadlock) : 교착 상태로 자원은 한정되어 있으나 각 프로세스들이 서로 자원을 차지하려고 무한정 대기하는 상태

04 다음 내용은 무엇에 대한 설명인가?

- 시스템의 전원을 켜는 순간부터 Windows가 시작되기까지 부팅 과정을 이끄는 역할을 담당
- 하드웨어와 소프트웨어 사이의 연결과 번역 기능을 담당하는 인터페이스
- 스타트업(Start-Up) 루틴, 서비스 처리 루틴, 하드웨어 인터럽트 처리 루틴으로 구성
- 개발한 회사에 따라 AWARD(어워드), AMI(아미), PHOENIX(피닉스) 등이 있음

① BIOS
② LOCAL BUS
③ MAINBOARD
④ BIU(Bus Interface Unit)

바이오스(BIOS : Basic Input Output System) : 전원을 켜면 제일 먼저 컴퓨터 제어를 맡아 기본적인 기능을 처리하는 프로그램으로 롬 바이오스(ROM BIOS)라고도 함

05 다음 중 개인용 컴퓨터의 메인 보드의 구성 요소와 관련된 설명으로 옳지 <u>않은</u> 것은?

① 칩셋(Chip Set)의 종류에는 사우스 브리지와 노스 브리지 칩이 있으며, 메인 보드를 관리하기 위한 정보와 각 장치를 지원하기 위한 정보가 들어 있다.
② 메인 보드의 버스(Bus)는 컴퓨터에서 데이터를 주고받는 통로로, 사용 용도에 따라 내부 버스, 외부 버스, 확장 버스가 있다.
③ 포트(Port)는 메인 보드와 주변장치를 연결하기 위한 접속 장치로 직렬 포트, 병렬 포트, PS/2 포트, USB 포트 등이 있다.
④ 바이오스(BIOS)는 컴퓨터의 기본 입출력 장치나 메모리 등의 하드웨어 작동에 필요한 명령을 모아놓은 프로그램으로 RAM에 위치한다.

롬 바이오스(ROM BIOS) : 바이오스(Basic Input Output System)는 컴퓨터의 기본 입출력 시스템이며 부팅(Booting)과 운영에 대한 기본적인 정보가 들어 있음. 주변 장치와 운영 체제 간의 데이터 흐름을 관리하는 프로그램, 펌웨어(Firmware)라고도 부름

정답 01 ② 02 ④ 03 ② 04 ① 05 ④

SECTION 10 소프트웨어

출제빈도 상 중 (하)
반복학습 1 2 3

빈출 태그 소프트웨어 분류 • 소프트웨어 구분

01 소프트웨어의 개념 04년 5월

하드웨어적 자원을 이용하여 컴퓨터를 효율적으로 활용하기 위한 프로그램과 처리 절차에 관한 기술 및 각종 문서들을 포함하는 프로그램 체계의 총칭을 소프트웨어라 한다.

> 부트 로더, 장치 드라이브, 각종 라이브러리 등도 시스템 소프트웨어에 해당

02 소프트웨어의 분류 10년 10월, 04년 5월

1) 시스템 소프트웨어 15년 10월, 14년 6월/10월

- 컴퓨터와 사용자의 중간에서 시스템을 효율적으로 운영할 수 있도록 도와주는 역할을 수행하는 프로그램으로, 기능에 따라 제어 프로그램과 처리 프로그램으로 나눈다.
- 대표적인 시스템 소프트웨어로는 운영체제, 언어 번역 프로그램, 유틸리티 프로그램 등이 있다.

운영체제 (Operating System)	• 하드웨어를 효율적으로 관리하고 사용자가 편리하게 컴퓨터 시스템을 사용할 수 있도록 해주는 프로그램 • 종류 : DOS, Windows, OS/2, Unix, Linux 등
언어 번역 프로그램 (Language Translation P/G)	• 프로그래밍 언어로 작성한 프로그램을 컴퓨터가 이해할 수 있는 기계 명령어로 변환하는 프로그램 • 종류 : 인터프리터(Interpreter), 컴파일러(Compiler), 어셈블러(Assembler)
유틸리티 프로그램 (Utility Program)	• 컴퓨터의 사용 과정에서 일상적으로 발생하는 업무의 수행을 지원하는 프로그램 • 파일 관리, 시스템 관리 등의 작업을 수행함

2) 응용 소프트웨어(Application Software)

- 일반적으로 사용자가 실제 업무를 처리할 수 있도록 개발된 프로그램을 말한다.
- 대표적인 응용 소프트웨어로는 워드프로세서, 스프레드시트, 데이터베이스, 프레젠테이션, 그래픽 소프트웨어, 설계 소프트웨어 등이 있다.

워드프로세서(Wordprocessor)	훈글, MS-Word
스프레드시트(Spreadsheet)	MS-Excel, Lotus, 훈셀
데이터베이스(Database)	MS-Access, dBASE, Oracle
프레젠테이션(Presentation)	MS-Powerpoint, 프리랜스, 프레지(prezi), 훈쇼
그래픽(Graphic) S/W	포토샵, 페인팅 프로그램, 드로잉 프로그램
전자 출판(DTP)	PageMaker, QuarkXpress, Ventura Publisher, 문방사우
확률/통계(Statistic) S/W	SAS, SPSS
설계 S/W	CAD(Computer Aided Design)

데이터 마이닝(Mining)
마이닝(Mining)은 "캐다, 채굴하다"의 의미로 대량의 데이터를 분석하여 일정한 패턴을 찾아내고, 이를 토대로 의사 결정을 위한 가치 있는 정보를 추출하는 기술

데이터 웨어하우스 (Data Warehouse)
• 자료의 추출 및 변환을 통해서 만들어진 통합된 대규모의 데이터베이스
• 기업의 전략적인 의사 결정 지원을 목적으로 함

임베디드(Embedded) 시스템
어떤 하드웨어나 소프트웨어가 다른 하드웨어나 소프트웨어의 일부로 내재되어 있는 것

Window CE
가전 제품, PDA 등에 사용되는 임베디드 운영체제

03 저작권에 따른 소프트웨어(Software)의 구분 25년 상시, 24년 상시, 23년 상시, 22년 상시, …

상용 소프트웨어(Commercial Software)	정식 대가를 지불하고 사용하는 프로그램으로 해당 프로그램의 모든 기능을 사용할 수 있음
공개 소프트웨어(Freeware)	개발자가 무료로 자유로운 사용을 허용한 소프트웨어
셰어웨어(Shareware)	정식 프로그램의 구매를 유도하기 위해 기능이나 사용 기간에 제한을 두어 무료로 배포하는 프로그램
애드웨어(Adware)	광고가 소프트웨어에 포함되어 이를 보는 조건으로 무료로 사용할 수 있는 소프트웨어
데모 버전(Demo Version)	정식 프로그램의 기능을 홍보하기 위해 사용 기간이나 기능을 제한하여 배포하는 프로그램
트라이얼 버전(Trial Version)	상용 소프트웨어를 일정 기간 동안 사용해 볼 수 있는 체험판 소프트웨어
알파 버전(Alpha Version)	베타 테스트를 하기 전에 제작 회사 내에서 테스트할 목적으로 제작하는 프로그램
베타 버전(Beta Version)	정식 프로그램을 발표하기 전에 테스트를 목적으로 일반인에게 공개하는 프로그램
패치 프로그램(Patch Program)	이미 제작하여 배포된 프로그램의 오류 수정이나 성능 향상을 위하여 프로그램 일부를 변경해 주는 프로그램
번들 프로그램(Bundle Program)	특정한 하드웨어나 소프트웨어를 구매하였을 때 끼워주는 소프트웨어

— 'Patch'는 깁는데 쓰는 '헝겊 조각'의 사전적 의미로, 프로그램 문제에 대한 보완 정정을 위해 내놓는 업데이트 프로그램을 말함

주문형 소프트웨어(Customized Software)
조직이나 개인의 특화된 업무의 요구에 맞게 작성된 소프트웨어

오픈 소스 소프트웨어(Open Source Software)
소스 코드가 오픈되어 수정 및 변경이 가능한 소프트웨어

벤치마크(Benchmark)
하드웨어나 소프트웨어를 비교, 검사하여 성능을 평가하기 위해 실제로 사용되는 조건과 같은 환경에서 처리 능력을 테스트하는 것

> **기적의 TIP**
> 소프트웨어의 각 종류에 대한 특징을 묻는 문제가 출제됩니다. 소프트웨어를 구분해서 알아 두세요.

이론을 확인하는 기출문제

01 다음 중 소스 코드까지 제공되어 사용자들이 자유롭게 수정하거나 변경할 수 있는 소프트웨어는?

① 주문형 소프트웨어(Customized software)
② 오픈 소스 소프트웨어(Open source software)
③ 쉐어웨어(Shareware)
④ 프리웨어(Freeware)

오픈 소스 소프트웨어(Open source software) : 소스 코드가 공개되어 수정 및 변경이 가능한 소프트웨어

02 다음 중 시스템 소프트웨어에 해당하지 <u>않는</u> 것은?

① 부트 로더
② 장치 드라이버
③ C 런타임 라이브러리
④ 웹 브라우저

부트 로더, 장치 드라이브, 각종 라이브러리 등은 시스템 소프트웨어에 해당됨

03 다음 중 '특정한 하드웨어나 소프트웨어를 구매하였을 때 끼워주는 소프트웨어'는?

① 상용 소프트웨어
② 번들 프로그램(Bundle Program)
③ 데모 버전
④ 공개 소프트웨어

번들 프로그램(Bundle Program) : Bundle은 '묶음'이란 뜻으로 하드웨어나 소프트웨어를 판매할 때 무료로 제공하는 소프트웨어

오답 피하기
• 상용 소프트웨어 : 정식 대가를 지불하고 사용하는 프로그램으로 해당 프로그램의 모든 기능을 사용할 수 있음
• 데모 버전 : 정식 프로그램의 기능을 홍보하기 위해 사용 기간이나 기능을 제한하여 배포하는 프로그램
• 공개 소프트웨어 : 개발자가 무료로 자유로운 사용을 허용한 소프트웨어

정답 01 ② 02 ④ 03 ②

SECTION 11 유틸리티(Utility)

출제빈도 상 중 **하**
반복학습 1 2 3

빈출 태그 압축 • 유틸리티

01 압축 프로그램 23년 상시, 20년 7월, 04년 2월, 03년 7월

> 기적의 TIP
> 유틸리티의 개념과 압축 프로그램의 종류와 목적은 알고 넘어가세요.

- 사용자가 컴퓨터를 보다 효율적으로 사용할 수 있게 도와주는 유틸리티 프로그램의 한 종류이다. ─ 압축 파일을 재압축해도 파일의 크기가 계속 줄어드는 것은 아님
- 파일을 압축함으로써 디스크 공간을 절약할 수 있으며, 데이터 통신망을 이용하여 자료를 송수신할 때 빠르게 처리할 수 있어 전송 시간을 단축할 수 있다.
- 여러 개의 파일을 하나의 파일로 압축할 수 있다.
- 멀티 볼륨 압축 : 일정한 크기로 나누어 압축하는 것으로 주로 큰 용량의 파일을 여러 장의 플로피디스크에 나누어 압축한다(Winzip의 경우 *.zip, *.z01, *.z02, *.z03처럼 나누어져서 압축됨).
- 자동 풀림 압축 : 실행 파일 형태(*.exe)로 압축이 자동으로 풀리는 압축 파일이다 (PKZIP은 ZIP2EXE 파일로 자동 풀림 압축 파일을 생성함).

WinZip	• 세계적으로 많은 사용자들이 이용하고 있는 압축 소프트웨어로, 확장자는 *.ZIP임 • Classic과 Wizard 방식을 지원하기 때문에 선택하여 사용 가능함 • 압축 파일의 관리를 수월하게 해 주는 Favorite ZIP folder, 초보자를 위한 WinZip Wizard 기능을 지원함 • 자동 풀림 기능과 바이러스 검사 기능을 포함
WinRAR	• WinZip과 함께 많이 이용되고 있는 압축 소프트웨어로, 확장자는 *.RAR임 • 압축률과 압축 속도가 뛰어나며, CAB, ARJ, LZH 등의 파일을 외부 프로그램 없이 압축을 해제할 수 있음
알집(Alzip)	• 대표적인 국산 압축 소프트웨어로, ZIP, ARJ, LZH, RAR, CAB, TAR 등 거의 대부분의 압축 형식을 지원함 • 분할 압축이 가능하며 압축 파일의 형식과는 관계없이 여러 개의 압축 파일을 해제할 수 있음

> 개념 체크
> 1. 파일을 압축함으로써 디스크 공간을 절약할 수 있다. (O, X)
> 2. 압축 프로그램은 사용자가 컴퓨터를 보다 효율적으로 사용할 수 있게 도와주는 ( ) 프로그램의 한 종류이다.
> 3. 화면 보호기는 일정시간 컴퓨터를 사용하지 않는 경우 화면을 보호해주는 유틸리티이다. (O, X)
>
> 1 O 2 유틸리티 3 O

02 기타 유틸리티

화면 보호기	일정 시간 컴퓨터를 사용하지 않는 경우 화면을 보호해주는 유틸리티로 Windows에서 제공하는 화면 보호기 외에 수족관 화면 보호기 등이 있음
이미지 뷰어	이미지 파일을 볼 수 있는 기능을 제공해 주는 것으로 디지털 카메라로 찍은 이미지 파일 관리 및 크기 조절, 회전 등의 간단한 편집이 가능한 알씨 등이 있음
파일 및 디스크 관리 프로그램	파일과 디스크 관리 기능을 제공해 주는 것으로 파일 복사 등의 파일 관리가 가능한 유틸리티로 노턴 등이 있음

이론을 확인하는 기출문제

01 다음 중 데이터의 압축에 관한 설명으로 옳지 않은 것은?
① 데이터가 기억 장치의 용량을 초과할 때 유용하게 사용된다.
② 압축 방식은 중복의 형태나 처리 방법에 따라 상이하다.
③ 주로 소프트웨어로 구현되고, 하드웨어로 구현은 불가능하다.
④ 압축 기술은 파일에서 비트 패턴이 자주 반복된다는 사실에 근거한다.

데이터 압축은 소프트웨어뿐만 아니라 압축용 하드웨어로도 구현 가능함

02 유틸리티에 대한 설명 중 가장 올바르지 않은 것은?
① 알집 프로그램은 파일을 압축하거나 압축을 풀 때 사용하는 프로그램이다.
② FTP는 파일 전송 프로토콜로 서버에 파일을 올릴 때 사용하는 프로그램이다.
③ V3 유틸리티는 파일 감염 여부를 점검은 하지만 치료는 하지 못한다.
④ PDF 뷰어는 PDF(Portable Document Format) 형식의 파일을 볼 수 있는 프로그램이다.

V3 유틸리티는 파일 감염 여부의 점검뿐 아니라 치료도 담당함

03 다음 중 압축에 대한 설명으로 옳지 않은 것은?
① 압축을 함으로써 디스크 공간을 효율적으로 사용할 수 있다.
② 압축을 함으로써 파일을 전송할 때 빠르게 처리할 수 있다.
③ 여러 개의 파일을 하나의 파일로 압축할 수 있다.
④ 'WAV'의 형태는 파일 압축을 사용한 대표적인 경우이다.

사운드 파일 형식 중 'WAV'의 형태는 파일 압축을 사용한 것이 아니라 아날로그 신호를 디지털화하여 나타내는 것으로 소리의 파장이 그대로 저장되는 방식임

04 다음 중 유틸리티 프로그램에 대한 설명으로 적절하지 않은 것은?
① 다수의 작업이나 목적에 대하여 적용되는 편리한 서비스 프로그램이나 루틴을 말한다.
② 컴퓨터의 동작에 필수적이고, 컴퓨터를 이용하는 주목적에 대한 일부 특정 작업을 수행하는 소프트웨어들을 가리킨다.
③ 컴퓨터 하드웨어, 운영 체제, 응용 소프트웨어를 관리하는 데 도움을 주도록 설계된 프로그램을 의미한다.
④ Windows에서 제공하는 유틸리티 프로그램으로는 드라이브 조각 모음 및 최적화(디스크 조각 모음), 화면 보호기, 스파이웨어 방지 소프트웨어인 Windows Defender 등을 예로 들 수 있다.

유틸리티(Utility) 프로그램은 사용자가 컴퓨터를 보다 효율적으로 사용할 수 있게 도와주는 프로그램으로 컴퓨터의 동작에 필수적인 프로그램은 아님

05 다음 중 컴퓨터에서 사용하는 압축 프로그램에 관한 설명으로 옳지 않은 것은?
① 압축한 파일을 모아 재압축을 반복하면 파일 크기를 계속 줄일 수 있다.
② 여러 개의 파일을 압축하면 하나의 파일로 생성되어 파일 관리를 용이하게 할 수 있다.
③ 대부분의 압축 프로그램에는 분할 압축이나 암호 설정 기능이 있다.
④ 파일의 전송 시간과 비용을 절약하고, 디스크 공간을 효율적으로 사용할 수 있다.

압축 파일을 재압축해도 파일의 크기가 계속 줄어드는 것은 아님

SECTION 12 프로그래밍 언어

빈출 태그 원시 프로그램 • 목적 프로그램 • 로드 모듈 • 컴파일러 • 객체 지향 프로그래밍 • VRML • Java • XML • ASP • PHP • JSP • UML

01 일반 프로그래밍 언어

1) 저급 언어(Low Level Language)

기계가 이해하기 쉽게 구성된 언어로 처리 속도가 빠르다.

기계어 (Machine Language)	• 컴퓨터가 직접 이해할 수 있는 가장 기초적인 언어 • 0과 1의 2진수 형태를 가지며 기종에 따라 다름 • 번역 과정이 필요 없으므로 수행 속도가 빠름
어셈블리어 (Assembly Language)	• 기계어와 1:1로 기호화(Symbolic)한 언어 • 어셈블러(Assembler)라는 언어 번역기에 의해 번역됨 • 니모닉(Mnemonic) 언어라고도 함 • 하드웨어 관련 시스템 프로그램 작성에 사용됨

암기 TIP
저급 언어
MAM
Machine Language(기계어), **A**ssembly Language(어셈블리어), **M**nemonic(니모닉)

2) 고급 언어(High Level Language) 06년 9월

인간 중심의 언어로 번역기에 의해 기계어로 번역되어 처리되므로 속도가 느리다.

FORTRAN	• 과학, 공학 분야에서 수학적 문제들을 해결하기 위한 과학 계산용 수치 언어 • 명령 형식은 일반 수식과 유사하며 문법이 간단함
COBOL	• 사무 처리용 언어이며, 최초로 개발된 고급 언어 • 영어 문장의 형태로 보고서 작성 기능이 있으며 많은 양의 데이터를 처리
ALGOL	• 블록 구조를 가진 최초의 언어이며, PASCAL 언어의 모체 • 수치 계산 및 논리 연산을 위한 언어
BASIC	대화형 언어이며 다목적용 언어
PASCAL	교육용 언어이며 재귀적 알고리즘 표현이 용이하고 구조화 프로그래밍이 가능한 언어
C언어	• ALGOL 60을 모체로 개발된 언어로 시스템용 언어이며 UNIX 운영체제를 구현한 언어 • 다양한 데이터형이 지원되며 이식성이 뛰어나고 강력한 문자열 처리 능력이 있음 • Bit 연산 및 H/W의 제어가 가능한 언어
C++	객체 지향 언어이며 문제를 객체로 모델링하여 표현, 추상화, 코드 재사용, 클래스, 상속 등이 가능함
LISP	리스트 처리용 언어이며, 인공 지능 분야에서 사용함
SNOBOL	문자열 처리를 위해 개발된 언어
PL/1	ALGOL, FORTRAN, COBOL의 장점을 복합한 언어
JAVA	• 객체 지향 언어로 네트워크 환경에서 분산 작업이 가능한 언어 • 멀티스레드 기능을 제공하므로 여러 작업을 동시에 처리할 수 있음 • 특정 컴퓨터 구조와 상관없는 가상 바이트 머신 코드를 사용하기 때문에 플랫폼이 독립적임

BASIC: Beginner's All-purpose Symbolic Instruction Code의 약자

C언어는 구조적 프로그래밍의 구현과 영문 대/소문자를 구분하여 프로그래밍 됨

개념 체크
1. COBOL은 어떤 기능을 가진 언어인가?
2. LISP은 어떤 분야에서 사용되는 언어인가?
3. 가상 바이트 머신 코드를 사용하기 때문에 플랫폼이 독립적인 언어는?

1 사무 처리 2 인공 지능 3 JAVA

02 언어 번역 과정

일반적인 프로그래밍 언어는 사용자 중심의 영문 형태로 기술되기 때문에 컴퓨터가 이해할 수 있는 기계어로 변환되어야 한다.

1) 언어 번역 과정 25년 상시, 07년 10월, 07년 5월, 05년 2월

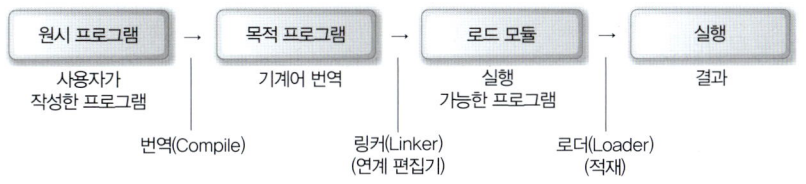

원시 프로그램 (Source Program)	사용자가 프로그래밍 언어로 작성한 프로그램
번역(Compile)	특정 프로그래밍 언어로 작성된 내용을 컴퓨터가 이해할 수 있는 기계어로 바꾸어 주는 언어 번역 프로그램(Compiler, Assembler, Interpreter 등)을 사용함
목적 프로그램 (Object Program)	언어 번역 프로그램에 의해 기계어로 번역된 상태의 프로그램
링커(Linker)	목적 프로그램을 실행 가능한 프로그램으로 만드는 과정(연계 편집기)
로드 모듈(Load Module)	링커(Linker)에 의해 실행 가능한 상태로 만들어진 프로그램 모듈
로더(Loader)	• 로드 모듈 프로그램을 주기억 장치 내로 옮겨서 실행해 주는 소프트웨어 • 할당(Allocation), 연결(Linking), 재배치(Relocation), 적재(Loading) 등의 기능이 있음

2) 언어 번역 프로그램(Language Translation Program)의 종류 24년 상시, 09년 10월, ...

컴파일러(Compiler)	• 고급 언어를 기계어로 번역하는 프로그램(FORTRAN, COBOL, PL/1, PASCAL, C언어 등) • 전체를 한 번에 번역하고, 실행 속도는 빠르며, 목적 프로그램을 생성함
어셈블러(Assembler)	어셈블리(Assembly) 언어를 기계어로 번역하는 프로그램
인터프리터(Interpreter)	• 대화식 언어로 작성된 프로그램을 필요할 때마다 매 번 기계어로 번역하여 실행하는 프로그램(BASIC, LISP, SNOBOL, APL 등) • 행 단위로 번역하고, 실행 속도는 느리며, 목적 프로그램을 생성하지 않음

3) 컴파일러와 인터프리터의 차이점 25년 상시, 23년 상시, 22년 상시

구분	컴파일러	인터프리터
번역 단위	프로그램 전체를 한 번에 번역	프로그램의 행 단위 번역
번역 속도	전체를 번역하므로 느림	행 단위 번역이므로 빠름
해당 언어	FORTRAN, COBOL, PL/1, PASCAL, C언어, C++, JAVA 등	BASIC, LISP, SNOBOL, APL, 파이썬 등
목적 프로그램	생성함	생성하지 않음
실행 속도	목적 프로그램이 생성되므로 빠름	느림

> **기적의 TIP**
> 언어별 사용 용도와 번역 과정을 알아 두세요. 특히 번역 프로그램의 차이와 특징은 이해하고 넘어가세요.

링크(Link)
목적 프로그램을 링커에 의해 라이브러리 등을 이용하여 연계 편집, 실행 가능한 파일로 생성함

버그(Bug)와 디버깅(Debugging)
• 버그 : 사용자가 프로그램을 작성해서 실행하는 도중에 문법상의 오류나 논리적인 오류가 발생되는 것
• 디버깅 : 에러가 발생된 부분을 찾아내서 옳게 수정하는 과정

프리프로세서(Preprocessor)
고급 언어로 작성된 프로그램을 다른 고급 언어로 번역해 주는 프로그램(기호 변환 작업, Macro 확장 작업 등)

크로스 컴파일러(Cross Compiler)
교차 컴파일러로 다른 기종의 컴퓨터에서 실행할 수 있는 목적 프로그램을 만들기 위한 컴파일러

기적의 TIP

객체 지향에 관련된 문제가 최근에 자주 출제되고 있습니다. 반드시 개념을 이해해 두세요.

순서도(Flowchart)
- 어떤 일을 처리하기 위한 절차나 순서를 그림으로 나타내는 것으로, 문제 처리 과정을 논리적으로 도식화함
- 논리적인 체계를 쉽게 이해할 수 있으며, 프로그램 흐름에 대한 수정을 용이하게 함
- 흐름도 또는 유통도라고도 함

★ C++
C언어를 확장한 객체 지향 프로그래밍 언어

객체 지향 언어의 특징

추상화	다형성(오버로딩)
캡슐화	정보 은폐
계층성	상속성
모듈성	재사용성

※ 구조화는 객체 지향 언어의 특징이 아님

기적의 TIP

각 웹 프로그래밍 언어 중 Java, XML, ASP, PHP, JSP를 중점적으로 공부하세요.

HTML5
액티브X나 플러그인 등의 프로그램 설치 없이 동영상이나 음악 재생을 실행할 수 있는 웹 표준 언어

WML (Wireless Markup Language)
무선 접속을 통하여 휴대폰이나 PDA 등에 웹 페이지의 텍스트와 이미지 부분이 표시될 수 있도록 해주는 웹 프로그래밍 언어

03 프로그래밍 작성 기법

1) 구조적 프로그래밍 기법
- 하나의 입력과 출력을 갖는 구조로 GOTO문을 사용하지 않는 기법이다.
- 순서적, 선택적, 반복적인 세 가지 논리 구조를 사용한다.
- 블록 구조의 형태로 기능별 서브루틴 작성이 가능하다.

2) 하향식 프로그래밍 기법
프로그램을 작성할 때 상위에서 하위 모듈순으로 작성해 나가는 기법으로 오류 발생 시 수정이 어렵다는 단점이 있어 많이 사용되지 않는다.

3) 객체 지향 프로그래밍(Object-Oriented Programming) 기법 21년 상시, 20년 2월, 19년 8월, …
- 프로그램에서 사용하는 데이터 구조의 데이터형과 사용하는 함수까지 정의하는 프로그래밍 기법이다.
- 객체 지향 언어에는 C++★, Actor, SmallTalk, JAVA 등이 있다.
- 객체 지향 프로그래밍에서 공통적인 기능과 속성을 가진 객체를 클래스(Class)라 한다.
- 객체 지향 프로그래밍에서 객체가 수행하는 실제 기능을 기술한 코드를 메서드(Method)라 한다.
- 메서드의 상속과 재사용이 가능하고 시스템의 확장성이 높다.
- 객체 지향 프로그래밍에서 객체의 고유 성질이나 속성을 프로퍼티(Property)라 한다.

4) 비주얼 프로그래밍(Visual Programming) 기법
- Windows의 GUI(Graphic User Interface) 환경에서 아이콘과 마우스를 이용하여 대화 형식으로 효율적이고 쉽게 프로그래밍 하는 기법이다.
- BASIC은 Visual BASIC, PASCAL은 Delphi, C++은 Visual C++, C는 Power Builder 등으로 계승되었다.

04 웹 프로그래밍 언어 24년 상시, 23년 상시, 22년 상시, 21년 상시, 19년 3월/8월, 18년 3월/9월, 16년 6월, …

HTML (HyperText Markup Language)	• 인터넷의 정보 검색 시스템인 월드 와이드 웹(WWW)의 홈페이지를 작성하는 데 사용되는 생성 언어로, 문자 뿐만 아니라 화상이나 음성, 영상을 포함하는 페이지로 표현될 수 있는 **구조화된 언어** • 확장자는 *.html, *.htm임
VRML (Virtual Reality Modeling Language)	• 3차원 도형 데이터의 기술 언어로, 3차원 좌표값이나 기하학적 데이터 등을 기술한 문서(Text) 파일의 서식(Format)이 정해져 있음 • 작성된 가상 현실 모델링 언어(VRML) 파일을 월드 와이드 웹(WWW) 서버에 저장하여 입체적인 이미지를 갖는 3차원의 가상적 세계를 인터넷상에 구축하는 언어

언어	설명
Perl(Practical Extraction and Reporting Language)	• 1980년대 초반에 Lary Wall에 의해 개발된 인터프리터 언어 • 사용하기 쉽고 크기가 작기 때문에 CGI★ 프로그램을 작성하는 데 널리 이용됨
SGML(Standard Generalized Markup Language)	• 국제 표준화 기구(ISO)에서 1986년 국제 표준으로 채택한 문서 생성 언어 • 인터넷의 월드 와이드 웹 홈페이지에 사용되는 하이퍼텍스트 생성 언어(HTML)의 바탕이 되었음 • 컴퓨터 시스템이나 응용 프로그램과 독립적으로 문서나 파일을 교환할 수 있고 교환되는 문서가 수신측에서도 자유로이 편집될 수 있어서 유용하게 재이용될 수 있도록 하기 위해 개발된 언어
자바(Java)	• 미국의 선 마이크로시스템즈 사가 개발한 객체 지향 프로그래밍 언어로, C++을 바탕으로 언어 규격을 규정함 • 자바의 원시 코드를 고쳐 쓰거나 재컴파일할 필요가 없기 때문에 기종이나 운영체제와 무관한 응용 프로그램의 개발 도구로 각광받고 있음 • 멀티스레드★를 지원하고 각각의 스레드★는 독립적으로 동시에 서로 다른 일을 처리함 • 특정 컴퓨터 구조와 무관한 가상 바이트 머신 코드를 사용하므로 플랫폼이 독립적임 • 바이트 머신 코드를 생성함
자바 스크립트(Java Script)	• 미국의 넷스케이프 커뮤니케이션즈(Netscape Communications) 사가 개발한 스크립트 언어로, 웹 브라우저에서 실행하는 스크립트 언어를 기술함 • 하이퍼텍스트 생성 언어(HTML) 문서를 작성하는 수준의 사용자가 사용하는 것을 주안점으로 하여 자바의 언어 규격으로부터 변수의 형(정수형, 문자열형 등)을 생략하거나 새로운 클래스 정의를 할 수 없도록 함 • 스크립트는 HTML 문서 속에 직접 기술하며, 'Script'라는 꼬리표를 사용함 • 객체 지향 언어의 특성을 가지며 클라이언트의 웹 브라우저에서 인터프리트 되므로 서버에 데이터를 전송하기 전에 아이디나 비밀번호의 입력, 수량 입력 등과 같은 작업을 구현할 때 사용하는 웹 프로그래밍 언어로 적절함
자바 애플릿(Java Applet)	• 자바(Java) 언어로 작성된 작은 소프트웨어로, 애플릿이라고도 함 • HTML 문서 내에 포함될 수 있는 자바 프로그램이며, 현재 웹상의 대부분에서 사용됨 • 크기가 작아서 네트워크에서의 전송에 적합하고 월드 와이드 웹(WWW)을 이용하여 배포할 수 있음 • 자바 애플릿은 사전에 컴파일하여 웹 서버에 등록해 둠 • 웹에서 사용하는 표준 데이터 형식인 하이퍼텍스트 생성 언어(HTML)로 작성한 문서를 애플릿이라는 꼬리표를 써서 자바 애플릿을 지정함
XML(eXtensible Markup Language)	• 기존 HTML 단점을 보완하여 문서의 구조적인 특성들을 고려하여 문서들을 상호 교환할 수 있도록 설계된 프로그래밍 언어 • 하이퍼텍스트 생성 언어(HTML)를 대체할 목적으로 월드 와이드 웹 컨소시엄(WWW Consortium)이라는 단체가 표준화 작업을 진행하고 있는 페이지 기술 언어 • HTML에서 사용되는 연결(Link) 기능 등을 확장함과 동시에 표준 범용 문서 생성 언어(SGML)를 인터넷용으로 최적화한 것으로, HTML과 SGML의 장점을 모두 가지도록 규정함 • 인터넷뿐만 아니라 전자 출판, 의학, 경영, 법률, 판매 자동화, 디지털 도서관, 전자상거래 등에서 이용하고 있음 • 사용자가 새로운 태그(Tag)를 정의할 수 있음
ASP(Active Server Page)	• Windows 환경에서 동적인 웹 페이지를 제작할 수 있는 스크립트 언어 • HTML 문서에 명령어를 삽입하여 사용하며, 자바 스크립트와는 달리 서버측에서 실행됨 • 주로 VB Script를 사용해서 처리함

★ CGI(Common Gateway Interface)
• 웹 서버에 있어 사용자의 요구를 응용 프로그램에 전달하고 그 결과를 사용자에게 되돌려 주기 위한 표준적인 방법
• 카운터, 방명록, 게시판과 같이 방문자 상호 간의 정보를 주고 받는 기능을 추가함

★ 멀티스레드(Multi-Thread)
응용 프로그램 내에서 다중 작업을 처리함

★ 스레드
컴퓨터 프로그램 수행시 프로세스 내부에 존재하는 수행 경로

DHTML(Dynamic HTML)
동적 HTML로 스타일 시트(Style Sheets)를 도입하여 텍스트의 폰트와 크기, 색상, 여백 형식 등 웹 페이지 관련 속성을 지정할 수 있음

태그 : 마크업 언어에 사용되는 꺾쇠를 가지고 있는 명령

PHP(Professional Hypertext Preprocessor)	• 웹 서버에서 작동하는 스크립트 언어로, UNIX, Linux, Windows 등의 환경에서 작동함 • C, Java, Perl 등의 언어와 문법이 유사하고, 배우기가 쉽기 때문에 웹 페이지 제작에 많이 사용됨 • 다양한 데이터베이스와 연동할 수 있음
JSP(Java Server Page)	• ASP, PHP와 동일하게 웹 서버에서 작동하는 스크립트 언어 • 작성된 프로그램은 자바 서블릿 코드로 변환되어서 실행됨 • Java의 장점을 그대로 수용하였기 때문에 강력한 기능을 제공함 • UNIX, Linux, Windows 등의 여러 운영체제에서 실행 가능함 • HTML 문서 내에서는 〈% … %〉와 같은 형식으로 작성됨
UML(Unified Modeling Language)	객체 지향 방법론에서 분석 및 설계를 위해 사용하는 모델링 언어

▶ 자바 스크립트와 자바 애플릿 비교

자바 스크립트	자바 애플릿
컴파일이 불필요함	컴파일이 필요함
클라이언트의 웹 브라우저에서 인터프리트	서버에서 컴파일, 클라이언트에서 인터프리트
객체 지향 언어의 특성	객체 지향 언어의 특성
HTML 문장 안에 기술함	별도의 애플릿 파일이 존재함
변수형을 미리 선언할 필요가 없음	변수형을 미리 선언해 주어야 함

이론을 확인하는 기출문제

01 다음 중 XML(eXtensible Markup Language) 문서에 대한 설명으로 거리가 먼 것은?

① 태그(Tag)와 속성을 사용자가 정의할 수 있으며 문서의 내용과 이를 표현하는 방식이 독립적이다.
② HTML과는 달리 DTD(Document Type Definition)가 고정되어 있지 않으므로 논리적 구조를 표현할 수 있는 유연성을 가진다.
③ XML은 HTML에 사용자가 새로운 태그(Tag)를 정의할 수 있는 기능이 추가되었다.
④ 확장성 생성 언어라는 뜻으로 기존의 HTML의 단점을 보완하여 비구조화 문서를 기술하기 위한 국제 표준 규격이다.

XML(eXtensible Markup Language)은 구조화 문서를 기술하기 위해 설계된 언어임

02 다음 중 웹 프로그래밍 언어인 JSP에 대한 설명으로 옳지 않은 것은?

① 웹 서버에서 동적으로 웹 브라우저를 관리하는 스크립트 언어이다.
② 웹 환경에서 작동되는 웹 어플리케이션을 개발할 수 있다.
③ JAVA 언어를 기반으로 하여 윈도우즈 운영체제에서만 실행이 가능하다.
④ HTML 문서 내에서는 <% … %>와 같은 형태로 작성된다.

JSP(Java Server Page) : Java의 장점을 그대로 수용, 자바 서블릿 코드로 변환되어 실행되며 여러 운영체제에서 실행 가능함

정답 01 ④ 02 ③

03 다음 중 컴퓨터 소프트웨어의 개발을 위한 객체 지향 언어에 관한 설명으로 옳지 않은 것은?

① 데이터와 그 데이터를 처리하는 함수를 객체로 묶어서 문제를 해결하는 언어이다.
② 상속, 캡슐화, 추상화, 다형성 등을 지원한다.
③ 시스템의 확장성이 높고 정보 은폐가 용이하다.
④ 대표적인 객체 지향 언어로 BASIC, Pascal, C 언어 등이 있다.

객체 지향 언어에는 C++, Actor, SmallTalk, JAVA 등이 있음

04 다음 중 인터넷 문서를 작성할 때 사용되는 언어 중에서 HTML에 관한 설명으로 옳은 것은?

① 인터넷용 하이퍼텍스트 문서 제작에 사용된다.
② 구조화된 문서를 제작하기 위한 언어로 태그의 사용자 정의가 가능하다.
③ 서버 측에서 동적으로 처리되는 페이지를 만들기 위한 언어이다.
④ 웹상에서 3차원 가상공간을 표현하기 위한 언어이다.

HTML(HyperText Markup Language) : 인터넷의 정보 검색 시스템인 월드 와이드 웹(WWW)의 홈페이지를 작성하는데 사용되는 생성 언어로, 문자뿐만 아니라 화상이나 음성, 영상을 포함하는 페이지로 표현할 수 있는 구조화된 언어로 하이퍼텍스트 문서 제작에 사용됨. 확장자는 *.html, *.htm임

05 다음 중 웹 프로그래밍 언어에 대한 설명으로 옳지 않은 것은?

① ASP는 서버 측에서 동적으로 수행되는 페이지를 만들기 위한 언어로 Windows 계열의 운영체제에서 실행 가능하다.
② PHP는 클라이언트 측에서 동적으로 수행되는 스크립트 언어로 Unix 운영체제에서 실행 가능하다.
③ XML은 HTML의 단점을 보완하여 웹에서 구조화된 폭넓고 다양한 문서들을 상호 교환할 수 있도록 설계된 언어이다.
④ JSP는 자바로 만들어진 서버 스크립트로 다양한 운영체제에서 사용 가능하다.

PHP : 웹 서버에서 작동하는 스크립트 언어로 Windows, Unix, Linux 등의 운영체제에서 모두 실행 가능함

06 다음 중 서로 독립되어 컴파일 된 여러 개의 목적 프로그램을 하나의 실행 가능한 로드 모듈로 만드는 기능을 하는 프로그램은 무엇인가?

① 정렬/합병 프로그램
② 언어 번역 프로그램
③ 다중 프로그램
④ 연계 편집 프로그램

연계 편집 프로그램 : 목적 프로그램을 링커(Linker)에 의해 라이브러리 등을 이용하여 연계 편집할 때 사용하는 프로그램으로 실행 가능한 로드 모듈을 생성함

07 다음 중 웹 프로그래밍 언어에 해당하지 않는 것은?

① DHTML
② COBOL
③ SGML
④ WML

COBOL : 최초로 개발된 고급 언어로 사무 처리용 언어이며 웹 프로그래밍 언어에 해당하지 않음

08 컴파일러와 인터프리터를 비교한 것이다. 다음 중 옳지 않은 것은?

	구분	컴파일러	인터프리터
①	번역 단위	프로그램 전체	프로그램의 행 단위
②	번역 속도	느림	빠름
③	실행 속도	느림	빠름
④	목적 프로그램	생성	생성하지 않음

실행 속도는 컴파일러가 목적 프로그램을 사용하므로 실행 속도가 빠름

SECTION 13 PC 유지와 보수

출제빈도 상 중 **하**
반복학습 1 2 3

빈출 태그 UPS • VDT 증후군 • PC 응급 처치 • PC 업그레이드

컴퓨터 시스템의 효율적 관리법
- 화면보호기를 사용하여 이미지가 화면에 남는 번인(Burn-in) 현상을 방지함
- 시스템 최적화 프로그램을 주기적으로 실행함
- 최신 버전의 백신 프로그램을 정기적으로 실행함
- 작업 중인 파일은 저장한 후 컴퓨터를 종료함

기적의 TIP
AVR, UPS, CVCF의 각 기능에 대해 혼돈하지 않을 정도로만 알아 두세요.

★ **서지(Surge)**
전기 회로에서 갑작스런 전압이나 전류의 증가

암기 TIP
유(U). 당신. 정전을 피(P) 했 ~슈(S)

VDT(Video Display Terminal) 증후군
컴퓨터의 오랜 작업으로 인한 전자파의 영향으로 눈의 피로, 두통, 스트레스 등의 여러 건강 장해가 발생하는 것

01 PC 관리의 기초 지식

1) PC 안전 관리 17년 9월
- 만일의 사태에 대비하여 여러 안전 관리 시설을 설치한다.
- 항온 항습기를 설치하여 적정한 온도를 유지하고 습도가 없도록 해야 한다.
- 직사광선을 피하고 습기가 적은 평평한 곳에 설치한다.
- 벽면에서 30cm 이상 떨어진 곳에 설치한다.
- 통풍이 잘 되고 먼지 발생이 적은 곳에 설치한다.

2) PC 설치 환경
- 온도와 습도 : 18~24℃, 50~60%
- 채광과 조명 : 사무실 조도 300룩스(Lux) 이상, 표시 화면 밝기 500룩스(Lux)

3) PC의 안정적 운영을 위한 장치 17년 9월

자동 전압 조절기(AVR)	일정한 전압을 유지시켜 주는 장치
무정전 전원 공급 장치(UPS)	정전 발생 시 일정 시간 동안 전압을 공급해 주는 장치
정전압 정주파 장치(CVCF)	출력의 전압 및 주파수를 일정하게 유지시켜 주는 장치
서지 보호기(Surge Protector)	전압이 급격히 변하여 대량의 전류가 흐르는 서지(Surge)★ 현상을 막기 위한 장치
항온 항습 장치	항상 일정한 온도와 습도를 유지시켜 주는 장치

4) 올바른 사용법

① 작업 시간
- 40~50분 작업에 10~15분 휴식을 취하는 것이 좋다.
- 하루 작업은 4~5시간 정도가 적당하다.
- 1주일에 5일 정도의 작업이 적당하다.

② 작업 자세
- 팔꿈치의 각도는 90° 이상을 유지하며 손등과 팔은 수평이 되도록 한다.
- 무릎의 각도는 90° 이상을 유지한다.
- 모니터는 눈의 높이보다 10~20° 아래에 놓도록 한다.
- 눈을 보호하는 보안경을 설치한다.
- 원고 받침대는 모니터 오른쪽에 50cm 이상 떨어진 모니터와 같은 위치에 설치한다.

02 PC 응급 처치 10년 6월, 04년 8월

1) PC 응급 처치를 위한 사전 준비
- 부팅 오류에 대비하여 시동 디스크를 준비하여 둔다.
- 하드웨어 설치에 필요한 각종 구동 드라이버 파일을 보관한다.
- CMOS 설정값과 Setup 비밀번호를 기록해 둔다.
- 환경 설정 파일 등 중요한 파일들은 백업하여 보관한다.

2) 각종 증상과 문제 해결 방법

① 시스템 부팅의 문제에 따른 증상 15년 10월

증상	해결 방법
부팅 속도가 느려짐	백신 프로그램으로 바이러스를 점검 및 치료함
Disk Boot Failure	디스크의 시스템 파일을 복구함
오류 메시지의 표시	CMOS Setup을 재설정함
CMOS 내용이 자주 지워짐	컴퓨터를 장시간 켜두어 재충전시키거나 배터리를 교환함
HDD Controller Failure	하드디스크와 연결된 케이블을 확인함

CMOS 셋업 시 비밀번호를 잊어버린 경우
메인보드의 배터리를 뽑았다가 다시 장착함(CMOS 내용이 초기화 됨)

② 디스크의 문제에 따른 증상 17년 3월, 16년 3월, 14년 10월, 08년 8월

증상	해결 방법
하드디스크의 속도 저하	Windows의 [드라이브 조각 모음 및 최적화]를 수행하여 분산된 파일들을 연속 공간으로 재배열함
하드디스크의 인식 불능	• 하드디스크의 정보를 CMOS Setup에서 설정 확인 또는 하드디스크 케이블 연결과 Master/Slave 점퍼 설정을 확인함 • 바이러스에 의한 CMOS의 변경일 경우, 백신 프로그램으로 바이러스를 치료함 • 하드디스크의 전원과 컨트롤러 연결 상태 및 점퍼 설정을 확인함 • CMOS SETUP에서 하드디스크 설정 상태를 확인함 • 하드디스크 파티션 설정 오류일 경우, FDISK로 하드디스크를 재설정함
플로피디스크의 인식 불능	클리닝 디스켓으로 헤드를 청소한 후 디스크 검사를 이용하여 검사 후 오류를 수정함
CD-ROM 드라이브 인식 불능	운영체제에 맞는 구동 드라이브를 설치 또는 케이블의 연결 상태를 확인함

컴퓨터가 자주 다운될 때의 해결 방법
- 전원의 공급에 문제가 있는 경우 : 용량이 높은 전원 공급 장치(파워 서플라이)로 교체함
- 메인보드 또는 RAM이 고장인 경우 : A/S 받거나 교체함
- Windows와의 호환 문제 : 해당 장치의 드라이브를 설치함
- 리소스가 부족한 경우 : 충분한 리소스를 확보함
- 바이러스 및 악성 코드 감염 : 바이러스를 퇴치하거나 악성 코드를 검사함
- CMOS 설정 오류 : 부팅 시 [Delete] 또는 [F2] 이용) CMOS 셋업 설정을 변경함
- 오버 클러킹을 시도한 경우 : 원래대로 환원함
- 냉각팬 고장으로 인한 시스템 과열 : 냉각팬을 교체함

③ 기타 장치의 문제에 따른 증상 23년 상시, 19년 3월

증상	해결 방법
'삑' 소리와 함께 동작이 안 될 경우	• RAM이 뱅크에 올바르게 삽입되었는지 확인 후 이상 시 교체함 • 메인보드의 부품과 비디오 카드가 올바로 삽입되었는지 확인함
'Non System Disk or disk error' 메시지	하드디스크만으로 오류가 발생했을 경우 시동 디스크로 부팅한 후 Windows를 복구함 시스템 파일이 없는 디스크가 드라이브에 꽂혀 있거나 디스크 드라이브, 디스크 인터페이스 회로가 불량인 경우 발생함
프린터가 작동하지 않거나 부분적으로 인쇄	• 시스템과의 케이블 연결 상태와 프린터 설정을 확인함 • 프린터의 기종을 확인하여 새로운 드라이버를 재설정함 • 스풀 공간이 부족한 에러인 경우 하드디스크의 스풀 공간을 확보함
'삑' 소리가 길게 한 번 난 후 짧게 세 번 나는 경우	그래픽 카드가 올바르게 삽입되었는지 확인 후 이상 시 교체함

> **기적의 TIP**
>
> 소프트웨어 업그레이드와 하드웨어 업그레이드를 구분할 수 있어야 합니다. 하드웨어 업그레이드에서 부품별 업그레이드 방법은 확실히 알고 넘어가세요.

★ **버전(Version)**
소프트웨어가 개발된 이후 몇 번이나 개선되었는지 나타내는 번호

하드디스크 추가하기
하드디스크의 연결 방식 설정(마스터/슬레이브) → 메인보드와 하드디스크 간 케이블 연결 → 전원을 켜고 CMOS 설정

03 PC 업그레이드(Upgrade) 21년 상시, 11년 7월, 07년 7월, 06년 5월/9월, 05년 7월, 03년 5월

업그레이드(Upgrade)란 컴퓨터 시스템을 구성하는 하드웨어나 소프트웨어의 성능을 높여 작업의 효율성을 향상시키기 위한 모든 작업을 의미한다.

1) 소프트웨어 업그레이드

새로운 기능이 추가되어 버전★이 올라간 소프트웨어를 설치하는 작업을 의미한다.

- Windows XP → Windows Vista → Windows 7 → Windows 8 → Windows 10 → Windows 11
- 한글 2005 → 한글 2007 → 한글 2010 → 한글 2014 → 한글 NEO → 한컴 오피스 2018 흔글 → 한컴 오피스 2020 흔글 → 한컴 오피스 2022 흔글 → 한컴 오피스 2024 한글
- Microsoft Office 2007 → Microsoft Office 2010 → Microsoft Office 2013 → Microsoft Office 2016 → Microsoft Office 2019 → Microsoft Office 2021 → Microsoft Office 2024

2) 하드웨어 업그레이드 18년 3월, 15년 10월, 15년 6월

사용 중인 각종 하드웨어 장치를 교체하거나 새로 추가하여 시스템의 성능을 향상시키는 것이다.

CPU 업그레이드	컴퓨터 시스템 성능을 개선하기 위한 가장 확실한 방법이며 메인보드가 교체하고자 하는 CPU를 지원하는지의 여부를 확인해야 함(클럭 속도는 높은 것이 좋음)
RAM 업그레이드	컴퓨터 시스템의 처리 속도 향상을 위한 방법으로 메인보드의 램 소켓(RAM Socket) 여분 정도를 확인해야 함(접근 속도 수치는 작은 것이 좋음)
HDD(하드디스크) 업그레이드	저장 공간의 확보를 위한 방법으로 연결 방식(IDE, EIDE, SCSI) 등을 확인해야 함(RPM 수치가 높은 것이 성능이 좋음)
CD-ROM 드라이브 업그레이드	CD에서 데이터를 읽는 속도를 높이기 위한 방법으로 배속이 높은 사양으로 교체해야 함

접근 속도의 단위인 ns(나노 초)가 작은 것이 성능에 좋음

분당 회전 수 RPM이 큰 것이 성능에 좋음

이론을 확인하는 기출문제

01 하드웨어가 제대로 작동하지 않을 경우 체크해야 하는 항목으로 가장 거리가 먼 것은?

① 같은 장치가 여러 번 설치되었는지 확인하고 중복 설치된 장치는 삭제한다.
② Format하고 운영체제를 다시 설치한다.
③ 서로 다른 장치가 같은 IRQ를 사용하는지 확인한다.
④ 설치된 장치에 적합한 드라이버가 설치되었는지 확인한다.

> 운영체제의 재설치는 운영체제가 정상적이지 못할 때의 조치 방법으로 소프트웨어에 관한 내용임

02 CMOS 셋업 시 비밀번호를 잊어버린 경우에 해결하는 방법으로 가장 옳은 것은?

① 컴퓨터의 하드디스크를 포맷하고, 운영체제를 다시 설치하여야 한다.
② 시동 디스크를 이용하여 컴퓨터를 다시 부팅한다.
③ 컴퓨터 본체의 리셋 단추를 눌러 다시 부팅한다.
④ 메인보드에 장착되어 있는 배터리를 뽑았다가 다시 장착한다.

> 메인보드의 배터리를 뽑았다가 다시 장착하면 CMOS 내용을 초기화할 수 있음

03 다음 중 컴퓨터의 이상 증상과 해결 방법의 연결이 가장 적절하지 않은 것은?

① 하드디스크로 부팅이 되지 않는 경우: USB나 CD-ROM으로 부팅이 되면 하드디스크 손상 점검 후 운영체제 다시 설치
② 모니터 화면이 보이지 않는 경우: 모니터의 전원 및 연결 부분 점검
③ 프린터가 작동되지 않는 경우: 프린터와 컴퓨터 연결 부분 확인 및 프린터 드라이버 재설치
④ 컴퓨터 속도가 심하게 느려진 경우: 메인보드 또는 하드디스크 교체

> 컴퓨터 속도가 심하게 느려진 경우는 CPU와 RAM의 업그레이드와 운영체제의 재설치가 적절함

04 다음 중 컴퓨터 시스템을 효율적으로 관리하기 위한 유의 사항으로 적절하지 않은 것은?

① 모니터의 번인 현상을 방지하기 위하여 화면보호기를 사용한다.
② 주기적으로 자주 시스템을 재부팅하여 부품의 수명을 연장시킨다.
③ 컴퓨터를 끌 때에는 작업 중인 문서를 먼저 저장한 후 종료시킨다.
④ 정기적으로 시스템 최적화 프로그램을 사용하여 컴퓨터를 점검한다.

> 주기적으로 자주 시스템을 재부팅하더라도 부품의 수명이 연장되는 것은 아님

05 다음 중 PC 하드웨어의 업그레이드와 관련된 설명으로 옳지 않은 것은?

① 기존의 메인보드가 새로 교체할 CPU를 지원하지 않을 경우 메인보드도 함께 교체해야 한다.
② 램(RAM)은 접근 속도의 단위인 ns(나노 초)의 수치가 작을수록 성능이 좋다.
③ 하드디스크는 RPM의 수치가 작은 것이 성능이 좋다.
④ 하드웨어 업그레이드 시에는 반드시 전원을 끄고 작업한다.

> RPM(Revolution Per Minute)은 컴퓨터 보조 기억 장치인 하드디스크 속도를 나타낼 때 사용하는 것으로 분당 회전수를 의미함. 따라서 RPM의 수치가 큰 것이 성능이 좋음

정답 01 ② 02 ④ 03 ④ 04 ② 05 ③

06 다음 중 추가로 설치한 하드디스크를 인식하지 못하는 경우에 대한 대책으로 적절하지 않은 것은?

① CMOS 셋업에서 하드디스크 타입이 일치하는지 확인한다.
② 하드디스크의 데이터 케이블 연결이나 전원 케이블 연결을 확인한다.
③ 부팅 디스크로 부팅한 후 디스크 검사로 부트 섹터를 복구한다.
④ 운영체제가 설치되어 있는 경우 재설치하고, 그 외에는 포맷한다.

추가로 설치한 하드디스크를 인식하지 못하는 경우, 운영체제의 재설치나 포맷은 불가능하므로 적절한 대책이 아님

07 다음 중 컴퓨터에 설치된 프린터에서 인쇄가 수행되지 않을 경우의 문제 해결 방법으로 옳지 않은 것은?

① 프린터 케이블의 연결 상태가 정상인지 확인한다.
② 프린터의 기종과 프린터의 등록 정보가 올바르게 설정되어 있는지 확인한다.
③ 프린터의 스풀 공간이 부족하여 에러가 발생한 경우에는 하드디스크에서 스풀 공간을 확보한다.
④ CMOS 셋업에서 프린터의 설정이 제대로 되어 있는지 시험 인쇄를 하여 확인한다.

CMOS 셋업에서 프린터의 설정은 지원되지 않으며 시스템의 날짜/시간, 하드디스크 유형, 부팅 순서, 칩셋 및 USB 관련, 전원 관리, PnP/PCI 구성, 시스템 암호 등을 설정함

08 다음 중 컴퓨터의 오랜 작업으로 인한 전자파의 영향으로 눈의 피로, 두통, 스트레스 등의 여러 건강 장애가 발생하는 것은?

① VDT 증후군
② 대사 증후군
③ 자가 면역 질환
④ 레이노 증후군

VDT(Video Display Terminal) 증후군
컴퓨터 앞에서 모니터를 보며 오랜 시간 동안 키보드를 두드리는 작업을 할 때 생기는 증상으로 신체적인 면과 정신적 부분에서 장애를 초래하는 현상

09 다음 중 PC의 안정적 운영을 위한 장치에 대한 설명으로 옳지 않은 것은?

① AVR은 일정한 전압을 유지시켜 주는 장치이다.
② UPS는 정전 발생 시 일정 시간 동안 전압을 공급해 주는 장치이다.
③ CVCF는 출력의 전압 및 주파수를 일정하게 유지시켜 주는 장치이다.
④ CMOS는 전압이 급격히 변하여 대량의 전류가 흐르는 서지(Surge) 현상을 막기 위한 장치이다.

서지 보호기(Surge Protector) : 전압이 급격히 변하여 대량의 전류가 흐르는 서지(Surge) 현상을 막기 위한 장치

오답 피하기
CMOS : 바이오스(BIOS)의 여러 사항을 설정하는 것이며, 메인보드의 내장 기능 설정 및 주변장치에 대한 정보를 기록함

SECTION 14

Windows에서 PC 관리

빈출 태그 디스크 검사 • 디스크 포맷 • 디스크 정리 • 디스크 조각 모음

---

01 디스크 관리

디스크 관리는 Windows에서 각종 정보를 기억하는 하드디스크를 최적화하고 만일의 사태에 대비하여 데이터의 백업과 시동 디스크를 작성해 두는 것을 의미한다.

1) 디스크 검사 22년 상시, 21년 상시, 19년 3월, 05년 7월, 03년 7월

- 파일과 폴더 및 디스크의 논리적, 물리적인 오류를 검사하고 수정한다.
- 잃어버린 클러스터, FAT, 오류 등 디스크의 논리적인 오류 및 디스크 표면을 검사하여 실제 드라이브의 오류나 불량 섹터★를 검사한다.
- CD-ROM과 네트워크 드라이브는 디스크 검사를 할 수 없다.
- 드라이브를 검사하는 동안 드라이브를 계속 사용할 수 있으며 오류가 발견되면 수정 여부를 결정할 수 있다.
- [파일 탐색기]에서 검사할 드라이브의 바로 가기 메뉴 중 [속성]을 선택하여 [속성] 대화 상자를 표시한 다음 [도구] 탭의 오류 검사 항목에서 [검사]를 클릭한다.

> **기적의 TIP**
> 디스크 검사와 디스크 포맷의 기능을 묻는 문제가 출제됩니다. 각 특징에 대해 알아두세요.

★ **불량(Bad) 섹터**
디스크 표면의 물리적인 손상이나 결함으로 데이터의 읽기/쓰기가 불가능한 섹터

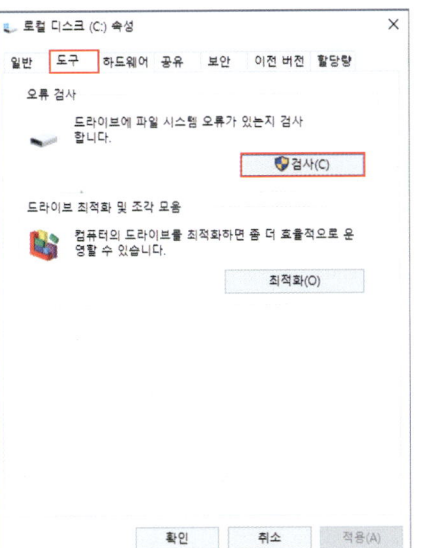

[오류 검사]로 바이러스의 감염을 예방할 수는 없음

★ **포맷(Format)**
플로피디스크나 하드디스크 등을 초기화하는 것으로 트랙과 섹터로 구성하는 작업

2) 디스크 포맷 ★ 22년 상시, 05년 7월, 03년 5월

[파일 탐색기]에서 포맷할 드라이브를 선택한 다음 [드라이브 도구] 탭–[관리] 그룹에서 [포맷]을 클릭하거나 바로 가기 메뉴의 [포맷]을 클릭한다.

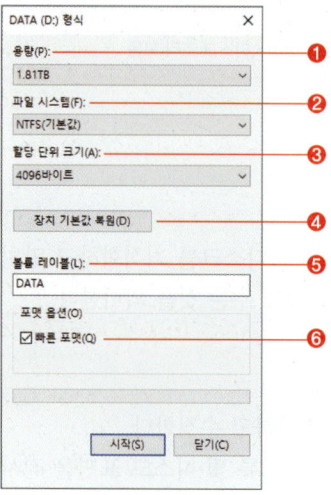

★ **NTFS**
New Technology File System의 약자로, 마이크로소프트 윈도우 운영체제에서 사용되는 파일 시스템

❶ 용량	포맷할 디스크의 용량을 선택함
❷ 파일 시스템	파일 시스템 NTFS★(기본값)를 선택함
❸ 할당 단위 크기	할당 단위 크기(기본 할당 크기, 512, 1024, 2048, 4096, 8192바이트, 16KB, 32KB, 64KB 등)를 선택함
❹ 장치 기본값 복원	장치가 갖는 기본값으로 복원함
❺ 볼륨 레이블	디스크의 이름을 표시함
❻ 빠른 포맷	빠른 포맷을 실시함

3) 디스크 드라이브 속성

❶ [이전 버전] 탭	복원 지점 또는 Windows 백업에서 가져온 이전 버전을 표시함
❷ [할당량] 탭	디스크 공간의 할당량 관리 사용 여부 등을 설정함
❸ [사용자 지정] 탭	폴더 유형 및 폴더 아이콘에 표시할 파일을 선택함
❹ [일반] 탭	• 볼륨 레이블명, 파일 시스템 종류, 사용 중인 공간, 사용 가능한 공간을 확인할 수 있음 • 드라이브를 압축하여 디스크 공간을 절약함 • 빠른 파일 검색을 위한 디스크 색인 사용 여부, 디스크 정리 등을 설정함
❺ [도구] 탭	오류 검사, 드라이브 최적화 및 조각 모음 등을 지원함
❻ [하드웨어] 탭	디스크 드라이브의 종류 및 장치 드라이버를 표시함
❼ [공유] 탭	디스크 드라이브의 공유를 설정함
❽ [보안] 탭	사용 권한을 변경함

02 시스템 최적화 관리 18년 9월, 17년 9월, 09년 7월, 08년 10월

- Windows에서 제공하는 시스템 최적화를 위한 시스템 유지 관리 프로그램에는 디스크 정리, 디스크 조각 모음 및 최적화 등이 있다.
- 컴퓨터를 효율적으로 관리하기 위해서는 가급적 불필요한 프로그램을 설치하지 않도록 하며, 정기적으로 시스템 최적화 프로그램을 사용하여 점검한다.

1) 디스크 정리 25년 상시, 24년 상시, 23년 상시, 22년 상시, 21년 상시, 04년 10월

- [시작(■)]-[Windows 관리 도구]-[디스크 정리]를 클릭하여 실행한다.
- Windows에서 디스크의 사용 가능한 공간을 늘리기 위하여 불필요한 파일들을 삭제하는 작업이다. 디스크의 전체 크기와는 상관없다.
- 디스크 정리 대상에 해당하는 파일은 임시 파일, 휴지통에 있는 파일, 다운로드한 프로그램 파일, 임시 인터넷 파일, 오프라인 웹 페이지 등이다.

> **기적의 TIP**
> 디스크 정리는 사용 가능한 공간을 늘리고, 디스크 조각 모음은 디스크의 수행 속도를 높여 줍니다.

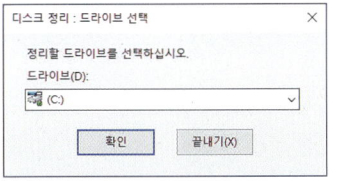

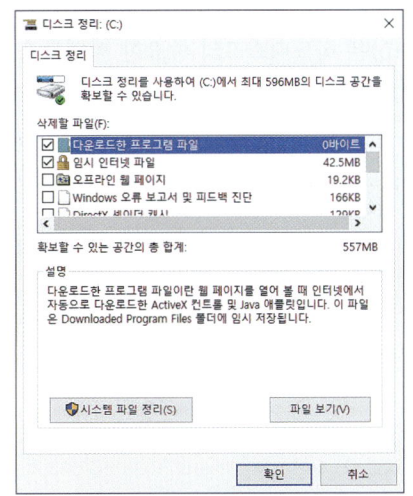

> **기적의 TIP**
> 일반적으로 바이러스에 감염된 파일을 모두 삭제하더라도 하드디스크의 용량 부족 문제가 해결되지는 않습니다.

2) 드라이브 조각 모음 및 최적화 24년 상시, 23년 상시, 22년 상시, 17년 3월, 12년 3월, 10년 10월, 09년 2월

- [시작( )]-[Windows 관리 도구]-[드라이브 조각 모음 및 최적화]를 클릭하여 실행한다.

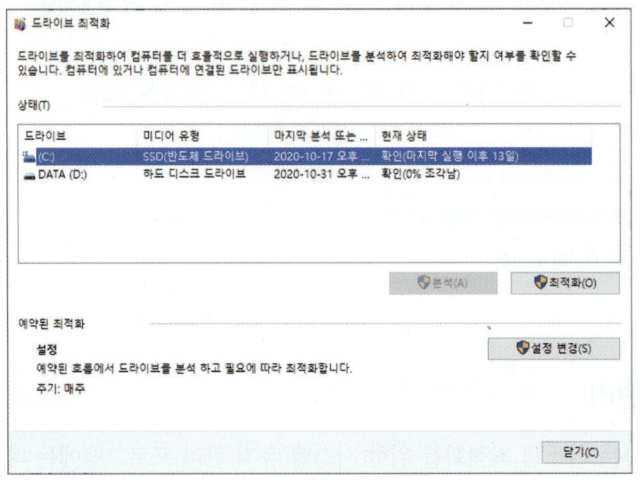

★ **단편화(Fragmentation)**
프로그램의 추가/제거, 파일들이 수정되거나 읽기/쓰기가 반복되면서 디스크에 비연속적으로 분산, 저장되는 것

- 디스크에 단편화★되어 저장된 파일들을 모아서 디스크를 최적화한다.
- 비율이 10%를 넘으면 디스크 조각 모음을 수행해야 한다.
- 단편화를 제거하여 디스크의 수행 속도를 높여준다.
- 처리 속도면에서는 효율적이나 총 용량이 늘어나지는 않는다.
- CD-ROM 드라이브, 네트워크 드라이브, Windows가 지원하지 않는 형식의 압축 프로그램 등은 디스크 조각 모음을 할 수 없다.

🅑 **기적의 TIP**
조각 모음을 진행하더라도 컴퓨터 사용이 가능한 점에 유의하세요.

03 백업 및 복원 22년 상시, 20년 2월/7월, 19년 8월, 16년 10월

1) 백업

백업(Backup)은 하드디스크의 중요한 파일들을 다른 저장 장치로 저장하는 것으로 불의의 사고로부터 데이터를 보호하기 위해 사용한다.

▶ 실행 방법

방법 1	[설정]-[업데이트 및 보안]-[백업]을 클릭함
방법 2	'ms-settings:backup'을 실행이나 파일 탐색기 및 웹 브라우저의 주소 표시줄에 입력한 다음 Enter 를 누름

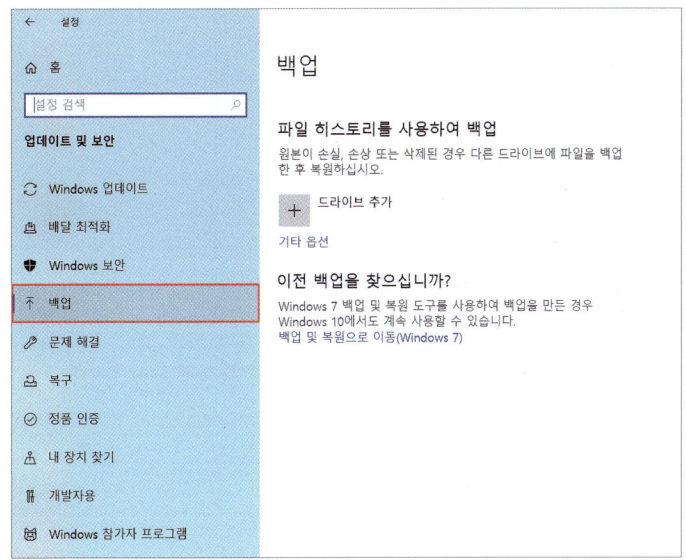

2) 파일 히스토리를 사용하여 백업

- 를 클릭하여 백업할 드라이브를 선택한다.

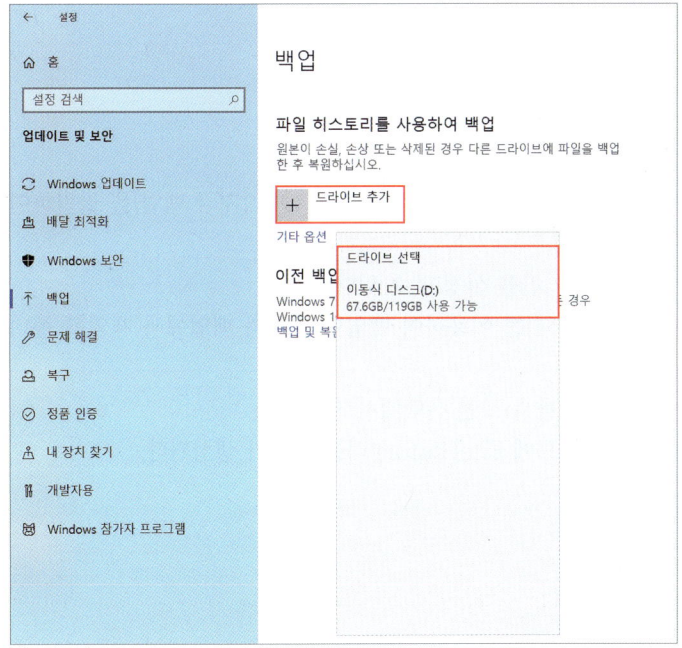

- [자동으로 파일 백업]을 '켬'으로 설정하면 선택한 드라이브로 파일 백업이 자동으로 실행된다.

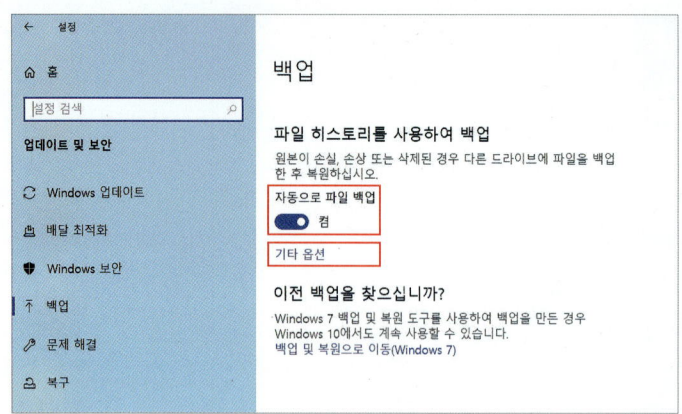

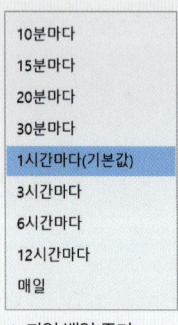
▲ 파일 백업 주기

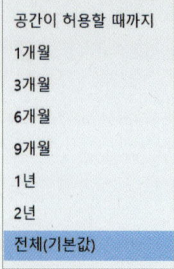
▲ 백업 유지 기간

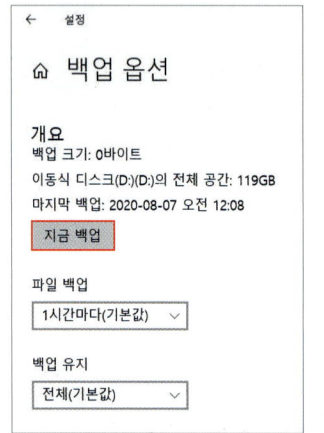

- [기타 옵션]을 클릭하면 [백업 옵션] 대화 상자가 나타나며 [지금 백업]을 클릭하여 바로 백업을 실행시킬 수 있다.
- 파일 백업 주기와 백업 유지 기간을 설정할 수 있다.
- [이 폴더 백업]과 [이 폴더 제외]를 이용하여 백업할 폴더와 백업에서 제외할 폴더를 선택할 수 있다.
- 해당 폴더를 클릭한 후 [제거]를 누르면 선택에서 제외된다.
- 백업이 완료되면 백업 드라이브에 FileHistory라는 폴더가 생성된다.

3) 복원 15년 10월

복원은 백업된 파일을 원래의 위치로 복구시키는 기능이다.

- [현재 백업에서 파일 복원]을 클릭하면 백업한 파일 히스토리가 열리고 ⓞ(원래 위치로 복사하세요.) 단추를 클릭하여 복원한다.
- 이전 버전(⏮ , Ctrl + ←)과 다음 버전(⏭ , Ctrl + →) 단추를 클릭하여 복원할 날짜를 선택할 수 있다.
- [드라이브 사용 중지] : 다른 드라이브에 백업을 하는 경우 현재 백업 드라이브의 사용을 중지한다.

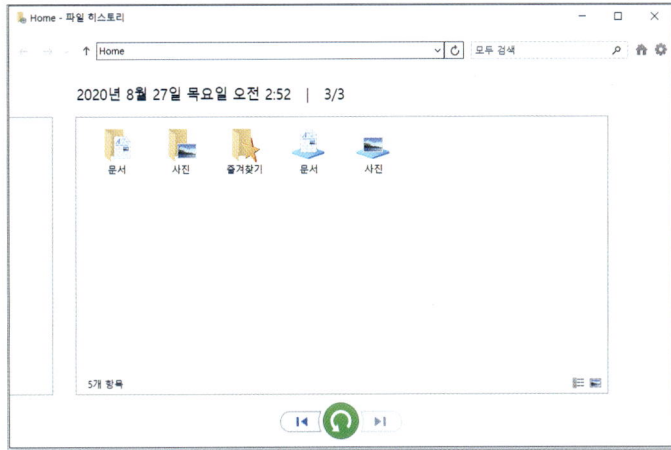

4) 시스템 복구 16년 6월, 15년 10월

- PC가 제대로 실행되지 않거나 느려진 경우 복구를 이용하여 PC를 초기화하는 기능이다.

▶ 실행 방법

방법 1	[설정]-[업데이트 및 보안]-[복구]를 클릭함
방법 2	'ms-settings:recovery'를 실행이나 파일 탐색기 및 웹 브라우저의 주소 표시줄에 입력한 다음 Enter 를 누름

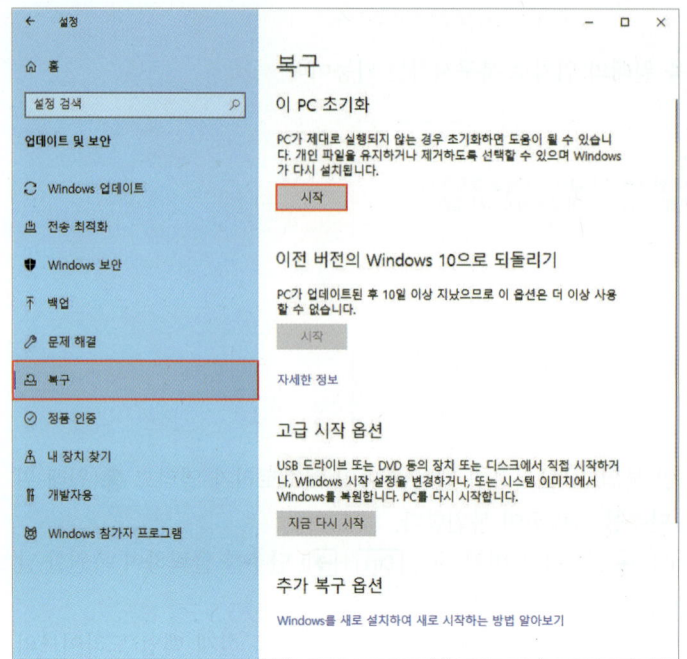

- [이 PC 초기화]의 [시작] 단추를 클릭하고 옵션 선택에서 [내 파일 유지]와 [모든 항목 제거] 중에서 하나를 선택한다.

[내 파일 유지]	앱 및 설정을 제거하지만 파일을 유지함
[모든 항목 제거]	개인 파일, 앱 및 설정을 모두 제거함

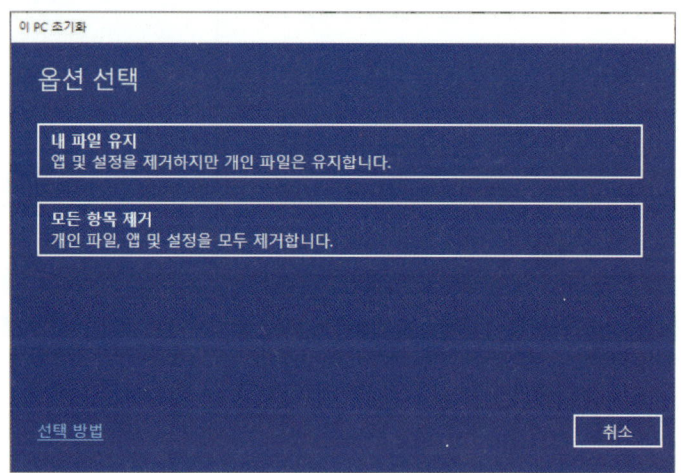

04 시스템 정보

- [시작(▦)]-[Windows 관리 도구]-[시스템 정보]를 클릭하여 실행한다.
- 시스템 정보에는 컴퓨터의 하드웨어 구성, 컴퓨터 구성 요소 및 드라이버를 포함한 소프트웨어에 대한 정보가 표시된다.
- [파일]에서 저장 및 열기가 가능하며 시스템 정보 파일의 확장자는 *.NFO★이다.

★ *.NFO
'information'의 줄임말인 'info'를 나타내는 파일 형식. 일반적으로 게임, 소프트웨어 및 미디어 파일과 함께 제공되며 해당 파일에 대한 정보와 설명을 제공

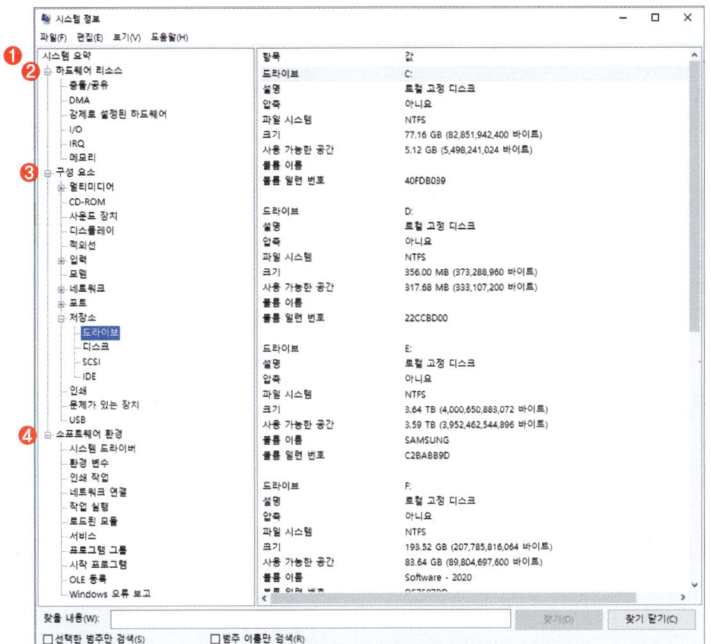

- 시스템 정보의 왼쪽 창에는 범주 목록이 오른쪽 창에는 각 범주에 대한 정보가 표시된다.

❶ 시스템 요약	시스템 이름 및 제조업체, BIOS(기본 입출력 시스템) 유형, 설치된 메모리 용량 등 컴퓨터 및 운영 체제에 대한 일반 정보가 표시
❷ 하드웨어 리소스	컴퓨터 하드웨어에 대한 충돌/공유, DMA, I/O, IRQ 등의 고급 정보가 표시
❸ 구성 요소	멀티미디어, CD-ROM, 사운드 장치, 디스플레이, 모뎀, USB 및 기타 컴퓨터에 설치된 구성 요소에 대한 정보가 표시
❹ 소프트웨어 환경	시스템 드라이버, 환경 변수, 네트워크 연결, 작업 실행, OLE 등록, Windows 오류 보고 및 기타 프로그램 관련 정보가 표시

05 Windows에서 발생되는 문제와 해결 방법

메모리 부족 문제	• 시스템을 재부팅함 • 불필요한 프로그램을 삭제함 • 메모리 관리자 구동 드라이버가 설치되었는지 확인함 • 불필요한 램 상주 프로그램을 삭제함
디스크 공간 부족	• [휴지통 비우기]를 수행함 • [디스크 정리]를 실행하여 불필요한 파일을 삭제함 • 불필요한 파일은 [백업] 후 삭제함 • 시스템에서 사용하지 않는 Windows 구성 요소를 제거함
인쇄 문제	• 프린터의 전원이나 케이블의 연결 상태를 확인함 • 프린터 드라이버의 설정을 확인함 • 인쇄 속도가 느릴 경우에는 [스풀] 공간 및 설정 상태를 확인함
하드웨어 충돌 문제	• 하드웨어 정보에 '!' 표시가 나타나면 하드웨어를 수동으로 설정하거나 드라이버 업그레이드를 실행함 • 문제가 발생한 장치의 제어기를 변경함 • 중복 설치된 하드웨어 장치를 제거한 후 시스템을 재부팅함
부팅이 되지 않을 때	• 바이러스 감염 여부를 확인한 후 바이러스 검사를 실행함 • 시스템 파일이 파괴되었을 경우 [시동 디스크]로 부팅한 후 시스템 파일을 재설치함 • 안전 모드(Safe Mode)로 부팅한 후 잘못 설정된 부분을 수정함

개념 체크

1 메모리 부족 문제가 있을 때는 컴퓨터의 전원이나 케이블의 연결 상태를 확인한다. (O, X)

2 디스크 공간 부족 문제가 있을 때는 문제가 발생한 장치의 제어기를 변경한다. (O, X)

3 부팅이 되지 않을 때는 바이러스 감염 여부를 확인한 후 바이러스 검사를 실행한다. (O, X)

1 X 2 X 3 O

이론을 확인하는 기출문제

01 다음 중 Windows에서 하드디스크에 적용하는 [오류 검사]에 관한 설명으로 옳지 않은 것은?

① 하드디스크 자체의 물리적 오류를 찾아서 복구하므로 완료하는 데 시간이 더 오래 걸릴 수 있다.
② 하드디스크 드라이브를 검사하는 동안에도 드라이브를 계속 사용할 수 있다.
③ 하드디스크 문제로 인하여 컴퓨터 시스템이 오작동하는 경우나 바이러스의 감염을 예방할 수 있다.
④ 하드디스크의 [속성] 창 [도구] 탭에서 오류 검사를 실행할 수 있다.

[오류 검사]
• 드라이브에 파일 시스템 오류가 있는지 검사함
• 파일과 폴더 및 디스크의 논리적, 물리적인 오류를 검사하고 수정함
• CD-ROM과 네트워크 드라이브는 디스크 검사를 할 수 없음

02 다음 중 컴퓨터의 효율적인 관리로 옳지 않은 것은?

① 디스크 검사를 통해 파일과 폴더 및 디스크의 논리적, 물리적인 오류를 검사하고 수정한다.
② 백업(Backup)은 불의의 사고로부터 데이터를 유지하고 보호하기 위해 사용한다.
③ 드라이브 조각 모음 및 최적화를 통해 디스크에 단편화되어 저장된 파일들을 모아서 디스크를 최적화한다
④ Windows에서 디스크의 사용 가능한 공간을 늘리기 위하여 불필요한 파일들을 삭제하는 작업은 디스크 포맷이다.

[디스크 정리]
• Windows에서 디스크의 사용 가능한 공간을 늘리기 위하여 불필요한 파일들을 삭제하는 작업
• 디스크의 전체 크기와는 상관없음

정답 01 ③ 02 ④

CHAPTER 04

인터넷 자료 활용

학습 방향

인터넷과 정보통신은 골고루 문제가 출제되고 있으며 멀티미디어의 정의와 특징, 그래픽 데이터의 표현 방식, 그래픽 파일 형식과 관련 용어, 동영상 데이터의 MPEG 규격, 정보 통신망의 종류, 각 네트워크 접속 장비, 인터넷의 주요 서비스, 인터넷 및 모바일 기기 관련 용어에 대한 전반적인 학습이 필요합니다.

출제 빈도

SECTION 01　상　25%
SECTION 02　상　29%
SECTION 03　하　4%
SECTION 04　상　27%
SECTION 05　중　15%

SECTION 01 인터넷 일반

출제빈도 상 중 하
반복학습 1 2 3

빈출 태그 ADSL • VDSL • IP 주소 • IPv6 • 도메인 네임 • URL • TCP/IP • HTTP • ARP • DHCP • 쿠키 • 검색 엔진

합격 강의

01 인터넷의 기초

1) 인터넷(Internet)의 개념
- 전 세계 통신망들이 연결(결합)되어 만들어진 세계적인 네트워크이다.
- 네트워크에 연결된 모든 컴퓨터를 연결하는 네트워크의 네트워크라 할 수 있으며 지구상에서 가장 큰 지구촌 네트워크이다.
- TCP/IP★ 프로토콜을 통해 연결되어 있는 글로벌(Global) 네트워크이다.
- 1969년 최초 군사용 목적으로 개발된 알파넷(ARPANET)에서 유래되었다.

> 1990년 ARPANET이 과학재단 네트워크인 NSFNET으로 이관되고 그 이후 일반 상업 목적의 네트워크가 연결되면서 현재의 인터넷으로 발전하였음

★ TCP/IP(Transmission Control Protocol/Internet Protocol)
- 기종이 서로 다른 컴퓨터 시스템을 서로 연결해 데이터를 전송하기 위한 통신 프로토콜
- 1980년대 초 미국 국방부가 제정하였으며, UNIX와 인터넷 사용이 늘어나면서 네트워크상에서 데이터를 전송하는 표준이 됨

2) 인터넷의 특징
- 다른 기종 간의 상호 연결을 지원하며 전 세계 여러 사람들과 대화 및 정보 교환이 가능하다.
- 인터넷 연결을 위해서는 IP 주소를 배정받는다.
- 중앙 통제 기구가 없어 사용권의 제한이 없다.

3) 인터넷 연결 방식 05년 10월, 03년 2월

전용선	인터넷 서비스 업체(ISP)에서 전용선을 할당받아 고정된 라인을 통해 인터넷 서비스를 이용하는 방식
전화선과 모뎀	모뎀으로 전화를 걸어 인터넷 서비스 업체(ISP)의 서버에 접속하여 인터넷을 이용하는 방식
ISDN	• 기존 전화선을 이용하여 다양한 형태의 디지털 서비스를 이용하는 방식 • 인터넷과 전화를 함께 사용 가능함(ISDN 회선, NT, TA, S-Card, V-Card와 같은 장비가 필요)
ADSL	• 기존 전화선을 이용하여 전화와 데이터 통신을 동시에 수행할 수 있는 방식 • 업로드 속도가 다운로드 속도에 비해 느림
VDSL	• ADSL의 속도 차이를 개선한 초고속 인터넷 망 • 비대칭형과 대칭형의 두 가지 종류가 있으며, 현재 대칭형 서비스를 제공함
HDSL	고속 디지털 가입자 회선으로 업로드와 다운로드 속도를 동일하게 제공함
케이블 모뎀	• 케이블 TV에 사용하는 케이블을 이용하여 인터넷 서비스를 이용하는 방식 • 케이블 모뎀과 네트워크 카드와 같은 별도의 장치가 필요함
위성 인터넷	• 인공 위성을 이용해 초고속으로 인터넷 서비스를 이용하는 방식 • 케이블 연결이 불가능한 지역이나, 대량의 데이터 전송 시 유용하게 사용함

전용선 속도

T1	1.544 Mbps
T2	6.312 Mbps
T3	44.763 Mbps
E1	2.048 Mbps
E2	8.448 Mbps
E3	34.368 Mbps

4) 중요한 인터넷 기구

InterNIC	국제인터넷정보센터로, com, net, org 등 최상위 도메인을 유지 관리하던 조직이었으나 1988년 10월 비영리 기구인 ICANN이 새롭게 최상위 도메인 관리자로 지정됨
KISA	• 한국인터넷진흥원으로 인터넷 정책 기획, 교육, 인터넷 주소 관리, 인터넷 침해 대응, 개인 정보 보호 등의 업무를 담당함 • IP 주소 및 도메인 등록 서비스를 수행함 • 한국인터넷정보센터(KRNIC)가 확대 개편됨

도메인 이름 관리
국내 도메인 이름은 KISA에서 관리하고, 전 세계 도메인 이름은 ICANN에서 총괄함

5) 인터넷 관련 기구

ISOC(Internet SOCiety)	인터넷을 관리하는 최상위 단체, 인터넷의 표준화, 자원의 유효 활용을 검토하는 단체로 많은 하부 조직을 보유하고 있음
IANA(Internet Assigned Numbers Authority)	• Internet SOCiety의 IAB 하부 조직 • 인터넷 서비스 제공 사업자들의 IP 주소 할당 업무를 감독했음
ICANN (the Internet Corporation for Assigned Names and Numbers)	IANA가 수행했던 인터넷 도메인 이름과 IP 주소, 포트 번호 할당 및 프로토콜의 범주 설정 등의 업무를 담당함

RFC(Request For Comments)
• IETF(Internet Engineering Task Force)에서 발표하는 인터넷 기술과 관련된 공문서 간행물로, 인터넷 연구와 개발 공동체의 작업 문서
• 주로 통신 프로토콜, 인터넷 서비스 등에 대해서 다루고 있으며, 제출된 문서가 인정되면 특정한 번호가 붙은 RFC 문서로 공고됨

02 인터넷의 주소 체계

1) IP 주소(Address) — 주민등록번호와 같은 역할을 담당함
25년 상시, 24년 상시, 23년 상시, 22년 상시, 20년 2월, 19년 8월, 18년 3월/9월, 17년 3월, 16년 6월, 15년 3월/6월, …

- 인터넷에 연결된 컴퓨터의 고유한 주소이다.
- IPv4 주소 체계는 32비트를 8비트씩 4부분으로 나누어 각 부분을 점(.)으로 구분하며, 10진 숫자로 표현하고 각 자리는 0부터 255까지의 숫자를 사용한다.
- IPv4의 32비트 주소 체계로는 전 세계의 증가하는 호스트에 주소를 할당하기 어렵기 때문에, 1994년부터 개발하기 시작한 128비트의 주소 체계 IPv6이 사용된다.
- IPv6 주소 체계는 128비트를 16비트씩 8부분으로 나누어 각 부분을 콜론(:)으로 구분한다.
- IPv6은 IPv4와 호환이 되며 16진수로 표기, 각 블록에서 선행되는 0은 생략할 수 있으며 연속된 0의 블록은 ::으로 한 번만 생략 가능하며 지원되는 주소 개수는 약 43억의 네제곱이다.
- IP 주소는 미국은 InterNIC, 대한민국을 비롯한 기타 나라들은 각국의 망 관리 센터에서 발급한다. 대한민국의 경우에는 한국 인터넷 진흥원에서 발급한다.

기적의 TIP
IP 주소와 도메인 네임, URL 등은 매우 중요하며 자주 출제됩니다. 유념해서 공부해야 시험에서 당황하지 않고 풀 수 있습니다.

0000 : 0000 : 0000
　↓ (0000은 0으로 표현 가능)
0 : 0 : 0
　↓ (연속된 0의 블록은 한 번만 ::으로 생략 가능)
::

IPv6 주소 체계는 일대일 통신의 유니캐스트(Unicast), 일대다 통신의 멀티캐스트(Multicast), 일대일 통신의 애니캐스트(Anycast)와 같이 할당되므로 주소의 낭비 요인을 줄일 수 있음

IPv6은 실시간으로 흐름을 제어하므로 향상된 멀티미디어 기능이 지원됨

▶ IPv4 주소의 종류와 형식

IP 주소의 분류	범위	특징	구성 가능한 호스트의 개수
A Class	1.0.0.0 ~ 127.255.255.255	국가나 대형 통신망	16,777,214개
B Class	128.0.0.0 ~ 191.255.255.255	중·대규모 통신망	65,534개
C Class	192.0.0.0 ~ 223.255.255.255	소규모 통신망	254개
D Class	224.0.0.0 ~ 239.255.255.255	멀티캐스팅용	–
E Class	240.0.0.0 ~ 255.255.255.255	실험용	–

※ IPv6은 단말기의 대수 및 네트워크의 규모에 따라 순차적으로 할당되어 효율적임

2) 도메인 네임(Domain Name) 05년 7월, 04년 10월

숫자로 구성된 IP 주소를 사람(사용자)이 이해하기 쉬운 문자 형태로 표현한 것이다.

① 도메인 이름 작성 규칙

- 레이블은 하이픈(-)으로 시작하거나 끝날 수 없다
- 영문자의 대/소문자의 구별이 없으며, 콤마(,), 언더스코어(_) 등의 특수 문자는 사용할 수 없다.
- 길이는 최소 2자에서 최대 63자까지 가능하다.
- 단, 한글이 포함된 도메인 이름의 경우에는 길이가 17자 이하여야 한다.

② 최상위 신규 도메인

국제 인터넷 주소 자원 관리 기구인 ICANN은 일반 최상위 도메인을 추가로 생성하였다.

▶ 최상위 신규 도메인

도메인	의미	도메인	의미
biz	사업 또는 회사	coop	협동 조합
aero	항공 산업	museum	박물관
pro	회계사, 변호사, 의사 등 전문가	info	제한 없음
name	개인 도메인	mobi	모바일 콘텐츠 제공자 및 이용자

▶ 소속 국가 도메인

도메인	의미	도메인	의미
kr	한국	fr	프랑스
au	호주	it	이탈리아
at	오스트리아	jp	일본
ca	캐나다	no	노르웨이
de	독일	us	미국
dk	덴마크	uk	영국
fi	핀란드	cn	중국

③ KISA에서 부여하는 도메인

형식 : [호스트 컴퓨터명].[소속 기관명].[소속 기관의 종류].[소속 국가명](예 http://www.youngjin.co.kr)

도메인	의미	도메인	의미
go	정부 기관	kg	유치원
or	비영리 기관	es	초등학교
mil	국방 조직	ms	중학교
re	연구 기관	hs	고등학교
co	기업 등의 영리 기관	ac	대학, 대학원 등의 교육 기관
ne	네트워크	sc	기타 학교
pe	개인		

사람의 이름에 해당하며 주민등록번호(IP 주소)로 사람을 부르지 않듯 도메인 네임을 사용함

DNS(Domain Name System)
문자 형태로 된 도메인 네임(Domain Name)을 컴퓨터가 인식할 수 있는 숫자로 된 IP 어드레스(IP Address)로 변환해 주는 컴퓨터 체계

일반 도메인의 종류
- gTLD(generic TLD) : 누구나 신청이 가능한 도메인
- sTLD(special TLD) : 미국에 있는 정부 기관, 군사 기관에서만 사용할 수 있는 도메인
- iTLD(international TLD) : 국제 기구에서만 사용 가능한 도메인

퀵돔(QuickDom)
- 2단계 영문 kr 도메인의 브랜드
- 퀵돔(2단계 영문 kr 도메인)은 nida.kr과 같은 짧은 형태의 도메인을 의미함
- Quick(빠른, 민첩한)과 Domain(도메인)이 결합된 합성어로, 2단계 kr 도메인이 가지고 있는 입력의 편의성과 더불어 기존 3단계 도메인에 비해 줄어든 단계적 특성을 강조함
- 예 youngjin.co.kr → youngjin.kr처럼 줄여서 사용할 수 있음

④ INTERNIC에서 부여하는 도메인

형식 : [호스트 컴퓨터명].[소속 기관명].[소속 기관의 종류] ⓔ http://www.youngjin.com)

도메인	의미	도메인	의미
edu	교육 기관	com	제한 없음
gov	정부 기관	org	비영리 기관
net	네트워크 관련 기관	mil	군사 기관
int	국제 기관	tel	기존 통신 수단과 최신 기술(VoIP) 통합/연동 서비스 제공

3) URL(Uniform Resource Locator) 24년 상시, 23년 상시, 19년 8월, 16년 10월, 14년 6월, 07년 5월, 06년 7월, …

- 인터넷에서 정보의 위치를 알려 주는 표준 주소 체계이다.
- 인터넷의 정보에 대한 접근 방법, 위치, 파일명 등으로 구성된다.
- 형식 : 프로토콜://서버 주소[:포트 번호]/디렉터리/파일명
  (기본 포트를 사용하는 경우 생략해도 되지만, 다른 포트 번호를 사용하는 경우 URL에 포트 번호를 반드시 함께 지정해야 함)
- **기본 포트 번호** : HTTP-80, FTP-21, TELNET-23, News-119, Gopher-70

종류	형식 및 사용 예
WEB 서비스	형식) http://접속 사이트:포트 번호/디렉터리/파일명 (ⓔ http://www.youngjin.com:8080/top/index.html)
TELNET 서비스	형식) telnet://접속호스트:포트 번호(ⓔ telnet://home.youngjin.com:4000)
FTP 서비스	형식) ftp://아이디:비밀번호@서버 이름:포트 번호(비밀번호 생략 가능) (ⓔ ftp://abc:1234@ftp.youngjin.com:2000)
NEWS 서비스	형식) news:뉴스 그룹명(ⓔ news:han.comp.internet)
Mail 서비스	형식) mailto:메일 주소(ⓔ mailto:master@youngjin.com)
File 서비스	file:///c:working/sample.hwp

03 인터넷 프로토콜 25년 상시

프로토콜(Protocol)이란 네트워크에서 서로 다른 기종 간의 데이터 전송 시 원활한 정보 교환이 가능하도록 절차 등을 규정해 놓은 통신 규약이다.

1) TCP/IP(Transmission Control Protocol/Internet Protocol) 20년 7월, 18년 3월/9월, …

- 네트워크로 연결된 시스템 간의 데이터 전송을 위해 인터넷에서 사용하는 표준 프로토콜이다.
- 서로 다른 컴퓨터 간의 통신 및 자원 공유를 가능하게 해 준다.
- 망의 일부가 파손되더라도 남아 있는 망을 통해 통신이 계속 유지되도록 만들어진 신뢰성 있는 프로토콜이다.
- TCP 프로토콜과 IP 프로토콜의 결합적 의미이다.
- TCP/IP는 응용 계층(데이터 송수신을 위한 FTP, TELNET, SMTP, SNMP 등), 전송 계층(신뢰성 있는 통신을 위한 TCP, UDP 등), 인터넷 계층(주소 지정, 경로 설정을 위한 IP, ARP, RARP 등), 링크 계층(프레임의 송수신을 위한 X.25, RS-232C, HDLC, IEEE 802, 이더넷 등)으로 구성된다.

프로토콜의 주요 기능
단편화와 재조합, 주소지정, 순서 지정, 캡슐화, 연결제어, 오류제어, 동기화, 데이터 흐름제어, 멀티플렉싱, 전송 서비스 등

- **단편화** : 데이터를 세그먼트 단위로 분할하는 것
- **재조합** : 분할된 데이터를 원래대로 복원하는 것
- **주소 지정** : 개체간 인식을 위해 주소를 지정하는 것
- **순서 지정** : 연결지향형 전송 데이터의 순서를 지정하는 것
- **캡슐화** : 데이터에 제어 정보를 추가하는 것
- **연결 제어** : 비연결 데이터 전송 및 통신로의 연결을 제어하는 것으로 가상 회선을 위한 통신로의 개설, 유지, 종결 등의 기능을 수행하는 것
- **오류 제어** : 데이터의 전송 중 발생 가능한 오류나 착오 등의 에러를 검출하고 정정하는 것
- **동기화** : 개체와 개체 간의 통신 상태(시작, 종류, 검사 등)를 일치 시키는 기능을 수행하는 것
- **흐름 제어** : 수신측의 처리 능력에 맞게 데이터의 양이나 통신 속도 등을 조정하는 것
- **멀티플렉싱** : 네트워크의 사용량을 최대로 하기 위해 다수의 여러 개체와 다중화하는 것
- **전송 서비스** : 전송에 필요한 우선순위 부여, 보안성 지정 등의 서비스를 제공하는 것

TCP	• 메시지를 송수신의 주소와 정보로 묶어 패킷 단위로 나눔 • 전송 데이터의 흐름을 제어하고 데이터의 에러 유무를 검사함 • OSI 7계층 중 전송(Transport) 계층에 해당함
IP	• 패킷 주소를 해석하고 경로를 결정하여 다음 호스트로 전송함 • OSI 7계층 중 네트워크(Network) 계층에 해당함

2) OSI 참조 모델 14년 3월

- 개방형 시스템 간의 상호 접속을 위한 참조 모델이다.
- 1977년 국제 표준화 기구(ISO : International Standards Organization)에서 제정했다.
- 서로 다른 컴퓨터나 정보 통신 시스템들 간에 원활하게 정보를 교환하고 서로 연결하기 위한 표준화된 절차를 의미한다.
- 통신 종단에서 이루어지는 기능을 7개의 계층으로 분류하고 각 계층의 기능에 적합한 표준화된 서비스와 프로토콜을 규정한다.

▶ **OSI 참조 모델 7계층** 25년 상시, 12년 9월

하위층	1계층	물리 계층	매체 접근에 따른 기계적, 전기적, 물리적 절차 규정
	2계층	데이터 링크 계층	인접 개방형 시스템 간의 정보 전송 및 오류 제어 기능
	3계층	네트워크 계층	정보 교환, 중계 기능, 경로 선정, 유통 제어 기능
	4계층	전송 계층	송수신 시스템 간의 논리적 안정 및 균등한 서비스 제공
상위층	5계층	세션 계층	응용 프로세스 간의 연결 접속 및 동기 제어 기능
	6계층	표현 계층	정보의 형식 설정 및 부호 교환, 암호화, 해독, 압축
	7계층	응용 계층	응용 프로세스 간의 정보 교환 및 전자 사서함, 파일 전송

① **물리 계층(Physical Layer) : 1계층** 21년 상시, 17년 9월, 14년 3월, 10년 6월

- 허브나 리피터 등의 전기적 신호를 재발생시키는 장비로, 시스템 간의 물리적인 접속을 제어한다.
- ITU-T의 V.24, EIA의 RS-232C 통신 규격을 사용한다.
- 전송 방식, 데이터 부호화 방식, 케이블의 형태, 데이터 충돌 감지 방식, 신호 형식, 변조 방식 등을 정의한다.
- 기능적, 기계적, 전기적, 절차적인 특성으로 정의된다.

② **데이터 링크 계층(Data Link Layer) : 2계층** 17년 9월, 14년 6월, 06년 9월

- 이웃한 통신 기기 사이의 연결 및 데이터 전송 기능과 관리를 규정한다.
- 동기화, 오류 제어, 흐름 제어 등의 기능을 사용한다.
- 데이터 블록을 인접 노드 간에 오류 없이 전송한다.
- 정보의 프레임화 및 순서 제어, 전송 확인, 오류 검출 및 복구, 흐름 제어, 데이터 링크의 접속과 단절 등의 기능을 수행한다.
- 데이터 링크 계층에서는 스위치, 랜 카드, 브리지 같은 장비가 사용된다.

③ 네트워크 계층(Network Layer) : 3계층 17년 9월, 14년 6월/10월, 11년 10월
- 응용 프로세스가 존재하는 시스템 간 데이터의 교환 기능이다.
- 복수 망인 경우 중계 시스템에 대한 경로 선택 및 중계 기능을 제공한다.
- 패킷 관리와 경로 배정(Routing) 등의 기능을 수행한다(라우터).
- 네트워크 계층의 대표적 프로토콜 : ITU-T의 X.25

④ 전송 계층(Transport Layer) : 4계층 23년 상시
- 종단 간 투명하고 신뢰성 있는 데이터의 전송을 제공한다.
- 상하위 계층 간의 중간 인터페이스 역할을 제공한다.
- 데이터 전송에 대한 오류 검출, 오류 복구, 흐름 제어 등의 기능을 수행한다.

⑤ 세션 계층(Session Layer) : 5계층
- 사용자와 전송 계층 간의 인터페이스를 위한 연결이다.
- 세션 접속 설정, 데이터 전송, 세션 접속 해제 등의 기능을 수행한다.
- 반이중과 전이중 통신 모드의 설정을 결정한다.

⑥ 표현 계층(Presentation Layer) : 6계층
- 네트워크 내에서 응용 프로그램의 구문상 차이 없이 연결 가능하다.
- 데이터의 재구성, 코드 변환, 구문 검색 등의 기능을 수행한다.

⑦ 응용 계층(Application Layer) : 7계층 09년 4월
- OSI 참조 모델의 최상위 레벨로 특정한 서비스(데이터베이스, 전자 사서함 등)를 제공한다.
- 응용 프로그램과의 인터페이스 기능(파일 처리, 파일 전송) 및 통신을 수행한다.

TCP/IP 상위 계층
- TELNET : 원격 로그인
- FTP : 파일 전송 규약
- SMTP : 전자우편 송신 규약
- NNTP : 네트워크 뉴스 전송 규약
- DNS : 문자 도메인 네임을 숫자 IP 주소로 변환
- DHCP : 동적 호스트 설정 규약
- WWW : 하이퍼텍스트 웹 정보 검색 서비스

3) 기타 프로토콜 23년 상시, 13년 3월/6월, 11년 10월, 10년 3월/6월, 08년 5월/10월, 07년 5월, 06년 2월/7월, 04년 8월, …

프로토콜	설명
HTTP(HyperText Transfer Protocol)	인터넷상에서 하이퍼텍스트★를 주고받기 위한 프로토콜
UDP(User Datagram Protocol)	• IP를 사용하는 네트워크상에서 데이터그램(데이터 전송 단위) 전송을 위한 프로토콜로, 사용자 데이터그램 프로토콜이라 함 • 신뢰성 없는 비접속 통신, 전송 계층 프로토콜에 해당함
SLIP/PPP(Serial Line Internet Protocol/Point to Point Protocol)	모뎀과 전화선을 이용해서 인터넷에 접속할 때 사용하는 프로토콜
ARP(Address Resolution Protocol)	네트워크상에서 IP 주소를 물리적 주소(MAC)로 대응시키기 위해 사용되는 프로토콜로, 주소 결정 프로토콜이라 함
ICMP(Internet Control Message Protocol)	IP와 조합하여 통신 중에 발생하는 오류의 처리와 전송 경로 변경 등을 위한 제어 메시지를 관리하는 프로토콜로, 인터넷 제어 메시지 프로토콜이라 함
SNMP(Simple Network Management Protocol)	네트워크를 운영하기 위해 각종 기기를 관리하는 프로토콜이며 TCP/IP 프로토콜에 포함됨
DHCP(Dynamic Host Configuration Protocol)	• IP 주소를 자동으로 할당해 주는 동적 호스트 설정 통신 규약 • 어드레스 자동 취득 프로토콜을 의미하며 복잡한 설정 작업을 자동화하는 프로토콜 • 단말기 작동 시 동적으로 IP 어드레스를 할당함으로써 어드레스의 설정에 따라 작업상의 문제를 해결함

★ 하이퍼텍스트(Hypertext)
문서와 문서 간에 연결(링크)점을 가지고 있어서 관련 정보를 쉽게 찾을 수 있는 비선형 구조의 텍스트로, 사용자의 선택에 따라 검색 순서가 달라짐

🏁 **기적의 TIP**

HTTP, ARP, ICMP, SNMP, DHCP 기능을 묻는 문제가 곧 잘 출제되므로 각 프로토콜의 기능을 정확히 알아 두세요.

04 웹 브라우저 25년 상시, 24년 상시, 23년 상시, 17년 3월, 15년 3월, 03년 5월

▲ 웹 브라우저

- 웹 브라우저(Web Browser)는 웹(WWW) 서버와 HTTP 프로토콜로 통신하여 사용자가 요구한 홈페이지에 접근하여 웹 문서를 사용자에게 보여주는 프로그램이다.
- 별도의 플러그 인(Plug-In)을 설치하여 동영상이나 소리 등의 다양한 멀티미디어 데이터를 처리할 수 있다.
- 전자우편 발송 및 HTML 문서 편집이 가능하다.
- 최근에 접속한 사이트와 URL을 저장할 수 있는 '열어본 페이지 목록' 기능을 지원한다.
- 자주 방문하는 URL을 저장 및 관리할 수 있는 '즐겨찾기' 기능을 지원한다.

▶ 웹 브라우저의 종류

마이크로소프트 엣지	Windows에서 기본 브라우저로 제공되며 익스플로러보다 안정적이며 속도가 빠름
크롬	구글에서 서비스하는 웹 브라우저로 구글 계정의 연동 및 탭 브라우징 기능 등이 있음
네이버 웨일	네이버에서 개발한 브라우저로 크롬 엔진을 기반으로 함
익스플로러	마이크로소프트사에서 제작한 것으로 웹 서비스, FTP, 유즈넷 등의 서비스를 제공함
넷스케이프	미국 넷스케이프 커뮤니케이션즈사가 개발한 인터넷에서의 클라이언트용 소프트웨어
모자이크	멀티미디어 지원이 가능한 최초의 웹 브라우저로 인터넷에서 데이터베이스 서버에 액세스하기 위한 클라이언트용 소프트웨어
링스(Lynx)	Unix 운영체제에서 사용되는 텍스트 기반의 웹 브라우저로 이미지 등은 표시하지 않음
아라크네(Arachne)	DOS용 그래픽 웹 브라우저로 한글 및 자바, 프레임 등이 지원되지 않음

▶ 웹 브라우저의 주요 기능

북마크(Bookmark)	웹의 홈페이지를 보고 그 사이트의 URL을 기록해 두고 싶을 때 사용하는 브라우저 기능
Active X	특정 프로그램으로 작성된 작업 문서를 웹과 연결시켜 웹으로 재현할 수 있도록 하는 기술
캐시 파일(Cache File)	사용자가 접속했던 사이트에 대한 관련 파일을 보관하는 파일
쿠키(Cookie)	인터넷 웹 사이트의 방문 정보를 기록하는 텍스트 파일로, 인터넷 사용자가 웹 사이트에 접속한 후 이 사이트 내에서 어떤 정보를 읽고 어떤 정보를 남겼는지에 대한 정보가 사용자의 PC에 저장되며, 고의로 사용자의 정보를 빼낼 수 있는 통로 역할을 할 수도 있음

05 인터넷 정보 검색 06년 9월, 04년 5월

1) 검색 엔진(Search Engine)
- 인터넷의 정보를 손쉽게 찾기 위해 제공되는 검색 프로그램이다.
- 인터넷 주소를 찾아주는 역할을 하는 것으로서 수천 개의 링크를 가진 데이터베이스이다.
- 지식 검색 : 자기 질문에 대한 다른 사용자들의 답변으로 정보를 얻을 수 있는 검색 서비스이다.
- 로봇 프로그램 : 웹상의 정보를 검색하는 프로그램으로 검색된 정보를 인덱스(Index)화 한다.

> **기적의 TIP**
> 정보 검색 엔진의 특징과 기능에 대해 묻는 문제가 출제되므로 각별히 유의해서 공부하세요.

2) 검색 엔진의 분류 04년 8월, 03년 2월

주제별 검색 엔진 (디렉터리 검색 엔진)	• 검색하고자 하는 정보를 주제(정치, 경제, 사회, 문화 등)에 따라 분류함 • 여러 단계를 거치므로 잘못된 항목을 선택하는 경우 검색이 비효율적임 (예 야후, 갤럭시)
단어별 검색 엔진 (키워드 검색 엔진)	사용자가 입력한 특정 검색어를 기준으로 검색함(예 알타비스타, 네이버, 구글)
메타 검색 엔진	• 자체적으로 데이터베이스를 가지고 있지 않고 사용자가 검색어를 입력하면 여러 검색 엔진을 한꺼번에 사용하여 검색 기능을 수행함 • 정보를 수집하는 로봇 에이전트를 이용하여 정보를 검색함 • 여러 검색 엔진을 이용하므로 수행 속도가 느림(예 미스 다찾니, 서치 닷컴)

3) 검색 엔진의 연산자
검색 엔진을 이용하여 데이터를 검색할 때, 연산자를 이용하면 정보를 더욱 쉽게 찾을 수 있다.

AND(&, 그리고)	앞뒤의 검색어가 모두 들어 있는 것만 찾음
OR(+, 또는)	앞뒤의 검색어 중 하나라도 들어 있는 것은 모두 찾음
NOT	지정한 검색어가 포함된 문서는 검색에서 제외함

▶ 검색 엔진 관련 용어

리키즈(Leakage)	잘못된 연산자나 키워드로 인해 검색 결과의 대상에서 누락된 정보
시소러스(Thesaurus)	인터넷 검색 속도의 향상과 효율을 높이기 위한 동의 및 연관, 상하 계층 관계 등을 구분해 놓은 용어집
불용어(Stop Word, Noise Word)	검색 엔진이 DB 구축 시 의미가 없다고 판단, 색인에서 제외하는 단어나 문자열
가비지(Garbage)	검색 시 불필요하게 검색되는 쓰레기

> **포털 사이트(Portal Site)**
> 인터넷 이용 시 반드시 거쳐야 된다는 의미의 "관문 사이트"로, 한 사이트에서 "정보 검색, 전자우편, 쇼핑, 채팅, 게시판" 등의 다양한 인터넷 서비스를 제공하는 사이트
>
> **미러 사이트(Mirror Site)**
> 인터넷 특정 사이트에 다수의 사용자들이 한꺼번에 몰려 서버가 다운되는 현상을 방지하기 위해 같은 내용을 여러 사이트에 복사하여 사용자가 분산되게 하고, 보다 빨리 자료를 찾을 수 있도록 하는 사이트
>
> **보털 사이트(Vortal Site)**
> 특정 산업 분야에서 필수적으로 요구되는 여러 사이트들이 수직적으로 묶여져 원활한 전자상거래 서비스를 제공할 목적으로 만들어진 전문 사이트
>
> **허브 사이트(Hub Site)**
> 영세 전문 포털 사이트들이 한 곳에 모여 관문과 목적지를 동시에 제공하는 사이트
>
> **자연어 검색**
> 일상생활에서 사용하는 대화 언어, 즉 자연어를 사용하여 원하는 정보를 검색함
> 예 대한민국의 국보 1호는 무엇일까요?
>
> **하이브리드(Hybrid) 검색 엔진**
> 주제별, 단어별, 메타 검색을 실시하는 검색 엔진

이론을 확인하는 기출문제

01 다음 중 쿠키에 대한 설명으로 옳은 것은?
① 인터넷 사용 시 네트워크에 접속하기 위한 프로그램이다.
② 특정 웹 사이트 접속 시 반복적으로 사용되는 접속 정보를 가지고 있는 파일이다.
③ 웹 브라우저에서 기본으로 제공하지 않는 기능을 부가적으로 설치하여 구현되도록 한다.
④ 자주 사용하는 사이트의 자료를 저장한 후 다시 동일한 사이트 접속 시 자동으로 자료를 불러온다.

쿠키(Cookie) : 인터넷 웹 사이트의 방문 정보를 기록하는 텍스트 파일

02 다음 중 인터넷 주소 체계에서 IPv6에 대한 설명으로 옳지 않은 것은?
① 16비트씩 8부분으로 구성되며, 각 부분은 점(.)으로 구분한다.
② 각 부분은 4자리의 16진수로 표현하며, 앞자리의 0은 생략할 수 있다.
③ IPv4에 비해 등급별, 서비스별로 패킷을 구분할 수 있어 품질 보장이 용이하다.
④ 유니캐스트, 애니캐스트, 멀티캐스트 형태의 유형으로 할당하기 때문에 할당된 주소의 낭비 요인을 줄이고 간단하게 결정할 수 있다.

IPv6의 경우 128비트를 16비트씩 8개의 영역으로 구성되어 있으며, 각 부분은 콜론(:)으로 구분함

03 다음 중 정보를 전송하기 위하여 송·수신기가 같은 상태를 유지하도록 하는 프로토콜의 기능을 의미하는 것은?
① 연결 제어
② 흐름 제어
③ 오류 제어
④ 동기화

동기화 : 데이터를 전송하고 수신할 때 동일한 속도로 데이터를 전송하여 오류가 발생하지 않도록 하며 속도와 위상을 서로 맞추어 동기화 시킴

04 다음 중 일반적으로 URL로 표시된 주소의 프로토콜과 기본 포트 번호가 관련이 없는 것은?
① [http://www.korcham.net] 포트 번호 : 80
② [ftp://ftp.korcham.net] 포트 번호 : 22
③ [telnet://home.chollian.net] 포트 번호 : 23
④ [gopher://gopher.ssu.org] 포트 번호 : 70

ftp 기본 포트 번호는 21임

05 다음 중 인터넷에서 사용하는 표준 주소 체계인 URL(Uniform Resource Locator)의 4가지 구성 요소를 순서대로 옳게 나열한 것은?
① 프로토콜, 서버 주소, 포트 번호, 파일 경로
② 서버 주소, 프로토콜, 포트 번호, 파일 경로
③ 프로토콜, 서버 주소, 파일 경로, 포트 번호
④ 포트 번호, 프로토콜, 서버 주소, 파일 경로

표준 주소 체계인 URL(Uniform Resource Locator) : 프로토콜://서버 주소[:포트 번호]/파일 경로/파일명

06 다음 중 인터넷에서 사용하는 DNS에 관한 설명으로 옳지 않은 것은?
① DNS는 Domain Name Server 또는 Domain Name System의 약자로 쓰인다.
② DNS 서버는 IP 주소를 이용하여 패킷의 최단 전송 경로를 선택하는 장치이다.
③ 문자로 만들어진 도메인 이름을 숫자로 된 IP 주소로 바꾸는 시스템이다.
④ DNS에서는 모든 호스트를 각 도메인별로 계층화시켜서 관리한다.

라우터(Router) : 네트워크 계층에서 망을 연결하며, 다양한 전송 경로 중 가장 효율적인 최적의 경로를 선택하여 패킷을 전송하는 장치

정답 01 ② 02 ① 03 ④ 04 ② 05 ① 06 ②

SECTION 02 인터넷 서비스

출제빈도 상 중 하
반복학습 1 2 3

빈출 태그 WWW • FTP • SMTP • POP • MIME • TELNET • USENET • WIPI • 블루투스 • 유비쿼터스 • VoIP • 인트라넷 • WLL

01 인터넷 서비스

1) 주요 서비스
23년 상시, 16년 3월, 14년 10월, 11년 10월, 10년 10월, 08년 5월, 07년 7월, 06년 2월, 05년 7월, 04년 8월, 03년 2월, …

월드 와이드 웹 (WWW : World Wide Web)	하이퍼텍스트(Hypertext)를 기반으로 멀티미디어 정보를 검색할 수 있는 서비스 — 전 세계를 거미줄(Web)로 묶어 연결시킨 개념임
전자우편(E-mail)	인터넷 사용자에게 컴퓨터를 이용하여 편지를 주고받는 서비스
FTP(File Transfer Protocol)	파일을 송수신하는 서비스
텔넷(Telnet)	멀리 있는 컴퓨터를 자신의 컴퓨터처럼 사용할 수 있는 시스템(원격 접속)
아키(Archie)	Anonymous(익명) FTP 서버 내의 파일 리스트를 검색하기 위해 사용되는 데이터베이스 검색 서비스
고퍼(Gopher)	인터넷에 있는 정보를 계층적 또는 메뉴 방식으로 찾아주는 서비스
베로니카(Veronica)	고퍼 서비스에서 정보를 검색함
유즈넷(Usenet)	뉴스 그룹이라고도 하며, 공통 관심사를 갖는 사람들끼리 그룹을 구성하여 게시판에서 관련 정보를 교환, 조회할 수 있는 서비스
채팅(IRC : Internet Relay Chat)	인터넷 채팅으로 인터넷에 연결된 다른 사용자와 실시간으로 채팅함
MUD 게임	인터넷상에서 여러 사람과 즐길 수 있는 온라인 게임
웨이즈(WAIS)	특정 데이터베이스 등을 키워드로 고속 검색하는 환경을 제공하는 서비스

> **기적의 TIP**
> WWW, E-mail, FTP, Telnet, IRC, WAIS의 특징을 묻는 문제가 자주 출제되었습니다.

2) 기타 서비스
17년 9월, 15년 6월

웹 호스팅(Web Hosting)	인터넷 서비스 제공 업체가 독립적인 인터넷 서버를 운영하기 어려운 기업을 위해 웹 서버를 임대해 주고, 자체 도메인을 가질 수 있도록 관리해 주는 서비스
nslookup	IP Address 또는 도메인 이름을 검색하는 서비스
Whois	사용자에 대한 내용을 검색하는 서비스
로밍(Roaming)	외국에서도 자신의 무선 전화기를 이용할 수 있도록 해 주는 서비스

> **개념 체크**
> 1 WWW는 인터넷상에서 정보를 검색할 수 있는 서비스이다. (○, ×)
> 2 텔넷(Telnet)은 원격 접속을 통해 멀리 있는 컴퓨터를 자신의 컴퓨터처럼 사용할 수 있는 시스템이다. (○, ×)
> 3 베로니카(Veronica)는 유즈넷(Usenet) 서비스에서 정보를 검색한다. (○, ×)
> 4 유즈넷(Usenet)은 인터넷에 연결된 다른 사용자와 실시간으로 채팅하는 서비스이다. (○, ×)
>
> 1 ○ 2 ○ 3 × 4 ×

02 웹 페이지 관련 에러 메시지 11년 10월, 08년 2월/10월, 07년 7월/10월, 05년 5월, 03년 2월

403 Forbidden (금지된)	요청한 자료가 접근 금지되어 있다는 것으로, 권한이 없는 자료를 보려고 할 경우 표시함
404 Not Found	요청한 URL을 찾을 수 없다는 의미로, 잘못된 URL을 입력한 경우나 해당 URL에 있는 문서의 위치가 변경되었거나 지워진 경우 표시함
500 Internal Server Error	서버에서 CGI★ 프로그램이 실행될 때 가지고 있어야 할 실행(Execute) 권한이 지정되어 있지 않은 경우 표시함
503 Service Unavailable	해당 웹 서버에 너무 많은 사람이 접속하여 더 이상 접속할 수 없는 경우 표시함
DNS Error	IP 주소는 접속이 되나 도메인 네임으로는 접속이 안 되는 경우 DNS 서버★에 문제가 발생한 경우 표시함

★ CGI(Common Gateway Interface)
• 웹 서버에 있어 사용자의 요구를 응용 프로그램에 전달하고 그 결과를 사용자에게 되돌려주기 위한 표준적인 방법
• 카운터, 방명록, 게시판과 같이 방문자 상호 간의 정보를 주고받는 기능을 추가함

★ DNS(Domain Name System) 서버
인터넷상에서 도메인 이름과 IP 주소를 매핑하는 역할을 하는 서버

> **기적의 TIP**
> 전자우편 프로토콜의 기능을 정확히 알아 두세요. 중요합니다!

03 전자우편(E-mail) 25년 상시, 23년 상시, 12년 6월, 08년 2월, 03년 5월/7월

- 인터넷을 통해 실시간으로 텍스트, 이미지, 사운드, 동영상, 문서 파일을 전송할 수 있는 기능이다.
- 전자우편은 기본적으로 7비트의 ASCII 코드를 사용하여 전송한다.
- 한글의 경우 8비트이므로 인코딩으로 깨지는 것을 막을 수 있다.
- E-mail 주소 형식 : 사용자 ID@호스트 도메인명 ⓔ drcom@youngjin.com

1) 전자우편 프로토콜 25년 상시, 22년 상시, 18년 3월, 17년 9월, 15년 10월, 11년 3월, 09년 2월/4월/7월, 07년 5월, 06년 5월/7월, …

SMTP	사용자의 컴퓨터에서 작성한 메일을 다른 사람의 계정이 있는 곳으로 전송해 주는 전자우편을 송신하기 위한 프로토콜
POP3	메일 서버에 도착한 E-mail을 사용자 컴퓨터로 가져올 수 있도록 메일 서버에서 제공하는 전자우편을 수신하기 위한 프로토콜
IMAP★	사용자가 메일 서버에서 메일을 관리하고 수신하기 위한 프로토콜로 전자우편의 헤더(머리글) 부분만 수신함
MIME	• 전자우편으로 멀티미디어 정보를 전송할 수 있도록 해 주는 멀티미디어 지원 프로토콜 • 웹 브라우저가 지원하지 않는 각종 멀티미디어 파일의 내용을 확인하고 실행시켜 줌

★ IMAP(Internet Message Access Protocol)
• E-mail을 수신하기 위한 프로토콜로, E-mail 헤더만을 먼저 읽어오고, 본문은 서버에 보관함
• 서버에 여러 개의 우편함을 만들어서 관리할 수 있고, 수신한 E-mail이 서버에서 지워지지 않는 장점이 있음

전자우편 프로그램
Netscape Messenger, Outlook Express, Eudora 등

2) 전자우편 머리글의 구조

머리글(Header)	• From : 보내는 사람 주소 • To : 받는 사람의 주소를 보여 주며 여러 사람의 경우 쉼표(,)로 구분함 • Cc : 참조인의 주소 • Bcc : 숨은 전자우편 주소로서 Bcc에 기재된 숨은 참조인의 주소는 수취인(To)과 참조인(Cc)의 메시지에 나타나지 않음 • Date : 메시지 작성 날짜 • Subject : 메시지 제목
본문(Body)	• 메시지 내용(본문) • Message-ID : 메시지에 지정된 식별 번호 • 발송인의 서명

3) 전자우편 용어 25년 상시, 08년 8월

답장(Reply)	메일을 보낸 발송자에게 메일을 전송하는 기능
전달(Forward)	받은 메일을 원본 그대로 다른 이에게 전달하는 기능
첨부(Attachment)	메일에 파일을 덧붙여 보내는 기능
동보(Broadcast)	동일한 메일을 여러 사람에게 전송하는 기능

4) 스팸(Spam) 메일 24년 상시

- 수신자의 의지와 관계없이 일방적으로 전달되는 광고성 전자우편으로 발신자의 신원을 교묘하게 감춘 채 불특정 다수의 사람에게 보내기 때문에 피해를 당해도 대처하기가 쉽지 않다.
- 스팸 메일은 정크 메일(Junk Mail) 또는 벌크 메일(Bulk Mail)이라고도 한다.

이메일이 반송되는 경우
- 수신자 메일 주소 형식이 틀린 경우
- 해당 메일 서버에 문제가 있을 경우
- 수신자의 메일 보관함이 가득 차 있을 경우

5) 폭탄(Mail Bomb) 메일

상대에게 용량이 큰 메일을 보내 메일 서버를 마비시키는 메일을 의미한다.

6) 옵트인(Opt-In) 메일

광고성 이메일을 받기로 사전에 수락한 것으로 고객의 의사에 준해 메일을 발송하는 것이므로 법적으로 문제가 되지 않는다.

메일링 리스트(Mailing List)
특정 주제에 대해 서로의 의견을 토론할 수 있도록 전자우편 형태로 운영되는 서비스

04 FTP(File Transfer Protocol) 22년 상시, 19년 3월, 15년 3월, 12년 3월/6월, 11년 7월/10월, 10년 6월, …

- 파일 전송 프로토콜로, 파일을 전송하거나 받을 때 사용하는 서비스이다.
- 파일 전송은 바이너리(Binary) 모드와 아스키(ASCII) 모드로 구분된다. 바이너리(Binary) 모드는 그림 파일, 동영상 파일, 실행 파일, 압축 파일의 전송에 이용되고, 아스키(ASCII) 모드는 아스키 코드의 텍스트 파일 전송에 이용된다.
- 파일의 업로드나 다운로드 서비스를 제공하는 컴퓨터를 FTP 서버, 파일을 제공 받는 컴퓨터를 FTP 클라이언트라고 한다.
- 계정(Account)★ 없이 FTP를 사용할 수 있는 서버를 Anonymous FTP 서버라 한다. 일반적으로 Anonymous FTP 서버의 아이디(ID)는 Anonymous이며 비밀번호는 자신의 E-Mail 주소로 설정한다.

FTP는 기본 포트로 21번을 사용함

▶ FTP 명령 05년 2월

get	한 개의 파일을 다운받을 때 사용함
mget	여러 개의 파일들을 다운받을 때 사용함
put	한 개의 파일을 업로드할 때 사용함
mput	여러 개의 파일을 업로드할 때 사용함
type	전송 모드를 설정함(Ascii, Binary)

★ 계정(Account)
인터넷에서 사용자 이름(ID)과 패스워드를 의미함

FTP 프로그램 수행 작업
- 서버로 파일 업로드
- 서버에서 파일 다운로드
- 서버의 파일 이름 바꾸기
- 서버의 파일 삭제
  (단, 서버의 응용 프로그램의 실행은 수행 안 됨)

05 텔넷(TELNET : TELecommunication NETwork) 21년 상시, 11년 3월/7월, …

- Remote Login(원격 접속)이라고도 한다.
- 원격지의 컴퓨터에 접속하기 위해서 지원되는 인터넷 표준 프로토콜 중 하나로, 원격지에 있는 컴퓨터에 접속하여 프로그램을 실행시키거나 시스템 관리 작업 등을 할 수 있는 서비스이다.
- 텔넷을 이용하면 세계 어느 지역의 컴퓨터든, 그 컴퓨터가 인터넷에 연결되어 있고 계정을 가지고 있다면 거리상의 제약을 받지 않고 실시간으로 접속할 수 있다.

06 유즈넷(Usenet) 08년 5월, 04년 5월

관심 있는 분야끼리 그룹을 지어 자신의 의견을 주고 받을 수 있는 서비스이다.

1) 유즈넷 관련 용어 06년 2월, 03년 9월

뉴스 그룹(News Group)	유즈넷을 이루고 있는 각각의 토론 그룹(Discussion Group)
가입(Subscribe)	특정한 뉴스 그룹에 가입하여 해당 뉴스 그룹에서 활동하는 것
포스팅(Posting)	특정 뉴스 그룹에 글 또는 파일을 올리는 행위
크로스 포스팅(Cross Posting)	하나의 글을 여러 뉴스 그룹에 게재하는 행위
기사(Article)	각각의 뉴스 그룹에 등록되어 있는 게시물
스레드(Thread)	어떤 내용에 대한 기사와 그 기사에 대한 질문, 답변들을 묶어서 정리한 체제
NNTP(Network News Transfer Protocol)	뉴스 그룹을 사용할 수 있도록 지원해 주는 프로토콜
Digest	중재 그룹에서 기사의 요약

2) 유즈넷의 대표적인 그룹

그룹명	의미	그룹명	의미
alt	무엇이든지 생각할 수 있는 주제	biz	사업에 관련된 주제
comp	컴퓨터에 관련된 주제	sci	컴퓨터를 제외한 과학 분야에 대한 주제
soc	사회와 관련된 주제	news	뉴스 그룹 이용과 네트워크에 관련된 주제
rec	여가 활동에 관련된 주제	misc	특정 그룹에 속하기 힘든 잡다한 주제
talk	토론에 관련된 주제	han	한글로 된 뉴스 그룹

개념 체크

1. 텔넷은 ( ) 접속이라고도 한다.
2. 텔넷은 ( )의 컴퓨터에 접속하기 위해서 지원되는 인터넷 표준 ( ) 중 하나이다.
3. 텔넷은 거리상의 제약을 받지 않고 ( )으로 접속할 수 있다.
4. 관심 있는 분야끼리 그룹을 지어 자신의 의견을 주고 받을 수 있는 서비스는 ( )이다.

1 원격 2 원격지, 프로토콜 3 실시간 4 유즈넷

07 인터넷 관련 용어
25년 상시, 24년 상시, 23년 상시, 22년 상시, 21년 상시, 20년 2월/7월, 18년 3월/9월, 16년 3월, …

용어	설명
위피(WIPI : Wireless Internet Platform for Interoperability)	이동 통신 업체들 간에 같은 플랫폼을 사용토록 함으로써 국가적 낭비를 줄이자는 목적으로 추진된 한국형 무선 인터넷 플랫폼
블루투스(Bluetooth)	무선 기기(이동 전화, 컴퓨터, PDA 등) 간 정보 전송을 목적으로 하는 근거리 무선 접속 프로토콜로 IEEE 802.15.1 규격을 사용하는 PANs(Personal Area Networks)의 산업 표준
HSDPA/W-CDMA (High Speed Downlink Packet Access/ Wideband CDMA)	2GHz 대역 주파수에서 음성, 영상, 고속 데이터 서비스가 가능한 비동기 방식 IMT-2000 서비스
WiBro (Wireless Broadband)	• 언제, 어디서나, 이동 중에 높은 전송 속도로 무선 인터넷 접속이 가능한 통신 서비스 • 무선과 광대역 인터넷이 통합된 것으로 휴대용 단말기로 정지 및 이동 중에 인터넷에 접속이 가능함
광대역 융합 서비스 (BCS : Broadband Convergence Service)	광대역 통합망을 통해 다양한 콘텐츠를 실시간, 주문형(On-demand)으로 송수신하는 새로운 융합 서비스
DMB/DTV(Digital Multimedia Broadcasting/ Digital TV)서비스	고속 이동 시청, 초고화질 방송 등 기존 방송의 한계를 극복하고 통신망과 연계되어 있는 차세대 멀티미디어 방송 서비스
u-Home(ubiquitous Home) 서비스	홈 네트워크를 기반으로 홈 오토, u-Security, u-Health 등 주거/지역 단위의 정보 활용을 지원하는 서비스
텔레매틱스/위치 기반 서비스 (Telematics/Location Based Service)	통신망을 통해 확보된 위치 정보를 기반으로 교통 안내, 긴급 구난, 물류 정보 등을 제공하는 이동형 정보 활용 서비스
RFID/USN(Radio Frequency IDentification/ U-Sensor Network)	• 모든 사물에 센싱, 컴퓨팅 및 통신 기능을 탑재하여 언제 어디서나 정보를 처리, 제공할 수 있도록 지원하는 유비쿼터스 서비스 • 전파를 이용하여 정보를 인식하는 기술로 출입 관리, 주차 관리에 주로 사용됨
ISP(Internet Service Provider)	개인이나 회사들에게 인터넷 관련 서비스 등을 제공하는 회사
이모티콘(Emoticon)	사이버 공간에서 문자들을 조합하여 얼굴 표정이나 감정을 표현하는 기호 문자
캐싱(Caching)	자주 사용하는 사이트의 자료를 따로 저장하고 있다가 사용자가 다시 그 자료에 접근하려고 할 때 미리 인터넷에 접속하지 않고 저장한 자료를 활용해서 빠르게 보여주는 기능
푸시(Push) 기술	사용자가 직접 원하는 정보를 찾아내는 것이 아니라 서버측에서 사용자가 원하는 정보를 제공하는 방식
아바타(Avatar)	분신 또는 화신이라는 뜻으로, 네트워크상에서 자신을 대신하여 커뮤니케이션에 참여하는 가상의 인물
디지털 워터마크 (Digital Watermark)	불법 복제 방지 기술, 어떤 파일에 관한 저작권 정보를 식별할 수 있도록 디지털 이미지나 오디오 및 비디오 파일에 삽입한 비트 패턴 기술
IMT-2000	세계 어느 지역에서나 음성 전화, 텔렉스, 무선 호출, 전자우편 등의 서비스를 제공받을 수 있는 위성을 이용한 3세대 통신망
GIS(위치 정보 시스템)	인공 위성을 이용한 전 세계적인 자동 위치 추적 시스템
유비쿼터스(Ubiquitous) 어디에나 존재하는	사용자가 컴퓨터나 네트워크를 의식하지 않고 시간과 장소에 상관없이 자유롭게 네트워크에 접속할 수 있는 정보 통신 환경

> **기적의 TIP**
>
> 인터넷 관련 용어는 각 용어별 특징을 혼동하지 않을 정도로 알아 두세요.

스마트(Smart) TV
TV 안에 중앙 처리 장치(CPU)가 설치되고 운영체제(OS)에 의해 구동되며 TV방송뿐만 아니라 PC처럼 인터넷이 가능하며 검색 기능과 게임, VOD 등이 가능한 TV로 '쌍방향 TV, 인터넷 TV 또는 커넥티드 TV'라고도 함

IPTV (Internet Protocol Television)
컴퓨터 모니터와 마우스 대신 텔레비전 수상기와 리모콘을 이용하여 초고속 인터넷을 사용하는 것으로 정보 검색, 온라인 쇼핑, 홈뱅킹, 동영상 콘텐츠 등의 다양한 인터넷 서비스를 제공받을 수 있음

HDMI(High-Definition Multimedia Interface)
• 고선명 멀티미디어 인터페이스로 비압축 방식이므로 영상이나 음향 신호 전송 시 소프트웨어나 디코더 칩(Decoder Chip) 같은 별도의 디바이스가 필요없음
• 기존의 아날로그 케이블보다 고품질의 음향이나 영상을 전송함

OTT(Over The Top)
'Over The Top'은 'Top(셋톱박스)을 넘다'라는 뜻으로 셋톱박스라는 하나의 플랫폼이 아닌 데스크톱, 태블릿, 스마트폰, 스마트 TV 등 다수의 플랫폼으로 사용자가 원할 때 각종 디지털 콘텐츠를 실시간으로 재생하는 스트리밍 방식의 인터넷 서비스

메타버스(Metaverse)
'초월(Meta)'과 '우주'를 뜻하는 유니버스(Universe)의 합성어로 VR(가상 현실)이나 AR(증강 현실)의 상위 개념으로 가상 자아인 아바타를 통해 사회 경제적 활동 등이 가능한 4차원의 가상 온라인 시공간을 의미함

LPWA(Low Power Wide Area)
IoT(사물 인터넷) 디바이스에서 사용되는 저전력 광역 무선 네트워크 기술로 소량의 데이터를 장거리로 전송할 수 있는 기술

블록체인(Block Chain)
'공공 거래 장부'로 불리며 데이터를 블록이라는 형태로 분산시켜 저장하고 각 블록을 체인으로 묶는 방식으로 임의로 수정이 불가능한 분산 컴퓨터 기반의 기술

NFT(Non-Fungible Token)
'대체 불가능한 토큰'이라는 의미이며 블록체인 기술이 적용된 디지털 토큰으로 서로 대체할 수 없게 고유한 인식 값을 가지므로 교환 및 복제가 불가능함

핀테크(FinTech)
'금융(Finance)'과 '기술(Technology)'의 합성어로 기존 정보기술을 금융업에 도입 및 융합시킨 것으로 핀테크에는 단순 결제 서비스나 송금, 대출 및 주식 업무, 모바일 자산 관리, 자금을 모으는 크라우드 펀딩(Crowd Funding), 투자 자문을 수행하는 로보 어드바이저(Robo Advisor) 등 다양한 종류가 있음

빅 데이터(Big Data)
- 규모가 방대하고 생성 주기가 짧은 문자, 영상, 수치 등 정형, 비정형의 데이터를 의미하며 특징으로는 3V(크기(Volume), 속도(Velocity), 다양성(Variety))와 3V에 정확성(Veracity)이 추가된 4V, 4V에 가치(Value)가 추가된 5V를 들 수 있음
- 미래를 예측하고 가치를 분석 및 추출할 수 있으나 빅 데이터에 대한 의존성을 강화할 필요는 없음

개념 체크

1 무선 기기 간 정보 전송을 목적으로 하는 근거리 무선 접속 프로토콜은?
2 언제, 어디서나, 이동 중에 높은 전송 속도로 무선 인터넷 접속이 가능한 통신 서비스는?
3 인터넷의 기술을 기업 내 정보 시스템에 적용한 것은?
4 무선 가입자 회선으로 전화국과 사용자 단말 사이를 무선으로 연결하여 구성하는 방식은?
5 이동 통신 단말기에서 유선 인터넷 서버에 접속할 수 있도록 변환하여 주는 프로토콜은?

1 블루투스 2 WiBro 3 인트라넷
4 WLL 5 WAP

인터넷을 의미하는 '웹(Web)'과 항해 일지를 뜻하는 '로그(Log)'의 합성어

용어	설명
블로그(Blog)	네티즌들이 컬럼, 일기, 기사 등을 올려 여론을 형성할 목적으로 사용하는 일종의 온라인 뉴스 사이트
VoIP(IP 폰, 인터넷 폰)	• 음성 데이터를 인터넷 프로토콜 데이터 패킷으로 변환하여 인터넷망으로 일반 데이터 망에서 음성 통화를 가능하게 해주는 통신 서비스 기술 • 원거리 통화 시 PSTN보다 요금이 높지 않으며 일정 수준의 통화 품질이 보장되지 않음
인트라넷(Intranet)	• 인터넷의 기술을 기업 내 정보 시스템에 적용한 것 • 전자우편 시스템, 전자 결재 시스템 등을 인터넷 환경으로 통합하여 사용하는 것
엑스트라넷(Extranet)	기업과 기업 간에 인트라넷을 서로 연결하여 납품 업체나 고객 업체 등 자기 회사와 관련 있는 기업체와의 원활한 통신을 위해 인트라넷의 이용 범위를 확대한 것
그룹웨어(Groupware)	• 여러 사람이 공통의 업무를 수행하는 데 있어 공동으로 사용할 수 있는 프로그램 • 마이크로소프트 사의 익스체인지(Exchange)나 넷미팅(Netmeeting) 등이 이에 해당함
도메인 스쿼팅(Squatting)	도메인 스쿼터에 의해 미리 등록한 도메인을 비싼 가격으로 되파는 행위
CDMA(Code Division Multiple Access)	디지털 이동 통신 시스템 방식으로 코드를 분할하여 다중으로 접속하는 기법을 사용
업로드(Upload)	하위 컴퓨터에서 상위 컴퓨터로 데이터를 전송하는 것
다운로드(Download)	상위 컴퓨터에서 하위 컴퓨터로 자료를 내려 받는 것
WLL (Wireless Local Loop)	무선 가입자 회선으로 전화국과 사용자 단말 사이를 무선으로 연결하여 구성하는 방식
BREW(Binary Runtime Environment for Wireless)	CDMA용 무선 장치들을 위한 퀄컴의 응용 프로그램 개발용 플랫폼
ALL-IP	PSTN과 같은 유선전화망과 무선망, 패킷 데이터망과 같은 기존 통신망 모두가 하나의 IP 기반망으로 통합
UWB (Ultra-Wide Band)	개인통신망으로 가까운 거리에서 컴퓨터와 주변기기 및 가전제품 등을 연결하는 초고속 무선 인터페이스
지그비(Zigbee)	저가, 저전력의 장점이 있는 무선 매쉬 네트워킹의 표준임. 반경 30m 내에서 데이터를 전송(20~250kbps)하며, 최대 255대의 기기를 연결함

▶ **기타 무선 인터넷 관련 용어** 12년 6월, 08년 10월, 07년 5월/7월, 06년 2월, 04년 8월, 03년 9월

용어	설명
WAP(Wireless Application Protocol)	이동 통신 단말기에서 유선 인터넷 서버에 접속할 수 있도록 변환하여 주는 프로토콜
WML(Wireless Markup Language)	• 무선 애플리케이션을 위해 특별히 개발된 언어로, XML을 기반으로 함 • 무선 접속을 통해 PDA나 휴대전화 같은 이동 단말기에 웹 페이지의 텍스트 부분이 표시될 수 있도록 해줌
WTP(Wireless Transaction Protocol)	데이터그램 서비스의 상단에서 수행되는 프로토콜

이론을 확인하는 기출문제

01 다음 중 블루투스에 대한 설명으로 옳은 것은?

① IEEE 802.15.1 규격을 사용하는 PANs(Personal Area Networks)의 산업 표준이다.
② 컴퓨터 주변 기기에 다양한 규격의 커넥터들을 사용하는데 커넥터 간 호환되지 않는 문제를 해결하고자 개발되었다.
③ 기존의 통신 기기, 가전 및 사무실 기기들의 종류에 상관없이 하나의 표준 접속을 통하여 다양한 기능을 수행하도록 하기 위해 개발되었다.
④ 기존의 전화선을 이용한 고속 디지털 전송 기술 중 하나이다.

블루투스(Bluetooth) : 무선 기기(이동 전화, 컴퓨터, PDA 등) 간 정보 전송을 목적으로 하는 근거리 무선 접속 프로토콜 IEEE 802.15.1 규격을 사용하는 PANs(Personal Area Networks)의 산업 표준임

02 다음 중 통신 기술에 대한 설명으로 옳지 않은 것은?

① ALL-IP : PSTN과 같은 유선 전화망과 무선망, 패킷 데이터망과 같은 기존 통신망 모두가 하나의 IP 기반망으로 통합된다.
② UWB(Ultra-Wide Band) : 근거리에서 컴퓨터와 주변기기 및 가전제품 등을 연결하는 초고속 무선인터페이스로 개인 통신망에 사용한다.
③ 지그비(Zigbee) : 저전력, 저비용, 저속도와 2.4GHz를 기반으로 하는 홈 자동화 및 데이터 전송을 위한 무선 네트워크 규격으로 반경 1Km 내에서 데이터 전송이 가능하다.
④ 와이브로(Wibro) : 무선과 광대역 인터넷을 통합한 의미로 휴대용단말기를 이용하여 정지 및 이동 중에 인터넷에 접속이 가능하다.

지그비(Zigbee)는 저가, 저전력의 장점이 있는 무선 매쉬 네트워킹의 표준임, 반경 30m 내에서 데이터를 전송(20~250kbps)하며, 최대 255대의 기기를 연결함

03 다음 중 인터넷 서비스인 FTP(File Transfer Protocol)에 대한 설명으로 옳지 않은 것은?

① 서버에서 FTP를 사용하는 기본 포트는 21번을 사용한다.
② 파일을 송수신하기 위해 사용하는 서비스이다.
③ 그림 파일이나 실행 파일 등은 텍스트 모드로 전송된다.
④ 계정이 없는 사용자도 접근하여 사용할 수 있는 서버를 Anonymous FTP 서버라 한다.

FTP로 파일을 전송할 때 텍스트 파일(html, txt 등)은 아스키(ASCII) 모드로 전송할 수 있으며, 그림 파일이나 실행 파일 등은 바이너리(Binary) 모드로 전송할 수 있음

04 다음 중 인트라넷(Intranet)에 대한 설명으로 옳은 것은?

① 여러 대의 컴퓨터를 연결하여 하나의 서버로 사용하는 기술이다.
② 인터넷 기술을 이용하여 조직 내의 각종 업무를 수행할 수 있도록 만든 네트워크 환경이다.
③ 이동 전화 단말기에서 개인용 컴퓨터의 운영체제와 같은 역할을 하는 소프트웨어이다.
④ 기업체가 협력 업체와 고객 간의 정보 공유를 목적으로 구성한 네트워크이다.

인트라넷(Intranet) : 인터넷의 기술을 기업 내 정보 시스템에 적용한 것으로, 전자 우편 시스템, 전자 결재 시스템 등을 인터넷 환경으로 통합하여 사용하는 것

05 다음 중 전자우편(E-mail)의 송/수신에 사용되는 프로토콜로 옳지 않은 것은?

① IMAP(Internet Message Access Protocol)
② SMTP(Simple Mail Transfer Protocol)
③ PPP(Point-to-Point Protocol)
④ POP3(Post Office Protocol 3)

SLIP/PPP : 모뎀과 전화선을 이용해서 인터넷에 접속할 때 사용하는 프로토콜

오답 피하기
• IMAP : 메일을 수신하기 위한 프로토콜로 전자우편의 헤더(머릿글) 부분만 수신함
• SMTP : 전자우편을 송신하기 위한 프로토콜
• POP3 : 전자우편을 수신하기 위한 프로토콜

정답 01 ① 02 ③ 03 ③ 04 ② 05 ③

SECTION 03 멀티미디어의 개념

빈출 태그: 쌍방향성 • 비선형성 • VOD • VCS • 키오스크

01 멀티미디어 개요

1) 멀티미디어의 정의 23년 상시, 19년 3월, 05년 7월
- Multi(다중)와 Media(매체)의 합성어로 다중 매체라고도 하며, 다양한 매체를 통해 정보를 전달한다는 의미를 가지고 있다.
- 컴퓨터와 영상 매체 또는 방송과의 결합으로 즉각적인 정보의 전달이 이루어진다.
- 그림, 사진, 음성, 화상 데이터를 양방향으로 주고받을 수 있다.

2) 멀티미디어의 특징 25년 상시, 22년 상시, 20년 2월, 16년 10월, 13년 10월, 12년 6월, 11년 10월, 10년 10월, 09년 7월, …

통합성	문자, 그래픽, 사운드 등의 다양한 매체를 통합함
디지털화	다양한 데이터 형식을 컴퓨터가 인식하도록 디지털로 변환함
쌍방향성	사용자와 제공자 간에 서로 정보를 주고받음
비선형성	사용자의 선택에 따라 정보를 처리함

3) 멀티미디어의 활용 24년 상시, 13년 3월, 11년 10월, 07년 10월, 06년 9월

가상 현실 (VR : Virtual Reality)	컴퓨터를 이용하여 특정 상황을 설정하고 구현하는 기술인 모의실험(Simulation)을 통해 실제 주변 상황처럼 경험하고 상호 작용하는 것처럼 느끼게 할 수 있는 인터페이스 시스템
주문형 비디오 (VOD : Video On Demand)	사용자의 주문에 의해 데이터베이스로 구축되어 있는 영화나 드라마, 뉴스 등의 비디오 정보를 실시간으로 즉시 전송해 주는 서비스
화상 회의 시스템 (VCS : Video Conference System)	원거리에 있는 사람들끼리 TV 화면을 통한 화상을 통해 원격으로 회의를 할 수 있는 시스템
CAI(Computer Assisted Instruction)	컴퓨터를 응용한 학습 지원 시스템으로 많은 수의 사람을 동시에 교육할 수 있으며 개인에 따른 맞춤형 교육까지 가능한 자동 교육 시스템
원격 진료(PACS : Picture Archiving Communication System)	의학 영상 정보 시스템(PACS), 동영상 진료 시스템, 보건 종합 관리 시스템(HMIS) 등이 있음
키오스크(Kiosk)	'정보 안내기'로 특정한 정보의 전달에만 사용되는 컴퓨터이며 고속도로에 설치된 교통 안내, 건물의 입구에 설치되어 입주한 기업의 안내용으로 만들어진 컴퓨터 등이 대표적임
증강 현실 (AR : Augmented Reality)	사람이 눈으로 볼 수 있는 실세계와 관련된 3차원의 부가 정보를 제공받을 수 있는 기술

기적의 TIP

멀티미디어 개요 내용은 골고루 출제되고 있으므로 개념과 특징, 활용 예를 파악해 두세요.

암기 TIP

멀티미디어의 특징
통 가격이 비쌍(싼)디
통합성, 비선형성, 쌍방향성, 디지털화

멀티미디어의 발전 배경
- 네트워크의 속도의 증가
- 멀티미디어 데이터의 압축률 증가
- 하드웨어의 비약적인 발전

하이퍼미디어(Hypermedia)
하이퍼텍스트가 확장된 개념으로 월드 와이드 웹처럼 문자 외에 소리 그래픽 움직이는 영상으로 정지 영상 등을 링크하는 기능으로 비선형 구조임

하이퍼텍스트(Hypertext)
특정 문자, 그림 등에 마우스를 클릭하여 연관성 있는 페이지로 이동하는 기능

02 멀티미디어 시스템

1) 멀티미디어 컴퓨터

- 음성, 화상, 음악, 소리 등과 같은 멀티미디어 처리 기능을 갖춘 컴퓨터를 말하며, MPC(Multimedia PC)라고도 한다.
- 모니터, 사운드 카드, 영상 보드, CD-ROM, DVD 등으로 구성된다.
- 멀티미디어를 구현하기 위해 MPC(Multimedia PC Marketing Council)에서 장비의 규격을 정한 국제 표준안을 MPC 레벨이라고 한다.
- MPC-1, MPC-2, MPC-3 레벨까지 발전했으며, 멀티미디어 PC는 표준 규격을 만족해야 한다.

MOD(Music On Demand)
주문형 음악 서비스로 초고속 무선 인터넷의 발달로 다운로드 받지 않고도 스트리밍 방식으로 음악 파일이나 음원을 주문하여 실시간으로 들을 수 있음

2) 멀티미디어 시스템의 하드웨어

입력 장치	키보드, 마우스, 스캐너, 디지털 카메라, 비디오 카메라, 태블릿(Tablet)
출력 장치	모니터, 프린터, 스피커, 사운드 카드, 멀티 비전, 프로젝터(Projector), VCR 등
처리 장치	CPU, DSP(Digital Signal Processor)★, 데이터 압축 장치
저장 장치	하드디스크, CD-ROM, DVD(Digital Versatile Disk)
통신 장치	모뎀(MODEM), ISDN, ADSL, HDSL, VDSL, 케이블 모뎀
영상 처리 장치	비디오 오버레이 보드, TV 수신 카드, 비디오 카드, 그래픽 가속 보드, MPEG 보드

★ **DSP (Digital Signal Processor)**
- 아날로그 신호에 대한 실시간 디지털 처리를 목적으로 하는 프로세서
- 실시간 음성 처리나 비디오 처리 분야에서 이용됨

3) 멀티미디어 장비

① 이미지 스캐너
사진이나 그림 등의 이미지 데이터를 컴퓨터 내부로 입력시키는 장치로, 대부분은 평판 스캐너에 USB 포트를 사용한다.

② 디지털 카메라
높은 고해상도를 가진 카메라로 촬영한 사진을 컴퓨터에서 편집할 수 있고, 내부에 기억 장치가 내장되어 있어서 별도의 필름이 필요없다.

③ 디지털 캠코더
- 디지털 방식으로 동영상을 촬영하며 컴퓨터에서 각종 편집 작업을 수행할 수 있다.
- IEEE 1394 포트로 컴퓨터와 연결되며 촬영한 영상을 편집할 때 별도의 장치나 소프트웨어가 필요하다.

④ MPEG(Moving Picture Experts Group) 카드
압축된 영화나 동영상을 실시간으로 재생할 수 있도록 한 동화상 재생 카드이다.

⑤ 프레임 그래버 보드(Frame Grabber Board)
카메라로 촬영한 아날로그 영상을 디지털 영상으로 변환, 캡처하여 편집, 저장시킬 수 있는 보드이다.

HCI (Human Computer Interface)
- 각종 멀티미디어 정보의 효율적인 활용을 위한 인간과 컴퓨터 간의 인터페이스
- 음성이나 영상의 인식 기술, 합성 기술, GUI 기술 등이 요구됨(단, DVD 매체 기술과는 거리가 멂)

오버레이 보드(Overlay Board)
중첩 보드라고도 하는데, 말 그대로 외부의 비디오 화면과 컴퓨터 화면을 중첩하는 기능의 보드

⑥ 비디오 오버레이 보드(Video Overlay Board)

컴퓨터 내에서 생성된 영상 정보와 TV 등과 같은 외부 영상 정보를 중첩하여 표현할 수 있는 보드이다.

⑦ 그래픽 가속 보드
- 3차원 그래픽과 같은 고품질의 해상도를 얻거나 렌더링 속도를 향상시키는 데 사용하는 보드이다.
- PC에서 3D 그래픽을 구현하는 데 사용된다.
- 고속의 렌더링을 요구하는 게임의 경우에 특히 많이 사용한다.

4) 멀티미디어 시스템의 소프트웨어

① 운영체제(OS : Operating System)
- 하드웨어의 빠른 발전 속도에 적응성이 높아야 하고, 사용자 인터페이스가 좋아야 한다.
- 멀티미디어 데이터를 재생할 수 있는 기본 프로그램이 제공되어야 한다.

② 재생 소프트웨어
- Windows Media Player : WAV, MIDI, AVI, MPEG 등과 같은 각종 오디오, 비디오 데이터를 재생할 수 있다.
- Winamp : WAV, MP3를 포함한 각종 오디오 데이터를 재생할 수 있다.
- Xing MPEG Player : 비디오 CD, MPEG 데이터를 소프트웨어적으로 재생할 수 있다.

③ 저작용 소프트웨어 07년 10월
- 문자, 영상, 음성 등의 다양한 매체를 통합하여 정보를 쉽게 표현할 수 있도록 도와주는 소프트웨어이다.
- 각 미디어 편집 소프트웨어로 제작한 멀티미디어 데이터를 통합하는 소프트웨어이다.
- 효율적인 사용자 인터페이스를 제공하기 때문에 원하는 내용을 편리하고 손쉽게 편집할 수 있고, 상호 작용성을 지원하기 위해 스크립트(Script) 언어를 제공한다.
- 디렉터(Director)와 멀티미디어 툴북(ToolBook), 프리미어(Premier), 오소웨어(Authoware) 등이 있다.
- 인터넷상에서 멀티미디어 자료를 실시간으로 전송 가능한 제작 프로그램은 스트림웍스(Streamworks), 리얼 오디오(Real audio), 비디오 라이브(VDO Live) 등이 있다.

④ 웹 사이트 제작 소프트웨어
- 페이지 기반 저작 도구에서 발전한 소프트웨어이다.
- 웹 브라우저가 HTML 문서 표준을 따르고 있으므로 저작 도구도 이를 지원하고 별도의 재생 소프트웨어가 없어도 웹 브라우저로 결과를 출력할 수 있다.
- 나모 웹 에디터(Web Editor), 드림위버(Dreamweaver), 플래시(Flash)★ 등이 있다.

★ 플래시(Flash)
- 스트리밍 방식을 지원하며 홈페이지나 배너 광고 등을 제작하는 데 사용됨
- 멀티미디어 요소를 이용하여 역동적인 기능을 주며 확장자는 *.swf임

이론을 확인하는 기출문제

01 다음 중 멀티미디어의 특징으로 옳지 <u>않은</u> 것은?

① 디지털 데이터로 변환하여 통합 처리한다.
② 정보 제공자와 사용자 간의 상호 작용에 의해 데이터가 전달된다.
③ 데이터가 사용자 선택에 따라 순차적으로 처리되는 선형성의 특징을 가진다.
④ 문자, 그림, 사운드 등의 여러 미디어를 통합하여 처리한다.

> 사용자의 선택에 따라 정보를 처리하는 비선형성의 특징을 가짐

02 다음 중 멀티미디어 자료를 인터넷에서 실시간으로 전송 받으면서 보거나 들을 수 있는 방식이 <u>아닌</u> 것은?

① 스트림웍스(Streamworks)
② 리얼 오디오(Real Audio)
③ 비디오 라이브(VDO Live)
④ 드림위버(Dreamweaver)

> 드림위버(Dreamweaver) : 홈페이지를 제작하기 위한 위지윅(WYSIWYG) 방식의 웹 에디터(Web Editor)용 프로그램
>
> **오답 피하기**
>
> 멀티미디어 자료를 인터넷을 이용하여 실시간으로 주고 받을 수 있는 서비스를 스트리밍 서비스라고 하며 멀티미디어 자료 제작 프로그램으로는 스트림웍스, 비디오 라이브, 리얼 오디오 등이 있음

03 다음 중 다양한 정보의 데이터베이스를 구축하여 사용자가 요구하는 정보를 원하는 시간에 서비스 받을 수 있는 멀티미디어 서비스를 무엇이라 하는가?

① 폴링(Polling)
② P2P(Peer-to-Peer)
③ VCS(Video Conference System)
④ VOD(Video-On-Demand)

> 주문형 비디오(Video On Demand) : 사용자의 주문에 의해 데이터베이스로 구축되어 있는 영화나 드라마, 뉴스 등의 비디오 정보를 실시간으로 즉시 전송해 주는 서비스
>
> **오답 피하기**
>
> • 폴링(Polling) : 회선 제어 기법인 멀티 포인트에서 호스트 컴퓨터가 단말 장치들에게 '보낼(송신) 데이터가 있는가?'라고 묻는 제어 방법
> • P2P(Peer-to-Peer) : 동배 시스템이라 하며 네트워크 상의 모든 컴퓨터가 동등한 위치에서 자료를 교환할 수 있는 시스템
> • VCS(Video Conference System) : 원거리에 있는 사람들끼리 TV 화면을 통한 화상을 통해 원격으로 회의를 할 수 있는 시스템

04 다음 중 하이퍼미디어에 관한 설명으로 옳지 <u>않은</u> 것은?

① 특정 텍스트나 이미지 등의 다양한 미디어를 클릭하면 연결된 문서로 이동하는 문서 형식이다.
② 문서와 문서가 연결되어 있는 형식으로 문서를 읽는 순서가 결정되는 선형 구조를 가지고 있다.
③ 하이퍼미디어는 하이퍼텍스트와 멀티미디어를 합한 개념이다.
④ 하나의 데이터를 여러 사용자가 서로 다른 경로를 통해 검색할 수 있다.

> 문서와 문서가 연결되어 있는 형식으로 문서를 읽는 순서가 결정되지 않는 비선형 구조를 가짐

05 멀티미디어 활용의 한 분야로 다음 설명에 해당하는 것은 어느 것인가?

> "정보를 제공하는 기점"으로 박물관이나 백화점, 쇼핑센터 등에 보통 터치 스크린(Touch Screen)을 이용하여 운영되는 무인 종합 정보 안내 시스템이다. 사람의 눈을 끌 수 있어야 하며 통행량이 많은 곳에 설치되어야 한다.

① 모의 실험기
② 게임기
③ 키오스크
④ 주문형 뉴스

> **키오스크(KIOSK)**
> • 고객의 편의를 위하여 공공 장소에 설치된 컴퓨터 자동화 시스템
> • 다양한 장소에 설치되어 활용되고 있으며, 금융 업무를 위한 현금 자동입출금기(ATM) 단말기나 발권, 구매, 등록을 대행하는 단말기, 광고 및 정보를 제공하는 정보 검색용 단말기 등 다양한 용도로 활용되고 있음

정답 01 ③ 02 ④ 03 ④ 04 ② 05 ③

SECTION 04 멀티미디어의 운용

빈출태그 WAV • MIDI • BMP • JPEG • MPEG • 렌더링 • 인터레이싱 • 모핑 • AVI • DivX • ASF • MPEG-4 • MPEG-7 • MPEG-21

01 멀티미디어 데이터

1) 사운드 파일 형식 21년 상시, 16년 10월, 15년 10월, 14년 10월, 12년 9월, 08년 2월, 07년 2월, 06년 5월, 05년 2월/10월, 03년 7월, …

형식	설명
WAVE 형식	• 아날로그 신호를 디지털화하여 나타내는 것으로, 소리의 파장이 그대로 저장됨 • 직접 재생이 가능한 파일 형식 • 자연의 음향과 사람의 음성 표현이 가능함 • 음질이 뛰어나기 때문에 파일의 용량이 큼(MIDI보다 큼) • Windows의 오디오 파일 형식으로 사용 • 확장자 : *.wav
MIDI 형식	• Musical Instrument Digital Interface의 약어로, 전자 악기 사이의 데이터 교환을 위한 규약 • 음의 강도, 악기 종류 등과 같은 정보를 기호화하여 코드화한 방식 • 용량이 작으며 사람의 목소리나 자연음은 재생할 수 없음 • 확장자 : *.mid
MP3 형식	• Moving Picture Experts Group Audio Layer-3의 약어로, 오디오 데이터를 압축하기 위한 방식 • 기존 데이터를 음질의 저하 없이 1/10 정도로 압축할 수 있음 • CD에 저장된 음악 파일을 MP3 형식으로 변환할 수 있음 • MP3 파일을 재생하기 위해서는 별도의 전용 플레이어가 필요함 • 확장자 : *.mp3

2) 사운드 저장에 필요한 디스크 공간의 크기 산출법 04년 2월, 19년 8월

표본 추출률(Hz) × 샘플 크기(Bit) / 8 × 재생 방식 × 지속 시간(s)

- 표본 추출률(Sampling Rate) : 소리가 기록되는 동안 초 당 음이 측정되는 횟수를 의미하며, 단위는 Hz(Herts)이다.
- 샘플 크기 : 채취된 샘플을 몇 비트 크기의 수치로 나타낼 것인지를 표시하며, 8비트와 16비트가 많이 사용된다.
- 재생 방식 : 모노(1), 스테레오(2)

> **더 알기 TIP**
>
> CD 음질 수준의 스테레오 사운드를 10초간 저장하는 데 필요한 최소한의 메모리 공간은?
> (CD 음질 : 44.1KHz, 16bit 샘플링 데이터)
>
> 44,100 × 16/8 × 2 × 10 = 1,764,000 Byte

기적의 TIP

사운드 파일 형식의 차이점과 크기 산출법은 자주 출제됩니다. 또한 그래픽 관련 용어는 반드시 숙지해야 하며, 동영상 데이터와 MPEG의 규격은 혼동하지 않도록 암기해 두세요.

- FLAC(Free Lossless Audio Codec) : 오디오 데이터 압축 파일 형식으로 무손실 압축 포맷이며 원본 오디오의 음원 손실이 없음
- AIFF(Audio Interchange File Format) : 오디오 파일 형식으로 비압축 무손실 압축 포맷이며 고품질의 오디오 CD를 만들 수 있고 애플사의 매킨토시에서 사용됨
- ALAC(Apple Lossless Audio Codec) : 애플사에서 만든 오디오 코덱으로 디지털 음악에 대한 무손실 압축을 지원함
- WAV(Waveform Audio Format) : 비압축 오디오 포맷으로 MS사의 Windows의 오디오 파일 포맷 표준으로 사용되는 무손실 음원임

오디오 데이터와 관련된 용어
- 시퀀싱(Sequencing) : 오디오 파일이나 여러 연주, 악기 소리 등을 프로그램에 입력하여 녹음하는 방법으로 음의 수정이나 리듬 변형 등의 여러 편집 작업이 가능함
- PCM(Pulse Code Modulation) : 아날로그 신호를 디지털 펄스로 변환하여 작업한 후 이를 다시 본래의 아날로그 신호로 환원시키는 방식
- 샘플링(Sampling) : 기존에 녹음되어 있는 연주 등을 샘플로 사용하는 방식으로 오디오 시퀀싱의 대표적인 방식임

02 정지 영상 데이터

1) 그래픽 데이터의 표현 방식 25년 상시, 24년 상시, 23년 상시, 22년 상시, 18년 3월, 17년 9월, 16년 6월/10월, …

비트맵 (Bitmap)	• 이미지를 점(Pixel, 화소)★의 집합으로 표현하는 방식(래스터(Raster) 이미지라고도 함) • 고해상도를 표현하는 데 적합하지만 파일 크기가 커지고, 이미지를 확대하면 계단 현상★이 발생함 • 다양한 색상을 이용하기 때문에 사실적 이미지 표현이 용이함 • Photoshop, Paint Shop Pro 등이 대표적인 소프트웨어임 • 비트맵 형식으로는 BMP, JPG, PCX, TIF, PNG, GIF 등이 있음
벡터 (Vector)	• 이미지를 점과 점을 연결하는 직선이나 곡선을 이용하여 표현하는 방식 • 그래픽의 확대/축소 시 계단 현상이 발생하지 않지만 고해상도 표현에는 적합하지 않음 • Illustrator, CorelDraw 등이 대표적인 소프트웨어 ㄴ 테두리가 거칠어지지 않고 매끄럽게 표현됨 • 벡터 파일 형식으로는 WMF, AI, CDR 등이 있음

★ 픽셀(Pixel)
• 화면에 표시되는 이미지의 최소 구성 단위(화소)
• 화면에 표시되는 광점(도트)을 의미함
• 도트의 수가 많을수록 해상도가 높아지며 화면이 선명해짐

★ 계단 현상(Alias)
• 화면의 해상도가 낮아 도형이나 문자를 그릴 때 각이 계단처럼 층이 나면서 테두리가 거칠게 표현되는 현상으로 앨리어스(Alias)라고도 함
• 그래픽 소프트웨어의 안티 앨리어스(Anti-alias)에 의해 완화시킬 수 있음

SVG(Scalable Vector Graphics)
2차원 그래픽을 표현하기 위한 XML 기반의 벡터 이미지 형식

2) Pixel당 표현되는 색상 수 계산법

$$\text{사용 비트 수} : n, \text{색상 수} : 2^n$$

사용 비트 수가 2비트이면 색상 수는 $4(2^2)$가 되고, 8비트의 경우 색상 수는 $256(2^8)$이 된다.

> **더 알기 TIP**
>
> 영상(Image)은 화소(Pixel)의 2차원 배열로 구성되는데 한 화소가 4비트를 사용한다면 한 화소가 표현할 수 있는 컬러 수는 몇 개인가?
>
> 2^4=16이므로 표현 가능한 컬러 수는 16이 된다.

3) 정지 영상의 크기 산출법 07년 5월, 06년 7월, 03년 7월

• 압축이 없는 경우 : 가로 픽셀 수 × 세로 픽셀 수 × 픽셀당 저장 용량(바이트)
• 압축이 있는 경우 : (가로 픽셀 수 × 세로 픽셀 수 × 픽셀당 저장 용량(바이트)) / 압축 비율

> **더 알기 TIP**
>
> 가로 300픽셀, 세로 200픽셀 크기의 256 색상으로 표현된 정지 영상을 10:1로 압축하여 JPG 파일로 저장하였을 때 이 파일의 크기는 얼마인가?
>
> (300 × 200 × 1)/10 = 6000Byte = 6KB
> ※ 256 색상은 8비트(2^8)로 표현이 가능하며, 8비트는 1바이트이므로 픽셀 당 저장 용량은 1이 됨

손실 압축
압축 후 복원 시 정보의 손실이 발생하여 원래의 데이터가 완전히 일치하지 않는 것

비(무)손실 압축
압축 후 복원 시 정보의 손실 없이 원래의 데이터가 완전히 일치하는 것

4) 그래픽 파일 형식 23년 상시, 20년 7월, 19년 3월, 18년 9월, 16년 6월, 15년 6월, 14년 3월, 10년 6월, 09년 4월, 07년 5월, …

형식	설명
BMP	• 이미지를 비트맵 방식으로 표현함 • 압축을 하지 않기 때문에 고해상도의 이미지를 표현할 수 있지만 용량이 커짐
GIF	• 미국의 Compuserve에서 개발한 형식으로, 비손실 압축 방법을 사용하기 때문에 이미지의 손상은 없지만 압축률이 좋지 않음 • 256색까지만 표현할 수 있으나 배경을 투명하게 하거나 애니메이션 효과를 줄 수 있음
JPEG, JPG	• 정지 영상 압축 기술에 관한 표준화 규격 • 20:1 정도로 압축할 수 있는 형식 • 비손실 압축과 손실 압축을 모두 지원함 • 압축과 복원을 수행할 때 동일한 과정과 시간이 걸리므로 '대칭 압축'이라고도 함 • 서브 샘플링 기법과 주파수 변환 기법을 함께 사용함 • 화면 중에서 중복되는 정보를 삭제하여 컬러 정지 화상의 데이터를 압축하는 방식 • 파일을 압축시켜 용량 면이나 전송 시간 면에서 효율적이므로 인터넷에서 JPEG 파일을 선호함
PNG	• 트루컬러★를 지원하는 비손실 방식의 그래픽 파일 • 압축률이 높고 투명층을 지원하나 애니메이션은 지원되지 않음 • 8비트 알파 채널을 이용하여 부드러운 투명층을 표현할 수 있음

★ **트루컬러(Truecolor)**
• 사람의 눈으로 인식이 가능한 색상의 의미로, 풀 컬러(Full Color)라고도 함
• 24비트의 값을 이용하며, 빛의 3원색인 빨간색(R), 녹색(G), 파란색(B)을 배합하여 나타내는 색상의 규격으로 배합할 때의 단위를 픽셀(Pixel)이라 함

블러링(Blurring)
특정 부분을 흐릿하게 하는 효과로 원하는 영역을 선명하지 않게 만드는 기법

5) 그래픽 관련 용어 24년 상시, 22년 상시, 19년 3월/8월, 18년 9월, 17년 3월, 15년 3월, 14년 3월/6월, 13년 6월, 11년 3월, …

용어	설명
렌더링(Rendering)	컴퓨터 그래픽에서 3차원 질감(그림자, 색상, 농도 등)을 줌으로써 사실감을 추가하는 과정
디더링(Dithering)	표현할 수 없는 색상이 존재할 경우, 다른 색상들을 섞어서 비슷한 색상을 내는 효과
인터레이싱(Interlacing)	화면에 이미지를 표시할 때 한 번에 표시하지 않고 천천히 표시되면서 선명해지는 효과
모핑(Morphing)	사물의 형상을 다른 모습으로 서서히 변화시키는 기법으로 영화의 특수 효과에서 많이 사용함
모델링(Modeling)	물체의 형상을 컴퓨터 내부에서 3차원 그래픽으로 어떻게 표현할 것인지를 정하는 과정
메조틴트(Mezzotint)	동판화를 찍은 효과를 내는 것으로 이미지에 많은 점을 이용하는 기법
솔러리제이션(Solarization)	사진 현상 과정 중에 필름이 빛에 노출된 경우 발생하는 부분 반전 현상
필터링(Filtering)	이미지 파일에 여러 효과나 변화를 주어 다양한 형태로 바꿔주는 기술
안티 앨리어싱(Anti-aliasing)	3D의 텍스처에서 몇 개의 샘플을 채취해서 사물의 색상을 변경하므로 계단 부분을 뭉개고 곧게 이어지는 듯한 화질을 형성하게 만드는 것
텍스처 매핑(Texture Mapping)	폴리곤은 한가지 색깔이거나 단순한 그라데이션으로 색이 덮혀 있는데, 텍스처(그림)를 붙여 질감을 나타내는 방법

03 동영상 데이터 25년 상시, 24년 상시, 22년 상시, 17년 3월, 16년 10월, 15년 6월, 14년 6월, 13년 10월, 12년 3월, …

MPEG (Moving Picture Experts Group)	• 동화상 전문가 그룹에서 제정한 동영상 압축 기술에 관한 국제 표준 규격으로, 동영상뿐만 아니라 오디오 데이터도 압축할 수 있음 • 손실 압축 방법을 이용하여 중복성을 제거하는 방식으로 압축 효율을 높임 • 비디오 압축의 목적은 실시간 재생이므로, 데이터를 복원하여 재생할 경우 부담이 적은 비대칭 압축 기법 • 50 : 1 ~ 100 : 1 정도의 압축이 가능함
VFW (Video For Windows)	• 움직이는 영상을 캡처하는 기능으로 영상의 압축이나 해제를 하드웨어 추가 없이 소프트웨어만으로 가능함 • 화면상의 영상을 캡처하는 그래버 기능, AVI 파일 재생 기능, 편집 기능, 동영상을 재생하는 미디어 브라우저 기능 등이 있음
DVI (Digital Video Interactive)	• 디지털 TV를 만들기 위해 개발되었던 것을 인텔에서 인수하여 동영상 압축 기술(최대 144:1정도)로 개발됨 • 많은 양의 영상과 음향 데이터를 압축하여 CD-ROM에 기록이 가능함
AVI (Audio Video Interleaved)	• Windows의 표준 동영상 형식의 디지털 비디오 압축 방식 • 비디오 정보, 오디오 정보 등 이미지를 빠른 속도로 압축하거나 재생이 가능함
MOV	• Apple 사에서 만든 동영상 압축 기술 • AVI보다 압축률이나 데이터 손실이 적으며, Windows에서는 Quick Time for Windows 프로그램을 설치하여 재생할 수 있음
DiVX (Digital Video eXpress)	• MPEG-4와 MP3를 재조합한 것으로 코덱★을 변형해서 만든 것 • 비표준 동영상 파일 형식이지만 기가바이트 이상의 DVD를 CD 1~2장의 분량으로 줄일 수 있는 동영상 압축 고화질 파일 형식임 • DVD와 동급의 화질로 영화를 감상할 수 있는 코딩 방식
ASF (Active Streaming Format)	• MS 사가 개발한 통합 멀티미디어 형식 • 화질이 떨어지지만 용량이 작고 음질이 뛰어나 스트리밍★ 기술을 이용하여 영상을 전송하고, 재생할 수 있어 주로 스트리밍 서비스를 하는 인터넷 방송국에서 사용됨
WMV (Windows Media Video)	• MS 사가 개발한 스트리밍이 가능한 오디오 및 비디오 포맷 • Windows Media Player에서 사용되는 형식 • 스트리밍할 때 멀티미디어 압축 방식을 사용함

동영상 비디오 정보
동영상 파일의 바로 가기 메뉴 [속성]의 [자세히] 탭에서 확인 가능한 비디오 정보는 길이, 프레임 너비, 프레임 높이, 데이터 속도, 총 비트 전송률, 프레임 속도 등이 있음

AC-3(Audio Coding-3)
돌비 디지털로 최대 5.1 이상 채널의 입체 음향을 생동감 있게 전달하는 음성 코덱으로 시네마, 방송 등에서 사용되는 첨단 오디오 인코딩, 디코딩 기술

Direct X
멀티미디어 소프트웨어를 보다 고속으로 작동시키고 그래픽 요소와 멀티미디어 효과를 위해 사용하는 응용 프로그램 인터페이스

★ **코덱(CODEC)**
• 디지털 동영상이나 사운드 파일 등을 손실 없이 압축(COmpress)하거나 복원(DECompress)하는 기술
• 아날로그-디지털 변환과 디지털-아날로그 변환을 하나의 장치에서 수행하는 기기

★ **스트리밍(Streaming)**
• 오디오 및 비디오 파일을 모두 다운받기 전이라도 다운을 받으면서 파일을 재생할 수 있는 기술로, 멀티미디어의 실시간 처리가 가능함
• 스트리밍을 적용한 기술 : 인터넷 방송, 원격 교육 등
• 스트리밍 방식 지원 프로그램 : 스트림웍스(Streamworks), 리얼 오디오(Real Audio), 비디오 라이브(VDOLive) 등
• 재생 가능한 데이터 형식 : *.ram, *.asf, *.wmv 등

1) 비디오 파일 용량 산출법 06년 2월, 03년 5월/9월

$$\text{가로 픽셀 수} \times \text{세로 픽셀수} \times \text{픽셀당 저장 용량(바이트)} \times \text{프레임 수}$$

프레임(Frame)은 비디오 데이터에서 1초의 영상을 구성하는 한 장면이며, 기본 단위는 FPS(Frame Per Second)이다.

➕ **더 알기 TIP**

비디오 데이터를 구성하는 프레임 1개의 크기가 640 × 480 픽셀이고 픽셀 당 3바이트로 저장하려고 할 때 1초간 비디오 정보를 저장하기 위해 필요한 저장 용량은?(단, 비디오 데이터는 1초당 30 프레임으로 구성된다고 가정한다.)

640×480×3×30 = 27,648,000Byte ≒ 26.37MByte(27,648,000/1024/1024)

04 MPEG(Moving Picture Experts Group)의 규격 24년 상시, 23년 상시, 22년 상시, …

1988년 설립된 동화상 전문가 그룹을 의미하는 Moving(Motion) Picture Experts Group의 약자로 동영상을 압축하는 방법을 연구하고 표준안을 제정하고 있다.

MPEG-1	• 비디오 CD나 CD-i의 규격 • 저장 매체나 CD 재생의 용도로 이용함 • 동영상과 음향을 최대 1.5Mbps로 압축하여 저장함
MPEG-2	• 디지털 TV, 대화형 TV, DVD 등 높은 화질과 음질을 필요로 하는 분야의 압축 기술 • 디지털로 압축된 영상 신호의 데이터 구조를 정의한 것으로 상업 수준의 디지털 방송 및 DVD 영상에 주도적으로 사용함
MPEG-4	• 멀티미디어 통신을 위해 만들어진 영상 압축 기술 • 낮은 전송률(매초 64Kbps, 19.2Kbps)로 동영상을 보내고자 개발된 데이터 압축과 복원 기술 • 동영상의 압축 표준안 중에서 IMT-2000 멀티미디어 서비스, 차세대 대화형 인터넷 방송의 핵심 압축 방식으로 비디오/오디오를 압축하기 위한 표준
MPEG-7	• 인터넷상에서 멀티미디어 동영상의 정보 검색이 가능함 • 정보 검색 등을 효율적으로 사용하기 위한 콘텐츠 저장 및 검색을 위한 표준
MPEG-21	MPEG 기술을 통합한 디지털 콘텐츠의 제작, 유통, 보안 등 모든 과정을 관리할 수 있는 규격
H.264	• 매우 높은 압축률이 지원되는 디지털 비디오 코덱 표준 기술 • 현재 국내 지상파 DMB 및 위성 DMB의 비디오 기술 표준임 • 높은 화질 및 음질의 지원으로 디지털 방송이나 모바일 동영상 플레이어에 효율적임 • MPEG-4 Part 10 또는 MPEG-4 AVC(Advanced Video Coding)라고도 함

MPEG-3
HDTV 방송(고선명도의 화질)을 위해 고안되었으나 MPEG-2 표준에 흡수, 통합되어 현재는 존재하지 않는 규격

MHEG(Multimedia and Hypermedia information coding Experts Group)
멀티미디어 콘텐츠에서 각 객체의 배치나 출력의 타이밍, 사용자의 조작에 대한 응답 방법 등을 기술하는 언어의 표준을 책정하는 ISO의 전문가 위원회의 명칭 및 규격명

이론을 확인하는 기출문제

 합격 강의

01 다음 중 Windows에서 동영상 파일의 바로 가기 메뉴 중 [속성]을 선택하여 확인할 수 있는 비디오 정보에 해당하지 <u>않는</u> 것은?

① 길이
② 비드 수준
③ 프레임 속도
④ 총 비트 전송률

비디오 정보 : 길이, 프레임 너비, 프레임 높이, 데이터 속도, 총 비트 전송률, 프레임 속도 등

02 다음 중 CD, HDTV 등에서 동영상을 표현하기 위한 국제 표준 압축 방식은?

① MPEG
② JPEG
③ GIF
④ PNG

MPEG : 영상 및 음성 등 다른 음향까지 압축하는 기술에 관한 표준화 규격으로 손실 압축 방법을 이용함

오답 피하기
• JPEG : 정지 영상 압축 기술에 관한 표준화 규격
• GIF : 비손실 압축을 이용하므로 이미지 손상은 없지만 압축률이 떨어짐
• PNG : GIF와 JPG의 장점만을 조합하여 만든 형식

정답 01 ② 02 ①

03 다음 중 멀티미디어 데이터 변환과 관련하여 코덱(CODEC)에 관한 설명으로 옳은 것은?

① 컴퓨터를 사용하여 동영상 또는 음악을 제작, 녹음, 편집하는 기술이다.
② 음성 또는 영상의 신호를 디지털 신호로 변환하거나 그 반대로 변환시켜 주는 기능을 함께 포함한 기술이다.
③ 복원된 데이터가 압축 이전의 데이터와 완전히 일치하도록 하는 기술이다.
④ 동영상을 구성하는 장면을 프레임 별로 편집하는 기술이다.

코덱(CODEC) : 음성 또는 영상의 아날로그 신호를 디지털 신호로 변환하거나 그 반대로 디지털 신호를 아날로그 신호로 환원하는 장치

04 다음 중 이미지 데이터의 표현 방식에서 벡터(Vector) 방식에 관한 설명으로 옳지 않은 것은?

① 벡터 방식의 그림 파일 형식에는 wmf, ai 등이 있다.
② 이미지를 점과 선을 이용하여 표현하는 방식이다.
③ 그림을 확대하거나 축소할 때 계단 현상이 발생하지 않는다.
④ 포토샵, 그림판 등의 소프트웨어로 그림을 편집할 수 있다.

벡터(Vector) 방식은 일러스트레이트(Illustrator)나 코렐드로우(CorelDraw) 등으로 편집함

오답 피하기

포토샵이나 그림판은 비트맵 방식의 그림을 편집할 수 있음

05 다음 중 디지털 콘텐츠의 제작 및 유통, 보안 등의 모든 과정을 관리할 수 있게 하는 기술 표준을 제시한 MPEG의 종류로 옳은 것은?

① MPEG-3
② MPEG-4
③ MPEG-7
④ MPEG-21

오답 피하기

- MPEG-3 : HDTV 방송(고 선명도의 화질)을 위해 고안되었으나, MPEG-2 표준에 흡수, 통합되어 현재는 존재하지 않는 규격
- MPEG-4 : 동영상의 압축 표준안 중에서 IMT-2000 멀티미디어 서비스, 차세대 대화형 인터넷 방송의 핵심 압축 방식으로 비디오/오디오를 압축하기 위한 표준
- MPEG-7 : 인터넷상에서 멀티미디어 동영상의 정보 검색이 가능, 정보검색 등을 효율적으로 사용하기 위한 콘텐츠 저장 및 검색을 위한 표준

06 다음 중 멀티미디어의 동영상에 관련된 설명으로 옳지 않은 것은?

① 국제표준화단체인 MPEG에서는 다양한 규격의 압축 포맷과 부가 표준을 만들었다.
② 비디오 스트리밍은 인터넷에서 영상파일을 다운로드 하면서 실시간 재생하는 기법이다.
③ MIDI는 애플사에서 개발한 동영상 압축 기술로 시퀀싱 작업을 통해 작성된다.
④ AVI는 Windows에서 기본적으로 지원하는 표준 동영상 파일 형식으로 별도의 하드웨어 장치 없이 재생 가능하다.

MIDI(Musical Instrument Digital Interface) : 전자 악기 사이의 데이터 교환을 위한 규약, 음의 강도, 악기 종류 등과 같은 정보를 기호화하여 코드화 방식, 용량이 작으며 사람의 목소리나 자연음은 재생할 수 없음(확장자 : *.mid)

오답 피하기

MOV : Apple 사에서 만든 동영상 압축 기술, AVI보다 압축률이나 데이터 손실이 적으며, Windows에서는 Quick Time for Windows 프로그램을 설치하여 재생할 수 있음

07 다음 멀티미디어 용어 중 선택된 두 개의 이미지에 대해 하나의 이미지가 다른 이미지로 자연스럽게 변화하도록 하는 특수 효과를 뜻하는 것은?

① 렌더링(Rendering)
② 안티앨리어싱(Anti-Aliasing)
③ 모핑(Morphing)
④ 블러링(Bluring)

모핑(Morphing) : 사물의 형상을 다른 모습으로 서서히 변화시키는 기법으로 영화의 특수 효과에서 많이 사용함

오답 피하기

- 렌더링(Rendering) : 그림자, 색상, 농도 등의 3차원 질감을 줌으로써 사실감을 추가하는 과정
- 안티앨리어싱(Anti-Aliasing) : 화면의 해상도가 낮아 도형이나 문자를 그릴 때 각이 계단처럼 층이 나면서 테두리가 거칠게 표현되는 계단 현상(Aliasing) 부분을 뭉개고 곧게 이어지는 듯한 화질로 형성하는 것
- 블러링(Bluring) : 특정 부분을 흐릿하게 하는 효과로 원하는 영역을 선명하지 않게 만드는 기법

SECTION 05 정보 통신 일반

출제빈도 상 중 하
반복학습 1 2 3

빈출 태그 반이중 방식/전이중 방식・스타형・링형・버스형・LAN・MAN・WAN・VAN・라우터・브리지

정보 통신의 3대 구성 요소
- 정보원(Source)
- 전송 매체(Medium)
- 정보 처리원(Destination)

데이터 통신의 3대 목표
- **정확성** : 정확한 정보의 전달
- **효율성** : 획득한 정보의 가치가 정보 전송 투자 장비의 가치보다 우수해야 함
- **보안성** : 성공적인 정보 전송을 위한 보안 작업의 필요

정보 통신 시스템의 발달
- SAGE(Semi-Automatic Ground Environment) : 최초의 정보 통신 시스템
- SABRE(Semi-Automatic Business Research Environment) : 최초의 상업용 정보 통신 시스템

> 📌 **기적의 TIP**
> 정보 전송 방식의 개념과 예에 대한 문제가 자주 출제되고 있습니다. 어렵지 않은 내용이므로 반드시 알아 두세요.

베이스밴드 전송
디지털 데이터 신호를 변조하지 않고 직접 전송하는 방식으로, 일반적으로 근거리 통신망에 사용됨

광케이블의 최대 대역폭
300MHz 이상

01 정보 통신의 정의 및 특징

- 컴퓨터와 컴퓨터, 단말기와 단말기 간에 통신 회선을 통해 정보(Information)를 송수신, 제어, 저장, 처리하는 시스템이다.
- 시간과 거리에 대한 제약을 극복하고, 대량의 정보를 공유할 수 있다.
- 다양한 정보, 컴퓨터 자원의 공유 및 비용 절감 효과가 있다.
- 에러 제어 방식을 사용하여 시스템의 신뢰성이 매우 높다.

02 정보 통신 시스템의 구성

정보 통신 시스템은 데이터 전송계와 처리계로 구분된다.

데이터 전송계	단말 장치(Terminal), 신호 변환 장치(MODEM, DSU), 통신 제어 장치, 전송 회선으로 구성됨
데이터 처리계	하드웨어와 소프트웨어로 구성됨

03 정보 전송 방식 25년 상시, 22년 상시, 21년 상시, 11년 7월

정보의 전송 방식은 전송 방향, 전송 모드, 전송 동기에 따라 구분된다.

전송 방향	단방향 방식, 반이중 방식, 전이중 방식
전송 모드	병렬 전송, 직렬 전송
전송 동기	비트 동기, 문자 동기(동기식 전송, 비동기식 전송)
단방향(Simplex) 방식	한쪽 방향으로만 데이터를 전송함(예) 라디오, TV 방송)
반이중(Half Duplex) 방식	양쪽 방향에서 데이터를 전송하지만 동시 전송은 불가능함(예) 무전기)
전이중(Full Duplex) 방식	양쪽 방향에서 동시에 데이터를 전송함(예) 전화)

04 정보 통신망의 구성 형태와 특징 23년 상시, 17년 9월, 15년 3월, 14년 3월, 13년 10월, 09년 10월, …

1) 스타(Star)형 25년 상시, 23년 상시, 14년 6월, 12년 9월, 09년 4월

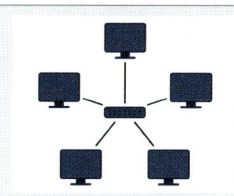

- 중앙에 컴퓨터와 단말기들이 1:1(Point-To-Point)로 연결되어 있는 형태로, 네트워크 구성의 가장 기본적인 형태
- 모든 통신 제어가 중앙의 컴퓨터에 의해 행해지는 중앙 집중 방식
- 일반적인 온라인 시스템의 전형적 방식으로, 회선 교환 방식에 적합함
- 중앙의 컴퓨터에서 모든 단말기들의 제어가 가능하지만, 중앙 컴퓨터의 고장 시 전체 시스템 기능이 마비됨

> **기적의 TIP**
> 정보 통신망의 구성 형태와 특징에 대해 혼동하지 않을 정도로 개념 파악에 주력하여 공부하세요.

2) 트리(Tree)형

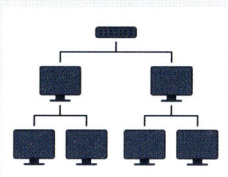

- 중앙의 컴퓨터와 일정 지역의 단말기까지는 하나의 통신 회선으로 연결되어 이웃 단말기는 이 단말기로부터 근처의 다른 단말기로 회선이 연장되는 형태
- 제어가 간단하고 관리가 쉬움
- 분산 처리 시스템이 가능하고 통신 선로가 가장 짧음
- 단방향 전송에 적합하고 CATV망 등에 많이 이용됨

3) 링(Ring)형(=루프(Loop)형) 21년 상시, 10년 3월/10월, 08년 2월

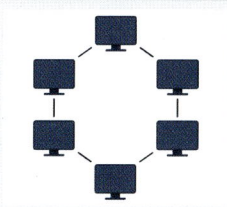

- 컴퓨터와 단말기들을 서로 이웃하는 것끼리만 연결한 형태
- LAN에서 가장 많이 사용함
- 양방향 데이터 전송이 가능함
- 통신 회선 장애 발생 시 융통성이 있으나 전체 통신망에 영향을 줌

> **버퍼링 구성에 따른 통신 제어 방식**
> 비트, 블록, 메시지 버퍼 방식

4) 버스(Bus)형 21년 상시, 09년 7월, 07년 5월, 05년 5월

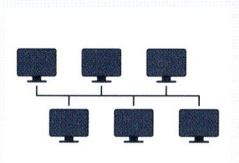

- 한 통신 회선에 여러 대의 단말기가 접속되는 형태(회선 길이에 제한이 있음)
- 구조가 간단하며 단말기의 추가 및 제거가 쉬움
- 데이터 전송 방식은 폴링과 셀렉션에 의해 이루어짐
- 노드의 독립성이 보장됨(한 노드의 고장은 다른 노드에 영향을 주지 않음)
- 버스상의 모든 단말 데이터의 수신이 가능함(방송 모드)
- CSMA/CD(반송파 감지 다중 접근/충돌 검사)를 사용함
- 여러 대의 단말기가 접속되므로 기밀 보장이 어려움

> **교환 방식의 종류**
> - 회선 교환 방식 : 실시간으로 통신할 수 있는 교환 방식
> - 메시지 교환 방식 : 메시지를 받아서 알맞은 송신 회로가 있을 때까지 저장했다가 다시 전송하는 방식
> - 패킷 교환 방식 : 축적 교환 방식, 패킷 단위(최대 1,000bit 단위)로 분할하여 단위마다 수신인의 주소로 보내는 방식

5) 망(Mesh)형

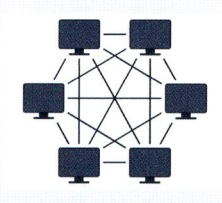

- 모든 단말기와 단말기들을 통신 회선으로 연결시킨 형태(노드의 연결성이 뛰어나므로 응답 시간이 빠름)
- 보통 공중 전화망과 공중 데이터 통신망에 사용됨
- 통신 회선의 전체 길이가 가장 길어짐
- 신뢰도가 높음(통신 회선 장애 발생 시 타 경로를 이용, 데이터 전송을 수행)
- 분산 처리 시스템이 가능하고, 광역 통신망(WAN)에 적합함
- 통신 회선의 링크 수 : $\dfrac{n(n-1)}{2}$

기적의 TIP

LAN, WAN, MAN, VAN, ISDN, Hub, 라우터, 브리지, 리피터의 특징을 묻는 문제는 꾸준히 출제되고 있습니다. 개념에 대해 반드시 공부해 두세요.

★ ATM(Asynchronous Transfer Mode)
비동기식 전달 모드로, B-ISDN의 핵심 기술이며 멀티미디어 데이터 전송에 사용됨

통신 속도 단위
- BPS(Bit Per Second) : 1초에 전송되는 비트 수
- Baud(보) : 초 당 발생하는 최단 펄스의 수, 변조 속도의 단위

패킷(Packet)
전송 데이터를 일정한 길이로 잘라서 전송에 필요한 정보들과 함께 보내는데, 이 데이터 묶음을 패킷이라고 함

통신 시스템의 데이터의 흐름
변조 → 직렬화 → 복조 → 병렬화

코덱(Codec)
- 아날로그-디지털 변환과 디지털-아날로그 변환을 하나의 장치에서 수행하는 기기로 이 장치와 전송 속도 변환 장치를 하나로 만든 것이 모뎀(MODEM)임
- 디지털 동영상이나 사운드 파일 등을 손실 없이 압축(COmpress)하거나 복원(DECompress)하는 기술을 의미하기도 함

05 정보 통신망의 종류
24년 상시, 23년 상시, 15년 10월, 11년 3월, 09년 4월, 05년 7월, 03년 2월

디지털 신호를 직접 전송하는 베이스 밴드 방식과 통신 경로를 여러 개의 주파수 대역으로 나누어 쓰는 브로드 밴드 방식이 있음

구분	설명
근거리 통신망(LAN)	수 km 이내의 거리(한 건물이나 지역)에서 데이터 전송을 목적으로 연결된 통신망
도시권 정보 통신망(MAN)	LAN과 WAN의 중간 형태로, 대도시와 같은 넓은 지역에 데이터, 음성, 영상 등의 서비스를 제공하는 통신망
광역 통신망(WAN)	원거리 통신망이라고도 하며, 하나의 국가 등 매우 넓은 네트워크 범위를 갖는 통신망
구내망(PBX)	사설 구내 교환망
부가 가치 통신망(VAN)	통신 회선을 직접 보유하거나 통신 사업자의 회선을 임차하여 이용하는 형태(하이텔, 천리안, 유니텔 등)
가상 사설망(VPN)	통신 사업자에게 전용 회선을 임대하여 공중망을 통해 사설 네트워크를 구축하는 것으로 기존 사설망의 고비용 부담을 해소하기 위해 사용됨
종합 정보 통신망(ISDN)	여러 가지 통신 서비스를 하나의 디지털 통신망으로 통합한 통신망
광대역 종합 정보 통신망(B-ISDN)	ATM★을 기반으로 대용량 데이터를 디지털 방식으로 150~600 Mbps의 초고속 전송이 이루어짐

06 네트워크 접속 장비
25년 상시, 24년 상시, 23년 상시, 22년 상시, 21년 상시, 20년 7월, 15년 6월/10월, 13년 10월, …

MOdulation(변조)+DEModulation(복조)의 합성어

구분	설명
모뎀(MODEM)	디지털 신호를 아날로그 신호로 변환하는 변조 과정과 아날로그 신호를 디지털 신호로 변환하는 복조 과정을 수행하는 장치
랜(LAN) 카드	물리적으로 네트워크에 접속하기 위해 컴퓨터 내에 설치되는 확장 카드
허브(Hub)	네트워크에서 연결된 각 회선이 모이는 집선 장치로서 각 회선을 통합적으로 관리하는 방식
라우터(Router)	데이터 전송을 위한 최적의 경로를 찾아 통신망에 연결하는 장치
브리지(Bridge)	• 독립된 두 개의 근거리 통신망(LAN)을 연결하는 접속 장치 • OSI 참조 모델의 데이터 링크 계층에 속함 • 데이터가 다른 곳으로 가지 않도록 통신량을 조절함 • 통신 프로토콜을 변환하지 않고 네트워크를 확장함
리피터(Repeater)	• 네트워크에서 디지털 신호를 일정한 거리 이상으로 전송시키면 신호가 감쇠하는 성질이 있음 • 장거리 전송을 위해 신호를 새로 재생시키거나 출력 전압을 높여 전송하는 장치
게이트웨이(Gateway)	• 네트워크에서 다른 네트워크로 들어가는 관문의 기능을 수행하는 지점을 말하며, 서로 다른 프로토콜을 사용하는 네트워크를 연결할 때 사용하는 장치 • 주로 LAN에서 다른 네트워크에 데이터를 보내거나 받아들이는 역할을 함

07 모바일 기기 관련 용어
25년 상시, 24년 상시, 23년 상시, 21년 상시, 20년 7월, 19년 3월/8월, 18년 9월, …

구분	설명
안드로이드(Android)	구글에서 개발한 모바일 운영 체제
아이오에스(iOS)	애플 아이폰 기기에서 사용되는 모바일 운영 체제
윈도 모바일	마이크로소프트의 윈도 환경을 기반으로 하는 모바일 운영 체제

용어	설명
와이파이 (Wifi : Wireless Fidelity)	일정 영역의 공간에서 무선 인터넷의 사용이 가능한 근거리 무선 통신 기술
ALL-IP (Internet Protocol)	인터넷 프로토콜(IP)를 기반으로 유무선 인터넷 구분 없이 언제 어디서나 초고속 인터넷을 사용하는 서비스
AP(Application Processor)	스마트기기에서 PC의 CPU(중앙처리장치) 역할을 담당하는 장치
유심(USIM) 카드	범용 가입자 인증 모듈(Universal Subscriber Identity Module)로 스마트폰 사용자의 인증 및 개인 정보를 저장하는 모듈 카드
위젯(Widget)	스마트기기에서 수행되는 일정, 날씨, 시계, 달력 같은 작은 애플리케이션 프로그램
플랫폼(Platform)	스마트기기나 프로그램 등의 동작 시 사용 기반이 되는 하드웨어 및 소프트웨어의 환경
앱(App)	스마트기기에서 사용 가능한 응용(Application) 프로그램으로 '어플'이라고도 함
QR(Quick Response) 코드	격자 무늬 패턴 모양에 정보를 저장하는 기능을 가진 2차원 형식의 바코드로 스마트폰을 이용하여 QR 코드를 스캔하면 빠르게 정보를 볼 수 있음
증강 현실 (AR : Augmented Reality)	현실 세계에 가상의 사물이나 정보를 부가시켜 실제 공간에 가상 현실을 증강시키는 기술
테더링(Tethering)	인터넷이 가능한 스마트기기의 통신 중계기 역할로 PC의 인터넷 접속을 가능하게 하고 모바일 데이터 연결을 공유함
SNS (Social Network Service)	공통 관심사를 가진 사람끼리 글이나 사진, 영상 등을 통해 기록하고 소통하는 정보 기술 서비스
사물 인터넷 ★ (IoT : Internet of Things)	인간 대 사물, 사물 대 사물 간에 인터넷으로 연결되어 정보의 소통이 가능한 기술
만능 인터넷 (IoE : Internet of Everything)	사물 인터넷의 확장 개념으로 만물이 인터넷에 연결되어 모든 사물의 제어 및 정보 소통이 가능한 기술
위치 기반 서비스(LBS : Location Based Service)	스마트 폰에 내장된 칩(Chip)이 각 기지국(셀 방식)이나 GPS(위성항법장치)와 연결되어 위치 추적이 가능하며 위치 정보에 따른 특정 지역의 기상 상태나 교통 및 생활 정보 등을 제공 받을 수 있는 위치 기반 서비스
NFC(Near Field Communication)	근거리 무선 통신 기술로 스마트폰을 이용하여 신용카드나 교통카드 대용으로 사용할 수 있으며 다른 기기와 데이터를 주고 받을 수 있는 기술
클라우드 서비스 (Cloud Service)	언제 어디서나 인터넷이 연결된 장소에서 정보를 업로드하고 다운 받아 사용할 수 있는 서비스
웨어러블 디바이스 (Wearable Device)	컴퓨터 칩이 내장되어 있는 입거나 몸에 착용 가능한 형태의 기기나 액세서리(시계, 안경 등)로 인터넷이 가능하며 스마트기기와의 정보 공유가 가능한 서비스
BYOD (Bring Your Own Device)	본인의 스마트기기를 휴대하여 언제 어디서나 시간 및 장소의 구애를 받지 않고 회사 업무나 개인 업무를 처리함
스크린 에이저 (Screenager)	스크린과 틴에이저의 합성 신조어로 언제 어디서나 스마트폰의 스크린을 통해 정보를 검색하고 공유하는 젊은 세대를 의미함
N스크린(N-Screen)	다양한 종류의 스크린을 통해 동시에 정보나 콘텐츠를 제공하는 것을 의미함
팝콘 브레인 (Popcorn Brain)	스마트기기의 중독으로 인해 스마트 증후군 증세를 보이며 뇌가 무기력해지고 현실 세계에 무감각해지는 현상
모바일 웰렛 (Mobile Wallet)	스마트기기를 이용한 물품 구매나 쇼핑 같은 전자 거래를 통한 결제나 쿠폰이나 멤버십을 이용한 각종 서비스를 제공해주는 모바일 전자 지갑

와이파이(Wi-Fi)
- IEEE 802.11 기술 규격으로 IEEE 802.11b 규격은 최대 11Mbps, IEEE 802.11g 규격은 최대 54Mbps의 속도를 지원함
- **인프라스트럭쳐(Infrastructure) 모드** : AP(Access Point)를 통해 데이터를 송수신하는 방식
- **애드혹(Ad hoc) 모드** : 피어 투 피어 또는 인디펜던트 모드라고도 하며 AP(Access Point) 없이 데이터를 송수신하는 방식으로 전파 사용면에서 효율이 좋음
- 장소와 환경에 따라 많은 영향을 받으므로 사용 거리에 제한이 있음

★ **사물 인터넷(IoT : Internet of Things)**
- 개인별 맞춤형 스마트 서비스를 지향하며 정보 보안 기술의 적용이 중요시 됨
- 개방형 아키텍처로 스마트 센싱 기술과 무선 통신 기술을 융합한 실시간 송수신 서비스 제공

3D 프린터(Printer)
- X축(좌우), Y축(앞뒤), Z축(상하)을 이용하여 작성된 3D 도면을 이용하여 3차원의 입체물을 만들어내는 프린터
- 잉크젯 프린터의 인쇄 원리와 같으며 제작 방식에 따라 층(레이어)으로 겹겹이 쌓아 입체 형상을 만들어내는 적층형과 큰 덩어리를 조각하듯이 깎아내는 절삭형으로 나뉨
- 제작 단계는 3D 도면을 제작하는 모델링(Modeling) 단계, 물체를 만드는 프린팅(Printing) 단계, 마무리 보완 작업(도색, 연마, 부분품 조립 등)을 하는 피니싱(Finishing) 단계로 이루어짐
- 출력 속도 단위 : MMS(Milli-Meters per Second)

- **DMB(Digital Multimedia Broadcasting)** : 디지털 멀티미디어 방송으로 커뮤니케이션(Communication) 서비스는 제공되지 않음

- **모바일 화상전화** : 원거리에 있는 사람들끼리 모바일 스마트폰을 통해 원격으로 화상 통화를 할 수 있는 서비스

- **MMS(Multimedia Messaging Service)** : 문자 메시지만 보낼 수 있는 기존 방식과는 달리 소리나 동영상 등의 멀티미디어 데이터를 송수신할 수 있는 서비스

이론을 확인하는 기출문제

01 다음 중 데이터 통신망에 관한 설명으로 옳지 않은 것은?

① LAN은 자원 공유를 목적으로 작은 기관의 구내에서 사용하며 전송거리가 짧고 고속 전송이 가능하지만 WAN에 비해 에러 발생률이 높은 통신망이다.
② VAN은 기간 통신망 사업자로부터 회선을 빌려 기존의 정보에 새로운 가치를 부여하여 다수의 이용자에게 판매하는 통신망이다.
③ B-ISDN은 광대역 네트워크에서 데이터, 음성, 고해상도의 동영상 등의 다양한 서비스를 디지털 통신망을 이용해 제공하는 고속 통신망이다.
④ WLL은 전화국과 가입자 단말 사이의 회선을 유선 대신 무선 시스템을 이용하여 구성하는 통신망이다.

LAN은 전송거리가 짧고 고속 전송이 가능하므로 WAN에 비해 에러 발생률이 적음

02 다음 중 스마트폰을 모뎀처럼 활용하는 방법으로, 컴퓨터나 노트북 등의 IT 기기를 스마트폰에 연결하여 무선 인터넷을 사용할 수 있게 하는 기능은?

① 와이파이(WiFi)
② 블루투스(Bluetooth)
③ 테더링(Tethering)
④ 와이브로(WiBro)

테더링(Tethering) : 인터넷이 가능한 스마트기기의 통신 중계기 역할로 PC의 인터넷 접속을 가능하게 하고 모바일 데이터 연결을 공유함

오답 피하기

• 와이파이(WiFi) : 일정 영역의 공간에서 무선 인터넷의 사용이 가능한 근거리 무선 통신 기술
• 블루투스(Bluetooth) : 무선 기기 간 정보 전송을 목적으로 하는 근거리 무선 접속 프로토콜 IEEE 802.15.1 규격을 사용하는 PANs(Personal Area Networks)의 사업 표준
• 와이브로(WiBro) : 무선과 광대역 인터넷이 통합된 것으로 휴대용 단말기로 정지 및 이동 중에 인터넷에 접속이 가능함

03 다음 중 데이터 통신 시스템에서 데이터의 흐름으로 옳은 것은?

① 변조 – 직렬화 – 복조 – 병렬화
② 변조 – 복조 – 직렬화 – 병렬화
③ 복조 – 변조 – 직렬화 – 병렬화
④ 복조 – 병렬화 – 직렬화 – 변조

디지털 신호를 아날로그 신호로 변조한 다음 데이터 통신에 의해 직렬 전송(직렬화)되고 다시 아날로그 신호를 디지털 신호로 복조하여 컴퓨터에서 병렬 처리(병렬화)됨

04 다음 내용이 설명하는 것으로 옳은 것은?

> 디지털 데이터 신호를 변조하지 않고 직접 전송하는 방식으로 일반적으로 근거리통신망에 사용된다.

① 단방향 전송
② 반이중 전송
③ 베이스밴드 전송
④ 브로드밴드 전송

베이스밴드(Baseband) 전송 : 디지털 신호를 직접 전송하는 방식

오답 피하기

브로드밴드 (Broadband) 전송 : 통신 경로를 여러 개의 주파수 대역으로 나누어 쓰는 방식

05 다음 중 아래 설명에 해당하는 네트워크 구성 장비는?

> • 두 개의 근거리 통신망(LAN) 시스템을 이어주는 접속 장치이다.
> • 양쪽 방향으로 데이터의 전송만 해줄 뿐 프로토콜 변환 등 복잡한 처리는 불가능하다.
> • 네트워크 프로토콜과는 독립적으로 작용하므로 네트워크에 연결된 여러 단말들의 통신 프로토콜을 바꾸지 않고도 네트워크를 확장할 수 있다.

① 라우터
② 스위칭 허브
③ 브리지
④ 모뎀

오답 피하기

• 라우터(Router) : 네트워크 계층에서 망을 연결하며, 다양한 전송 경로 중 가장 효율적인 경로를 선택하여 패킷을 전송하는 장치
• 스위칭 허브(Switching Hub) : 네트워크에서 연결된 각 회선이 모이는 집선 장치로서 각 회선을 통합적으로 관리하는 방식으로 집선 장치가 많아져도 그 속도가 일정하게 유지됨
• 모뎀(MODEM) : 변복조 장치

정답 01 ① 02 ③ 03 ① 04 ③ 05 ③

CHAPTER

05

컴퓨터 시스템 보호

학습 방향

인터넷 부정 행위와 데이터 보안 침해 형태의 종류는 구분 가능하도록 준비하세요. 방화벽 관련 내용은 자세히 알고 넘어가셔야 합니다. 암호화 기법인 비밀키와 공개키 기법은 차이를 묻는 문제가 주로 출제되고 있으며, 최근 개정된 개인정보 보호법에 대한 내용도 출제가 예상되는 부분입니다.

출제 빈도

정보 윤리

출제빈도 상 중 하
반복학습 1 2 3

빈출 태그 유즈넷 네티켓 • 웹 페이지 설계 시 유의점 • 저작권 • 디지털 워터마크 • 개인 정보 보호

▶ 합격 강의

01 정보 윤리 기본 09년 7월, 06년 5월

1) 일반적인 측면의 윤리
- 법과 질서를 준수하고 타인의 사생활을 함부로 침해하지 않도록 한다.
- 지적 재산권을 보호하고 불건전 정보가 유통되지 않도록 한다.
- 소프트웨어를 무단으로 복제해서 사용하지 않도록 하며, 업무상 취득한 정보를 사적인 목적으로 사용하지 않도록 한다.
- 자신의 권한을 벗어나는 시스템 조작 행위나 권한 없는 다른 시스템에 접근하지 않도록 한다.
- 컴퓨터 통신망을 이용해 근거 없는 유언비어나 음란물을 유포하지 않도록 한다.

2) 전자우편(E-Mail)을 이용할 때의 네티켓★
- 폭탄 메일을 보내는 것은 전산망의 안정성을 해칠 수 있으며 타인에게 피해를 주므로 처벌 받을 수 있다.
- 상업적인 목적을 가진 광고성 메일 등은 불특정 다수에게 보내지 않도록 한다.
- 광고성 메일을 보낼 때에는 제목에 "광고"라고 표기하여 보내야 한다.
- 전자우편의 제목만으로도 그 내용을 쉽게 알 수 있도록 해야 한다.
- 전자우편의 내용은 간결하게 용건만 전달하도록 한다.

3) 유즈넷(Usenet)을 이용할 때의 네티켓 06년 2월
- 질문하기 전에 중복되는 내용이 있는지 FAQ★를 먼저 확인한다.
- 기사 내용은 간결하게 요점만을 기록하고, 기사 끝에는 서명과 연락처를 남긴다.
- 게시물 내용에 반대 의견을 가진 사람은 개인 메일을 이용하도록 한다.
- 연습용 글은 Test 그룹에 올리며, 게시한 기사에 잘못된 사항이 있으면 가능한 빠르게 취소한다.
- 뉴스 그룹의 성격에 맞게 기사를 게시한다.

4) FTP(File Transfer Protocol)를 이용할 때의 네티켓
- FTP 사이트 목록을 확보하고 접근하면 시간을 줄일 수 있다.
- 익명의 FTP(Anonymous FTP) 사이트 접속 시 비밀 번호에는 본인의 E-Mail 주소를 입력한다.
- 큰 용량의 파일을 전송할 경우는 사용자들이 많은 낮 시간을 피하고, 몇 개의 파일로 나누거나 압축하여 올린다.
- Anonymous FTP의 공개 디렉터리에 있는 파일을 일부러 삭제해서는 안 된다.

기적의 TIP

유즈넷 사용 시의 네티켓과 웹 페이지 설계 시의 유의점 정도만 알아 두고 넘어가세요.

★ 네티켓
인터넷 사용자가 지켜야 할 예절의 의미로 네트워크(Network)와 에티켓(Etiquette)의 합성어

★ FAQ(Frequently Asked Questions)
자주 묻는 질문에 대한 답변을 모아 놓은 것

개념 체크

1. 전자우편에서 광고성 메일을 보낼 때, 제목에 "광고"라고 표기하지 않아도 된다. (○, ×)
2. FTP를 이용해 큰 용량의 파일을 전송할 경우, 사용자들이 많은 낮 시간을 이용해야 한다. (○, ×)
3. 전자우편의 내용은 가능한 자세하게 작성하는 것이 좋다. (○, ×)
4. FTP 사이트 목록을 확보하면 시간을 줄일 수 있다. (○, ×)

1 × 2 × 3 × 4 ○

5) 웹 페이지 설계 시 유의점 04년 2월

- 웹 설계 시 사용되는 그림 파일(Image)의 크기는 너무 크지 않도록 한다.
- 웹 페이지 간의 이동이 쉽게 설계되어야 한다.
- 웹의 특성상 여러 환경의 컴퓨터와 인터페이스(Interface)를 고려하여 설계해야 한다.
- 웹상에서 다른 사이트의 글이나 그림 파일 등을 인용할 때는 원저작자에게 허락을 얻고 그 출처를 분명히 해야 한다.
- 웹상에 업로드(Upload)한 파일의 크기가 클 경우 파일의 크기를 명시하여 이용하는 사용자에게 편의를 줄 수 있도록 한다.

02 저작권★ 보호 15년 10월, 09년 2월/4월

★ 저작권(Copyright)
시, 소설, 음악, 미술, 연극, 논문, 건축물, 사진, 컴퓨터 프로그램 등과 같은 저작물에 대하여 창작자가 가지는 권리

1) 저작권법 25년 상시, 10년 10월

저작자의 권리와 이에 인접하는 권리를 보호하고 저작물의 공정한 이용을 도모함으로써 문화 및 관련 사업의 향상 발전에 이바지함을 목적으로 한다.

▶ 저작권 관련 용어

공표권	저작물을 공연·방송 또는 전시 그 밖의 방법을 이용하여 일반 공중에게 발표할 것인지 말 것인지를 결정할 권리
성명 표시권	저작물에 저작자로서의 성명을 표기할 것인지, 아닐지의 권리
배포권	원작품 또는 복제물을 일반 공중에게 대가를 받거나 또는 받지 않고 양도하거나 대여할 수 있는 권리
2차적 저작물 작성권	해당 저작물을 기초로 하여 영화, 드라마, 연극 등 2차 저작물을 작성할 수 있는 권리
전송권	저작물을 무선 또는 유선 통신의 방법을 이용하여 송신하거나 이용할 수 있도록 제공할 수 있는 권리
저작 인접권	저작물 배포와 전파에 기여한 사람들의 권리를 의미하며, 저작권과 동일하게 보호받음
복제	사진, 인쇄, 복사, 녹음, 녹화 등 그 밖의 방법을 이용하여 유형물로 다시 제작하는 행위
발행	저작물을 일반 공중의 수요를 위하여 복제, 배포하는 행위

2) 저작권의 보호 기간 25년 상시, 09년 4월

- 저작 재산권은 저작자의 생존 기간과 사망 후 70년간 존속하는 것을 원칙으로 하고 있다.
- 공동저작물인 경우에는 맨 마지막으로 사망한 저작자를 기준으로 사후 70년간 존속한다(저작자의 사망 시점을 알 수 없는 경우에는 이러한 원칙을 적용할 수 없음).
- 무명 또는 이명 저작물인 경우, 업무상 저작물인 경우, 영상 저작물인 경우에 이에 해당된다. 이러한 경우에는 공표된 시점을 기준으로 70년간 존속한다.
- 이러한 저작재산권의 보호 기간은 저작자가 사망하거나 저작물을 공표한 다음해 1월 1일부터 기산한다.
- 저작 재산권 보호기간이 70년으로 연장되어 시행되는 시점은 2013년 7월 1일부터이다.

개념 체크

1 공표권은 저작물을 일반 공중에게 발표할 것인지 말 것인지를 결정하는 권리이다. (O, X)
2 성명 표시권은 저작자로서의 성명을 표기할 것인지, 아닐지의 권리이다. (O, X)
3 사진, 인쇄, 복사, 녹음, 녹화 등 방법으로 유형물을 다시 제작하는 행위를 (   )라 한다.
4 저작물을 일반 공중의 수요를 위하여 복제, 배포하는 행위를 (   )이라 한다.

1 O 2 O 3 복제 4 발행

디지털 워터마크 (Digital Watermark)
- 이미지(Image), 사운드(Sound), 영상, MP3, 텍스트(Text) 등의 디지털 콘텐츠에 사람이 식별할 수 없게 삽입해 놓은 비트 패턴 등을 의미하는 것으로 흐리게 보이거나 복사 시 "복사"라는 표시가 나타남
- 외부로부터의 손상이나 변형을 대비할 수 있어 최근에 저작권을 보호하기 위한 기술 중 하나로 많이 사용됨

보호받지 못하는 저작물
- 헌법, 법률, 조약, 명령, 조례 및 규칙
- 국가나 지방자치단체의 고시, 훈령, 공고 등
- 법원의 판결, 결정, 명령 및 심판이나 행정 심판 절차, 그 밖의 이와 유사한 절차에 의한 의결, 결정 등
- 국가 또는 지방자치단체가 작성한 것으로서 상기의 편집물 또는 번역물
- 사실의 전달에 불과한 시사보도 (시사성을 띤 소재를 기자 등이 주관적인 비평이나 논평 없이 그대로 전달하는 것)

외국인의 저작물
- 외국인의 저작물은 우리나라가 가입 또는 체결한 조약에 따라 보호됨
- 우리나라에 항상 거주하는 외국인의 저작물과 우리나라에서 최초로 발행된 저작물(외국에서 발행된 날로부터 30일 이내에 우리나라에서 발행된 저작물을 포함)은 그 저자의 국적을 불문하고 우리나라의 저작물과 동일하게 우리 저작권법에 의해 보호됨

3) 저작 재산권의 제한 25년 상시, 16년 3월, 15년 10월, 13년 10월
- 재판 절차, 입법, 행정 자료를 위한 저작물의 복제(제23조)
- 공개적으로 행한 정치적 연설, 법정, 국회, 지방 의회에서의 진술 등의 이용(제24조)
- 학교 교육 목적 등에의 이용(제25조)
- 시사 보도를 위한 이용(제26조)
- 시사적인 기사 및 논설의 복제 등(제27조)
- 공표된 저작물의 인용(제28조)
- 영리를 목적으로 하지 아니하는 공연, 방송(제29조)
- 사적 이용을 위한 복제(제30조)
- 도서관 등에 보관된 자료의 복제 등(제31조)
- 시험 문제로서의 복제(제32조)
- 시각장애인 등을 위한 점자에 의한 복제 등(제33조)
- 청각장애인 등을 위한 수어의 복제(제32조의 2)
- 방송사업자의 자체방송을 위한 일시적 녹음, 녹화(제34조)
- 미술 저작물 등의 일정한 장소에서의 전시 또는 복제(제35조)
- 저작물 이용 과정에서의 일시적 복제(제35조의 2)
- 저작물의 공정한 이용(제35조의 3)
- 컴퓨터 프로그램 저작물에 대한 특례(제101조의 3부터 제101조의 5까지)
  - 프로그램 기능의 조사, 연구, 시험 목적의 복제
  - 컴퓨터의 유지, 보수를 위한 일시적 복제
  - 프로그램 코드 역분석
  - 정당한 이용자에 의한 보존을 위한 복제 등

03 개인정보 보호

1) 개인정보의 정의
살아 있는 개인에 관한 정보로서 성명, 주민등록번호 및 영상 등을 통하여 개인을 알아볼 수 있는 정보(해당 정보만으로는 특정 개인을 알아볼 수 없더라도 다른 정보와 쉽게 결합하여 알아볼 수 있는 것을 포함)를 말한다.
(※ 성명, 주소, 전화번호 등 이외에 컴퓨터 IP 주소, e-mail 등도 개인 정보에 포함)

2) 개인정보 보호의 중요성

개인	개인정보 유출 등 정신적 피해, 보이스 피싱 등에 의한 금전적 손해, 스팸 메일, 유괴 등 각종 범죄에 노출 우려
기업	개인정보는 기업의 자산 그 자체, 개인정보 유출 시 기업 이미지 실추, 집단 손해 배상 등으로 기업 경영 타격
국가	정부, 공공행정의 신뢰성 하락, 국가 브랜드 하락, 프라이버시 라운드 대두에 따른 IT산업 수출 애로

3) 개인정보 보호법의 법률 간 체계

개인정보보호법은 일반법이며, 다른 개인정보보호 관련 법률이 있는 경우 우선 적용된다.

4) 개인정보의 수집 법정주의(2014.8.7 시행)

- 주민번호에 한하여 정보 주체의 동의를 통한 수집도 금지된다.
- 법령상 근거 없이 보유한 주민번호는 파기되어야 한다(2016년 8월 6일까지로 공시함).

단, 다음의 경우는 예외로 한다.

〈주민 번호 예외적 처리 허용 사유〉
- 법령에서 구체적으로 주민번호 처리를 요구, 허용하는 경우
- 정보주체 또는 제3자의 급박한 생명, 신체, 재산의 이익을 위해 명백히 필요한 경우
- 기타 주민번호 처리가 불가피한 경우로서 안전행정부령으로 정하는 경우

주민번호 수집 가능 사례	주민번호 수집 불가능 사례
법령 근거가 있는 경우 ① 거래 상대방의 신용도 조회 ② 휴대폰, 유선 전화 등 통신 서비스 가입 ③ 회사 내 직원들의 인사 관리 및 급여 지급 ④ 기부금 영수증 발급 ⑤ 수도, 통신, 난방 요금 등 취약 계층 대상 요금 감면 ⑥ 부동산 계약 시	불필요하거나 전화번호로 대체 가능한 경우 ① 홈페이지 회원 가입, 마트, 백화점 등 멤버쉽 회원 가입(포인트, 마일리지 등) ② 거래처 사무실 등 건물 출입, 아파트 주차증 발급 ③ 입사 지원 단계에 있는 근로자, 입사 지원 등 채용 절차 ④ 콜센터 상담 시 본인 확인, 골프장, 호텔 등 숙박 시설 등 이용, 출입자 기록 ⑤ 요금 자동이체 신청, 고객 센터, A/S센터 단순 상담(단, 금융 거래 업무는 제외) ⑥ 렌터카 이용자의 교통 법규 위반에 대한 범칙금 통고

5) 개인정보 수집·이용 및 제공이 가능한 경우

1. 정보 주체의 동의를 받은 경우
2. 법률의 특별한 규정, 법령상 의무 준수를 위해 불가피한 경우
3. 공공기관이 법령에서 정한 소관 업무 수행을 위해 불가피한 경우
4. 정보 주체와의 계약 체결·이행을 위해 불가피한 경우
5. 정보 주체 등의 생명, 신체, 재산의 이익 보호 (사전 동의를 받기 곤란한 경우)
6. 개인정보처리자의 정당한 이익 달성을 위해 필요한 경우

처벌 규정	• 위반 시 5천만 원 이하의 과태료 • 위반 시 5년 이하 징역 또는 5천만 원 이하 벌금

6) 개인정보의 목적 외 이용 및 제공이 가능한 경우

	1. 정보 주체의 별도 동의를 받은 경우 2. 다른 법률의 특별한 규정 3. 명백히 정보 주체 또는 제3자의 생명, 신체, 재산의 이익에 필요한 경우 4. 통계 작성, 학술 연구에 필요한 경우로 특정 개인을 알아볼 수 없는 형태로 제공
공공기관만 해당	5. 법률에서 정하는 소관업무수행이 불가능 경우 보호위원회의 심의·의결을 거친 경우 6. 조약, 국제협정이행을 위해 외국정부 등 제공에 필요한 경우 7. 범죄수사 및 공소제기·유지 8. 법원의 재판업무 수행 9. 형 및 감호, 보호처분 집행
처벌 규정	위반 시 5년 이하 징역 또는 5천만 원 이하의 벌금

이론을 확인하는 기출문제

01 다음 중 아래에서 설명하는 저작권법에 기초한 저작자의 재산권이 제한되는 범위가 <u>아닌</u> 것은?

> 저작권법은 저작자의 권리와 이에 인접하는 권리를 보호하고, 저작물의 공정한 이용을 도모함으로써 문화의 향상 발전에 이바지함을 목적으로 한다. 저작물의 공정한 이용은 저작자의 권리를 본질적으로 침해하지 않는 범위 내에서 제한하게 된다.

① 공적 이용을 위하여 공공기관 등에서 복제하는 경우
② 보도, 비평, 교육, 연구 등을 위하여 정당한 범위 안에서 인용하는 경우
③ 고등학교 이하의 학교 교육 목적상 필요한 교과용 도서에 게재하는 경우
④ 방송사업자가 자체 방송을 위하여 일시적으로 녹음, 녹화하는 경우

> 공적 이용을 위하여 공공기관 등에서 복제하는 경우는 저작자의 재산권이 제한되는 범위에 해당되지 않음

02 다음 중 저작권에 대한 설명으로 가장 적절하지 <u>않은</u> 것은?

① 저작 재산권은 저작자의 생존하는 동안과 저작 시점에 따라 사망 후 70년 간 존속한다.
② 저작권은 저작자의 권리를 보호함을 목적으로 한다.
③ 영리를 목적으로 하지 않는 공연 또는 방송인 경우 저작 재산권을 제한할 수 있다.
④ 프로그램을 작성하기 위하여 사용하고 있는 프로그램 언어, 규약 및 해법에도 저작권이 적용된다.

> 프로그램을 작성하기 위하여 사용하고 있는 프로그램 언어, 규약 및 해법은 저작권이 적용되지 않음

정답 01 ① 02 ④

SECTION 02 컴퓨터 범죄

출제빈도 상 중 하
반복학습 1 2 3

빈출 태그 해킹 • 크래킹 • 스니핑 • 스푸핑 • 웜(Worm) • 가로채기 • 방화벽 • 비밀키/공개키 • DES • RSA • PGP • SSL

01 정보화 사회와 역기능

1) 정보화 사회
- 정보의 생성, 가공, 유통이 종래의 물품이나 재화의 생산 활동 이상으로 가치를 지니는 새로운 사회이다.
- 정보화 사회는 획기적인 기술 혁신에 의하여 등장한 컴퓨터와 통신 기술을 원동력으로 하고 있다.
- 컴퓨터와 통신의 발달은 지식 및 정보와 같은 정신적 가치의 중요성을 부각시키게 되었다.
- 정보 자원에 의해서 주도되는 사회를 정보화 사회라고 한다.

2) 정보화 사회의 역기능
- 컴퓨터 범죄의 증가
- 음란물이나 폭력물의 무분별한 유통
- 개인 정보의 누출과 사생활 침해
- 현실 도피와 비인간화 현상 초래
- 정보 이용의 불평등

02 컴퓨터 범죄의 유형 12년 3월, 05년 5월

1) 컴퓨터 범죄
- 컴퓨터 범죄란 컴퓨터 및 통신 기술을 이용하여 데이터를 허가 없이 불법적으로 이용하거나 불건전 정보를 다른 곳으로 전송하는 등의 위법 행위를 말한다.
- 컴퓨터를 이용한 지적 재산권 침해, 금융 사기, 불건전한 정보의 유통 등이 있다.

2) 해킹(Hacking)
컴퓨터 시스템에 불법적으로 접근, 침투하여 정보를 유출하거나 파괴하는 행위를 뜻하며, 해킹 행위를 하는 사람을 해커(Hacker)라고 부른다.

3) 크래킹(Cracking)
어떤 목적을 가지고 네트워크에 불법으로 침입하여 상용 소프트웨어의 복사 방지를 풀어서 정보의 내용을 자신의 이익에 맞게 불법적으로 변조하는 행위를 말한다.

피싱(Phishing)
금융기관 등을 가장해 불특정 다수에게 E-mail을 보내 개인 정보를 몰래 불법으로 알아내어 사기에 이용하는 해킹 수법

파밍(Pharming)
도메인을 중간에서 탈취하거나 DNS 또는 프락시 서버의 주소를 몰래 변조함으로써 맞는 주소를 입력해도 가짜 사이트로 접속하게 하여 개인 정보를 빼내는 신종 컴퓨터 범죄로 피싱에서 진화한 형태의 범죄 수법

스미싱(Smishing)
문자 메시지(SMS)와 피싱(Phishing)의 합성어로 스마트폰으로 받은 문자 메시지의 인터넷 주소를 클릭하게 되면 악성코드가 설치되어 피해자 모르게 소액 결제가 되거나 개인 정보를 유출시키는 범죄 행위로 출처 불문의 문자 메시지는 바로 삭제하며 미확인 앱이 설치되지 않도록 보안 설정을 높이고 백신 프로그램 등을 설치하여 보안을 강화하는 것이 좋음

기적의 TIP

해킹과 크래킹, 인터넷의 부정 행위에 대해서 출제되고 있습니다. 보안 문제가 중요한 요즘 관련 문제의 출제가 예상됩니다.

해킹과 크래킹

구분	비슷	차이
해킹	타인의 시스템에 침입	실력 뽐내기
크래킹		자신의 이익

크래커(Cracker)
고의로 다른 사람의 컴퓨터 시스템에 침입하여 자료를 파괴하거나 불법적으로 자료를 가져가는 행위를 하는 사람

드로퍼(Dropper)
바이러스나 트로이 목마 프로그램을 사용자가 모르게 설치하는 프로그램

피기배킹(Piggybacking)
Piggyback은 "업기, 어부바"의 의미로 정상 계정을 비인가된 사용자가 불법적으로 접근하여 정보를 빼내는 편승식 불법적 공격 방법으로 주로 PC방이나 도서관, 사무실 등에서 정상적으로 시스템을 종료하지 않고 자리를 떠난 경우 타인이 그 시스템으로 불법적 접근을 행하는 범죄 행위를 의미함

★ **DDoS(Distributed Denial of Service)**
- 분산 서비스 거부 공격
- 여러 분산된 형태로 동시에 DoS(서비스 거부) 공격을 하는 기법으로 공격의 근원지를 색출하기가 어려움

★ **슬래머(Slammer) 웜 바이러스**
- 2003년 1월 25일 한국을 비롯한 전 세계 인터넷을 마비시킨 신종 웜 바이러스
- SQL 서버의 허점을 이용하여 공격하며 SQL-Overflow 바이러스라고도 함

★ **버퍼 오버플로**
정해진 버퍼의 크기보다 훨씬 많은 데이터를 입력하여 프로그램의 정상적인 실행을 방해하는 공격 유형

생체 인식 보안 시스템
- 지문
- 홍채
- 음성

크라임웨어(Crimeware)
범죄용 프로그램으로 인터넷상에서 불법 범죄 활동을 하기 위해 만들어진 프로그램이며 키로거, 브라우저 하이재커, 피싱, 스파이웨어 등이 있음

4) 인터넷 부정 행위 25년 상시, 22년 상시, 20년 2월, 19년 3월, 18년 9월, 16년 6월, 15년 3월/10월, 14년 3월/6월, 08년 8월, …

도청(Wiretapping)	통신 회선상에서 전송 중인 자료나 정보를 몰래 빼내는 행위로 도청을 의미
스니핑(Sniffing)	특정한 호스트에서 실행되어 호스트에 전송되는 정보(계정, 패스워드 등)를 엿보는 행위
스푸핑(Spoofing)	"속임수"의 의미로 어떤 프로그램이 정상적으로 실행되는 것처럼 위장하는 것
웜(Worm)	• 감염 대상을 갖고 있지는 않으나 연속적으로 자신을 복제하여 시스템의 부하를 증가시키는 프로그램 • 바이러스 형태로 침입해서 시스템 성능을 저하시키고 다운시킴 • DDoS★, 슬래머(Slammer) 웜 바이러스★, 버퍼 오버플로★ 등이 이에 해당
트로이 목마(Trojan Horse)	• 어떤 허가되지 않은 행위를 수행시키기 위해 시스템에 다른 프로그램 코드로 위장하여 침투시키는 행위로 '백오리피스'가 대표적인 프로그램 • 자기 복제를 하지 않는다는 점에서 바이러스와는 구별되며, 상대방의 컴퓨터 화면을 볼 수도 있고, 입력 정보 취득, 재부팅, 파일 삭제 등을 할 수 있음
백도어(Back Door)	시스템 관리자의 편의를 위한 경우나 설계상 버그로 인해 시스템의 보안이 제거된 통로를 말하며, 트랩 도어(Trap Door)라고도 함
DoS(Denial of Service)	일시에 대량의 데이터를 한 서버에 집중, 전송시켜 특정 서버를 마비시키는 것
War Driving	차량으로 이동하면서 노트북을 이용하여 타인의 취약한 무선 구내 정보 통신망에 불법으로 접속하는 행위
Key Logger	악성 코드에 감염된 시스템의 키보드 입력을 저장 및 전송하여 개인 정보를 빼내는 크래킹 행위 ─ 사용자 정보를 빼내는 해킹 프로그램

5) 데이터 보안 침해 형태 25년 상시, 23년 상시, 22년 상시, 11년 3월, 08년 10월

가로막기(Interruption)	• 데이터의 전달을 가로막아 수신자 측으로 정보가 전달되는 것을 방해하는 행위 • 정보의 가용성(Availability)을 저해함
가로채기(Interception)	• 전송되는 데이터를 가는 도중에 도청 및 몰래 보는 행위 • 정보의 기밀성(Secrecy)을 저해함
변조/수정(Modification)	• 원래의 데이터가 아닌 다른 내용으로 수정하여 변조시키는 행위 • 정보의 무결성(Integrity)을 저해함
위조(Fabrication)	• 사용자 인증과 관계되어 다른 송신자로부터 데이터가 온 것처럼 꾸미는 행위 • 정보의 무결성(Integrity)을 저해함

▲ 보안 침해 형태

03 시스템 보안

- 시스템 및 데이터를 고의 또는 실수에 의한 공개, 변조, 파괴 및 지체로부터 보호하는 것이다.
- 보안을 위해서는 각 자원들에 대한 가치 평가를 통해서, 중요도에 따른 보안 정책이 수립되어야 한다.
- 불법 사용자가 시스템에 침투해서 자원을 훔치거나 변경하는 행위를 막기 위한 보안이다.
- 네트워크에 연결된 컴퓨터 시스템의 운영체제, 응용 프로그램, 인터넷 서버 등의 취약점을 이용한 침입을 방지하는 것을 의미한다. 주로 방화벽(Firewall)을 이용해서 구축한다.

1) 방화벽(Firewall) 25년 상시, 24년 상시, 23년 상시, 22년 상시, 20년 7월, 19년 3월, 18년 3월/9월, 17년 3월/9월, 16년 10월, …

- 방화벽은 인터넷의 보안 문제로부터 특정 네트워크를 격리시키는 데 사용되는 시스템으로, 내부망과 외부망 사이의 상호 접속이나 데이터 전송을 안전하게 통제하기 위한 보안 기능이다.
- 외부의 불법 침입으로부터 내부의 정보 자산을 보호하고 외부로부터 유해 정보 유입을 차단하기 위한 정책과 이를 지원하는 하드웨어 및 소프트웨어를 총칭한다.
- 외부에서 내부 네트워크로 들어오는 패킷은 내용을 엄밀히 체크하여 인증된 패킷만 통과시키는 구조이다.
- 외부로부터의 침입을 막을 수는 있지만 내부에서 일어나는 해킹은 막을 수 없다.
- 일반적으로 방화벽은 네트워크를 보호하기 위한 다양한 보안 장치의 구조와 보안 기능을 포괄적으로 나타내는 용어로 사용된다.
- 역추적 기능이 있어서 외부의 침입자를 역추적하여 흔적을 찾을 수 있다.

2) 방화벽의 기능과 특징

기능	접근 제어(Access Control), 사용자 인증, 로깅(Logging), 암호화
특징	프라이버시 보호, 서비스의 취약점 보호, 보안 기능의 집중화

3) 방화벽의 구성 요소 19년 8월, 16년 6월, 12년 3월, 08년 8월, 06년 2월, 05년 10월, 03년 9월

스크린 라우터 (Screen Router)	• 패킷 전송을 담당하는 라우터에서 허가 받지 않은 발신자의 정보를 제거하는 것 • 내부 네트워크에서 외부 네트워크로 나가는 패킷을 허가 또는 거절하거나, 혹은 외부 네트워크에서 내부 네트워크로 진입하는 패킷의 진입을 허가하거나 거절함
베스천 호스트 ★ (Bastion Host)	• 방화벽 시스템이 갖는 기능 중 가장 중요한 기능을 제공함 • 방화벽 시스템의 중요 기능으로서 액세스 제어 및 응용 시스템 게이트웨이로서 프록시 서버의 설치, 인증, 로그 등을 담당함
프록시 서버 ★ (Proxy Server)	• 인터넷을 사용하는 기관 등에서 PC 사용자와 인터넷 사이의 중개자 역할을 수행하는 서버로, 캐시와 방화벽의 기능을 가짐 　- 캐시의 기능 : 액세스하는 인터넷 사이트를 저장해 두었다가 그 사이트를 다시 읽을 때 프록시 서버에서 읽어 들여 속도를 향상시킴 　- 방화벽의 기능 : 프록시 서버를 통해 외부와 연결함으로써 허용된 사용자만이 인터넷 언설뇌거나 허용된 외부인만이 회사 내로 연결뇌노록 함 • 인트라넷을 인터넷에 접속할 때의 안전성을 높이는 방화벽 기능과 확장성, 관리 효율이 뛰어난 웹 캐시 기능을 표준으로 탑재하고 있음

> **기적의 TIP**
> 방화벽과 프록시 서버는 시험 문제에서 단골 손님입니다. 특징과 기능을 반드시 숙지해 두세요.

컴퓨터 범죄 예방과 대책
- 해킹 여부의 정기적 검사
- 최신 백신 설치, 자동 업데이트 기능 설정
- 패스워드의 주기적 변경
- 출처가 불분명하거나 의심이 가는 이메일은 열지 말고 바로 삭제

방화벽은 "명백히 허용되지 않은 것은 금지한다."라는 적극적 방어 개념을 가지고 있음

랜섬웨어(Ransomware)
- 몸값(Ransome)과 소프트웨어(Software)의 합성어로 시스템을 인질로 금전을 요구하는 악성 코드를 말하며 신뢰할 수 없는 사이트, 스팸 메일, 파일 공유 사이트, 네트워크 망을 통해 유포됨
- 감염될 경우 컴퓨터의 문서나 사진 등 개인 파일들이 암호화되고 파일 확장자가 변경됨
- 시스템 복구가 불가능하고 암호화된 파일을 풀 수 있는 복구키를 대가로 금전 등 주로 비트코인을 요구하는 문구가 화면에 표시됨

★ **베스천 호스트(Bastion Host)**
베스천(Bastion)은 중세 성곽의 가장 중요한 수비 부분을 의미하며, 베스천 호스트는 어떠한 공격에도 철저한 방어 기능을 갖는 호스트를 의미함

★ **프록시(Proxy)**
클라이언트와 실제 서버 사이에 존재하여 둘 사이의 프로토콜 및 데이터 Relay 역할을 수행하기 때문에 프록시를 전송자 또는 전달자라고도 함

보안 등급

[미국]
D1→C1→C2→B1→B2→B3→A
저등급 ◀──────▶ 고등급

[국내]
K1→K2→K3→K4→K5→K6→K7

4) 보안 등급 05년 2월

- 보안 등급은 외부의 침입으로부터 시스템 및 데이터를 보호하기 위해 사용되는 보안의 수준을 평가한다.
- 미 국방성 산하의 국가 보안 기관(NSA : National Security Agency)의 하부 조직인 미국 국립 컴퓨터 보안 센터(NCSC : National Computer Security Center)에서 규정한 7단계 등급은 다음과 같다.
- 보안 등급은 크게 A, B, C, D로 나누며 다시 B3, B2, B1과 C2, C1로 세분한다.
- 등급은 A가 보안이 가장 높으며, D가 보안이 가장 낮은 단계이다(A → B3 → B2 → B1 → C2 → C1 → D).

A		B3 등급의 보안 수준으로 시스템의 안전을 수학적인 접근으로 증명이 가능한 시스템
B	B3	시스템 전체에 대한 운영 보안 분석 및 테스트가 가능한 시스템
	B2	소프트웨어적이고 하드웨어적인 보안 방법을 동시에 사용한 시스템
	B1	시스템에 존재하는 모든 데이터에 체계적인 보안 등급을 적용한 시스템
C	C2	사용자의 로그인(Log In)하는 정보를 가지고 보안 검사가 가능한 시스템
	C1	계정을 부여하는 Unix처럼 User 단위의 접근 제한이나 그룹별 관리가 가능한 시스템
D		시스템 전반에 보안이 거의 고려되지 않는 시스템

최상위 보안 등급
미국은 영어로 America → 미국A
한국 사람이 좋아하는 숫자는 행운의 7 → 한국 K7

- 우리나라의 보안 등급은 한국정보보호센터(KISA : Korea Information Security Agency)에서 규정했으며 그 보안 등급 단계는 K7이 보안이 가장 높으며 K1이 보안이 가장 낮다(K7 → K6 → K5 → K4 → K3 → K2 → K1).

5) 정보 보호 서비스 24년 상시, 15년 6월, 10년 6월, 07년 2월, 06년 7월

인증(Authentication)	네트워크 보안 기술로 전송된 메시지가 확실히 보내졌는지 확인하는 것과 사용자 또는 발신자가 본인인지 확인하는 것
접근 제어 (Access Control)	사용자가 어떠한 정보나 자원을 사용하고자 할 때 해당 사용자가 적절한 접근 권한을 가지고 있는지 확인하는 것
비밀 보장 (Confidentiality)	보안 시스템을 이용하여 데이터의 비밀을 보장하는 것
부인 봉쇄 (Non-Repudiation)	송신자가 송신한 사실에 대해서 부인거나, 수신자가 수신한 사실을 부인하는 것으로부터 송신자 및 수신자를 보호하기 위해 수신 증거를 제공하는 것
무결성(Integrity)	권한이 없는 방식으로 변경되거나 파괴되지 않는 데이터의 특성을 의미함
보안 감사 (Security Audit)	보안에 대한 감사를 위해 시스템의 보안 침해 여부 등을 조사하는 것

기적의 TIP
정보 보호 서비스의 기능별 의미를 알아 두세요.

04 암호화(Encryption)

1) 암호화 개념
- 데이터에 암호 알고리즘을 적용하여 허가 받지 않은 사람들이 정보를 쉽게 이해할 수 없도록 데이터를 암호문이라고 불리는 형태로 변환하는 기법을 말한다.
- 암호화를 위해서 키(Key)와 암호 알고리즘을 사용한다.
- 키의 종류에 따라서 단일키(비밀키, 대칭적) 암호화 기법과 이중키(공개키, 비대칭적) 암호화 기법으로 구분된다.

> **기적의 TIP**
>
> 암호화 기법 중 비밀키 암호화 기법과 공개키 암호화 기법을 구별해서 알아 두세요. 공개키 암호화 기법에서 암호화는 공개키로, 복호화는 비밀키로 설정한 점은 꼭 기억해 두세요!

2) 암호화의 5가지 원칙

신원 확인(Identification)	메시지를 보낸 사람의 실제 여부를 확인하는 과정
인증(Authentication)	암호문의 원래 송신자 확인과 메시지 전문의 정상 전달 여부를 확인하는 절차
발신자 부인 봉쇄 (Non-repudiation)	메시지를 보낸 사람이 그것을 부인하는 것을 미연에 방지하는 보안 체계
검증(Verification)	신원 확인의 검증을 한 번에 처리하는 것
개인 정보 보호(Privacy)	정보를 전달할 때 해킹으로부터 방어할 수 있는 기능

3) 암호화 기법 24년 상시, 23년 상시, 22년 상시, 21년 상시, 20년 2월/7월, 18년 9월, 16년 3월/10월, 15년 6월, 13년 6월, 12년 9월, …

비밀키(대칭키, 단일키) 암호화	• 송신자와 수신자가 서로 동일(대칭)한 하나(단일)의 비밀키를 가짐 • 암호화와 복호화의 속도가 빠름 • 단일키이므로 알고리즘이 간단하고 파일의 크기가 작음 • 사용자가 많아지면 관리할 키의 개수가 늘어남 • 대표적인 방식은 DES★가 있음
공개키(비대칭키, 이중키) 암호화	• 암호화키와 복호화키가 서로 다른(비대칭) 두 개(이중키)의 키를 가짐 • 암호화와 복호화의 속도가 느림 • 암호화는 공개키로, 복호화는 비밀키로 함 • 이중키이므로 알고리즘이 복잡하고 파일의 크기가 큼 • 암호화가 공개키이므로 키의 분배가 쉽고, 관리할 키의 개수가 줄어듦 • 대표적인 방식으로는 RSA★가 있음

> **암기 TIP**
>
> - 비데(대) 단 집이 좋다.
>   **비대단**(비밀키-대칭키-단일키)
> - **공비이**(공개키-비대칭키-이중키)
>
> ★ **DES**
> (Data Encryption Standard)
> 1977년 미국 표준국(NIST)에서 연방 정부 표준으로 채택한 암호화 기법
>
> ★ **RSA**
> (Rivest Shamir Adleman)
> 암호 시스템 창안자인 Ron Rivest, Adi Shamir, Len Adleman의 머리 글자를 따서 만들어진 암호화 기법으로, 소인수 분해 문제를 이용함

4) 암호화 시스템의 종류 23년 상시, 07년 10월

DES (Data Encryption Standard)	• 데이터 암호화 표준(DES)은 비밀키 방식의 일종으로 56비트의 키를 사용하여 64비트의 평문 블록을 암호화하는 방식 • 동일키(단일키)를 이용하여 정보 암호화와 복호화를 수행함 • 대표적인 단일키(대칭키) 암호화 시스템
RSA (Rivest Shamir Adleman)	• 1978년에 MIT 공과 대학의 Rivest, Shamir, Adleman 등 3인이 공동 개발한 RSA법(RSA scheme)이라는 암호화 알고리즘을 사용함 • 공개키 암호 방식 • 암호화와 사용자 인증을 동시에 수행하는 대표적 이중키(비대칭키) 암호 시스템

암호화 파일 시스템(EFS : Encrypting File System)
- NTFS 버전 3.0부터 지원되는 파일 시스템 암호화 기능으로 파일이나 폴더를 암호화하여 보호할 수 있음
- 마이크로소프트 암호화 파일 시스템은 다른 것들과 호환되지 않으므로 NTFS를 사용하지 않는 환경에서는 설정된 암호가 유지되지 않음
- 암호화 인증서는 자동 생성되고 항상 암호화 키와 연관되어 있으며 암호화된 정보에 접근하기 위해서는 EFS 인증서를 사전에 해당 정보에 추가해야 됨

5) 전자우편 보안 13년 6월, 07년 10월

PEM (Privacy Enhanced Mail)	• IETF(인터넷 국제 표준화 기구)에 의해 개발된 암호화 기법 • PEM은 여러 가지 암호화 기술을 사용함으로써 기밀성과, 메시지의 인증 및 무결성을 유지하는 전자우편 • E-mail을 전송하는 도중에 정보가 유출되더라도 문제가 발생하지 않도록 암호화하는 시스템 • 보안면에서는 우수하나 구현이 어려워 널리 이용되지는 않음
PGP (Pretty Good Privacy)	• Phillip Zimmermann이 개발한 암호화 기법 • 공개키 방식을 이용하여 인터넷 전자우편을 암호화하고 복호화하는 데 사용되는 프로그램 • 송신자의 신원을 확인함으로써 메시지가 전달 도중에 변경되지 않았음을 확신할 수 있도록 해 주는 암호화된 전자 서명을 보내는 데에도 사용함 • 일반적으로 전자우편 암호화에 주로 사용함 • RSA 방법을 이용해서 암호화 • 해시(Hash) 함수를 이용하여 메시지의 변경 여부를 점검함

6) 전자 서명
- 메시지에 추가해서 송신자의 신분을 인증하는 암호화된 데이터를 의미한다.
- 전자 서명을 통해서 메시지 인증과 사용자 인증, 두 가지 기능을 수행할 수 있다.
- 송신 부인을 방지(부인 봉쇄 : Non-Repudiation)하는 기능도 가능하다.
- 요즘에는 공인 기관으로부터 인증서를 발급 받아서 처리하는 방법을 사용한다.
- 공개키(비대칭키, 이중키) 방식을 사용하도록 규정(전자 서명법)되어 있다.

7) 웹(Web)에서의 보안 07년 10월

S-HTTP (Secure-HTTP, HTTPS)	EIT 사에서 개발한 것으로 기존 HTTP의 보안 확장판이며 공개키 암호 알고리즘을 사용함
SSL (Secure Socket Layer)	넷스케이프 브라우저에 사용한 암호화 프로토콜로 HTTP, NNTP, FTP 등에서도 호환됨
SEA (Security Extension Architecture)	W3C에서 개발한 것으로 전자 서명과 암호화 통신 등을 이용하여 보안을 구현함
SET (Secure Electronic Transaction) ★	마스터 카드, MS, 넷스케이프, 비자 인터내셔널 등이 합작하여 만든 것으로 전자상거래상에서 신용카드를 안전하게 사용할 수 있도록 보장해 주는 보안 프로토콜

★ SET(Secure Electronic Transaction)
인터넷을 통한 전자상거래를 안전하게 할 수 있도록 보장해 주는 보안 프로토콜

이론을 확인하는 기출문제

01 다음 중 컴퓨터 보안 기법의 하나인 방화벽에 관한 설명으로 옳지 않은 것은?

① 전자 메일 바이러스나 온라인 피싱 등을 방지할 수 있다.
② 해킹 등에 의한 외부로의 정보 유출을 막기 위해 사용하는 보안 기법이다.
③ 외부 침입자의 역추적 기능이 있다.
④ 내부의 불법 해킹은 막지 못한다.

> 방화벽은 인터넷의 보안 문제로부터 특정 네트워크를 격리시키는 데 사용되는 시스템이지만 전자 메일 바이러스나 온라인 피싱 등을 방지할 수는 없음

02 인터넷 부정 행위에 대한 설명으로 옳지 않은 것은?

① 스니핑(Sniffing)은 특정한 호스트에서 실행되어 호스트에 전송되는 정보(계정, 패스워드 등)를 엿보는 행위를 의미한다.
② DDoS는 MS-DOS 운영체제를 이용하여 어떤 프로그램이 정상적으로 실행되는 것처럼 위장하는 것이다.
③ 키로거(Key Logger)는 악성 코드에 감염된 시스템의 키보드 입력을 저장 및 전송하여 개인 정보를 빼내는 크래킹 행위이다.
④ 트로이 목마는 자기 복제를 하지 않는다는 점에서 바이러스와는 구별되며, 상대방의 컴퓨터 화면을 볼 수도 있고, 입력 정보 취득, 재부팅, 파일 삭제 등을 할 수 있다.

> DDoS(Distributed Denial of Service, 분산 서비스 거부 공격) : 여러 분산된 형태로 동시에 DoS(서비스 거부) 공격을 하는 기법으로 공격의 근원지를 색출하기 어려움

오답 피하기
스푸핑(Spoofing) : '속임수'의 의미로 어떤 프로그램이 정상적으로 실행되는 것처럼 위장하는 것

03 다음 중 정보보안을 위한 비밀키 암호화 기법에 대한 설명으로 옳지 않은 것은?

① 비밀키 암호화 기법의 안전성은 키의 길이 및 키의 비밀성 유지 여부에 영향을 많이 받는다.
② 암호화와 복호화 시 사용하는 키가 동일한 암호화 기법이다.
③ 알고리즘이 복잡하여 암호화나 복호화를 하는 속도가 느리다는 단점이 있다.
④ 사용자의 증가에 따라 관리해야 할 키의 수가 많아진다.

> 비밀키(대칭키, 단일키) 암호화 : 단일키이므로 알고리즘이 간단하여 암호화와 복호화의 속도가 빠름

오답 피하기
공개키(비대칭키, 이중키) 암호화 : 이중키이므로 알고리즘이 복잡하여 암호화와 복호화의 속도가 느림

04 방화벽(Firewall)에 대한 설명으로 옳지 않은 것은?

① 보안이 필요한 네트워크의 통로를 단일화하여 관리한다.
② 내부 네트워크에서 외부로 나가는 패킷을 체크하여 인증된 패킷만 통과시킨다.
③ 역추적 기능으로 외부 침입자의 흔적을 찾을 수 있다.
④ 방화벽은 외부 네트워크와 내부 네트워크 사이에 위치한다.

> 방화벽(Firewall) : 외부 네트워크에서 내부로 들어오는 패킷을 체크하여 인증된 패킷만 통과시킴

정답 01 ① 02 ② 03 ③ 04 ②

SECTION 03 바이러스 예방과 치료

빈출 태그 매크로 바이러스 • 백 오리피스 • 백신 • 악성 코드

01 바이러스의 특징 19년 8월, 17년 3월

1) 컴퓨터 바이러스(Computer Virus) 18년 3월
컴퓨터에서 실행되는 일종의 프로그램으로, 사용자 몰래 자기 자신을 복제하고 디스크나 프로그램 등에 기생하면서 컴퓨터의 운영체제나 기타 응용 프로그램의 정상적인 수행을 방해하는 불법 프로그램을 말한다.

2) 바이러스 감염 경로
- 인터넷의 공개 자료실에 있는 파일 등의 다운로드 시 감염된다.
- 소프트웨어의 불법 무단 복제로 인해 감염된다.
- 전자우편(E-mail)이나 첨부 파일로 인해 감염된다.
- 여러 사람이 공동으로 사용하는 컴퓨터 시스템에서 사용한 디스크 등을 통해 감염된다.

3) 바이러스 감염 시 나타나는 현상 22년 상시, 05년 10월
- 부팅이 되지 않거나 평소보다 부팅 시간이 오래 걸린다.
- CMOS의 내용이 파괴되거나 삭제된다.
- 디스크의 볼륨 레이블이 변경되거나 불량 섹터가 발생한다.
- 파일의 전체 크기나 속성이 변경된다.
- 시스템이 느려지거나 갑자기 정지한다.
- 실행 파일의 속도가 현저히 느려진다.
- 사용할 수 있는 메모리의 공간이 줄어든다.
- 폴더나 파일이 새로 생성되거나 삭제된다.

바이러스(Virus)의 특징
- 복제 기능
- 은폐 기능
- 파괴 기능
(단, 치료 기능은 없음)

기적의 TIP
바이러스 감염 시 나타나는 현상을 간단히 읽고 넘어가세요.

02 바이러스의 종류

1) 바이러스 유형 21년 상시, 19년 8월, 05년 10월

부트 바이러스	메모리 상주형 바이러스로, 컴퓨터가 처음 가동될 때 하드디스크의 가장 처음 부분인 부트 섹터에 감염되는 바이러스(⑩ 브레인, 미켈란젤로 등)
파일 바이러스	실행 가능한 프로그램에 감염되는 바이러스를 말하며, COM, EXE, SYS 등의 확장자를 가진 파일에 감염됨(⑩ CIH, 예루살렘 등)
부트/파일 바이러스	부트 섹터와 파일에 모두 감염되는 바이러스로, 스스로 복제가 가능하게 설계된 바이러스(⑩ Ebola, 데킬라)
매크로 바이러스 ★	Microsoft 사에서 개발된 엑셀과 워드 프로그램에서 사용하는 문서 파일에 감염되는 바이러스로, 일반 응용 프로그램에서 사용하는 매크로를 통하여 문서를 읽을 때 감염됨(⑩ Laroux, Extras)

2) 운영체제에 따른 바이러스 유형

도스 바이러스	• 도스 운영체제상에서 활동하는 바이러스 • 부트 바이러스, 파일 바이러스, 부트/파일 바이러스가 여기에 속함
윈도 바이러스	• 운영체제가 DOS에서 Windows로 바뀌면서 등장한 바이러스 • 전자우편을 통해 바이러스가 전송되는 기법은 Windows 바이러스에서 처음 사용됨
유닉스, 리눅스, 맥, OS/2 바이러스	유닉스, 리눅스, 맥, OS/2 운영체제에 존재하는 바이러스

3) 바이러스의 종류별 증상 25년 상시, 22년 상시

웜(Worm) 바이러스	초기의 바이러스로, 감염 능력이 없으며 자기 자신만을 복제함
트로이 목마 바이러스	• 사용자 몰래 데이터나 프로그램을 파괴하는 바이러스 • 감염 능력이나 복제 능력은 없음
미켈란젤로 바이러스	3월 6일에 시스템을 포맷하며, 메모리가 2KB 감소함
멜리사(Melissa) 바이러스	1999년 3월 26일 최초로 발견된 매크로 바이러스로, 성인용 사이트에 접근할 수 있는 아이디와 암호를 담은 문서라는 제목으로 배포되었으며, 'MS Outlook'에서 50명의 E-mail 주소를 얻어낸 후 바이러스가 담긴 문서를 사용자들에게 발송함
예루살렘 바이러스	확장자가 COM, EXE인 파일에 감염되며, 13일의 금요일에 실행되는 파일을 삭제함
백 오리피스 (Back Orifice)	원격지에서 Windows용 PC의 모든 프로그램 파일을 관리하며, 타인의 PC에 저장된 파일을 삭제하거나 PC 이용자 모르게 프로그램을 실행할 수 있을 뿐만 아니라, 실행 중인 프로그램의 제거 및 정지, 사용자 키보드 입력 자료의 모니터링, 비밀번호 빼내기, 레지스트리 편집 등이 가능함
부트 바이러스	컴퓨터를 부팅했을 때 먼저 실행되는 부분인 부트 섹터에 감염되는 바이러스
파일 바이러스	주로 COM이나 EXE 등의 실행 파일, 오버레이 파일, 주변기기 구동 프로그램에 감염되는 바이러스
CIH 바이러스	매년 4월 26일 플래시 메모리(Flash Memory)의 내용과 모든 하드디스크의 데이터를 파괴함
님다(Nimda) 바이러스	E-Mail을 보내서 수신자의 컴퓨터를 감염시키는 악성 컴퓨터 바이러스로 첨부된 파일을 실행하지 않고 메일을 보기만 해도 자동으로 바이러스에 감염될 수 있으며 시스템의 실행 속도가 느려지고 원격으로 컴퓨터 시스템을 조정할 수 있는 바이러스
Love 바이러스	웜(Worm)의 일종으로 전자우편을 통해 전파되며 감염된 파일을 실행하면 윈도우 시작 시 실행되도록 시스템의 레지스트리를 변경함

> **기적의 TIP**
>
> 부트 바이러스는 부팅과 관련된 바이러스로, 부트 섹터에 감염되는 바이러스를 의미합니다. 파일 바이러스는 파일에 감염되는 바이러스로, 실행 가능한 프로그램에 감염되는 바이러스를 의미합니다.

★ **매크로 바이러스**
Microsoft의 Excel 등의 매크로 기능을 수행하는 프로그램에서 '매크로' 기능을 통해 감염됨

혹스(Hoax)
Hoax는 "거짓말(장난질을 하다.)"의 의미로 E-mail, SNS, 메신저, 문자 메시지 등을 통하여 존재하지 않지만 존재하는 것처럼 위장하는 가짜 바이러스로 거짓 정보나 유언비어, 괴담 등을 사실인 것처럼 유포하여 불안감 및 불신감 조성을 목적으로 하며 스미싱(Smishing)과는 달리 악성 코드 등의 설치를 유도하지 않음

파일 바이러스 종류
- 기생형 바이러스 : 프로그램의 손상 없이 프로그램의 앞, 뒤 부분에 위치(기생)하는 바이러스
- 겹쳐쓰기형 바이러스 : 프로그램의 일부분에 겹쳐 쓰기 되어 원 파일을 파괴하는 바이러스
- 산란형 바이러스 : 확장자가 EXE인 실행 파일의 감염 없이 확장자가 COM인 같은 이름의 파일을 생성(산란)시키는 바이러스로 COM이 먼저 실행되어 바이러스가 실행됨
- 연결형 바이러스 : 파일 감염 없이 파일의 시작 위치를 바이러스의 시작 위치로 변경하는 바이러스로 파일 실행 시 바이러스 시작 위치로 연결되는 바이러스

03 바이러스의 예방 및 치료 25년 상시, 12년 9월, 11년 7월, 09년 4월/7월, 05년 10월

1) 바이러스 예방

- 프로그램 디스크에는 쓰기 방지를 설정한다.
- 다운로드 받은 프로그램은 반드시 바이러스 검사 후 실행한다.
- 최신 백신 프로그램으로 정기적인 바이러스 검사를 수행한다.
- 정품 소프트웨어를 사용하며, 출처가 불분명한 전자메일은 삭제한다.
- 중요한 자료들은 백업(Backup)하여 둔다.
- 기업의 경우에는 서버용과 E-Mail용, 방화벽용, 관리자용 백신을 설치하여 바이러스 확산을 사전에 차단하며, 서버에 비 인가자의 접근과 부당 작업을 사전에 막기 위해 보안 관리 정책을 수립한다.

2) 백신(Vaccine) 프로그램
> 바이러스 백신 프로그램은 최신 버전으로 업그레이드하지 않으면 신종 바이러스를 잡지 못함

- 주기억 장치나 보조 기억 장치에 침투된 바이러스를 검색하고 치료, 예방하는 프로그램이다.
- 바이러스 감염의 예방과 치료, 웜, 해킹, 스파이웨어★ 같은 악성 코드★의 방역까지 해결하는 통합 보안 제품들이 개발되고 있다.
- 종류 : V3 Internet Security 9.0, V3 365 클리닉, 알약, Norton AntiVirus 등

기적의 TIP

바이러스의 예방 방법을 유념해서 읽어 두세요. 또한 악성 코드의 개념과 특징도 정리해 두세요.

★ 스파이웨어(Spyware)
- 스파이(Spy)와 소프트웨어(Software)의 합성어로, 사용자의 동의 없이 광고 등을 목적으로 무분별하게 배포되는 것
- 광고(Ad)가 주목적이므로 애드웨어(Adware)라고도 함

★ 악성 코드(Malicious Code)
- 말웨어(Malware, Malicious Software) 또는 악성 프로그램(Malicious Program)이라고도 함
- 백신 프로그램으로 제거할 수 없는 스파이웨어나 웜, 트로이 목마 같은 악의적인 코드

이론을 확인하는 기출문제

01 "Malware"는 사용자가 원하지 않는 악의적인 동작을 하도록 제작된 프로그램 또는 코드를 의미한다. 다음 중 "Malware"에 속하지 <u>않는</u> 것은?

① 컴퓨터 바이러스
② 방화벽
③ 인터넷 웜
④ 트로이 목마

> 방화벽 : 해킹 등에 의한 외부로의 정보 유출을 막기 위해 사용하는 보안 시스템

오답 피하기
Malware : 악성 코드를 의미하며 컴퓨터 바이러스, 인터넷 웜, 트로이 목마 등이 있음

02 다음 중 아래의 설명이 의미하는 것은?

> ㉠ 1999년 3월 26일에 발견된 최초의 매크로 바이러스이다.
> ㉡ 전자우편을 열람하면 사용자 주소록의 50개 주소에 자동으로 전염시킨다.

① 멜리사 바이러스
② 트로이 목마 바이러스
③ 부트 바이러스
④ 랜섬웨어

오답 피하기
- 트로이 목마 바이러스 : 사용자 몰래 데이터나 프로그램을 파괴하는 바이러스로 감염 능력이나 복제 능력은 없음
- 부트 바이러스 : 컴퓨터를 부팅했을 때 먼저 실행되는 부분인 부트 섹터에 감염되는 바이러스
- 랜섬웨어(Ransomware) : 몸값과 소프트웨어의 합성어로 데이터를 암호화하거나 시스템을 잠가 사용할 수 없도록 하고 금전이나 비트코인 등을 요구하는 악성 프로그램을 말함

03 다음 중 컴퓨터 바이러스의 특징으로 옳지 <u>않은</u> 것은?

① 디스크의 부트 영역이나 프로그램 영역에 숨어 있다.
② 자신을 복제할 수 있으며, 다른 프로그램을 감염시킬 수 있다.
③ 인터넷과 같은 통신 매체를 통해서만 감염된다.
④ 소프트웨어뿐만 아니라 하드웨어의 성능에도 영향을 미칠 수 있다.

> 인터넷과 같은 통신 매체를 이용하는 전자우편이나 파일 다운로드 등을 통한 감염 외에도 USB 메모리 등을 통해서도 감염됨

04 다음 중 컴퓨터의 정상적인 작동을 방해하여 운영체제나 저장된 데이터에 손상을 입힐 수 있는 보안 위협의 종류는?

① 바이러스
② 키로거
③ 애드웨어
④ 스파이웨어

> 바이러스 : 컴퓨터에서 실행되는 일종의 프로그램으로 사용자 몰래 자기 자신을 복제하고 디스크나 프로그램 등에 기생하면서 컴퓨터의 운영체제나 기타 응용 프로그램의 정상적인 수행을 방해하는 불법 프로그램

오답 피하기
- 키로거(Key Logger) : 악성 코드에 감염된 시스템의 키보드 입력을 저장 및 전송하여 개인 정보를 빼내는 크래킹 행위
- 애드웨어(Adware) : 광고가 소프트웨어에 포함되어 이를 보는 조건으로 무료로 사용할 수 있는 소프트웨어
- 스파이웨어(Spyware) : 사용자의 승인 없이 몰래 설치되어 컴퓨터 시스템의 정보를 빼내는 악성 소프트웨어

정답 01 ② 02 ① 03 ③ 04 ①

INDEX

ㄱ

가감승제 계산기	1-120
가로막기(Interruption)	1-224
가로채기(Interception)	1-224
가비지(Garbage)	1-193
가산기(Adder)	1-137
가상 메모리(Virtual Memory)	1-148
가상 사설망(VPN)	1-214
가상 현실	1-202
감열 프린터	1-153
개인 설정	1-98
개인정보	1-220
객체 지향 프로그래밍 기법	1-166
검색 엔진	1-193
검색 엔진의 연산자	1-193
게이트웨이(Gateway)	1-214
계단 현상(Alias)	1-207
계산기	1-81
계산에 의한 주소 지정 방식	1-131
계정(Account)	1-197
고급 언어	1-164
고퍼(Gopher)	1-195
공개 소프트웨어	1-161
공개키(비대칭키, 이중키) 암호화	1-227
관리 도구	1-103
광대역 종합 정보 통신망	1-214
광 디스크	1-146
광역 통신망(WAN)	1-214
광케이블의 최대 대역폭	1-212
교착 상태	1-157
구내망(PBX)	1-214
구조적 프로그래밍 기법	1-166
그래픽 파일 형식	1-208
그래픽(Graphic) S/W	1-160
그림판	1-81
근거리 통신망(LAN)	1-214
글꼴	1-107
기계 사이클	1-137
기계식 계산기	1-120
기계어	1-164
기본 앱	1-96
기본 포트 번호	1-189
기본 프린터	1-89
기억 레지스터	1-137
기억 장치	1-142

ㄴ

네트워크	1-109
네트워크 계층(Network Layer) : 3계층	1-191
네트워크 명령어	1-113
네티켓	1-218
누산기(ACCumulator)	1-137
니블(Nibble)	1-127

ㄷ

다운로드	1-200
다중 처리 시스템	1-125
다중 프로그래밍 시스템	1-125
단방향(Simplex) 방식	1-212
단편화(Fragmentation)	1-178
단항 연산	1-135
데드락(Deadlock)	1-157
데모 버전	1-161
데이터 레지스터	1-137
데이터 링크 계층(Data Link Layer) : 2계층	1-190
데이터 마이닝(Mining)	1-160
데이터베이스	1-127, 1-160
데이터 보안 침해 형태	1-224
데이터 웨어하우스	1-160
도메인 네임(Domain Name)	1-188
도메인 스쿼팅(Squatting)	1-200
도시권 정보 통신망(MAN)	1-214
도청(Wiretapping)	1-224
도트 매트릭스 프린터	1-153
돋보기	1-85
동배간 시스템(P2P)	1-126
동영상 비디오 정보	1-209
듀얼 시스템	1-126
듀플렉스 시스템	1-126
드라이브 조각 모음 및 최적화	1-178
드로퍼(Dropper)	1-224
디더링	1-208
디버깅	1-165
디스크 검사	1-175
디스크의 문제에 따른 증상	1-171
디스크 정리	1-177
디스크 캐시 메모리	1-149
디스크 팩(Disk Pack)	1-145
디스크 포맷	1-176
디스플레이	1-97
디지털 워터마크	1-199, 1-220
디지털 컴퓨터	1-123

ㄹ

라우터(Router)	1-214
라이브러리	1-26, 1-74
래치(Latch)	1-138
랜(LAN) 카드	1-214
레이저 프린터	1-153
레지스터(Register)	1-138
레지스트리	1-54
레코드(Record)	1-127
렌더링	1-208
로더	1-165
로드 모듈	1-165
로밍(Roaming)	1-195
롬 바이오스(ROM BIOS)	1-156
루프(Loop)형	1-213
리키즈(Leakage)	1-193
리피터(Repeater)	1-214
링커	1-165
링크	1-165
링(Ring)형	1-213

ㅁ

마우스	1-104
마우스 사용법	1-29
마이크로 컴퓨터의 분류	1-124
마이크로프로세서	1-138
마이크로 필름 출력 장치	1-153
만능 인터넷	1-215
말웨어(Malware)	1-232
망(Mesh)형	1-213
매크로 바이러스	1-231
멀티미디어	1-202
멀티미디어의 특징	1-202
멀티 부팅	1-27
멀티스레드	1-167
메가헤르츠(MHz)	1-136
메모장	1-79
메인보드(Mainboard)	1-155
메조틴트	1-208
멜리사(Melissa) 바이러스	1-231
명령 레지스터	1-137
명령 프롬프트	1-84
명령 해독기	1-137
모니터 관련 용어	1-152
모니터(Monitor)	1-152
모델링	1-208
모뎀(MODEM)	1-214
모바일 화상전화	1-215
모핑	1-208
목적 프로그램	1-165
무결성(Integrity)	1-226
무선 랜	1-110
무정전 전원 공급 장치(UPS)	1-170
문자표	1-83
물리 계층(Physical Layer) : 1계층	1-190
미러링(Mirroring) 방식	1-146
미러 사이트	1-193
미켈란젤로 바이러스	1-231

ㅂ

바로 가기 아이콘	1-38
바로 가기 키	1-30
바이러스	1-231
바이러스의 예방 및 치료	1-232
바이러스의 특징	1-230
바이트(Byte)	1-127
바탕 화면	1-38
반이중(Half Duplex) 방식	1-212
방화벽의 구성 요소	1-225
방화벽(Firewall)	1-225
백도어(Back Door)	1-224
백신(Vaccine) 프로그램	1-232
백업	1-178
백 오리피스	1-231
백화 현상	1-152
버그	1-165
버스 방식	1-155
버스(Bus)	1-139
버스(Bus)형	1-213
버전(Version)	1-172
버퍼 메모리(Buffer Memory)	1-147
버퍼 오버플로	1-224
번들 프로그램	1-161
번역	1-165
번지 레지스터	1-137
번지 해독기	1-137
범용성	1-118

1-234 INDEX

베로니카(Veronica) ········ 1-195	스레드 ········ 1-167	운영체제 ········ 1-24, 1-160
베스천 호스트 ········ 1-225	스마트(Smart) TV ········ 1-199	운영체제의 구성 ········ 1-25
베이스 레지스터 ········ 1-137	스미싱(Smishing) ········ 1-223	운영체제의 기능 ········ 1-24
베이스밴드 전송 ········ 1-212	스크린 라우터 ········ 1-225	운영체제의 발달 과정 ········ 1-24
베타 버전 ········ 1-161	스크린 에이저 ········ 1-215	운영체제의 종류 ········ 1-24
벡터 ········ 1-207	스타(Star)형 ········ 1-213	워드패드 ········ 1-80
변조/수정(Modification) ········ 1-224	스트리밍(Streaming) ········ 1-209	워드프로세서 ········ 1-160
병렬 포트 ········ 1-156	스트리핑(Striping) 방식 ········ 1-146	워드(Word) ········ 1-127
보수 ········ 1-135	스티커 메모 ········ 1-86	원격 진료 ········ 1-202
보수기(Complementor) ········ 1-137	스파이웨어(Spyware) ········ 1-232	원시 프로그램 ········ 1-165
보안 감사(Security Audit) ········ 1-226	스팸(Spam) 메일 ········ 1-197	월드 와이드 웹 ········ 1-195
보안 등급 ········ 1-226	스푸핑(Spoofing) ········ 1-224	웜(Worm) ········ 1-224, 1-231
보조 기억 장치 ········ 1-143	스프레드시트 ········ 1-160	웨어러블 디바이스 ········ 1-215
보털 사이트 ········ 1-193	슬래머(Slammer) 웜 바이러스 ········ 1-224	웨이즈(WAIS) ········ 1-195
보호받지 못하는 저작물 ········ 1-220	시분할 시스템 ········ 1-125	웹 브라우저 ········ 1-192
복사와 이동 ········ 1-69	시소러스(Thesaurus) ········ 1-193	웹 페이지 관련 에러 메시지 ········ 1-196
복원 ········ 1-181	시스템 복구 ········ 1-181	웹 프로그래밍 언어 ········ 1-166
부가 가치 통신망(VAN) ········ 1-214	시스템 부팅의 문제에 따른 증상 ········ 1-171	웹 호스팅(Web Hosting) ········ 1-195
부동 소수점 ········ 1-129	시스템 소프트웨어 ········ 1-160	위젯(Widget) ········ 1-215
부인 봉쇄(Non-Repudiation) ········ 1-226	시스템 정보 ········ 1-101, 1-183	위조(Fabrication) ········ 1-224
부트 바이러스 ········ 1-231	시작 메뉴 ········ 1-46	위치 기반 서비스 ········ 1-215
부트/파일 바이러스 ········ 1-231	시작 메뉴 설정 ········ 1-51	유니박(UNIVAC-I) ········ 1-120
부하 분산(Load Balancing) ········ 1-125	시작 프로그램 ········ 1-52	유니코드(Unicode) ········ 1-130
부호기(Encoder) ········ 1-137	시퀀싱 ········ 1-206	유비쿼터스(Ubiquitous) ········ 1-199
분산 처리 시스템 ········ 1-126	신뢰성 ········ 1-118	유심(USIM) 카드 ········ 1-215
불량(Bad) 섹터 ········ 1-175	실린더(Cylinder) ········ 1-145	유즈넷(Usenet) ········ 1-195, 1-198
불용어(Stop Word) ········ 1-193	실시간 처리 시스템 ········ 1-125	유틸리티 프로그램 ········ 1-160
브리지(Bridge) ········ 1-214	실행 ········ 1-82	음수 표현법 ········ 1-129
블러링(Blurring) ········ 1-208		응용 계층(Application Layer) : 7계층 ········ 1-191
블로그(Blog) ········ 1-200	**ㅇ**	응용 소프트웨어 ········ 1-160
블록합 검사 ········ 1-165	아날로그 컴퓨터 ········ 1-123	이름 바꾸기 ········ 1-69
블록화 인수 ········ 1-144	아바타(Avatar) ········ 1-199	이모티콘(Emoticon) ········ 1-199
블루레이(Blu-ray) 디스크 ········ 1-147	아키(Archie) ········ 1-195	이항 연산 ········ 1-135
블루투스(Bluetooth) ········ 1-199	악성 코드(Malicious Code) ········ 1-232	인덱스 레지스터 ········ 1-137
비디오 파일 용량 산출법 ········ 1-209	안전 모드 ········ 1-26	인쇄 관리자 ········ 1-89
비밀 보장(Confidentiality) ········ 1-226	안티 앨리어싱 ········ 1-208	인쇄 속도 단위 ········ 1-153
비밀키(대칭키, 단일키) 암호화 ········ 1-227	알파 버전 ········ 1-161	인쇄 해상도 ········ 1-153
비주얼 프로그래밍 기법 ········ 1-166	암호화(Encryption) ········ 1-227	인증(Authentication) ········ 1-226
비충격식 프린터 ········ 1-158	암호화 기법 ········ 1-227	인터넷 부정 행위 ········ 1-224
비트맵 ········ 1-207	암호화 파일 시스템(Encrypting File System) ········ 1-228	인터넷 서비스 ········ 1-195
비트(Bit) ········ 1-127	압축 프로그램 ········ 1-162	인터넷 연결 방식 ········ 1-186
	앱 및 기능 ········ 1-96	인터넷 폰 ········ 1-200
ㅅ	앱(App) ········ 1-215	인터넷(Internet) ········ 1-186
사물 인터넷 ········ 1-215	어셈블러 ········ 1-165	인터럽트(Interrupt) ········ 1-157
사용자 계정 정보 ········ 1-105	어셈블리어 ········ 1-164	인터레이싱 ········ 1-208
사운드 파일 형식 ········ 1-206	언어 번역 과정 ········ 1-165	인터프리터 ········ 1-165
상대 번지 ········ 1-131	언어 번역 프로그램 ········ 1-160	인트라넷(Intranet) ········ 1-200
상용 소프트웨어 ········ 1-161	언팩 10진 ········ 1-128	일괄 처리 시스템 ········ 1-125
색인 옵션 ········ 1-107	업로드 ········ 1-200	임베디드(Embedded) 시스템 ········ 1-160
샘플링 ········ 1-123, 1-206	에니악(ENIAC) ········ 1-120	입력 장치 ········ 1-151
생체 인식 보안 시스템 ········ 1-224	에드박(EDVAC) ········ 1-120	입출력 채널(I/O Channel) ········ 1-158
서버 ········ 1-126	에드삭(EDSAC) ········ 1-120	잉크젯 프린터 ········ 1-153
서지 보호기(Surge Protector) ········ 1-170	에드웨어 ········ 1-161	
서지(Surge) ········ 1-170	에어로 쉐이크 ········ 1-26	**ㅈ**
선점형 멀티태스킹 ········ 1-25	에어로 스냅 ········ 1-26	자기 디스크 ········ 1-144
설계 S/W ········ 1-160	에어로 피크 ········ 1-26	자기 코어(Magnetic Core) ········ 1-148
설정 ········ 1-94	엑스트라넷(Extranet) ········ 1-200	자기 테이프 ········ 1-144
세대별 발전과 특징 ········ 1-121	연결 프로그램 ········ 1-67	자동 전압 조절기(AVR) ········ 1-170
세션 계층(Session Layer) : 5계층 ········ 1-191	연관 메모리(Associative Memory) ········ 1-148	자료 ········ 1-125
섹터(Sector) ········ 1-145	연산 ········ 1-135	자료의 표현 방식 ········ 1-127
셰어웨어 ········ 1-161	연산 장치 ········ 1-137	자바 스크립트 ········ 1-167
소프트웨어 ········ 1-119, 1-160	열전사 프린터 ········ 1-153	자바 애플릿 ········ 1-167
솔러리제이션 ········ 1-208	예루살렘 바이러스 ········ 1-231	자연어 검색 ········ 1-193
순서도(Flowchart) ········ 1-166	오픈 소스 소프트웨어 ········ 1-161	작업 관리자 ········ 1-55
순환 중복 검사 ········ 1-130	옵트인(Opt-In) 메일 ········ 1-197	작업 표시줄 ········ 1-41
스니핑(Sniffing) ········ 1-224	와이파이 ········ 1-215	장치 관리자 ········ 1-102

장치 스테이지	1-26
재생률	1-152
저급 언어	1-164
저작권법	1-219
저작권의 보호 기간	1-219
저작권(Copyright)	1-219
저작 재산권의 제한	1-220
전송 계층(Transport Layer) : 4계층	1-191
전이중(Full Duplex) 방식	1-212
전자우편 용어	1-197
전자우편 프로토콜	1-196
전자우편(E-mail)	1-195, 1-196
전자 출판(DTP)	1-160
절대 번지	1-131
점 간격(Dot Pitch)	1-152
점프 목록	1-26
접근 방식에 의한 주소 지정 방식	1-131
접근성	1-102
접근 시간(Access Time)	1-145
접근 제어(Access Control)	1-226
정 마크 부호 방식	1-130
정보	1-125
정보 전송 방식	1-212
정보 처리 과정	1-125
정보 처리 방식	1-125
정보 처리 속도 단위	1-126
정보화 사회	1-223
정보화 사회의 역기능	1-223
정전압 정주파 장치(CVCF)	1-170
정지 영상의 크기 산출법	1-207
제어 장치	1-137
제어 프로그램	1-25
종료 예약 및 취소	1-29
종합 정보 통신망(ISDN)	1-214
주기억 장치	1-142
주문형 비디오	1-202
주문형 소프트웨어	1-161
중앙 처리 장치	1-119, 1-136
증강 현실	1-202, 1-215
지그비(Zigbee)	1-200
직렬 포트	1-156
진법 변환	1-133
진수 표현	1-133
집 드라이브(ZIP Drive)	1-149
집적 회로(IC)	1-121

ㅊ

차분 기관	1-120
채널의 종류	1-158
채팅	1-195
처리 능력에 따른 분류	1-123
처리 프로그램	1-25
천공 카드 시스템	1-120
출력 장치	1-152
충격식 프린터	1-153
취급 데이터에 따른 분류	1-123
치차식 계산기	1-120
칩셋(Chipset)	1-155

ㅋ

캐시 메모리(Cache Memory)	1-147
캐싱(Caching)	1-199
캡처 도구	1-83
캡처 및 스케치	1-71
컴파일러	1-165
컴퓨터의 구성	1-119

컴퓨터의 기본 원리	1-118
컴퓨터의 연산 속도 단위	1-121
컴퓨터의 정의	1-118
컴퓨터의 특징	1-118
코덱(Codec)	1-209, 1-214
쿠키(Cookie)	1-192
퀵돔(QuickDom)	1-188
크래커(Cracker)	1-223
크래킹(Cracking)	1-223
크로스 컴파일러	1-165
클라우드 서비스	1-215
클라이언트	1-126
클러스터링	1-24
클럭(Clock)	1-136
클립보드	1-71
키보드 사용법	1-30
키오스크(Kiosk)	1-151, 1-202

ㅌ

탐색 시간(Seek Time)	1-145
테더링(Tethering)	1-215
텍스처 매핑	1-208
텔넷	1-195, 1-198
텔레매틱스/위치 기반 서비스	1-199
통신 속도 단위	1-214
트라이얼 버전	1-161
트랙(Track)	1-145
트로이 목마	1-224, 1-231
트루컬러(Truecolor)	1-208
트리(Tree)형	1-213

ㅍ

파밍(Pharming)	1-223
파일	1-66, 1-127
파일 바이러스	1-231
파일 바이러스 종류	1-231
파일 탐색기	1-58
파티션(Partition)	1-145
팝콘 브레인	1-215
패리티 체크 비트	1-130
패리티(Parity) 방식	1-146
패치 프로그램	1-161
패킷 교환 방식	1-213
패킷(Packet)	1-214
팩 10진	1-128
펌웨어(Firmware)	1-142
포털 사이트	1-193
포트(Port)	1-156
폭탄(Mail Bomb) 메일	1-197
폴더	1-67
폴더 옵션	1-71
표현 계층(Presentation Layer) : 6계층	1-191
푸시(Push) 기술	1-199
프레젠테이션	1-160
프로그램 내장 방식	1-120
프로그램 상대 워드	1-137
프로그램 카운터	1-137
프로토콜의 주요 기능	1-189
프록시 서버	1-225
프리프로세서	1-165
프린터 공유	1-90
프린터 스풀	1-89
프린터의 설치 및 제거	1-88
프린터(Printer)	1-153
플래시 메모리(Flash Memory)	1-149
플랫폼	1-215

플러그 앤 플레이(Plug & Play)	1-25, 1-156
플로피디스크	1-145
플립플롭(Flip-Flop)	1-138
피기배킹(Piggybacking)	1-224
피드백	1-125
피싱(Phishing)	1-223
픽셀(Pixel)	1-152, 1-207
필드(Field)	1-127
필터링	1-208

ㅎ

하드디스크	1-145
하드디스크 연결 방식	1-146
하드웨어	1-119
하이브리드 컴퓨터	1-123
하이브리드(Hybrid) 검색 엔진	1-193
하이퍼미디어(Hypermedia)	1-202
하이퍼텍스트(Hypertext)	1-191, 1-202
하향식 프로그래밍 기법	1-166
핫 스왑	1-25
핫 플러그 인(Hot Plug In)	1-156
항온 항습 장치	1-170
해밍 코드	1-130
해상도	1-152
해석 기관	1-120
해킹(Hacking)	1-223
허브 사이트	1-193
허브(Hub)	1-214
호환성	1-118
화면의 크기	1-152
화상 회의 시스템	1-202
확률/통계(Statistic) S/W	1-160
확장 슬롯(Slot)	1-155
활자식 프린터	1-153
회선 교환 방식	1-213
회전 지연 시간(Search Time, Latency Time)	1-145
휴지통	1-76

A

AC-3(Audio Coding-3)	1-209
ADPS	1-118
AIFF	1-206
ALAC	1-206
ALGOL	1-164
ALL-IP	1-200, 1-215
ALU	1-137
AR	1-202
ARP	1-191
ASCII 코드	1-130
ASF	1-209
ASP	1-167
AVI	1-209

B

BASIC	1-164
BCD 코드	1-130
BCR	1-151
BCS	1-130, 1-199
BMP	1-208
BPI	1-144
BYOD	1-215
Bastion Host	1-225
B-ISDN	1-214
BSC	1-130

C

C++	1-164
C언어	1-164
CAD	1-151
CAI	1-202
CDMA	1-200
CD-ROM	1-146
CGI	1-167, 1-196
CIH 바이러스	1-231
CISC	1-139
CMOS	1-156
CMOS 설정 항목	1-156
COBOL	1-164
COM	1-153
CPS	1-153
CU	1-137
CRC	1-130

D

DASD	1-143
DDoS(Distributed Denial of Service)	1-224
DES	1-227
DHCP	1-191
DHTML	1-167
Direct X	1-209
DiVX	1-209
DMA(Direct Memory Access)	1-158
DMB	1-215
DMB/DTV	1-199
DNS(Domain Name System)	1-188, 1-196
DoS(Denial of Service)	1-224
DPI	1-153
DRAM(Dynamic RAM)	1-143
DSP	1-203
DVD	1-146
DVI	1-209

E

EBCDIC 코드	1-130
EB(Exa Byte)	1-127
EDPS	1-118
EFS	1-228
EIDE	1-146

F

FAQ	1-218
FLAC	1-206
FLOPS	1-126, 1-136
FORTRAN	1-164
FTP(File Transfer Protocol)	1-195, 1-197

G

GB(Giga Byte)	1-127
GFLOPS	1-126
GIF	1-208
GIGO	1-118
GIS(위치 정보 시스템)	1-199
GUI	1-25

H

H.264	1-210
HDMI	1-199
HTML	1-166
HTML5	1-166
HTTP(HyperText Transfer Protocol)	1-191

I

IANA	1-187
IBG	1-144
ICANN	1-187
ICMP	1-191
IDE	1-146
IEEE 1394	1-156
IMAP	1-196
InterNIC	1-187
IoE	1-215
IP	1-186, 1-190
IP 주소(Address)	1-187
ipconfig	1-113
IPM(Images Per Minute)	1-153
IPTV	1-199
IR	1-137
IRC	1-195
IrDA	1-156
IRG	1-144
IRQ(Interrupt ReQuest)	1-157
ISOC	1-187
ISP	1-199

J

JAVA	1-164, 1-167
JPEG	1-208
JPG	1-208
JSP	1-168

J

KB(Kilo Byte)	1-127
Key Logger	1-224
KIPS	1-126
KISA	1-187

L

LBS	1-215
LCD	1-152
LIPS	1-126
LISP	1-164
LPM	1-153

M

MAR	1-137
MARK-I	1-120
MB(Mega Byte)	1-127
MBR	1-137
MFLOPS	1-126
MHEG	1-210
MICR	1-151
MIDI 형식	1-206
MIME	1-196
MIPS	1-126, 1-136
MMS	1-215
MOD(Music On Demand)	1-203
MOV	1-209
MP3 형식	1-206
MPEG	1-209
MPEG-1	1-210
MPEG-2	1-210
MPEG-4	1-210
MPEG-7	1-210
MPEG-21	1-210
MPEG(Moving Picture Experts Group)의 규격	1-210
ms-settings:	1-95
MTBF	1-136
MTTR	1-136
MUD 게임	1-195

N

N스크린	1-215
NFC	1-215
Noise Word	1-193
nslookup	1-114, 1-195
NTFS	1-25

O

OCR	1-151
OMR	1-151
OSI 참조 모델	1-190

P

PACS	1-202
PASCAL	1-164
PB(Peta Byte)	1-127
PC 설치 환경	1-170
PC 안전 관리	1-170
PC 업그레이드	1-172
PC 응급 처치	1-171
PCM	1-206
PDP	1-152
PEM	1-228
Perl	1-167
PGP	1-228
PHP	1-168
ping	1-113
Pixel당 표현되는 색상 수 계산법	1-207
PL/1	1-164
PNG	1-208
PnP	1-25
POP3	1-196
POS	1-151
POST(Power On Self Test)	1-156
PPM	1-153
PS/2 포트	1-156
PSW	1-137
Proxy Server	1-225

Q

QR(Quick Response) 코드	1-215

R

RAID	1-146
RAID의 저장 방식	1-146
RAM 덤프(Dump)	1-143
RAM(Random Access Memory)	1-143
RFC	1-187
RFID/USN	1-199
RISC	1-139
ROM(Read Only Memory)	1-142
RSA	1-227

S

SASD	1-143
SATA(Serial ATA)	1-146
SCSI	1-146
SEA	1-228
SET	1-228
SGML	1-167
S-HTTP	1-228
SLIP/PPP	1-191
SMTP	1-196
SNMP	1-191
SNOBOL	1-164
SNS	1-215
SRAM(Static RAM)	1-143
SSD(Solid State Drive)	1-147
SSL	1-228
SVG	1-207

T

TB(Tera Byte)	1-127
TCP	1-186, 1-190
TCP/IP	1-186, 1-189
TCP/IP 상위 계층	1-191
TELNET	1-198
tracert	1-113

U

UDP	1-191
u-Home	1-199
UML	1-168
URL(Uniform Resource Locator)	1-189
USB 포트	1-156

V

VCS	1-202
VDT(Video Display Terminal) 증후군	1-170
VFW	1-209
VOD	1-202
VoIP	1-200
VR	1-202
VRML	1-166

W

WAP	1-200
War Driving	1-224
WAV	1-206
WAVE 형식	1-206
Whois	1-195
WiBro	1-199
Window CE	1-160
Windows 업데이트	1-106
Windows에서 발생되는 문제와 해결 방법	1-184
WLL	1-200
WML	1-166, 1-200
WMV	1-209
WTP	1-200
Wireless Broadband	1-199
WWW : World Wide Web	1-195

X

XML	1-167
X-Y 플로터(Plotter)	1-153

번호

2진법(2진수)	1-118
2진 연산	1-128
3D 프린터(Printer)	1-215

자격증은 이기적!

합격입니다.

이기적 강의는
무조건 0원!

공부하다가
궁금한 사항은?

이기적 스터디 카페

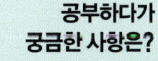

> 지혜로운 사람은 외부에서
> 행복을 찾지 않는다.
> 그는 자기 안에서 고요함을 구한다.
>
> 아르투어 쇼펜하우어

이기적 강의는 무조건 0원!

이기적 영진닷컴

공부하다가 궁금한 사항은?

이기적 스터디 카페

이렇게
기막힌
적중률

컴퓨터활용능력
1급 필기 기본서
2권·스프레드시트 일반

"이" 한 권으로 합격의 "기적"을 경험하세요!

차례

출제빈도에 따라 분류하였습니다.
- 상 : 반드시 보고 가야 하는 이론
- 중 : 보편적으로 다루어지는 이론
- 하 : 알고 가면 좋은 이론

▶ 합격 강의
동영상 강의가 제공되는 부분을 표시했습니다.
이기적 수험서 사이트(license.youngjin.com)에 접속하여 시청하세요.
▶ 본 도서에서 제공하는 동영상은 1판 1쇄 기준 2년간 유효합니다. 단, 출제기준안에 따라 내용은 변경될 수 있습니다.

PART 02 스프레드시트 일반 (2권)

CHAPTER 01 스프레드시트 개요
- 하 SECTION 01 스프레드시트 개요 — 2-6
- 중 SECTION 02 파일 관리 — 2-10
- 상 SECTION 03 워크시트의 관리 — 2-15

CHAPTER 02 데이터 입력 및 편집
- 상 SECTION 01 데이터 입력 — 2-22
- 하 SECTION 02 일러스트레이션 — 2-29
- 하 SECTION 03 [Excel 옵션] 대화 상자 — 2-35
- 하 SECTION 04 데이터 편집 — 2-39
- 하 SECTION 05 셀 편집 — 2-47
- 중 SECTION 06 셀 서식 및 사용자 지정 표시 형식 — 2-53
- 하 SECTION 07 서식 설정 — 2-63

CHAPTER 03 수식 활용
- 하 SECTION 01 수식의 기본 사용법 — 2-72
- 하 SECTION 02 셀 참조 — 2-76
- 하 SECTION 03 함수의 기본 개념 — 2-84
- 중 SECTION 04 수학과 삼각 함수/날짜와 시간 함수 — 2-87
- 중 SECTION 05 통계 함수/문자열 함수 — 2-92
- 상 SECTION 06 논리 함수/찾기와 참조 함수 — 2-97
- 중 SECTION 07 D 함수/재무 함수/정보 함수 — 2-112
- 중 SECTION 08 배열과 배열 수식 — 2-122
- 하 SECTION 09 배열 함수 — 2-128

CHAPTER 04 데이터 관리 및 분석

- SECTION 01 정렬 — 2-134
- SECTION 02 필터 기능 — 2-138
- SECTION 03 기타 데이터 관리 기능 — 2-144
- SECTION 04 데이터 가져오기 — 2-154
- SECTION 05 부분합/데이터 표/데이터 통합 — 2-164
- SECTION 06 피벗 테이블 — 2-171
- SECTION 07 피벗 차트 — 2-180
- SECTION 08 목표값 찾기/시나리오 — 2-187

CHAPTER 05 출력

- SECTION 01 인쇄 — 2-194
- SECTION 02 페이지 설정 — 2-199
- SECTION 03 리본 메뉴와 창 다루기 — 2-205

CHAPTER 06 차트의 생성 및 수정

- SECTION 01 차트의 기본 — 2-214
- SECTION 02 차트의 종류 — 2-221
- SECTION 03 차트 편집 — 2-235
- SECTION 04 차트의 요소 추가와 서식 지정 — 2-243

CHAPTER 07 매크로 및 프로그래밍

- SECTION 01 매크로 작성 — 2-252
- SECTION 02 VBA 프로그래밍의 기본 개념 — 2-256
- SECTION 03 VBA 문법 — 2-263
- SECTION 04 개체 속성 및 컨트롤 속성 — 2-270

Index — 2-281

PART 02

스프레드시트 일반

파트 소개

2과목 스프레드시트 일반은 시트에서 데이터를 입력하고 편집하는 방법, 함수와 배열 수식을 이용한 수식 활용, 차트 작성의 기본과 편집에서 지속적으로 출제되고 있습니다. 작성된 결과 시트의 인쇄와 도구 모음, 창 핸들링, 업무의 특성상 오름차순이나 내림차순이 필요한 정렬, 필터, 텍스트 나누기, 그룹 및 개요 설정, 데이터 유효성 검사, 외부 데이터의 활용도 비중 있게 출제되고 있습니다. 아울러 데이터 분석을 위한 통합, 데이터 표, 부분합, 목표값 찾기, 시나리오, 피벗 테이블 및 피벗 차트, 매크로와 프로그래밍은 실습을 통해 정확히 익혀두세요.

※ 스프레드시트 프로그램의 경우 기술 발달 및 산업 현장의 수요에 따라 Mi-crosoft Office 2021 버전으로 업데이트되었음

CHAPTER

01

스프레드시트 개요

학습 방향

화면 구성별 명칭과 기능에 대한 정확한 이해가 필요하며 파일 열기와 저장 방법, 워크시트에서 가능한 여러 작업 등은 실습을 통한 학습과 숙지가 필요합니다.

출제 빈도

SECTION 01 하 19%
SECTION 02 중 25%
SECTION 03 상 56%

SECTION 01 스프레드시트 개요

출제빈도 상 중 (하)
반복학습 1 2 3

빈출 태그 스프레드시트 • 행 번호 • 열 문자 • 셀 포인터 • 채우기 핸들 • 워크시트 • 통합 문서

▶ 합격 강의

01 스프레드시트의 개념

- 스프레드시트(Spreadsheet)란 컴퓨터를 이용하여 각종 계산 관련 업무를 처리하는 전자 계산서를 말한다. ― 가로, 세로 줄이 그려진 표인 시트(Sheet)를 펼쳐(Spread) 놓은 것
- 급여 계산표, 판매 계획표, 성적 관리표, 가계 분석표, 재고 관리표 등 수치 자료를 이용한 계산과 분석, 통계가 필요한 업무에 활용된다.
- 주요 기능 : 자동 계산, 문서 작성, 차트 작성, 데이터베이스 관리, 매크로 작성
  ― 워드프로세서 기능도 가능함
  ― 반복이고 복잡한 단계의 작업을 자동화시킴

> **기적의 TIP**
> 스프레드시트의 사용 목적, 엑셀의 시작과 종료 방법을 여러 방법을 반드시 숙지해 두세요.

02 엑셀의 시작과 종료

1) 엑셀 시작 방법

방법 1	[시작](⊞)–[Excel]을 클릭하여 실행함
방법 2	[실행](⊞+R)에서 열기란에 『Excel』을 입력하고 [확인]을 클릭함
방법 3	[파일 탐색기]에서 엑셀 통합 문서 파일(*.xlsx)을 더블클릭하면 엑셀이 시작되면서 해당 파일이 자동으로 열림
방법 4	바탕 화면에서 엑셀의 바로 가기 아이콘(📊)을 더블클릭함

▲ 엑셀의 바로 가기 아이콘

2) 엑셀 종료 방법 12년 6월

방법 1	제목 표시줄 오른쪽의 [닫기](✕) 단추를 클릭함
방법 2	제목 표시줄의 빈 곳에서 마우스 오른쪽 버튼을 클릭한 다음 [닫기]를 클릭함
방법 3	바로 가기 키 Alt+F4를 누름
방법 4	Alt+F를 누른 후 X를 누름

> **기적의 TIP**
> Alt+F4는 엑셀을 종료하지만 Ctrl+F4는 엑셀이 실행된 상태에서 문서 창만 닫는 점에 유의하세요.

03 엑셀의 화면 구성
25년 상시, 24년 상시, 23년 상시, 22년 상시, 20년 2월/7월, 19년 8월, 18년 9월, 15년 10월, …

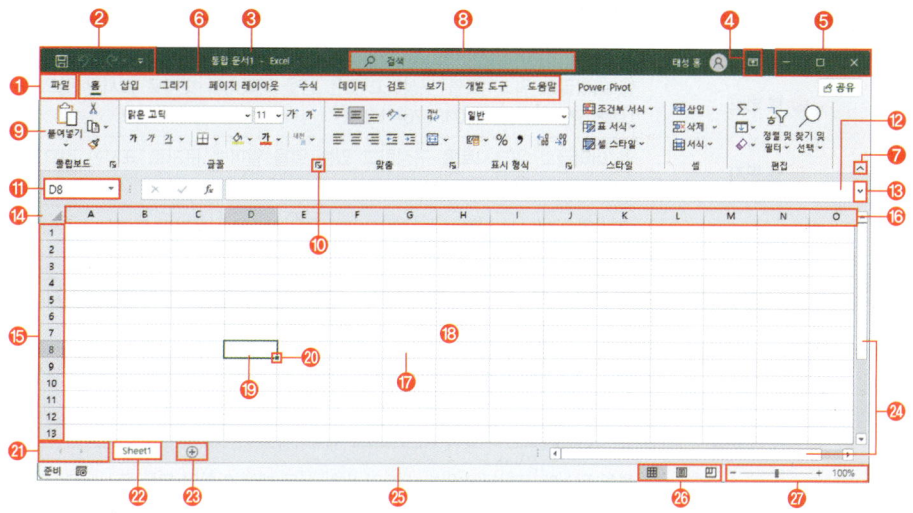

> 제목 표시줄을 더블클릭하면 [창 복원] 단추를 클릭한 것과 같은 결과가 됨

❶ [파일] 탭	• [파일] 탭을 클릭하면 Microsoft Office Backstage 보기가 표시됨 • Backstage 보기는 새로 만들기, 열기, 정보, 저장, 다른 이름으로 저장, 인쇄, 공유, 내보내기, 게시, 닫기, 계정, 피드백, 옵션 등의 기능을 제공	
❷ 빠른 실행 도구 모음	실행을 빠르게 하기 위해 자주 사용하는 명령 단추를 모아놓은 곳으로, 기본적으로 [저장], [취소], [다시 실행]이 있으며, [빠른 실행 도구 모음 사용자 지정]( ) 단추를 클릭하여 등록함 최대 100개까지 가능함(취소 : Ctrl + Z, 다시 실행 : Ctrl + Y)	
❸ 제목 표시줄	엑셀의 이름과 현재 작업 중인 문서의 이름을 표시하며, 처음 실행 시 '통합 문서 1'로 표시됨	
❹ 리본 메뉴 표시 옵션	• 리본 메뉴 자동 숨기기 : 리본 메뉴를 숨김, 리본 메뉴를 표시하려면 응용 프로그램 위쪽을 클릭함 • 탭 표시 : 리본 메뉴 탭만 표시, 명령을 표시하려면 탭을 클릭함 • 탭 및 명령 표시 : 리본 메뉴 탭과 명령을 항상 표시함	
❺ 엑셀 창 조절 단추	• [최소화]( ) : 엑셀 창이 작업 표시줄로 이동되어 최소화함 • [최대화]( ) : 엑셀 창이 화면 전체 크기로 최대화함 • [아이콘에서 화면 복원]( ) : 최대화 상태에서 표시되며 이전 크기로 복원함 • [닫기]( ) : 엑셀을 종료시킴	
❻ 리본 메뉴 탭	• 리본은 기존의 메뉴와 도구 모음 기능을 대신하는 것으로 [파일], [홈], [삽입], [페이지 레이아웃], [수식], [데이터], [검토], [보기] 탭으로 구성됨 • [파일] 탭-[옵션]-[Excel 옵션]의 [리본 사용자 지정]에서 [그리기], [개발 도구], [도움말], [Power Pivot]★ 확인란을 체크하면 [그리기], [개발 도구], [도움말], [Power Pivot] 탭이 나타남	
❼ 리본 메뉴 축소	• 리본 메뉴에 탭 이름만 표시하여 축소함(Ctrl + F1) • [파일] 탭을 제외한 리본 탭을 마우스로 더블클릭하여 축소하거나 확장할 수도 있음 • 각 탭에서 마우스 오른쪽 버튼을 누른 다음 [리본 메뉴 축소]를 클릭함	
❽ 검색	텍스트, 명령, 도움말 등을 검색함(Alt + Q)	
❾ 그룹	각 탭에 해당하는 유사한 기능들을 모아 놓아 도구들을 그룹화함	
❿ 대화 상자 표시 아이콘	대화 상자 표시 아이콘이 있는 그룹의 대화 상자나 작업창을 표시함	
⓫ 이름 상자	현재 선택한 셀의 주소나 이름을 표시함	

> 셀 주소 표기 방법은 기본적으로 A1 방식이며 [Excel 옵션]-[수식]에서 'R1C1 참조 스타일' 방식으로 변경할 수 있음

> **기적의 TIP**
> 엑셀의 화면 구성 중 시트 전체 선택 단추의 위치를 확인해 두고, 행/열 머리글, 셀 포인터, 채우기 핸들, 시트 탭 등을 중심으로 공부해 두세요.

> ★ Power Pivot
> • 강력한 데이터 분석을 수행하고 관계를 포함하는 테이블의 컬렉션인 정교한 데이터 모델을 만드는 데 사용할 수 있는 Excel 추가 기능
> • [개발 도구] 탭-[추가 기능] 그룹의 [COM 추가 기능]을 실행한 다음 [COM 추가 기능] 대화 상자에서 [Microsoft Power Pivot for Excel] 확인란을 체크하면 [Power Pivot] 탭이 추가됨

> • 화면의 확대/축소는 화면에서의 확대, 축소일 뿐 실제 인쇄할 때에는 적용되어 인쇄되지 않음
> • 리본 메뉴는 엑셀 창의 크기 및 화면 해상도에 따라 다른 형태로 표시될 수도 있음
> • 워크시트의 특정 영역을 블록 설정한 후 '선택 영역 확대/축소'를 실행하면 워크시트가 확대/축소되어 블록으로 설정한 영역이 전체 창에 맞게 표시됨

⑫ 수식 입력줄		사용자가 셀에 입력한 데이터 및 수식이 표시되는 영역
⑬ 수식 입력줄 확장 단추		수식 입력줄을 확장함(바로 가기 키 : Ctrl + Shift + U)
⑭ 시트 전체 선택 단추		현재 워크시트의 모든 셀을 선택함(바로 가기 키 : Ctrl + A)
⑮ 행 번호		행 머리글로 워크시트를 구성하고 있는 행을 아라비아 숫자로 표시한 것으로 1,048,576개의 행(1~1048576)이 있음
⑯ 열 문자		열 머리글로 워크시트를 구성하고 있는 열을 알파벳 문자로 표시한 것으로 16,384개의 열(A~XFD)이 있음
⑰ 셀(Cell)		행과 열이 만나서 이루는 사각형 모양의 작은 칸으로 사용자가 데이터나 수식을 입력하는 공간
⑱ 워크시트		17,179,869,184개의 셀(1,048,576행×16,384열)로 이루어진 작업 공간(작업지)으로 엑셀 실행 시 1개의 워크시트가 기본적으로 표시됨
⑲ 셀 포인터		여러 개의 셀 중에서 현재 작업 중인 셀을 활성 셀이라고 하며 셀 포인터(Cell Pointer)를 이동하여 활성 셀을 변경함
⑳ 채우기 핸들		셀 포인터의 오른쪽 밑의 작은 점으로 수식이나 데이터의 복사 시 이용함
㉑ 시트 탭 이동 단추		통합 문서에 포함되어 있는 시트가 많아 시트 탭에 이름이 모두 표시되지 않을 때 보이지 않는 시트 이름이 있는 곳으로 이동하기 위하여 사용함
㉒ 시트 탭		• 현재 통합 문서에 포함되어 있는 시트 이름을 표시하며 시트 이름을 클릭하여 작업할 시트를 선택함 • 시트의 이름 변경, 이동, 복사, 삽입, 삭제 등의 작업을 수행할 수 있음
㉓ 워크시트 삽입 아이콘		현 워크시트 뒤에 새로운 워크시트를 삽입함(바로 가기 키 : Shift + F11)
㉔ 화면 스크롤바 (이동 막대)		화면을 상, 하, 좌, 우로 이동할 때 사용함
㉕ 상태 표시줄		• 현재 작업 상태에 대한 정보를 표시하는 곳으로 '준비', '입력' 등의 메시지와 Num Lock, Scroll Lock, Caps Lock 등의 상태를 표시함 • 마우스 오른쪽 단추를 클릭하여 나타나는 [상태 표시줄 사용자 지정] 메뉴에서 변경 및 설정 가능함 • 평균, 개수, 숫자 셀 수, 최소값, 최대값, 합계를 선택하면 자동으로 계산되어 나타남
㉖ 보기 및 창 전환 단추		[기본], [페이지 레이아웃], [페이지 나누기 미리 보기] 등을 선택함
㉗ 화면 확대/축소 슬라이더		슬라이더로 화면의 확대/축소 배율을 조절(10~400%)할 수 있으며, 확대/축소 비율 부분을 클릭하면 [확대/축소] 대화 상자가 열림

[파일]-[옵션]-[Excel 옵션]-[고급]-'채우기 핸들 및 셀 끌어서 놓기 사용'을 해제하면 채우기 핸들 기능이 사라짐

A는 (모두)의 A임

기적의 TIP

Shift + F11은 현재 선택된 워크시트의 바로 앞에 새로운 워크시트를 삽입하는 점에 주의하세요.

[상태 표시줄 사용자 지정]에서 선택할 수 있는 자동 계산
• 개수 : 선택한 영역 중 데이터가 입력된 셀의 수
• 숫자 셀 수 : 선택한 영역 중 숫자 데이터가 입력된 셀의 수
• 합계, 평균, 최소값, 최대값 : 선택한 영역의 합계, 평균, 최소값, 최대값
※ 선택한 영역 중 문자 데이터가 입력된 셀의 수를 구하는 기능은 지원되지 않음

1) 키보드로 메뉴 선택하기 23년 상시, 15년 3월

• Alt, / 등의 키를 누르면 주 메뉴 선택 상태가 되는데, 방향키를 이용하여 원하는 메뉴까지 이동한 후 Enter 를 눌러 선택한다.
• 각 탭에 표시되어 있는 바로 가기 키를 사용하여 탭을 선택할 수도 있다. 예를 들어 [홈] 탭은 Alt + H, [삽입] 탭은 Alt + N 을 눌러 선택할 수 있다.

2) [시트 탭 이동] 단추 14년 6월

[시트 탭 이동] 단추 위에서 마우스 오른쪽 단추를 클릭하면 모든 시트 이름이 표시되며, 이 중에서 원하는 시트를 클릭하고 [확인]을 클릭하면 해당 시트로 이동한다.

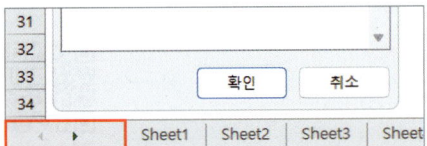

▲ 스크롤할 시트가 없는 경우 비활성화 상태임

◀	• 이전 시트가 있는 왼쪽으로 스크롤함 • Ctrl + 마우스 왼쪽 단추 클릭 : 첫 번째 시트로 스크롤함 • 오른쪽 클릭 : 모든 시트를 볼 수 있으며 이동을 원하는 시트를 선택한 후 [확인]을 클릭함
▶	• 다음 시트가 있는 오른쪽으로 스크롤함 • Ctrl + 마우스 왼쪽 단추 클릭 : 마지막 시트로 스크롤함 • 오른쪽 클릭 : 모든 시트를 볼 수 있으며 이동을 원하는 시트를 선택한 후 [확인]을 클릭함

3) 통합 문서(Workbook) 10년 3월

- 엑셀 파일을 통합 문서라고 하며 통합 문서의 확장자는 ∗.xlsx로 설정된다.
- 초기에 엑셀 파일명은 통합 문서1, 통합 문서2, …와 같이 자동으로 설정되며, [저장] 명령으로 작업 내용에 맞는 새로운 이름을 지정하여 저장할 수 있다.
- 통합 문서는 여러 개의 시트를 포함할 수 있으며, 최소한 한 개 이상의 시트를 포함해야 한다.

개념 체크

1. 통합 문서의 확장자는 무엇인가?
2. 통합 문서는 최소한 몇 개 이상의 시트를 포함해야 하는가?

1 ∗.xlsx 2 1개

이론을 확인하는 기출문제

01 다음 중 셀 영역을 선택한 후 상태 표시줄의 바로 가기 메뉴인 [상태 표시줄 사용자 지정]에서 선택할 수 있는 자동 계산에 해당되지 않는 것은?

① 선택한 영역 중 숫자 데이터가 입력된 셀의 수
② 선택한 영역 중 문자 데이터가 입력된 셀의 수
③ 선택한 영역 중 데이터가 입력된 셀의 수
④ 선택한 영역의 합계, 평균, 최소값, 최대값

문자 데이터가 입력된 셀의 수는 해당되지 않음

오답 피하기
평균, 개수(데이터가 입력된 셀의 수), 숫자 셀 수, 최소값, 최대값, 합계를 선택하면 자동으로 계산되어 나타남

02 다음 중 엑셀의 상태 표시줄에 대한 설명으로 옳지 않은 것은?

① 상태 표시줄에서 워크시트의 보기 상태를 기본 보기, 페이지 레이아웃 보기, 페이지 나누기 미리 보기 중 선택하여 변경할 수 있다.
② 상태 표시줄에는 확대/축소 슬라이더가 기본적으로 표시된다.
③ 상태 표시줄의 바로 가기 메뉴를 이용하여 셀의 특정 범위에 대한 이름을 정의할 수 있다.
④ 상태 표시줄은 현재의 작업 상태에 대한 기본적인 정보가 표시되는 곳이다.

이름 상자에서 셀의 특정 범위에 대한 이름을 정의할 수 있음

SECTION 02 파일 관리

출제빈도 상 중 하
반복학습 1 2 3

합격 강의

빈출 태그 파일 관리 명령 • 열기 • 저장 • 저장 옵션

01 [파일] 탭 명령(Alt + F) 19년 8월

- [파일] 탭을 클릭하면 Microsoft Office Backstage 보기가 나타난다.
- Backstage 보기는 사전적 의미인 『무대 뒤에서』처럼 엑셀 시트 화면 뒤에서 파일 및 파일에 대한 정보를 관리하는 공간이다.
- Backstage 보기는 새로 만들기, 열기, 정보, 저장, 다른 이름으로 저장, 인쇄, 공유, 내보내기, 게시, 닫기, 계정, 피드백, 옵션 등의 기능을 제공한다.

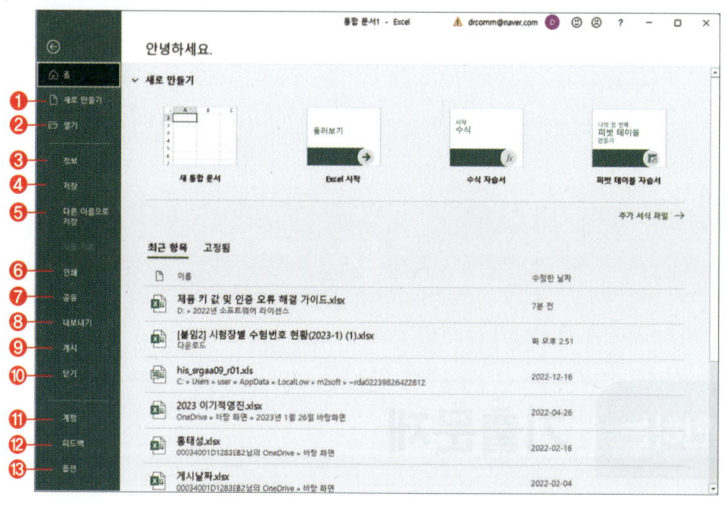

암기 TIP
Ctrl 과 함께 사용되는 키
- N : New(새로 만들기)
- O : Open(열기)
- S : Save(저장)
- P : Print(인쇄)

메뉴		기능	바로 가기 키
❶ [새로 만들기]		새 통합 문서, 각종 서식 파일 사용	Ctrl + N
❷ [열기]		• 최근에 사용한 항목에서 파일을 열기함 • [찾아 보기]를 클릭하면 열기 대화 상자가 나타남	Ctrl + O
❸ [정보]	통합 문서 보호	최종본으로 표시, 암호 설정, 현재 시트 보호, 통합 문서 구조 보호, 액세스 제한, 디지털 서명 추가	
	통합 문서 검사	문서 검사, 접근성 검사, 호환성 검사	
	통합 문서 관리	저장되지 않은 통합 문서 복구, 저장되지 않은 모든 통합 문서 삭제	
	브라우저 보기 옵션	이 통합 문서를 웹에서 볼 때 사용자에게 표시할 항목을 선택함	
	속성	파일 속성(크기, 제목, 태그, 메모, 서식 파일, 상태, 범주 등), 관련 날짜, 관련 사용자 등의 정보를 알 수 있음	

❹ [저장]	사용 중인 파일을 원하는 위치에 파일 이름과 형식을 지정하여 저장	Ctrl + S Shift + F12
❺ [다른 이름으로 저장]	현재 사용 중인 파일을 다른 이름으로 저장	F12
❻ [인쇄]	• 인쇄 및 복사본 수 설정(1~32767), 프린터 속성 • 인쇄 미리 보기, 설정 및 페이지 설정	Ctrl + P Ctrl + F2
❼ [공유]	다른 사용자와 공유, 전자 메일 등	
❽ [내보내기]	PDF/XPS 문서 만들기, 파일 형식 변경 등	
❾ [게시]	Power BI★에 게시	
❿ [닫기]	통합 문서 창이 닫힘	Ctrl + F4 Ctrl + W
⓫ [계정]	• Office 테마(색상형, 어두운 회색, 검정, 흰색, 시스템 설정 사용) 설정 • Office에 로그인, 제품 정보(제품 인증 여부, 제품 키 변경)	
⓬ [피드백]	Office 앱에 대한 선호, 비선호 여부와 새로운 기능 및 수정에 대한 피드백을 제공	
⓭ [옵션]	일반, 수식, 언어 교정, 저장, 언어, 접근성, 고급, 리본 사용자 지정, 빠른 실행 도구 모음, 추가 기능, 보안 센터 등에 대한 옵션을 설정	

★ Power BI(Business Intelligence)
• 시각적 요소가 풍부한 보고서 및 데이터를 분석한 대시보드를 생성, 공유, 구성함
• 통합 문서에 대한 업데이트를 자동으로 새로 고침

02 열기(Ctrl + O)

1) 통합 문서 열기
열고자 하는 엑셀 파일을 더블클릭하여 열 수도 있음
- [파일] 탭-[열기]를 실행한 후 [찾아보기]를 클릭, [열기] 대화 상자에서 열고자 하는 파일을 선택하고 [열기]를 클릭한다.
- [열기] 대화 상자에서 여러 개의 파일을 선택한 후 [열기]를 클릭하면 한 번에 여러 개의 통합 문서가 열린다.
- 파일이 서로 인접해 있으면 시작 파일을 클릭한 다음 Shift 를 누른 상태에서 마지막 파일을 클릭하여 선택한다.
- 파일이 서로 떨어져 있으면 첫 번째 파일을 클릭하고 Ctrl 을 누른 상태에서 추가할 파일을 차례로 클릭하여 선택한다. 선택된 파일의 선택을 취소하려면 Ctrl 을 누른 상태에서 취소할 파일을 다시 클릭한다.

2) 최근 문서 열기
- [파일] 탭-[열기]-[최근 항목]의 오른쪽에 최근 통합 문서 목록이 나타나며, '오늘, 어제, 이번 주, 지난 주, 오래된 항목' 중에서 원하는 파일을 선택하면 [열기] 대화 상자를 거치지 않고 바로 파일을 열 수 있다.
- [파일] 탭-[옵션]-[Excel 옵션]의 [고급]-[표시]에서 '표시할 최근 통합 문서 수'를 지정한다. 표시할 최근 문서 수는 '0~50개'까지 지정할 수 있으며, '0'으로 지정하면 목록을 나타내지 않는다.

🎯 개념 체크

1 인접한 파일을 선택할 때 사용하는 키는?
2 떨어져 있는 파일을 선택할 때 사용하는 키는?
3 최근 문서 목록에 표시할 수 있는 최대 개수는?
4 최근 문서 목록을 나타내지 않으려면 숫자를 어떻게 지정해야 하는가?

1 Shift 2 Ctrl 3 50
4 0으로 지정

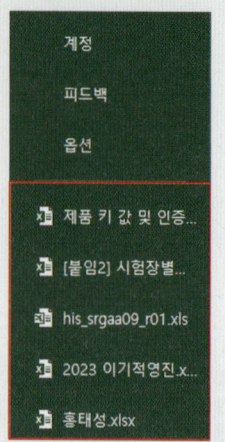

▲ 빠르게 액세스할 최근 통합 문서 수를 5로 지정한 경우

- 빠르게 액세스할 최근 통합 문서 수는 [Excel 옵션]-[고급]-'표시'의 '표시할 최근 통합 문서 수(0~50개)'에서 설정한 문서 수를 넘지 못한다.

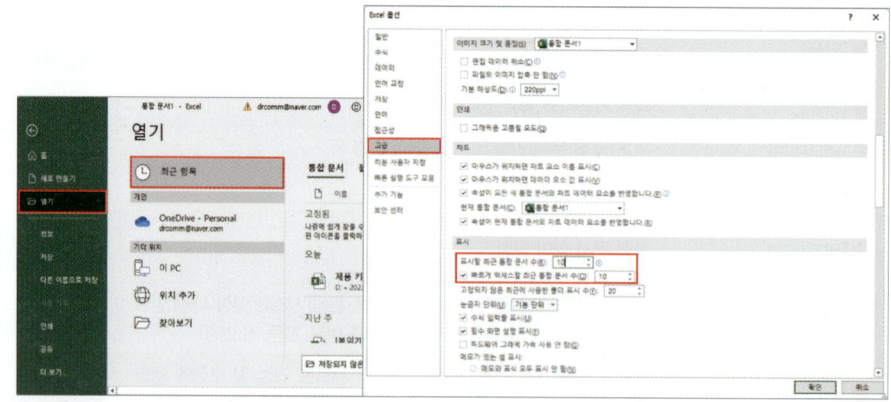

3) 텍스트 파일 열기 15년 6월

- 텍스트 파일을 엑셀에서 열려면 텍스트 마법사를 이용한다.
- [파일] 탭-[열기]를 실행한 후 파일 형식을 '텍스트 파일(*.prn, *.txt, *.csv)'로 지정한 다음, 텍스트 파일을 열면 자동으로 텍스트 마법사가 실행된다.

> **기적의 TIP**
> 엑셀에서 저장 및 열 수 있는 파일 형식의 확장자를 혼동하지 않도록 정확히 암기해 두세요.
>
> **웹 페이지 저장**
> 워크시트를 웹 페이지로 저장할 수 있으며, 웹 브라우저로 열 수도 있음

▶ **엑셀에서 저장 가능한 파일 형식** 17년 3월, 16년 6월, 13년 6월, 11년 3월, 08년 5월/8월, 07년 7월, 06년 5월, 04년 8월

Excel 통합 문서	*.xlsx	텍스트(탭으로 분리)	*.txt
Excel 매크로 사용 통합 문서	*.xlsm	유니코드 텍스트	*.txt
Excel 바이너리 통합 문서	*.xlsb	XML 스프레드시트 2003	*.xml
Excel 97 – 2003 통합 문서	*.xls	Microsoft Excel 5.0/95 통합 문서	*.xls
XML 데이터	*.xml	CSV(쉼표로 분리)	*.csv
웹 보관 파일	*.mht, *.mhtml	텍스트(공백으로 분리)	*.prn
웹 페이지	*.htm, *.html	DIF(Data Interchange Format)	*.dif
Excel 서식 파일	*.xltx	SYLK(Symbolic Link)	*.slk
Excel 매크로 사용 서식 파일	*.xltm	Excel 추가 기능	*.xlam
Excel 97 – 2003 서식 파일	*.xlt	Excel 97 – 2003 추가 기능	*.xla
Excel 백업 파일	*.xlk	XPS 문서	*.xps
PDF	*.pdf	OpenDocument 스프레드시트	*.ods
Strict Open XML 스프레드시트	*.xlsx		

Comma Separated Values의 약어로, 콤마로 분리된 수치값을 의미함

> **개념 체크**
> 1 Excel 97-2003 통합 문서의 확장자는 *.xls이다. (○, ×)
> 2 XML 데이터는 Excel에서 열 수 있는 파일 형식 중 하나이다. (○, ×)
> 3 XML 파일은 Excel 매크로 사용 서식 파일이다. (○, ×)
> 4 CSV 파일은 쉼표로 분리된 텍스트 파일 형식이다. (○, ×)
> 5 OpenDocument 스프레드시트 파일의 확장자는 *.ods이다. (○, ×)
>
> 1 ○ 2 ○ 3 × 4 ○ 5 ○

4) Excel 통합 문서의 웹 페이지(*.htm, *.html) 형식 저장 13년 6월

- 조건부 서식 중 데이터 막대, 아이콘 집합은 지원되지 않는다.
- 회전된 텍스트는 올바로 표시되지 않는다.
- 배경 질감 및 그래픽과 같은 관련 파일은 하위 폴더에 저장된다.
- 일부 시트만을 선택하여 저장할 수 있다.

03 저장하기 (Ctrl+S, Shift+F12)

1) 통합 문서 저장 16년 6월

- 새 통합 문서를 최초로 저장하려면 [파일] 탭-[저장] 또는 [파일] 탭-[다른 이름으로 저장]을 실행한 다음 [다른 이름으로 저장] 대화 상자에서 저장 위치와 파일 이름, 형식 등을 지정한다.
- 이미 파일 이름이 지정되어 있을 경우 [파일] 탭-[저장]을 실행하면 기존 이름으로 덮어쓴다.
- 파일 이름을 바꾸어 다시 저장하려면 [파일] 탭-[다른 이름으로 저장]을 실행하며, 다른 이름으로 저장하면 기존에 저장되어 있는 파일은 지워지지 않는다.
- 파일 이름에 / ₩ 〉 〈 * ? | : " 등의 문자는 사용할 수 없다.
- 엑셀의 저장 명령은 기본적으로 파일 형식을 'Excel 통합 문서(*.xlsx)'로 지정하며, 이전 버전의 엑셀 사용자나 다른 프로그램 사용자를 위하여 여러 다른 형식을 함께 제공한다.

2) 일반 옵션 19년 8월, 17년 9월, 14년 10월, 13년 10월, 03년 9월

- 파일을 저장할 때 백업 파일의 작성 여부와 열기 및 쓰기 암호, 읽기 전용 권장 등 저장 옵션을 설정한다.
- [다른 이름으로 저장] 대화 상자에서 [도구]-[일반 옵션]을 실행 후 지정한다.

열기 및 쓰기 암호 모두 영문 대소문자를 구분함

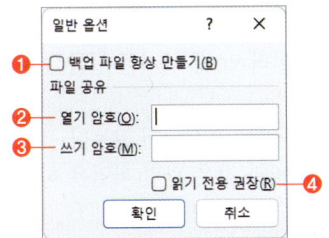

① 백업 파일 항상 만들기	파일을 저장할 때마다 이전 파일 내용을 백업 파일(*.xlk)로 함께 저장함
② 열기 암호	암호를 입력해야 파일이 열리도록 255자 이내로 열기 암호를 지정함
③ 쓰기 암호	• 파일 내용을 변경한 후 저장하려면 암호를 입력하도록 지정함 • 쓰기 암호를 모를 경우에는 [파일] 탭-[다른 이름으로 저장]을 실행하여 파일 이름을 바꿔 저장해야 함
④ 읽기 전용 권장	파일을 열 때 변경할 수 없는 읽기 전용 파일로 열리도록 메시지를 표시함

새 통합 문서의 환경 설정
[파일] 탭-[옵션]-[Excel 옵션]을 선택하고 [일반]에서 '다음을 기본 글꼴로 사용', '글꼴 크기', '새 시트의 기본 보기', '포함할 시트 수' 등을 설정할 수 있음

기적의 TIP
[일반 옵션] 대화 상자의 각 기능을 알아 두세요. 그 중 열기 암호는 파일을 열 때, 쓰기 암호는 파일 내용을 수정한 후 저장할 때 암호를 입력하도록 지정합니다.

서식 파일
다른 유사한 통합 문서에 대한 기준으로 만들어 사용하는 통합 문서
- 서식 파일 확장자 : *.xltx
- 매크로 사용 서식 파일 확장자 : *.xltm
- 서식 파일 폴더는 일반적으로 C:₩사용자₩〈개인 폴더〉₩AppData₩Roaming₩Microsoft₩Templates에 들어있음

이론을 확인하는 기출문제

01 다음 중 엑셀의 확장자에 따른 파일 형식과 설명이 옳지 <u>않은</u> 것은?

① .xlsb – Excel 2021 바이너리 파일 형식이다.
② .xlsm – XML 기반의 Excel 2021 파일 형식으로 매크로를 포함할 수 있다.
③ .xlsx – XML 기반의 기본 Excel 2021 파일 형식으로 VBA 매크로 코드나 Excel 4.0 매크로 시트를 저장할 수 없다.
④ .xltx – Excel 서식 파일의 기본 Excel 2021 파일 형식으로 VBA 매크로 코드나 Excel 4.0 매크로 시트를 저장할 수 있다.

.xltx : Excel 서식 파일의 기본 Excel 2021 파일 형식으로서, VBA 매크로 코드나 Excel 4.0 매크로 시트(xlm)를 저장할 수 없음

02 다음 중 [다른 이름으로 저장] 대화 상자의 [도구]-[일반 옵션] 설정에 대한 설명으로 옳지 <u>않은</u> 것은?

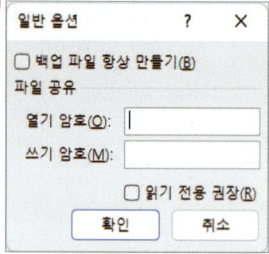

① '백업 파일 항상 만들기'는 통합 문서를 저장할 때마다 백업용 복사본을 저장한다.
② '열기 암호'는 파일을 보다 안전하게 보호하기 위해 일반적으로 사용되는 방법으로 통합 문서를 열 때마다 암호를 확인하게 한다.
③ '쓰기 암호'는 '열기 암호'가 함께 설정되어 있어야 하며, 저장할 때마다 암호를 확인하게 한다.
④ '읽기 전용 권장'은 내용 검토자가 파일을 실수로 수정하지 않도록 파일을 열 때 읽기 전용으로 여는 것이 좋다는 메시지를 표시한다.

'쓰기 암호'와 '열기 암호'가 함께 설정되어 있지 않아도 됨

03 다음 중 엑셀에서 지원하는 파일 형식에 대한 설명으로 옳지 <u>않은</u> 것은?

① 통합 문서에 매크로나 VBA 코드가 없으면 '*.xlsx' 파일 형식으로 저장한다.
② Excel 2003 파일을 Excel 2021에서 열어 작업할 경우 파일은 자동으로 Excel 2021 형식으로 저장된다.
③ 통합 문서를 서식 파일로 사용하려면 '*.xltx' 파일 형식으로 저장한다.
④ 이전 버전의 Excel에서 만든 파일을 Excel 2021 파일로 저장하면 새로운 Excel 기능을 모두 사용할 수 있다.

자동으로 Excel 2021 형식으로 저장되지 않으므로 [다른 이름으로 저장]을 이용하여 파일 형식을 Excel 통합 문서(*.xlsx)로 지정하여 저장해야 됨

04 다음 중 Excel 통합 문서의 웹 페이지(.htm, .html) 형식 저장과 관련된 설명으로 옳지 <u>않은</u> 것은?

① 조건부 서식 중 데이터 막대, 아이콘 집합은 지원되지 않는다.
② 회전된 텍스트는 올바로 표시되지 않는다.
③ 배경 질감 및 그래픽과 같은 관련 파일은 하위 폴더에 저장된다.
④ 일부 시트만을 선택하여 저장할 수 없다.

일부 시트만을 선택하여 저장할 수 있음

SECTION 03 워크시트의 관리

▶ 합격 강의

출제빈도 상 중 하
반복학습 1 2 3

빈출 태그 ▶ 시트 삽입 • 시트 삭제 • 시트 숨기기/숨기기 취소 • 시트 보호/해제 • 통합 문서 보호

01 시트의 삽입, 삭제, 선택, 숨기기/숨기기 취소

워크시트를 삽입하거나 삭제할 때 한 번에 여러 개의 시트를 대상으로 작업할 수 있음

1) 시트 삽입하기(Shift + F11) 19년 3월, 16년 10월, 15년 10월, 13년 10월

- 새로 삽입하는 워크시트는 현재 선택된 시트 바로 앞에 삽입되며, 이름은 'Sheet+일련번호' 형식으로 자동 설정된다. 단, [새 시트](⊕) 단추를 이용하는 경우는 뒤에 새로운 시트가 삽입된다.

방법 1	[홈] 탭-[셀] 그룹-[삽입]-[시트 삽입]을 실행함
방법 2	시트 탭 바로 가기 메뉴에서 [삽입]을 선택한 후 [삽입] 대화 상자가 나타나면 삽입할 시트의 종류를 지정하고 [확인]을 클릭함
방법 3	[새 시트](⊕) 단추를 클릭함
방법 4	바로 가기 키 Shift + F11 또는 Shift + Alt + F1 을 누름

- 두 개 이상의 인접하지 않은 시트를 선택한 상태(다중 선택)에서는 새 워크시트를 삽입할 수 없다. 단, [새 시트](⊕) 단추를 이용하는 경우는 가능하다.

새 통합 문서의 시트 수
- [Excel 옵션]-[일반]에서 '포함할 시트 수'를 255개까지 설정 가능함
- 기본 시트를 최대 255개까지 늘린 이후에 [시트 삽입]이나 [새 시트] 단추로 256, 257, …처럼 계속 시트를 삽입할 수 있음

2) 시트 삭제하기 22년 상시, 17년 9월, 14년 3월

삭제한 시트는 취소 명령으로 되살릴 수 없으므로 삭제 시 주의해야 한다.

방법 1	[홈] 탭-[셀] 그룹-[삭제]-[시트 삭제]를 실행함
방법 2	시트 탭 바로 가기 메뉴에서 [삭제]를 선택함

3) 시트 선택 방법 22년 상시, 19년 3월, 17년 9월, 16년 10월, 14년 3월

① 시트 선택

시트 탭에서 원하는 시트 이름을 클릭하면 흰색으로 변하면서 활성 시트가 된다. 그 외 나머지 시트는 비활성 시트이다.

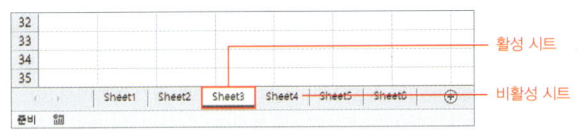
활성 시트 / 비활성 시트

🅿 **기적의 TIP**

시트 선택 방법 중 연속적인 시트 선택 방법과 비연속적인 시트 선택 방법의 차이를 알아 두세요.

② 연속적인 여러 시트 선택

첫 번째 시트를 클릭한 후 Shift 를 누른 상태에서 마지막 시트를 클릭하면 첫 번째부터 마지막 시트까지 모두 선택된다.

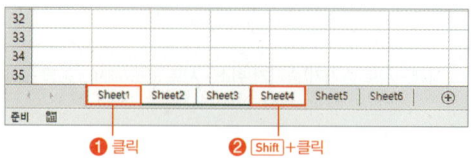

③ 비연속적인 여러 시트 선택

첫 번째 시트를 클릭한 후 Ctrl 을 누른 상태에서 원하는 시트를 차례대로 클릭하여 선택하면 클릭한 시트만 선택된다.

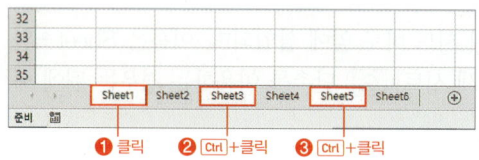

④ 모든 시트 선택

시트 탭의 바로 가기 메뉴에서 [모든 시트 선택]을 선택한다.

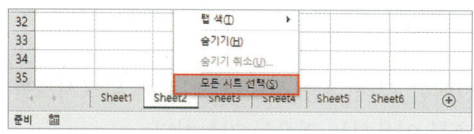

4) 시트 숨기기/숨기기 취소 04년 10월

통합 문서에는 적어도 한 개의 시트가 있어야 되므로 모든 시트를 숨기기할 수는 없다.

시트 숨기기	[홈] 탭-[셀] 그룹-[서식]-[숨기기 및 숨기기 취소]-[시트 숨기기]를 실행함
	시트 탭의 바로 가기 메뉴에서 [숨기기]를 선택함
시트 숨기기 취소	[홈] 탭-[셀] 그룹-[서식]-[숨기기 및 숨기기 취소]-[시트 숨기기 취소]를 실행함
	시트 탭의 바로 가기 메뉴에서 [숨기기 취소]를 선택함

> 기적의 TIP
>
> 모든 시트를 숨길 수 없음에 주의하세요.

02 시트의 이동/복사, 그룹

1) 시트 이동 및 복사하기 17년 9월, 10년 3월

방법 1	[홈] 탭-[셀] 그룹-[서식]-[시트 이동/복사]를 실행하거나 시트 탭의 바로 가기 메뉴에서 [이동/복사]를 선택한 후 [이동/복사] 대화 상자에서 선택한 시트를 이동/복사할 대상 통합 문서와 위치를 지정한 다음 [확인]을 클릭함('복사본 만들기' 항목을 선택해야 시트가 복사됨)
방법 2	시트 탭에서 시트 이름을 마우스로 끌면 시트가 이동됨
방법 3	시트 탭에서 Ctrl 을 누른 채 시트 이름(Sheet1)을 마우스로 끌면 시트가 복사되면서 Sheet1 (2), Sheet1 (3), …이 생성됨

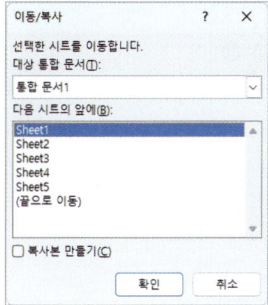
◀ [이동/복사] 대화 상자

2) 시트 그룹 25년 상시, 23년 상시, 19년 3월, 16년 10월, 15년 6월, 14년 10월

- Ctrl 또는 Shift를 이용하여 여러 개의 시트를 선택하면 제목 표시줄의 파일 이름 옆에 [그룹] 표시가 나타난다.
- 여러 개의 시트를 선택하고 데이터 입력 및 편집 등 명령을 실행하면 그룹으로 설정된 모든 시트에 동일하게 명령이 실행된다.

모든 시트 선택	시트 탭 위에서 마우스 오른쪽 단추를 클릭한 후 [모든 시트 선택]을 선택하면 첫 번째 시트부터 마지막 시트까지 모두 선택됨
시트 그룹에서 제외	시트 그룹에서 특정 시트만 제외시키려면 Ctrl을 누른 상태에서 선택되어 있는 시트 중 원하는 시트를 클릭함
시트 그룹 해제	비활성 시트를 클릭하면 시트 그룹이 해제됨

• 그룹이 설정된 상태에서는 [삽입] 탭과 [데이터] 탭이 비활성화 되므로 피벗 테이블, 그림, 온라인 그림, 도형, SmartArt, 차트 등의 삽입이나 외부 데이터 가져오기, 정렬, 필터, 텍스트 나누기, 중복된 항목 제거, 데이터 유효성 검사, 통합, 시나리오 관리자, 목표값 찾기, 데이터 표, 그룹, 그룹 해제, 부분합 등의 작업을 실행할 수 없음
• 그룹으로 묶은 시트에서 복사하거나 잘라낸 모든 데이터를 다른 한 개의 시트에 붙여 넣을 수 없음

03 시트 이름 바꾸기, 시트 배경, 시트 탭 색

1) 시트 이름 바꾸기 25년 상시, 23년 상시, 18년 9월, 16년 3월, 14년 10월

시트 이름은 공백을 포함하여 31자까지 가능하며, 일부 기호(:, ₩, /, ?, *, [ ])는 사용할 수 없다(영문자의 경우 대·소문자 구분이 없음).

방법 1	시트 이름을 더블클릭한 후 새로운 이름을 입력함
방법 2	[홈] 탭–[셀] 그룹–[서식]–[시트 이름 바꾸기]를 실행한 후 새 이름을 입력함
방법 3	시트 탭의 바로 가기 메뉴에서 [이름 바꾸기]를 선택한 다음 새 이름을 입력함

> 🚩 **기적의 TIP**
> 시트 이름에 사용할 수 없는 기호가 무엇인지 꼭 확인해 두고 공백은 포함할 수 있다는 것을 기억하세요.

2) 시트 배경 15년 10월

시트 배경으로 설정한 무늬는 인쇄할 수 없음

시트 배경 삽입	[페이지 레이아웃] 탭–[페이지 설정] 그룹–[배경]을 실행함
시트 배경 삭제	[페이지 레이아웃] 탭–[페이지 설정] 그룹–[배경 삭제]를 실행함

> 🚩 **기적의 TIP**
> 시트 배경은 인쇄할 수 없다는 점을 꼭 기억해 두세요.

◀ [그림 삽입] 대화 상자

3) 시트 탭 색 14년 10월

방법 1	[홈] 탭-[셀] 그룹-[서식]-[탭 색]을 실행함
방법 2	시트 탭의 바로 가기 메뉴에서 [탭 색]을 선택함

▲ [탭 색] 메뉴

04 시트 보호/해제 및 통합 문서 보호

1) 시트 보호/해제 25년 상시, 24년 상시, 23년 상시, 22년 상시, 20년 7월, 18년 3월, 15년 6월/10월, 08년 10월, 06년 9월, …

- 시트에서 잠긴 셀의 내용과 워크시트를 보호하기 위한 기능이다.
- '워크시트에서 허용할 내용'의 항목을 클릭하여 체크한다.

방법 1	[홈] 탭-[셀] 그룹-[서식]-[시트 보호]를 실행함
방법 2	[검토] 탭-[보호] 그룹-[시트 보호]를 실행함
방법 3	시트 탭의 바로 가기 메뉴에서 [시트 보호]를 실행함

> **기적의 TIP**
>
> 시트 보호하는 방법과 기능이 종종 출제됩니다. 보호할 대상에는 어떤 것이 있는지 확인하고 넘어가세요.

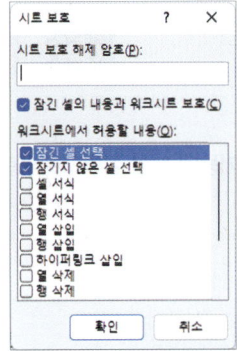

▲ [시트 보호] 대화 상자

- 보호할 대상으로는 내용, 개체, 시나리오가 있으며, 암호를 입력할 수 있다. ― 필수 사항은 아님
- 시트 보호를 해제하려면 [홈] 탭-[셀] 그룹-[서식]-[시트 보호 해제]를 실행하거나 [검토] 탭-[보호] 그룹-[시트 보호 해제]를 실행한다. 암호를 지정하여 보호한 경우 보호를 해제할 때 암호를 입력해야 한다.

셀 보호(특정 셀에만 데이터 입력)
[홈] 탭-[셀] 그룹-[서식]-[셀 잠금]이나 [셀 서식] 대화 상자의 [보호] 탭에서 잠금을 해제하고 시트 보호를 설정하면 잠금이 해제된 특정 셀에만 데이터의 입력이 가능하고 나머지 셀은 보호됨

2) 통합 문서 보호 23년 상시, 22년 상시, 20년 7월, 18년 3월, 16년 6월, 15년 6월/10월, 14년 10월, 13년 10월, 12년 3월, …

- 통합 문서를 보호하기 위한 기능이다.
- [검토] 탭-[보호] 그룹-[통합 문서 보호]-[구조 및 창 보호]를 실행한다.
- 보호할 대상으로는 구조가 있으며, 암호를 입력할 수 있다.

- [통합 문서 보호]를 설정하더라도 포함된 차트, 도형 등의 그래픽 개체를 변경 및 이동/복사할 수 있음
- 통합 문서 보호 설정 시 암호를 지정하더라도 워크시트에 입력된 내용을 수정할 수 있음

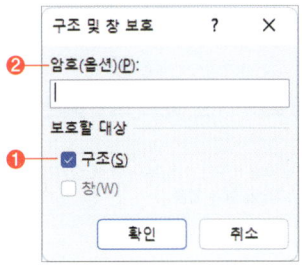

❶ 구조	통합 문서의 구조를 보호하는 것으로 시트의 삽입, 삭제, 이름 변경, 이동, 숨기기, 숨기기 해제 등과 같은 작업을 할 수 없도록 함	
❷ 암호(옵션)	통합 문서 보호 해제 시 사용할 암호를 입력함	

기적의 TIP

통합 문서 보호를 실행한 경우 할 수 없는 작업에 대해 정확히 숙지해 두세요.

이론을 확인하는 기출문제

01 다음 중 통합 문서에 대한 설명으로 옳지 않은 것은?
① 시트 보호는 통합 문서 전체가 아닌 특정 시트만을 보호한다.
② 통합 문서 보호를 설정하더라도 도형이나 차트 등을 복사하거나 이동할 수 있다.
③ 통합 문서 보호 설정 시 암호를 지정하면 워크시트에 입력된 내용을 수정할 수 없다.
④ 사용자가 워크시트를 추가, 삭제하거나 숨겨진 워크시트를 표시하지 못하도록 통합 문서의 구조를 잠글 수 있다.

> 통합 문서 보호 설정 시 암호를 지정하더라도 워크시트에 입력된 내용을 수정할 수 있음

02 다음 중 워크시트 사용에 관한 설명으로 옳지 않은 것은?
① 현재 워크시트의 앞이나 뒤의 시트를 선택할 때에는 Ctrl + Page Up 과 Ctrl + Page Down 을 이용한다.
② 현재 워크시트의 왼쪽에 새로운 시트를 삽입할 때에는 Shift + F11 을 누른다.
③ 연속된 여러 개의 시트를 선택할 때에는 첫 번째 시트를 선택하고 Shift 를 누른 채 마지막 시트의 시트 탭을 클릭한다.
④ 그룹으로 묶은 시트에서 복사하거나 잘라낸 모든 데이터는 다른 한 개의 시트에 붙여 넣을 수 있다.

> 그룹으로 묶은 시트에서 복사하거나 잘라낸 모든 데이터는 다른 한 개의 시트에 붙여 넣을 수 없음

03 다음 중 아래 그림에서의 각 기능에 대한 설명으로 옳지 않은 것은?

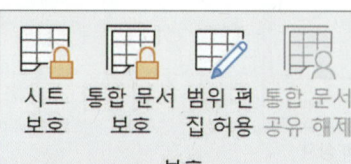

① [시트 보호]를 설정하면 기본적으로 셀의 선택만 가능하다.
② 시트 보호 시 특정 셀의 내용만 수정 가능하도록 하려면 해당 셀의 [셀 서식]에서 '잠금' 설정을 해제한다.
③ [통합 문서 보호]를 설정하면 포함된 차트, 도형 등의 그래픽 개체를 변경할 수 없다.
④ [범위 편집 허용]을 이용하면 보호된 워크시트에서 특정 사용자가 범위를 편집할 수 있도록 허용할 수 있다.

> [통합 문서 보호]를 설정하더라도 포함된 차트, 도형 등의 그래픽 개체를 변경 및 이동/복사할 수 있음

오답 피하기

[통합 문서 보호] : 통합 문서를 보호하기 위한 기능으로 보호할 대상은 구조가 있음

구조	시트의 삽입, 삭제, 이름 바꾸기, 이동/복사, 탭 색, 숨기기, 숨기기 취소 등의 작업을 할 수 없음

정답 01 ③ 02 ④ 03 ③

CHAPTER

02

데이터 입력 및 편집

학습 방향

셀 포인터 이동 방법의 바로 가기 키는 실습을 통해서 확인해 두세요. 입력 데이터의 종류는 이해 중심으로 학습하고 메모, 윗주, 하이퍼링크의 사용 방법, 데이터 편집, 셀 서식과 사용자 지정 표시 형식의 결과는 개념과 기능 위주로 정확히 숙지해 두세요.

출제 빈도

SECTION	빈도	%
SECTION 01	상	36%
SECTION 02	하	4%
SECTION 03	하	3%
SECTION 04	하	11%
SECTION 05	하	11%
SECTION 06	중	27%
SECTION 07	하	8%

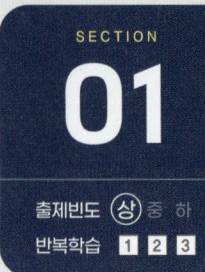

SECTION 01 데이터 입력

빈출 태그 셀 포인터 이동 • 날짜/시간 데이터 • 수식 데이터 • 한자 및 특수 문자 입력 • 메모 입력 • 하이퍼링크 입력

여러 개의 셀 중에서 현재 작업 중인 셀을 활성 셀이라고 하며, 셀 포인터를 이동하여 활성 셀을 변경함

01 셀 포인터 이동 25년 상시, 24년 상시, 23년 상시, 22년 상시, 20년 2월, 19년 3월, 18년 3월, 16년 3월/10월, 15년 10월, …

- 마우스 이용 : 마우스로 원하는 셀을 클릭하면 셀 포인터가 이동된다.
- 이름 상자 이용 : 수식 입력줄 왼쪽에 있는 이름 상자를 클릭하고 이동할 셀 주소를 입력한 후 Enter 를 누른다.
- 이동 메뉴 이용 : [홈] 탭–[편집] 그룹–[찾기 및 선택]을 선택한 후 목록에서 [이동] (Ctrl + G 또는 F5)을 실행하여 [이동] 대화 상자에서 셀 주소를 입력한다.
- 키보드 이용 : 키보드의 키를 이용하여 셀 포인터를 이동할 수 있다.

바로 가기 키	이동 방향
↑ / ↓ / ← / →	상하 좌우 한 칸씩 이동함
Ctrl +방향키(↑ / ↓ / ← / →)	현재 영역의 상하 좌우 마지막 셀로 이동함
Home	해당 행의 A열로 이동함
Ctrl + Home	워크시트의 시작 셀(A1)로 이동함
Ctrl + End	입력 데이터의 마지막 셀(오른쪽 하단)로 이동함
Tab / Shift + Tab	현재 셀의 오른쪽/왼쪽 셀로 이동함
Ctrl + Back Space	셀 포인터가 있는 화면으로 이동함(스크롤 막대로 이동한 경우)
Ctrl + Page Up / Ctrl + Page Down	활성 시트의 앞/뒤 시트로 이동함
Ctrl + F6 , Ctrl + Tab	다음 통합 문서로 이동함
Ctrl + Shift + F6 , Ctrl + Shift + Tab	이전 통합 문서로 이동함
Page Up / Page Down	한 화면 위/아래로 이동함
Alt + Page Up / Alt + Page Down	한 화면 좌/우로 이동함

[홈] 탭–[편집] 그룹–[찾기 및 선택]–[이동]을 실행하거나 F5 또는 Ctrl + G 를 누른 후 이동할 셀 주소 [A1]을 참조에 입력하면 같은 결과가 됨

기적의 TIP

셀 포인터 이동 방법에 대한 내용은 혼동되지 않도록 실습을 통해서 직접 확인해 두세요.

Enter 를 눌렀을 때 셀 포인터의 이동 방향
- [파일] 탭–[옵션]–[Excel 옵션]–[고급]에서 'Enter 를 누른 후 다음 셀로 이동' 항목을 선택하면 이동 방향을 왼쪽, 오른쪽, 위쪽, 아래쪽 중에서 사용자가 원하는 방향으로 선택할 수 있음
- 'Enter 를 누른 후 다음 셀로 이동' 항목의 선택을 해제하면 Enter 를 눌렀을 때 셀 포인터가 현재 셀에 그대로 머물게 됨

End 를 이용한 셀 포인터 이동
End 를 누른 다음 방향키(↑ / ↓ / ← / →)를 누르면 현재 영역에서 상하 좌우 마지막 셀로 셀 포인터가 이동함

02 데이터 입력 방법 25년 상시, 23년 상시, 22년 상시, 18년 3월/9월, 17년 3월

1) 데이터 입력의 기초

- 원하는 셀로 셀 포인터를 이동한 후 데이터를 입력한다.
- 데이터를 입력하고 Enter 를 누르면 다음 행으로 셀 포인터를 이동하고, Shift + Enter 를 누르면 윗 행으로 이동한다.
- Esc 를 누르면 입력 중인 데이터를 취소한다.
- [입력](✓) : 데이터를 입력하고 셀 포인터를 그 자리에서 이동하지 않는다.
- [취소](✗) : 입력 중인 데이터를 취소한다.

2) 강제로 줄 바꿈 25년 상시, 23년 상시, 22년 상시, 15년 3월, 13년 6월/10월, 09년 10월

- 데이터 입력 후 Alt + Enter 를 누르면 동일한 셀에서 줄이 바뀌며, 이 때 두 줄 이상의 데이터를 입력할 수 있다.
- [셀 서식]의 [맞춤] 탭에서 [자동 줄 바꿈] 확인란을 선택하면 셀 너비에 맞추어 자동으로 줄이 바뀐다.
- [홈] 탭-[맞춤] 그룹에서 [자동 줄 바꿈]을 클릭한다.

> **드롭다운 목록에서 선택하여 입력**
> - 같은 열에 이미 입력한 데이터를 다시 입력할 때 드롭다운 목록에서 선택하여 입력함
> - 마우스 오른쪽 단추를 클릭하고 [드롭다운 목록에서 선택]을 선택한 후 입력할 데이터를 선택함(Alt + ↓)

3) 동일한 데이터 입력하기 25년 상시, 22년 상시, 20년 7월, 19년 3월/8월, 16년 3월/10월, 15년 3월, 13년 3월/10월, 12년 6월, …

범위를 지정하고 데이터 입력 후 Ctrl + Enter 나 Ctrl + Shift + Enter 를 누르면 선택 영역에 동일한 데이터가 한꺼번에 입력된다.

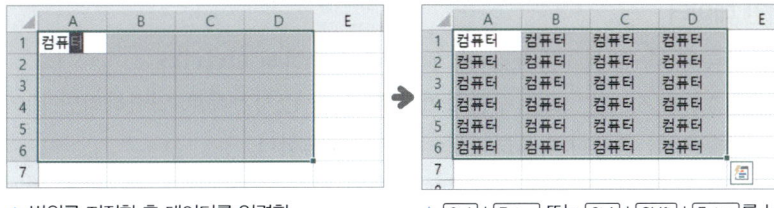

▲ 범위를 지정한 후 데이터를 입력함   ▲ Ctrl + Enter 또는 Ctrl + Shift + Enter 를 누른 결과

4) 범위를 지정하여 입력하기

[A1:D7] 영역을 범위로 지정하고 데이터를 입력하면 범위의 첫 번째 셀부터 입력이 시작된다. [A7] 셀까지 입력하고 Enter 를 누르면 셀 포인터는 다음 열의 시작 셀인 [B1] 셀로 이동한다.

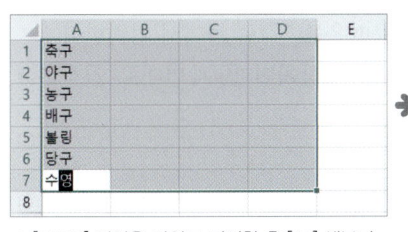 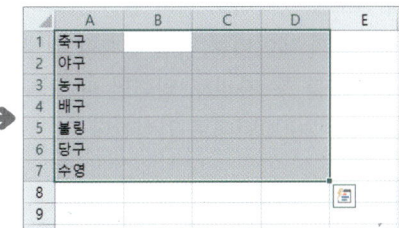

▲ [A1:D7] 영역을 범위로 지정한 후 [A1] 셀부터 [A7] 셀까지 데이터를 입력함   ▲ Enter 를 누른 결과

> **개념 체크**
> 1 Shift + Enter 를 누르면 다음 행으로 셀 포인터가 이동한다. (○, ×)
> 2 Alt + Enter 를 누르면 동일한 셀에서 줄이 바뀐다. (○, ×)
> 3 (   )+ Enter 를 누르면 선택 영역에 동일한 데이터가 한꺼번에 입력된다.
>
> 1 × 2 ○ 3 Ctrl

> **기적의 TIP**
>
> 입력 데이터의 종류 중 날짜/시간 데이터, 수식 데이터, 한자 및 특수 문자 입력 방법은 정확히 숙지해 두세요.

- 문자나, 문자/숫자 조합 데이터는 입력 시 이전 입력된 내용과 일치하면 자동으로 입력됨
- 시간 데이터는 소수 형태로 저장됨(⑩ 낮 12시는 0.5로 계산)

날짜 체계
- Microsoft Excel은 기본적으로 1900 날짜 체계를 사용하며, [파일] 탭-[옵션]-[Excel 옵션]-[고급]-[1904 날짜 체계 사용] 확인란을 선택하여 날짜 체계를 변경할 수 있음
- 1900 날짜 체계(1900년 1월 1일부터 9999년 12월 31일까지) : 1900년 1월 1일이 일련번호 1이 됨
- 1904 날짜 체계(1904년 1월 일부터 9999년 12월 31일까지) : 1904년 1월 2일이 일련번호 1이 됨

> **암기 TIP**
>
> **날짜 데이터**
> 날아가는 새(세)
> - **날**짜 입력 시 **세**미콜론을 이용
> - Ctrl + ; : 현재 시스템의 날짜를 입력

> **암기 TIP**
>
> **시간 데이터**
> 시시콜콜
> - **시**간은 **콜**론을 이용
> - Ctrl + : : 현재 시스템의 시간을 입력

03 각종 데이터 입력

1) 문자 데이터 09년 7월

- 문자, 기호, 숫자 등을 조합하여 만든 데이터를 말하며, 셀의 왼쪽에 맞추어 입력된다(⑩ EXCEL, 컴활, Hong&Park, 100+200, '7000).
- 숫자로만 된 데이터를 문자 데이터로 입력하려면 데이터 앞에 작은 따옴표(')를 먼저 입력한다(⑩ '010, '007).
- 셀 너비보다 데이터의 길이가 길면 오른쪽의 빈 셀에 이어서 표시되며, 오른쪽의 셀이 빈 셀이 아니라 이미 데이터가 입력되어 있으면 셀 너비만큼 잘려서 표시된다.
- 데이터가 잘려서 표시될 경우 열의 너비를 늘려주면 정상적으로 표시된다.

2) 숫자 데이터

- 숫자(0~9), +, -, 쉼표(,), ₩, $, %, 소수점(.), 지수 기호(E, e) 등으로만 이루어진 데이터를 말하며, 셀의 오른쪽에 맞추어 입력된다.
- 음수는 음수 기호(-)로 시작하여 입력하거나 괄호로 둘러싸서 입력한다.
- 분수는 숫자와 공백으로 시작하여(한 칸 띄운 다음에) 입력한다(⑩ 0 2/3).
- 셀 너비보다 길이가 긴 데이터를 입력하면 지수 형식으로 표시된다(⑩ 3.8E+02).
- 셀 서식의 표시 형식이 지정된 데이터를 셀 너비에 모두 표시할 수 없으면 #### 기호가 표시되며, 열의 너비를 늘려 정상적으로 표시할 수 있다.
- 데이터 중간에 공백이나 특수 문자가 있으면 문자로 인식한다.

3) 날짜/시간 데이터 24년 상시, 23년 상시, 22년 상시, 20년 7월, 19년 8월, 14년 3월, 10년 6월/10월, 06년 2월, 05년 10월, …

- 날짜 : 하이픈(-), 슬래시(/) 등으로 연, 월, 일을 구분하여 입력한다.
- 시간 : 콜론(:)으로 시, 분, 초를 구분하여 입력하며, 12시간제로 입력하려면 데이터 뒤에 공백을 하나 입력하고 'AM' 또는 'PM'을 입력한다.
- 날짜와 시간을 함께 입력하려면 공백으로 날짜와 시간을 구분한다. 즉, 날짜 뒤에 한 칸 띄우고 시간을 입력한다.
- 셀의 오른쪽에 맞추어 입력되며, 연산 및 대소 비교가 가능하다.
- Ctrl + ; : 현재 시스템의 날짜를 입력한다.
- Ctrl + Shift + ; (= Ctrl + :) : 현재 시스템의 시간을 입력한다.
- 날짜 데이터 입력 시 연도와 월만 입력하는 경우 일자는 해당 월의 1일이 자동으로 입력된다.
- 날짜의 연도를 생략하고 월과 일만 입력하면 자동으로 현재 연도가 추가된다.
- 수식에서 날짜 데이터를 직접 입력할 때에는 큰따옴표(" ")로 묶어서 입력한다.
- 날짜의 연도를 두 자리로 입력할 때 연도가 30 이상이면 1900년대로 인식하고, 29 이하이면 2000년대로 인식한다.

4) 수식 데이터 22년 상시, 21년 상시, 19년 3월, 15년 3월, 11년 7월, 10년 3월/10월, 08년 2월, 07년 2월/5월, 05년 5월, 04년 10월, …

- 다른 셀에 입력된 데이터나 상수로 계산을 수행하는 데이터를 말하며, 반드시 등호(=) 또는 더하기(+) 기호로 시작해야 한다.
- 수식 데이터가 입력된 셀에는 수식의 결과가 표시되며, 수식 입력줄에는 입력한 수식 데이터의 원래 내용이 나타난다(수식 입력 후 F9를 누르면 상수로 변환됨).
- 계산에 사용된 다른 셀의 입력 데이터가 바뀌게 되면 수식의 결과도 자동으로 재계산된다.
- [파일] 탭-[옵션]-[Excel 옵션]-[수식]에서 '수동' 계산으로 설정되어 있으면 F9를 눌러 재계산을 수행한다.
- 기본적으로 셀의 오른쪽으로 정렬된다.
- 입력된 수식 보기 : Ctrl + ~ 를 누르거나 [수식]-[수식 분석]-[수식 표시]를 선택한다. 또는 [파일] 탭-[옵션]-[Excel 옵션]-[고급]-[이 워크시트의 표시 옵션]의 '계산 결과 대신 수식을 셀에 표시'에 체크한다.

> **암기 TIP**
> '수동' 계산 설정 시 F9를 눌러 결과를 구(9)하라.

> **천 단위 데이터를 빠르게 입력**
> [파일] 탭-[옵션]-[Excel 옵션]-[고급]-[소수점 자동 삽입]에서 [소수점 위치]를 -3으로 설정함(예 [소수점 위치]가 -3으로 설정되었기 때문에 9를 입력하면 9000으로 표시됨).

5) 한자 24년 상시, 13년 3월, 08년 2월, 07년 7월/10월, 05년 2월

- 한자의 음을 한글로 입력한 다음 [한자]를 누르고 목록에서 원하는 한자를 선택한다. 글자 단위로만 한자 변환이 가능하다.
- 한자 단어도 마찬가지로 단어를 입력한 후 블록 지정하고, [한자]를 누른 후 [한글/한자 변환] 대화 상자에서 해당하는 한자를 선택하고 [변환]을 클릭한다.

6) 특수 문자 24년 상시, 14년 6월, 13년 3월, 08년 2월, 07년 7월/10월, 05년 2월

[삽입] 탭-[기호] 그룹-[기호]를 실행하거나 한글 자음(ㄱ, ㄴ, ㄷ, …, ㅎ) 중의 하나를 누르고 [한자]를 눌러 목록에서 원하는 특수 문자를 선택한다.

> **자음에 따른 특수 기호**
>
> | 종류 | 내용 |
> | --- | --- |
> | ㄱ | 문장 부호 |
> | ㄴ | 괄호 |
> | ㄷ | 수학 기호 |
> | ㄹ | 단위 |
> | ㅁ | 일반 도형 |
> | ㅂ | 배각 괘선 |
> | ㅅ | 원, 괄호 문자(한글) |
> | ㅇ | 원, 괄호 문자(영문, 숫자) |
> | ㅈ | 숫자, 로마 숫자 |
> | ㅊ | 분수, 첨자 |

04 메모, 윗주, 하이퍼링크

1) 메모 입력(Shift + F2) 25년 상시, 24년 상시, 23년 상시, 16년 3월/10월, 14년 10월, 13년 3월/6월, 03년 9월

- 메모는 셀에 입력된 내용에 대한 보충 설명을 기록할 때 사용하며, 모든 셀에 입력할 수 있다(셀 이동 시 메모도 따라 이동됨).
- 메모를 입력할 셀을 선택하고 [검토] 탭-[메모] 그룹-[새 메모]나 바로 가기 메뉴의 [메모 삽입]을 실행한 후 셀에 부가적인 설명을 입력한다.
- 메모가 입력된 셀의 오른쪽 상단에 빨간 삼각형(▸)이 표시되며, 마우스 포인터를 해당 셀로 가져갔을 때 메모 내용이 화면에 나타난다.

> **기적의 TIP**
> 메모 입력의 바로 가기 키가 Shift + F2라는 것과 바로 가기 메뉴에서 [메모 표시/숨기기]를 선택하면 화면에 항상 메모가 표시된다는 것은 꼭 기억해 두세요.

> 엑셀 2021의 세부 버전에 따라 바로 가기 메뉴에 [새 메모], [새 노트]가 나타남

메모의 사용자 이름 변경
메모 삽입 시 나타나는 사용자 이름은 [파일] 탭–[옵션]–[Excel 옵션]–[일반]의 '사용자 이름'에서 변경할 수 있음

피벗 테이블 메모
피벗 테이블의 셀에 메모를 삽입한 경우 데이터를 정렬하더라도 메모는 데이터와 함께 정렬되지 않음

- 셀에 입력된 데이터를 삭제해도 메모가 삭제되지 않으므로 메모를 삭제하려면 [검토] 탭–[메모] 그룹–[삭제]를 선택하거나 바로 가기 메뉴에서 [메모 삭제]를 선택한다.
- [파일] 탭–[옵션]–[Excel 옵션]–[고급]–[표시]–[메모가 있는 셀 표시]에서 '메모와 표식 모두 표시 안 함', '표식만, 마우스가 위치하면 메모 표시', '메모와 표식' 중에서 선택할 수 있다.
- 바로 가기 메뉴의 [메모 서식]에서 메모 서식 변경이 가능하다.

▶ [메모] 그룹 관련 기능

새 메모	현재 셀에 새로운 메모를 삽입함
메모 편집	현재 셀에 입력되어 있는 메모의 편집 상태로 전환함
삭제	• 현재 셀에 입력되어 있는 메모를 삭제함 • [홈] 탭–[편집] 그룹–[지우기]–[메모 지우기]에서도 삭제 가능함
이전	시트에서 이전 메모를 선택함
다음	문서에서 다음 메모를 탐색함
메모 표시/숨기기	'메모 표시' 상태일 때 빨간 점으로만 메모를 표시하도록 메모 상자를 숨김
메모 모두 표시	화면에 항상 메모가 모두 표시되도록 설정함

2) 윗주 입력 25년 상시, 24년 상시, 23년 상시, 22년 상시, 19년 3월, 13년 3월, 10년 6월, 08년 5월, 06년 7월/9월, 05년 7월, …

- 셀에 대한 주석을 설정하는 것으로, 문자열 데이터가 입력되어 있는 셀에만 표시할 수 있으며 문자열 데이터 위에 작은 글씨로 입력된다. 숫자 데이터 위에 윗주를 입력한 경우 표시되지 않는다.
- 윗주를 삽입할 셀을 선택하고 [홈] 탭–[글꼴] 그룹–[윗주 필드 표시/숨기기]의 목록 단추를 클릭하여 [윗주 편집]을 실행한다.
- 윗주는 삽입해도 바로 표시되지 않고 [홈] 탭–[글꼴] 그룹–[윗주 필드 표시/숨기기]를 선택해야만 표시된다.
- 실제로 윗주가 삽입되어 있지 않은 경우라도 화면에 윗주를 표시하면 자동으로 행의 높이가 늘어나며, 윗주 숨기기를 하면 행의 높이가 줄어든다.
- 셀의 데이터를 삭제하면 윗주도 함께 사라진다.
- 윗주에 입력된 내용은 내용 전체에 대해서만 서식을 변경할 수 있다.

개념 체크

1 윗주는 문자열 데이터가 입력되어 있는 셀에만 표시할 수 있다. (○, ×)
2 윗주를 삽입하면 즉시 표시된다. (○, ×)
3 윗주가 삽입되어 있지 않은 경우에도 화면에 윗주를 표시하면 자동으로 행의 높이가 늘어난다. (○, ×)
4 윗주에 입력된 내용은 내용 전체에 대해서만 서식을 변경할 수 있다. (○, ×)
5 숫자 데이터 위에 윗주를 입력하면 표시된다. (○, ×)

1 ○ 2 × 3 ○ 4 ○ 5 ×

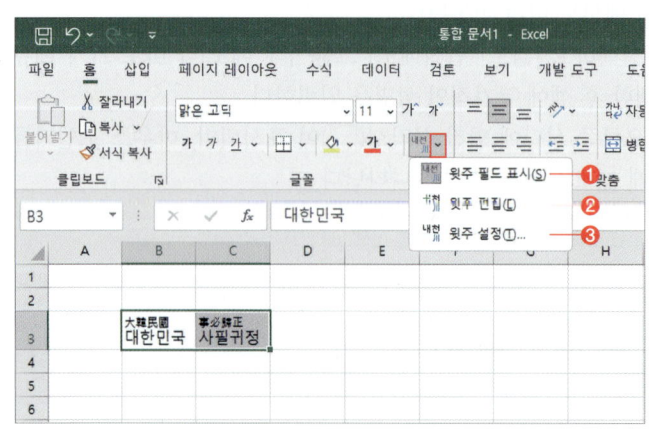

① 윗주 필드 표시	윗주를 화면에 표시하거나 숨기는 것으로, 행의 높이가 자동으로 조절됨
② 윗주 편집	현재 셀에 윗주를 입력하거나 편집함
③ 윗주 설정	윗주의 서식을 설정함

윗주 편집의 바로 가기 키
Alt + Shift + ↑ : 커서를 윗주로 이동함

3) 하이퍼링크 입력(Ctrl + K) 25년 상시, 07년 2월, 04년 5월

- 하이퍼링크(HyperLink)는 텍스트나 그래픽 개체에 차트나 통합 문서, 웹 페이지, 전자메일 주소, 기타 파일을 연결시키는 기능이다.
- 텍스트가 입력된 셀을 선택하거나 도형, 그림 등의 개체를 선택한 후 [삽입] 탭-[링크] 그룹-[링크]를 실행한다.

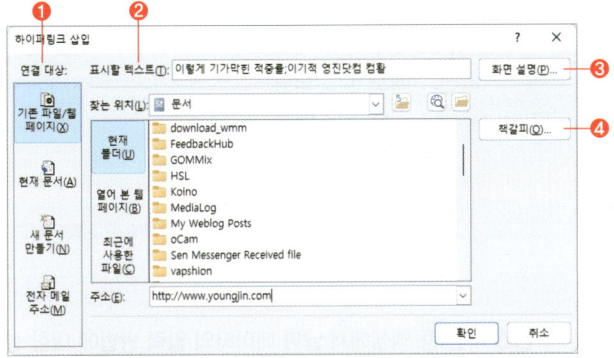

① 연결 대상	기존 파일/웹 페이지, 현재 문서, 새 문서 만들기, 전자메일 주소가 있음
② 표시할 텍스트	하이퍼링크를 설정하는 셀에 항상 표시되는 문자열
③ 화면 설명	하이퍼링크 위에 마우스 포인터를 놓았을 때 표시되는 문자열
④ 책갈피	참조용으로 이름을 지정한 파일에서 텍스트의 위치 또는 선택 영역을 책갈피로 나중에 참조하거나 연결할 수 있도록 셀에 표시함

🚩 기적의 TIP

하이퍼링크의 개념과 기능은 가끔 출제되는 내용이므로 혼동되지 않도록 익혀 두세요.

전자메일 주소 링크

셀에 전자메일 주소를 직접 입력하면 해당 주소로 이동하는 하이퍼링크가 자동으로 만들어짐

- 하이퍼링크를 클릭하면 연결되어 있는 파일이 열린다.

▲ [A1] 셀의 '이렇게 기가막힌 적중률 ; 이기적 영진닷컴 컴활'을 클릭한 결과

이론을 확인하는 기출문제

01 다음 중 윗주에 대한 설명으로 옳은 것은?
① 윗주의 서식은 변경할 수 없다.
② 윗주는 데이터를 삭제하면 같이 삭제된다.
③ 문자, 숫자 데이터 모두 윗주를 표시할 수 있다.
④ 윗주 필드 표시는 인쇄 미리 보기에서는 표시되지만 인쇄할 때는 같이 인쇄되지 않는다.

> 셀의 데이터를 삭제하면 윗주도 함께 사라짐
> **오답 피하기**
> • ① : 윗주의 서식은 내용 전체에 대해 서식을 변경할 수 있음
> • ③ : 문자 데이터에만 윗주를 표시할 수 있음
> • ④ : 윗주 필드 표시는 인쇄 미리 보기에서 표시되고 인쇄할 때도 같이 인쇄됨

02 다음 그림과 같이 [B1:B3] 셀에 입력된 문자열을 [B4] 셀에서 목록으로 표시하여 입력하기 위한 키 조작으로 올바른 것은?

	A	B	C	D
1	A	오름세		
2	B	보합세		
3	C	내림세		
4	D			
5	E	내림세		
6	F	보합세		
7	G	오름세		

① Tab + ↓
② Shift + ↓
③ Ctrl + ↓
④ Alt + ↓

> 드롭다운 목록에서 선택하여 입력. Alt + ↓를 누르면 선택한 셀에 같은 열에 있고 연달아 입력되어 있는 내용이 목록으로 표시됨

03 다음 중 아래의 빈칸 ㉠과 ㉡에 들어갈 내용으로 옳은 것은?

> [㉠]와/과 [㉡]은/는 엑셀의 연산이나 기타 기능에 상관없이 사용자에게 셀에 입력된 데이터의 추가 정보를 제공하기 위해서 사용하는 것이다. 셀의 데이터를 삭제할 때 [㉠]은/는 함께 삭제되지 않으며, [㉡]은/는 함께 삭제된다.

① ㉠ : 메모 ㉡ : 윗주
② ㉠ : 윗주 ㉡ : 메모
③ ㉠ : 메모 ㉡ : 회람
④ ㉠ : 회람 ㉡ : 메모

> • 셀의 데이터를 삭제할 때 [메모]는 함께 삭제되지 않고, [윗주]는 함께 삭제됨
> • [검토]-[메모]-[새 메모], [홈]-[글꼴]-윗주 필드 표시/숨기기]-[윗주 편집]

04 다음 중 엑셀에서 날짜 데이터의 입력 방법에 대한 설명으로 옳지 않은 것은?
① 날짜 데이터는 하이픈(-)이나 슬래시(/)를 이용하여 년, 월, 일을 구분한다.
② 날짜의 연도를 생략하고 월과 일만 입력하면 자동으로 현재 연도가 추가된다.
③ 날짜의 연도를 두 자리로 입력할 때 연도가 30 이상이면 1900년대로 인식하고, 29 이하이면 2000년대로 인식한다.
④ Ctrl + Shift + ; 을 누르면 오늘 날짜가 입력된다.

> Ctrl + Shift + ; 을 누르면 시간이 입력됨
> **오답 피하기**
> Ctrl + ; 을 누르면 오늘 날짜가 입력됨

정답 01 ② 02 ④ 03 ① 04 ④

SECTION 02 일러스트레이션

출제빈도 상 중 (하)
반복학습 1 2 3

빈출 태그 카메라 • SmartArt

합격 강의

01 일러스트레이션 활용

1) 그래픽 작업

① 그리기 개체 만들기 05년 7월

- [삽입] 탭–[일러스트레이션] 그룹–[도형]을 선택하면 선, 사각형, 기본 도형, 블록 화살표, 수식 도형, 순서도, 별 및 현수막, 설명선 등의 그리기 도구 모음이 나타난다.
- 그리기 도구를 선택한 후 마우스를 드래그하여 원하는 크기로 그린다.

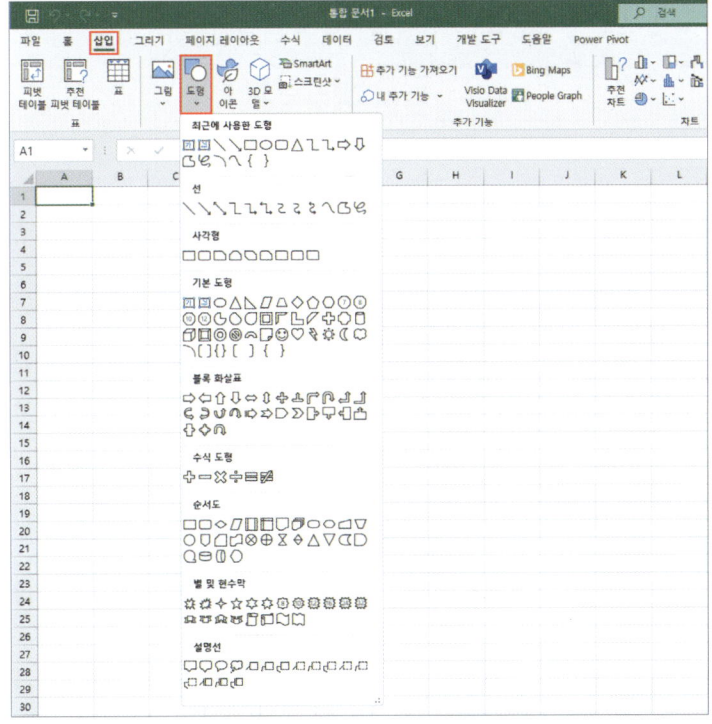

▶ 도형 그리기 09년 2월

Shift	• 정사각형, 정원, 수평, 수직 • 45° 단위 간격선, 15° 단위 도형 회전 • 수평, 수직으로 도형 이동 가능	
Ctrl	• 개체의 중심에서부터 도형 그리기 • 개체의 중심을 그대로 유지한 채 크기 조정 • 도형을 Ctrl +드래그하여 복사하기	
Alt	셀 눈금선에 맞게 그리기	

> 기적의 TIP
>
> 도형을 그릴 때 사용하는 Shift, Ctrl, Alt 의 각 기능과 차이점을 실습을 통해 정확히 공부하세요.

② 그리기 개체 편집하기

개체 선택	• 단일 개체 : 마우스로 개체를 클릭하여 선택함 • 다중 개체 : 여러 개의 개체를 선택하려면 Shift 나 Ctrl 을 누른 채 선택하려는 개체를 차례로 클릭함 • 선택 취소 : Shift 나 Ctrl 을 누른 채 선택되어 있는 개체를 다시 클릭함
개체 이동	• 개체를 선택하고 마우스로 드래그함 • Shift 를 누른 채 드래그하면 수평 또는 수직 방향으로만 이동할 수 있음
개체 복사	• Ctrl 을 누른 채 선택한 개체를 드래그함 • Ctrl + Shift 를 누른 채 드래그하면 수평 또는 수직 방향으로만 복사할 수 있음

모든 개체의 선택을 취소할 때는 Esc 를 누르거나 개체 밖의 아무 곳이나 클릭함

02 워드아트 만들기 04년 2월

텍스트에 특별한 효과를 부여한 워드아트(WordArt) 개체를 삽입한다.

🏠 따라하기 TIP

① [삽입] 탭-[텍스트] 그룹-[WordArt]를 실행하면 워드아트 스타일이 나타난다.

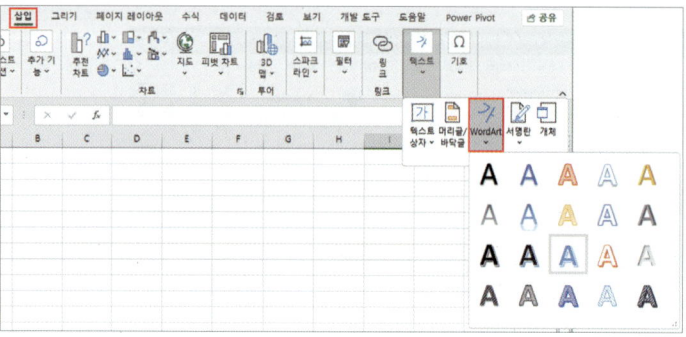

② [필요한 내용을 적으십시오.]라는 워드아트에 원하는 내용을 입력한다.
③ 스타일을 변경하기 위해 워드아트를 선택한 후 [셰이프 형식] 탭-[WordArt 스타일] 그룹에서 [텍스트 효과]를 선택하면 나타나는 모양 중에서 선택한다.

엑셀 2021의 세부 버전에 따라 [셰이프 형식] 탭이 [도형 서식] 탭으로 나타남

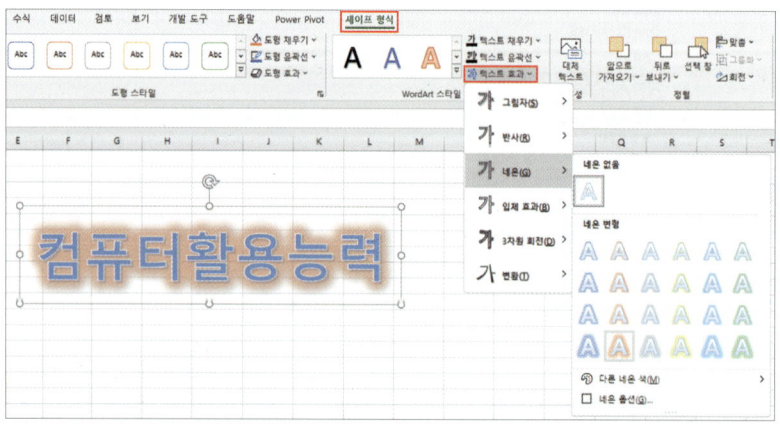

03 그래픽 개체 삽입하기 04년 2월

1) 그림 파일 삽입
[삽입] 탭-[일러스트레이션] 그룹-[그림]-[이 디바이스]를 실행하고 [그림 삽입] 대화 상자에서 삽입할 그림 파일을 선택한 후 [삽입]을 클릭한다.

2) 스톡 이미지 삽입
[삽입] 탭-[일러스트레이션] 그룹-[그림]-[스톡 이미지]를 실행하고 [스톡 이미지] 대화 상자에서 삽입할 그림을 선택한 후 [삽입]을 클릭한다.

3) 온라인 그림 삽입
[삽입] 탭-[일러스트레이션] 그룹-[그림]-[온라인 그림]을 실행하고 [온라인 그림] 대화 상자에서 삽입할 그림을 검색하여 선택한 후 [삽입]을 클릭한다.

4) 배경 무늬와 개체

배경 무늬	• [페이지 레이아웃] 탭-[페이지 설정] 그룹-[배경]을 실행하면 [그림 삽입] 대화 상자가 나타나며 배경으로 삽입할 그림 파일을 검색한 다음 선택하고 [삽입]을 클릭함 • 시트 배경으로 삽입된 그림은 인쇄 미리 보기나 인쇄 시 나타나지 않음
개체	[삽입] 탭-[텍스트] 그룹-[개체]를 실행하면 [개체] 대화 상자가 나타나며, '개체 유형'에서 개체를 선택하여 삽입할 수 있음

▲ [개체] 대화 상자

5) 카메라 기능 24년 상시, 06년 9월, 03년 5월
• 현재 선택한 내용을 사진으로 찍은 다음 새 위치에 연결된 그림으로 붙여넣는다.
• 그림은 복사된 셀을 참조하는 식(📷 =Sheet1!$D$11:$I$20)으로 연결된다.

🏠 따라하기 TIP

[빠른 실행 도구 모음]에 [카메라] 도구 추가하기

① [카메라]는 리본 메뉴에 기본으로 주어지지 않으므로 [빠른 실행 도구 모음 사용자 지정] 단추(▼)-[기타 명령]을 실행한다.

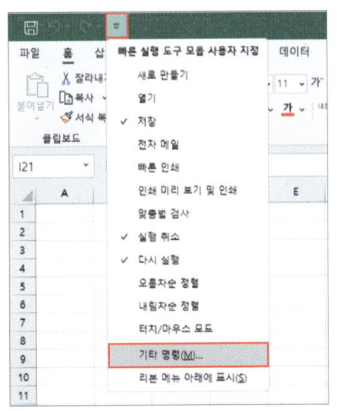

그리기 개체에 셀 내용 표시
• 도형이나 텍스트 상자에 워크시트의 셀 내용을 그대로 표시할 수 있음
• 도형이나 텍스트 상자를 선택한 다음 수식 입력줄에 등호(=)를 입력하고, 표시할 내용이 있는 셀을 클릭한 후 Enter를 누름

🚩 기적의 TIP

카메라 기능을 이용해 그림으로 복사하는 작업 순서를 정확히 알아 두세요.

② [Excel 옵션]-[빠른 실행 도구 모음]-[명령 선택]에서 [리본 메뉴에 없는 명령]을 선택한 후 [카메라] 도구를 찾아 선택하고 [추가]를 클릭한 다음 [확인]을 클릭한다.

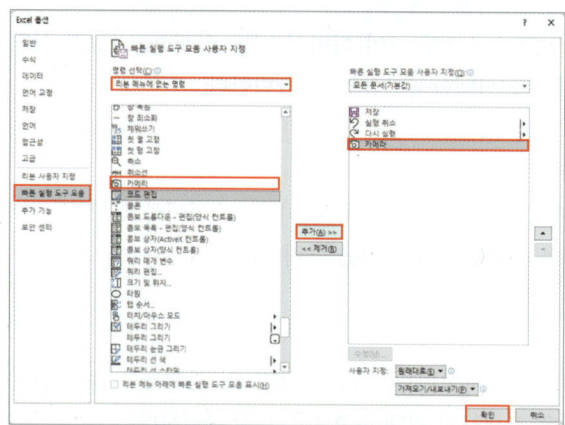

③ [빠른 실행 도구 모음]에 [카메라]가 추가된다.

연결하여 그림 붙여넣기
[홈] 탭-[클립보드] 그룹-[붙여넣기]-[기타 붙여넣기 옵션]의 [연결된 그림]을 실행하면 표를 복사한 후 복사한 표의 크기에 변화없이 그림 형태로 연결하여 붙여넣기할 수 있음

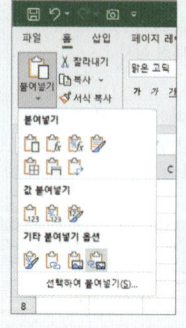

따라하기 TIP

따라하기 파일 • Part02_Chapter02_카메라단추.xlsx

카메라 단추를 활용하기 위한 작업 순서 08년 5월, 06년 7월, 05년 7월

① 촬영할 범위를 지정한다.

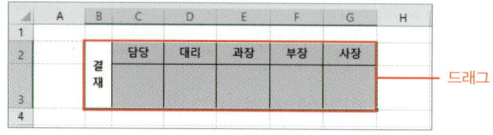

② 카메라 도구 단추(📷)를 클릭한다.
③ 촬영한 것을 나타낼 시작 위치의 셀을 선택한다. 지정한 범위가 그림으로 복사된다.

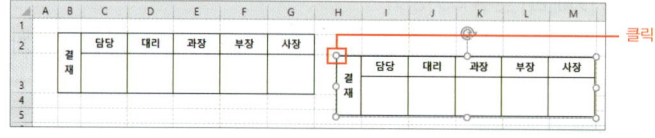

6) SmartArt 23년 상시, 22년 상시

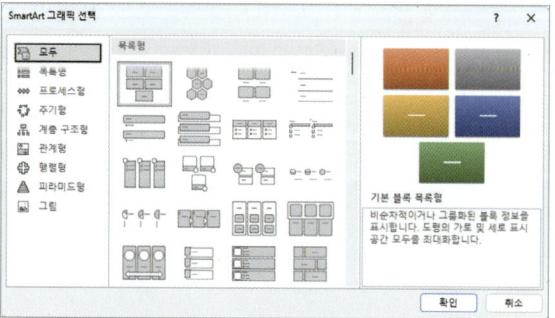

- 정보를 시각적인 방법으로 나타내기 위한 그래픽을 삽입할 수 있다.
- [삽입] 탭-[일러스트레이션] 그룹-[SmartArt]를 클릭하여 실행한다.
- 목록형, 프로세스형, 주기형, 계층 구조형, 관계형, 행렬형, 피라미드형, 그림 등이 있다.

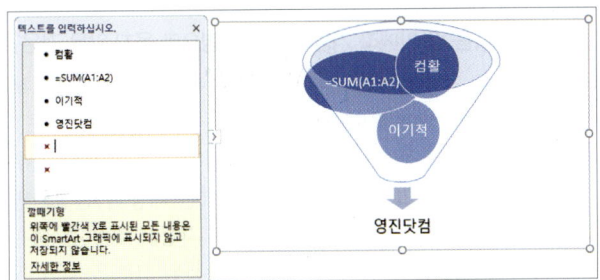

- 텍스트 창에서 수식을 입력할 경우 SmartArt에 입력된 수식이 그대로 표시된다.
- 텍스트 창에서 콘텐츠를 추가하고 편집하면 셰이프가 자동으로 업데이트되고 필요한 경우 셰이프가 추가되거나 제거되며, 텍스트 창이 보이지 않을 경우 SmartArt 그래픽의 왼쪽에 있는 화살표( ) 컨트롤을 클릭하면 된다.

- 입력할 텍스트의 개수가 셰이프의 최대 수를 초과하는 경우 텍스트 창의 빨간색 x로 표시된 모든 내용은 SmartArt 그래픽에 표시되지 않고 저장되지 않음
- SmartArt 그래픽에 변경한 서식을 모두 취소하거나 이동, 크기 조정 또는 삭제할 수 있는 도형으로 변환할 수 있음

7) 스크린 샷

- [삽입] 탭-[일러스트레이션] 그룹-[스크린 샷]을 클릭하여 실행한다.
- 현재 열려 있는 창의 전체나 일부를 캡처하는 데 사용할 수 있다.
- 작업 표시줄에 최소화되지 않은 창만 캡처한다.
- 엑셀 프로그램은 [스크린 샷]으로 캡처할 수 없으므로 Windows의 [캡처 및 스케치]를 사용한다.
- 정적 이미지이므로 웹 페이지 등을 캡처한 경우 소스가 변경되더라도 업데이트되지 않는다.
- 열린 프로그램 창은 사용할 수 있는 창 갤러리에 축소판 그림으로 보여주며 포인터를 위치시키면 도구 설명(이름, 문서제목 등)이 표시된다.

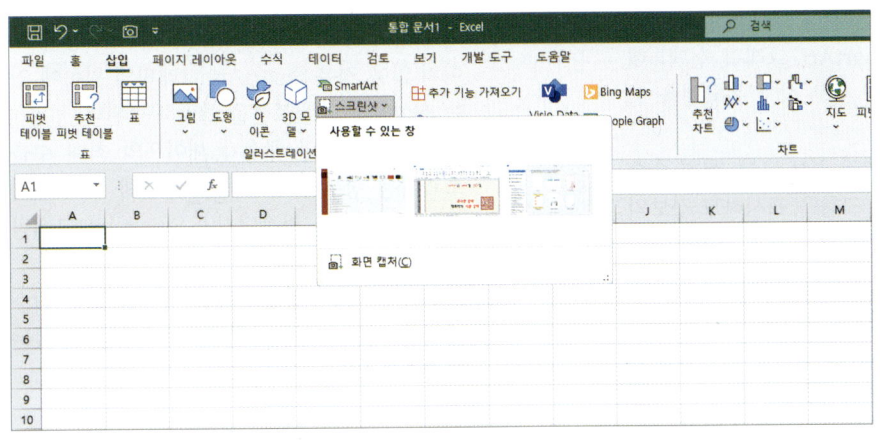

전체 프로그램 창을 삽입할 때는 [스크린 샷] 단추를 사용하고 창의 일부를 선택할 때는 [화면 캡처] 도구를 사용함

이론을 확인하는 기출문제

01 다음 중 도형 작성에 대한 설명으로 옳은 것은?

① 회전할 도형을 클릭하여 선택하고 도형 위쪽에 있는 회전 핸들을 클릭한 다음 회전을 15° 제한하려면 Ctrl을 누른 채로 회전 핸들을 회전시키면 된다.
② 원을 그릴 때 Shift를 누르고 그리면 반지름이 모두 같은 원이 그려진다.
③ Shift를 누른 채 도형을 그리면 셀의 크기에 도형이 맞추어져서 그려진다.
④ Alt를 누른 채 도형을 그리면 중심에서 바깥쪽으로 그려진다.

> Shift : 원을 그릴 때 반지름이 모두 같은 원이 그려짐
>
> **오답 피하기**
> • ① : Shift를 누른 채로 회전 핸들을 회전시키면 회전이 15°로 제한됨
> • ③ : Alt를 누른 채 도형을 그리면 셀의 크기에 도형이 맞춰짐
> • ④ : Ctrl을 누른 채 도형을 그리면 중심에서 바깥쪽으로 그려짐

02 다음 아래의 그림에 대한 설명으로 옳지 <u>않은</u> 것은?

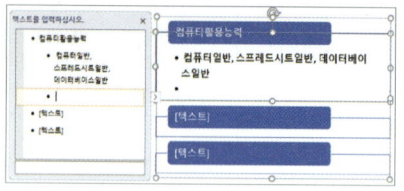

① [삽입] 탭-[일러스트레이션] 그룹의 [SmartArt]를 실행하여 [SmartArt 그래픽 선택] 대화 상자에서 목록형의 세로 상자 목록형을 실행한 결과이다.
② 세로 상자 목록형은 여러 정보 그룹, 특히 수준 2 텍스트가 많이 있는 그룹을 표시하고 정보의 글머리 기호 목록을 사용하는 경우 적합하다.
③ 텍스트 창에서 수식을 입력할 경우 계산된 수식의 결과값이 SmartArt에 표시되며 입력 데이터가 변경되면 자동으로 그 결과값이 변경된다.
④ 텍스트 창에서 텍스트를 입력한 후 텍스트를 수정하면 SmartArt에서도 자동으로 변경된다.

> 텍스트 창에서 수식을 입력할 경우 SmartArt에 입력된 수식이 그대로 표시됨

03 다음 중 카메라 기능에 대한 설명으로 옳지 <u>않은</u> 것은?

① 카메라 기능은 특정한 셀 범위를 그림으로 복사하여 붙여넣는 기능이다.
② 카메라 기능을 이용하여 셀 범위를 복사한 경우 그림으로 복사한 셀에 입력된 내용이 변경되면 그림에 표시되는 텍스트도 자동으로 변경된다.
③ 카메라 기능을 이용하여 복사된 그림은 일반 그림과 같이 취급하여 그림자 효과를 줄 수 있다.
④ 카메라 기능을 이용하려면 [삽입] 탭-[일러스트레이션] 그룹에서 [카메라] 버튼을 클릭하여 실행한다.

> • [카메라] 기능은 [삽입] 탭-[일러스트레이션] 그룹에서 지원되는 기능이 아니고, 빠른 실행 도구 모음에 추가한 다음 사용함
> • Excel 옵션]-[빠른 실행 도구 모음]-[명령 선택]에서 [리본 메뉴에 없는 명령]을 선택한 후 [카메라] 도구를 찾아 선택하고 [추가]한 다음 [확인]을 클릭하면 빠른 실행 도구 모음에 추가됨

04 다음 중 SmartArt에 대한 설명으로 옳지 <u>않은</u> 것은?

① SmartArt는 정보와 아이디어를 시각적으로 표현할 수 있는 기능을 지원하며 목록형, 프로세스형, 주기형, 계층 구조형, 관계형, 행렬형, 피라미드형, 그림 등의 형식을 선택할 수 있다.
② 텍스트 창에서 콘텐츠를 추가하고 편집하면 셰이프가 자동으로 업데이트되고 필요한 경우 셰이프가 추가되거나 제거되며, 텍스트 창이 보이지 않을 경우 SmartArt 그래픽의 왼쪽에 있는 화살표() 컨트롤을 클릭하면 된다.
③ 입력할 텍스트의 개수가 셰이프의 최대 수를 초과하는 경우 텍스트 창의 빨간색 ×로 표시된 모든 내용은 저장되지만 SmartArt 그래픽에 표시되지는 않는다.
④ SmartArt 그래픽에 변경한 서식을 모두 취소하거나 이동, 크기 조정 또는 삭제할 수 있는 도형으로 변환할 수 있다.

> 텍스트 창의 빨간색 x로 표시된 모든 내용은 SmartArt 그래픽에 표시되지 않고 저장되지 않음

SECTION 03 [Excel 옵션] 대화 상자

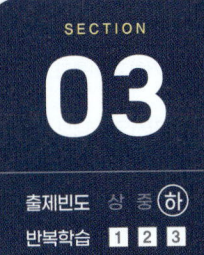

출제빈도 상 중 **하**
반복학습 1 2 3

빈출 태그 Excel 옵션 • 일반 탭 • 고급 탭

01 [Excel 옵션] 대화 상자 메뉴 21년 상시, 16년 3월, 14년 3월/6월, 12년 9월

- [파일] 탭-[옵션]을 클릭한다.
- 일반, 수식, 데이터, 언어 교정, 저장, 언어, 접근성, 고급, 리본 사용자 지정, 빠른 실행 도구 모음, 추가 기능, 보안 센터 등에 대한 옵션 설정이 가능하다.

메뉴	기능
[일반]	• Excel 작업에 대한 일반 옵션 • 선택 영역에 미니 도구 모음 표시, 선택 영역에 대한 빠른 분석 옵션 표시, 실시간 미리 보기 사용 • 화면 설명 스타일, 다음을 기본 글꼴로 사용, 글꼴 크기 • 새 시트의 기본 보기, 포함할 시트 수(1~255), 사용자 이름 • Office 배경(구름, 기하 도형, 나이테 등) • Office 테마(색상형, 어두운 회색, 검정, 흰색, 시스템 설정 사용)
[수식]	• 수식 계산, 성능 및 오류 처리 관련 옵션을 변경 • 통합 문서 계산(자동, 데이터 표만 수동, 수동), R1C1 참조 스타일 • 수식 자동 완성 사용, 수식에 표 이름 사용, 오류 검사, 오류 검사 규칙★
[데이터]	• 데이터 가져오기 및 데이터 분석 관련 옵션을 변경함 • [데이터 옵션]에서 피벗 테이블의 기본 레이아웃을 변경함 • [레거시 데이터 가져오기 마법사 표시]를 설정함
[언어 교정]	• 텍스트를 수정하거나 서식을 지정하는 방법을 선택 • 자동 고침 옵션(예 한/영 자동 고침, (tel) → ☎), 문장의 첫 글자나 요일을 대문자로)
[저장]	• 통합 문서 저장 방법을 사용자 지정 • 파일 저장 형식 지정, 자동 복구 정보 저장 간격 • 자동 복구 파일 위치, 기본 로컬 파일 위치 설정, 자동 복구 예외 항목 설정
[언어]	• Office 언어 기본 설정을 구성 • Office 표시 언어 설정 • Office 작성 언어 및 교정
[접근성]	• Excel의 접근성을 높임 • [피드백 옵션]에서 작업 완료 후 소리로 알림 설정함 • [응용 프로그램 표시 옵션]에서 화면 설명 스타일, 함수 화면 설명 표시, 이 응용 프로그램을 시작할 때 시작 화면 표시 등을 설정함 • [문서 표시 옵션]에서 글꼴 크기를 설정함
[고급]	• Excel에서 사용하는 고급 옵션 • 편집 옵션, 잘라내기/복사/붙여넣기, 이미지 크기 및 품질, 인쇄, 차트, 표시 • 이 통합 문서의 표시 옵션, 이 워크시트의 표시 옵션 • 수식, 이 통합 문서의 계산 대상, 일반(사용자 지정 목록 편집) • Lotus 호환성, Lotus 호환성 설정 대상

★ 오류 검사 규칙
- 오류를 반환하는 수식이 있는 셀
- 한 표에서 다른 계산된 열 수식이 사용된 셀 표시
- 2자리로 표시된 연도가 있는 셀
- 앞에 아포스트로피가 있거나 텍스트로 서식이 지정된 숫자
- 한 영역에서 다른 수식이 사용된 셀 표시
- 새로 고칠 수 없는 데이터 형식이 있는 셀
- 수식에 사용된 영역에 누락된 셀 있음 표시
- 수식을 포함한 셀 잠그지 않음
- 빈 셀을 참조하는 수식 사용
- 표 데이터 유효성 오류
- 잘못된 숫자 형식

[리본 사용자 지정]	• 리본 메뉴를 사용자가 지정함 • 리본 메뉴 사용자 지정 목록을 사용하여 탭, 그룹, 명령을 추가 및 제거하고 이름과 순서를 바꿀 수 있음 • 리본 메뉴에 사용자가 [새 탭], [새 그룹], [이름 바꾸기], [원래대로], [가져오기/내보내기]를 사용하여 설정함 • [그리기]를 선택하면 리본 메뉴에 [그리기] 탭이 표시됨 • [개발 도구]를 선택하면 리본 메뉴에 [개발 도구] 탭이 표시됨 • [Power Pivot]을 선택하면 리본 메뉴에 [Power Pivot] 탭이 표시됨
[빠른 실행 도구 모음]	• 빠른 실행 도구 모음을 사용자가 지정함 • 빠른 실행 도구 모음에 명령을 추가하면 한 번만 클릭하여 명령을 실행 • 목록을 사용하여 명령을 추가 및 제거하고 순서를 바꿀 수 있음 • [원래대로], [가져오기/내보내기]를 사용하여 설정함
[추가 기능]	Microsoft Office 추가 기능(해 찾기 추가 기능, 분석 도구 등)을 보고 관리함

[보안 센터]	• 문서 및 컴퓨터를 안전하고 보안이 유지된 상태로 관리함
	• [보안 센터 설정]-[매크로 설정]의 매크로 설정 선택 항목
	  - 알림이 없는 매크로 사용 안 함
	  - 알림이 포함된 VBA 매크로 사용 안 함
	  - 디지털 서명된 매크로를 제외하고 VBA 매크로 사용 안 함
	  - VBA 매크로 사용(권장 안 함, 위험한 코드가 시행될 수 있음)

02 [일반] 탭

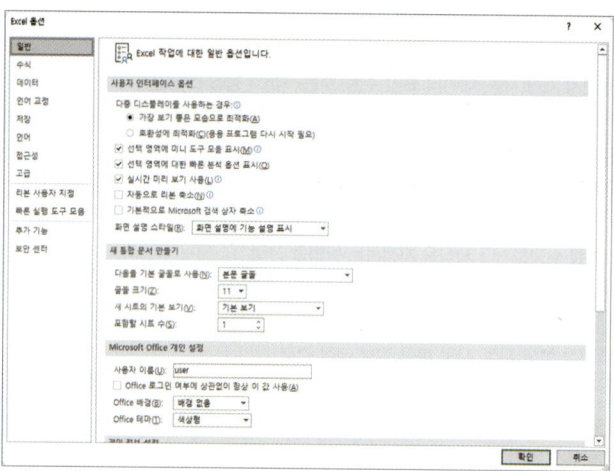

★ 선택 영역에 대한 빠른 분석 옵션 표시

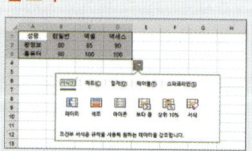

• [서식] : 조건부 서식 규칙을 사용해 원하는 데이터를 강조(데이터, 색조, 아이콘, 보다 큼, 상위 10%, 서식)
• [차트] : 추천 차트를 통해 데이터를 한 눈에 알아볼 수 있음
• [합계] : 수식을 통해 자동으로 합계를 계산
• [테이블] : 데이터를 정렬, 필터링 및 요약(표, 새 피벗 테이블)
• [스파크라인] : 셀 하나에 표시되는 작은 차트 작성(선, 열, 승패)

선택 영역에 미니 도구 모음 표시	텍스트를 선택할 때 미니 도구 모음을 표시
선택 영역에 대한 빠른 분석 옵션 표시 ★	• 빠른 분석 도구의 표시 여부를 설정함(바로 가기 키 : Ctrl + Q) • 빠른 분석 도구를 통해 차트, 색 구분, 수식 등 Excel에서 가장 유용한 도구를 사용하여 빠르고 쉽게 분석할 수 있음 • 서식, 차트, 합계, 테이블, 스파크라인 등의 기능을 지원
실시간 미리 보기 사용	워크시트에서 선택한 옵션(글꼴, 크기 등)의 효과를 실시간으로 미리보기 하여 나타내 줌
다음을 기본 글꼴로 사용	• 새 워크시트 및 통합 문서의 기본 글꼴로 사용할 글꼴을 선택함 • 엑셀을 다시 시작하고 워크시트나 통합 문서를 새로 만들 때 이 글꼴이 적용됨

글꼴 크기	기본 글꼴의 크기를 설정함
새 시트의 기본 보기	• 기본적으로 표시할 보기를 선택함 • 기본 보기, 페이지 나누기 미리 보기, 페이지 레이아웃 보기 등
포함할 시트 수	통합 문서를 새로 만들 때 사용할 워크시트 수(1~255)를 설정함
사용자 이름	엑셀에서 사용할 사용자 이름을 설정함
Office 배경	Office 배경을 선택(구름, 기하 도형, 나이테, 도시락 등)
Office 테마	Office 테마를 선택(색상형, 어두운 회색, 검정, 흰색, 시스템 설정 사용)

03 [고급] 탭 24년 상시, 22년 상시, 16년 6월, 13년 3월/6월

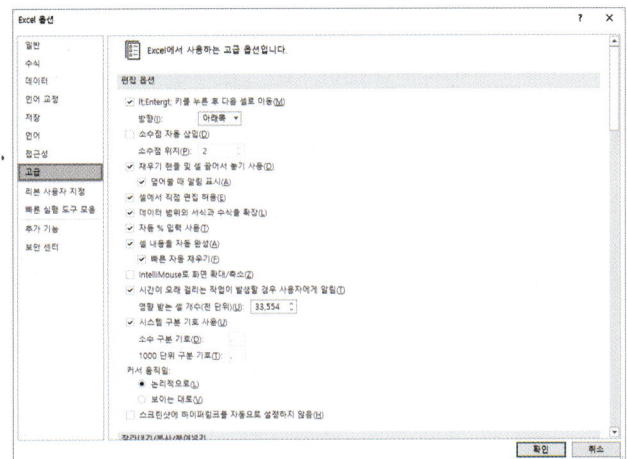

편집 옵션	• Enter 키를 누른 후 다음 셀로 이동(아래쪽, 오른쪽, 위쪽, 왼쪽), 소수점 자동 삽입(소수점 위치), 채우기 핸들 및 셀 끌어서 놓기 사용, 셀에서 직접 편집 허용 • 셀 내용을 자동 완성(단, 날짜는 자동으로 입력되지 않음), 빠른 자동 채우기 • IntelliMouse로 화면 확대/축소, 시스템 구분 기호 사용 등을 설정 • 소수점 위치 : 소수점 위치를 지정하기 위해 소수 자릿수를 입력		
	소수점 위치	양수를 입력하면 소수점이 왼쪽으로 이동 ◎ 소수점 위치가 3인 경우 3000을 입력하면 결과는 3	
		음수를 입력하면 소수점이 오른쪽으로 이동 ◎ 소수점 위치가 -3인 경우 3을 입력하면 결과는 3000	
차트	마우스가 위치하면 차트 요소 이름 표시 및 데이터 요소 값 표시 설정		
표시	• 표시할 최근 문서 수(0~50), 눈금자 단위(기본 단위, 인치, 센티미터, 밀리미터), 수식 입력줄 표시, 함수 화면 설명 표시 • 메모가 있는 셀 표시('메모와 표식 모두 표시 안 함', '표식만, 마우스가 위치하면 메모 표시', '메모와 표식'), 기본 방향(오른쪽에서 왼쪽, 왼쪽에서 오른쪽) 등을 설정		
이 통합 문서의 표시 옵션	가로 스크롤 막대 표시, 세로 스크롤 막대 표시, 시트 탭 표시, 자동 필터 메뉴에서 날짜 그룹화, 개체 표시 등을 설정		
이 워크시트의 표시 옵션	• 행 및 열 머리글 표시, 계산 결과 대신 수식을 셀에 표시, 시트 방향 바꾸기 • 페이지 나누기 표시, 0값이 있는 셀에 0 표시, 윤곽을 설정한 경우 윤곽 기호 표시, 눈금선 표시(눈금선 색 지정) 등을 설정		
일반	정렬 및 채우기 순서에서 사용할 목록 만들기 : [사용자 지정 목록 편집]		

• 소수점의 위치가 3인 경우 5를 입력하면 결과는 0.005가 됨
• 소수점의 위치가 -3인 경우 5를 입력하면 결과는 5000이 됨

이론을 확인하는 기출문제

01 다음 중 [Excel 옵션]-[고급]에서 [소수점 자동 삽입]의 [소수점 위치]를 -2로 설정한 다음 시트에서 1을 입력하는 경우 그 결과로 옳은 것은?

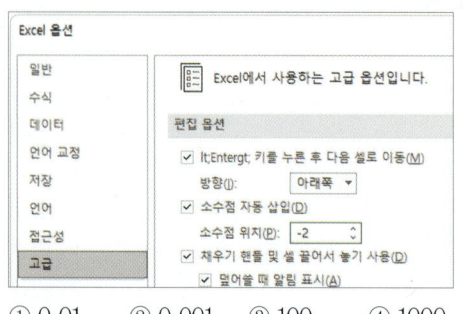

① 0.01   ② 0.001   ③ 100   ④ 1000

> 소수점의 위치가 -2인 경우 1을 입력하면 결과는 100이 됨
> **오답 피하기**
> 소수점의 위치가 2인 경우 1을 입력하면 결과는 0.01이 됨

02 다음 중 엑셀의 작업 환경 설정을 위한 [Excel 옵션]의 각 메뉴에 대한 설명으로 옳지 않은 것은?

① [일반]-[사용자 인터페이스 옵션] : '실시간 미리 보기 사용'을 선택하면 선택 사항을 커서로 가리킬 때 해당 기능이 문서에 어떻게 영향을 주는지 결과를 미리 보여 준다.
② [수식]-[수식 작업] : '수식에 표 이름 사용'을 선택하면 데이터가 입력된 범위에 행 또는 열 레이블이 있을 경우, 이 레이블을 정의된 이름처럼 수식에 이름으로 사용할 수 있다.
③ [저장]-[통합 문서 저장] : '다음 형식으로 파일 저장'에서 통합 문서의 저장 파일 형식을 지정할 수 있다.
④ [고급]-[이 통합 문서의 계산 대상] : '다른 문서에 대한 링크 업데이트'를 선택하면 워크시트와 연결된 외부 문서에 포함된 결과값의 복사본을 저장한다.

> 다른 문서에 대한 링크 업데이트 : 다른 응용 프로그램에 대한 참조가 있는 수식을 계산하고 업데이트함

03 다음 중 3을 넣으면 화면에 3000이 입력되는 것처럼 일정한 소수점의 위치를 지정하여 입력을 빠르게 하기 위한 방법으로 옳은 것은?

① [Excel 옵션]-[수식]-[데이터 범위의 서식과 수식을 확장]에서 소수점의 위치를 지정한다.
② [Excel 옵션]-[고급]-[소수점 자동 삽입]에서 소수점의 위치를 지정한다.
③ [Excel 옵션]-[편집]-[셀에서 직접 편집]에서 소수점의 위치를 지정한다.
④ [Excel 옵션]-[고급]-[셀 내용 자동 완성]에서 소수점의 위치를 지정한다.

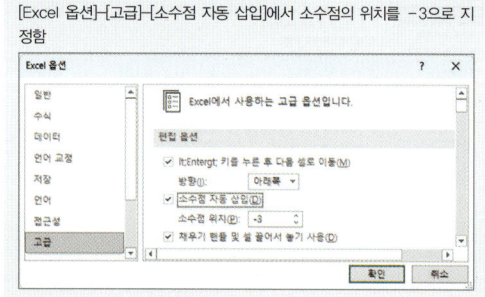

[Excel 옵션]-[고급]-[소수점 자동 삽입]에서 소수점의 위치를 -3으로 지정함

04 다음 중 [파일] 탭-[옵션], [Excel 옵션]의 [고급]에서 설정할 수 없는 것은?

① 셀에 데이터를 입력한 후 Enter 키를 누를 때 포인터의 이동 방향을 오른쪽, 왼쪽, 아래쪽, 위쪽 중의 하나로 지정할 수 있다.
② 페이지 나누기 선의 표시 여부를 지정할 수 있다.
③ 눈금선 표시 여부를 지정할 수 있다.
④ 새 통합 문서를 열었을 때 적용할 기본 글꼴과 글꼴 크기, 새 시트의 기본 보기를 지정할 수 있다.

> 새 통합 문서를 열었을 때 적용할 기본 글꼴과 글꼴 크기, 새 시트의 기본 보기는 [Excel 옵션]-[일반]에서 실정 가능함

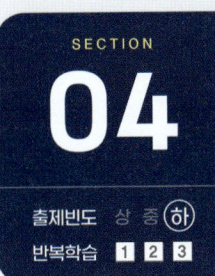

데이터 편집

빈출 태그 데이터 수정 • 삭제 • 이동 • 복사 • 선택하여 붙여넣기 • 찾기 • 바꾸기

01 데이터 수정 및 지우기

1) 데이터 일부 수정하기 16년 10월, 14년 10월

방법 1	F2 를 눌러 셀을 편집 상태로 만든 다음 수정함
방법 2	해당 셀을 더블클릭하여 편집 상태로 만든 다음 수정함
방법 3	해당 셀을 클릭하고 수식 입력줄에서 수정함

> **셀에서 직접 편집 허용**
> [파일] 탭-[옵션]-[Excel 옵션]에서 [고급]의 '셀에서 직접 편집 허용' 항목이 체크되어 있지 않으면 F2 를 누르거나 셀을 더블클릭해도 데이터를 편집할 수 없음

2) 데이터 내용 지우기 18년 3월

방법 1	[홈] 탭-[편집] 그룹-[지우기]-[내용 지우기]를 실행함
방법 2	마우스 오른쪽 단추를 클릭하고 [내용 지우기]를 선택함
방법 3	Delete 를 누름

3) 모두/서식/메모 지우기

모두 지우기	[홈] 탭-[편집] 그룹-[지우기]-[모두 지우기]를 실행하여 데이터 내용과 서식, 메모 등 모든 것을 지움
서식 지우기	[홈] 탭-[편집] 그룹-[지우기]-[서식 지우기]를 실행하여 데이터 내용은 그대로 두고 서식 도구 모음이나 셀 서식에서 지정한 서식만 지움
메모 지우기	[홈] 탭-[편집] 그룹-[지우기]-[메모 지우기]를 실행하여 데이터 내용과 서식은 그대로 두고 삽입되어 있는 메모만 지움

4) Back Space 와 Space Bar 를 이용하여 셀 편집하기

Back Space	현재 셀의 데이터를 모두 지우고 편집 상태로 만듦
Space Bar	현재 셀의 데이터를 모두 지우고 편집 상태로 만드는 것으로, Back Space 와 달리 맨 앞에 공백이 입력됨

02 데이터 이동과 복사 16년 6월, 08년 5월

1) 데이터 이동과 복사

① 이동
선택 영역을 잘라내어 클립보드(임시 기억 장소로 최대 24개 항목 저장)에 기억시킨 후 클립보드의 내용을 현재 위치에 붙여넣는다. 데이터 이동 후 원본 데이터는 사라진다.

② 복사
- 선택 영역을 복사하여 클립보드에 기억시킨 후 클립보드의 내용을 현재 위치에 붙여넣는다. 데이터 복사 후에도 원본 데이터는 그대로 남는다.
- 영역을 선택하여 복사 명령을 실행하면 점선이 표시되며, 점선이 표시된 상태에서는 몇 번이라도 붙여넣기를 실행할 수 있다. 점선 표시를 해제하려면 Esc 를 누른다.

▶ 명령 실행 순서

명령	1단계	2단계	3단계	4단계
데이터 이동	이동 영역 선택	잘라내기	작업 대상 셀로 이동	붙여넣기
데이터 복사	복사 영역 선택	복사	작업 대상 셀로 이동	붙여넣기

▶ 명령 실행 방법

명령	메뉴 이용	바로 가기 메뉴	아이콘	바로 가기 키
잘라내기	[홈] 탭-[클립보드] 그룹-[잘라내기]	[잘라내기]	✂	Ctrl + X
복사	[홈] 탭-[클립보드] 그룹-[복사]	[복사]	📋	Ctrl + C
붙여넣기	[홈] 탭-[클립보드] 그룹-[붙여넣기]	[붙여넣기]	📋	Ctrl + V

2) 마우스를 이용한 이동과 복사

[파일] 탭-[옵션]-[Excel 옵션]의 [고급]에서 '채우기 핸들 및 셀 끌어서 놓기 사용' 항목이 체크되어 있을 때만 가능하다.

① 이동
마우스 끌기(드래그하는 동안은 선택된 셀 범위의 테두리만 표시됨)로 이동한다.

> **기적의 TIP**
> 데이터의 이동과 복사하는 방법은 실습을 통해 익혀 두고, 데이터 이동과 복사와 관련된 바로 가기 키는 암기해 두세요.

- 복사나 이동 시 수식과 결과값, 셀 서식, 메모 등은 함께 복사되거나 이동됨
- 이동 시 선택 영역의 테두리를 클릭한 채 다른 위치로 드래그함
- 선택한 영역에 숨겨진 행이나 열이 있는 경우 숨겨진 영역도 함께 복사되거나 이동됨

- Ctrl + R : 왼쪽 셀의 내용과 서식을 복사
- Ctrl + D : 윗쪽 셀의 내용과 서식을 복사

② 복사

Ctrl + 마우스 끌기로 복사한다.

	A	B	C	D	E	F
1	성명	필기	실기	합계		
2	홍길동	90	90	180		
3	이순신	98	100	198		
4	곽영일	100	90	190		
5	왕정보	50	60	110		
6					E1:E5	

Ctrl + 마우스 끌기(복사)

	A	B	C	D	E	F
1	성명	필기	실기	합계	필기	
2	홍길동	90	90	180	90	
3	이순신	98	100	198	98	
4	곽영일	100	90	190	100	
5	왕정보	50	60	110	50	

복사 결과

3) 선택하여 붙여넣기 25년 상시, 22년 상시, 18년 9월, 16년 6월, 15년 3월, 13년 10월, 08년 8월, 05년 2월, 04년 5월, ⋯

- 복사한 데이터를 붙여넣을 때 서식, 값, 수식 등 일부 내용만 선택하여 붙여넣는다.
- 잘라내기 명령을 실행한 다음에는 [선택하여 붙여넣기] 명령을 사용할 수 없다.
- 선택 영역을 복사한 다음 [홈] 탭-[클립보드] 그룹-[붙여넣기]의 [선택하여 붙여넣기]를 실행하거나 바로 가기 메뉴에서 [선택하여 붙여넣기]를 선택하여 '붙여넣기' 옵션과 '연산' 등을 지정한 다음 [확인]을 클릭한다.
- 선택하여 붙여넣기의 바로 가기 키는 Ctrl + Alt + V 이다.

> **기적의 TIP**
>
> 선택하여 붙여넣기는 각 항목에 대한 내용이 자주 출제됩니다. 붙여넣기 항목과 연산 항목의 기능은 반드시 숙지하세요.

Ctrl + X 를 이용하여 잘라내기 한 경우 [선택하여 붙여넣기]가 반전되어 기능을 사용하지 못하므로 [값 붙여넣기]를 실행할 수 없음

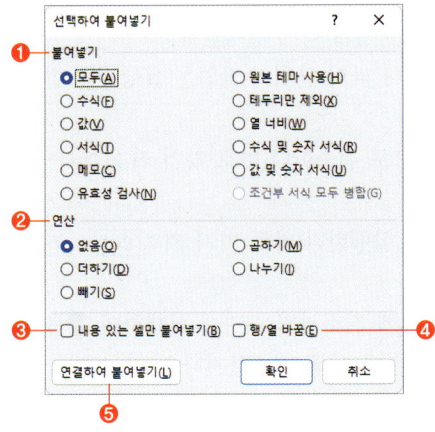

❶ 붙여넣기	• 모두 : 입력 데이터, 서식, 메모 등 모든 내용을 동일하게 붙여넣음 • 수식 : 입력 데이터와 수식만 붙여넣음 • 값 : 입력 데이터와 수식의 결과값만 복사하여 붙여넣음 • 서식 : 서식만 복사하여 붙여넣음 • 메모 : 셀에 입력한 메모만 붙여넣음 • 유효성 검사 : [데이터 유효성 검사]에서 지정한 유효성 검사만 붙여넣음 • 원본 테마 사용 : 원본에 테마가 있는 경우 해당 테마를 사용함 • 테두리만 제외 : 셀에 지정한 테두리만 제외하고 붙여넣음 • 열 너비 : 데이터와 서식 등을 모두 제외하고 열 너비만 붙여넣음 • 수식 및 숫자 서식 : 수식 및 숫자 서식만 붙여넣음 • 값 및 숫자 서식 : 값 및 숫자 서식만 붙여넣음	
❷ 연산	복사 내용과 붙여넣을 위치에 있는 내용을 지정한 연산자를 사용하여 계산함	
❸ 내용 있는 셀만 붙여넣기	내용이 있는 셀만 붙여넣음	
❹ 행/열 바꿈	행과 열을 바꾸어 붙여넣음	
❺ 연결하여 붙여넣기	복사한 내용이 들어 있는 셀의 위치를 가리키는 수식으로 붙여넣음	

서식 복사
- [선택하여 붙여넣기]의 '서식' 옵션 대신 [서식 복사](🖌) 아이콘을 사용하여 서식을 복사할 수 있음
- 복사할 서식이 있는 영역을 범위로 지정하고 [서식 복사](🖌) 아이콘을 클릭한 다음 복사한 서식을 적용할 부분에 마우스 왼쪽 단추를 클릭한 채 끌어주면 서식만 복사됨
- 복사한 서식을 적용할 부분이 서로 떨어져 있는 여러 영역일 경우에는 [서식 복사](🖌) 아이콘을 더블 클릭하고 복사할 서식을 적용할 부분을 여러 번 드래그하여 서식을 복사할 수 있으며, 마지막에 [서식 복사](🖌) 아이콘을 다시 클릭하거나 Esc 를 누르면 서식 복사가 종료됨

행 높이 복사
- [선택하여 붙여넣기] 명령으로는 행 높이만 복사할 수 없음
- 행 머리글을 사용하여 행 전체를 선택한 다음, [복사] 명령을 실행하고 [붙여넣기] 명령을 실행하면 행 전체가 복사되므로 행 높이까지 원본 행과 동일하게 적용됨

4) 삽입하여 붙여넣기

- 복사 또는 잘라내기 한 내용을 붙여넣을 때 원래 있던 데이터 위에 덮어쓰는 것이 아니라 오른쪽이나 아래쪽으로 원래 데이터를 밀고 삽입하여 붙여 넣는다.
- 데이터를 복사하거나 잘라내기 한 다음 바로 가기 메뉴에서 [복사한 셀/잘라낸 셀 삽입]을 실행하고 [삽입하여 붙여넣기] 대화 상자에서 원래 이동 방향을 지정한다.

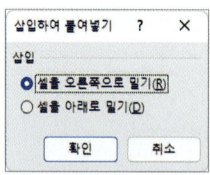

▶ 삽입하여 붙여넣기 명령

명령	바로 가기 메뉴	마우스 이용
잘라낸 후 삽입하여 붙여넣기	[잘라낸 셀 삽입]	Shift +드래그
복사한 후 삽입하여 붙여넣기	[복사한 셀 삽입]	Ctrl + Shift +드래그

5) 실행 취소와 다시 실행 15년 10월, 08년 10월

- 최근 실행한 명령을 취소하거나 실행 취소한 명령을 다시 실행한다.
- 실행 취소는 최대 100개까지 가능하며, 시트나 파일 단위의 작업은 실행 취소할 수 없다.
- [실행 취소](↶) : 최근 실행한 명령을 역순으로 취소한다(바로 가기 키 : Ctrl + Z 또는 Alt + Back Space).
- [다시 실행](↷) : 실행 취소한 명령을 다시 실행한다(바로 가기 키 : Ctrl + Y 또는 F4).
- ↶ 또는 ↷ 도구를 그냥 클릭하면 하나씩 실행 취소하거나 다시 실행하며, ▼를 클릭한 다음 여러 개의 명령을 선택하여 한꺼번에 실행 취소하거나 다시 실행할 수 있다.
- 시트 삭제, 시트 이름 변경, 시트 복사, 시트 위치 이동, 창 숨기기, 창 정렬, 창 나누기, 틀 고정 등은 실행 취소를 할 수 없다.

> **기적의 TIP**
>
> 실행 취소의 바로 가기 키가 Ctrl + Z 라는 것과 워크시트를 저장한 후에도 최대 100개의 작업을 취소할 수 있으나 시트나 파일 단위의 작업은 취소할 수 없다는 점에 유의하세요.

03 찾기/바꾸기, 이동 25년 상시, 24년 상시, 23년 상시, 21년 상시, 20년 7월, 17년 3월/9월, 15년 3월, 14년 6월, …

1) 찾기(Ctrl + F , Shift + F5)

- 워크시트에서 특정 문자열을 찾아 셀 포인터를 해당 셀로 이동시킨다.
- [홈] 탭-[편집] 그룹-[찾기 및 선택]-[찾기]를 실행한 다음 찾을 내용과 옵션을 지정하고 [다음 찾기]를 클릭하면 입력한 내용을 찾아 셀 포인터를 이동시킨다.
- 현재 활성 셀부터 찾기가 시작되며, 특정 영역을 범위로 지정하지 않았을 경우 워크시트 전체에서 [찾기]를 수행한다.

> **기적의 TIP**
>
> 찾기와 바꾸기는 수행 방법을 중심으로 공부해 두고, 와일드카드 문자 사용에 대한 내용은 실습을 통한 이해가 필요합니다.

- 찾기 방향은 오른쪽이나 아래쪽으로 진행되지만 Shift 를 누른 상태에서 [다음 찾기] 를 클릭하면 왼쪽이나 위쪽 방향(역순)으로 찾기가 진행된다.
- [모두 찾기]를 클릭하면 찾고자 하는 문자열이 있는 통합 문서명과 시트명 이름, 셀 주소, 값, 수식을 나타내 준다.
- 진행 중인 찾기를 취소하려면 Esc 를 누른다.

① [찾기] 명령의 옵션

[옵션]을 클릭하면 선택할 수 있는 옵션이 나타난다.

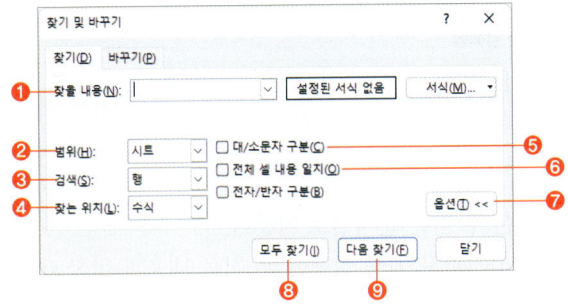

❶ 찾을 내용	• 찾을 내용을 입력함 • 와일드카드 문자(?, *)를 사용할 수 있음 • +, −, #, $ 등과 같은 특수 문자를 찾을 수 있음
❷ 범위	현재 워크시트에서만 검색하려면 [시트]를 선택하고, 현재 통합 문서의 모든 시트를 검색하려면 [통합 문서]를 선택해야 함
❸ 검색	• 검색 방향을 선택함 • 열을 선택하면 열에서 아래쪽으로, 행을 선택하면 행에서 오른쪽으로 검색함 • 열에서 위쪽으로 검색하거나 행에서 왼쪽으로 검색하려면 Shift 를 누른 채 [다음 찾기]를 클릭함 • 대부분의 경우 열을 선택하면 더 빠르게 검색할 수 있음
❹ 찾는 위치	수식, 값, 메모 등 셀의 값 또는 연결된 수식, 메모를 검색할지 여부를 지정함([바꾸기] 탭의 '찾는 위치'에는 수식 옵션만 있음)
❺ 대/소문자 구분	대문자와 소문자를 구분함
❻ 전체 셀 내용 일치	찾을 내용 상자에서 지정한 문자와 완전히 일치하는 경우를 검색함
❼ 옵션	고급 검색 옵션을 표시하며, 고급 옵션을 숨기려면 을 클릭하면 됨
❽ 모두 찾기	• 문서에서 검색 조건에 맞는 경우를 모두 찾음 • 각각의 경우를 개별적으로 찾아 검토하려면 [모두 찾기] 대신 [다음 찾기]를 클릭함
❾ 다음 찾기	• 찾을 내용 상자에서 지정한 문자가 포함된 다음 경우를 검색함 • 이전의 경우를 찾으려면 Shift 를 누른 채 [다음 찾기]를 클릭함

② 와일드카드 문자 사용

- 찾을 내용에 와일드카드 문자(?, *)를 사용하여 임의의 문자를 지정한다.
- 물음표(?) : 물음표와 같은 위치에 있는 한 문자를 의미한다.
- 별표(*) : 별표와 같은 위치에 있는 여러 문자를 의미한다.

개념 체크

1. 워크시트에서 특정 문자열을 찾아 셀 포인터를 해당 셀로 이동시키는 기능은 '찾기' 기능이다. (○, ×)
2. 찾기 기능을 사용하면 현재 활성 셀부터 찾기가 시작된다. (○, ×)
3. 찾기 방향은 오른쪽이나 아래쪽으로만 진행된다. (○, ×)
4. 찾기 중인 작업을 취소하려면 Esc 를 누르면 된다. (○, ×)
5. Shift 를 누른 상태에서 [다음 찾기]를 클릭하면 찾기 방향이 오른쪽이나 아래쪽으로 진행된다. (○, ×)

1 ○ 2 ○ 3 × 4 ○ 5 ×

- 찾을 내용에 '*수정*', 바꿀 내용에 '*변경*'으로 입력하고, [모두 바꾸기] 단추를 클릭하면 '수정'이라는 글자를 포함한 모든 데이터를 '*변경*'으로 바꿈
- ***수정*** : *는 모든 글자를 의미하므로 '수정' 앞뒤로 글자가 있는 데이터를 의미함
- '=A1*B1'과 같은 수식을 검색하려면 찾는 위치를 '수식'으로 선택한 후 찾을 내용에 '=A1~*B1'으로 입력함
- 찾을 내용과 바꿀 내용은 입력하지 않고, 찾을 서식과 바꿀 서식으로 설정할 수 있음
- 셀 포인터 위치를 기준으로 앞에 위치한 데이터를 찾으려면 Shift 를 누른 상태에서 [다음 찾기] 단추를 클릭함

- 와일드카드 문자(?, *) 자체를 찾을 경우는 ~ 기호를 와일드카드 문자 앞에 사용하면 된다.

문자	찾을 내용	의미
?	?????	5글자 이하의 내용을 검색함
	정?	정으로 시작하는 두 문자를 검색함(예 정암, 정말)
*	*부	부로 끝나는 내용을 검색함(예 야구부, 축구부)
	미용*	미용으로 시작하는 내용을 검색함
	진*실	진으로 시작하고 실로 끝나는 내용을 검색함
~	119~?	119?를 검색함
	안녕~~	안녕~을 검색함

2) 바꾸기(Ctrl + H)

- 워크시트에서 지정한 문자열을 찾은 후 다른 문자열로 바꾼다.
- [홈] 탭-[편집] 그룹-[찾기 및 선택]-[바꾸기]를 실행한 후 찾을 내용과 바꿀 내용을 입력한다.

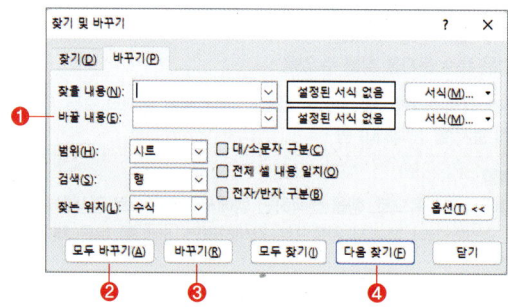

❶ 바꿀 내용	• 찾을 내용 상자의 문자 대신 사용할 문자를 입력함 • 문서에서 찾을 내용 상자의 문자를 삭제하려면 바꿀 내용 상자를 비워야 함
❷ 모두 바꾸기	선택 범위나 시트 전체에서 바꾸기를 한꺼번에 수행함
❸ 바꾸기	현재 찾은 내용을 바꿀 내용으로 바꾼 후 [다음 찾기]를 클릭하여 셀 포인터를 이동시킴
❹ 다음 찾기	직접 내용을 바꾸지 않고 찾을 내용만 찾아 셀 포인터를 이동시킴

3) 이동(Ctrl + G 또는 F5) 25년 상시, 15년 3월, 12년 3월

- 이동할 참조 영역을 지정하여 빠르게 셀 포인터를 이동시키거나 해당 영역을 선택하기 위해 사용한다.
- [홈] 탭-[편집] 그룹-[찾기 및 선택]-[이동]을 실행한 후 '참조' 입력란에 이동할 셀 참조나 이름이 지정된 범위를 지정한다.

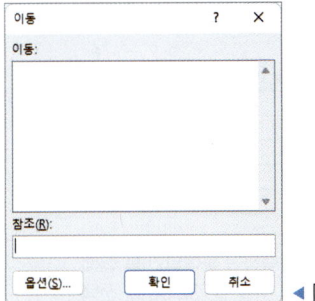

◀ [이동] 대화 상자

- 개체, 메모 또는 특수 문자나 항목이 있는 셀을 선택하기 위해 [옵션]을 클릭하면 [이동 옵션] 대화 상자가 나타나 개체, 메모, 또는 특수 문자나 항목이 있는 셀을 선택할 수 있는 옵션을 지정할 수 있다.

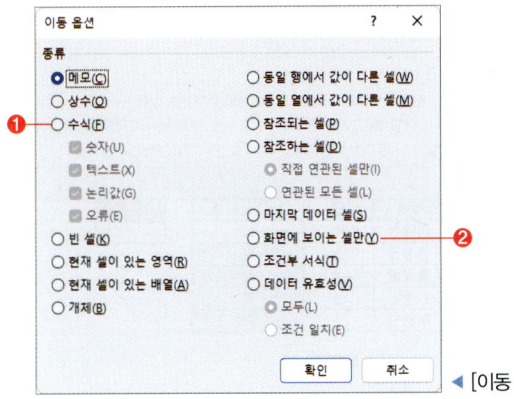

◀ [이동 옵션] 대화 상자

❶ 수식	워크시트에서 수식이 들어 있는 영역을 모두 선택함
❷ 화면에 보이는 셀만	• 셀에 입력된 데이터 중 숨겨진 행 또는 열이 있는 범위에서 화면에 보이는 셀만 이동하고자 할 때 선택함 • 부분합의 요약된 결과만 다른 곳으로 복사할 때 이용함

개념 체크

1 [이동 옵션] 대화 상자에서 수식 옵션을 선택하면 워크시트에서 (　　) 영역을 모두 선택할 수 있다.

2 이동 기능을 사용하려면 바로 가기 키 Ctrl + H 또는 F5를 사용할 수 있다. (○, ×)

3 [이동 옵션] 대화 상자에서 개체, 메모 또는 특수 문자나 항목이 있는 셀을 선택할 수 있는 옵션을 지정할 수 있다. (○, ×)

1 수식이 들어 있는 2 × 3 ○

이론을 확인하는 기출문제

01 다음 중 아래 워크시트에서 [C2:C4] 영역을 선택하여 작업한 결과가 <u>다른</u> 것은?

	A	B	C	D	E
1	이름	국어	영어	수학	평균
2	홍길동	83	90	73	82
3	이대한	65	87	91	81
4	한민국	80	75	100	85
5	평균	76	84	88	82.66667

① Delete 를 누른 경우
② Back Space 를 누른 경우
③ 마우스 오른쪽 버튼의 바로 가기 메뉴에서 [내용 지우기]를 선택한 경우
④ [홈]탭 [편집]그룹에서 [지우기]-[내용 지우기]를 선택한 경우

Back Space 를 누른 경우 [C2]셀의 점수(90)만 삭제되며 평균 결과에는 영향을 미치지 않음

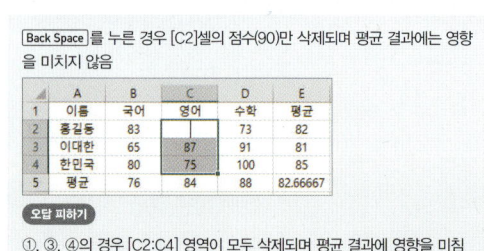

오답 피하기
①, ③, ④의 경우 [C2:C4] 영역이 모두 삭제되며 평균 결과에 영향을 미침

02 다음 중 [찾기 및 바꾸기] 대화 상자에 대한 설명으로 <u>옳지 않은</u> 것은?

① 찾을 내용에 '*수정*', 바꿀 내용에 '*변경*'으로 입력하고, [모두 바꾸기] 단추를 클릭하면 '수정'이라는 모든 글자를 '*변경*'으로 바꾼다.
② '=A1*B1'과 같은 수식을 검색하려면 찾는 위치를 '수식'으로 선택한 후 찾을 내용에 '=A1~*B1'으로 입력한다.
③ 찾을 내용과 바꿀 내용은 입력하지 않고, 찾을 서식과 바꿀 서식으로 설정할 수 있다.
④ 셀포인터 위치를 기준으로 앞에 위치한 데이터를 찾으려면 Shift 를 누른 상태에서 [다음 찾기] 단추를 클릭한다.

• 찾을 내용에 '*수정*', 바꿀 내용에 '*변경*'으로 입력하고, [모두 바꾸기] 단추를 클릭하면 '수정'이라는 글자를 포함한 모든 데이터를 '*변경*'으로 바꿈
• *수정* : *는 모든 글자를 의미하므로 수정 앞뒤로 글자가 있는 데이터를 의미함

03 다음 워크시트에서 보고서 점수 [C2:C6]을 현재의 점수에 기본점수 [E2] 셀의 값을 더한 값으로 변경하고자 한다. 기능을 순서대로 올바르게 나열한 것은?

	A	B	C	D	E
1	성명	반	보고서 점수		기본점수
2	이대한	1	80		10
3	한상공	2	65		
4	홍길동	1	45		
5	신정미	3	77		
6	이순신	4	69		

㉮ 바로 가기 메뉴의 [선택하여 붙여넣기]를 실행
㉯ 기본점수를 추가해서 더할 셀 [C2:C6]을 선택
㉰ [E2] 셀을 선택하고 바로 가기 메뉴의 [복사]를 실행
㉱ '연산' 항목의 '더하기'를 선택하고 [확인]을 클릭

① ㉮ → ㉯ → ㉰ → ㉱
② ㉰ → ㉯ → ㉮ → ㉱
③ ㉯ → ㉮ → ㉱ → ㉰
④ ㉱ → ㉰ → ㉯ → ㉮

㉰ [E2] 셀을 선택하고 바로 가기 메뉴의 [복사]를 실행 → ㉯ 기본점수를 추가해서 더할 셀[C2:C6]을 선택 → ㉮ 바로 가기 메뉴의 [선택하여 붙여넣기]를 실행 → ㉱ '연산' 항목의 '더하기'를 선택하고 [확인]을 클릭함

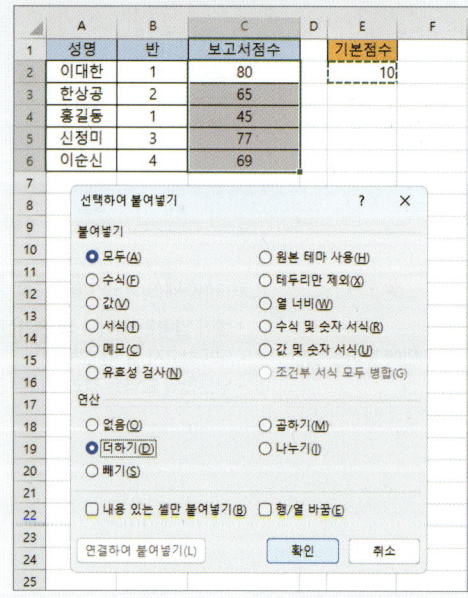

정답 01 ② 02 ① 03 ②

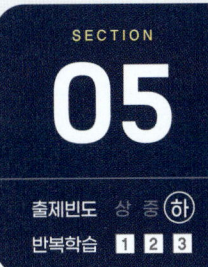

SECTION 05 셀 편집

빈출 태그 · 셀 선택 방법 · 데이터 채우기 · 사용자 지정 목록 편집 · 빠른 채우기

01 셀의 선택과 범위 지정

1) 연속적인 범위 선택 20년 7월, 18년 9월, 12년 3월

방법 1	마우스 왼쪽 단추를 클릭한 상태로 원하는 만큼 끌기를 수행함
방법 2	범위의 첫 번째 셀을 클릭하고 Shift 를 누른 상태에서 마지막 셀을 클릭함
방법 3	Shift 를 누른 상태에서 방향키를 이용하여 해당 방향으로 범위를 늘리거나 줄임
방법 4	셀 범위의 셀을 클릭하고 F8 을 눌러 상태 표시줄에 '선택 영역 확장' 표시가 나타나면 '선택 영역 확장' 상태에서 마지막 셀을 클릭하거나 방향키로 원하는 만큼 범위를 지정한 다음 F8 을 다시 눌러 '선택 영역 확장' 상태를 해제함

2) 떨어져 있는 범위 선택

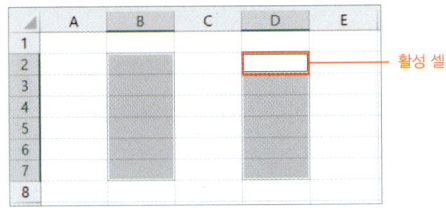

활성 셀

- 첫 번째 범위는 마우스 끌기로 지정하고 두 번째 범위부터 Ctrl 을 누른 상태에서 마우스 끌기로 지정한다.
- 마지막 범위의 첫 번째 셀이 활성 셀로 지정된다.

테이블 구조의 데이터 목록 전체 선택
셀 하나를 선택한 상태에서 Ctrl + Shift + 8 을 누름

3) 행/열 전체 선택

- 행 머리글이나 열 머리글을 클릭하면 행/열 전체가 범위로 지정된다.
- 머리글 부분에서 마우스 끌기나 Shift 또는 Ctrl 을 이용할 수 있다.
- 행/열의 시작 셀이 활성 셀로 지정된다.
- Ctrl + Space Bar 를 누르면 현재 열 전체를 선택하고, Shift + Space Bar 를 누르면 현재 행 전체를 선택한다.

4) 시트 전체 선택 18년 9월

- 워크시트 시작 부분의 [시트 전체 선택](◢) 단추를 클릭하면 시트 전체가 선택된다.
- 바로 가기 키 : Ctrl + A 또는 Ctrl + Shift + Space Bar
- Ctrl + Space Bar 로 현재 열 전체를 선택한 다음 Shift + Space Bar 로 현재 행 전체를 선택한다.

02 셀의 삽입과 삭제

1) 셀 삽입(Ctrl + +) 24년 상시

- 선택한 범위의 셀을 오른쪽이나 아래로 밀어내면서 새로운 셀을 삽입한다.
- 삽입 명령을 수행한 후에도 워크시트의 전체 행 개수와 열 개수는 변하지 않는다.

방법 1	삽입할 범위를 지정하고 [홈] 탭-[셀] 그룹-[삽입]-[셀 삽입]을 실행함
방법 2	바로 가기 메뉴의 [삽입]을 실행함
방법 3	Ctrl + + 를 누름
방법 4	마우스를 이용하여 범위를 지정하고 Shift 를 누른 상태에서 오른쪽이나 아래쪽으로 채우기 핸들을 드래그함

- '행 전체' 또는 '열 전체' 옵션을 선택하여 행/열 전체를 삽입할 수 있다.

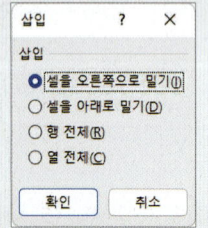
▲ [삽입] 대화 상자

2) 셀 삭제(Ctrl + −) 23년 상시, 19년 8월

- 선택한 범위의 셀을 삭제하고 오른쪽이나 아래에 있는 셀을 삭제된 영역으로 채운다.

방법 1	삭제할 범위를 지정하고 [홈] 탭-[셀] 그룹-[삭제]-[셀 삭제]를 실행함
방법 2	바로 가기 메뉴의 [삭제]를 실행함
방법 3	Ctrl + − 를 누름
방법 4	마우스 이용하여 범위를 지정하고 Shift 를 누른 상태에서 왼쪽이나 위쪽으로 채우기 핸들을 끌어 삭제하고자 하는 셀 범위 위까지 드래그함

- '행 전체' 또는 '열 전체' 옵션을 선택하여 행/열 전체를 삭제할 수 있다.

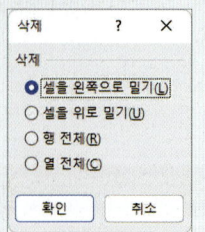
▲ [삭제] 대화 상자

🎯 개념 체크

1. 행/열 전체를 선택하려면 행 머리글이나 열 머리글을 (　　)한다.
2. Ctrl + Space Bar 를 누르면 현재 열 전체를 선택하고, (　　)+ Space Bar 를 누르면 현재 행 전체를 선택한다.
3. 시트 전체를 선택하는 바로 가기 키는 Ctrl + A 또는 (　　)+ Space Bar 이다.

1 클릭 2 Shift
3 Ctrl + Shift

03 데이터 채우기

1) 채우기 핸들을 이용한 연속 데이터 입력 25년 상시, 24년 상시, 23년 상시, 22년 상시, 21년 상시, 20년 2월, ⋯

- 셀 포인터 또는 선택 범위의 오른쪽 아래에 있는 작은 사각형을 채우기 핸들이라고 한다. 채우기 핸들에 마우스 포인터를 놓으면 십자(+) 모양이 된다.
- 채우기 핸들을 마우스 끌기로 원하는 만큼 상하좌우로 끌어다 놓으면 입력 데이터의 종류에 따라 자동으로 데이터 입력이 이루어진다.

① 문자 데이터
일반적인 문자 데이터를 입력하고 채우기 핸들을 끌면 데이터가 복사되어 채워진다.

② 숫자 데이터
기본적으로 복사되지만, 다른 종류의 데이터와 함께 범위를 지정하여 채우기 핸들을 끌거나 Ctrl 을 누른 채 채우기 핸들을 끌면 1씩 증가한다.

③ 날짜/시간 데이터
날짜는 1일 단위로, 시간은 1시간 단위로 자동 증가하면서 채워진다.

④ 혼합 데이터
- 문자와 숫자가 혼합된 데이터로, 채우기 핸들을 끌면 문자는 복사되고 숫자는 1씩 증가한다.
- 숫자가 2개 이상 섞여 있을 경우 마지막 숫자만 1씩 증가한다.

- 혼합 데이터는 Ctrl 을 누른 채 채우기 핸들을 끌면 그대로 복사된다.

⑤ 사용자 지정 목록 데이터
'목록 가져올 범위'를 이용하여 시트에 입력되어 있는 목록을 가져올 수도 있음
- [파일] 탭-[옵션]-[Excel 옵션]-[고급]-'일반'의 [사용자 지정 목록 편집]에 등록된 순서에 따라 데이터가 채워진다.
- 사용자가 새로 [사용자 지정 목록]에 데이터를 등록해 놓으면 채우기 핸들을 이용하여 자주 입력하는 데이터를 빠르게 채울 수 있다.

> **기적의 TIP**
>
> 채우기 핸들을 이용한 데이터 채우기 결과를 묻는 문제가 자주 출제되므로 실습을 통해 그 특징과 기능을 확인하고 넘어가세요. 또한 사용자 지정 목록도 주의해서 읽어 두세요.

셀 끌어서 놓기 허용
[파일] 탭-[옵션]-[Excel 옵션]의 [고급]에서 '채우기 핸들 및 셀 끌어서 놓기 사용' 항목이 체크되어 있지 않으면 채우기 핸들을 사용할 수 없음

사용자 지정 목록 항목 추가
- '새 목록'을 선택하고 목록 항목에 Enter 또는 쉼표(,)로 목록의 항목을 구분하여 입력한 후 [추가]를 클릭함
- 목록 가져올 범위를 설정한 다음 [가져오기]를 클릭하면 기존 시트에 있는 데이터 목록이 목록 항목으로 들어오며 [추가]를 클릭하여 사용자 지정 목록에 추가할 수도 있음
- 사용자가 새로 추가한 목록은 편집하거나 삭제할 수 있지만 엑셀에서 제공하는 목록은 편집이나 삭제가 불가능함
- 데이터를 입력할 때 사용자 지정 연속 데이터 채우기를 사용하는 경우 사용자 지정 목록에는 텍스트 또는 텍스트/숫자 조합만 포함될 수 있음

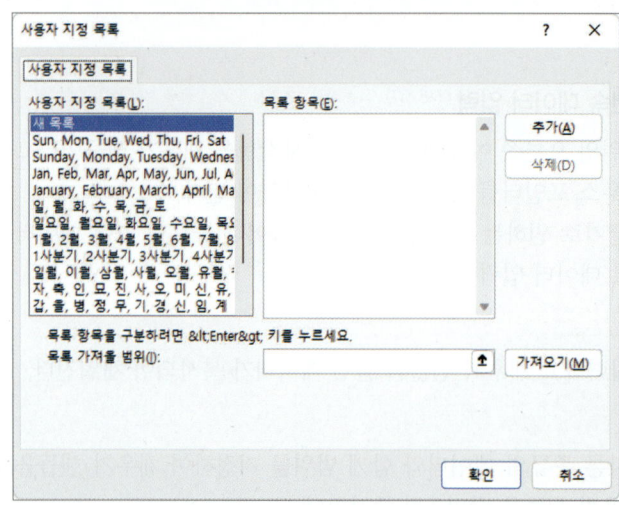

⑥ 범위를 지정하여 채우기

두 개 이상의 셀을 범위로 지정하여 채우기 핸들을 끌면 데이터 사이의 차이에 의해 증가 또는 감소하면서 채워진다.

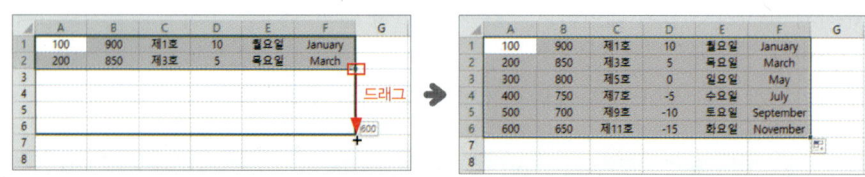

⑦ 빠른 채우기 24년 상시, 23년 상시

• 일관된 패턴을 입력하는 경우를 검색하여 셀의 값을 자동으로 채운다.

방법 1	[데이터] 탭-[데이터 도구] 그룹-[빠른 채우기]를 클릭함
방법 2	[홈] 탭-[편집] 그룹-[채우기]-[빠른 채우기]를 클릭함
방법 3	채우기 핸들을 아래로 끈 다음 자동 채우기 옵션의 [빠른 채우기]를 클릭함
방법 4	Ctrl + E 를 누름

• 원본 데이터의 바로 왼쪽이나 오른쪽 열부터 패턴(예 서울)을 입력한 다음 [빠른 채우기]를 실행해야 된다.

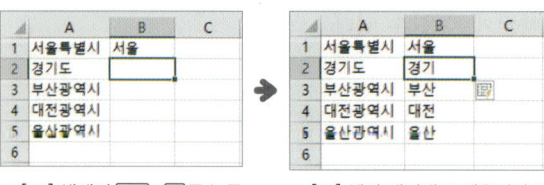

▲ [B2] 셀에서 Ctrl + E 를 누름   ▲ [B1] 셀의 패턴대로 채우기가 됨

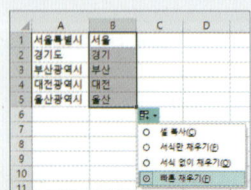

▲ 자동 채우기 옵션의 [빠른 채우기]를 클릭하면 패턴대로 채워짐

📌 개념 체크

1. 채우기 핸들은 셀 포인터 또는 선택 범위의 오른쪽 아래에 있는 작은 사각형을 말한다. (○, ×)

2. 채우기 핸들을 이용하여 숫자 데이터를 입력할 때, 복사되지 않고 자동으로 1씩 증가한다. (○, ×)

3. 날짜 데이터를 채우기 핸들로 입력할 때, 자동으로 1일 단위로 증가한다. (○, ×)

4. 혼합 데이터에서 채우기 핸들을 끌면 문자는 복사되고 숫자는 자동으로 1씩 감소한다. (○, ×)

5. 빠른 채우기 기능을 사용하려면, 반드시 [데이터] 탭에서만 실행할 수 있다. (○, ×)

1 ○ 2 × 3 ○ 4 × 5 ×

- 또 다른 패턴을 입력하는 경우 첫 패턴 바로 옆 열에 입력(예 시)한 다음 [빠른 채우기]를 실행한다.

▲ [C2] 셀에서 Ctrl + E를 누름   ▲ [C1] 셀의 패턴대로 채우기됨

2) [연속 데이터] 대화 상자 25년 상시, 24년 상시, 18년 3월, 12년 3월

시작 데이터에 셀 포인터를 두거나 시작 데이터를 포함시켜 범위를 지정한 다음 [홈] 탭-[편집] 그룹-[채우기]를 선택한 후 목록에서 [계열]을 실행한다. 방향, 유형, 단계 값, 종료 값 등을 지정한 다음 [확인]을 클릭한다.

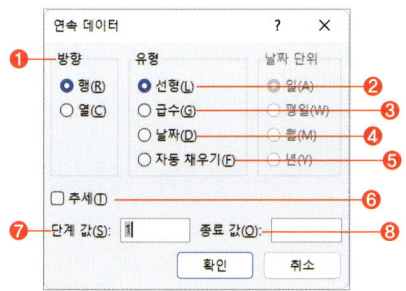

❶ 방향	연속 데이터를 채울 방향을 행, 열 중에서 설정함
❷ 선형	시작 데이터에 단계 값을 더하여 채움
❸ 급수	시작 데이터에 단계 값을 곱하여 채움
❹ 날짜	'날짜 단위'에서 선택한 옵션에 따라 날짜 단위로 채움(일, 평일, 월, 년)
❺ 자동 채우기	채우기 핸들을 끌어 채우기하는 것과 동일한 것으로 단계 값이나 날짜 단위는 무시함
❻ 추세	데이터 간격을 자동 분석하여 선, 기하 곡선 등으로 계산하여 채운다. 추세를 사용할 경우 단계 값은 사용되지 않음
❼ 단계 값	시작값에서 종료값까지 증가나 감소되는 단계값을 설정함
❽ 종료 값	선택 범위가 모두 채워지지 않았어도 종료값까지만 채움

[홈] 탭-[편집] 그룹-[채우기]-[계열]에서 지원되는 날짜 단위는 '일, 평일, 월, 년' 등이 있으며 '주' 단위는 지원되지 않음

이론을 확인하는 기출문제

01 다음 중 그림과 같이 [A1] 셀에 10을 입력하고 [A3] 셀까지 자동 채우기 한 후 나타나는 [자동 채우기] 옵션에 대한 설명으로 옳지 <u>않은</u> 것은?

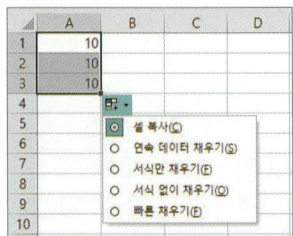

① 셀 복사: [A1] 셀의 값 10이 [A2] 셀과 [A3] 셀에 복사되고, [A1] 셀의 서식은 복사되지 않는다.
② 연속 데이터 채우기: [A1] 셀의 서식과 함께 [A2] 셀에는 값 11, [A3] 셀에는 값 12가 입력된다.
③ 서식만 채우기: [A2] 셀과 [A3] 셀에 [A1] 셀의 서식만 복사되고 값은 입력되지 않는다.
④ 서식 없이 채우기: [A2] 셀과 [A3] 셀에 [A1] 셀의 서식은 복사되지 않고 [A1] 셀의 값 10이 입력된다.

- 셀 복사 : 셀의 값과 서식 모두 복사됨
- 따라서, [A1] 셀의 값 10이 [A2] 셀과 [A3] 셀에 복사되고, [A1] 셀의 서식도 복사됨

02 다음 중 데이터가 입력되어 있는 연속된 셀 범위를 선택하는 방법으로 옳지 <u>않은</u> 것은?

① 첫 번째 셀을 클릭한 후 Ctrl+Shift+방향키를 눌러 선택 영역을 확장한다.
② 첫 번째 셀을 클릭한 후 Shift를 누른 상태에서 범위의 마지막 셀을 클릭한다.
③ 첫 번째 셀을 클릭한 후 F8을 누른 후 방향키를 눌러 선택 영역을 확장한다.
④ 첫 번째 셀을 클릭한 후 Ctrl을 누른 상태에서 방향키를 눌러 선택 영역을 확장한다.

Ctrl을 누른 상태에서 방향키를 누르면 현재 영역의 상하좌우 마지막 셀로 이동함

03 다음 아래의 삭제 대화 상자는 [홈] 탭-[셀] 그룹-[삭제]에서 [셀 삭제]를 클릭했을 때 나타나는 대화 상자이다. 바로 가기 키로 옳은 것은?

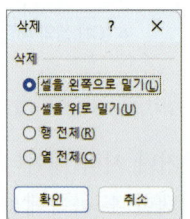

① Alt+[+]를 누른다.
② Alt+[-]를 누른다.
③ Ctrl+[+]를 누른다.
④ Ctrl+[-]를 누른다.

셀 삭제의 바로 가기 키 : Ctrl+[-]

오답 피하기

Ctrl+[+] : 셀 삽입

04 다음 아래의 시트처럼 메일 주소에서 ID와 도메인을 분리하는 패턴으로 만들기 위한 바로 가기 키로 옳은 것은?

	A	B	C
1	메일주소	ID	도메인
2	com@korcham.net	com	korcham.net
3	abc@naver.com		
4	sunny@gmail.com		
5	excel@daum.net		

① Ctrl+Shift+L
② Ctrl+E
③ Ctrl+F
④ Ctrl+T

- Ctrl+E : 빠른 채우기
- [데이터] 탭-[데이터 도구] 그룹-[빠른 채우기]를 이용하여 값을 자동으로 채움

오답 피하기

- Ctrl+Shift+L : 자동 필터
- Ctrl+F : 찾기
- Ctrl+T : 표 만들기

정답 01 ① 02 ④ 03 ④ 04 ②

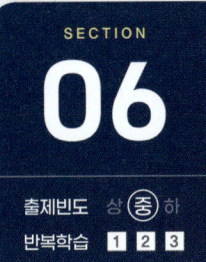

SECTION 06 셀 서식 및 사용자 지정 표시 형식

▶ 합격 강의

출제빈도 상 중 하
반복학습 1 2 3

빈출 태그 셀 서식 • [맞춤] 탭 • 사용자 지정 표시 형식 • 숫자 서식 • 날짜 서식 • 문자열 서식

01 셀 서식(Ctrl + 1) 16년 3월, 11년 10월, 09년 10월

- 셀 서식은 셀에 입력된 데이터를 표시하는 형식을 변경해 준다.
- [홈] 탭-[셀] 그룹-[서식]을 선택한 후 목록에서 [셀 서식]을 실행하거나 바로 가기 메뉴에서 [셀 서식]을 선택한다.

> **기적의 TIP**
> 셀 서식은 각 탭의 기능에 대해 전체적인 이해가 필요한 부분입니다.

1) [표시 형식] 탭

- 셀에 입력된 데이터가 워크시트에 표시되는 형식을 변경한다.
- 표시 형식은 변경해도 실제 데이터는 변하지 않는다.
- [홈] 탭-[셀] 그룹-[서식]을 선택한 후 목록에서 [셀 서식]을 실행한 다음 [셀 서식] 대화 상자의 [표시 형식] 탭에서 설정한다.

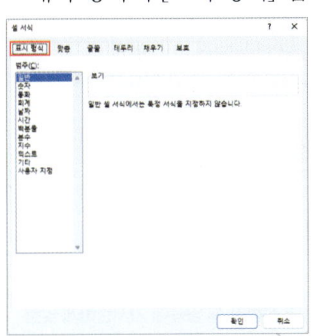

일반	설정된 표시 형식을 엑셀의 기본값으로 되돌림
숫자	숫자의 소수점 이하 자릿수, 1000 단위 구분 기호 등을 지정함
통화	• 숫자 앞에 통화 기호를 붙이고 천 단위마다 쉼표(,)를 삽입함 • 통화 기호의 종류와 소수점에 맞추어 열이 정렬됨
회계	• 숫자 천 단위마다 쉼표(,)를 삽입함 • 통화 기호를 지정했을 경우 셀 시작 부분에 통화 기호를 표기함 • 통화 기호와 소수점에 맞추어 열이 정렬됨
날짜	날짜의 표시 형식을 지정함
시간	시간의 표시 형식을 지정함
백분율	숫자에 100을 곱한 후 뒤에 % 기호를 지정함
분수	숫자를 분수로 표시함
지수	• '2E+03'과 같이 숫자를 지수 형식으로 표시함 • 소수점 이하 자릿수 지정이 가능함
텍스트	입력 데이터를 텍스트 형식의 문자 데이터로 처리함
기타	우편 번호, 전화 번호, 숫자(한자), 숫자(한자-갖은자★), 숫자(한글) 등을 특수 서식으로 표시함
사용자 지정	사용자가 서식 코드를 이용하여 표시 형식을 지정함

통화 서식과 회계 서식
- 통화 서식과 회계 서식은 통화 기호의 표시 위치가 다르며 통화 서식만 음수의 표기 형식이 지원됨
- 0을 입력하고 통화 기호(₩)를 지정하면 0 앞에 ₩ 기호가 표시됨
- 0을 입력하고 회계 기호를 지정하면 0 대신 -(하이픈)으로 표시됨

★ 갖은자
일반적으로 사용하는 한자(漢字)보다 획이 더 많아 그 모양과 구성이 전혀 다른 한자
⑩ 一, 二, 三, 四, 五, 十 → 壹, 貳, 參, 四, 伍, 拾

2) [맞춤] 탭 05년 2월

데이터의 가로, 세로 맞춤 방식과 텍스트 조정 방식 등을 지정한다.

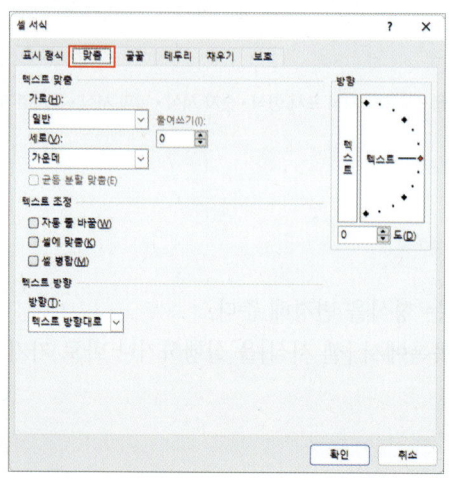

① 텍스트 맞춤 : 가로
- 기본적으로 텍스트에는 왼쪽 맞춤, 숫자에는 오른쪽 맞춤, 논리값과 오류값에는 가운데 맞춤이 사용된다.
- 기본 가로 맞춤은 일반이다.
- '데이터 맞춤'을 변경해도 데이터 형식은 달라지지 않는다.

일반	입력된 데이터에 따라 텍스트는 왼쪽, 숫자는 오른쪽, 논리값과 오류값은 가운데로 맞춤
왼쪽(들여쓰기)	셀의 왼쪽을 기준으로 정렬, 들여쓰기를 지정함
가운데	셀의 가운데를 기준으로 정렬함
오른쪽(들여쓰기)	셀의 오른쪽을 기준으로 정렬, 들여쓰기를 지정함
채우기	셀에 입력된 내용을 반복하여 채움
양쪽 맞춤	셀 안에서 여러 줄로 나누고 단어 사이 공간을 조절하여 셀 양쪽에 가지런하게 맞춤
선택 영역의 가운데로	• 선택 영역의 왼쪽 셀 내용이 선택 영역의 가운데 표시되며 다른 셀의 내용이 모두 없는 상태일 때만 병합이 되면서 설정됨 • 하나의 셀만 선택한 상태에서는 가운데 맞춤과 동일함
균등 분할(들여쓰기)	• 셀 안에서 여러 줄로 나누고 글자 사이 공간을 조절하여 맞춤 • 마지막 줄에 한 글자가 오면 가운데로 맞춤

② 텍스트 맞춤 : 세로
- 셀 내용의 세로 맞춤을 변경하려면 세로 상자에서 옵션을 선택한다.
- 텍스트는 기본적으로 셀 가운데에 세로로 맞춰진다.

위쪽	셀의 내용을 위쪽으로 위치시켜 표시함
가운데	셀의 내용을 셀의 가운데로 위치시켜 표시함
아래쪽	셀의 내용을 셀의 아래쪽으로 위치시켜 표시함
양쪽 맞춤과 균등 분할	셀의 내용이 한 줄에 표시되지 않을 경우 셀 안에서 여러 줄로 나누고 글자 사이 공간을 조절하여 맞춤

▲ 채우기

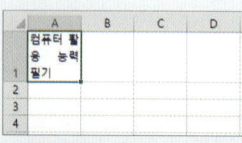

▲ 양쪽 맞춤

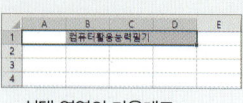

▲ 선택 영역의 가운데로

▲ 균등 분할

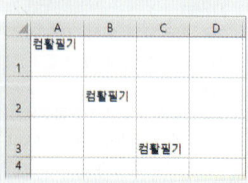

▲ 위쪽, 가운데, 아래쪽

▲ 양쪽 맞춤과 균등 분할

③ 텍스트 조정 24년 상시, 22년 상시, 08년 10월, 06년 2월/9월, 03년 7월

자동 줄 바꿈	• 셀에서 텍스트를 여러 줄로 표시함 • 바꿀 줄의 수는 열 너비와 셀 내용 길이에 따라 달라짐
셀에 맞춤	• 선택한 셀의 모든 데이터가 열에 맞게 표시되도록 글꼴의 문자 크기를 줄임 • 열 너비를 변경하면 문자 크기가 자동으로 조정됨 • 적용된 글꼴 크기는 바뀌지 않음
셀 병합	• 선택한 두 개 이상의 셀을 하나의 셀로 결합함 • 병합된 셀의 셀 참조는 처음에 선택한 범위에서 왼쪽 위에 있는 셀 • 연속적인 위치의 여러 셀을 병합하는 경우 가장 위쪽 또는 왼쪽의 셀 데이터만 남고 나머지는 모두 지워짐

> **기적의 TIP**
>
> 텍스트 조정 내용 중 셀 병합에 대한 내용은 확실히 알고 넘어가세요. 연속적인 위치의 여러 셀을 병합하는 경우의 결과는 자주 출제되는 내용입니다.
>
> **병합된 셀 해제**
> [셀 서식]-[맞춤]에서 '셀 병합' 항목의 체크를 해제시킴

④ 텍스트 방향 24년 상시, 15년 6월

읽는 순서와 맞춤을 지정하려면 방향 상자에서 옵션(텍스트 방향대로, 왼쪽에서 오른쪽, 오른쪽에서 왼쪽)을 선택한다.

⑤ 기타 22년 상시, 09년 10월

들여쓰기	• 가로와 세로에서 선택한 옵션에 따라 셀 가장자리에서 셀 내용을 들여씀 • 들여쓰기 상자의 값은 문자 너비만큼 늘어남
방향	• 텍스트의 표시 각도를 지정함 • 다른 맞춤 옵션을 선택하면 회전 옵션을 사용할 수 없음
도	• 선택한 셀의 텍스트 회전 정도를 설정함 • −90~90도 범위 사이에서 지정하거나 세로 방향으로 지정할 수 있음 • 선택한 텍스트를 셀의 왼쪽 아래에서 오른쪽 위로 회전시키려면 도 상자에 양수를, 왼쪽 위에서 오른쪽 아래로 회전시키려면 음수를 입력함

3) [글꼴] 탭(Ctrl+Shift+F 또는 Ctrl+Shift+P)

- 선택한 텍스트의 글꼴 종류, 글꼴 스타일, 글꼴 크기 및 기타 서식 옵션을 선택한다.
- [글꼴] 그룹에서 지정할 수 없는 밑줄의 종류와 글꼴 효과를 지정할 수 있다.
- '기본 글꼴' 항목을 선택하면 현재 지정한 글꼴을 모두 취소하고, 엑셀의 기본 글꼴 설정값으로 되돌린다.

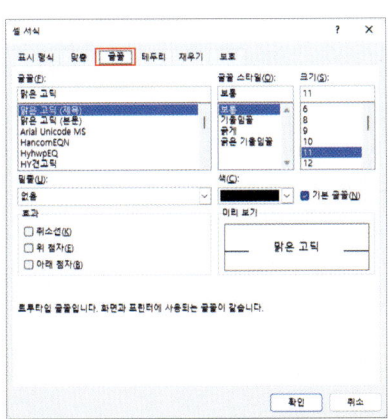

- [파일] 탭-[옵션]-[Excel 옵션]-[일반]에서 '다음을 기본 글꼴로 사용'과 '글꼴 크기'를 설정할 수 있다.

> **셀 서식 관련 바로 가기 키**
> • Ctrl+1 : 셀 서식
> • Ctrl+2 : 굵게 적용 및 취소
> • Ctrl+3 : 기울임꼴 적용 및 취소
> • Ctrl+4 : 밑줄 적용 및 취소
> • Ctrl+5 : 취소선 적용 및 취소

> **개념 체크**
>
> 1 엑셀의 기본 글꼴 설정값으로 되돌리려면 (　　) 항목을 선택한다.
>
> 2 [글꼴] 탭에서는 글꼴 종류, 글꼴 스타일, 글꼴 크기 및 기타 서식 옵션을 선택할 수 있다. (o, x)
>
> 1 기본 글꼴 2 o

4) [테두리] 탭

- 선택 영역에 테두리를 그린다.
- [글꼴] 그룹에서 지정할 수 없는 선의 스타일과 색, 대각선을 지정할 수 있으며, 동일한 영역의 각 부분에 대해 서로 다른 테두리를 설정하여 적용시킬 수 있다.
- 선의 스타일과 색을 선택한 다음 미리 설정 단추나 테두리 단추를 클릭하여 테두리를 그린다.
- 미리 보기 부분을 마우스로 클릭하여 테두리를 그리거나 취소할 수도 있다.

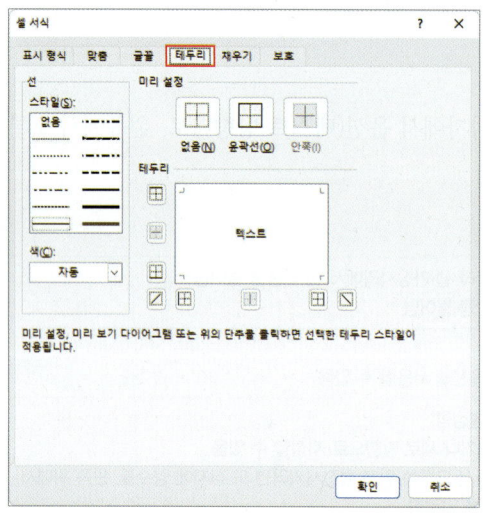

5) [채우기] 탭

색 상자에서 배경색을 선택하고 무늬 스타일 상자에서 무늬를 선택하여 선택 영역에 색과 무늬로 서식을 지정한다.

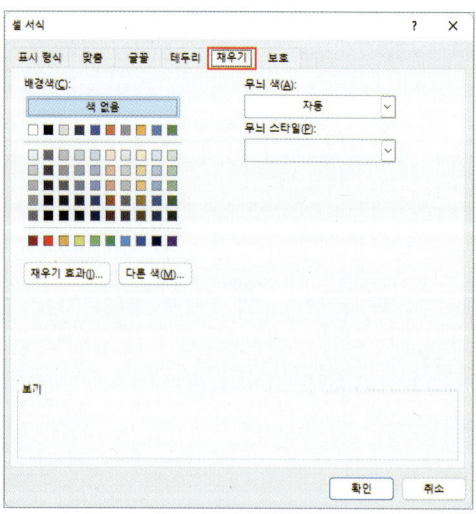

 개념 체크

1. [테두리] 탭에서는 선의 스타일과 색을 선택한 다음 (   ) 단추나 (   ) 단추를 클릭하여 테두리를 그린다.
2. 미리 보기 부분을 마우스로 클릭하여 테두리를 그리거나 취소할 수 있는 탭은 (   )이다.
3. [테두리] 탭에서 동일한 영역의 각 부분에 대해 서로 다른 테두리를 설정하여 적용시킬 수 없다. (ㅇ, ×)
4. [채우기] 탭에서는 배경색과 무늬 스타일을 설정할 수 있다. (ㅇ, ×)

1 미리 설정, 테두리 2 [테두리] 탭 3 × 4 ㅇ

6) [보호] 탭

- 선택 영역의 원본 수식을 보이지 않게 하거나, 셀 내용을 변경하지 못하도록 보호한다.
- 잠금과 숨김은 워크시트가 보호([검토] 탭-[변경 내용] 그룹-[시트 보호])되어 있어야 정상적으로 동작하며, 보호되어 있지 않은 워크시트에서는 효과가 없다.

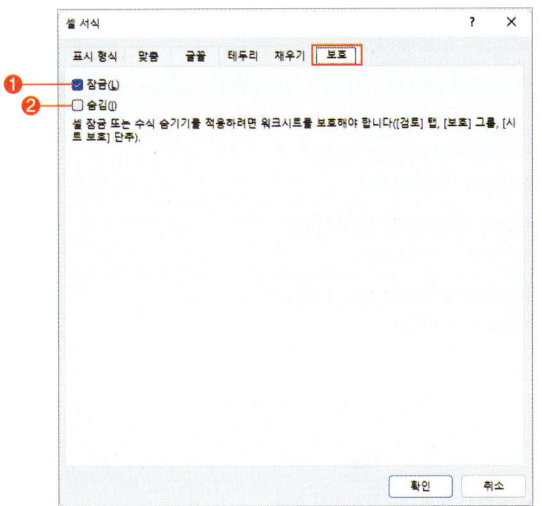

❶ 잠금	선택한 셀이 변경, 이동, 크기 조정 또는 삭제되지 않도록 보호함
❷ 숨김	셀을 선택할 때 수식 입력줄에 수식이 표시되지 않도록 셀의 수식을 숨김

02 사용자 지정 표시 형식 25년 상시, 24년 상시, 23년 상시, 22년 상시, 21년 상시, 17년 3월/9월, 15년 10월, …

- [셀 서식] 대화 상자의 [표시 형식] 탭에서 원하는 표시 형식을 찾을 수 없을 때 사용자가 서식 코드를 사용하여 직접 표시 형식을 만들어 사용한다.
- 종류를 '사용자 지정'으로 선택한 후 '형식' 입력 상자에서 기존 코드를 수정하여 사용하거나 새로운 서식 코드를 만들어 입력하고 [확인]을 클릭한다.

▶ 사용자 지정 서식 코드의 기본 구성

#,##0;[빨강](#,##0);0.00;@"님"
양수   음수   0값 텍스트

- 서식 코드는 모두 네 개의 구역까지 지정할 수 있으며, 각 구역은 세미콜론(;)으로 구분한다.
- 기본적으로 조건이 없는 경우 각 구역은 차례대로 양수, 음수, 0값, 텍스트의 표시 형식을 지정하는 서식 코드를 의미하며, 특정 구역을 생략하려면 서식 코드를 입력하지 않고 세미콜론(;)만 사용하면 된다.
- 구역을 하나만 지정하면 모든 숫자에 해당 서식이 적용된다.

기적의 TIP

사용자 지정 표시 형식은 매우 중요하며 시험에서 결과를 찾는 능력을 묻는 문제로 자주 출제됩니다. 특히, 숫자, 날짜 서식에 대한 내용을 중점적으로 학습해 두세요.

개념 체크

1 잠금과 숨김은 워크시트가 (   )되어 있어야 정상적으로 동작한다.
2 숨김은 셀을 선택할 때 (   ) 입력줄에 (   )이 표시되지 않도록 셀의 (   )을 숨긴다.
3 잠금과 숨김 기능은 워크시트의 보호 여부와 관계 없이 동작한다. (○, ×)

1 보호 2 수식 3 ×

- 두 개의 구역만 지정하면 첫 번째 구역이 양수와 0에 적용되고, 두 번째 구역이 음수에 적용된다.
- 세미콜론 세 개(;;;)를 연속하여 사용하면 입력 데이터가 셀에 나타나지 않는다.

▶ 표시 형식 관련 도구

도구	명칭	기능
회계	회계 표시 형식	숫자 앞에 통화 기호를 붙이고 천 단위마다 콤마를 표시함 예 1234567 → ₩1,234,567
%	백분율 스타일	숫자에 100을 곱한 후 숫자 뒤에 % 기호를 표시함([Ctrl]+[Shift]+[%]) 예 327 → 32700%
,	쉼표 스타일	숫자 천 단위마다 쉼표를 표시함 예 1234567 → 1,234,567
←.0 .00	자릿수 늘림	소수 이하 자릿수를 한 자리씩 늘림 예 126.456 → 126.4560
.00 →.0	자릿수 줄임	소수 이하 자릿수를 한 자리씩 줄임 예 126.456 → 126.46

셀 서식의 사용자 지정
셀의 빈 열 폭 만큼 원하는 문자를 넣을 때 *을 이용하여 * 다음에 원하는 문자를 위치시킴
예 **#,##0 → ****1,000
*&#,##0 → &&1,000

1) 숫자 서식 20년 2월/7월, 19년 3월/8월, 18년 3월, 16년 3월/6월, 15년 3월/10월, 12년 3월/6월, 10년 3월, 09년 2월/7월

코드	기능
#	유효 자릿수만 나타내고 유효하지 않은 0은 표시하지 않음 예 ##.## : 345.678 → 345.68
0	유효하지 않은 자릿수를 0으로 표시함 예 000.00 : 45.6 → 045.60
?	소수점 왼쪽 또는 오른쪽에 있는 유효하지 않은 0 대신 공백을 추가하여 소수점을 맞춤
,	• 천 단위 구분 기호로 쉼표를 삽입함 • ,(쉼표) 이후에 더 이상 코드를 사용하지 않으면 천 단위 배수로 표시함 예 #,###, : 1234567 → 1,235
[글꼴 색]	각 구역의 첫 부분에 지정하며 대괄호 안에 글꼴 색을 입력함 예 [빨강](#,###) : -1234 → -(1,234)
[조건]	• 조건과 일치하는 숫자에만 서식을 적용하고자 할 때 사용함 • 조건은 대괄호로 묶어 입력하며 비교 연산자와 값으로 이루어짐 예 [>100]##,000 : 325.8 → 325,800

[검정], [파랑], [녹청], [녹색], [자홍], [빨강], [흰색], [노랑]으로 색을 지정할 수 있음

0값의 표시 방법
- 선택한 셀의 0값 숨기기 : 표시 형식을 '사용자 지정'으로 선택한 후 『0;-0;;@』로 코드를 입력함
- 모든 셀의 0값 숨기기 : [Excel 옵션]-[고급]에서 '0 값이 있는 셀에 0표시' 확인란의 선택을 취소함
- 선택한 셀의 데이터 숨기기 : 표시 형식을 '사용자 지정'으로 선택한 후 『;;;』로 코드를 입력함

▶ 숫자 서식의 예

입력 데이터	표시 형식	적용 결과
1234.56789	#,###	1,235
1234.56789	#,###.#	1,234.6
123456789	#,	123457
123456789	#,,	123
1234.56789	00.0	1234.6
12.3	000.000	012.300
123.4	???.???	123.4
12.345		12.345
123		123.

9999	[빨강][>=10000]#,##0	9999
10000		10,000
98	[파랑][>=95]##.#	98.

2) 날짜 서식 07년 10월, 04년 2월

날짜 코드		기능	예
연도	yy	연도를 끝 두 자리만 표시함	00-99
	yyyy	연도를 네 자리로 표시함	1900-9999
월	m	월을 1에서 12로 표시함	1-12
	mm	월을 01에서 12로 표시함	01-12
	mmm	월을 Jan에서 Dec로 표시함	Jan-Dec
	mmmm	월을 January에서 December로 표시함	January-December
일자	d	일을 1에서 31로 표시함	1-31
	dd	일을 01에서 31로 표시함	01-31
요일	ddd	요일을 Sun에서 Sat로 표시함	Sun-Sat
	dddd	요일을 Sunday에서 Saturday로 표시함	Sunday-Saturday
	aaa	요일을 월에서 일로 표시함	월-일
	aaaa	요일을 월요일에서 일요일로 표시함	월요일-일요일

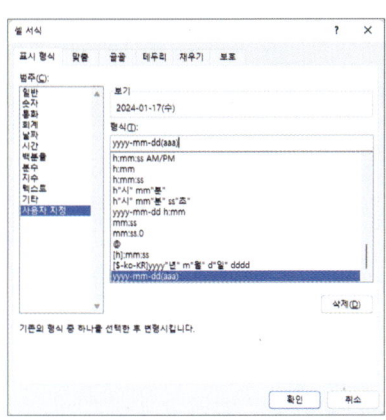
▲ aaa가 적용된 예

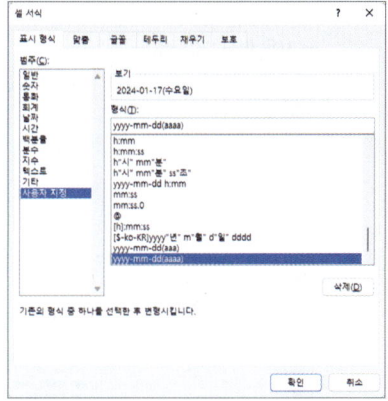
▲ aaaa가 적용된 예

▶ 날짜 서식의 예

입력 데이터	표시 형식	적용 결과
26-1-17	yy. m. d	26. 1. 17
26-1-17	yyyy. mmm	2026. Jan
26-1-17	yyyy년 mm월 dd일 ddd	2026년 01월 17일 Sat
10	yyyy-mm-dd	1900-01-10

m 코드
h 또는 hh 코드 바로 다음이나 ss 코드 바로 전에 m 코드를 사용하면 월 대신 분이 표시됨

3) 시간 서식 10년 3월, 08년 5월

경과 시간
- [h] : 경과한 시간으로
- [mm] : 경과한 분으로
- [ss] : 경과한 초로

초를 소수로
ss.00 : 초를 소수로

시간 코드		기능	예
시간	h	시간을 0에서 23으로 표시함	0-23
	hh	시간을 00에서 23으로 표시함	00-23
분	m	분을 0에서 59로 표시함	0-59
	mm	분을 00에서 59로 표시함	00-59
초	s	초를 0에서 59로 표시함	0-59
	ss	초를 00에서 59로 표시함	00-59
오전/오후	am/pm, AM/PM	시간을 12시간제로 표시함	시간 AM/PM

▶ 시간 서식의 예

입력 데이터	표시 형식	적용 결과
10:10	hh:mm:ss	10:10:00
13:30	h:mm AM/PM	1:30 PM
0.5	hh:mm	12:00

4) 문자열 서식 12년 3월, 07년 5월

코드	기능
*	• * 뒤에 문자를 셀 너비 만큼 채워서 나타나게 함 • 사용 형식 : *0#,##0 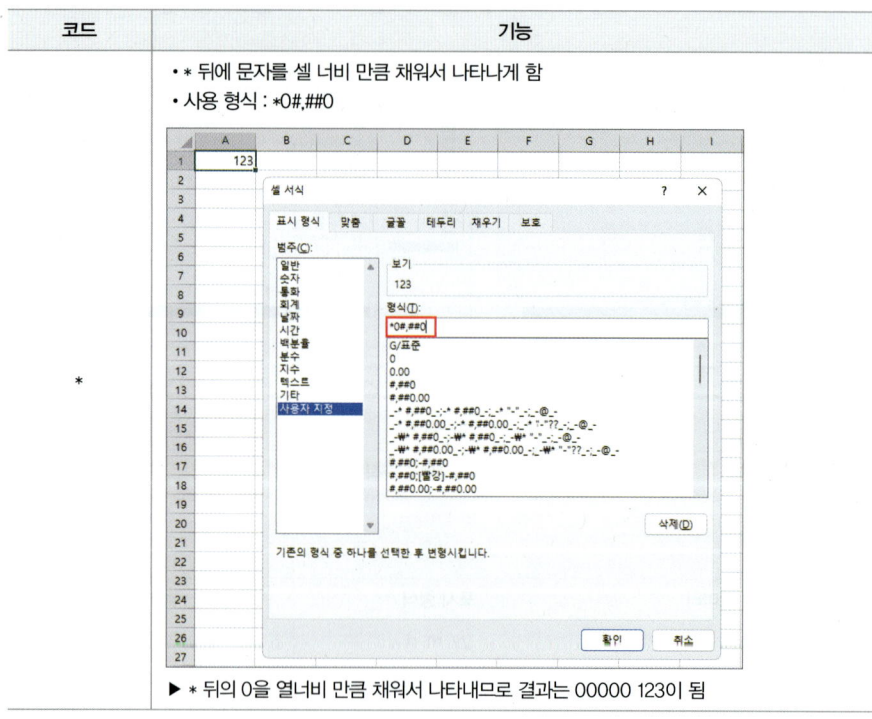 ▶ * 뒤의 0을 열너비 만큼 채워서 나타내므로 결과는 00000 1230이 됨

개념 체크

1 시간을 12시간제로 표시할 때 사용하는 코드는?
2 시간을 00에서 23으로 표시하는 코드는?
3 분을 0에서 59로 표시하는 코드는?
4 0.5 시간을 'hh:mm' 형식으로 표시하면 어떻게 나타나는가?

1 am/pm(AM/PM) 2 hh
3 m 4 12:00

- 문자 뒤에 특정한 문자열을 함께 나타나게 함
- 숫자의 경우 @ 코드를 적용하면 숫자는 문자열의 성질이 됨
- 사용 형식 : @닷컴

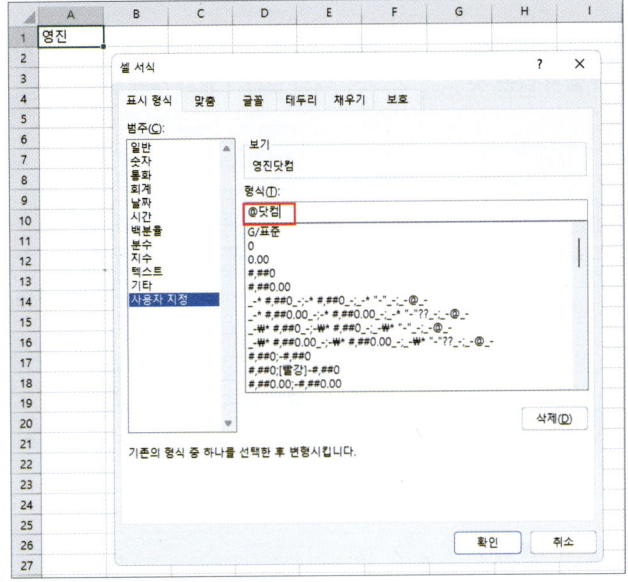

▶ '영진'을 입력하면 '영진닷컴'이 됨

셀 서식에 공백 추가
입력한 숫자의 오른쪽 끝에서 하나의 공백을 삽입하려면 '#, ##0_-' 기호를 사용함

5) 기타 09년 4월, 08년 8월, 05년 10월

[표시 형식] 탭의 [범주]-[기타]의 형식 중 숫자(한자), 숫자(한자-갖은자), 숫자(한글)는 사용자 지정 서식의 숫자를 한자나 한글로 나타내는 [DBNum1], [DBNum2], [DBNum4]와 같은 결과를 나타낸다.

입력값	사용자 지정 서식	기타의 형식	결과
123	[DBNum1]	숫자(한자)	一百二十三
	[DBNum2]	숫자(한자-갖은자)	壹百貳拾參
	[DBNum3]	없음	百2十3
	[DBNum4]	숫자(한글)	일백이십삼

기적의 TIP

[DBNum1], [DBNum2], [DBNum3], [DBNum4]의 결과를 산출하는 방법을 익혀 두세요.

개념 체크

1 사용자 지정 서식에서 숫자를 일반 한자로 나타내려면 [DBNum1] 코드를 사용한다. (○, ×)
2 숫자를 한글로 표시하려면 [DBNum3] 코드를 사용한다. (○, ×)
3 숫자를 한자의 갖은자로 나타내려면 [DBNum2] 코드를 사용한다. (○, ×)

1 ○ 2 × 3 ○

이론을 확인하는 기출문제

01 다음 중 서식 코드를 셀의 사용자 지정 표시 형식으로 설정한 경우 입력 데이터와 표시 결과가 옳지 않은 것은?

서식 코드	입력 데이터	표시
ⓐ # ???/???	3.75	3 3/4
ⓑ 0,00#,	-6789	-0,007
ⓒ *-#,##0	6789	*----6789
ⓓ ▲#;▼#;0	-6789	▼6789

① ⓐ ② ⓑ
③ ⓒ ④ ⓓ

> 셀의 빈 열 폭 만큼 원하는 문자를 넣을 때 *를 이용하여 * 다음에 원하는 문자를 위치시키므로 ⓒ의 결과는 ----6,789로 표시됨

02 다음 중 셀 서식의 표시 형식 기호가 "₩#,###;-₩#,##0"으로 설정된 셀에 6345.678을 입력하였을 때의 표시 결과로 옳은 것은?

① ₩6340 ② ₩6,340
③ ₩6,345 ④ ₩6,346

> 입력된 값이 양수이므로 ₩#,###가 적용되어 숫자 앞에 ₩가 표시되고 천 단위 콤마(,)가 반올림된 수에 표시되며 소수점 뒷자리는 없어짐

03 다음 중 셀에 입력된 데이터에 사용자 지정 표시형식을 설정한 후의 표시 결과로 옳은 것은?

① 0.25 → 0#.#% → 0.25%
② 0.57 → #.# → 0.6
③ 90.86 → #,##0.0 → 90.9
④ 100 → #,###;@"점" → 100점

> • 90.86 → #,##0.0 → 90.9 : 소수점 뒤의 0이 하나이므로 반올림되어 90.9가 됨
> • #은 유효 자릿수만 나타내고 유효하지 않은 0은 표시하지 않음
> • 0은 유효하지 않은 자릿수를 0으로 표시함
>
> **오답 피하기**
> • ① 0.25 → 0#.#% → 25.% : 백분율(%)은 숫자에 곱하기 100을 하므로 25가 되어 25.%가 됨
> • ② 0.57 → #.# → .6 : 소수점 앞의 #은 유효하지 않은 0은 표시하지 않으며 뒤의 #은 하나이므로 반올림 되어 .6이 됨
> • ④ 100 → #,###;@"점" → 100 : 100이 숫자이므로 #,###이 적용되어 100이 됨. 문자로 "백"이 입력되는 경우는 "백점"이 됨

04 다음 중 입력한 데이터에 지정된 사용자 지정 표시 형식의 결과가 옳지 않은 것은?

① | 입력자료 | 엑셀 |
| --- | --- |
| 표시형식 | @@@ |
| 결과 | 엑셀엑셀엑셀 |

② | 입력자료 | 1 |
| --- | --- |
| 표시형식 | #"0,000" |
| 결과 | 10,000 |

③ | 입력자료 | 0.5 |
| --- | --- |
| 표시형식 | [<1]0.??;#,### |
| 결과 | 0.50 |

④ | 입력자료 | 2012-10-09 |
| --- | --- |
| 표시형식 | mmm-dd |
| 결과 | Oct-09 |

코드	기능
대괄호([ ])	조건이나 글꼴색 지정
#	유효 자릿수만 나타내고 유효하지 않은 0은 표시하지 않음
0	유효하지 않은 자릿수를 0으로 표시함
?	유효하지 않은 0 대신 공백을 표시함
,	천 단위 구분 기호로 쉼표를 삽입함
;	서식 코드 구역 구분

> • 표시형식 [<1]0.??;#,###에서 입력자료 0.5는 조건 [<1]에 의해 1보다 작은 값이므로 0.??이 적용됨(1이상인 경우는 #,###이 적용)
> • 따라서, 0.5에 0.??이 적용되어서 결과는 0.5가 됨(문제의 보기처럼 0.50이 되려면 0.?0으로 수정하면 됨)

입력자료	0.5
표시형식	[<1]0.??;#,###
결과	0.5

오답 피하기
• ① : @는 문자 뒤에 특정한 문자열을 함께 나타나게 하는 기능으로 표시형식이 문자 없이 그냥 @@@이므로 입력자료 "엑셀"이 적용되면 "엑셀"이 세 번 반복되어 나타남
• ② : #은 유효 자릿수만 나타내고 유효하지 않은 0은 표시하지 않으므로 표시형식 #"0,000"에 입력자료 "1"이 적용되면 1 뒤에 "0,000"이 붙어서 10,000이 됨
• ④ : mmm은 월을 Jan~Dec로 표시하고, dd는 일을 01~31로 표시하므로 표시형식 mmm-dd에 입력자료 "2012-10-09"가 적용되면 연도는 표시되지 않고 Oct-09가 됨

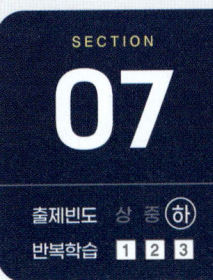

SECTION 07 서식 설정

▶ 합격 강의

빈출 태그 행 높이 및 열 너비 • 조건부 서식 • 셀 스타일

01 행 높이 및 열 너비

1) 행 높이

- 기본적으로 기본 글꼴의 크기(포인트 단위)로 되어 있다.
- 입력된 데이터의 글꼴 크기를 변경하면 자동으로 행의 높이도 변경된다. 단, 글꼴의 크기를 기본 글꼴의 크기보다 더 줄일 경우 기본 글꼴의 크기만큼 행 높이를 유지한다.
- 행 머리글의 아래 경계선을 더블클릭하면 해당 행에서 가장 큰 글자에 맞추어 높이가 조절된다.
- 행의 높이를 바꾸려면 머리글이나 셀 범위를 지정하고 [홈] 탭-[셀] 그룹-[서식]을 선택한 후 목록에서 [행 높이]를 실행하여 원하는 높이를 입력한다.

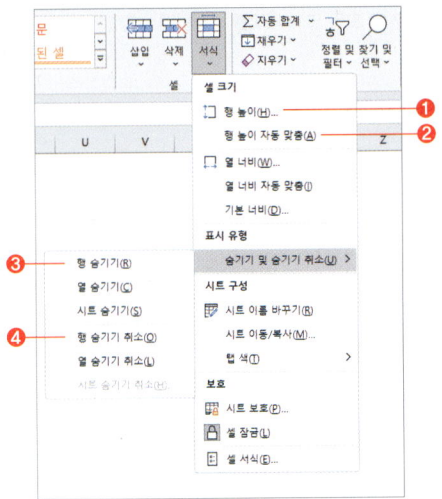

❶ 행 높이	• 0~409 포인트 범위에서 직접 수치를 입력하여 높이를 변경함 • 0으로 입력할 경우 해당 행은 숨겨짐
❷ 행 높이 자동 맞춤	가장 큰 글꼴의 크기에 맞추어 자동으로 행의 높이를 조정함
❸ 행 숨기기	선택한 행을 화면에서 숨김
❹ 행 숨기기 취소	선택 영역에서 숨겨진 행을 다시 화면에 표시함

2) 열 너비

- 열 너비는 기본 글꼴의 문자 수 단위로 지정한다.
- 열 너비를 바꾸려면 열 머리글이나 셀 범위를 지정하고 [홈] 탭-[셀] 그룹-[서식]-[열 너비]를 실행 후 원하는 너비를 입력한다.

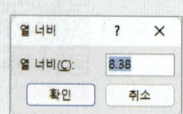
열 너비의 표준 값 : 8.38

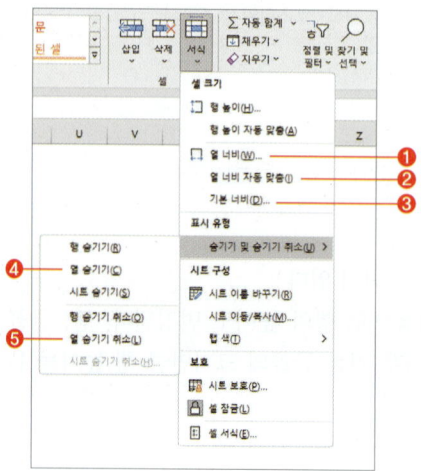

① 열 너비	• 입력 상자에 0~255 범위에서 수치를 입력하여 너비를 지정함 • 0을 입력하면 해당 열을 화면에서 숨김
② 열 너비 자동 맞춤	입력된 데이터 중 가장 긴 데이터에 맞추어 자동으로 열의 너비를 조정함
③ 기본 너비	사용자가 열의 너비를 변경하지 않은 모든 열의 너비를 한꺼번에 변경함
④ 열 숨기기	선택한 열을 화면에서 숨김
⑤ 열 숨기기 취소	선택 영역에서 숨겨진 열을 다시 화면에 표시함

3) 마우스를 이용한 행/열 크기 조절 12년 3월

- 행/열 머리글 경계선을 마우스로 끌어 크기를 조절한다.
- 여러 개의 행/열을 선택한 후 경계선을 끌면 범위로 지정된 모든 행/열이 동일한 크기로 조절된다.
- 열 머리글 경계선을 더블클릭하면 가장 긴 문자 데이터에 맞추어 너비가 자동 조절된다.
- 행 머리글 경계선을 더블클릭하면 가장 큰 글꼴에 맞추어 높이가 자동 조절된다.

4) 행/열 숨기기 12년 3월

- [홈] 탭-[셀] 그룹-[서식]을 선택한 후 목록에서 [숨기기 및 숨기기 취소]-[행 숨기기] 또는 [열 숨기기]를 실행하면 행이나 열을 화면에 보이지 않게 숨길 수 있다.
- 마우스로 행의 높이 또는 열의 너비를 변경할 때 크기가 '0'이 되도록 조정하면 행이나 열을 숨길 수 있다.

✓ 개념 체크

1. 행 높이를 조절할 수 있는 범위는 0~( ) 포인트이다.
2. 열 너비를 조절할 수 있는 범위는 0~( ) 범위에서 수치를 입력하여 지정한다.
3. 열 너비를 입력된 데이터 중 가장 긴 데이터에 맞추어 자동으로 조정하는 기능은 '열 너비 ( )'이다.
4. 사용자가 열의 너비를 변경하지 않은 모든 열의 너비를 한꺼번에 변경하는 기능은 ( )이다.

1 409 2 255 3 자동 맞춤 4 기본 너비

- 숨겨진 행이나 열을 다시 화면에 나타내려면 양쪽에 있는 행이나 열을 범위로 지정하고 [홈] 탭-[셀] 그룹-[서식]을 선택한 후 목록에서 [숨기기 및 숨기기 취소]-[행 숨기기 취소] 또는 [열 숨기기 취소]를 실행한다.
- 바로 가기 메뉴의 [숨기기] 및 [숨기기 취소]로 행과 열을 숨기거나 취소할 수 있다.

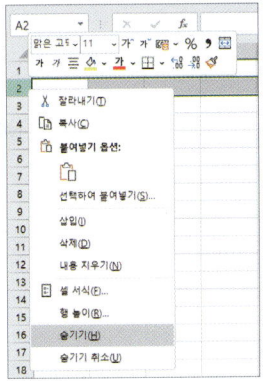

02 기타 서식

1) 표 서식과 요약 행

선택한 범위에 엑셀에서 기본으로 제공하는 표 서식을 적용한다.

따라하기 TIP

따라하기 파일 • Part02_Chapter02_기타서식.xlsx

① 범위를 설정한 후 [홈] 탭-[스타일] 그룹-[표 서식]을 클릭하여 실행한다. [밝게], [중간], [어둡게] 중에서 원하는 표 서식을 선택한다.

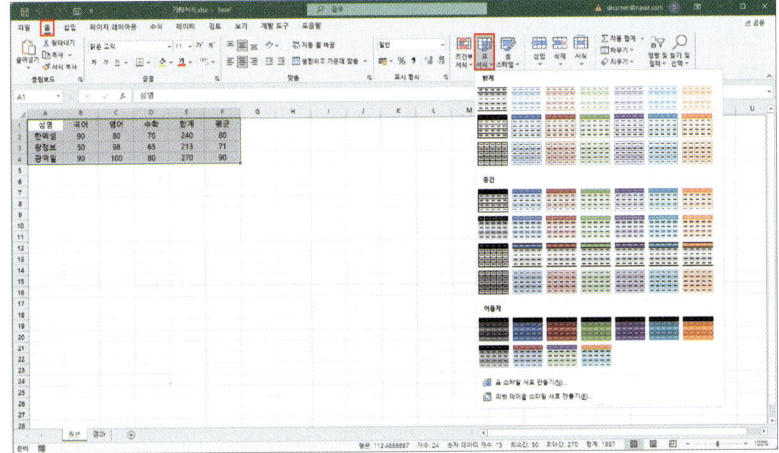

② [표 서식] 대화 상자가 표시되면 범위가 정확한지 확인한 다음 [머리글 포함]을 선택하고 [확인]을 클릭한다.

개념 체크

1. 열 머리글 ( )을 더블클릭하면 가장 긴 문자 데이터에 맞추어 너비가 자동 조절된다.
2. 행/열 머리글 경계선을 ( )로 끌어 크기를 조절한다.
3. 열 머리글 경계선을 더블클릭하면 가장 큰 글꼴에 맞추어 높이가 자동 조절된다. (○, ×)
4. 마우스로 행의 높이 또는 열의 너비를 변경할 때 크기가 '0'이 되도록 조정하면 행이나 열을 숨길 수 없다. (○, ×)

1 경계선 2 마우스 3 × 4 ×

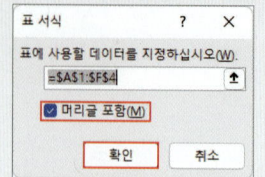

③ [테이블 디자인] 탭-[표 스타일 옵션] 그룹-[요약 행]을 설정하면 하단에 요약 행이 나타난다.

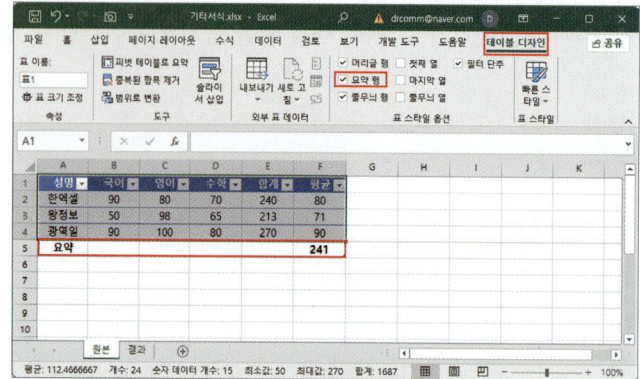

④ 목록 단추(▼)를 클릭하여 원하는 함수를 선택한다.

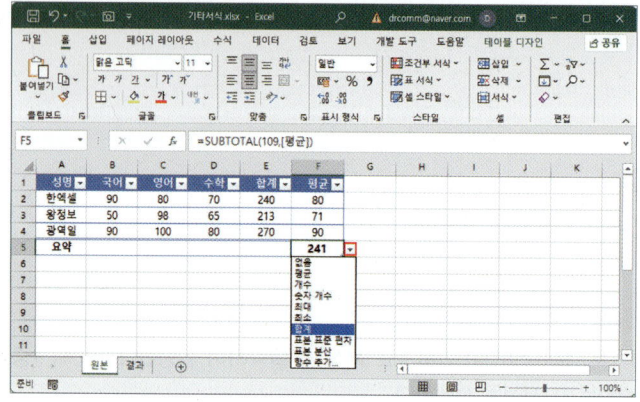

2) 조건부 서식 24년 상시, 22년 상시, 18년 9월, 16년 10월, 15년 3월/6월, 14년 6월, 11년 3월, 09년 2월, 08년 8월/10월, 03년 7월, …

- 특정한 규칙을 만족하는 셀에 대해서만 각종 서식, 테두리, 셀 배경색 등의 서식을 설정한다.
- [홈] 탭-[스타일] 그룹-[조건부 서식]에서 선택하여 적용한다.

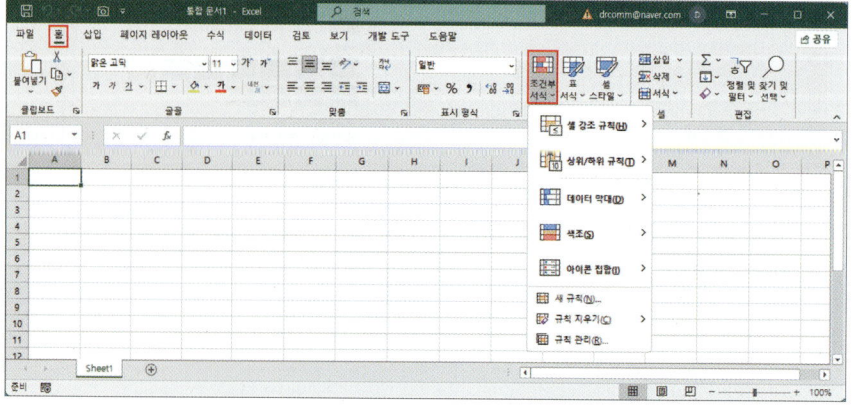

셀 강조 규칙	범위로 설정된 셀에 강조 규칙을 설정함
상위/하위 규칙	범위로 설정된 셀에 상위/하위 강조 규칙을 설정함
데이터 막대	셀에 색이 지정된 데이터 막대를 표시함. 셀 값은 데이터 막대 길이로 나타내므로 높은 값은 막대의 길이가 김
색조	상위와 하위 또는 상위, 중간, 하위 색을 지정하여 표시하고 그 사이의 값은 지정한 색 사이의 색으로 적절하게 표시함. 셀 음영은 셀 값을 나타냄
아이콘 집합	각 셀에 해당 아이콘 집합의 아이콘을 표시해 주며 각 아이콘은 셀 값을 의미함
새 규칙	[새 서식 규칙] 대화 상자를 표시함
규칙 지우기	선택한 셀이나 시트 전체, 표, 피벗 테이블의 규칙을 지움
규칙 관리	조건부 서식을 수정할 수 있는 [조건부 서식 규칙 관리자] 대화 상자를 표시함

- 조건부 서식은 기존의 셀 서식에 우선하여 적용된다.
- 여러 개의 규칙이 모두 만족될 경우 지정한 서식이 충돌하지 않으면 규칙이 모두 적용되며, 서식이 충돌하면 우선순위가 높은 규칙의 서식이 적용된다.
- 규칙으로 설정된 해당 셀의 값들이 변경되어 규칙을 만족하지 않을 경우 적용된 서식이 해제된다.
- 규칙의 개수에는 제한이 없다.
- 서식이 적용된 규칙으로 셀 값 또는 수식을 설정할 수 있다. 규칙을 수식으로 입력할 경우 수식 앞에 등호(=)를 반드시 입력해야 한다.
- 규칙을 만족하는 데이터가 있는 행 전체에 서식을 지정할 때는 규칙 입력 시 열 이름 앞에만 '$'를 붙인다.

① [조건부 서식 규칙 관리자] 대화 상자

[홈] 탭-[스타일] 그룹-[조건부 서식]-[규칙 관리]를 선택하여 실행한다.

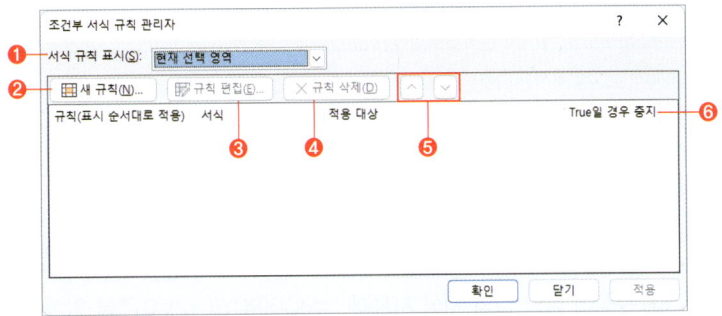

❶ 서식 규칙 표시	현재 선택 영역, 현재 워크시트, 시트 중에서 선택함
❷ 새 규칙	[새 서식 규칙] 대화 상자가 표시되며 새 규칙을 지정할 수 있음
❸ 규칙 편집	선택한 규칙을 수정할 수 있음
❹ 규칙 삭제	선택한 규칙을 삭제할 수 있음
❺ 위로 이동/아래로 이동	규칙이 2개 이상인 경우 선택한 규칙을 위, 아래로 이동하여 우선순위를 변경함
❻ True일 경우 중지	선택 시 조건이 True일 경우 중지함. 단, 데이터 막대나 색조, 아이콘 집합을 사용하여 규칙 서식을 지정하는 경우는 선택 또는 선택 취소를 할 수 없음

기적의 TIP

수동 서식은 [조건부 서식 규칙 관리자] 대화 상자에 나열되지 않으며, 우선순위를 결정하는 데 사용되지 않습니다.

기적의 TIP

조건부 서식에서 적용 대상이 절대 참조로 표시되는 것에 주의하세요.

> **기적의 TIP**
>
> 피벗 테이블 보고서에서 값 영역의 필드에 조건부 서식을 적용하는 경우 [고유 또는 중복 값만 서식 지정]을 사용할 수 없음에 주의하세요.

② [새 서식 규칙] 대화 상자

[홈] 탭-[스타일] 그룹-[조건부 서식]-[새 규칙]을 선택하여 실행한다.

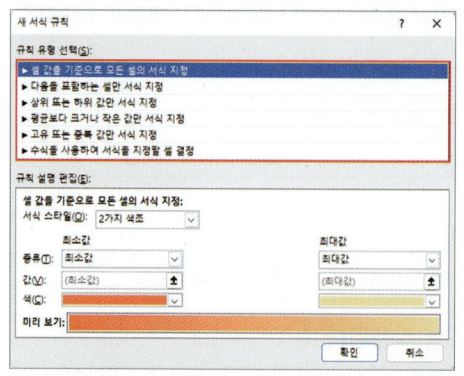

셀 값을 기준으로 모든 셀의 서식 지정	셀 값에 따라 2가지 색조, 3가지 색조, 데이터 막대, 아이콘 집합 서식 스타일을 이용하여 모든 셀에 서식을 지정함
다음을 포함하는 셀만 서식 지정	셀 값, 특정 텍스트, 발생 날짜, 빈 셀, 내용 있는 셀, 오류, 오류 없음 등이 포함된 셀에 설정된 조건에 따라 서식을 지정함
상위 또는 하위 값만 서식 지정	지정한 기준 값에 따라 셀 범위에서 최상위, 최하위 값과 백분율(%) 값을 찾아 서식을 지정함(예 가장 많이 팔린 3개 제품, 하위 10%에 해당하는 실적 등을 찾을 때)
평균보다 크거나 작은 값만 서식 지정	셀 범위에서 평균이나 표준 편차보다 크거나 작은 값을 찾아 서식을 지정함
고유 또는 중복 값만 서식 지정	지정된 셀 값 중에 고유한 값이나 중복된 값에 서식을 지정함
수식을 사용하여 서식을 지정할 셀 결정	여러 복잡한 조건부 서식을 적용하는 경우 논리 수식이나 함수를 사용하여 서식 조건을 지정함

따라하기 TIP

따라하기 파일 • Part02_Chapter02_조건부서식01.xlsx

MOD 함수와 ROW 함수를 이용하여 짝수 행에 "파랑 셀 색, 글꼴스타일 굵게"의 서식을 지정해 보자.

① 조건부 서식을 적용할 범위를 설정한 다음 [홈] 탭-[스타일] 그룹-[조건부 서식]-[새 규칙]을 클릭한다.
② [새 서식 규칙] 대화 상자의 [규칙 유형 선택]에서 '수식을 사용하여 서식을 지정할 셀 결정'을 선택하고 [다음 수식에 참인 값의 서식 지정]에 『=MOD(ROW( ),2)=0』★을 입력한 다음 [서식]을 클릭한다.
③ [셀 서식] 대화 상자의 [글꼴] 탭에서 '글꼴 스타일'을 [굵게]로 지정하고, [채우기] 탭에서 '배경색'을 [파랑]으로 지정한 후 [새 서식 규칙] 대화 상자의 [확인]을 클릭한다.

> ★ =MOD(ROW( ),2)=0
> ROW는 현재 행 번호를 구해주므로 현재 행을 2로 나눈 나머지를 MOD 함수로 구한 결과가 0인 경우는 짝수 행임

> =MOD(COLUMN(A$1),2)=0
> COLUMN은 열 번호를 구해주며 열을 2로 나눈 나머지를 MOD 함수로 구한 결과가 0인 경우 짝수 열이므로 [A1:E5] 영역일 경우 B열과 D열에만 배경색을 설정하기 위한 조건부 서식 규칙에 해당됨

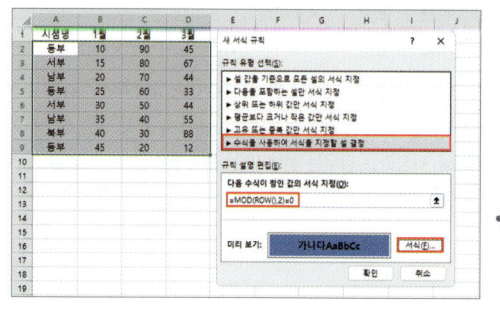

따라하기 TIP

따라하기 파일 • Part02_Chapter02_조건부서식02.xlsx

응시인원이 20 이상이고(AND), 평균점수가 90 이상인 경우 서식을 설정하는 방법으로 행 전체에 서식을 지정하므로 조건 입력 시 열 이름 앞에만 '$'를 붙이도록 하자.

① 조건부 서식을 적용할 범위를 설정한 다음 [홈] 탭-[스타일] 그룹-[조건부 서식]-[새 규칙]을 클릭한다.
② [새 서식 규칙] 대화 상자의 [규칙 유형 선택]에서 '수식을 사용하여 서식을 지정할 셀 결정'을 선택하고 [다음 수식에 참인 값의 서식 지정]에 『=AND($B2>=20,$C2>=90)』을 입력한 다음 [서식]을 클릭한다.
③ [셀 서식] 대화 상자에서 서식을 지정한 후 [새 서식 규칙] 대화 상자의 [확인]을 클릭한다.

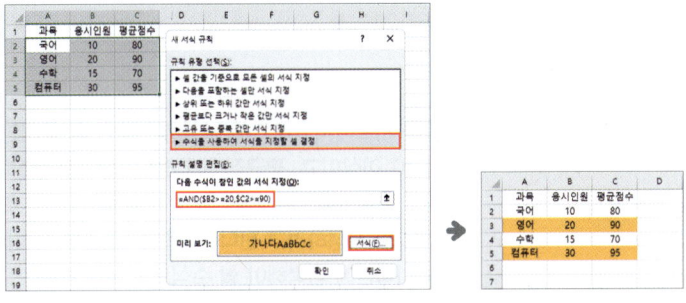

- 한 단계에서 여러 서식을 적용하고 셀의 서식이 일관되도록 하려면 셀 스타일을 사용함
- 사용 중인 셀 스타일을 수정하면 자동으로 수정한 서식이 반영됨
- 미리 정의되거나 사용자 지정된 셀 스타일을 삭제하고 서식이 지정된 모든 셀에서 제거하려면 셀 스타일을 마우스 오른쪽 단추로 클릭한 다음 [삭제]를 클릭함
- 셀 스타일을 삭제하면 서식이 지정된 모든 셀에서도 제거됨
- 기본 제공 셀 스타일을 수정하거나 중복(복제)하여 사용자 지정 셀 스타일을 직접 만들 수도 있음

3) 셀 스타일 <small>20년 2월, 13년 6월, 09년 4월, 07년 2월, 04년 2월</small>

- 셀 스타일은 글꼴과 글꼴 크기, 숫자 서식, 셀 테두리 및 셀 음영 등의 서식 특성이 정의된 집합이다.
- '표준' 셀 스타일은 삭제할 수 없다.
- 셀 스타일을 삭제하면 해당 스타일이 적용됐던 영역의 스타일이 '표준' 셀 스타일로 변경되어 적용된다.
- 선택 영역에 미리 정의해 놓은 서식을 선택하여 적용하는 것으로, 동일한 서식을 반복하여 사용할 때 편리하다.
- [홈] 탭-[스타일] 그룹-[셀 스타일]을 클릭하여 실행한다.

- 중복된 셀 스타일 및 이름이 변경된 셀 스타일이 사용자 지정 셀 스타일 목록에 추가됨
- 특정 셀을 다른 사람이 변경할 수 없도록 셀을 잠그는 셀 스타일을 사용할 수도 있음
- 셀 스타일은 전체 통합 문서에 적용되는 문서 테마를 기반으로 하고, 다른 문서 테마로 전환하면 셀 스타일이 새 문서 테마와 일치하도록 업데이트됨
- 기본 제공 셀 스타일의 이름을 바꾸지 않으면 기본 제공 셀 스타일이 변경한 내용으로 업데이트됨

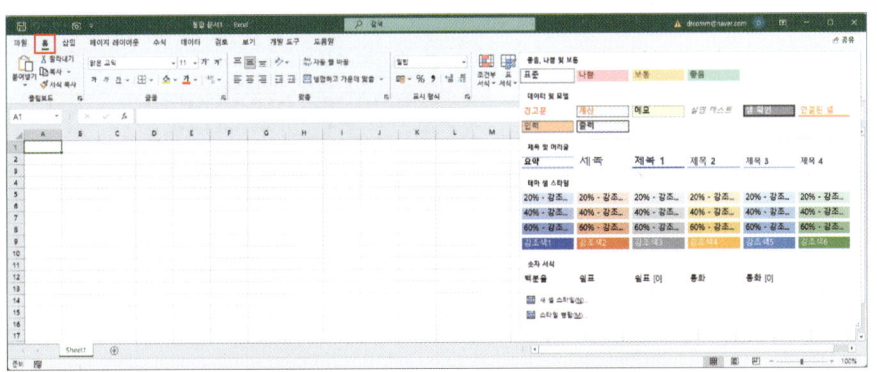

- 사용자가 새로운 스타일을 만들려면 [홈] 탭-[스타일] 그룹-[셀 스타일]-[새 셀 스타일]을 클릭하여 [스타일] 대화 상자에서 설정한다.

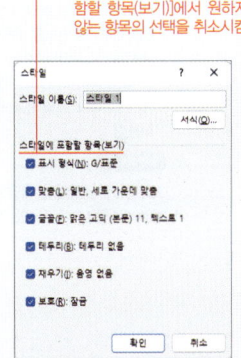

스타일 중 일부 항목을 적용하지 않으려면 [스타일에 포함할 항목(보기)]에서 원하지 않는 항목의 선택을 취소시킴

이론을 확인하는 기출문제

01 다음 중 셀 스타일에 대한 설명으로 옳지 <u>않은</u> 것은?

① 셀 스타일은 글꼴과 글꼴 크기, 숫자 서식, 셀 테두리, 셀 음영 등의 정의된 서식의 집합으로 셀 서식을 일관성 있게 적용하는 경우 편리하다.
② 기본 제공 셀 스타일을 수정하거나 복제하여 사용자 지정 셀 스타일을 직접 만들 수 있다.
③ 사용 중인 셀 스타일을 수정한 경우 해당 셀에는 셀 스타일을 다시 적용해야 수정한 서식이 반영된다.
④ 특정 셀을 다른 사람이 변경할 수 없도록 셀을 잠그는 셀 스타일을 사용할 수도 있다.

> 사용 중인 셀 스타일을 수정한 경우 해당 셀에는 셀 스타일을 다시 적용하지 않아도 자동으로 수정한 서식이 반영됨

02 다음 중 [A1:F6] 영역에 대해 아래 시트와 같이 배경색을 설정하기 위한 조건부 서식의 규칙으로 옳은 것은?

	A	B	C	D	E	F
1	성명	점수	성명	점수	성명	점수
2	이대한	67	지유환	98	김기준	77
3	한상공	50	이상영	97	권병선	88
4	김홍일	88	구승원	68	김건호	91
5	조승현	34	이선훈	35	조윤진	69
6	권충호	55	지용훈	66	신정미	100

① =MOD(COLUMN(A1),2)=1
② =MOD(COLUMNS(A1),2)=1
③ =MOD(COLUMN($A1),2)=1
④ =MOD(COLUMNS($A1),2)=1

> • MOD(수1, 수2) : 수1을 수2로 나눈 나머지 값을 구함
> • COLUMN(열 번호를 구하려는 셀) : 참조의 열 번호를 반환함
> • =MOD(COLUMN(A1),2)=1 : COLUMN(A1)에 의해 A열의 열 번호 1을 2로 나눈 나머지가 1이면 참이 되므로 조건부 서식이 적용됨. 따라서 C열(열 번호 3), E열(열 번호 5)도 2로 나눈 나머지가 1이 되어 조건부 서식이 적용됨

오답 피하기

COLUMNS(배열이나 배열 수식 또는 열 수를 구할 셀 범위에 대한 참조) : 배열이나 참조에 들어 있는 열의 수를 반환함

03 다음 중 조건부 서식 설정을 위한 [새 서식 규칙] 대화상자의 '규칙 유형 선택' 항목에 해당하지 <u>않는</u> 것은?

① 임의의 날짜를 기준으로 셀의 서식 지정
② 셀 값을 기준으로 모든 셀의 서식 지정
③ 다음을 포함하는 셀만 서식 지정
④ 고유 또는 중복 값만 서식 지정

> 규칙 유형 선택에 '임의의 날짜를 기준으로 셀의 서식 지정'은 지원되지 않음

04 다음 시트에서 [A2:C6] 영역을 선택한 후 응시인원수가 10 이상이고, 평균점수가 80 이상이면 글꼴 스타일 : '기울임꼴', 배경색 : '노랑'으로 설정하는 [조건부 서식]을 지정하려고 한다. 다음 중 [조건부 서식]의 수식 입력란에 입력해야 할 수식으로 옳은 것은?

	A	B	C	D
1	과목	응시인원수	평균점수	
2	국어	15	92	
3	국사	7	75	
4	영어	15	89	
5	화학	8	78	
6	생물	8	65	
7				

① =AND(B$2>=10,C$2>=80)
② =AND($B2>=10,$C2>=80)
③ =AND($B$2>=10,$C$2>=80)
④ =AND(B2>=10,C2>=80)

> • 행 전체에 서식을 지정하므로 조건 입력 시 열 이름 앞에 $를 붙여 $B2>=10, $C2>=80처럼 작성함(열은 변하지 않고 행만 변함)
> • 두 조건을 모두 만족해야 하므로 AND 함수를 사용함

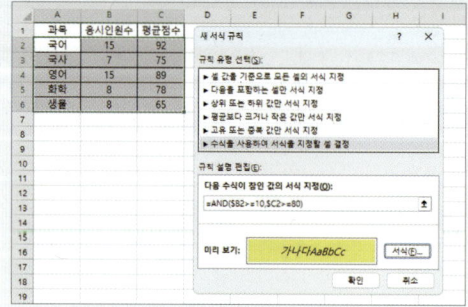

정답 01 ③ 02 ① 03 ① 04 ②

CHAPTER

03

수식 활용

학습 방향

주로 수식 작성에 대한 개념과 참조와 셀 참조, 오류값의 원인, 각 함수의 기능, 배열 수식의 입력 방법, 배열 함수의 결과 등 기능에 대한 정확한 이해가 요구되므로 실습을 통한 중점적인 학습이 요구됩니다.

출제 빈도

SECTION 01 하 5%	SECTION 06 상 25%
SECTION 02 하 6%	SECTION 07 중 12%
SECTION 03 하 0.2%	SECTION 08 중 14%
SECTION 04 중 16.8%	SECTION 09 하 7%
SECTION 05 중 14%	

SECTION 01 수식의 기본 사용법

빈출 태그 수식 보기 • 문자열 연산자 • 셀 참조 • 오류값

> **기적의 TIP**
> 수식 작성의 규칙과 수식 보는 방법, 연산자의 종류와 문자열 연산자, 참조 연산자, 우선순위 등 전반적인 학습이 요구되는 부분입니다.

> ★ **상수**
> • 숫자 100, '컴퓨터'와 같은 텍스트, 2009-12-25와 같은 날짜 등 계산되지 않는 값을 상수라 고함
> • 수식으로부터 만들어지는 값은 상수가 아님
> • 수식에서 다른 셀의 값을 참조하지 않고 상수를 이용하여 계산하는 경우에는 수식을 직접 수정할 때만 수식의 결과가 변경됨

> F9 • 수식을 상수로 변환

01 수식의 작성

1) 수식 작성 규칙 10년 10월

- 셀에 입력된 데이터와 상수, 연산자 등으로 계산을 수행하여 결과값을 산출하는 것을 수식이라고 한다.
- 수식은 등호(=) 또는 더하기 기호(+)로 시작해야 하며, 상수★, 연산자, 함수, 함수의 인수 등으로 수식을 구성한다.
- 수식에 문자열이 사용될 때에는 큰따옴표(" ")로 묶어줘야 한다.
- 수식이 입력된 셀은 계산 결과를 표시하고, 수식 입력줄에는 입력한 수식이 나타난다.

2) 수식 보기 24년 상시, 21년 상시, 20년 7월, 19년 3월, 16년 3월, 12년 9월, 08년 2월, 07년 7월

- [파일] 탭-[옵션]-[Excel 옵션]-[고급]-'이 워크시트의 표시 옵션'의 '계산 결과 대신 수식을 셀에 표시' 항목을 선택하거나 [수식] 탭-[수식 분석] 그룹의 [수식 표시]를 선택하면 수식이 입력된 셀에 결과값이 표시되는 대신 실제 수식 내용이 표시된다.
- Ctrl+~를 눌러 수식 보기와 수식의 결과 보기 상태로 전환할 수 있다.

- [셀 서식] 대화 상자의 [보호] 탭에서 '숨김'을 선택하고 워크시트를 보호했을 경우에는 수식 입력줄에 원본 수식이 나타나지 않는다.
- 수식이 입력된 셀을 더블클릭한 다음 수식 일부를 블록으로 지정하고, F9를 누르면 선택한 부분의 결과를 미리 확인할 수 있으며 수식은 결과값으로 변경된다.

▲ 더블클릭 후 수식을 블록 설정함   ▲ F9를 누른 결과

[Excel 옵션]-[수식]의 통합 문서 계산이 '수동'인 경우 [지금 계산]의 바로 가기 키가 되기도 함

3) 연산자의 종류

① 산술 연산자
수치 데이터에 대한 사칙 연산을 수행한다.

+	더하기	*	곱하기	%	백분율
−	빼기	/	나누기	^	거듭제곱

② 비교 연산자
데이터의 크기를 비교하여 조건식이 맞으면 TRUE(참), 그렇지 않으면 FALSE(거짓)로 결과를 표시한다.

>	크다(초과)	>=	크거나 같다(이상)	=	같다
<	작다(미만)	<=	작거나 같다(이하)	<>	같지 않다

③ 문자열 연산자(&)
두 개의 데이터를 하나로 연결하여 표시한다.

수식	결과	수식	결과
="박달" & "나무"	박달나무	=100 & "점"	100점

④ 참조 연산자
셀 범위를 지정하거나 여러 개의 셀을 하나로 결합한다.

콜론(:)	범위 연산자	연속적인 범위의 영역을 하나의 참조 영역으로 지정함 예 A1:A20 → [A1] 셀부터 [A20] 셀까지
쉼표(,)	구분 연산자	• 쉼표로 구분한 참조 영역을 하나의 참조 영역으로 지정함 • 함수 등에서 서로 떨어진 범위를 참조할 때 사용함 예 A1, A5, B1:B5 → [A1] 셀과 [A5] 셀, [B1] 셀부터 [B5] 셀까지
공백( )	교점 연산자	두 참조 영역의 교차 지점에 있는 참조 영역을 지정함 예 A1:D7 C5:E7 → 두 범위의 교차 지점 [C5] 셀부터 [D7] 셀까지 셀 참조
#	분산 범위 연산자	• 동적 배열 수식에서 전체 범위를 참조하는 데 사용됨 • 분산 범위를 자동으로 선택함 예 =SUM(A2#) → [A2] 셀을 기준으로 분산 범위의 합계를 구함

> **범위 연산자와 구분 연산자를 혼합해서 사용한 경우**
> 예 =SUM(A1:A10, C1:C10)

⑤ 연산자 우선순위
• 하나의 수식에서 두 개 이상의 연산자가 함께 사용될 때 계산 순서를 정한다.
• 괄호로 수식의 일부분을 감싸주면 우선순위에 상관없이 항상 가장 먼저 연산되고, 우선순위가 같은 연산자는 입력 순서대로 연산된다.

우선순위	연산자	구분
1	콜론(:) → 쉼표(,) → 공백( )	참조 연산자
2	거듭 제곱(^)	산술 연산자
3	곱하기(*), 나누기(/)	
4	더하기(+), 빼기(−)	
5	>, >=, <, <=, =, <>	비교 연산자

> **수식이 들어 있는 셀 선택**
> • [홈] 탭-[편집] 그룹-[찾기 및 선택]을 선택한 후 목록에서 [이동]을 실행하여 [이동] 대화 상자에서 [옵션] 단추를 클릭하고 '수식' 옵션을 선택함
> • 숫자, 텍스트, 논리값, 오류 중에서 선택할 데이터 유형을 선택하고 [확인]을 클릭함

> **기적의 TIP**
>
> 수식의 오류값에 대한 문제가 자주 출제됩니다. 각 오류값의 발생 원인에 대해 정확히 알아 두세요.

02 수식의 오류값

'Pound 또는 Hash key'라고 읽으며 셀의 공간이 좁음을 의미함
25년 상시, 24년 상시, 23년 상시, 22년 상시, 10년 10월, 09년 7월/10월, 08년 8월, 04년 2월/10월, …

수식을 계산할 수 없을 때 셀에 오류값이 표시된다.

오류값	발생 원인
####	데이터나 수식의 결과를 셀에 모두 표시할 수 없을 경우(열의 너비를 늘려주면 정상적으로 표시됨)
#VALUE!	• 수치를 사용해야 할 장소에 다른 데이터를 사용하는 경우 • 함수의 인수로 잘못된 값을 사용한 경우 ─ '수치', '값'의 의미가 있음
#DIV/0!	0으로 나누기 연산을 시도한 경우 ─ Divide의 축약으로 '나누기'를 의미함
#NAME?	• 함수 이름이나 정의되지 않은 셀 이름을 사용한 경우 • 수식에 잘못된 문자열을 지정하여 사용한 경우 ─ '이름?'의 의미로 '정의되지 않은 이름'을 의미함
#N/A	• 수식에서 잘못된 값으로 연산을 시도한 경우 • 찾기 함수에서 결과값을 찾지 못한 경우 ─ 'Not Available'의 축약으로 '이용할 수 없음'을 의미함
#REF!	셀 참조를 잘못 사용한 경우 ─ 'Reference'의 축약으로 '참조'를 의미함
#NUM!	숫자가 필요한 곳에 잘못된 값을 지정한 경우 ─ 'Numeric'의 축약으로 '수'를 의미함
#NULL!	교점 연산자(공백)를 사용했을 때 교차 지점을 찾지 못한 경우 ─ '아무 가치 없는 공백'을 의미함
#SPILL!	• 동적 배열 함수가 사용된 동적 배열 수식에서 동적으로 반환되는 분산 범위의 셀의 개수가 다른 값이 입력되어 있어서 부족할 때 발생함 • 오류를 해결하려면 분산 범위에 입력된 값을 삭제하면 됨 ─ '흐르다, 쏟아지다, 흘리다'의 의미로 분산 범위에 값이 흘러 있음을 의미함
#CALC!	• 중첩된 배열 오류로 배열이 포함된 배열 수식을 입력하려고 할 때 발생하며 오류를 해결하려면 두 번째 배열을 제거함 • 배열 수식이 빈 집합을 반환할 때 빈 배열 오류가 발생하며 오류를 해결하려면 조건을 변경하거나 함수에 인수를 추가함

'Calculation(계산)'의 축약으로 계산 중 오류가 발생되는 것을 의미함

> **순환 참조 경고**
>
> 수식에서 직접 또는 간접으로 자체 셀을 참조하는 경우 발생
>
> • **동적 배열** : 수식이나 함수의 결과에 따라 크기가 동적으로 변하는 배열
> • **동적 배열 수식** : 가변 크기의 배열을 반환할 수 있는 수식
> • **동적 배열 함수** : 동적 배열 기능을 포함하고 있는 함수(XLOOKUP, XMATCH, FILTER, SORT, SORT BY, UNIQUE, SEQUENCE, RANDARRAY 등)
> • **분산** : 수식으로 인해 여러 값이 생성되었으며 해당 값이 인접 셀에 배치되었음을 의미함
> • Excel은 배열 내에서 배열을 계산할 수 없음

03 수식 분석 도구 사용하기

• [수식] 탭-[수식 분석] 그룹의 [참조되는 셀 추적]과 [참조하는 셀 추적]을 사용하여 수식을 분석한다.
• [E4] 셀에 수식 『=SUM(C4:D4)』가 입력되어 있을 때 [E4] 셀에서 [참조되는 셀 추적]을 선택하면 수식이 참조되는 셀로부터 연결선이 표시된다.
• [D6] 셀이나 [C7] 셀에서 [참조하는 셀 추적] 메뉴를 선택하면 [D6] 셀이나 [C7] 셀로부터 [D6] 셀이나 [C7] 셀을 참조하는 수식까지 연결선이 표시된다.

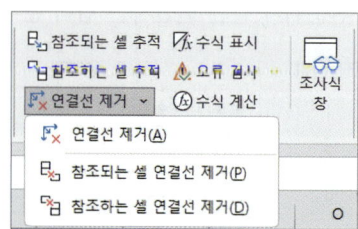

참조되는 셀 추적	수식이 입력된 셀에서 참조되는 셀을 추적함
참조하는 셀 추적	값이 입력된 셀을 참조하는 셀을 추적함
연결선 제거	연결되어 있는 모든 연결선을 제거함
참조되는 셀 연결선 제거	참조되는 셀 연결선을 제거함
참조하는 셀 연결선 제거	참조하는 셀 연결선을 제거함
수식 표시	시트의 수식을 표시함
오류 검사	숫자가 문자 데이터로 잘못 입력된 경우처럼 시트에 입력되어 있는 데이터의 오류를 검사함
수식 계산	수식 계산 창을 표시함
조사식 창	조사식 창을 표시함

이론을 확인하는 기출문제

01 아래 시트에서 [C1] 셀에 수식 =A1+B1+C1을 입력할 경우 발생하는 오류에 대한 설명으로 옳은 것은?

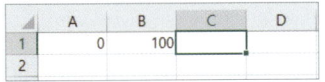

① #DIV/0! 오류 ② #NUM! 오류
③ #REF! 오류 ④ 순환 참조 경고

순환 참조 : 수식에서 직접 또는 간접적으로 자체 셀을 참조하는 경우를 순환 참조라 함

02 다음 중 수식에서 발생하는 각 오류에 대한 원인으로 옳지 않은 것은?

① #NULL! – 배열 수식이 들어 있는 범위와 행 또는 열수가 같지 않은 배열 수식의 인수를 사용하는 경우
② #VALUE! – 수식에서 잘못된 인수나 피연산자를 사용한 경우
③ #NUM! – 수식이나 함수에 잘못된 숫자 값이 포함된 경우
④ #NAME? – 수식에서 이름으로 정의되지 않은 텍스트를 큰따옴표로 묶지 않고 입력한 경우

#NULL! : 교점 연산자(공백)를 사용했을 때 교차 지점을 찾지 못한 경우

03 다음 아래 왼쪽 시트의 [D2] 셀을 선택한 상태에서 수식 입력줄의 B2*C2를 선택하고 어떤 키를 누르면 선택된 수식이 계산되어 오른쪽 시트처럼 2000000이 표시되는가?

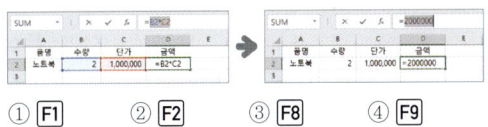

① F1 ② F2 ③ F8 ④ F9

• F9 : 선택된 수식이 계산되어 나타남

오답 피하기
• F1 : Excel 도움말 작업창을 표시
• F2 : 활성 셀 편집
• F8 : 선택 영역 확장 설정 및 해제

04 다음 중 수식에 잘못된 인수나 피연산자를 사용한 경우 표시되는 오류 메시지는?

① #DIV/0! ② #NUM!
③ #NAME? ④ #VALUE!

#VALUE! : 수치를 사용해야 할 장소에 다른 데이터를 사용하는 경우나 함수의 인수로 잘못된 값을 사용한 경우

오답 피하기
• #DIV/0! : 0으로 나누기 연산을 시도한 경우
• #NUM! : 숫자가 필요한 곳에 잘못된 값을 지정한 경우나 숫자의 범위를 초과한 경우
• #NAME? : 함수 이름이나 정의되지 않은 셀 이름을 사용한 경우나 수식에 잘못된 문자열을 지정하여 사용한 경우

정답 01 ④ 02 ① 03 ④ 04 ④

SECTION 02 셀 참조

빈출 태그 상대 참조 • 절대 참조 • 혼합 참조 • 3차원 참조 • 이름 사용

> **기적의 TIP**
> 참조의 개념 파악이 중요하며 쓰임새에 대해서도 구분을 정확히 할 수 있어야 합니다. 결과를 묻는 형식의 유형으로 자주 출제되므로 실습을 통해 반드시 학습해 두세요.

01 셀 참조

1) 참조의 의미

- 수식에서 다른 셀에 입력된 데이터를 사용할 경우 입력된 실제 데이터 대신 셀 주소를 사용한다.
- 수식에서 참조된 셀의 데이터가 변경되면 수식의 결과도 영향을 받아 자동 변경된다.
- 같은 워크시트, 다른 워크시트, 다른 통합 문서의 셀이나 범위를 참조할 수 있다.
- 셀 주소의 형태에 따라 상대 참조(A1), 절대 참조($A$1), 혼합 참조($A1 또는 A$1)로 구분된다.

2) 상대 참조

- 상대 참조는 상대적인 위치의 관계이며 상대 참조로 입력된 수식을 복사하였을 때 자동으로 참조 범위가 변경된다.
- 셀의 주소를 수식에 이용할 때의 형태는 셀의 주소를 그대로 입력한다. 예를 들어 보통 A1, C20 등이다.

> **따라하기 TIP**
> 따라하기 파일 • Part02_Chapter03_상대참조.xlsx

다음 주어진 시트대로 데이터를 입력하고 상대 참조를 이용하여 수식을 작성해 보자.

	A	B	C	D	E	F	G	H
1	재고 관리 현황							
2								
3	품명코드	매입량	매입단가	매입금액	출고량	출고단가	출고금액	
4	C-12	100	15000	①	50	②	③	
5	A-01	25	5800	①	10	②	③	
6	C-23	30	25000	①	20	②	③	
7	A-88	500	5000	①	150	②	③	
8	B-33	20	6700	①	10	②	③	
9	K-18	60	3000	①	50	②	③	
10								

[처리 조건]

- 매입금액(①) : 매입량×매입단가
- 출고단가(②) : 매입금액에 10%로 산출
- 출고금액(③) : 출고량×출고단가

> **개념 체크**
>
> 1 참조를 사용하면 워크시트의 다른 셀에 있는 데이터를 쉽게 사용할 수 있다. (ㅇ, ×)
>
> 2 상대 참조를 사용하면 복사한 수식의 참조 범위가 자동으로 변경된다. (ㅇ, ×)
>
> 3 상대 참조에서 셀의 주소를 입력할 때, 예를 들어 $A$1과 같은 형태를 사용한다. (ㅇ, ×)
>
> 1 ㅇ 2 ㅇ 3 ×

[처리 방법]

① 매입금액 [D4] 셀에 『=B4*C4』를 입력하고 Enter 를 누른다.

	A	B	C	D	E	F	G	H
1				재고 관리 현황				
2								
3	품명코드	매입량	매입단가	매입금액	출고량	출고단가	출고금액	
4	C-12	100	15000	=B4*C4	50			
5	A-01	25	5800		10			
6	C-23	30	25000		20			
7	A-88	500	5000		150			
8	B-33	20	6700		10			
9	K-18	60	3000		50			
10								

② [D4] 셀을 클릭한 후 채우기 핸들을 더블클릭하거나 [D9] 셀까지 드래그하여 수식을 복사한다.

	A	B	C	D	E	F	G
1				재고 관리 현황			
2							
3	품명코드	매입량	매입단가	매입금액	출고량	출고단가	출고금액
4	C-12	100	15000	1500000	50		
5	A-01	25	5800		10		
6	C-23	30	25000	드래그	20		
7	A-88	500	5000		150		
8	B-33	20	6700		10		
9	K-18	60	3000		50		

③ 출고단가 [F4] 셀에 『=D4*10%』를 입력하고 Enter 를 누른다.

	A	B	C	D	E	F	G
1				재고 관리 현황			
2							
3	품명코드	매입량	매입단가	매입금액	출고량	출고단가	출고금액
4	C-12	100	15000	1500000	50	=D4*10%	
5	A-01	25	5800	145000	10		
6	C-23	30	25000	750000	20		
7	A-88	500	5000	2500000	150		
8	B-33	20	6700	134000	10		
9	K-18	60	3000	180000	50		

④ [F4] 셀을 클릭한 후 채우기 핸들을 더블클릭하거나 [F9] 셀까지 드래그하여 수식을 복사한다.

	A	B	C	D	E	F	G
1				재고 관리 현황			
2							
3	품명코드	매입량	매입단가	매입금액	출고량	출고단가	출고금액
4	C-12	100	15000	1500000	50	150000	
5	A-01	25	5800	145000	10		
6	C-23	30	25000	750000	20	드래그	
7	A-88	500	5000	2500000	150		
8	B-33	20	6700	134000	10		
9	K-18	60	3000	180000	50		

⑤ 출고금액 [G4] 셀에 『=E4*F4』를 입력하고 Enter 를 누른다.

	A	B	C	D	E	F	G
1				재고 관리 현황			
2							
3	품명코드	매입량	매입단가	매입금액	출고량	출고단가	출고금액
4	C-12	100	15000	1500000	50	150000	=E4*F4
5	A-01	25	5800	145000	10	14500	
6	C-23	30	25000	750000	20	75000	
7	A-88	500	5000	2500000	150	250000	
8	B-33	20	6700	134000	10	13400	
9	K-18	60	3000	180000	50	18000	

⑥ [G4] 셀을 클릭한 후 채우기 핸들을 더블클릭하거나 [G9] 셀까지 드래그하여 수식을 복사한다.

	A	B	C	D	E	F	G
1				재고 관리 현황			
2							
3	품명코드	매입량	매입단가	매입금액	출고량	출고단가	출고금액
4	C-12	100	15000	1500000	50	150000	7500000
5	A-01	25	5800	145000	10	14500	
6	C-23	30	25000	750000	20	75000	
7	A-88	500	5000	2500000	150	250000	
8	B-33	20	6700	134000	10	13400	
9	K-18	60	3000	180000	50	18000	

드래그

[처리 결과]

- 수식을 일일이 입력하지 않고 한 번의 수식 입력으로 나머지 결과를 구할 수 있는 것은 바로 상대 참조의 효과이다.
- 다음은 채우기 핸들을 더블클릭하거나 드래그하여 복사한 경우, 수식의 상대적인 변화이다.

	A	B	C	D	E	F	G	H
1				재고 관리 현황				
2								
3	품명코드	매입량	매입단가	매입금액	출고량	출고단가	출고금액	
4	C-12	100	15000	=B4*C4	50	=D4*10%	=E4*F4	
5	A-01	25	5800	=B5*C5	10	=D5*10%	=E5*F5	
6	C-23	30	25000	=B6*C6	20	=D6*10%	=E6*F6	
7	A-88	500	5000	=B7*C7	150	=D7*10%	=E7*F7	
8	B-33	20	6700	=B8*C8	10	=D8*10%	=E8*F8	
9	K-18	60	3000	=B9*C9	50	=D9*10%	=E9*F9	
10								

- 만약 상대 참조를 이용하지 않는 경우 일일이 나머지 수식을 입력해야 하는 번거로움이 있으며 스프레드시트 프로그램을 이용하는 목적에서 멀어지게 된다. Ctrl+~를 누르거나 [수식] 탭-[수식 분석] 그룹의 [수식 표시]를 클릭하면 셀에 입력된 수식이 나타난다. 다시 결과값을 나타낼 때는 Ctrl+~를 누르거나 [수식 표시]를 해제한다.

3) 절대 참조 05년 5월

- 절대 참조를 이용한 수식은 복사하여도 변경되지 않는 참조이다. 결국 절대 변함이 없는 참조가 절대 참조이다.
- 수식에서 절대 참조를 이용하기 위해서는 셀 주소 앞에 $ 표시를 붙인다.
- 예를 들어 A1의 상대 참조를 $A$1처럼 입력하면 된다. 문제에서는 그 참조가 변화가 있으면 안되는 고정 참조값인 경우 절대 참조를 이용해야 한다는 것을 명심해야 한다.
- $ 표시는 직접 입력도 가능하지만 F4를 이용하여 자동 변환시킬 수도 있다.

> **기적의 TIP**
>
> 절대 참조는 수식을 복사하여도 변하지 않습니다. 잊지 마세요!

따라하기 TIP

따라하기 파일 • Part02_Chapter03_절대참조.xlsx

다음 주어진 시트대로 데이터를 입력하고 절대 참조를 이용하여 수식을 작성해 보자.

	A	B	C	D
1	누적 포인트 관리			
2				
3	고객명	금액	누적포인트	
4	왕정보	150000	①	
5	홍유경	250000	①	
6	한액셀	300000	①	
7	홍준기	185000	①	
8	곽영일	657000	①	
9				
10	누적률	7%		

[처리 조건]

고객의 누적 포인트(①)는 금액에 누적률을 곱하여 계산한다(단, 누적률의 값은 [B10] 셀에 입력).

[처리 방법]

① [B10] 셀에 입력되어 있는 7%의 수치는 고정된 수치로 이용되어야 한다.
따라서 [C4] 셀에 『=B4*B10』으로 입력한 다음 F4 를 누르면 '=B4*$B$10'로 변경된다.

	A	B	C	D
1	누적 포인트 관리			
2				
3	고객명	금액	누적포인트	
4	왕정보	150000	=B4*$B$10	
5	홍유경	250000		
6	한액셀	300000		
7	홍준기	185000		
8	곽영일	657000		
9				
10	누적률	7%		

② Enter 를 눌러 결과를 산출한 후 [C4] 셀의 채우기 핸들을 더블클릭하거나 [C8] 셀까지 드래그하여 수식을 복사한다.

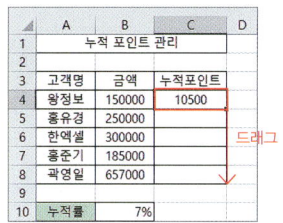

③ 다음은 절대 참조를 이용하여 수식을 복사한 경우의 수식이다.

	A	B	C	D
1	누적 포인트 관리			
2				
3	고객명	금액	누적포인트	
4	왕정보	150000	=B4*$B$10	
5	홍유경	250000	=B5*$B$10	
6	한액셀	300000	=B6*$B$10	
7	홍준기	185000	=B7*$B$10	
8	곽영일	657000	=B8*$B$10	
9				
10	누적률	0.07		

개념 체크

1 절대 참조를 이용한 수식은 복사해도 참조가 변경되지 않는다. (○, ×)

2 절대 참조를 사용하려면 셀 주소 앞에 % 표시를 붙인다. (○, ×)

3 $A1은 절대 참조의 예시이다. (○, ×)

4 절대 참조를 사용할 때 F4 를 이용하여 자동 변환할 수 있다. (○, ×)

1 ○ 2 × 3 × 4 ○

[처리 결과]

- 절대 참조를 이용한 경우이므로 $B$10은 변함이 없다. 만약 상대 참조를 이용하여 산출한 경우는 정상적인 결과가 나오지 않게 된다. 다음 예처럼 결과가 0이 나오게 된다.

	A	B	C	D
1	누적 포인트 관리			
2				
3	고객명	금액	누적포인트	
4	왕정보	150000	10500	
5	홍유경	250000	0	
6	한여솔	300000	0	
7	홍준기	185000	0	
8	곽영일	657000	0	
9				
10	누적률	7%		
11				

- 그 이유는 상대 참조를 이용한 경우이므로 B10이 B11, B12, B13, B14로 변하기 때문이다.

4) 혼합 참조

- 혼합 참조는 열과 행 중 어느 한쪽에만 절대 참조를 적용하고 나머지는 상대 참조를 사용한 것이다.
- 혼합 참조를 복사한 경우 절대 참조인 부분은 변하지 않고 상대 참조인 부분만 상대적인 변화를 보이게 된다.
- 상대, 절대, 혼합 참조의 지정은 수식 입력 시 셀 번지를 지정한 후 F4를 누른 횟수에 따라 다음과 같이 지정할 수 있다.

F4의 횟수	변환 형태	의미
1회	$A$1	A열과 1행 모두 절대 참조로 지정함
2회	A$1	A열은 상대, 1행은 절대 참조로 지정함
3회	$A1	A열은 절대 참조, 1행은 상대 참조로 지정함
4회	A1	A열, 1행 모두 상대 참조로 지정함

- 수식에 셀 주소를 입력할 때 '$' 기호를 입력하기도 하지만 셀 주소를 입력한 다음 F4를 누르면 키를 누를 때마다 자동으로 주소의 형태가 변경된다(C5 → $C$5 → C$5 → $C5).

5) 다른 워크시트의 셀 참조 22년 상시, 16년 3월, 14년 6월

- 다른 워크시트에 있는 셀을 참조하려면 셀 주소 앞에 워크시트 이름을 표시해야 한다(예 =A5*Sheet2!A5).
- 워크시트 이름과 셀 주소 사이는 느낌표(!)로 구분하며, 워크시트 이름이 공백을 포함하는 경우 워크시트 이름을 작은따옴표(' ')로 감싼다(예 =A5*'싱직 일람'!A5).

> **기적의 TIP**
>
> 참조 내용 중 혼합 참조는 자주 출제되므로 실습을 통해 정확히 이해하는 것이 중요합니다. 혼합 참조의 예와 참조 간 변환 바로 가기 키인 F4를 눌러 변화는 형태를 꼭! 기억해 두세요.

6) 다른 통합 문서의 셀 참조 12년 6월, 07년 2월, 06년 5월, 05년 2월/10월

- 통합 문서의 이름을 대괄호([ ])로 둘러싸고, 워크시트 이름과 셀 주소를 입력한다 (예 =A5*[성적일람표.xlsx]Sheet1!A5).
- 통합 문서의 이름이 공백을 포함하는 경우 통합 문서와 시트 이름을 작은따옴표 (' ')로 감싼다(예 =A5*'[성적 일람표.xlsx]Sheet1'!A5).

7) 3차원 참조 24년 상시, 22년 상시, 20년 7월, 19년 3월, 16년 3월/10월, 14년 10월, 08년 8월

- 통합 문서의 여러 워크시트에 있는 같은 위치의 셀이나 셀 범위를 참조한다.
- 예를 들어 '=SUM(Sheet1:Sheet5!A1)'은 Sheet1에서 Sheet5까지 포함되어 있는 모든 워크시트의 [A1] 셀의 합계를 구한다.
- 배열 수식에는 3차원 참조를 사용할 수 없다.

8) R1C1 참조

- [파일] 탭-[옵션]-[Excel 옵션]-[수식]의 '수식 작업'에서 'R1C1 참조 스타일' 확인란을 선택하면 A1 참조 스타일 대신 R1C1 참조 스타일을 사용할 수 있다.
- R1C1 참조 스타일로 전환하면 워크시트에서 행 머리글과 열 머리글이 모두 아라비아 숫자로 표시되고, 기존 수식에서 사용한 A1 참조 스타일은 모두 R1C1 참조 스타일로 자동 변경된다.
- 'R' 다음에 행 번호, 'C' 다음에 열 번호를 지정하여 셀 위치를 나타내는 형식이다.
- 상대 참조로 나타내려면 행 번호와 열 번호를 대괄호([ ])로 묶어 표기한다.
- 행 번호와 열 번호를 음수로 지정하면 현재 위치를 기준으로 위쪽의 행과 왼쪽의 열을 의미한다.
- 'R' 또는 'C' 다음에 행 번호와 열 번호를 지정하지 않으면 행 전체, 열 전체를 참조한다.

참조 형식	설명
R2C2	2행 2열의 셀(B2)에 대한 절대 참조
R[2]C[2]	2행 2열의 셀(B2)에 대한 상대 참조
R[-2]C	같은 열에서 두 행 위에 있는 셀에 대한 상대 참조
R[-1]	한 행 위에 있는 행 전체에 대한 상대 참조
R	현재 행 전체에 대한 절대 참조

02 이름 사용 25년 상시, 20년 2월, 11년 3월/10월, 10년 6월, 09년 10월, 03년 9월

- 셀이나 특정 영역에 알아보기 쉬운 이름을 정의해 두고, 이 이름을 사용하여 수식을 작성하면 수식의 구성을 더욱 쉽게 알아볼 수 있다.
- 셀이나 범위 이외에 상수나 수식에도 이름을 정의할 수 있다.

연결
다른 통합 문서에 있는 셀을 참조하는 것

기적의 TIP
다른 통합 문서의 셀 참조와 3차원 참조에 대한 문제가 출제되는 경향입니다. 혼동하지 않도록 정확히 익혀 두세요.

> 🅕 기적의 TIP
>
> 이름 작성 규칙은 중요합니다. 첫 글자로 밑줄(_)을 사용할 수 있다는 것을 잊지 마세요.

[이름 관리자] 바로 가기 키
Ctrl + F3

1) 이름 작성 규칙

- 이름의 첫 글자는 문자나 밑줄(_), ₩만 사용할 수 있다.
- 나머지 글자는 문자, 숫자, 마침표(.), 밑줄(_)을 사용할 수 있다.
- 셀 주소와 같은 형태의 이름은 사용할 수 없다.
- 공백을 사용할 수 없으며, 낱말을 구분하려면 밑줄이나 마침표를 사용한다.
- 최대 255자까지 지정할 수 있으며, 대/소문자를 구분하지 않는다.
- 같은 통합 문서에서 동일한 이름을 중복하여 사용할 수 없다.
- 이름은 기본적으로 절대 참조로 정의된다.
- 정의된 이름은 다른 시트에서도 사용할 수 있다.

2) 이름 정의하기

- 방법 1 : 이름을 정의할 영역을 범위로 지정한 후 이름 상자에 원하는 이름을 입력하고 Enter 를 누른다. 이미 정의된 이름을 입력하면 해당 영역을 선택해 준다.

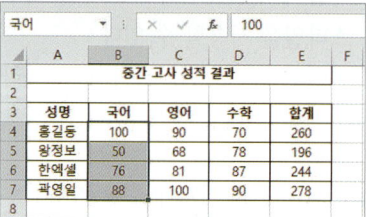

- 방법 2 : [수식] 탭-[정의된 이름] 그룹-[이름 정의]를 실행한 후 원하는 이름과 참조 영역을 지정하고 [확인]을 클릭하면 목록에 추가된다.

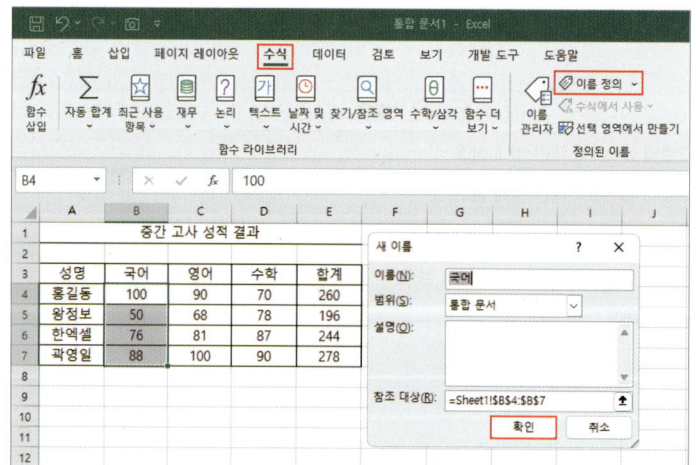

이름 상자의 기능
- 워크시트에서 선택한 셀 또는 셀 범위에 정의된 이름이 있으면 이름 상자에 해당 이름이 표시됨
- 이름 상자의 화살표 단추를 클릭하고 정의된 이름 중 하나를 클릭하면 해당 셀 또는 셀 범위가 선택됨
- 셀 또는 셀 범위를 지정한 다음 이름 상자를 클릭하고 이름을 입력한 후 Enter 를 누르면 이름이 정의됨
- Ctrl 을 누르고 여러 개의 셀을 선택한 경우 마지막 선택한 셀 주소가 표시됨
- 수식을 작성 중인 경우 최근 사용한 함수 목록이 표시됨
- 차트가 선택되어 있는 경우 차트가 만들어진 순서대로 '차트 1', '차트 2', …처럼 표시되며 차트의 종류가 표시되지는 않음

수식이나 상수에 이름 정의하기
- [수식] 탭-[정의된 이름] 그룹-[이름 정의]를 실행한 후 '이름' 상자에 이름을 입력하고, '참조 대상' 상자에 수식이나 상수를 입력함
- 수식이나 상수값에 이름을 정의하려면 등호(=)를 먼저 입력한 후 수식이나 상수 값을 입력해야 함

이론을 확인하는 기출문제

01 다음 중 수식 작성 과정에 대한 설명으로 옳지 <u>않은</u> 것은?

① 셀 범위를 참조할 때에는 시작 셀 이름과 마지막 셀 이름 사이에 콜론(:)이 입력된다.
② 다른 워크시트의 값을 참조하는 경우 해당 워크시트의 이름에 사이 띄우기가 포함되어 있으면 워크시트의 이름은 큰따옴표(" ")로 묶인다.
③ 수식에 숫자를 입력할 때 화폐단위나 천 단위 구분 기호와 같은 서식 문자는 입력하지 않는다.
④ 외부 참조를 하는 경우 통합 문서의 이름과 경로가 포함되어야 한다.

다른 워크시트의 값을 참조하는 경우 해당 워크시트의 이름에 사이 띄우기가 포함되어 있으면 워크시트의 이름은 작은따옴표(' ')로 묶음

02 현재 작업하고 있는 통합 문서의 시트 'Sheet1', 'Sheet2', 'Sheet3'의 [A2] 셀의 합을 구하고자 한다. 다음 중 참조 방법이 옳지 <u>않은</u> 것은?

① =SUM(Sheet1:Sheet3!A2)
② =SUM(Sheet1!A2:Sheet3!A2)
③ =SUM(Sheet1!A2,Sheet2!A2,Sheet3!A2)
④ =SUM('Sheet1'!A2,'Sheet2'!A2,'Sheet3'!A2)

워크시트 이름과 셀 주소 사이는 느낌표(!)로, 워크시트 이름과 워크시트 이름 사이는 콜론(:)으로 구분함. 「=SUM(Sheet1!A2:Sheet3!A2)」는 셀 주소와 시트 이름이 콜론으로 연결되어 있기 때문에 #VALUE! 오류가 발생됨

03 다음 중 이름 상자에 대한 설명으로 옳지 <u>않은</u> 것은?

① Ctrl 을 누르고 여러 개의 셀을 선택한 경우 마지막 선택한 셀 주소가 표시된다.
② 셀이나 셀 범위에 이름을 정의해 놓은 경우 이름이 표시된다.
③ 차트가 선택되어 있는 경우 차트의 종류가 표시된다.
④ 수식을 작성 중인 경우 최근 사용한 함수 목록이 표시된다.

차트가 선택되어 있는 경우 차트가 만들어진 순서대로 '차트 1', '차트 2', … 처럼 표시되며 차트의 종류가 표시되지는 않음

04 다음 중 셀 범위에 이름을 작성하는 작업에 관련된 설명으로 옳지 <u>않은</u> 것은?

① 이름을 작성할 셀 범위를 설정한 후 이름 상자에 작성할 이름을 입력하고 Enter 를 누르면 이름이 지정된다.
② 이름을 지정할 셀 범위를 설정한 후 [수식]-[정의된 이름]-[이름 정의]를 실행한 후 표시되는 대화 상자에서 이름을 지정할 수 있다.
③ 이름은 문자나 밑줄 중 하나로 시작하여야 하며 숫자로 시작될 수 없다.
④ [A1:A4] 영역의 점수를 '국어'로 이름을 지정한 경우, '국어' 이름을 이용하여 '=국어+A5'와 같이 수식을 작성하면 정상적으로 수식의 결과를 구할 수 있다.

=SUM(국어,A5)처럼 함수 안에 이름을 사용해야 정상적으로 수식의 결과를 구할 수 있음

05 다음 그림에서 [A2:B3] 셀을 범위로 설정한 후 범위 이름을 '재고수량'이라고 지정하였다. 그리고 C2 셀에 =SUM(MIN(재고수량), A1)을 입력하면 이 셀의 값은?

	A	B	C	D
1	4	6		
2	3	7		
3	6	8		
4				

① 6   ② 7   ③ 8   ④ 9

• MIN(재고수량)의 결과는 '재고수량'이라고 이름이 정의된 [A2:B3] 셀 범위에서 최소값을 구하므로 3이 됨
• =SUM(3, A1)의 결과는 3에 [A1] 셀의 값 4를 더하므로 7이 됨

SECTION 03 함수의 기본 개념

출제빈도 상 중 하
반복학습 1 2 3

빈출 태그 함수 정의 · 중첩 함수 · 자동 합계 · 함수 마법사

합격 강의

01 함수의 정의

└ 함수는 'Function'이며, 의미대로 함수 이름에 '기능'이 부여되어 해당 이름에 맞는 결과를 구해주는 역할을 담당함

- 계산에 필요한 공식이 미리 정의되어 있어 함수 이름과 필요한 인수로 복잡한 계산을 쉽게 수행한다.
- 함수는 반드시 괄호를 포함하고 있으며, 괄호 안에 쉼표(,)로 구분하여 인수를 지정한다.
- 인수에는 상수, 셀 참조, 다른 함수 등을 사용한다. ┐ 함수의 괄호 안에 입력하는 값으로 함수의 규칙에 적합한 값을 입력해야 되며 인수를 사용하지 않는 함수도 있음
- 함수만 단독으로 사용하거나 다른 수식과 함께 사용할 수 있다.

=SUM(A1, B1 : B5, 500)
　　↑　　　↑
　함수 이름　　인수

> **기적의 TIP**
>
> 함수의 정의와 중첩 함수의 개요, 자동 합계 단추의 기능에 대한 정확한 이해가 필요합니다. 함수 작성에 기본이 되는 내용이므로 이해하고 넘어가세요.

02 중첩 함수

- 함수의 인수에 다른 함수를 사용하는 것을 중첩 함수라고 한다.
- 함수는 최대 64개의 수준까지 중첩하여 사용할 수 있다.
- 인수의 형태가 수치라면 중첩된 다른 함수의 결과값도 수치이어야 한다.

=SUM(MAX(A1:A10), MIN(C1:C10))
　　　　　　　↑
　　SUM 함수의 인수로 사용한 다른 함수

> **개념 체크**
>
> 1 인수에는 상수, 셀 참조, (　) 등을 사용한다.
> 2 함수의 인수에 다른 함수를 사용하는 것을 (　) 함수라고 한다.
> 3 함수는 최대 (　) 개의 수준까지 중첩하여 사용할 수 있다.
> 4 모든 함수는 반드시 괄호를 포함하고 있다. (ㅇ, ×)
> 5 중첩 함수에서 인수의 형태가 수치라면 중첩된 다른 함수의 결과값도 수치여야 한다. (ㅇ, ×)
>
> 1 다른 함수 2 중첩 3 64
> 4 ㅇ 5 ㅇ

03 자동 합계

시그마(Sigma)로 '수치의 합계'를 의미하는 기호임 ┐

- 합계를 구할 셀을 선택하고 [수식] 탭-[함수 라이브러리] 그룹-[자동 합계](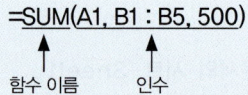)를 클릭하면 SUM 함수와 합계를 계산할 범위가 자동으로 입력된다.
- 입력 범위가 맞을 경우 Enter 를 눌러 입력하고, 아니면 범위를 새로 지정한다.
- 합계를 구하고자 하는 범위와 결과가 입력될 범위가 서로 인접해 있을 경우 두 범위를 모두 포함하여 선택한 후 [자동 합계](Σ) 아이콘을 클릭하면 선택 영역의 가장 오른쪽이나 가장 아래쪽에 자동으로 SUM 함수가 입력된다. 이때에는 인수로 사용할 범위를 조정할 수 없고, 자동 설정된다.

- [자동 합계](∑)의 자동합계를 클릭하여 평균, 숫자 개수, 최대값, 최소값 등의 함수를 이용할 수 있으며 기타 함수를 클릭하여 메뉴에 표시되지 않은 다른 함수를 이용할 수도 있다.
- 평균을 구할 [D2] 셀에서 [자동 합계](∑)의 자동합계를 클릭하여 평균을 클릭한 다음 Enter 를 누르면 평균이 산출된다.

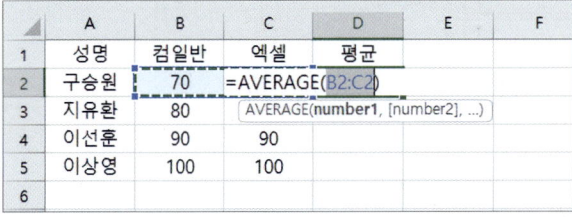

▲ [자동 합계]-[평균]을 실행하여 평균을 산출함

04 함수 마법사(Shift + F3) 11년 10월

- 함수는 지정한 인수를 정확하게 입력해야 한다.
- 함수와 필요한 인수의 정보를 보면서 함수를 입력하려면 함수 마법사 기능을 사용한다.

따라하기 TIP

마법사 실행 순서

① 1단계 : 함수를 입력한 셀을 선택하고 [수식] 탭-[함수 라이브러리] 그룹-[함수 삽입]을 실행하거나 바로 가기 키(Shift + F3)를 누른다.
② 2단계 : 함수 목록이 나오면 입력할 함수를 선택한 후 [확인]을 클릭한다. 함수를 선택하면 대화 상자 하단에 해당 함수의 인수 구성과 간단한 설명이 표시된다.

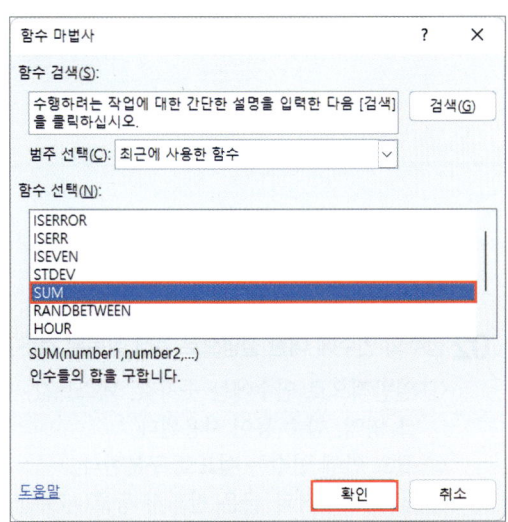

기적의 TIP

함수 마법사의 단계별 기능에 대해 묻는 문제가 출제되므로 단계별 특징에 대해 반드시 혼동하지 않도록 익혀두세요.

개념 체크

1 함수 마법사는 (   )를 눌러 실행할 수 있다.
2 자동 합계 기능을 사용하여 평균, 개수, 최대, 최소 등의 함수를 구할 수 있다. (○, ×)
3 함수 마법사를 사용하면 함수와 필요한 인수의 정보를 확인하며 함수를 입력할 수 있다. (○, ×)

1 Shift + F3 2 ○ 3 ○

③ 3단계 : [함수 인수] 대화 상자에서 함수에 필요한 인수를 지정하고 [확인]을 클릭하여 해당 셀에 함수를 입력한다. 각 인수 입력 상자를 클릭하면 대화 상자 하단에 현재 인수에 대한 설명이 표시된다.

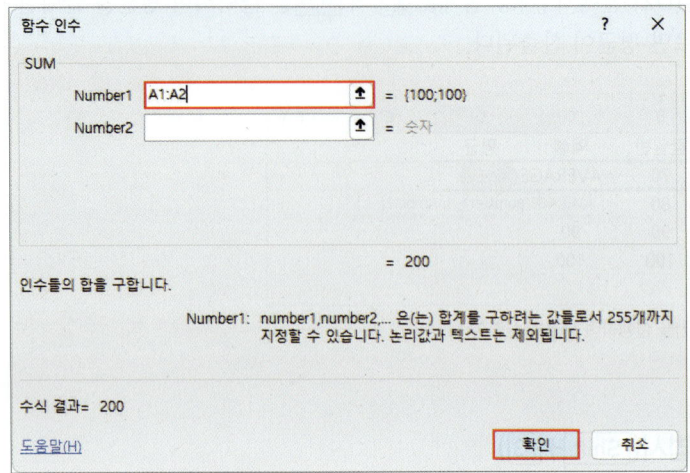

이론을 확인하는 기출문제

01 다음 중 엑셀의 기능과 바로 가기 키에 대한 연결이 옳지 않은 것은?

① 찾기 : Shift + F5
② 바꾸기 : Ctrl + H
③ 함수 마법사 : Alt + F3
④ 이름 정의 : Ctrl + F3

함수 마법사 : Shift + F3

02 함수의 인수에 대한 설명으로 가장 잘못된 것은?

① 일반적으로 인수에는 숫자값, 텍스트값, 셀 참조 영역, 함수 등이 사용된다.
② 괄호 안에 인수는 쉼표로 구분한다.
③ 인수의 시작과 끝은 반드시 등호(=)로만 구분한다.
④ 인수는 함수의 계산에 필요한 값을 말한다.

인수의 시작과 끝은 반드시 괄호로 구분함

정답 01 ③ 02 ③

SECTION 04 수학과 삼각 함수/날짜와 시간 함수

출제빈도 상 중 하
반복학습 1 2 3

빈출 태그 수학 함수 • 날짜와 시간 함수

▶ 합격 강의

01 수학과 삼각 함수

1) 수학 함수
24년 상시, 1923년 상시, 19년 3월, 18년 3월, 17년 9월, 16년 6월, 15년 3월, 12년 3월, 11년 10월, 10년 6월, 09년 4월, …

함수	기능
ABS(수)	수의 절대값(부호 없는 수)을 구함
SQRT(수)	수의 양의 제곱근(인수에 음수를 지정하면 #NUM! 오류 발생)을 구함
POWER(수1, 수2)	수1을 수2만큼 거듭 제곱한 값을 구함
INT(수)	수를 가장 가까운 정수로 내린 값을 구함
RAND( )	0과 1 사이의 난수(정해져 있지 않은 수)를 구함
RANDBETWEEN(최소 정수, 최대 정수)	지정한 두 수 사이의 임의의 수를 반환함
PI( )	원주율 값(3.14159265358979)을 반환함
EXP(수)	e(자연 로그의 밑)를 수만큼 거듭 제곱한 값(e=2.718281828)을 구함
FACT(수)	'1×2×3×…×수'로 계산한 계승값을 구함
MOD(수1, 수2)	수1을 수2로 나눈 나머지 값(수2가 0이면 #DIV/0! 오류 발생)을 구함
TRUNC(수1, 수2)	• 수1의 소수점 이하(수2)를 버리고 정수로 변환함 • 수2를 생략하면 0으로 처리됨
PRODUCT(수1, 수2…)	인수를 모두 곱한 결과를 표시함
SUMPRODUCT(배열1, 배열2…)	주어진 배열에서 해당 요소들을 모두 곱하고 그 곱의 합계를 반환함
QUOTIENT(피제수, 제수)	나눗셈 몫의 정수 부분을 반환, 나눗셈을 하고 나머지를 버릴 때 이 함수를 사용함
SIGN(임의의 실수)	• 수의 부호를 결정함 • 양수이면 1, 0이면 0, 음수이면 -1을 반환함

#NAME? 오류가 생기는 경우 [Excel 옵션]-[추가 기능]을 이용하여 분석 도구를 추가해야 함

▶ 수학 함수 사용 예

예	결과	예	결과	예	결과
=ABS(-100)	100	=INT(8.7)	8	=MOD(100, 3)	1
=SQRT(49)	7	=INT(-8.7)	-9	=TRUNC(5.62)	5
=POWER(2, 3)	8	=FACT(4)	24	=PRODUCT(8,8)	64
=SIGN(100)	1	=SIGN(2-2)	0	=SIGN(-6,1)	-1

> **기적의 TIP**
>
> 함수는 기능을 정확하게 이해하고 숙지한 다음 결과를 산출할 줄 아는 능력을 길러야 합니다. 엑셀 프로그램 없이 결과를 알아야 하므로 평소 학습 시에 함수의 특징을 정확히 파악해두세요.
>
> **함수의 사전적 의미**
> • ABS : ABSolute Value 절대값
> • SQRT : SQuare+RooT 양의 제곱근
> • POWER : 거듭 제곱
> • INT : INTeger 정수
> • RAND : RANDom 무작위의, 난수
> • RANDBETWEEN : RAND(난수)+BETWEEN(사이)
> • FACT : FACTorial 계승
> • MOD : MODulo 나머지
> • TRUNC : TRUNCation 끊음
> • PRODUCT : 곱
> • SUMPRODUCT : SUM+PRODUCT 곱의 합계
> • QUOTIENT : 몫
> • SIGN : 부호
> • ODD : 홀수
> • EVEN : 짝수
> • ODD(수) : 주어진 수에 가장 가까운 홀수로, 양수인 경우 올림하고 음수인 경우 내림함
> (예 =ODD(4) → 5)
> • EVEN(수) : 주어진 수에 가장 가까운 짝수로, 양수인 경우 올림하고 음수인 경우 내림함
> (예 =EVEN(5) → 6)

> **암기 TIP**
> - SUM : 단순 합계
> - SUMIF : 조건이 있는 합계
> - SUMIFS : 여러 조건이 있는 합계

2) 합계 함수 25년 상시, 23년 상시, 22년 상시, 21년 상시, 20년 7월, 19년 3월/8월, 18년 3월/9월, 17년 3월/9월, 16년 3월/10월, …

함수	기능
SUM(수1, 수2, …) └ 합계	인수로 지정한 숫자의 합계를 구함(인수는 1~255개까지 사용)
SUMIF(검색 범위, 조건, 합계 범위)	• 검색 범위에서 조건을 검사하여 조건을 만족할 경우 합계 범위에서 대응하는 셀의 합계를 계산 • SUMIF 함수의 합계 범위를 생략하면 검색 범위와 동일하게 인식됨
SUMIFS(합계 범위, 셀 범위1, 조건1, 셀 범위2, 조건2, …)	• 조건이 여러 개일 경우, 셀 범위1에서 조건1이 만족하고 셀 범위2에서 조건2가 만족되면 합계 범위에서 합을 산출함 • 조건은 최대 127개까지 지정 가능함

	A	B	C	D	E	F	G	H
1	부서명	성명	성별	실적		구분	결과	입력 함수
2	인사부	윤진이	여	10		[전직원 실적] 합계	101	=SUM(D2:D9)
3	전산부	정태용	남	20		[여자직원 실적] 합계	46	=SUMIF(C2:C9,"여",D2:D9)
4	홍보부	홍준기	남	8		[전산부의 남자직원 실적] 합계	35	=SUMIFS(D2:D9,A2:A9,"전산부",C2:C9,"남")
5	인사부	곽영일	남	12				
6	전산부	오신내	여	11				
7	전산부	왕정보	남	15				
8	인사부	홍유경	여	12				
9	홍보부	재성이	여	13				
10								

3) 반올림 함수 24년 상시, 12년 3월, 10년 10월, 08년 2월, 06년 5월/7월, 04년 5월/8월, 03년 5월

- ROUND, ROUNDUP, ROUNDDOWN 함수의 두 번째 인수는 자릿수를 나타낸다.
- 자릿수가 양수이면 반올림하여 지정한 소수 자릿수만큼 반환한다.
- 자릿수가 음수이면 소수점 왼쪽에서 반올림된다.
- 자릿수가 0이면 정수로 반올림된다.

> **기적의 TIP**
> 반올림 함수는 결과를 산출하기가 쉽지 않으므로 여러 예를 통해 확인해 두세요.

함수	기능
ROUND(수1, 수2)	수1을 반올림하여 자릿수(수2)만큼 반환함
ROUNDUP(수1, 수2)	수1을 무조건 올림하여 자릿수(수2)만큼 반환함
ROUNDDOWN(수1, 수2)	수1을 무조건 내림하여 자릿수(수2)만큼 반환함

함수의 사전적 의미
- ROUND : 둥근, 어림수의, 반올림
- ROUNDUP : ROUND+UP 무조건 올림
- ROUNDDOWN : ROUND+DOWN 무조건 내림

	A	B	C	D
1	인수	함수결과	입력함수	
2	4567.4567	4567.46	=ROUND(A2,2)	
3	4567.4567	4567	=ROUND(A3,0)	
4	4567.4567	4600	=ROUND(A4,-2)	
6	1234.1234	1234.13	=ROUNDUP(A6,2)	
7	1234.1234	1235	=ROUNDUP(A7,0)	
8	1234.1234	1300	=ROUNDUP(A8,-2)	
10	4567.4567	4567.45	=ROUNDDOWN(A10,2)	
11	4567.4567	4567	=ROUNDDOWN(A11,0)	
12	4567.4567	4500	=ROUNDDOWN(A12,-2)	
13				

02 날짜와 시간 함수
25년 상시, 23년 상시, 21년 상시, 19년 3월, 17년 3월/9월, 16년 10월, 15년 3월/10월, 13년 3월, …

함수	기능
NOW( )	현재 컴퓨터 시스템의 날짜와 시간을 반환함
TODAY( )	현재 컴퓨터 시스템의 날짜만 반환함
DATE(연, 월, 일)	연, 월, 일에 해당하는 날짜 데이터를 반환함
YEAR(날짜), MONTH(날짜), DAY(날짜)	날짜의 연도, 월, 일자 부분만 따로 추출함
TIME(시, 분, 초)	시, 분, 초에 해당하는 시간 데이터를 반환함
HOUR(시간), MINUTE(시간), SECOND(시간)	시간의 시, 분, 초 부분만 따로 추출함
WEEKDAY(날짜)	날짜의 요일 번호를 반환함
DAYS(종료 날짜, 시작 날짜)	두 날짜 사이의 일 수를 계산함
DATEVALUE(날짜 형태의 텍스트)	날짜 형태의 텍스트에 해당하는 일련번호를 계산함
EDATE(시작 날짜, 전후 개월수)	• 시작 날짜를 기준으로 전, 후 개월수를 반환함 • 월과 일이 같은 만기일이나 기한을 계산함
EOMONTH(시작 날짜, 전후 개월수)	• 시작 날짜를 기준으로 전, 후 개월의 마지막 날을 반환함 • 달의 마지막 날에 해당하는 만기일을 계산함
NETWORKDAYS(시작 날짜, 끝 날짜, 휴일)	• 시작 날짜와 끝 날짜 사이의 작업 일수를 계산함(주말, 휴일 제외) • 작업한 날짜수를 기초로 직원의 임금을 계산함
WEEKNUM(해당 주 날짜, 반환 유형)	• 해당 주 날짜가 일 년 중 몇 번째 주인지 표시함 • 반환 유형 : 1 또는 생략(기본값으로 일요일부터 주 시작), 2(월요일부터 주 시작)
WORKDAY(시작 날짜, 전후 주말/휴일 제외 날짜수, 휴일)	• 시작 날짜의 전후 날짜수(주말, 휴일 제외한 평일)를 반환함 • 작업 일수, 배달일, 청구서 기한일 등을 계산함

※ 함수에 직접 날짜를 입력할 경우 큰따옴표(" ")로 묶어야 함

> **기적의 TIP**
>
> 날짜와 시간 함수 중 TODAY, YEAR, MONTH, DAY, DAYS, EDATE, EOMONTH, NET-WORKDAYS, WORK DAY 함수를 중심으로 공부해 두세요.

함수의 사전적 의미
- NOW : 지금(현재 날짜와 시간)
- TODAY : 오늘(날짜만)
- DATE : 날짜(연, 월, 일)
- YEAR, MONTH, DAY : 연, 월, 일
- TIME : 시간(시, 분, 초)
- HOUR, MINUTE, SECOND : 시, 분, 초
- WEEKDAY : 평일
- DAYS : 일 수
- DATEVALUE : Date+Value 날짜의 수치(일련번호)
- EDATE : Elapse+DATE 흐른(경과한) 날짜
- EOMONTH : End Of MONTH 월의 마지막 날
- NETWORKDAYS : Net+Work+Days 주말, 휴일 제외한 순수 작업 일수
- WEEKNUM : Week+Number 주의 숫자(몇 번째 주)
- WORKDAY : Work+Day 주말, 휴일 제외한 평일 작업 일수

▶ 날짜와 시간 함수 사용 예

예	결과
=YEAR(TODAY( ))	현재 날짜의 연도
=YEAR(TODAY( ))-YEAR(A4)	현재 연도에서 [A4] 셀의 연도를 뺀 결과
=DATE(2025, 3, 23)	2025-03-23
=WEEKDAY(TODAY( ))	현재 날짜의 요일 번호

	A	B	C	D	E
1	입력함수	함수결과			
2	=EDATE("2024-1-1",3)	2024-04-01			
3	=EOMONTH("2024-1-1",3)	2024-04-30			
4	=NETWORKDAYS("2024-3-1","2024-3-31","2024-3-1")	20			
5	=WEEKNUM("2024-1-17",1)	3		창립기념일(휴무)	
6	=WORKDAY("2024-4-1",7,D6)	2024-04-11		2024-04-10	
7					

1) WEEKDAY 함수

= WEEKDAY(일련번호, 반환값의 종류)

일련번호	찾으려는 날짜를 나타내는 일련번호 날짜는 따옴표가 쳐진 텍스트 문자열(예) "2024-1-16")
반환값의 종류	• 반환값의 종류를 결정하는 숫자 • 1 또는 생략 : 1(일요일)에서 7(토요일) 사이의 숫자 • 2 : 1(월요일)에서 7(일요일) 사이의 숫자 • 3 : 0(월요일)에서 6(일요일) 사이의 숫자 • 11 : 1(월요일)에서 7(일요일) 사이의 숫자 • 12 : 1(화요일)에서 7(월요일) 사이의 숫자 • 13 : 1(수요일)에서 7(화요일) 사이의 숫자 • 14 : 1(목요일)에서 7(수요일) 사이의 숫자 • 15 : 1(금요일)에서 7(목요일) 사이의 숫자 • 16 : 1(토요일)에서 7(금요일) 사이의 숫자 • 17 : 1(일요일)에서 7(토요일) 사이의 숫자

• 현재 날짜 기본값 범위를 벗어나면 #VALUE! 오류가 반환된다.
• 반환값의 종류가 지정된 범위를 벗어나면 #NUM! 오류가 반환된다.

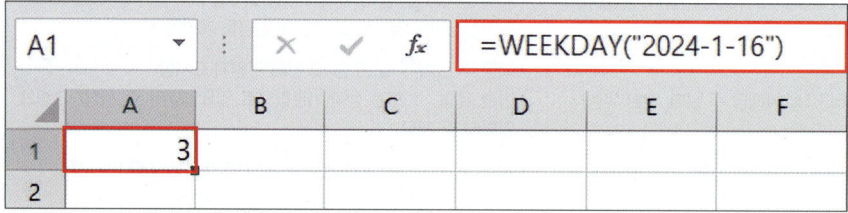

▲ 반환값의 종류를 결정하는 숫자가 생략된 경우(결과가 3이므로 화요일)

이론을 확인하는 기출문제

01 다음 수식의 결과값으로 옳은 것은?

=ROUNDDOWN(165.657,2) – ABS(POWER(–2,3))

① 156.65
② 157.65
③ 156.66
④ 157.66

- ROUNDDOWN(수1, 수2) : 수1을 무조건 내림하여 자릿수(수2)만큼 반환함
- ROUNDDOWN(165.657, 2) : 165.657을 무조건 내림하여 2자릿수만큼 반환함 → 165.65
- POWER(–2, 3) : –2의 3제곱을 구함 → –8
- ABS(–8) : –8의 절대값을 구함 → 8
- 따라서 165.65 – 8 = 157.65가 됨

02 다음 중 아래 시트에서 각 수식을 실행했을 때의 결과값으로 옳지 않은 것은?

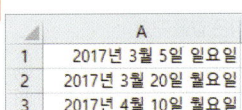

① EOMONTH(A1,–3) → 2016-12-05
② DAYS(A3,A1) → 36
③ NETWORKDAYS(A1,A2) → 11
④ WORKDAY(A1,10) → 2017-03-17

① EOMONTH(A1,–3) → 2016-12-31 : 2017년 3월의 –3개월 마지막 날이므로 2016년 12월 31일이 됨, EOMONTH(시작 날짜, 전후 개월수)는 시작 날짜를 기준으로 전후 개월의 마지막 날을 반환하여 달의 마지막 날에 해당하는 만기일을 계산함

오답 피하기
- ② : DAYS(A3,A1) → 36(4월 10일과 3월 5일 두 날짜 사이의 일 수), DAYS(종료 날짜, 시작 날짜)는 두 날짜 사이의 일 수를 구함
- ③ : NETWORKDAYS(A1,A2) → 11(3월 5일부터 3월 20일까지 주말을 제외한 작업 일수를 구함), NETWORKDAYS(시작 날짜, 끝 날짜, 휴일)은 시작 날짜와 끝 날짜 사이의 작업 일수를 계산함(주말, 휴일 제외)
- ④ : WORKDAY(A1,10) → 2017-03-17(3월 5일은 일요일이므로 3월 6일부터 주말/휴일 제외 10일 후이므로 3월 17일이 됨), WORKDAY(시작 날짜, 전후 주말/휴일 제외 날짜수, 휴일)은 시작 날짜 의 전후 날짜수(주말, 휴일 제외한 평일)를 반환함

03 수학식 $\sqrt{16}\times(|-2|+2^3)$을 엑셀 수식으로 바르게 표현한 것은?

① =POWER(16)*(ABS(-2)+SQRT(2,3))
② =SQRT(16)*(ABS(-2)+POWER(3,2))
③ =SQRT(16)*(ABS(-2)+POWER(2,3))
④ =POWER(16)*(ABS(-2)+SQRT(3,2))

- SQRT(수) : 양의 제곱근을 구함
- ABS(수) : 인수의 절대값을 구함
- POWER(인수, 숫자) : 인수를 숫자만큼 거듭 제곱한 값
- $\sqrt{16}\times(|-2|+2^3)$: =SQRT(16)*(ABS(-2)+POWER(2,3)) = 4*(2+8)

04 다음 중 수식과 그 실행 결과값의 연결이 옳지 <u>않은</u> 것은?

① =ABS(INT(–7.9)) → 8
② =SUM(TRUNC(45.6),MOD(32,3)) → 47
③ =POWER(ROUND(2.3,0),SQRT(4)) → 9
④ =CHOOSE(3,SUM(10,10),INT(30.50),50) → 50

③ =POWER(ROUND(2.3,0),SQRT(4)) → 4
- SQRT(4) : 4의 양의 제곱근을 구하므로 결과값은 2가 됨
- ROUND(2.3,0) : 2.3을 지정한 자릿수(0)로 반올림하므로 결과값은 2가 됨
- =POWER(2,2) : 밑수(2)의 거듭제곱(2)을 구하므로 결과값은 4가 됨

오답 피하기

① =ABS(INT(–7.9)) → 8
- INT(–7.9) : –7.9를 가장 가까운 정수로 내리므로(음수는 0에서 먼 방향) 결과값은 –8이 됨
- =ABS(–8) : –8의 절대값을 구하므로 결과값은 8이 됨

② =SUM(TRUNC(45.6),MOD(32,3)) → 47
- MOD(32,3) : 32를 3으로 나눈 나머지를 구하므로 결과값은 2가 됨
- TRUNC(45.6) : 45.6에서 소수점 이하를 버리고 정수로 변환하므로 결과값은 45가 됨
- =SUM(2,45) : 2와 45의 합을 구하므로 결과값은 47이 됨

④ =CHOOSE(3,SUM(10,10),INT(30.50),50) → 50
=CHOOSE(3,SUM(10,10),INT(30.50),50) : 인수 선택값이 3이므로 세 번째 인수 50이 결과값이 됨

정답 01 ② 02 ① 03 ③ 04 ③

SECTION 05 통계 함수/문자열 함수

출제빈도 상 **중** 하
반복학습 1 2 3

빈출 태그 통계 함수 • 문자열 함수

기적의 TIP
COUNT와 COUNTA의 차이점과 각 여러 평균 함수의 의미를 정확히 알아 두세요.

함수의 사전적 의미
- **AVERAGE** : 산술 평균
- **AVERAGEA** : Average+All 텍스트, 논리값 등을 포함한 산술 평균
- **AVERAGEIF** : Average+If 조건을 만족하는 산술 평균
- **AVERAGEIFS** : Average+Ifs 여러 조건에 만족하는 산술 평균
- **LARGE** : 커다란 수(몇 번째로)
- **SMALL** : 작은 수(몇 번째로)
- **MEDIAN** : 중위수(중간에 위치한 수)
- **MODE** : 최빈수(최고로 빈도가 높은 수)
- **MAX** : MAXimum 최대값
- **MIN** : MINimum 최소값
- **MAXA** : Max+All 논리값, 텍스트로 나타낸 숫자를 포함한 최대값
- **MINA** : Min+All 논리값, 텍스트로 나타낸 숫자를 포함한 최소값
- **RANK** : 석차, 등급, 순위, 지위
- **COUNT** : 세대(숫자의 개수만)
- **COUNTA** : Count+All 공백이 아닌 인수의 개수를 구함
- **COUNTIF** : Count+If 조건을 만족하는 셀의 개수를 구함
- **COUNTIFS** : Count+Ifs 여러 조건에 만족하는 셀의 개수를 구함
- **COUNTBLANK** : Count+Blank 공백 셀의 개수를 구함
- **STDEV** : STandard+DEViation 표준 편차
- **VAR** : VARiance 변화, 분산
- **GEOMEAN** : GEOmetric+MEAN 기하 평균
- **HARMEAN** : HARmony+MEAN 조화 평균

01 통계 함수
25년 상시, 23년 상시, 22년 상시, 21년 상시, 20년 2월/7월, 19년 3월/8월, 17년 3월/9월, 16년 6월, 14년 3월, …

함수	기능
AVERAGE(수1, 수2,…)	인수로 지정한 숫자의 평균을 구함
AVERAGEA(인수1, 인수2,…)	인수들의 산술 평균을 구함(텍스트, 논리값 등 포함 가능)
AVERAGEIF(셀 범위, 조건, 평균 범위)	• 셀 범위에서 조건에 맞는 경우만 평균 범위에서 평균을 산출함 • 평균 범위 생략 시 셀 범위로 평균을 산출함
AVERAGEIFS(평균 범위, 셀 범위1, 조건1, 셀 범위2, 조건2,…)	• 조건이 여러 개일 경우, 셀 범위1에서 조건1이 만족하고 셀 범위2에서 조건2가 만족하는 경우 평균 범위에서 평균을 산출함 • 조건은 최대 127개까지 지정 가능함
LARGE(배열, k)	인수로 지정한 숫자 중 k번째로 큰 값을 구함
SMALL(배열, k)	인수로 지정한 숫자 중 k번째로 작은 값을 구함
MEDIAN(수1, 수2,…)	주어진 수들의 중간값(중위수)을 구함
MODE.SNGL(수1, 수2,…)	주어진 수들 중 가장 빈번하게 발생하는 수(최빈수)를 구함
MAX(수1, 수2, …)	인수 중에서 최대값을 구함(1~255개까지 사용)
MIN(수1, 수2, …)	인수 중에서 최소값을 구함(1~255개까지 사용)
MAXA(수1, 수2, …)	• 인수 중에서 최대값을 구함(논리값, 텍스트로 나타낸 숫자 포함) • TRUE : 1로 계산, 텍스트나 FALSE : 0으로 계산
MINA(수1, 수2, …)	• 인수 중에서 최소값을 구함(논리값, 텍스트로 나타낸 숫자 포함) • TRUE : 1로 계산, 텍스트나 FALSE : 0으로 계산
RANK.EQ(수, 범위, 방법)	대상 범위에서 수의 순위(방법을 생략하거나 0으로 지정하면 내림차순 순위, 0이 아닌 값으로 지정하면 오름차순 순위)를 구함
COUNT(인수1, 인수2 …)	인수 중에서 숫자의 개수를 구함
COUNTA(인수1, 인수2 …)	공백이 아닌 인수의 개수를 구함
COUNTIF(검색 범위, 조건)	검색 범위에서 조건을 만족하는 셀의 개수를 구함
COUNTIFS(셀 범위1, 조건1, 셀 범위2, 조건2,…)	• 조건이 여러 개일 경우, 셀 범위1에서 조건1이 만족하고 셀 범위2에서 조건2가 만족하는 경우의 개수를 산출함 • 조건은 최대 127개까지 지정 가능함
COUNTBLANK(검색 범위)	지정한 범위에 있는 공백 셀의 개수를 구함
STDEV.S(수1, 수2, …)	표본(인수들)의 표준 편차를 구함
VAR.S(수1, 수2, …)	표본(인수들)의 분산을 구함
GEOMEAN(수1, 수2, …)	기하 평균을 구함
HARMEAN(수1, 수2, …)	조화 평균을 구함

	A	B	C	D	E	F	G	H	I
1	부서명	성명	성별	실적		구분	결과	입력 함수	
2	인사부	윤진이	여	10		[전직원 실적] 평균	12.625	=AVERAGE(D2:D9)	
3	전산부	정태용	남	20		[여자직원 실적] 평균	11.5	=AVERAGEIF(C2:C9,"여",D2:D9)	
4	홍보부	홍준기	남	8		[전산부의 남자직원 실적] 평균	17.5	=AVERAGEIFS(D2:D9,A2:A9,"전산부",C2:C9,"남")	
5	인사부	곽영일	남	12		[2 번째 큰] 실적	15	=LARGE(D2:D9,2)	
6	전산부	오신내	여	11		[2번째 작은] 실적	10	=SMALL(D2:D9,2)	
7	전산부	왕정보	남	15		[최고] 실적	20	=MAX(D2:D9)	
8	인사부	홍유경	여	12		[최소] 실적	8	=MIN(D2:D9)	
9	홍보부	재성이	여	13		[왕정보] 의 실적 순위	2	=RANK.EQ(D7,D2:D9)	
10						[전직원] 인원수	8	=COUNT(D2:D9)	
11						[공백] 이 아닌 셀의 개수	8	=COUNTA(B2:B9)	
12						[공백] 인 셀의 개수	0	=COUNTBLANK(B2:B9)	
13						성별이 [남자] 인 인원수	4	=COUNTIF(C2:C9,"남")	
14						실적이 [13] 이상인 인원수	3	=COUNTIF(D2:D9,">=13")	
15						[전산부의 남자직원] 인원수	2	=COUNTIFS(A2:A9,"전산부",C2:C9,"남")	
16									

	A	B	C	D
1	입력데이터		함수결과	입력함수
2	0.5	0.6	0.9	=MAX(A2:B5)
3	0.8	TRUE	1	=MAXA(A2:B5)
4	FALSE	0.1	0.1	=MIN(A2:B5)
5	0.9	0.7	0	=MINA(A2:B5)

1) RANK.EQ 21년 상시, 16년 10월, 09년 2월, 05년 5월

• RANK.EQ : 순위를 구하며 같은 값이 두 개 이상일 경우 해당 값 집합의 상위 순위를 구한다.

=RANK.EQ(순위 구할 수, 참조 범위, 순위 결정 방법)

순위 구할 수	순위를 구하려는 수
참조 범위	수 목록의 배열이나 참조 영역으로서, 숫자가 아닌 값은 무시됨(참조 범위는 절대 참조($)를 이용)
순위 결정 방법	• 순위 결정 방법을 정의하는 수 • 순위 결정 방법이 0이거나 생략되면 참조 범위가 내림차순으로 정렬된 목록처럼 순위를 부여함 높은 수치가 1등이 되는 경우 : 성적, 멀리 뛰기 등) • 순위 결정 방법이 0이 아니면 참조 범위가 오름차순으로 정렬된 목록처럼 순위를 부여함 (낮은 수치가 1등이 되는 경우 : 달리기 기록, 교통 안전 순위 등)

암기 TIP
영생내
• 0이거나 생략하면 내림차순 즉, 높은 점수가 1등
• 통상적으로 높은 점수가 1등인 경우가 많으므로 생략

암기 TIP
오일(Oil)
• 오일은 기름이며 기름이 발라지면 오르기가 일이다.
• 오름차순은 일(0이 아닌 수) 즉, 낮은 점수가 1등

	A	B	C	D	E	F
C2			fx	=RANK.EQ(B2,$B$2:$B$6)		
1	성명	점수	RANK.EQ			
2	김성근	100	1			
3	조윤진	100	1			
4	홍범도	60	5			
5	김선	70	4			
6	이예린	80	3			
7						

	A	B	C	D	E	F
D5			fx	=RANK.EQ(C5,$C$4:$C$8,1)		
1	100미터 달리기 순위 현황					
2						
3	국가명	선수명	기록(초)	순위		
4	미국	벤존슨	11	2		
5	한국	이쏜살	10	1		
6	자메이카	너볼트	12	3		
7	중국	씨에씨에	13	4		
8	일본	아리가토	14	5		

▲ 순위 결정 방법이 생략된 경우이므로 높은 점수가 상위 등수가 됨

▲ 순위 결정 방법이 0이 아닌 1이므로 100미터 기록이 가장 빠른 이쏜살 선수가 1등이 됨

• [C2] 셀 : =RANK.EQ(B2,$B$2:$B$6) → 김성근, 조윤진이 같은 순위이므로 높은 순위 1이 반환됨

• [D5] 셀 : =RANK.EQ(C5,$C$4:$C$8,1) → 100미터 달리기 기록(초)이므로 가장 빠른 10초가 가장 낮은 수치이지만 순위 결정 방법이 1이므로 1등이 됨

02 문자열 함수 24년 상시, 23년 상시, 22년 상시, 20년 2월, 19년 3월, 18년 9월, 16년 3월, 13년 3월, 11년 7월, 09년 4월, …

> **기적의 TIP**
> 문자열 함수에서는 특히 결과를 묻는 유형의 문제가 자주 출제됩니다. 사용 예를 통해 확실히 파악해 두세요.

함수	기능
LEFT(문자열, 개수)	문자열의 왼쪽에서 지정한 개수만큼 문자를 추출함
RIGHT(문자열, 개수)	문자열의 오른쪽에서 지정한 개수만큼 문자를 추출함
MID(문자열, 시작 위치, 개수)	문자열의 시작 위치에서부터 지정한 개수만큼 문자를 추출함
LOWER(문자열)	문자열을 모두 소문자로 변환함
UPPER(문자열)	문자열을 모두 대문자로 변환함
PROPER(문자열)	단어 첫 글자만 대문자로, 나머지는 소문자로 변환함
TRIM(문자열)	단어 사이에 있는 한 칸의 공백을 제외하고, 문자열의 공백을 모두 삭제함
EXACT(텍스트1, 텍스트2)	• 텍스트1과 텍스트2를 비교하여 일치하면 TRUE, 그렇지 않으면 FALSE를 반환함 • 영문의 경우 대소문자를 구분함
FIND(찾을 텍스트, 문자열, 시작 위치)	• 문자열에서 찾을 텍스트의 시작 위치를 반환함(시작 위치 생략 시 1로 간주함) • 찾을 텍스트가 없으면 #VALUE! 오류가 발생함 • 대소문자는 구분하나 와일드카드 문자(?, *)는 사용 못함 • SBCS(싱글바이트 문자 집합)★를 사용하는 언어에서 사용하며, 각 문자를 1로 계산함
REPT(반복할 텍스트, 반복 횟수)	• 반복 횟수(정수)만큼 반복할 텍스트를 표시함 • 결과는 32,767자 이하까지만 허용되며, 그렇지 않으면 #VALUE! 오류 값을 반환함
SEARCH(찾을 텍스트, 문자열, 시작 위치)	• 문자열에서 찾을 텍스트의 시작 위치를 반환함(시작 위치 생략 시 1로 간주함) • 찾을 텍스트가 없으면 #VALUE! 오류가 발생함 • 대소문자는 구분하지 않으나 와일드카드 문자(?, *)는 사용 가능함 • SBCS(싱글바이트 문자 집합)를 사용하는 언어에서 사용하며, 각 문자를 1로 계산함

★ **SBCS(싱글바이트 문자 집합)**
한글, 한자, 특수 문자 1글자를 1바이트로 처리함

함수의 사전적 의미
• LEFT : 왼쪽
• RIGHT : 오른쪽
• MID : 가운데, 중앙
• LOWER : LOWERcase 소문자
• UPPER : UPPERcase 대문자
• PROPER : 첫 자만 대문자로(적절한, 제대로 된)
• TRIM : 다듬다, 잘라 내다(공백)
• EXACT : 정확한, 정밀한 비교(일치 여부)
• FIND : 찾다, 발견하다.
• REPT : REPeaT 반복하다
• SEARCH : 검색, 수색하다

▶ 문자열 함수 사용 예

예	결과	예	결과
=LEFT("영진닷컴",2)	영진	=UPPER("2026 Word cup")	2026 WORLD CUP
=RIGHT("영진닷컴",2)	닷컴	=PROPER("2026 World cup")	2026 World Cup
=MID("영진닷컴",2, 2)	진닷	=TRIM(" 안녕하세요 ")	안녕하세요
=LOWER("2026 World cup")	2026 world cup		

C2		× ✓ fx	=EXACT(A2,B2)		
	A	B	C	D	E
1	입력1	입력2	일치여부		
2	Love	Love	TRUE		
3	PEACE	peace	FALSE		
4	Happy	Happy	FALSE		
5	123	1 2 3	FALSE		
6	엑셀	엑셀	TRUE		

B2		× ✓ fx	=REPT("■",A2)	
	A	B	C	D
1	점수	실적막대		
2	2	■■		
3	5	■■■■■		
4	8	■■■■■■■■		
5	10	■■■■■■■■■■		
6	32768	#VALUE!		

	A	B	C
1	입력자료	위치	입력함수
2	영진닷컴	3	=FIND("닷",A2)
3	Excellent	4	=FIND("e",A3)

	A	B	C
1	입력자료	위치	입력함수
2	영진닷컴	3	=SEARCH("닷?",A2)
3	Excellent	1	=SEARCH("e",A3)

▶ **기타 문자열 함수** 23년 상시, 22년 상시, 21년 상시, 20년 2월, 19년 3월/8월, 18년 9월, 16년 3월/10월, 15년 3월, 12년 3월, …

함수	기능
REPLACE	시작 위치의 바꿀 개수만큼 텍스트1의 일부를 다른 텍스트2로 교체함
SUBSTITUTE	텍스트에서 찾을 위치의 텍스트를 찾아서 새로운 텍스트로 대체함
LEN	텍스트의 길이를 숫자로 구함
TEXT	값을 주어진 서식에 맞게 변환함
FIXED	숫자를 나타낼 소수점 자릿수나 콤마의 표시 유무에 맞게 나타냄
CONCAT	텍스트를 연결하여 나타냄
VALUE	숫자 형태의 텍스트를 숫자로 변경함

	A	B	C
1	함수 형식	입력함수	함수결과
2	=REPLACE(텍스트1, 시작위치, 바꿀개수, 텍스트2)	=REPLACE("서울시",3,1," 특별시")	서울 특별시
3	=SUBSTITUTE(텍스트, 찾을 텍스트, 새로운 텍스트, 찾을 위치)	=SUBSTITUTE("HAVE A NICE DEY!","E","A",3)	HAVE A NICE DAY!
4	=LEN(텍스트)	=LEN("12 3")	4
5	=TEXT(값, 서식)	=TEXT("1989-6-3","yyyy년 m월 d일(aaa)")	1989년 6월 3일(토)
6	=FIXED(숫자, 나타낼 소수점 자리수나 콤마의 표시 유무)	=FIXED(PI(),4)	3.1416
7	=CONCAT(텍스트1, 텍스트2, 텍스트3)	=CONCAT("중랑구","신내동")	중랑구신내동
8	=VALUE(숫자 형태의 텍스트)	=VALUE("010")	10

> **기적의 TIP**
>
> 기타 문자열 함수가 자주 출제되는 경향을 보이고 있습니다. 각 함수의 결과를 정확히 산출할 수 있도록 익혀 두세요.

함수의 사전적 의미
- REPLACE : 대신, 대체하다
- SUBSTITUTE : 대신, 교체하다
- LEN : LENgth 길이
- TEXT : 문자, 문서 서식
- FIXED : 고정된, 변치 않는
- CONCATENATE : 연결된, 이어진
- VALUE : 수치 값

이론을 확인하는 기출문제

01 다음 중 아래 시트에서 각 수식을 실행했을 때의 결과값으로 옳은 것은?

	A	B	C	D	E
1	이름	국어	영어	수학	평균
2	홍길동	83	90	73	82
3	이대한	65	87	91	81
4	한민국	80	75	100	85
5	평균	76	84	88	82.66667

① =SUM(COUNTA(B2:D4), MAXA(B2:D4)) → 102

② =AVERAGE(SMALL(C2:C4, 2), LARGE(C2:C4, 2)) → 75

③ =SUM(LARGE(B3:D3, 2), SMALL(B3:D3, 2)) → 174

④ =SUM(COUNTA(B2,D4), MINA(B2,D4)) → 109

③ =SUM(LARGE(B3:D3, 2), SMALL(B3:D3, 2)) → 174
- LARGE(B3:D3, 2) → 87(B3:D3 범위에서 2번째로 큰 수를 구함)
- SMALL(B3:D3, 2) → 87(B3:D3 범위에서 2번째로 작은 수를 구함)
- SUM(87,87) → 174(인수로 지정한 숫자의 합계를 구함)

오답 피하기

① =SUM(COUNTA(B2:D4), MAXA(B2:D4)) → 109
- COUNTA(B2:D4) → 9(B2:D4 범위에서 공백이 아닌 인수의 개수를 구함)
- MAXA(B2:D4) → 100(B2:D4 범위의 인수 중에서 최대값을 구함)
- SUM(9,100) → 109(인수로 지정한 숫자의 합계를 구함)

② =AVERAGE(SMALL(C2:C4, 2), LARGE(C2:C4, 2)) → 87
- SMALL(C2:C4, 2) → 87(C2:C4 범위에서 2번째로 작은 수를 구함)
- LARGE(C2:C4, 2) → 87(C2:C4 범위에서 2번째로 큰 수를 구함)
- AVERAGE(87,87) → 87(인수로 지정한 숫자의 평균을 구함)

④ =SUM(COUNTA(B2,D4), MINA(B2,D4)) → 85
- COUNTA(B2,D4) → 2(B2와 D4, 2개의 인수 개수를 구함)
- MINA(B2,D4) → 83(B2셀의 값 83, D4셀의 값 100에서 작은 값을 구함)
- SUM(2,83) → 85

02 다음 중 아래와 같이 워크시트에 데이터가 입력되어 있는 경우, 보기의 수식과 그 결과값으로 옳지 <u>않은</u> 것은?

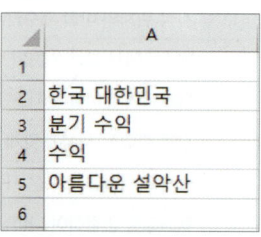

① =MID(A5,SEARCH(A1,A5)+5,3) → '설악산'

② =REPLACE(A5,SEARCH("한",A2),5,"") → '설악산'

③ =MID(A2,SEARCH(A4,A3),2) → '대한'

④ =REPLACE(A3,SEARCH(A4,A3),2,"명세서") → '분기명세서'

④ =REPLACE(A3,SEARCH(A4,A3),2,"명세서") → '분기명세서'
- SEARCH : 문자열에서 찾을 텍스트의 시작 위치를 반환하는 함수
- 따라서, =SEARCH(A4,A3) → =SEARCH("수익","분기 수익")의 결과는 4가 됨
- REPLACE(텍스트1, 시작위치, 바꿀 개수, 텍스트2) : 시작 위치의 바꿀 개수만큼 텍스트1의 일부를 다른 텍스트2로 교체함
- REPLACE(A3,4,2,"명세서") → =REPLACE("분기 수익",4,2,"명세서")의 결과는 4번째에서 2개를 "명세서"로 바꾸는 경우이므로 "분기 " 다음에 "명세서"가 붙음
- 따라서, 최종 결과는 =REPLACE(A3,SEARCH(A4,A3),2,"명세서") → '분기 명세서'가 되어야 함, 문제의 보기는 '분기명세서'로 붙어 있어서 틀림

오답 피하기

① =MID(A5,SEARCH(A1,A5)+5,3) → '설악산'
SEARCH(A1,A5)의 결과가 1이므로 1+5=6, =MID("아름다운 설악산",6,3)의 결과는 6번째에서 3개를 추출하므로 "설악산"이 됨(A1셀처럼 찾을 문자에 대한 제시가 없는 경우 결과가 1이 됨)

② =REPLACE(A5,SEARCH("한",A2),5,"") → '설악산'
SEARCH("한",A2)의 결과가 1이므로 =REPLACE("아름다운 설악산",1,5,"")의 결과는 1번째에서 5번째까지 ""(공백)으로 교체하므로 "설악산"이 됨

③ =MID(A2,SEARCH(A4,A3),2) → '대한'
SEARCH(A4,A3)의 결과가 4이므로 =MID("한국 대한민국",4,2)의 결과는 4번째에서 2개를 추출하므로 "대한"이 됨

SECTION 06 논리 함수/찾기와 참조 함수

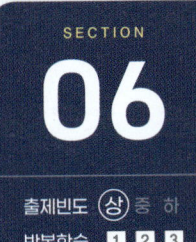

출제빈도 상 중 하
반복학습 1 2 3

빈출 태그 논리 함수 • 찾기와 참조 함수

01 논리 함수 25년 상시, 24년 상시, 14년 10월, 08년 2월, 06년 5월, 04년 5월

함수	기능
IF(조건식, 값1, 값2)	조건식이 참이면 값1, 거짓이면 값2를 반환함
IFS(조건식1, 참인 경우 값1, 조건식2, 참인 경우 값2, ……)	하나 이상의 조건이 충족되는지 확인하고 첫 번째 TRUE 조건에 해당하는 값을 반환함
SWITCH(변환할 값, 일치시킬 값1…[2–126], 일치하는 경우 반환할 값1…[2–126], 일치하는 값이 없는 경우 반환할 값)	값의 목록에 대한 하나의 값(식이라고 함)을 계산하고 첫 번째 일치하는 값에 해당하는 결과를 반환함
NOT(조건식)	조건식의 결과를 반대로 반환함
AND(조건1, 조건2,…)	모든 조건이 참이면 TRUE, 나머지는 FALSE를 반환함
OR(조건1, 조건2,…)	조건 중 하나 이상이 참이면 TRUE, 나머지는 FALSE를 반환함
TRUE( )	논리값 TRUE를 반환함
FALSE( )	논리값 FALSE를 반환함
IFERROR(수식, 오류 발생시 표시값)	수식의 결과가 오류값일 때 다른 값(공백 등)으로 표시함

함수의 사전적 의미
- IF : 만약에 ~하면(조건)
- IFS : 복수 조건
- SWITCH : 바꾸다, 전환하다
- NOT : 부정, 반대
- AND : 그리고, 이고
- OR : 또는, 이거나
- TRUE : 참
- FALSE : 거짓
- IFERROR : IF+ERROR 오류이면

▶ 논리 함수의 사용 예

예	결과	예	결과
=IF(100>50, "크다", "작다")	크다	=AND(100>50, 100<50)	FALSE
=NOT(100>50)	FALSE	=OR(100>50, 100<50)	TRUE

```
        C4        fx  =IFERROR(A4/B4,"수식 오류")
     A      B      C      D      E      F      G
  1  수1   수2   나눗셈
  2  100   10    10
  3  200   10    20
  4  300   0     수식 오류
```

1) IF 함수 25년 상시, 24년 상시, 23년 상시, 22년 상시, 20년 2월, 19년 3월, 18년 9월, 16년 3월/6월, 15년 6월, 13년 3월/6월, …

=IF(조건, 참, 거짓)

> **기적의 TIP**
>
> IF 함수는 매우 중요합니다. MID, AND, OR 함수와 함께 중첩의 형태로 자주 출제되므로 중첩 예를 통해 확실히 파악해 두세요.

중첩 IF 함수의 형식

- =IF(조건식1, 값1, IF(조건식2, 값2, 값3)) : 조건식1이 참이면 값을 반환, 거짓이면 두 번째 IF의 조건식2를 검사하여 참이면 값2, 거짓이면 값3을 반환함
- =IF(조건식1, IF(조건식2, 값1, 값2), 값3)) : 조건식1이 참이면 두 번째 IF의 조건식2를 검사. 즉, 조건식1과 조건식2가 모두 참이면 값1, 조건식1은 참이고 조건식2가 거짓이면 값2, 조건식1이 거짓이면 값3을 반환함

▲ 기본 IF 함수 : 평균이 50점 이상이면 "우수", 50점 미만이면 "보통"을 표시함

▲ 여러 IF 함수 중첩 : 점수가 90점 이상이면 "장학생", 90점 미만~70점 이상이면 "보통", 70점 미만이면 "노력요함"을 표시함

▲ 여러 IF 함수 중첩 : 90점 이상이면 "수", 90점 미만~80점 이상이면 "우", 80점 미만~70점 이상이면 "미", 70점 미만~60점 이상이면 "양", 60점 미만이면 "가"를 표시함

▲ 여러 IF 함수 중첩 : 금액이 2,000,000원 이상이면 금액의 10%, 2,000,000원 미만 1,000,000원 이상이면 금액의 5% 1,000,000원 미만이면 0으로 할인액을 표시함

▲ 여러 IF 함수 중첩 : 부서코드에 따른 부서명을 표시함

▲ IF 함수와 MID 함수 중첩 : 주민등록번호의 8번째 자리가 "1"이면 "남자", 아니면 "여자"를 표시함

2) AND / OR 함수 09년 2월, 08년 5월, 07년 2월, 05년 5월/10월

- AND: '그리고'의 의미가 있으므로 모든 인수가 참(True)이면 True를 표시함
- OR: '또는'의 의미가 있으므로 인수 중 한 개라도 참(True)이면 True를 표시함

=AND(논리식1, 논리식2, …) / =OR(논리식1, 논리식2, …)

논리식1, 논리식2	TRUE 또는 FALSE로 판정받을 조건으로 1~255개까지 가능함

E2: =IF(AND(B2="A",C2="A",D2="A"),"히트상품","")

	A	B	C	D	E	F
1	모델명	안전성	견고성	디자인	평가	리콜여부
2	HASG	A	A	A	히트상품	
3	HJK129	F	A	F		Recall
4	PJY66	F	C	B		Recall
5	HYK83	A	A	A	히트상품	
6	HTS69	A	A	A	히트상품	

▲ IF 함수와 AND 함수 중첩 : 안전성, 견고성, 디자인 모두 "A"이면 "히트상품", 그렇지 않으면 공백을 표시함

F2: =IF(OR(B2="F",C2="F",D2="F"),"Recall","")

	A	B	C	D	E	F
1	모델명	안전성	견고성	디자인	평가	리콜여부
2	HASG	A	A	A	히트상품	
3	HJK129	F	A	F		Recall
4	PJY66	F	C	B		Recall
5	HYK83	A	A	A	히트상품	
6	HTS69	A	A	A	히트상품	

▲ IF 함수와 OR 함수 중첩 : 안전성, 견고성, 디자인 중 어느 하나라도 "F"이면 "Recall", 그렇지 않으면 공백을 표시함

3) IFS 함수 24년 상시

- 하나 이상의 조건이 충족되는지 확인하고 첫 번째 TRUE 조건에 해당하는 값을 반환한다.
- 여러 중첩된 IF문 대신 사용할 수 있으며 최대 127개까지 조건을 줄 수 있다.
- TRUE 조건이 없는 경우 #N/A 오류를 반환한다.

=IFS(조건식1, 참인 경우 값1, 조건식2, 참인 경우 값2, ……)

C2: =IFS(B2>=90,"A",B2>=80,"B",B2>=70,"C",B2>=60,"D",TRUE,"F")

	A	B	C
1	성명	점수	평가
2	김선	89	B
3	홍범도	98	A
4	이예린	69	D
5	보라매	75	C
6	왕정보	59	F

▲ [B2]가 90점 이상이면 "A"를 반환하고, [B2]가 80점 이상이면 "B"를 반환하는 식으로 계속하다가 60점보다 작은 모든 값의 경우("TRUE")에는 "F"를 반환함

▲ IFS 함수와 MID 함수 중첩 : 주민등록번호의 8번째 자리가 "1"이면 "남", "2"이면 "여", "3"이면 "남", "4"이면 "여"를 표시함

4) SWITCH 함수 24년 상시

- 값의 목록에 대한 하나의 값(식이라고 함)을 계산하고 첫 번째 일치하는 값에 해당하는 결과를 반환한다.
- 일치하는 항목이 없는 경우 선택적 기본값(일치하는 값이 없는 경우 반환할 값)이 반환될 수 있다.
- 일치시킬 값과 일치하는 경우 반환할 값은 최대 126개까지 입력할 수 있다.
- 일치하는 값이 없고 제공된 기본값 인수가 없는 경우 #N/A 오류를 반환한다.

=SWITCH(변환할 값, 일치시킬 값 1...[2-126], 일치하는 경우 반환할 값 1...[2-126], 일치하는 값이 없는 경우 반환할 값)

▲ [A2]의 제품코드에 따라 제품명을 반환하며 수식에 없는 제품코드는 기본값인 "일치하는 항목 없음"으로 표시함

02 찾기와 참조 함수

> **기적의 TIP**
>
> VLOOKUP, HLOOKUP 함수는 자주 출제되는 함수입니다. 정확히 이해하지 않으면 결과를 얻기 어려운 함수이므로 꼼꼼히 공부해 두세요.

함수	기능
XLOOKUP(찾을 값, 찾을 범위, 반환 범위, 찾을 값 없을 때 텍스트, 일치 유형, 검색 방법)	"찾을 값"을 "찾을 범위"에서 찾아서 "반환 범위"의 값을 반환함
VLOOKUP(값, 범위, 열 번호, 방법)	범위의 첫 번째 열에서 값을 찾아 지정한 열에서 대응하는 값을 반환함
HLOOKUP(값, 범위, 행 번호, 방법)	범위의 첫 번째 행에서 값을 찾아 지정한 행에서 대응하는 값을 반환함
CHOOSE(검색값, 값1, 값2, …)	검색값이 1이면 값1, 2이면 값2, 순서로 값을 반환함
INDEX(범위, 행, 열)	범위에서 지정한 행, 열에 있는 값을 반환함

	A	B	C	D	E	F	G	H	I	J
1										
2		<표1>					인수	함수결과	입력함수	
3		성명	필기	실기	평균		한액셀	82.5	=VLOOKUP(G4,B4:E6,4,0)	
4		정보왕	85	90	87.5		2500	B	=HLOOKUP(G5,B9:E10,2)	
5		한액셀	90	75	82.5			82.5	=INDEX(B3:E6,3,4)	
6		홍정암	65	70	67.5			양파	=CHOOSE(3,"오렌지","고구마","양파","복숭아","사과")	
7										
8		<표2>								
9		실적	1000	2000	3000					
10		등급	C	B	A					
11										

> **암기 TIP**
> **V**LOOKUP 함수의 **V**에 맞으면 **열**받죠! 그래서 **V**는 **열** 개념이랍니다. V는 **V**ertical 로 열을 의미해요.

1) XLOOKUP 함수 24년 상시

=XLOOKUP(찾을 값, 찾을 범위, 반환 범위, 찾을 값 없을 때 텍스트, 일치 유형, 검색 방법)

- "찾을 값"을 "찾을 범위"에서 찾아서 "반환 범위"의 값을 반환한다.
- 반환 열이 찾는 열의 어느 쪽에 있는지와 관계없이 한 열에서 검색어를 찾고 다른 열의 동일한 행에서 결과를 반환한다.
- XLOOKUP은 VLOOKUP과는 달리 여러 항목이 있는 배열을 반환할 수 있다.

함수의 사전적 의미
XLOOKUP : eXtended+LOOKUP
확장된 범위에서 찾기

찾을 값	검색할 값(필수)	
찾을 범위	검색할 배열 또는 범위(필수)	
반환 범위	반환할 배열 또는 범위(필수)	
찾을 값 없을 때 텍스트	• 유효한 일치 항목을 찾을 수 없을 때 표시할 텍스트를 반환함(선택) • 유효한 일치 항목을 찾을 수 없으며 생략 시 #N/A 가 반환됨	
일치 유형	일치 유형을 지정함(선택)	
	0	• 정확히 일치함(기본값) • 찾을 수 없는 경우 #N/A를 반환함
	-1	• 정확히 일치함 • 찾을 수 없는 경우 다음 작은 항목을 반환함
	1	• 정확히 일치함 • 찾을 수 없는 경우 다음으로 큰 항목을 반환함
	2	*, ?, ~ 등의 와일드카드 문자를 사용함
검색 방법	사용할 검색 방법을 지정함(선택)	
	1	첫 번째 항목부터 검색을 수행함(기본값)
	-1	마지막 항목부터 역방향 검색을 수행함
	2	• 오름차순으로 정렬된 찾을 범위에서 이진 검색을 수행함 • 정렬되어 있지 않으면 잘못된 결과가 반환됨
	-2	• 내림차순으로 정렬된 찾을 범위에서 이진 검색을 수행함 • 정렬되어 있지 않으면 잘못된 결과가 반환됨

▲ [A2] 셀의 찾을 값 "지유환"을 [B5:B10]에서 찾아서 [A5:A10]의 동일한 행의 값(444)을 반환함

▲ 반환 범위를 [C5:D10]으로 하면 부서명과 직급이 함께 결과로 반환됨

V(Vertical, 열)에서 찾는 개념임

2) VLOOKUP 함수 25년 상시, 24년 상시, 22년 상시, 20년 2월, 18년 3월, 15년 10월, 13년 3월, 09년 7월, 07년 5월, …

함수의 사전적 의미
VLOOKUP : Vertical+LOOKUP
수직(열)으로 찾기

표의 가장 왼쪽 열에서 특정 값을 찾아, 지정한 열에서 같은 행에 있는 셀의 값을 표시한다.

=VLOOKUP(찾을 값, 셀 범위 또는 배열, 열 번호, 찾을 방법)

찾을 값	표의 가장 왼쪽 열에서 찾고자 하는 값
셀 범위 또는 배열	찾고자 하는 값이 있는 범위나 배열
열 번호	같은 행에 있는 값을 표시할 열
찾을 방법	• 생략되거나 TRUE(=1)이면 셀 범위에 똑같은 값이 없을 때는 찾을 값의 아래로 근사값을 찾아주며, 이때 셀 범위 또는 배열은 첫 번째 열을 기준으로 오름차순으로 정렬되어 있어야 함 • FALSE(=0)로 지정되면 정확한 값을 찾아주며, 만약 그 값이 없을 때는 #N/A 오류가 발생함

★ =VLOOKUP(E2,$A$8:$B$13,2)
=VLOOKUP(E2,$A$8:$B$13,2,TRUE)
=VLOOKUP(E2,$A$8:$B$13,2,1)
생략하거나 True(1)인 경우 모두 같은 결과가 됨

▲ 찾을 방법을 FALSE(=0)로 지정한 경우   ▲ 찾을 방법을 생략한 경우

3) HLOOKUP 함수 25년 상시, 22년 상시, 15년 10월, 11년 3월, 10년 6월, 07년 5월, 04년 2월

H(Horizontal, 행)에서 찾는 개념임

표의 가장 첫 행에서 특정 값을 찾아, 지정한 행에 해당하는 열의 셀 값을 표시한다.

=HLOOKUP(찾을 값, 셀 범위 또는 배열, 행 번호, 찾을 방법)

찾을 값	표의 첫째 행에서 찾고자 하는 값
셀 범위 또는 배열	찾고자 하는 값이 있는 범위나 배열
행 번호	같은 열에 있는 값을 표시할 행
찾을 방법	• 생략되거나 TRUE(=1)이면 셀 범위에 똑같은 값이 없을 때는 찾을 값의 아래로 근사값을 찾아주며, 이때 셀 범위 또는 배열은 첫 번째 행을 기준으로 왼쪽에서 오른쪽으로 오름차순 정렬이 되어 있어야 함 • FALSE(=0)로 지정되면 정확한 값을 찾아주며, 만약 그 값이 없을 때는 #N/A 오류가 발생함

F2 =HLOOKUP(E2,$A$9:$F$10,2) ★

	A	B	C	D	E	F
1	성명	국어	영어	수학	평균	평가
2	홍길동	50	50	50	50	가
3	이순신	89	90	70	83	우
4	유관순	100	90	80	90	수
5	안철수	100	80	50	77	미
6	홍영어	60	58	70	63	양
7						
8						
9	평균	0	60	70	80	90
10	평가	가	양	미	우	수
11						

▲ 찾을 방법을 생략한 경우

B2 =HLOOKUP(B1,A4:F5,2,0)

	A	B	C	D	E	F
1	지역명	대전				
2	요금	15000				
3						
4	지역명	서울	천안	대전	양산	부산
5	요금	5000	10000	15000	20000	30000

▲ 찾을 방법을 FALSE(=0)로 지정한 경우

함수의 사전적 의미
HLOOKUP : Horizontal+LOOKUP 수평(행)으로 찾기

★ =HLOOKUP(E2,$A$9:$F$10,2)
=HLOOKUP(E2,$A$9:$F$10,2,TRUE)
=HLOOKUP(E2,$A$9:$F$10,2,1)

VLOOKUP, HLOOKUP 함수의 마지막 인수
• 마지막 인수는 지정한 범위에서 값을 찾는 방법을 결정함
• 방법을 FALSE(=0)로 지정하면 정확하게 일치하는 값을 찾음
• 방법을 생략하거나 TRUE(=1)로 지정하면 찾는 값보다 작은 값 중에서 최대값을 찾으며, 이 때 범위의 첫 번째 행(또는 열)이 오름차순으로 정렬되어 있어야 원하는 값을 찾을 수 있음

4) CHOOSE 함수 24년 상시, 23년 상시, 21년 상시, 20년 2월/7월, 19년 3월, 16년 6월/10월, 15년 3월, 11년 10월

'선택하다'의 의미로, 인덱스 번호 순으로 선택하여 결과를 돌려줌

=CHOOSE(인덱스 번호, 인수1, 인수2,…)

인덱스 번호	선택할 인수를 지정하며, 인덱스 번호는 반드시 1에서 254까지의 수이거나 1에서 254까지의 숫자를 포함하는 셀에 대한 수식이거나 참조 영역이어야 함
인수1, 인수2	• CHOOSE 함수가 인덱스 번호에 따라 값이나 작업을 선택할 때 사용되는 인수로 254개까지 지정할 수 있음 • 인수는 숫자, 셀 참조 영역, 정의된 이름, 수식, 매크로 함수, 텍스트 등임

- 인덱스 번호가 1이면 CHOOSE는 인수1을, 2이면 인수2를 구하며 나머지도 이와 같은 방법으로 구한다.
- 인덱스 번호가 1보다 작거나 목록의 최대값보다 크면 #VALUE! 오류값을 표시한다. ― 데이터 유형이 잘못 사용되었을 때 나타나는 오류
- 인덱스 번호가 분수이면 소수점 이하를 잘라서 정수로 변환한다.

C2 : fx =CHOOSE(MID(B2,8,1),"남자","여자","남자","여자")

	A	B	C	D	E	F	G	H
1	성명	주민등록번호	성별					
2	이상영	600101-1234567	남자					
3	김선	890603-2345678	여자					
4	이정아	800117-2456777	여자					
5	이선훈	500505-1112223	남자					
6	김기준	801209-1555666	남자					
7	지유순	000603-4223334	여자					
8	지용훈	000803-3999988	남자					
9								

▲ 주민등록번호의 8번째 자리가 "1"이나 "3"이면 "남자", "2"나 "4"면 "여자"로 표시함

E4 : fx =CHOOSE(D4,"금","은","동","","")

	A	B	C	D	E	F	G
1		100미터 달리기 순위 현황					
2							
3	국가명	선수명	기록(초)	순위	메달		
4	미국	벤존슨	11	2	은		
5	한국	이쏜살	10	1	금		
6	자메이카	너볼트	12	3	동		
7	중국	씨에씨에	13	4			
8	일본	아리가토	14	5			
9							

▲ 순위에 따른 메달 집계 결과를 표시함

5) INDEX 함수 25년 상시, 22년 상시, 20년 7월, 19년 3월/8월, 18년 3월, 17년 9월, 16년 6월/10월, 15년 3월, 13년 6월, 11년 10월, …

셀 범위나 배열에서 참조나 값을 구한다. '색인'의 의미로 행과 열 번호에 의해 값을 구함

=INDEX(셀 범위나 배열, 행 번호, 열 번호)

> **기적의 TIP**
> INDEX와 MATCH 함수는 함께 사용되어 결과를 묻는 유형으로 출제되는 함수입니다. 기능을 정확히 이해해 두세요.

▲ [$C$2:$E$6] 범위에서 학과코드(행)와 학년(열)으로 해당 강의실을 표시함

- 참조형 INDEX 함수(참조가 인접하지 않은 영역으로 이루어진 경우, 찾을 영역을 선택)

형식	=INDEX(검색 범위, 행 번호, 열 번호, 참조 영역번호)
기능	• 검색 범위의 참조 영역번호에 해당하는 영역에서 행, 열 번호와 교차하는 위치의 값을 구함 • 인접하지 않은 범위를 참조로 입력하려면 참조를 괄호로 묶어야 함 • 행 번호나 열 번호를 0으로 설정하면 전체 열이나 행에 대한 참조가 각각 반환됨 • 참조 영역번호를 생략하면 1로 간주함
보기	=INDEX((A1:C6, A8:C11), 2, 2, 2) • 참조 영역번호가 2이므로 두 번째 영역인 [A8:C11]에서 2행, 2열의 교차값을 구함 • (결과) : 3,550

▲ 참조 영역번호가 2이므로 두 번째 영역인 [A8:C11]에서 2행, 2열의 교차값을 구함(결과 : 3,550)

> **개념 체크**
>
> 1 INDEX 함수의 수식은 '=INDEX(셀 범위나 배열, 행 번호, ( ))'이다.
>
> 2 INDEX 함수에서 행 번호나 열 번호를 ( )으로 설정하면 전체 열이나 행에 대한 참조가 각각 반환된다.
>
> 1 열 번호 2 0

6) MATCH 함수 25년 상시, 22년 상시, 21년 상시, 19년 3월, 17년 9월, 09년 2월, 08년 10월, 07년 5월, 03년 9월

'일치하다'의 의미로 자료값과 일치하는 상대 위치 또는 열을 표시함

찾고자 하는 자료값과 일치하는 배열 요소를 찾아 상대 위치(몇 번째 행) 또는 열을 표시한다.

=MATCH(검색 자료, 배열, 검색 유형)

검색 유형	• 1 : 검색 자료보다 작거나 같은 값 중에서 최대값(조건 : 오름차순) • 0 : 검색 자료와 같은 첫 번째 값(조건 : 임의 순서) • -1 : 검색 자료보다 크거나 같은 값 중에서 최소값(조건 : 내림차순) • 검색 유형 생략 시 검색 유형은 1임

E2　=INDEX(A2:B6,MATCH(E1,A2:A6,0),2)

	A	B	C	D	E
1	고객명	누적포인트		고객명	김선
2	한액셀	10		누적포인트	40
3	김선	40			
4	곽영일	30			
5	윤진이	25			
6	홍영어	18			

▲ [E1] 셀에 고객명을 입력하면 누적 포인트를 표시함

7) XMATCH 함수 24년 상시

- 배열 또는 셀 범위에서 지정된 항목을 검색한 다음 항목의 상대 위치를 반환한다.
- MATCH 함수와 기본 기능은 같으나 XMATCH 함수는 와일드카드 문자를 사용할 수 있으며 검색 방법 기능이 추가되었다.

=XMATCH(찾을 값, 찾을 범위, 일치 유형, 검색 방법)

찾을 값	검색할 값(필수)	
찾을 범위	검색할 배열 또는 범위(필수)	
일치 유형	일치 유형을 지정함(선택)	
	0	• 정확히 일치함(기본값) • 찾을 수 없는 경우 #N/A를 반환함
	-1	• 정확히 일치함 • 찾을 수 없는 경우 다음 작은 항목을 반환함
	1	• 정확히 일치함 • 찾을 수 없는 경우 다음으로 큰 항목을 반환함
	2	*, ?, ~ 등의 와일드카드 문자를 사용함
검색 방법	사용할 검색 방법을 지정함(선택)	
	1	첫 번째 항목부터 검색을 수행함(기본값)
	-1	마지막 항목부터 역방향 검색을 수행함
	2	• 오름차순으로 정렬된 찾을 범위에서 이진 검색을 수행함 • 정렬되어 있지 않으면 잘못된 결과가 반환됨
	-2	• 내림차순으로 정렬된 찾을 범위에서 이진 검색을 수행함 • 정렬되어 있지 않으면 잘못된 결과가 반환됨

	A	B	C	D	E	F
				fx	=XMATCH(E1,A2:A6)	
	A	B	C	D	E	F
1	제품명	단가		제품명	마우스	
2	키보드	35,000		위치	2	
3	마우스	20,000				
4	모니터	450,000				
5	마이크	230,000				
6	SSD	560,000				
7						

▲ [E1] 셀의 입력값 "마우스"의 위치(2)를 반환함

	A	B	C	D	E	F	G	H	I
C2			fx	=INDEX(B5:C8,XMATCH(A2,A5:A8),XMATCH(B2,B4:C4))					
1	지점	반기	매출액						
2	남부	하반기	8800						
3									
4	지점명	전반기	하반기						
5	동부	2,300	4,500						
6	서부	1,800	2,200						
7	남부	5,600	8,800						
8	북부	30,000	4,000						
9									

▲ INDEX와 XMATCH 함수를 조합하여 수직 및 수평으로 동시 검색을 수행하며 입력된 지점 및 반기에 대한 매출액을 반환함(MATCH 함수보다 인수가 적게 사용됨)

'상쇄(벌충)하다'의 의미로 지정된 행, 열 수인 범위에 대한 참조를 구함

8) OFFSET 함수 23년 상시, 20년 2월/7월, 16년 6월, 12년 6월, 10년 3월, 08년 8월, 07년 10월, 06년 2월, 04년 8월

- 셀 또는 셀 범위에서 지정한 행 수와 열 수인 범위에 대한 참조를 구한다.
- 표시되는 참조는 단일 셀이거나 셀 범위일 수 있다.
- 표시할 행 수와 열 수를 지정할 수 있다.
- 구할 셀 높이와 구할 셀 너비가 2 이상 설정될 경우 배열 수식(Ctrl + Shift + Enter) 으로 입력해야 한다.

=OFFSET(기준 셀 범위, 행 수, 열 수, 구할 셀 높이, 구할 셀 너비)

- 행 수는 양수로 입력하면 아래 방향을, 음수로 입력하면 위 방향을 가리킨다.
- 열 수는 양수로 입력하면 오른쪽 방향을, 음수로 입력하면 왼쪽 방향을 가리킨다.
- 구할 셀 높이와 구할 셀 너비는 생략할 수 있다.

> **기적의 TIP**
>
> OFFSET 함수 역시 결과를 산출하기 어려운 함수 중 하나입니다. 사용 형식과 예를 중심으로 공부해 두세요.

	A	B	C	D	E	F	G	H
E5			fx	=OFFSET(A1,2,2)				
1	번호	성명	별명					
2	1	홍영어	홍타시					
3	2	지유환	탐험왕					
4	3	이선훈	체육인					
5	4	이상영	멋쟁이		탐험왕			
6								

▲ [A1] 셀을 기준으로 2행, 2열의 값을 표시함

> **개념 체크**
>
> 1 OFFSET 함수는 셀 또는 셀 범위에서 지정한 행 수와 열 수인 (　　)에 대한 (　　)를 구한다.
>
> 2 OFFSET 함수에서 행 수는 양수로 입력하면 (　　) 방향을, 음수로 입력하면 (　　) 방향을 가리킨다.
>
> 3 OFFSET 함수는 표시할 행 수와 열 수를 지정할 수 있다. (○, ×)
>
> 1 범위, 참조 2 아래, 위 3 ○

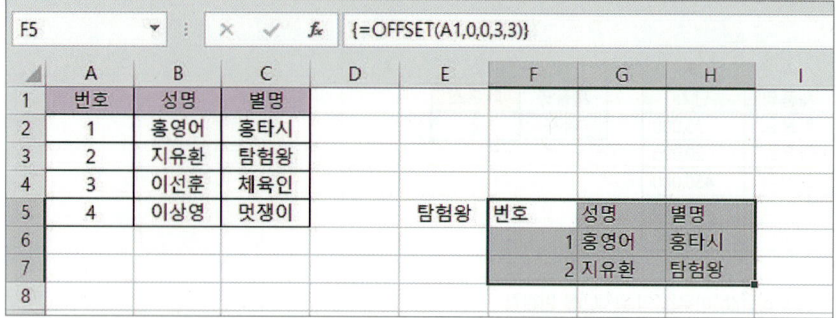

▲ 배열 수식으로 [A1] 셀을 기준으로 0행, 0열, 즉 그 자리에서 3행 3열의 값을 표시함(F5:H7 범위 설정 후에 작업)

9) TRANSPOSE 함수 06년 2월
'뒤바꾸다'의 의미로 가로, 세로 범위를 바꾸어 반환함

- 세로 셀 범위를 가로 범위로, 가로 셀 범위를 세로 범위로 바꾸어 반환한다.
- 반드시 배열과 동일한 행과 열 수를 갖는 범위에 배열 수식(Ctrl + Shift + Enter)으로 입력해야 한다.
- 워크시트에서 배열의 가로와 세로 방향을 바꿀 수 있다.

=TRANSPOSE(셀 범위나 배열)

▲ [A1:E7] 범위의 세로와 가로 방향을 바꾸어 표시함(A9:G13 범위 설정 후에 작업)

10) LOOKUP 함수 `'검색'의 의미로 값을 찾아줌` 23년 상시, 22년 상시, 21년 상시, 20년 7월, 19년 3월, 17년 9월, 16년 6월, 15년 3월, 13년 10월

한 행 범위나 한 열 범위 또는 배열에서 값을 구한다.

=LOOKUP(찾을 값, 셀 범위나 배열)

- 찾을 값을 셀 범위나 배열의 첫 행, 첫 열에서 찾은 다음 셀 범위나 배열의 마지막 행 또는 열의 같은 위치에 있는 값을 구해준다.
- 셀 범위나 배열의 행 수보다 열 수가 많을 때는 첫 행에서 값을 찾으며, 이때 첫 행은 왼쪽에서 오른쪽 방향으로 오름차순 정렬 상태이어야 한다(=HLOOKUP).
- 셀 범위나 배열의 열 수보다 행 수가 많을 때는 첫 열에서 값을 찾으며, 이때 첫 열은 오름차순 정렬 상태이어야 한다(=VLOOKUP).

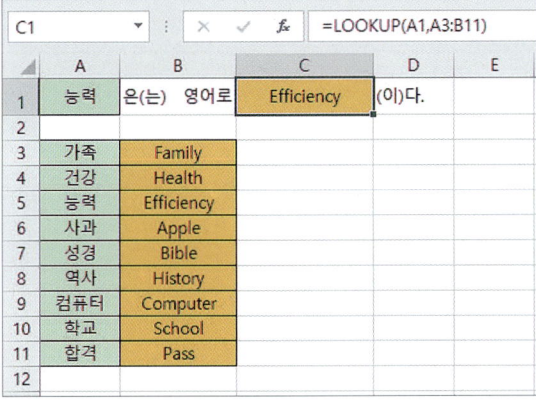

▲ [A1] 셀에 원하는 한글 단어를 입력하면 [C1] 셀에 해당 영어가 검색되어 표시됨(첫 열은 반드시 오름차순)

함수	기능
ADDRESS(행 번호, 열 번호, 참조 유형, 참조 방식, 시트명)	• 행 번호와 열 번호를 사용하여 셀 주소를 나타냄 • 참조 유형 : 1 또는 생략(절대 행, 절대 열), 2(절대 행, 상대 열), 3(상대 행, 절대 열), 4(상대 행, 상대 열) • 참조 방식 : TRUE로 지정하거나 생략(A1 스타일 참조), FALSE(R1C1 스타일 참조) • 시트명 : 워크시트 이름
AREAS(참조)	참조 영역에 있는 영역(인접한 셀의 범위 또는 단일 셀) 수를 반환함
COLUMN(열 번호를 구하려는 셀이나 셀 범위)	참조의 열 번호를 반환함
COLUMNS(배열이나 배열 수식 또는 열 수를 구할 셀 범위에 대한 참조)	배열이나 참조에 들어 있는 열 수를 반환함
INDIRECT(셀에 대한 참조나 문자열 텍스트 참조, 참조 유형)	• 텍스트 문자열로 지정된 참조를 반환함 • 참조 유형 : TRUE이거나 생략(A1 스타일의 참조), FALSE(R1C1 스타일의 참조)
ROW(행 번호를 구할 셀 또는 셀 범위)	참조의 행 번호를 반환함
ROWS(행 수를 구할 배열, 배열 수식 또는 셀 범위의 참조)	참조나 배열에 있는 행 수를 반환함

	A	B	C
1	함수결과	입력함수	
2	$C$3	=ADDRESS(3,3)	
3	$C$3	=ADDRESS(3,3,1)	
4	C$3	=ADDRESS(3,3,2)	
5	$C3	=ADDRESS(3,3,3)	
6	C3	=ADDRESS(3,3,4)	
7			

▲ 참조 유형에 따라 셀 주소를 표시함

	A	B	C
1	함수결과	입력함수	
2	1	=AREAS(C3:D5)	
3	3	=AREAS((B5:B5,C6,E7:E10))	
4	1	=AREAS(C2:C5 C2)	
5			

▲ 참조 영역에 있는 영역 수를 반환함

	A	B	C
1	함수결과	입력함수	
2	1	=COLUMN()	
3	2	=COLUMN(B6)	
4	4	=COLUMN(D2)	
5	3	=COLUMNS(B1:D4)	
6	3	=COLUMNS({1,2,3;4,5,6})	
7			

▲ 배열이나 참조의 열 수를 표시함

B6 : fx =INDIRECT(A2)

	A	B	C	D	E
1	주소	값			
2	B2	100			
3	B3	200			
4	B4	300			
5					
6	B2셀의 값	100			
7					

▲ [A2] 셀에 있는 주소에 값을 표시함

A2 : fx =ROW()-1

	A	B	C	D	E
1	일련번호				
2	1				
3	2				
4	3				
5	4				
6	5				
7	6				
8	7				

▲ 행 번호에 1을 뺀 값을 표시함

	A	B	C
1	함수결과	입력함수	
2	5	=ROW(B5)	
3	5	=ROWS(C3:E7)	
4	2	=ROWS({1,2,3;4,5,6})	
5			
6			
7			
8			

▲ 행 번호, 행 수를 표시함

이론을 확인하는 기출문제

01 아래의 시트에서 [A8] 셀에 다음과 같이 수식을 입력했을 때의 계산 결과값으로 옳은 것은?

=INDEX(A1:C6, MATCH(12,B1:B6,1), 2)

	A	B	C	D
1	1	10	20	
2	2	11	20	
3	3	12	20	
4	4	13	20	
5	5	14	20	
6	6	15	20	
7				

① 12　　② 3　　③ 14　　④ 20

- MATCH(검색값, 영역, 검색 방식) : 영역에서 검색값을 찾은 후 검색한 셀의 상대 위치를 표시함. 검색 방식을 1로 지정하면 근사값으로 검색함
- INDEX(영역, 행 번호, 열 번호) : 영역에서 행 번호와 열 번호에 위치해 있는 셀의 값을 표시함
- MATCH(12, B1:B6, 1) : B1:B6에서 12의 값은 세 번째에 위치함 → 3
- INDEX(A1:C6, 3, 2) : 영역에서 3행 2열에 위치해 있는 [B3] 셀의 값을 표시함

02 다음과 같은 시트에서 [A8] 셀에 아래의 수식을 입력했을 때 계산 결과로 올바른 것은?

=COUNT(OFFSET(D6, −5, −3, 2, 2))

	A	B	C	D
1	성명	중간	기말	합계
2	김나희	100	80	180
3	김근석	90	95	185
4	배정희	80	63	143
5	박지연	95	74	169
6	한정희	55	65	120

① 4　　② 1　　③ 120　　④ 74

- =OFFSET(셀 범위), 행 수, 열 수, 행 높이, 열 너비) : 지정한 셀(셀 범위)에서 지정한 행과 열 수만큼 떨어진 곳에 있는 특정 높이와 너비의 범위에 입력된 데이터를 표시함. 행(열)의 개수가 양수이면 아래(오른쪽), 음수이면 위(왼쪽) 방향으로 기준을 잡음
- =OFFSET(D6, −5, −3, 2, 2) : [D6] 셀을 기준으로 −5행 −3열 떨어진 [A1] 셀을 찾아서, [A1] 셀을 기준으로 2행 2열의 [A1:B2] 범위를 설정함
- =COUNT(A1:B2) : [A1:B2]에서 빈 셀을 제외한 숫자가 들어 있는 셀 개수를 구함 → 1

03 아래 그림과 같이 발령부서[C2:C11]는 부서명[E2:E4]의 데이터 값을 번호[A2:A11]를 기준으로 순서대로 반복하여 배정하고자 한다. [C2] 셀에 입력할 수식으로 옳은 것은?

	A	B	C	D	E
1	번호	이름	발령부서		부서명
2	1	황현아	기획팀		기획팀
3	2	김지민	재무팀		재무팀
4	3	정미주	총무팀		총무팀
5	4	오민아	기획팀		
6	5	김혜린	재무팀		
7	6	김윤중	총무팀		
8	7	박유미	기획팀		
9	8	김영주	재무팀		
10	9	한상미	총무팀		
11	10	서은정	기획팀		

① =INDEX($E$2:$E$4, MOD(A2,3))
② =INDEX($E$2:$E$4, MOD(A2,3)+1)
③ =INDEX($E$2:$E$4, MOD(A2−1,3)+1)
④ =INDEX($E$2:$E$4, MOD(A2−1,3))

=INDEX($E$2:$E$4, MOD(A2−1,3)+1) : INDEX 범위($E$2:$E$4)에서 해당 행의 값을 가져오기 위해 A2−1한 값에 MOD 함수를 이용하여 3으로 나눈 나머지를 구하고 그 값에 +1을 함. 따라서 1, 2, 3이 순서대로 결과가 되어 "기획팀", "재무팀", "총무팀"이 순서대로 나타남

	A	B	C	D	E	F	G	H	I
1	번호	이름	발령부서		부서명		=A2−1	=MOD(A2−1,3)	=MOD(A2−1,3)+1
2	1	황현아	기획팀		기획팀		0	0	1
3	2	김지민	재무팀		재무팀		1	1	2
4	3	정미주	총무팀		총무팀		2	2	3
5	4	오민아	기획팀				3	0	1
6	5	김혜린	재무팀				4	1	2
7	6	김윤중	총무팀				5	2	3
8	7	박유미	기획팀				6	0	1
9	8	김영주	재무팀				7	1	2
10	9	한상미	총무팀				8	2	3
11	10	서은정	기획팀				9	0	1

정답 01 ① 02 ② 03 ③

SECTION 07 D 함수/재무 함수/정보 함수

빈출 태그 D 함수 • 재무 함수 • 정보 함수

기적의 TIP

D 함수도 잘 출제되는 함수입니다. 조건에 따른 함수의 종류와 바르게 사용된 보기를 고르는 형식의 문제가 출제됩니다.

01 D(DATABASE) 함수
23년 상시, 19년 3월, 15년 6월, 13년 6월/10월, 12년 9월, 10년 10월, 09년 2월, 08년 8월, …

함수	기능
DSUM(데이터베이스, 필드, 조건 범위)	조건을 만족하는 필드의 합계를 구함
DAVERAGE(데이터베이스, 필드, 조건 범위)	조건을 만족하는 필드의 평균을 구함
DCOUNT(데이터베이스, 필드, 조건 범위)	조건을 만족하는 필드의 개수(수치)를 구함
DCOUNTA(데이터베이스, 필드, 조건 범위)	조건을 만족하는 모든 필드의 개수를 구함
DMAX(데이터베이스, 필드, 조건 범위)	조건을 만족하는 필드의 최대값을 구함
DMIN(데이터베이스, 필드, 조건 범위)	조건을 만족하는 필드의 최소값을 구함
DVAR(데이터베이스, 필드, 조건 범위)	조건을 만족하는 필드의 분산값을 구함
DSTDEV(데이터베이스, 필드, 조건 범위)	조건을 만족하는 필드의 표준 편차값을 구함
DGET(데이터베이스, 필드, 조건 범위)	조건을 만족하는 필드의 값을 추출함
DPRODUCT(데이터베이스, 필드, 조건 범위)	조건을 만족하는 데이터들을 곱한 값을 구함

1) 데이터베이스 범위

- 레코드(행)와 필드(열)로 이루어진 관련 데이터들의 목록이다.
- 데이터베이스의 첫째 행에는 각 열의 레이블이 들어 있다.

2) 열(필드) 제목

어떤 필드가 함수에 사용되는지를 나타낸다. "부서명" 또는 "연금"처럼 열 레이블을 큰따옴표로 묶은 텍스트로 필드 인수를 지정하거나, 첫째 필드는 1, 둘째 필드는 2처럼 필드 번호로 필드 인수를 지정할 수 있다.

3) 조건 범위

	A	B	C	D	E	F	G
1	성명	부서명	직책	연금		과장의 연금의 합	=DSUM(A1:D7,D1,A9:A10)★
2	김연아	인사부	과장	150,000		과장의 연금의 평균	=DAVERAGE(A1:D7,4,A9:A10)
3	박지성	홍보부	부장	200,000		연금 160,000 이상 인원수	=DCOUNT(A1:D7,D1,B9:B10)
4	곽영일	전산부	대리	100,000		과장 직책의 총원	=DCOUNTA(A1:D7,C1,A9:A10)
5	홍준기	영업부	과장	160,000		과장 중 최고 연금액	=DMAX(A1:D7,D1,A9:A10)
6	박태환	홍보부	대리	90,000		과장 중 최저 연금액	=DMIN(A1:D7,D1,A9:A10)
7	홍유경	인사부	과장	140,000		과장 연금의 분산값	=DVAR(A1:D7,D1,A9:A10)
8						과장 연금의 표준 편차	=DSTDEV(A1:D7,D1,A9:A10)
9	직책	연금				곽영일 연금 추출	=DGET(A1:D7,D1,A12:A13)
10	과장	>=160000				대리 연금의 곱	=DPRODUCT(A1:D7,D1,B12:B13)
11							
12	성명	직책					
13	곽영일	대리					

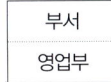

	A	B	C	D	E	F	G
1	성명	부서명	직책	연금		과장의 연금의 합	450,000
2	김연아	인사부	과장	150,000		과장의 연금의 평균	150,000
3	박지성	홍보부	부장	200,000		연금 160,000 이상 인원수	2
4	곽영일	전산부	대리	100,000		과장 직책의 총원	3
5	홍준기	영업부	과장	160,000		과장 중 최고 연금액	160,000
6	박태환	홍보부	대리	90,000		과장 중 최저 연금액	140,000
7	홍유경	인사부	과장	140,000		과장 연금의 분산값	100,000,000
8						과장 연금의 표준 편차	10,000
9	직책	연금				곽영일 연금 추출	100,000
10	과장	>=160000				대리 연금의 곱	9,000,000,000
11							
12	성명	직책					
13	곽영일	대리					

- 찾을 조건이 들어 있는 셀 범위로 최소한 한 개의 열 레이블과 그 아래 한 셀을 포함하는 범위이면 찾을 조건 인수로 사용할 수 있다.
- 조건 범위는 다른 셀에 미리 작성해 놓아야 한다.
- 조건 범위는 첫 번째 행에는 필드명(열 이름표)을 입력하고, 다음 행부터 조건을 입력한다.
- 조건이 동일한 행에 있으면 AND 조건, 서로 다른 행에 있으면 OR 조건이 된다.

➕ 더 알기 TIP

조건 범위 작성 예제

① '부서'가 '영업부'인 경우

부서
영업부

② AND 조건 : '부서'가 '영업부'이고 '점수'가 80점 이상인 경우

부서	점수
영업부	>=80

③ OR 조건 : '부서'가 '영업부'이거나 '점수'가 80점 이상인 경우

부서	점수
영업부	
	>=80

★ =DSUM(A1:D7,D1,A9:A10)
=DSUM(A1:D7,"연금",A9:A10)
=DSUM(A1:D7,4,A9:A10)

수식 조건 범위
- 데이터베이스 범위의 필드명과 다른 필드명을 사용함
- 조건은 등호(=)로 시작해야 하고, 수식의 결과가 TRUE 또는 FALSE로 평가되어야 함

02 재무 함수

1) 재무 함수별 공통 인수

> **기적의 TIP**
> 재무 함수는 1급에서만 출제되는 함수로 출제 문제 유형이 매년 비슷하므로 기출 문제를 중심으로 공부하세요.

Rate	기간당 이율
Nper	• 납입 총횟수(rate와 nper을 지정할 때는 동일한 단위를 사용) ⓓ 12% 연이율의 4년 만기 대출금에 대한 월 상환액을 계산하려면 rate로 12%/12, nper로 4*12를 사용함
Pmt	• 정기적으로 적립하는 금액으로서 전 기간 동안 변경되지 않음 • 일반적으로 pmt는 기타 비용과 세금을 제외한 원금과 이자를 포함 • pmt를 생략하면 pv 인수를 반드시 포함해야 함 • 저축금과 같이 지불하는 금액은 음수로 표시, 배당금과 같이 받을 금액은 양수로 표시함
Pv	• 현재 가치 또는 앞으로 지불할 일련의 납입금의 현재 가치를 나타내는 총액 • pv를 생략하면 0으로 간주되며, 이 경우 pmt 인수를 반드시 포함해야 함
Fv	• 미래 가치, 최종 불입 후의 현금 잔고 • 생략하면 0으로 간주되며, 대출금의 미래 가치는 0이 됨
Type	• 0(기말) 또는 1(기초)로 납입 시점을 표시함 • 생략하면 0으로 간주됨

2) FV 함수 23년 상시, 21년 상시, 15년 6월, 11년 3월/10월, 05년 10월, 03년 2월

- FV 함수는 Future Value, 즉 미래 가치를 구하는 함수이다.
- 일정 금액을 정기적으로 불입하고 일정한 이율을 적용하는 투자의 미래 가치를 계산한다.

$$=FV(rate, nper, pmt, pv, type)$$

> **더 알기 TIP**
>
> 연이율 5%로 3년 만기 저축을 매월 초 50,000원씩 저축, 복리 이자율로 계산하여 만기에 찾을 수 있는 금액은?
> =FV(5%/12,3*12,-50000,0,1) → 1,945,740원
> (돈을 불입하므로 -50000, 현재 가치 PV는 은행에 적금을 넣지 않았으므로 0)

A1	:	×	✓	fx	=FV(5%/12,3*12,-50000,0,1)

	A	B	C	D	E	F
1	₩1,945,740					
2						
3						

3) PV 함수 21년 상시, 15년 3월

- 투자액의 Present Value, 즉 현재 가치를 구하는 함수이다.
- 현재 가치는 앞으로 지불할 일련의 납입금의 현재 가치의 총합이다(예 돈을 빌릴 때 대출금은 대출자에게 현재 가치가 된다).

=PV(rate, nper, pmt, fv, type)

더 알기 TIP

연이율이 10%로, 10년 동안 매월 말에 1,000,000원씩 지급해 주는 연금의 현재 가치는?

=PV(10%/12,10*12,-1000000,0,0) → 75,671,163원
(현재 지급되는 것이 아니므로 -1000000, 종료 시점의 가치이므로 fv는 0, 매월 말이므로 0)

A1				f_x	=PV(10%/12,10*12,-1000000,0,0)		
	A	B	C	D	E	F	G
1	₩75,671,163						
2							
3							

4) NPV 함수(Net Present Value)

할인율과 앞으로의 지출(음수)과 수입(양수)을 사용하여 투자의 현재 가치를 구하는 함수이다.

=NPV(rate, value1, value2, ..., value 254)

더 알기 TIP

오늘부터 1년 후 100,000원을 투자하고, 앞으로 2년 동안 50,000원, 80,000원의 연간 수입을 얻고 연 할인율이 5%라고 가정할 때 이 투자에 대한 순 현재 가치는?

=NPV(5%,-100000,50000,80000) → 19,220원

A1				f_x	=NPV(5%,-100000,50000,80000)		
	A	B	C	D	E	F	G
1	₩19,220						
2							
3							

5) PMT 함수(PayMenT) 25년 상시, 24년 상시, 14년 6월, 13년 3월, 11년 7월, 09년 4월/7월, 07년 7월/10월, 05년 7월, …

정기적으로 지불하고 일정한 이자율이 적용되는 대출에 대해 매회 지급액을 구하는 함수이다.

=PMT(rate, nper, pv, fv, type)

+ **더 알기 TIP**

매달 일정 금액을 저축하여 5년 동안 10,000,000을 모으려 한다. 저축 금액에 연리 6%의 이자가 붙는다고 가정할 때 매월 저축해야 할 금액은?(단, 현재 가치는 0임)
=PMT(6%/12,5*12,0,-10000000) → 143,328원

A1	:	×	✓	fx	=PMT(6%/12,5*12,0,-10000000)

	A	B	C	D	E	F	G
1	₩143,328						
2							
3							

6) SLN 함수

정액법을 사용하여 단위 기간 동안의 자산의 감가상각액★을 반환한다.

=SLN(자산의 초기 취득가액, 감가상각 완료 시의 가치(자산의 잔존 가치), 자산의 총 감가상각 기간 수(자산 내용 연수))

★ **감가상각액**
회사에서 업무를 위해 사용하는 기계나 물건, 설비 등은 사용되면서 소모가 되어 그 가치가 떨어지는데 그 만큼의 감소분을 보전하기 위한 비용을 의미함

	A	B	C
1	자산의 초기 취득가액	40,000	
2	감가 상각 완료시의 가치	9,000	
3	자산의 총 감가 상각 기간수	8	
4			
5	함수결과	입력함수	설명
6	3,875	=SLN(B1,B2,B3)	각 연도의 감가상각액
7			

7) SYD 함수

지정된 감가상각 기간 중 자산의 감가상각액을 연수 합계법으로 계산한다.

=SYD(자산의 초기 취득가액, 감가상각 완료 시의 가치(자산의 잔존 가치), 자산의 총 감가상각 기간 수(자산 내용 연수, 기간))

	A	B	C
1	자산의 초기 취득가액	40,000	
2	감가 상각 완료시의 가치	9,000	
3	자산의 총 감가 상각 기간수	8	
4			
5	함수결과	입력함수	설명
6	6,889	=SYD(B1,B2,B3,1)	1년차의 연간 감가상각 준비금
7	861	=SYD(B1,B2,B3,8)	8년차의 연간 감가상각 준비금
8			

03 정보 함수 25년 상시, 18년 9월, 11년 10월, 08년 2월/10월, 07년 7월/10월, 05년 5월, 03년 2월

1) ISBLANK 함수 09년 7월

값이 빈 셀을 참조하는 경우 True 값을 구해준다.

=ISBLANK(value ★)

★ value
검사할 값(공백(빈 셀), 오류값, 논리값, 텍스트, 숫자, 참조값 또는 참조 이름)

	A	B	C	D	E	F	G
1	성명	입력체크					
2	김선						
3		성명 공란					
4	허성혜						
5		성명 공란					
6							

B2: =IF(ISBLANK(A2),"성명 공란","")

2) ISERROR 함수 25년 상시, 17년 9월, 14년 10월, 12년 3월, 10년 3월, 09년 7월

값이 오류값(#N/A, #VALUE!, #REF!, #DIV/0!, #NUM!, #NAME?, #NULL!)을 참조하는 경우 True값을 구해준다.

=ISERROR(value)

	A	B	C	D	E	F	G
1	수1	수2	나눗셈	에러체크			
2	100	10	10				
3	200	10	20				
4	300	0	#DIV/0!	수식 오류			
5							

D4: =IF(ISERROR(C4),"수식 오류","")

3) 기타 IS 함수 25년 상시, 18년 9월, 17년 9월, 14년 10월

IS 함수는 값의 유형을 검사한 다음 TRUE 또는 FALSE를 그 결과로 반환해 준다.

함수	TRUE를 반환하는 경우
ISERR(value)	값이 #N/A를 제외한 오류값을 참조할 때
ISLOGICAL(value)	값이 논리값을 참조할 때
ISNUMBER(value)	값이 숫자를 참조할 때
ISTEXT(value)	값이 텍스트를 참조할 때
ISNONTEXT(value)	• 값이 텍스트가 아닌 항목을 참조할 때 • 값이 빈 셀을 참조할 때 TRUE를 반환함
ISEVEN(number)	• 숫자가 짝수일 때 TRUE, 홀수이면 FALSE를 반환함 • 정수가 아닌 경우 소수점 이하를 버리고 정수로 변환함 • number가 숫자가 아니면 #VALUE! 오류값을 표시함
ISODD(number)	• 숫자가 홀수일 때 TRUE, 짝수이면 FALSE를 반환함 • 정수가 아닌 경우 소수점 이하를 버리고 정수로 변환함 • number가 숫자가 아니면 #VALUE! 오류값을 표시함

	A	B	C	D
1	데이터	함수결과	입력함수	설명
2	#DIV/0!	TRUE	=ISERR(A2)	값이 #N/A를 제외한 오류값을 참조하므로 TRUE
3	#N/A	FALSE	=ISERR(A3)	값이 #N/A 오류값을 참조하므로 FALSE
4	TRUE	TRUE	=ISLOGICAL(A4)	값이 논리값을 참조하므로 TRUE
5	FALSE	TRUE	=ISLOGICAL(A5)	값이 논리값을 참조하므로 TRUE
6	"TRUE"	FALSE	=ISLOGICAL(A6)	값이 논리값을 참조하지 않으므로 FALSE
7	100	TRUE	=ISNUMBER(A7)	값이 숫자를 참조하므로 TRUE
8	00100	FALSE	=ISNUMBER(A8)	값이 숫자를 참조하지 않으므로 FALSE
9	HONG	TRUE	=ISTEXT(A9)	값이 텍스트를 참조하므로 TRUE
10	1234	FALSE	=ISTEXT(A10)	값이 텍스트를 참조하지 않으므로 FALSE
11	99999	TRUE	=ISNONTEXT(A11)	값이 텍스트가 아닌 항목을 참조하므로 TRUE
12		TRUE	=ISNONTEXT(A12)	값이 빈셀을 참조하므로 TRUE
13	-1	FALSE	=ISEVEN(A13)	숫자가 짝수가 아니므로 FALSE
14	4.5	TRUE	=ISEVEN(A14)	소수점이하를 버리고 짝수이므로 TRUE
15	0	TRUE	=ISEVEN(A15)	숫자가 짝수이므로 TRUE
16	-2	FALSE	=ISODD(A16)	숫자가 홀수가 아니므로 FLASE
17	3.5	TRUE	=ISODD(A17)	소수점이하를 버리고 홀수이므로 TRUE
18	0	FALSE	=ISODD(A18)	숫자가 홀수가 아니므로 FLASE
19	홀	#VALUE!	=ISODD(A19)	숫자가 아니므로 #VALUE!

4) CELL 함수 20년 7월, 16년 6월

참조 범위에서 첫째 셀의 서식, 위치 또는 내용에 대한 정보를 반환한다.

=CELL(정보 유형, 참조 영역)

정보 유형	반환값
"address"	참조 영역 안에서 첫째 셀의 참조를 텍스트로 반환함
"col"	참조 영역 안에서 셀의 열 번호를 반환함
"color"	음수일 때 색으로 서식을 지정한 셀은 1, 그렇지 않은 셀은 0을 반환함
"contents"	참조 영역에서 왼쪽 위 셀의 수식이 아닌 값을 반환함
"filename"	• 파일의 전체 경로와 파일 이름 반환함 • 워크시트를 저장하지 않으면 빈 텍스트(" ")를 반환함
"format"	셀의 숫자 서식에 해당하는 텍스트 값
"parentheses"	양수 또는 모든 값에 괄호로 서식을 지정한 셀은 1, 그렇지 않은 셀은 0을 반환함
"prefix"	• 셀의 "레이블 접두어"에 해당하는 텍스트 값 • 왼쪽 맞춤은 따옴표('), 오른쪽 맞춤은 큰따옴표("), 가운데 맞춤은 캐럿(^), 양쪽 맞춤은 백슬래시(\), 그 밖의 경우는 빈 텍스트(" ")를 반환함
"protect"	셀이 잠겨 있지 않으면 0을, 잠겨 있으면 1을 반환함
"row"	참조 영역 안에서 셀의 행 번호를 반환함
"type"	• 셀의 데이터 형식에 해당하는 텍스트 값 • 셀이 빈 셀이면 "b", 텍스트 상수를 포함하면 "l", 그 외는 "v"를 반환함
"width"	2개 항목이 있는 배열을 반환함

	A	B	C
1	함수결과	입력함수	
2	$C$2	=CELL("address",C2)	
3	3	=CELL("col",C3)	
4	함수결과	=CELL("contents",A1:B2)	
5	F:\엑셀함수\[Excel - 함수.xlsx]CELL함수시트	=CELL("filename")	
6	6	=CELL("row",C6)	
7	b	=CELL("type",C7)	
8			

5) TYPE 함수 20년 7월, 18년 9월, 16년 6월

값의 유형을 반환해 준다(셀에 수식이 있는지 확인할 수는 없음).

=TYPE(숫자, 텍스트, 논리값 등)

값(Value)	TYPE 결과
숫자	1
텍스트	2
논리값	4
오류값	16
배열	64
복합 데이터	128

	A	B	C	D
1	데이터	함수결과	입력함수	
2	8963	1	=TYPE(A2)	
3	컴활	2	=TYPE(A3)	
4	TRUE	4	=TYPE(A4)	
5	#DIV/0!	16	=TYPE(A5)	
6		64	=TYPE({1,2,3;4,5,6})	
7				

이론을 확인하는 기출문제

01 다음 중 10,000,000원을 2년간 연 5.5%의 이자율로 대출할 때, 매월 말 상환해야 할 불입액을 구하기 위한 수식으로 옳은 것은?

① =PMT(5.5%/12, 24, -10000000)
② =PMT(5.5%, 24, -10000000)
③ =PMT(5.5%, 24, -10000000,0,1)
④ =PMT(5.5%/12, 24, -10000000,0,1)

- PMT(PayMenT) 함수 : 정기적으로 지불하고 일정한 이자율이 적용되는 대출에 대해 매회 지급액을 구하는 함수
- PMT(이자율%/12, 기간(연*12), 현재 가치(대출금), 미래 가치, 납입 시점)
- 이자율%/12 : 5.5%/12
- 기간(연*12) : 2*12,
- 현재 가치(대출금) : 10,000,000(불입액을 양수로 나오게 하기 위해 -10000000으로 입력함)
- 미래 가치(최종 불입한 후 잔액) : 생략하면 0
- 납입 시점 : 매월 말은 0 또는 생략, 1은 기초

02 연이율은 5%로 고정되어 있고 매달 5000원씩 10년 동안 저축했을 때 복리로 계산하여 원금과 이자의 합인 만기 금액을 구하는 수식으로 옳은 것은?

	A	B	C	D
1	이율	기간(년)	매월 저축 금액(원)	만기금액
2	5%	10	5000	

① =FV(A2/12,B2*12,-C2)
② =FV(A2,B2,C2)
③ =PV(A2/12,B2*12,-C2)
④ =PV(A2,B2,C2)

- =FV(이자, 기간, 금액, 현재 가치) : 일정한 금액을 일정한 이자로 일정한 기간 동안 정기적으로 적립하는 경우 얻게 되는 미래 가치를 계산함
- 이자와 기간의 경우 기간의 단위를 통일해야 하므로 이자는 A2/12, 기간은 B2*12로 표시해서 월 단위로 통일시킴. 금액은 결과값이 양수로 표시되도록 음수로 설정해서 -C2로 기입함

03 다음 중 아래의 워크시트에서 [F2] 셀에 소속이 '영업1부'인 총매출액의 합계를 계산하기 위한 수식으로 옳지 않은 것은?

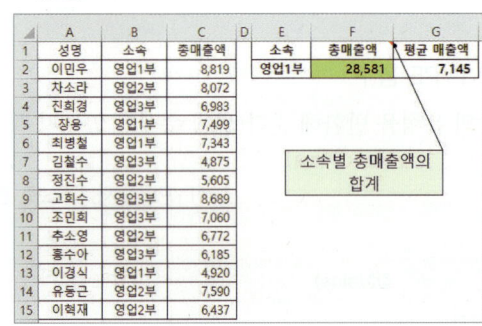

① =DSUM(A1:C15,3,E1:E2)
② =DSUM(A1:C15,C1,E1:E2)
③ =SUMIF(B2:B15,E2,C2:C15)
④ =SUMIF(A1:C15,E2,C1:C15)

④ =SUMIF(A1:C15,E2,C1:C15) → 0(검색 범위를 DSUM 함수처럼 A1:C15로 했기 때문에 결과가 0이 됨. 검색 범위를 B1:B15로 수정하면 결과가 28,581이 됨)

오답 피하기

- =DSUM(데이터베이스,필드,조건 범위) : 데이터베이스 범위에서 조건에 만족하는 필드의 합계를 구함
- ① =DSUM(A1:C15,3,E1:E2) : A1:C15에서 조건 E1:E2(소속이 영업1부)를 만족하는 필드, 3열(총매출액)의 값을 구함 → 28,581
- ② =DSUM(A1:C15,C1,E1:E2) : A1:C15에서 조건 E1:E2(소속이 영업1부)를 만족하는 필드, C1(총매출액)의 값을 구함 → 28,581
- =SUMIF(검색범위,조건,합계 범위) : 검색 범위에서 조건에 만족하는 경우 합계 범위에서 대응하는 셀의 합계를 구함
- ③ =SUMIF(B2:B15,E2,C2:C15) : B2:B15(소속)에서 조건인 E2(영업1부)에 만족하는 경우 합계 범위 C2:C15(총매출액)에서 대응하는 셀의 합계를 구함 → 28,581

04 다음 중 아래의 워크시트에서 수식의 결과로 '부사장'을 출력하지 <u>않는</u> 것은?

	A	B	C	D
1	사원번호	성명	직함	생년월일
2	101	구민정	영업 과장	1980-12-08
3	102	강수영	부사장	1965-02-19
4	103	김진수	영업 사원	1991-08-30
5	104	박용만	영업 사원	1990-09-19
6	105	이순신	영업 부장	1971-09-20

① =CHOOSE(CELL("row",B3), C2, C3, C4, C5, C6)
② =CHOOSE(TYPE(B4), C2, C3, C4, C5, C6)
③ =OFFSET(A1:A6,2,2,1,1)
④ =INDEX(A2:D6,MATCH(A3, A2:A6, 0), 3)

- CHOOSE(인덱스 번호, 인수1, 인수2, ···) : 인덱스 번호에 의해 인수를 순서대로 선택함
- CELL(정보 유형, 참조 영역) : 참조 영역의 정보 유형을 반환함
- 정보 유형 "row" : 참조 영역 안에서 셀의 행 번호를 반환함
- CELL("row",B3) → [B3]셀의 행 번호는 3
- =CHOOSE(3, C2, C3, C4, C5, C6) → 3이므로 세 번째의 C4 값인 "영업 사원"이 표시됨

오답 피하기

- ② =TYPE(숫자, 텍스트, 논리값 등) : 값의 유형을 반환함

값(Value)	TYPE 결과
숫자	1
텍스트	2
논리값	4
오류값	16
배열	64
복합 데이터	128

- TYPE(B4) → B4가 "김진수", 텍스트이므로 2가 산출됨
- =CHOOSE(2, C2, C3, C4, C5, C6) → 2이므로 두 번째의 C3 값인 "부사장"이 표시됨
- ③ =OFFSET(기준 셀 범위, 행 수, 열 수, 구할 셀 높이, 구할 셀 너비) : 셀 범위에서 지정한 행 수와 열 수인 범위에 대한 참조를 구함, 행 수는 양수는 아래 방향, 음수는 위 방향, 열 수는 양수는 오른쪽 방향, 음수는 왼쪽 방향을 의미함
- =OFFSET(A1:A6,2,2,1,1) → A1을 기준으로 아래로 2 행, 오른쪽으로 2열, 셀 높이, 너비가 1이므로 "부사장"이 표시됨
- ④ =INDEX(셀 범위, 행 번호, 열 번호) : 셀 범위에서 행, 열 번호 값을 산출함
- =MATCH(검색 자료, 셀 범위, 검색 유형) : 셀 범위에서 검색 자료의 상대 위치(몇 번째 행) 또는 열을 표시함
- MATCH(A3, A2:A6, 0) → A3셀의 값 102를 A2:A6에서 찾아서 102의 위치값 2를 구함
- =INDEX(A2:D6, 2, 3) → A2:D6에서 2행 3열의 값이므로 "부사장"이 표시됨

05 다음 중 정보 함수에 대한 설명으로 옳은 것은?

① ISBLANK 함수: 값이 '0' 이면 TRUE를 반환한다.
② ISERR 함수: 값이 #N/A를 제외한 오류값이면 TRUE를 반환한다.
③ ISODD 함수: 숫자가 짝수이면 TRUE를 반환한다.
④ TYPE 함수: 값의 데이터 형식을 나타내는 문자를 반환한다.

오답 피하기

- ① ISBLANK 함수 : 값이 빈 셀을 참조하는 경우 TRUE를 반환함
- ③ ISODD 함수 : 숫자가 홀수이면 TRUE를 반환함
- ④ TYPE 함수 : 값의 데이터 형식을 나타내는 숫자를 반환함

06 다음 중 아래의 시트에서 수식 =DSUM(A1:D7, 4, B1:B2)을 실행했을 때의 결과값으로 옳은 것은?

	A	B	C	D
1	성명	부서	1/4분기	2/4분기
2	김남이	영업1부	10	15
3	이지영	영업2부	20	25
4	하나미	영업1부	15	20
5	임진태	영업2부	10	10
6	현민대	영업2부	20	15
7	한민국	영업1부	15	20

① 10
② 15
③ 40
④ 55

- =DSUM(데이터베이스, 필드, 조건 범위) : 조건을 만족하는 필드의 합계를 구함
- 데이터베이스 → A1:D7, 필드 → 4(2/4분기), 조건 범위 → B1:B2(부서가 영업 1부)이므로 부서가 영업1부인 2/4분기 합을 구하므로 결과는 55가 됨

정답 04 ① 05 ② 06 ④

배열과 배열 수식

빈출 태그 배열 • 배열 수식 입력 방법 • 배열 상수

01 배열의 개념

> 배열은 Array이며, 의미대로 '집합체', 즉 하나 이상의 값 집합에 대해 계산을 수행함

23년 상시, 22년 상시, 21년 상시, 20년 2월/7월, 19년 3월/8월, 18년 3월/9월, 17년 3월/9월, 15년 3월/6월, …

- 배열은 여러 가지 결과를 만들거나 행과 열로 구성되는 인수 그룹에 대해 연산이 이루어지는 한 개의 수식을 작성하기 위해 사용된다.
- 배열 범위는 공통 수식을 공유하며 배열 상수는 한 개의 인수로 사용되는 상수 그룹이다.
- 배열 수식은 하나 이상의 값 집합에 대해 여러 가지 계산을 수행하고 하나 또는 여러 개의 결과를 반환하는 수식이다.
- 열은 콤마(,)를 사용하여 구분하고, 행은 세미콜론(;)을 사용하여 구분한다.
  예 2행 3열 → {1,2,3;4,5,6}

🏁 기적의 TIP

배열 수식은 매번 문제가 출제되는 부분이므로 전반적인 이해가 필요합니다. 특히 배열 수식의 입력 방법과 배열 상수에 대한 내용은 반드시 숙지해 두세요.

🏁 기적의 TIP

배열은 표 모양으로 입력되어 있는 셀 범위를 사용합니다. 각 배열 인수의 행과 열 수는 같아야 합니다.

- 엑셀 2021 버전에서는 배열 수식을 작성한 다음 Enter 만 눌러도 실행 결과가 산출됨
- 단, Enter 를 누르는 경우는 배열 수식의 앞, 뒤에 중괄호({ })가 생성되지 않음

02 배열 수식의 입력 방법

23년 상시, 22년 상시, 16년 6월, 15년 3월, 12년 6월, 09년 2월, 08년 2월/5월/10월, …

- 배열은 표 모양으로 입력되어 있는 셀 범위를 사용하여 계산하는 것을 의미한다.
- 배열 수식을 사용하여 여러 가지 계산을 하고 단일 결과나 여러 개의 결과를 반환한다.
- 배열 수식은 배열 인수라는 두 개 이상의 값 집합에 대해 수행되며, 배열 수식에 사용되는 배열 인수들은 각각 동일한 개수의 행과 열을 가져야 한다.
- 배열식을 만드는 방법은 수식을 입력할 때 Ctrl + Shift + Enter 를 누른다는 것만 다르고 나머지는 다른 수식을 만드는 방법과 동일하다.
- Ctrl + Shift + Enter 를 누르면 수식은 자동으로 중괄호({ })로 둘러싸이며 배열 수식임을 표시한다.
- 배열 수식은 기본적으로 행과 열이 서로 대응하는 원소끼리 수행한다.

03 배열 상수
23년 상시, 22년 상시, 20년 7월, 19년 3월, 16년 3월/6월, 15년 10월, 10년 3월/6월, 09년 7월, 08년 5월, …

- 배열 수식에서 사용되는 배열의 인수를 배열 상수라고 한다.
- 배열 상수는 수식이 아닌 상수로 구성된다.
- 같은 배열 상수에 다른 종류의 값을 사용할 수 있다.
- 배열 상수는 중괄호({ })를 직접 입력하여 상수를 묶어줘야 한다.
- {10,20,True;30,40,False}와 같이 상수를 배열로 지정한 것을 배열 상수라 한다.
- 배열 상수로 숫자, 텍스트, TRUE나 FALSE와 같은 논리값, #N/A와 같은 오류값 등을 사용할 수 있다.
- 배열 상수에 정수, 실수, 지수형 서식의 숫자를 사용할 수 있다.
- $, 괄호, %, 길이가 다른 행이나 열, 셀 참조 등은 배열 상수가 될 수 없다.

04 배열 수식 사용 예

따라하기 TIP

따라하기 파일 • Part02_Chapter03_배열수식01.xlsx

다음 주어진 시트대로 입력하고 해당하는 수식 및 함수 등을 이용하여 작성해 보자.

	A	B	C	D	E	F	G
1	성명	부서명	직급	연봉			
2	박지성	인사부	부장	2500		전산부 최고 연봉	①
3	김연아	홍보부	대리	1800		홍보부 최저 연봉	②
4	박태환	전산부	과장	2100		인사부 연봉 합계	③
5	왕정보	전산부	사원	1500			
6	한예슬	홍보부	과장	2200			
7	곽영일	인사부	대리	1900			

[처리 조건]
- 전산부 최고 연봉(①)을 구한다.
- 홍보부 최저 연봉(②)을 구한다.
- 인사부 연봉의 합계(③)를 구한다.

[수식 입력하기]
① [G2] 셀에 『=MAX(IF(B2:B7="전산부",D2:D7))』을 입력한다.
② Ctrl + Shift + Enter 를 누른다.

개념 체크

1. 배열 상수는 수식으로 구성될 수 없다. (o, x)
2. 배열 상수에는 숫자, 텍스트, 논리값, 오류값 등을 사용할 수 있다. (o, x)
3. 배열 상수에서 지수형 서식의 숫자를 사용할 수 없다. (o, x)
4. 배열 상수 내에서 셀 참조를 사용할 수 있다. (o, x)

1 o 2 o 3 x 4 x

③ "{=MAX(IF(B2:B7="전산부",D2:D7))}"가 되며 결과가 산출된다.

④ [G3] 셀에 『=MIN(IF(B2:B7="홍보부",D2:D7))』을 입력한다.
⑤ Ctrl + Shift + Enter 를 누른다.

⑥ "{=MIN(IF(B2:B7="홍보부",D2:D7))}"가 되며 결과가 산출된다.

⑦ [G4] 셀에 『=SUM(IF(B2:B7="인사부",D2:D7))』을 입력하고 Ctrl + Shift + Enter 를 누른다.

⑧ "{=SUM(IF(B2:B7="인사부",D2:D7))}"가 되며 결과가 산출된다.

따라하기 TIP

따라하기 파일 • Part02_Chapter03_배열수식02.xlsx

다음 주어진 시트대로 입력하고 해당하는 수식 및 함수 등을 이용하여 작성해 보자.

	A	B	C	D	E	F
1			신입 사원 점수 현황			
2						
3	응시번호	성명	성별	서류점수	시험점수	면접점수
4	111	홍유경	여	100	85	94
5	222	박지성	남	49	58	67
6	333	박태환	남	69	78	80
7	444	김연아	여	60	70	80
8	555	홍준기	남	50	79	64
9			여자평균	①	①	①
10			남자평균	②	②	②
11						

[처리 조건]

서류점수, 시험점수, 면접점수에 대한 여자평균과 남자평균을 산출한다.

[수식 입력하기]

① [D9] 셀에 『=AVERAGE(IF($C$4:$C$8="여",D4:D8))』을 입력한다.
② Ctrl + Shift + Enter 를 누른다.

	A	B	C	D	E	F	G
1			신입 사원 점수 현황				
2							
3	응시번호	성명	성별	서류점수	시험점수	면접점수	
4	111	홍유경	여	100	85	94	
5	222	박지성	남	49	58	67	
6	333	박태환	남	69	78	80	
7	444	김연아	여	60	70	80	
8	555	홍준기	남	50	79	64	
9			여자평균	=AVERAGE(IF($C$4:$C$8="여",D4:D8))			
10			남자평균				
11							

③ [D9] 셀을 클릭한 후 채우기 핸들을 이용하여 [F9] 셀까지 드래그하여 수식을 복사한다.

	A	B	C	D	E	F	G
1			신입 사원 점수 현황				
2							
3	응시번호	성명	성별	서류점수	시험점수	면접점수	
4	111	홍유경	여	100	85	94	
5	222	박지성	남	49	58	67	
6	333	박태환	남	69	78	80	
7	444	김연아	여	60	70	80	
8	555	홍준기	남	50	79	64	
9			여자평균	80.0		드래그 →	
10			남자평균				
11							

④ [D10] 셀에 『=AVERAGE(IF($C$4:$C$8="남",D4:D8))』을 입력한다.

⑤ Ctrl + Shift + Enter 를 누른다.

	A	B	C	D	E	F	G
1			신입 사원 점수 현황				
2							
3	응시번호	성명	성별	서류점수	시험점수	면접점수	
4	111	홍유경	여	100	85	94	
5	222	박지성	남	49	58	67	
6	333	박태환	남	69	78	80	
7	444	김연아	여	60	70	80	
8	555	홍준기	남	50	79	64	
9			여자평균	80.0	77.5	87.0	
10			남자평균	=AVERAGE(IF($C$4:$C$8="남",D4:D8))			
11							

⑥ [D10] 셀을 클릭한 후 채우기 핸들을 이용하여 [F10] 셀까지 드래그하여 수식을 복사한다.

	A	B	C	D	E	F	G
1			신입 사원 점수 현황				
2							
3	응시번호	성명	성별	서류점수	시험점수	면접점수	
4	111	홍유경	여	100	85	94	
5	222	박지성	남	49	58	67	
6	333	박태환	남	69	78	80	
7	444	김연아	여	60	70	80	
8	555	홍준기	남	50	79	64	
9			여자평균	80.0.	77.5	87.0	
10			남자평균	56.0			
11					드래그		

⑦ [D9:F10] 영역을 드래그하여 범위 설정한 다음 [셀 서식] 대화 상자의 [표시 형식] 탭에서 범주를 '숫자', 소수 자릿수를 '1'로 지정하고 [확인]을 클릭한다.

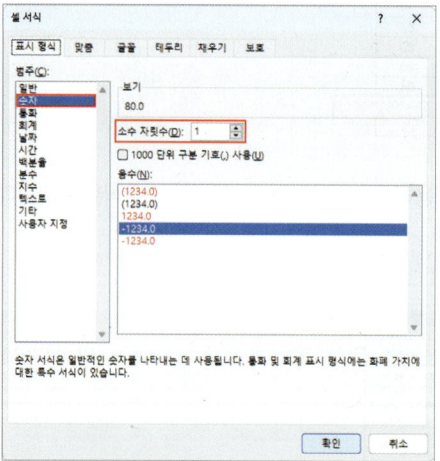

⑧ [홈] 탭–[맞춤] 그룹–[가운데 맞춤](≡)을 클릭하여 정렬한다.

	A	B	C	D	E	F	G
1			신입 사원 점수 현황				
2							
3	응시번호	성명	성별	서류점수	시험점수	면접점수	
4	111	홍유경	여	100	85	94	
5	222	박지성	남	49	58	67	
6	333	박태환	남	69	78	80	
7	444	김연아	여	60	70	80	
8	555	홍준기	남	50	79	64	
9			여자평균	80.0	77.5	87.0	
10			남자평균	56.0	71.7	70.3	

이론을 확인하는 기출문제

01 아래 그림과 같이 워크시트에 배열상수 형태로 배열 수식이 입력되어 있을 때, [A5] 셀에서 수식 =SUM(A1, B2)를 실행하였다. 다음 중 그 결과로 옳은 것은?

	A	B	C
1	={1,2,3;4,5,6}	={1,2,3;4,5,6}	={1,2,3;4,5,6}
2	={1,2,3;4,5,6}	={1,2,3;4,5,6}	={1,2,3;4,5,6}

① 3
② 6
③ 7
④ 8

- 열은 콤마(,)를 사용하여 구분하고, 행은 세미콜론(;)을 사용하여 구분함
- 따라서, ={1,2,3;4,5,6}은 | 1 | 2 | 3 | 처럼 입력됨
                              | 4 | 5 | 6 |
- [A1] 셀의 값은 1, [B2] 셀의 값은 5이므로 =SUM(A1, B2)의 결과는 6이 됨

02 아래 시트에서 부서별 인원수[H3:H6]를 구하기 위하여 [H3] 셀에 입력되는 배열 수식으로 옳지 않은 것은?

	A	B	C	D	E	F	G	H
1								
2		사원명	부서명	직위	급여		부서별 인원수	
3		홍길동	개발1부	부장	3500000		개발1부	3
4		이대한	영업2부	과장	2800000		개발2부	1
5		한민국	영업1부	대리	2500000		영업1부	1
6		이겨레	개발1부	과장	3000000		영업2부	2
7		김국수	개발1부	부장	3700000			
8		박미나	개발2부	대리	2800000			
9		최신호	영업2부	부장	3300000			

① {=SUM(($C$3:$C$9=G3)*1)}
② {=DSUM(($C$3:$C$9=G3)*1)}
③ {=SUM(IF($C$3:$C$9=G3, 1))}
④ {=COUNT(IF($C$3:$C$9=G3, 1))}

{=DSUM(($C$3:$C$9=G3)*1)} : DSUM 함수의 형식(=DSUM(데이터베이스, 필드, 조건 범위))에 맞지 않으므로 부서별 인원수를 산출할 수 없음

오답 피하기
- ① {=SUM(($C$3:$C$9=G3)*1)} : 부서명($C$3:$C$9) 범위에서 개발1부(G3)와 같은 경우 True(1)이므로 1*1=1, 즉 1의 개수를 모두 SUM 함수로 더하면 개발1부의 인원수가 산출됨
- ③ {=SUM(IF($C$3:$C$9=G3, 1))} : 부서명($C$3:$C$9) 범위에서 개발1부(G3)와 같은 경우 IF 함수의 참값 1이 결과가 되므로 1의 개수를 모두 SUM 함수로 더하면 개발1부의 인원수가 산출됨
- ④ {=COUNT(IF($C$3:$C$9=G3, 1))} : 성명($C$3:$C$9) 범위에서 개발1부(G3)와 같은 경우 IF 함수의 참값 1이 결과가 되므로 1의 개수를 모두 COUNT 함수로 세면 개발1부의 인원수가 산출됨

03 다음 중 아래 시트에서 자격증 응시자에 대한 과목별 평균을 구하려고 할 때, [C11] 셀에 입력해야 할 배열 수식으로 옳은 것은?

	A	B	C
1		자격증 응시 결과	
2	응시자	과목	점수
3	김선미	1과목	80
4		2과목	86
5	이수진	1과목	90
6		2과목	80
7	김예린	1과목	78
8		2과목	88
9			
10		과목	평균
11		1과목	
12		2과목	
13			

① {=AVERAGE(IF(MOD(ROW(C3:C8),2)=0,C3:C8))}
② {=AVERAGE(IF(MOD(ROW(C3:C8),2)=1,C3:C8))}
③ {=AVERAGE(IF(MOD(ROWS(C3:C8),2)=0,C3:C8))}
④ {=AVERAGE(IF(MOD(ROWS(C3:C8),2)=1,C3:C8))}

- ROW(C3:C8) : 행 번호를 구함
- MOD(ROW(C3:C8),2) : 행 번호를 2로 나눈 나머지를 구함
- AVERAGE(IF(MOD(ROW(C3:C8),2)=1,C3:C8)) : 1과목이면 평균을 구함
- 배열 수식이므로 Ctrl + Shift + Enter 를 누름 → {=AVERAGE(IF(MOD(ROW(C3:C8),2)=1,C3:C8))}

04 다음 중 배열 수식의 입력 및 변경 규칙에 대한 설명으로 옳지 않은 것은?

① 배열 수식을 입력하거나 편집할 때에는 Ctrl + Shift + Enter 를 눌러야 수식이 올바르게 실행된다.
② 수식에 사용되는 배열 인수들은 각각 동일한 개수의 행과 열을 가져야 한다.
③ 배열 수식의 일부만을 이동하거나 삭제할 수는 있으나 전체 배열 수식을 이동하거나 삭제할 수는 없다.
④ 배열 상수는 중괄호를 직접 입력하여 상수를 묶어야 한다.

배열 수식은 전체가 하나의 수식이 되기 때문에 전체 배열 수식을 이동하거나 삭제할 수는 있으나 배열 수식의 일부만을 이동하거나 삭제할 수는 없음

정답 01 ② 02 ② 03 ② 04 ③

SECTION 09 배열 함수

출제빈도 상 중 (하)
반복학습 1 2 3

빈출 태그 MDETERM • MMULT • FREQUENCY • SUMPRODUCT

> **기적의 TIP**
> 배열 함수 역시 일반 함수와 마찬가지로 각 특징에 대한 정확한 이해와 학습으로 결과를 산출할 줄 알아야 합니다.

01 MDETERM 함수 24년 상시, 16년 6월, 10년 3월, 05년 5월
— 행렬식(Determinant)

배열의 행렬식을 구해준다.

$$=MDETERM(배열)$$

- 배열 : 행과 열의 개수가 같은 숫자 배열이다(정방형 배열).
- 배열은 B2:D4와 같은 셀 범위, {1,2,3;4,5,6;7,8,1}와 같은 배열 상수 또는 이러한 셀 범위나 배열 상수의 이름으로 지정할 수 있다.
- 행렬식은 배열의 값에서 만들어지는 수이다.
- 행렬식은 일반적으로 몇 개의 변수가 포함된 수학 방정식을 푸는 데 사용된다.

	A	B	C	D	E	F
1						
2			1	2	3	
3			4	5	6	
4			7	8	1	
5						
6				24		

D6 {=MDETERM(B2:D4)}

▲ 정방형 배열의 행렬식을 구하여 표시함

> **더 알기 TIP**
>
> **행렬식 구하는 공식**
>
> ① 2차원 정방형 배열의 행렬식 공식
>
> $$\begin{pmatrix} a & b \\ c & d \end{pmatrix} = a \times d - b \times c$$
>
> ② 3차원 정방형 배열의 행렬식 공식
>
> $$\begin{pmatrix} a & b & c \\ d & e & f \\ h & i & j \end{pmatrix} = a \times (e \times j - f \times i) + d \times (i \times c - b \times j) + h \times (b \times f - e \times c)$$

> **개념 체크**
>
> 1. MDETERM 함수는 배열의 (　　)를 구해준다.
> 2. MINVERSE 함수는 배열로 저장된 행렬에 대한 (　　)를 구해준다.
> 3. MINVERSE 함수를 사용할 때, 배열에 빈 셀이나 텍스트가 있으면 #VALUE! 오류값이 반환된다. (○, ×)
> 4. MINVERSE 함수를 사용할 때, 배열의 행과 열 수가 같지 않으면 #NUM! 오류값이 반환된다. (○, ×)
> 5. 정방형 배열은 행과 열의 개수가 다른 숫자 배열이다. (○, ×)
>
> 1 행렬식　2 역행렬　3 ○
> 4 ×　5 ×

02 MINVERSE 함수 23년 상시

역, 정반대

배열로 저장된 행렬에 대한 역행렬을 구해준다.

=MINVERSE(배열)

- 배열 : 행과 열의 개수가 같은 숫자 배열이다(정방형 배열).
- 배열에 빈 셀이나 텍스트가 들어 있는 셀이 있으면 #VALUE! 오류값이 반환된다.
- 배열의 행과 열 수가 같지 않으면 #VALUE! 오류값이 반환된다.
- 배열을 반환하는 수식은 배열 수식으로 입력되어야 한다.
- 역행렬은 행렬식과 마찬가지로 일반적으로 몇 개의 변수가 포함된 수학 방정식을 푸는 데 사용된다.
- 행렬과 그 역행렬의 곱은 항등 행렬(대각선의 값은 1이고 나머지 다른 모든 값은 0인 정방 배열)이다.
- [A1:B2] 범위를 설정한 후 [A1] 셀에 수식을 입력하고 Ctrl + Shift + Enter 를 누른다.

	A	B
1	-0.5	0.5
2	0.75	-0.25
3		

A1 : {=MINVERSE({1,2;3,2})}

▲ 역행렬을 구하여 표시함

➕ 더 알기 TIP

2차원 배열의 역행렬을 구하는 공식

행렬이 $\begin{pmatrix} a & b \\ c & d \end{pmatrix}$ 일 때 $\dfrac{1}{ad-bc}\begin{pmatrix} d & -b \\ -c & a \end{pmatrix}$

03 MMULT 함수 23년 상시, 05년 7월

'Multiply'로 '곱하다'의 의미이며, 행렬의 곱을 구함

- 배열의 행렬 곱을 구해준다.
- 결과는 array1과 같은 수의 행과 array2와 같은 수의 열을 갖는 배열이다.

=MMULT(배열1, 배열2)

- 배열1, 배열2는 곱할 배열들이다.
- 배열1의 열 수는 배열2의 행 수와 같아야 하며, 두 배열 모두 숫자로 이루어져야 한다.
- 배열1과 배열2에 셀 범위, 배열 상수, 참조 영역을 지정할 수 있다.
- [A1:B2] 범위 설정 후 [A1] 셀에 수식을 입력한 다음 Ctrl + Shift + Enter 를 누른다.

🎯 개념 체크

1. MMULT 함수는 배열의 ( )을 구해준다.
2. 배열1의 열 수는 배열2의 ( ) 수와 같아야 한다.
3. MMULT 함수에서 두 배열 모두 ( )로 이루어져야 한다.

1 행렬 곱 2 행 3 숫자

	A	B	C	D	E	F
1	7	10				
2	15	22				
3						

`{=MMULT({1,2;3,4},{1,2;3,4})}`

▲ 두 배열의 행렬곱을 구하여 표시함

더 알기 TIP

행렬 곱을 구하는 공식

행 수가 i, 열 수가 j, 배열이 B, C일 때 $A_{ij} = \sum_{k=1}^{n} B_{ik}C_{kj}$

04 PERCENTILE.INC 함수 (백분위수) 25년 상시, 23년 상시, 18년 3월, 16년 6월, 10년 3월

- 범위에서 k번째 백분위수 값을 구한다.
- PERCENTILE.INC 함수는 수용 한계값을 정할 수 있다(예 90번째 백분위수 점수 이상의 후보들을 검색).

=PERCENTILE.INC(배열, k)

- 배열은 상대 순위를 정의하는 데이터 배열 또는 범위이다.
- k는 경계값을 포함한 0에서 1 사이의 수이다.

	A	B	C	D	E	F	G
1	3.7						
2							

`=PERCENTILE.INC({1,2,3,4},0.9)`

▲ 0.9번째 백분위수를 구하여 표시함

05 FREQUENCY 함수 (빈도) 25년 상시, 24년 상시, 23년 상시, 18년 3월, 16년 6월, 10년 3월, 09년 10월, 06년 7월, 04년 2월, …

- 값의 범위 내에서 해당 값의 발생 빈도를 계산하여 세로 배열 형태로 나타내준다.
- 예를 들어 FREQUENCY 함수를 사용하여 지정한 점수 범위에 들어가는 시험 성적의 개수를 구할 수 있다.
- FREQUENCY는 배열을 반환하므로 배열 수식으로 입력해야 한다.

=FREQUENCY(배열, 구간 배열)

- 배열은 빈도를 계산할 값 집합의 참조 또는 배열이다.
- 배열값이 없으면 FREQUENCY 함수는 0의 배열을 반환한다.
- 구간 배열은 배열에서 값을 분류할 간격의 참조 또는 배열이다.
- 구간 배열에 값이 없으면 배열에 있는 요소 개수를 반환한다.

개념 체크

1. PERCENTILE.INC 함수는 범위에서 k번째 (　　) 값을 구한다.
2. PERCENTILE.INC 함수의 k는 (　　)을 포함한 0에서 1 사이의 수이다.
3. FREQUENCY 함수는 값의 발생 (　　)를 계산하여 세로 배열 형태로 나타낸다.
4. FREQUENCY 함수는 배열을 반환하지 않는다. (o, ×)
5. FREQUENCY 함수의 반환된 배열의 요소 개수는 구간 배열의 요소 개수와 동일하다. (o, ×)

1 백분위수 2 경계값 3 빈도
4 × 5 ×

- 반환된 분포도를 나타낼 인접 셀 범위를 선택한 후 FREQUENCY를 배열 수식으로 입력한다.
- 반환된 배열의 요소 개수가 구간 배열의 요소 개수보다 하나 더 많다.
- FREQUENCY 함수에서 빈 셀과 텍스트는 무시된다.
- [F2:F6] 범위 설정 후 [F2] 셀에 수식을 입력한 다음 Ctrl + Shift + Enter 를 누른다.

	A	B	C	D	E	F
1	고객명	누적포인트				포인트별 인원 분포
2	홍길동	90		59	59이하	1
3	이순신	85		69	60-69	2
4	대조영	74		79	70-79	1
5	왕주몽	65		89	80-89	1
6	차기호	69			90이상	3
7	최윤석	50				
8	홍준기	95				
9	홍유경	99				

▲ 누적포인트별 인원 분포를 구하여 표시함(발생 빈도를 계산할 범위(F2:F6)를 블록으로 설정한 후 수식을 입력하고 Ctrl + Shift + Enter 를 누름

06 SUMPRODUCT 함수 25년 상시, 22년 상시, 21년 상시, 19년 8월, 18년 3월/9월, 11년 7월/10월, …

― Sum(합)+Product(곱)

주어진 배열에서 해당 요소들을 모두 곱하고 그 곱의 합계를 구해준다.

=SUMPRODUCT(배열1, [배열2], [배열3],...)

- 배열1은 필수 요소이며, 곱한 후 더할 값이 들어 있는 첫 번째 배열 인수이다.
- 배열2, 배열3,...은 선택 요소이며, 곱한 후 더할 값이 들어 있는 배열 인수로, 2에서 255까지 지정할 수 있다.
- 인수로 사용하는 배열의 차원은 모두 같아야 한다. 차원이 같지 않으면 #VALUE! 오류값이 반환된다.
- SUMPRODUCT는 숫자가 아닌 항목은 0으로 처리한다.

	A	B	C	D	E
1	품명	수량	단가		
2	컴퓨터	2	500,000		
3	마우스	5	10,000		
4	키보드	5	10,000		
5	프린터	1	400,000		
6	금액 합계		1,500,000		
7					

▲ 배열1과 배열2에서 대응하는 숫자들을 곱한 다음 모두 더하여 표시함

> **개념 체크**
>
> 1 SUMPRODUCT 함수는 주어진 배열에서 해당 요소들을 모두 곱하고 그 곱의 ( )를 구해준다.
>
> 2 인수로 사용하는 배열의 차원은 모두 같아야 한다. 차원이 같지 않으면 ( ) 오류값이 반환된다.
>
> 3 SUMPRODUCT 함수는 숫자가 아닌 항목을 0으로 처리한다. (○, ×)
>
> 1 합계 2 #VALUE! 3 ○

이론을 확인하는 기출문제

01 아래 워크시트에서 매출액[B3:B9]을 이용하여 매출 구간별 빈도수를 [F3:F6] 영역에 계산하고자 한다. 다음 중 이를 위한 배열수식으로 옳은 것은?

	A	B	C	D	E	F	G
1							
2		매출액		매출구간		빈도수	
3		75		0	50	1	
4		93		51	100	2	
5		130		101	200	3	
6		32		201	300	1	
7		123					
8		257					
9		169					
10							

① {=PERCENTILE.INC(B3:B9,E3:E6)}
② {=PERCENTILE.INC(E3:E6,B3:B9)}
③ {=FREQUENCY(B3:B9,E3:E6)}
④ {=FREQUENCY(E3:E6,B3:B9)}

- FREQUENCY 함수 : 값의 범위 내에서 해당 값의 발생 빈도를 계산하여 세로 배열 형태로 나타내주는 함수
- 형식 : =FREQUENCY(배열, 구간배열)
  - 배열 : 빈도를 계산할 값의 집합 → B3:B9
  - 구간배열 : 배열에서 값을 분류할 간격 → E3:E6
- [F3:F6] 범위를 설정한 다음 =FREQUENCY(B3:B9,E3:E6) 입력하고 배열 수식이므로 Ctrl + Shift + Enter 를 누르면 수식 앞뒤에 중괄호({ })가 자동으로 표시되며 결과가 구해짐

오답 피하기

=PERCENTILE.INC(배열, k) : 배열에서 k번째 백분위수 값을 구함

02 다음 중 아래 수식의 결과와 동일한 결과를 반환하는 수식으로 옳은 것은?

=SUMPRODUCT((A1:A100=C1)*(B1:B100=D1))

① =SUMIFS(A1:A100,C1,B1:B100,D1)
② =COUNTIFS(A1:A100,C1,B1:B100,D1)
③ =AVERAGEIFS(A1:A100,C1,B1:B100,D1)
④ =SUBTOTAL(SUM,A1:A100,B1:B100)

- SUMPRODUCT : 범위의 대응되는 값끼리 곱해서 그 합을 구해 줌
- SUMPRODUCT((A1:A100=C1)*(B1:B100=D1)) : 각 범위 같은 행에서 C1, D1인 경우 TRUE(1)*TRUE(1) 즉, 1이 되고 아니면 0이 되고 둘 다 만족하는 1의 값이 더해짐
- COUNTIFS(A1:A100,C1,B1:B100,D1) : 조건이 여러 개인 경우 각 범위 내에서 주어진 조건이 모두 맞는 셀의 개수를 구하므로 각 범위에서 C1, D1인 경우의 수를 구해줌

03 다음 배열 수식 및 배열 함수에 대한 설명으로 옳지 않은 것은?

① 배열 수식에서 사용되는 배열 상수의 숫자로는 정수, 실수, 지수 형식의 숫자를 사용할 수 있다.
② MDETERM 함수는 배열로 저장된 행렬에 대한 역행렬을 산출한다.
③ PERCENTILE.INC 함수는 범위에서 k번째 백분위수 값을 구하며, 이때 k는 경계값을 포함한 0에서 1까지 백분위수 값 범위이다.
④ FREQUENCY 함수는 값의 범위 내에서 해당 값의 발생 빈도를 계산하여 세로 배열 형태로 나타낸다.

MDETERM 함수는 배열의 행렬식을 구하며, MINVERSE 함수가 배열의 역행렬을 산출함

04 [A1] 셀에 =SUMPRODUCT({1,2},{3,4})을 입력하고 Enter 를 눌렀을 때 수식의 결과값으로 옳은 것은?

① 10   ② 11
③ 24   ④ #VALUE!

- SUMPRODUCT : 배열 또는 범위의 대응되는 값끼리 곱한 다음 그 곱한 값의 합을 구함
- 1×3+2×4=11

05 배열 수식 및 함수에 대한 설명으로 옳지 않은 것은?

① 배열에서 열은 콤마(,)를 사용하여 구분하고, 행은 세미콜론(;)을 사용하여 구분한다.
② MINVERSE 함수는 배열로 저장된 행렬에 대한 역행렬을 구해준다.
③ MMULT 함수는 배열의 행렬 곱을 구해준다.
④ FREQUENCY 함수는 범위에서 k번째 백분위수 값을 구하며, 이때 K는 0에서 1까지 백분위수 값 범위이다.

FREQUENCY 함수 : 값의 범위 내에서 해당 값의 발생 빈도를 계산하여 세로 배열 형태로 나타냄

오답 피하기

PERCENTILE.INC 함수 : 범위에서 k번째 백분위수 값을 구함(이때 K는 경계값을 포함한 0에서 1까지 백분위수 값 범위)

정답 01 ③ 02 ② 03 ② 04 ② 05 ④

CHAPTER

04

데이터 관리 및 분석

학습 방향

정렬의 특징과 고급 필터의 조건 범위, 텍스트 나누기, 외부 데이터 가져오기와 외부 데이터 베이스의 이용 방법에 대한 학습이 필요합니다. 부분합에서는 [부분합] 대화 상자의 구성 요소와 선행 작업에 대한 내용이 자주 출제되고 있습니다. 데이터 표에 대한 옳고 그름, 데이터 통합의 특징 및 기능, 피벗 테이블의 기초 개념, 목표값 찾기와 시나리오에 대한 특징도 잘 알아 두세요.

출제 빈도

SECTION 01	중	11%
SECTION 02	중	16%
SECTION 03	하	8%
SECTION 04	중	12%
SECTION 05	상	21%
SECTION 06	중	10%
SECTION 07	하	5%
SECTION 08	중	17%

SECTION 01 정렬

빈출 태그: 정렬 · 정렬 옵션

01 정렬(Sort) 25년 상시, 22년 상시, 20년 2월, 18년 3월, 16년 3월, 15년 10월, 14년 6월/10월, 13년 3월, 10년 6월, …

- 목록의 데이터를 특정 필드의 크기 순서에 따라 재배열하는 기능이다.
- 정렬 범위를 지정하지 않고 정렬을 실행하면 현재 셀 포인터를 기준으로 인접한 데이터를 모든 범위로 자동 지정하며, 정렬 범위를 지정하면 다른 열에 영향을 미치지 않고, 선택한 영역에서만 정렬을 수행한다.
- 기본적으로 행 단위(위에서 아래로)로 정렬된다.
- 데이터를 정렬할 때는 오름차순과 내림차순으로 구분하여 정렬할 수 있다.
- 오름차순 정렬은 숫자일 경우 작은 값에서 큰 값 순서로 정렬되며, 내림차순 정렬은 그 반대로 재배열된다.
- 영문 대/소문자를 구분하여 정렬하는 기능을 제공하며, 오름차순 정렬 시 소문자가 우선순위를 갖는다.
- 오름차순 정렬 시 텍스트 문자열이 하이픈을 제외하고 같으면 하이픈이 있는 텍스트가 뒤에 정렬된다.
- 빈 셀(공백)은 정렬 순서와 관계없이 항상 가장 마지막으로 정렬된다.
- 오름차순 정렬 : 숫자 – 기호 문자 – 영문 소문자 – 영문 대문자 – 한글 – 빈 셀 (단, 대/소문자 구분하도록 설정했을 때)
- 내림차순 정렬 : 한글 – 영문 대문자 – 영문 소문자 – 기호 문자 – 숫자 – 빈 셀 (단, 대/소문자 구분하도록 설정했을 때)

순서	구분	세부 내용(오름차순 정렬 기준)
1	숫자	가장 작은 수에서 가장 큰 수로 정렬함
2	텍스트	기호 → 영문 순서(소문자 → 대문자) → 한글로 정렬함
3	논리값	거짓(FALSE) → 참(TRUE) 순으로 정렬함
4	오류값	발견된 순으로 정렬함
5	빈 셀	항상 마지막에 정렬함

오름차순 정렬 시 텍스트 문자열이 하이픈을 제외하고 같으면 하이픈이 있는 텍스트가 뒤에 정렬됨

1) 도구를 이용한 정렬

- 하나의 열을 기준으로 목록을 정렬하고자 할 때 기준이 되는 열 중 한 셀만 선택하고, 정렬 도구를 클릭하면 엑셀 목록 전체에 정렬이 수행된다.
- [홈] 탭-[편집] 그룹-[정렬 및 필터]를 클릭한 후 정렬 방식을 선택하거나 [데이터] 탭-[정렬 및 필터] 그룹에서 정렬 방식을 클릭한다.

기적의 TIP

정렬은 매회 출제되는 매우 중요한 내용입니다. 개념과 기능을 확실히 알아 두어야 합니다. 오름차순과 내림차순 정렬, 정렬 옵션과 사용자 지정 정렬 순서의 사용 등 전반적으로 학습하고, 정렬 관련 오류도 유념해서 알아 두세요.

정렬 전에 숨겨진 행 및 열 표시
숨겨진 열이나 행은 정렬 시 이동되지 않으므로 데이터를 정렬하기 전에 숨겨진 열과 행을 표시해야 함

암기 TIP

오름차순 정렬
외숫기소대한공
오름차순 정렬은 '숫자-기호 문자-영문 소문자-영문 대문자-한글-공백(빈 셀)' 순이다.

날짜의 기본 오름차순 정렬 순서
가장 이전 날짜에서 가장 최근 날짜의 순서로 정렬됨

영숫자 정렬
영숫자 텍스트는 왼쪽에서 오른쪽으로 정렬됨
@ 오름차순 정렬 A1 → A10 → A101 → A11

| 오름차순 정렬을 수행함 |
| 내림차순 정렬을 수행함 |

2) 리본 메뉴를 이용한 정렬 13년 6월, 09년 7월, 07년 5월

- [데이터] 탭-[정렬 및 필터] 그룹-[정렬]을 실행한다. 정렬 범위 내에서 셀 하나를 선택한 경우 자동적으로 블록이 설정되며, [정렬] 대화 상자가 나타난다. 정렬하고자 하는 필드명을 선택하고 오름차순 또는 내림차순을 지정한 후 [확인]을 클릭한다.

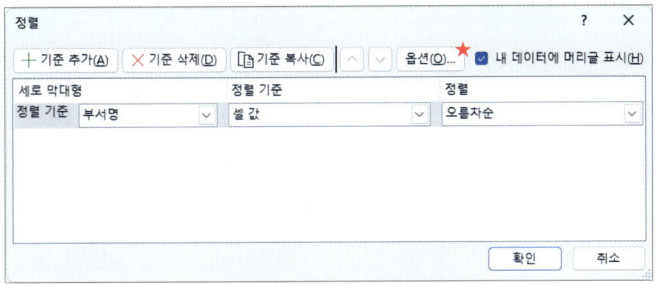

★ 옵션
[정렬 옵션] 대화 상자를 표시함

- 정렬의 기준은 최대 64개까지 지정할 수 있다.
- 정렬 기준으로 셀 값, 셀 색, 글꼴 색, 조건부 서식 아이콘을 사용할 수 있다.

정렬(Sort)의 기준값
- 첫째 기준은 생략할 수 없으나 둘째와 셋째 기준은 필요할 때만 지정함
- 첫째 기준은 데이터가 같은 경우 둘째 기준이 적용되며, 첫째와 둘째 기준의 데이터가 모두 같은 경우 셋째 기준이 적용됨

3) 정렬 옵션 24년 상시, 20년 2월, 17년 3월, 10년 10월, 08년 5월

대/소문자 구분 정렬 방식과 정렬 방향 등을 지정한다.

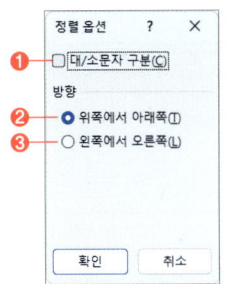

- 글꼴 색 또는 셀 색, 조건부 서식 아이콘의 기본 정렬 순서는 없으므로 각 정렬 작업에 대해 원하는 순서를 정의해야 함
- 정렬 기준으로 '조건부 서식 아이콘'을 선택한 경우 기본 정렬 순서는 '위에 표시'임

❶ 대/소문자 구분	영문 대/소문자를 구별하여 정렬하고자 할 때 선택함
❷ 위쪽에서 아래쪽	열을 기준으로 행을 정렬함(기본값)
❸ 왼쪽에서 오른쪽	행을 기준으로 열을 정렬함

표에 병합된 셀들이 포함되어 있는 경우 정렬 작업을 수행하려면 셀의 크기가 동일해야 함

4) 사용자 지정 정렬 순서 10년 6월, 06년 7월

- 기본 정렬 순서를 무시하고, 사용자가 순서를 임의로 지정하여 정렬할 때 사용한다.
- 오름차순과 내림차순이 아닌 다른 정렬 순서 사용 시 먼저 사용자 지정 목록으로 등록해야 한다.
- 사용자 지정 목록을 이용하면 월, 화, 수, 목, 금, 토, 일과 같은 방식으로 정렬할 수 있다.

- [정렬] 대화 상자의 [정렬] 항목에서 [사용자 지정 목록...]에서 정렬 순서로 사용할 목록을 목록 항목에 미리 등록해야 한다.
- [사용자 지정 목록]의 추가는 [파일] 탭-[옵션]-[Excel 옵션]을 클릭한 후 [Excel 옵션] 대화 상자가 표시되면 [고급] 탭의 [일반] 항목 내의 [사용자 지정 목록 편집] 단추를 클릭하여 설정한다.
- [사용자 지정 목록] 대화 상자에서 원하는 목록을 선택하고 [확인]을 클릭하여 변경한다.

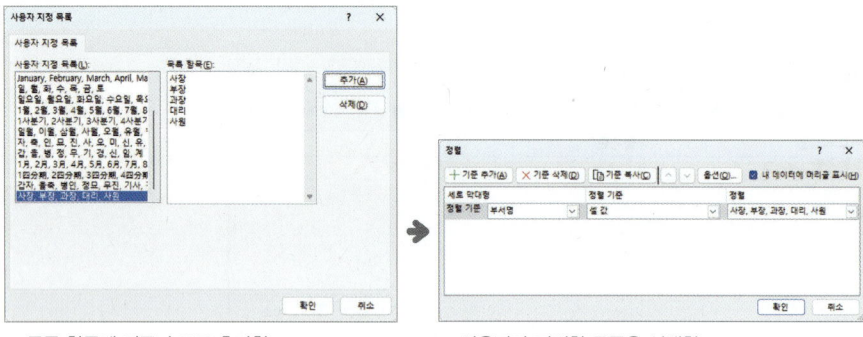

▲ 목록 항목에 직급 순으로 추가함   ▲ 사용자가 지정한 목록을 선택함

5) 정렬 관련 오류 23년 상시, 05년 2월, 13년 3월

- 정렬할 표 범위에서 하나의 열만 범위로 선택한 경우 [정렬 경고] 대화 상자가 나타난다.

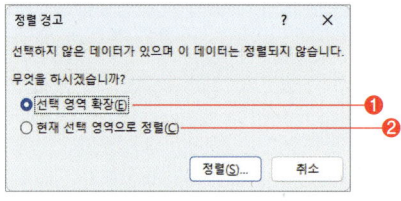

❶ 선택 영역 확장	인접한 데이터를 포함하기 위해 선택 영역을 늘림
❷ 현재 선택 영역으로 정렬	현재 설정한 열만을 정렬 대상으로 선택함

- 정렬 실행 시 표 범위 내에 셀 포인터가 위치해 있지 않을 때 범위 오류 대화 상자가 나타난다.

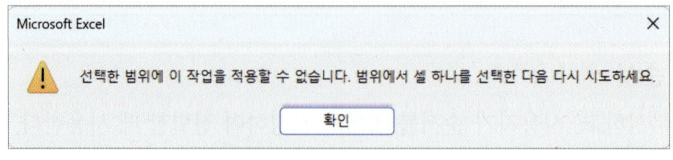

 개념 체크

1 기본 정렬 순서를 무시하고, 사용자가 순서를 임의로 지정하여 정렬할 때 사용하는 기능을 (   ) 정렬 순서라고 한다.

2 정렬 실행 시 표 범위 내에 셀 포인터가 위치해 있지 않을 때 (   ) 오류 대화 상자가 나타난다.

3 정렬할 표 범위에서 하나의 열만 범위로 선택한 경우 (   ) 대화 상자가 나타난다.

4 사용자 지정 정렬 순서를 사용하면 오름차순 및 내림차순 정렬만 가능하다. (○, ×)

5 정렬 실행 시 표 범위 내에 셀 포인터가 위치해 있지 않을 때 범위 오류 대화 상자가 나타난다. (○, ×)

1 사용자 지정 2 범위
3 정렬 경고 4 × 5 ○

이론을 확인하는 기출문제

01 다음 중 아래 워크시트 (가)를 (나)와 같이 정렬하기 위한 방법으로 옳은 것은?

(가)
	A	B	C	D
1	이름	사번	부서	직위
2	윤여송	a-001	기획실	과장
3	이기상	a-002	기획실	대리
4	이원평	a-003	기획실	사원
5	강문상	a-004	관리과	사원

(나)
	A	B	C	D
1	부서	사번	이름	직위
2	기획실	a-001	윤여송	과장
3	기획실	a-002	이기상	대리
4	기획실	a-003	이원평	사원
5	관리과	a-004	강문상	사원

① 정렬 옵션을 '왼쪽에서 오른쪽'으로 설정
② 정렬 옵션을 '위쪽에서 아래쪽'으로 설정
③ 정렬 기준을 '셀 색', 정렬을 '위에 표시'로 설정
④ 정렬 기준을 '셀 색', 정렬을 '아래쪽에 표시'로 설정

- 정렬 옵션은 '왼쪽에서 오른쪽'으로 설정하고 정렬 기준을 행1, 값, 오름차순으로 설정하면 됨

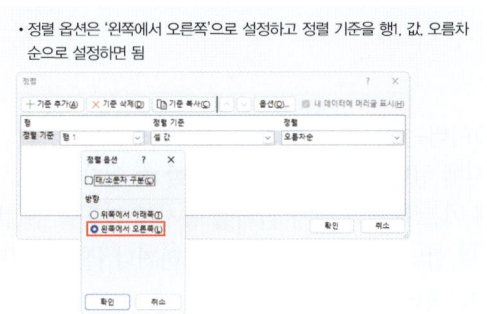

- (가) 이름, 사번, 부서, 직위 → 오름차순(왼쪽에서 오른쪽으로) → (나) 부서, 사번, 이름, 직위

02 다음 중 엑셀에서 정렬 기준으로 사용할 수 없는 것은?

① 셀 색
② 조건부 서식 아이콘
③ 글꼴 색
④ 글꼴 크기

정렬 기준 : 셀 값, 셀 색, 글꼴 색, 조건부 서식 아이콘 등

03 다음 중 영문 대, 소문자를 구분하도록 설정했을 때의 오름차순 정렬의 순서를 바르게 표시한 것은?

① 1 – ? – a – A – 나
② 1 – ? – 나 – A – a
③ ? – 1 – 가 – A – a
④ ? – 1 – 가 – a – A

오름차순 : 숫자-특수 문자-영문 소문자-영문 대문자-한글-공백(빈 셀)

04 다음 중 데이터 정렬에 관한 설명으로 옳지 않은 것은?

① 대/소문자를 구분하여 정렬할 수 있다.
② 표 안에서 다른 열에는 영향을 주지 않고 선택한 한 열 내에서만 정렬하도록 할 수 있다.
③ 정렬 기준으로 '셀 아이콘'을 선택한 경우 기본 정렬 순서는 '위에 표시'이다.
④ 행을 기준으로 정렬하려면 [정렬] 대화 상자의 [옵션]에서 정렬 옵션의 방향을 '위쪽에서 아래쪽'으로 선택한다.

행을 기준으로 정렬하려면 [정렬] 대화 상자의 [옵션]에서 정렬 옵션의 방향을 '왼쪽에서 오른쪽'을 선택해야 됨

05 다음 중 정렬에 관한 설명 중 옳지 않은 것은?

① 정렬의 기준은 최대 64개까지 지정할 수 있다.
② 숨겨진 열이나 행은 정렬 시 이동되지 않는다.
③ 정렬 옵션에서 대/소문자 구분과 정렬 방향 등을 지정한다.
④ 정렬 기준은 셀 값만 사용할 수 있다.

정렬 기준으로 셀 값, 셀 색, 글꼴 색, 조건부 서식 아이콘을 사용할 수 있음

정답 01 ① 02 ④ 03 ① 04 ④ 05 ④

SECTION 02 필터 기능

빈출 태그 자동 필터 • 고급 필터

> **기적의 TIP**
> 필터의 기본 기능과 자동 필터의 사용자 지정을 중심으로 익혀 두세요.

01 필터(Filter)

'거르다', '여과하다'의 의미로 자료를 검색하여 추출함

- 사용자가 설정하는 특정 조건을 만족하는 자료만 검색, 추출하는 기능을 필터(Filter)라고 한다.
- 단순한 조건 검색은 자동 필터를 사용하고, 보다 복잡한 조건으로 검색하거나 검색 결과를 다른 데이터로 활용하려면 고급 필터를 사용한다.

자동 필터	셀 내용이 일치한다거나 단순한 비교 조건을 지정하여 쉽게 검색함
고급 필터	사용자가 직접 추출하고자 하는 조건을 수식으로 설정하여 검색함

02 자동 필터 25년 상시, 24년 상시, 21년 상시, 20년 2월, 19년 3월/8월, 16년 6월, 15년 6월, 14년 3월, 13년 10월, 12년 3월, …

1) 자동 필터 (Ctrl + Shift + L)

- 자동 필터를 이용하여 추출한 데이터는 항상 레코드(행) 단위로 표시된다.
- 같은 열에 여러 개의 항목을 동시에 선택하여 데이터를 추출할 수 있다.
- 숫자로만 구성된 하나의 열에 색 기준 필터와 숫자 필터를 동시에 적용할 수 없다.
- 실행 방법 : [데이터] 탭-[정렬 및 필터] 그룹-[필터]를 클릭하거나 [홈] 탭-[편집] 그룹-[정렬 및 필터]를 클릭한 후 [필터]를 선택한다.
- 해제 방법 : [데이터] 탭-[정렬 및 필터] 그룹-[필터]를 클릭한다.
- 두 개 이상의 필드(열)에 조건이 지정된 경우 『그리고(AND)』 조건으로 필터된다.
- 필드 이름 옆에 [필터 단추](▼)가 생성되며, 필터 단추를 클릭하고 원하는 데이터를 선택하면 필터가 이루어진다.

> **기적의 TIP**
> 같은 열에 날짜, 숫자, 텍스트가 섞여있는 경우 가장 많은 데이터 형식의 필터가 표시됩니다.

	A	B	C	D	E	F
1	전공	학번	기말고	과제물	수업참	출석
2	무역	20240111	55	45	55	20
3	무역	20240112	56	50	66	30
4	무역	20240113	75	67	77	56
5	무역	20240114	65	56	56	90
6	무역	20240115	78	89	30	65
7	경영	20240116	45	80	38	45
8	경영	20240117	88	70	67	29
9	경영	20240118	90	90	56	39
10	경영	20240119	44	65	88	46
11	경영	20240120	77	78	77	76
12	전산	20240121	76	88	90	86
13	전산	20240122	78	44	56	88
14	전산	20240123	89	67	55	39
15	전산	20240124	88	32	54	45
16	전산	20240125	70	89	76	78
17	전산	20240126	60	66	89	67
18	전산	20240127	80	87	45	88

▲ 필터 단추가 생성됨

- [필터 단추](▼)를 클릭하면 '숫자 오름차순 정렬, 숫자 내림차순 정렬, 색 기준 정렬, 텍스트 필터, 숫자 필터, 색 기준 필터'가 나타난다. 선택된 열의 형식에 따라 열의 내용이 문자일 경우는 텍스트 필터, 열의 내용이 숫자일 경우에는 숫자 필터가 표시된다.

- '날짜 필터' 목록에서 필터링 기준으로 사용할 요일은 지원되지 않음
- 열 머리글의 드롭다운 화살표에는 해당 열에서 가장 많이 입력된 데이터 형식에 해당하는 필터 목록이 표시됨
- 검색 상자를 사용하여 숫자와 텍스트를 검색할 수 있음
- 텍스트나 배경에 색상 서식이 적용되어 있는 경우 셀의 색상을 기준으로 필터링이 가능함

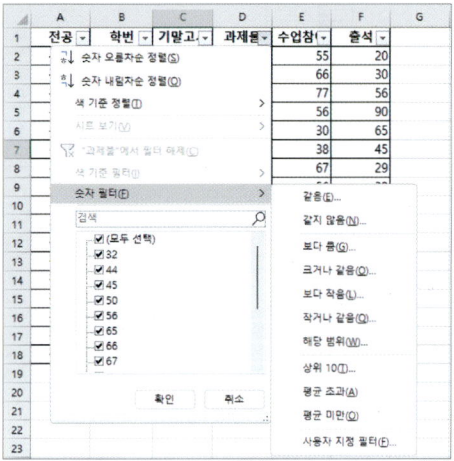

더 알기 TIP

기말고사가 60점 이상인 레코드를 필터해 보자.

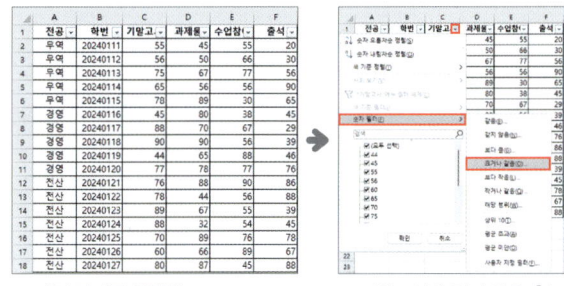

▲ 자동 필터를 실행함 ▲ 기말고사의 필터 단추-[숫자 필터]-[크거나 같음]을 클릭함

▲ '60점 이상' 조건을 입력함 ▲ 기말고사가 60점 이상인 데이터가 필터됨

2) 상위 10 자동 필터

- 숫자 데이터에서만 가능하다.
- 상위/하위, 데이터의 범위, 항목/% 중 값의 방식을 지정하여 필터를 실행한다.

개념 체크

1 자동 필터를 이용하여 추출한 데이터는 항상 (　　) 단위로 표시된다.
2 두 개 이상의 필드(열)에 조건이 지정된 경우 (　　) 조건으로 필터된다.
3 숫자로만 구성된 하나의 열에 색 기준 필터와 숫자 필터를 동시에 적용할 수 있다. (○, ×)
4 자동 필터에서 숫자 오름차순 정렬과 숫자 내림차순 정렬만 사용할 수 있다. (○, ×)

1 레코드(행) 2 그리고(AND)
3 × 4 ×

더 알기 TIP

수업참여가 상위 세 번째 항목에 해당하는 레코드를 필터해 보자.

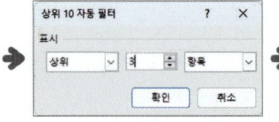
▲ 자동 필터를 실행함

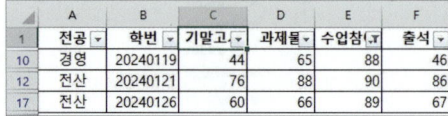
▲ 수업참여의 필터 단추-[숫자 필터]-[상위 10]을 클릭함

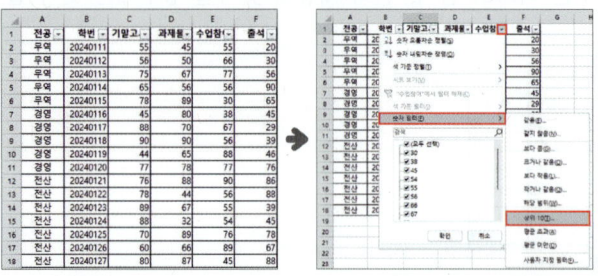
▲ 큰 순서로 3번째까지 항목을 표시함   ▲ 수업참여 상위 3등까지 필터함

3) 사용자 지정 자동 필터 _{18년 3월}

- 실행 방법 : 자동 필터 목록의 [숫자 필터/텍스트 필터/날짜 필터]-[사용자 지정 필터]를 선택한다.
- 텍스트 필터와 숫자 필터에 모두 포함되는 기능이다.
- 하나의 열에 두 개의 조건을 그리고(AND)와 또는(OR) 연산으로 결합할 수 있다.
- 비교 연산자(=, <=, <, >, <>, >=)나 만능 문자(*, ?)의 사용이 가능하다.
- 수치 데이터가 들어 있는 필드를 일정한 범위를 정하여 필터할 때 유용하다.

더 알기 TIP

과제물이 80점 이상 90점 이하인 데이터를 필터해 보자.

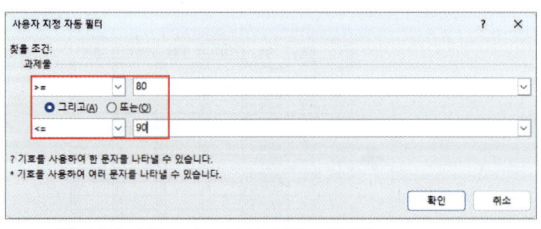
▲ 조건을 80점 이상 그리고 90점 이하로 설정함

▲ 과제물이 80점 이상 90점 이하가 필터됨

1. 상위 10 자동 필터를 사용할 때, ( )에서만 가능하다.
2. 사용자 지정 자동 필터에서 연산자(=, <=, <, >, <>, >=)나 ( ) 문자(*, ?)의 사용이 가능하다.
3. 상위 10 자동 필터를 사용하여 텍스트 데이터를 필터링 할 수 있다. (ㅇ, ×)
4. 사용자 지정 자동 필터를 사용하여 하나의 열에 두 개의 조건을 그리고(AND)와 또는(OR) 연산으로 결합할 수 있다. (ㅇ, ×)

1 숫자 데이터 2 만능
3 × 4 ㅇ

03 고급 필터

> 조건 범위가 있어 자동 필터보다 향상된 필터가 가능함
> 25년 상시, 24년 상시, 23년 상시, 22년 상시, 21년 상시, 20년 2월/7월, 19년 3월, 18년 9월, 17년 9월, 16년 10월, …

- 실행 방법 : [데이터] 탭-[정렬 및 필터] 그룹-[고급]을 실행한다.
- [고급 필터]에 필요한 범위는 [목록 범위], [조건 범위], [복사 위치]가 있다.
- 조건 범위와 복사 위치는 고급 필터 명령을 실행하기 전에 설정해 놓아야 한다.
- 결과를 '현재 위치에 필터'로 선택한 경우 복사 위치를 지정할 필요가 없으며, [자동 필터]처럼 현재 데이터 범위 위치에 고급 필터 결과를 표시한다.
- 결과를 '다른 장소에 복사'로 선택한 경우 복사 위치를 지정해야 한다.
- '동일한 레코드는 하나만'을 선택하면 고급 필터 결과가 동일할 때 한 번만 나타난다.

🅿️ 기적의 TIP

고급 필터를 중심으로 중점적인 학습이 필요합니다. 자주 출제되는 내용이며 조건 범위에 따른 결과를 산출할 줄 알아야 합니다. 그 점에 유의해서 준비하세요.

➕ 더 알기 TIP

'기말고사'가 60점 이상이고 '과제물'이 60점 이상인 레코드만 추출하여 [A20] 셀부터 결과를 복사해 보자.

1) 고급 필터의 조건 범위

- 고급 필터의 조건 범위는 고급 필터 명령을 실행하기 전에 설정한다.
- 조건 범위의 첫 번째 행에는 데이터 범위의 열 이름표(필드명)와 똑같은 필드명을 입력해야 한다. 필드명 다음에 조건 내용을 입력한다.

① 단일 조건 : 첫 행에 필드명을 입력하고, 필드명 아래에 검색할 값을 입력한다.

지점명
동부

▲ 지점명이 동부인 데이터를 필터함

② AND 조건 : 첫 행에 필드명을 나란히 입력하고, 동일한 행에 조건을 입력한다.

지점명	직급
동부	부장

▲ 지점명이 동부이고 직급이 부장인 데이터를 필터함

🔘 개념 체크

1. 고급 필터에서 결과를 '현재 위치에 필터'로 선택한 경우 (　　) 위치를 지정할 필요가 없다.

2. 조건 범위의 첫 번째 행에는 데이터 범위의 열 이름표(필드명)와 똑같은 (　　)을 입력해야 한다.

3. 고급 필터에서는 조건 범위를 설정하지 않아도 필터를 실행할 수 있다. (o, ×)

4. 고급 필터를 사용하여 동일한 레코드가 여러 번 나타나지 않게 할 수 있다. (o, ×)

5. 고급 필터의 조건 범위는 필터 명령을 실행한 후에 설정할 수 있다. (o, ×)

6. 고급 필터에서 AND 조건을 사용하려면 첫 행에 필드명을 나란히 입력하고, 서로 다른 행에 조건을 입력한다. (o, ×)

1 복사 2 필드명
3 × 4 o 5 × 6 ×

③ OR 조건 : 첫 행에 필드명을 나란히 입력하고, 서로 다른 행에 조건을 입력한다.

지점명	직급
동부	
	부장

▲ 지점명이 동부이거나 직급이 부장인 데이터를 필터함

④ 복합 조건(AND, OR 결합) : 첫 행에 필드명을 나란히 입력하고, 동일한 행에 조건을 입력한다. 그리고 다음 동일한 행에 두 번째 조건을 입력한다.

지점명	직급
동부	부장
서부	대리

▲ 지점명이 동부이고 직급이 부장 또는 지점명이 서부이고 직급이 대리인 데이터를 필터함

2) 고급 필터의 복사 위치

- 고급 필터의 복사 위치는 결과 옵션을 '다른 장소에 복사'로 선택했을 경우에 필요하며 현재 시트에만 복사할 수 있다.

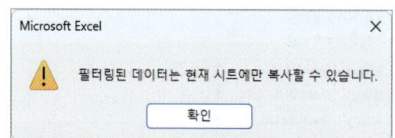

▲ 복사 위치 선정 시 다른 시트를 선택한 경우

- 복사 위치로 비어 있는 한 셀을 선택하면 검색된 레코드의 모든 필드를 지정한 위치에 복사한다.
- 복사 위치에 미리 필드명을 입력해 놓고 지정하면 필요한 필드만 복사할 수 있다.

3) 만능 문자로 검색하기

고급 필터에서 조건 범위를 만들 때 만능 문자(?, *)를 사용할 수 있다.

▲ 성명이 '홍'으로 시작하는 모든 데이터(예 홍길동, 홍유경, 홍준기 등)

▲ 성명이 '홍성'으로 시작하고 세 문자 이상인 데이터(예 홍성신, 홍성격, 홍성경 등)

4) 수식 조건

- 데이터 범위의 필드 이름과 다른 필드 이름을 사용하고 등호(=)로 시작해야 한다.
- 조건식이 데이터 범위의 값을 참조하는 경우 첫 번째 레코드의 셀을 참조해야 한다.
- 수식의 결과는 TRUE 또는 FALSE와 같은 논리값으로 평가되어야 한다.

> **기적의 TIP**
>
> 만능 문자로의 검색 내용이 자주 출제됩니다. 여러 예를 통해 공부해 두세요.

> **개념 체크**
>
> 1 고급 필터의 복사 위치는 결과 옵션을 '다른 장소에 복사'로 선택했을 경우에 필요하며 (　)에만 복사할 수 있다.
>
> 2 복사 위치로 비어 있는 한 셀을 선택하면 검색된 레코드의 모든 (　)를 지정한 위치에 복사한다.
>
> 3 수식 조건을 사용할 때 조건식이 데이터 범위의 값을 참조하는 경우 첫 번째 (　)의 셀을 참조해야 한다.
>
> 1 현재 시트 2 필드 3 레코드

이론을 확인하는 기출문제

01 다음 중 아래 시트에서 사원명이 두 글자이면서 실적이 전체 실적의 평균을 초과하는 데이터를 검색할 때, 고급 필터의 조건으로 옳은 것은?

	A	B
1	사원명	실적
2	유민	15,030,000
3	오성준	35,000,000
4	김근태	18,000,000
5	김원	9,800,000
6	정영희	12,000,000
7	남궁정훈	25,000,000
8	이수	30,500,000
9	김용훈	8,000,000

①
사원명	실적조건
="=??"	=$B2>AVERAGE($B$2:$B$9)

②
사원명	실적
="=??"	=$B2&">AVERAGE($B$2:$B$9)"

③
사원명	실적
=LEN($A2)=2	=$B2>AVERAGE($B$2:$B$9)

④
사원명	실적조건
="=**"	=$B2>AVERAGE($B$2:$B$9)

- 사원명이 두 글자인 사원을 필터링하기 위한 조건 : ="=??" → =??
- 조건을 =??로 나타내야 하므로 ="=??"처럼 " 안에 =를 하나 더 입력함
- ?는 한 글자를 의미하므로 두 글자의 경우 ??처럼 입력함
- 수식을 조건으로 하는 경우 필드명을 다르게 해야 함 : 실적조건
- 실적이 전체 실적의 평균을 초과하는 데이터를 검색 : =$B2>AVERAGE ($B$2:$B$9) → FALSE
- 사원명이 두 글자이면서 실적 평균인 19,166,251을 초과하는 "이수, 30500,000"이 필터링 됨

02 데이터의 필터 기능에 대한 설명으로 옳지 않은 것은?

① 필터 기능은 조건을 기술하는 방법에 따라 자동 필터와 고급 필터로 구분할 수 있다.
② 자동 필터에서 조건 지정 시 각 열에 설정된 조건들은 OR 조건으로 묶여 처리된다.
③ 필터 기능은 많은 양의 자료에서 설정된 조건에 맞는 자료만을 추출하여 나타내는 기능이다.
④ 고급 필터를 이용하면 조건에 맞는 행에서 원하는 필드만 선택하여 다른 영역에 복사할 수 있다.

자동 필터에서 조건 지정 시 각 열에 설정된 조건들은 AND 조건으로 묶여 처리됨

03 고급 필터에서 다음과 같은 조건을 설정하였을 때, 이 조건에 의해 선택되는 데이터들로 옳은 것은?

임금	연도	인원
<220	2005	
		>=1000

① 인원이 1000 이상인 데이터 중에서 임금이 220 미만이거나 연도가 2005인 데이터
② 임금이 220 미만인 데이터 중에서 연도가 2005이고 인원이 1000 이상인 데이터
③ 임금이 220 미만이고 연도가 2005인 데이터이거나 인원이 1000 이상인 데이터
④ 임금이 220 미만이거나 연도가 2005인 데이터 모두와 인원이 1000 이상인 데이터

- AND 조건 : 첫 행에 필드명을 나란히 입력하고, 동일한 행에 조건을 입력함
- OR 조건 : 첫 행에 필드명을 나란히 입력하고, 서로 다른 행에 조건을 입력함

04 다음 중 아래 워크시트의 '사번' 필드에 그림과 같이 사용자 지정 자동 필터를 적용하는 경우 표시되는 결과 행은?

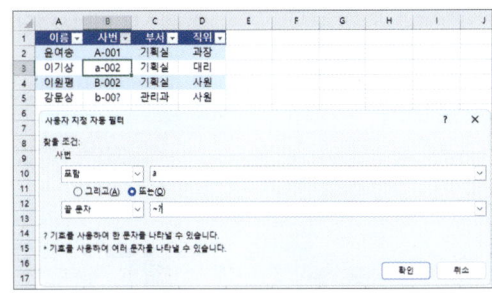

① 3행
② 2행, 3행
③ 3행, 5행
④ 2행, 3행, 5행

찾을 조건에 따라 '사번' 필드에서 대소문자 구분없이 'a'나 'A'를 포함하거나(또는) 끝 문자가 '?'로 끝나는 필드를 필터링하므로 2행, 3행, 5행이 결과로 나타남

오답 피하기

- 끝 문자가 '?'로 끝나는 필드를 필터링하기 위한 조건은 '~'을 이용하여 '~?'처럼 입력해야 함
- *, ?, ~를 찾기 위해서는 앞에 ~를 입력함(예 ~*, ~?, ~~)

정답 01 ① 02 ② 03 ③ 04 ④

SECTION 03 기타 데이터 관리 기능

출제빈도 상 중 하
반복학습 1 2 3

빈출 태그 텍스트 나누기 • 그룹 및 개요 설정

▶ 합격 강의

01 텍스트 나누기
21년 상시, 20년 7월, 19년 8월, 16년 10월, 12년 9월, 11년 10월, 07년 2월, 04년 8월, 03년 2월, …

- 워크시트의 한 셀에 입력되어 있는 데이터를 여러 셀로 분리시키는 기능이다.
- 범위에 포함되는 행 수는 제한을 두지 않지만, 열은 반드시 하나만 포함해야 된다.
- 선택한 열의 오른쪽에는 빈 열이 한 개 이상 있어야 되며, 없는 경우 선택한 열의 오른쪽에 있는 데이터가 덮어 써진다.

> **기적의 TIP**
> 텍스트 나누기에 대한 개념과 단계별 기능에 대한 숙지가 필요합니다.

따라하기 TIP

따라하기 파일 • Part02_Chapter04_텍스트나누기.xlsx

공백으로 구분된 내용 나누기

① 텍스트 값이 들어 있는 셀 범위를 선택한 다음 [데이터] 탭-[데이터 도구] 그룹-[텍스트 나누기]를 선택한다.

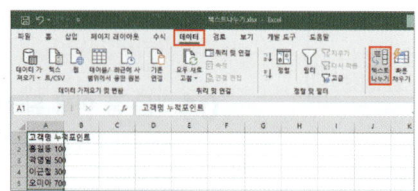

② 텍스트 마법사 1단계 : 원본 데이터의 형식을 선택한다.

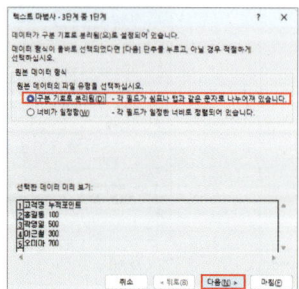

'너비가 일정함' – 구분선 이용

↓

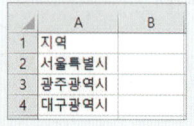

① [1단계] '너비가 일정함' 선택
② [2단계] 구분할 위치에서 마우스 클릭함

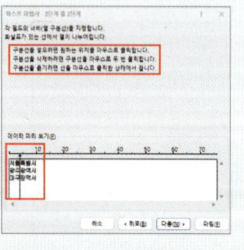

- 구분선 삭제 : 두 번 클릭
- 구분선 이동 : 드래그

③ 열 데이터 서식-'일반' 선택하고 [마침] 클릭

③ 텍스트 마법사 2단계 : 구분 기호를 선택한다.

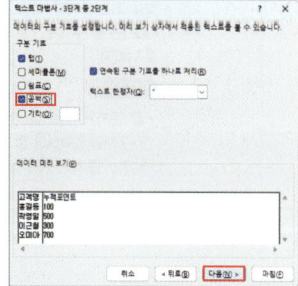

④ 텍스트 마법사 3단계 : 열 데이터 서식을 선택한 후 [마침]을 클릭한다.

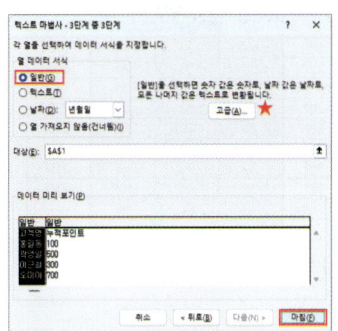

텍스트 마법사 3단계에서 '열 가져오지 않음(건너뜀)'을 이용하여 일부 열만 가져올 수 있음

★ 고급

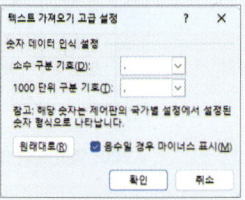

숫자 데이터는 [고급]을 클릭하여 소수 구분 기호와 1000 단위 구분 기호를 설정할 수 있음

⑤ 워크시트의 한 셀에 입력되어 있던 데이터가 여러 셀로 나누어 표시된다.

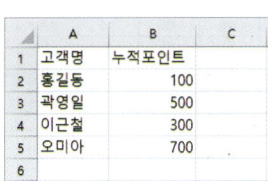

02 그룹 및 개요 설정 25년 상시, 19년 3월, 16년 10월, 14년 10월, 08년 5월, 06년 5월, 04년 2월

- 필드를 그룹 단위로 묶어서 숨기거나 나타내고 데이터를 요약 관리하는 기능이다.
- 그룹 및 개요 설정은 열(가로 방향)로 그룹을 묶을 수도 있다.
- 그룹으로 묶고자 하는 기준 데이터는 정렬 상태이어야 한다.
- 그룹별로 계산되어야 하는 항목은 사용자가 직접 추가해야 한다.

개요는 이전 버전에서는 윤곽선으로 표시됨

① 그룹

[데이터] 탭-[개요] 그룹-[그룹]을 실행하여 그룹을 설정한다.

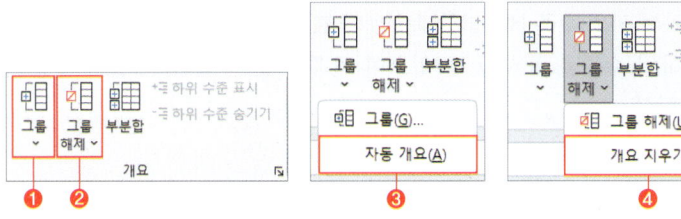

> 기적의 TIP
>
> 그룹 및 개요 설정에 대한 기능 정도만 알아 두세요.

그룹별로 요약된 데이터에서 [개요 지우기]를 실행하면 설정된 윤곽 기호가 지워지지만 개요 설정에 사용된 요약 정보는 제거되지 않음

❶ [데이터] 탭-[개요] 그룹-[그룹]	하위 수준 데이터를 선택한 상태에서 메뉴를 선택한 후 '행' 또는 '열' 중에서 데이터 방향을 지정하면 개요가 작성됨
❷ [데이터] 탭-[개요] 그룹-[그룹 해제]	선택한 행이나 열의 그룹을 해제함
❸ [데이터] 탭-[개요] 그룹-[그룹]-[자동 개요]	SUM과 같이 데이터를 요약하는 함수가 포함된 수식이 하위 수준 데이터와 인접해 있을 때 자동으로 데이터 개요를 작성함
❹ [데이터] 탭-[개요] 그룹-[그룹 해제]-[개요 지우기]	실정되어 있는 개요를 모두 지움

▲ 국어, 영어, 수학 데이터를 선택 후 [데이터] 탭-[개요] 그룹-[그룹]을 실행함

▲ 국어, 영어, 수학 데이터가 그룹화됨

▲ 2반 데이터를 선택 후 [데이터] 탭-[개요] 그룹-[그룹]을 실행함

▲ 2반 데이터가 그룹화됨

▲ [데이터] 탭-[개요] 그룹-[그룹]-[자동 개요]를 실행함

▲ 반별, 과목별로 그룹화됨

② 개요 기호
- 개요 기호를 클릭하여 하위 수준 데이터를 숨기거나 표시할 수 있는 개요를 작성한다.
- 개요의 8개까지 하위 수준을 표시할 수 있으며 안쪽 수준은 상위, 바깥쪽 수준은 하위 수준을 표시한다.
- 개요 기호의 사용 방법은 부분합에서와 동일하다.
- [파일] 탭-[옵션]-[Excel 옵션]-[고급] 탭에서 '이 워크시트의 표시 옵션' 항목에서 '윤곽을 설정한 경우 윤곽 기호 표시' 옵션이 설정된 경우만 자동으로 윤곽 기호가 표시된다.
- 개요 기호는 현재 데이터들의 수준을 조절할 때 사용된다.

03 중복된 항목 제거 17년 9월

- 선택된 범위 내에서 중복된 레코드에 대하여 하나를 제외하고 중복된 레코드를 모두 제거한다.
- [데이터] 탭–[데이터 도구] 그룹–[중복된 항목 제거]로 중복 내용을 제거한다.

따라하기 TIP

따라하기 파일 • Part02_Chapter04_중복레코드제거.xlsx

주어진 워크시트에서 중복된 레코드를 제거해 보자.

① 데이터 범위에 셀 포인터를 위치시키고 [데이터] 탭–[데이터 도구] 그룹–[중복된 항목 제거]를 클릭한다.

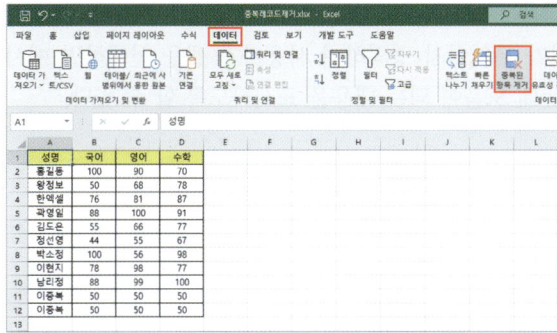

② [중복된 항목 제거] 대화 상자에서 중복 값을 확인할 필드를 선택하고 [확인]을 클릭한다.

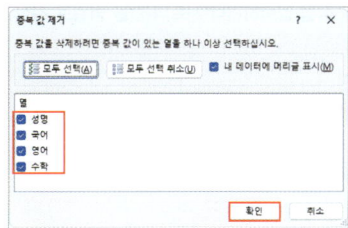

③ 지정된 범위에서 중복된 레코드의 개수와 그렇지 않은 개수를 표시하는 대화 상자에서 [확인]을 클릭한다.

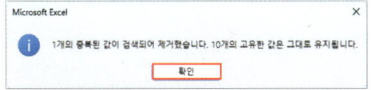

④ 중복된 레코드를 삭제한 결과가 표시된다.

04 데이터 유효성 검사 22년 상시, 21년 상시, 14년 3월, 12년 9월

1) 데이터 유효성 검사 기능

- 데이터 유효성 검사를 통해 데이터의 형식을 제어하거나 사용자가 셀에 입력하는 값을 제어할 수 있다.
- 입력할 수 있는 데이터를 특정 범위의 날짜로 제한하거나, 목록을 사용하여 선택 항목을 제한하거나, 양의 정수만 입력 가능하도록 할 수 있다.
- 셀에 입력할 수 있거나 입력해야 할 데이터에 적용되는 제한 사항을 정의하는 데 사용할 수 있는 기능이다.
- 유효하지 않은 데이터를 사용자가 입력하지 못하도록 데이터 유효성 검사를 구성할 수 있다.
- 셀에 필요한 입력 데이터가 무엇인지 정의하여 사용자가 셀을 선택하면 메시지를 표시하고 오류를 수정하는데 도움이 되는 내용을 표시하도록 할 수 있다.

2) 데이터 유효성 검사 지정하기

① [설정] 탭

▶ 유효성 조건의 제한 대상 종류 16년 6월

정수, 소수점	• 목록에 미리 정의되어 있는 항목으로 데이터를 제한할 수 있음 • 워크시트의 다른 위치에 있는 셀 범위를 사용하여 값 목록을 만들 수 있음
목록	• 지정된 범위를 벗어난 숫자 제한할 수 있음 • 데이터 목록의 범위를 원본 데이터 부분에 직접 입력하거나 시트의 값을 범위로 지정할 수 있음 • 입력 데이터는 콤마(,)로 구분함
날짜, 시간	• 지정된 기간을 벗어난 날짜를 제한할 수 있음 • 특정 날짜부터 시작하여 특정 날짜까지를 기간으로 지정할 수 있음 • 특정 기간을 벗어난 시간을 제한할 수 있음
텍스트 길이	• 한 셀에 허용되는 텍스트의 길이를 제한할 수 있음 • 텍스트의 최소 길이, 최대 길이 또는 특정 길이로 설정할 수 있음
사용자 지정	• 다른 셀의 수식이나 값을 이용하여 제한시킬 수 있음 • 수식을 사용하여 허용 되는 값을 계산할 수 있음 • 사용자가 셀에 값을 초과하여 입력하면 유효성 검사 메시지가 표시되도록 할 수 있음

따라하기 TIP

따라하기 파일 • Part02_Chapter04_데이터유효성검사01.xlsx

① [데이터] 탭-[데이터 도구] 그룹-[데이터 유효성 검사]-[데이터 유효성 검사]를 클릭한다.

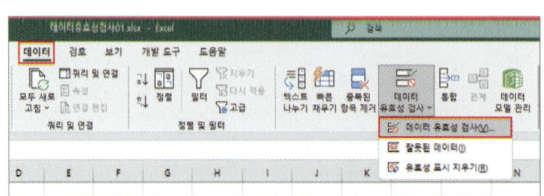

데이터 유효성 검사 전에 입력된 데이터에 대해 유효성 검사를 설정하는 경우 유효성 조건에 맞지 않는 데이터는 삭제되지 않고 그대로 존재함

개념 체크

1 ( )를 통해 데이터의 형식을 제어하거나 사용자가 셀에 입력하는 값을 제어할 수 있다.

2 데이터 유효성 검사를 사용하여 셀에 입력할 수 있는 데이터를 정수만 입력 가능하도록 제한할 수 있다. (o, ×)

3 텍스트 길이 데이터 유효성 검사에서는 텍스트의 최소 길이만 설정할 수 있다. (o, ×)

4 사용자 지정 데이터 유효성 검사에서는 다른 셀의 수식이나 값을 이용하여 제한시킬 수 있다. (o, ×)

1 데이터 유효성 검사 2 o 3 × 4 o

② [데이터 유효성] 대화 상자의 [설정] 탭에서 [제한 대상] 목록 단추를 클릭하여 종류별로 제한 방법과 그에 따른 옵션 등을 확인한다.

③ 간단한 예제로 정확한 주민등록번호를 입력하기 위해 [제한 대상]을 '텍스트 길이'로 선택하고, [제한 방법]을 '=', [길이]를 '14'로 입력하고 [확인]을 클릭한다.

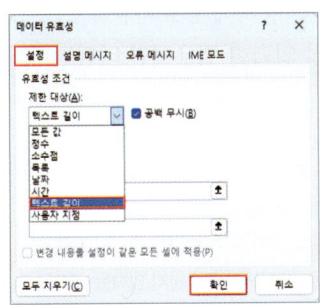 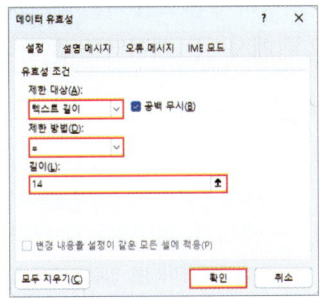

② [설명 메시지] 탭
- 셀에 데이터를 입력하기 전에 설명 메시지를 사용자에게 표시하여 입력 오류를 미리 방지할 수 있다.
- 사용자가 셀을 선택하면 '설명 메시지'가 표시되도록 선택할 수 있다.
- '설명 메시지'는 셀 옆에 표시되며, 메시지를 다른 곳으로 이동할 수도 있다.
- '설명 메시지'는 다른 셀을 선택하거나 Esc 를 누르기 전까지 계속 표시된다.

🏠 따라하기 TIP

따라하기 파일 • Part02_Chapter04_데이터유효성검사02.xlsx

① [데이터] 탭-[데이터 도구] 그룹-[데이터 유효성 검사]-[데이터 유효성 검사]를 클릭한다.

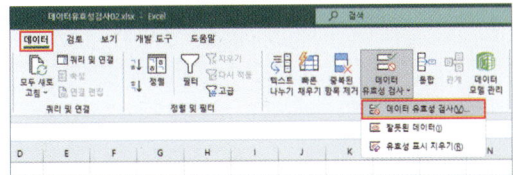

② [데이터 유효성] 대화 상자의 [설명 메시지] 탭에서 [셀을 선택하면 설명 메시지 표시] 항목의 확인란에 체크 표시한다. '제목'과 '설명 메시지' 상자에 표시할 메시지 내용을 입력한다.

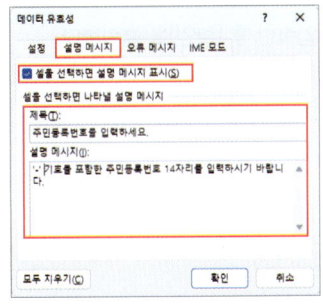

개념 체크

1. 설명 메시지는 셀 (　)에 표시되며, 메시지를 다른 곳으로 (　)할 수도 있다.
2. 설명 메시지는 다른 셀을 선택하거나 (　)를 누르기 전까지 계속 표시된다.
3. 설명 메시지는 항상 셀 옆에 고정되어 있어 이동이 불가능하다. (○, ×)
4. 설명 메시지는 사용자가 셀을 선택하면 자동으로 표시된다. (○, ×)

1 옆, 이동 2 Esc 3 × 4 ○

③ [오류 메시지] 탭

- 사용자가 잘못된 데이터를 입력한 경우에만 나타나는 Windows 팝업 메시지 창으로 '오류 메시지'를 띄울 수 있다.
- 사용자에게 오류 경고 메시지로 표시할 텍스트를 사용자 지정할 수 있다.
- 메시지를 사용자 지정하지 않으면 기본 메시지가 사용자에게 표시된다.
- 설명 메시지와 오류 메시지는 데이터를 셀에 직접 입력한 경우에만 나타난다.

▶ 선택할 수 있는 오류 메시지 '스타일' 종류

아이콘	유형	용도
⊗	중지	• 셀에 잘못된 데이터를 입력하지 못하도록 막음 • 중지 경고 메시지에는 '다시 시도' 또는 '취소'라는 두 가지 옵션이 있음
⚠	경고	• 잘못된 데이터를 입력할 경우 입력한 데이터가 유효하지 않다는 사실을 경고로 알려줌 • 경고 메시지가 나타났을 때 '예'를 클릭하여 유효하지 않은 입력을 그대로 적용하거나 '아니요'를 클릭하여 잘못된 입력 내용을 편집하거나 '취소'를 눌러 잘못된 입력 내용을 제거할 수 있음
ⓘ	정보	• 잘못된 데이터를 입력할 경우 입력한 데이터가 유효하지 않다는 사실을 알려줌 • 정보 경고 메시지가 나타났을 때 '확인'을 클릭하여 유효하지 않은 값을 그대로 적용하거나 '취소'를 클릭하여 해당 값을 제거할 수 있음

🏠 따라하기 TIP

따라하기 파일 • Part02_Chapter04_데이터유효성검사03.xlsx

① [데이터] 탭–[데이터 도구] 그룹–[데이터 유효성 검사]–[데이터 유효성 검사]를 클릭한다.

② [데이터 유효성] 대화 상자의 [오류 메시지] 탭에서 "유효하지 않은 데이터를 입력하면 오류 메시지 표시" 항목의 확인란에 체크 표시한 후 [스타일]을 선택한다.

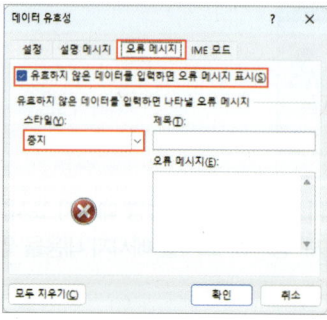

③ '제목'과 '오류 메시지' 상자에 표시할 메시지 내용을 입력한 후 [확인]을 클릭한다.

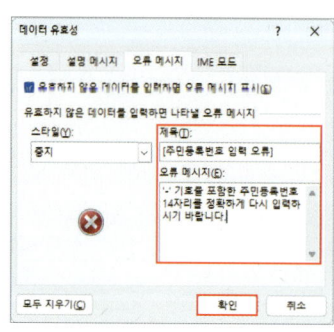

개념 체크

1. 오류 메시지 창에는 (   ), (   ), (   )와 같은 메시지가 있다.

2. '중지' 오류 메시지 스타일에서는 '다시 시도' 또는 '(   )'라는 두 가지 옵션이 있다.

3. '정보' 스타일의 오류 메시지에서는 '확인'을 클릭하여 유효하지 않은 값을 그대로 적용할 수 있다. (○, ×)

4. '경고' 스타일의 오류 메시지는 사용자가 잘못된 데이터를 입력할 수 없도록 막는다. (○, ×)

5. 오류 메시지는 사용자가 데이터를 셀에 직접 입력한 경우에만 나타난다. (○, ×)

1 중지, 경고, 정보 2 취소 3 ○ 4 × 5 ○

④ [IME 모드] 탭

한글이나 영문을 입력할 수 있도록 입력 상태를 설정할 수 있다.

따라하기 TIP

① [데이터] 탭–[데이터 도구] 그룹–[데이터 유효성 검사]–[데이터 유효성 검사]를 클릭한다.

② [데이터 유효성] 대화 상자의 [IME 모드] 탭에서 [입력기]의 '모드' 목록을 선택한다.

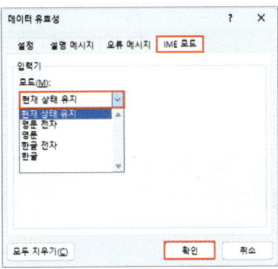

3) 셀 드롭다운 목록의 값으로 데이터 입력 제한 지정하기

따라하기 TIP

따라하기 파일 • Part02_Chapter04_데이터유효성검사04.xlsx

① 유효성 검사를 지정할 셀을 영역 설정한 후 [데이터] 탭–[데이터 도구] 그룹–[데이터 유효성 검사]–[데이터 유효성 검사]를 클릭한다.

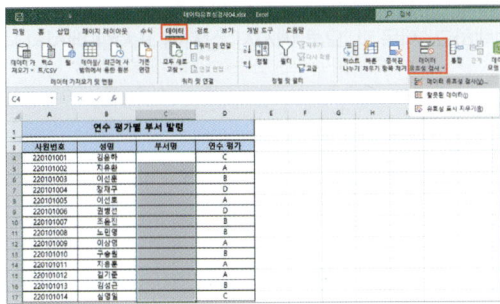

② [데이터 유효성] 대화 상자의 [설정] 탭에서 [제한 대상]을 [목록]으로 선택한 후 [원본] 상자를 클릭하고 목록 값을 목록 구분 문자(쉼표)로 구분하여 입력한다.

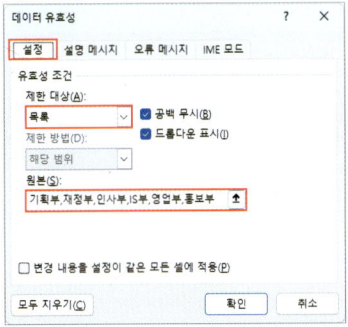

③ '공백 무시'와 '드롭다운 표시' 확인란에 체크 표시한다.

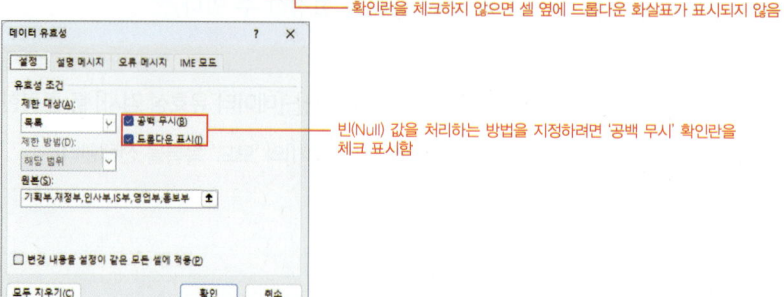

④ [설명 메시지] 탭에서 '셀을 선택하면 설명 메시지 표시' 항목의 확인란에 체크 표시한다. '제목'과 '설명 메시지' 상자에 표시할 메시지 내용을 입력한다.

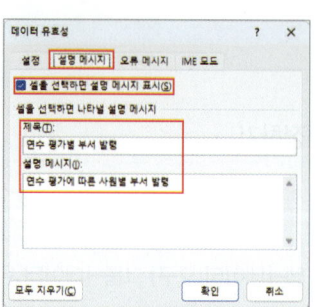

⑤ [오류 메시지] 탭에서 '유효하지 않은 데이터를 입력하면 오류 메시지 표시' 항목의 확인란을 체크 표시한 후 [스타일]을 선택하고 '제목'과 '오류 메시지' 상자에 표시할 메시지 내용을 입력한 후 [확인]을 클릭한다.

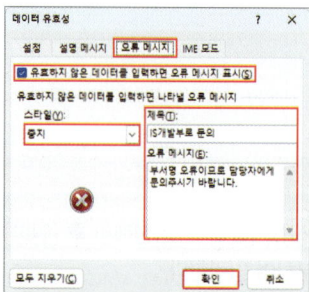

⑥ 데이터 유효성 검사가 지정된 셀을 확인한다.

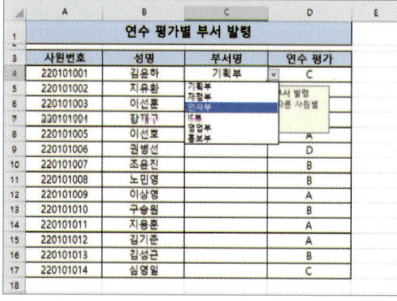

이론을 확인하는 기출문제

01 다음 중 개요에 대한 설명으로 옳지 않은 것은?

① 개요 기호를 설정하면 그룹의 요약 정보만 또는 필요한 그룹의 데이터만 확인할 수 있어 편리하다.
② 그룹별로 요약된 데이터에서 [개요 지우기]를 실행하면 설정된 개요 기호와 함께 개요 설정에 사용된 요약 정보도 함께 제거된다.
③ [부분합]을 실행하면 각 정보 행 그룹의 바로 아래나 위에 요약 행이 삽입되고, 개요가 자동으로 만들어진다.
④ 그룹화하여 요약하려는 데이터 목록이 있는 경우 데이터에 최대 8개 수준의 개요를 설정할 수 있으며 한 수준은 각 그룹에 해당한다.

그룹별로 요약된 데이터에서 [개요 지우기]를 실행하면 설정된 개요 기호가 지워지지만 개요 설정에 사용된 요약 정보는 제거되지 않음

02 다음 그림과 같이 [B2:B5] 영역에 데이터 유효성 검사를 설정하였을 때 입력할 수 없는 값은?

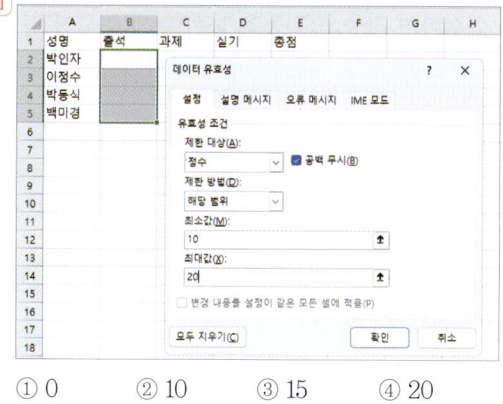

① 0 ② 10 ③ 15 ④ 20

최소값이 10, 최대값이 20까지인 정수이므로 0은 입력할 수 없음

03 다음 중 아래와 같이 왼쪽 그림의 [B2:B5] 영역에 [텍스트 나누기]를 실행하여 오른쪽 그림과 같이 소속이 분리되도록 실행하는 과정으로 옳지 않은 것은?

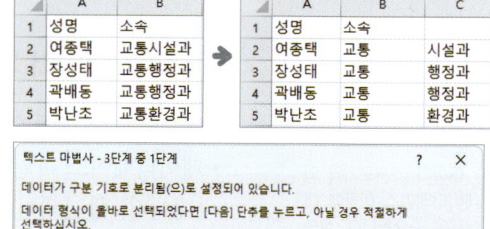

① 텍스트 마법사 2단계의 데이터 미리 보기에서 분할하려는 위치를 클릭하여 구분선을 넣는다.
② 분할하려는 행과 열에 삽입 가능한 구분선의 개수에는 제한이 없다.
③ 구분선을 삭제하려면 구분선을 마우스로 두 번 클릭한다.
④ 구분선을 옮기려면 선을 마우스로 클릭한 상태에서 드래그한다.

텍스트 마법사 2단계에서 각 필드의 너비(열 구분선)를 지정, 화살표가 있는 선에서 열이 나누어지며 행 단위의 구분선은 지원되지 않음

오답 피하기

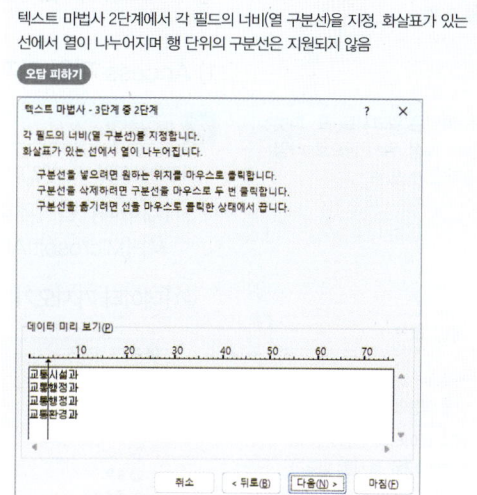

SECTION 04 데이터 가져오기

빈출 태그 외부 데이터 가져오기

01 외부 데이터 가져오기와 외부 데이터베이스 이용 25년 상시, 21년 상시, 20년 7월, …

- 엑셀에서 외부에 있는 쿼리 파일을 실행할 수 있다.
- 데이터베이스 파일은 새로운 쿼리를 만들어서 가져올 수 있다.
- [데이터] 탭–[데이터 가져오기 및 변환] 그룹에서 외부 데이터를 가져올 수 있다.

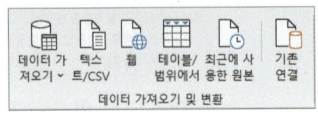

- 외부 데이터에 연결하면 매번 데이터를 복사할 필요가 없으며 주기적인 데이터의 분석이 가능하다.
- 연결을 제거하더라도 현재 통합 문서의 외부에서 연결하여 가져 온 데이터는 함께 제거되지 않는다.
- [속성] 단추를 클릭한 다음 [연결 속성] 대화 상자에서 통합 문서의 데이터 원본이 업데이트될 때마다 시간 간격을 설정하여 자동으로 통합 문서를 새로 고치거나 업데이트할 수 있다.

1) Access 파일 가져오기

🏛 **따라하기 TIP**

따라하기 파일 • Part02_Chapter04_액세스파일.xlsx, 매장관리.accdb

① [데이터] 탭–[데이터 가져오기 및 변환] 그룹–[데이터 가져오기]–[데이터베이스에서]–[Microsoft Access 데이터베이스에서]를 클릭한다.

② [데이터 가져오기] 대화 상자가 나타나면 Access 파일을 선택하고 [가져오기]를 클릭한다.

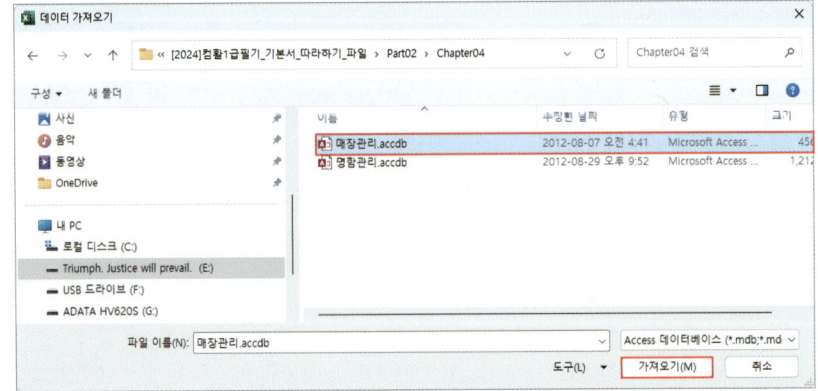

기적의 TIP

외부 데이터 가져오기와 외부 데이터베이스 이용에 대한 내용은 중요합니다. 실습을 통해 반드시 익혀 두세요.

외부 데이터에서 가져올 수 있는 확장자
- 쿼리 파일 : .dqy
- 텍스트 파일 : .txt
- 데이터베이스 파일 : .mdb, .accdb

쿼리를 백그라운드로 실행하면 쿼리가 실행되는 동안에도 Excel을 사용할 수 있으나 OLAP(온라인 분석 처리) 쿼리는 백그라운드로 실행할 수 없음

액세스 파일은 워크시트, 표, 피벗 테이블의 특정 위치 등으로 다양하게 불러올 수 있음

개념 체크

1 엑셀에서 외부에 있는 쿼리 파일을 실행할 수 있다. (o, ×)
2 외부 데이터에 연결하면 매번 데이터를 복사할 필요가 없으며 주기적인 데이터의 분석이 가능하다. (o, ×)
3 연결을 제거하면 현재 통합 문서의 외부에서 연결하여 가져온 데이터도 함께 제거된다. (o, ×)

1 ○ 2 ○ 3 ×

③ [탐색 창] 대화 상자가 표시되면 가져올 테이블을 선택하고 [로드]를 클릭한다.

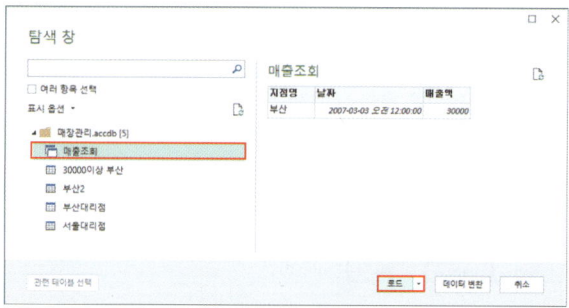

④ 표 형식으로 Access 파일이 표시된다.

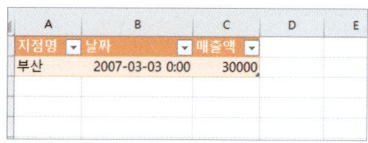

2) 새 쿼리 만들기 09년 4월

🏠 **따라하기 TIP**

따라하기 파일 • Part02_Chapter04_새쿼리.xlsx, 명함관리.accdb

외부 데이터베이스 파일의 쿼리를 작성하여 쿼리에 설정한 조건에 맞게 데이터를 가져와 보자.

① [데이터] 탭-[데이터 가져오기 및 변환] 그룹-[데이터 가져오기]-[레거시 마법사]-[Microsoft Query에서(M)(레거시)]를 선택한다.

② [MS Access Database*]를 선택하고 [확인]을 클릭한다.

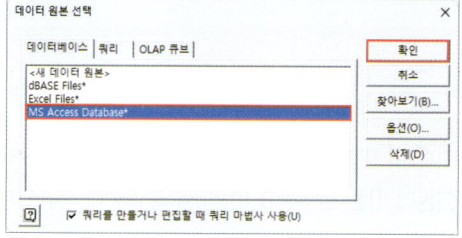

③ 데이터베이스 파일을 선택하고 [확인]을 클릭한다.

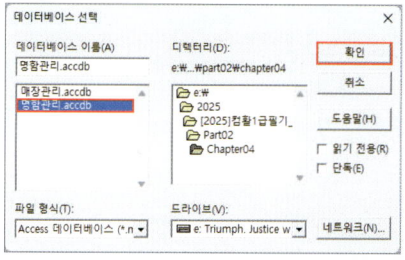

기타 원본의 Microsoft Query 기능을 이용하여 가져올 데이터의 추출 조건을 설정하면 외부 데이터베이스에서 원하는 데이터만 가져올 수 있음

[데이터] 탭-[데이터 가져오기 및 변환] 그룹-[데이터 가져오기]-[레거시 마법사]-[Microsoft Query에서(M)(레거시)]] 메뉴 표시 방법
[파일] 탭-[옵션]-[데이터]-'레거시 데이터 가져오기 마법사 표시'에서 'Microsoft Query에서(M)(레거시)'를 클릭하여 설정한 후 엑셀을 종료하고 다시 실행함

외부 데이터베이스에서 작성된 데이터를 읽는 방법
- Microsoft Query를 사용함
- Microsoft Visual Basic을 사용함
- 웹 쿼리를 사용함

④ 쿼리에 포함시킬 데이터 열을 지정하고 [다음]을 클릭한다.

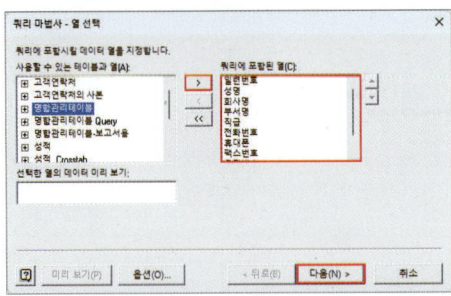

⑤ 데이터 필터를 위해 행에 대한 조건을 설정하고 [다음]을 클릭한다. 모든 데이터를 가져오는 경우 필터 조건을 주지 않는다.

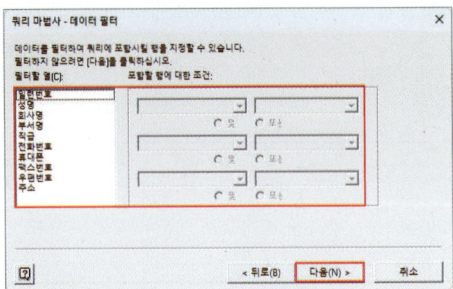

⑥ 정렬 순서를 지정하고 [다음]을 클릭한다.

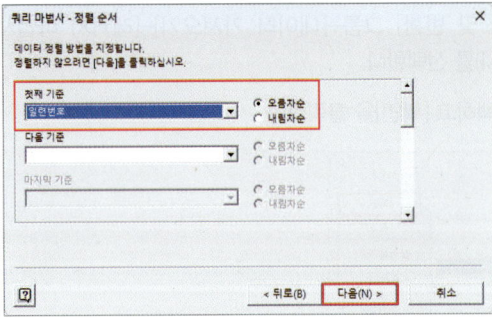

⑦ [Microsoft Office Excel로 데이터 되돌리기]를 선택하고 [마침]을 클릭한다. 쿼리 저장 시 확장자는 *.dqy이다.

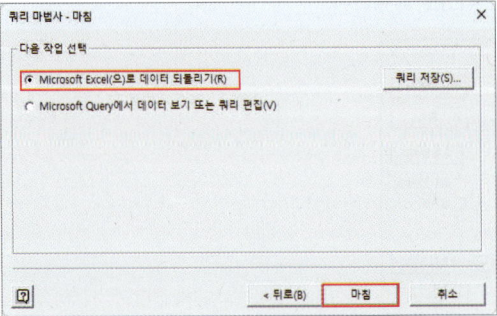

⑧ 데이터가 들어갈 위치를 선택하고 [확인]을 클릭한다.

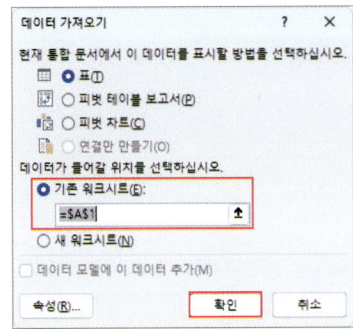

⑨ 설정한 조건에 맞게 데이터가 나타난다.

3) 데이터 업데이트

[테이블 디자인] 탭–[외부 표 데이터] 그룹–[새로 고침]을 실행하면 원본 데이터베이스 파일에 갱신할 자료가 있는지 확인하고 파일을 업데이트해 준다.

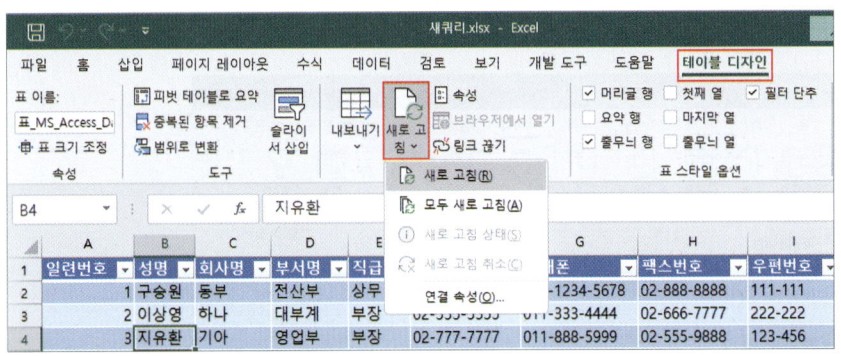

- Alt + F5 : 새로 고침
- Ctrl + Alt + F5 : 모두 새로 고침

4) 외부 데이터 속성 14년 10월, 10년 3월

- 외부 데이터 범위의 한 셀을 선택하고 [데이터]–[쿼리 및 연결]–[속성]을 선택하여 [외부 데이터 속성] 대화 상자를 실행한다.
- [외부 데이터 속성] 대화 상자에서는 행 번호 포함, 열 정렬/필터/레이아웃 유지, 열 너비 조정, 셀 서식 유지를 설정할 수 있다.

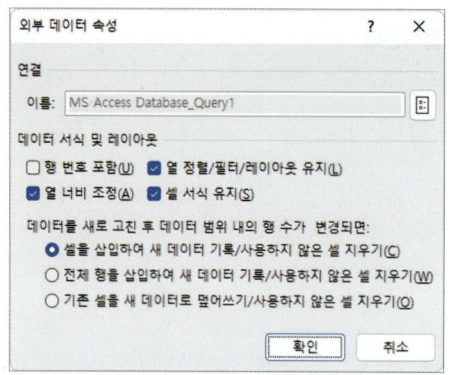

02 데이터 가져오기 및 변환(파워 쿼리)

- 파워 쿼리는 Excel 2021에서는 [데이터 가져오기 및 변환]이라고 한다.
- 파워 쿼리는 액세스(Access)에서 데이터를 검색, 추출하는 기능인 쿼리(Query)를 엑셀에서 사용 가능하도록 만든 기능이다.
- 파워 쿼리를 이용하여 광범위한 원본에서 데이터를 찾고 연결할 수 있다.
- 데이터 분석 요구 사항을 충족하도록 데이터 원본을 병합 및 형성하거나 파워 피벗 및 Power BI 같은 도구로 추가 분석 및 모델링을 할 수 있도록 한다.
- 데이터 가져오기 및 변환(파워 쿼리)을 사용하면 데이터 원본에 연결하고 결합한 다음 분석 요구에 맞게 구체화할 수 있다.
- Excel에는 빠르고 간편한 데이터 수집 및 셰이핑 기능을 제공한다.
- 시트나 파일의 통합, 테이블의 조인(Join) 작업 등을 쉽고 빠르게 수행할 수 있다.

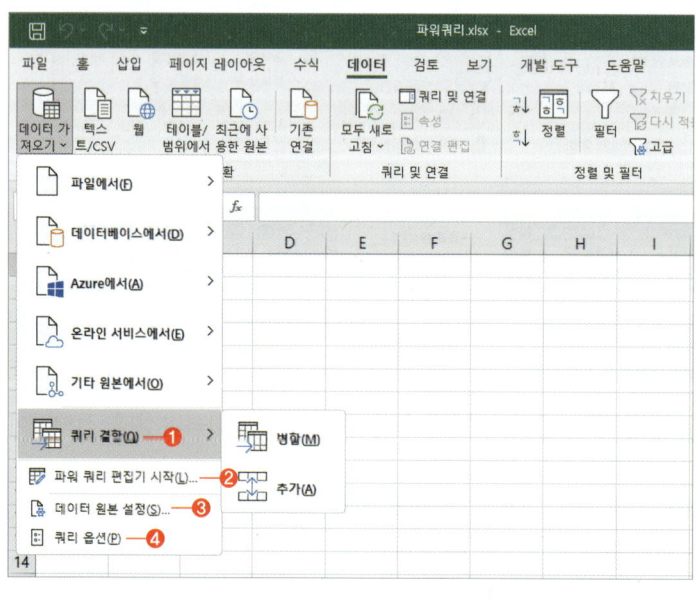

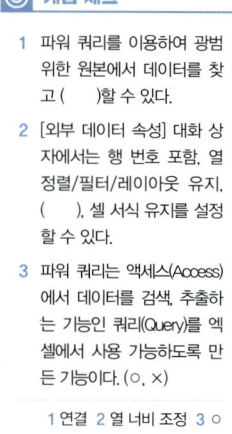

개념 체크

1. 파워 쿼리를 이용하여 광범위한 원본에서 데이터를 찾고 (　　)할 수 있다.
2. [외부 데이터 속성] 대화 상자에서는 행 번호 포함, 열 정렬/필터/레이아웃 유지, (　　), 셀 서식 유지를 설정할 수 있다.
3. 파워 쿼리는 액세스(Access)에서 데이터를 검색, 추출하는 기능인 쿼리(Query)를 엑셀에서 사용 가능하도록 만든 기능이다. (o, x)

1 연결 2 열 너비 조정 3 o

- [데이터] 탭-[데이터 가져오기 및 변환] 그룹-[데이터 가져오기]를 클릭한 다음 [파일에서], [데이터베이스에서], [기타 원본에서]를 이용하여 다양한 외부 데이터를 가져올 수 있다.
- [데이터 가져오기]는 여러 원본의 데이터를 쉽게 검색하고 연결하여 결합한 다음 필요에 따라 구성하고 개선할 수 있다.

❶ 쿼리 결합	병합 : 통합 문서에서 두 개의 쿼리를 병합(Merge)함
	추가 : 통합 문서에서 쿼리를 추가함
❷ 파워 쿼리 편집기 시작	쿼리를 만들거나 수정함
❸ 데이터 원본 설정	데이터 원본에 대한 설정을 관리함
❹ 쿼리 옵션	쿼리 옵션을 관리함

- 쿼리를 통해 사용 가능한 다양한 데이터 원본의 데이터에 연결하고, 미리 보고 변환할 수 있음
- Excel에서 변환된 데이터를 테이블 또는 기본 제공 데이터 모델로 로드하고 나중에 해당 데이터를 새로 고칠 수 있음
- 필요할 때마다 쿼리를 편집하고 공유할 수도 있음

따라하기 TIP

따라하기 파일 • Part02_Chapter04_파워쿼리.xlsx, 재고현황.xlsx

재고현황.xlsx 파일의 '1월' 시트와 '2월' 시트를 하나로 병합하려고 한다. '2월' 시트에 입력되어 있는 물품번호에 해당하는 1월, 2월 재고량만 병합해 보자.

① '파워쿼리.xlsx 파일'에서 [데이터] 탭-[데이터 가져오기 및 변환] 그룹-[데이터 가져오기]-[파일에서]-[통합 문서에서]를 클릭한다.

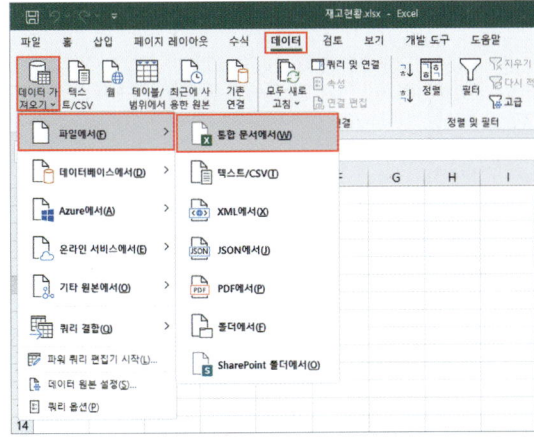

② [데이터 가져오기] 대화 상자에서 '재고현황.xlsx' 파일을 선택하고 [가져오기]를 클릭한다.

③ [탐색 창]에서 [여러 항목 선택]의 확인란을 클릭하여 체크 설정한 다음 '1월', '2월'시트의 확인란도 클릭하여 체크를 설정한다. 아래의 [로드]에서 [다음으로 로드...]를 클릭한다.

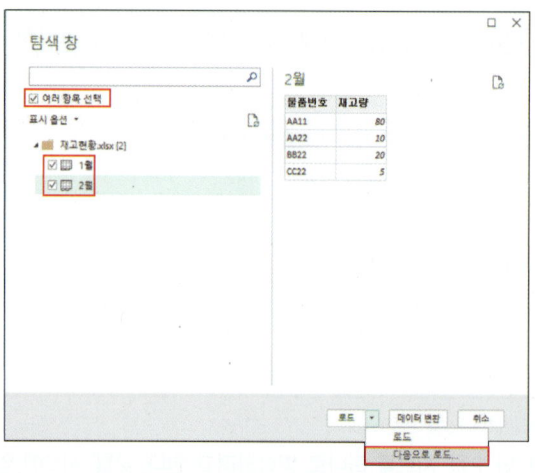

④ [데이터 가져오기] 창이 열리면 쿼리만 생성하기 위해 '연결만 만들기' 옵션을 클릭하여 선택하고 [확인]을 클릭한다.

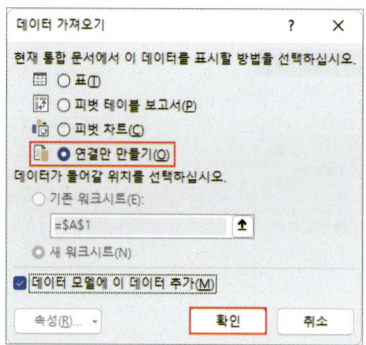

⑤ [쿼리 및 연결] 작업 창에 '1월', '2월' 시트에 연결된 쿼리가 표시된다. 쿼리 위에 마우스 포인터를 위치시키면 해당 시트의 내용을 미리 보기 창을 통해 확인할 수 있다.

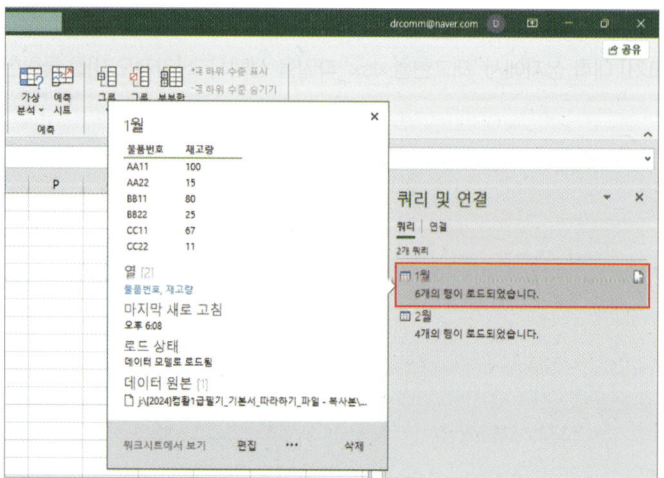

⑥ [데이터] 탭–[데이터 가져오기 및 변환] 그룹–[데이터 가져오기]–[쿼리 결합]–[병합]을 클릭하여 실행한다.

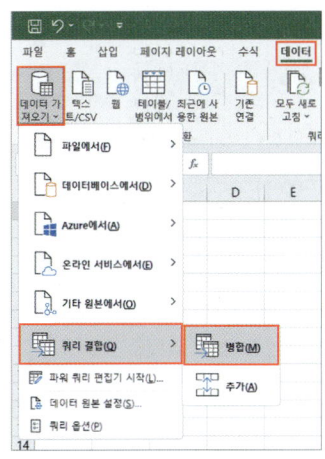

⑦ [병합] 창에서 상단의 ▢를 클릭, 콤보상자에서 '1월' 쿼리를 선택한 다음 키 값을 갖는 '물품번호' 열을 클릭하여 선택한다.

⑧ 같은 방법으로 하단의 ▢를 클릭, 콤보상자에서 '2월' 쿼리를 선택한 다음 키 값을 갖는 '물품번호' 열을 클릭하여 선택한다.

⑨ '2월' 시트에 입력되어 있는 물품번호에 해당하는 1월, 2월 재고량만 병합하기 위해 [조인 종류]에서 '내부(일치하는 행만)'를 클릭하여 선택한 다음 [확인]을 클릭한다.

조인 종류

① 왼쪽 외부

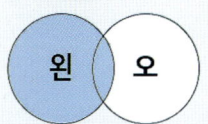

▲ 왼쪽 모두, 오른쪽 일치하는 행 (왼∪(왼∩오))

② 오른쪽 외부

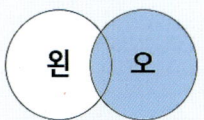

▲ 왼쪽 일치하는 행, 오른쪽 모두 ((왼∩오)∪오)

③ 완전 외부

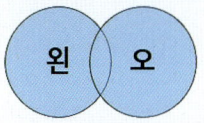

▲ 왼쪽 모두, 오른쪽 모두(합집합 : 왼∪오)

④ 내부

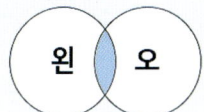

▲ 왼쪽과 오른쪽 일치하는 행(교집합 : 왼∩오)

⑤ 왼쪽 앤티

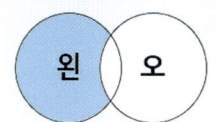

▲ 왼쪽 행만(차집합 : 왼-오)

⑥ 오른쪽 앤티

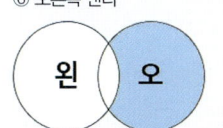

▲ 오른쪽 행만(차집합 : 오-왼)

⑩ [Power Query]에서 추가된 '2월' 열의 [확장] 단추(⇔)를 클릭, '(모든 열 선택)'을 클릭하여 체크 해제하고 '재고량'만 클릭하여 체크 설정한 다음 [확인]을 클릭한다.

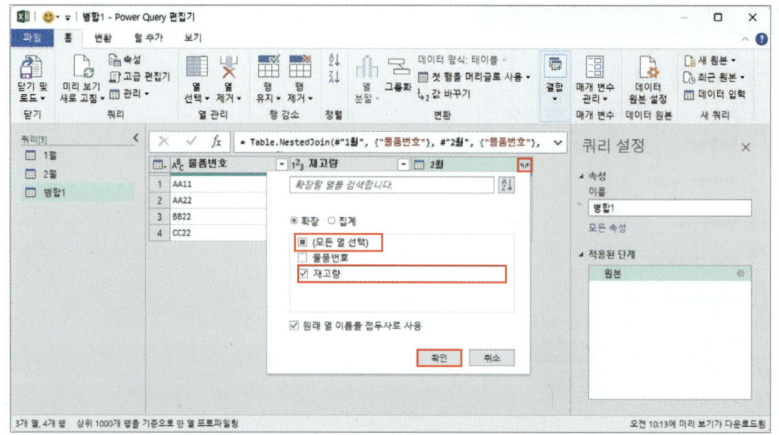

⑪ [홈] 탭-[닫기] 그룹-[닫기 및 로드]에서 [닫기 및 로드]를 클릭한다.

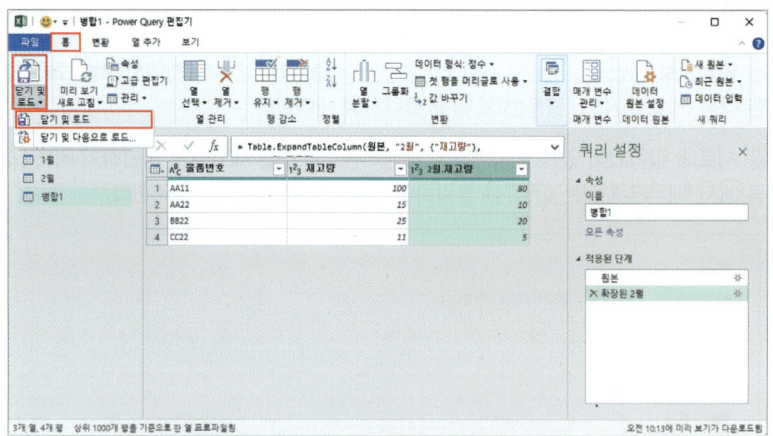

⑫ 엑셀의 새로운 시트에 병합된 데이터가 반환되어 나타난다.

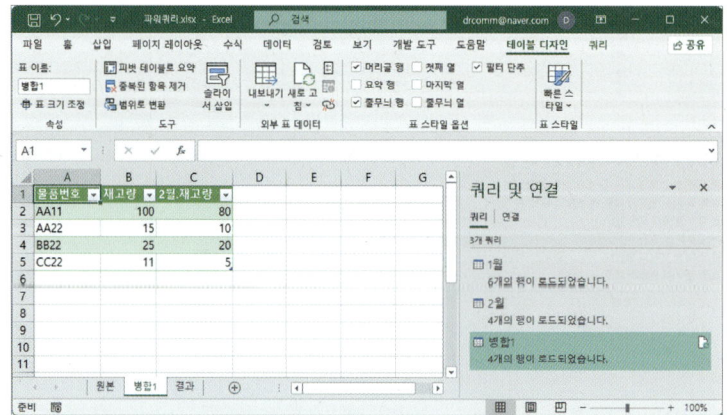

이론을 확인하는 기출문제

01 다음 중 Access 외부 데이터를 Excel로 가져와 사용하는 방법에 대한 설명으로 옳지 않은 것은?

① 현재 통합 문서에 표, 피벗 테이블 보고서, 피벗 차트 및 피벗 테이블 보고서 중 선택하여 가져올 수 있다.
② [데이터 가져오기] 대화 상자에서 데이터가 들어갈 위치는 새 워크시트의 [A1] 셀이 기본으로 선택되지 않는다.
③ 파일을 열거나 다른 작업을 하면서, 또는 일정한 간격으로 데이터에 대한 새로 고침을 실행할 수 있다.
④ [통합 문서 연결] 대화 상자에 열로 표시되는 연결 이름과 설명을 변경할 수 있다.

[데이터 가져오기] 대화 상자에서 데이터가 들어갈 위치는 [A1] 셀이 기본적으로 선택됨

02 다음 중 [데이터 가져오기 및 변환] 기능에 대한 설명으로 옳지 않은 것은?

① 텍스트 파일은 구분 기호나 일정한 너비로 분리된 모든 열을 엑셀로 가져오기 때문에 일부 열만 가져올 수는 없다.
② 액세스 파일은 표, 피벗 테이블, 워크시트의 특정 위치 등으로 다양하게 불러올 수 있다.
③ 웹상의 데이터 중 일부를 워크시트로 가져오고, 새로 고침 기능을 이용하여 최신 데이터로 업데이트할 수 있다.
④ 기타 원본의 Microsoft Query 기능을 이용하면 외부 데이터베이스에서 가져올 데이터의 추출 조건을 설정하여 원하는 데이터만 가져올 수 있다.

텍스트 마법사 3단계에서 '열 가져오지 않음(건너뜀)'을 이용하여 일부 열만 가져올 수 있음

03 다음 중 [데이터]-[데이터 가져오기 및 변환] 그룹을 통하여 외부 데이터를 읽어 들이는 방법에 대한 설명으로 옳지 않은 것은?

① 텍스트 파일에 있는 모든 데이터를 읽어들일 경우는 쿼리를 만들어야 외부 데이터 범위로 가져올 수 있다.
② 외부 데이터베이스 외에 Microsoft Excel 목록이나 텍스트 파일에 저장된 데이터를 가져올 수 있다.
③ Excel 목록이나 관계형 데이터베이스에서 데이터를 읽어들일 경우 여러 테이블로 구성된 데이터를 가져올 수 있다.
④ 웹 쿼리를 사용하여 인트라넷 또는 인터넷에 저장된 데이터를 가져올 수 있다.

텍스트 파일에 있는 모든 데이터를 읽어들일 경우는 쿼리를 만들지 않아도 외부 데이터 범위로 가져올 수 있음

04 다음 중 [데이터]-[데이터 가져오기 및 변환]에서 가져올 수 없는 파일 형식은?

① Access(*.mdb)
② 웹(*.htm)
③ XML 데이터(*.xml)
④ MS-Word(*.doc)

MS-Word(*.doc)는 워드프로세서 문서로 외부 데이터 가져오기를 할 수 없음

SECTION 05

부분합/데이터 표/데이터 통합

출제빈도 상 중 하
반복학습 1 2 3

빈출 태그 부분합 · 데이터 표 · 데이터 통합

01 부분합
25년 상시, 24년 상시, 23년 상시, 22년 상시, 21년 상시, 19년 3월/8월, 15년 10월, 14년 6월/10월, 13년 6월, …

부분에 해당하는 것을 미리 정렬해주어야 함

- 워크시트에 있는 데이터를 일정한 기준으로 요약하여 통계 처리를 수행한다.
- 기준이 될 필드(열)로 먼저 정렬(오름차순 또는 내림차순)해야 한다.
- [데이터] 탭–[개요] 그룹–[부분합]을 실행한다.
- 부분합이 실행되면 개요 기호가 표시되므로 각 수준의 데이터를 편리하게 볼 수 있으며, 부분합이 적용된 각 그룹을 페이지로 분리할 수 있다.

🏠 따라하기 TIP

기적의 TIP

부분합은 [부분합] 대화 상자의 구성 요소에 대한 이해와 숙지가 중요합니다. 아울러 정렬 작업이 선행되어야 하는 점에 유의하세요.

따라하기 파일 • Part02_Chapter04_부분합.xlsx

'전공'을 기준으로 '중간고사', '기말고사', '출석'의 합계를 계산해 보자.

① 전공을 기준으로 정렬한 다음 [데이터] 탭–[개요] 그룹–[부분합]을 선택한다.

② 그룹화할 항목은 '전공', 사용할 함수는 '합계', 부분합 계산 항목은 '중간고사', '기말고사', '출석'으로 지정한 다음 [확인]을 클릭한다.

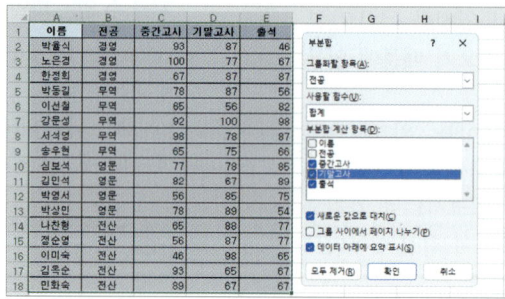

③ 다음과 같이 부분합 실행 결과가 나타난다. 부분합이 구해지면 왼쪽에 부분합 결과를 제어할 수 있는 개요 기호가 표시된다.

총합계 행의 계산 방법
부분합에서 총합계 행은 부분합 행으로 계산되는 것이 아니라 목록의 데이터로 계산됨

개념 체크

1 워크시트에 있는 데이터를 일정한 기준으로 요약하여 통계 처리를 수행하는 기능을 (　　)이라고 한다.

2 부분합을 사용하기 위해선 기준이 될 필드(열)로 먼저 (　　)해야 한다.

1 부분합 2 정렬

1) [부분합] 대화 상자 22년 상시, 12년 6월

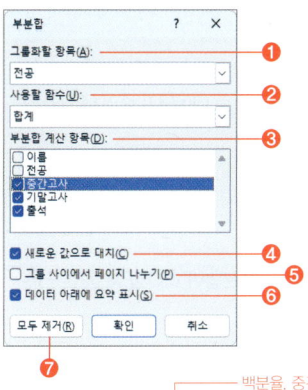

※ 백분율, 중간값, 순위는 사용할 수 없으며 사용자 지정 계산과 수식도 만들 수 없음

❶ 그룹화할 항목	• 부분합을 계산할 기준 필드 • 미리 오름차순 또는 내림차순으로 정렬되어 있어야 함
❷ 사용할 함수	합계, 개수, 평균, 최대값, 최소값, 곱, 숫자 개수, 표본 표준 편차, 표준 편차, 표본 분산, 분산 등 계산 항목에서 선택한 필드를 계산할 방식을 지정함
❸ 부분합 계산 항목	• 그룹화할 항목에서 지정한 필드별로 부분합을 계산하여 표시할 항목을 선택 • 두 개 이상의 필드를 선택할 수 있음
❹ 새로운 값으로 대치	• 이미 부분합이 작성된 목록에서 이전 부분합을 지우고 현재 설정대로 새로운 부분합을 작성하여 삽입함 • 여러 함수를 이용하여 부분합을 만들 경우 이 항목의 선택을 해제하고 만들어야 함
❺ 그룹 사이에서 페이지 나누기	그룹별로 부분합 내용을 표시한 후 페이지 구분선을 삽입함
❻ 데이터 아래에 요약 표시	• 부분합의 내용을 세부 데이터 아래에 표시함 • 이 항목의 선택을 취소하면 부분합 내용을 먼저 표시하고, 세부 데이터를 아래에 표시함
❼ 모두 제거	목록에 삽입된 부분합이 삭제되고, 원래 데이터 상태로 돌아감

2) 중첩 부분합

- 동일한 데이터베이스에 대하여 두 개 이상의 부분합을 작성하는 것을 의미한다.
- 첫 번째 부분합을 작성한 후 다시 [데이터] 탭-[개요] 그룹-[부분합]을 실행하고 두 번째 부분합에 대한 옵션을 설정. 이때 '새로운 값으로 대치' 항목의 선택을 취소시켜야 한다.

개요 기호 숨기기

[파일] 탭-[옵션]-[Excel 옵션] 메뉴를 선택한 후 [고급] 탭의 [이 워크시트의 표시 옵션] 항목에서 "윤곽을 설정한 경우 윤곽 기호 표시" 확인란의 체크를 취소하면 개요 기호가 표시되지 않음

 개념 체크

1. 부분합을 계산할 기준 필드를 선택할 때, 미리 (   ) 또는 (   )으로 정렬되어 있어야 한다.

2. 부분합 대화 상자에서 여러 함수를 이용하여 부분합을 만들 경우, (   ) 항목의 선택을 해제하고 만들어야 한다.

3. 부분합 대화 상자에서 '그룹 사이에서 페이지 나누기'를 선택하면, 그룹별로 부분합 내용을 표시한 후 페이지 구분선을 삽입한다. (o, ×)

1 오름차순, 내림차순
2 새로운 값으로 대치 3 o

➕ 더 알기 TIP

개요 단추 사용 방법

- 부분합을 만들면 워크시트 왼쪽에 자동으로 개요 기호가 표시된다.
- 개요 단추를 이용하여 하위 데이터의 표시를 취소하거나 다시 나타낼 수 있다.
- 하위 수준의 데이터를 숨기려면 데이터 그룹에 대한 ⊟ 단추를 클릭하고, 하위 수준 데이터가 숨겨지면 ⊟ 단추는 ⊞ 단추로 바뀌게 된다.
- ⊞ 단추를 클릭하면 해당 데이터 그룹의 하위 수준 데이터가 다시 표시된다.
- 데이터 수준별로 한꺼번에 하위 데이터를 숨기거나 나타내려면 개요 기호 위쪽에 표시되는 수준 단추를 클릭한다.
- 수준 단추의 숫자가 작을수록 큰 그룹을 의미한다.
- 예를 들어 1번 단추를 클릭하면 총합계 행만 표시하고, 나머지는 숨겨지며, 부분합이 하나일 때 3번 단추를 클릭하면 모든 데이터를 표시한다.

02 데이터 표
_{25년 상시, 24년 상시, 23년 상시, 22년 상시, 18년 9월, 15년 3월/6월, 13년 6월/10월, 12년 3월, 11년 10월, …}

> **기적의 TIP**
>
> 데이터 표는 반드시 실습을 통해서 기능을 이해하셔야 합니다. 이론적으로는 이해되지 않는 부분이 있을 수 있으므로 반드시 실습을 통해 자기 것으로 만들어 시험에 대비하세요.

- 워크시트에서 특정 데이터를 변화시켜 수식의 결과가 어떻게 변하는지 보여 주는 셀 범위를 데이터 표라고 한다.
- 데이터 표 범위를 지정한 다음 [데이터] 탭-[예측] 그룹-[가상 분석]을 클릭한 후 [데이터 표] 메뉴를 실행하고, '행 입력 셀'과 '열 입력 셀'을 지정하여 작성한다.
- 데이터 표의 수식은 데이터 표를 작성하기 위해 필요한 변수가 하나인지 두 개인지에 따라 수식의 작성 위치가 달라진다.
- 변수가 열 또는 행 방향으로 한쪽에만 입력되어 있을 경우 수식은 표 범위의 두 번째 행이나 두 번째 열에 입력한다.

> **행 입력 셀과 열 입력 셀**
>
> - 변동 데이터가 같은 행에 입력되어 있을 때 행 입력 셀을 지정함
> - 변동 데이터가 같은 열에 입력되어 있을 때 열 입력 셀을 지정함
> - 행 입력 셀과 열 입력 셀은 수식이 참조하고 있는 셀이어야 함

	data1	data2
data1	수식1	수식2
data2		
data3		
data4		

📗 수식1 : =A1*10%, 수식2 : =A1*50%

- 변수가 열과 행 방향으로 양쪽에 입력되어 있을 경우 수식은 표가 시작되는 셀에 입력한다.

수식	data1	data2	data3	data4
data1				
data2				
data3				
data4				

📗 수식 : =A1*A2

따라하기 TIP

따라하기 파일 • Part02_Chapter04_데이터표01.xlsx

변수가 한 개인 경우 데이터의 표를 이용하여 금액의 할인율을 구해 보자.

① 아래의 시트처럼 데이터를 입력한 후 [B2] 셀에 『=A1*10%』 수식을 입력한다.

	A	B	C	D
1		10%할인	50%할인	
2	금액	0		
3	100,000			
4	200,000			
5	300,000			

② [C2] 셀에 『=A1*50%』 수식을 입력한다.

	A	B	C	D
1		10%할인	50%할인	
2	금액	0	0	
3	100,000			
4	200,000			
5	300,000			
6				

③ [A2:C5] 범위를 설정한 후 [데이터] 탭–[예측] 그룹–[가상 분석]을 클릭한 후 [데이터 표]를 클릭한다.

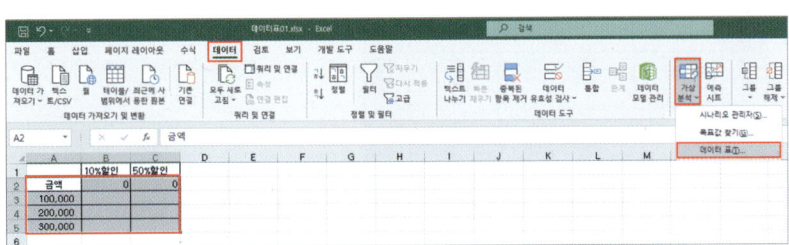

④ [데이터 표] 대화 상자의 [열 입력 셀]에 『A1』을 입력하고 [확인]을 클릭한다.

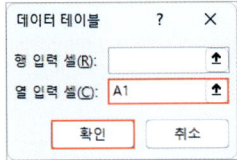

⑤ 금액별 할인 금액이 계산되어 나타난다.

	A	B	C	D
1		10%할인	50%할인	
2	금액	0	0	
3	100,000	10000	50000	
4	200,000	20000	100000	
5	300,000	30000	150000	
6				

데이터 표의 특징
- 데이터 표는 복잡한 형태의 상대 참조, 혼합 참조 수식을 보다 편리하게 작성할 수 있음
- 데이터 표는 배열 수식을 이용하여 한 번에 여러 셀에 데이터를 입력하므로, 수식이 입력될 범위를 설정한 후 데이터 표 기능을 실행함
- 데이터 표 기능을 통해 입력된 셀의 일부분만 수정하거나 삭제할 수 없음(데이터 표 범위의 전체를 수정해야 함)

따라하기 TIP

따라하기 파일 • Part02_Chapter04_데이터표02.xlsx

변수가 두 개인 경우 데이터의 표를 이용하여 다음 구구단 표를 작성해 보자.

① 아래의 시트처럼 데이터를 입력한 후 [A3] 셀에 『=A1*A2』 수식을 입력한다.

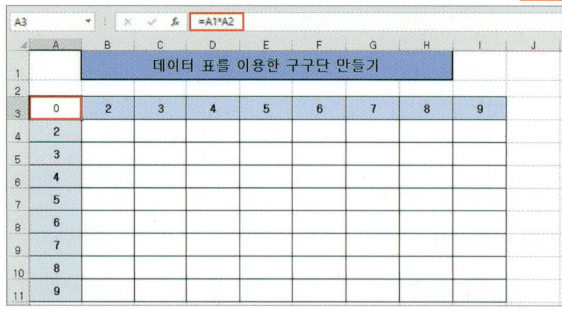

[A3] 셀에 입력할 수식의 셀은 A1, A2처럼 반드시 빈 셀이어야 함. 따라서 시트에서 임의의 빈 셀을 이용해도 됨(예 =A12*A13)

② [A3:I11] 범위를 설정한 후 [데이터] 탭-[예측] 그룹-[가상 분석]을 클릭한 후 [데이터 표]를 실행한다.

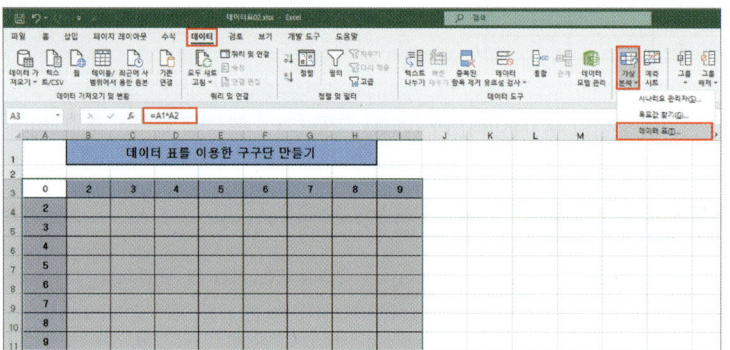

각각의 변수를 수식에 사용된 셀에 값을 대입시켜 계산해 주는 기능임

③ [데이터 표] 대화 상자의 [행 입력 셀]에 『A1』, [열 입력 셀]에 『A2』를 입력하고 [확인]을 클릭한다.

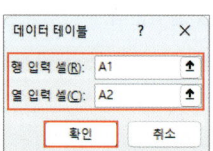

④ 구구단 표가 작성되어 나타난다.

A	B	C	D	E	F	G	H	I	J
			데이터 표를 이용한 구구단 만들기						
0	2	3	4	5	6	7	8	9	
2	4	6	8	10	12	14	16	18	
3	6	9	12	15	18	21	24	27	
4	8	12	16	20	24	28	32	36	
5	10	15	20	25	30	35	40	45	
6	12	18	24	30	36	42	48	54	
7	14	21	28	35	42	49	56	63	
8	16	24	32	40	48	56	64	72	
9	18	27	36	45	54	63	72	81	

03 데이터 통합   25년 상시, 24년 상시, 18년 9월, 15년 3월, 11년 3월, 10년 10월, 09년 2월/7월/10월, 08년 10월, …

- 통합은 하나 이상의 원본 영역을 지정하여 하나의 표로 데이터를 요약한다.
- 데이터 통합은 다른 워크시트나 통합 문서의 데이터를 사용할 수 있으며, 통합할 문서가 열려 있지 않아도 사용할 수 있다.
- 통합표가 시작될 셀에서 [데이터] 탭-[데이터 도구] 그룹-[통합]을 실행한 후 '참조'에서 원본으로 사용할 범위를 지정하고 [추가]를 클릭하면 '모든 참조 영역'에 원본 영역이 추가된다. 필요한 원본 영역을 모두 추가한 다음, 함수와 레이블 사용 여부 등을 지정하고 [확인]을 클릭한다.

> **기적의 TIP**
>
> 데이터 통합의 방법과 대화 상자 중심으로 익혀 두세요.

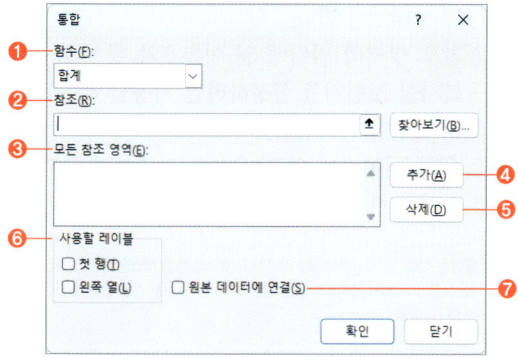

❶ 함수	• 합계, 개수, 평균, 최대값, 최소값, 곱, 숫자 개수, 표본 표준 편차, 표준 편차, 표본 분산, 분산 중에서 선택할 수 있음 • 참조 영역에 대해 하나의 함수만을 적용할 수 있음
❷ 참조	워크시트에서 통합할 데이터 범위를 지정함
❸ 모든 참조 영역	참조에서 범위를 지정하고 [추가]를 클릭하면 여기에 원본 목록이 나타남. 지정한 모든 참조 영역이 표시됨
❹ 추가	'참조'에서 설정한 데이터 범위를 추가함
❺ 삭제	'모든 참조 영역'에서 범위를 선택하여 삭제함
❻ 사용할 레이블	참조 영역으로 설정한 범위에 레이블(열 이름표와 행 이름표)이 포함되어 있는 경우 레이블을 복사해 올 것인지 여부를 선택함 • 첫 행 : 참조된 데이터 범위의 첫 행을 통합된 데이터의 '첫 행(열 이름)'으로 지정함 • 왼쪽 열 : 참조된 데이터 범위의 왼쪽 열을 통합된 데이터의 '첫 열(행 이름)'로 지정함
❼ 원본 데이터에 연결	참조한 원본 영역의 데이터가 변경되면 자동으로 통합 기능을 이용해 구한 계산 결과가 변경되게 할지 여부를 선택함(통합할 데이터가 있는 워크시트와 통합 결과가 작성될 워크시트가 서로 다른 경우만 적용됨)

> **개념 체크**
>
> 1 통합표가 시작될 셀에서 [데이터] 탭-[데이터 도구] 그룹-[(　　)]을 실행한다.
>
> 2 참조 영역에 대해 하나의 (　　)만을 적용할 수 있다.
>
> 3 데이터 통합은 반드시 동일한 워크시트에서만 사용할 수 있다. (○, ×)
>
> 4 '사용할 레이블'에서 첫 행을 선택하면 참조된 데이터 범위의 첫 행을 통합된 데이터의 첫 행(열 이름)으로 지정한다. (○, ×)
>
> 5 데이터 통합은 원본 영역을 지정하여 하나의 그래프로 데이터를 요약한다. (○, ×)
>
> 1 통합 2 함수
> 3 × 4 ○ 5 ×

이론을 확인하는 기출문제

01 다음 중 아래의 부분합 결과를 통해 명확히 알 수 있는 내용으로 옳은 것은?

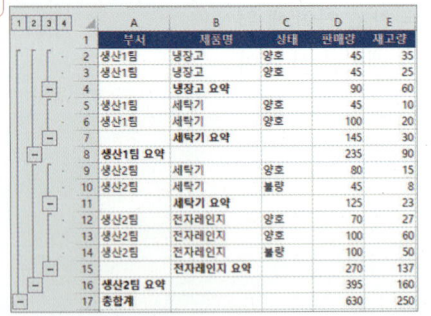

① [부분합] 대화 상자에서 '새로운 값으로 대치' 옵션과 '데이터 아래에 요약 표시' 옵션을 해제하여 실행하였다.
② 부분합으로 설정된 그룹의 개요가 자동 개요로 재설정되었다.
③ 부분합 수행 전 첫 번째 정렬 기준으로 '제품명', 두 번째 정렬 기준으로 '부서', 세 번째 정렬 기준으로 '판매량'을 선택하여 각각 오름차순 정렬을 실행하였다.
④ '부서'를 그룹화할 항목으로 선택하여 '판매량'과 '재고량'의 합계를 계산한 후 '제품명'을 그룹화할 항목으로 선택하여 '판매량'과 '재고량'의 합계를 계산하였다.

'부서'와 '제품명' 두 필드를 기준으로 각각 그룹화했으며 사용할 함수는 '합계', 부분합 계산 항목은 '판매량'과 '재고량'을 선택한 결과임

02 다음 중 부분합 실행 결과에 대한 설명으로 옳지 않은 것은?

	A	B	C	D
1	이름	분기	매출	
2	강호동	상반기	3,303,000	
3	강호동	하반기	3,062,850	
4	강호동 요약		6,365,850	
5	박명수	상반기	1,565,100	
6	박명수	하반기	2,691,100	
7	박명수 요약		4,256,200	
8	유재석	상반기	3,138,950	
9	유재석	하반기	1,948,500	
10	유재석 요약		5,087,450	
11	총합계		15,709,500	

① 상반기와 하반기를 기준으로 항목이 그룹화되었다.
② 매출에 대하여 합계 함수가 사용되었다.
③ 데이터 아래에 요약 표시가 선택되었다.
④ 부분합 개요 기호 지우기가 실행되었다.

이름을 기준으로 항목이 그룹화되어 있음

03 다음 중 데이터 통합에 대한 설명으로 옳지 않은 것은?

① 데이터 통합은 여러 셀 범위를 통합하여 합계, 평균, 최대값, 최소값, 표준 편차 등을 계산할 수 있는 기능이다.
② 서로 다른 통합 문서에 분산 입력된 데이터를 통합하기 위해서는 모든 통합 문서를 열어 놓고 실행해야 한다.
③ 참조 영역의 범위에 열 이름표와 행 이름표를 복사할 것인지를 설정하려면 '사용할 레이블'에서 옵션을 체크한다.
④ '원본 데이터에 연결' 옵션을 선택하면 원본 데이터의 변경이 통합된 데이터에 즉시 반영된다.

통합할 다른 문서가 열려있지 않더라도 데이터 통합 작업을 할 수 있음. [통합] 대화 상자에서 [찾아보기] 단추를 클릭하여 열리지 않은 통합 문서도 불러 올 수 있음

04 다음과 같이 '표' 기능을 사용하여 이자율에 따른 이자액을 산출하려고 한다. 이때 실행하여야 할 작업 내용에 대한 설명으로 옳지 않은 것은?

	A	B	C	D	E	F
1			이자율에 따른 이자액 산출			
2				이자율		
3			0	5%	10%	15%	20%
4	원금	2,000	100	200	300	400
5		3,500	175	350	525	700
6		4,000	200	400	600	800
7		5,500	275	550	825	1,100

① 수식이 입력되어야 하는 [C4] 셀을 선택하고 수식 "=A2*B2"를 입력한다.
② 표의 범위([B3:F7])를 설정한 후 [데이터] 탭-[예측] 그룹-[가상 분석]을 클릭한 후 [데이터 표] 메뉴를 실행한다.
③ [표] 대화 상자가 표시되면 "행 입력 셀"은 [A2] 셀과, "열 입력 셀"은 [B2] 셀을 지정한 후 [확인]을 선택한다.
④ 자동으로 결과가 구해진 셀을 하나 선택해서 살펴보면 "{=TABLE(A2,B2)}"와 같은 배열 수식이 들어 있다.

[B3] 셀에 수식 "=A2*B2"를 입력해야 함

정답 01 ④ 02 ① 03 ② 04 ①

SECTION 06 피벗 테이블

출제빈도 상 중 하
반복학습 1 2 3

빈출 태그 피벗 테이블 • 피벗 차트 • 레이아웃

01 피벗 테이블/피벗 차트 보고서
25년 상시, 24년 상시, 23년 상시, 22년 상시, 21년 상시, 17년 3월, 16년 6월, …

1) 피벗 테이블
- 피벗 테이블은 방대한 양의 자료를 빠르게 요약하여 보여 주는 대화형 테이블이다.
- 엑셀의 레코드 목록, 외부 데이터, 다중 통합 범위, 다른 피벗 테이블을 바탕으로 한 새로운 형태의 통계 분석표를 작성한다.
- 엑셀의 레코드 목록으로 피벗 테이블을 작성할 경우 레코드 목록 내부에 셀 포인터를 놓고 [삽입] 탭–[표] 그룹–[피벗 테이블]을 선택하여 작성한다.
- 작성된 피벗 테이블의 레이아웃은 마우스로 드래그하여 다시 수정할 수 있다.
- 피벗 테이블을 작성할 때 데이터로 외부 데이터나 다중 통합 범위를 지정할 수 있다.
- 피벗 테이블 보고서는 각 필드에 다양한 조건을 지정할 수 있으며, 일정한 그룹별로 데이터 집계가 가능하다.

> **기적의 TIP**
> 피벗 테이블은 개념부터 마법사를 이용하는 단계와 레이아웃 만들기, 도구 모음에 대한 전반적인 이해와 숙지가 필요합니다. 아울러 옵션 부분도 자주 출제되므로 신경써서 공부해 두세요.

2) 피벗 차트
- 피벗 차트 작성 시 자동으로 피벗 테이블도 함께 만들어진다. 즉, 피벗 테이블을 만들지 않고는 피벗 차트를 만들 수 없다.
- 피벗 테이블과 피벗 차트를 함께 만든 후에 작성된 피벗 테이블을 삭제하면 피벗 차트는 일반 차트로 변경된다.

02 피벗 테이블의 구성 요소
23년 상시, 20년 2월, 19년 3월/8월

피벗 테이블은 보고서 필터 필드, 값 필드, 열 레이블, 행 레이블, 값 영역으로 구성된다.

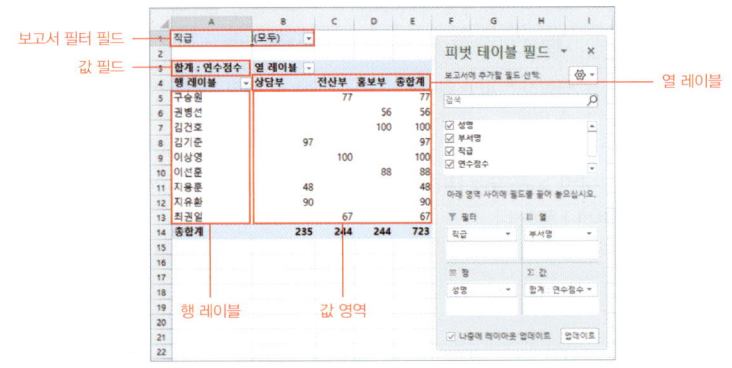

피벗 테이블 보고서는 하위 데이터 집합에 대해 원하는 정보를 강조하기 위해 필터나 정렬, 그룹 및 조건부 서식 등을 적용할 수 있음

- 값 영역의 특정 항목을 마우스로 더블클릭하여 해당 데이터에 대한 세부적인 데이터를 새로운 시트에 표시할 수 있음
- 데이터 그룹 수준을 확장 또는 축소하여 요약 정보만 표시할 수도 있고, 요약된 내용의 세부 데이터를 표시할 수도 있음
- 행을 열로 또는 열을 행으로 이동하여 표시할 수 있음

보고서 필터 필드	• 피벗 테이블 맨 위에 위치하며 페이지별로 나타낼 현재 표시되어 있는 항목으로 필터 조건을 지정할 필드임 • 단일 항목, 여러 항목, 모두를 나타낼 수 있음
값 필드	데이터 원본 목록으로 분석 대상을 나타냄
행 레이블/열 레이블	피벗 테이블에서 행 방향과 열 방향으로 나타내기 위한 제목(레이블)을 나타냄
값 영역	집계된 데이터가 표시되며 합계, 개수, 평균, 최대값, 최소값, 곱, 숫자 개수, 표본 표준 편차, 표준 편차, 표본 분산, 분산 등을 사용할 수 있음

03 피벗 테이블/피벗 차트 작성하기 06년 5월, 05년 10월

따라하기 TIP

- 새 워크시트에 피벗 테이블을 생성하면 보고서 필터의 위치는 [A1] 셀에 표시되고 행 레이블은 두 행 아래인 [A3] 셀에서 시작함
- 피벗 테이블과 연결된 피벗 차트가 있는 경우 피벗 테이블에서 [피벗 테이블 분석] 탭-[동작] 그룹의 [지우기]-[모두 지우기] 명령을 사용하면 피벗 테이블과 피벗 차트의 필드, 서식 및 필터가 제거됨

- 원본의 자료가 변경된 경우 [모두 새로 고침]을 이용하여 모두 피벗 테이블에 반영할 수 있음
- 피벗 테이블을 삭제할 때는 피벗 테이블 전체를 범위로 지정한 다음 Delete 를 눌러 삭제함
- 피벗 테이블의 삽입 위치는 새 워크시트 또는 기존 워크시트에서 시작 위치를 선택할 수 있음

- Alt + F5 : 새로 고침
- Ctrl + Alt + F5 : 모두 새로 고침

따라하기 파일 • Part02_Chapter04_피벗테이블.xlsx

대출상품에 대한 대출기간과 대출가능액을 이용하여 피벗 테이블 보고서를 만들어보자.

① 입력한 [표]안에 마우스를 위치시킨 다음 [삽입] 탭-[표] 그룹-[피벗 테이블]을 실행한다.

② [피벗 테이블 만들기] 대화 상자가 나타나면 분석할 원본 데이터의 위치와 보고서를 넣을 위치를 선택한다.

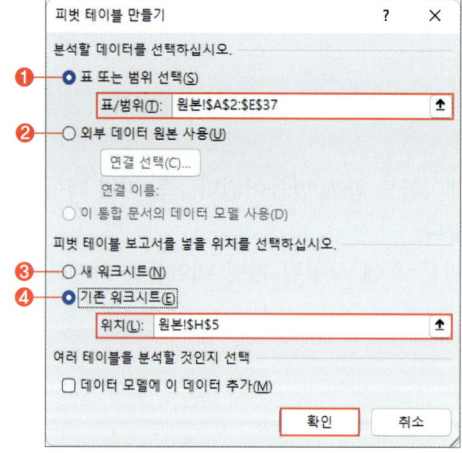

❶ 표 또는 범위 선택	표/범위 상자에 셀 범위나 표 이름 참조를 입력함
❷ 외부 데이터 원본 사용	외부 데이터(엑셀, 데이터베이스, 텍스트 등)인 경우에 사용함
❸ 새 워크시트	새로운 워크시트에 피벗 테이블 보고서를 넣을 수 있음
❹ 기존 워크시트	클릭하면 피벗 테이블 보고서가 위치할 셀의 시작 위치를 지정할 수 있음

③ 피벗 테이블 구조가 나타나면 오른쪽에 [피벗 테이블 필드]가 표시되며 아래 필드로 드래그하여 원하는 위치로 끌어다 놓는다.

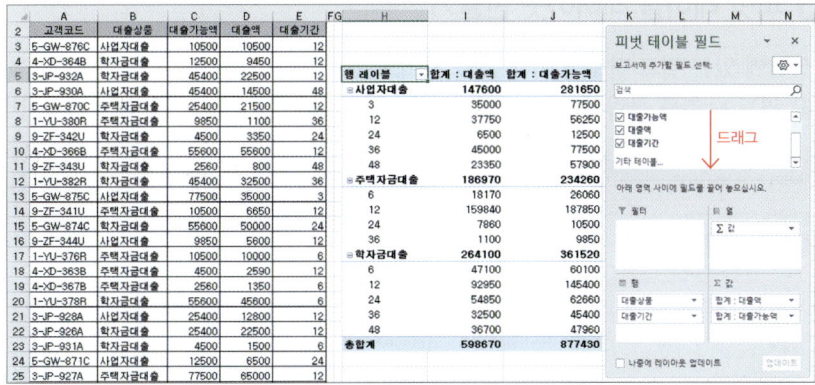

④ 행 레이블, 열 레이블, 값 필드에 각각 필드 단추를 끌어다 놓으면 피벗 테이블이 만들어진다. [피벗 테이블 필드]에 있는 필드 단추를 마우스로 끌어서 필드 위치를 변경할 수 있으며, 필드 단추를 바깥쪽으로 드래그하여 필드를 제거할 수 있다.

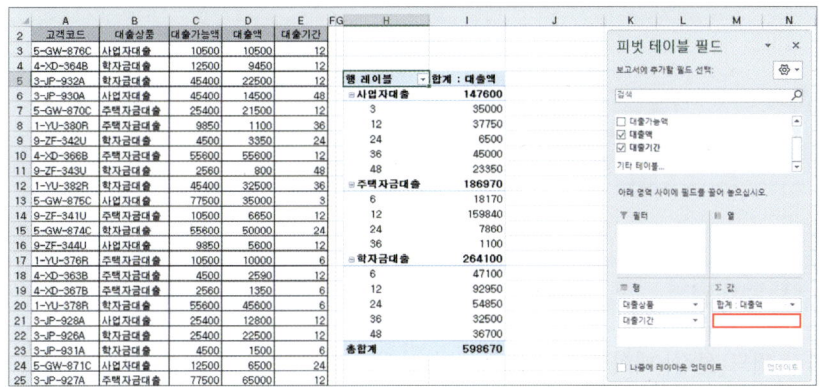

엑셀 목록 사용

피벗 테이블 원본으로 워크시트 데이터를 사용할 경우 첫째 행에 열 레이블이 있고 나머지 행은 각 열에 비슷한 항목들이 들어 있는 목록 형태이어야 하며, 목록에 빈 행이나 열이 없어야 함

> **기적의 TIP**
>
> 피벗 테이블 레이아웃 만들기는 결과를 보여주고 과정을 묻는 유형으로 자주 출제되므로 구조를 정확히 이해하고 넘어가세요.

04 피벗 테이블 레이아웃 만들기 08년 2월/8월, 06년 9월

- 상단에 있는 필드 단추를 아래 영역 사이로 끌어다 놓으면서 구조를 만든다.
- 값 필드 단추를 클릭하여 바로 가기 메뉴가 표시되면 [값 필드 설정]을 클릭한다.

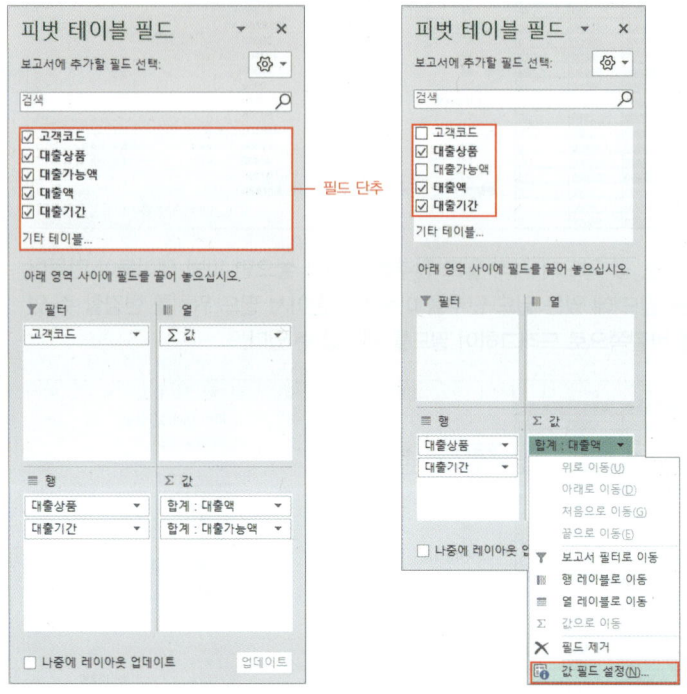

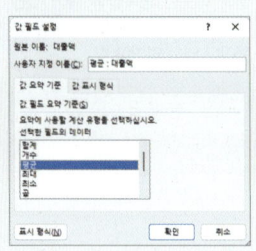

- [값 필드 설정] 대화 상자가 표시되면 선택된 필드의 함수, 이름, 표시 형식을 설정할 수 있다.

05 슬라이서를 이용한 피벗 테이블 분석하기

- 슬라이서(Slicer)의 사전적 의미인 "얇게 베거나 써는 기구 또는 사람"처럼 많은 양의 데이터를 부분적으로 슬라이스(Slice, 조각)하여 데이터를 쉽고 빠르게 필터링할 수 있는 기능을 지원한다.
- 슬라이서는 테이블(표(Ctrl+T 또는 Ctrl+L))이나 피벗 테이블을 필터링할 수 있는 단추를 제공하며, 제공된 여러 단추를 사용하여 원하는 데이터를 쉽고 빠르게 대화식으로 필터링할 수 있다.
- 슬라이서는 빠른 필터링 외에도 현재 필터링 상태를 표시하여 현재 표시되는 항목을 쉽게 이해할 수 있도록 하며 피벗 테이블 보고서의 '보고서 필터' 영역을 사용하는 것보다 데이터 필터링이 효율적이다.

> **개념 체크**
>
> 1 슬라이서는 많은 양의 데이터를 부분적으로 ( )하여 데이터를 쉽고 빠르게 필터링할 수 있는 기능을 지원한다.
>
> 2 슬라이서는 테이블(표)이나 ( ) 테이블을 필터링할 수 있는 단추를 제공한다.
>
> 3 슬라이서를 사용하면 데이터 필터링이 '보고서 필터' 영역을 사용하는 것보다 비효율적이다. (o, ×)
>
> 4 슬라이서는 현재 필터링 상태를 표시하여 사용자가 현재 표시되는 항목을 쉽게 이해할 수 있도록 한다. (o, ×)
>
> 1 슬라이스 2 피벗 3 × 4 o

따라하기 TIP

따라하기 파일 • Part02_Chapter04_슬라이서.xlsx

슬라이서를 사용하여 부서별 필터링 보고서를 작성해 보자.

① 작성된 피벗 테이블 보고서를 선택하고 [피벗 테이블 분석] 탭–[필터] 그룹에서 [슬라이서 삽입]을 클릭하거나 [삽입] 탭–[필터] 그룹–[슬라이서]를 클릭하여 실행한다.

② [슬라이서 삽입] 대화 상자에서 슬라이서를 만들 피벗 테이블 필드(부서명)의 확인란을 선택하고 [확인]을 클릭한다.

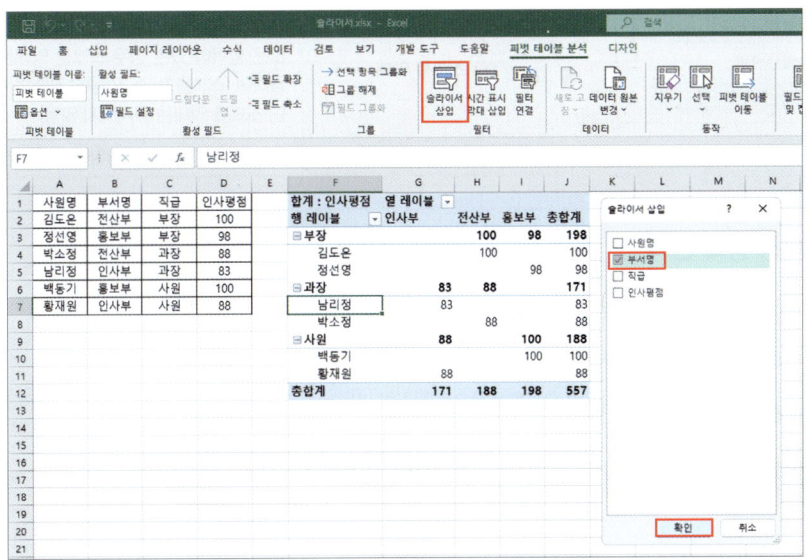

③ [슬라이서 삽입] 대화 상자에서 선택한 부서명(인사부, 전산부, 홍보부)이 슬라이서 대화 상자에 표시된다.

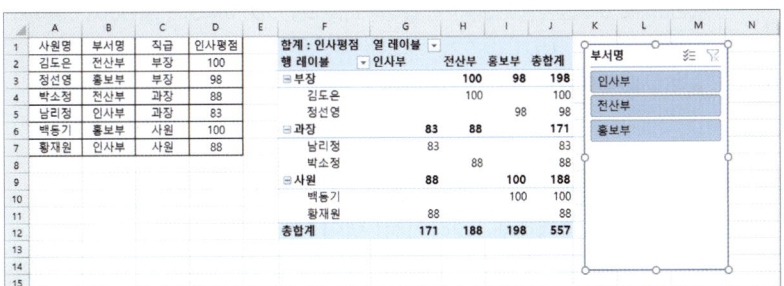

슬라이서 단추를 클릭하면 해당 필터가 연결된 테이블 또는 피벗 테이블에 자동으로 적용됨

④ 슬라이서에서 필터링할 부서명을 클릭하면 해당하는 데이터가 필터링되어 표시된다.

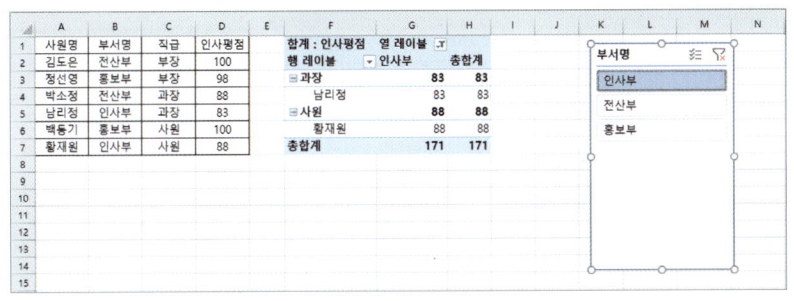

1) 슬라이서 구성 요소

❶ 슬라이서	슬라이서의 항목 범주를 나타냄	
❷ 다중 선택 단추	여러 항목을 선택하기 전에 클릭함	
❸ 필터 지우기 단추	슬라이서의 모든 항목을 선택하여 필터를 제거함	
❹ 선택된 필터링 단추	항목이 필터에 포함됨을 나타냄	
❺ 선택되지 않은 필터링 단추	항목이 필터에 포함되지 않음을 나타냄	
❻ 스크롤 막대	현재 슬라이서에 표시되는 항목보다 더 많은 항목이 있는 경우 스크롤 막대를 사용하여 스크롤할 수 있음(크기를 확대하면 스크롤 막대는 표시되지 않음)	
❼ 크기 조절 컨트롤	슬라이서의 크기를 변경할 수 있음	

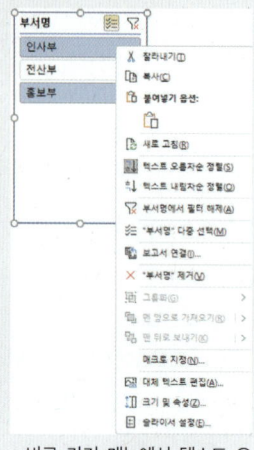

- 바로 가기 메뉴에서 텍스트 오름차순 정렬, 텍스트 내림차순 정렬, 필터 해제, 다중 선택, 보고서 연결, 제거, 크기 및 속성, 슬라이서 설정 등이 가능함
- 매크로 지정은 가능하지만 매크로를 지정하면 슬라이서의 기능은 작동되지 않음

2) 다중 항목 선택

방법 1	다중 선택 단추(≡)를 클릭한 다음 항목을 선택함
방법 2	Ctrl 을 누른 채로 표시하려는 항목을 선택함
방법 3	슬라이서를 마우스 오른쪽 버튼으로 클릭한 다음 바로 가기 메뉴에서 ['슬라이서 이름' 다중 선택]을 클릭함
방법 4	슬라이서를 클릭하여 선택한 다음 Alt + S 를 누른 후에 항목을 선택함

Alt + S (다중 선택)와 Alt + C (필터 지우기)는 슬라이서가 선택된 상태에서만 실행됨

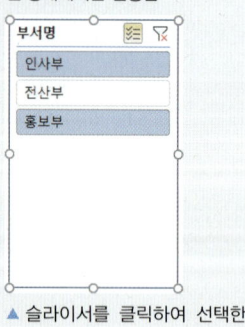

▲ 슬라이서를 클릭하여 선택한 상태

3) 필터 지우기

방법 1	필터 지우기 단추(▽)를 클릭함
방법 2	슬라이서를 마우스 오른쪽 버튼으로 클릭한 다음 바로 가기 메뉴에서 [슬라이서 이름에서 필터 해제]를 클릭함
방법 3	슬라이서를 클릭하여 선택한 다음 Alt + C 를 누름

4) [슬라이서] 탭

- 슬라이서를 클릭하여 선택하면 [슬라이서] 탭이 나타난다.
- [슬라이서], [슬라이서 스타일], [정렬], [단추], [크기] 그룹에서 슬라이서의 여러 옵션을 설정할 수 있다.

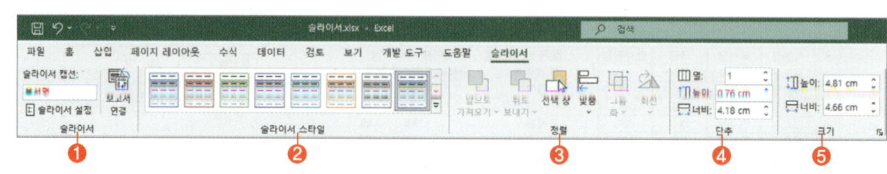

❶ 슬라이서	• 슬라이서 캡션 : 슬라이서의 머리글에 표시되는 캡션을 변경함 • 슬라이서 설정 : 슬라이서의 표시 설정을 변경함 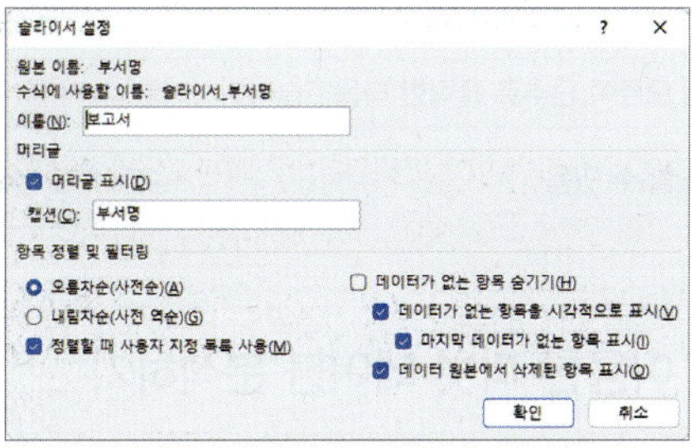 – 원본 이름, 수식에 사용할 이름, 이름(필터 컨트롤 이름)을 알 수 있음 – 머리글 표시 설정 및 캡션 변경 – 항목 정렬 및 필터링을 설정(오름차순, 내림차순, 정렬할 때 사용자 지정 목록 사용 등) – 데이터가 없는 항목 숨기기, 데이터가 없는 항목을 시각적으로 표시, 마지막 데이터가 없는 항목 표시, 데이터 원본에서 삭제된 항목 표시 등을 설정함 • 보고서 연결 : 슬라이서가 연결되는 피벗 테이블을 관리함 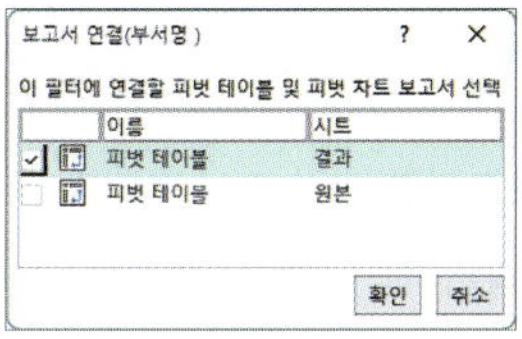 – 필터에 연결한 피벗 테이블 및 피벗 차트 보고서를 선택함 – 슬라이서를 두 개 이상의 피벗 테이블에 연결할 수 있음 – 확인란을 클릭하여 해제하면 연결이 끊어짐
❷ 슬라이서 스타일	스타일을 설정(밝게, 어둡게)하거나 새 슬라이서 스타일을 설정함
❸ 정렬	앞으로 가져오기, 뒤로 보내기, 선택 창(모든 개체를 목록으로 표시), 맞춤(선택한 개체의 배치 방식을 변경), 그룹화 등을 설정함
❹ 단추	• 열 : 슬라이서의 열 수(1~20,000)를 변경함 • 높이 : 슬라이서 단추의 높이를 변경함 • 너비 : 슬라이서 단추의 너비를 변경함
❺ 크기	• 높이 : 슬라이서의 높이를 변경함 • 너비 : 슬라이서의 너비를 변경함

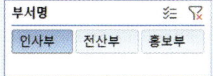

▲ 슬라이서 열 수를 3으로 설정한 경우

슬라이서는 동일한 데이터 원본을 공유하는 피벗 테이블에만 연결할 수 있음

5) 슬라이서 연결 끊기

- 슬라이서를 클릭하여 선택한 다음 [슬라이서] 탭–[슬라이서] 그룹–[보고서 연결]을 클릭하거나 바로 가기 메뉴의 [보고서 연결]을 클릭한다.
- [보고서 연결] 대화 상자에서 연결을 끊을 피벗 테이블 및 피벗 차트 보고서의 확인란을 클릭하여 체크를 해제하면 연결이 끊어진다.

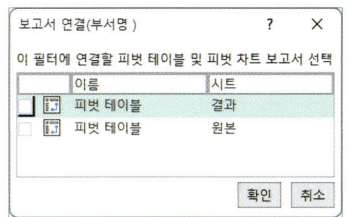

6) 슬라이서 제거

방법 1	슬라이서를 클릭한 다음 Delete 를 누름
방법 2	슬라이서를 마우스 오른쪽 단추로 클릭한 다음 ["슬라이서이름" 제거]를 클릭함

※ 제거 후 Ctrl + Z 로 제거를 취소할 수 있음

06 시간 표시 막대를 이용한 피벗 테이블 분석하기

- 피벗 테이블 보고서에서 날짜 데이터가 있는 경우 날짜를 대화식으로 필터링하는 시간 표시 막대 컨트롤을 이용하여 피벗 테이블을 효율적으로 분석할 수 있다.
- 피벗 테이블이나 피벗 차트, 큐브 함수 등의 필터링할 기간을 빠르고 쉽게 선택할 수 있다.

따라하기 TIP

따라하기 파일 • Part02_Chapter04_시간표시막대.xlsx

날짜 데이터가 포함되어 있는 피벗 테이블 보고서를 시간 표시 막대를 이용하여 분석해 보자.

① 작성된 피벗 테이블 보고서를 선택하고 [삽입] 탭–[필터] 그룹–[시간 표시 막대]를 클릭하여 실행한다.

② [시간 표시 막대 삽입] 대화 상자에서 날짜 항목을 클릭하여 설정한 다음 [확인]을 클릭한다.

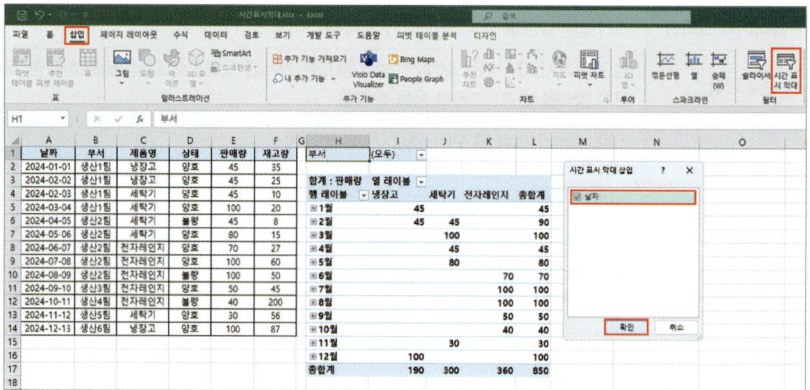

③ 시간 표시 막대가 표시되며 타임바를 클릭하거나 드래그하여 필터링되는 데이터를 확인할 수 있다.

필터링되는 기준을 '년, 분기, 월, 일' 중에서 선택할 수 있음

이론을 확인하는 기출문제

01 다음의 [피벗 테이블 분석] 탭에서 피벗 테이블을 통합 문서의 다른 위치로 이동할 수 있는 아이콘으로 옳은 것은?

① 　② 　③ 　④

③은 [피벗 테이블 이동] 아이콘으로, 피벗 테이블을 통합 문서의 다른 위치로 이동할 수 있는 아이콘임

오답 피하기
①은 [새로 고침], ②는 [데이터 원본 변경], ④는 [피벗 차트] 아이콘임

02 다음 중 아래의 피벗 테이블에 대한 설명으로 옳지 않은 것은?

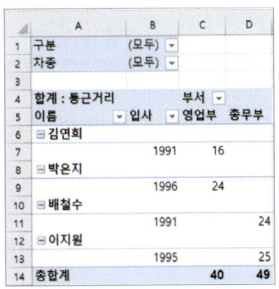

① 보고서 필터로 사용된 필드는 '구분'과 '차종'이다.
② 행 레이블로 사용된 필드는 '이름'과 '입사'이다.
③ 이지원은 '총무부'이며 통근거리는 '25'이다.
④ 값 영역에 사용된 필드는 '부서'이다.

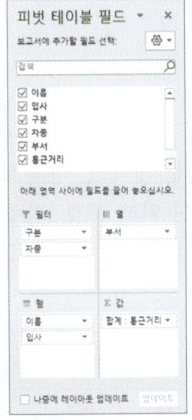

값 영역에 사용된 필드는 '통근거리'임

03 다음 중 피벗 테이블과 피벗 차트에 대한 설명으로 옳지 않은 것은?

① 새 워크시트에 피벗 테이블을 생성하면 보고서 필터의 위치는 [A1] 셀, 행 레이블은 [A3] 셀에서 시작한다.
② 피벗 테이블과 연결된 피벗 차트가 있는 경우 피벗 테이블에서 [피벗 테이블 분석]-[동작]의 [모두 지우기] 명령을 사용하면 피벗 테이블과 피벗 차트의 필드, 서식 및 필터가 제거된다.
③ 하위 데이터 집합에도 필터와 정렬을 적용하여 원하는 정보만 강조할 수 있으나 조건부 서식은 적용되지 않는다.
④ [피벗 테이블 옵션] 대화 상자에서 오류값을 빈 셀로 표시하거나 빈 셀에 원하는 값을 지정하여 표시할 수도 있다.

하위 데이터 집합에도 필터와 정렬을 적용하여 원하는 정보만 강조할 수 있으며 조건부 서식 역시 적용 가능하므로 데이터를 시각적으로 탐색 및 분석할 수 있음

04 다음 중 피벗 테이블에 대한 설명으로 옳지 않은 것은?

① 피벗 차트 보고서는 피벗 테이블 보고서를 만들지 않고는 만들 수 없으며, 피벗 테이블과 피벗 차트를 함께 만든 후 피벗 테이블을 삭제하면 피벗 차트는 일반 차트로 변경된다.
② 피벗 테이블 보고서에서 필드 단추를 다른 열이나 행의 위치로 끌어다 놓으면 데이터 표시 형식이 달라진다.
③ 피벗 테이블 보고서는 엑셀에서 작성된 데이터를 대상으로 새로운 대화형 테이블을 만드는 데 사용하며 외부 액세스 데이터베이스에서 만들어진 데이터는 호환되지 않으므로 사용할 수 없다.
④ 피벗 테이블 보고서를 이용하면 가장 유용하고 관심이 있는 하위 데이터 집합에 대해 필터, 정렬, 그룹 및 조건부 서식을 적용하여 원하는 정보만 강조할 수 있다.

외부 액세스 데이터베이스에서 만들어진 데이터도 호환 가능함

SECTION 07 피벗 차트

출제빈도 상 중 하
반복학습 1 2 3

빈출 태그 피벗 차트・피벗 테이블 옵션

01 피벗 차트 만들기 23년 상시, 22년 상시, 18년 9월, 10년 6월

- 피벗 차트를 작성한 후 각 필드 단추를 이용하여 여러 방식으로 데이터 요약 상황을 차트로 확인할 수 있다.
- 새로운 피벗 차트를 만들 때는 [삽입] 탭-[차트] 그룹-[피벗 차트]에서 [피벗 차트]나 [피벗 차트 및 피벗 테이블]을 선택하여 실행한다.

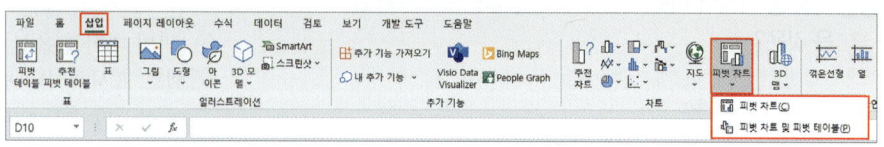

▲ 피벗 차트(세로 막대형)

- [피벗 차트 및 피벗 테이블]은 피벗 차트와 피벗 테이블 보고서가 함께 만들어지며 피벗 차트를 일반 정적 차트로 변경하려면 피벗 테이블을 삭제하면 된다.
- 이미 작성되어 있는 피벗 테이블 보고서를 원본 데이터로 사용하여 피벗 차트를 만들려면 피벗 테이블 보고서 영역에서 [피벗 테이블 분석] 탭-[도구] 그룹-[피벗 차트]를 클릭하여 만든다.
- 피벗 차트의 기본 차트 종류는 세로 막대형 차트이며, 분산형, 주식형, 거품형, 트리맵, 선버스트, 히스토그램, 상자 수염, 폭포 차트, 깔때기형을 제외한 다른 차트로 변경 가능하다.
- 일반 차트의 서식 지정과 차트 종류 선택 등 대부분의 방법이 피벗 차트에서도 동일하게 실행된다.

02 [피벗 테이블 분석] 탭 11년 3월, 05년 5월

> **기적의 TIP**
> 피벗 테이블 도구 모음의 이름과 기능을 잘 알아 두세요. 특히 데이터 새로 고침은 매우 중요합니다.

피벗 테이블의 옵션(레이아웃 및 서식, 요약 및 필터, 표시, 인쇄, 데이터, 대체 텍스트 등) 설정과 슬라이서 및 시간 표시 막대 삽입, 새로 고침, 데이터 원본 변경, 피벗 테이블 이동, 계산된 필드와 항목 생성 및 수정, 피벗 차트 추가 등의 작업을 수행한다.

❶ 피벗 테이블	피벗 테이블 이름, [피벗 테이블 옵션] 대화 상자를 표시하며, 다양한 옵션을 지정할 수 있음
❷ 활성 필드	선택된 필드의 [값 필드 설정] 대화 상자를 표시함
❸ 그룹	피벗 테이블 보고서에서 그룹을 선택하거나 지정/해제할 때 사용함
❹ 필터	슬라이서 삽입 및 시간 표시 막대를 삽입하고 필터의 연결 및 해제를 설정함
❺ 데이터	변경 내용을 새로 고치거나 데이터 원본을 변경함
❻ 동작	피벗 테이블의 요소를 지우거나 선택, 다른 위치로 이동을 적용함
❼ 계산	계산된 필드와 항목을 만들고 수정함
❽ 도구	피벗 차트, 추천 피벗 테이블 등을 작성함
❾ 표시	필드 목록, +/- 단추, 필드 머리글을 표시하거나 숨김

03 피벗 테이블 옵션 20년 2월, 10년 10월, 06년 2월, 05년 5월/7월, 03년 2월

- 바로 가기 메뉴의 [피벗 테이블 옵션]을 선택하면 [피벗 테이블 옵션] 대화 상자가 나타난다.

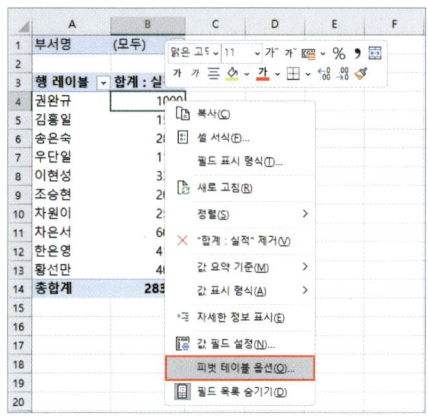

> **기적의 TIP**
>
> 피벗 테이블 옵션 중 '열의 총합계'와 '행의 총합계'의 결과 형태에 대해 잘 익혀 두세요.

- [피벗 테이블 옵션] 대화 상자에서 피벗 테이블에 관련된 서식 옵션, 데이터 옵션 등을 설정할 수 있다.

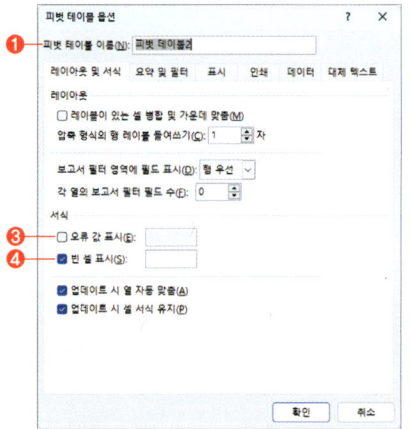 

[피벗 테이블 옵션] 대화 상자의 [레이아웃 및 서식] 탭-[서식]에서 오류값을 빈 셀로 표시하거나 빈 셀에 원하는 값을 지정하여 표시할 수도 있음

① 이름	피벗 테이블의 이름을 설정함
② 열의 총합계/행의 총합계	열이나 행 방향의 총합계를 산출할지의 여부를 설정함. [요약 및 필터] 탭에서 설정할 수 있음
③ 오류값 표시	오류값을 표시할지의 여부를 설정함
④ 빈 셀 표시	데이터 영역이 비워 있는 경우 표시할 값을 설정함

04 계산 필드 삽입 및 삭제하기

1) 계산 필드 삽입

계산할 필드를 삽입하는 기능으로 요약 함수 및 사용자 지정 계산에서 원하는 결과가 나오지 않은 경우 계산 필드에 수식을 직접 만들 수 있다.

🔷 따라하기 TIP

따라하기 파일 • Part02_Chapter04_계산필드삽입하기.xlsx

시험 점수 합계를 구하고 평균을 누락한 경우 계산 필드를 삽입하여 평균을 구하는 필드를 삽입해 보자.

① 피벗 테이블 보고서를 클릭한 다음 [피벗 테이블 분석] 탭의 [계산] 그룹에서 [필드, 항목 및 집합]을 클릭하고 [계산 필드]를 클릭한다.

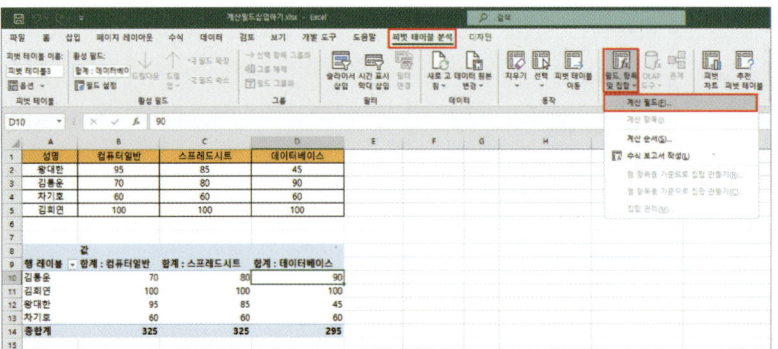

② 이름 상자에 필드 이름을 입력하고 수식 상자에 해당 필드의 수식을 입력한 후 [추가]를 클릭한다.

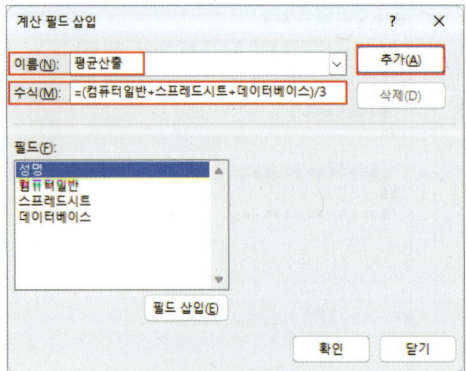

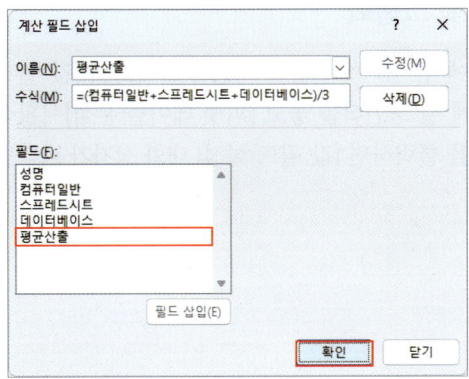

③ 평균산출값이 계산된 계산 필드가 삽입된다.

	A	B	C	D	E	F
1	성명	컴퓨터일반	스프레드시트	데이터베이스		
2	왕대한	95	85	45		
3	김통운	70	80	90		
4	차기호	60	60	60		
5	김희연	100	100	100		
6						
7			값			
8						
9	행 레이블	합계 : 컴퓨터일반	합계 : 스프레드시트	합계 : 데이터베이스	합계 : 평균산출	
10	김통운	70	80	90	80	
11	김희연	100	100	100	100	
12	왕대한	95	85	45	75	
13	차기호	60	60	60	60	
14	총합계	325	325	295	315	
15						

2) 계산 필드 삭제

① 피벗 테이블 보고서를 클릭한 다음 [피벗 테이블 분석] 탭의 [계산] 그룹에서 [필드, 항목 및 집합]을 클릭하고 [계산 필드]를 클릭한다.
② 이름 상자에서 삭제할 필드를 선택한 다음 [삭제]를 클릭한다.

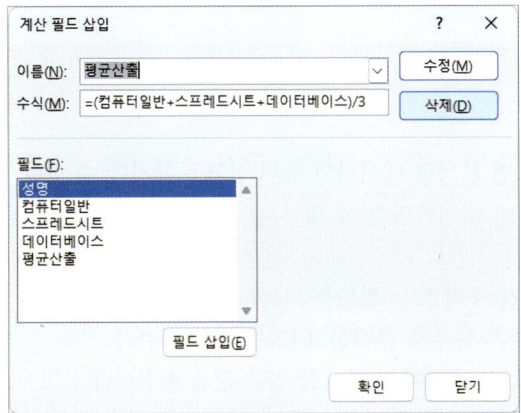

데이터 새로 고침([Alt]+[F5])
- 피벗 테이블은 원본 데이터와 연결되어 있지만 원본 데이터가 변경될 때 자동으로 피벗 테이블 내용을 변경하지 못함
- 피벗 테이블에서 [피벗 테이블 분석]-[데이터]-[새로 고침]을 실행하면 원본 데이터의 변경 사항을 피벗 테이블에 반영함

05 피벗 테이블 필드 값 설정 및 그룹화 09년 10월, 07년 7월

- 피벗 테이블 필드의 각 필드 단추에서 마우스 오른쪽 버튼을 클릭하여 [값 필드 설정]을 선택하거나 해당 필드 영역에 셀 포인터를 놓고 [피벗 테이블 분석]-[활성 필드]-[필드 설정](필드 설정) 아이콘을 클릭하면 [값 필드 설정] 대화 상자가 나타난다.

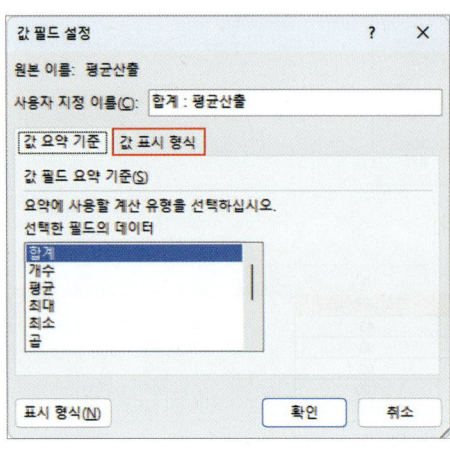

- 값 필드인 경우 필드 이름과 데이터를 요약하기 위하여 사용할 함수 종류 등을 변경할 수 있다. [값 표시 형식] 탭을 클릭한 후 값 표시 형식을 설정할 수 있다.

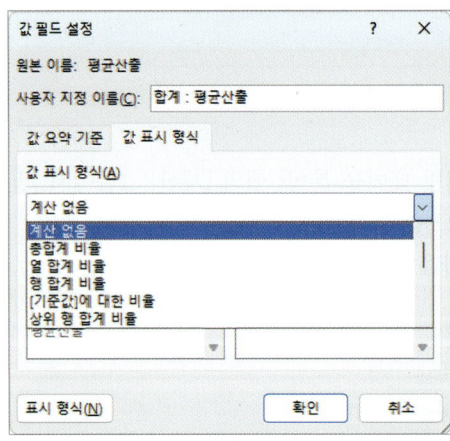

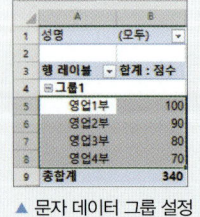
▲ 문자 데이터 그룹 설정

- 그룹화 : [Alt]+[Shift]+[→]
- 그룹 해제 : [Alt]+[Shift]+[←]
- 선택한 항목 그룹화 : [Ctrl]을 누른 채 두 개 이상의 값을 선택한 다음 마우스 오른쪽 단추를 클릭하고 [그룹]을 선택함

- 피벗 테이블의 데이터를 그룹화하면 분석할 데이터의 하위 집합을 표시할 수 있다.
- 복잡한 목록의 날짜 또는 시간(피벗 테이블의 날짜 및 시간 필드)을 분기 및 월 단위로 그룹화할 수 있다.
- 그룹화는 문자나 숫자, 날짜와 시간 등의 모든 필드를 그룹화할 수 있다.
- 피벗 테이블에서 값을 마우스 오른쪽 단추로 클릭하고 [그룹]을 선택한다.
- 그룹화 상자에서 시작 및 끝 확인란을 선택하고 필요한 경우 값을 편집한다.
- 단위는 '초, 분, 시, 일, 월, 분기, 연'에서 선택한다.

• 날짜 수(1~32767)는 단위를 '일'로 선택한 경우 활성화된다.

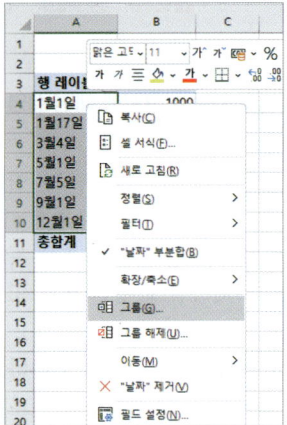

▲ 날짜를 그룹 설정

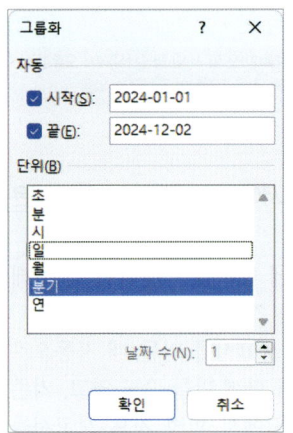

▲ 단위를 분기로 선택

▲ 분기로 그룹화됨

이론을 확인하는 기출문제

01 다음 중 피벗 차트 보고서에 대한 설명으로 옳지 <u>않은</u> 것은?

① 피벗 차트 보고서에 필터를 적용하면 피벗 테이블 보고서에 자동 적용된다.
② 피벗 차트 보고서는 주식형, 분산형, 거품형, 트리맵, 선버스트 등 다양한 차트로 변경할 수 있다.
③ 피벗 차트에는 표준 차트와 마찬가지로 데이터 계열, 범주, 데이터 표식, 축이 표시된다.
④ 피벗 차트 보고서를 삭제해도 관련된 피벗 테이블 보고서는 삭제되지 않는다.

> 피벗 차트 보고서는 주식형, 분산형, 거품형, 트리맵, 선버스트, 히스토그램, 상자 수염 그림, 폭포 차트 등으로 변경할 수 없음

02 다음 중 피벗 테이블 보고서와 피벗 차트 보고서에 대한 설명으로 옳지 <u>않은</u> 것은?

① 피벗 테이블 보고서에서는 값 영역에 표시된 데이터 일부를 삭제하거나 추가할 수 없다.
② 피벗 차트 보고서를 만들 때마다 동일한 데이터로 관련된 피벗 테이블 보고서가 자동으로 생성된다.
③ 피벗 차트 보고서는 분산형, 주식형, 거품형 등 다양한 차트 종류로 변경할 수 있다.
④ 행 또는 열 레이블에서의 데이터 정렬은 수동(항목을 끌어 다시 정렬), 오름차순, 내림차순 중 선택할 수 있다.

> 피벗 차트의 기본 차트 종류는 세로 막대형 차트이며 주식형, 분산형, 거품형, 트리맵, 선버스트, 히스토그램, 상자 수염 그림, 폭포 차트 등으로 변경할 수 없음

03 다음 중 피벗 테이블과 피벗 차트 보고서에 대한 설명으로 잘못된 것은?

① 피벗 테이블은 보고서 필터 필드, 값 필드, 열 레이블, 행 레이블, 값 영역으로 구성된다.
② 피벗 테이블과 피벗 차트를 함께 만든 후에 작성된 피벗 테이블을 삭제하면 피벗 차트는 일반 차트로 변경된다.
③ 피벗 차트를 작성한 후 각 필드 단추를 이용하여 여러 방식으로 데이터 요약 상황을 차트로 확인할 수 있다.
④ [피벗 테이블 옵션] 대화 상자의 [표시] 탭–[표시]에서 오류값을 빈 셀로 표시하거나 빈 셀에 원하는 값을 지정하여 표시할 수 있다.

> [피벗 테이블 옵션] 대화 상자의 [레이아웃 및 서식] 탭–[서식]에서 오류값을 빈 셀로 표시하거나 빈 셀에 원하는 값을 지정하여 표시할 수 있음

04 다음 중 피벗 차트 보고서에 대한 설명으로 옳지 <u>않은</u> 것은?

① 피벗 차트 보고서에 필터를 적용하면 피벗 테이블 보고서에 자동 적용된다.
② 처음 피벗 테이블 보고서를 만들 때 자동으로 피벗 차트 보고서를 함께 만들 수도 있고, 기존 피벗 테이블 보고서에서 피벗 차트 보고서를 만들 수도 있다.
③ 피벗 차트 보고서를 정적 차트로 변환하려면 관련된 피벗 테이블 보고서를 선택한 후 [피벗 테이블 분석] 탭 [동작] 그룹의 [모두 지우기] 명령을 수행하여 피벗 테이블 보고서를 먼저 삭제한다.
④ 피벗 차트 보고서를 삭제해도 관련된 피벗 테이블 보고서는 삭제되지 않는다.

> 피벗 테이블 보고서를 선택한 후 [피벗 테이블 분석] 탭 [동작] 그룹의 [모두 지우기] 명령을 수행하면 피벗 테이블 보고서와 피벗 차트 보고서 모두 삭제됨
>
> **오답 피하기**
> 피벗 차트 보고서를 정적 차트로 변환하려면 피벗 테이블을 삭제하면 됨

정답 01 ② 02 ③ 03 ④ 04 ③

SECTION 08 목표값 찾기/시나리오

빈출 태그 · 목표값 찾기 • 시나리오

01 목표값 찾기
25년 상시, 24년 상시, 23년 상시, 22년 상시, 21년 상시, 17년 9월, 16년 3월, 15년 3월, 12년 6월, 11년 10월, …

- 수식의 결과값은 알고 있으나 그 결과값을 얻기 위한 입력값을 모를 때 목표값 찾기 기능을 이용한다.
- 수식에서 참조한 특정 셀의 값을 계속 변화시켜 수식의 결과값을 원하는 값으로 찾는다.
- [데이터] 탭-[예측] 그룹-[가상 분석]을 클릭한 후 [목표값 찾기] 메뉴를 선택하여 수식 셀, 찾는 값, 값을 바꿀 셀을 지정한다.

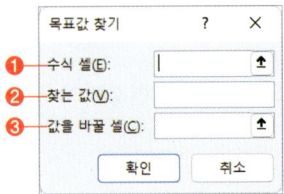

❶ 수식 셀	특정 값으로 결과가 나오기를 원하는 수식이 들어 있는 셀을 지정함
❷ 찾는 값	수식 셀의 결과로, 원하는 특정한 값을 숫자 상수로 입력함
❸ 값을 바꿀 셀	찾는 값(목표값)에 입력한 결과를 얻기 위해 데이터를 조절할 단일 셀로서, 반드시 수식에서 이 셀을 참조하고 있어야 함

🏠 따라하기 TIP

따라하기 파일 • Part02_Chapter04_목표값찾기.xlsx

단가가 10,000원인 물품을 어느 정도 팔면 1,000,000원의 매출이 될지 알아보자.

① 다음과 같이 시트에 입력한 후 [데이터] 탭-[예측] 그룹-[가상 분석]을 클릭한 후 [목표값 찾기]를 실행한다. 단, 매출은 단가*판매수량으로 구하므로 [C5] 셀에는 『=C3*C4』 수식을 입력한다.

② [목표값 찾기] 대화 상자가 나타나면 수식 셀은 [C5], 찾는 값은 1000000, 값을 바꿀 셀은 [C3]을 선택하고 [확인]을 클릭한다.

🚩 기적의 TIP
목표값 찾기의 사용 목적이 무엇인지 알아 두세요. 찾는 값에는 숫자 상수로 입력해야 되는 점도 주의하세요.

🎯 개념 체크

1 수식의 결과값은 알고 있으나 그 결과값을 얻기 위한 입력값을 모를 때 ( ) 기능을 이용한다.
2 목표값 찾기에서 값을 바꿀 셀은 반드시 수식에서 ( ) 해야 한다.
3 목표값 찾기를 사용하면 수식에서 참조한 특정 셀의 값을 계속 변화시켜 수식의 결과값을 원하는 값으로 찾을 수 있다. (○, ×)
4 목표값 찾기에서 값을 바꿀 셀은 여러 개의 셀을 선택할 수 있다. (○, ×)

1 목표값 찾기 2 참조
3 ○ 4 ×

③ [목표값 찾기 상태] 대화 상자가 표시되고, 원하는 값에 대한 해답이 표시되면 [확인]을 클릭한다.

④ 값을 변경할 셀에 새로운 값이 입력됨으로써 수식의 결과값이 목표값으로 변경된다.

02 시나리오

24년 상시, 23년 상시, 22년 상시, 21년 상시, 20년 2월/7월, 19년 3월, 17년 3월, 16년 10월, 15년 3월, 14년 6월/10월, …

Scenario(시나리오)는 영화 각본이나 대본, 개요 등의 의미로 예상되는 결과를 예측하는 기능이 있음

- 변경 요소가 많은 작업표에서 가상으로 수식이 참조하고 있는 셀의 값을 변화시켜 작업표의 결과를 예측하는 기능이다.
- 변경 요소가 되는 값의 그룹을 '변경 셀'이라고 하며, 하나의 시나리오에 최대 32개까지 변경 셀을 지정할 수 있다.
- 변경 셀로 지정한 셀에 계산식이 포함되어 있으면 자동으로 상수로 변경되어 시나리오가 작성된다.
- '결과 셀'은 변경 셀 값을 참조하는 수식으로 입력되어야 한다.
- [데이터] 탭-[예측] 그룹-[가상 분석]을 클릭한 후 [시나리오 관리자]를 선택하여 [시나리오 관리자] 대화 상자를 나타낸 다음, 새 시나리오를 추가하거나 기존 시나리오를 편집 및 삭제한다.
- 시나리오를 별도의 파일로 저장하는 기능은 없다.

> **기적의 TIP**
>
> 시나리오의 사용 목적이 무엇인지 알아두고, 목표값 찾기와 혼동하지 않도록 차이점도 파악해 두세요. 시나리오 관리자의 각 기능 등에 대한 학습도 필요합니다.

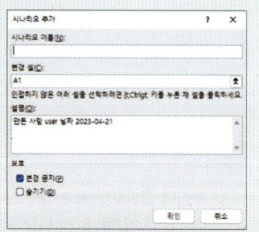

▲ [시나리오 추가] 대화 상자

What-if 분석

셀 값의 변경으로 워크시트 수식 결과에 어떤 영향을 줄지 확인하기 위한 과정을 What-if 분석이라고 하며, 목표값 찾기, 시나리오, 데이터 표, 해 찾기 등이 해당됨

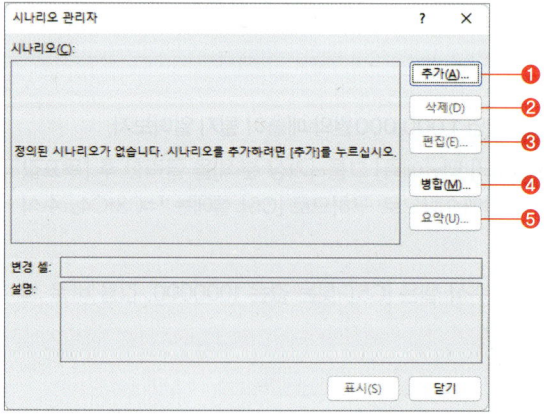

❶ 추가	• 새 시나리오를 정함 • 이 단추를 클릭하고 시나리오 이름, 변경 셀을 지정한 다음 [확인]을 클릭함 • [시나리오 값] 대화 상자가 나오면 변경 셀에 가상값을 지정함	
❷ 삭제	선택한 시나리오를 제거함	
❸ 편집	선택한 시나리오의 이름과 변경 셀, 시나리오 값 등을 수정함	
❹ 병합	열려 있는 다른 통합 문서의 워크시트에서 시나리오를 가져와 현재 시트의 시나리오에 추가함	
❺ 요약	• 시나리오 요약 보고서 또는 시나리오 피벗 테이블을 작성함 • 보고서 종류를 선택하고, 가상값의 변화에 따라 결과를 보고 싶은 결과 셀을 지정한 후 [확인]을 클릭함	

따라하기 TIP

따라하기 파일 • Part02_Chapter04_시나리오.xlsx

평균이 87점인 경우 수학 점수가 현재 70점에서 50점으로 저조한 경우와 100점으로 상승한 경우의 평균을 구하는 시나리오를 작성해 보자.

① 시트에 다음과 같이 입력하고 [E2] 셀에 =AVERAGE(B2:D2) 수식을 입력하여 평균을 구한다.

② [데이터] 탭-[예측] 그룹-[가상 분석]을 선택한 후 [시나리오 관리자]를 클릭한다.

③ [시나리오 관리자] 대화 상자에서 [추가]를 선택한다.

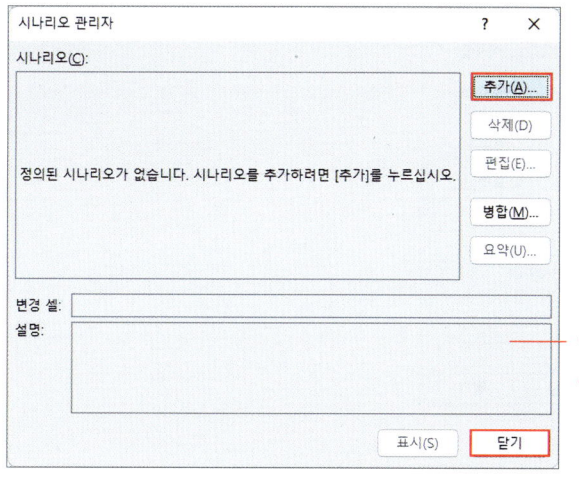

- [시나리오 요약 보고서]를 만들 때 [결과 셀]을 지정하지 않아도 [결과 셀] 없이 만들어지지만, [시나리오 피벗 테이블 보고서]를 만들 때에는 [결과 셀]을 반드시 지정해야 함
- 여러 시나리오를 비교하여 하나의 테이블로 요약하는 보고서를 만들 수 있음
- 변경 셀과 결과 셀의 이름을 시나리오 요약 보고서를 생성하기 전에 정의하면 셀 참조 주소 대신 정의된 이름이 보고서에 표시됨
- 시나리오 요약 보고서는 자동으로 다시 갱신되지 않음
- 변경된 값을 요약 보고서에 표시하려는 경우 새 요약 보고서를 만들어야 함

• '설명'은 시나리오에 대한 추가적인 설명으로 입력하지 않아도 됨
• '보호'의 체크 박스들은 [검토]-[변경 내용]-[시트 보호]를 설정한 경우에만 적용됨

④ 시나리오 이름은 『수학점수저조』로, 변경 셀은 [D2]로 지정하고 [확인]을 클릭한다.

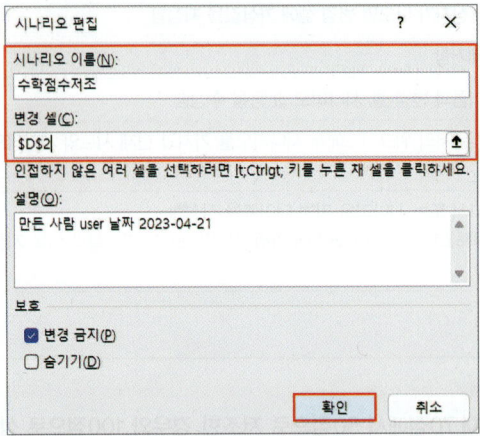

⑤ 변경 셀에 해당하는 값 『50』을 입력하고 [확인]을 클릭한다.

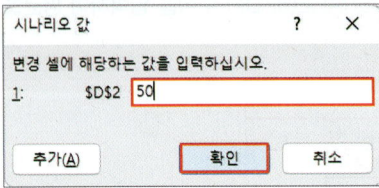

⑥ [시나리오 관리자] 대화 상자의 [추가]를 클릭한다.

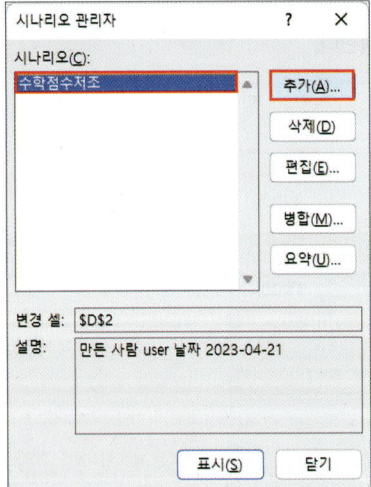

⑦ 시나리오 이름은 『수학점수상승』, 변경 셀은 [D2]로 지정하고 [확인]을 클릭한다.

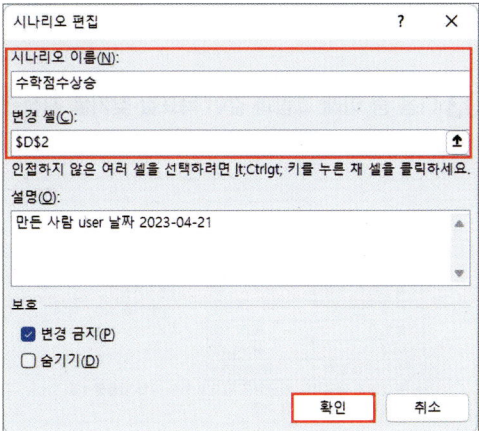

⑧ 변경 셀에 해당하는 값 『100』을 입력하고 [확인]을 클릭한다.

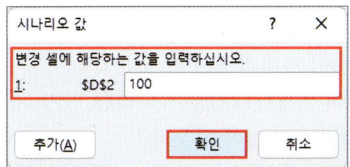

⑨ [시나리오 관리자] 대화 상자의 [요약]을 클릭한다.

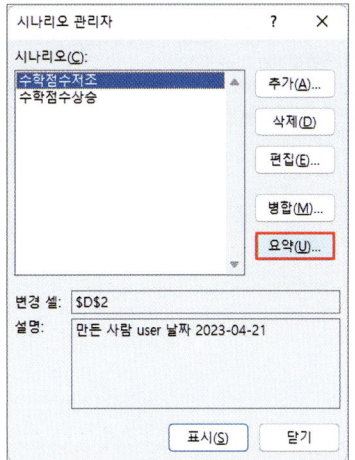

⑩ '시나리오 요약'을 선택하고 [확인]을 클릭하면 시나리오 요약 보고서가 작성된다.

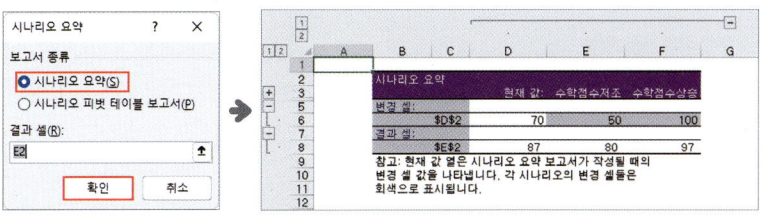

이론을 확인하는 기출문제

01 다음 중 아래 그림과 같은 시나리오 요약 보고서에 대한 설명으로 옳지 않은 것은?

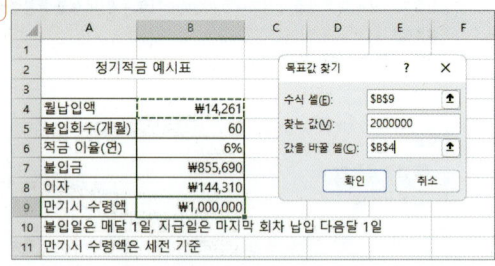

① '호황'과 '불황' 두 개의 시나리오로 작성한 시나리오 요약 보고서는 새 워크시트에 표시된다.
② 원본 데이터에 '냉장고판매', '세탁기판매', '예상 판매금액'으로 이름을 정의한 셀이 있다.
③ 원본 데이터에서 변경 셀의 현재 값을 수정하면 시나리오 요약 보고서가 자동으로 업데이트된다.
④ 시나리오 요약 보고서 내의 모든 내용은 수정 가능하며, 자동으로 설정된 윤곽도 지울 수 있다.

- 원본 데이터에서 변경 셀의 현재 값을 수정하면 시나리오 요약 보고서가 자동으로 업데이트되지 않음
- 시나리오의 값을 변경하면 해당 변경 내용이 기존 요약 보고서에 자동으로 다시 계산되어 표시되지 않으므로 시나리오 요약 보고서를 다시 작성해야 함

02 다음 중 시나리오에 대한 설명으로 옳지 않은 것은?

① 시나리오는 별도의 파일로 저장하고 자동으로 바꿀 수 있는 값의 집합이다.
② 시나리오를 사용하여 워크시트 모델의 결과를 예측할 수 있다.
③ 여러 시나리오를 비교하기 위해 시나리오를 한 페이지의 피벗 테이블로 요약할 수 있다.
④ 시나리오 피벗 테이블 보고서에는 결과 셀이 반드시 있어야 한다.

- 시나리오는 변경 셀로 지정한 셀에 계산식이 포함되어 있으면 자동으로 상수로 변경되어 시나리오가 작성되지만 별도의 파일로 저장되지는 않음

03 다음 중 아래 그림과 같이 목표값 찾기를 지정했을 때의 설명으로 옳은 것은?

① 만기 시 수령액이 2,000,000원이 되려면 월 납입금은 얼마가 되어야 하는가?
② 만기 시 수령액이 2,000,000원이 되려면 적금 이율(연)이 얼마가 되어야 하는가?
③ 불입금이 2,000,000원이 되려면 만기 시 수령액은 얼마가 되어야 하는가?
④ 월 납입금이 2,000,000원이 되려면 만기 시 수령액은 얼마가 되어야 하는가?

- 목표값 찾기 : 수식의 결과값은 알고 있으나 그 결과값을 얻기 위한 입력값을 모를 때 목표값 찾기 기능을 이용함
- 수식이 있는 수식 셀($B$9)의 만기 시 수령액 ₩1,000,000원이 찾는 값 2000000원이 되려면 값을 바꿀 셀($B$4) 월 납입액이 얼마가 되어야 하는가를 찾아 줌

CHAPTER

05

출력

학습 방향

페이지 설정에서는 [머리글/바닥글] 탭의 편집 단추와 삽입 코드에 대해 반드시 숙지해야 합니다. 인쇄 미리 보기의 특징, 페이지 구분선, 틀 고정의 구분선과 고정의 위치는 실습을 통해 정확히 익혀 두세요.

출제 빈도

SECTION 01	중	22%
SECTION 02	상	53%
SECTION 03	중	25%

SECTION 01 인쇄

빈출 태그: 인쇄 • 인쇄 미리 보기

🅵 기적의 TIP

인쇄와 인쇄 미리 보기가 모두 가능한 점에 유의하고 인쇄 옵션과 도구들의 기능에 대해 정확히 숙지해 두어야 합니다. 아울러 [인쇄 미리 보기] 창에서 셀의 높이를 조절할 수 없다는 점에 주의하기 바랍니다.

[페이지 레이아웃] 보기 상태에서 설정 가능한 기능
- 눈금자, 눈금선, 머리글 등을 표시하거나 숨길 수 있음
- 기본 보기에서와 같이 셀 서식을 변경하거나 수식 작업을 할 수 있음
- 머리글과 바닥글을 짝수 페이지와 홀수 페이지에 각각 다르게 지정할 수 있음
- 마우스로 페이지 구분선을 클릭하여 페이지 나누기 위치를 조정할 수 없음(단, [페이지 나누기 미리 보기]에서는 마우스로 페이지 구분선을 클릭하여 끌면 페이지를 나눌 위치를 조정할 수 있음)
- [페이지 레이아웃] 상태에서 워크시트에 머리글과 바닥글 영역이 함께 표시되어 간단히 머리글/바닥글을 추가할 수 있음

[페이지 레이아웃] 보기 상태에서의 머리글/바닥글 작업
- 머리글/바닥글 여백을 충분히 확보하려면 [머리글/바닥글] 탭의 [옵션] 그룹에서 '페이지 여백에 맞추기'를 선택함
- 페이지 여백에 맞추기 : 머리글이나 바닥글의 양쪽을 페이지 여백에 맞춤
- [머리글/바닥글] 탭의 [머리글/바닥글] 그룹에서 미리 정의된 머리글이나 바닥글을 선택할 수 있음

01 인쇄 명령 21년 상시, 19년 3월, 18년 3월/9월, 16년 10월, 10년 6월

메뉴	기능
[파일] 탭-[인쇄]	• 인쇄 및 인쇄 미리 보기가 가능 • 복사본 수 설정(1~32,767), 프린터 속성, 페이지 설정이 가능함 • 인쇄 대상 영역(활성 시트 인쇄, 전체 통합 문서 인쇄, 선택 영역 인쇄, 인쇄 영역 무시)을 설정함 • 단면/양면 인쇄 설정, 한 부씩 인쇄(1,2,3), 한 부씩 인쇄 안함(1,1,1), 방향(세로, 가로), 용지 크기, 여백, 한 페이지에 시트 맞추기 등을 설정함
[페이지 레이아웃] 탭-[페이지 설정] 그룹	워크시트를 인쇄하는 각종 옵션을 설정함
[페이지 레이아웃] 탭-[페이지 설정] 그룹-[인쇄 영역]	워크시트 일부만 인쇄 영역으로 설정하거나 설정된 인쇄 영역을 취소함
[페이지 레이아웃] 탭-[페이지 설정] 그룹-[나누기]	현재 셀의 왼쪽과 위쪽에 페이지 구분선을 삽입함
[보기] 탭-[통합 문서 보기] 그룹-[페이지 나누기 미리 보기]	인쇄 영역과 페이지 구분선이 표시되는 페이지 나누기 보기로 전환함
[보기] 탭-[통합 문서 보기] 그룹-[페이지 레이아웃]	• 인쇄된 페이지에 나타나는 대로 문서를 표시함 • 한 페이지씩 표시되므로 워드프로세서처럼 작업이 가능함 • 페이지의 머리글, 바닥글의 삽입이나 수정이 가능함

02 인쇄(Ctrl + P , Ctrl + F2) 20년 2월, 11년 10월, 03년 5월

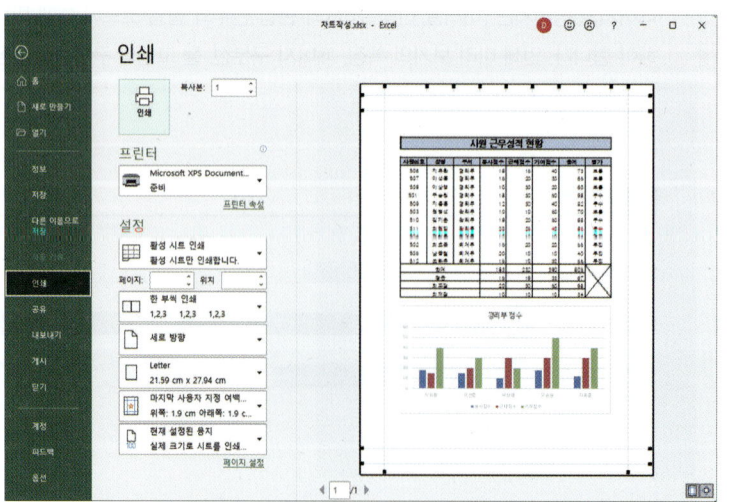

- [파일] 탭-[인쇄]에서 인쇄 미리 보기 창에서 내용을 확인하고 프린터를 통해 출력할 수 있다.
- 인쇄 시 숨기기한 행이나 숨기기한 열은 인쇄되지 않는다.
- 워크시트에서 차트만 인쇄하려면 차트를 선택하고 인쇄 명령을 실행한다.

1) 인쇄 실행 방법

방법 1	[파일] 탭-[인쇄]-[인쇄] 아이콘을 클릭
방법 2	Ctrl+P나 Ctrl+F2를 누른 다음 [인쇄] 아이콘을 클릭
방법 3	[빠른 실행 도구 모음]의 [빠른 인쇄]( ) 아이콘을 클릭(단, [빠른 실행 도구 모음 사용자 지정]에서 [빠른 인쇄]가 선택되어 있는 경우)

2) 인쇄 및 인쇄 옵션 설정 19년 3월/8월

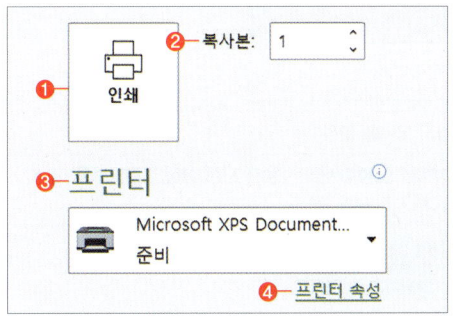

인쇄	❶ 인쇄 아이콘	워크시트 인쇄를 실행함
	❷ 복사본	인쇄 부수를 설정(1~32,767)함
프린터	❸ 프린터 기종	설치되어 있는 프린터 중 인쇄에 사용될 기종을 표시함
	❹ 프린터 속성	레이아웃, 용지, 그래픽 등의 프린터 속성을 설정함

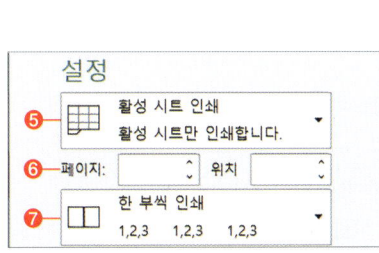
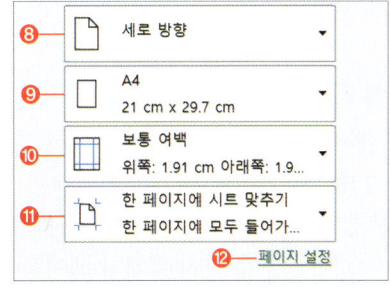

시트의 특정 범위만 항상 인쇄하는 경우
- 인쇄할 영역을 블록 설정한 후 [페이지 레이아웃] 탭-[페이지 설정] 그룹의 [인쇄 영역]-[인쇄 영역 설정]을 클릭함
- 인쇄 영역으로 설정되면 [페이지 나누기 미리 보기]에서는 설정된 부분은 밝게 표시되고 설정되지 않은 부분은 어둡게 표시됨
- 인쇄 영역을 설정하면 자동으로 Print_Area라는 이름이 작성되며, 이름은 Ctrl+F3 혹은 [수식] 탭-[정의된 이름] 그룹-[이름 관리자]에서 확인할 수 있음
- 인쇄 영역 설정은 [페이지 설정] 대화 상자의 [시트]탭에서 지정할 수도 있음

- 워크시트 페이지 위쪽의 머리글 영역을 클릭하면 리본 메뉴에 [머리글/바닥글 도구]가 표시됨
- 머리글 또는 바닥글의 입력을 완료하면 워크시트의 아무 곳이나 클릭함
- (단, [문서에 맞게 배율 조정]은 문서에서 "셀에 맞춤" 기능을 사용할 때 머리글 및 바닥글의 배율을 조정할지 여부를 지정함)

차트만 제외하고 인쇄하기 위해서는 [차트 영역 서식] 대화 상자의 [속성]에서 '개체 인쇄'의 체크를 해제함

페이지 번호를 인쇄하도록 설정된 여러 개의 시트를 출력하면서 전체 출력물의 페이지 번호가 일련번호로 이어지게 하는 방법
- [인쇄 미리 보기 및 인쇄]의 '설정'에서 인쇄 대상을 '전체 통합 문서 인쇄'로 선택하여 인쇄함
- 전체 시트를 그룹으로 설정한 후 인쇄함
- 각 시트의 [페이지 설정] 대화 상자에서 '시작 페이지 번호'를 일련번호에 맞게 설정한 후 인쇄함 단, [페이지 설정] 대화 상자에서 '일련번호로 출력' 기능은 지원되지 않음

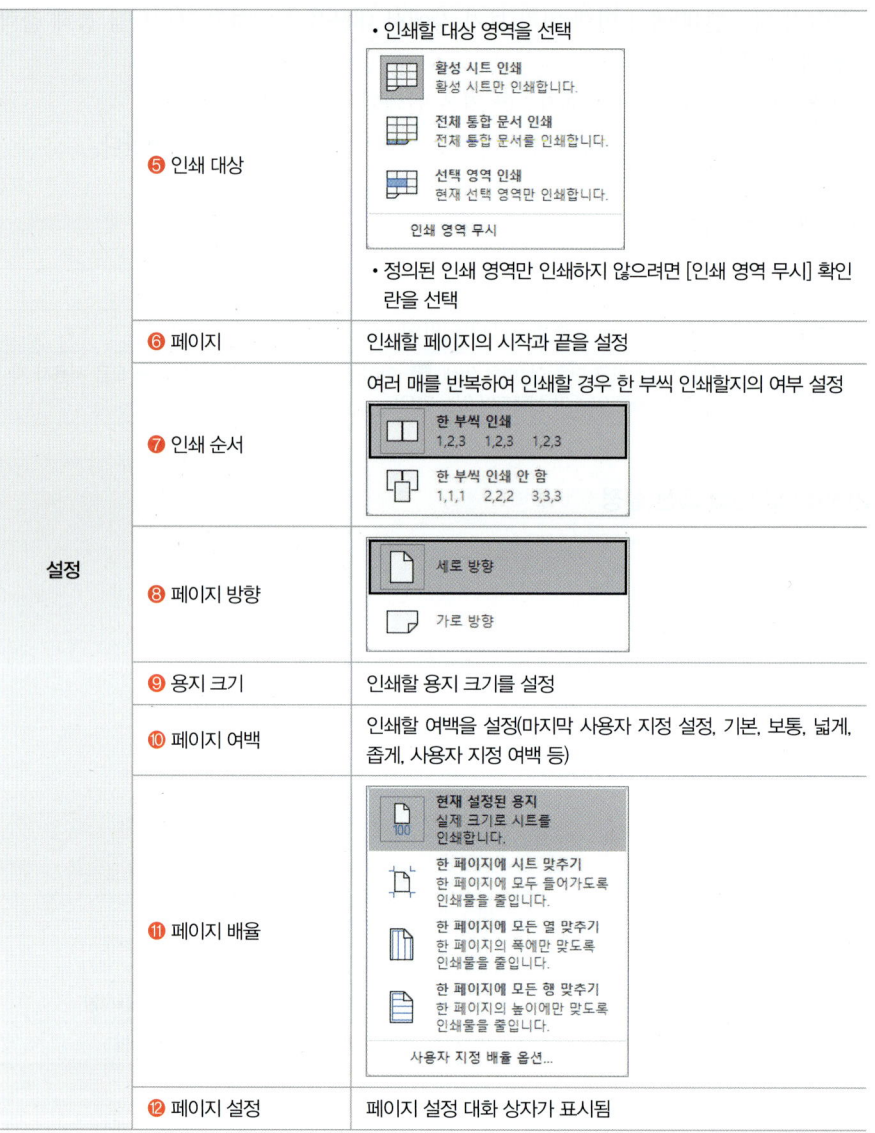

3) 영역 지정 인쇄 방법 19년 8월

- 워크시트에서 Ctrl 을 이용하여 여러 인쇄 영역을 지정할 수 있다.
- 각 인쇄 영역은 별도의 페이지로 인쇄된다.
- 설정한 인쇄 영역은 통합 문서를 저장할 때 함께 저장된다.
- 기존 인쇄 영역에 셀 추가 시 추가할 셀이 기존 인쇄 영역에 인접해 있지 않은 경우 추가 인쇄 영역이 만들어지며 인접한 셀만 기존 인쇄 영역에 추가할 수 있다([페이지 레이아웃] 탭-[페이지 설정] 그룹-[인쇄 영역]을 클릭한 다음 [인쇄 영역에 추가]를 클릭).

방법 1	인쇄할 영역을 범위로 지정하고 [파일] 탭–[인쇄]를 실행한 다음 인쇄 대상을 '선택 영역 인쇄'로 지정하여 인쇄함 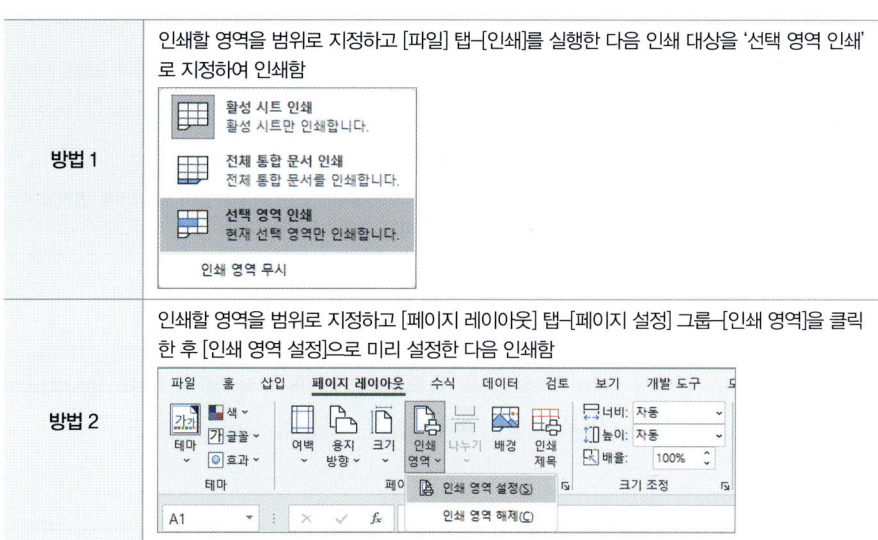
방법 2	인쇄할 영역을 범위로 지정하고 [페이지 레이아웃] 탭–[페이지 설정] 그룹–[인쇄 영역]을 클릭한 후 [인쇄 영역 설정]으로 미리 설정한 다음 인쇄함

- 인쇄 영역을 해제할 워크시트에서 아무 곳이나 클릭한 다음 [페이지 레이아웃] 탭–[페이지 설정] 그룹–[인쇄 영역]을 클릭한 후 [인쇄 영역 해제]를 클릭하여 인쇄 영역 하나를 해제하면 워크시트의 모든 인쇄 영역이 제거된다.

03 인쇄 미리 보기(Ctrl+P, Ctrl+F2) 25년 상시, 22년 상시, 17년 9월, 16년 10월, 20년 2월, 19년 8월, …

- 워크시트를 인쇄하기 전에 화면으로 출력 결과를 미리 확인할 수 있다.
- 백 스테이지 메뉴 위의 ⬅를 클릭하거나 Esc 를 누르면 인쇄 미리 보기를 끝내고 통합 문서로 돌아간다.

도형 인쇄하지 않기
시트에 작성된 도형을 클릭하여 선택한 다음 바로 가기 메뉴의 [크기 및 속성] 또는 [도형 서식]을 선택한 후 [도형 서식]–[속성]에서 [개체 인쇄]의 설정을 해제함

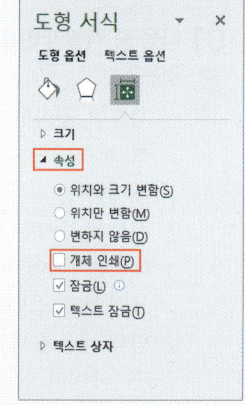

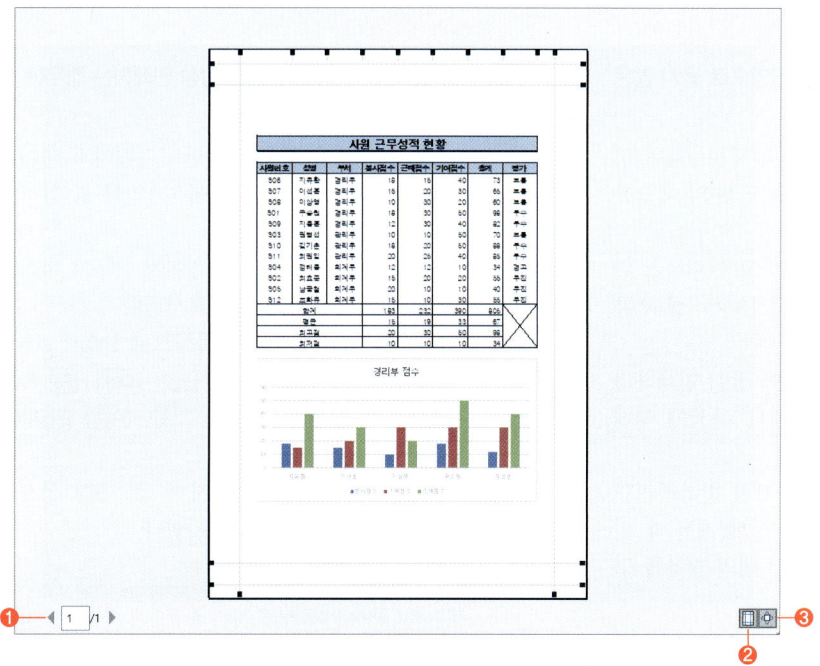

❶ ◀ 1 ▶	• 이전 페이지, 다음 페이지를 표시함 • 여러 개의 워크시트를 선택했거나 워크시트에 여러 페이지의 데이터가 포함된 경우에만 사용할 수 있음
❷ □	• 미리 보기 화면에 여백 선을 표시함 • 여백을 변경하려면 원하는 높이와 너비로 여백을 끌면 됨 • 인쇄 미리 보기 페이지의 위쪽이나 아래쪽에 있는 핸들을 끌어 열 너비를 변경할 수도 있음(워크시트에도 변경된 너비가 그대로 적용됨) • 인쇄 미리 보기 창에서 셀의 높이는 조절할 수 없음
❸ □	• 인쇄할 페이지를 확대/축소하여 표시함 • 확대/축소 기능은 인쇄 크기에는 영향을 미치지 않음

- [인쇄 미리 보기]에서 [페이지 설정]을 클릭한 경우 [페이지 설정] 대화 상자의 [시트] 탭에서 '인쇄 영역', '반복할 행', '반복할 열'은 비활성 상태가 된다.

이론을 확인하는 기출문제

01 다음 중 엑셀의 인쇄 기능에 대한 설명으로 옳지 않은 것은?

① 차트만 제외하고 인쇄하기 위해서는 [차트 영역 서식] 대화 상자에서 '개체 인쇄'의 체크를 해제한다.
② 시트에 표시된 오류값을 제외하고 인쇄하기 위해서는 [페이지 설정] 대화 상자에서 '셀 오류 표시'를 '<공백>'으로 선택한다.
③ 인쇄 내용을 페이지의 가운데에 맞춰 인쇄하려면 [페이지 설정] 대화 상자에서 '문서에 맞게 배율 조정'을 체크한다.
④ 인쇄되는 모든 페이지에 특정 행을 반복하려면 [페이지 설정] 대화 상자에서 '인쇄 제목'의 '반복할 행'에 열 레이블이 포함된 행의 참조를 입력한다.

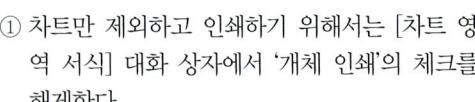
인쇄 내용을 페이지의 가운데에 맞춰 인쇄하려면 [페이지 설정] 대화 상자의 [여백] 탭에서 '페이지 가운데 맞춤'의 '가로'를 체크함

02 다음 중 시트의 특정 범위만 항상 인쇄하는 경우에 대한 설명으로 옳지 않은 것은?

① 인쇄할 영역을 블록 설정한 후 [페이지 레이아웃] 탭-[페이지 설정] 그룹의 [인쇄 영역]-[인쇄 영역 설정]을 클릭한다.
② 인쇄 영역으로 설정되면 페이지 나누기 미리보기에서는 설정된 부분만 표시된다.
③ 인쇄 영역을 설정하면 자동으로 Print_Area 라는 이름이 작성되며, 이름은 Ctrl+F3 혹은 [수식] 탭-[정의된 이름] 그룹-[이름 관리자]에서 확인할 수 있다.
④ 인쇄 영역 설정은 [페이지 설정] 대화 상자의 [시트] 탭에서 지정할 수도 있다.

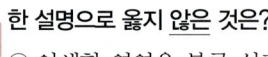
인쇄 영역으로 설정되면 페이지 나누기 미리 보기에서는 설정된 부분은 밝게 표시되고 설정되지 않은 부분은 어둡게 표시됨

SECTION 02 페이지 설정

빈출 태그 페이지 설정 • 머리글/바닥글 편집 단추 • [시트] 탭

01 페이지 설정 25년 상시, 24년 상시, 22년 상시, 21년 상시, 19년 3월, 17년 3월, 15년 6월, 14년 3월/10월, 13년 6월/10월, …

1) [페이지] 탭

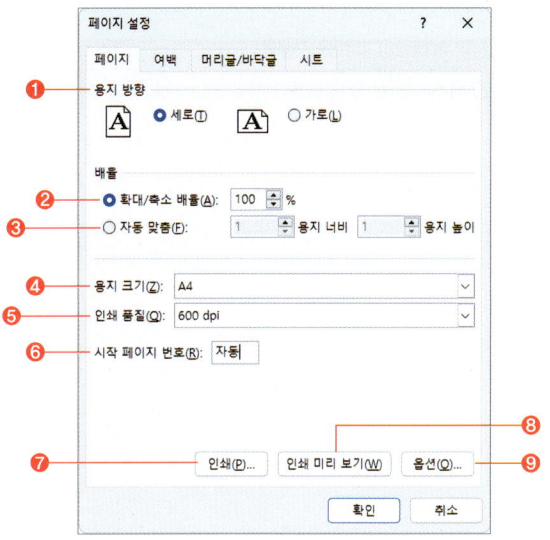

❶ 용지 방향	용지를 세로 또는 가로 방향으로 선택하여 용지 방향을 설정함
❷ 확대/축소 배율	워크시트를 지정한 배율로 축소 또는 확대하여 인쇄함(10~400%)
❸ 자동 맞춤	지정한 용지 너비와 용지 높이에 맞추어 자동으로 인쇄함
❹ 용지 크기	인쇄 용지의 크기를 설정함
❺ 인쇄 품질	인쇄 품질을 높일수록 더 선명한 출력물을 얻을 수 있음
❻ 시작 페이지 번호	인쇄되는 첫 페이지의 페이지 번호를 지정하며, '자동'으로 설정하면 1페이지부터 번호가 매겨짐
❼ 인쇄	[인쇄] 대화 상자가 나타남
❽ 인쇄 미리 보기	[인쇄 미리 보기]가 나타남
❾ 옵션	[프린터 등록 정보] 대화 상자가 나타남

> **기적의 TIP**
> 페이지 설정은 각 탭의 기능을 묻는 문제가 자주 출제됩니다. 특히 [머리글/바닥글] 탭의 편집 단추는 매우 중요합니다.

> **모든 자료를 한 장에 인쇄하기**
> '자동 맞춤'을 선택하고 용지의 너비와 높이를 각각 1로 설정하면 모든 자료가 한 장에 인쇄됨

2) [여백] 탭 20년 7월

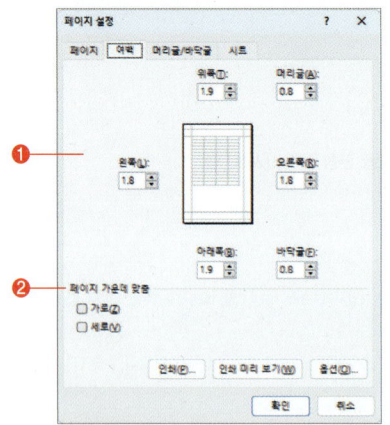

❶ 여백	머리글/바닥글과 용지의 여백(상하 좌우)을 지정함
❷ 페이지 가운데 맞춤	'가로' 또는 '세로' 항목을 체크하면 인쇄 내용이 가로 또는 세로 방향으로 페이지 가운데 맞춰짐

- 여러 워크시트에 동일한 [머리글/바닥글]을 한 번에 추가하려면 여러 워크시트를 선택하여 그룹화한 후 설정함
- 차트 시트인 경우 [페이지 설정] 대화 상자의 [머리글/바닥글] 탭에서 머리글/바닥글을 추가할 수 있음

3) [머리글/바닥글] 탭 13년 6월, 11년 3월, 07년 2월, 04년 2월

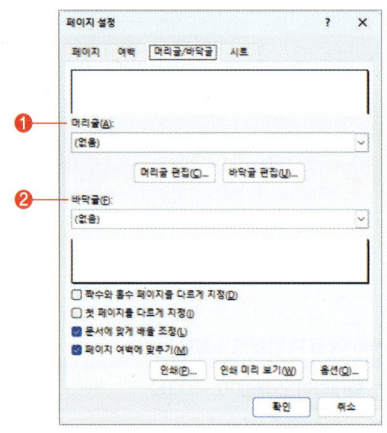

[보기] 탭-[통합 문서 보기] 그룹-[페이지 레이아웃]에서 클릭하여 머리글과 바닥글을 추가할 수도 있음

❶ 머리글	인쇄되는 모든 페이지의 상단에 고정적으로 인쇄되는 내용
❷ 바닥글	인쇄되는 모든 페이지의 하단에 고정적으로 인쇄되는 내용

- '머리글', '바닥글'의 목록 단추(▽)를 클릭하고 제공되는 머리글이나 바닥글 중에서 선택하여 사용할 수 있다.
- [머리글 편집] 또는 [바닥글 편집] 단추를 클릭한 다음 사용자가 머리글이나 바닥글 내용을 직접 입력할 수 있다.
- 각종 편집 단추를 이용하여 페이지 번호나 날짜와 시간, 파일 경로, 파일 이름과 시트 이름 등을 코드로 입력해 놓으면 실제 인쇄될 때 해당되는 내용으로 바뀌어 인쇄된다.

파일 이름과 시간(◎ 통합 문서, 11:20 PM)을 함께 설정하는 머리글, 바닥글 유형은 없음

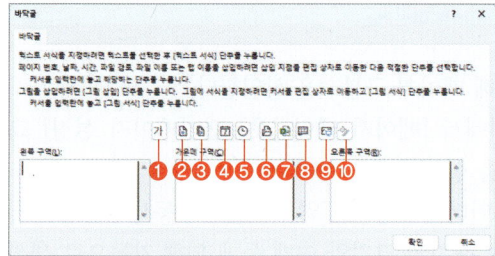

▶ **머리글/바닥글 편집 단추** 25년 상시, 24년 상시, 23년 상시, 22년 상시, 15년 3월, 14년 6월, 12년 3월, 10년 6월, 08년 8월, …

명령 단추	삽입 코드	기능
❶ 텍스트 서식(가)		텍스트의 글꼴 서식을 변경함
❷ 페이지 번호 삽입	&[페이지 번호]	현재 페이지 번호를 자동으로 삽입함
❸ 전체 페이지 수 삽입	&[전체 페이지 수]	인쇄 범위의 전체 페이지 수를 삽입함
❹ 날짜 삽입	&[날짜]	인쇄 당시 시스템의 날짜를 삽입함
❺ 시간 삽입	&[시간]	인쇄 당시 시스템의 시간을 삽입함
❻ 파일 경로 삽입	&[경로]&[파일]	통합 문서 파일의 경로와 이름을 삽입함
❼ 파일 이름 삽입	&[파일]	통합 문서 파일의 이름을 삽입함
❽ 시트 이름 삽입	&[탭]	해당 워크시트의 이름을 삽입함
❾ 그림 삽입	&[그림]	그림을 삽입함
❿ 그림 서식		삽입된 그림의 서식을 설정함

& 문자의 사용
머리글/바닥글에 '&' 문자를 넣으려면 '&&'를 사용해야 함

4) [시트] 탭 25년 상시, 24년 상시, 23년 상시, 22년 상시, 21년 상시, 20년 2월/7월, 19년 3월, 16년 10월, 15년 3월/10월, 13년 3월, …

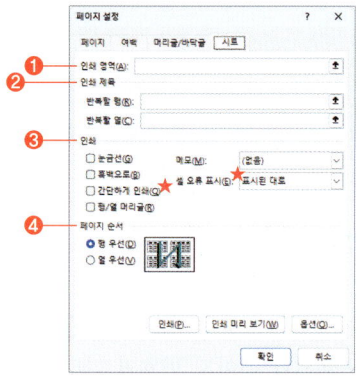

❶ 인쇄 영역	• 워크시트에서 특정 영역만 선택하여 인쇄하고자 할 때 범위를 지정함 • 인쇄 영역을 지정하지 않으면 기본적으로 워크시트의 모든 내용을 인쇄함	
❷ 인쇄 제목	• 모든 페이지에 반복해서 인쇄할 제목 행과 제목 열을 지정함 • 반복할 행은 '$1:$3'과 같이 행 번호로 나타나며, 반복할 열은 '$A:$B'와 같이 열 문자로 나타남	
❸ 인쇄	• 눈금선, 행/열 머리글 등 기본적으로 인쇄되지 않는 내용 중 원하는 항목을 선택하여 인쇄 내용에 포함 • 메모의 인쇄 방법(없음, 시트 끝, 시트에 표시된 대로)을 선택함	
❹ 페이지 순서	여러 페이지가 인쇄될 경우 페이지 번호를 매기는 순서를 행(행 우선) 또는 열(열 우선) 방향으로 설정함	

★ **간단하게 인쇄**
테두리, 그래픽 등을 인쇄하지 않음

★ **셀 오류 표시**
시트에 표시된 오류값을 제외하고 인쇄하기 위해서는 [페이지 설정] 대화 상자에서 '셀 오류 표시'를 '<공백>'으로 선택함

메모 인쇄
• [페이지 설정] 대화 상자의 [시트] 탭에서 메모의 인쇄 형식을 지정함
• '시트 끝'을 선택하면 각 페이지의 메모가 문서의 마지막에 한꺼번에 인쇄됨
• '시트에 표시된 대로'를 선택하면 워크시트에 메모가 나타나는 위치에 그대로 인쇄됨(이 때 표시된 메모만 인쇄되므로 미리 인쇄할 메모를 모두 표시해야 함)

02 페이지 구분선 18년 3월, 12년 3월, 05년 5월/7월, 03년 2월

- 인쇄 시 페이지 단위로 인쇄하기 위해 페이지 구분선을 삽입한다.
- 페이지 구분선 삽입 : 원하는 위치에서 [페이지 레이아웃] 탭-[페이지 설정] 그룹-[나누기]-[페이지 나누기 삽입]을 실행한다.
- 페이지 구분선 삽입 위치 : 현재 셀 포인터를 기준으로 위쪽과 왼쪽에 동시에 삽입된다.
- [페이지 나누기 미리 보기]에서 인쇄 용지의 크기와 여백 등에 의해 자동으로 생성된 자동 페이지 구분선은 파란색 점선으로 표시된다.
- [페이지 나누기 미리 보기]에서 사용자가 임의 위치에서 삽입한 사용자 정의 페이지 구분선은 파란색의 굵은 실선으로 표시된다.
- 페이지 구분선 삭제 : 페이지 구분선 바로 아래나 오른쪽에 셀 포인터를 놓고 [페이지 레이아웃] 탭-[페이지 설정] 그룹-[나누기]를 선택한 후 [페이지 나누기 제거]를 실행한다.

> **기적의 TIP**
> 페이지 구분선의 위치 설정 방법을 알아 두세요.

> **페이지 나누기**
> 워크시트를 인쇄할 수 있도록 페이지 단위로 나누는 구분선이며, 용지 크기, 여백 설정, 배율 옵션, 사용자가 삽입한 수동 페이지 나누기 위치 등에 따라 자동 페이지 나누기가 삽입됨

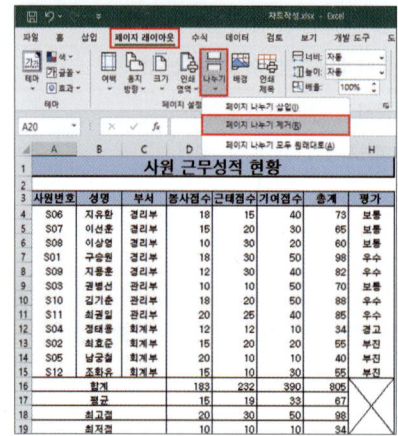

03 페이지 나누기 미리 보기 25년 상시, 23년 상시, 17년 3월, 16년 6월, 14년 6월, 13년 3월/6월, 12년 3월, …

- [보기] 탭-[통합 문서 보기] 그룹-[페이지 나누기 미리 보기]를 실행하면 현재 워크시트의 인쇄 모양을 워크시트 상태에서 보여주는 [페이지 나누기 미리 보기]로 전환한다.
- 원래 보기 상태로 돌아가려면 [보기] 탭-[통합 문서 보기] 그룹-[기본]을 실행한다.
- [페이지 나누기 미리 보기] 상태에서는 페이지 구분선과 페이지 번호가 나타나며, 마우스로 페이지 구분선을 끌어 원하는 위치로 이동할 수 있다. 수동으로 삽입된 페이지 나누기는 실선으로 표시된다(자동은 파선).
- 수동으로 삽입한 페이지 나누기를 제거하려면 페이지 나누기를 페이지 나누기 미리 보기 영역 밖으로 끈다.
- [페이지 나누기 미리 보기]에서도 데이터 입력 및 편집 작업이 가능하다.
- [파일] 탭-[옵션]을 클릭한 후 [Excel 옵션] 대화 상자가 표시되면 [고급] 탭-[이 워크시트의 표시 옵션(S)]에서 '페이지 나누기 표시'를 체크하면 기본 보기에서도 페이지 나누기가 나타난다.

> **기적의 TIP**
> [페이지 나누기 미리 보기]에서도 데이터의 입력 및 편집이 가능한 점에 유의하세요.

> **자동 페이지 나누기**
> - 페이지 나누기 미리 보기에서 파선으로 표시되는 자동 페이지 나누기는 용지 크기, 방향, 여백 설정, 배율 옵션 등에 의해 결정됨
> - 사용자 지정 페이지 나누기를 삽입하면 자동 페이지 나누기는 다시 계산되어 표시됨
> - 행 높이와 열 너비를 변경하면 자동 페이지 나누기 위치도 같이 변경됨

이론을 확인하는 기출문제

01 다음 중 엑셀의 [페이지 설정]에 대한 설명으로 옳은 것은?

① 인쇄 배율을 수동으로 설정할 수 있으며, 배율은 워크시트 표준 크기의 10%에서 200%까지 가능하다.
② 셀 구분선이나 행/열 머리글은 인쇄되도록 설정할 수 없다.
③ [페이지 설정] 대화 상자의 [페이지] 탭에서 [자동 맞춤]의 용지 너비와 용지 높이를 1로 지정하면 여러 페이지가 한 페이지에 출력되도록 확대/축소 배율이 자동으로 조정된다.
④ 셀에 설정된 메모를 시트에 표시된 대로 인쇄할 수는 없고, 시트 끝에 인쇄할 수는 있다.

오답 피하기
- ① : 인쇄 배율을 수동으로 설정할 수 있으며, 배율은 워크시트 표준 크기의 10%에서 400%까지 가능함
- ② : 셀 구분선이나 행/열 머리글은 [시트] 탭에서 인쇄되도록 설정할 수 있음
- ④ : [시트] 탭에서 셀에 설정된 메모를 시트에 표시된 대로 인쇄할 수 있음

02 다음 중 [페이지 설정] 대화 상자의 [시트] 탭에 대한 설명으로 옳지 않은 것은?

① 반복할 행은 "$1:$3"과 같이 행 번호로 나타낸다.
② 메모의 인쇄 방법을 '시트 끝'으로 선택하면 원래 메모가 속한 각 페이지의 끝에 모아 인쇄된다.
③ 인쇄 영역을 지정하지 않으면 기본적으로 워크시트의 모든 내용을 인쇄한다.
④ 여러 페이지가 인쇄될 경우 열 우선을 선택하면 오른쪽 방향으로 인쇄를 마친 후에 아래쪽 방향으로 진행된다.

'시트 끝'을 선택하면 각 페이지의 메모가 문서의 마지막에 한꺼번에 인쇄됨

03 인쇄 시 테두리나 그래픽 등을 생략하고 데이터만 인쇄 하려고 할 때 설정해야 할 것으로 올바른 것은?

① 눈금선
② 행/열 머리글
③ 간단하게 인쇄
④ 흑백으로

간단하게 인쇄 : 테두리, 그래픽 등은 인쇄하지 않음

04 다음 중 [페이지 나누기 미리 보기] 상태에서 설정할 수 있는 기능에 대한 설명으로 옳지 않은 것은?

① 행 높이와 열 너비를 변경하면 자동 페이지 나누기의 위치도 변경된다.
② 수동으로 삽입한 페이지 나누기를 제거하려면 페이지 나누기를 페이지 나누기 미리 보기 영역 밖으로 끌어다 놓는다.
③ [페이지 나누기 삽입] 기능은 선택한 셀의 아래쪽 행 오른쪽 열로 페이지 나누기를 삽입한다.
④ 수동 페이지 나누기를 모두 제거하려면 임의의 셀의 바로 가기 메뉴에서 [페이지 나누기 모두 원래대로]를 클릭한다.

[페이지 나누기 삽입] 기능은 선택한 셀의 윗 행 왼쪽 열로 페이지 나누기를 삽입함

05 다음 시트에서 [A1:G3] 영역을 제목으로 설정하여 매 페이지마다 반복 인쇄하기 위한 페이지 설정 방법으로 옳은 것은?

	A	B	C	D	E	F	G
1	사원 근무성적 현황						
2							
3	사원번호	성명	부서	봉사점수	근태점수	기여점수	총계
4	S06	성연주	경리부	18	15	40	73
5	S07	박인실	경리부	15	20	30	65
6	S08	유나	경리부	10	30	20	60
7	S01	허설혜	경리부	18	30	50	98
8	S09	이수경	경리부	12	30	40	82
9	S03	박인실	관리부	10	10	50	70
10	S10	민서희	관리부	18	20	50	88
11	S11	유나	관리부	20	25	40	85
12	S04	최효준	회계부	12	12	10	34
13	S02	남궁မ	회계부	15	20	20	55
14	S05	박수진	회계부	20	10	10	40
15	S12	이선경	회계부	15	10	30	55

① [페이지 설정] 대화 상자의 [시트] 탭에서 '반복할 행'에 $1:$3를 입력한다.
② [페이지 설정] 대화 상자의 [시트] 탭에서 '인쇄 영역'에 A:G를 입력한다.
③ [페이지 설정] 대화 상자의 [머리글/바닥글] 탭에서 '머리글'에 $1:$3를 입력한다.
④ [페이지 설정] 대화 상자의 [머리글/바닥글] 탭에서 '머리글'에 A:G를 입력한다.

'반복할 행'은 매 페이지마다 반복해서 인쇄될 행을 지정하는 기능으로, [페이지 설정] 대화 상자의 [시트] 탭에서 '반복할 행'에 $1:$3를 입력하면 1행부터 3행까지의 내용이 매 페이지마다 반복되어 인쇄됨

정답 01 ③ 02 ② 03 ③ 04 ③ 05 ①

06 다음 중 [머리글/바닥글] 기능에 대한 설명으로 옳지 않은 것은?

① 머리글이나 바닥글의 텍스트에 앰퍼샌드(&) 문자 한 개를 포함시키려면 앰퍼샌드(&) 문자를 두 번 입력한다.
② 여러 워크시트에 동일한 [머리글/바닥글]을 한 번에 추가하려면 여러 워크시트를 선택하여 그룹화 한 후 설정한다.
③ [페이지 나누기 미리 보기] 상태에서는 워크시트에 머리글과 바닥글 영역이 함께 표시되어 간단히 머리글/바닥글을 추가할 수 있다.
④ 차트 시트인 경우 [페이지 설정] 대화 상자의 [머리글/바닥글] 탭에서 머리글/바닥글을 추가할 수 있다.

[페이지 레이아웃] 상태에서 워크시트에 머리글과 바닥글 영역이 함께 표시되어 간단히 머리글/바닥글을 추가할 수 있음

07 다음 중 바닥글 영역에 페이지 번호를 인쇄하도록 설정된 여러 개의 시트를 출력하면서 전체 출력물의 페이지 번호가 일련번호로 이어지게 하는 방법으로 옳지 않은 것은?

① [인쇄 미리 보기 및 인쇄]의 '설정'을 '전체 통합 문서 인쇄'로 선택하여 인쇄한다.
② 전체 시트를 그룹으로 설정한 후 인쇄한다.
③ 각 시트의 [페이지 설정] 대화 상자에서 '일련번호로 출력'을 선택한 후 인쇄한다.
④ 각 시트의 [페이지 설정] 대화 상자에서 '시작 페이지 번호'를 일련번호에 맞게 설정한 후 인쇄한다.

[페이지 설정] 대화 상자에서 '일련번호로 출력' 기능은 지원되지 않음

08 다음 중 시트에서 모든 자료를 한 장에 인쇄하기 위한 설정 방법으로 가장 옳은 것은?

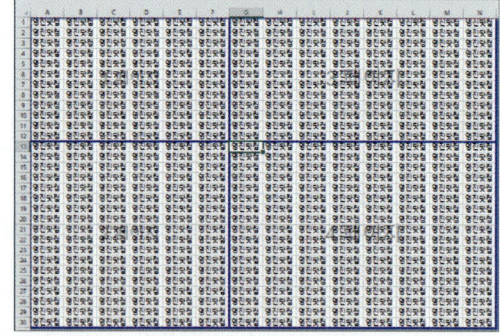

① [축소 확대/배율]을 100%로 한다.
② [자동 맞춤]의 [용지 너비]를 '1'로 하고 [용지 높이]를 '1'로 한다.
③ [자동 맞춤]의 [용지 너비]를 공백으로 하고 [용지 높이]를 '1'로 한다.
④ [자동 맞춤]의 [용지 너비]를 '1'로 하고 [용지 높이]를 공백으로 한다.

모든 자료를 한 장에 인쇄 : [자동 맞춤]을 선택하고 용지의 너비와 높이를 각각 1로 설정하면 모든 자료가 한 장에 인쇄됨

09 다음 중 인쇄 기능에 대한 설명으로 옳지 않은 것은?

① 기본적으로 워크시트의 눈금선은 인쇄되지 않으나 인쇄 되도록 설정할 수 있다.
② [페이지 설정] 대화 상자의 [시트] 탭에서 '간단하게 인쇄'를 선택하면 셀의 테두리를 포함하여 인쇄할 수 있다.
③ [인쇄 미리 보기 및 인쇄] 화면을 표시하는 바로 가기 키는 Ctrl + F2 이다.
④ [인쇄 미리 보기 및 인쇄]에서 '여백 표시'를 선택한 경우 마우스로 여백을 변경할 수 있다.

간단하게 인쇄 : 인쇄 시 테두리나 그래픽 등을 생략하고 데이터만 인쇄함

SECTION 03 리본 메뉴와 창 다루기

출제빈도 상 중 하
반복학습 1 2 3

빈출 태그 리본 메뉴 • 화면 제어 • 틀 고정

01 리본 메뉴 다루기

1) 리본 메뉴 축소(Ctrl + F1)

- 리본에 탭 이름만 표시해 준다.

방법 1	리본 메뉴 축소 아이콘(∧)을 클릭함
방법 2	[파일] 탭을 제외한 리본 탭을 마우스로 더블클릭함
방법 3	각 탭에서 마우스 오른쪽 단추를 누른 다음 [리본 메뉴 축소]를 클릭함
방법 4	바로 가기 키 Ctrl + F1을 누름

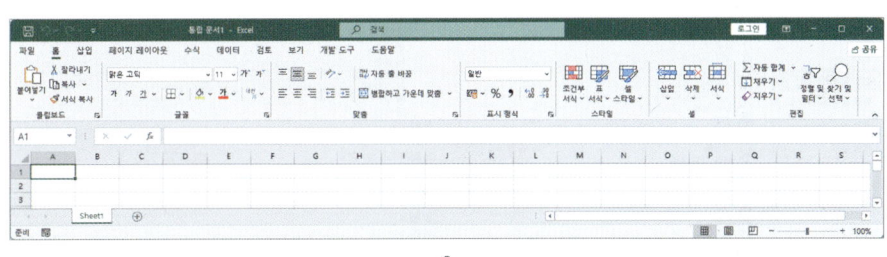

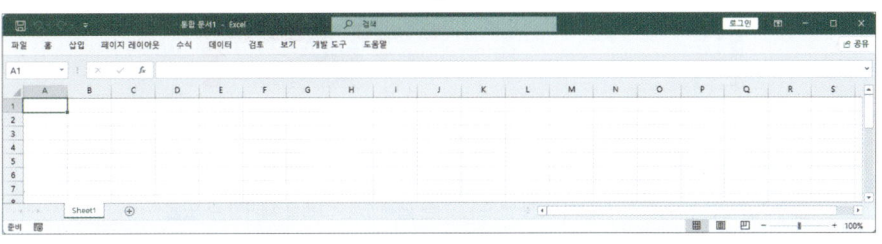

▲ '리본 메뉴 축소' 상태

- 축소된 리본 메뉴를 사용하려면 사용하려는 [탭] 메뉴를 클릭한 다음 원하는 옵션이나 명령을 클릭한다.

[리본 메뉴 표시 옵션] 단추

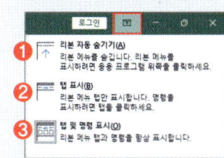

① 리본 메뉴 자동 숨기기
  - 리본 메뉴를 숨김
  - 리본 메뉴 자동 숨기기를 실행한 경우

  - 위쪽의 ▢▢▢ 클릭하면 다시 표시됨(시트 작업 시 다시 사라짐)
② 탭 표시
  - 탭만 표시됨
  - 탭을 클릭하면 명령이 표시됨 (시트 작업 시 다시 사라짐)
③ 탭 및 명령 표시
  - 리본 메뉴 탭과 명령을 항상 표시함

리본 메뉴를 숨겼을 때 리본 메뉴 탭과 명령을 항상 표시하는 방법
리본 메뉴 표시 옵션 단추(▢)를 클릭, [탭 및 명령 표시]를 클릭함

2) 리본 메뉴 사용자 지정

- 리본 메뉴를 개인이 업무에 맞게 자주 사용하는 명령을 원하는 방식으로 설정할 수 있다.
- 기본적으로 제공되는 기본 탭과 그룹의 이름을 바꾸거나 순서를 변경할 수 있다. 그러나 기본 명령은 이름을 바꾸거나, 명령과 연결된 아이콘을 변경하거나, 명령의 순서를 변경할 수 없다.
- 그룹에 명령을 추가하려면 기본 탭이나 새 탭에 사용자 지정 그룹을 추가해야 한다.
- 리본 메뉴 사용자 지정 목록에서는 사용자 지정 탭 및 그룹 이름 뒤에 (사용자 지정)이 오지만 리본 메뉴에서는 (사용자 지정)이라는 단어가 나타나지 않는다.
- [개발 도구]를 선택하면 리본 메뉴에 [개발 도구] 탭이 표시된다.

방법 1	[파일] 탭–[옵션]–[Excel 옵션]에서 [리본 사용자 지정]을 클릭함
방법 2	각 탭에서 마우스 오른쪽 단추를 누른 다음 [리본 메뉴 사용자 지정]을 클릭함

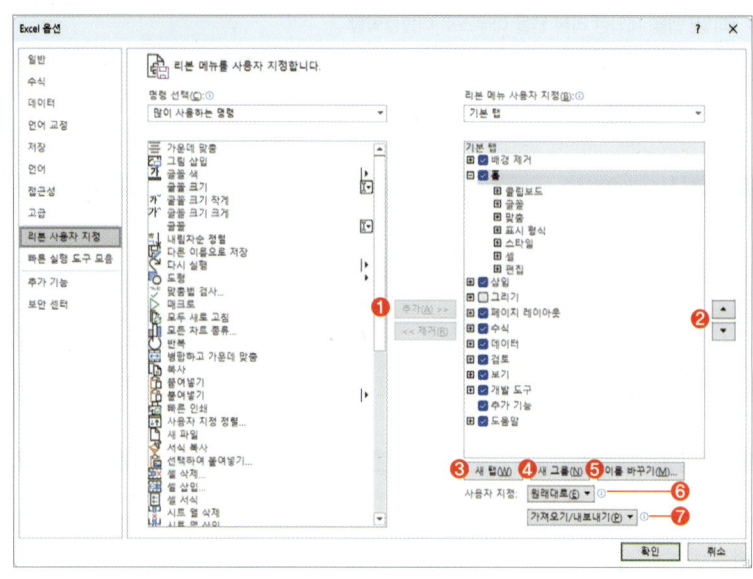

❶ 추가/제거	• 사용자 지정 그룹에만 명령을 추가함 • 사용자 지정 탭 또는 기본 탭에 있는 그룹을 제거할 수 있음 • 사용자 지정 그룹에서만 명령을 제거할 수 있음
❷ 위로 이동/아래로 이동	리본 메뉴 사용자 지정 목록에서 탭 또는 그룹을 위로/아래로 이동함
❸ 새 탭	• 사용자 지정 탭 및 사용자 지정 그룹이 추가됨 • 사용자 지정 그룹에만 명령을 추가할 수 있음
❹ 새 그룹	사용자 지정 탭 또는 기본 탭에 사용자 지정 그룹을 추가할 수 있음
❺ 이름 바꾸기	• 리본 메뉴 사용자 지정 목록에서 탭 또는 그룹의 이름을 변경함 • 사용자 지정 그룹에 추가한 명령만 이름을 바꿀 수 있음 • 사용자 지정 그룹의 이름을 바꿀 때 해당 그룹을 나타내는 아이콘을 클릭할 수도 있음
❻ 원래대로	선택한 리본 메뉴 탭만 다시 설정하거나 모든 사용자 지정 다시 설정이 가능함
❼ 가져오기/내보내기	사용자 지정 파일 가져오기나 모든 사용자 지정 항목 내보내기가 가능함

개념 체크

1. 리본 메뉴를 개인이 업무에 맞게 자주 사용하는 명령을 원하는 방식으로 설정할 수 있다. 이를 ( )이라고 한다.
2. 사용자 지정 그룹에만 명령을 추가할 수 있으며, 그룹을 제거할 수 있는 버튼은 ( )이다.
3. 사용자 지정 파일 가져오기나 모든 사용자 지정 항목 내보내기가 가능한 버튼은 ( )이다.
4. 리본 메뉴 사용자 지정에서 [개발 도구]를 선택하면 리본 메뉴에 [개발 도구] 탭이 표시된다. (O, X)
5. 기본 탭과 그룹의 이름을 바꾸거나 순서를 변경할 수 없다. (O, X)

1 사용자 지정 2 추가/제거
3 가져오기/내보내기
4 O 5 X

3) 빠른 실행 도구 모음 편집하기

🏠 **따라하기 TIP**

① [파일] 탭-[옵션]-[Excel 옵션]을 실행한다.

② [Excel 옵션] 대화 상자에서 [빠른 실행 도구 모음] 항목의 [명령 선택] 목록에 있는 명령 항목을 선택하고 [목록 상자]에 있는 메뉴를 클릭하여 [추가]를 클릭하면 [빠른 실행 도구 모음 사용자 지정] 목록의 위치로 삽입이 가능하게 된다.

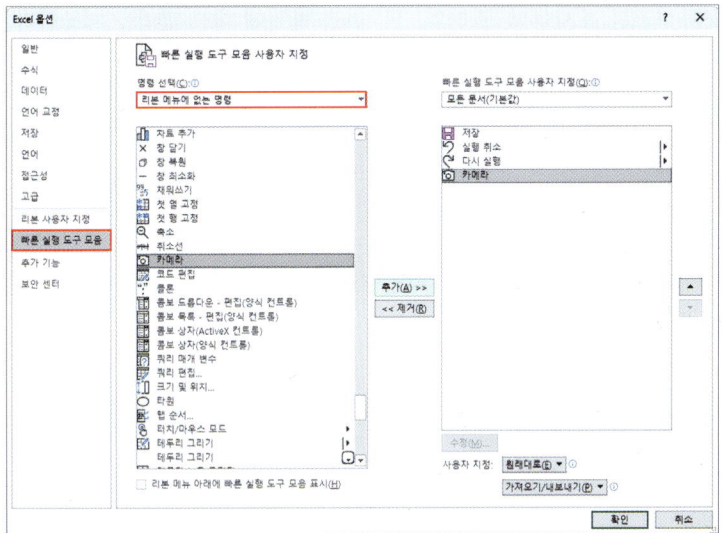

③ [Excel 옵션] 대화 상자에서 [빠른 실행 도구 모음] 항목의 [빠른 실행 도구 모음 사용자 지정] 목록에 있는 명령 항목을 선택하고 [목록 상자]에 있는 메뉴를 클릭하여 [제거]를 클릭하면 삭제된다.

4) 빠른 실행 도구 모음 사용자 지정 이용하기

[빠른 실행 도구 모음 사용자 지정](▼) 단추를 클릭하여 추가할 메뉴를 선택하면 [빠른 실행 도구 모음]에 나타나고 체크 표시가 설정된다.

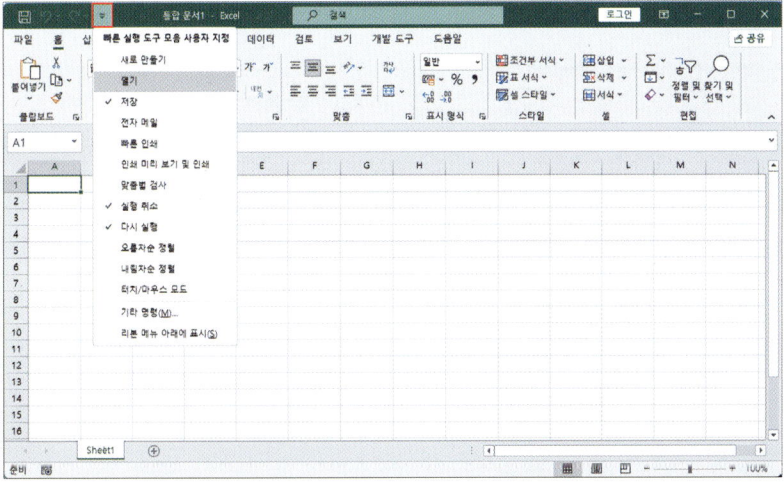

5) 리본 메뉴의 탭 종류 및 기능

① [파일] 탭

Microsoft Office Backstage 보기가 나타나며 Backstage 보기는 새로 만들기, 열기, 정보, 저장, 다른 이름으로 저장, 사용 기록, 인쇄, 공유, 내보내기, 게시, 닫기, 계정, 피드백, 옵션 등의 기능을 제공해 준다.

② [홈] 탭

클립보드, 글꼴, 맞춤, 표시형식, 스타일, 셀, 편집 작업에 대한 명령을 제공한다.

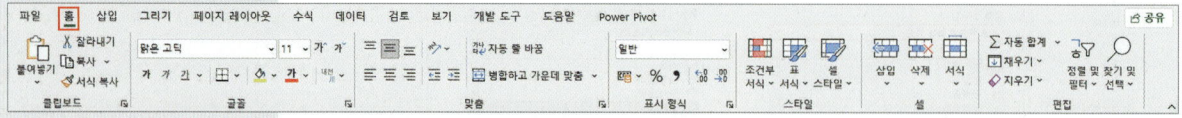

③ [삽입] 탭

표, 일러스트레이션, 추가 기능, 차트, 투어, 스파크라인, 필터, 링크, 텍스트, 기호에 대한 명령을 제공한다.

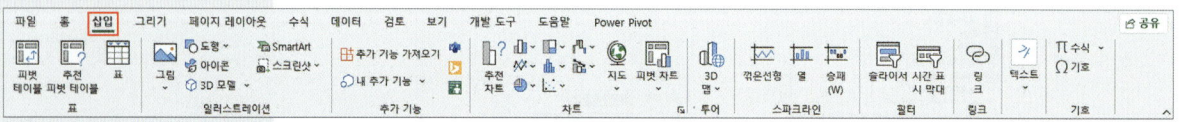

④ [페이지 레이아웃] 탭

테마, 페이지 설정, 크기 조정, 시트 옵션, 정렬과 같은 전체적인 형태에 대한 설정 명령을 제공한다.

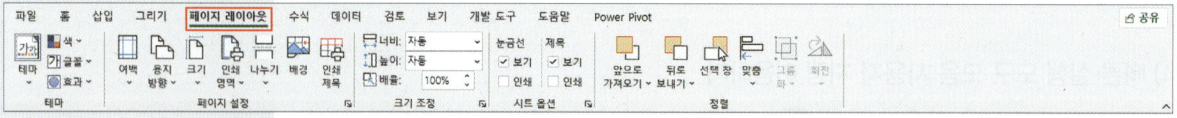

⑤ [수식] 탭

함수 라이브러리, 정의된 이름, 수식 분석, 계산 작업에 필요한 명령을 제공한다.

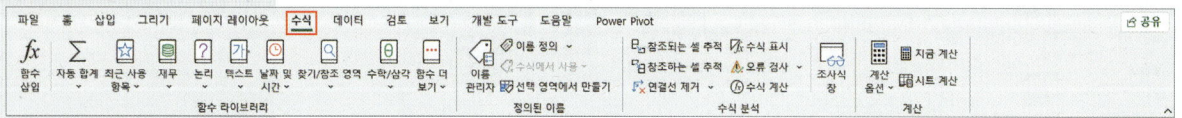

⑥ [데이터] 탭

데이터 가져오기 및 변환, 쿼리 및 연결, 정렬 및 필터, 데이터 도구, 예측, 개요, 분석 등의 명령을 제공한다.

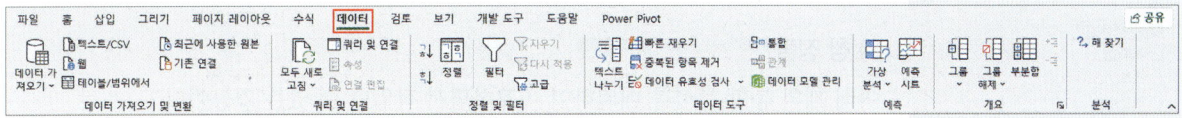

⑦ [검토] 탭

언어 교정, 접근성, 정보 활용, 언어, 메모, 보호, 잉크 등의 기능을 제공해 준다.

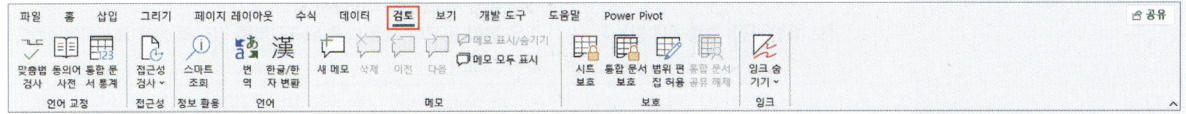

⑧ [보기] 탭

통합 문서 보기, 표시, 확대/축소, 창, 매크로 등의 기능을 제공해 준다.

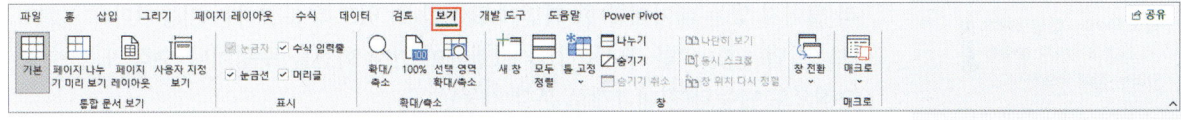

⑨ [개발 도구] 탭

- 코드, 추가 기능, 컨트롤, XML 등의 기능을 제공해 준다.
- [파일] 탭-[옵션]-'Excel 옵션'의 [리본 사용자 지정]-[개발 도구] 확인란에 체크가 설정되어 있는 경우에만 표시된다.

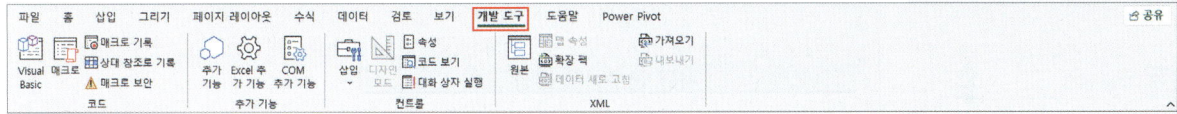

02 화면 제어 20년 2월/7월, 18년 9월, 16년 3월/6월, 15년 10월, 13년 6월, 11년 3월, 10년 10월, 03년 7월

확대/축소는 실행 취소 기능이 지원되지만 창 숨기기, 창 정렬, 창 나누기, 틀 고정은 실행 취소 기능이 지원되지 않음

1) 확대/축소

- 현재 워크시트를 확대 또는 축소시켜 표시한다(출력 인쇄와는 상관 없음).
- [보기] 탭-[확대/축소] 그룹-[확대/축소]를 실행한 후 배율을 선택한다.
- '사용자 지정' 옵션을 선택하고 배율을 10~400% 범위 내에서 직접 입력할 수 있다.
- 워크시트 일부를 범위로 지정한 다음 확대/축소 배율을 '선택 영역에 맞춤'으로 지정하면 범위로 지정한 부분이 최대한 크게 보이도록 배율을 자동으로 설정해 준다.
- Ctrl 을 누른 채 마우스의 스크롤을 위로 올리면 화면이 확대되고, 아래로 내리면 화면이 축소된다.
- 설정한 확대/축소 배율은 통합 문서의 모든 시트에 자동으로 적용되지 않고 통합 문서의 해당 시트에만 적용된다.

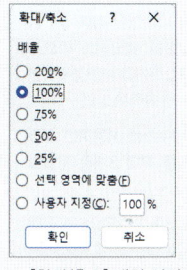

▲ [확대/축소] 대화 상자

창 정렬 방식

창은 바둑판식, 가로, 세로, 계단식의 4가지 방식으로 정렬할 수 있음

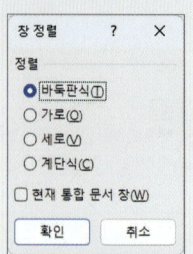
▲ [창 정렬] 대화 상자

2) 창 숨기기 20년 7월

[보기] 탭-[창] 그룹-[숨기기]	현재 통합 문서를 보이지 않게 숨김
[보기] 탭-[창] 그룹-[숨기기 취소]	숨어 있는 창 중에서 선택하여 다시 화면에 표시함

3) 창 정렬 23년 상시, 20년 7월, 15년 6월

여러 개의 통합 문서를 배열하여 비교하면서 작업할 수 있는 기능이다.

[보기] 탭-[창] 그룹-[모두 정렬]	• 창의 정렬 방식을 변경함 • '현재 통합 문서 창' 항목을 선택하고 [확인]을 클릭하면 현재 작업 중인 통합 문서에 해당되는 창만 지정한 방식으로 배열함
[보기] 탭-[창] 그룹-[새 창]	• 현재 창을 새로운 창으로 다시 엶 • 같은 통합 문서의 서로 다른 워크시트를 각각의 창에 표시하여 작업할 수 있음

└─ 동시에 여러 곳에서 작업할 수 있도록 문서를 다른 창에서 열기함

4) 창 나누기 25년 상시, 20년 7월, 19년 3월, 09년 7월

- 워크시트의 내용이 많아 하나의 화면으로는 모두 표시하기가 어려워 불편할 때 멀리 떨어져 있는 데이터를 한 화면에 표시할 수 있도록 분할하는 기능이다.
- [보기] 탭-[창] 그룹-[나누기]를 실행하여 현재 화면을 수평이나 수직 또는 수평/수직으로 나눈다(최대 4개로 분할 가능).
- 현재 셀의 위쪽과 왼쪽에 창 분할선이 생긴다.

창 숨기기, 창 정렬, 창 나누기, 틀 고정 등은 실행 취소를 할 수 없음

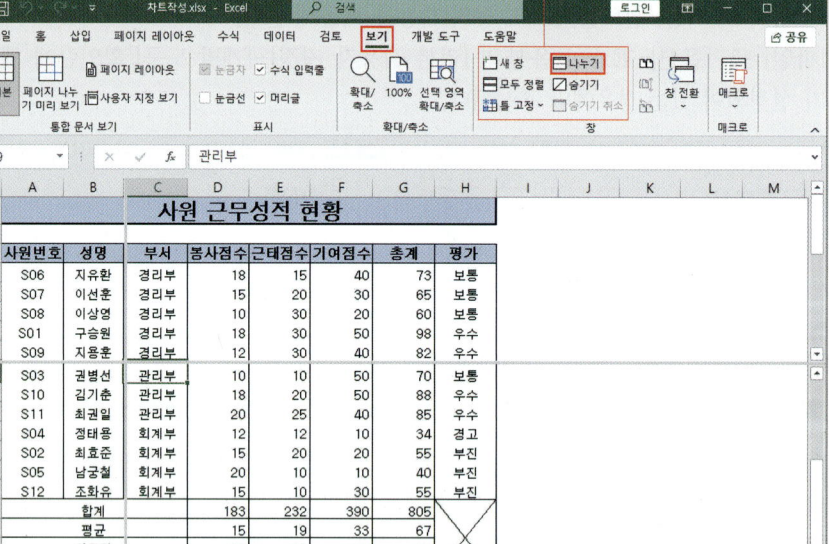
▲ [C9] 셀에서 창 나누기를 한 경우

- 셀을 A열([A1] 셀 제외)에 두고 명령을 실행하면 수평으로만 나누어지며, 1행([A1] 셀 제외)에서 명령을 실행하면 수직으로만 나누어진다.

기적의 TIP

창 나누기는 항상 4개가 아닌 최대 4개까지 분할할 수 있다는 점에 유의하세요.

개념 체크

1. 창 나누기 기능을 실행하려면 [보기] 탭에서 [창] 그룹을 선택한 후 (   )를 클릭한다.
2. 창 나누기가 실행되면 현재 셀의 위쪽과 왼쪽에 (   )이 생긴다.
3. 창이 나누어진 상태에서 창 분할선을 워크시트 밖으로 드래그하거나 더블클릭하면 (   )가 취소된다.
4. 창 나누기를 사용하면 워크시트를 최대 3개로 분할할 수 있다. (o, x)
5. 수평으로 나누기가 된 상태에서 A열([A1] 셀 제외)에서 명령을 실행하면 수직으로만 나누어진다. (o, x)

1 나누기 2 창 분할 선
3 창 나누기 4 × 5 ×

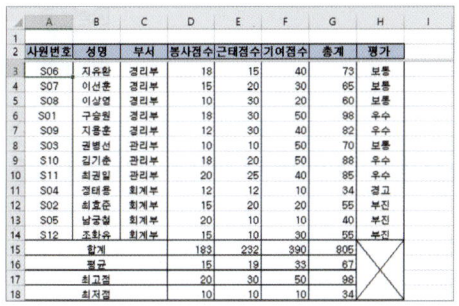

▲ 수평으로 나누기가 된 상태   ▲ 수직으로 나누기가 된 상태

- 창이 나누어진 상태에서는 창 분할선을 마우스로 드래그하여 분할된 지점을 변경할 수 있으며, 분할선을 워크시트 밖으로 드래그하거나 더블클릭하면 창 나누기가 취소된다.
- 창 나누기가 실행된 상태에서 다시 [보기] 탭-[창] 그룹-[나누기]를 실행하면 창 나누기가 해제된다.
- 화면에 표시된 창 분할 형태는 인쇄 시 적용되지 않는다.

5) 틀 고정 25년 상시, 24년 상시, 23년 상시, 22년 상시, 19년 3월, 17년 9월, 16년 3월/6월, 15년 6월, 14년 3월/10월, 13년 6월, 11년 10월, …

- 데이터 양이 많은 경우, 특정한 범위의 열 또는 행을 고정시켜 셀 포인터의 이동과 상관없이 화면에 항상 표시할 수 있도록 하는 기능이다.
- [보기] 탭-[창] 그룹-[틀 고정]-[틀 고정]을 실행하여 특정 행과 열을 화면에서 사라지지 않도록 고정시킨다.
- [보기] 탭-[창] 그룹-[틀 고정]-[틀 고정]을 실행한 후 [틀 고정 취소]를 선택하여 틀 고정을 해제한다.
- 현재 셀의 위쪽과 왼쪽에 틀 고정 선이 생긴다. A열([A1] 셀 제외)에서 명령을 실행하면 특정 행만, 1행([A1] 셀 제외)에서 명령을 실행하면 특정 열만 고정된다.
- 틀 고정선은 창 나누기와는 달리 고정선을 이용하여 고정선의 위치를 조절할 수 없다.
- 화면에 틀이 고정되어 있어도 인쇄에는 영향을 끼치지 않는다.
- 시트가 보호되었거나 셀 편집 상태에서는 틀 고정을 실행할 수 없다.

▲ [A3] 셀에서 틀 고정시킨 경우   ▲ [A2:H2] 영역의 제목이 틀 고정됨

> **기적의 TIP**
>
> 틀 고정은 최근에 자주 출제되고 있습니다. 틀 고정의 목적과 틀 고정은 실행 취소가 되지 않는다는 점을 기억하세요.

> **개념 체크**
>
> 1 특정한 범위의 열 또는 행을 고정시켜 셀 포인터의 이동과 상관없이 화면에 항상 표시할 수 있도록 하는 기능을 ( )이라고 한다.
> 2 틀 고정 기능을 사용하면 현재 셀의 위쪽과 왼쪽에 틀 고정 선이 생긴다. (○, ×)
> 3 틀 고정선은 창 나누기와 마찬가지로 고정선을 이용하여 고정선의 위치를 조절할 수 있다. (○, ×)
> 4 화면에 틀이 고정되어 있어도 인쇄에는 영향을 끼치지 않는다. (○, ×)
>
> 1 틀 고정 2 ○ 3 × 4 ○

이론을 확인하는 기출문제

01 다음 중 화면 제어에 관한 설명으로 옳은 것은?
① 틀 고정은 행 또는 열, 열과 행으로 모두 고정이 가능하다.
② 창 나누기는 항상 4개로 분할되며 분할된 창의 크기는 마우스를 드래그하여 변경 가능하다.
③ 틀 고정선은 마우스를 드래그하여 위치를 변경할 수 있다.
④ 창 나누기는 [실행 취소] 명령으로 나누기를 해제할 수 있다.

> 틀 고정은 나머지 시트를 스크롤하는 동안 시트 일부가 표시되도록 유지하는 기능으로 행 또는 열, 열과 행으로 모두 고정이 가능함
>
> **오답 피하기**
> • 창 나누기는 항상 4개가 아닌 최대 4개로 분할되고 수평이나 수직 또는 수평/수직으로 나누며 창의 크기는 마우스로 드래그하여 변경 가능함
> • 틀 고정선은 마우스를 드래그하여 위치를 변경할 수 없음
> • 창 숨기기, 창 정렬, 창 나누기, 틀 고정 등은 실행 취소를 할 수 없음
> • 창 나누기의 분할선을 워크시트 밖으로 드래그하거나 더블클릭, [보기] 탭-[창] 그룹-[나누기]를 실행하면 창 나누기가 해제됨

02 다음 중 아래 그림 [보기] 탭-[창] 그룹의 각 명령에 대한 설명으로 옳지 않은 것은?

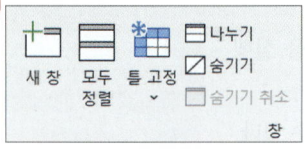

① [새 창]을 클릭하면 새로운 빈 통합 문서가 만들어져 표시된다.
② [모두 정렬]은 현재 열려 있는 문서를 바둑판식, 계단식, 가로, 세로 등 4가지 형태로 배열한다.
③ [숨기기]는 현재 활성화된 통합 문서 창을 보이지 않도록 숨긴다.
④ [나누기]를 클릭하면 워크시트를 최대 4개의 창으로 분리하여 멀리 떨어져 있는 여러 부분을 한 번에 볼 수 있다.

> [보기] 탭-[창] 그룹-[새 창] : 현재 창을 새로운 창으로 다시 엶, 같은 통합 문서의 서로 다른 워크시트를 각각의 창에 표시하여 작업할 수 있음

03 다음 중 엑셀의 화면 제어에 관한 설명으로 옳지 않은 것은?
① 숨겨진 통합 문서를 표시하려면 [보기]-[창]-'숨기기 취소'를 실행한다.
② 틀 고정에 의해 분할된 왼쪽 또는 위쪽 부분은 인쇄 시 반복할 행과 반복할 열로 자동 설정된다.
③ [Excel 옵션]의 [고급] 탭에서 'IntelliMouse로 화면 확대/축소' 옵션을 설정하면 Ctrl 을 누르지 않은 상태에서 마우스 휠의 스크롤만으로 화면의 축소 및 확대가 가능하다.
④ 확대/축소 배율은 선택된 시트에만 적용된다.

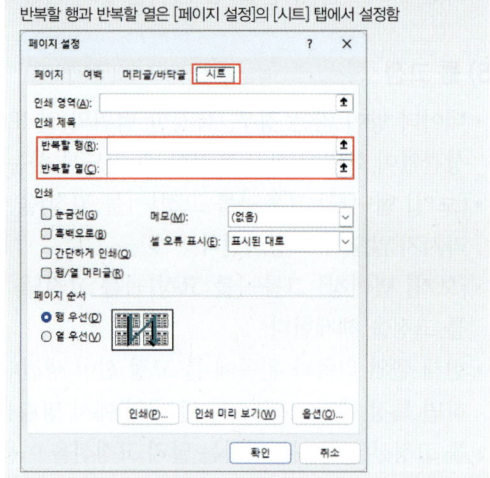

> 반복할 행과 반복할 열은 [페이지 설정]의 [시트] 탭에서 설정함

04 다음 중 [창]-[틀 고정]에 대한 기능 설명으로 옳지 않은 것은?
① 틀 고정 기준은 마우스로 위치를 조정할 수 있다.
② 데이터 양이 많은 경우, 특정한 범위의 열 또는 행을 고정시켜 셀 포인터의 이동과 상관없이 화면에 항상 표시할 수 있도록 하는 기능이다.
③ 화면에 틀이 고정되어 있어도 인쇄에는 적용되지 않는다.
④ 틀 고정을 수행하면 셀 포인터의 왼쪽과 위쪽으로 틀 고정선이 표시된다.

> 틀 고정 구분선은 창 나누기와는 달리 마우스로 집아끌어 틀 고정 구분선을 조정할 수 없음

CHAPTER

06

차트의 생성 및 수정

학습 방향

차트의 구성 요소, 차트 작성 방법, 차트 종류의 특징 및 쓰임새, 차트 편집 방법, 추세선에 대한 옳고 그름을 묻는 형식에 대한 이해와 숙지 등 차트에 대한 전반적인 학습이 필요합니다.

출제 빈도

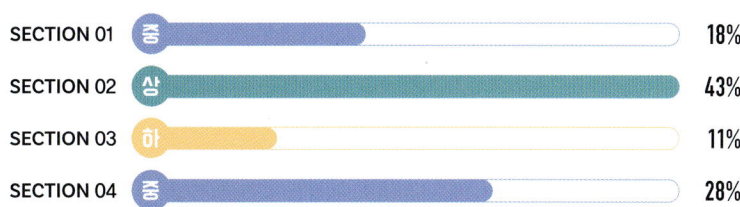

SECTION 01 차트의 기본

출제빈도 상 중 하
반복학습 1 2 3

빈출 태그 차트의 개념 • 차트 작성

01 차트 기본 개념과 구성 요소

1) 차트의 개념 12년 3월, 08년 2월, 05년 2월

- 특정 항목의 구성 비율을 살펴보기 위하여 워크시트에 입력된 수치 값들을 막대나 선, 도형, 그림 등을 사용하여 시각적으로 표현한 것으로 데이터의 상호 관계나 경향 또는 추세를 쉽게 분석할 수 있다.
- 원본 데이터가 변경되면 차트도 자동으로 변경된다.
- 하나의 데이터 원본에 대하여 여러 개의 차트를 작성할 수 있다.
- 2차원 차트, 3차원 차트, 혼합형 차트 등을 작성할 수 있다.
- 차트의 위치는 원본 데이터가 있는 워크시트, 새로운 워크시트, 별도의 차트 시트로 지정할 수 있다.

2) 차트의 구성 요소 20년 7월, 15년 10월, 14년 3월, 10년 3월/10월, 09년 7월, 07년 2월, 06년 5월, 05년 7월/10월

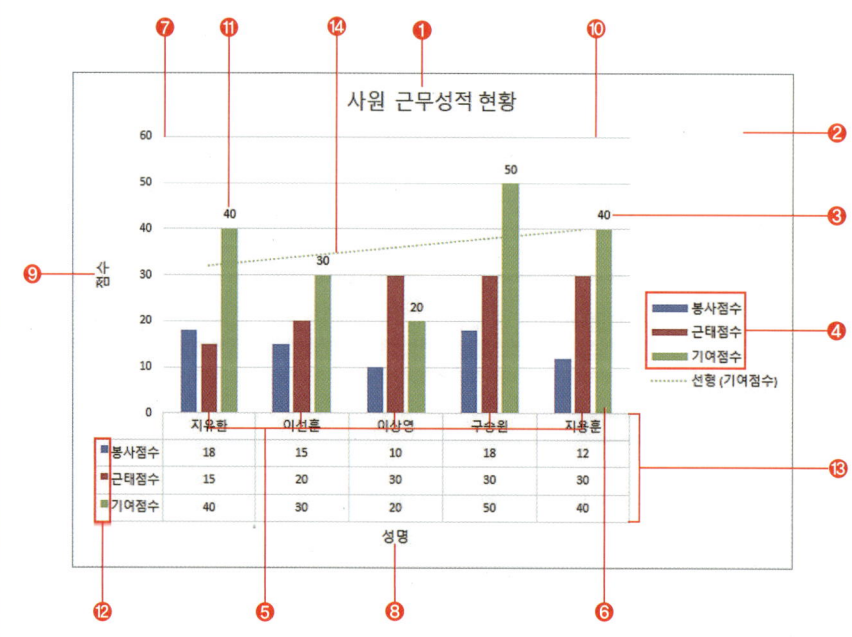

기적의 TIP

차트의 개념과 구성 요소, 차트 작성은 엑셀로 직접 실습하여 익혀 두세요.

개념 체크

1 워크시트에 입력된 수치 값들을 막대나 선, 도형, 그림 등을 사용하여 시각적으로 표현한 것을 (　　)라고 한다.

2 차트의 위치는 원본 데이터가 있는 워크시트, 새로운 워크시트, 별도의 (　　)로 지정할 수 있다.

3 차트는 원본 데이터가 변경되어도 차트가 자동으로 변경되지 않는다. (○, ×)

4 하나의 데이터 원본에 대하여 여러 개의 차트를 작성할 수 없다. (○, ×)

1 차트 2 차트 시트 3 × 4 ×

❶ 차트 제목	차트의 제목을 표시함
❷ 차트 영역	• 차트의 전체 영역을 의미하며 차트의 모든 구성 요소를 포함함 • 차트 영역의 서식을 사용하여 모든 구성 요소의 서식을 한 번에 변경할 수 있음
❸ 그림 영역	• 가로(항목) 축과 세로(값) 축으로 형성된 영역 • 그림 영역 서식을 사용하여 무늬(테두리, 스타일, 색, 두께), 영역 표시 및 채우기 효과(그라데이션, 질감, 무늬, 그림)를 설정함
❹ 범례	차트를 구성하는 데이터 계열의 무늬 및 색상과 데이터 계열의 이름을 표시함
❺ 데이터 계열	• 차트로 나타낼 값을 가진 항목들을 의미하며 막대나 선으로 표현함 • 각 항목별 계열마다 서로 다른 색이나 무늬로 구분함 • 범례에 있는 항목은 데이터 계열의 항목과 일치함 • 한 개의 데이터 계열만 표현하는 차트로는 원형 차트가 있음
❻ 가로(항목) 축	데이터 항목을 나타내는 축
❼ 세로(값) 축	데이터 계열의 값을 나타내는 축
❽ 가로(항목) 축 제목	가로(항목) 축 항목들의 전체 의미를 나타내는 제목
❾ 세로(값) 축 제목	세로(값) 축에 표현하는 숫자들의 전체 의미를 나타내는 제목
❿ 눈금선	• 가로(항목) 축과 세로(값) 축의 눈금을 그림 영역 부분에 표시함 • 가로(항목) 축과 세로(값) 축 모두 주 눈금선과 보조 눈금선을 그릴 수 있음
⓫ 데이터 레이블	그려진 막대나 선이 나타내는 표식에 대한 데이터 요소 또는 값 등의 추가 정보를 표시함
⓬ 범례 표지	데이터 표에 해당 범례에 해당하는 범례 표지를 표시함
⓭ 데이터 테이블	차트 작성 시 사용된 원본 데이터를 표 형태로 아래에 표시함
⓮ 추세선	데이터의 추세를 표시하는 선으로, 데이터를 분석하고 예측하는데 사용됨

셀의 텍스트를 차트 제목으로 연결
차트 제목을 클릭한 후 수식 입력줄에서 등호(=)를 입력한 후 해당 셀을 선택함

차트의 구성 요소 제거
• 차트의 구성 요소를 클릭하여 선택한 후 Delete 를 누르면 해당 요소가 제거됨
• 차트 영역을 선택하고 Delete 를 누르면 차트 전체가 제거됨

― 원형 차트와는 달리 도넛형 차트는 여러 데이터 계열을 표시할 수 있음

3) 엑셀의 기본 차트 21년 상시, 18년 3월, 14년 6월, 12년 3월/9월

- 엑셀의 기본 차트는 세로 막대형 차트이며, 사용자가 기본 차트를 바꿀 수도 있다.
- 기본 차트는 F11 을 누르면 별도의 차트 시트에 삽입되고, Alt + F1 을 누르면 현재 시트에 삽입된다.
- 기본 차트는 현재 워크시트 앞에 새로운 차트 시트를 생성하여 작성된다.
- 차트 시트의 이름은 Chart1, Chart2, … 등으로 설정되며, 워크시트와 동일한 방법으로 이름을 바꾸거나 이동 및 복사할 수 있다.

02 차트 작성하기 20년 7월, 04년 2월/10월

1) 데이터 선택 17년 9월

- 차트로 만들 데이터를 범위로 지정한다. 일반적으로 각 필드의 이름표를 포함하여 선택한다.
- 서로 떨어져 있는 범위를 선택할 때는 Ctrl 을 이용한다. 이때 선택한 범위가 모두 사각형을 이루어야 한다.
- 워크시트의 데이터를 변경하면 차트도 영향을 받아 변경된다.

• 차트에 사용할 범위를 수정할 수 있음
• 숨겨진 행이나 열은 차트에 표시되지 않음
• 범례의 표시 순서를 변경할 수 있음
• [행/열 전환]을 이용하여 가로(항목)축의 데이터 계열과 범례 항목(계열)을 바꿀 수 있음
• 차트와 연결된 워크시트의 데이터에 열을 추가하면 차트에 자동적으로 반영되지 않음
• 데이터 계열의 순서가 변경되면 범례의 순서도 자동으로 변경됨
• 차트에 적용된 원본 데이터의 행이나 열을 숨기면 차트에 반영됨

2) 차트 작성

 따라하기 TIP

따라하기 파일 • Part02_Chapter06_차트작성.xlsx

① [B3:B11] 영역을 마우스로 드래그하여 범위를 설정한 다음 Ctrl을 누르고 [D3:F11] 영역을 범위로 설정한다.

▲	A	B	C	D	E	F	G	H	I
1				사원 근무성적 현황					
2									
3	사원번호	성명	부서	봉사점수	근태점수	기여점수	총계	평가	
4	S06	지유환	경리부	18	15	40	73	보통	
5	S07	이선훈	경리부	15	20	30	65	보통	
6	S08	이상영	경리부	10	30	20	60	보통	
7	S01	구승원	경리부	18	30	50	98	우수	
8	S09	지용훈	경리부	12	30	40	82	우수	
9	S03	권병선	관리부	10	10	50	70	보통	
10	S10	김기춘	관리부	18	20	50	88	우수	
11	S11	최권일	관리부	20	25	40	85	우수	
12	S04	정태용	회계부	12	12	10	34	경고	
13	S02	최효준	회계부	15	20	20	55	부진	
14	S05	남궁철	회계부	20	10	10	40	부진	
15	S12	조화유	회계부	15	10	30	55	부진	
16		합계		183	232	390	805		
17		평균		15	19	33	67		
18		최고점		20	30	50	98		
19		최저점		10	10	10	34		
20									

② [삽입] 탭-[차트] 그룹에서 [추천 차트]를 클릭한다.

③ [차트 삽입] 대화 상자의 [추천 차트] 탭에서 '묶은 세로 막대형'을 선택하고 [확인]을 클릭한다.

④ 묶은 세로 막대형 차트가 데이터가 있는 워크시트에 삽입된다.

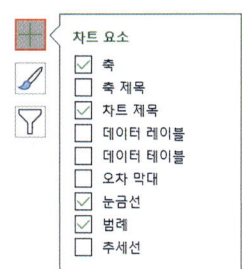

⑤ [차트 요소] 단추(田)를 클릭한 다음 축, 축 제목, 차트 제목, 데이터 레이블, 데이터 테이블, 오차 막대, 눈금선, 범례, 추세선 같은 차트 요소를 추가, 제거 또는 변경할 수 있다.

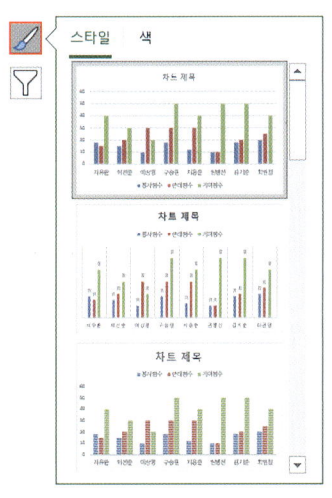

⑥ [차트 스타일] 단추(∅)를 클릭한 다음 차트에 대한 스타일 및 색 구성표를 설정할 수 있다.

⑦ [차트 필터] 단추(▽)를 클릭한 다음 차트에 표시할 데이터 요소 및 이름을 편집할 수 있다.

⑧ [차트 디자인] 탭-[데이터] 그룹-[데이터 선택]을 클릭하면 [데이터 원본 선택] 대화 상자가 열리고 [행/열 전환]을 클릭하면 행과 열이 전환되어 차트에 표시된다.

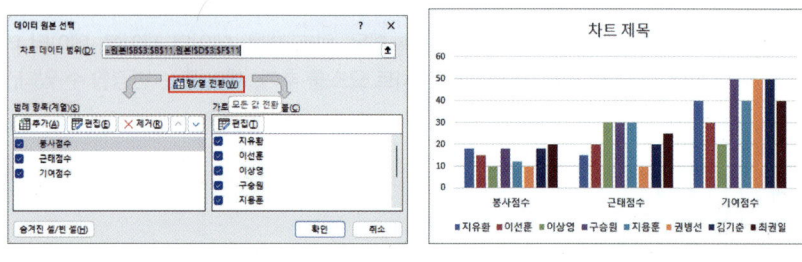

3) 차트 위치 변경 18년 3월

- 차트의 위치를 변경하거나 새 시트에 삽입을 원하는 경우 [차트 디자인] 탭-[위치] 그룹의 [차트 이동] 대화 상자에서 [새 시트]나 [워크시트에 삽입] 중에서 선택할 수 있다.

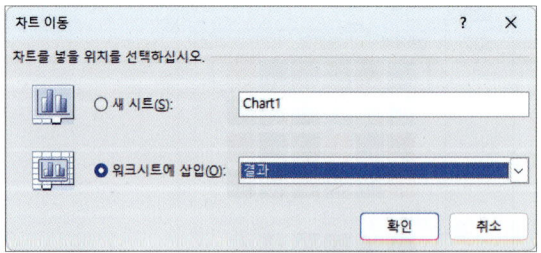

- [새 시트]의 경우 사용자가 원하는 시트명을 직접 입력할 수도 있다.

차트 시트에 삽입한 경우
- 워크시트에 삽입한 경우 차트의 크기나 위치 이동이 가능하지만, 차트 시트에 삽입한 경우에는 차트의 크기를 조절할 수 없음
- 워크시트에 삽입된 차트는 [차트 이동] 기능을 이용하는 경우 [현재 통합 문서]의 [차트 시트]로는 배치할 수 있으나 [새 통합 문서]의 [차트 시트]로 배치할 수는 없음

4) 차트 종류 변경

- 차트를 선택하고 [차트] 그룹 오른쪽 아래의 [모든 차트 보기] 아이콘(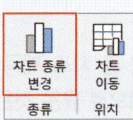)을 클릭한다.

- 모든 종류의 차트가 나타나는 [차트 종류 변경] 대화 상자에서 변경을 원하는 차트를 선택한 다음 [확인]을 클릭한다.

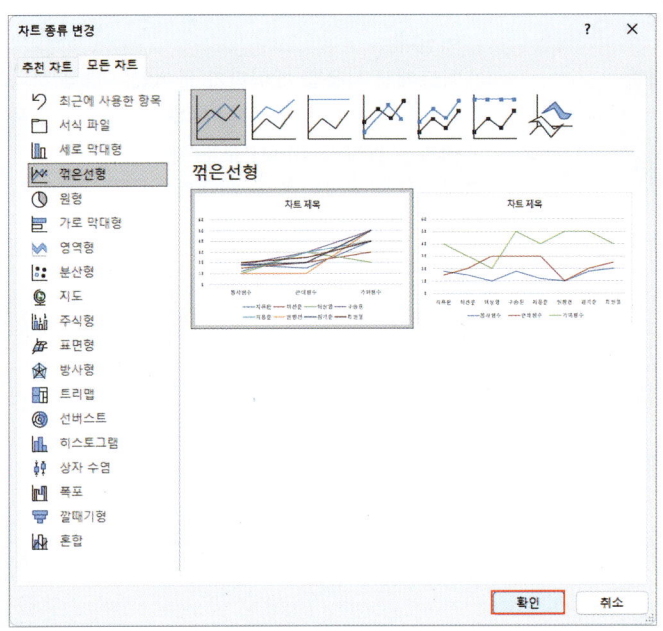

차트 종류를 변경하는 다른 방법
차트를 선택하고 [차트 디자인] 탭-[종류] 그룹-[차트 종류 변경]을 클릭함

이론을 확인하는 기출문제

01 다음 중 차트 제목으로 [B1] 셀의 텍스트를 연결하는 과정으로 옳은 것은?

① 차트에서 차트 제목을 클릭한 후 등호(=)를 입력한 후 [B1] 셀을 선택한다.
② 차트에서 차트 제목을 클릭한 후 수식 입력줄에서 등호(=)를 입력한 후 [B1] 셀을 선택한다.
③ 차트에서 차트 제목을 클릭한 후 수식 입력줄에서 [B1] 셀을 선택한다.
④ 차트에서 차트 제목을 클릭한 후 수식 입력줄에서 '=TEXT(B1)'을 입력한다.

> 차트에서 차트 제목을 클릭한 후 수식 입력줄에서 등호(=)를 입력한 후 [B1] 셀을 선택하면 차트 제목으로 연결됨

02 다음 중 차트에 관한 설명으로 옳지 않은 것은?

① 차트를 작성하려면 반드시 원본 데이터가 있어야 하며, 작성된 차트는 원본 데이터가 변경되면 차트의 내용이 함께 변경된다.
② 특정 차트 서식 파일을 자주 사용하는 경우에는 이 서식 파일을 기본 차트로 설정할 수 있다.
③ 차트에 사용될 데이터를 범위로 지정한 후 Alt + F11 을 누르면 데이터가 있는 워크시트에 기본 차트인 묶은 세로 막대형 차트가 작성된다.
④ 차트에 두 개 이상의 차트 종류를 사용하여 혼합형 차트를 만들 수 있다.

> 차트에 사용될 데이터를 범위로 지정한 후 Alt + F1 을 누르면 데이터가 있는 워크시트에 기본 차트인 묶은 세로 막대형 차트가 작성됨
>
> **오답 피하기**
> Alt + F11 : Visual Basic Editor가 실행됨

03 다음 중 차트 만들기에 관한 설명으로 옳지 않은 것은?

① 워크시트에 삽입된 차트는 [차트 이동] 기능을 이용하여 새 통합 문서의 차트 시트로 배치할 수 있다.
② 차트를 만들 데이터를 선택하고 F11 을 누르면 별도의 차트 시트(Chart1)에 기본 차트가 만들어진다.
③ 차트에서 사용할 데이터가 들어있는 셀을 하나만 선택하고 차트를 만들면 해당 셀을 직접 둘러싸는 셀의 데이터가 모두 차트에 표시된다.
④ 차트로 만들 데이터를 선택하고 Alt + F1 을 누르면 현재 시트에 기본 차트가 만들어진다.

> 워크시트에 삽입된 차트는 [차트 이동] 기능을 이용하는 경우 [현재 통합 문서]의 [차트 시트]로는 배치할 수 있으나 [새 통합 문서]의 [차트 시트]로 배치할 수는 없음
>
> **오답 피하기**
> [차트 디자인] 탭-[위치] 그룹의 [차트 이동]에서 [현재 통합 문서]의 [새 시트]나 [워크시트에 삽입]할 수 있음

04 다음 중 차트에 관한 설명으로 옳지 않은 것은?

① 차트는 차트 영역, 그림 영역, 계열, 항목 축, 값 축, 범례, 제목 등의 개체로 구성되어 있다.
② 차트를 만들 때 자주 사용하는 특정 차트는 기본 차트로 설정하여 활용할 수 있다.
③ 거품형 차트와 대부분의 3차원 차트는 혼합형 차트로 만들 수 없다.
④ 기본 차트는 F11 을 누르면 현재 시트에 삽입되고, Alt + F11 을 누르면 별도의 차트 시트에 삽입된다.

> • 기본 차트는 F11 을 누르면 별도의 차트 시트에 삽입됨
> • Alt + F11 을 누르면 Visual Basic Editor가 실행됨
>
> **오답 피하기**
> Alt + F1 : 현재 시트에 삽입됨

정답 01 ② 02 ③ 03 ① 04 ④

SECTION 02 차트의 종류

빈출 태그 세로 막대형 차트 • 가로 막대형 차트 • 꺾은선형 차트 • 원형 차트 • 주식형 차트 • 표면형 차트 • 도넛형 차트 • 거품형 차트 • 방사형 차트 • 혼합 차트 • 이중 축 차트

01 차트 종류 선택 방법

[삽입] 탭-[차트] 그룹에서 원하는 차트의 스타일을 클릭하면 각 차트 스타일에 해당하는 세부 차트가 나타난다.

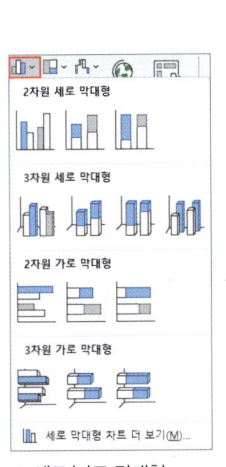
▲ 세로/가로 막대형

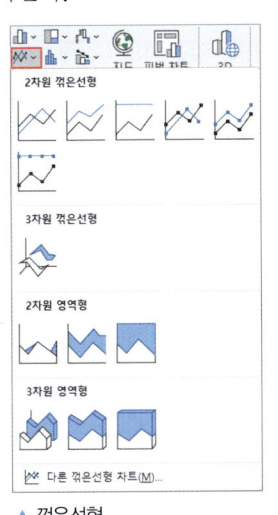
▲ 꺾은선형

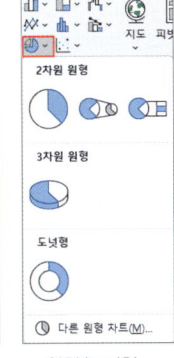
▲ 원형/도넛형

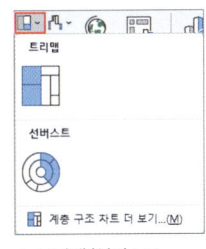
▲ 트리맵/선버스트

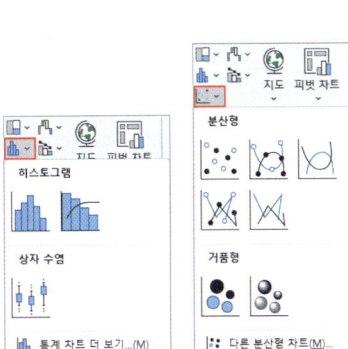
▲ 히스토그램/상자 수염

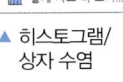
▲ 분산형/거품형

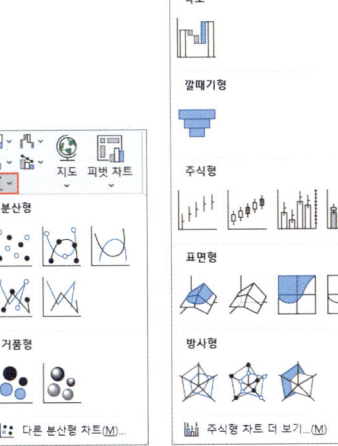
▲ 폭포/깔때기형/주식형/표면형/방사형

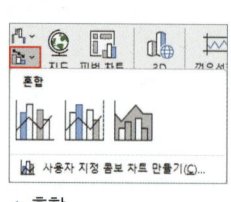

▲ 혼합　　　　　　　　▲ 지도

02 차트 종류 보기

- 워크시트에서 차트로 작성할 범위를 설정한 다음 [삽입] 탭-[차트] 그룹에서 [추천 차트]를 클릭하거나 [차트] 그룹 오른쪽 아래의 [모든 차트 보기] 아이콘(🔽)을 클릭한 후 [차트 삽입] 대화 상자에서 [모든 차트] 탭을 클릭한다.
- [차트 삽입] 대화 상자에서 세로 막대형, 꺾은선형, 원형, 가로 막대형, 영역형, 분산형, 지도, 주식형, 표면형, 방사형, 트리맵, 선버스트, 히스토그램, 상자 수염, 폭포, 깔대기형, 혼합 등의 차트를 삽입할 수 있다.

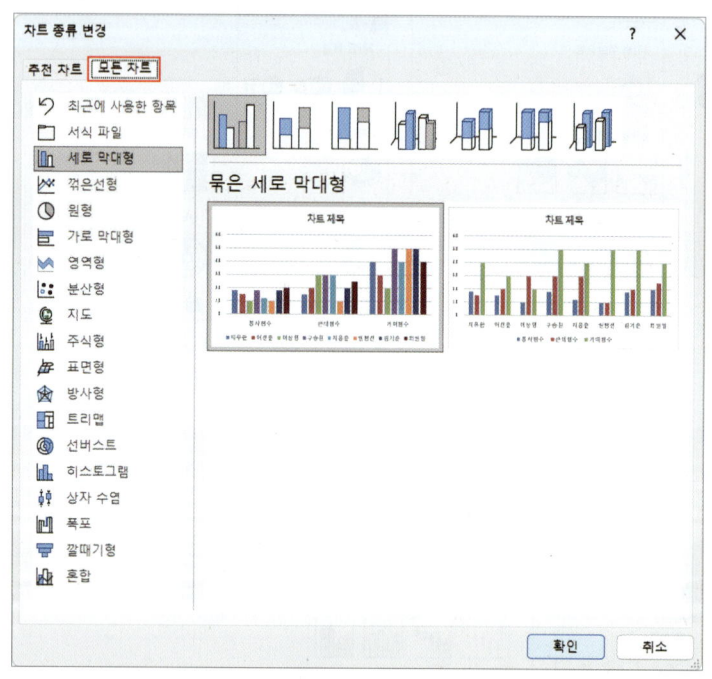

- [최근에 사용한 항목] : 최근에 사용한 차트 유형을 표시해 준다.
- [서식 파일] : 기존에 작성된 차트에서 마우스 오른쪽 버튼을 클릭, 바로 가기 메뉴에서 [서식 파일로 저장]을 이용하여 서식 파일을 저장해 놓은 경우 서식 파일을 표시해 준다.
- [서식 파일 관리](서식 파일 관리(M)...) : 서식 파일이 저장된 폴더에서 서식 파일을 삭제 및 이동하거나 파일의 이름을 변경할 수 있다.

🎯 개념 체크

1. 차트를 삽입하기 위해 [삽입] 탭-[차트] 그룹에서 [(　　) 차트]를 클릭한다.
2. 차트 서식 파일의 기본 파일 이름과 파일 형식(확장자)은 (　　)이다.
3. 차트 종류를 선택할 때, 가로 막대형 차트를 삽입할 수 없다. (O, X)
4. [최근에 사용한 항목]은 최근에 사용한 차트 유형을 표시해 준다. (O, X)
5. 차트 서식 파일을 저장하려면 반드시 이름을 변경해야 한다. (O, X)

1 추천　2 Chart1.crtx
3 ×　4 O　5 ×

- 차트 서식 파일의 기본 파일 이름과 파일 형식(확장자)은 Chart1.crtx이며 저장 시 이름을 변경할 수 있다.
- 서식 파일은 내 PC 〉 로컬 디스크 (C:) 〉 사용자 〉 사용자명 〉 AppData 〉 Roaming 〉 Microsoft 〉 Templates 〉 Charts 폴더에 저장된다.

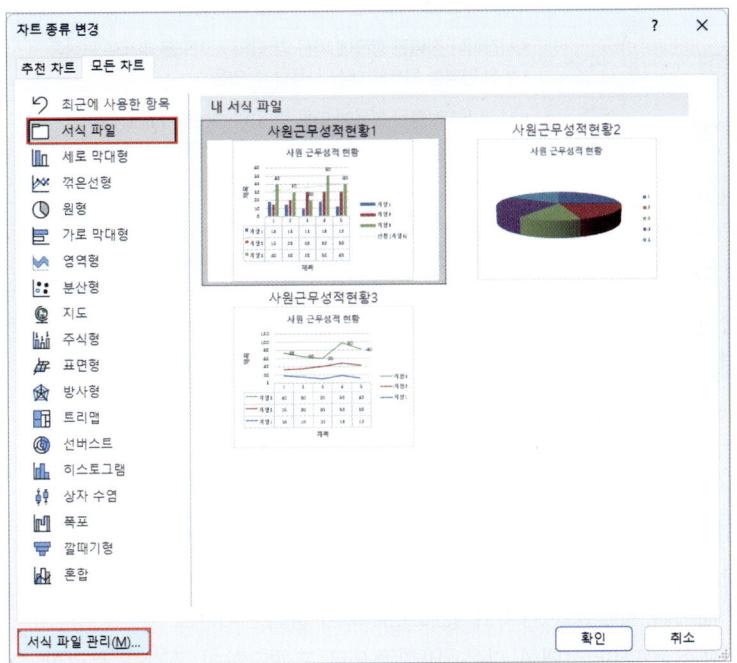

① **세로 막대형** 24년 상시, 20년 2월, 16년 10월, 11년 10월, 09년 5월, 04년 8월, 03년 9월
- 각 항목 간의 값을 비교하는 데 사용한다.
- 2차원, 3차원 차트로 작성할 수 있으며 누적과 비누적 형태로 구분된다.

종류		설명
묶은 세로 막대형		• 세로 직사각형을 사용하여 항목 간의 값을 비교함 • 항목 순서가 중요하지 않거나 히스토그램과 같은 항목 개수를 표시할 때 사용함 • 값 범위, 특정 척도 배열, 일정한 순서가 없는 이름 등에 사용함
누적 세로 막대형		• 전체 항목 중에서 각 값의 기여도를 비교함 • 한 항목에 대한 계열 합계를 강조할 때 사용함
100% 기준 누적 세로 막대형		• 전체 항목 중에서 각 값의 백분율을 비교함 • 각 데이터 계열의 비율을 강조할 때 사용함
3차원 묶은 세로 막대형		• 항목 간의 값을 비교함 • 묶은 세로 막대형을 3차원 형식으로 표시함
3차원 누적 세로 막대형		• 전체 항목 중에서 각 값의 기여도를 비교함 • 누적 세로 막대형을 3차원 형식으로 표시함
3차원 100% 기준 누적 세로 막대형		• 전체 항목 중에서 각 값의 백분율을 비교함 • 100% 기준 누적 세로 막대형을 3차원 형식으로 표시함
3차원 세로 막대형		• 세 축에서 계열 및 항목 간의 값을 비교함 • 항목과 계열의 중요도가 동일할 때 사용함

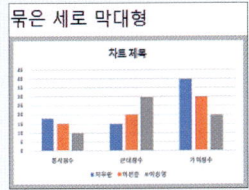

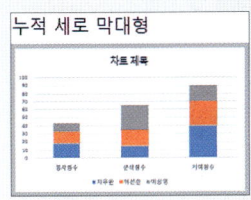

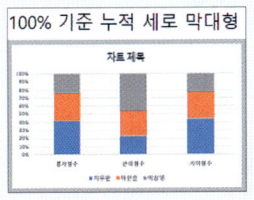

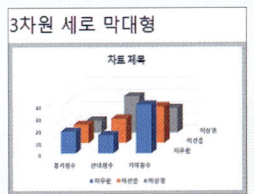

② **꺾은선형** 20년 2월, 11년 10월, 08년 10월, 07년 7월/10월

- 시간이나 항목에 따라 일정한 간격으로 데이터의 추세나 변화를 표시한다.
- 데이터 계열 하나가 하나의 선으로 표시된다.

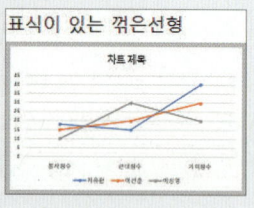

꺾은선형		• 시간(날짜, 연도)이나 정렬된 항목에 따른 추세를 보여줌 • 데이터 요소가 많고 순서가 중요할 때 유용함
누적 꺾은선형		• 시간이나 정렬된 항목에 따른 각 값의 기여도를 추세로 보여줌 • 누적 영역형 차트를 대신 사용할 수 있음
100% 기준 누적 꺾은선형		• 시간이나 정렬된 항목에 따른 각 값의 백분율 추세를 보여줌 • 100% 기준 누적 영역형 차트를 대신 사용할 수 있음
표식이 있는 꺾은선형		• 시간(날짜, 연도)이나 정렬된 항목에 따른 추세를 보여줌 • 데이터 요소가 몇 개밖에 없을 때 유용함
표식이 있는 누적 꺾은선형		• 시간이나 정렬된 항목에 따른 각 값의 기여도 추세를 보여줌 • 누적 영역형 차트를 대신 사용할 수 있음
표식이 있는 100% 기준 누적 꺾은선형		• 시간이나 정렬된 항목에 따른 각 값의 백분율 추세를 보여줌 • 100% 기준 누적 영역형 차트를 대신 사용할 수 있음
3차원 꺾은선형		세 축에서 각 데이터 행 또는 열을 3차원 리본으로 표시함

③ **원형 차트** 25년 상시, 24년 상시, 23년 상시, 21년 상시, 19년 8월, 18년 9월, 13년 3월, 12년 6월, 10년 3월, 09년 2월, 07년 5월, …

- 전체에 대한 각 값의 기여도를 표시한다.
- 항목의 값들이 합계의 비율로 표시되므로 중요한 요소를 강조할 때 사용한다.
- 항상 한 개의 데이터 계열만을 가지고 있으므로 축이 없다.
- 데이터 계열 요소 하나만 선택한 다음, 바깥쪽으로 드래그하여 조각을 분리할 수 있다.
- 첫째 조각의 시작 각도를 변경할 수 있으며, 조각마다 다른 색을 지정할 수 있다.
- 원형 차트의 계열 요소들의 값은 '데이터 테이블'로 나타낼 수 없다.

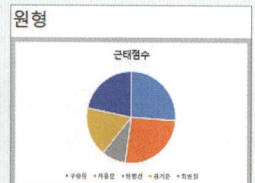
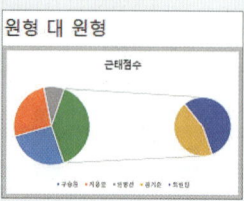
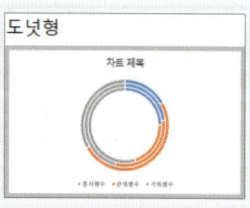

도넛형 차트의 표시 옵션
- 도넛형 차트의 고리를 클릭한 후 바로 가기 메뉴의 [데이터 계열 서식]-[계열 옵션]에서 설정함
- 첫째 조각의 각도(0~360), 쪼개진 요소(0%~400%), 도넛 구멍 크기(0%~90%), 조각마다 다른 색 사용 등의 옵션을 설정함

원형		전체에 대한 각 값의 기여도를 보여줌
3차원 원형		전체에 대한 각 값의 기여도를 표시함
원형 대 원형		• 주 원형에서 일부 값을 추출하여 두 번째 원형에 결합함 • 작은 백분율을 더 쉽게 알아 볼 수 있도록 할 때 사용함 • 값 그룹을 강조할 때 사용함
원형 대 가로 막대형		• 주 원형에서 일부 값을 추출하여 누적 가로 막대형에 결합함 • 작은 백분율을 더 쉽게 알아 볼 수 있도록 할 때 사용함 • 값 그룹을 강조할 때 사용함 • 원 조각은 마우스 끌기로 서로 분리 가능하나 막대 조각은 분리할 수 없음
도넛형		• 전체 합계에 대한 각 항목의 구성 비율을 표시함 • 원형 차트와 비슷하지만 여러 데이터 계열을 표시할 수 있다는 점이 다름 • 도넛 구멍의 크기를 조정할 수 있으며, 가장 바깥쪽의 고리는 분리가 가능함 • 도넛형 계열마다 서로 다른 색상을 줄 수 있음 • 3차원 차트로 작성할 수 없음

④ **가로 막대형** 20년 2월, 09년 7월, 08년 10월, 06년 7월, 04년 5월

- 세로 막대형 차트와 유사한 용도로 이용되며 값축과 항목 축의 위치가 서로 바뀌어 나타난다.
- 가로 막대형 차트는 여러 값을 가장 잘 비교할 수 있는 차트이다.
- 축 레이블이 긴 경우나 표시되는 값이 기간인 경우에 사용된다.

묶은 가로 막대형		• 가로 직사각형을 사용하여 항목 간의 값을 비교함 • 차트의 값이 기간을 나타낼 때 사용함 • 항목 텍스트가 매우 긴 경우 사용함
누적 가로 막대형		• 전체 항목 중에서 각 값의 기여도를 비교함 • 차트의 값이 기간을 나타낼 때 사용함 • 항목 텍스트가 매우 긴 경우 사용함
100% 기준 누적 가로 막대형		• 전체 항목 중에서 각 값의 백분율을 비교함 • 차트의 값이 기간을 나타낼 때 사용함 • 항목 텍스트가 매우 긴 경우 사용함
3차원 묶은 가로 막대형		• 항목 간의 값을 비교함 • 묶은 가로 막대형을 3차원 형식으로 표시함
3차원 누적 가로 막대형		• 전체 항목 중에서 각 값의 기여도를 비교함 • 누적 가로 막대형을 3차원 형식으로 표시함
3차원 100% 기준 누적 가로 막대형		• 전체 항목 중에서 각 값의 백분율을 비교함 • 100% 기준 누적 가로 막대형을 3차원 형식으로 표시함

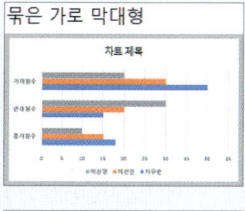

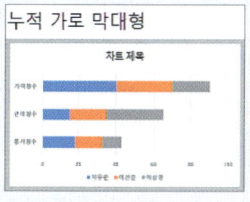

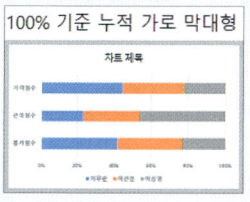

⑤ **영역형** 19년 8월, 18년 9월

- 일정한 시간에 따라 데이터의 변화 추세(데이터 세트의 차이점을 강조)를 표시한다.
- 데이터 계열값의 합계를 표시하여 전체 값에 대한 각 값의 관계를 표시한다.

영역형		시간이나 항목에 따른 값의 추세를 보여줌
누적 영역형		• 시간이나 항목에 따른 값의 추세를 보여줌 • 한 항목에 대한 계열 합계에서 추세를 강조할 때 사용함
100% 기준 누적 영역형		• 시간이나 항목에 따른 각 값의 백분율 추세를 보여줌 • 각 계열의 비율 추세를 강조할 때 사용함
3차원 영역형		세 축에서 영역을 사용하여 시간이나 항목에 따른 값의 추세를 보여줌
3차원 누적 영역형		시간이나 항목에 따른 각 값의 기여도 추세를 보여줌
3차원 100% 기준 누적 영역형		시간이나 항목에 따른 각 값의 백분율 추세를 보여줌

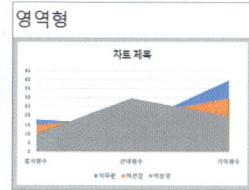

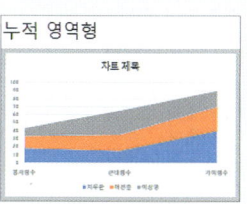

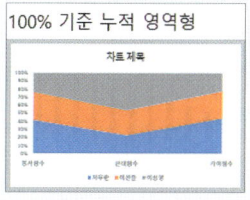

3차원 모양이 불가능한 차트
분산형, 도넛형, 방사형, 주식형 차트는 3차원 모양의 차트를 만들 수 없음

분산형
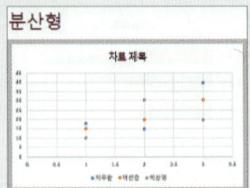

곡선 및 표식이 있는 분산형

거품형
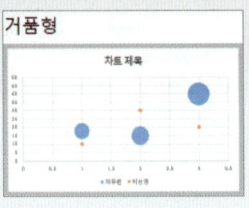

3차원 거품형
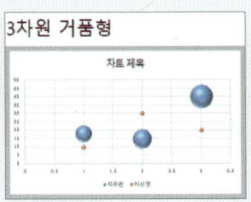

고가-저가-종가
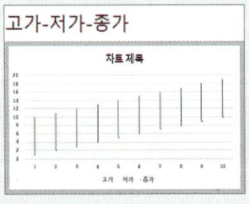

거래량-고가-저가-종가
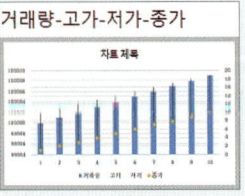

⑥ **분산형(XY 차트)** 25년 상시, 24년 상시, 23년 상시, 22년 상시, 19년 8월, 18년 9월, 17년 3월/9월, 16년 6월, 14년 6월, 13년 3월, …

- 데이터의 불규칙한 간격이나 묶음을 보여주는 것으로, 데이터 요소 간의 차이점보다는 큰 데이터 집합 간의 유사점을 표시하려는 경우에 사용한다.
- 각 항목의 값을 점으로 표시한다.
- 두 개의 숫자 그룹을 XY 좌표로 이루어진 한 계열로 표시한다(XY 차트라고도 함).
- 주로 과학, 공학용 데이터 분석에서 사용한다.
- 3차원 차트로 작성할 수 없다.
- 가로축은 항목 축이 아닌 값 축 형식으로 나타난다.

분산형		값을 점으로 비교, 값이 가로축 순서에 없거나 별도의 단위를 나타낼 때 사용함
곡선 및 표식이 있는 분산형		가로축 순서에 몇 개의 데이터 요소만 있고 데이터가 함수를 나타내는 경우 사용함
곡선이 있는 분산형		가로축 순서에 데이터 요소가 많이 있고 데이터가 함수를 나타내는 경우 사용함
직선 및 표식이 있는 분산형		가로축 순서에 몇 개의 데이터 요소만 있고 데이터가 별도의 값을 나타내는 경우 사용함
직선이 있는 분산형		가로축 순서에 데이터 요소가 많이 있고 데이터가 별도의 예제를 나타내는 경우 사용함
거품형		• 분산형 차트의 한 종류로 데이터 계열 간의 항목 비교에 사용됨 • 세 개의 데이터 계열이 필요함 • 분산형 차트와 비슷하지만 두 값이 아닌 세 집합을 비교함 • 세 번째 데이터를 거품 크기로 표시함 • 다른 차트와 혼합하여 표현할 수 없음
3차원 효과의 거품형		거품형과 같은 기능으로 세 번째 값을 3D 효과로 표시되는 거품의 크기를 결정함

⑦ **주식형** 19년 8월, 06년 9월

- 주식 가격을 표시할 때 사용하며, 온도 변화와 같은 과학 데이터를 나타내는 데 사용되기도 한다.
- 주식 차트를 작성하려면 데이터를 정해진 순서대로 정확하게 구성해야 한다.
- 3차원 차트로 작성할 수 없다.

고가-저가-종가		고가, 저가, 종가의 순서에 따라 세 계열이 필요함
시가-고가-저가-종가		시가, 고가, 저가, 종가의 순서에 따라 네 계열이 필요함
거래량-고가-저가-종가		거래량, 고가, 저가, 종가의 순서에 따라 네 계열이 필요함
거래량-시가-고가-저가-종가		거래량-시가-고가-저가-종가의 순서에 따라 다섯 계열이 필요함

⑧ **표면형** 23년 상시, 18년 9월, 10년 6월

- 두 개의 데이터 집합에서 최적의 조합을 찾을 때 사용한다.
- 표면형 차트는 데이터 계열이 두 개 이상일 때만 작성이 가능하다.

3차원 표면형		• 2차원을 교차하는 값의 추세를 연속되는 곡선으로 나타냄 • 항목과 계열이 둘 다 숫자인 경우 사용함
3차원 표면형(골격형)		• 2차원을 교차하는 값의 추세를 연속되는 곡선으로 나타냄 • 항목과 계열이 둘 다 숫자이고 데이터가 자신의 뒤로 휘어지는 곡선인 경우 사용함
표면형(조감도)		위에서 내려다본 표면형 차트, 값 범위는 색으로 구분함
표면형(골격형 조감도)		• 색으로 채워져 있지 않은 조감도 차트 • 색을 사용하여 상세 정보를 추가가 가능하므로 표면형(조감도)대신 사용함

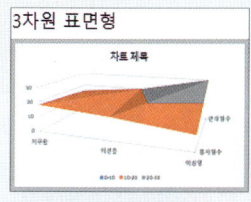

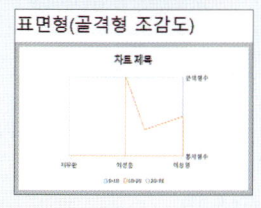

⑨ **방사형** 16년 3월, 11년 10월

- 많은 데이터 계열의 합계 값을 비교할 때 사용한다.
- 각 항목마다 가운데 요소에서 뻗어나온 값 축을 갖고, 선은 같은 계열의 모든 값을 연결한다(가로, 세로축 없음).
- 3차원 차트로 작성할 수 없다.

방사형		• 중간 지점에 상대적인 값을 보여줌 • 항목을 직접 비교할 수 없을 경우 사용함
표식이 있는 방사형		• 중간 지점에 상대적인 값을 보여줌 • 항목을 직접 비교할 수 없을 경우 사용함 • 방사형에 데이터 표식이 나타냄
채워진 방사형		• 중간 지점에 상대적인 값을 보여줌 • 항목을 직접 비교할 수 없으며 계열이 한 개만 있을 경우 사용함 • 데이터 계열이 색으로 채워져서 나타남

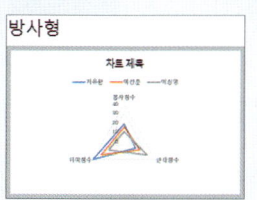

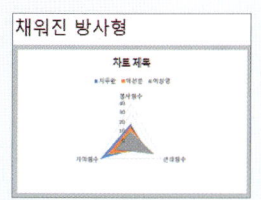

⑩ **트리맵**

- 데이터를 계층 구조 보기로 제공하므로 다른 범주 수준을 비교하는 간편한 방법이 될 수 있다.
- 색과 근접성을 기준으로 범주를 표시하며 다른 차트 유형으로 표시하기 어려운 많은 양의 데이터를 쉽게 표시할 수 있다.
- 트리맵 차트는 계층 구조 안에 빈(공백) 셀이 있는 경우에만 그릴 수 있으며 계층 안에서 비율을 비교하는 데 유용하다.
- 트리맵 차트에는 하위 차트 종류가 없다.

⑪ **선버스트** 21년 상시

- 계층적 데이터를 표시하는 데 적합하며, 계층 구조 내에 빈 셀이 있는 경우 그릴 수 있다.
- 하나의 고리 또는 원이 계층 구조의 각 수준을 나타내며 가장 안쪽에 있는 원이 계층 구조의 가장 높은 수준을 나타낸다.

하위 차트 종류가 없는 차트
트리맵 차트, 선버스트 차트, 상자 수염 차트, 폭포 차트

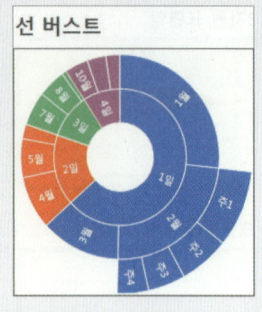

- 계층 구조가 없는(하나의 범주 수준) 선버스트 차트는 도넛형 차트와 모양이 유사하다.
- 범주 수준이 여러 개인 선버스트 차트는 외부 고리와 내부 고리의 관계를 보여 준다.
- 선버스트 차트는 하나의 고리가 어떤 요소로 구성되어 있는가를 보여주는 데 가장 효과적이다.
- 선버스트 차트에는 하위 차트 종류가 없다.

⑫ **히스토그램** 25년 상시

- 히스토그램 차트에 그려진 데이터는 분포 내의 빈도를 나타낸다.
- 계급구간이라고 하는 차트의 각 열을 변경하여 데이터를 보다 세부적으로 분석할 수 있다.

▶ **히스토그램 차트의 종류**

히스토그램		빈도 계급 구간으로 그룹화된 데이터 분포를 보여줌
파레토 차트		내림차순으로 정렬된 열과 총 누적 백분율을 나타내는 선을 모두 포함하는 순차적 히스토그램 차트

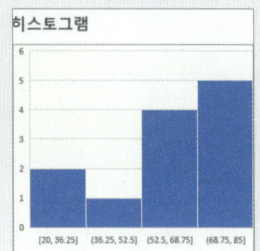

⑬ **상자 수염**

- 데이터 분포를 사분위수로 나타내며 평균 및 이상값을 강조하여 표시한다.
- 상자에는 수직으로 확장되는 '수염'이라는 선이 포함될 수 있다.
- 이러한 선은 제1사분위수와 제3사분위수 외부의 변동성을 나타내며 이와 같은 선 또는 수염 외부의 모든 점은 이상값으로 간주된다.
- 이 차트 종류는 서로 특정 방식으로 관계가 있는 여러 데이터 집합이 있는 경우에 사용한다.
- 상자 수염 차트에는 하위 차트 종류가 없다.

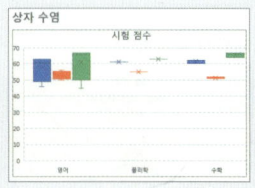

⑭ **폭포**

- 값이 더하거나 뺄 때 재무 데이터의 누계 합계가 표시된다.
- 초기 값이 양의 양수 및 음수 값에 영향을 주는 방식을 이해하는 데 유용하다.
- 막대는 색으로 구분되므로 양수와 음수를 빠르게 구분할 수 있다.
- 폭포 차트에는 하위 차트 종류가 없다.

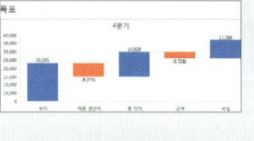

⑮ **깔때기형**

- 깔때기형 차트에는 프로세스 내 여러 단계의 값이 표시된다.
- 일반적으로 값이 점차 감소하여 가로 막대가 깔때기 모양이 된다.

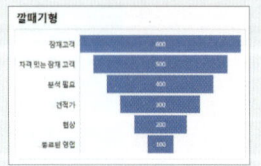

⑯ **혼합** 12년 9월, 08년 10월

- 여러 열과 행에 있는 데이터를 혼합 차트로 그릴 수 있다.
- 특히 데이터 범위가 광범위한 경우 데이터를 쉽게 이해할 수 있도록 만들기 위해 두 개 이상의 차트 종류를 결합한다.
- 보조 축과 함께 표시되므로 차트 분석이 용이하고 쉽다.
- 2차원 차트에서만 가능하며, 3차원 차트를 혼합하여 사용할 수 없다.

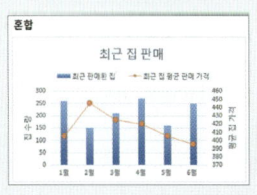

- 종류
  - 묶은 세로 막대형 + 꺾은선형
  - 묶은 세로 막대형 + 꺾은선형, 보조 축
  - 누적 영역형 + 묶은 세로 막대형
  - 사용자 지정 조합

작성된 차트의 특정 데이터 계열을 선택한 후 마우스 오른쪽 버튼을 클릭, 바로 가기 메뉴에서 [계열 차트 종류 변경]을 선택하면 혼합 차트의 [사용자 지정 조합] 대화 상자가 표시됨

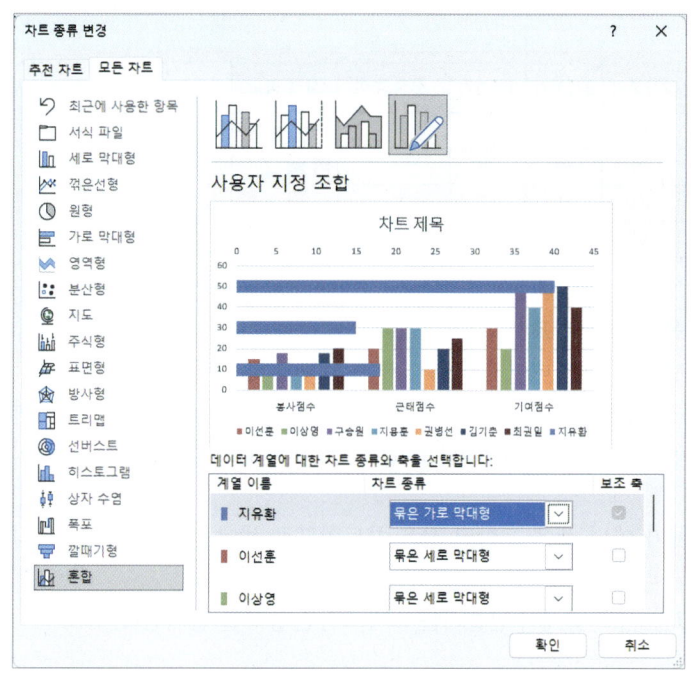

⑰ **이중 축 차트** 15년 3월/6월, 10년 6월, 09년 2월/4월

- 이중으로 값 축을 나타낼 수 있는 차트로 데이터 계열 간 차이가 많은 경우나 데이터 계열이 두 가지 이상일 때 사용된다.
- 이중 축으로 나타낼 데이터 계열을 선택한 다음 바로 가기 메뉴의 [데이터 계열 서식]을 선택한다.
- [데이터 계열 서식] 대화 상자의 [계열 옵션]에서 [데이터 계열 지정]의 '보조 축'을 설정하거나 혼합 차트에서 '보조 축'을 설정한다.

보조 축 사용
2차원 차트에서 각 데이터 계열값의 범위가 크게 다르거나 다른 종류의 데이터가 섞여 있을 때 사용함

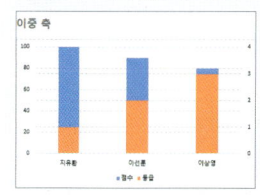

⑱ **지도 차트**
- 지도 차트를 사용하여 값을 비교하고 여러 지역의 범주를 표시할 수 있다.
- 데이터에 국가/지역, 시/도, 군 또는 우편 번호와 같은 지리적 지역이 있는 경우 사용한다.

03 스파크라인

- 스파크라인은 데이터의 추세를 시각적으로 요약 표시하는 한 셀의 크기에 맞는 작은 차트이다.
- 월별, 년별, 분기별, 계절별 증감이나 경기 순환과 같은 값 계열의 추세를 나타낼 때 사용한다.

	A	B	C	D	E	F	G	H
1	사원명	1사분기	2사분기	3사분기	4사분기	실적 추이	실적 비교	
2	김도은	70	80	90	100			
3	정선영	100	80	60	40			
4	박소정	60	100	50	100			
5	황재원	90	60	50	90			
6								

- 최대값 및 최소값을 강조하여 표시할 수도 있다.
- 스파크라인 셀은 반드시 원본 데이터 바로 옆에 표시해야 하는 것은 아니다.
- 원본 데이터 간의 관계를 쉽게 파악하고 데이터가 변경된 경우 스파크라인에서 변경 내용을 즉시 확인할 수 있게 일반적으로 원본 데이터 바로 옆에 표시하는 것이 가장 좋다.
- 스파크라인은 개체가 아닌 셀에 포함된 작은 차트이므로 셀에 텍스트, 숫자, 수식을 입력하고 스파크라인을 셀 배경으로 사용할 수 있다.
- [삽입] 탭-[스파크라인] 그룹에서 만들려는 스파크라인 종류를 클릭한다.

종류	기능
꺾은선형	단일 셀 안에 선 차트를 삽입함
열	단일 셀 안에 세로 막대형 유형의 열 차트를 삽입함
승패	단일 셀 안에 증가(양수), 감소(음수)를 나타내는 승패 스파크라인을 삽입함

- 원본 데이터에 해당하는 여러 셀을 선택하여 동시에 여러 스파크라인을 만들 수 있다.
- 스파크라인이 포함된 인접 셀에서 채우기 핸들을 사용하여 나중에 추가한 데이터의 행에 대한 스파크라인을 만들 수도 있다.

따라하기 TIP

따라하기 파일 • Part02_Chapter06_스파크라인.xlsx

사원의 분기별 실적에 따른 실적 추이와 실적 비교를 스파크라인을 이용하여 작성해 보자.

① 데이터 범위를 선택하기 위해 마우스로 드래그하여 [B2:E2] 범위를 설정한다.

② [삽입] 탭-[스파크라인] 그룹-[꺾은선형]을 클릭한다.
③ [스파크라인 만들기] 대화 상자가 나타나면 [위치 범위] 상자에서 스파크라인이 들어갈 셀(F2)을 클릭하고 [확인]을 클릭한다.

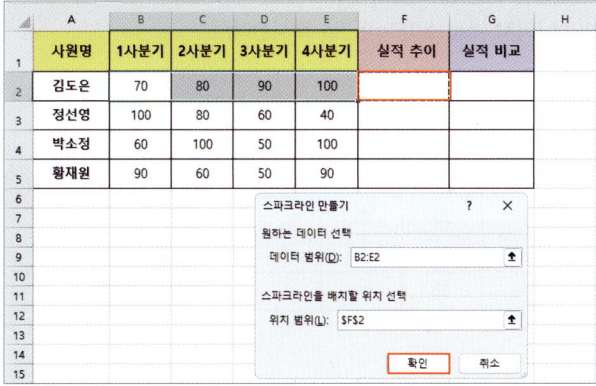

데이터 범위	스파크라인의 원본 데이터 범위를 지정함 ⓔ [B2:E2] 또는 [B2:E5]
위치 범위	스파크라인이 표시될 셀을 지정함 ⓔ [F2] 또는 [F2:F5]

④ [스파크라인] 탭-[표시] 그룹에서 '표식'을 클릭하여 선택한다.
 (표식 : 각 점을 표식으로 나타내어 강조함)

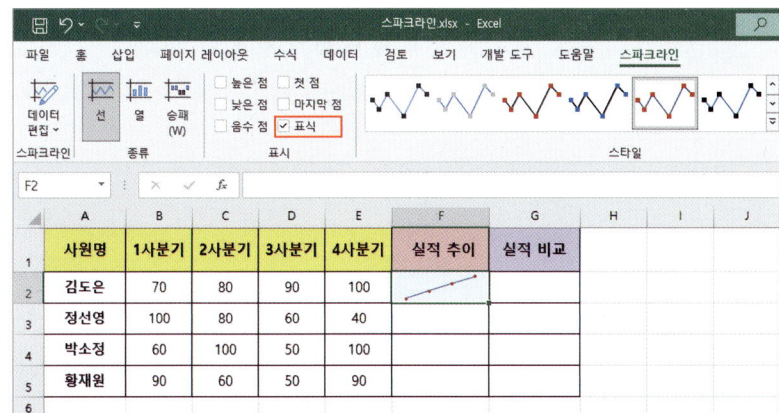

⑤ [F2] 셀의 채우기 핸들을 [F5] 셀까지 드래그하여 나머지 셀에 스파크라인을 복사한다.
(주의) 채우기 핸들을 더블클릭하는 경우 나머지 셀에 스파크라인이 복사되지 않음

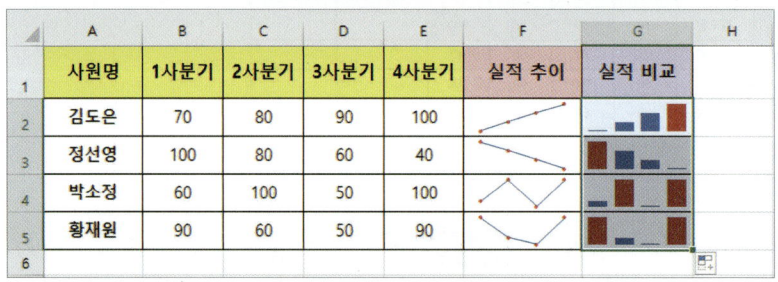

⑥ [B2:E2] 범위를 설정, [삽입] 탭–[스파크라인] 그룹–[열]을 클릭한다.
⑦ [위치 범위] 상자에서 스파크라인이 들어갈 셀(G2)을 클릭하고 [확인]을 클릭한다.
⑧ [스파크라인] 탭–[표시] 그룹에서 '높은 점'을 클릭하여 선택한다.
(높은 점 : 데이터의 가장 높은 점을 강조함)
⑨ [G5] 셀까지 드래그하여 나머지 셀에 스파크라인을 복사한다.

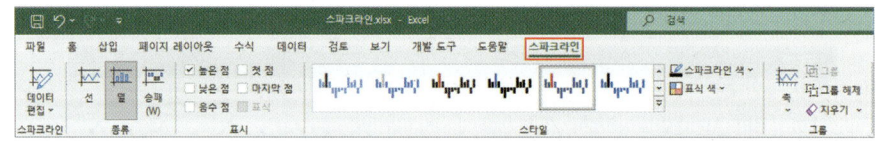

- 스파크라인이 있는 셀을 선택하면 나타나는 [스파크라인] 탭의 스타일 갤러리에서 기본 제공 서식을 선택하여 스파크라인에 색 구성표를 적용할 수 있다.
- 차트와 달리 스파크라인은 해당 워크시트를 인쇄할 때 함께 인쇄된다.
- 작성된 스파크라인을 선택하면 [스파크라인] 탭이 표시된다.

스파크라인	그룹 위치 및 데이터 편집	선택한 스파크라인 그룹의 위치 및 데이터 원본을 편집함	
	단일 스파크라인의 데이터 편집	선택한 스파크라인의 데이터 원본만 편집함	
	숨겨진 셀/빈 셀	• 선택한 스파크라인 그룹에서 숨겨진 값 및 Null 값을 표시하는 방법을 변경함 • 빈 셀 표시 형식	
		간격	빈 셀이 있는 경우 빈 간격으로 표시함
		0으로 처리	빈 셀이 있는 경우 0으로 처리하여 표시함
		선으로 데이터 요소 연결	데이터 요소를 선으로 연결함
		• 숨겨진 행 및 열에 데이터 표시 : 숨겨진 행 및 열의 데이터가 있는 경우라도 스파크라인으로 표시함	
	행/열 전환	• 동일한 행 및 열 수를 가지는 경우에만 적용됨 • 행별 표시와 열별 표시 간을 바꿈	
종류		작성된 스파크라인 종류를 선, 열, 승패 중에서 선택하여 변경함	
표시	높은 점	선택한 스파크라인 그룹에서 데이터의 가장 높은 점을 강조함	
	낮은 점	선택한 스파크라인 그룹에서 데이터의 가장 낮은 점을 강조함	
	음수 점	선택한 스파크라인 그룹에서 음수값을 다른 색 또는 표식으로 강조함	
	첫 점	선택한 스파크라인 그룹에서 첫 데이터 점을 강조함	
	마지막 점	선택한 스파크라인 그룹에서 마지막 데이터 점을 강조함	
	표식	선택한 선 스파크라인 그룹의 각 선 스파크라인에서 각 점을 강조함	
스타일		스타일 갤러리에서 스타일을 선택하고 스파크라인 색 및 표식 색을 변경함	
그룹		• 축 : 가로축 옵션(일반 축 종류, 날짜 축 종류), 축 표시(0 축을 교차하는 데이터가 있는 경우 가로축이 표시됨) • 오른쪽에서 왼쪽으로 데이터 표시, 세로축 최소값, 최대값 옵션을 설정 • 그룹, 그룹 해제, 지우기(선택한 스파크라인 지우기, 선택한 스파크라인 그룹 지우기)	

이론을 확인하는 기출문제

01 다음 중 아래에서 설명하는 차트의 종류로 가장 적절한 것은?

- 가로축의 값이 일정한 간격이 아닌 경우
- 가로축의 데이터 요소 수가 많은 경우
- 데이터 요소 간의 차이점보다는 큰 데이터 집합 간의 유사점을 표시하려는 경우

① 주식형 차트 ② 분산형 차트
③ 영역형 차트 ④ 방사형 차트

분산형(XY 차트)
- 데이터의 불규칙한 간격이나 묶음을 보여주는 것으로, 데이터 요소 간의 차이점보다는 큰 데이터 집합 간의 유사점을 표시하려는 경우에 사용함
- 각 항목의 값을 점으로 표시함
- 두 개의 숫자 그룹을 XY 좌표로 이루어진 한 계열로 표시(XY 차트라고도 함)
- 주로 과학, 공학용 데이터 분석에서 사용함
- 3차원 차트로 작성할 수 없음
- 가로축은 항목 축이 아닌 값 축 형식으로 나타남

02 다음 중 〈보기〉에 해당하는 경우 사용할 수 있는 차트로 옳은 것은?

〈보기〉
- 데이터 계열이 하나만 있는 경우
- 데이터에 음수 값이 없는 경우
- 데이터의 값 중 0 값이 거의 없는 경우
- 항목의 수가 7개 이하이며 이 항목이 모두 전체 이 차트의 일부분을 나타내는 경우

① 세로 막대형 차트
② 영역형 차트
③ 원형 차트
④ 방사형 차트

원형 차트
- 전체에 대한 각 값의 기여도를 표시함
- 항목의 값들이 합계의 비율로 표시되므로 중요한 요소를 강조할 때 사용함
- 항상 한 개의 데이터 계열만을 가지고 있으므로 축이 없음

오답 피하기
- 세로 막대형 차트 : 열 또는 행으로 정렬된 데이터는 세로 막대형 차트로 그릴 수 있으며, 일반적으로 가로(항목) 축을 따라 항목이 표시되고 세로(값) 축을 따라 값이 표시됨
- 영역형 차트 : 시간에 따른 변화를 보여 주며 합계 값을 추세와 함께 살펴볼 때 사용함
- 방사형 차트 : 많은 데이터 계열의 합계 값을 비교할 때 사용하며, 각 항목마다 가운데 요소에서 뻗어나온 값 축을 갖고, 선은 같은 계열의 모든 값을 연결함(가로, 세로축 없음)

03 다음 중 〈보기〉의 내용에 해당하는 차트는 무엇인가?

〈보기〉
- 두 데이터 집합 간의 최적 조합을 찾을 때 유용함
- 데이터 계열이 두 개 이상일 때만 작성이 가능함
- 이 차트는 항목과 데이터 계열이 모두 숫자 값인 경우에 만들 수 있음

① ②
③ ④

〈보기〉에 해당하는 차트는 ③ 3차원 표면형 차트임

오답 피하기
- ① : 영역형 차트(일정한 시간에 따라 데이터의 변화 추세(데이터 세트의 차이점)를 강조)를 표시)
- ② : 분산형 차트(데이터의 불규칙한 간격이나 묶음을 보여주는 것으로, 데이터 요소 간의 차이점보다는 큰 데이터 집합 간의 유사점을 표시하려는 경우에 사용함
- ④ : 방사형 차트(많은 데이터 계열의 합계 값을 비교할 때 사용함)

04 다음 〈보기〉에 해당하는 차트로 옳은 것은?

〈보기〉
가. 계층적 데이터를 표시하는 데 적합하며 계층 구조 내에 빈 셀이 있는 경우 그릴 수 있다.
나. 계층 구조가 없는 차트는 도넛형 차트와 모양이 유사하다.
다. 이 차트는 하나의 고리가 어떤 요소로 구성되어 있는가를 보여주는 데 가장 효과적이다.

① 방사형 차트
② 트리맵 차트
③ 선버스트 차트
④ 히스토그램 차트

선버스트 차트
- 계층적 데이터를 표시하는 데 적합함
- 하나의 고리 또는 원이 계층 구조의 각 수준을 나타내며 가장 안쪽에 있는 원이 계층 구조의 가장 높은 수준을 나타냄
- 선버스트 차트는 하위 차트 종류가 없음

SECTION 03 차트 편집

출제빈도 상 중 하
반복학습 1 2 3

빈출 태그 차트 도구 모음

01 차트 선택 및 차트 도구 14년 10월, 13년 10월, 11년 3월, 10년 10월, 09년 2월/4월, 08년 8월, 05년 5월/10월, …

1) 차트의 선택

- 워크시트에 삽입된 차트를 마우스로 클릭하면 8개의 크기 조절점이 생기고 차트가 선택된다.
- 차트가 선택된 경우 [차트 디자인], [서식]과 같은 탭이 표시된다.

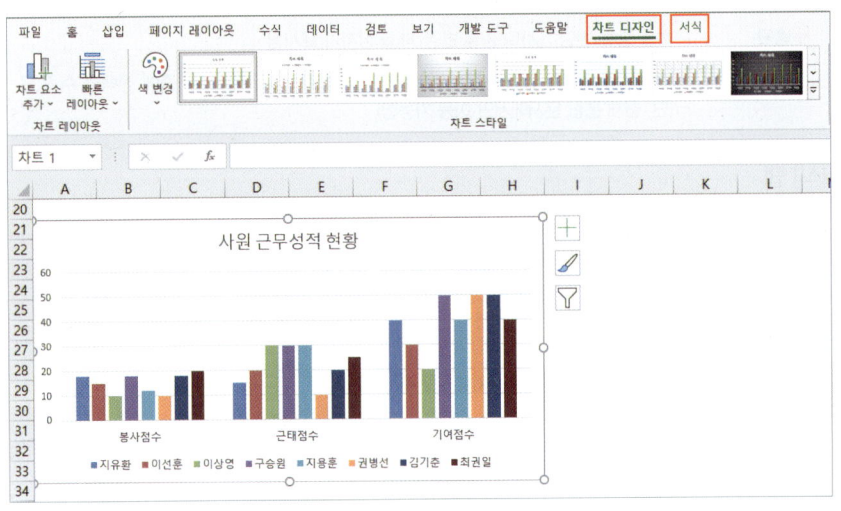

- 차트 선택을 해제하려면 워크시트에서 차트 부분이 아닌 다른 셀을 클릭하거나 Esc 를 눌러 선택을 취소한다.

> **차트만 용지 전체에 인쇄하는 방법**
> 차트를 선택한 후 [파일] 탭-[인쇄]에서 '인쇄 대상'을 '선택한 차트 인쇄'로 선택함

> **기적의 TIP**
> [차트 도구]를 이용해 할 수 있는 작업들에 무엇이 있는지 잘 알아 두세요.

2) [차트 디자인], [서식] 탭

워크시트에 삽입되어 있는 차트를 선택하면 [차트 디자인], [서식] 같은 탭이 표시된다.

① [차트 디자인] 탭

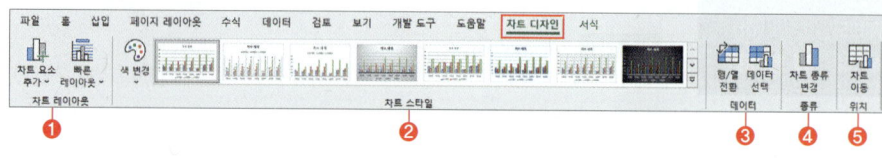

❶ 차트 레이아웃	• 차트 요소 추가 : 축, 축 제목, 차트 제목, 데이터 레이블, 데이터 표, 오차 막대, 눈금선, 범례, 선, 추세선, 양선/음선 등의 요소를 추가함 • 빠른 레이아웃 : 마우스를 위치시키면 레이아웃대로 차트가 변하고 클릭하면 레이아웃이 설정됨	
❷ 차트 스타일	• 색 변경 : 색상형, 단색형 중에서 선택할 수 있음 • 차트 스타일 : 마우스를 위치시키면 스타일이 변하고 클릭하면 스타일이 설정됨	
❸ 데이터	• 행/열 전환 : 차트의 행과 열이 전환됨 • 데이터 선택 : [데이터 원본 선택] 대화 상자가 표시됨	
❹ 종류	차트 종류 변경 : [차트 종류 변경] 대화 상자가 표시됨	
❺ 위치	[차트 이동] 대화 상자가 표시되며 '새 시트'와 '워크시트에 삽입' 중에 선택할 수 있음 (단, 현재 통합 문서에서만 이동 가능함)	

> **차트 서식 파일**
> 작성된 차트의 서식과 레이아웃을 나중에 만들 차트에 적용시킬 수 있는 서식 파일(확장자 : *.crtx)

② [서식] 탭

> **기적의 TIP**
> [차트 도구]의 그룹별 기능들을 잘 알아 두세요.

❶ 현재 선택 영역	• 차트 요소 선택 상자 : 차트 요소를 선택함 • 선택 영역 서식 : 선택한 차트의 요소의 서식 작업창을 표시함 • 스타일에 맞게 다시 설정 : 사용자가 지정한 서식을 지우고 차트에 적용된 전체 표시 스타일로 되돌림
❷ 도형 삽입	최근에 사용한 도형, 선, 사각형, 기본 도형, 블록 화살표, 수식 도형, 순서도, 별 및 현수막, 설명선 등을 삽입함
❸ 도형 스타일	도형 스타일 선택, 도형 채우기, 도형 윤곽선, 도형 효과 등을 설정함
❹ WordArt 스타일	WordArt 스타일 선택, 텍스트 채우기, 텍스트 윤곽선, 텍스트 효과 등을 설정함
❺ 접근성	대체 텍스트 창을 표시함
❻ 정렬	앞으로 가져오기, 뒤로 보내기, 선택 창(모든 개체를 목록으로 표시), 맞춤 등을 설정함
❼ 크기	높이와 너비를 설정함

02 차트의 크기 조정과 이동 및 삭제

1) 차트 크기 조정하기

- 차트를 선택하면 나타나는 크기 조절점을 드래그하면 차트 크기가 조절된다.
- 차트에 포함되어 있는 그림 영역, 범례 등을 따로 선택하여 크기를 조절할 수 있다.
- 차트 시트로 만들어진 차트의 크기는 조절할 수 없지만 차트 시트에 있는 차트 구성 요소의 크기 조절은 워크시트에 삽입된 차트와 동일한 방법으로 작업한다.

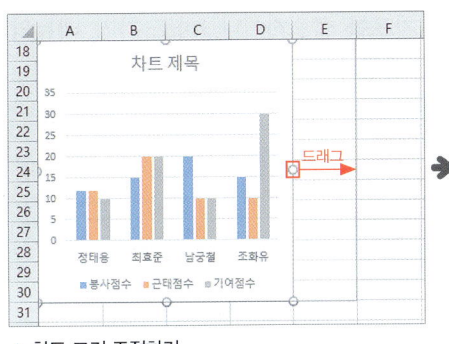
▲ 차트 크기 조절하기

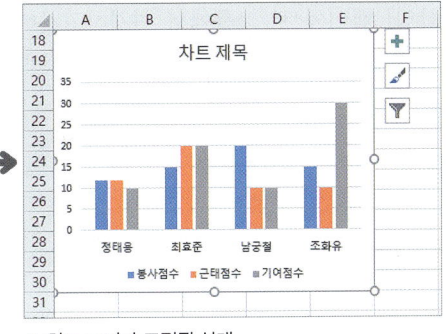
▲ 차트 크기가 조절된 상태

- Alt 를 누른 상태에서 차트 크기를 조절하면 차트의 크기가 셀에 맞춰 조절됨
- Shift 를 누른 상태에서 차트 크기를 조절하면 정사각형 형태로 수평, 수직으로 크기가 조절됨
- Ctrl 을 누른 상태에서 차트 크기를 조절하면 차트의 중심을 그대로 유지한 채 크기가 조절됨

2) 차트 이동하기

- 차트를 선택하고 차트 영역에서 마우스 왼쪽 단추를 클릭한 채 움직여 차트를 원하는 위치로 이동한다. 워크시트에 삽입된 차트에서만 가능하다.
- 차트 영역에 포함되어 있는 각종 제목과 그림 영역, 범례 등도 선택하여 이동이 가능하다. 차트에 포함된 개체의 이동은 차트 영역 안에서만 가능하다.
- Alt 를 누른 상태에서 차트를 이동하거나 크기를 조절하면 셀 눈금선에 맞추어 이동하거나 크기를 조절할 수 있다.
- Ctrl 을 누른 상태에서 차트를 이동하면 차트가 복사된다.

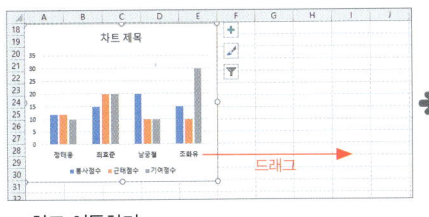
▲ 차트 이동하기

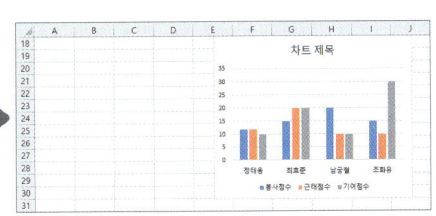
▲ 차트가 이동된 상태

3) 차트 삭제하기

- 차트를 삭제하려면 차트 영역을 선택하고 Delete 를 누른다.
- 차트 영역에 포함된 개체를 선택하고 Delete 를 누르면 선택한 개체만 삭제된다.
- 차트에서 삭제 작업은 워크시트에 있는 원본 데이터에 영향을 미치지 않지만, 워크시트 데이터를 삭제하면 차트도 영향을 받아 새로 변경된다.

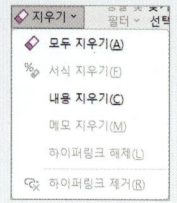

- 차트가 선택된 상태에서 [홈] 탭-[편집] 그룹-[지우기]에서 [모두 지우기], [내용 지우기] 중에서 선택하여 지울 수 있다. 단, 차트가 선택된 상태에서는 [서식 지우기]와 [메모 지우기]는 반전되어 나타난다.

③ 차트의 종류 변경 및 특정 계열의 차트 변경

1) 차트 종류 변경

[삽입] 탭-[차트] 그룹에서 변경하고자하는 차트를 클릭하거나, 바로 가기 메뉴의 [차트 종류 변경]을 선택하여 [차트 종류 변경] 대화 상자에서 차트 종류를 변경한다.

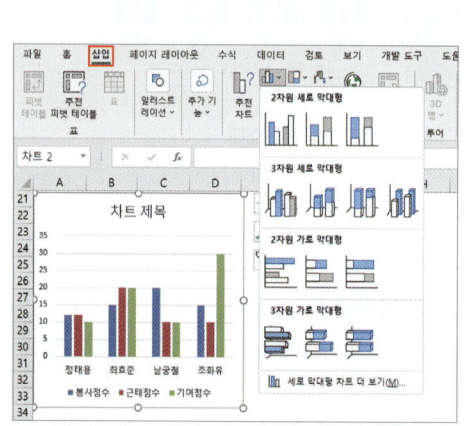

▲ [삽입] 탭-[차트] 그룹-차트를 선택함

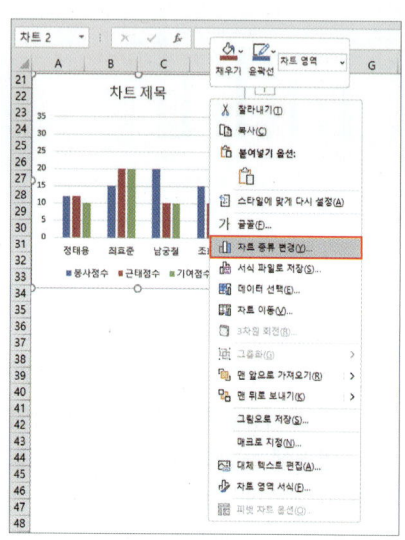

▲ 바로 가기 메뉴의 [차트 종류 변경]을 선택함

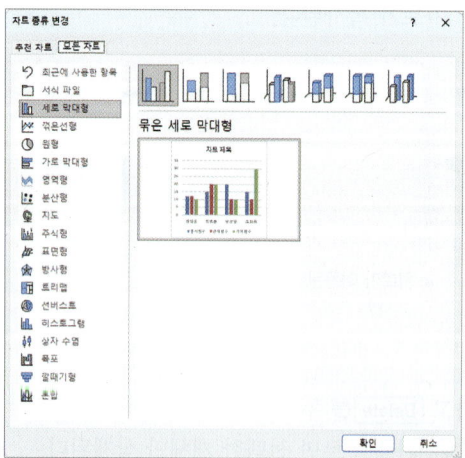

▲ [차트 종류 변경]의 [모든 차트] 탭에서 차트 종류를 변경함

2) 특정한 데이터 계열만 차트 종류 변경

🏠 **따라하기 TIP**

따라하기 파일 • Part02_Chapter06_차트종류변경.xlsx

① 특정 데이터 계열(수학)을 클릭하여 선택한 다음 바로 가기 메뉴의 [계열 차트 종류 변경]을 클릭한다.

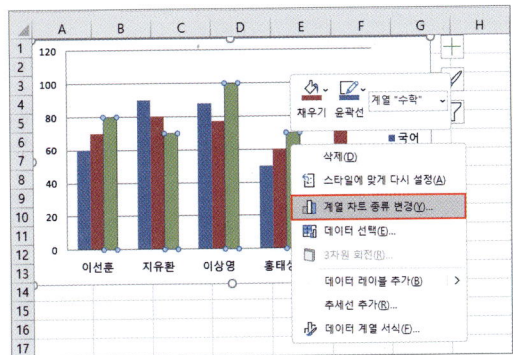

② [차트 종류 변경] 대화 상자의 [혼합]-[사용자 지정 조합]에서 수학 계열의 차트 종류를 [꺾은선형]-[표식이 있는 꺾은선형]으로 변경하고 [확인]을 클릭한다.

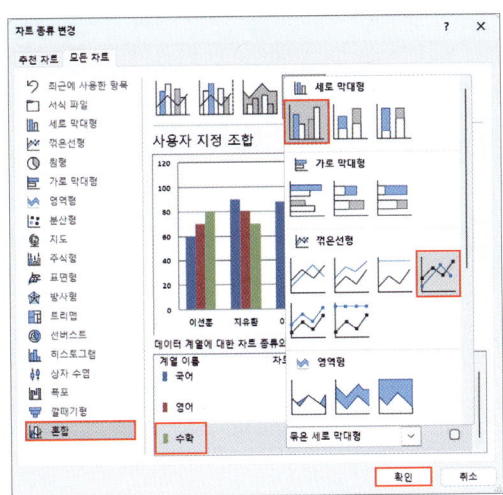

③ 수학 데이터 계열이 '표식이 있는 꺾은선형'으로 변경된다.

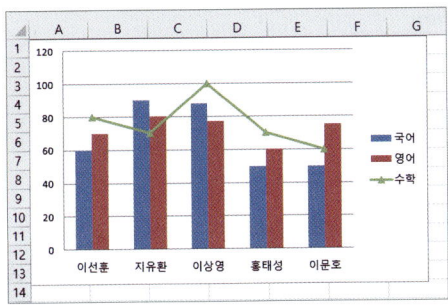

04 차트 원본 데이터 변경 25년 상시, 20년 2월, 15년 10월

- 차트 데이터 범위에 항목을 삽입하거나 삭제하면 차트에서도 항목이 삽입되거나 삭제된다.
- 데이터 범위의 중간에 데이터 계열이 삽입되어도 차트는 변경되지 않는다.
- 데이터 계열을 삭제하면 차트에서 데이터 계열이 삭제되고, 범례에는 #REF! 오류가 표시된다.
- 방법 1 : [차트 디자인] 탭–[데이터] 그룹–[데이터 선택]을 선택한 다음 [데이터 원본 선택] 대화 상자에서 '차트 데이터 범위'를 다시 지정하거나 범례 항목(계열)의 [추가] 단추를 클릭하여 '계열 이름'과 '계열 값'을 추가한다.

[데이터 원본 선택] 대화 상자
- [차트 데이터 범위]에서 차트에 사용하는 데이터 전체의 범위를 수정할 수 있음
- [행/열 전환]을 클릭하여 가로(항목) 축의 데이터 계열과 범례 항목(계열)을 바꿀 수 있음
- 범례에서 표시되는 데이터 계열의 순서를 바꿀 수 있음
- [데이터 원본 선택] 대화 상자의 [범례 항목(계열)]에서 ▲, ▼을 이용하여 범례의 데이터 계열 순서를 변경할 수 있음
- 데이터 범위 내에 숨겨진 행이나 열의 데이터도 차트에 표시할 수 있음

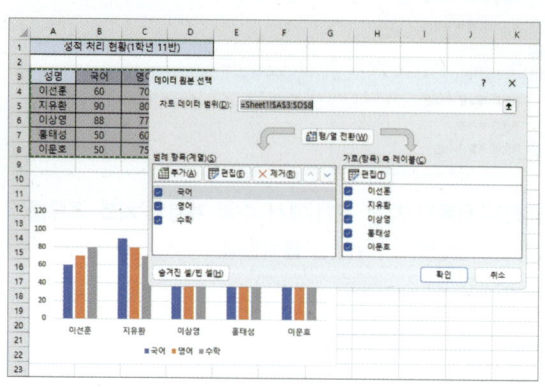
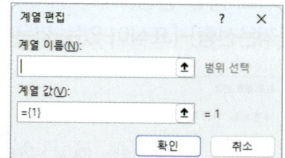

- 방법 2 : 차트 영역에서 [바로 가기 메뉴]의 [데이터 선택]을 실행하여 '차트 데이터 범위'를 다시 지정한다.

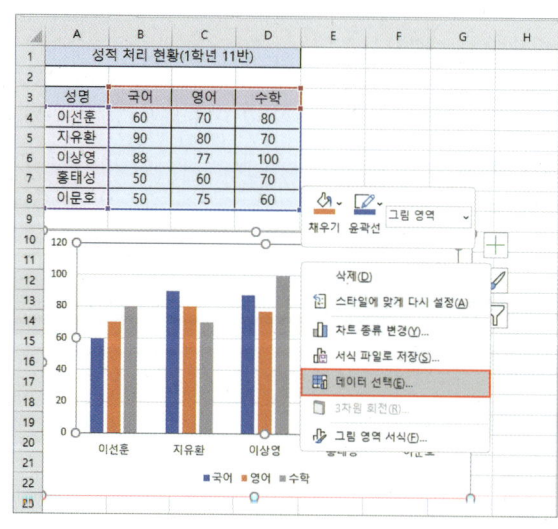

- 방법 3 : 원본 데이터가 차트와 같은 워크시트에 있을 경우 차트를 선택하면 데이터 범위에 색 범위가 표시된다. 색 범위의 선택 핸들을 마우스로 끌어 데이터를 변경한다.

개념 체크

1. 데이터 계열을 삭제하면 차트에서 데이터 계열이 삭제되고, 범례에는 (   ) 오류가 표시된다.
2. 차트 영역에서 [바로 가기 메뉴]의 [(   )]을 실행하여 '차트 데이터 범위'를 다시 지정한다.
3. 데이터 범위의 중간에 데이터 계열이 삽입되어도 차트는 변경되지 않는다. (○, ×)
4. 차트를 선택하면 데이터 범위에 색 범위가 표시된다. (○, ×)

1 #REF! 2 데이터 선택 3 ○ 4 ○

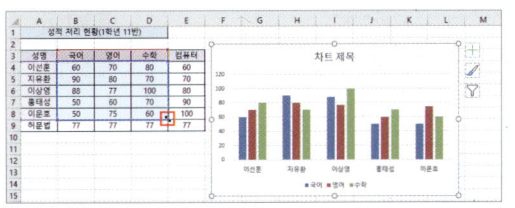
▲ 컴퓨터 과목과 허문범 학생을 원본 데이터에서 마우스로 끌어서 추가함

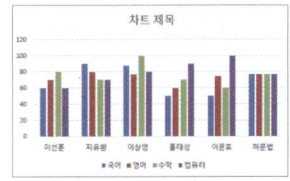
▲ 차트에 컴퓨터 과목과 허문범 학생이 추가되어 표시됨

+ 더 알기 TIP

데이터 범위에 항목을 삽입하거나 삭제하면?

데이터 범위에 항목을 삽입하거나 삭제하면 차트에서도 항목이 삽입되거나 삭제된다.

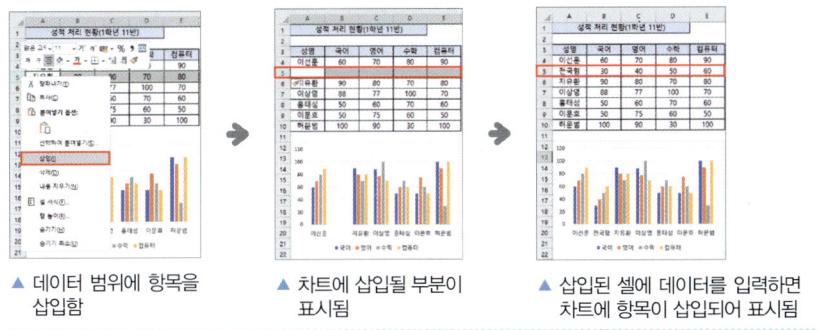

▲ 데이터 범위에 항목을 삽입함   ▲ 차트에 삽입될 부분이 표시됨   ▲ 삽입된 셀에 데이터를 입력하면 차트에 항목이 삽입되어 표시됨

데이터 범위 중간에 데이터 계열을 삽입하면?

데이터 범위의 중간에 데이터 계열이 삽입되어도 차트는 변경되지 않는다.

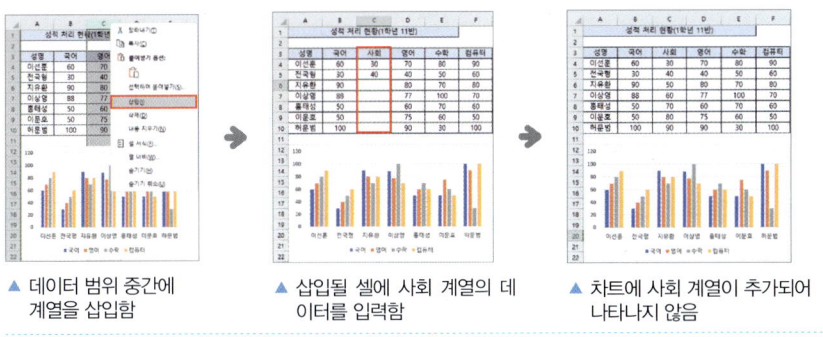

▲ 데이터 범위 중간에 계열을 삽입함   ▲ 삽입될 셀에 사회 계열의 데이터를 입력함   ▲ 차트에 사회 계열이 추가되어 나타나지 않음

데이터 계열을 삭제하면?

데이터 계열을 삭제하면 차트에서 데이터 계열이 삭제되고, 범례에는 #REF! 오류가 표시된다.

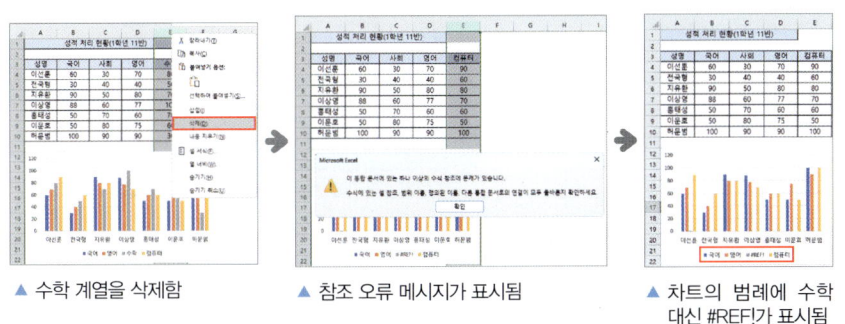

▲ 수학 계열을 삭제함   ▲ 참조 오류 메시지가 표시됨   ▲ 차트의 범례에 수학 대신 #REF!가 표시됨

이론을 확인하는 기출문제

01 다음 중 차트의 편집에 대한 설명으로 옳지 않은 것은?

① 차트와 연결된 워크시트의 데이터에 열을 추가하면 차트에 자동적으로 반영되지 않는다.
② 차트 크기를 조정하면 새로운 크기에 가장 적합하도록 차트 내의 텍스트의 크기 등이 자동적으로 조정된다.
③ 차트에 적용된 원본 데이터의 행이나 열을 숨겨도 차트에는 반영되지 않는다.
④ 데이터 계열의 순서가 변경되면 범례의 순서도 자동으로 변경된다.

> 차트에 적용된 원본 데이터의 행이나 열을 숨기면 차트에 반영됨

02 다음 중 아래의 차트에 대한 설명으로 옳은 것은?

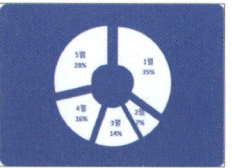

① 차트의 종류는 전체에서 차지하는 비율을 보여주는 원형 대 원형 차트이다.
② 계열1 요소인 1월의 첫째 조각의 각은 200°가 설정된 상태이다.
③ 쪼개진 정도는 10%가 설정된 상태이다.
④ 차트 가운데 구멍의 크기는 0%가 설정된 상태이다.

> **오답 피하기**
> • ① : 차트의 종류는 도우넛 차트임
> • ② : 계열1 요소인 1월의 첫째 조각의 각은 0°임
> • ④ : 도넛 구멍의 크기는 30%가 설정된 상태임

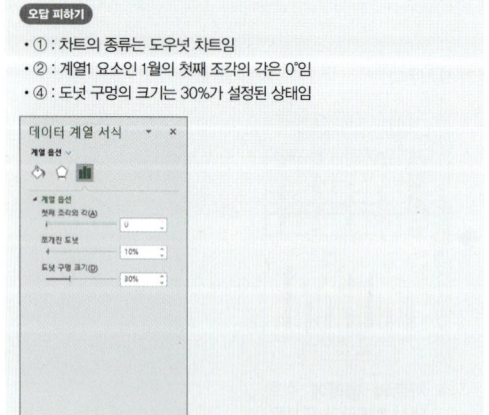

03 다음 중 아래 차트에 대한 설명으로 옳지 않은 것은?

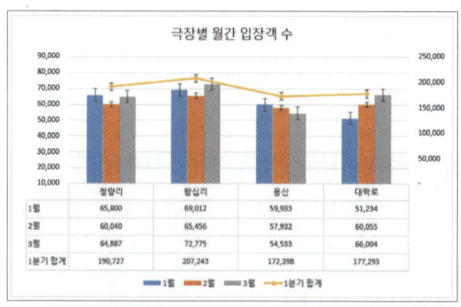

① '1분기 합계' 계열은 '보조 축'으로 지정되어 있다.
② 범례 표지 없이 데이터 표가 표시되어 있다.
③ '1월', '2월', '3월' 계열에 오차 막대가 표시되어 있다.
④ 계열 옵션에서 '간격 너비'가 0%로 설정되어 있다.

> • 계열 옵션에서 '간격 너비'가 0%로 설정되어 있지 않음
> • 계열 옵션에서 '간격 너비'가 0%로 설정되어 있는 경우 아래처럼 표시됨

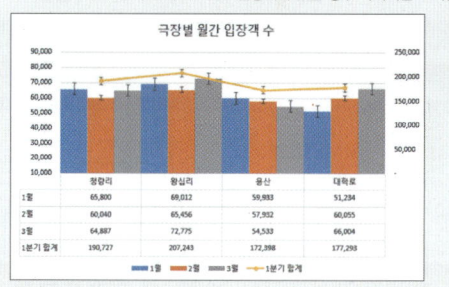

> **오답 피하기**

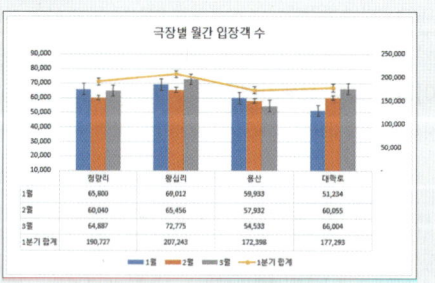

> • ① : '1분기 합계' 계열은 '보조 축'으로 지정되어 있음
> • ② : 범례 표지 없이 데이터 표가 표시되어 있음
> • ③ : '1월', '2월', '3월' 계열에 오차 막대가 표시되어 있음

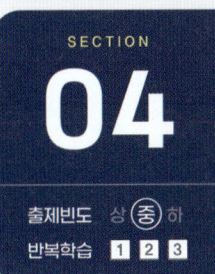

차트의 요소 추가와 서식 지정

빈출 태그 추세선 • 오차 막대

01 데이터 레이블 추가 13년 6월

- [차트 디자인] 탭-[차트 레이아웃] 그룹의 [차트 요소 추가]-[데이터 레이블]에서 레이블을 추가한다.
- [차트 요소] 단추(⊞)를 클릭한 다음 데이터 레이블을 추가한다.
- 데이터 레이블 삽입을 원하는 계열을 클릭한 다음 바로 가기 메뉴의 [데이터 레이블 추가]에서 [데이터 레이블 추가]를 클릭한다.

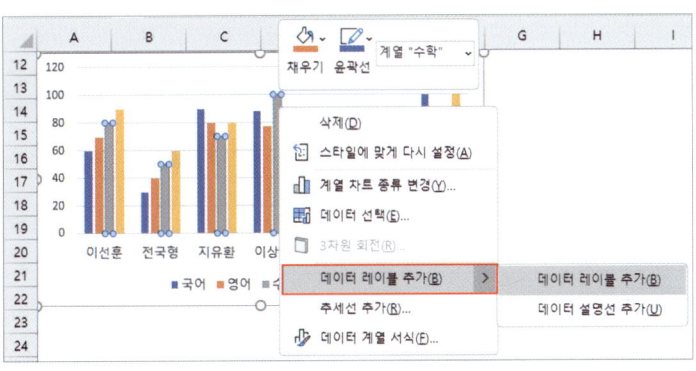

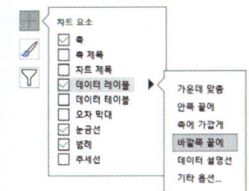

- 데이터 레이블이 겹치지 않고 읽기 쉽도록 차트에서 데이터 레이블의 위치를 조정할 수 있다.
- 기본적으로 데이터 레이블은 워크시트의 값에 연결되며 변경될 때 자동으로 업데이트된다.
- 계열별 데이터 레이블 제거는 삭제를 원하는 계열의 데이터 레이블을 한 번 클릭하여 선택한 후 Delete 를 누른다.
- 레이블 내용은 셀 값, 계열 이름, 항목 이름, 값 중에서 한 가지를 선택하여 표시할 수 있다.

> **기적의 TIP**
>
> 추세선은 자주 출제되는 내용입니다. 추세선 추가가 가능한 차트에는 무엇이 있는지는 꼭 암기해 두세요.

추세선 추가

추세선을 추가할 데이터 계열을 선택한 다음 바로 가기 메뉴의 [추세선 추가]를 클릭한 후 [추세선 서식] 대화 상자에서 [추세선 옵션]의 지수, 선형, 로그, 다항식, 거듭제곱, 이동 평균 중 하나를 선택해서 추세선을 추가할 수도 있음
- **가능한 차트** : 비누적 2차원 영역형, 가로 막대형, 세로 막대형, 꺾은선형, 주식형, 분산형, 거품형 차트
- **불가능한 차트** : 누적 2차원 영역형, 3차원 효과의 영역형, 원형, 도넛형, 방사형, 표면형, 원통형, 원뿔형, 피라미드형 차트

02 추세선과 오차 막대

1) 추세선 19년 3월, 17년 3월, 16년 6월, 14년 3월, 11년 3월/10월, 08년 5월, 06년 7월, 03년 2월/5월

- 계열의 데이터 추세나 방향을 그림으로 표시하는 것을 의미하며, 회귀 분석과 같은 예측 문제에서 사용된다.
- 비누적 2차원 영역형, 가로 막대형, 세로 막대형, 꺾은선형, 주식형, 분산형, 거품형 차트에서 데이터 계열에 추세선을 추가할 수 있다.
- 누적 2차원 영역형, 3차원 효과의 영역형, 원형, 도넛형, 방사형, 표면형, 원통형, 원뿔형, 피라미드형 차트에서는 추가할 수 없다.
- 추세선의 종류에는 선형, 로그, 다항식, 거듭제곱, 지수, 이동 평균이 있다.
- 추세선이 추가된 데이터 계열의 차트 종류를 3차원으로 바꾸면 추세선이 사라진다.
- 추세선을 하나의 데이터 계열에 두 개 이상 동시에 나타낼 수 있다.

🏠 **따라하기 TIP**

따라하기 파일 • Part02_Chapter06_추세선.xlsx

① [차트 디자인] 탭–[차트 레이아웃] 그룹–[차트 요소 추가]–[추세선]을 클릭하여 원하는 추세선을 선택한다.

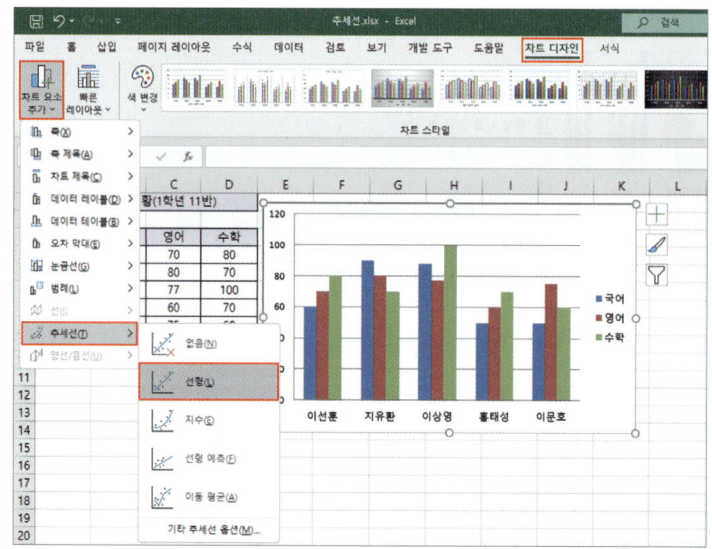

② [추세선 추가] 대화 상자에서 추세선을 추가할 계열을 선택하고 [확인]을 클릭한다.
추세선을 추가할 계열을 미리 클릭하여 선택한 경우 [추세선] 대화 상자가 표시되지 않는다.

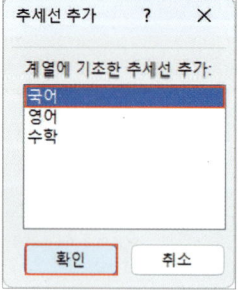

③ 추세선이 표시되어 나타난다.

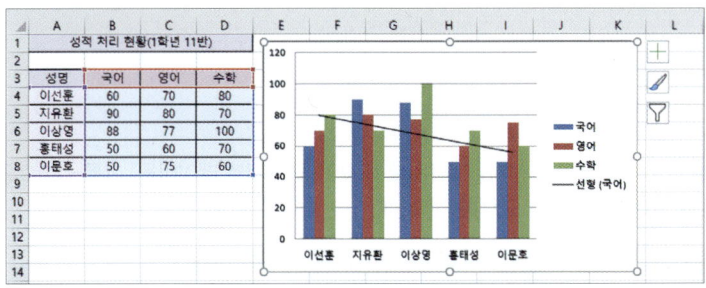

④ 추세선을 선택하고 바로 가기 메뉴의 [추세선 서식]을 선택한다.
⑤ 추세선 옵션에서 '수식을 차트에 표시'와 'R-제곱 값을 차트에 표시'를 설정하면 추세선에 사용된 수식과 R-제곱 값을 차트에 표시해 준다.

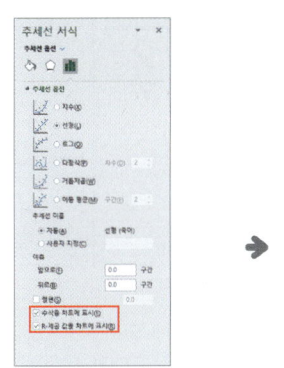

▲ '수식을 차트에 표시'와 'R-제곱 값을 차트에 표시'에 체크함

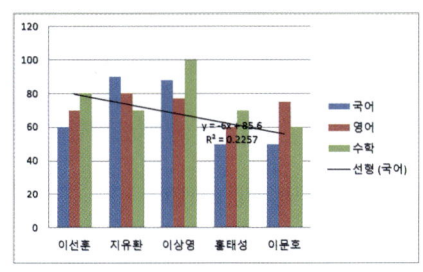

▲ 수식과 R-제곱 값이 표시됨

추세선 삭제

차트에 표시된 추세선을 클릭하여 선택한 다음 Delete 를 누르거나 바로 가기 메뉴의 [삭제]를 선택하면 추세선이 삭제됨

2) 오차 막대 25년 상시, 24년 상시, 20년 7월, 16년 3월/10월, 13년 10월

- 데이터 계열에 있는 각 데이터 표식의 잠정 오차나 불확실도를 그림으로 나타내는 막대이다.

따라하기 TIP

따라하기 파일 • Part02_Chapter06_오차막대.xlsx

① 특정 계열(국어)을 클릭하여 선택한 후 [차트 디자인] 탭-[차트 레이아웃] 그룹-[차트 요소 추가]-[오차 막대]에서 [표준 오차]를 선택한다.

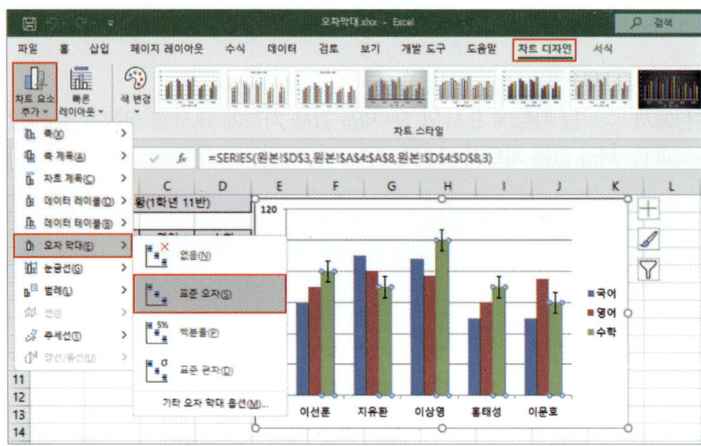

② 국어 계열에 오차 막대가 표시된다.

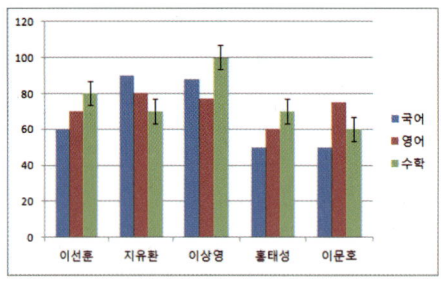

- 2차원 영역형, 가로 막대형, 세로 막대형, 꺾은선형, 분산형, 거품형 차트 등의 데이터 계열에 오차 막대를 추가할 수 있다.
- 3차원 차트는 오차 막대를 표시할 수 없다.

03 차트의 서식 지정

차트를 구성하고 있는 각 개체의 서식을 지정하려면 다음 방법 중 하나를 실행한다. 모든 방법을 실행한 후에는 각 개체의 서식 대화 상자가 나타난다.

방법 1	차트 구성 개체를 마우스 오른쪽 단추로 클릭하고 [개체 이름 서식] 메뉴를 선택함
방법 2	[서식] 탭–[현재 선택 영역] 그룹–[선택 영역 서식]을 실행함
방법 3	바로 가기 키 Ctrl + 1 을 누름

1) 차트 영역 서식 20년 7월

차트 영역 서식에는 채우기 및 선( ), 효과( ), 크기 및 속성( ) 등이 있다.

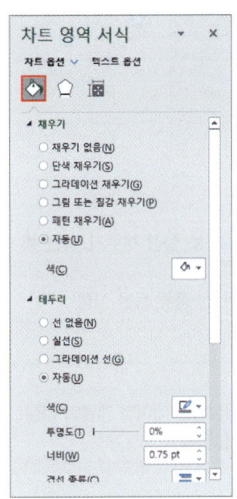
▲ 채우기 및 선( )

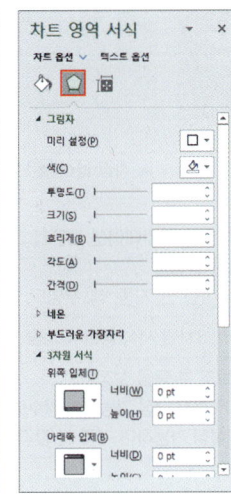
▲ 효과( )

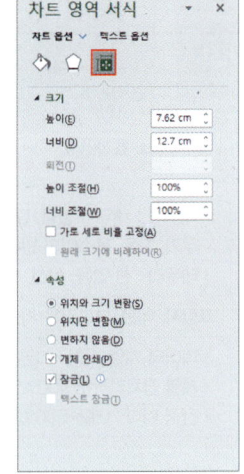
▲ 크기 및 속성( )

채우기 및 선	• 채우기 : 채우기 없음, 단색 채우기, 그라데이션 채우기, 그림 또는 질감 채우기, 패턴 채우기, 자동 등을 설정함 • 테두리 : 선 없음, 실선, 그라데이션 선, 자동, 색, 투명도, 너비, 선 종류, 둥근 모서리 등을 설정
효과	그림자, 네온, 부드러운 가장자리, 3차원 서식, 3차원 회전 등을 설정함
크기 및 속성	• 크기 : 높이, 너비, 회전, 높이 조절, 너비 조절 등을 설정함 • 속성 : 위치의 크기 변함, 위치만 변함, 변하지 않음, 개체 인쇄, 잠금 등을 설정함

차트만 제외하고 인쇄하기 위해서는 [차트 영역 서식] 대화 상자의 [속성]에서 '개체 인쇄'의 체크를 해제함

★ 계열 겹치기

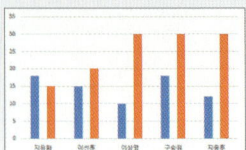
▲ 계열 겹치기 -100%
계열 겹치기를 음수로 지정하면 데이터 계열 사이가 벌어짐

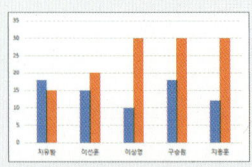
▲ 계열 겹치기 0%

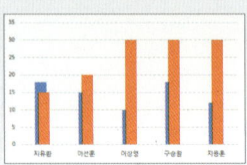
▲ 계열 겹치기 70%
계열 겹치기를 양수로 지정하면 데이터 계열 사이가 겹쳐짐

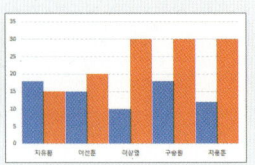
▲ 간격 너비 0%

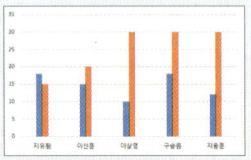
▲ 간격 너비 500%

★ 가로축 교차
세로축을 선택한 후 [축 서식]의 축 옵션에서 가로축 교차를 '축의 최대값'으로 설정하면 가로축 교차가 축의 최대값으로 위치하게 됨

★ 로그 눈금 간격
• 차트에 표시한 데이터 계열의 요소 간 값의 차이가 큰 경우 값의 차이를 표시할 수 있게 함
• 로그 눈금 간격은 2~1000까지의 숫자를 입력함

2) 데이터 계열 서식 24년 상시, 23년 상시, 21년 상시, 20년 7월, 19년 3월, 18년 9월, 16년 10월, 09년 10월, 04년 10월, …

데이터 계열 서식에는 채우기 및 선(🎨), 효과(⬠), 계열 옵션(📊) 등이 있다.

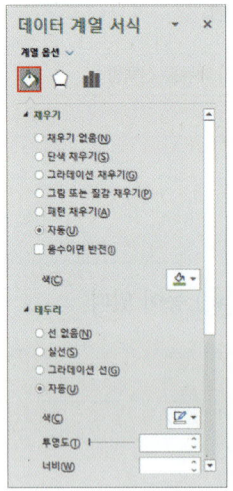
▲ 채우기 및 선(🎨)

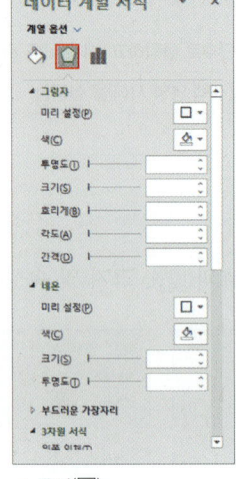
▲ 효과(⬠)

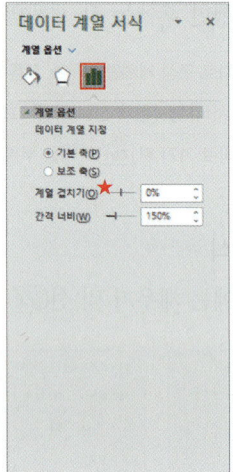
▲ 계열 옵션(📊)

채우기 및 선	• 채우기 : 채우기 없음, 단색 채우기, 그라데이션 채우기, 그림 또는 질감 채우기, 패턴 채우기, 자동, 음수이면 반전 등을 설정함 • 테두리 : 선 없음, 실선, 그라데이션 선, 자동, 색, 투명도, 너비, 선 종류 등을 설정
효과	그림자, 네온, 부드러운 가장자리, 3차원 서식 등을 설정함
계열 옵션	• 데이터 계열 지정 : 기본 축, 보조 축 등을 설정 • 계열 겹치기★ : -100%~100%까지 설정 가능하며 양수로 지정하면 데이터 계열이 겹침 • 간격 너비 : 0%~500%까지 설정 가능하며 계열 간 간격을 설정함

3) 축 서식 25년 상시, 22년 상시, 19년 8월, 18년 3월, 15년 3월/6월, 14년 10월

축 서식에는 채우기 및 선(🎨), 효과(⬠), 크기 및 속성(📐), 축 옵션(📊) 등이 있다.

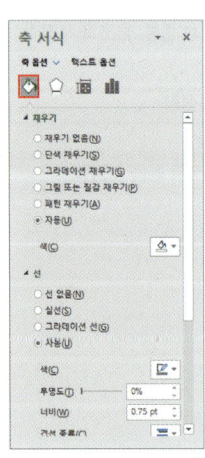
▲ 채우기 및 선(🎨)

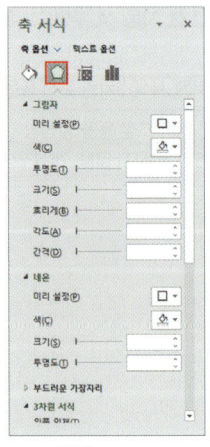
▲ 효과(⬠)

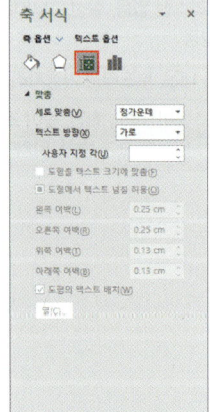
▲ 크기 및 속성(📐)

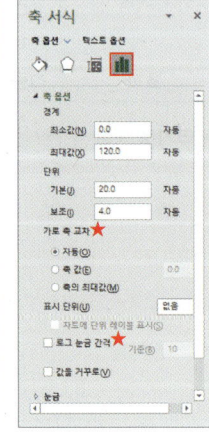
▲ 축 옵션(📊)

채우기 및 선	• 채우기 : 채우기 없음, 단색 채우기, 그라데이션 채우기, 그림 또는 질감 채우기, 패턴 채우기, 자동, 색 등을 설정함 • 선 없음, 실선, 그라데이션 선, 자동, 색, 투명도, 너비, 겹선 종류, 대시 종류, 끝 모양 종류(사각형, 원형, 평면), 연결점 종류(원형, 빗면, 미터), 화살표 머리의 유형과 크기 및 꼬리 유형 등을 설정
효과	그림자, 네온, 부드러운 가장자리, 3차원 서식 등을 설정함
크기 및 속성	세로 맞춤, 텍스트 방향, 사용자 지정 각 등을 설정함
축 옵션	경계(최소, 최대), 단위(주, 보조), 가로축 교차(자동, 축 값, 축의 최대값), 표시 단위, 로그 눈금 간격, 값을 거꾸로, 눈금(주 눈금, 보조 눈금), 레이블 위치(축의 옆, 높은 쪽, 낮은 쪽, 없음), 표시 형식 등을 설정함

3차원 차트의 경우 세로 막대 모양을 상자, 전체 피라미드형, 부분 피라미드형, 원통형, 전체 원뿔형, 부분 원뿔형 등으로 설정 가능함

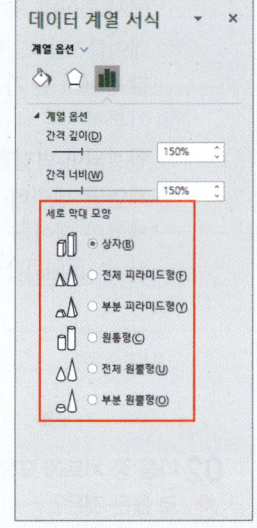
▲ 3차원 차트의 계열 옵션

4) 데이터 레이블, 범례, 데이터 표 서식 22년 상시

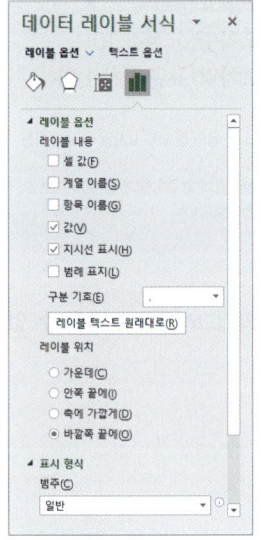
▲ 레이블 옵션(▣)

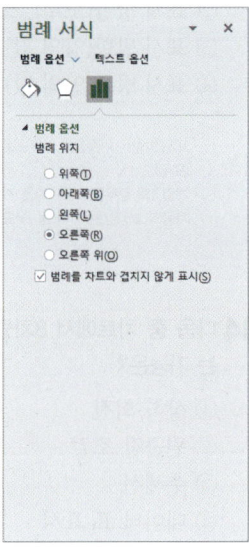
▲ 범례 옵션(▣)

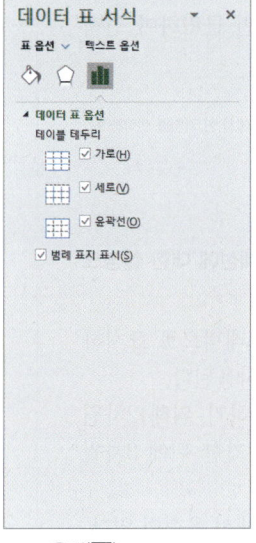
▲ 표 옵션(▣)

데이터 레이블	• 레이블 내용(셀 값, 계열 이름, 항목 이름, 값, 지시선 표시, 범례 표지, 구분 기호 등을 설정 • 레이블 위치(가운데, 안쪽 끝에, 축에 가깝게, 바깥쪽 끝에) 설정 • 표시 형식(범주 설정 및 서식 코드 추가) 설정
범례	범례 위치(위쪽, 아래쪽, 왼쪽, 오른쪽, 오른쪽 위), 범례를 차트와 겹치지 않게 표시
데이터 표	테이블 표 옵션(테이블 테두리(가로, 세로, 윤곽선 등) 설정, 범례 표지 표시) 설정

마우스로 범례를 이동하거나 크기를 변경하더라도 그림 영역의 크기 및 위치는 자동으로 조정되지 않음

이론을 확인하는 기출문제

01 다음 중 차트의 데이터 레이블 추가/제거에 대한 설명으로 옳지 않은 것은?

① 데이터 레이블이 겹치지 않고 읽기 쉽도록 차트에서 데이터 레이블의 위치를 조정할 수 있다.
② 레이블 내용은 계열 이름, 항목 이름, 차트 이름, 값 중에서 한 가지를 선택하여 표시할 수 있다.
③ 기본적으로 데이터 레이블은 워크시트의 값에 연결되며 변경될 때 자동으로 업데이트된다.
④ 계열별 데이터 레이블 제거는 삭제를 원하는 계열의 데이터 레이블을 한 번 클릭하여 선택한 후 Delete 를 누른다.

> 레이블 내용은 셀 값, 계열 이름, 항목 이름, 값 중에서 한 가지를 선택하여 표시할 수 있음

02 다음 중 차트에 포함할 수 있는 추세선에 대한 설명으로 옳은 것은?

① 추세선은 데이터의 추세를 그래픽으로 표시하고 예측 문제를 분석하는 데 사용된다.
② 3차원 차트에 추세선을 표시하기 위해 2차원 차트를 작성하여 추세선을 추가한 뒤에 3차원으로 변환한다.
③ 지수, 선형, 로그 등 3가지 추세선 유형이 있다.
④ 모든 종류의 차트에 추세선을 사용할 수 있다.

> 추세선 : 계열의 데이터 추세나 방향을 그림으로 표시하는 것을 의미하며, 회귀 분석과 같은 예측 문제에서 사용됨
>
> **오답 피하기**
> • 3차원 효과의 영역형, 원형, 도넛형, 방사형, 표면형, 원통형, 원뿔형, 피라미드형 차트와 누적 2차원 영역형 차트에는 추세선을 추가할 수 없음
> • 추세선의 종류에는 선형, 로그, 다항식, 거듭제곱, 지수, 이동 평균이 있음

03 다음 중 아래 차트와 같이 오차 막대를 표시하기 위한 오차 막대 서식 설정값으로 옳은 것은?

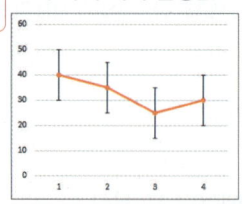

① 표시 방향(모두), 오차량(고정값 10)
② 표시 방향(모두), 오차량(표준편차 1.0)
③ 표시 방향(양의 값), 오차량(고정값 10)
④ 표시 방향(양의 값), 오차량(표준편차 1.0)

> • 표시 방향은 기준점을 기준으로 양의 값 음의 값 모두 표시됨 → 표시 방향(모두)
> • 계열 1의 경우를 예로 40을 기준으로 음의 값 30, 양의 값 50이므로 오차량의 고정값은 10이 됨 → 오차량(고정값 10)

04 다음 중 차트에서 3차원 막대그래프에 적용할 수 없는 기능은?

① 상하 회전
② 원근감 조절
③ 추세선
④ 데이터 표 표시

> 추세선이 추가된 데이터 계열의 차트 종류를 3차원으로 바꾸면 추세선이 사라짐

05 다음 중 원형 차트에서 '데이터 레이블'의 레이블 내용으로 설정할 수 없는 것은?

① 값
② 항목 이름
③ 백분율
④ 차트 제목

> • 차트 제목을 데이터 레이블의 레이블 내용으로 설정할 수 없음
> • 레이블 내용 : 셀 값, 계열 이름, 항목 이름, 값, 백분율, 지시선 표시, 범례 표지

정답 01 ② 02 ① 03 ① 04 ③ 05 ④

CHAPTER

07

매크로 및 프로그래밍

학습 방향

[매크로 기록] 대화 상자, 매크로 이름 정의 및 실행, 편집 방법과 프로그래밍의 기본 개념의 꼼꼼한 이해가 요구됩니다. 또 처리 결과를 묻는 문제에 대한 정확한 해답을 산출할 수 있는 방법까지 철저히 준비하세요.

출제 빈도

SECTION 01 매크로 작성

빈출 태그 매크로 기록 • 매크로 실행 • 매크로 편집 • 매크로 형식

> **기적의 TIP**
> 매크로는 매회 시험에 출제되는 부분입니다. 특히 매크로 이름과 바로 가기 키, 매크로 저장 위치, 실행, 편집 등에 대해 전반적으로 묻는 경우가 대부분입니다. 반드시 직접 실습을 통해 공부해 두세요.

> **리본 메뉴에 [개발 도구] 탭 표시**
> [파일] 탭–[옵션]–[Excel 옵션]–[리본 사용자 지정]–[개발 도구] 확인란을 체크하면, 리본 메뉴에 [개발 도구] 탭을 표시함([개발 도구] 탭을 사용하면 매크로와 양식 컨트롤을 쉽게 사용할 수 있음)

> 양식 컨트롤 중 '텍스트 필드'는 워크시트상에서 매크로를 연결할 수 없음

> **Auto_Open**
> 통합 문서를 열 때 마다 특정 작업이 자동으로 수행되는 매크로 이름
>
> **Auto_Close**
> 파일을 닫을 때 자동으로 수행되는 매크로 이름

01 매크로 개요

- 자주 사용하는 명령, 반복적인 작업 등을 매크로로 기록하여 작업을 단순화 · 자동화하는 기능으로, 해당 작업이 필요할 때마다 바로 가기 키(단축 키)나 실행 단추를 클릭하여 쉽고, 빠르게 작업을 수행할 수 있다.
- 매크로는 해당 작업에 대한 일련의 명령과 함수를 Microsoft Visual Basic 모듈로 저장한 것으로 Visual Basic 언어를 기반으로 한다(따로 설치하지 않아도 됨).
- 매크로는 통합 문서에 첨부된 모듈 시트로 하나의 Sub 프로시저로 기록된다.
- Sub로 시작하고 End Sub로 끝난다.

02 매크로 기록 25년 상시, 24년 상시, 23년 상시, 22년 상시, 21년 상시, 19년 3월/8월, 18년 9월, 14년 3월/6월, 13년 6월/10월, …

따라하기 TIP

① [보기] 탭–[매크로] 그룹–[매크로 기록]을 선택한다.

② [매크로 기록] 대화 상자에서 매크로 이름, 바로 가기 키, 매크로 저장 위치, 설명을 지정하고 [확인]을 클릭한다.

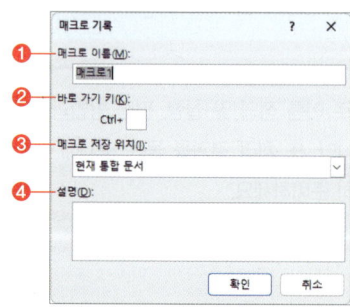

❶ 매크로 이름	• 기록할 매크로 이름을 지정하는 것으로 기본적으로는 매크로1, 매크로2와 같이 붙여짐 • 첫 글자는 반드시 문자이어야 하며, 나머지는 문자, 숫자, 밑줄 등을 사용하여 입력할 수 있음(매크로 이름은 영문자의 경우 대/소문자를 구분하지 않음) • 매크로 이름에 공백이나 #, @, $, %, & 등의 기호 문자를 사용할 수 없음

❷ 바로 가기 키	• 기본적으로 Ctrl 이 지정되어 있으며, 바로 가기 키 조합 문자는 영문자만 가능함
	  – 소문자로 지정하면 Ctrl 을 누른 상태에서 해당 문자를 눌러 매크로를 실행함
	  – 대문자로 지정하면 Ctrl + Shift 를 누른 상태에서 해당 문자를 누름
	• 바로 가기 키로 엑셀에서 지정되어 있는 바로 가기 키를 지정할 수 있으며, 매크로 실행 바로 가기 키가 엑셀의 바로 가기 키보다 우선하며 수정이 가능함
	• 매크로 기록 시 바로 가기 키는 지정하지 않아도 됨

❸ 매크로 저장 위치	• 매크로 저장 위치를 현재 통합 문서, 새 통합 문서, 개인용 매크로 통합 문서 중에서 선택함 • 작성한 매크로를 엑셀을 실행할 때마다 모든 통합 문서에서 사용하려면 저장 위치를 개인용 매크로 통합 문서(Personal.xlsb)로 지정함 • 매크로 저장 위치 XLStart 폴더에 Personal.xlsb가 저장되어 있는 경우 엑셀이 실행될 때 자동으로 열림
❹ 설명	매크로에 대한 설명이 필요한 경우에만 입력하며, 매크로 실행과는 관계가 없는 주석을 기록하는 것으로, 비주얼 편집기 창에서 보면 작은따옴표(')로 시작함

③ 매크로에 기록할 작업을 순서대로 수행한다.

④ [보기] 탭-[매크로] 그룹-[기록 중지]를 선택하여 매크로 기록을 종료한다.

03 매크로 실행 23년 상시, 22년 상시, 17년 3월, 16년 3월, 13년 3월, 12년 6월, 09년 4월, 07년 2월, 06년 7월, 03년 9월, …

1) 바로 가기 키를 이용한 실행

매크로를 기록할 때 지정한 바로 가기 키를 눌러 실행한다.

2) 개체를 이용한 실행

- [개발 도구] 탭-[컨트롤] 그룹-[삽입]을 클릭한 후 '양식 컨트롤'의 □(단추) 도구로 작성한 실행 단추나 클립 아트, 그리기 개체, 차트 개체 등에 매크로를 연결한 후 해당 개체를 클릭한 후 실행한다.
- 개체를 마우스 오른쪽 단추로 클릭한 후 [매크로 지정]을 실행한 다음 [매크로 지정] 대화 상자에서 연결할 매크로를 선택하고 [확인]을 클릭하면 매크로가 연결된다.
- □ 도구로 단추를 그리면 바로 [매크로 지정] 대화 상자가 나타난다.
- 셀이나 텍스트 등에는 매크로를 지정할 수 없다.

3) [매크로] 대화 상자를 이용한 실행 24년 상시, 22년 상시, 21년 상시, 18년 3월, 14년 3월, 08년 8월

[보기] 탭-[매크로] 그룹-[매크로 보기]를 실행한 후 [매크로] 대화 상자에서 실행할 매크로를 선택하고 [실행]을 클릭하여 실행한다(Alt + F8).

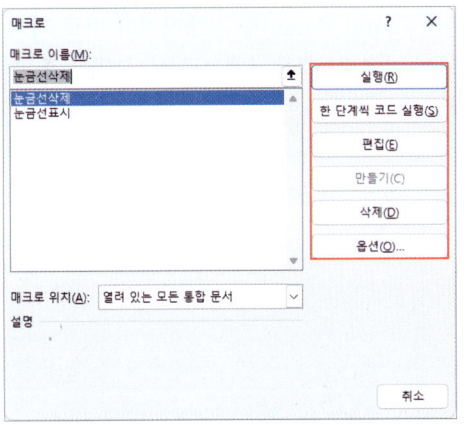

> **매크로에서의 셀 참조**
> • 매크로를 기록할 때 기본적으로 절대 참조가 사용되며, 절대 참조로 기록된 매크로는 현재 셀의 위치와 상관없이 매크로를 기록할 때 지정한 셀에서 매크로가 실행됨
> • 상대 참조로 매크로를 기록하려면 [개발 도구] 탭-[코드] 그룹-[상대 참조로 기록]을 선택해야 하며, [상대 참조로 기록]을 다시 선택하여 해제할 때까지 매크로는 상대 참조로 기록됨. 상대 참조로 기록된 매크로는 선택된 셀의 위치에서 매크로가 실행됨

> 매크로를 기록하는 경우 실행하려는 작업을 완료하는 데 필요한 모든 단계가 매크로 레코더에 기록되며, 리본 메뉴에서의 탐색은 기록된 단계에 포함되지 않음

> • Ctrl + F11 : 매크로 시트 삽입
> • F5 : 매크로 실행
> • F8 : 한 단계씩 코드 실행
> • Shift + F8 : 프로시저 단위 실행
> • Ctrl + Shift + F8 : 프로시저 나가기
> • Ctrl + F8 : 커서까지 실행
> • Ctrl + W : 조사식 편집
> • Shift + F9 : 간략한 조사식
> • F9 : 중단점 설정/해제
> • Ctrl + Shift + F9 : 모든 중단점 지우기
> • Ctrl + F9 : 다음 문 설정

> **매크로 실행 중단**
> • 매크로가 실행 중일 때 Esc 를 누르면 [Microsoft Visual Basic] 메시지가 나타남
> • [종료]를 클릭하면 실행 중인 매크로가 중지됨

실행	선택한 매크로를 실행함
한 단계씩 코드 실행	선택한 매크로를 한 단계씩 실행함
편집	선택한 매크로를 편집하기 위해 Visual Basic Editor를 실행함(매크로 이름 수정 가능)
만들기	새로운 매크로를 작성하기 위해 Visual Basic Editor를 실행함
삭제	선택한 매크로를 삭제함
옵션	• 매크로의 바로 가기 키와 설명을 편집할 수 있음 • 매크로 이름은 이 대화 상자에서 수정할 수 없으며, Visual Basic Editor를 열고 수정해야 함

4) [개발 도구] 탭의 코드 및 컨트롤 그룹 20년 2월, 11년 7월, 07년 10월, 06년 2월, 04년 2월/10월

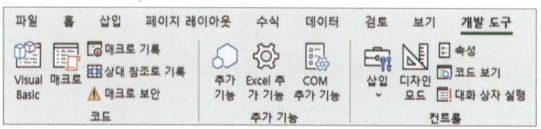

Visual Basic	Visual Basic 편집기를 실행함
매크로	매크로 대화 상자를 표시함
매크로 기록	매크로를 기록함
상대 참조로 기록	• 매크로 기록 시에 셀 주소를 상대 참조 형태로 기록함 • 상대 참조로 기록된 매크로는 현재 선택된 셀의 위치에 따라 변경되는 범위가 달라짐
매크로 보안	매크로 보안에 관련된 설정을 함
삽입	워크시트에 삽입할 양식 컨트롤과 ActiveX 컨트롤 목록을 표시함
디자인 모드	디자인 모드로 전환함
속성	속성 창을 표시함
코드 보기	선택된 컨트롤의 코드를 Visual Basic Editor로 표시함
대화 상자 실행	사용자 지정 대화 상자를 실행함

[보안 센터]의 [매크로 설정]은 [알림이 없는 매크로 사용 안 함], [알림이 포함된 VBA 매크로 사용 안 함], [디지털 서명된 매크로를 제외하고 VBA 매크로 사용 안 함], [VBA 매크로 사용(권장 안 함, 위험한 코드가 시행될 수 있음)] 등이 있음

> **기적의 TIP**
> 매크로 편집 방법과 바로 가기 키, 매크로 형식을 묻는 문제가 잘 출제되므로 이 부분을 중점적으로 학습해 두세요.

• PERSONAL.XLSB 파일을 삭제하면 통합 문서에 있는 모든 매크로를 삭제할 수 있음
• Visual Basic 편집기에서 삭제할 매크로의 코딩 부분을 범위로 지정한 뒤 Delete를 눌러 여러 매크로를 한 번에 삭제할 수 있음

04 매크로 편집 20년 7월, 17년 3월, 09년 7월, 07년 7월, 05년 2월, 04년 5월/8월

• Visual Basic Editor를 사용하여 매크로를 편집할 수 있다.
• 실행 방법 : [개발 도구] 탭-[코드] 그룹-[Visual Basic]을 실행하거나 바로 가기 키 Alt + F11 을 누른다. 또는 [개발 도구] 탭-[코드] 그룹-[매크로]를 실행한 후 편집할 매크로를 선택하고 [편집]을 클릭해도 된다.

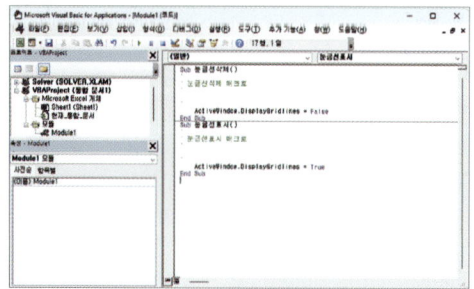

1) 매크로 형식 08년 8월, 07년 10월, 04년 10월, 03년 7월

```
Sub 매크로 이름( )
  수행할 명령문
End Sub
```

Sub 프로시저
- 작업 수행 후 결과값을 반환하지 않는 프로시저
- Sub 문으로 시작하여 End Sub 문으로 끝남

Function 프로시저
- 작업 수행 후 결과값을 반환하는 프로시저
- Function 문으로 시작하여 End Function 문으로 끝남

- 작은따옴표(')가 붙은 문장은 주석문으로 처리된다. 주석문은 코드 내용을 쉽게 파악할 수 있도록 프로시저나 명령의 내용을 설명할 때 사용한다.
- 주석문은 매크로 실행에 영향을 주지 않는다. 단, 매크로 이름, 바로 가기 키 정보는 주석 처리해도 실행과는 무관하다.
- 매크로는 모듈 시트에 기록되며, 모듈 시트의 이름은 Module1, Module2,… 순서대로 자동 설정된다. 모듈 시트의 이름은 속성 창을 이용하여 변경할 수 있다.
- 하나의 모듈 시트에 여러 개의 매크로가 기록될 수 있다.

이론을 확인하는 기출문제

01 다음 중 매크로의 저장 위치로 옳지 않은 것은?
① 사용자 지정 통합 문서
② 현재 통합 문서
③ 새 통합 문서
④ 개인용 매크로 통합 문서

매크로 저장 위치 : 개인용 매크로 통합 문서, 새 통합 문서, 현재 통합 문서

02 다음 중 아래 괄호( )에 해당하는 바로 가기 키의 연결이 옳은 것은?

> Visual Basic Editor에서 매크로를 한 단계씩 실행하기 위한 바로 가기 키는 (㉮)이고, 모듈 창의 커서 위치까지 실행하기 위한 바로 가기 키는 (㉯)이며, 매크로를 바로 실행하기 위한 바로 가기 키는 (㉰)이다.

① ㉮-F5 ㉯-Ctrl+F5 ㉰-F8
② ㉮-F5 ㉯-Ctrl+F5 ㉰-F8
③ ㉮-F8 ㉯-Ctrl+F5 ㉰-F5
④ ㉮-F8 ㉯-Ctrl+F8 ㉰-F5

- 한 단계씩 코드 실행 : F8
- 모듈 창의 커서 위치까지 실행 : Ctrl+F8
- 매크로 실행 : F5

03 다음 중 [매크로] 대화 상자에 대한 설명으로 옳지 않은 것은?

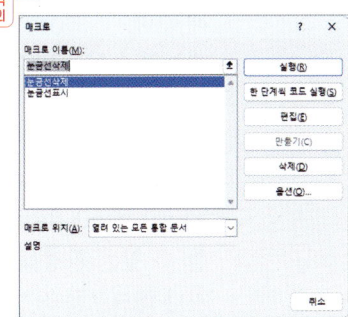

① 매크로 이름 상자에서는 매크로의 이름을 선택하여 변경할 수 있다.
② [한 단계씩 코드 실행] 단추를 클릭하면 선택한 매크로를 한 줄씩 실행한다.
③ [편집] 단추를 클릭하면 선택한 매크로를 수정할 수 있도록 VBA가 실행된다.
④ [옵션] 단추를 클릭하면 바로 가기 키를 설정하거나 변경할 수 있다.

매크로의 이름을 수정하기 위해서는 [편집] 단추를 클릭한 다음 VBA가 실행된 상태에서 이름을 수정함

오답 피하기
- [실행] 단추 : 선택한 매크로를 실행함
- [삭제] 단추 : 선택한 매크로를 삭제함

정답 01 ① 02 ④ 03 ①

SECTION 02

VBA 프로그래밍의 기본 개념

빈출 태그 프로그래밍 기초

01 프로그래밍의 기초
25년 상시, 12년 9월, 09년 2월, 08년 5월, 07년 5월/7월, 05년 10월, 04년 2월/5월, 03년 5월, …

1) VBA(Visual Basic for Applications) 구문

- VBA 구문은 한 가지 종류의 수행, 선언, 정의 등을 표현할 수 있는 명령문이다.
- 한 줄에 두 개 이상의 명령문을 입력할 때는 콜론(:)을 사용한다.
- 명령문이 길어져서 두 줄 이상 나누어 입력할 때 공백과 밑줄(_)을 줄 연속 문자로 사용한다.
- REM은 문장의 주석으로 처리되며 매크로의 실행과는 상관이 없고 코드 창에 녹색으로 나타내 준다.
- 작은따옴표(')를 사용하여 명령문과 주석문을 한 줄에 쓸 수 있다.
- VBA 구문은 대소문자의 구분이 없으며 개체, 속성, 메서드, 함수와 같은 예약어는 자동으로 첫 글자를 대문자로 변경해 준다.
- 구문 입력시 한 행씩 처리되며 문법적인 오류가 발생했을 경우 이를 자동으로 검사해 준다.
- 개체의 속성을 변경하거나 개체의 특정 동작을 수행하는 구조이다.

개체명.메서드	개체가 어떤 동작을 수행하도록 함
개체명.속성명 = 값	개체의 속성을 변경함

- VBE(Visual Basic Editor)는 매크로나 VBA 프로그램을 새로 작성하거나 편집할 수 있는 환경을 제공하는 편집기로, VBE를 사용하여 기록한 매크로를 편집하거나 매크로를 작성할 수 있다.

▶ VBE(Visual Basic Editor) 실행 방법

방법 1	[개발 도구] 탭-[코드] 그룹-[Visual Basic]을 클릭함(Alt + F11)
방법 2	[개발 도구] 탭-[코드] 그룹-[매크로]-[편집]을 클릭함
방법 3	시트 탭의 바로 가기 메뉴에서 [코드 보기]를 클릭함
방법 4	매크로 실행을 설정한 개체의 바로 가기 메뉴에서 [매크로 지정]을 실행한 다음 [편집]을 클릭함

- Ctrl + Space Bar 를 누르면 사용할 수 있는 개체, 메서드, 속성 목록이 나타난다.

기적의 TIP

VBA에 대한 기본 내용과 프로그램의 결과를 묻는 형식으로 출제됩니다. 아울러 프로그래밍의 기본 개념에 대해서도 잘 알아 두세요.

개념 체크

1 VBA 구문은 대소문자의 구분이 없으며 개체, 속성, 메서드, 함수와 같은 예약어는 자동으로 첫 글자를 (   )로 변경해 준다.

2 한 줄에 두 개 이상의 명령문을 입력할 때는 (   )을 사용한다.

3 VBA 구문에서 REM은 문장의 주석으로 처리되며 매크로의 실행과는 상관이 없다. (o, ×)

4 작은따옴표(')를 사용하여 명령문과 주석문을 한 줄에 쓸 수 없다. (o, ×)

1 대문자 2 콜론(:) 3 o 4 ×

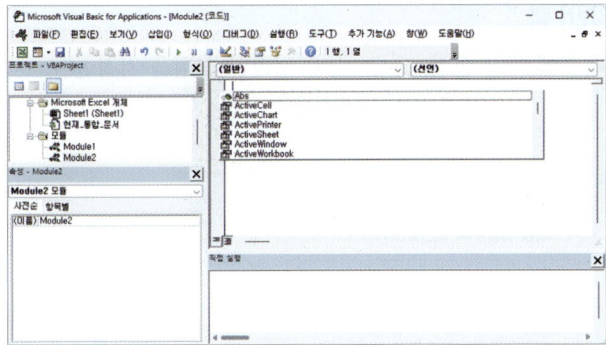

▲ Ctrl + Space Bar 를 누른 결과

- 개체명을 입력한 다음 점(.)을 입력하면 사용할 수 있는 메서드, 속성 목록이 자동으로 나타난다. 사용할 메서드/속성을 선택하고 Tab 이나 Enter 를 누른다.

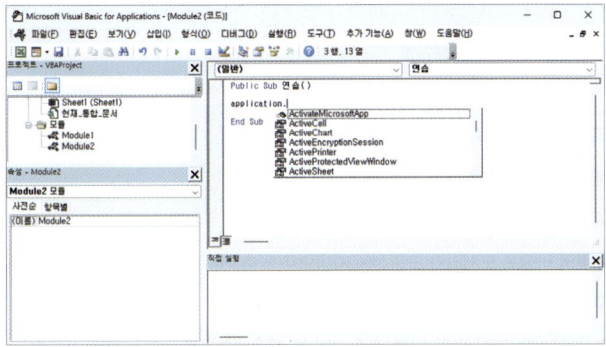

▲ 개체명 입력 후 점(.) 입력 결과

2) VBE의 화면 구성

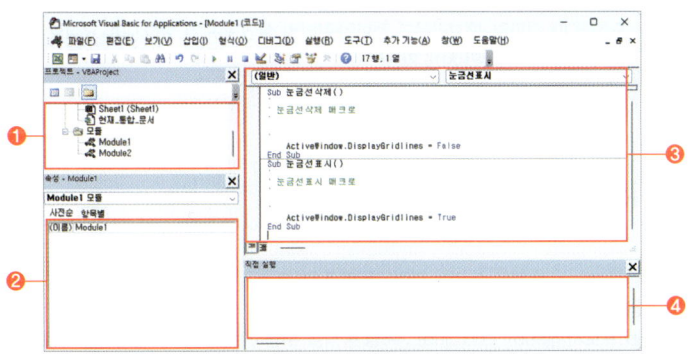

❶ 프로젝트 탐색기	• 현재 열려 있는 모든 통합 문서의 시트와 모듈, 사용자 정의 폼 등을 표시함 • 사용자가 직접 기록한 매크로는 모듈 안에 존재함	
❷ 속성 창	개체에 대한 모든 속성을 표시함	
❸ 코드 창	• 선택된 모듈 내의 프로시저(매크로) 내용을 표시함 • 새로운 매크로를 작성하거나 코드를 편집할 수 있음 • 워크시트에 대한 코드 창을 표시하려면 각 워크시트의 이름을 더블클릭함	
❹ 직접 실행 창	프로시저를 직접 실행할 수 있으며 실행 결과를 미리 확인할 수 있음(Ctrl + G)	

3) VBE의 [도구]-[옵션]-[일반] 탭 06년 2월

Visual Basic의 현재 프로젝트에 대한 설정, 오류 처리, 컴파일 설정을 지정한다.

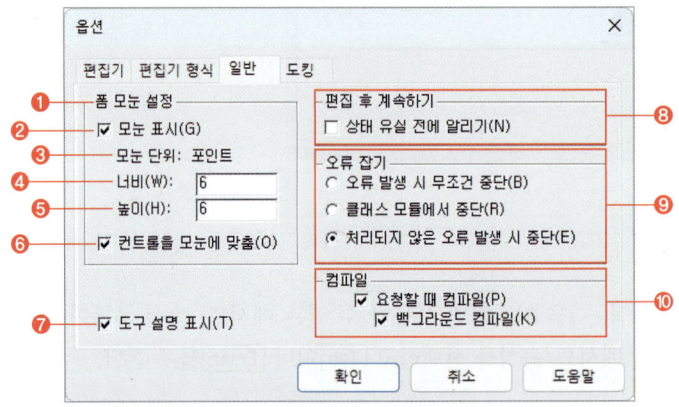

❶ 폼 모눈 설정	폼 편집시 폼의 모양을 결정함
❷ 모눈 표시	모눈 표시 여부를 결정함
❸ 모눈 단위	폼의 모눈 단위를 표시함
❹ 너비	폼에서 모눈 셀의 너비값(2~60포인트)을 결정함
❺ 높이	폼에서 모눈 셀의 높이값(2~60포인트)을 결정함
❻ 컨트롤을 모눈에 맞춤	컨트롤의 바깥쪽 모서리가 모눈선에 자동으로 맞춤
❼ 도구 설명 표시	도구 모음 단추의 도구 설명을 표시함
❽ 편집 후 계속하기 – 상태 유실 전에 알리기	프로젝트 실행 전에 모든 모듈 수준 변수를 재설정하도록 만드는 것을 알리는 메시지의 표시 여부를 결정함
❾ 오류 잡기	오류 처리 방법을 결정함(오류 발생 시 무조건 중단, 클래스 모듈에서 중단, 처리되지 않은 오류 발생 시 중단)
❿ 컴파일	요청할 때 컴파일, 백그라운드 컴파일(런타임 실행 속도가 빨라지며 '요청할 때 컴파일'을 선택해야만 사용 가능)

02 프로그래밍의 기본 개념 25년 상시, 21년 상시, 11년 7월, 10년 3월/10월, 09년 10월, 05년 10월, 03년 5월, …

> **기적의 TIP**
>
> 프로그래밍의 기본 개념과 용어를 중심으로 학습하세요. 프로시저의 이름 작성 규칙도 이해하고 넘어가세요.

프로시저 (Procedure)	• 특정한 기능을 수행할 수 있는 명령문들의 집합 • 사용자가 직접 기록한 매크로도 프로시저로 기록 • Sub 프로시저(Sub…End Sub) : 특정 동작을 수행하는 매크로로 결과값을 반환하지 않음 • Function 프로시저(Function…End Function) : 결과값을 반환하며 사용자 정의 함수를 작성 • Property 프로시저(Property…End Property) : 개체에 속성을 할당 및 반환할 때 사용하는 프로시저
모듈(Module)	프로젝트를 구성하는 기본 단위(표준 모듈, 폼 모듈, 클래스 모듈)로 프로시저의 집합
개체(Object)	• 통합 문서, 셀, 차트, 폼처럼 독립적인 성질을 갖는 하나의 개체, 마침표(.)로 구분함 • 개체는 개체 내에 다른 하위 개체가 포함되어 있는 계층적인 구조로 구성됨
속성(Property)	개체가 갖는 고유한 성질을 의미하며, '개체명.속성명=값' 형식으로 표현함 ⓔ ActiveCell.Value=123 → 활성 셀에 123 값을 넣어라.

메서드(Method)	개체가 수행 가능한 동작을 의미하며, '개체명.메서드' 형식으로 표현함 ◎ Range("A1").Select → [A1] 셀을 선택하라.
이벤트(Event)	클릭 같은 사건이나 조작을 의미하며, '개체명_이벤트' 형식으로 표현함 ◎ Form_Click( ) → 폼을 클릭했을 때
컬렉션(Collection)	• 여러 개의 개체를 포함한 개체 모음을 의미하며, 숫자나 이름을 사용하여 컬렉션 안의 항목을 구별함 • 개체 이름에 's'를 붙여서 사용함

1) 프로시저의 작성

- [Microsoft Visual Basic] 창에서 [삽입]-[프로시저]를 실행한다.
- [프로시저 추가] 대화 상자에서 프로시저의 이름과 형식(Sub), 범위 등을 설정한다.

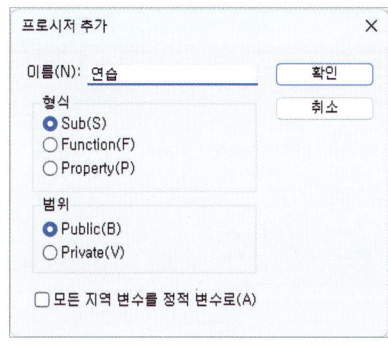

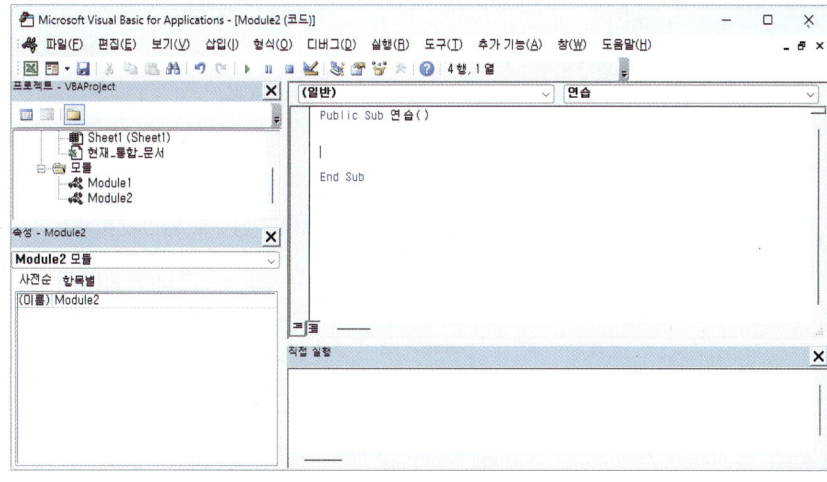

이름 작성 규칙

- 첫 글자는 반드시 한글이나 영문 문자로 시작해야 함
- 이름에는 공백을 줄 수 없음
- 영문자를 기준으로 255자 이상은 사용할 수 없음
- 느낌표(!), 마침표, &, $, #, @ 등의 특수 문자는 사용할 수 없음
- 이름의 괄호 안에는 인수를 넣으며 인수가 없는 경우에도 빈 괄호 형태로 입력함

- [A1:A10] 영역에 입력된 데이터를 적용된 서식과 내용은 그대로 두고 메모만 지우는 프로시저

```
Sub test()
  Range("a1:a10").Select
  Selection.ClearComments
End Sub
```

- Clear : 내용과 서식을 지움
- ClearFormats : 서식을 지움
- ClearContents : 내용을 지움
- ClearComments : 메모를 지움

2) 사용자 정의 함수(Function ~ End Function 프로시저) 10년 3월, 09년 4월, 06년 9월, 05년 7월, …

> **기적의 TIP**
> 사용자 정의 함수를 정확히 알고 있는지 가늠하는 문제가 출제되므로 확실히 이해하고 넘어가세요.

🏠 따라하기 TIP

따라하기 파일 • Part02_Chapter07_사용자정의함수.xlsm

평방미터를 평수로 환산하는 사용자 정의 함수를 작성해 보자.

① [삽입]-[프로시저]를 실행한다.
② [프로시저] 대화 상자에서 이름을 '평수'로 입력하고 형식을 'Function', 범위를 'Public'으로 선택한 후 [확인]을 클릭한다.

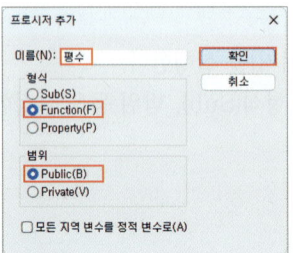

③ 평방미터를 평수로 환산하는 공식을 입력한 다음 [보기]의 [Microsoft Excel([Alt]+[F11])]을 클릭한다.

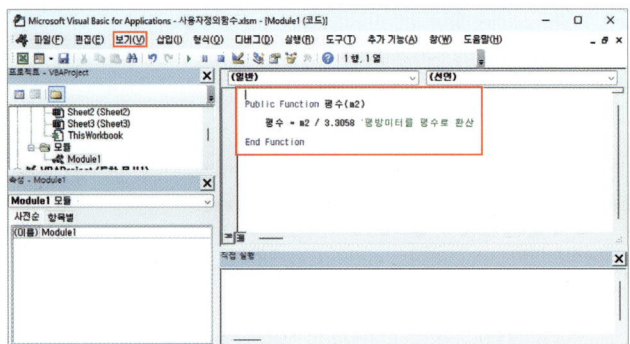

④ [E3] 셀에 『=평수(D3)』을 입력하고 [Enter]를 누른다. 평방미터가 평수로 환산되면 채우기 핸들을 드래그하여 채운다.

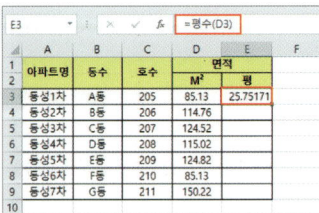

3) 프로시저의 호출 13년 6월, 10년 6월, 03년 7월

- 프로시저에서 다른 프로시저의 이름을 입력한다. 예 프로시저명 인수값1, 인수값2, …
- Call 명령을 이용한다. 예 Call 프로시저명(인수값1, 인수값2, …)
- Private를 이용한 프로시저의 경우 다른 모듈에서 호출할 수 없다.

03 변수와 배열

1) 변수(Variables)

프로그래밍에서 특정한 값을 저장할 수 있는 공간을 의미한다.

작성 규칙	• 첫 글자는 반드시 영문자나 한글로 시작해야 함 • 영문자, 한글, 숫자, 밑줄(_)은 사용할 수 있음 • 변수명 길이는 255자까지이며, 예약어는 사용할 수 없음 • 변수를 선언하지 않아도 프로시저에서 사용할 수 있음 • 'Option Explicit'가 모듈 선언부에 있으면 반드시 변수를 선언해야 함

변수의 선언	• 형식 : Dim 변수 이름 As 데이터 형식
	  예) 고정 길이 : Dim name As String/가변 길이 : Dim name As String*30
	      정수형 선언 : Dim a As Integer
	• 변수 선언 키워드 : Dim, Static, Private, Public 등
	• 변수 선언 위치와 명령문에 의해 변수의 사용 범위가 달라짐
	• 변수는 같은 프로시저 안에서 유일하게 식별 가능한 이름이어야 함
	• 변수 선언 시 데이터 형식을 지정하지 않으면 Variant 형식으로 사용함
	• 변수에 값을 할당 : "변수 이름=값"
	• 개체 변수인 경우 : "Set 변수 이름 =개체"

데이터 형식과 크기

데이터 형식	크기
Byte	1바이트
Boolean	2바이트 (논리값)
Integer	2바이트(정수)
Long	4바이트(정수)
Single	4바이트(실수)
Double	8바이트(실수)
Currency	8바이트(통화)
Date	8바이트(날짜)
String (고정 길이)	문자열 길이 (문자열)
Variant (문자)	22바이트+ 문자열 길이

▶ **변수의 선언 위치에 따른 사용 범위** 15년 3월, 05년 5월

변수 선언 위치	예약어	사용 범위
모듈의 처음	Dim	해당 모듈 내의 모든 프로시저에서 사용 가능함
	Private	해당 모듈 내의 모든 프로시저에서 사용 가능함
	Public	모든 모듈 내의 모든 프로시저에서 사용 가능함
프로시저 내부	Dim	해당 프로시저 내에서만 사용 가능함
	Static	해당 프로시저 내에서만 사용 가능함. 정적 변수 선언

2) 상수(Constant)

• 상수는 변수에 대입되는 값이다.
• 상수는 숫자 상수(숫자 0~9로 구성)와 문자 상수(반드시 큰따옴표(" ")로 묶음)가 있다.
• 상수는 프로그램의 처리 과정 중 변하지 않는 일정한 값을 의미한다.
• 사용자가 정의해서 사용하는 '사용자 정의 상수(기호 상수)'와 VBA나 엑셀에 내장되어 있는 '내장 상수(시스템 정의 상수)'가 있다.

사용자 정의 상수	• Const 명령을 이용하여 정의함 • Public Const PI As Double = 3.14
내장 상수	• 엑셀 내장 상수 : xl로 시작, VBA 내장 상수 : vb로 시작 • vbYesNo : "예", "아니오" 단추를 의미 • vbRetryCancel : "재시도", "취소" 단추를 의미함 • xlPatternAutomatic : 채우기 색(자동) • xlMaximized : 창 최대화

개념 체크

1. 변수를 선언할 때 사용하는 형식 : Dim 변수 이름 As ( )
2. 상수는 프로그램의 처리 과정 중 변하지 않는 일정한 값을 의미한다. (○, ×)
3. 변수 선언 시 데이터 형식을 지정하지 않으면 Variant 형식으로 사용한다. (○, ×)
4. 엑셀 내장 상수는 'xl'로 시작하고, VBA 내장 상수는 'ex'로 시작한다. (○, ×)

1 데이터 형식 2 ○ 3 ○ 4 ×

3) 배열(Array)

같은 데이터 형을 가진 변수들이 연속적으로 나타나는 경우의 집합으로, ( ) 안에 그 크기를 표현한다.

배열 선언	• 배열 변수는 Index(첨자)를 사용하여 기억 공간을 구분함 • VBA에서는 60차원까지 선언할 수 있음 • Dim이나 Public을 사용하여 선언, 시작 인덱스 번호는 생략 가능함(0으로 간주) • Option Base 1 → 배열의 첨자가 1부터 시작함
배열의 종류	• 정적 배열 : 배열 선언 시 크기를 지정함(예 Dim hong(20) As Integer) • 동적 배열 : 배열 선언 시 크기를 지정하지 않음

이론을 확인하는 기출문제

01 다음 중 Visual Basic에서 변수를 선언할 때 사용하는 키워드가 아닌 것은?

① Dim
② Const
③ Private
④ Static

> Const 명령 : 사용자가 상수를 정의할 때 사용함

오답 피하기

변수 선언 위치	예약어	사용 범위
모듈의 처음	Dim	해당 모듈 내의 모든 프로시저에서 사용 가능함
	Private	해당 모듈 내의 모든 프로시저에서 사용 가능함
	Public	모든 모듈 내의 모든 프로시저에서 사용 가능함
프로시저 내부	Dim	해당 프로시저 내에서만 사용 가능함
	Static	해당 프로시저 내에서만 사용 가능함(정적 변수 선언)

02 다음 VBA 배열 선언문에 대한 설명으로 옳지 않은 것은?

```
Option Base 1
Dim No(3, 4, 2) As Integer
```

① 배열은 3차원 배열이고, 요소는 모두 24개이다.
② 배열의 첫 번째 요소는 No(0, 0, 0)이다.
③ 배열 요소의 데이터 형식은 모두 Integer이다.
④ 배열은 4행 2열의 테이블이 3면으로 되어 있다.

> • Option Base 1 : 배열의 첨자가 1부터 시작
> • 배열의 첫 번째 요소는 No(1, 1, 1)이 됨

오답 피하기

• ① : 배열은 3차원 배열이고, 요소는 모두 24개이다.
 → No(3, 4, 2), 3×4×2=24
• ③ : 배열 요소의 데이터 형식은 모두 Integer이다. → As Integer
• ④ : 배열은 4행 2열의 테이블이 3면으로 되어 있다. → No(3면, 4행, 2열)

정답 01 ② 02 ②

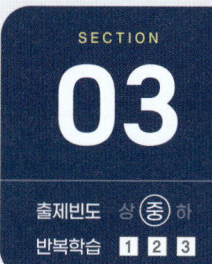

SECTION 03 VBA 문법

빈출 태그 반복 제어문 • MsgBox

01 기본 문법 19년 3월, 08년 10월

1) 제어문
특정 조건으로 프로그램의 순서를 변경하는 명령문을 의미한다.

① IF 구문(If ~ Then ~ Else ~ End If)
- 특정한 조건을 검사하여 조건이 참일 때와 거짓일 때 실행되는 명령문이 다르도록 해준다.
- 조건을 만족할 경우(True) '명령문1'을 실행하고, 조건을 만족하지 않을 경우(False) '명령문2'를 실행한다.

If 조건식 Then
   참일 때 실행(명령문1)
Else
   거짓일 때 실행(명령문2)
End If
	If Cells(1,1).Value >=90 Then
	   Msgbox "우수"
	Else
	   Msgbox "보통"
	End If

② Select 구문(Select Case ~ End Select)
조건이 여러 개일 경우 하나의 식을 여러 종류의 값과 비교하여 각 조건에 해당하는 명령문을 실행한다.

Select Case 값(수식)
  Case 값1
    명령문1
  Case 값2
    명령문2
  Case Else
    실행문3(값이 없을 때)
End Select
	Select Case order
	  Case 1
	    MsgBox "택배 서비스"
	  Case 2
	    MsgBox "퀵 서비스"
	  Case Else
	    MsgBox "전철 서비스"
	End Select

➕ 더 알기 TIP

제어문 예제

Case To : 특정 범위 사용 가능

Select Case Range("C8")
Case 90 To 100
    Range("D8") = "우수"
Case 70 To 89
    Range("D8") = "보통"
Case 60 To 69
    Range("D8") = "노력 요함"
Case Else
    Range("D8") = "경고"
End Select

Case Is : 특정 수식 사용 가능

Select Case Range("C8")
Case Is >=90
    Range("D8") = "우수"
Case Is >=70
    Range("D8") = "보통"
Case Is >=60
    Range("D8") = "노력 요함"
Case Else
    Range("D8") = "경고"
End Select

2) 반복 제어문 06년 5월, 04년 8월/10월

주어진 조건을 만족할 때까지 특정 부분을 반복, 처리하는 명령이다.

① **For 구문(For~Next)** 24년 상시, 22년 상시, 21년 상시, 15년 6월, 14년 3월, 13년 3월, 12년 6월/9월, 11년 10월, 09년 7월, …

- For문 안의 지정 횟수만큼 명령문을 반복 실행한다.
- 변수의 값이 특정한 값에 도달할 때까지 변수를 증가시키거나 감소시키면서 특정한 명령문을 반복하여 실행한다.

> **🔖 기적의 TIP**
>
> 반복 제어문과 입출력문에 해당하는 여러 명령문의 실행 결과를 묻는 문제가 출제되고 있습니다. 명령문의 기능을 알지 못하면 전혀 결과를 산출할 수 없기 때문에 반드시 그 개념에 대해 정확히 공부해 두세요.

For 변수 = 시작값 To 종료값 Step 단계값
   명령문
Next
	▶ 1부터 10까지의 합
	For i = 1 To 10 Step 1
	   sum = sum + i
	Next

	▶ 1부터 10까지의 짝수의 합 For i = 0 To 10 Step 2 even = even + i Next
	▶ 1부터 10까지의 홀수의 합 For i = 1 To 10 Step 2 odd = odd + i Next

② For Each ~ Next 09년 10월, 03년 5월

- 개체 집합이나 배열에 대한 명령 실행 시 반복, 처리하는 명령이다.
- 배열이나 개체 콜렉션의 각 요소들에 대해 반복한다.

| For Each 변수
명령문
Next | i="컴퓨터활용능력"
For Each My In Range("A1:A3")
　My.Value = i
Next |

③ Do While문(Do While ~ Loop) 24년 상시, 23년 상시, 22년 상시, 21년 상시, 15년 6월, 06년 7월, 03년 7월

반복 전에 조건을 판단하므로 처음 조건식이 거짓인 경우 명령문은 한 번도 실행되지 않는다.

| Do While 조건식
명령문
Loop | i = 1
Do While i<=50
　sum = sum + i
　i = i + 1
Loop |

④ Do문(Do ~ Loop While) 24년 상시, 23년 상시, 22년 상시, 21년 상시, 15년 6월/10월, 12년 6월, 08년 2월, 06년 9월, …

반복 전에 조건을 판단하지 않으므로 일단 명령문을 수행하고 조건을 판단한다.

| Do
명령문
Loop While 조건식 | i = 50
Do
　sum = sum + i
　i = i - 1
Loop While i>=1 |

⑤ Do Until 구문(Do Until ~ Loop) 23년 상시, 20년 2월, 10년 10월, 06년 9월, 03년 7월

- 조건식이 거짓일 경우 수행되므로 조건이 참일 때 반복을 중지한다.
- 반복 전에 조건을 판단하므로 처음 조건식이 참인 경우 명령문은 한 번도 실행되지 않는다.

| Do Until 조건식
명령문
Loop | h = 1
Do Until h>50
　sum = sum + h
　h = h + 1
Loop |

3) With ~ End With 21년 상시, 11년 3월, 10년 10월, 09년 7월, 08년 2월, 06년 2월, 05년 2월, 04년 5월, 03년 2월, …

- 하나의 개체에 여러 가지 메서드나 속성을 변경할 수 있다.
- With 구문을 사용하면 프로그램의 길이를 줄일 수 있는 장점이 있다.

| With 개체명
  개체에 공통으로 적용할 메서드나 속성
End With | With Selection.Font
  .Name = "돋움"
  .Size = 18
  .Bold = True
  .Italic = True
End With |

- 위 구분은 선택되어 있는 셀 범위의 글꼴은 '돋움', 글꼴 크기는 '18', 진하게, 기울임꼴 속성을 설정하는 구문이다.

02 입출력문

1) MsgBox 21년 상시, 19년 3월, 17년 9월, 12년 9월, 09년 10월, 08년 5월, 05년 7월/10월

대화 상자에 주어진 메시지를 출력해 주는 명령이다.

> **기적의 TIP**
> 입출력문의 명령에 대한 특징과 기능, 사용 형식에 대한 중점적인 공부가 필요합니다.

[ ] : 생략 가능

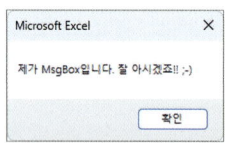

▲ DISPLAY = MsgBox("제가 Msgbox입니다. 잘 아시겠죠!! ;-) ")의 실행 결과

MsgBox(메시지,[단추 유형],[대화 상자 제목],[도움말 파일],[도움말 번호])

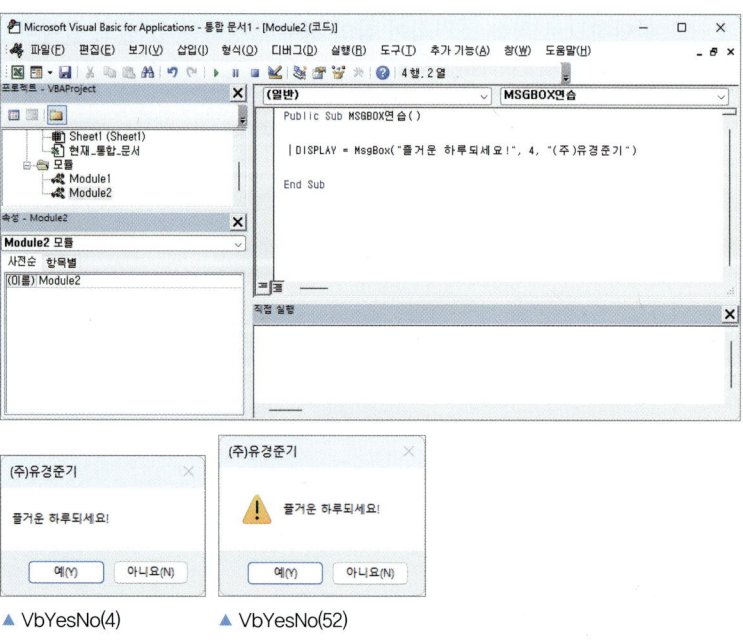

▲ VbYesNo(4)   ▲ VbYesNo(52)

① 단추 유형

Vb 상수	값	기능
VbOkOnly	0(48)	[확인] 단추만 표시함
VbOkCancel	1(49)	[확인], [취소] 단추를 표시함
VbAbortRetryIgnore	2(50)	[중단], [다시 시도], [무시] 단추를 표시함
VbYesNoCancel	3(51)	[예], [아니오], [취소] 단추를 표시함
VbYesNo	4(52)	[예], [아니오] 단추를 표시함
VbRetryCancel	5(53)	[다시 시도], [취소] 단추를 표시함

② 아이콘의 종류

Vb 상수	값	기능
vbCritical	16	'중대 메시지' 아이콘을 표시함
vbQuestion	32	'질의' 아이콘을 표시함
vbExclamation	48	'메시지 경고' 아이콘을 표시함
vbInformation	64	'메시지 정보' 아이콘을 표시함

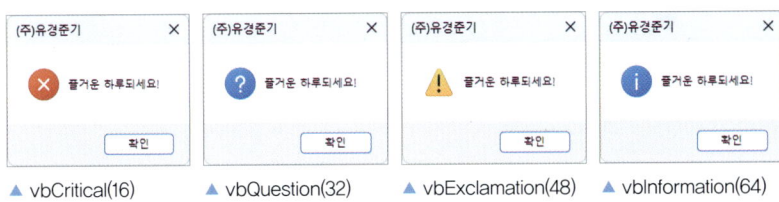

▲ vbCritical(16)　　▲ vbQuestion(32)　　▲ vbExclamation(48)　　▲ vbInformation(64)

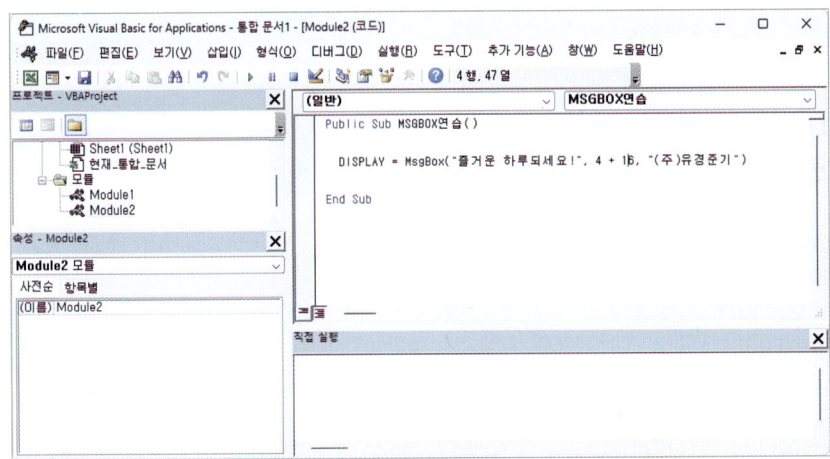

▲ 4+16

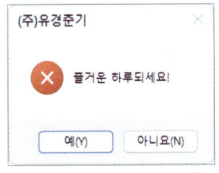

▲ 결과

2) InputBox 10년 6월, 06년 7월

특정 값을 입력받을 때 사용하는 명령이다.

> 반환값 = InputBox(메시지,[대화 상자 제목],[기본값],[X(가로)위치],[Y(세로)위치],
> [도움말 파일, 도움말 번호])

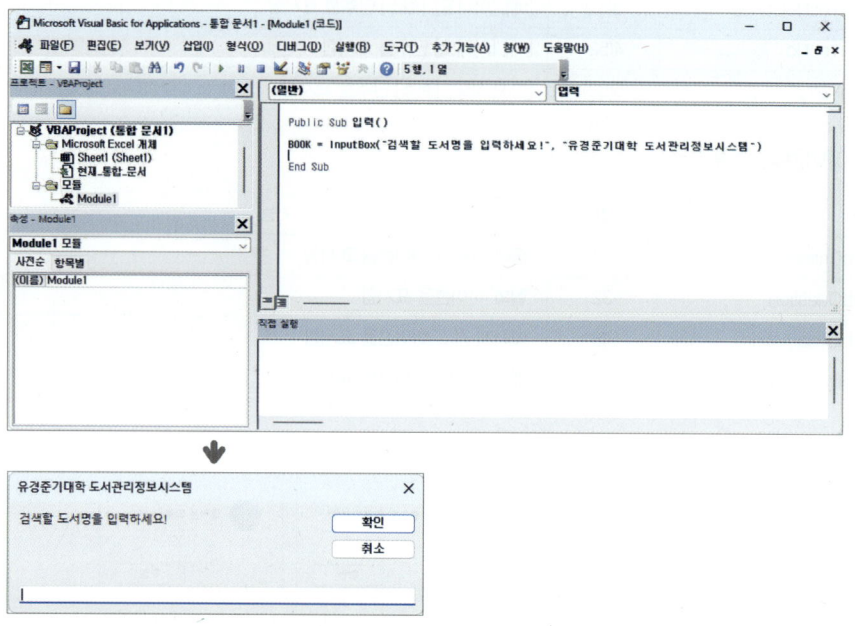

03 오류 처리

1) On Error GoTo

오류 발생 시 지정한 레이블로 이동하여 오류를 미연에 방지한다.

> On Error Goto 레이블명
> 레이블명:
>   오류 처리

2) On Error Resume Next

오류 발생 시 오류 문장 아래의 문을 실행하도록 한다.

3) Resume

오류 발생 시 오류를 처리하고 나서 명령문을 다시 재개하여 실행한다.

이론을 확인하는 기출문제

01 다음 중 아래의 VBA 코드에 대한 설명으로 옳지 않은 것은?

```
Private Sub Worksheet_Change(ByVal Target As Range)
    If Target.Address = Range("a1").Address Then
        Target.Font.ColorIndex = 5
        MsgBox Range("a1").Value & "입니다."
    End If
End Sub
```

① 일반 모듈이 아닌 워크시트 이벤트를 사용한 코드이다.
② [A1] 셀을 선택하면 [A1] 셀의 값이 메시지 박스에 표시된다.
③ VBA 코드가 작성된 워크시트에서만 동작한다.
④ [A1] 셀이 변경되면 [A1] 셀의 글꼴 색이 ColorIndex가 5인 색으로 변경된다.

MsgBox Range("a1").Value & "입니다." : [A1] 셀이 변경되면 [A1] 셀의 값과 "입니다."가 함께 메시지 박스에 표시됨

02 다음 중 아래의 프로시저가 실행된 후 [A1] 셀에 입력되는 값으로 옳은 것은?

```
Sub 예제( )
    Test = 0
    Do Until Test > 10
        Test = Test+1
    Loop
    Range("A1").Value = Test
End Sub
```

① 10   ② 11   ③ 0   ④ 55

Do Until ~ Loop 구문
- 조건식이 거짓일 경우 수행되므로 조건이 참일 때 반복을 중지함
- 반복 전에 조건을 판단하므로 처음 조건식이 참인 경우 명령문은 한 번도 실행되지 않음

구문	의미
Sub 예제( )	프로시저의 시작
Test = 0	Test라는 변수에 0을 대입함
Do Until Test > 10	• 실행(Do)하라 Test 변수의 값이 10보다 클 때까지(Until) • Test 변수의 값이 11이 되는 경우 조건이 참이므로 반복 중지함
Test = Test+1	Test 변수에 더하기 1을 함(Test 변수의 값이 10보다 클 때까지)
Loop	Do Until 반복문의 끝
Range("A1").Value = Test	[A1] 셀에 Test 변수의 최종값 11을 대입하여 [A1] 셀에 표시함
End Sub	프로시저의 끝

03 다음 중 1부터 10까지의 합을 구하는 VBA 모듈로 옳지 않은 것은?

①
```
no = 0
sum = 0
Do While no <= 10
sum = sum + no
no = no + 1
Loop
MsgBox sum
```

②
```
no = 0
sum = 0
Do
sum = sum + no
no = no + 1
Loop While no <= 10
MsgBox sum
```

③
```
no = 0
sum = 0
Do While no < 10
sum = sum + no
no = no + 1
Loop
MsgBox sum
```

④
```
sum = 0
For no = 1 To 10
sum = sum + no
Next
MsgBox sum
```

③의 Do While에서 조건이 no < 10 이기 때문에 1부터 9까지의 합 45가 결과로 구해지며 1부터 10까지의 합을 구하기 위해서는 보기 ①처럼 Do While no <= 10이 되어야 함

오답 피하기
- 반복 제어문 Do While ~ Loop와 Do ~ Loop While 명령 모두 조건이 no <=10처럼 되어 1부터 10까지의 합을 구함
- 반복 제어문 For ~ Next는 no = 1 To 10에 의해 1부터 10까지의 합이 구해짐

정답 01 ② 02 ② 03 ③

SECTION 04 개체 속성 및 컨트롤 속성

빈출 태그 ActiveCell • Worksheets • Close • Activate • Visible • EntireRow • Protect • CurrentRegion • ClearFormats • Copy

> **기적의 TIP**
> 개체 및 속성, 메서드, 이벤트는 개념 파악이 중요합니다. 출제된 내용을 중심으로 전체적으로 암기해 두세요.

01 대표적인 개체 및 개체의 속성, 메서드, 이벤트

1) Application 개체
엑셀 프로그램 전체를 의미한다.

① 주요 속성 14년 10월, 11월 7월/10월, 10년 3월, 09년 2월/10월, 07년 2월

ActiveCell	활성 셀
ActiveSheet	활성 시트
ActiveWindow	활성 창
ActiveWorkbook	활성 통합 문서
Selection	현재 창에서 선택한 개체
ThisWorkbook	현재 매크로 코드가 실행 중인 통합 문서
Windows	모든 통합 문서에 있는 모든 창
Workbooks	열려 있는 모든 통합 문서 전체
Worksheets	현재 통합 문서에 있는 모든 워크시트
WorksheetFunction	VBA에서 워크시트 함수의 사용

주요 개체의 계층도

Application 개체
↓
Workbook(Workbooks) 개체
↓
Worksheet(Worksheets) 개체
↓
Range 개체

② 주요 메서드

GetOpenFilename	• 표준 열기 대화 상자를 실행시키며 실제로 파일을 열지 않음 • 사용자로부터 파일명을 얻을 때 사용함
GetSaveAsFilename	• 표준 저장 대화 상자를 실행시키며 실제로 파일을 저장하지 않음 • 사용자로부터 저장할 파일명과 위치를 얻을 때 사용함
InputBox	사용자가 입력을 위한 대화 상자를 표시함
OnTime	프로시저가 지정된 시간에 실행되도록 지정함
Onkey	특정 키나 키 조합을 누르면 지정한 프로시저를 실행함
Quit	Excel을 종료함

③ 주요 이벤트

NewWorkbook	새 통합 문서를 만들 때 발생함
WorkbookBeforeClose	열려 있는 통합 문서를 닫기 전에 발생함
SheetChange	워크시트에 있는 셀이 변경될 때 발생함

2) Workbook(Workbooks) 개체

열려 있는 통합 문서를 가리킨다.

① 주요 속성 19년 8월, 06년 5월

Count	통합 문서와 개수
Name	통합 문서의 이름
Saved	통합 문서의 저장 여부
Windows	지정한 통합 문서의 모든 창
Worksheets	지정한 워크시트

② 주요 메서드 19년 8월, 16년 10월, 10년 3월, 09년 2월, 07년 2월

Add	새 통합 문서 만들기
NewWindow	통합 문서의 새 창 만들기
Close	통합 문서 닫기
Open	통합 문서 열기
Save	통합 문서 저장하기
SaveAs	다른 이름으로 통합 문서 저장하기

> **Workbooks.Close**
> 현재 활성화된 통합 문서만 종료
> (엑셀은 종료하지 않음)

③ 주요 이벤트 21년 상시, 10년 3월, 08년 8월, 05년 5월

Open	통합 문서를 열 때
Activate	통합 문서가 활성화될 때
SheetActivate	시트를 활성화할 때
NewSheet	새로운 시트를 만들 때
BeforeSave	통합 문서를 저장하기 전에
Deactivate	통합 문서가 비활성화될 때
BeforePrint	통합 문서가 인쇄되기 전에
BeforeClose	통합 문서를 닫기 전에

3) Worksheet(Worksheets) 개체

① 주요 속성 21년 상시, 15년 3월, 14년 3월/10월, 13년 3월/6월/10월, 11년 7월, 07년 7월, 06년 5월, 05년 5월/7월, 03년 9월, …

Cells	워크시트의 모든 셀
Name	워크시트의 이름
Range	워크시트의 셀이나 셀 범위
Visible	워크시트의 표시 여부
Columns	워크시트의 모든 열
Rows	워크시트의 모든 행
EntireColumn	지정한 범위가 들어 있는 열 전체
EntireRow	지정한 범위가 들어 있는 행 전체

첫 번째 시트 뒤에 새로운 시트를 추가하는 프로시저
Worksheets.Add After : = Sheet(1)

② 주요 메서드 21년 상시, 10년 6월, 06년 5월, 05년 2월

Activate	지정한 워크시트를 활성화시킴
Copy	워크시트를 복사함
Protect	워크시트 보호를 설정함
Select	워크시트를 선택함
Unprotect	워크시트 보호를 해제함

③ 주요 이벤트 07년 10월, 06년 5월

Activate	워크시트가 활성화될 때
Deactivate	워크시트가 비활성화될 때
Calculate	워크시트가 계산된 다음에
Change	워크시트의 셀이 변경될 때
SelectionChange	워크시트에서 선택 영역을 변경할 때

4) Range 개체 18년 3월, 16년 3월/6월/10월, 15년 10월, 09년 10월, 08년 8월, 05년 5월

① 주요 속성 18년 9월, 17년 9월, 14년 6월/10월, 13년 3월/6월/10월, 12년 3월, 11년 3월, 06년 5월, 05년 7월, 03년 9월

Address	셀 또는 셀 범위의 주소
Cells	지정한 범위의 셀 또는 셀 범위
Count	셀 범위에 있는 셀의 개수
CurrentRegion	빈 행과 빈 열로 둘러싸인 현재 영역
End	현재 범위의 상하 좌우 마지막에 있는 셀
Formula	A1 스타일의 개체 수식
FormulaR1C1	R1C1 스타일의 개체 수식
Item	특정 범위에서 지정한 행, 열만큼 떨어진 범위
Next	현재 셀의 다음 셀
Offset	특정 셀 범위에서 지정한 행, 열만큼 떨어진 범위
Range	셀이나 셀 범위
Value	지정 셀의 값

② 주요 메서드 17년 3월, 11년 10월, 08년 2월, 04년 8월

AdvancedFilter	고급 필터를 수행함
AutoFill	지정한 범위에 자동 채우기
AutoFilter	자동 필터를 수행함
Clear	지정한 범위의 전체 내용을 지움
ClearContents	지정한 범위에서 내용만 지움
ClearFomats	지정한 범위에서 서식만 지움
Copy	셀이나 셀 범위를 복사함
Delete	셀이나 셀 범위를 삭제함

개념 체크

1. 워크시트가 활성화될 때 발생하는 이벤트 : (　)
2. 지정한 셀의 값을 반환하는 Range 개체의 속성 : (　)
3. 지정한 범위에서 서식만 지우는 메서드 : (　)
4. 지정한 조건으로 찾기를 수행하는 메서드 : (　)
5. 워크시트가 비활성화될 때 발생하는 이벤트는 Deactivate이다. (○, ×)
6. 현재 범위의 상하 좌우 마지막에 있는 셀을 반환하는 속성은 End이다. (○, ×)

1 Activate 2 Value
3 ClearFomats 4 Find
5 ○ 6 ○

Find	지정한 조건으로 찾기를 수행함
FindNext	같은 조건의 다음 셀을 찾기
FindPrevious	같은 조건의 이전 셀을 찾기
Select	지정한 셀이나 범위를 선택함
Sort	지정한 범위에 대한 정렬을 수행함
Subtotal	지정한 범위에 대한 부분합을 수행함

5) Window(Windows) 개체

① 주요 속성

Caption	제목 표시줄에 표시되는 이름
SelectedSheets	지정한 창에서 선택한 모든 시트

② 주요 이벤트

Activate	창을 활성화함
Close	창을 닫음
NewWindow	새 창을 생성함

6) Chart 개체

① 주요 속성

ActiveChart	현재 선택한 차트
AxisTitle	지정한 축의 축 제목
ChartType	지정한 차트의 종류
Source	차트의 원본 데이터 범위

② 주요 메서드

Add	새로운 차트 시트를 만듦
Axes	차트의 축을 반환함
ChartWizard	차트의 속성을 수정함

③ 주요 이벤트

Select	차트를 선택할 때
SeriesChange	차트에서 데이터 요소의 값을 변경할 때

개념 체크

1 창을 활성화하는 Window 개체의 이벤트 : (   )
2 차트의 축을 반환하는 Chart 개체의 메서드 : (   )
3 지정한 차트의 종류를 설정하는 Chart 개체의 속성은 ChartType이다. (○, ×)

1 Activate 2 Axes 3 ○

7) UserForm 개체

① 주요 속성

BorderStyle	폼의 테두리 형식
Caption	폼의 제목
Name	폼의 이름
Picture	폼의 배경으로 사용할 비트맵 이미지
ShowModal	폼의 모달 또는 모달리스 여부를 설정함
StartUpPosition	폼의 기본 시작 위치

② 주요 이벤트

Initialize	폼이 초기화될 때 발생함
Click	폼을 마우스로 클릭할 때 발생함
Activate	폼이 활성화될 때 발생함

[양식 컨트롤]
- [양식 컨트롤]의 '단추(양식 컨트롤)'를 클릭하거나 드래그해서 시트에 단추를 추가하면 [매크로 지정] 대화 상자가 자동으로 표시됨
- [양식 컨트롤]은 [디자인 모드] 상태와 상관없이 컨트롤의 선택(오른쪽 버튼 클릭), 크기 조절, 이동이 가능하고 매크로 등 정해진 동작도 실행됨

[ActiveX 컨트롤]
- [ActiveX컨트롤]은 [디자인 모드] 상태에서는 컨트롤의 선택, 크기 조절, 이동 등은 가능하지만 매크로 등 정해진 동작은 실행되지 않음
- [ActiveX 컨트롤]은 [디자인 모드] 상태가 아닌 경우 정해진 동작이 실행됨
- [ActiveX 컨트롤]은 [양식 컨트롤]보다 호환성은 낮으나 다양한 이벤트에 반응할 수 있음

워크시트의 컨트롤 종류 확인
- 컨트롤의 종류가 [양식 컨트롤]인지 [ActiveX 컨트롤]인지 확인하려면 컨트롤을 선택하고 마우스 오른쪽 단추를 클릭하여 바로 가기 메뉴를 표시함
- 바로 가기 메뉴에 [속성] 명령이 포함되어 있으면 해당 컨트롤이 [ActiveX 컨트롤]이고 [디자인 모드]임을 의미함
- 바로 가기 메뉴에 [매크로 지정] 명령이 포함되어 있으면 해당 컨트롤이 [양식 컨트롤]임을 의미함

02 워크시트에 컨트롤 작성하기

- 워크시트에 컨트롤 도구 상자를 이용하여 컨트롤을 작성한다.
- 컨트롤에 이벤트 프로시저를 설정하여 클릭이나 더블클릭 시 특정 작업을 수행하도록 할 수 있다.
- 컨트롤은 특정 셀과 연결 가능하며 컨트롤의 값이 변경되었을 때 입력된 셀의 값도 변경된다.

1) 컨트롤 작성하기

- 컨트롤을 선택한 다음 워크시트의 원하는 위치에서 드래그 앤 드롭하여 작성한다.
- 컨트롤 작성시 디자인 모드 상태로 서식 변경, 크기 조절, 위치 이동 등이 가능하다.
- 디자인 모드에서 빠져 나오는 경우 실행 모드로 전환되어 작성한 컨트롤을 클릭 또는 더블클릭하는 경우 해당 컨트롤이 실행된다.

2) 컨트롤 도구 상자 20년 2월, 16년 10월, 09년 10월, 05년 7월

[개발 도구] 탭-[컨트롤] 그룹-[삽입]을 실행한다.

❶ 단추	명령 단추 작성, 명령 단추를 클릭하면 특정 작업을 처리함
❷ 콤보 상자	콤보 상자 작성, 목록 중 하나를 선택하거나 직접 입력 가능함
❸ 확인란	확인란 작성함

❹ 스핀 단추	스핀 단추 작성, 값의 증가 또는 감소함
❺ 목록 상자	목록 상자 작성, 목록 중 하나를 선택함
❻ 옵션 단추	옵션 단추 작성, 하나의 옵션 단추만 선택함
❼ 그룹 상자	그룹 상자를 작성함
❽ 레이블	레이블 컨트롤 작성, 특정한 문자열을 표시 함
❾ 스크롤 막대	스크롤 막대를 작성함
❿ 텍스트 필드	텍스트 필드를 작성함
⓫ 콤보 목록 – 편집	콤보 목록을 편집함
⓬ 콤보 드롭다운 – 편집	콤보 드롭다운을 편집함

03 사용자 정의 폼 작성 및 컨트롤 이벤트 프로시저 작성 09년 4월, 06년 9월, …

1) 사용자 정의 폼 작성하기

사용자가 직접 여러 컨트롤을 삽입한 다음 속성 등을 변경하여 작성할 수 있다.

 따라하기 TIP

따라하기 파일 • Part02_Chapter07_사용자정의폼.xlsm

컨트롤을 이용하여 사용자 정의 폼을 작성해 보자.

① [삽입]-[사용자 정의 폼]을 실행한다.

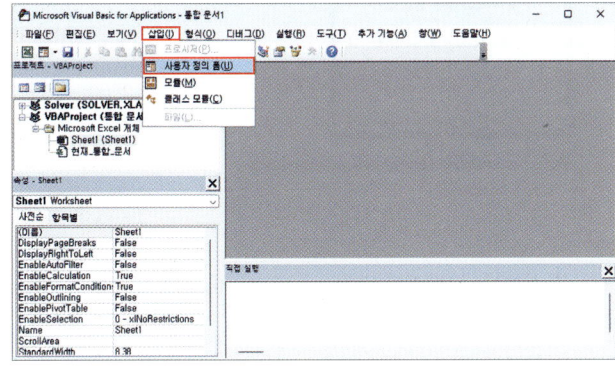

② 컨트롤을 이용하여 사용자 폼을 디자인한다.

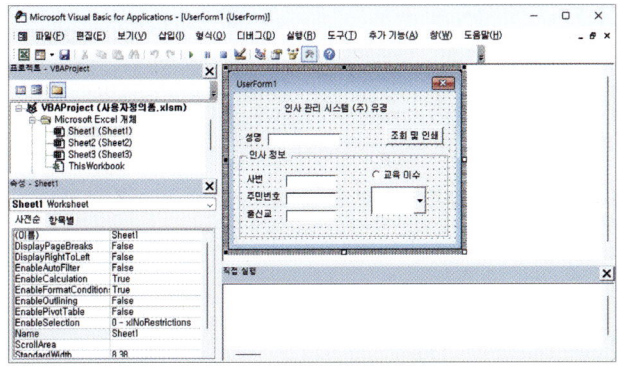

③ [실행]-[Sub/사용자 정의 폼 실행](F5)을 이용하여 사용자 정의 폼을 실행한다.

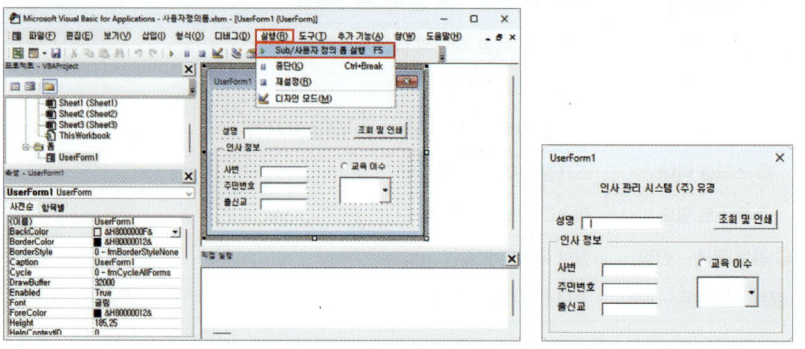

2) 컨트롤의 이벤트 프로시저 작성

따라하기 TIP

따라하기 파일 • Part02_Chapter07_컨트롤이벤트프로시저.xlsm

컨트롤을 이용하여 영어회화 사전을 디자인해 보자.

① 컨트롤을 이용하여 사용자 정의 폼을 디자인한다.

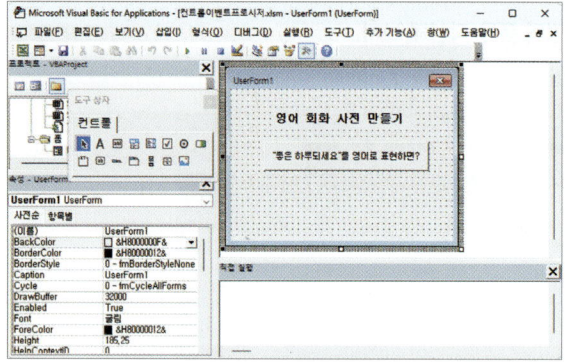

② 이벤트 프로시저를 작성할 컨트롤인 명령 단추(CommandButton1)를 더블클릭하여 코드 창에 코드를 작성한다.

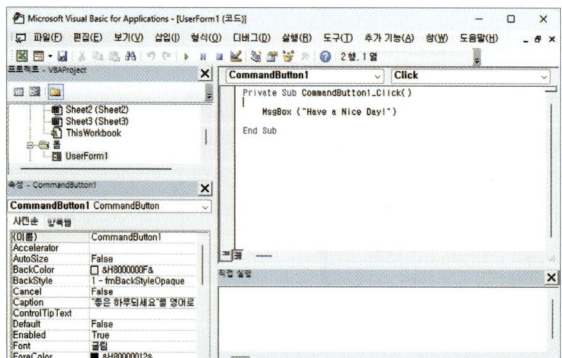

③ [실행]-[Sub/사용자 정의 폼 실행](F5)을 이용하여 사용자 정의 폼을 실행한다.

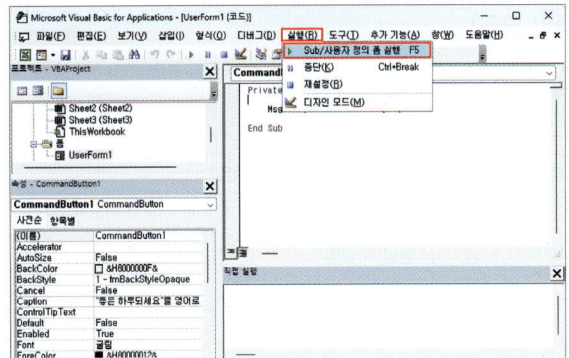

④ 명령 버튼을 클릭하면 프로시저 내 코드가 실행되어 결과가 나타난다.

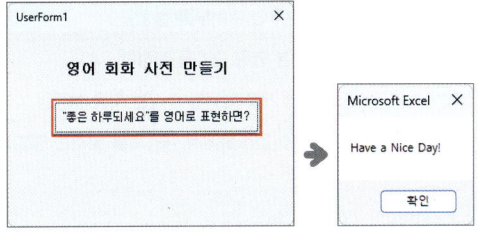

3) 사용자 정의 폼 도구 상자

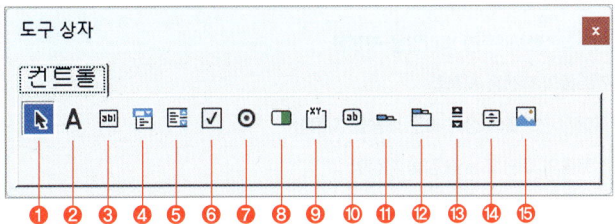

❶	개체 선택		❾		프레임
❷	레이블		❿		명령 단추
❸	텍스트 상자		⑪		연속 탭
❹	콤보 상자		⑫		다중 페이지
❺	목록 상자		⑬		스크롤 막대
❻	확인란		⑭		스핀 단추
❼	옵션 단추		⑮		이미지
❽	토글 단추				

04 컨트롤의 주요 속성

1) 컨트롤의 주요 속성(디자인 모드)

Picture	표시할 그림을 지정함
PictureAlignment	배경 그림의 위치를 지정함
PictureSizeMode	컨트롤, 폼, 페이지에 배경 그림 표시 방법을 지정함
PicturePosition	캡션과 비례하여 그림의 위치를 지정함
Font	글꼴의 크기, 모양, 속성 등을 지정함

2) 동작 관련 속성

AutoSize	자동으로 개체 크기를 조정함
Cancel	명령 단추에 적용되는 속성, 폼의 취소 단추인지 여부를 설정함
Default	명령 단추에 적용되는 속성으로, 폼의 기본 명령 단추를 설정함
MultiSelect	목록 상자에 적용되는 속성, 한 번에 여러 개를 선택할 수 있는지를 설정함
TextAlign	콤보 상자, 텍스트 상자에 적용되는 속성, 컨트롤에서 텍스트를 맞추는 방법을 설정함

3) 모양 관련 속성

Alignment	캡션에 비례하여 컨트롤 위치를 지정함
BackColor/ForeColor	배경색/전경색을 지정함
BorderColor/BorderSytle	테두리 색상/테두리 스타일을 지정함
Caption	컨트롤의 캡션을 지정함
Value	주어진 컨트롤의 상태 혹은 내용을 지정함
Visible	컨트롤의 표시 또는 숨김을 지정함

4) 데이터 속성

ColumnCount	목록 상자나 콤보 상자에서 표시할 열의 숫자를 지정함
ColumnWidths	콤보 상자나 목록 상자에서 각 열의 너비를 지정함
ListRows	콤보 상자에 적용되는 속성, 목록에 표시할 행의 최대수를 지정함
ListWidth	콤보 상자에서 목록의 너비를 지정함
Text	콤보 상자, 목록 상자, 텍스트 상자에 적용되는 속성, 입력 내용을 지정함
TopIndex	목록의 맨 위 항목을 반환 또는 설정함

5) 컨트롤의 주요 메서드 10년 3월

AddItem	목록 상자나 콤보 상자에 항목을 추가함
Clear	모든 개체를 제거함
Copy/Cut/Paste/Move	복사, 잘라내기, 붙여넣기, 컨트롤을 이동함
SetFocus	개체로 포커스를 이동함

6) 컨트롤의 주요 이벤트

AfterUpdate/BeforeUpdate	데이터가 변경된 후, 전
Change	Value 속성이 변경될 때
Click	마우스로 클릭할 때
DropButtonClick	콤보 상자, 텍스트 상자에 드롭 단추를 클릭할 때
Enter/Exit	포커스가 들어오거나 이동할 때
SpinDown/SpinUp	스핀 단추를 클릭할 때

 개념 체크

1. 목록 상자나 콤보 상자에 항목을 추가하는 메서드 : ( )
2. 컨트롤의 표시 또는 숨김을 지정하는 속성 : ( )
3. 목록 상자나 콤보 상자에서 표시할 열의 숫자를 지정하는 속성은 ColumnCount이다. (o, x)
4. 포커스가 들어오거나 이동할 때 발생하는 이벤트는 Enter/Exit이다. (o, x)

1 AddItem 2 Visible
3 o 4 o

이론을 확인하는 기출문제

01 다음 중 각 VBA 코드에 대한 설명으로 옳지 않은 것은?

① Range("A5").Select ⇒ [A5] 셀로 셀 포인터를 이동한다.
② Range("C2").Font.Bold = "True" ⇒ [C2] 셀의 글꼴 스타일을 '굵게'로 설정한다.
③ Range("A1").Formula = 3*4 ⇒ [A1] 셀에 수식 '=3*4'가 입력된다.
④ Workbooks.Add ⇒ 새 통합 문서를 생성한다.

> Formula는 A1스타일의 개체 수식이므로 Range("A1").Formula = 3*4의 실행 결과는 [A1] 셀에 12가 결과로 나타남

02 다음 중 VBA 명령에 대한 설명으로 옳지 않은 것은?

① Range("A1:A5").Select : A1셀에서 A5셀까지 범위를 선택
② .Font Type = "굴림" : 글꼴을 "굴림"으로 설정
③ With ~ End With : 하나의 개체에 여러 가지 메서드나 속성을 변경
④ For ~ Next : 특정 부분을 조건이 만족할 때까지 반복 수행

> • Font 개체에서 폰트 이름을 지정할 때는 Name 속성을 이용함
> • .Name = "굴림" : 글꼴을 "굴림"으로 설정

03 다음 중 WorkSheets 개체의 주요 속성과 메서드에 대한 설명으로 옳지 않은 것은?

① Protect : 워크시트를 수정하지 못하도록 한다.
② Range : 워크시트에서 셀이나 셀범위를 나타낸다.
③ Activate : 워크시트의 표시 여부를 나타낸다.
④ EntireRow : 지정한 범위에 들어있는 행 전체를 나타낸다.

> • Activate : 워크시트를 활성화하는 속성
> • Visible : 워크시트의 표시 여부를 지정하는 속성

04 다음 그림은 '매크로1' 매크로의 실행 결과와 VBA 코드이다. 다음 중 VBA 코드의 ⓐ, ⓑ, ⓒ에 들어갈 내용이 순서대로 나열된 것은?

	A	B
1	Name	Address
2		

```
Sub 매크로1()
[ ⓐ ]("A1").Select
ActiveCell.[ ⓑ ] = "Name"
[ ⓐ ]("B1").Select
ActiveCell.[ ⓑ ] = "Address"
[ ⓐ ]("B2").[ ⓒ ]
End Sub
```

① Range – R1C1 – FormulaR1C1
② Range – FormulaR1C1 – Select
③ Cells – R1C1 – FormulaR1C1
④ Cells – FormulaR1C1 – Select

> • Range는 셀이나 셀 범위를 나타내고, Select는 개체를 선택하며, ActiveCell은 현재 셀을 의미함
> • FormulaR1C1 속성은 R1C1 스타일 표기법으로 셀의 값을 반환함
> • 즉, [A1], [B1] 셀을 선택하여 활성화 된 셀(현재 셀)에 각각 Name, Address를 반환하고, 그림에서 보는 것처럼 [B2] 셀이 선택됨

정답 01 ③ 02 ② 03 ③ 04 ②

INDEX

ㄱ

가로 막대형	2-225
가로축 교차	2-248
강제로 줄 바꿈	2-23
개요 기호	2-146
개체(Object)	2-258
계산 필드 삽입 및 삭제하기	2-182
계열 겹치기	2-248
고급 필터	2-141
고급 필터의 복사 위치	2-142
고급 필터의 조건 범위	2-141
그래픽 개체 삽입하기	2-31
그래픽 작업	2-29
그룹 및 개요 설정	2-145
기타 문자열 함수	2-95
기타 IS 함수	2-117
깔때기형	2-228
꺾은선형	2-224

ㄴ

날짜 서식	2-59
날짜/시간 데이터	2-24
날짜와 시간 함수	2-89
논리 함수	2-97

ㄷ

다른 워크시트의 셀 참조	2-80
다른 통합 문서의 셀 참조	2-81
데이터 가져오기 및 변환(파워 쿼리)	2-158
데이터 계열 서식	2-248
데이터 내용 지우기	2-39
데이터 레이블	2-249
데이터 레이블 추가	2-243
데이터 유효성 검사	2-148
데이터 이동과 복사	2-40
데이터 일부 수정하기	2-39
데이터 입력 방법	2-23
데이터 통합	2-169
데이터 표	2-166
데이터 표 서식	2-249
도구를 이용한 정렬	2-134
도형 그리기	2-29
도형 인쇄하지 않기	2-197
동일한 데이터 입력하기	2-23
동적 배열	2-74
동적 배열 수식	2-74
동적 배열 함수	2-74

ㄹ

로그 눈금 간격	2-248
리본 메뉴 다루기	2-205
리본 메뉴를 이용한 정렬	2-135
리본 메뉴 사용자 지정	2-206
리본 메뉴 축소	2-7
리본 메뉴 탭	2-7

ㅁ

마우스를 이용한 행/열 크기 조절	2-64
만능 문자로 검색하기	2-142
매크로 개요	2-252
매크로 기록	2-252
매크로 실행	2-253
매크로 편집	2-254
매크로 형식	2-255
머리글/바닥글 편집 단추	2-201
메모 입력	2-25
메서드(Method)	2-259
모두/서식/메모 지우기	2-39
모듈(Module)	2-258
목표값 찾기	2-187
문자 데이터	2-24
문자열 서식	2-60
문자열 연산자(&)	2-73

ㅂ

바꾸기	2-44
반복 제어문	2-264
반올림 함수	2-88
방사형	2-227
배열 상수	2-123
배열 수식의 입력 방법	2-122
배열의 개념	2-122
배열(Array)	2-262
범례	2-249
범위를 지정하여 입력하기	2-23
범위를 지정하여 채우기	2-50
변수(Variables)	2-261
보기 및 창 전환 단추	2-8
부분합	2-164
분산	2-74
분산형(XY 차트)	2-226
비교 연산자	2-73
빠른 실행 도구 모음	2-7
빠른 채우기	2-50

ㅅ

사용자 정의 폼 작성하기	2-275
사용자 정의 함수(Function ~ End Function 프로시저)	2-260
사용자 지정 목록 데이터	2-49
사용자 지정 목록 항목 추가	2-49
사용자 지정 정렬 순서	2-135
사용자 지정 표시 형식	2-57
산술 연산자	2-73
삽입하여 붙여넣기	2-42
상대 참조	2-76
상수	2-72
상수(Constant)	2-261
상자 수염	2-228
상태 표시줄	2-8
서식 복사	2-41
선버스트	2-227
선택하여 붙여넣기	2-41
세로 막대형	2-223
셀 삭제	2-40
셀 삽입	2-48
셀 서식	2-53
셀 스타일	2-69
셀 참조	2-76
셀 포인터	2-8
셀 포인터 이동	2-22
셀(Cell)	2-8
속성(Property)	2-258
수식 데이터	2-25
수식 보기	2-72
수식 분석 도구 사용하기	2-74
수식의 오류값	2-74
수식 입력줄	2-8
수식 입력줄 확장 단추	2-8
수식 작성 규칙	2-72
수식 조건	2-142
수학 함수	2-87
수학 함수	2-87
순환 참조 경고	2-74
숫자 데이터	2-24
숫자 서식	2-58
스파크라인	2-230
스크린 샷	2-33
스프레드시트	2-6
슬라이서를 이용한 피벗 테이블 분석하기	2-174
시간 서식	2-60
시간 표시 막대를 이용한 피벗 테이블 분석하기	2-178
시나리오	2-188
시트 그룹	2-17
시트 보호/해제	2-18
시트 삭제하기	2-15
시트 삽입하기	2-15
시트 선택 방법	2-15
시트 숨기기/숨기기 취소	2-16
시트의 이동/복사	2-16
시트 이름 바꾸기	2-17
시트 전체 선택	2-48
시트 전체 선택 단추	2-8
시트 탭	2-8
시트 탭 색	2-18
시트 탭 이동 단추	2-8
실행 취소와 다시 실행	2-42

ㅇ

엑셀에서 저장 가능한 파일 형식	2-12
엑셀의 기본 차트	2-215
엑셀의 시작과 종료	2-6
엑셀의 화면 구성	2-7
연산자 우선순위	2-73
연산자의 종류	2-73
연속적인 범위 선택	2-47
열 너비	2-64
열 문자	2-8
영역형	2-225
오류 검사 규칙	2-35
오차 막대	2-246
외부 데이터 가져오기와 외부 데이터베이스 이용	2-154
워드아트 만들기	2-30
워크시트	2-8
워크시트 삽입 아이콘	2-8
원형 차트	2-224

윗주 입력	2-26	
이동	2-45	
이름 사용	2-81	
이름 상자	2-7	
이름 상자의 기능	2-82	
이름 작성 규칙	2-82	
이름 정의하기	2-82	
이벤트(Event)	2-259	
이중 축 차트	2-229	
인쇄	2-194	
인쇄 명령	2-194	
인쇄 미리 보기	2-197	
인쇄 및 인쇄 옵션 설정	2-195	
인쇄 실행 방법	2-195	
일반 옵션	2-13	
입출력문	2-266	

ㅈ

자동 필터	2-138
자동 합계	2-84
재무 함수	2-114
저장하기	2-13
절대 참조	2-78
정렬 관련 오류	2-136
정렬 옵션	2-135
정렬(Sort)	2-134
정보 함수	2-117
제목 표시줄	2-7
제어문	2-263
조건부 서식	2-66
주식형	2-226
중복된 항목 제거	2-147
중첩 부분합	2-165
중첩 함수	2-84
지도 차트	2-229

ㅊ

차트 삭제하기	2-237
차트 영역 서식	2-247
차트 원본 데이터 변경	2-240
차트 위치 변경	2-218
차트의 개념	2-214
차트의 구성 요소	2-214
차트의 선택	2-235
차트 이동하기	2-237
차트 작성	2-216
차트 작성하기	2-215
차트 종류 변경	2-219, 2-238
차트 종류 보기	2-222
차트 종류 선택 방법	2-221
차트 크기 조정하기	2-237
참조 연산자	2-73
창 나누기	2-210
창 숨기기	2-210
창 정렬	2-210
찾기	2-42
찾기와 참조 함수	2-100
채우기 핸들	2-8
채우기 핸들을 이용한 연속 데이터 입력	2-49
최근 문서 열기	2-11
추세선	2-244
축 서식	2-248
축소 슬라이더	2-8

ㅋ

카메라 기능	2-31
컨트롤 도구 상자	2-274
컨트롤의 주요 속성	2-278
컨트롤의 이벤트 프로시저 작성	2-276
컨트롤 작성하기	2-274
컬렉션(Collection)	2-259

ㅌ

텍스트 나누기	2-144
텍스트 파일 열기	2-12
통계 함수	2-92
통합 문서 보호	2-19
통합 문서 열기	2-11
통합 문서(Workbook)	2-9
트리맵	2-227
특수 문자	2-25
특정한 데이터 계열만 차트 종류 변경	2-239
틀 고정	2-211

ㅍ

페이지 구분선	2-202
페이지 나누기 미리 보기	2-202
페이지 설정	2-199
폭포	2-228
표면형	2-227
표 서식과 요약 행	2-65
프로그래밍의 기본 개념	2-258
프로그래밍의 기초	2-256
프로시저의 작성	2-259
프로시저의 호출	2-260
프로시저(Procedure)	2-258
피벗 차트 만들기	2-180
피벗 테이블	2-171
피벗 테이블 레이아웃 만들기	2-174
피벗 테이블 옵션	2-181
피벗 테이블의 구성 요소	2-171
피벗 테이블/피벗 차트 보고서	2-171
피벗 테이블/피벗 차트 작성하기	2-172
피벗 테이블 필드 값 설정 및 그룹화	2-184
필터(Filter)	2-138

ㅎ

하이퍼링크 입력	2-27
한자	2-25
함수 마법사	2-85
함수의 정의	2-84
합계 함수	2-88
행 높이	2-63
행 번호	2-8
행/열 숨기기	2-64
행/열 전체 선택	2-48
혼합	2-228
혼합 참조	2-80
화면 스크롤바	2-8
화면 확대	2-8
확대/축소	2-209
히스토그램	2-228

A

ABS	2-87
Access 파일 가져오기	2-154
ADDRESS	2-109
AND	2-97
AND / OR 함수	2-99
Application 개체	2-270
AREAS	2-109
AVERAGE	2-92
AVERAGEA	2-92
AVERAGEIF	2-92
AVERAGEIFS	2-92

B

Back Space	2-39

C

CELL	2-118
Chart 개체	2-273
CHOOSE	2-100, 2-104
COLUMN	2-109
COLUMNS	2-109
CONCAT	2-95
COUNT	2-92
COUNTA	2-92
COUNTBLANK	2-92
COUNTIF	2-92
COUNTIFS	2-92

D

DATE	2-89
DATEVALUE	2-89
DAVERAGE	2-112
DAY	2-89
DAYS	2-89
DCOUNT	2-112
DCOUNTA	2-112
D(DATABASE)	2-112
DGET	2-112
DMAX	2-112
DMIN	2-112
Do문	2-265
Do Until 구문	2-265
Do While문	2-265
DPRODUCT	2-112
DSTDEV	2-112
DSUM	2-112
DVAR	2-112

E

EDATE	2-89
EOMONTH	2-89
EVEN	2-87
EXACT	2-94
EXP	2-87

F

FACT	2-87
FALSE	2-97
FIND	2-94
FIXED	2-95
For 구문	2-264
For Each ~ Next	2-265
FREQUENCY	2-130
Function 프로시저	2-255
FV	2-114

G
GEOMEAN ·············· 2-92

H
HARMEAN ·············· 2-92
HLOOKUP ·············· 2-100, 2-103
HOUR ·············· 2-89

I
IF ·············· 2-97
IF 구문 ·············· 2-263
IFERROR ·············· 2-97
IFS ·············· 2-97, 2-99
INDEX ·············· 2-100, 2-105
INDIRECT ·············· 2-109
InputBox ·············· 2-268
INT ·············· 2-87
ISBLANK ·············· 2-117
ISERR ·············· 2-117
ISERROR ·············· 2-117
ISEVEN ·············· 2-117
ISLOGICAL ·············· 2-117
ISNONTEXT ·············· 2-117
ISNUMBER ·············· 2-117
ISODD ·············· 2-117
ISTEXT ·············· 2-117

L
LARGE ·············· 2-92
LEFT ·············· 2-94
LEN ·············· 2-95
LOOKUP ·············· 2-109
LOWER ·············· 2-94

M
MATCH ·············· 2-106
MAX ·············· 2-92
MAXA ·············· 2-92
MDETERM ·············· 2-128
MEDIAN ·············· 2-92
MID ·············· 2-94
MIN ·············· 2-92
MINA ·············· 2-92
MINUTE ·············· 2-89
MINVERSE ·············· 2-129
MMULT ·············· 2-129
MOD ·············· 2-87
MODE.SNGL ·············· 2-92
MONTH ·············· 2-89
MsgBox ·············· 2-266

N
NETWORKDAYS ·············· 2-89
NOT ·············· 2-97
NOW ·············· 2-89
NPV ·············· 2-115

O
ODD ·············· 2-87
OFFSET ·············· 2-107
On Error GoTo ·············· 2-268
On Error Resume Next ·············· 2-268
OR ·············· 2-97

P
PERCENTILE.INC ·············· 2-130
PI ·············· 2-87
PMT ·············· 2-115
POWER ·············· 2-87
Power BI ·············· 2-11
Power Pivot ·············· 2-7
PRODUCT ·············· 2-87
PROPER ·············· 2-94
PV ·············· 2-115

Q
QUOTIENT ·············· 2-87

R
R1C1 참조 ·············· 2-81
RAND ·············· 2-87
RANDBETWEEN ·············· 2-87
Range 개체 ·············· 2-272
RANK.EQ ·············· 2-92, 2-93
REPLACE ·············· 2-95
REPT ·············· 2-94
Resume ·············· 2-268
RIGHT ·············· 2-94
ROUND ·············· 2-88
ROUNDDOWN ·············· 2-88
ROUNDUP ·············· 2-88
ROW ·············· 2-109
ROWS ·············· 2-109

S
SEARCH ·············· 2-94
SECOND ·············· 2-89
Select 구문 ·············· 2-263
SIGN ·············· 2-87
SLN 함수 ·············· 2-116
SMALL ·············· 2-92
Space Bar ·············· 2-39
SQRT ·············· 2-87
STDEV.S ·············· 2-92
Sub 프로시저 ·············· 2-255
SUBSTITUTE ·············· 2-95
SUM ·············· 2-88
SUMIF ·············· 2-88
SUMIFS ·············· 2-88
SUMPRODUCT ·············· 2-87, 2-131
SWITCH ·············· 2-97, 2-100
SYD ·············· 2-116

T
TEXT ·············· 2-95
TIME ·············· 2-89
TODAY ·············· 2-89
TRANSPOSE ·············· 2-108
TRIM ·············· 2-94
TRUE ·············· 2-97
TRUNC ·············· 2-87
TYPE ·············· 2-119

U
UPPER ·············· 2-94
UserForm 개체 ·············· 2-274

V
VALUE ·············· 2-95
VAR.S ·············· 2-92
VBA ·············· 2-256
VBE의 화면 구성 ·············· 2-257
VLOOKUP ·············· 2-100, 2-102

W
WEEKDAY ·············· 2-89, 2-90
WEEKNUM ·············· 2-89
Window(Windows) 개체 ·············· 2-273
With ~ End With ·············· 2-266
Workbook(Workbooks) 개체 ·············· 2-271
WORKDAY ·············· 2-89
Worksheet(Worksheets) 개체 ·············· 2-271

X
XLOOKUP ·············· 2-100, 2-101
XMATCH ·············· 2-106

Y
YEAR ·············· 2-89

기호
·············· 2-74
#VALUE! ·············· 2-74
#DIV/0! ·············· 2-74
#NAME? ·············· 2-74
#N/A ·············· 2-74
#REF! ·············· 2-74
#NUM! ·············· 2-74
#NULL! ·············· 2-74
#SPILL! ·············· 2-74
#CALC! ·············· 2-74
[고급] 탭 ·············· 2-37
[글꼴] 탭 ·············· 2-55
[맞춤] 탭 ·············· 2-54
[보호] 탭 ·············· 2-57
[서식] 탭 ·············· 2-236
[시트] 탭 ·············· 2-201
[연속 데이터] 대화 상자 ·············· 2-51
[일반] 탭 ·············· 2-36
[차트 디자인] 탭 ·············· 2-236
[채우기] 탭 ·············· 2-56
[테두리] 탭 ·············· 2-56
[파일] 탭 ·············· 2-7
[파일] 탭 명령 ·············· 2-10
[표시 형식] 탭 ·············· 2-53
[피벗 테이블 분석] 탭 ·············· 2-180
[Excel 옵션] 대화 상자 메뉴 ·············· 2-35

번호
0값의 표시 방법 ·············· 2-58
3차원 참조 ·············· 2-81

자격증은 이기적!

합격입니다.

 이기적 강의는 무조건 0원!
이기적 영진닷컴

공부하다가 궁금한 사항은?
이기적 스터디 카페

이렇게 기막힌 적중률

컴퓨터활용능력
1급 필기 기본서
3권 · 데이터베이스 일반

"이" 한 권으로 합격의 "기적"을 경험하세요!

차례

출제빈도에 따라 분류하였습니다.
- 상 : 반드시 보고 가야 하는 이론
- 중 : 보편적으로 다루어지는 이론
- 하 : 알고 가면 좋은 이론

▶ 합격 강의
동영상 강의가 제공되는 부분을 표시했습니다.
이기적 수험서 사이트(license.youngjin.com)에 접속하여 시청하세요.
▶ 본 도서에서 제공하는 동영상은 1판 1쇄 기준 2년간 유효합니다. 단, 출제기준안에 따라 내용은 변경될 수 있습니다.

PART 03 데이터베이스 일반 [3권]

CHAPTER 01 데이터베이스 개요
- 상 SECTION 01 데이터베이스의 개념과 용어 — 3-6
- 하 SECTION 02 데이터베이스 설계 — 3-13

CHAPTER 02 테이블(Table) 작성
- 하 SECTION 01 액세스 사용의 기초 — 3-18
- 중 SECTION 02 테이블 생성 — 3-27
- 하 SECTION 03 테이블 수정 — 3-36
- 하 SECTION 04 필드 속성 1-속성과 형식 — 3-40
- 중 SECTION 05 필드 속성 2-입력 마스크/조회 속성 — 3-48
- 상 SECTION 06 필드 속성 3-유효성 검사/기타 필드 속성/기본키/인덱스 — 3-53
- 중 SECTION 07 필드 속성 4-관계 설정/참조 무결성 — 3-61
- 중 SECTION 08 데이터 입력 — 3-69
- 하 SECTION 09 데이터 내보내기 — 3-82

CHAPTER 03 쿼리(Query) 작성
- 하 SECTION 01 쿼리(Query) — 3-88
- 상 SECTION 02 단순 조회 쿼리(SQL문) — 3-92
- 상 SECTION 03 식의 사용 — 3-100
- 하 SECTION 04 다중 테이블을 이용한 쿼리 — 3-106
- 중 SECTION 05 실행 쿼리(Action Query) — 3-112
- 중 SECTION 06 기타 데이터베이스 쿼리 — 3-115

CHAPTER 04 폼(Form) 작성

- SECTION 01 폼 작성 기본   3-122
- SECTION 02 폼의 주요 속성   3-131
- SECTION 03 하위 폼   3-137
- SECTION 04 컨트롤의 사용1-컨트롤의 개념/컨트롤 만들기   3-146
- SECTION 05 컨트롤의 사용2-컨트롤 다루기/컨트롤의 주요 속성   3-159
- SECTION 06 폼 작성 기타   3-165

CHAPTER 05 보고서(Report) 작성

- SECTION 01 보고서 작성과 인쇄   3-172
- SECTION 02 보고서 구역 및 그룹화   3-181
- SECTION 03 다양한 보고서 작성   3-186
- SECTION 04 보고서 작성 기타   3-193

CHAPTER 06 데이터베이스 프로그래밍

- SECTION 01 매크로의 활용1-매크로 함수의 개념/매크로 만들기   3-198
- SECTION 02 매크로의 활용2-실행/수정/주요 매크로 함수   3-202
- SECTION 03 VBA를 이용한 모듈 작성   3-212

Index   3-217

PART 03

데이터베이스 일반

파트 소개

3과목 데이터베이스 일반은 데이터베이스의 개요와 데이터를 담는 역할을 하는 테이블, 작성된 테이블에서 여러 가지 방법으로 데이터를 추출하는 방법인 쿼리(질의), 효율적인 입출력을 하기 위한 폼 작성과 보고를 위한 서식 개념의 보고서 작성 및 프로그래밍에 대한 내용으로 구성됩니다. 개념과 용어는 암기 위주의 학습이 중요하며, 실습을 통한 이해와 기능별 숙지로 공부하는 것이 효율적입니다.

※ 데이터베이스 프로그램의 경우 기술 발달 및 산업 현장의 수요에 따라 Microsoft Office 2021 버전으로 업데이트되었음

CHAPTER 01

데이터베이스 개요

학습 방향

데이터베이스의 개념과 용어에 대해 전반적으로 묻는 추세이며 특히 데이터베이스의 장점과 단점의 선별 능력이 중요합니다. 아울러 키의 개념도 확실한 이해가 필요하며 정규화의 필요성과 종류에 대해서도 꼼꼼히 공부하세요.

출제 빈도

SECTION 01	상	82%
SECTION 02	하	18%

SECTION 01 데이터베이스의 개념과 용어

출제빈도 상 중 하
반복학습 1 2 3

합격 강의

빈출 태그 DBMS · 필수 기능 · 스키마 · 데이터베이스 언어 · 데이터베이스 모델 · 기본키 · 외래키 · 정규화

01 데이터베이스 개념
└ 통합, 저장, 운영, 공용 데이터

1) 데이터베이스의 정의 14년 3월, 09년 10월, 06년 2월

Data의 의미인 『자료』와 Base의 『기초, 토대』가 합성되어 『데이터의 집합체』, 즉 서로 관련 있는 데이터의 집합을 의미한다.

- 서로 관련 있는 데이터(파일)의 집합체
- 여러 응용 시스템 간에 공유가 가능하도록 통합, 저장된 운영 데이터의 집합
- 데이터 처리를 위해 중복을 최소화하여 공동으로 사용할 수 있도록 한 통합된 데이터
- 컴퓨터 처리를 위한 데이터베이스 관리 시스템(DBMS)
- 방대한 양의 자료 처리를 위한 소프트웨어
- 데이터의 독립성 보장을 위한 종합 시스템

★ 질의(Query)
질문, 의문, 물음표(?)의 의미로, 하나 이상의 테이블에서 필요한 조건을 주어 자료를 추출하거나 검색하는 기능임

2) 데이터베이스의 특징 03년 5월

실시간 접근 처리 (Real Time Accessibility)	질의(Query)★에 대해 실시간 접근 처리를 지원함
내용에 의한 참조 (Content Reference)	지정된 주소가 아닌 데이터의 내용(Contents)에 따라 참조함
자원의 동시 공유 (Concurrent Sharing)	여러 사용자(User)가 자원을 동시에 공유함
계속적인 변화 (Continuous Evolution)	삽입(Insert), 삭제(Delete), 갱신(Update) 등을 통해 데이터를 동적으로 유지함

3) 데이터베이스의 장단점 25년 상시, 21년 상시, 17년 9월, 15년 6월, 11년 10월, 10년 6월, 09년 7월, 08년 5월/8월, ...

> 🔖 기적의 TIP
> 데이터베이스의 특징과 장점 및 단점을 정확하게 구분하세요. 특히, 데이터베이스는 예비와 회복 기법이 어렵다는 점에 주의하세요.

장점	• 중복을 최소화하여 자료의 일치를 기함 • 데이터의 물리적, 논리적 독립성을 유지함 • 단말기를 통해 요구된 내용을 즉시 처리함(실시간 접근) • 데이터 보안을 유지하여 데이터의 손실을 방지함 • 최신 데이터를 유지하므로 데이터의 계속적인 변화에 적응함 • 데이터의 내용에 의한 액세스를 함 • 일관성, 무결성의 유지 및 데이터의 공유와 표준화가 가능함
단점	• 운영 비용 면에서 부담이 크며, 전산 비용이 증가되고 복잡함 • 자료의 처리 방법이 복잡함 • 시스템의 취약성이 있음 • 예비(Backup)와 회복(Recovery) 기법이 어려움

02 데이터베이스 관리 시스템(DBMS) 22년 상시, 13년 10월, 12년 9월, 10년 3월/10월, 09년 7월, …

1) DBMS(DataBase Management System)
- 데이터베이스 관리 시스템으로, 종래 자료 처리 시스템의 문제점인 자료의 종속성과 중복성을 해결하기 위한 소프트웨어 시스템이다.
- 응용 프로그램과 데이터의 중재자 역할로, 모든 응용 프로그램들이 데이터베이스를 공유할 수 있도록 한다.

> **기적의 TIP**
> 데이터베이스 관리 시스템은 자료의 종속성과 중복성을 해결하기 위한 소프트웨어 시스템입니다. 데이터 간의 종속성을 유지하려는 목적은 아닙니다.

2) 데이터베이스의 필수 기능

정의 기능	• 데이터베이스와 응용 프로그램 간의 상호 작용 수단을 제공함 • 물리적 저장 장치에 데이터베이스가 저장될 수 있게 물리적인 구조를 정의함
조작 기능	• 데이터베이스와 사용자 간의 상호 작용 수단(데이터 요청, 변경 등)을 제공함 • 데이터의 처리를 위한 데이터의 삽입, 삭제, 검색, 갱신 등을 지원함
제어 기능	• 데이터 간의 모순성이 발생하지 않도록 함 • 데이터베이스의 내용을 항상 정확하게 유지하여 데이터의 무결성이 파괴되지 않도록 함

3) 데이터베이스의 목적

데이터의 중복성 최소화	공유가 가능하도록 데이터의 중복을 최소화함
데이터의 공유	다른 사용자와 데이터를 공유하여 사용함
데이터의 독립성	데이터의 논리적 구조와 물리적 저장 형식, 구성이 독립적임
데이터의 무결성	데이터에 대한 효율적인 검증으로 데이터의 정확성을 유지함
데이터의 보안성	효율적인 통제로 인한 데이터의 보안을 보장함
데이터의 일관성	임의의 사항에 대한 여러 데이터들을 일괄적으로 변환함

> **암기 TIP**
> 데이터베이스의 필수 기능
> 데이터베이스의 필수 기능을 만든 왕은 정조 맞제... 그래서 정의, 조작, 제어랍니다. 믿거나 말거나!
>
> 데이터의 중복성으로 인한 문제점
> • 데이터의 보안 유지가 어려움
> • 데이터의 일관성 유지가 어려움
> • 데이터의 무결성 유지가 어려움
> • 데이터의 갱신(Update) 비용의 증가

03 데이터베이스 시스템의 구성

1) 스키마(Schema) 25년 상시, 23년 상시, 18년 9월, 14년 10월
'개요'의 사전적 의미가 있으며, 전체적인 도식 개념이 있음
데이터베이스를 구성하는 파일, 레코드, 항목의 형식과 상호 관계 전체를 정의하는 것이다.

외부 스키마 (External Schema)	• 서브 스키마(Sub Schema) 또는 뷰(View)★라고도 함 • 스키마 전체를 이용자의 관점에 따라 부분적으로 분할한 스키마의 부분 집합 • 사용자나 응용 프로그래머가 직접 필요로 하는 데이터 구조를 의미함 • 여러 개의 외부 스키마가 존재할 수 있음
개념 스키마 (Conceptual Schema)	• 일반적으로 스키마라고도 함 • 논리적(Logical) 입장에서의 데이터베이스 전체 구조를 의미함 • 데이터의 모양을 나타내는 도표로서 스키마라 함 • 각각의 응용 시스템이 필요로 하는 데이터 구조로 하나만 존재함 • 접근 권한, 보안 정책, 무결성 규칙을 명세함
내부 스키마 (Internal Schema)	• 물리적 스키마(Physical Schema)라고도 함 • 물리적 입장에서 액세스하는 데이터베이스 구조를 의미함 • 기억 장치 내에 실질적으로 구성된 구조를 의미함

> ★ 뷰(View)
> 하나 이상의 기본 테이블에서 유도하여 만든 가상 테이블
>
> **기적의 TIP**
> 데이터베이스 언어는 정확히 파악해 두세요. 시험에서 자주 출제되는 단골 내용입니다. 혼동하지 않도록 구분해서 외워 두세요! 또한 DBA의 역할과 책임도 반드시 알아두세요.

언어의 종류
- SQL(Structured Query Language) : 관계형 모델에서 사용하는 데이터 조작 언어
- IMS(Information Management System) : 계층형 모델에서 사용하는 데이터베이스 언어
- DBTG(DataBase Task Group) : 네트워크형 모델에서 사용, 데이터베이스 언어 협회(CODASYL)에서 개발한 언어
- TOTAL : 미국에서 개발한 네트워크형 모델에서 사용하는 언어

데이터베이스 관리자의 권한과 임무
- 데이터베이스를 구성하는 정보 내용을 정의함
- 데이터의 저장 구조와 접근 방법을 결정함
- 시스템의 보안성과 무결성을 책임짐
- 백업과 회복을 위한 정책을 결정함
- 스키마를 정의함
- 데이터베이스를 사용자 요구에 맞도록 재구성함
- 시스템 성능 감지와 사용자의 요구 및 불편을 해소함

> 🏁 **기적의 TIP**
> 각 데이터베이스 모델의 장점과 단점을 혼동하지 않을 정도로 체크해 두세요.

> 💡 **암기 TIP**
> 데이터베이스 모델의 종류
> 그 모델과 무슨 **관계네**~
> **관**계형, **계**층형, **네**트워크형

2) 데이터베이스 언어(DBL : DataBase Language) 24년 상시, 23년 상시, 22년 상시, 20년 2월, …

데이터 정의어 (DDL : Data Definition Language)	• 데이터베이스 구조와 관계, 데이터베이스 이름을 정의함 • 데이터 항목, 키 값의 고정, 데이터의 형과 한계를 규정함 • 데이터 액세스 방법 등을 규정함
데이터 조작어 (DML : Data Manipulation Language)	• 주 프로그램에 내장하여 데이터베이스를 실질적으로 운영 및 조작함 • 데이터의 삽입, 삭제, 검색, 변경, 연산 등의 처리를 위한 연산 집합
데이터 제어어 (DCL : Data Control Language)	• 데이터베이스를 공용하기 위하여 데이터 제어를 정의 및 기술함 • 데이터 보안, 무결성, 회복, 병행 수행 등을 제어함

3) 데이터베이스 사용자 24년 상시, 09년 10월, 06년 9월

일반 사용자	단말기를 이용하여 질의어로 데이터베이스에 접근하는 사람
응용 프로그래머	• 데이터 부속어와 호스트 프로그래밍 언어를 이용하여 프로그램을 작성함 • 작성한 프로그램으로 데이터에 접근하는 사람
데이터베이스 관리자 (DBA : DataBase Administrator)	데이터베이스 시스템을 총체적으로 감시, 관리하는 책임과 권한을 갖는 사람 또는 그룹

04 데이터베이스 모델 15년 10월

1) 계층적 데이터베이스(Hierarchical Database)
- 트리(Tree) 데이터베이스(=Hierarchical 데이터베이스)라고 한다.
- 하나의 부노드가 여러 자노드를 갖는다.

장점	단점
• 간단하여 이해하기 쉬움 • 구현, 수정, 탐색이 용이함	• 데이터 상호 간의 유연성이 부족함 • 검색 경로가 한정되어 있으므로 비효율적임

2) 네트워크 데이터베이스(Network Database) 14년 10월, 09년 7월
- 망 구조 데이터베이스, Plex 데이터베이스라고 한다.
- 일종의 그래프 형태로서 계층 데이터베이스 모델이 확장된 형태이다.
- 하나의 자노드가 여러 부노드를 가질 수 있다.
- 오너(Owner)-멤버(Member) 관계이다.

장점	단점
• 데이터 상호 간의 유연성이 좋음 • 다양한 형태의 구조를 제공하며, m : n의 관계 표현이 가능함	• 복잡하여 이해하기 어려움 • 변경이 어려워 확장성이 거의 없음

3) 관계형 데이터베이스(Relational Database) 09년 7월

- Relational 데이터베이스, 표(Table) 데이터베이스라고 한다.
- 테이블(Table)을 이용하여 데이터 상호 관계를 정의한다.
- 계층적 데이터베이스와 네트워크 데이터베이스의 복잡한 구조를 단순화한다.

장점	단점
• 다른 데이터베이스로 변환이 쉬움 • 데이터의 추가, 삭제, 수정, 검색이 쉬움 • 간결하고 보기가 편리함	• 자료 검색에 있어서 성능이 다소 떨어짐 • 데이터의 중복이 생길 수 있음

> **기적의 TIP**
> 데이터베이스 모델 중 관계형 데이터베이스는 자주 출제됩니다. 여기서는 개념과 장단점을 확인해 두고 뒷 페이지에서 자세히 다루고 있으니 꼼꼼히 공부하세요!

관계형 데이터베이스 관리 시스템 (RDBMS)의 종류
- MS-SQL Server
- MY-SQL
- 오라클(ORACLE)

4) 객체 지향형 데이터베이스(Object Oriented Database) 모델

- 객체(Object) 개념을 데이터베이스에 적용한 모델이다.
- 데이터베이스를 객체/상속(Inheritance) 구조로 표현한다.

05 관계형 데이터베이스

1) 테이블(Table)의 개념 및 특징 25년 상시, 24년 상시, 23년 상시, 22년 상시, 20년 7월, 19년 8월, 16년 3월, 13년 3월, …

=릴레이션(Relation)

성명	주소	학교명	성별
홍길동	서울시	정양고	남
이순신	부산시	서우고	남
김이순	대전시	부상고	여
김삼순	경기도	대정고	여

레코드 = 행 = 튜플(Tuple)

필드 = 열 = 속성(Attribute)

테이블(Table)	관계형 데이터베이스에서 2차원의 가로, 세로(행과 열) 형태로 나타내는 저장소
튜플(Tuple)	테이블에서 행을 나타내는 말로 레코드와 같은 의미임
속성(Attribute)	테이블에서 열을 나타내는 말로 필드와 같은 의미임(널(Null) 값을 가질 수 있음)
도메인(Domain)	하나의 속성이 취할 수 있는 값의 집합(예) 성별의 경우 남, 여가 해당됨)
차수(Degree)	한 릴레이션(테이블)에서 속성(필드=열)의 개수임(예) 4개(성명, 주소, 학교명, 성별))
기수(Cardinality)	카디널리티라고도 하며, 한 릴레이션(테이블)에서의 튜플의 개수임(예) 4개(제목행 제외))

▶ 릴레이션의 특징

튜플의 유일성	한 릴레이션에 포함된 튜플들은 모두 다름
튜플의 무순서	한 릴레이션에 포함된 튜플 사이에는 순서가 없음
속성의 무순서	한 릴레이션을 구성하는 속성(Attribute) 사이에는 그 순서가 없음
속성의 원자값	모든 속성(Attribute) 값은 원자값(Atomic Value)임

> **기적의 TIP**
> 테이블의 개념 및 특징과 키의 각 종류에 대한 완벽한 이해가 필요한 부분입니다. 아울러 정규화도 자주 출제되므로 정확히 이해해야 합니다. 전반적으로 자세히 공부해 두세요!

릴레이션(Relation) : 관계형 데이터베이스에서 데이터들을 표(Table) 형태로 표현한 것

> **암기 TIP**
> • 한 번 할래, 튜(두)번 행레... 튜플은 행 그리고 레코드 랍니다.
> • 속으로 열받죠, 담배 필래...속성은 열이며 필드랍니다. 참! 금연하세요.

릴레이션의 구성
- 릴레이션 스키마(Schema) : 일정 수의 속성의 집합
- 릴레이션 인스턴스(Instance) : 튜플의 집합
- 릴레이션 스키마는 정적인 성질이며, 릴레이션 인스턴스는 동적인 성질임

2) 키(Key)의 개념
- 테이블에서 다른 데이터와 구분하기 위한 유일한 값을 가지는 필드 또는 필드의 집합이다.
- 키(Key)는 각각의 튜플을 유일하게 식별할 수 있는 것으로, 한 테이블(릴레이션)에서 적어도 한 개의 키는 존재해야 한다.

3) 키(Key)의 종류 23년 상시, 22년 상시, 19년 3월, 17년 3월, 12년 6월/9월, 11년 10월, 10년 3월, 09년 4월, 08년 2월, …

① 후보키(Candidate Key) 25년 상시

한 테이블에서 유일성★과 최소성★을 만족하는 키이다(예 사원번호, 주민등록번호).

[인사] 테이블

사원번호	성명	주민등록번호	직급	부서코드
111	구승원	780627-1234567	부장	C
222	이상영	700810-2345678	부장	S
333	지유환	701128-4567892	과장	H
444	이선훈	900305-1112223	과장	I

② 기본키(PK : Primary Key) 25년 상시, 24년 상시, 14년 3월, 13년 6월, 11년 7월, 10년 6월
- 후보키 중에서 선정되어 사용되는 키이다(예 사원번호 – 인사관리).
- 기본키는 널(Null)★이 될 수 없으며 중복될 수 없다.

③ 대체키(Alternate Key)

후보키 중 기본키로 선택되지 않는 나머지 키이다(예 사원번호가 기본키일 때 주민등록번호).

④ 슈퍼키(Super Key)
- 복합키(Composite Key) 또는 연결키라고도 한다.
- 유일성은 만족하나 최소성은 만족하지 않는다.
- 한 릴레이션에서 어떠한 열도 후보키가 없을 때 두 개 이상의 열을 복합(연결)할 경우 유일성을 만족하여 후보키가 되는 키를 의미한다.

[성적] 테이블

사원번호	과목명	점수
111	국어	100
111	영어	90
222	국어	06
222	영어	77

예 위의 [성적] 테이블의 경우 그 어떤 필드도 후보키로 존재할 수 없어 사원번호와 과목명을 복합(연결)하면 "111국어", "111영어", "222국어", "222영어"처럼 최소성은 만족하지 못하나 유일성은 만족시킨다. 이를 슈퍼키(Super Key)라 한다.

★ 유일성
키로 하나의 튜플만을 식별 가능함(예 사원번호 및 주민등록번호로 튜플 식별 가능)

★ 최소성
유일한 식별을 하기 위해 꼭 있어야하는 속성으로만 구성됨(예 사원번호와 주민등록번호 각각의 속성만으로 식별 가능)

★ 널(Null)
- 아무것도 없다는 의미임
- 값 자체가 존재하지 않음

개체 무결성
기본키는 널(Null) 값이 될 수 없음

 암기 TIP

키의 종류
후기대슈, 외(왜)....
키의 종류는 **후보키**, **기본키**, **대체키**, **슈퍼키**, **외래키**가 있답니다.

⑤ **외래키(FK : Foreign Key)** 24년 상시, 23년 상시, 22년 상시, 17년 9월, 13년 3월, 12년 3월, 11년 3월

- 외래키(FK)가 다른 참조 테이블(릴레이션)의 기본키(PK)일 때 그 속성키를 외래키라고 한다.
- 하나의 테이블에는 여러 개의 외래키가 존재할 수 있다.

> **참조 무결성**
> 외래키 값은 널(Null)이거나 참조 테이블에 있는 기본키 값과 동일해야 함

[인사] 테이블

사원번호	성명	주민등록번호	직급	부서코드
111	구승원	780627-1234567	부장	C
222	이상영	700810-2345678	부장	S
333	지유환	701128-4567892	과장	H
444	이선훈	900305-1112223	과장	I

[부서코드] 테이블

부서코드	부서명
C	전산부
S	홍보부
H	인사부
I	영업부

> 예) [인사] 테이블의 부서코드는 [부서코드] 테이블의 부서코드를 참조하며, 이때 [부서코드] 테이블의 부서코드가 기본키이므로 [인사] 테이블의 부서코드는 외래키(FK)에 해당한다.

― 릴레이션을 항상 최상위 수준으로 정규화할 필요는 없음

4) **정규화(Normalization)** 25년 상시, 24년 상시, 22년 상시, 21년 상시, 20년 7월, 19년 3월, 18년 9월, 17년 3월, 14년 6월, …

- 관계형 데이터베이스를 설계할 때 데이터의 중복을 최소화하고, 불일치를 방지하기 위해 릴레이션 스키마를 분해해 가는 과정이다.
- 데이터베이스의 논리적 설계 단계에서 수행된다.
- 정규화되지 못한 릴레이션의 조작 시 발생하는 이상(Anomaly) 현상★의 근본 원인은 여러 종류의 사실들이 하나의 릴레이션에 표현되기 때문이다.
- 이상 현상이 발생하지 않도록 중복성과 종속성을 배제하는 것을 원칙으로 한다.
- 정규화가 잘못되면 데이터의 불필요한 중복을 야기하여 릴레이션 조작 시 문제가 생긴다.
- 정규형(NF : Normal Form)에는 제1정규형(1NF), 제2정규형(2NF), 제3정규형(3NF), BCNF형, 제4정규형(4NF), 제5정규형(5NF) 등이 있다.

> **정규화의 목적**
> - 이상(Anomaly) 현상을 방지함
> - 데이터를 삽입할 때 테이블을 재구성하는 번거로움을 줄임

> ★ **이상(Anomaly) 현상**
> 관계형 데이터베이스의 릴레이션을 조작할 때 발생하는 현상임
> - **삽입 이상(Insertion Anomaly)** : 데이터를 삽입할 때 불필요한 데이터가 함께 삽입되는 현상으로, 제정규형에 문제가 있는 경우 발생하는 현상
> - **삭제 이상(Deletion Anomaly)** : 릴레이션의 한 튜플을 삭제함으로써 연쇄 삭제로 인해 정보의 손실이 발생하는 현상
> - **갱신 이상(Update Anomaly)** : 중복된 튜플 중에서 일부 튜플의 값만을 갱신함으로써 정보의 모순성이 발생하는 현상

제1정규형(1NF)	• 원자값이며, 최소한의 값임 • 반복되는 열이 없음
제2정규형(2NF)	• 키를 결정하면 다른 열의 값이 결정됨 • 기본키에 완전 함수적 종속임(=부분 함수 종속 제거)
제3정규형(3NF)	• 기본키 열 이외의 열의 값에 따라 다른 열의 값이 결정되는 일이 없음 • 서로 독립적임(기본키에 이행적 종속이 아니면 이행 함수 종속 제거)
BCNF형 (Boyce & Codd NF)	• 엄격한 3차 정규형 • 모든 결정자가 후보키가 아닌 함수 종속을 제거함(=결정자를 모두 후보키로)
제4정규형(4NF)	두 개의 상호 독립적인 다중 값 속성을 서로 다른 두 릴레이션으로 분리(다른 종속 제거)
제5정규형(5NF)	후보키를 통하지 않은 조인 종속을 제거함

― 정규화를 처음 개발한 사람

- 데이터베이스의 물리적 구조나 처리에 영향을 주지 않고 논리적 처리 및 품질에 영향을 미친다.
- 정규화를 하지 않을 경우에는 이상 현상, 즉 잠재적인 문제점이 발생한다.

암기 TIP

1은 영어로 **ONE**(원)이므로 제 1정규형은 **원**자값

이론을 확인하는 기출문제

01 다음 중 관계형 데이터베이스 관리 시스템(RDBMS)의 종류에 해당하지 <u>않는</u> 것은?

① MS-SQL Server ② 오라클(ORACLE)
③ MY-SQL ④ 파이썬(Python)

> 파이썬(Python) : 1991년 귀도 반 로섬(Guido van Rossum)이 발표한 대화형 인터프리터식 프로그래밍 언어

02 다음 중 릴레이션(Relation)에 대한 설명으로 옳지 <u>않은</u> 것은?

① 한 릴레이션에 포함된 튜플(Tuple)의 수를 인스턴스(Instance)라 한다.
② 연관된 속성의 집합으로 관계형 모델에서의 테이블(Table)을 의미한다.
③ 한 릴레이션을 구성하는 속성(Attribute)들 사이에는 순서가 없다.
④ 한 릴레이션에 포함된 튜플을 유일하게 식별하기 위한 속성들의 부분집합을 키(Key)로 설정한다.

> 기수(Cardinality) : 한 릴레이션(테이블)에서의 튜플(Tuple)의 개수

03 입사 지원자의 정보를 DB화 하기 위해 테이블을 설계하고자 한다. 다음 중 한명의 지원자가 여러 개의 이력이나 경력사항을 갖는 경우 가장 적절한 테이블 구조는?

① 지원자(지원자ID, 이름, 성별, 생년월일, 연락처)
  경력(경력ID, 회사, 직무, 근무기간)
② 지원자(지원자ID, 이름, 성별, 생년월일, 연락처)
  경력(경력ID, 지원자ID, 회사, 직무, 근무기간)
③ 지원자(지원자ID, 이름, 성별, 생년월일, 연락처, 회사, 직무, 근무기간)
④ 지원자(지원자ID, 이름, 성별, 생년월일, 연락처, 회사1, 직무1, 근무기간1, 회사2, 직무2, 근무기간2, 회사3, 직무3, 근무기간3)

> 한명의 지원자가 여러 개의 이력이나 경력사항을 갖는 경우이므로 각각 "지원자ID"를 기본키로 하는 [지원자] 테이블과 "경력ID"를 기본키로 하고 "지원자ID"를 외래키로 하는 [경력] 테이블이 필요함

04 다음 중 관계형 데이터베이스 모델에 대한 설명으로 옳지 <u>않은</u> 것은?

① 도메인(Domain)은 하나의 애트리뷰트(Attribute)가 취할 수 있는 같은 타입의 원자값들의 집합이다.
② 한 릴레이션(Relation)에 포함된 튜플(Tuple)들은 모두 상이하며, 튜플(Tuple) 사이에는 순서가 있다.
③ 튜플(Tuple)의 수를 카디널리티(Cardinality), 애트리뷰트(Attribute)의 수를 디그리(Degree)라고 한다.
④ 애트리뷰트(Attribute)는 데이터베이스를 구성하는 가장 작은 논리적 단위이며, 파일 구조상의 데이터 필드에 해당된다.

> 튜플(Tuple)의 무순서 : 튜플(Tuple) 사이에는 순서가 없음

05 다음 중 데이터를 입력 또는 삭제 시 이상(Anomaly) 현상이 일어나지 않도록 데이터베이스를 설계하기 위한 기술을 의미하는 용어는?

① 자동화 ② 정규화
③ 순서화 ④ 추상화

> • 정규화(Normalization) : 이상(Anomaly) 현상이 발생하지 않도록 하기 위한 것으로 관계형 데이터베이스를 설계할 때 데이터의 중복 최소화와 불일치를 방지하기 위해 릴레이션 스키마를 분해해 가는 과정
> • 이상(Anomaly) 현상 : 관계형 데이터베이스의 릴레이션을 조작할 때 발생하는 현상으로 삽입 이상, 삭제 이상, 갱신 이상 등이 있음

06 다음 중 데이터 보안 및 회복, 무결성, 병행 수행 제어 등을 정의하는 데이터베이스 언어로 데이터베이스 관리자가 데이터 관리를 목적으로 주로 사용하는 언어는?

① 데이터 제어어(DCL) ② 데이터 부속어(DSL)
③ 데이터 정의어(DDL) ④ 데이터 조작어(DML)

> 데이터 제어어(DCL : Data Control Language)
> • 데이터베이스를 공용하기 위하여 데이터 제어를 정의 및 기술함
> • 데이터 보안, 무결성, 회복, 병행 수행 등을 제어함
> • 종류 : GRANT(권한 부여), REVOKE(권한 해제), COMMIT(갱신 확정), ROLLBACK(갱신 취소)

정답 01 ④ 02 ① 03 ② 04 ② 05 ② 06 ①

SECTION 02 데이터베이스 설계

출제빈도 상 중 **하**
반복학습 1 2 3

빈출 태그 설계 단계 • 모델링 • 개체-관계 모델

01 데이터베이스 설계

1) 데이터베이스 설계 시 고려 사항

무결성	삽입, 삭제, 갱신 등의 연산 이후 데이터가 정확해야 함
일관성	데이터의 질의와 응답에 모순성이 발생하면 안 됨
보안	불법적인 접근이나 변경으로부터 보호될 수 있어야 함
회복	시스템의 장애 발생 시 원 상태로의 복구가 가능해야 함
확장성	새로운 데이터의 추가가 가능해야 함

> **기적의 TIP**
> 데이터베이스의 설계 단계에 대해 정확히 익혀 두세요. 첫 단계는 요구 조건 분석이며, 마지막 단계는 구현입니다.

2) 데이터베이스 설계 단계 25년 상시, 24년 상시, 22년 상시, 15년 6월, 07년 7월, 04년 2월

① 요구 조건 분석 단계
데이터베이스 사용자의 요구 사항 및 조건 등을 조사하여 요구 사항을 분석하는 단계로 요구 명세서가 산출된다.

② 개념적 설계 단계
- 현실 세계에 대해 추상적인 개념(정보 모델링)으로 표현하는 단계이다.
- 요구 조건 분석 단계에서의 요구 명세서를 토대로 하여 데이터베이스에 사용할 데이터와 데이터의 관계, 의미, 제약 조건 등을 개념적 스키마로 설계한다.
- 트랜잭션(Transaction)의 정보가 스키마에 포함되도록 설계한다.

③ 논리적 설계 단계
- 개념 세계를 데이터 모델링(Modeling)을 거쳐 논리적으로 표현한다.
- 컴퓨터 시스템으로 처리가 가능한 형태의 논리적 스키마를 설계하는 단계이다.

④ 물리적 설계 단계
- 컴퓨터 시스템의 저장 장치에 저장하기 위한 구조와 접근 방법 및 경로 등을 설계한다.
- 물리적 저장 장치의 데이터를 검색 및 갱신하기 위하여 인덱스(Index) 기법을 이용한 탐색 방법과 저장 구조에 대해 고려해야 한다.

⑤ 구현
└─ 구현 후 운영과 그에 따른 감시 및 개선 작업이 이루어짐

> **암기 TIP**
> 데이터베이스 설계 단계
> **요**즘처럼 더울 때 **개**구쟁이들은 **논**에서 **물**놀이를 한다 **구**요.
> 요구 조건 분석 → 개념적 설계 → 논리적 설계 → 물리적 설계 → 구현

02 데이터 모델링(Modeling) 21년 상시, 15년 3월

> 데이터 모델의 요소는 데이터 구조, 연산, 제약 조건 등이 있음

현실 세계의 정보를 데이터베이스로 구현하기 위하여 개념적인 데이터 모델을 논리적인 데이터 모델로 변환하는 과정이다.

1) 개념적 데이터 모델

일반 사용자가 데이터를 인식할 수 있도록 하는 개념을 제공하며 객체와 객체 간의 관계로 데이터를 표현한다.

① 개체(Entity)
- 다른 것과 구분되는 개체로 단독으로 존재하는 실세계의 객체나 개념을 의미한다.
- 각 개체는 1개 이상의 속성(Attribute)을 가지며 파일 구성상 레코드(Record)에 해당한다(예 쇼핑몰에서의 "고객", "상품", "구매" 등).

② 속성(Attribute)

개체의 특성 및 상태를 표현한 것으로 파일 구성상 필드(Field)에 해당한다(예 "고객" 개체의 "고객성명", "고객번호", "휴대폰번호", "주민등록번호", "물품명" 등).

③ 관계(Relationship)
- 개체와 개체 간의 관계를 의미한다.
- 관계의 종류에는 1:1(일대일), 1:n(일대다), n:m(다대다)가 있다.

1:1(일대일)	개체와 개체가 일대일로 대응하는 관계
1:n(일대다)	한 개체가 다른 개체 집합의 여러 개체와 대응하는 관계
n:m(다대다)	• 한 개체 집합의 임의 개체가 다른 개체 집합의 여러 개체와 대응하는 관계 • 다른 개체 집합의 임의 개체 역시 여러 개체와 대응하는 관계

2) 논리적 데이터 모델
- 사용자들이 이해 가능한 형태의 개념을 제공하는 모델이다.
- 레코드 구조를 이용하기 때문에 레코드 기반 모델이라고도 한다.
- 관계 모델, 계층형 모델, 네트워크 모델 등이 있으며 주로 관계형 모델이 많이 사용된다.

데이터 사전(Data Dictionary)
DB에 저장되어 있는 모든 개체들의 정보를 유지하고 관리하는 시스템(=시스템 카탈로그)

개념 체크

1 개체는 1개 이상의 ( )을 가지며 파일 구성상 레코드에 해당한다.

2 속성은 개체의 특성 및 상태를 표현한 것으로 파일 구성상 ( )에 해당한다

3 논리적 데이터 모델의 종류로는 관계 모델, ( ) 모델, 네트워크 모델 등이 있다.

4 1:1 관계는 개체와 개체가 일대일로 대응하는 관계이다. (○, ×)

5 논리적 데이터 모델은 레코드 기반 모델이다. (○, ×)

1 속성 2 필드 3 계층형
4 ○ 5 ○

03 개체-관계 모델(E-R Model) 25년 상시, 24년 상시, 23년 상시, 21년 상시, 16년 10월, 12년 9월, 11년 3월, …

1) 개체-관계 모델(Entity-Relationship Model)

- 1976년 Peter Chen이 제안한 것으로 개체 타입(Entity Type)과 이들 간의 관계 타입(Relationship Type)을 이용해 현실 세계를 개념적으로 표현한 방법이다.
- 개념적 모델인 E-R 모델을 데이터베이스로 구현하기 위해서는 논리적 데이터 모델로 구현해야 한다.
- E-R 모델에서 하나의 속성은 관계형 데이터 모델에서 하나의 필드가 된다.

> **기적의 TIP**
> 개체 관계 모델의 개념 및 E-R 다이어그램 기호의 의미를 묻는 문제가 출제되고 있으니 숙지해 두세요.

2) E-R 다이어그램(ERD : Entity Relationship Diagram) 25년 상시, 23년 상시, 18년 3월, 15년 3월, …

- 개체-관계 모델(Entity-Relationship Model)에 의해 작성된 설계도이다.
- 개체-관계 모델을 그래픽 형태로 나타낸 것으로 개체, 속성, 관계, 링크 등으로 구성된다.

기호	의미	기호	의미
□	개체 타입	▭	의존 개체 타입
○	속성	⊖	기본키 속성
○ (점선)	유도된 속성	—	링크
◇	관계 타입	◈	관계 타입 식별

+ **더 알기 TIP**

"학생"이라는 개체는 "학번", "성명", "학과명"의 속성을 가지며 속성 중 "학번"은 기본키 속성을 갖는다. 이를 E-R 다이어그램으로 표현해 보자.

▶ 학생(학번, 성명, 학과명)

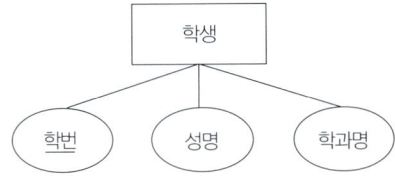

+ **더 알기 TIP**

"학생"과 "과목"으로 구성된 두 개체는 1 : n(일대다)의 "수강" 관계를 구성한다. 이를 E-R 다이어그램으로 표현해 보자.

> **개념 체크**
> 1 개체-관계 모델에 의해 작성된 설계도를 ( )이라고 한다.
> 2 E-R 모델에서 하나의 속성은 관계형 데이터 모델에서 하나의 레코드가 된다. (o, ×)
> 3 E-R 다이어그램은 개체-관계 모델을 그래픽 형태로 나타낸 것이다. (o, ×)
>
> 1 E-R 다이어그램 2 × 3 o

이론을 확인하는 기출문제

01 비디오 대여점을 위한 데이터베이스를 구성하여 '고객'별로 '대여일'과 '반납일'을 관리하려고 한다. 고객들은 여러 비디오를 대여하며, 한 비디오는 여러 고객들에게 대여된다. 다음의 테이블 설계 중에서 옳은 것은?(단, 밑줄은 기본키를 의미함)

① 고객(<u>고객번호</u>, 이름, 연락처)
　비디오(<u>비디오코드</u>, 영화제목, 출시일)
　대여(<u>고객번호</u>, <u>비디오코드</u>, 대여일, 반납일, 대여금액)
② 대여(<u>고객번호</u>, 이름, 연락처, 대여비디오코드)
　비디오(<u>비디오코드</u>, 영화제목, 출시일)
③ 대여(<u>고객번호</u>, 이름, 연락처, 대여한비디오1, 대여한비디오2)
　비디오(<u>비디오코드</u>, 영화제목, 출시일)
④ 고객(<u>고객번호</u>, 이름, 연락처)
　비디오(<u>비디오코드</u>, 영화제목, 출시일)
　대여(<u>고객번호</u>, <u>비디오코드</u>, 이름, 영화제목)

- [고객], [비디오], [대여] 테이블을 생성한 다음 관계를 설정하면 세 테이블의 내용을 참조할 수 있음(다대다 관계)
- [고객] 테이블은 [대여] 테이블과 '고객번호'로 관계를 설정함
- [비디오] 테이블은 [대여] 테이블과 '비디오코드'로 관계를 설정함

오답 피하기
- ②, ③ : 고객별로 관리하기 위해서는 [고객] 테이블이 존재해야 함
- ④ : [대여] 테이블에 '대여일'과 '반납일' 필드가 존재해야 함

02 다음 중 E-R 다이어그램 표기법의 기호와 의미가 바르게 연결된 것은?

① 사각형 – 속성(Attribute) 타입
② 마름모 – 관계(Relationship) 타입
③ 타원 – 개체(Entity) 타입
④ 밑줄 타원 – 의존 개체 타입

오답 피하기
- ① 사각형 : 개체(Entity) 타입
- ② 타원 : 속성(Attribute) 타입
- ④ 밑줄 타원 : 기본키 속성 타입
- 이중 사각형 : 의존 개체 타입

03 다음 중 다양한 사용자의 요구 사항을 분석하여 정보 구조를 표현한 관계도(ERD)를 생성하는 데이터베이스 설계 단계는?

① 데이터베이스 기획
② 개념적 설계
③ 논리적 설계
④ 물리적 설계

- 개체-관계 모델 : 개체 타입과 이들 간의 관계 타입을 이용해 현실 세계를 개념적으로 표현한 방법
- ERD(Entity Relationship Diagram) : 개체-관계 모델에 의해 작성된 설계도로 개체, 속성, 관계, 링크 등으로 구성됨
- 개념적 설계 단계 : 현실 세계에 대한 추상적인 개념(정보 모델링)으로 표현하는 단계

오답 피하기
- 요구 조건 분석 단계 : 데이터베이스 사용자의 요구 사항 및 조건 등을 조사하여 요구 사항을 분석하는 단계
- 논리적 설계 단계 : 개념 세계를 데이터 모델링을 거쳐 논리적으로 표현하는 단계
- 물리적 설계 단계 : 컴퓨터 시스템의 저장 장치에 저장하기 위한 구조와 접근 방법 및 경로 등을 설계하는 단계

04 개체-관계(E-R) 모델에 대한 설명으로 옳지 않은 것은?

① 개념적 모델인 E-R 모델을 데이터베이스로 구현하기 위해서는 논리적 데이터 모델로 변환해야 한다.
② E-R 도형에서의 타원은 개체 타입을 나타낸다.
③ E-R 모델에서 정의한 데이터를 관계형 데이터베이스에 저장하기 위해서는 E-R 모델에서 각각의 개체를 각각의 테이블로 변환시켜야 한다.
④ E-R 모델에서 하나의 속성은 관계형 데이터 모델에서 하나의 필드가 된다.

E-R 다이어그램에서 타원은 속성을 나타냄

오답 피하기
E-R 다이어그램(ERD : Entity Relationship Diagram) : 개체-관계 모델의 의해 작성된 설계도로 개체-관계 모델을 그래픽 형태로 나타내며 개체 타입(사각형), 속성(타원), 관계(마름모), 링크(직선) 등으로 구성됨

정답 01 ① 02 ② 03 ② 04 ②

CHAPTER

02

테이블(Table) 작성

학습 방향

테이블을 만드는 방법에 대한 전체적인 학습이 필요하며 그에 따른 필드 속성의 지정 방법에 대해 자주 출제되므로 기출문제를 위주로 중요한 부분을 공부하는 것이 좋습니다.

출제 빈도

SECTION 01	하	2%
SECTION 02	중	14%
SECTION 03	하	3.7%
SECTION 04	하	6.3%
SECTION 05	중	12.4%
SECTION 06	상	28%
SECTION 07	중	19%
SECTION 08	중	12%
SECTION 09	하	2.6%

SECTION 01 액세스 사용의 기초

출제빈도 상 중 **하**
반복학습 1 2 3

빈출 태그 액세스 • 테이블 • 쿼리 • 폼 • 보고서 • 페이지 • 매크로 • 모듈

합격 강의

01 액세스(Access) 기초

> 액세스(Access)는 "접근"이라는 사전적인 의미가 있으며,
> "데이터베이스에 접근(Access)하여 정보를 얻는다"는 의미임

1) 액세스의 개요

- 액세스는 데이터베이스(Database)를 구축하고 관리하는 데이터베이스 관리 프로그램(DBMS : DataBase Management System)이다.
- 액세스는 많은 양의 자료를 컴퓨터에 저장하고 검색/추출하여 출력하기 위한 도구이다.
- 액세스는 실무 업무용 데이터베이스로서 인사 관리, 급여 관리, 재고 관리, 회계 관리, 학사 관리, 성적 관리 등 여러 분야에서 응용된다.
- 액세스는 테이블, 쿼리, 폼, 보고서, 매크로, 모듈과 같은 6개의 개체가 있다.
- 액세스의 데이터베이스 파일의 기본 확장자는 *.accdb이다.

2) Microsoft Access의 6가지 개체 _{19년 3월}

개체	설명
테이블(Table)	• 데이터를 저장, 관리하는 공간으로, 테이블은 필드(항목)로 구성된 레코드의 집합 • 다른 개체의 원본 데이터로 사용이 가능한 기본이 되는 개체
쿼리(Query) └ 비절차적 언어	• 테이블 안의 데이터에 조건을 지정하여 원하는 자료를 찾아서 추출하는 개체 • 연관된 여러 개의 테이블을 연결하여 새로운 결과를 추출할 수 있음 • 쿼리는 폼이나 보고서에서 원본 데이터로 사용할 수 있음
폼(Form)	• 폼은 화면을 의미하며 입력 및 출력 화면을 폼이라 함 • 폼은 데이터의 입력, 수정, 삭제, 검색 작업을 효율적으로 할 수 있음 • 시각적인 여러 가지 모양의 효과를 주기 위해 컨트롤을 사용함
보고서(Report)	• 결과를 인쇄해 주는 개체로 데이터의 내용, 쿼리의 결과 등을 출력할 수 있음 • 각종 업무 양식, 레이블, 우편 엽서 등을 출력하는 기능을 지원함
매크로(Macro)	• 많은 양의 데이터를 처리하며, 반복적인 작업을 자동화할 수 있는 개체 • 매크로 함수를 이용하여 매크로를 작성함
모듈(Module)	• 프로그램을 직접 만들 수 있는 개체로 VBA(Visual Basic for Application) 코드가 이용됨 • 매크로의 처리 한계를 해결해 줌

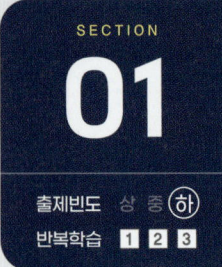

기적의 TIP

Microsoft Access의 6가지 개체는 액세스를 공부하는 데 있어서 기본이 되는 내용입니다. 따라서 각 개체가 무엇인지 알고 있어야 앞으로의 학습을 이해하는 데 도움이 되겠죠? 암기가 아니라 이해가 필요합니다!

암기 TIP

액세스 6개체
(서)**테지**(질의=쿼리) **폼 보**
(고) **매**(메)**모**하라.
테이블, **질**의(쿼리), **폼**, **보고**서, **매**크로, **모**듈

3) 액세스의 시작과 종료

① 액세스 시작 방법

방법 1	[시작](■)-[Access]를 클릭하여 실행함
방법 2	■+R(실행)에서 열기란에 『msaccess』를 입력하고 [확인]을 클릭함
방법 3	[파일 탐색기]에서 액세스 파일(*.accdb)을 더블클릭하면 액세스가 시작되면서 해당 파일이 자동으로 열림
방법 4	바탕 화면에서 액세스의 바로 가기 아이콘(■)을 더블클릭함

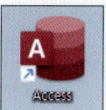

▲ 액세스의 바로 가기 아이콘

② 액세스 종료 방법

방법 1	제목 표시줄 오른쪽의 [닫기]() 단추를 클릭함
방법 2	제목 표시줄의 빈 곳에서 마우스 오른쪽 버튼을 클릭한 다음 [닫기]를 클릭함
방법 3	Alt+F4를 누름
방법 4	Alt+F를 누른 후 X를 누름

> **암기 TIP**
>
> **액세스의 종료**
> Alt+F4
> 알(트)게 뭐냐! F(팍) 4(死) 죽어라.

4) 화면 구성

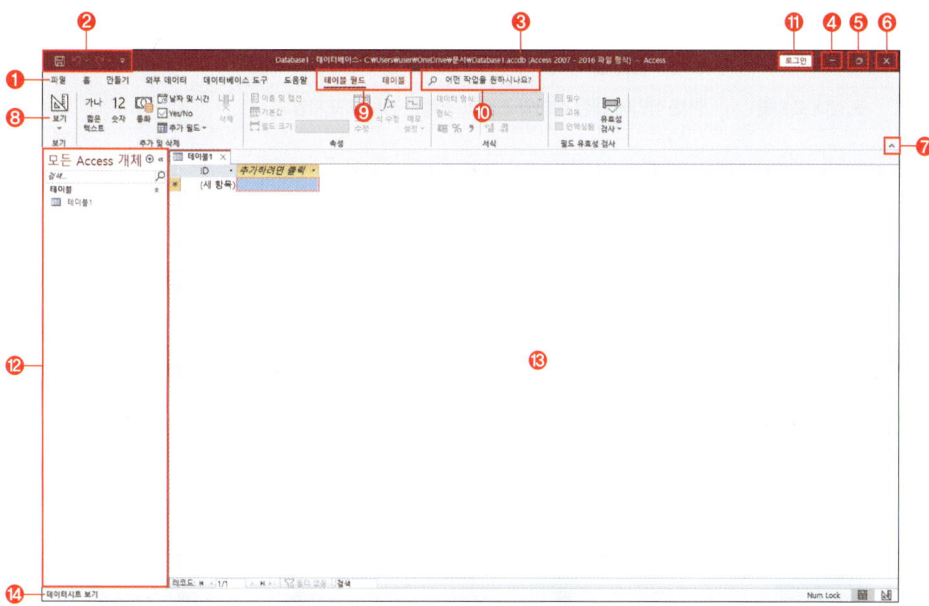

> **기적의 TIP**
>
> 액세스를 구성하는 테이블, 쿼리, 폼, 보고서, 매크로, 모듈 등의 데이터베이스 개체가 왼쪽 탐색 창에 나타납니다.

❶ [파일] 탭	• [파일] 탭을 클릭하면 Microsoft Office Backstage 보기가 표시됨 • Backstage 보기는 정보, 새로 만들기, 열기, 저장, 다른 이름으로 저장, 인쇄, 닫기, 계정, 옵션 등의 기능을 제공
❷ 빠른 실행 도구 모음	저장 및 취소와 같이 자주 사용하는 명령을 마우스 한 번 클릭으로 실행할 수 있도록 제공되는 도구 모음. 리본 메뉴에 없는 도구 모음을 추가 및 제거할 수 있으며, 위치는 리본 메뉴의 위, 아래에 표시 가능함
❸ 제목 표시줄	현재 작업 중인 액세스 파일의 이름을 표시함

'폼 표시' 옵션은 [Access 옵션]-'현재 데이터베이스'에서 설정함

❹ 최소화 단추 (아이콘화 단추)	창의 크기를 최소화하여 작업 표시줄에 단추로 표시함	
❺ 화면 복원 단추	창을 최대화하기 이전의 상태로 만들어 주며 창의 크기가 최대화되지 않은 상태에서는 [최대화](□) 단추로 변경되어 표시함	
❻ 닫기 단추	창을 닫으며 액세스를 종료함	
❼ 리본 메뉴 축소	• 리본 메뉴에 탭 이름만 표시하여 축소함(Ctrl+F1) • [파일] 탭을 제외한 리본 탭을 마우스로 더블클릭하여 축소하거나 확장할 수도 있음 • 각 탭에서 마우스 오른쪽 단추를 누른 다음 [리본 메뉴 축소]를 클릭함	
❽ 리본 메뉴	액세스에서 사용할 수 있는 명령을 탭으로 구분하여 표시함	
❾ 상황별 탭	개체를 선택했을 때만 개체별 상황에 맞게 다르게 표시되는 탭	
❿ 검색	검색어를 입력하면 작업 시 필요한 액세스 기능이나 도움말이 나타남(Alt+Q)	
⓫ 로그인	• Microsoft 계정으로 로그인하며 [파일] 탭-[계정]에서 로그아웃 및 계정 전환이 가능함 • [파일] 탭-[계정]이나 [옵션]-[Access 옵션] 대화 상자의 [일반]에서 Office 배경을 선택할 수 있음	
⓬ 탐색 창	• 현재 열려져 있는 데이터베이스의 모든 개체가 표시됨 • 탐색 창을 표시하거나 숨기려면 탐색 창의 오른쪽 위 모서리에 있는 셔터 표시줄 열기/닫기 단추(《)를 클릭하거나 F11을 누름 • 기본적으로 탐색 창을 숨기려면 [파일] 탭-[옵션]-[Access 옵션] 대화 상자에서 [현재 데이터베이스]를 클릭, 탐색에서 '탐색 창 표시' 확인란을 선택 취소한 다음 확인을 클릭	
⓭ Access 창	• 기본적으로 테이블, 쿼리, 폼, 보고서 및 매크로는 Access 창에서 탭 개체로 표시됨 • 데이터베이스별로 변경할 수 있으며 탭 대신 개체 창을 사용할 수 있음 • 개체 탭을 클릭하면 여러 개체 사이를 쉽게 전환할 수 있음	
⓮ 상태 표시줄	현재 작업에 대한 상태와 조작과 관련된 정보를 표시함	

5) [파일] 탭 명령(Alt+F) 25년 상시, 24년 상시, 20년 2월

- [파일] 탭을 클릭하면 Microsoft Office Backstage 보기가 나타난다.
- Backstage 보기는 사전적 의미인 『무대 뒤에서』처럼 액세스 화면 뒤에서 파일 및 파일에 대한 정보를 관리하는 공간이다.
- Backstage 보기는 새로 만들기, 열기, 정보, 저장, 다른 이름으로 저장, 인쇄, 닫기, 계정, 피드백, 옵션 등의 기능을 제공해 준다.

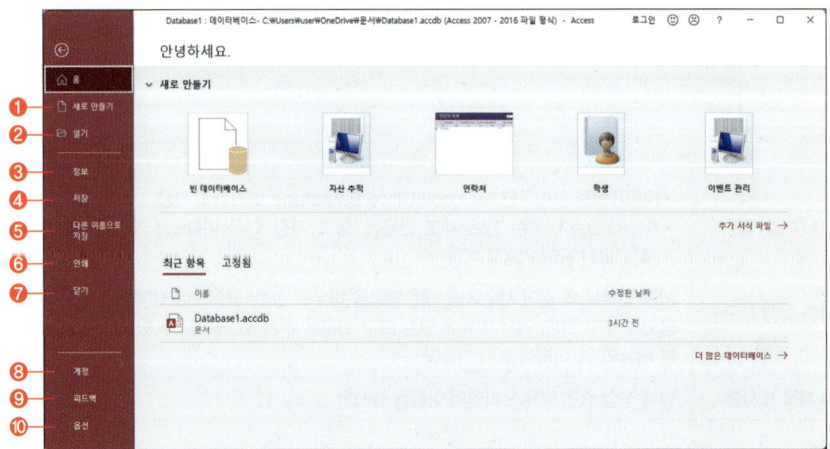

메뉴	기능		바로 가기 키
❶ [새로 만들기]	새 데스크톱 데이터베이스 파일, 각종 서식 파일, 온라인 서식 파일을 검색하여 사용할 수 있음		Ctrl + N
❷ [열기]	• 최근에 사용한 항목, OneDrive, 이 PC에서 파일을 열기함 • 찾아보기를 클릭, 열기 대화 상자에서 파일을 열기함		Ctrl + O
❸ [정보]	데이터베이스 압축 및 복구	압축 및 복구를 사용하여 데이터베이스 파일 문제를 예방 및 해결함	
	데이터베이스 암호 설정	암호를 사용하여 데이터베이스에 대한 액세스를 제한함	
	데이터베이스 속성 보기 및 편집		
❹ [저장]	사용 중인 테이블을 저장함		Ctrl + S Shift + F12
❺ [다른 이름으로 저장]	다른 이름으로 데이터베이스를 저장함 다른 이름으로 현재 데이터베이스 개체를 저장함		F12
❻ [인쇄]	빠른 인쇄	개체를 변경하지 않고 기본 프린터로 바로 보냄	
	인쇄	인쇄하기 전에 프린터, 인쇄 매수 및 기타 옵션을 선택할 수 있음	Ctrl + P
	인쇄 미리 보기	인쇄하기 전에 페이지를 미리 보고 변경함	
❼ [닫기]	데이터베이스 창을 닫음		Alt + F4
❽ [계정]	• 사용자 정보(사진 변경, 내 정보, 로그아웃, 계정 전환)와 제품 정보(제품인증 여부, Access 정보) 등을 알 수 있음 • Office 배경 및 Office 테마 변경, 서비스 추가 등을 설정함		
❾ [피드백]	Office 앱에 대한 선호, 비선호 여부와 새로운 기능 및 수정에 대한 피드백을 제공		
❿ [옵션]	현재 데이터베이스, 데이터 시트, 개체 디자이너, 언어 교정, 언어, 클라이언트 설정, 리본 사용자 지정, 빠른 실행 도구 모음, 추가 기능, 보안 센터 등에 대한 옵션을 설정		

데이터베이스 암호 설정하는 방법
- 데이터베이스 암호를 설정하거나 제거하려면 데이터베이스를 단독 사용 모드로 열어야 함
- 데이터베이스를 단독 사용 모드로 열려면 데이터베이스를 닫은 다음 [파일] 탭-[열기] 명령을 사용하여 다시 연 다음 [열기] 대화 상자에서 [열기] 단추 옆에 있는 화살표를 클릭한 후 [단독으로 열기]를 선택함

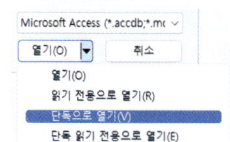

- [파일]-[정보]-[데이터베이스 암호 설정]을 클릭한 다음 암호를 설정함

6) 최근에 사용한 항목

- 표시할 파일의 목록 수는 [Access 옵션]-[클라이언트 설정]-'표시'의 '표시할 최근 데이터베이스 수'에서 설정한다(0~50개).
- 파일 목록에서 마우스 오른쪽 버튼을 클릭하여 [열기], [클립보드에 경로 복사], [목록에 고정], [목록에서 제거], [고정되지 않은 항목 지우기]를 할 수 있다.
- 자주 사용하는 파일은 📌(이 항목을 목록에 고정)을 클릭하여 항목을 목록에 고정하고, 고정된 파일은 📌(목록에서 이 항목 고정 해제)를 클릭하여 목록에서 고정을 해제할 수 있다.
- [Access 옵션]-[클라이언트 설정]-'표시'에서 '빠르게 액세스할 최신 데이터베이스 수'의 확인란을 클릭하여 체크 설정한 경우 [파일] 탭 메뉴의 하단에 빠르게 액세스할 파일 목록이 표시된다(데이터베이스 수는 '표시할 최신 데이터베이스 수'에서 설정한 최대값을 넘지 못함).

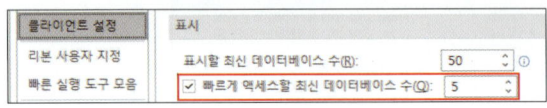

▲ 표시할 최신 데이터베이스 수를 넘지 못함

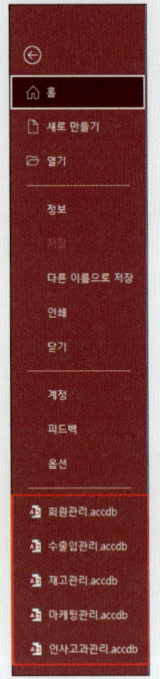

▲ 빠르게 액세스할 데이터베이스 수가 5로 설정된 경우

7) [Access 옵션] 대화 상자

- [파일] 탭-[옵션]을 클릭하여 실행한다.

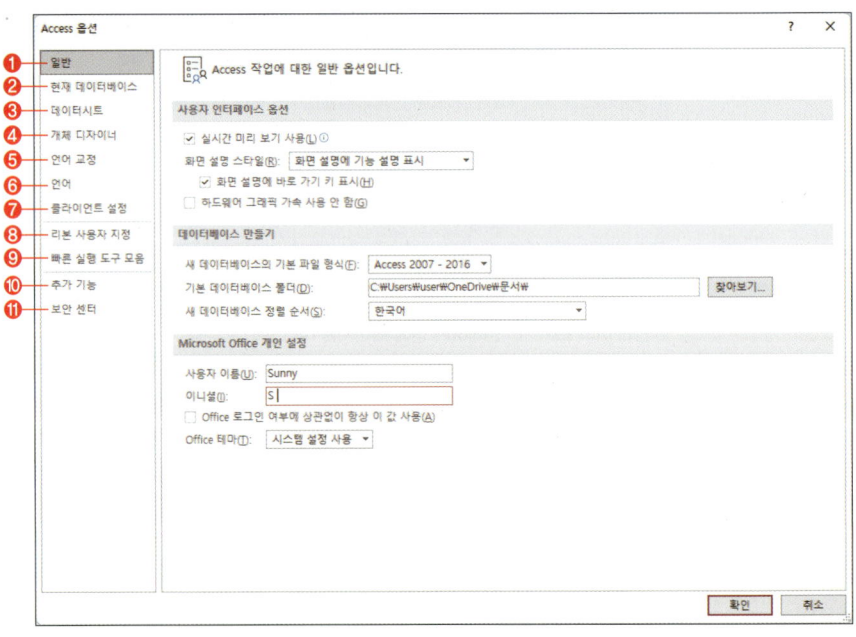

- 일반, 현재 데이터베이스, 데이터시트, 개체 디자이너, 언어 교정, 언어, 클라이언트 설정, 리본 사용자 지정, 빠른 실행 도구 모음, 추가 기능, 보안 센터 등에 대한 옵션 설정이 가능하다.

개념 체크

1 ( ) 대화 상자에서 일반, 현재 데이터베이스, 데이터시트, 개체 디자이너 등에 대한 옵션 설정이 가능하다.

2 표시할 최근 데이터베이스 수를 100개까지 설정할 수 있다. (o, x)

3 고정된 파일은 '목록에서 이 항목 고정 해제'를 클릭하여 목록에서 고정을 해제할 수 있다. (o, x)

4 '빠르게 액세스할 최신 데이터베이스 수'에서 설정한 최대값을 넘는 데이터베이스를 표시할 수 없다. (o, x)

1 Access 옵션 2 ×
3 ○ 4 ○

메뉴	기능
❶ 일반	• Access 작업에 대한 일반 옵션 • 실시간 미리 보기 사용, 화면 설명 스타일, 화면 설명에 바로 가기 키 표시 • 하드웨어 그래픽 가속 사용 안 함 • 새 데이터베이스의 기본 파일 형식 선택, 기본 데이터베이스 폴더 설정, 새 데이터베이스 정렬 순서 설정 • 사용자 이름, 이니셜, Office 로그인 여부에 상관없이 항상 이 값 사용 • Office 배경(로그인했을 때만 표시됨) 및 Office 테마 설정
❷ 현재 데이터베이스	• 현재 데이터베이스에 대한 옵션 • 응용 프로그램 제목, 응용 프로그램 아이콘 설정 • 폼 표시, 웹 폼 표시, 상태 표시줄 표시, 문서 창 옵션(창 겹치기, 탭 문서), 문서 탭 표시 • Access 특수키 사용, 닫을 때 압축, 저장 시 파일 속성의 개인 정보 제거 • 폼에 Windows 테마 컨트롤 사용 • 레이아웃 보기 사용, 데이터시트 보기에서 테이블의 디자인 변경 사용 • 잘린 숫자 필드 확인, 탐색 창 표시, 탐색 옵션, 리본 메뉴 이름 등
❸ 데이터시트	• Access의 데이터시트 표시 방법을 사용자가 지정 • 기본 눈금선 표시(가로, 세로), 기본 셀 효과(기본, 볼록, 오목), 기본 열 너비(2.499cm) • 기본 글꼴 크기, 두께, 밑줄, 기울임꼴 등 설정
❹ 개체 디자이너	• 데이터베이스 개체를 디자인하기 위한 기본 설정을 변경(대부분의 옵션은 테이블 데이터 시트와 레이아웃 보기에서 무시됨) • 테이블 디자인 보기(기본 필드 형식, 기본 텍스트 필드 크기(1~255), 기본 숫자 필드 크기) • 쿼리 디자인(테이블 이름 표시, 모든 필드 출력, 자동 조인 사용, 쿼리 디자인 글꼴, 크기) • 폼/보고서 디자인 보기(컨트롤 선택 방식, 폼 서식 파일, 보고서 서식 파일) • 폼 및 보고서 디자인 보기에서 오류 검사(오류 검사 허용, 연결되지 않은 레이블 및 컨트롤 검사, 바로 가기 키 오류 검사 등)
❺ 언어 교정	• Access에서 자동으로 데이터베이스의 내용을 수정, 서식 지정 방법 및 오류 표시 방법 변경 • 자동 고침 옵션(예 한/영 자동 고침, (ks) → ㉿, 맞춤법 검사 언어
❻ 언어	• Office 언어 기본 설정을 구성 • 문서 편집에 사용할 다른 언어를 추가 • 표시 및 도움말 언어 선택
❼ 클라이언트 설정	• 클라이언트 동작을 변경하는 설정(웹 환경에는 적용되지 않음) • Enter 키를 입력할 때 이동(이동 안 함, 다음 필드로, 다음 레코드로) • 필드 입력 시(전체 필드 선택, 필드의 시작으로 이동, 필드의 끝으로 이동) • 화살표 키 동작(다음 필드로, 다음 문자로) • 찾기/바꾸기 기능의 기본 설정(빠른 검색, 일반 검색, 필드의 시작 검색) • 확인(레코드 변경, 문서 삭제, 실행 쿼리 등) 설정, 기본 방향(왼쪽에서 오른쪽, 오른쪽에서 왼쪽) • 일반 맞춤(인터페이스 모드, 텍스트 모드), 커서 움직임(논리적으로, 보이는 대로) • 데이터시트에서 입력기 상태 유지, 회교식 달력 사용 • 표시할 최신 데이터베이스 수(0~50개) • 빠르게 액세스할 최신 데이터베이스 수(최소 1부터 표시할 최신 데이터베이스 수에서 설정한 수까지) • 고정되지 않은 최근에 사용한 폴더 표시 수(0~20개) • 파일을 열거나 저장할 때 Backstage 표시 안 함 • 상태 표시줄, 애니메이션 표시, 데이터시트에 작업 태그 표시, 폼 및 보고서에 작업 태그 표시 • 인쇄(왼쪽, 오른쪽, 위쪽, 아래쪽) 여백 설정 • Access를 시작할 때 마지막으로 사용한 데이터베이스 열기 설정 • 기본 열기 모드(공유, 단독), 기본 레코드 잠금(잠그지 않음, 모든 레코드, 편집한 레코드) • 암호화 방법(기존 암호화 사용, 기본 암호화 사용(높은 보안)) 설정

> **개념 체크**
>
> 1 [일반] 탭에서 새 데이터베이스의 기본 파일 형식을 선택할 수 있다. (○, ×)
>
> 2 [현재 데이터베이스] 탭에서는 쿼리 디자인에 대한 옵션을 설정할 수 있다. (○, ×)
>
> 3 [데이터시트] 탭에서 기본 글꼴 크기, 두께, 밑줄, 기울임꼴 등을 설정할 수 있다. (○, ×)
>
> 4 [언어] 탭에서 표시 및 도움말 언어를 선택할 수 있다. (○, ×)
>
> 1 ○ 2 × 3 ○ 4 ○

메뉴	기능
❽ 리본 사용자 지정	• 리본 메뉴를 사용자가 지정함 • 리본 메뉴 사용자 지정 목록을 사용하여 탭, 그룹, 명령을 추가 및 제거하고 이름과 순서를 바꿀 수 있음 • 리본 메뉴에 사용자가 [새 탭], [새 그룹], [이름 바꾸기], [원래대로], [가져오기/내보내기]를 사용하여 설정함
❾ 빠른 실행 도구 모음	• 빠른 실행 도구 모음을 사용자가 지정함 • 빠른 실행 도구 모음에 명령을 추가하면 한 번만 클릭하여 명령을 실행 • 목록을 사용하여 명령을 추가 및 제거하고 순서를 바꿀 수 있음 • [원래대로], [가져오기/내보내기]를 사용하여 설정함
❿ 추가 기능	• Microsoft Office 추가 기능을 보고 관리함 • Access 추가 기능은 [추가 기능 관리자]를 이용하여 *.accda, *.accde, *.mda, *.mde 등의 추가 기능 파일을 설치함

⓫ 보안 센터	• 문서 및 컴퓨터를 안전하고 보안이 유지된 상태로 관리함
	• [보안 센터] 설정의 [매크로 설정]의 매크로 설정 선택 항목
	  – 모든 매크로 제외(알림 표시 없음)
	  – 모든 매크로 제외(알림 표시)
	  – 디지털 서명된 매크로를 제외한 나머지 모든 매크로를 사용 안 함
	  – 모든 매크로 포함(위험성 있는 코드가 실행될 수 있으므로 권장하지 않음)
	• [보안 센터] 설정의 [신뢰할 수 있는 문서]에서 '네트워크에 있는 문서를 신뢰하도록 허용'을 설정한 경우 : 신뢰할 수 있는 문서는 매크로, ActiveX 컨트롤 및 문서에 있는 기타 유형의 활성 컨텐츠에 대한 보안 메시지를 표시하지 않고 열리며 다음에 문서를 열 때 보안 메시지를 표시하지 않음

02 새로 데이터베이스 만들기

🏠 따라하기 TIP

따라하기 파일 • Part03_Chapter02_만들기연습-완성파일.accdb

① [시작](⊞)–[Access]를 클릭하여 실행한다.
② 시작 페이지에 있는 [빈 데이터베이스] 아이콘을 클릭한다.

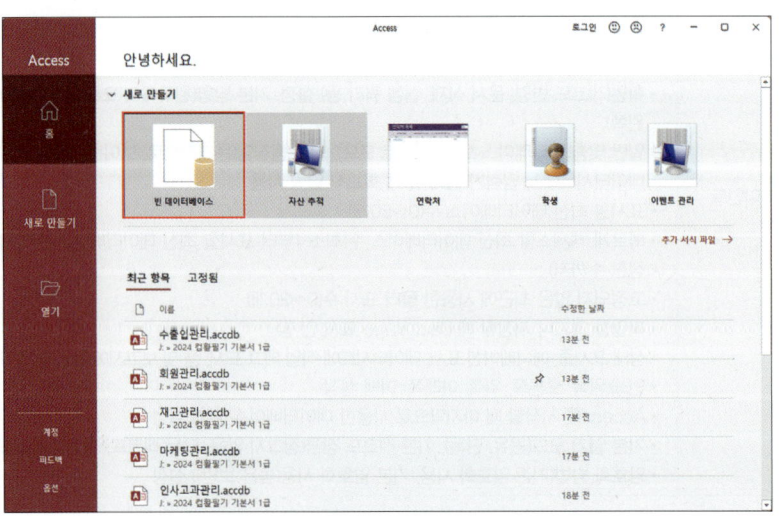

> **기적의 TIP**
>
> 액세스는 워드프로세서나 스프레드시트 등 다른 응용 프로그램과는 달리 미리 파일을 저장한 다음에 작업을 실시함에 주의하세요.

③ [빈 데이터베이스] 대화 상자에서 데이터베이스의 저장 위치를 지정하기 위해 🗁을 클릭한다.

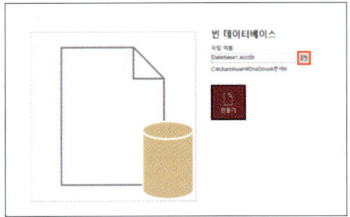

④ [새 데이터베이스 파일] 대화 상자에서 [저장 위치]에 해당하는 폴더를 선택하고 [파일 이름]에 파일명을 입력한 후 [확인]을 클릭한다.

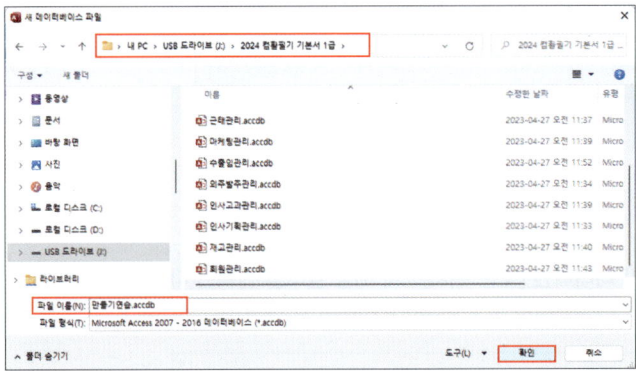

⑤ [빈 데이터베이스] 대화 상자에서 [만들기]를 클릭한다.

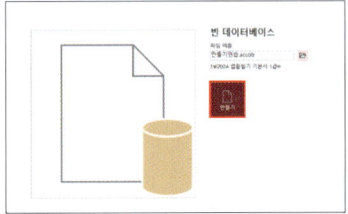

⑥ 지정된 위치에 주어진 이름의 데이터베이스 파일이 생성되고 새로운 테이블 생성을 위한 [데이터 시트] 탭이 표시된다.

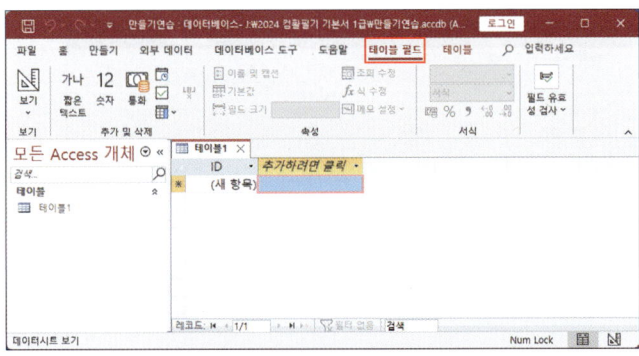

03 기존의 데이터베이스 열기

따라하기 TIP

따라하기 파일 • Part03_Chapter02_고객관리-따라파일.accdb

① [파일] 탭이나 바로 가기 키를 이용하여 데이터베이스를 열 수 있다.

[파일] 탭	[파일] 탭-[열기]-[찾아보기]를 클릭함
바로 가기 키	Ctrl + O 를 누름

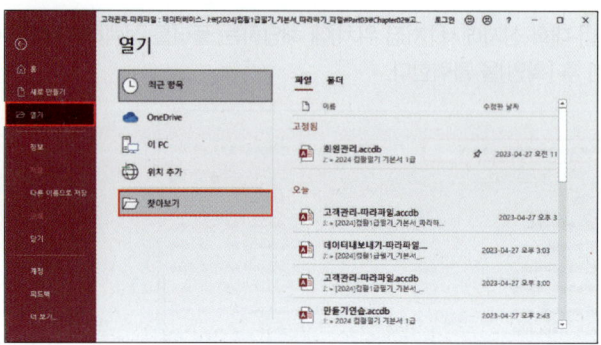

② [열기] 대화 상자가 나타나면 [찾는 위치]에서 해당 폴더를 선택한 다음 열기를 원하는 데이터베이스 파일을 더블클릭하거나 클릭하여 선택한 후 [열기]를 클릭한다.

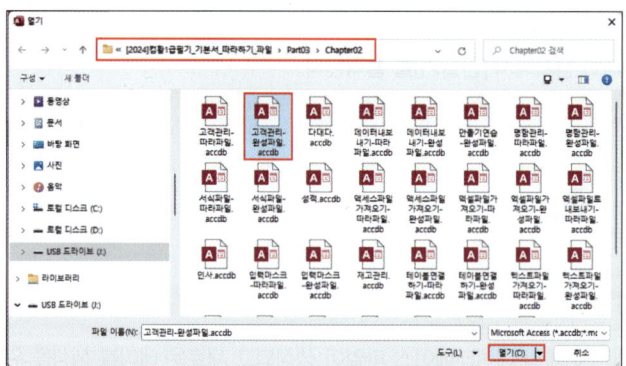

③ 선택된 파일의 데이터베이스 파일이 열리게 된다.

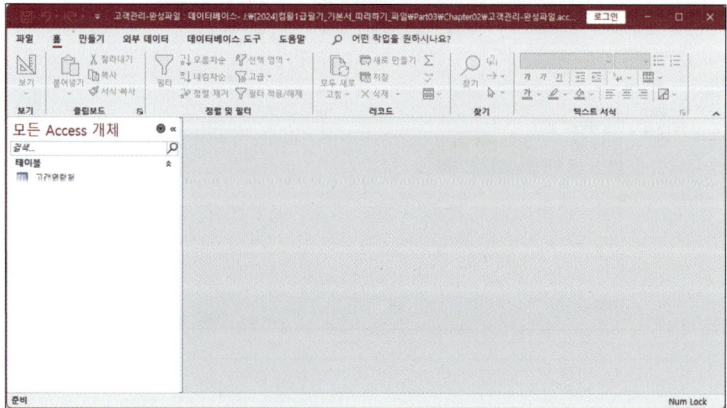

SECTION 02 테이블 생성

빈출 태그 테이블 만들기 · 데이터 형식 · 테이블 이름 변경

01 테이블 만들기 07년 5월, 03년 2월

> 기적의 TIP
>
> 테이블을 만드는 방법과 필드 이름, 테이블 작성 시 고려해야 할 요소에 대해 공부해 두세요.
>
> 테이블을 작성할 때 '레코드 수'는 고려 대상이 아님

테이블	• 데이터를 입력하여 새 테이블을 만듦 • 데이터 시트에 필드명과 데이터를 함께 입력하여 테이블을 작성함
테이블 디자인	• 미리 테이블의 구조를 설계한 다음 데이터를 입력하는 형태 • 필드 이름과 데이터 형식, 필드 속성을 지정하여 테이블을 만드는 가장 일반적이고 많이 사용되는 방법
SharePoint 목록	• SharePoint 목록에서 데이터를 가져오거나 SharePoint 목록에 연결하는 테이블을 작성함 • 미리 정의된 SharePoint 서식 파일에는 연락처, 작업, 문제점, 이벤트, 사용자 지정, 기존 SharePoint 목록이 있음
서식 파일	• 액세스에서 제공하는 문제점, 사용자, 설명, 연락처, 작업 등의 서식을 이용하여 테이블을 작성함 • 서식 파일 목록 중 하나를 선택하면 이미 설계되어 있는 필드 목록이 표시되며 데이터시트 형태로 표시됨

1) 디자인 보기에서 테이블 만들기

> 따라하기 TIP
>
> 따라하기 파일 • Part03_Chapter02_고객관리-따라파일.accdb

① [만들기] 탭–[테이블] 그룹에서 [테이블 디자인]을 클릭한다.

② 테이블 디자인 창이 열린다. 이때 제목 표시줄에 자동으로 '테이블1'로 이름이 부여된다. [필드 이름] 열의 첫 번째 셀에서부터 "고객관리" 데이터베이스에 해당하는 [필드 이름]과 [데이터 형식], [설명(옵션)]을 입력한다. [필드 이름] 열의 첫 번째 셀에『고객관리번호』를 입력한 다음 [데이터 형식] 열의 셀을 클릭한 후 목록 단추(▽)를 클릭하여 [일련번호]를 선택한다.

> 개념 체크
>
> 1 테이블 디자인은 미리 테이블의 구조를 설계한 다음 데이터를 입력하는 방법이다. (o, x)
>
> 2 서식 파일을 사용하여 테이블을 작성하면 이미 설계되어 있는 필드 목록이 표시되며 데이터 시트 형태로 표시된다. (o, x)
>
> 1 o 2 o

테이블의 [디자인 보기]에서 설정 가능한 작업
- 필드의 '설명'에 입력한 내용은 테이블 구조에 영향을 미치지 않고, 상태 표시줄에 표시됨
- 컨트롤 표시 속성은 텍스트 상자, 목록 상자, 콤보 상자 중 선택할 수 있음
- 한 개 이상의 필드를 선택하여 기본키로 설정할 수 있음
※ 단, 테이블의 [디자인 보기]에서 폼 필터를 적용하여 조건에 맞는 레코드만 표시할 수 없음

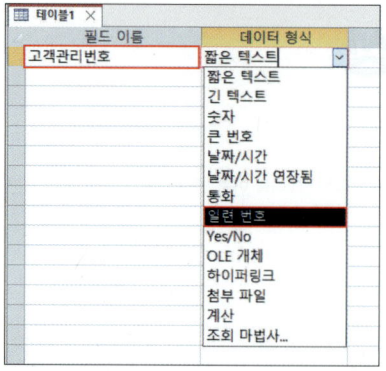

③ [설명(옵션)] 열에 해당 필드 이름의 설명을 기재한다. 반드시 입력해야 하는 것은 아니다.

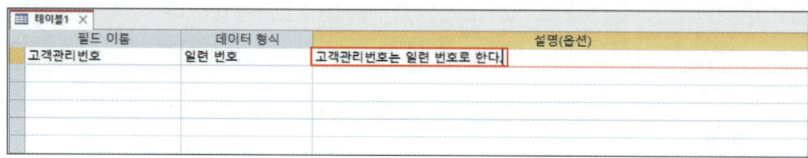

④ 두 번째 필드는 [필드 이름]을 『성명』으로 입력하고, [데이터 형식]은 [짧은 텍스트]를 선택하고 [설명(옵션)]에 내용을 입력한다. 계속해서 『휴대폰번호』 필드 역시 같은 방법으로 입력한다.

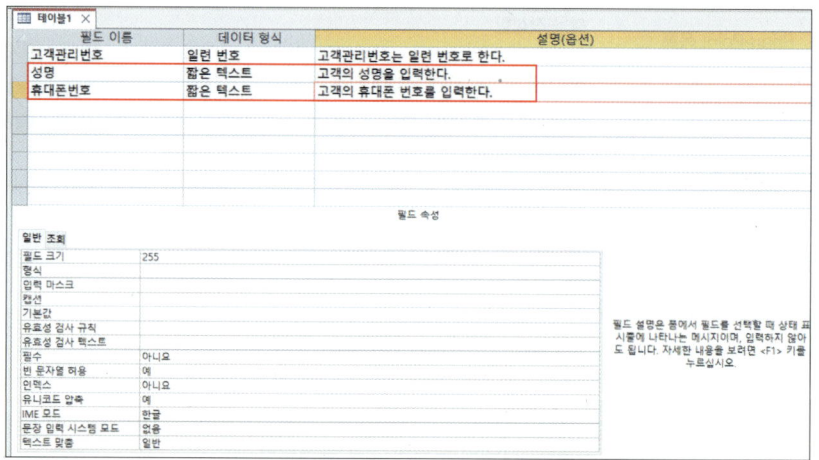

⑤ 테이블을 저장하기 위해 [빠른 실행 도구 모음]의 [저장](🖫)을 클릭한다. [다른 이름으로 저장] 대화 상자가 나타나면 [테이블 이름]을 『고객연락처』로 입력하고 [확인]을 클릭한다.

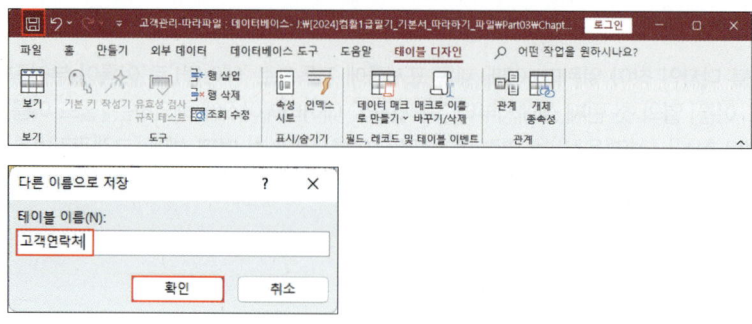

⑥ 기본키를 설정하지 않은 경우 다음과 같이 기본키 정의 여부를 묻는 대화 상자가 열린다. 여기에서는 테이블 간의 관계 설정이 없는 경우이므로 [아니요]를 클릭한다.

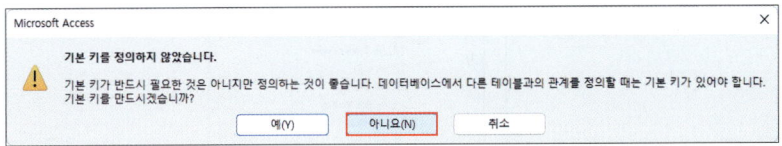

⑦ 테이블에 데이터를 입력하기 위해 [테이블 디자인] 탭-[보기] 그룹-[보기]-[데이터시트 보기]를 클릭한다.

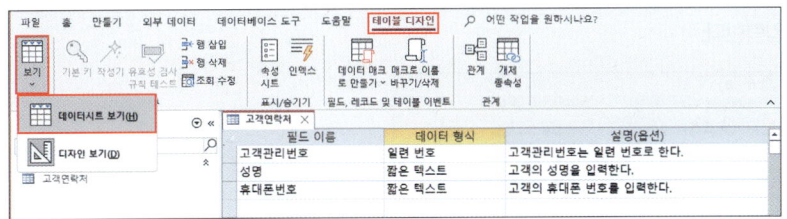

⑧ [데이터시트 보기] 창이 열리면 [고객관리번호]와 [성명], [휴대폰번호]를 입력한다. 이때 [일련번호]는 자동으로 입력되므로 [성명]부터 차례대로 입력한다.

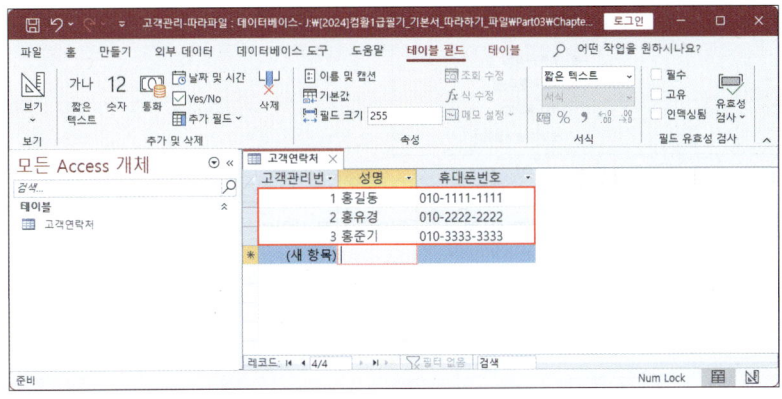

2) 데이터시트 보기에서 테이블 만들기 19년 8월

따라하기 TIP

따라하기 파일 • Part03_Chapter02_명함관리-따라파일.accdb

① [만들기] 탭-[테이블] 그룹-[테이블]을 클릭한다.

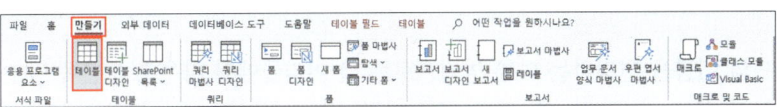

② [데이터 시트] 창에 데이터를 입력할 수 있는 필드가 주어진다. 필드의 이름을 바꾸기 위해 [ID] 열 머리글을 더블클릭한 후 '일련번호'를 입력하고 Enter 를 누른다. 데이터 형식을 선택하는 바로 가기 메뉴가 나타나면 다음 필드의 데이터 형식에 맞게 '짧은 텍스트'를 선택하고 '성명'을 입력한다.

 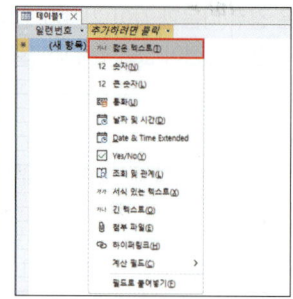

③ 나머지 다른 필드의 이름 역시 같은 방법으로 변경한 다음 각 필드에 해당하는 데이터를 입력한다.

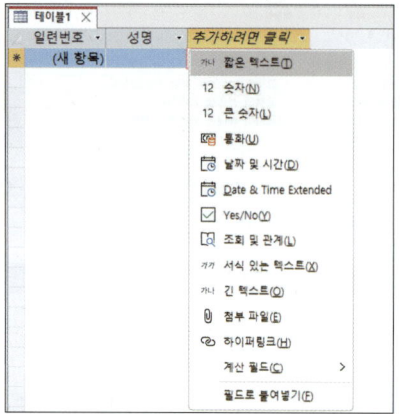

④ [빠른 실행 도구 모음]의 [저장](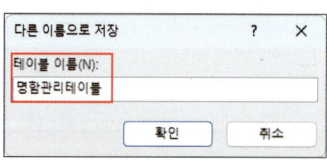)을 클릭하고 [다른 이름으로 저장] 대화 상자에서 [테이블 이름]을 '명함관리테이블'로 입력하고 [확인]을 클릭한다.

기적의 TIP

필드 이름을 변경하려면 열 머리글을 더블클릭하면 됩니다.

- 필드의 이름을 변경하는 다른 방법으로는 열 머리글에서 마우스 오른쪽 단추를 클릭하여 바로 가기 메뉴의 [필드 이름 바꾸기]를 이용하거나 [테이블 필드] 탭-[속성] 그룹-[이름 및 캡션]을 클릭한 다음 [필드 속성 입력] 대화 상자의 [이름]에서 필드이름을 변경하거나 [캡션], [설명] 등을 입력할 수 있다.

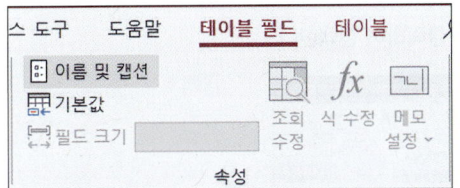 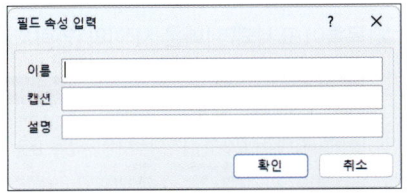

[학생] 테이블의 'S_Number' 필드 레이블을 [데이터시트 보기] 상태에서는 '학번'으로 표시하고자 할 때는 캡션 항목을 설정해야 함

- 데이터의 형식은 [테이블 필드] 탭-[서식] 그룹-[데이터 형식]에서 변경할 수 있다.

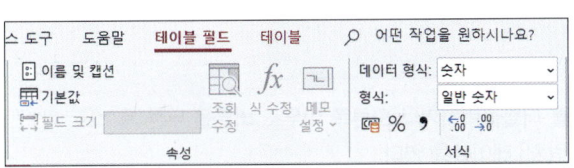 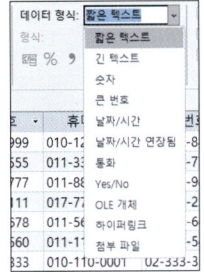

- 테이블을 만든 다음 필드를 미리 정의하지 않고도 새 데이터시트에 데이터를 입력할 수 있다.
- 각 필드에 가장 적합한 데이터 형식이 자동으로 결정되기 때문에 별도로 지정할 필요가 없다.
- [추가하려면 클릭] 열을 통해 새 필드를 추가할 위치를 알 수 있다.
- Microsoft Excel 테이블의 데이터를 새 데이터시트에 붙여 넣을 수 있다(Access 2021에서는 자동으로 모든 필드를 만들고 데이터 형식을 인식함).

3) 서식 파일을 이용하여 테이블 만들기

- [만들기] 탭-[서식 파일] 그룹-[응용 프로그램 요소]를 사용하면 기존 데이터베이스에 기능을 쉽게 추가할 수 있다.
- [응용 프로그램 요소]는 미리 서식이 지정된 테이블 또는 연결된 폼 및 보고서가 있는 테이블과 같이 데이터베이스의 일부를 구성하는 서식 파일이다.

따라하기 TIP

따라하기 파일 • Part03_Chapter02_서식파일-따라파일.accdb

① [만들기] 탭-[서식 파일] 그룹-[응용 프로그램 요소]를 클릭한다.

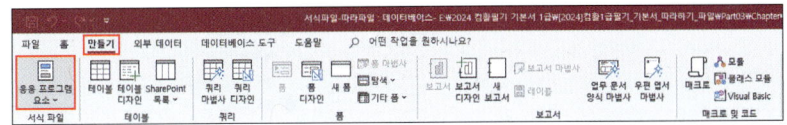

개념 체크

1. 데이터의 형식은 [테이블 필드] 탭-[서식] 그룹-[데이터 형식]에서 변경할 수 있다. (o, x)
2. 각 필드에 가장 적합한 데이터 형식을 수동으로 지정해야 한다. (o, x)
3. Microsoft Excel 테이블의 데이터를 새 데이터시트에 붙여 넣을 수 없다. (o, x)

1 o 2 x 3 x

데이터시트에 열 요약 정보 표시
- [홈] 탭–[레코드] 그룹–[∑ 요약]에서 실행함
- 데이터 열의 합계를 계산하거나 다른 집계 함수를 빠르게 사용해야 하는 경우
- 데이터시트가 포함된 폼인 분할 표시 폼, 테이블, 쿼리에서 사용됨(단, 보고서에서는 사용할 수 없음)
- '짧은 텍스트' 데이터 형식은 Count 함수, 즉 '개수' 집계만 사용할 수 있음
- '숫자' 데이터 형식은 합계, 평균, 개수, 최대, 최소, 표준 편차, 분산 등을 사용할 수 있음
- 'Yes/No' 데이터 형식에서 '개수'를 지정하면 체크된 레코드의 총 개수가 집계됨

② 목록이 표시되면 [빠른 시작]의 [연락처]를 클릭하여 선택한다.

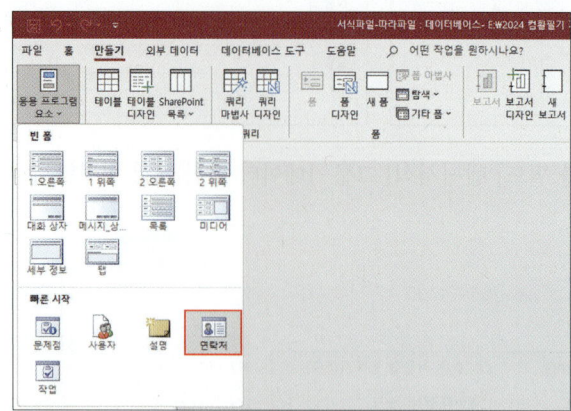

③ 새로 작성된 테이블 [연락처]를 더블클릭하거나 오른쪽 마우스 버튼을 누른 후 바로 가기 메뉴의 [열기]를 클릭하여 [연락처] 테이블을 연다.

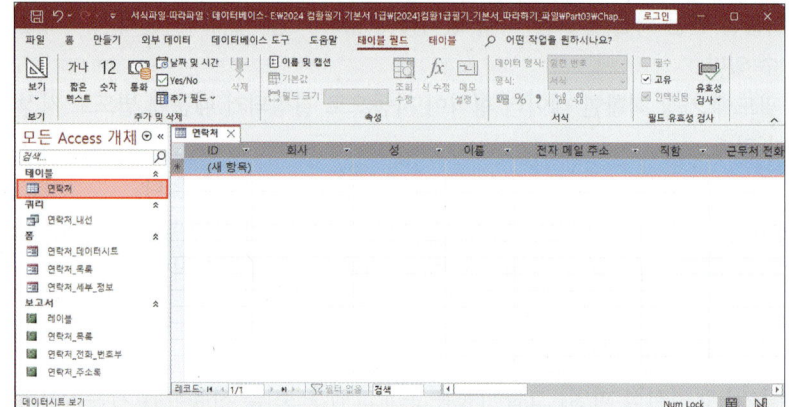

④ [연락처] 테이블이 [데이터 시트 보기]로 표시되면 필요 없는 필드가 있는 경우 마우스 오른쪽 단추를 클릭하여 바로 가기 메뉴에서 [필드 삭제]를 클릭하거나 [테이블 필드] 탭–[추가 및 삭제] 그룹에서 [삭제]( )를 클릭하여 제거한다.

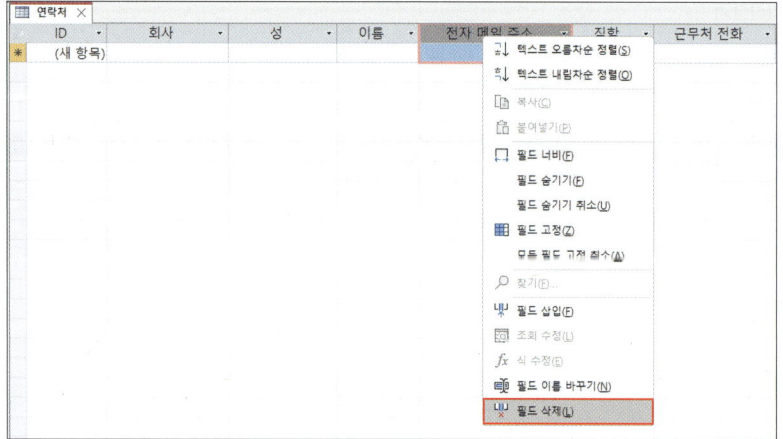

⑤ 다른 서식의 필드가 추가가 필요할 경우 [테이블 필드] 탭–[추가 및 삭제] 그룹–[추가 필드]를 클릭하여 원하는 형식을 선택한 다음 필드명을 입력한다.

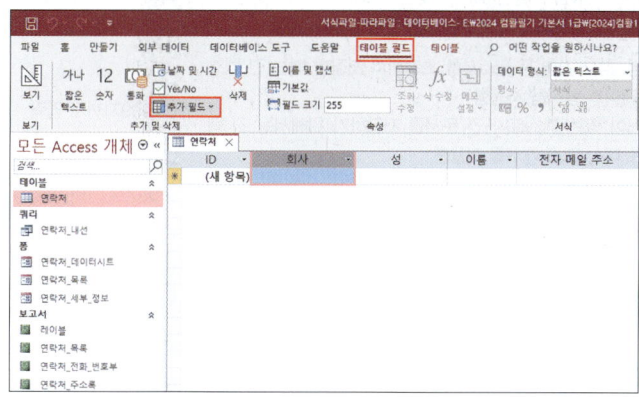

⑥ [빠른 실행 도구 모음]의 [저장]( )을 클릭하여 테이블을 저장한다.

02 데이터 형식의 종류 25년 상시, 24년 상시, 23년 상시, 22년 상시, 21년 상시, 19년 3월/8월, 18년 3월, 17년 9월, …

- 테이블의 필드 이름 성격에 따라 데이터의 형식을 지정해 주어야 한다.
- '성명'은 [짧은 텍스트] 형식이며, 연산이 필요한 필드의 경우 [숫자] 형식이어야 한다.
- 짧은 텍스트 데이터 형식과 긴 텍스트 데이터 형식은 모두 필드에 입력된 문자만 저장하며, 필드의 빈 자리를 채우는 공백 문자는 저장하지 않는다.
- 짧은 텍스트 필드나 긴 텍스트 필드에서 정렬하거나 그룹화할 수 있지만 긴 텍스트 필드에서 정렬하거나 그룹화할 때는 첫 255문자만 사용된다.

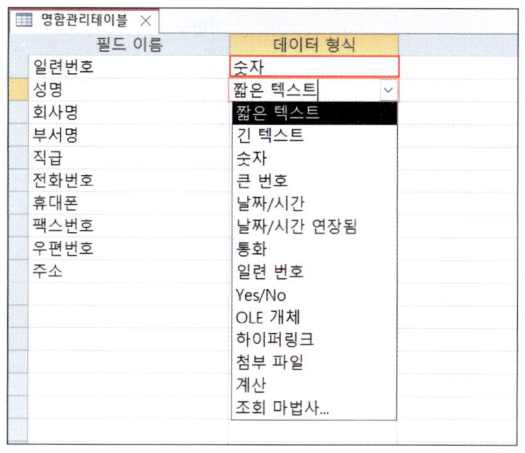

> **기적의 TIP**
>
> 데이터 형식의 종류는 각 종류별 특징을 물어보는 유형으로 출제됩니다. 이 유형은 매우 중요하며, 특히 'Yes/No'는 1비트인 점에 주의하세요.
>
> **필드 이름 지정**
> - 필드 이름은 공백을 포함하여 64자까지 지정할 수 있음
> - 필드 이름 첫 글자는 숫자로 시작할 수 있음
> - 마침표(.), 느낌표(!), 대괄호([ ])를 제외한 특수 기호나 숫자, 문자, 공백을 조합해서 사용할 수 있음
> - 필드 이름과 테이블 이름은 동일하게 지정 가능함
> - 공백으로 시작하는 필드 이름은 줄 수 없음
> - 테이블 내에서 필드 이름이 중복될 수는 없음

★ GUID
글로벌 고유 식별자로 16바이트를 사용함

★ UNC
(Universal Naming Convention)
서버의 공유 파일이 저장되어 있는 장치를 기술하지 않고서도 확인할 수 있는 방법

★ URL
(Uniform Resource Locator)
웹상의 자료의 위치를 지정하는 주소 체계

사진과 같은 이미지 파일은 첨부 파일 형식을 이용함

형식	설명	크기
짧은 텍스트	• 계산이 필요 없는 성명, 주소, 전화번호, 부품번호, 우편번호 등의 데이터를 저장할 때에는 짧은 텍스트 형식을 사용함 • 숫자를 입력해도 문자로 취급하여 연산이 되지 않음	최대 255자까지 입력
긴 텍스트	• 설명, 참고 사항 등 255자를 초과해서 저장할 때는 긴 텍스트 데이터 형식을 사용함 • 서식이 있는 텍스트나 긴 문서를 저장하기 위해서는 긴 텍스트 대신 OLE 개체를 이용함	63,999자까지 입력
숫자	• 산술 계산에 이용되는 숫자 데이터를 저장할 때 사용함 • 화폐 계산은 반올림의 문제를 고려하여 숫자 대신 통화 필드를 사용함 • 기본적으로 정수가 지정됨	• 바이트 : 1바이트 • 정수(Integer) : 2바이트 • 정수(Long) : 4바이트 • 실수(Single) : 4바이트 • 실수(Double) : 8바이트 • 복제ID : GUID★에 사용함
큰 번호	• 비금전적 숫자 값을 저장함 • 숫자 데이터 형식(4바이트)보다 계산할 때 더 넓은 범위($-2^{63} \sim 2^{63}-1$)를 제공함	8바이트
날짜/시간	• 날짜나 시간 데이터를 저장할 때 사용함 • 날짜 간의 기간이나 시간을 계산할 수 있음	8바이트
날짜/시간 연장됨	• 1년에서 9999년까지의 날짜 및 시간 값 • 소수 나노초를 입력할 수 있음 • 더 넓은 날짜 범위, 더 큰 소수 정밀도, SQL Server datetime2 날짜 형식과 호환됨	42바이트의 인코딩된 문자열
통화	• 화폐값을 저장할 때 사용하며 반올림을 방지해 줌 • 소수점 왼쪽으로 15자리, 소수점 오른쪽으로 4자리까지 표시 가능함	8바이트
일련번호	• 레코드 추가 시 자동으로 고유 번호를 부여할 때 사용함 • 번호가 부여되면 변경하거나 삭제할 수 없음 • 기본키를 설정하는 필드에서 주로 사용함	• 4바이트 • 복제 ID : 16바이트
Yes/No	• True/False, Yes/No, On/Off처럼 두 값 중 하나만을 선택하는 경우에 사용함 • Null 값을 허용하지 않음	1비트
OLE 개체	• 다른 프로그램에서 만들어진 OLE 개체를 사용하는 것 • Microsoft 사의 Word 문서나 Excel 파일, 그림, 소리, 기타 이진 데이터 등에서 사용함 • 폼 또는 보고서 개체에서 컨트롤(바운드 개체 틀)을 이용하여 표시함 • 가장 메모리 사이즈가 큰 데이터 형식	1GB
하이퍼링크	• 하이퍼링크에서 사용하는 개체로 UNC★ 경로와 URL★ 주소를 저장할 수 있음 • E-Mail 주소를 저장할 때도 이용함	최대 2,048자
조회 마법사	• 필드에 값을 직접 입력하지 않고 다른 테이블에서 값을 선택할 때 사용함 • 콤보 상자를 사용하여 목록에서 값을 선택하는 필드를 만들 때 사용함	4바이트

이론을 확인하는 기출문제

01 다음 중 [Access 옵션]에서 파일을 열 때마다 나타나는 기본 시작 폼의 설정을 위한 '폼 표시' 옵션이 있는 범주는?

① 일반
② 현재 데이터베이스
③ 데이터 시트
④ 클라이언트 설정

'폼 표시' 옵션은 '현재 데이터베이스'에서 설정함

02 다음 중 액세스에서 사용되는 데이터 형식에 대한 설명으로 옳지 않은 것은?

① 숫자 형식 중 실수(Single)의 경우 할당되는 크기는 4바이트이다.
② 통화 형식은 소수점 아래 7자리까지의 숫자를 저장할 수 있으며, 할당되는 크기는 8바이트이다.
③ 일련번호 형식의 필드는 업데이트되지 않으며, 일단 필드에 데이터를 입력한 후에는 데이터 형식을 일련번호로 변경할 수 없다.
④ 긴 텍스트 형식은 텍스트와 숫자를 임의로 조합하여 63,999자까지 입력할 수 있다.

통화 형식은 소수점 위 15자리, 소수점 아래 4자리까지 표시할 수 있음

03 다음 중 각 데이터 형식에 대한 설명으로 옳지 않은 것은?

① 조회 마법사는 필드에 값을 직접 입력하지 않고 다른 테이블에서 값을 선택할 때 사용한다.
② Yes/No 형식은 Yes/No, True/False, On/Off 등 두 값 중 하나만 입력하는 경우에 사용하는 것으로 기본 필드 크기는 1비트이다.
③ 설명, 참고 사항 등 255자를 초과해서 저장할 때는 긴 텍스트 데이터 형식을 사용한다.
④ 일련번호는 번호가 부여된 후 변경하거나 삭제할 수 있으며 크기는 2바이트이다.

일련번호는 번호가 부여되면 변경하거나 삭제할 수 없으며 크기는 4바이트임

04 다음 중 Access 파일에 암호를 설정하는 방법으로 옳은 것은?

① [데이터베이스 압축 및 복구] 도구에서 파일 암호를 설정할 수 있다.
② 데이터베이스를 단독 사용 모드(단독으로 열기)로 열어야 파일 암호를 설정할 수 있다.
③ 데이터베이스를 MDE 형식으로 저장한 후 파일을 열어야 파일 암호를 설정할 수 있다.
④ [Access 옵션] 창의 보안 센터에서 파일 암호를 설정할 수 있다.

• 데이터베이스 암호를 설정하거나 제거하려면 데이터베이스를 단독 사용 모드로 열어야 함
• 데이터베이스를 단독 사용 모드로 열려면 데이터베이스를 닫은 다음 [파일] 탭–[열기] 명령을 사용하여 다시 연 다음 [열기] 대화 상자에서 [열기] 단추 옆에 있는 화살표를 클릭한 후 [단독으로 열기]를 선택함

05 다음 중 데이터시트 보기에서 레코드의 요약 정보를 표시하는 'Σ 요약' 기능에 관한 설명으로 옳지 않은 것은?

① 'Σ 요약' 기능을 실행했을 때 생기는 요약 행을 통해 집계 함수를 좀 더 쉽고 빠르게 사용할 수 있다.
② 'Σ 요약' 기능은 데이터시트 형식으로 표시되는 테이블, 폼, 쿼리, 보고서 등에서 사용할 수 있다.
③ 'Σ 요약' 기능이 설정된 상태에서 '텍스트' 데이터 형식의 필드에는 '개수' 집계 함수만 지정할 수 있다.
④ 'Σ 요약' 기능이 설정된 상태에서 'Yes/No' 데이터 형식의 필드에 '개수' 집계 함수를 지정하면 체크된 레코드의 총개수가 표시된다.

'Σ 요약' 기능은 데이터시트 형식으로 표시되는 테이블, 폼, 쿼리에서는 사용할 수 있으나 보고서에서는 사용할 수 없음

정답 01 ② 02 ② 03 ④ 04 ② 05 ②

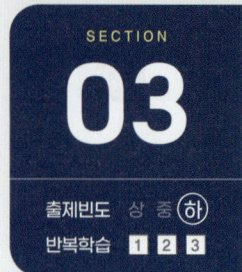

SECTION 03 테이블 수정

빈출 태그 테이블 이름 변경 • 테이블 구조 변경

01 테이블의 이름 변경 24년 상시, 04년 10월

탐색 창에서 이름을 변경하고자 하는 테이블을 마우스 오른쪽 단추로 클릭하여 바로 가기 메뉴가 표시되면 [이름 바꾸기]를 선택하여 테이블의 새로운 이름을 입력한다.

테이블 이름 지정
- 테이블 이름과 필드 이름은 동일하게 설정할 수 있음
- 테이블 이름과 쿼리 이름은 동일하게 설정할 수 없음
- 테이블 이름의 첫 문자로 공백을 사용할 수 없지만, 테이블 이름에 공백은 포함시킬 수 있음
- 마침표(.), 느낌표(!), 대괄호([ ])를 제외한 특수 기호나 숫자, 문자, 공백을 조합하여 사용할 수 있음
- 테이블의 이름은 공백을 포함하여 64자까지 지정할 수 있음

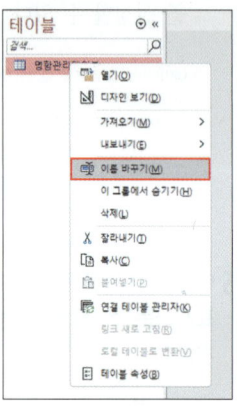

바로 가기 메뉴	[이름 바꾸기]를 선택함
바로 가기 키	F2 를 누름

02 테이블의 구조 변경

- 필드의 삽입, 삭제, 이동 등의 작업을 의미하며, [데이터시트 보기]와 [디자인 보기]에서 실행한다.
- 탐색 창에서 필드를 추가할 '명함관리테이블' 테이블에서 마우스 오른쪽 단추를 클릭하여 바로 가기 메뉴가 표시되면 [디자인 보기]를 선택한다.

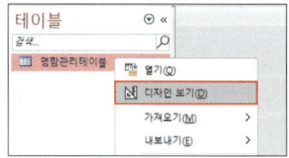

1) 필드 삽입

① 디자인 보기에서 삽입

- 테이블의 [디자인 보기]가 나타나면 삽입할 행의 아래쪽 행을 클릭하여 선택한 다음 바로 가기 메뉴의 [행 삽입]을 선택한다.

> **기적의 TIP**
> 새 레코드 행을 삽입하면 선택한 레코드 위에 삽입됩니다.

- 삽입할 빈 행은 지정한 행의 위쪽에 삽입된다.

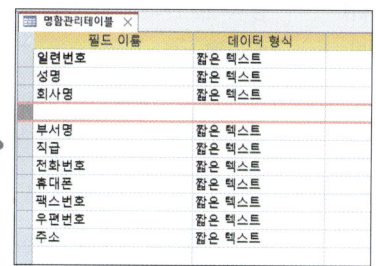

리본 메뉴	[테이블 디자인] 탭-[도구] 그룹-[행 삽입]( )을 클릭함
바로 가기 메뉴	[행 삽입]을 선택함
바로 가기 키	Insert 를 누름

- 여러 개의 행 선택기를 선택한 다음 [행 삽입]을 하는 경우 선택한 만큼의 행이 삽입된다.
- ➡ 상태에서 해당 행을 선택할 수 있다.
- 선택된 행은 테두리가 표시된다.

▶ 디자인 보기에서 행 선택기★ 사용 방법

한 행만을 선택하는 경우	마우스로 행 선택기를 클릭함
연속적으로 여러 행을 선택하는 경우	첫 행 선택기를 클릭한 후 Shift +마지막 행 선택기를 클릭함
비연속적으로 여러 행을 선택하는 경우	Ctrl +해당 행 선택기를 클릭함
모든 행을 선택하는 경우	Ctrl + A , ▢(행, 열 교차점)을 클릭함

② 데이터시트 보기에서 삽입

리본 메뉴	[테이블 필드] 탭-[추가 및 삭제] 그룹-[추가 필드]를 클릭함
바로 가기 메뉴	[필드 삽입]을 클릭함

2) 필드 삭제 08년 8월

① 디자인 보기에서 삭제

- 테이블의 [디자인 보기]가 나타나면 삭제할 행을 선택한 다음 바로 가기 메뉴의 [행 삭제]를 선택한다.

테이블의 필드는 최대 255개까지 만들 수 있음

★ 행 선택기
레코드 선택기라고도 함

리본 메뉴	[테이블 디자인] 탭-[도구] 그룹-[행 삭제](행 삭제)를 클릭함
바로 가기 메뉴	[행 삭제]를 선택함
바로 가기 키	Delete 를 누름

- 여러 개의 행 선택기를 선택한 다음 [행 삭제]를 하는 경우 선택한 행만큼의 행이 삭제된다.

② 데이터시트 보기에서 삭제
- 데이터시트 보기에서는 Delete 로 열을 삭제할 수 있다.
- 필드가 아닌 레코드가 선택된 상태에서 Delete 를 누르면 해당 레코드가 삭제된다.

리본 메뉴	[테이블 필드] 탭-[추가 및 삭제] 그룹-[삭제]를 클릭함
바로 가기 메뉴	[필드 삭제]를 클릭하고 [삭제 경고] 대화 상자가 나타나면 [예]를 클릭함

- 필드를 삭제하면 필드에 입력된 모든 데이터도 함께 지워짐
- 데이터시트 보기에서 필드를 삭제한 후 즉시 Ctrl + Z 를 실행하여도 필드를 되살릴 수 없음

3) 필드의 이동

① 디자인 보기에서 이동
연속된 여러 필드의 이동은 가능하나 비연속적인 여러 필드의 이동은 수행되지 않는다.

리본 메뉴	[홈] 탭-[클립보드] 그룹-잘라내기를 클릭한 다음 [홈] 탭-[클립보드] 그룹-[붙여넣기]( )를 클릭함
바로 가기 메뉴	[잘라내기]를 선택한 다음 [붙여넣기]를 선택함
바로 가기 키	Ctrl + X 를 누른 다음 Ctrl + V 를 누름

② 데이터시트 보기에서 이동 24년 상시, 23년 상시, 17년 3월, 13년 3월, 06년 2월
- 이동하고자 하는 필드를 클릭한 다음 이동할 위치로 드래그 앤 드롭한다.
- 여러 개의 필드를 선택하여 이동할 수 있다.
- 데이터시트 보기에서의 필드 이동 시 [홈] 탭-[클립보드] 그룹-잘라내기와 [홈] 탭-[클립보드] 그룹-[붙여넣기]( )는 사용할 수 없다.

필드의 이동 작업 취소
[빠른 실행 도구 모음]의 [실행 취소]( )를 클릭하거나 Ctrl + Z 를 눌러 작업의 실행을 취소하면 됨

4) 필드의 이름 변경

① 디자인 보기에서 이름 변경
이미 작성된 필드 이름을 지운 후 새로운 이름을 입력한다.

② 데이터시트 보기에서 이름 변경
- 변경하고자 하는 필드의 이름을 더블클릭한 다음 새로운 이름을 입력한다.
- [테이블 필드] 탭-[속성] 그룹-[이름 및 캡션]을 클릭한 다음 [필드 속성 입력] 대화 상자의 [이름]에서 필드 이름을 변경한다.
- 바로 가기 메뉴의 [필드 이름 바꾸기]를 선택한다.

개념 체크

1 디자인 보기에서 필드를 삽입하려면 바로 가기 메뉴의 [행 삽입]을 선택한다. (ㅇ, ×)

2 디자인 보기에서 행을 선택할 때 Shift 를 사용하면 비연속적으로 여러 행을 선택할 수 있다. (ㅇ, ×)

3 디자인 보기에서 모든 행을 선택하려면 Ctrl + Shift 를 사용한다. (ㅇ, ×)

1 ㅇ 2 × 3 ×

이론을 확인하는 기출문제

01 다음 중 테이블의 이름을 지정하는 방법에 대한 설명으로 옳지 <u>않은</u> 것은?

① 테이블 이름과 쿼리 이름은 동일하게 설정할 수 없다.
② . ! ' [ ] 과 같은 특수 문자는 사용할 수 없다.
③ 테이블 이름에 공백은 포함시킬 수 없다.
④ 테이블 이름과 필드 이름은 동일하게 설정할 수 있다.

테이블 이름의 첫 문자로 공백을 사용할 수 없지만, 테이블 이름에 공백은 포함시킬 수 있음

02 다음 중 아래와 같은 <학생> 테이블에서 필드의 순서를 변경하기 위한 방법으로 옳지 <u>않은</u> 것은?

학번	성명	주소	취미	전화
1111	홍길동	서울시	변장술	111-2222
2222	이도령	남원시	태권도	222-3333

① 디자인 보기에서 <주소> 필드를 선택한 후 이동할 위치로 끌어다 놓는다.
② 디자인 보기에서 <주소> 필드를 선택한 후 Shift를 누른 상태에서 <전화> 필드를 선택하여 이동할 위치로 끌어다 놓으면 <주소, 취미, 전화> 필드가 이동된다.
③ 데이터시트 보기에서 <전화> 필드를 선택한 후 이동할 위치로 끌어다 놓는다.
④ 데이터시트 보기에서 <주소> 필드명을 선택한 후 Ctrl을 누른 상태에서 <전화> 필드를 선택하여 이동할 위치로 끌어다 놓으면 <주소, 전화> 필드만 이동된다.

데이터시트 보기에서는 Shift를 이용한 연속된 필드의 선택과 이동만 가능함

03 다음 중 테이블에서의 필드 이름 지정 규칙에 대한 설명으로 옳은 것은?

① 필드 이름의 첫 글자는 숫자로 시작할 수 없다.
② 테이블 이름과 동일한 이름을 필드 이름으로 지정할 수 없다.
③ 한 테이블 내에 동일한 이름의 필드를 2개 이상 지정할 수 없다.
④ 필드 이름에 문자, 숫자, 공백, 특수문자를 조합한 모든 기호를 포함할 수 있다.

테이블 내에서 필드 이름이 중복될 수는 없음

오답 피하기
- 필드 이름 첫 글자는 숫자로 시작할 수 있음
- 필드 이름과 테이블 이름은 동일하게 지정 가능함
- 마침표(.), 느낌표(!), 대괄호([ ])를 제외한 특수 기호나 숫자, 문자, 공백을 조합해서 사용할 수 있음
- 필드 이름은 공백을 포함하여 64자까지 지정할 수 있음
- 공백으로 시작하는 필드 이름은 줄 수 없음

04 다음 중 테이블의 필드와 레코드 삭제에 대한 설명으로 옳은 것은?

① 필드를 삭제한 후 즉시 'Ctrl+Z'를 실행하면 되살릴 수 있다.
② 데이터시트 보기 상태에서는 필드를 삭제할 수 없다.
③ 데이터시트 보기 상태에서는 레코드를 삭제할 수 없다.
④ 필드를 삭제하면 필드에 입력된 모든 데이터도 함께 지워진다.

오답 피하기
- ① : 필드를 삭제한 후 즉시 Ctrl+Z를 실행하여도 필드를 되살릴 수 없음
- ② : 데이터시트 보기 상태에서는 필드를 삭제할 수 있음
- ③ : 데이터시트 보기 상태에서는 레코드를 삭제할 수 있음

정답 01 ③ 02 ④ 03 ③ 04 ④

SECTION 04 필드 속성 1-속성과 형식

빈출태그 필드 속성

> **기적의 TIP**
>
> 필드 속성의 개념을 알아두고, 창 전환 바로 가기 키가 F6이라는 것을 명심해 두세요. 필드 속성 중 유효성 검사 규칙과 유효성 검사 텍스트가 무엇을 의미하는지도 확인해 두세요!

> **암기 TIP**
>
> 창 전환 바로 가기 키
> 제(약조건)육(F6) 볶음이 맛있다.

01 필드 속성 25년 상시, 17년 3월, 16년 6월, 14년 3월, 04년 2월

- 필드에 데이터를 입력할 때 미리 사용자가 원하는 크기나 조건 등으로 입력되는 데이터의 내용을 제한하는 것이다.
- 필드 속성은 [테이블] 개체의 [디자인 보기]에서 필드를 선택하고, 하단의 필드 속성의 [일반] 탭과 [조회] 탭에서 설정한다.
- 창 전환 바로 가기 키 : F6
- 필드 속성은 데이터의 형식에 따라 다르게 사용된다.

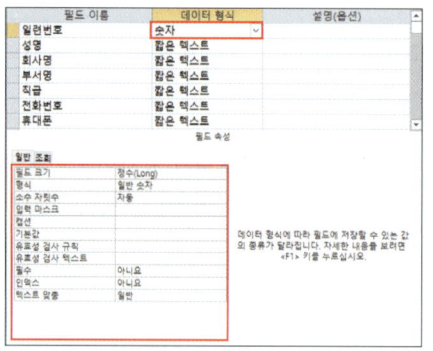

▲ 데이터 형식이 '숫자'일 때

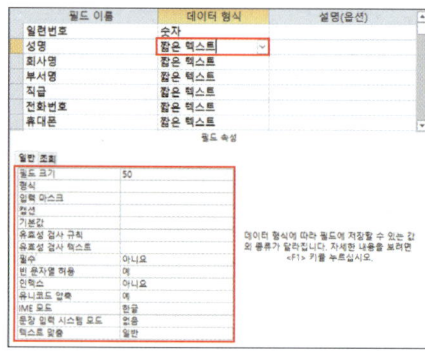

▲ 데이터 형식이 '짧은 텍스트'일 때

▶ 필드 속성의 [일반] 탭 속성 21년 상시, 17년 9월, 14년 10월, 06년 7월

필드 크기	• 필드에 저장할 수 있는 데이터의 최대 크기를 설정함(짧은 텍스트 형식인 경우 최대 255자까지 지정할 수 있음) • 일련번호, 짧은 텍스트, 숫자 형식에서 지원됨 • 데이터 형식에 따라 필드 크기가 달라짐
형식	필드의 표시 방법으로 미리 정의된 형식을 선택하거나 사용자 지정 형식을 입력함
입력 마스크	필드에 입력할 모든 데이터의 유형
캡션	폼이나 데이터시트에서 사용할 필드 레이블
기본값	새 레코드를 만들 때 필드에 자동으로 입력되는 값
유효성 검사 규칙	필드에 입력할 수 있는 값을 제한하는 식
유효성 검사 텍스트	유효성 검사 규칙에 어긋나는 값을 입력할 때 나타나는 오류 메시지
필수	필드에 데이터를 항상 입력할지 여부를 결정함
빈 문자열 허용	필드에 빈 문자를 허용할지 여부를 결정함
인덱스	찾기 및 정렬 속도는 빨라지지만 업데이트 속도는 느려짐

02 형식

- 데이터를 표시하고 인쇄하는 방법을 설정하는 것으로, 데이터의 형식에 따라 설정 방법이 달라진다.
- 짧은 텍스트, 긴 텍스트, 숫자, 날짜/시간, 통화, 일련번호, Yes/No, 하이퍼링크 데이터 형식에서 사용할 수 있다.
- 미리 정의된 형식이나 사용자 정의 기호를 이용한다.
- 사용자 지정 형식에서 데이터 형식에 대해 다음 기호를 사용할 수 있다.

기호	설명
(공백)	공백을 그대로 표시함
" "	큰따옴표 안의 내용을 그대로 표시함
!	왼쪽을 기준으로 맞추어 채움
*	사용할 수 있는 공백을 별표(*) 다음 문자로 채움
₩	₩ 다음 문자를 그대로 표시함
[색]	형식이 지정한 데이터를 대괄호 사이에 지정한 색(검정, 파랑, 녹색, 녹청, 빨강, 자홍, 노랑, 흰색 등)으로 표시함

1) 숫자, 통화 형식

① 미리 정의된 형식

- 미리 정의된 형식은 Windows 제어판의 [국가 또는 지역] 대화 상자의 설정값에 따른다.
- 일반 숫자의 경우 입력한 데이터의 소수 자릿수가 표시된다.
- 통화 설정은 음수인 경우 (₩3,456.79)처럼 표시 형식으로 표시되려면 Windows의 [제어판]-[국가 또는 지역]에서 [추가 설정]을 클릭하고 [형식 사용자 지정] 대화 상자의 [통화] 탭에서 [음수 통화 형식]을 (₩1.1)로 변경해야 한다.

설정	설명
일반 숫자	기본값으로, 숫자를 입력한 그대로 표시함
통화	천 단위 구분 기호(,)와 화폐 기호(₩)를 표시하고 음수는 괄호로 표시함
유로	천 단위 구분 기호(,)와 유로 기호(€)를 표시함
고정	적어도 한 자리 이상의 숫자를 표시하며, 소수 셋째 자리에서 반올림함
표준	천 단위 구분 기호를 표시하며, 소수 셋째 자리에서 반올림함
백분율	값에 100을 곱하고 백분율 기호(%)를 붙여 표시함
공학용	표준 공학용 표기법을 사용함

예

설정	데이터	표시
일반 숫자	3456.789	3456.789
	−3456.789	−3456.789
	213.21	213.21

통화	3456.789	₩3,456.79
	−3456.789	(₩3,456.79)
고정	3456.789	3456.79
	−3456.789	−3456.79
	3.56645	3.57
표준	3456.789	3,456.79
백분율	3	300.00%
	0.45	45.00%
공학용	3456.789	3.46E+03
	−3456.789	−3.46E+03

② **사용자 지정 형식** 11년 10월

- 세미콜론(;)을 사용하여 네 개의 구역으로 나눈다.
- 각 구역에는 다른 유형의 숫자에 대한 서식 설정이 들어 있다.
- 여러 개의 구역을 사용할 때 각 구역의 서식을 지정하지 않았을 경우, 아무 것도 표시하지 않거나 첫 번째 구역의 서식을 기본값으로 사용한다.

> 양수 서식; 음수 서식; 0 값 ; Null 값
> ❶   ❷   ❸   ❹

구역	설명	입력	형식	결과
❶ 첫 번째	양수에 대한 서식	+9000	$#,##0.0	$9,000.0
❷ 두 번째	음수에 대한 서식	−9000	($#,##0.0)	($9,000.0)
❸ 세 번째	0 값에 대한 서식	0	"Zero"	Zero
❹ 네 번째	Null 값에 대한 서식	Null	"Null"	Null

예
$#,##0.0;($#,##0.0);"Zero";"Null"
 ❶   ❷   ❸   ❹

> **기적의 TIP**
>
> 사용자 지정 형식은 세미콜론을 사용하여 구역을 구분합니다. 형식의 각 구역이 어떤 결과를 도출하는지 눈여겨 보세요.

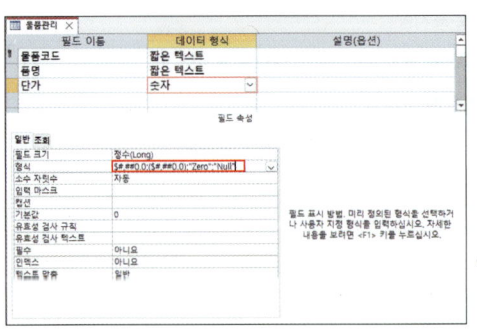 →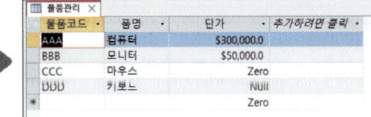

▲ 『$#,##0.0;($#,##0.0);"Zero";"Null"』을 입력함   ▲ 결과

▶ 사용자 지정 숫자 서식

기호	설명
.(마침표)	소수 구분 기호를 표시함
,(쉼표)	천 단위 구분 기호를 표시함
0	자릿수 표시자로 숫자 또는 0을 표시함
#	자릿수 표시자로 숫자 또는 아무 것도 표시하지 않음
$	$를 표시함
%	백분율로, 값에 100을 곱하고 % 기호를 표시함
E- 또는 e-	• 음의 지수 뒤에 (-)를 표시함 • 양의 지수 뒤에는 아무 것도 표시하지 않음
E+ 또는 e+	• 음의 지수 뒤에 (-)를 표시함 • 양의 지수 뒤에는 (+)를 표시함

예

설정	설명
0;(0);;"Null"	• 양수는 그대로 표시하고 음수는 괄호 안에 표시함 • 값이 Null이면 단어 "Null"을 표시함
+0.0;-0.0;0.0	• 양수 또는 음수에 더하기(+) 기호나 빼기(-) 기호를 표시함 • 값이 0이면 0.0을 표시함

2) 날짜/시간 형식 16년 3월, 15년 10월, 11년 7월, 06년 9월, 05년 2월

① 미리 정의된 형식

- Windows 제어판의 [국가 또는 지역]에서 설정한 간단한 날짜(시간), 자세한 날짜(시간)의 설정에 따라 다르게 표시될 수 있다.
- 기본 날짜는 간단한 날짜와 자세한 시간 설정을 조합한 것이다.

설정	형식	설명(제어판의 [국가 또는 지역]에서 설정)
기본 날짜	2025-11-12 오후 5:34:23	간단한 날짜(yyyy-MM-dd)와 자세한 시간(오전/오후) h:mm:ss)이 조합되어 표시됨
자세한 날짜	2025년 11월 12일 수요일	'yyyy년 M월 d일 dddd' 형식으로 표시됨
보통 날짜	25년 11월 12일	'yy년 MM월 dd일' 형식으로 표시됨
간단한 날짜	2025-11-12	'yyyy-MM-dd' 형식으로 표시됨
자세한 시간	오후 5:34:23	'tt h:mm:ss' 형식으로 표시됨(tt: 오전/오후, h : 12시간)
보통 시간	오후 5:34	'tt h:mm' 형식으로 표시됨(tt: 오전/오후, h : 12시간)
간단한 시간	17:34	'H:mm' 형식으로 표시됨(H : 24시간)

> **기적의 TIP**
>
> 날짜/시간 형식은 결과를 도출할 수 있어야 합니다. 예제를 통해서 충분히 연습해 두세요.

② 사용자 지정 형식

날짜, 요일, 시간을 구분하기 위해 공백을 사용한다.

> 날짜 형식   요일 형식   시간 형식
> ❶   ❷   ❸

예) yyyy/mm/dd ddd a/p hh:nn:ss
    ❶   ❷   ❸

> **기적의 TIP**
> 사용자 지정 형식의 각 기호의 의미를 알아 두세요.

▶ 사용자 지정 서식 13년 10월

기호	설명
:(콜론)	시간 구분 기호
/	날짜 구분 기호
c	미리 정의된 형식인 기본 날짜
d	필요에 따라 한 자리 또는 두 자리 숫자로, 1~31까지의 일을 표시함
dd	두 자리 숫자로, 01~31까지의 일을 표시함
ddd	Sun~Sat까지 요일의 처음 세 자를 표시함
dddd	Sunday~Saturday까지 완전한 요일 이름을 표시함
ddddd	미리 정의된 간단한 날짜 형식을 표시함
dddddd	미리 정의된 자세한 날짜 형식을 표시함
w	일주일을 1~7로 나누어 몇 번째 일인지를 표시함
ww	1년을 1~53으로 나누어 몇 번째 주인지를 표시함
m	필요에 따라 한 자리 또는 두 자리 숫자로 1~12까지의 월을 표시함
mm	01~12까지 두 자리 숫자로 월을 표시함
mmm	Jan~Dec까지 월의 처음 세 자를 표시함
mmmm	January~December까지 완전한 월 이름을 표시함
q	날짜를 1~4까지의 분기로 표시함
y	1년 중의 일을 표시함(1~365)
yy	연도의 마지막 두 자리 숫자를 표시함(01~99)
yyyy	연도를 네 자리 숫자로 표시함(0100~9999)
h	한 자리 또는 두 자리 숫자로 0~23까지 시간을 표시함
hh	두 자리 숫자로 00~23까지 시간을 표시함
n	한 자리 또는 두 자리 숫자로 0~59까지 분을 표시함
nn	두 자리 숫자로 00~59까지 분을 표시함
s	한 자리 또는 두 자리 숫자로 0~59까지 초를 표시함
ss	두 자리 숫자로 00~59까지 초를 표시함
ttttt	미리 정의된 자세한 시간 형식을 표시함
AM/PM	대문자 AM이나 PM을 포함한 12시간제로 표시함
am/pm	소문자 am이나 pm을 포함한 12시간제로 표시함
A/P	대문자 A나 P를 포함한 12시간제로 표시함
a/p	소문자 a나 p를 포함한 12시간제로 표시함

설정	표시
ddd", "mmm d", "yyyy	Mon, Jun 2, 2010
mmmm dd", "yyyy	June 02, 2010
"오늘은"ww"번째 주입니다."	오늘은 22 번째 주입니다.
"오늘은" dddd"입니다."	오늘은 Tuesday입니다.

> **기적의 TIP**
> 사용자 지정 형식에 따른 결과를 정확하게 구할 수 있도록 공부하세요.

3) 짧은 텍스트, 긴 텍스트 형식

짧은 텍스트와 긴 텍스트 데이터 형식은 미리 정의된 형식이 없다.

① 사용자 지정 형식
- 짧은 텍스트와 긴 텍스트 필드의 사용자 지정 서식은 두 개까지의 구역을 가지며, 세미콜론(;)으로 구분한다.

텍스트 형식;빈 문자열 또는 Null 값
　　　❶　　　　　❷

> **Null 값과 빈 문자열**
> - Null : 값이 없는 것
> - 빈 문자열 : 문자열이 비어 있는 것

구역	설명
❶ 첫 번째	텍스트가 들어 있는 필드에 대한 서식을 지정함
❷ 두 번째	빈 문자열이나 Null 값을 가진 필드에 대한 서식을 설정함

예)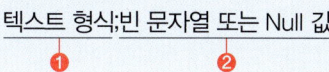
@@@-@@@;"알 수 없음"
　　❶　　　　❷

- 다음 기호를 사용하여 사용자 지정 짧은 텍스트와 긴 텍스트 서식을 만들 수 있다.

구역	설명
@	텍스트 한 자리를 나타내며, 텍스트를 표시할 자릿수를 나타냄
&	빈 자릿수를 나타냄
<	모든 문자를 소문자로 바꿈
>	모든 문자를 대문자로 바꿈

예	설정	데이터	표시
	@@@-@@-@@@@	465043799	465-04-3799
	@@@@@@@@	465-04-3799	465-04-3799
		465043799	465043799
	>	access	ACCESS
		ACCESS	ACCESS
		Access	ACCESS
	<	access	access
		ACCESS	access
		Access	access
	@@@-@@@;"알 수 없음"	Null 값	알 수 없음

4) Yes/No 형식 16년 6월

① 미리 정의된 서식

- Yes/No, True/False, On/Off가 제공된다.
- Yes/No로 설정된 텍스트 상자 컨트롤에 True 또는 On을 입력하면, 그 값은 자동으로 Yes로 바뀐다.
- Yes/No 데이터 형식의 기본 컨트롤로서 확인란 컨트롤이 사용된다.

② 사용자 지정 형식

Yes/No 데이터 형식은 구역을 세 개까지 포함하는 사용자 지정 서식을 사용할 수 있다.

구역	설명
❶ 첫 번째	Yes/No 데이터 형식에는 적용되지 않지만 자리 표시자로 세미콜론(;)이 필요함
❷ 두 번째	Yes, True, On 값 자리에 표시할 텍스트를 나타냄
❸ 세 번째	No, False, Off 값 자리에 표시할 텍스트를 나타냄

예

형식	입력	표시
;군필;미필	Yes	군필
;합격;불합격	No	불합격

이론을 확인하는 기출문제

01 아래와 같이 보고서 머리글의 텍스트 박스 컨트롤에 컨트롤 원본을 지정하였다. 다음 중 보고서 미리 보기를 하는 경우 표시되는 결과로 옳은 것은?(단, 오늘 날짜가 2024년 1월 17일 수요일이라고 가정한다.)

```
=Format(Date(),"mmm")
```

① Jan
② 1월
③ 1
④ Wed

mmm : Jan~Dec까지 월의 처음 세 자를 표시함

02 다음과 같은 속성이 설정된 필드에 대한 설명으로 옳지 않은 것은?

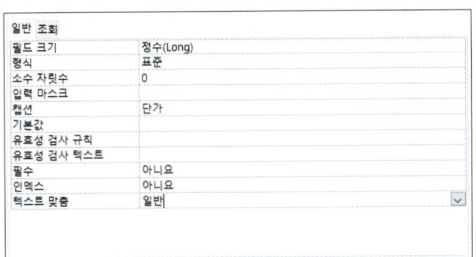

① '데이터시트 보기' 상태에서 필드 값으로 63.7을 입력하면 64로 기록된다.
② '데이터시트 보기' 상태에서 필드 값으로 12345를 입력하면 12,345로 기록된다.
③ 필드 값은 반드시 입력해야 한다.
④ '데이터시트 보기' 상태에서 필드의 이름은 '단가'로 표시된다.

필수가 '아니요'이므로 필드 값은 입력하지 않아도 됨

오답 피하기
- ① : 필드 크기가 '정수'이므로 반올림되어 64로 기록됨
- ② : 형식이 '표준'이므로 12,345로 기록됨
- ④ : 캡션이 '단가'로 되어 있으므로 필드의 이름이 '단가'로 표시됨

03 다음 중 테이블에 입력된 날짜 필드의 값을 '2024-10-08'과 같은 형식으로 표시하고자 할 때 테이블의 디자인 보기에서 지정해야 할 '형식' 속성값으로 옳은 것은?

① 기본 날짜
② 자세한 날짜
③ 보통 날짜
④ 간단한 날짜

간단한 날짜 : 'yyyy-MM-dd' 형식으로 표시됨

오답 피하기

① 기본 날짜	2024-10-08 오후 5:34:23	간단한 날짜(yyyy-MM-dd)와 자세한 시간 (오전/오후) h:mm:ss)이 조합되어 표시됨
② 자세한 날짜	2024년 10월 08일 화요일	'yyyy년 M월 d일 dddd' 형식으로 표시됨
③ 보통 날짜	24년 10월 08일	'yy년 MM월 dd일' 형식으로 표시됨

04 다음 중 필드 속성에 대한 설명으로 옳지 않은 것은?

① 입력 마스크는 짧은 텍스트, 숫자, 날짜/시간, 통화 형식에서 사용할 수 있다.
② 필드 값이 반드시 있어야 하는 경우, 필수 속성을 '예'로 설정하면 된다.
③ 'Yes/No'의 세부 형식은 'Yes/No'와 'True/False' 두 가지만을 제공한다.
④ 짧은 텍스트, 숫자, 일련번호 형식에서만 필드 크기를 지정할 수 있다.

'Yes/No'의 세부 형식은 'Yes/No', 'True/False', 'On/Off'가 있음

SECTION 05

필드 속성 2-입력 마스크/조회 속성

빈출 태그 입력 마스크 • 조회 속성

> **기적의 TIP**
> 입력 마스크 지정의 개념과 필요성을 중심으로 기억해 두세요.

01 입력 마스크 24년 상시, 22년 상시, 21년 상시, 15년 6월, 13년 10월, 12년 9월, 08년 10월, 03년 2월/5월

- 입력 마스크(Input Mask)는 특정 형식의 숫자나 문자를 입력할 때 유용하도록 입력 형식을 지정해 주는 것이다.
- 데이터의 입력에 제한을 주는 것으로 입력 오류의 가능성이 줄어든다.
- 짧은 텍스트, 숫자, 날짜/시간, 통화 형식에서 사용할 수 있다.
- 입력 마스크 마법사를 사용하여 속성을 쉽게 설정할 수 있다.
- 짧은 텍스트나 날짜/시간 필드에서만 입력 마스크 마법사를 사용할 수 있다.
- 짧은 텍스트 필드의 운전면허번호, 주민등록번호, 전화번호, 우편번호, 암호, 날짜 형식, 시간 형식 등에서 이용된다.
- 숫자 필드와 통화 필드는 입력 마스크의 정의를 직접 입력해야 한다.

1) 텍스트 형식의 입력 마스크 설정

- 입력 마스크(Input Mask) 속성을 "암호"로 설정하면 암호 입력 컨트롤이 만들어진다.
- 컨트롤에 입력되는 문자는 모두 문자로 저장되지만 화면에는 별표(*)로 표시된다.
- 입력된 문자가 화면에 표시되지 않게 하려면 "암호" 입력 마스크를 사용하면 된다.

> **기적의 TIP**
> 입력 마스크와 리터럴 표시 문자는 정확하게 익혀 두세요.

따라하기 TIP

따라하기 파일 • Part03_Chapter02_입력마스크-따라파일.accdb

① 주민등록번호 필드 속성의 [일반] 탭에서 [입력 마스크]를 클릭한 다음 표현식 작성 단추(⋯)를 클릭한다.

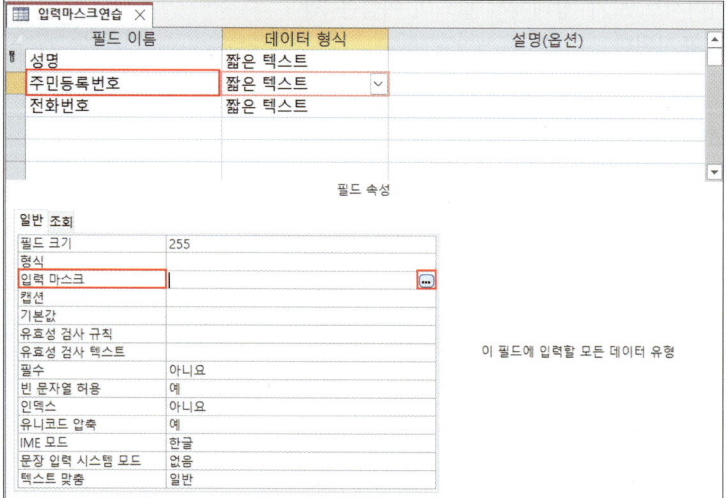

> **개념 체크**
> 1 입력 마스크를 사용하면 입력 오류의 가능성이 줄어든다. (○, ×)
> 2 입력 마스크는 ( ), ( ), ( ), ( ) 형식에서 사용할 수 있다.
>
> 1 ○ 2 짧은 텍스트, 숫자, 날짜/시간, 통화

② [입력 마스크 마법사] 1단계 대화 상자에서 입력 마스크의 종류를 선택할 수 있다. 여기서는 [주민등록번호]를 선택한 후 [다음]을 클릭한다.

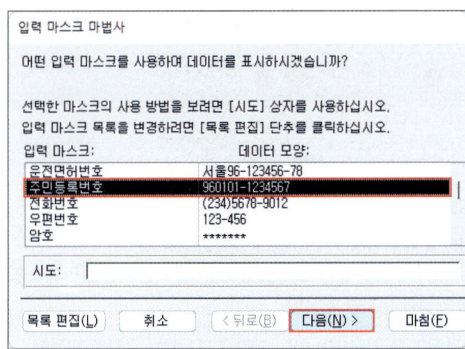

③ 2단계에서는 필드의 유형에 따라 입력 마스크를 변경할 수 있다. 여기서는 기본값을 그대로 사용하고 [다음]을 클릭한다.

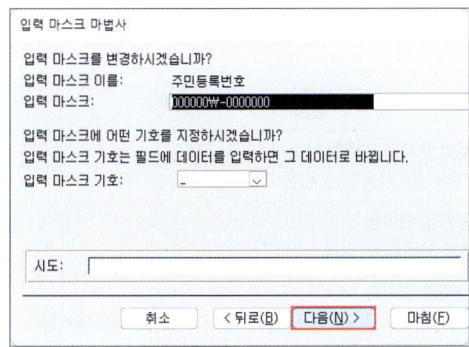

④ 3단계에서는 데이터의 저장 옵션을 선택하고 [다음]을 클릭한다.
⑤ 마지막 단계에서 [마침]을 클릭하고 [입력 마스크 마법사]를 종료한다.

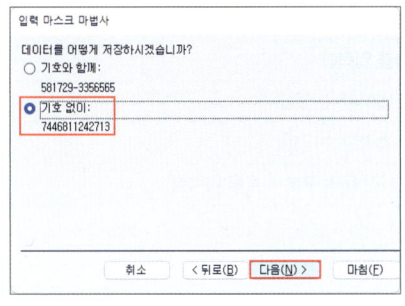 

2) 사용자 지정 형식

입력 마스크 속성은 구역을 세미콜론(;)으로 구분하여 세 개까지 포함할 수 있다.

구역	설명
❶ 첫 번째	입력 마스크 자체를 지정함(예 ₩(999₩)999₩-9999)
❷ 두 번째	• 데이터를 입력할 때 리터럴 표시 문자가 테이블에 저장되는지 지정함 • 0 : 전화 번호 입력 마스크에서 괄호 같은 리터럴 표시 문자는 모두 값과 함께 저장함 • 1 또는 공백 : 컨트롤에 입력한 문자만 저장함
❸ 세 번째	• 입력 마스크에서 반드시 문자를 입력해야 하는 자리를 표시하는 문자를 지정함 • 이 구역에는 모든 문자의 사용이 가능함 • 빈 문자열을 표시하려면 큰따옴표(" ")로 묶은 공백을 사용함

3) 리터럴(Literal) 표시 문자 _{25년 상시, 24년 상시, 23년 상시, 22년 상시, 21년 상시, 20년 2월/7월, 18년 9월, 17년 3월, …}

문자	설명
0	• 필수 요소로, 0~9까지의 숫자를 입력함 • 덧셈 기호(+)와 뺄셈 기호(-)는 사용할 수 없음
9	• 선택 요소로, 숫자나 공백을 입력함 • 덧셈 기호와 뺄셈 기호를 사용할 수 없음
#	• 선택 요소로, 숫자나 공백을 입력함 • 공백은 편집 모드일 때는 빈 칸으로 표시되지만, 데이터가 저장될 때는 제거됨 • 덧셈 기호와 뺄셈 기호를 사용할 수 있음
L	필수 요소로, A부터 Z까지의 영문자나 한글을 입력함
?	선택 요소로, A부터 Z까지의 영문자나 한글을 입력함
A	필수 요소로, 영문자나 한글, 숫자를 입력함
a	선택 요소로, 영문자나 한글, 숫자를 입력함
&	필수 요소로, 모든 문자나 공백을 입력할 수 있음
C	선택 요소로, 모든 문자나 공백을 입력할 수 있음
. , : ; - /	소수 자릿수와 1000 단위, 날짜, 시간 등의 구분 기호를 입력함
<	모든 문자를 소문자로 변환함
>	모든 문자를 대문자로 변환함
!	입력 마스크가 왼쪽에서 오른쪽으로 입력됨
\	뒤에 나오는 문자를 그대로 표시함(예 \A는 A만 표시함)

> **기적의 TIP**
> 리터럴 표시 문자의 필수 요소와 선택 요소를 정확히 구분해서 익혀 두세요.

입력 마스크	예제 값	입력 마스크	예제 값
(000) 000-0000	(206) 555-0248	>L0L 0L0	T2F 8M4
(999) 999-9999!	(206) 555-0248 ( ) 555-0248	00000-9999	98115- 98115-3007
(000) AAA-AAAA	(206) 555-TELE	>L<?????????????	Maria Brendan
#999	-20 2000	SSN 000-00-0000	SSN 555-55-5555
>L????L?000L0	GREENGR339M3 MAY R 452B7	>LL00000-0000	DB51392-0493

02 조회 속성 18년 9월, 09년 2월, 07년 2월/5월, 06년 5월, 03년 5월

- 조회를 통하여 미리 입력해 놓은 데이터 목록을 선택하여 입력하는 것이다.
- 입력 데이터가 제한적인 경우 사용한다.
- 짧은 텍스트, 숫자, Yes/No 형식에서 사용할 수 있다.
- 콤보 상자, 목록 상자와 같은 컨트롤을 이용한다.
- [디자인 보기]에서 데이터 형식의 [조회 마법사]를 이용하여 설정된 내용은 [조회] 탭에 나타난다.
- [조회] 탭에서 [컨트롤 표시]를 [콤보 상자]나 [목록 상자]로 선택한 다음 각 속성에서 직접 설정할 수 있다.

> **기적의 TIP**
> 조회 속성의 특징을 이해하고, 특히 행 원본 유형은 정확히 알아 두세요.

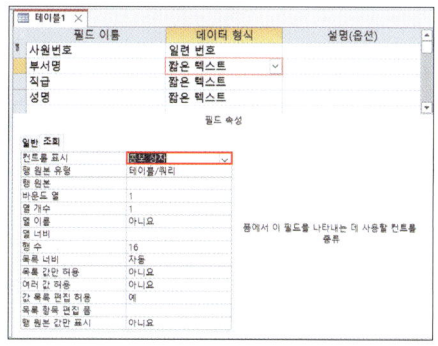

▲ 컨트롤 표시를 [콤보 상자]로 지정한 경우

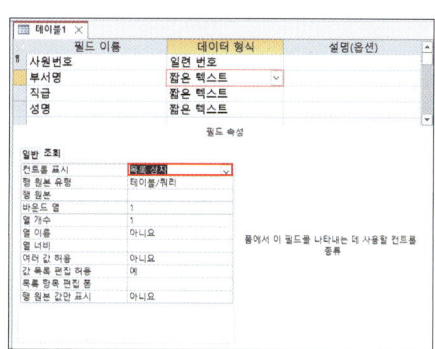

▲ 컨트롤 표시를 [목록 상자]로 지정한 경우

> **개념 체크**
> 1. 입력 마스크 속성은 구역을 (   )로 구분하여 세 개까지 포함할 수 있다.
> 2. 입력 마스크에서 반드시 문자를 입력해야 하는 자리를 표시하는 문자를 지정하는 구역은 (   ) 구역이다.
> 3. 입력 마스크에서 모든 문자를 소문자로 변환하는 문자는 (   )이다.
> 4. 입력 마스크에서 필수 요소로, A부터 Z까지의 영문자나 한글을 입력하는 문자는 L이다. (○, ×)
> 5. 입력 마스크에서 선택 요소로, 영문자나 한글, 숫자를 입력하는 문자는 a이다. (○, ×)
>
> 1 세미콜론(;) 2 세 번째 3 <
> 4 ○ 5 ○

속성	설명
컨트롤 표시	데이터 입력 시 사용할 컨트롤(콤보 상자, 목록 상자)을 설정함
행 원본 유형	사용할 행 원본의 유형(테이블/쿼리, 값 목록, 필드 목록)을 설정함
행 원본	행 원본 유형에서 설정한 유형에 따라 달라짐 • 행 원본 유형을 테이블/쿼리로 설정 : 테이블이나 쿼리 또는 SQL문의 이름을 지정함 • 행 원본 유형을 값 목록으로 설정 : 목록에 세미콜론으로 분리된 항목을 지정함 • 행 원본 유형을 필드 목록으로 설정 : 테이블이나 쿼리의 이름을 지정함
바운드 열	열 목록 상자나 콤보 상자에서 컨트롤 원본 속성에 지정된 원본으로 사용하는 필드에 연결될 열을 지정함
열 개수	목록 상자나 콤보 상자에 들어갈 열 개수를 지정함
열 이름	• 콤보 상자나 목록 상자에서 열 머리글을 사용할지 여부를 지정함 • 콤보 상자의 머리글은 드롭다운 목록에만 나타남
열 너비	세미콜론(;)으로 분리된 각 열의 너비를 지정하고 열을 숨기려면 0을 입력함
행 수	콤보 상자에 있는 목록 상자 부분에 표시할 최대 행 개수를 지정함
목록 너비	콤보 상자에 있는 목록 상자 부분의 너비를 지정함
목록 값만 허용	콤보 상자에 입력된 모든 텍스트를 적용할지, 목록값과 일치하는 텍스트만 적용할지 여부를 결정함

콤보 상자에만 적용되는 속성
행 수, 목록 너비, 목록 값만 허용

이론을 확인하는 기출문제

01 다음 중 특정 필드에 입력 마스크를 '09#L'로 설정하였을 때의 입력 데이터로 옳은 것은?

① 123A
② A124
③ 12A4
④ 12AB

문자	설명	09#L로 설정한 경우
0	필수요소, 0~9까지의 숫자	② A124 → 첫 글자가 A라 틀림
9	선택요소, 숫자나 공백	
#	선택요소, 숫자나 공백	③ 12A4, ④ 12AB → 세 번째 글자가 A라 틀림
L	필수요소, A~Z, 한글	

02 다음 중 특정 필드의 입력 마스크를 'LA09#'으로 설정하였을 때 입력 가능한 데이터로 옳은 것은?

① 12345
② A상345
③ A123A
④ A1BCD

• L : 필수 요소, A부터 Z까지의 영문자나 한글을 입력함 → A
• A : 필수 요소, 영문자나 한글, 숫자를 입력함 → 상
• 0 : 필수 요소, 0~9까지의 숫자를 입력함 → 3
• 9 : 선택 요소, 숫자나 공백을 입력함(덧셈, 뺄셈 기호 사용할 수 없음) → 4
• # : 선택 요소, 숫자나 공백을 입력함(덧셈, 뺄셈 기호 사용할 수 있음) → 5

오답 피하기
• ① : 12345 → 첫 번째 데이터 1이 영문자나 한글이 아님[L]
• ③ : A123A → 다섯 번째 데이터 A가 숫자나 공백이 아님[#]
• ④ : A1BCD → 세 번째 데이터 B가 숫자가 아님[0], 네 번째 데이터 C가 숫자나 공백이 아님[9], 다섯 번째 데이터 D가 숫자나 공백이 아님[#]

정답 01 ① 02 ②

SECTION 06 필드 속성 3-유효성 검사/기타 필드 속성/기본키/인덱스

빈출 태그 유효성 검사 • 기본키 • 인덱스

01 유효성 검사 규칙과 유효성 검사 텍스트
25년 상시, 24년 상시, 22년 상시, 21년 상시, 18년 3월, …

1) 유효성 검사 규칙

- 유효성 검사 규칙은 레코드, 필드, 컨트롤 등에 입력할 수 있는 데이터 요구 사항을 지정할 수 있는 속성이다.
- 유효성 검사 규칙과 유효성 검사 텍스트 속성은 옵션 그룹에 있는 확인란, 옵션 단추 또는 토글 단추 컨트롤에는 적용되지 않고 옵션 그룹 자체에만 적용된다.
- 일련번호나 OLE 개체에서는 유효성 검사 규칙이 지원되지 않는다.
- 유효성 규칙 속성 설정에는 식을 입력한다.
- 유효성 규칙 속성 설정의 최대 길이는 2,048문자이다.
- 산술 연산자, 비교 연산자, 논리 연산자, 특수 연산자, 함수 등을 이용하여 유효성 검사 규칙을 지정한다.

산술 연산자	+, −, *, /, ^, mod
비교 연산자	• <, <=, =, <>, >, >= • Like : 만능 문자(*, ?)와 함께 사용하여 데이터를 비교함
논리 연산자	And, Not, Or
특수 연산자	• In : 지정한 값 중 하나 • Between : 지정한 값 사이의 값

예

속성	설명
<>0	0이 아닌 값을 입력함
>1000 Or Is Null	1000보다 큰 값을 입력하거나 비워 둠
>=10000 And <100000	10000 이상이고 100000 미만인 숫자만 입력함
Len([사원번호])=7	사원번호는 반드시 7글자로 입력함
>= #1/1/96# And <#1/1/97#	1996년의 날짜를 입력함
In("금","은","동")	"금", "은", "동" 중에서 입력함
Between 100 And 999	100부터 999까지만 입력함
Like "A????"	"A"로 시작하는 다섯 문자를 입력함

> **기적의 TIP**
>
> 유효성 검사 규칙과 유효성 검사 텍스트는 자주 출제되므로 반드시 숙지하세요. 그중 일련번호나 OLE 개체는 유효성 검사 규칙이 지원되지 않는 점을 기억해 두세요!

> **개념 체크**
>
> 1 유효성 규칙 속성 설정의 최대 길이는 (   )문자이다.
> 2 일련 번호나 OLE 개체에서는 유효성 검사 규칙이 지원되지 않는다. (○, ×)
> 3 유효성 검사 규칙에서 Like 연산자는 만능 문자(*, ?)와 함께 사용하여 데이터를 비교한다. (○, ×)
>
> 1 2,048 2 ○ 3 ○

2) 유효성 검사 규칙 입력

 **따라하기 TIP**

따라하기 파일 • Part03_Chapter02_회원번호유효성검사-따라파일.accdb

① 유효성 검사 규칙의 표현식 작성 단추(...)를 클릭한다.

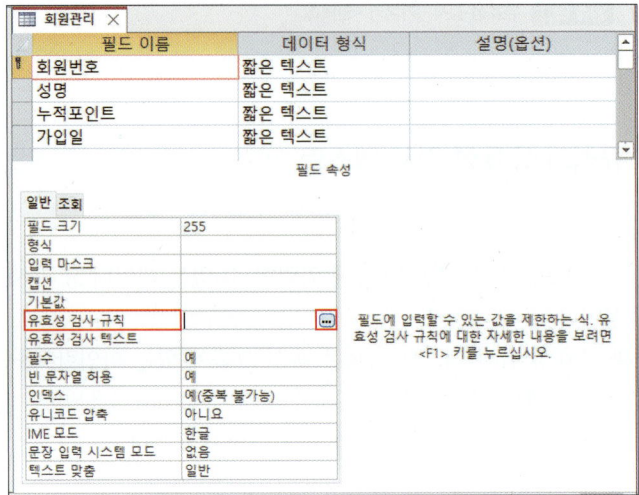

② 식 작성기가 나타나면 연산자 단추나 함수, 상수, 연산자 등을 이용하여 식 입력란에 표현식을 작성할 수 있다. 회원번호를 7자리로 입력하기 위해서 『Len([회원번호])=7』을 입력하고 [확인]을 클릭한다.

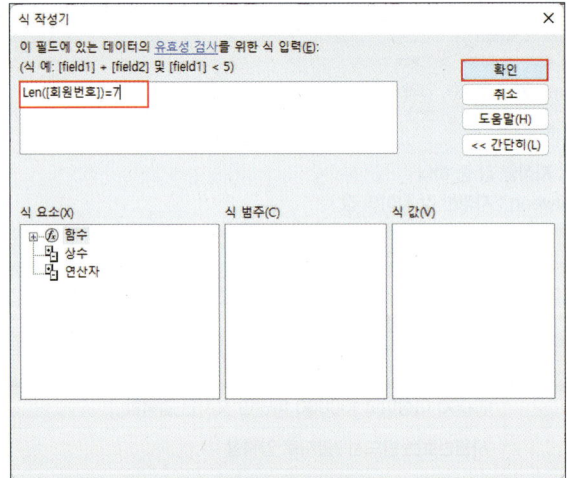

③ 식 작성기를 닫으면 식 입력란에 입력한 유효성 검사 규칙 표현식이 나타난다.
④ 데이터시트 보기에서 유효성 검사 규칙과 맞지 않게 입력될 경우 오류 메시지가 나타난다.

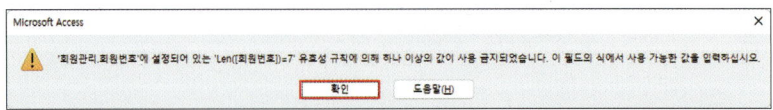

3) 유효성 검사 텍스트

- 유효성 검사 텍스트는 유효성 검사 규칙에 위반하는 데이터를 입력할 때 표시할 오류 메시지를 지정할 수 있는 속성이다.
- 일련번호나 OLE 개체에서는 유효성 검사 텍스트는 지원되지 않는다.
- 유효성 규칙 텍스트 속성 설정에는 텍스트를 입력한다.
- 유효성 검사 텍스트 속성 설정의 최대 길이는 255문자이다.
- 유효성 검사 텍스트를 지정하지 않으면 표준 오류 메시지가 나타난다.

따라하기 TIP

따라하기 파일 • Part03_Chapter02_회원번호유효성검사–따라파일.accdb

① 유효성 검사 텍스트 상자에 『회원번호는 7자리입니다. 고객 센터에 문의』라고 입력한다.

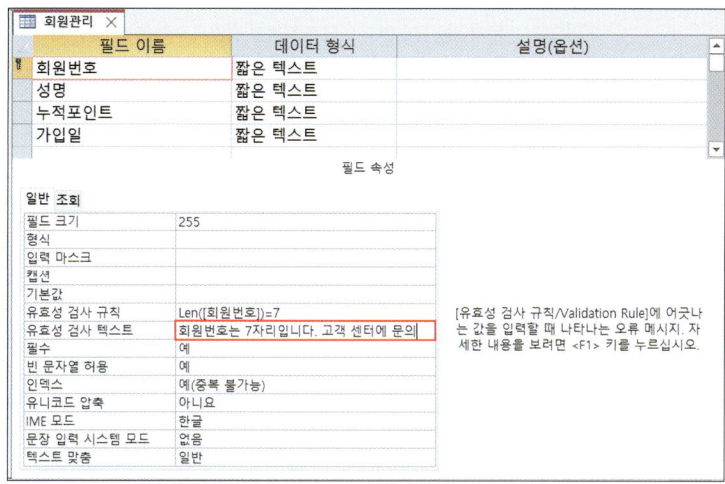

② 회원번호가 유효성 검사 규칙에 맞지 않는 경우 유효성 검사 텍스트에서 지정한 오류 메시지가 나타난다.

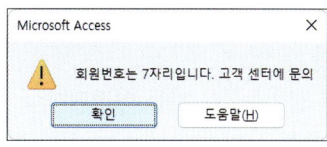

개념 체크

1. 유효성 검사 텍스트는 유효성 검사 규칙에 위반하는 데이터를 입력할 때 표시할 오류 메시지를 지정할 수 있는 속성이다. (○, ×)

2. 일련번호나 OLE 개체에서 유효성 검사 텍스트가 지원된다. (○, ×)

3. 유효성 검사 텍스트 속성 설정에는 숫자를 입력한다. (○, ×)

4. 유효성 검사 텍스트 속성 설정의 최대 길이는 255문자이다. (○, ×)

1 ○ 2 × 3 × 4 ○

02 기타 필드 속성 25년 상시, 24년 상시, 19년 3월, 18년 9월, 15년 3월

새 값	• 일련번호 형식에서 지원됨 • 값의 설정을 증분과 임의 중 선택할 수 있음
기본값	• 새 레코드가 작성될 때 기본값으로 자동 입력될 값을 지정함 • 일련번호와 OLE 개체 형식에서는 사용할 수 없음 • 이미 입력되어 있는 데이터와는 상관없이 새로운 레코드에만 적용됨 • 현재의 날짜와 시간은 Now( ) 함수, 현재 날짜는 Date( ) 함수를 이용함 • 숫자 형식의 필드는 0으로 기본값이 주어짐
필수	• 필드에 해당 값이 반드시 입력되어야 하는지의 여부를 지정함 • 일련번호 형식에서는 사용할 수 없음 • 필수 속성이 "예"인 경우 반드시 데이터를 입력해야 하며, 그렇지 않은 경우 오류 메시지가 표시됨
빈 문자열 허용	• 필드에 빈 문자열을 유효한 데이터로 사용할 것인지 여부를 설정함 • 짧은 텍스트, 긴 텍스트, 하이퍼링크 형식에서만 사용할 수 있음 • 빈 문자열은 공백없이 큰따옴표(" ")로 입력함
유니코드 압축	입력되는 각 문자를 모두 2바이트로 나타내는 속성
IME 모드	• 필드로 포커스가 이동되었을 때 설정될 한글, 영숫자 등의 입력 상태를 지정함 • 짧은 텍스트, 긴 텍스트, 하이퍼링크 형식에서만 사용할 수 있음

03 기본키(PK, Primary Key) 25년 상시, 22년 상시, 21년 상시, 19년 3월, 18년 3월, 16년 10월, 10년 10월, …

- 주 키라고도 하며, 한 테이블에서 모든 레코드를 구분할 수 있는 유일한 필드를 의미한다.
- 한 테이블에서 유일성과 최소성을 만족하는 후보키 중 선정되어 사용되는 키이다.
- 기본키는 널(Null)이 될 수 없으며 중복될 수 없다.
- 기본키를 설정하지 않아도 되며 기본키의 설정 없이 다른 테이블과의 관계를 설정할 수 있다.
- OLE 개체, 첨부 파일 형식에는 기본키를 설정할 수 없다.
- 기본키를 지정한 필드는 인덱스 속성이 "예(중복 불가능)"로 자동 설정된다.
- 중복된 데이터에는 기본키를 설정할 수 없으나 중복 상태가 아닌 이미 입력된 데이터는 가능하다.
- 여러 필드를 복합(연결)한 슈퍼키(Super Key)를 기본키로 설정할 수 있다.

1) 기본키의 종류

일련번호 기본키	필드의 데이터 형식이 일련번호로 된 필드를 기본키로 사용함
단일 필드 기본키	테이블에서 한 필드만 기본키를 설정함 (예 사번, 학번, 주민번호)
다중 필드 기본키	테이블에서 두 개 이상의 필드를 복합(연결)한 슈퍼키를 기본키로 설정함

> **기적의 TIP**
> 기본키는 자주 출제되는 내용입니다. 기본키의 종류와 지정 방법을 반드시 숙지하세요.

> **개념 체크**
> 1 기본키는 한 테이블에서 모든 레코드를 구분할 수 있는 유일한 필드를 의미하며, ( )과 ( )을 만족하는 후보키 중 선정되어 사용되는 키이다.
> 2 현재의 날짜와 시간은 ( ) 함수, 현재 날짜는 ( ) 함수를 이용한다.
> 3 기본키는 널(Null)이 될 수 없다. (○, ×)
> 4 기본키로 설정된 필드는 자동으로 인덱스 속성이 설정된다. (○, ×)
>
> 1 유일성, 최소성
> 2 Now( ), Date( ) 3 ○ 4 ○

2) 기본키 지정하기

리본 메뉴	[테이블 디자인] 탭-[도구] 그룹-[기본키]를 클릭함
바로 가기 메뉴	[기본키]를 선택함

① 단일 필드 기본키 지정

- 기본키로 설정하고자 하는 필드의 행 선택기에서 바로 가기 메뉴의 [기본키]를 선택한다. 기본키가 설정된 필드에 ▮표시가 나타나며, 인덱스는 '예(중복 불가능)'가 된다.

> 기본키를 바꾸거나 제거하려면 먼저 [관계] 창에서 관계를 삭제해야 됨

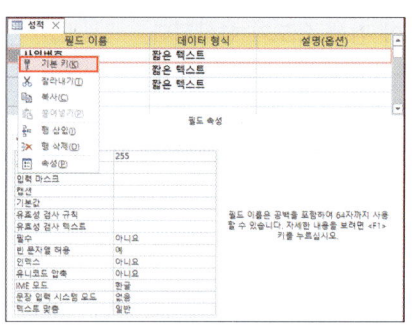 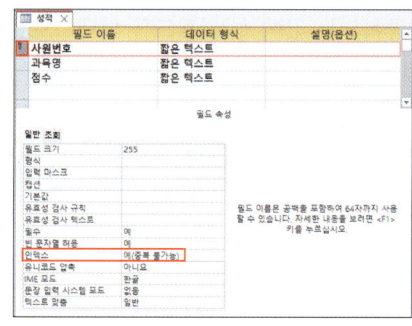

▲ 바로 가기 메뉴를 이용하여 단일 기본키를 지정함   ▲ 단일 기본키 지정 결과

- 기본키가 설정된 상태에서 다시 [기본키] 명령을 실행하면 설정된 기본키가 해제된다.

② 다중 필드 기본키 지정

- 다중 필드 기본키로 설정하고자 하는 필드를 행 선택기에서 Shift 나 Ctrl 을 이용하여 모두 선택한 다음 Shift 나 Ctrl 을 누른 상태에서 바로 가기 메뉴의 [기본키]를 선택한다. 선택한 필드에 ▮표시가 나타나며, 인덱스는 '아니요'가 된다.

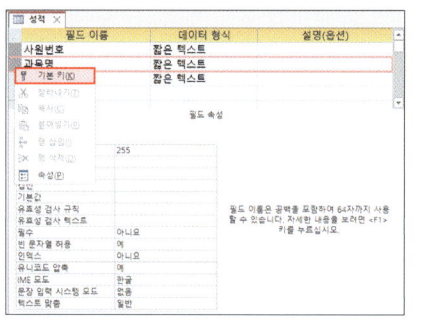 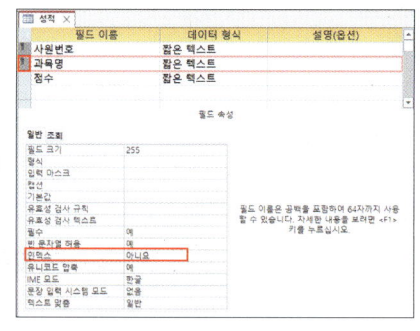

▲ 바로 가기 메뉴를 이용하여 다중 기본키를 지정함   ▲ 다중 필드 기본키 지정 결과

- 기본키가 설정된 다중 필드 중 하나의 필드에 설정된 기본키를 해제하면 다른 기본키도 자동 해제된다.

🎯 개념 체크

1 다중 필드 기본키를 설정하면, 선택한 필드에 ▮표시가 나타나며 인덱스는 '( )'가 된다

2 기본키를 설정하면 인덱스 속성이 '예(중복 가능)'로 설정된다. (o, x)

3 다중 필드 기본키를 설정할 때에는 Shift 만 사용해야 한다. (o, x)

4 기본키가 설정된 상태에서 다시 [기본키] 명령을 실행하면 설정된 기본키가 해제된다. (o, x)

1 아니오 2 × 3 × 4 o

04 인덱스(Index, 색인) 25년 상시, 24년 상시, 23년 상시, 22년 상시, 21년 상시, 20년 7월, 16년 6월, 15년 3월/6월, ...

레코드를 빠르게 찾고 정렬할 수 있으며 단일 필드나 다중 필드로 인덱스를 만들 수 있음

- 키 값을 기초로 하여 테이블에서 검색 및 정렬 속도를 향상시키는 기능이다.
- 테이블에 있는 행의 고유성을 강화시키는 기능으로, 한 테이블에 32개까지 인덱스를 지정할 수 있다.
- 테이블의 기본키는 자동으로 인덱싱(Indexing)된다.
- 인덱스를 사용하면 정렬, 그룹화를 빨리 수행할 뿐만 아니라 인덱스 필드의 쿼리 속도도 빨라진다.
- 테이블의 내용을 검색할 때 그 속도를 높이기 위해서 이용한다.
- 중복되는 값이 없는 필드를 인덱스로 설정해야 검색 속도가 향상된다.
- OLE 개체 데이터 형식의 필드에만 인덱스를 사용할 수 없다.
- 레코드의 변경 및 추가가 있을 때마다 업데이트가 자동으로 이루어진다.
- 데이터들이 갱신될 때마다 인덱스 역시 업데이트되므로 갱신(추가, 수정, 삭제) 속도가 느려진다.
- 테이블이 추가, 삭제, 업데이트될 때 인덱스도 같이 업데이트되므로 검색을 자주 하는 필드에만 인덱스를 설정하면 효율적이다.
- 인덱스의 종류는 단일 필드 인덱스와 다중 필드 인덱스가 있다.

1) 단일 필드 인덱스 05년 2월

- 단일 필드에 인덱스를 지정하는 것으로 [필드 속성] 중 [인덱스] 속성을 이용한다.
- 단일 필드 기본키를 지정한 경우 인덱스 속성이 자동으로 '예(중복 불가능)'로 설정되며, 그렇지 않은 경우는 테이블 저장 시 기본키가 자동으로 해제된다.

인덱스 속성	설명
아니요	기본값으로, 인덱스가 없음
예(중복 가능)	인덱스 중복을 허용함
예(중복 불가능)	인덱스 중복을 허용하지 않음

> **기적의 TIP**
> 인덱스는 개념 파악이 중요합니다. 특히, 갱신 시 속도가 느려지는 점에 유의해서 전반적으로 꼼꼼히 공부하세요.

> **기적의 TIP**
> 인덱스는 찾아보기라고도 하며, 테이블의 내용을 검색할 때 검색 속도를 높일 수 있어요.

인덱스의 삭제
인덱스 삭제 시 인덱스만 삭제되고 필드 자체는 삭제되지 않음

2) 다중 필드 인덱스

- 다중 필드에 인덱스를 지정하는 것으로 리본 메뉴의 [테이블 디자인] 탭-[표시/숨기기 그룹]-[인덱스]()를 이용하여 인덱스를 설정하거나 확인할 수 있다.
- 다중 필드로 기본키를 지정한 경우 해당 다중 필드에는 인덱스가 설정된다.
- 여러 개의 필드로 검색 조건을 제공해야 하는 경우 효과적이다.

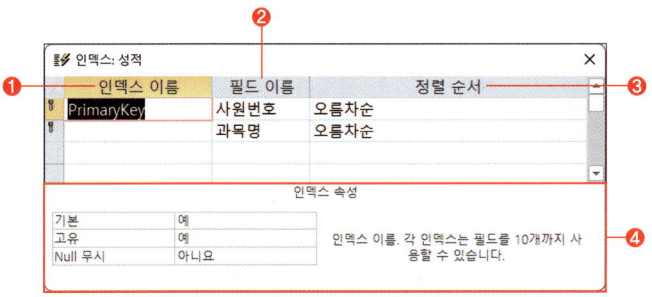

❶ 인덱스 이름	• 인덱스를 구분하는 이름으로, 각 인덱스는 10개까지 필드 사용이 가능함 • 기본키로 지정된 경우 'PrimaryKey'로 표시됨
❷ 필드 이름	인덱싱할 필드 이름
❸ 정렬 순서	레코드 정렬 방식을 지정함(기본 : 오름차순)
❹ 인덱스 속성	• 기본 : [예]를 선택하면 인덱스가 기본키가 됨 • 고유 : [예]를 선택하면 인덱스의 모든 값은 다른 값과 중복될 수 없음 • Null 무시 : [예]를 선택하면 Null 값을 갖는 레코드는 인덱스에서 제외됨

개념 체크

1. 키 값을 기초로 하여 테이블에서 검색 및 정렬 속도를 향상시키는 기능은 (   )이다.
2. 테이블에 있는 행의 고유성을 강화시키는 기능으로, 한 테이블에 (   )개까지 인덱스를 지정할 수 있다.
3. 인덱스의 종류는 (   ) 필드 인덱스와 (   ) 필드 인덱스가 있다.
4. 인덱스를 사용하면 정렬, 그룹화를 빨리 수행할 뿐만 아니라 인덱스 필드의 쿼리 속도도 빨라진다. (o, ×)
5. 테이블의 기본키는 자동으로 인덱싱되지 않는다. (o, ×)

1 인덱스 2 32 3 단일, 다중
4 o 5 ×

이론을 확인하는 기출문제

01 다음 중 테이블의 필드 속성에서 인덱스를 지정할 수 없는 데이터 형식은?
① 짧은 텍스트
② OLE 개체
③ Yes/No
④ 숫자

> OLE 개체 데이터 형식의 필드에는 인덱스를 사용할 수 없음

02 다음은 색인(Index)에 대한 설명이다. 가장 옳지 않은 것은?
① 하나의 필드나 필드 조합에 인덱스를 만들어 레코드 찾기와 정렬을 효율적으로 수행할 수 있게 한다.
② 색인을 많이 설정하면 테이블의 변경 속도가 저하될 수 있다.
③ 인덱스를 삭제하면 필드나 필드 데이터도 함께 삭제된다.
④ 레코드를 변경하거나 추가할 때마다 자동으로 업데이트된다.

> 인덱스 삭제 시 인덱스만 제거되고 필드 자체는 제거되지 않음

03 다음 중 기본키(Primary Key)에 대한 설명으로 옳은 것은?
① 모든 테이블에는 기본키를 반드시 설정해야 한다.
② 액세스에서는 단일 필드 기본키와 일련번호 기본키만 정의 가능하다.
③ 데이터가 이미 입력된 필드도 기본키로 지정할 수 있다.
④ OLE 개체나 첨부 파일 형식의 필드에도 기본키를 지정할 수 있다.

> 필드에 이미 데이터가 입력되어 있어도 기본키로 지정할 수 있음
>
> **오답 피하기**
> • ① : 모든 테이블에 기본키를 반드시 설정하지 않아도 됨
> • ② : 일련번호 기본키, 단일 필드 기본키, 다중 필드 기본키가 있음
> • ④ : OLE 개체, 첨부 파일 형식에는 기본키를 지정할 수 없음

04 다음 중 인덱스(Index)에 대한 설명으로 옳지 않은 것은?
① 일반적으로 검색을 자주하는 필드에 대해 인덱스를 설정하는 것이 바람직하다.
② 인덱스를 설정하면 레코드의 조회는 물론 레코드의 갱신 속도가 빨라진다.
③ 한 테이블에서 여러 개의 인덱스를 생성할 수 있다.
④ 중복 불가능한 인덱스를 생성하면 동일한 값이 중복적으로 입력될 수 없다.

> 인덱스를 설정하면 검색과 쿼리 속도를 향상시킬 수 있지만 데이터를 추가하거나 업데이트할 때는 속도가 느려짐

05 다음 중 테이블에 데이터가 입력되는 방식을 제어하기 위한 방법으로 적절하지 않은 것은?
① 유효성 검사 규칙을 설정하여 필드에 입력되는 데이터 값의 범위를 설정한다.
② 입력 마스크를 이용하여 필드의 각 자리에 입력되는 값의 종류를 제한한다.
③ 색인(Index)을 이용하여 해당 필드에 중복된 값이 입력되지 않도록 설정한다.
④ 기본키(Primary Key) 속성을 이용하여 레코드 추가 시 기본으로 입력되는 값을 설정한다.

> 필드 속성의 기본값을 이용하여 새 레코드를 만들 때 필드에 자동으로 입력하는 값을 설정함

정답 01 ② 02 ③ 03 ③ 04 ② 05 ④

SECTION 07 필드 속성 4-관계 설정/참조 무결성

출제빈도 상 중 하
반복학습 1 2 3

빈출 태그 관계 설정 · 참조 무결성

▶ 합격 강의

01 관계 설정

1) 관계(Relationship)의 개념 16년 10월, 05년 10월
- 관계형 데이터베이스에서 업무 주제별 테이블을 만들어 사용하기 때문에 연관된 데이터가 여러 테이블에 분산되어 저장되는 경우 여러 테이블에서 원하는 정보를 얻게 된다.
- 여러 테이블을 연결하여 정보를 가져올 수 있도록 각 테이블 간의 관계를 설정해야 한다.
- 관계는 두 개 이상의 테이블에 분산되어 있는 데이터를 하나로 모으기 위한 쿼리, 폼, 보고서를 작성할 때 반드시 설정해 주어야 한다.
- 기본 테이블의 기본키(PK, Primary Key)와 관련 테이블의 외래키(FK, Foreign Key)를 서로 대응시켜 관계를 설정하며, 두 키는 반드시 데이터 형식과 정보의 종류가 같아야 한다.

> **기적의 TIP**
> 관계 설정은 개념과 종류, 설정 방법을 전반적으로 파악해 두세요.

2) 관계의 종류
- 개체와 개체 간의 관계 또는 속성과 속성 간의 관계를 의미한다.
- 관계의 종류에는 1:1(일대일), 1:n(일대다), n:m(다대다)이 있다.

1:1(일대일)	기본 테이블의 개체와 상대 테이블의 개체가 일대일로 대응하는 관계
1:n(일대다)	기본 테이블의 한 개체가 상대 테이블의 여러 개체와 대응하는 관계
n:m(다대다)	• 기본 테이블의 임의 개체가 상대 테이블의 여러 개체와 대응하는 관계 • 상대 테이블의 임의 개체 역시 기본 테이블의 여러 개체와 대응하는 관계

3) 관계 설정하기

① 관계 창 표시

리본 메뉴	[데이터베이스 도구] 탭-[관계] 그룹-[관계](📊)를 클릭함

② 테이블 표시
테이블 추가 대화 상자에서 [선택한 표 추가]를 클릭한다. 해당 테이블을 더블클릭해도 추가된다.

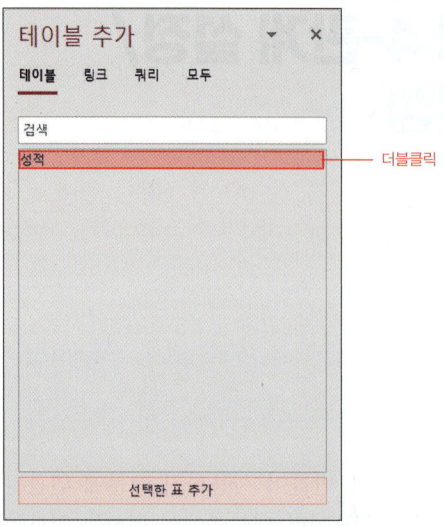

③ 테이블 숨기기

- [관계 디자인] 탭-[관계] 그룹-[테이블 숨기기]를 클릭한다.
- 테이블 숨기기는 설정된 관계를 해제하는 것이 아닌 [관계] 창에서 단순히 테이블을 숨기는 기능이다.

4) 일대일 관계 설정하기 24년 상시, 23년 상시, 22년 상시, 15년 3월, 06년 2월

두 테이블 모두 기본키로 지정된 필드가 사용되는 경우 일대일 관계는 자동으로 설정된다.

따라하기 TIP

따라하기 파일 • Part03_Chapter02_학적(일대일)-따라파일.accdb

① [성명 학과명 테이블]의 [학번] 필드를 [휴대폰 주소 테이블]의 [학번] 필드로 드래그하여 끌어 놓는다.

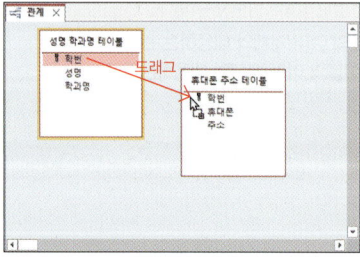

② [관계 편집] 대화 상자가 나타나면 '항상 참조 무결성 유지' 옵션에 체크하고 [조인 유형]을 클릭한다. 필요에 의해 관련 데이블을 변경할 수 있도록 하려면 이 확인란의 선택을 취소한다.

일대일 관계 성립 조건
양쪽 테이블의 연결 필드가 모두 중복 불가능의 기본키나 인덱스가 지정되어 있어야 함

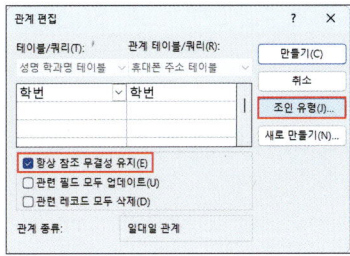

③ [조인 속성] 대화 상자가 나타나면 '일대일' 관계를 설정하기 위해 1번 옵션을 선택하고 [확인]을 클릭한다.

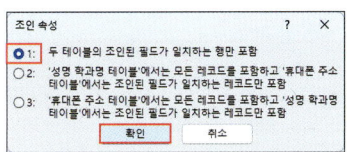

④ [관계 편집] 대화 상자로 돌아오면 [만들기]를 클릭하여 관계를 설정한다.

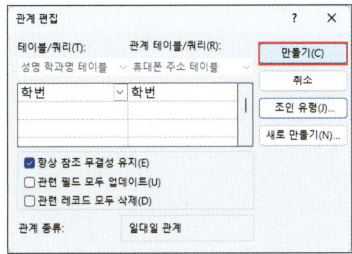

⑤ 일대일 관계(1:1)를 확인한 다음 [관계] 창을 닫는다.

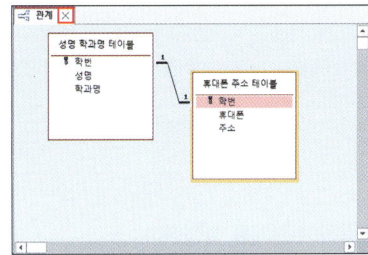

⑥ [성명 학과명 테이블]을 [데이터시트] 창에서 열어 각 레코드 앞의 ⊞ 표시를 클릭하면 ⊟ 로 변하면서 [휴대폰 주소 테이블]의 레코드가 하위 테이블로 나타난다.

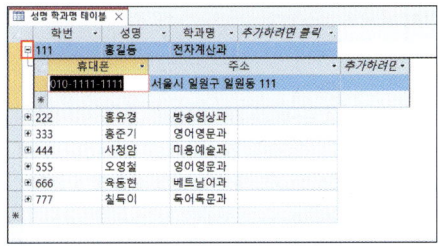

5) 일대다 관계 설정하기 06년 5월
가장 일반적인 관계

따라하기 TIP

따라하기 파일 • Part03_Chapter02_팀원(일대다)-따라파일.accdb

① [팀코드 팀명 테이블]의 [팀코드] 필드를 [사번 성명 팀코드 테이블]의 [팀코드] 필드로 드래그하여 끌어 놓는다.

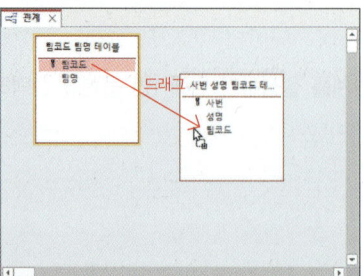

② [관계 편집] 대화 상자가 나타나면 '항상 참조 무결성 유지'와 '관련 필드 모두 업데이트' 옵션에 체크하고 [조인 유형]을 클릭한다.

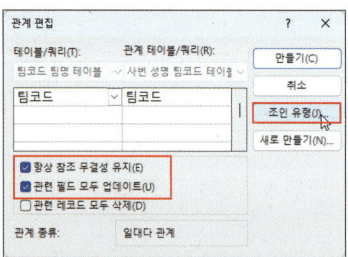

③ [조인 속성] 대화 상자가 나타나면 '일대다' 관계를 설정하기 위해 3번 옵션을 선택하고 [확인]을 클릭한다.

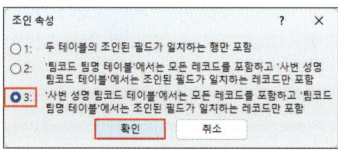

④ [관계 편집] 대화 상자로 돌아오면 [만들기]를 클릭하여 관계를 설정한다.

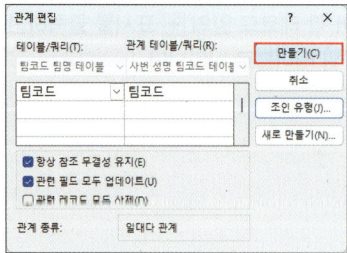

⑤ 일대다 관계(1:∞)를 확인한 다음 [관계] 창을 닫는다.

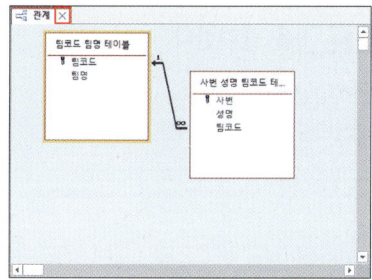

⑥ [팀코드 팀명 테이블]을 [데이터시트] 창에서 열어 각 레코드 앞의 ⊞를 클릭하면 ⊟로 변하면서 [사번 성명 팀코드 테이블]의 레코드가 하위 테이블로 나타난다.

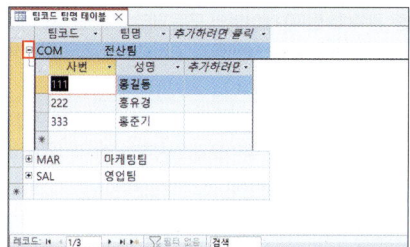

⑦ [사번 성명 팀코드 테이블]은 일대다(1:∞)관계이므로 [데이터시트] 창에서 열어도 ⊞가 표시되지 않는다. 다(∞)에 해당하는 테이블은 일(1)에 해당하는 하위 테이블을 가질 수 없다.

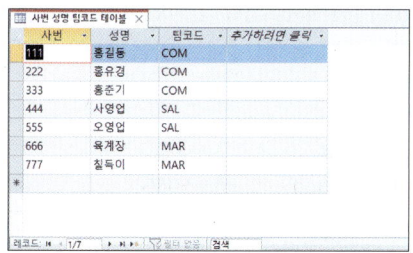

6) 다대다 관계 설정하기 20년 7월, 16년 6월, 14년 6월, 06년 5월

관계형 데이터베이스에서는 다대다(N:M) 관계를 직접 표현할 수 없기 때문에 3개의 테이블을 가지고 일대다(1:∞) 관계 2개를 이용하여 설정한다.

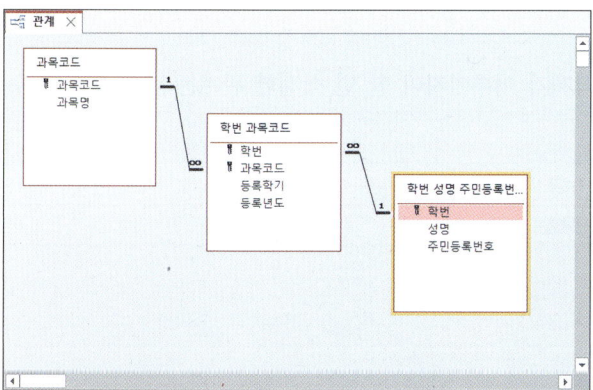

7) 조인 속성 25년 상시, 16년 6월

- 테이블의 관계 설정 시 조인 속성을 결정할 수 있다.
- [관계 편집] 대화 상자에서 [조인 유형](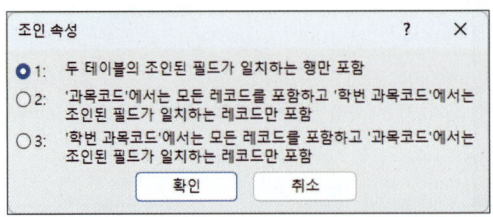)을 클릭한다.

1: 내부 조인 (Inner Join)	가장 일반적인 조인 형태로 관계를 설정한 두 테이블의 조인된 필드가 일치하는 레코드(행)만을 추출함
2: 왼쪽 외부 조인 (Left Join)	• 관계가 설정된 두 테이블 중 왼쪽(첫 번째) 테이블의 모든 레코드(행)를 포함시킴 • 오른쪽(두 번째) 테이블에서는 왼쪽(첫 번째) 테이블과 일치하는 레코드(행)만을 포함시킴
3: 오른쪽 외부 조인 (Right Join)	• 관계가 설정된 두 테이블 중 오른쪽(두 번째) 테이블의 모든 레코드(행)를 포함시킴 • 왼쪽(첫 번째) 테이블에서는 오른쪽(두 번째) 테이블과 일치하는 레코드(행)만을 포함시킴

8) 관계 편집 22년 상시, 16년 6월

- 관계를 편집하기 위한 관계선을 클릭하면 관계선이 진하게 선택된다.
- 관계선을 더블클릭하거나 바로 가기 메뉴의 [관계 편집]을 선택한다.
- [관계 편집] 대화 상자가 나타나면 옵션과 [조인 유형], [새로 만들기] 등으로 편집할 수 있다.

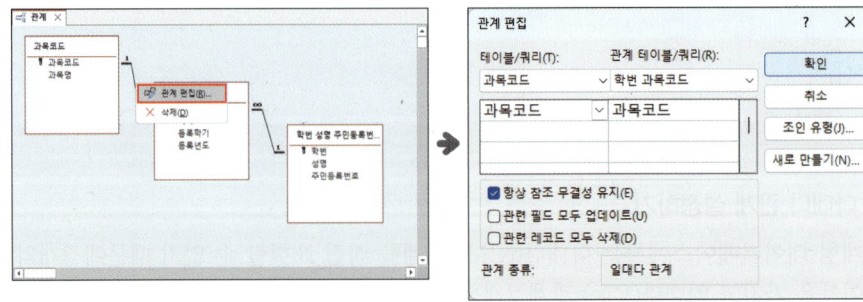

9) 관계 삭제

관계선을 선택한 상태에서 삭제가 이루어지며 한 번 삭제한 관계는 다시 되살릴 수 없기 때문에 주의해야 한다.

바로 가기 키	Delete 를 누름
바로 가기 메뉴	[삭제]를 선택함

02 참조 무결성 25년 상시, 24년 상시, 23년 상시, 22년 상시, 21년 상시, 20년 2월/7월, 19년 3월, 18년 3월/9월, 17년 3월, …

참조 무결성은 관련 테이블의 레코드 간 관계가 유효하고 사용자가 관련 데이터를 실수로 삭제 또는 변경하지 않았는지 확인하기 위해 사용되는 규칙이다.

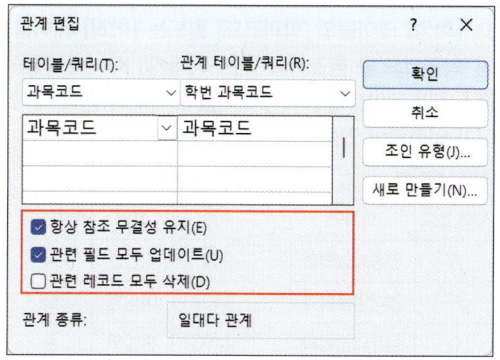

항상 참조 무결성 유지	• 기본 테이블의 일치 필드가 기본키이거나 고유 인덱스를 가진 경우, 관련 필드가 같은 데이터 형식을 가진 경우, 두 테이블이 같은 Access 데이터베이스에 저장된 경우가 모두 적용될 때 이 확인란에 체크하면 항상 참조 무결성을 유지함 • [항상 참조 무결성 유지]의 체크를 해제하면 참조 무결성 규칙에 어긋나는 관련 테이블을 변경할 수 있음
관련 필드 모두 업데이트	• [항상 참조 무결성 유지]를 체크하고 [관련 필드 모두 업데이트]를 체크하면 기본 테이블에서 기본키 값이 바뀔 때마다 관련 테이블의 해당 값이 자동으로 업데이트 됨 • [항상 참조 무결성 유지]를 체크하고 [관련 필드 모두 업데이트]의 체크를 해제하면 관련 테이블에 관련된 레코드가 있을 때마다 기본 테이블의 기본키 값을 변경하지 못함
관련 레코드 모두 삭제	• [항상 참조 무결성 유지]를 체크하고 [관련 레코드 모두 삭제]도 체크하면 기본 테이블에서 레코드를 삭제할 때마다 관련 테이블의 관련 레코드가 자동으로 삭제함 • [항상 참조 무결성 유지]를 체크하고 [관련 레코드 모두 삭제]의 체크를 해제하면 관련 테이블에 관련된 레코드가 있을 때마다 기본 테이블의 레코드를 삭제하지 못함

> **기적의 TIP**
> 참조 무결성은 시험에 자주 출제되는 내용입니다. 기능을 정확히 익혀 두세요.

무결성 제약 조건
관계형 데이터베이스에서 데이터의 중복을 최소화하여 데이터에 대한 효율적인 검증과 데이터의 정확성을 유지하기 위한 제약 조건

참조 무결성
• 참조 무결성은 참조하고 참조되는 테이블 간의 참조 관계에 아무런 문제가 없는 상태를 의미함
• 다른 테이블을 참조하는 테이블 즉, 외래키 값이 있는 테이블의 레코드를 삭제해도 참조 무결성은 위배되지 않음
• 다른 테이블을 참조하는 테이블의 레코드 추가 시 외래키 값이 널(Null)인 경우에는 참조 무결성이 유지됨
• 다른 테이블에 의해 참조되는 테이블에서 레코드를 추가하는 경우에는 참조 무결성이 유지됨

이론을 확인하는 기출문제

01 [성적] 테이블의 '과목코드' 필드와 [과목] 테이블의 '과목코드' 필드를 이용하여 두 테이블 간 관계가 설정되어 있다. 이 때 [성적] 테이블의 '과목코드' 필드를 무엇이라 부르며, 두 테이블 간에 준수되어야 할 제약을 무엇이라 하는가?(단, [과목] 테이블의 '과목코드' 필드는 기본키로 설정되어 있음)

① 외래키 - 참조 무결성 제약 조건
② 외래키 - 개체 무결성 제약 조건
③ 기본키 - 참조 무결성 제약 조건
④ 기본키 - 개체 무결성 제약 조건

> 두 테이블 간 관계 설정 시 기본키와 대응되는 키를 외래키라 할 수 있음. [과목] 테이블의 '과목코드' 필드가 기본키이므로 [성적] 테이블의 '과목코드' 필드는 외래키가 되며, 외래키에 대해서는 '참조 무결성'이, 기본키에 대해서는 '개체 무결성'이 제약 조건으로 주어짐
> • 참조 무결성 : 두 테이블의 연관된 레코드들 사이의 일관성을 유지하는데 사용함. 주어진 속성들의 집합에 대한 테이블의 한 값이 반드시 다른 테이블에 대한 속성 값으로 나타나도록 보장해야 함
> • 개체 무결성 : 테이블에서 기본키를 구성하는 속성(열) 값은 널 값이나 중복 값을 가질 수 없음

02 다음 중 아래처럼 테이블 간의 관계 설정에서 일대일 관계가 성립하는 것은?

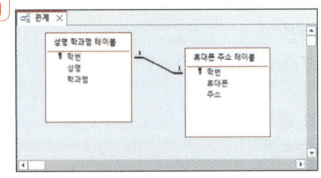

① 양쪽 테이블의 연결 필드가 모두 중복 불가능의 인덱스나 기본키로 설정되어 있는 경우
② 어느 한쪽의 테이블의 연결 필드가 중복 불가능의 인덱스나 기본키로 설정되어 있는 경우
③ 오른쪽 관련 테이블의 연결 필드가 중복 가능한 인덱스나 후보키로 설정되어 있는 경우
④ 양쪽 테이블의 연결 필드가 모두 중복 가능한 인덱스나 후보키로 설정되어 있는 경우

> 일대일 관계 성립 조건 : 양쪽 테이블의 연결 필드가 모두 중복 불가능의 기본키나 인덱스가 지정되어 있어야 함

03 [학과] 테이블의 '학과코드'는 기본키로 설정되어 있고, [학생] 테이블의 '학과코드' 필드는 [학과] 테이블의 '학과코드'를 참조하고 있는 외래키(FK)이다. 다음 중 [학과] 테이블과 [학생] 테이블에 아래와 같이 데이터가 입력되어 있을 때의 설명으로 옳지 않은 것은?

[학과] 테이블

학과코드	학과명
A	인공지능학과
E	영어영문학과
C	컴퓨터공학과

[학생] 테이블

학번	성명	학과코드
2401	이선훈	A
2402	이상영	C
2403	홍범도	A
2404	지유환	null

① 현재 각 테이블에 입력된 데이터 상태는 참조 무결성이 유지되고 있다.
② [학과] 테이블에서 학과코드 'E'를 삭제하면 참조 무결성이 유지되지 않는다.
③ [학생] 테이블에서 학번이 2402인 이상영 학생을 삭제해도 참조 무결성이 유지된다.
④ [학생] 테이블에서 학번이 2404인 지유환 학생의 '학과코드'를 'B'로 입력하면 참조 무결성이 유지되지 않는다.

> • 참조 무결성 : 외래키 값은 널(Null)이거나 참조 테이블에 있는 기본키 값과 동일해야 함
> • [학과] 테이블에서 학과코드 'E'를 삭제하더라도 [학과] 테이블의 학과코드 'E'는 [학생] 테이블의 '학과코드' 필드에서 사용하고 있지 않으므로 참조 무결성이 유지됨

04 다음 중 외래키 값을 관련된 테이블의 기본키 값과 동일하게 유지해 주는 제약 조건은?

① 동시 제어성   ② 관련성
③ 참조 무결성   ④ 동일성

> 참조 무결성
> • 참조 무결성은 참조하고 참조되는 테이블 간의 참조 관계에 아무런 문제가 없는 상태를 의미함
> • 다른 테이블을 참조하는 테이블 즉, 외래키 값이 있는 테이블의 레코드를 삭제해도 참조 무결성은 위배되지 않음
> • 다른 테이블을 참조하는 테이블의 레코드 추가 시 외래키 값이 널(Null)인 경우에는 참조 무결성이 유지됨
> • 다른 테이블에 의해 참조되는 테이블에서 레코드를 추가하는 경우에는 참조 무결성이 유지됨

정답 01 ① 02 ① 03 ② 04 ③

SECTION 08 데이터 입력

출제빈도 상 중 하
반복학습 1 2 3

빈출 태그 레코드 추가/삭제 • 데이터 찾기/바꾸기 • 외부 데이터 가져오기 • 테이블 연결

01 레코드 추가/삭제 및 데이터 변경 16년 3월

1) 데이터시트 보기의 화면 구성

- 테이블에 레코드를 추가하거나 삭제하는 등 데이터를 입력, 삭제, 변경하는 작업은 데이터시트 보기 상태에서 이루어진다.
- 특정한 하나의 레코드 높이만 변경할 수 없다.

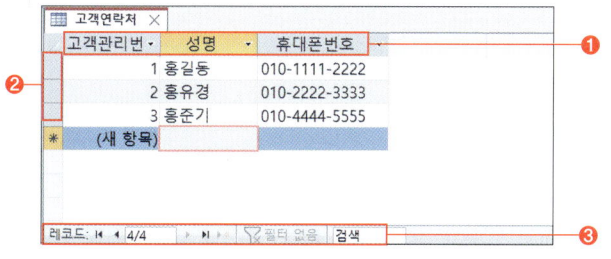

❶ 필드 선택기	• 필드의 복사나 이동 시 사용함 • 열의 너비를 조절할 수 있음
❷ 레코드 선택기	레코드의 현재 상태 및 레코드 선택 시 사용함
❸ 탐색 단추	레코드 이동 시 사용함

> 🎯 기적의 TIP
>
> 데이터시트 보기의 화면 구성에서 레코드 선택기와 탐색 단추의 기능을 잘 알아 두세요.

레코드 선택기
- ☐ : 현재 선택된 레코드
- ✱ : 내용을 입력할 수 있는 새 레코드
- 🖉 : 레코드를 편집 중인 경우

➕ 더 알기 TIP

탐색 단추 구성 24년 상시, 18년 3월

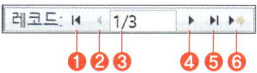

❶ 첫 레코드로 이동   ❷ 이전 레코드로 이동
❸ 현재 레코드/전체 레코드 수   ❹ 다음 레코드로 이동
❺ 마지막 레코드로 이동   ❻ 새(빈) 레코드 추가

2) 레코드 추가

- 새로운 레코드는 항상 마지막에 추가되며 레코드 중간에 삽입할 수 없다.
- 레코드 선택기나 임의 필드를 선택한 후 다음과 같이 실행하면 마지막 빈 레코드로 이동한다.

리본 메뉴	[홈] 탭-[레코드] 그룹-[새로 만들기]를 실행함
바로 가기 키	Ctrl + + 를 누름
바로 가기 메뉴	[새 레코드]를 선택함
탐색 단추	▶✱ 단추를 클릭함

3) 레코드 삭제 08년 10월

- 레코드 선택기를 클릭한 후 레코드를 다음 방법으로 삭제할 수 있으며, 삭제된 레코드는 복원할 수 없다.

리본 메뉴	[홈] 탭-[레코드] 그룹-[삭제]를 실행함
바로 가기 키	Ctrl + - 나 Delete 를 누름
바로 가기 메뉴	[레코드 삭제]를 선택함

- Shift 를 이용하면 연속된 레코드를 선택하여 한꺼번에 삭제할 수 있다.

4) 데이터 수정

- 수정할 필드의 데이터를 삭제한 다음 새로운 데이터를 입력한다.
- 필드의 일부분만 수정하기 위해서는 필드를 클릭하거나 F2 를 눌러 편집 상태가 되었을 때 수정한다.

> **암기 TIP**
> 수정2(F2) 쉽다.

02 데이터 찾기/바꾸기 24년 상시, 17년 9월, 10년 6월

1) 데이터 찾기

- 테이블에 입력된 내용 중 검색을 원하는 내용을 찾아주는(검색) 기능이다.
- 데이터 찾기는 데이터시트 보기에서 수행된다.
- 검색 도중 [찾기 및 바꾸기] 대화 상자를 종료해도 Shift + F4 를 눌러 [다음 찾기]를 할 수 있다.

리본 메뉴	[홈] 탭-[찾기] 그룹-[찾기]( )를 클릭함
바로 가기 키	Ctrl + F 를 누름
바로 가기 메뉴	필드 선택기를 클릭한 후 바로 가기 메뉴의 [찾기]를 선택함

> **암기 TIP**
> 찾기
> Ctrl + F(Find)

> **기적의 TIP**
> [찾기]와 [바꾸기]의 대화 상자의 각 기능을 숙지하고, 만능 문자를 이용한 예를 혼동하지 않도록 익혀 두세요.

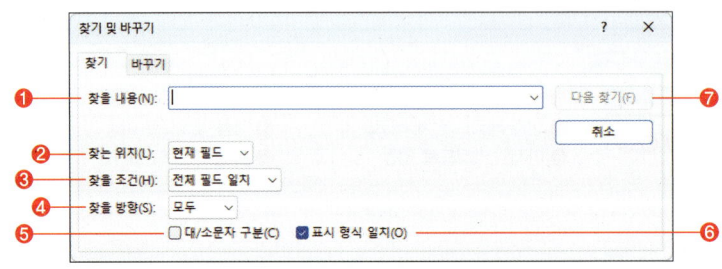

❶ 찾을 내용	찾을 내용을 입력하며, 만능 문자를 사용할 수 있음
❷ 찾는 위치	특정 필드에서 찾을지, 테이블 내의 모든 필드에서 찾을지 여부를 설정함
❸ 찾을 조건	'필드의 일부★, 전체 필드 일치★, 필드의 시작★'이 있음
❹ 찾을 방향	찾을 방향(위쪽, 아래쪽, 모두)을 지정함
❺ 대/소문자 구분	대/소문자를 구분하여 찾음
❻ 표시 형식 일치	표시 형식이 일치하는 내용을 찾음
❼ 다음 찾기	주어진 조건과 일치하는 다음 내용을 검색함

★ **필드의 일부**
필드의 내용 중 일부만 같아도 검색함

★ **전체 필드 일치**
필드 전체 내용이 같은 경우만 검색함

★ **필드의 시작**
필드의 시작 내용이 같은 경우만 검색함

- 만능 문자(*, ?)를 이용한 검색과 Null이나 빈 문자열의 검색도 가능하다.

문자	설명	예
*	• 글자 수에 관계없이 찾음 • 문자열의 처음이나 마지막 문자로 사용됨	『운동*』입력하면 운동장, 운동화, 운동선수 등을 찾음
?	한 자리의 문자만 찾음	『소?자』를 입력하면 소비자, 소유자, 소개자 등을 찾음
[ ]	대괄호 안의 문자 중 어느 하나의 값과 일치하는 것을 찾음	『소[비유]자』를 입력하면 소비자와 소유자를 찾고 소개자는 무시함
!	대괄호 안에 있지 않은 문자를 찾음	『소[!비유]자』를 입력하면 소개자는 찾지만 소비자와 소유자는 무시함
-	• 영문자의 경우, 문자 범위 내에서 하나의 문자를 찾음 • 오름차순(A-Z)으로 지정해야 함	『b[a-c]d』를 입력하면 bad, bbd, 및 bcd를 찾음
#	숫자 한 자리를 찾음	『1#3』를 입력하면 103, 113, 123을 찾음

2) 바꾸기

- 테이블에 입력되어 있는 데이터를 다른 데이터로 바꿔주는(치환) 기능이다.
- 데이터 바꾸기는 데이터시트 보기에서 수행된다.
- 만능 문자(*, ?)를 이용하여 치환할 수 있다.
- [홈] 탭-[찾기] 그룹-[바꾸기]나 Ctrl + H 를 이용하여 바꾸기를 실행할 수 있다.

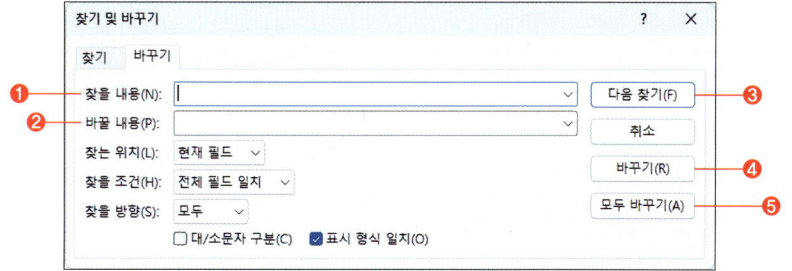

❶ 찾을 내용	찾고자 하는 내용을 입력하며, 만능 문자를 사용함
❷ 바꿀 내용	바꾸고자 하는 내용을 입력함
❸ 다음 찾기	현재 찾은 내용을 바꾸지 않고 다음 내용을 찾음
❹ 바꾸기	현재 찾은 내용을 바꾸고 다음 내용을 찾음
❺ 모두 바꾸기	찾을 내용과 일치하는 모든 내용을 한꺼번에 모두 바꿈

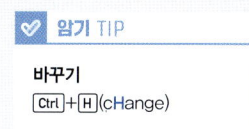

암기 TIP

바꾸기
Ctrl + H (cHange)

> **기적의 TIP**
>
> 외부 데이터를 가져올 수 있는 파일과 가져오지 못하는 파일의 구분이 중요합니다. 액세스에서 가져올 수 있는 데이터 형식은 꼭 암기해 두세요!

03 외부 데이터 가져오기(Import) 24년 상시, 20년 2월, 18년 3월, 16년 3월, 15년 3월/10월, 13년 3월, …

- 다른 액세스 파일에 들어 있는 테이블이나 엑셀 파일, 텍스트 파일, dBASE 형식의 데이터 파일 등을 현재 데이터베이스 파일 내로 불러올 수 있는 기능이다.
- 외부의 데이터를 가져오더라도 원본 데이터는 변경이 없으며, 가져오기한 데이터를 변경해도 원본 데이터에는 아무런 변화가 없다.
- 액세스에서 가져올 수 있는 데이터 형식은 Microsoft Office Access, Microsoft Excel, HTML 문서, Sharepoint 목록, 텍스트 파일, XML, ODBC 데이터베이스 등이 있다.

1) 액세스 파일 가져오기

🖉 **따라하기 TIP**

따라하기 파일 • Part03_Chapter02_액세스파일가져오기-따라파일.accdb, 고객관리-완성파일.accdb

① [외부 데이터] 탭-[가져오기 및 연결] 그룹-[새 데이터 원본]-[데이터베이스에서]-[Access]를 클릭한다.
② [외부 데이터 가져오기-Access 데이터베이스] 대화 상자에서 [찾아보기]를 클릭하여 해당 액세스 데이터베이스 파일을 지정한다. 저장할 방법과 위치는 [테이블, 쿼리, 폼, 보고서, 매크로 및 모듈을 현재 데이터베이스로 가져오기]를 선택하고 [확인]을 클릭한다.

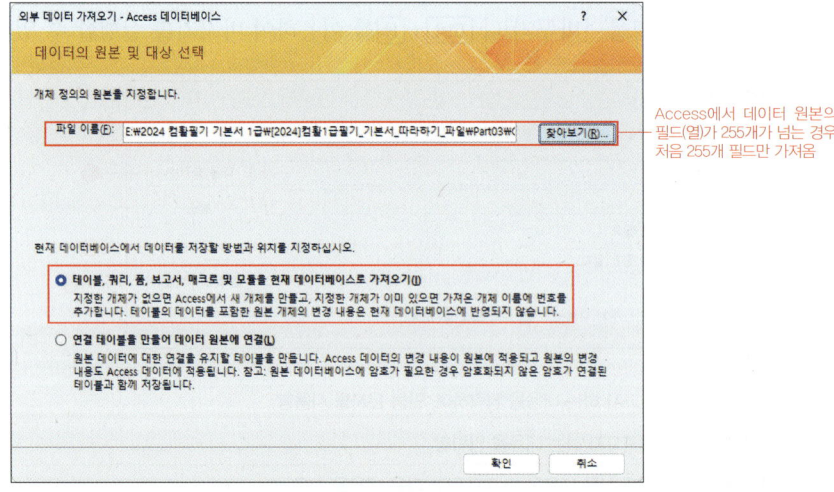

Access에서 데이터 원본의 필드(열)가 255개가 넘는 경우 처음 255개 필드만 가져옴

테이블, 쿼리, 폼, 보고서, 매크로 및 모듈을 현재 데이터베이스로 가져오기	데이터 원본에서 현재 데이터 베이스로 데이터를 가져옴
연결 테이블을 만들어 데이터 원본에 연결	현재 데이터베이스를 실행할 때 원본 데이터를 연결함

③ [개체 가져오기] 대화 상자의 [테이블] 탭에서 가져오기할 테이블을 선택한 다음 [확인]을 클릭한다. [가져오기 단계 저장]에서 [닫기]를 클릭한다.

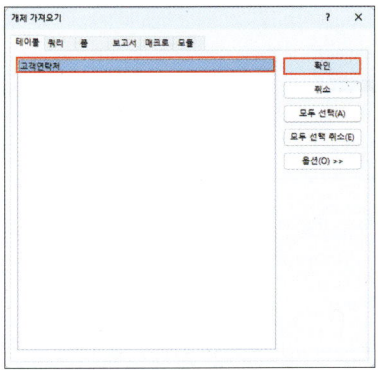

테이블이 있는 경우 [외부 데이터] 탭-[가져오기 및 연결] 그룹-[새 데이터 원본]-[파일에서]-[Excel]를 클릭하면 [다음 테이블에 레코드 복사본 추가]가 나타나며 지정한 테이블이 있으면 레코드가 테이블에 추가되고, 테이블이 없으면 Access에서 새로운 테이블을 만듦(원본 데이터의 변경 내용은 데이터베이스에 적용되지 않음)

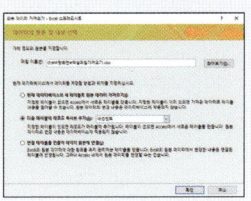

2) 엑셀 파일 가져오기 18년 3월

🏠 따라하기 TIP

따라하기 파일 • Part03_Chapter02_엑셀파일가져오기-따라파일.accdb, 엑셀파일가져오기.xlsx

① [외부 데이터] 탭-[가져오기 및 연결] 그룹-[새 데이터 원본]-[파일에서]-[Excel]을 클릭한다.
② [외부 데이터 가져오기-Excel 스프레드시트] 대화 상자에서 [찾아보기]를 클릭하여 해당 엑셀 파일을 지정한다. 저장할 방법과 위치는 [현재 데이터베이스의 새 테이블로 원본 데이터 가져오기]를 선택하고 [확인]을 클릭한다.

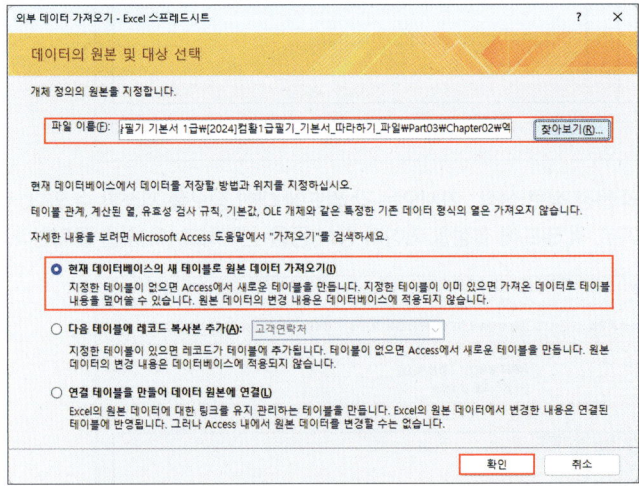

Excel 파일을 가져오는 경우 한 번에 하나의 워크시트만 가져올 수 있으므로 여러 워크시트에서 데이터를 가져오려면 각 워크시트에 대해 가져오기 명령을 반복해야 함

현재 데이터베이스의 새 테이블로 원본 데이터 가져오기	데이터 원본에서 현재 데이터베이스에 새로운 테이블로 데이터를 가져옴
연결 테이블을 만들어 데이터 원본에 연결	데이터 원본을 현재 데이터베이스에 새로운 테이블로 연결함

🎯 개념 체크

1 외부 데이터 가져오기 기능을 사용하면 다른 액세스 파일, 엑셀 파일, 텍스트 파일 등을 현재 데이터베이스 파일로 불러올 수 있다. (○, ×)

2 외부 데이터를 가져오면 원본 데이터가 변경된다. (○, ×)

3 액세스에서는 ODBC 데이터베이스를 가져올 수 있다. (○, ×)

1 ○ 2 × 3 ○

③ [1단계] 가져오기할 원본 설정 : [스프레드시트 가져오기 마법사]에서 가져오기할 워크시트나 범위를 선택한 후 [다음]을 클릭한다.

④ [2단계] 열 머리글의 사용 여부 설정 : 열 머리글을 테이블의 필드 이름으로 사용하는 경우는 [첫 행에 열 머리글이 있음]에 체크하고, 그렇지 않은 경우는 체크하지 않고 [다음]을 클릭한다.

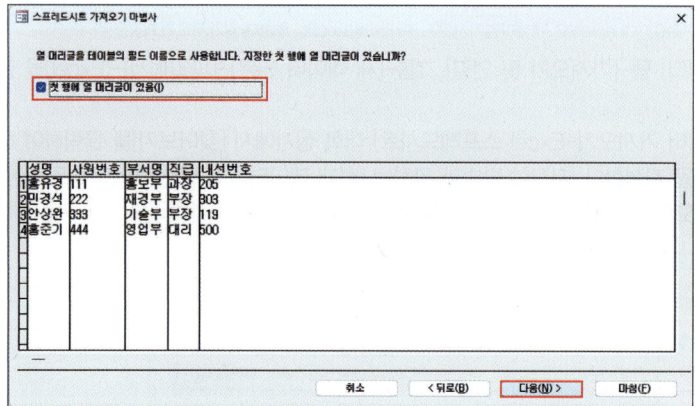

⑤ [3단계] 각 필드의 옵션 정보 설정 : 가져오는 각 필드에 대한 정보를 지정할 수 있다. 필드의 인덱스 설정 여부, 각 필드에 설정할 데이터 형식 등을 선택하고 [다음]을 클릭한다.

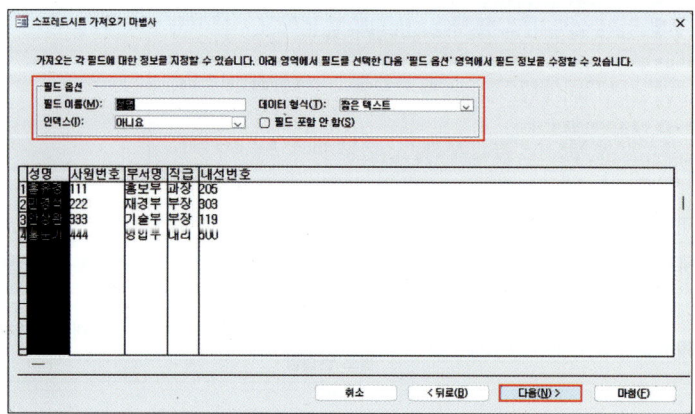

⑥ [4단계] 기본키 설정 : 기본키 관련 옵션을 선택하고 [다음]을 클릭한다.

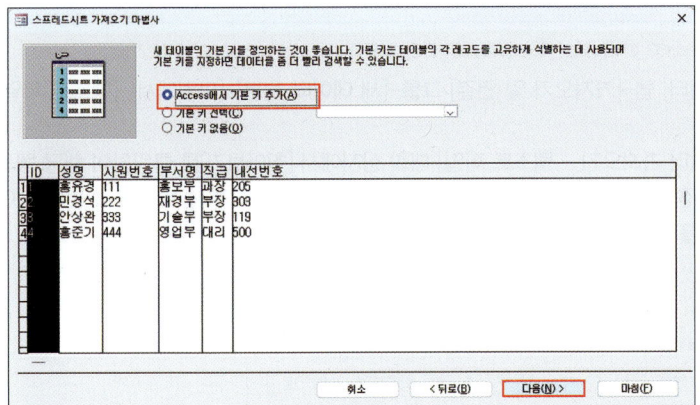

⑦ [5단계] 테이블 이름 설정 : 가져올 테이블의 이름을 입력하고 [마침]을 클릭한다.

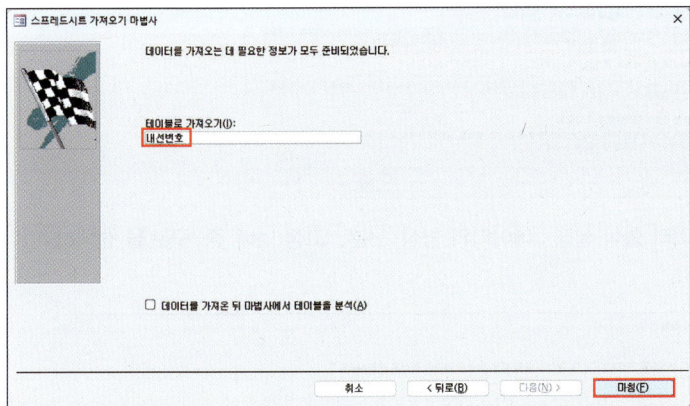

⑧ [외부 데이터 가져오기 – Excel 스프레드시트] 대화 상자의 [닫기]를 클릭하여 종료한다.

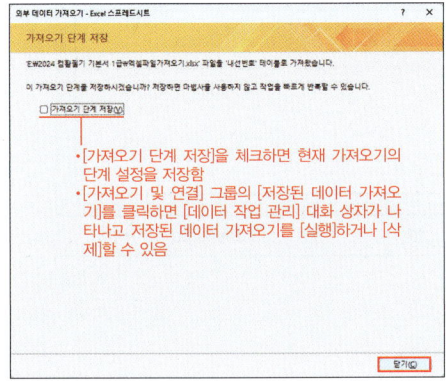

• [가져오기 단계 저장]을 체크하면 현재 가져오기의 단계 설정을 저장함
• [가져오기 및 연결] 그룹의 [저장된 데이터 가져오기]를 클릭하면 [데이터 작업 관리] 대화 상자가 나타나고 저장된 데이터 가져오기를 [실행]하거나 [삭제]할 수 있음

3) 텍스트 파일 가져오기

🏠 **따라하기 TIP**

따라하기 파일 • Part03_Chapter02_텍스트파일가져오기-따라파일.accdb, 텍스트파일가져오기.txt

① [외부 데이터] 탭-[가져오기 및 연결] 그룹-[새 데이터 원본]-[파일에서]-[텍스트 파일]을 클릭한다.

② [외부 데이터 가져오기 – 텍스트 파일] 대화 상자에서 [찾아보기]를 클릭하여 해당 텍스트 파일을 지정한다. 저장할 방법과 위치는 '현재 데이터베이스의 새 테이블로 원본 데이터 가져오기'를 선택하고 [확인]을 클릭한다.

[텍스트 가져오기 마법사]를 이용하여 기존 테이블에 내용을 추가하려는 경우 데이터의 수정 기능은 지원되지 않음

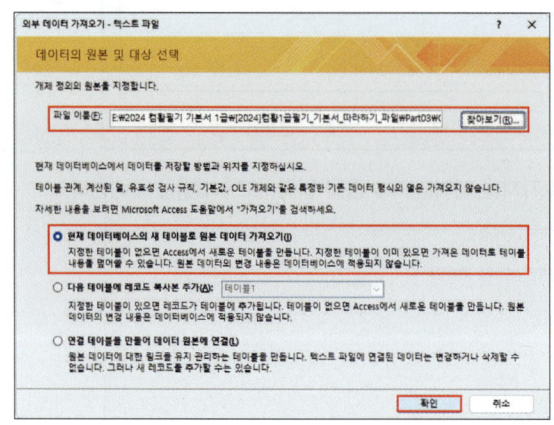

테이블이 있는 경우 [외부 데이터] 탭-[가져오기 및 연결] 그룹-[새 데이터 원본]-[파일에서]-[텍스트 파일]을 클릭하면 [다음 테이블에 레코드 복사본 추가]가 나타나며 지정한 테이블이 있으면 레코드가 테이블에 추가되고, 테이블이 없으면 Access에서 새로운 테이블을 만듦(원본 데이터의 변경 내용은 데이터베이스에 적용되지 않음)

③ [1단계] 데이터 형식 설정 : 데이터의 형식 '구분', '고정 너비' 중 '구분'을 선택하고 [다음] 을 클릭한다.

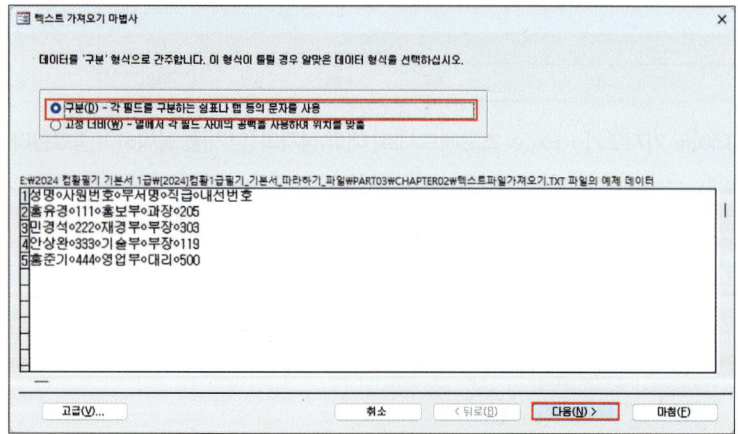

④ [2단계] 구분 기호와 필드 이름 포함 여부 설정 : 1단계에서 '구분'을 선택한 경우 필드를 나눌 구분 기호를 '탭'으로 선택하고 '첫 행에 필드 이름 포함'에 체크한 후 [다음]을 클릭한다.

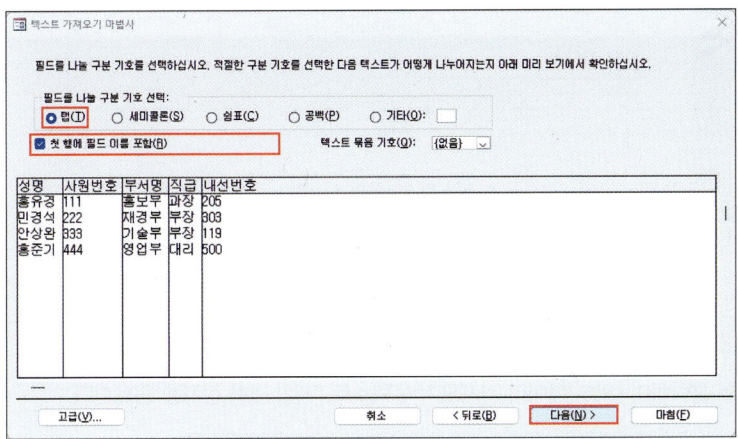

⑤ [3단계] 각 필드의 옵션 정보 설정 : 가져오는 각 필드에 대한 정보를 지정하고 [다음]을 클릭한다.

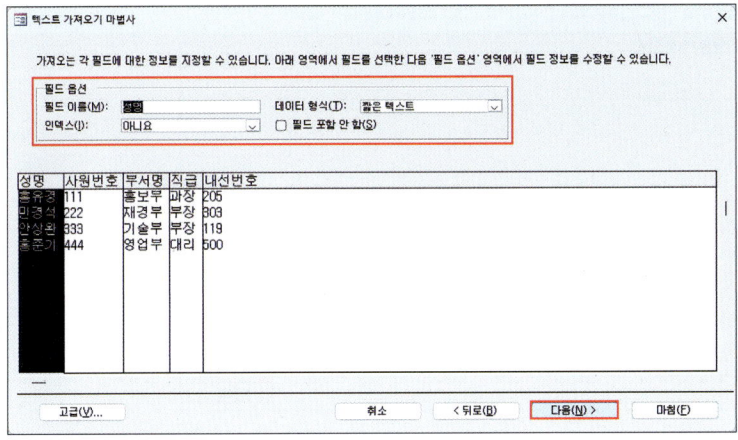

⑥ [4단계] 기본키 설정 : 테이블에서 사용할 기본키를 정의하고 [다음]을 클릭한다.

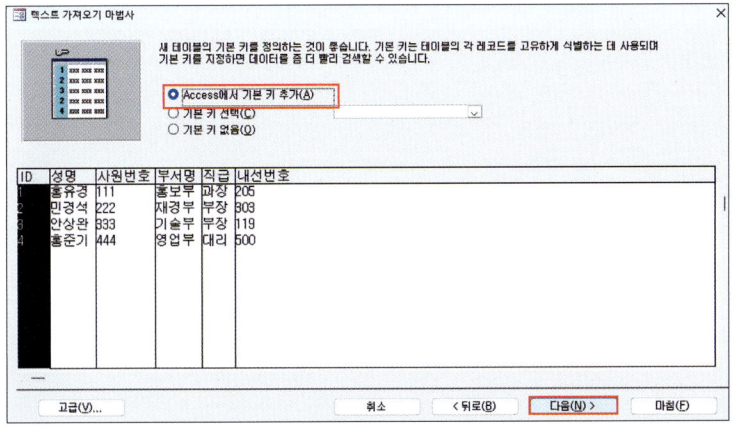

⑦ [5단계] 테이블 이름 설정 : 생성될 테이블 이름을 지정하고 [마침]을 클릭한다.

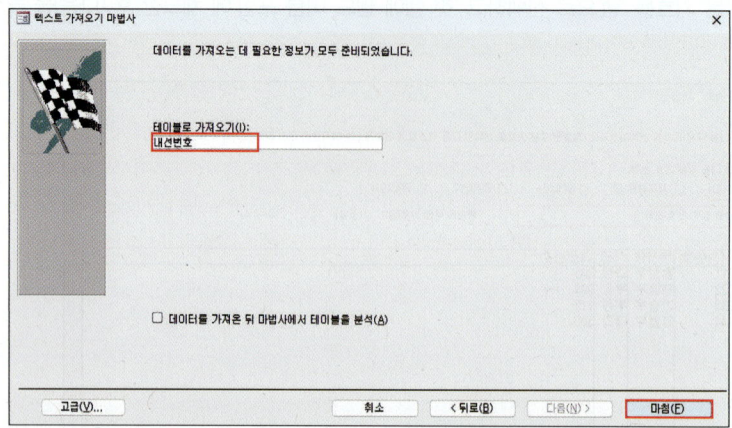

⑧ [닫기]를 클릭하여 [외부 데이터 가져오기 – 텍스트 파일] 대화 상자를 종료한다.

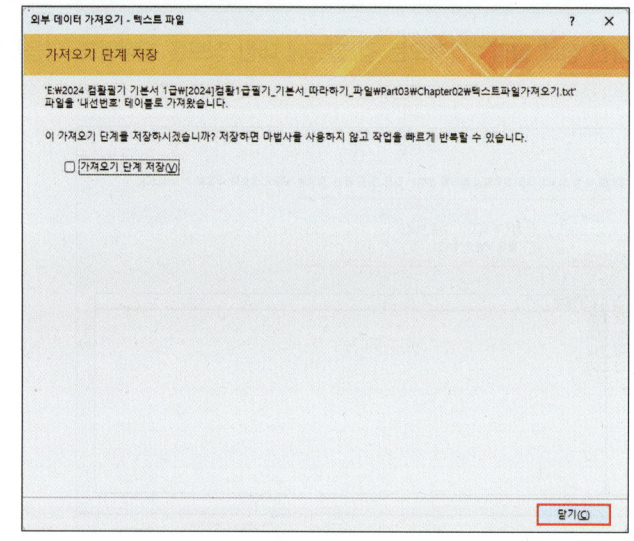

04 테이블 연결 25년 상시, 22년 상시, 13년 6월, 12년 3월, 09년 10월, 08년 2월/8월, 07년 2월/10월

1) 테이블 연결의 개념

- 테이블 연결은 연결된 테이블의 내용을 변경하면 그 원본 내용도 함께 변경된다.
- 연결된 테이블을 삭제해도 Microsoft Office Access 테이블을 여는 데 사용하는 정보만 삭제되므로 원본 테이블은 삭제되지 않는다.
- 액세스에서 연결할 수 있는 데이터 형식은 Microsoft Office Access, Microsoft Excel, HTML 문서, Outlook, 텍스트 파일, ODBC 데이터베이스 등이 있다.
- 연결된 테이블은 [화살표-해당 프로그램 아이콘-파일 이름] 순으로 나타난다.

예

2) 테이블 연결하기

따라하기 TIP

따라하기 파일 • Part03_Chapter02_테이블연결하기-따라파일.accdb, 고객관리-완성파일.accdb

① [외부 데이터] 탭 -[가져오기 및 연결] 그룹-[새 데이터 원본]-[데이터베이스에서]-[Access]를 클릭한다.
② [외부 데이터 가져오기-Access 데이터베이스] 대화 상자에서 [찾아보기]를 클릭하여 해당 액세스 데이터베이스 파일을 선택한다. 저장할 방법과 위치는 [연결 테이블을 만들어 데이터 원본에 연결]을 선택하고 [확인]을 클릭한다.
③ 연결할 테이블을 선택한 다음 [확인]을 클릭한다.

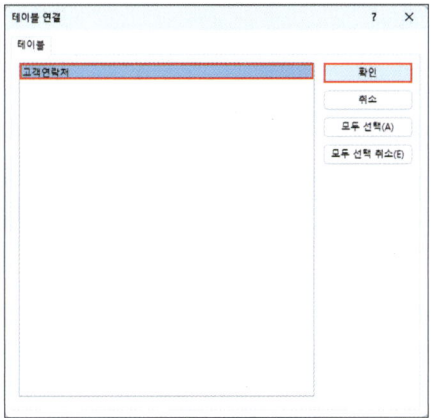

④ 테이블 연결하기-따라파일.accdb 데이터베이스 파일에 [고객연락처] 테이블이 연결된다.

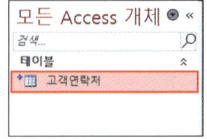

⑤ [고객연락처] 테이블을 열어서 실행하여 데이터를 변경하면 연결된 원본 테이블 내용도 변경된다.

개념 체크

1. 테이블 연결은 연결된 테이블의 내용을 변경하면 원본 내용도 함께 변경된다. (o, x)
2. 연결된 테이블을 삭제하면 원본 테이블도 삭제된다. (o, x)
3. 액세스에서 연결할 수 있는 데이터 형식은 Microsoft Office Access와 Microsoft Excel만 가능하다. (o, x)

1 o 2 x 3 x

3) 테이블 연결 제거하기

🏠 **따라하기 TIP**

따라하기 파일 • Part03_Chapter02_테이블연결하기-완성파일.accdb

① 연결을 제거하기 위해서는 [고객연락처]의 바로 가기 메뉴에서 [삭제]를 선택하거나 Delete 를 누른다.

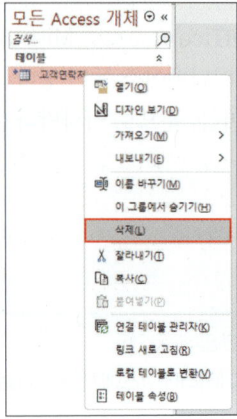

② 연결 제거 확인 메시지 상자가 나타나면 [예]를 클릭한다.

📌 **기적의 TIP**

테이블 연결의 개념은 간단히 읽어두고, 테이블을 연결하고 제거하는 방법은 숙지해 두세요.

- 연결을 삭제하면 테이블이 Access에서만 삭제되고 원본 테이블은 삭제되지 않음
- Microsoft Access에서 테이블을 여는 데 사용하는 정보만 삭제함

이론을 확인하는 기출문제

01 다음 중 데이터시트 보기 상태에서의 레코드 추가/삭제에 대한 설명으로 옳은 것은?

① 레코드를 여러 번 복사한 경우 첫 번째 복사한 레코드만 사용 가능하다.
② 새로운 레코드는 항상 테이블의 마지막 행에서만 추가되며 중간에 삽입될 수 없다.
③ 레코드를 추가하는 단축키는 Ctrl + Insert 이다.
④ 여러 레코드를 선택하여 한 번에 삭제할 수 있으며, 삭제된 레코드는 복원할 수 있다.

> 새로운 레코드는 항상 마지막에 추가되며 레코드 중간에 삽입할 수 없음
>
> **오답 피하기**
> • 레코드를 여러 번 복사한 경우 마지막에 복사한 레코드만 사용 가능함
> • 레코드를 추가하는 단축키 : Ctrl + +
> • 여러 레코드를 선택하여 한 번에 삭제할 수 있으며, 삭제된 레코드는 복원할 수 없음

02 다음 중 외부 데이터인 Excel 통합 문서를 가져오거나 연결하기 위한 방법으로 옳지 않은 것은?

① 새 테이블로 추가하여 원본 데이터 가져오기
② 현재 데이터베이스의 테이블 중 하나를 지정하여 레코드로 추가하기
③ 테이블, 쿼리, 매크로 등 원하는 개체를 지정하여 가져오기
④ Excel의 원본 데이터에 대한 링크를 유지 관리하는 테이블로 만들기

> 테이블, 쿼리, 폼, 매크로 등 원하는 개체를 지정하여 가져오기 : [외부 데이터] 탭-[가져오기 및 연결] 그룹-[새 데이터 원본]-[데이터베이스에서]-[Access]에서 실행함

정답 01 ② 02 ③

03 다음 중 외부 데이터 가져오기 기능에 대한 설명으로 옳지 않은 것은?

① 텍스트 파일을 가져와 기존 테이블의 레코드로 추가하려는 경우 기본키에 해당하는 필드의 값들이 고유한 값이 되도록 데이터를 수정하며 가져올 수 있다.
② Excel 워크시트에서 정의된 이름의 영역을 Access의 새 테이블이나 기존 테이블에 데이터 복사본으로 만들 수 있다.
③ Access에서는 한 테이블에 256개 이상의 필드를 지원하지 않으므로 원본 데이터는 열의 개수가 255개를 초과하지 않아야 한다.
④ Excel 파일을 가져오는 경우 한 번에 하나의 워크시트만 가져올 수 있으므로 여러 워크시트에서 데이터를 가져 오려면 각 워크시트에 대해 가져오기 명령을 반복해야 한다.

텍스트 파일을 가져와 기존 테이블의 레코드로 추가 하려는 경우 기본키에 해당하는 필드의 값들이 고유한 값이 되도록 데이터를 수정하며 가져올 수 없음

04 다음 중 테이블 연결을 통해 연결된 테이블과 가져오기 기능을 통해 생성된 테이블과의 차이점에 대한 설명으로 옳지 않은 것은?

① 연결된 테이블의 데이터를 삭제하면 연결되어 있는 원본 데이터베이스의 데이터도 삭제된다.
② 연결된 테이블을 삭제해도 원본 테이블은 삭제되지 않는다.
③ 가져오기 기능을 통해 생성된 테이블을 삭제해도 원본 테이블은 삭제되지 않는다.
④ 연결된 테이블을 이용하여 폼이나 보고서를 생성할 수 있다.

테이블 연결은 연결된 테이블의 내용을 변경하면 그 원본 내용도 함께 변경되며, 연결된 테이블을 삭제하면 Access 테이블을 여는 데 사용하는 정보만 삭제하므로 원본 테이블은 삭제되지 않음

05 다음 중 아래와 같이 표시된 폼의 탐색 단추에 대한 설명으로 옳지 않은 것은?

레코드: ㅣ◀ 1/3 ▶ ▶ㅣ ✱
    ↑ ↑   ↑ ↑
    ㉠ ㉡   ㉢ ㉣

① ㉠ 첫 레코드로 이동한다.
② ㉡ 이전 레코드로 이동한다.
③ ㉢ 마지막 레코드로 이동한다.
④ ㉣ 이동할 레코드 번호를 입력하여 이동한다.

㉣ : 새(빈) 레코드를 추가함

06 다음 중 외부 데이터인 Excel 통합 문서를 가져오거나 연결하기 위한 방법으로 옳지 않은 것은?

① 새 테이블로 추가하여 원본 데이터 가져오기
② 현재 데이터베이스의 테이블 중 하나를 지정하여 레코드로 추가하기
③ 테이블, 쿼리, 매크로 등 원하는 개체를 지정하여 가져오기
④ Excel의 원본 데이터에 대한 링크를 유지 관리하는 테이블로 만들기

[외부 데이터] 탭-[가져오기 및 연결] 그룹-[새 데이터 원본]-[데이터베이스에서]-[Access]에서 테이블, 쿼리, 폼, 보고서, 매크로 및 모듈 등 원하는 개체를 지정하여 가져올 수 있음

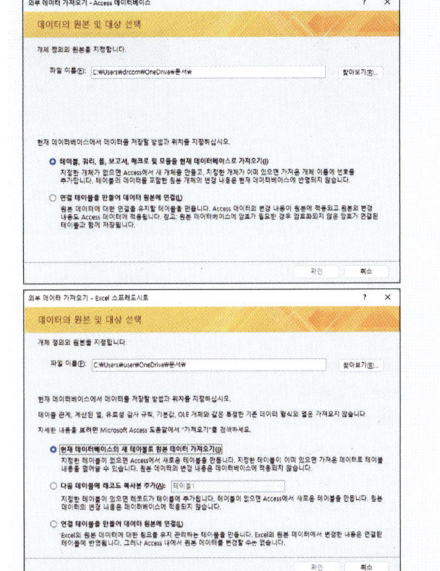

SECTION 09 데이터 내보내기

빈출태그 데이터 내보내기

> 기적의 TIP
>
> 테이블은 데이터와 데이터 구조만 내보낼 수 있습니다. 제약 조건이나 관계, 인덱스와 같은 속성은 내보낼 수 없다는 점에 주의하세요.

01 데이터 내보내기(Export) 25년 상시, 17년 9월, 14년 6월, 08년 2월/5월, 05년 7월, 03년 9월

- 데이터 내보내기는 데이터베이스 개체를 다른 데이터베이스나 기타 응용 프로그램 등에서 사용할 수 있도록 형식에 맞게 파일 형태로 출력하는 기능이다.
- 테이블은 데이터와 데이터 구조만 내보내고 제약 조건이나 관계, 인덱스와 같은 속성은 내보낼 수 없다.
- 한 번에 한 개체만 내보낼 수 있다.
- Microsoft Access 이전 버전으로 내보내는 경우 테이블만 내보낼 수 있다.
- Microsoft Access의 [내보내기]는 데이터베이스의 테이블을 엑셀 파일 형식 등으로 변환하여 저장하기 위한 기능이다.

1) 액세스 파일로 내보내기

> 따라하기 TIP
>
> 따라하기 파일 • Part03_Chapter02_데이터내보내기-따라파일.accdb

① 액세스로 내보내기할 개체를 선택하고 [외부 데이터] 탭-[내보내기] 그룹-[Access]를 클릭한다.

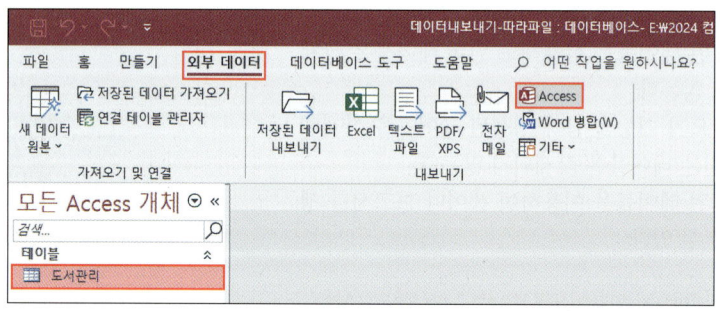

> 개념 체크
>
> 1 테이블 내보내기 시 제약 조건, 관계, 인덱스와 같은 속성도 함께 내보낼 수 있다. (o, x)
>
> 2 데이터 내보내기 기능을 사용하면 한 번에 여러 개체를 내보낼 수 있다. (o, x)
>
> 3 Microsoft Access 이전 버전으로 내보내는 경우 테이블만 내보낼 수 있다. (o, x)
>
> 1 × 2 × 3 o

② [내보내기 – Access 데이터베이스] 대화 상자가 표시되면 [찾아보기]를 클릭하여 내보낼 개체가 저장될 데이터베이스 파일을 지정한 다음 [확인]을 클릭한다.

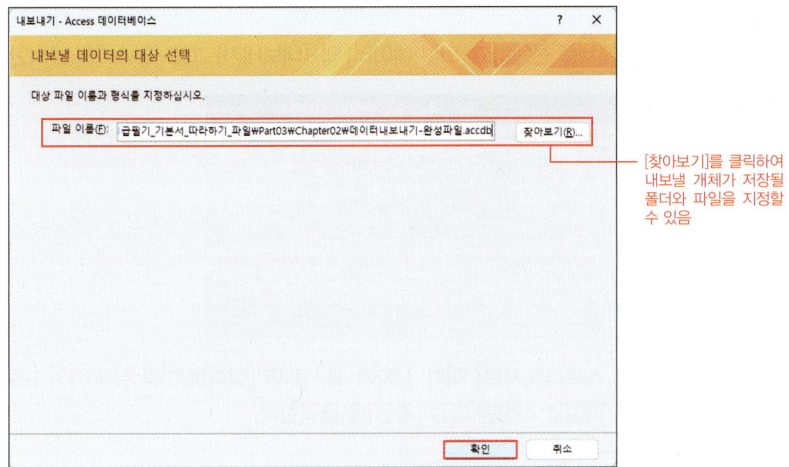

[찾아보기]를 클릭하여 내보낼 개체가 저장될 폴더와 파일을 지정할 수 있음

③ [내보내기] 대화 상자가 표시되면 테이블명과 내보내기할 항목을 선택한 후 [확인]을 클릭한다.

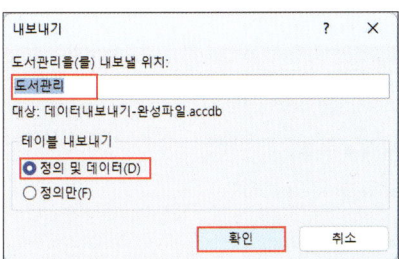

④ [내보내기 – Access 데이터베이스] 대화 상자가 표시되면 [닫기]를 클릭한다.

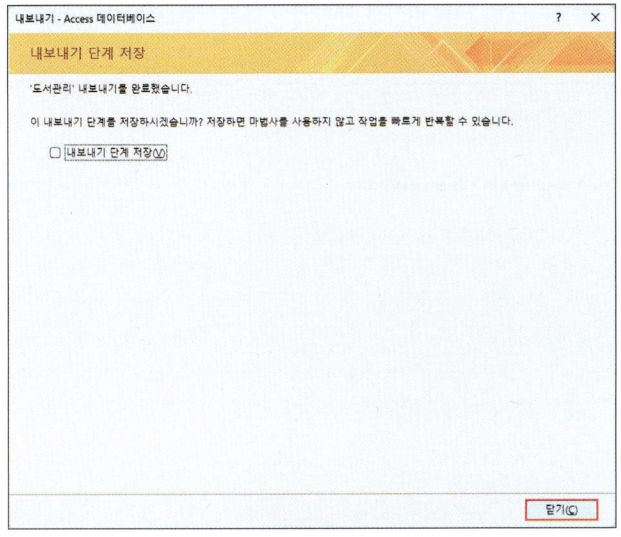

2) 엑셀 파일로 내보내기

🏠 따라하기 TIP

따라하기 파일 • Part03_Chapter02_엑셀파일로내보내기-따라파일.accdb

① 엑셀로 내보내기할 개체를 선택하고 [외부 데이터] 탭–[내보내기] 그룹–[Excel]을 클릭한다.

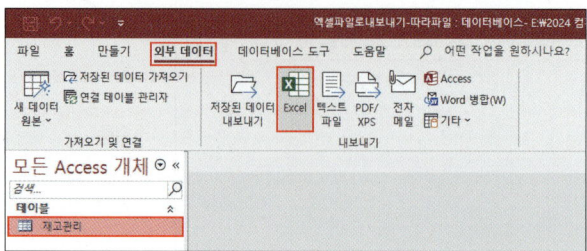

② [내보내기 – Excel 스프레드시트] 대화 상자가 표시되면 [찾아보기]를 클릭하여 내보낼 개체가 저장될 엑셀 파일을 지정한 다음 [확인]을 클릭한다.

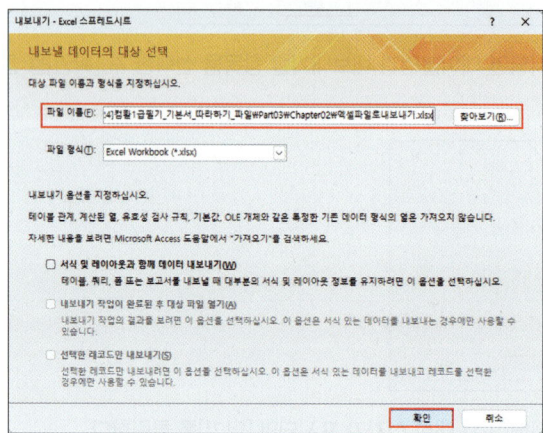

③ [내보내기 – Excel 스프레드시트] 대화 상자가 '내보내기 단계 저장' 상태가 되면 [닫기]를 클릭한다.

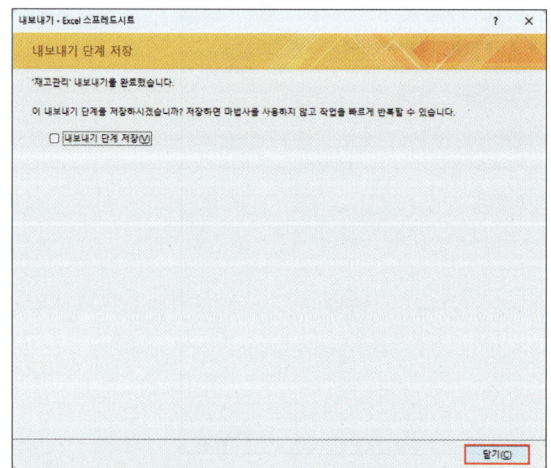

3) 텍스트 파일로 내보내기

🏠 **따라하기 TIP**

따라하기 파일 • Part03_Chapter02_텍스트파일로내보내기-따라파일.accdb

① 텍스트로 내보내기할 개체를 선택하고 [외부 데이터] 탭-[내보내기] 그룹-[텍스트 파일]을 클릭한다.

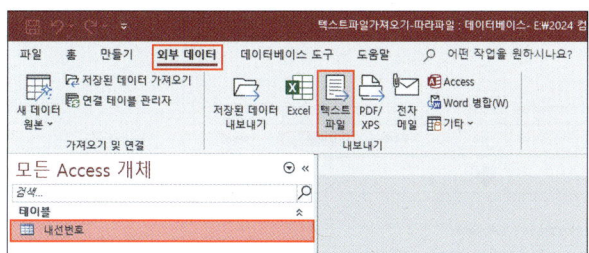

② [내보내기 – 텍스트 파일] 대화 상자가 표시되면 [찾아보기]를 클릭하여 내보낼 개체가 저장될 텍스트 파일을 지정한 다음 [확인]을 클릭한다.

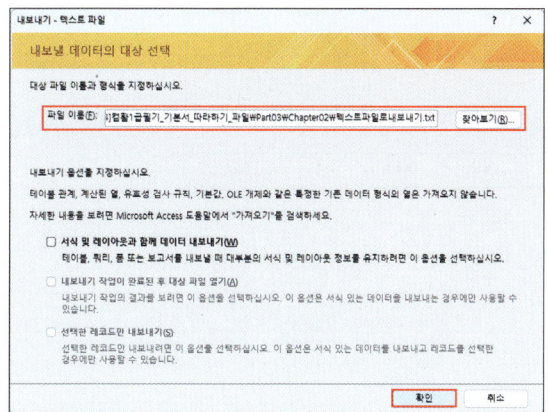

③ [텍스트 내보내기 마법사]의 단계별 지시에 따라 실행한다.

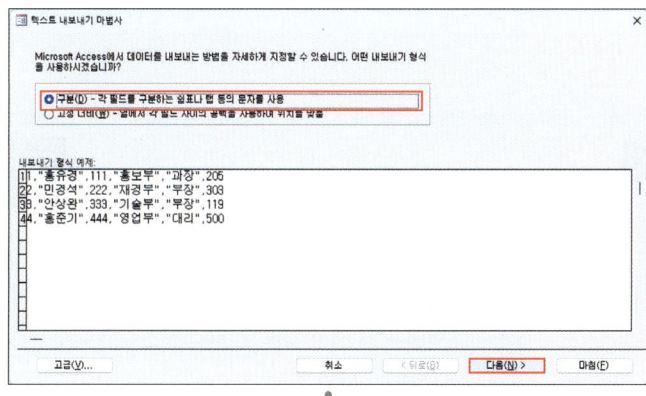

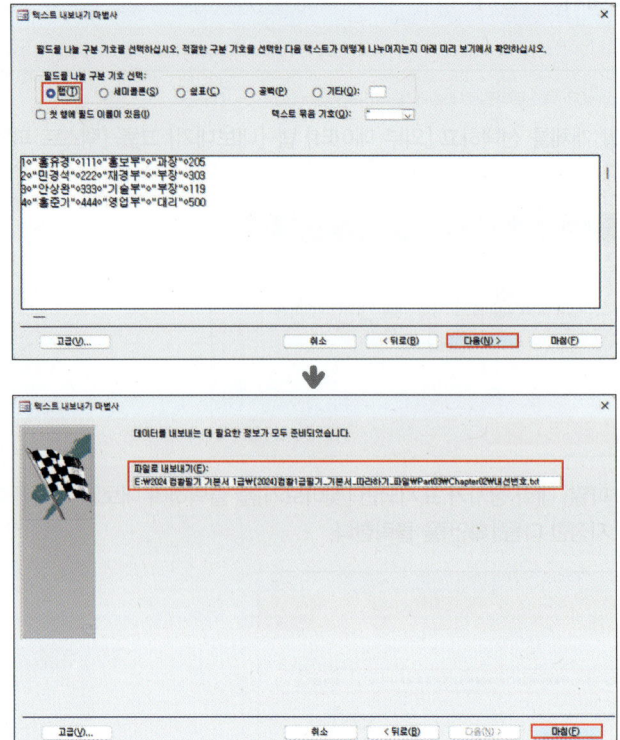

테이블을 만드는 6가지 방법
테이블, 테이블 디자인, 테이블 서식 파일, SharePoint 목록, 테이블 가져오기, 테이블 연결

이론을 확인하는 기출문제

01 다음 중 테이블에서 내보내기가 가능한 파일 형식에 해당하지 않는 것은?

① 엑셀(Excel) 파일
② ODBC 데이터베이스
③ HTML 문서
④ VBA 코드

[외부 데이터] 탭-[내보내기] 그룹에서 VBA 코드로 내보내는 기능은 지원되지 않음

02 폼에서 [내보내기]를 통해 다른 형식으로 바꾸어 저장하려고 할 때 저장할 수 없는 형식은 무엇인가?

① PDF/XPS
② Excel
③ Paradox
④ XML

폼을 Paradox 형식으로 내보낼 수 없음

CHAPTER

03

쿼리(Query) 작성

학습 방향

각 쿼리의 종류별 특징과 쓰임새를 묻는 형식으로 시험에 출제되고 SQL문은 까다로운 듯 보이나 명령의 의미가 기능인 경우가 대부분이며 명령 내용에 대한 옳고 그름, 결과를 묻는 형식으로 출제됩니다. 명령에 대한 전반적인 학습이 요구됩니다.

출제 빈도

SECTION	빈도	%
SECTION 01	하	3%
SECTION 02	상	31%
SECTION 03	상	32%
SECTION 04	하	8%
SECTION 05	중	14%
SECTION 06	중	12%

SECTION 01 쿼리(Query)

출제빈도 상 중 **하**
반복학습 1 2 3

빈출 태그 선택 쿼리 • 매개 변수 쿼리 • 크로스탭 쿼리 • 실행 쿼리 • SQL 쿼리

▶ 합격 강의

01 쿼리(Query)의 개념 23년 상시, 13년 3월

'질문, 질의'라는 의미처럼, 테이블에서 쿼리를 이용하여 원하는 정보를 추출함

- 쿼리는 관계가 설정되어 있는 2개 이상의 테이블에서 원하는 데이터를 추출 및 조합하여 하나의 테이블처럼 사용할 수 있다.
- 폼이나 보고서, 다른 쿼리 등에서 쿼리를 레코드 원본으로 사용할 수 있다.
- 쿼리의 유형은 선택 쿼리, 매개 변수 쿼리, 크로스탭 쿼리, 불일치 검색 쿼리, 실행 쿼리, SQL 쿼리 등이 있다.

> **기적의 TIP**
> 쿼리의 종류에 대한 전반적인 이해가 필요합니다. 특히 용도를 정확히 숙지해 두세요.

02 쿼리의 종류 24년 상시, 17년 9월, 14년 10월, 08년 5월, 04년 5월

선택 쿼리	• 1개 또는 2개 이상의 테이블에서 지정한 조건에 따라 데이터를 추출함 • 레코드를 그룹화하여 데이터의 합계, 평균, 개수 등을 계산할 수 있는 쿼리를 작성함 • 원하는 정렬 순서로 표시할 수 있음
매개 변수 쿼리	• 실행할 때 검색 조건의 일정한 값(매개 변수)을 입력하여 원하는 정보를 추출함 • 두 가지 이상의 정보를 물어보는 쿼리를 작성할 수 있음
크로스탭 쿼리	• 테이블이나 쿼리의 필드별 합계, 개수, 평균 등의 요약을 계산함 • 계산한 값을 행과 열이 일치하는 곳에 표시함
불일치 검색 쿼리	2개의 테이블이나 쿼리를 비교하여 불일치하는 레코드를 추출함
실행 쿼리	• 여러 레코드의 변경과 이동을 일괄적으로 실행함 • 추가 쿼리 : 기존 테이블의 끝에 다른 테이블에서의 쿼리 결과를 이용하여 추가함 • 테이블 만들기 쿼리 : 기존 테이블에서 데이터를 가져와 새 테이블을 작성함 • 삭제 쿼리 : 조건에 해당하는 일련의 레코드를 일괄적으로 삭제함 • 업데이트 쿼리 : 기존 테이블의 데이터를 일괄적으로 업데이트(갱신)함
SQL 쿼리	• SQL 명령(SELECT, INSERT, UPDATE, DELETE 등)을 사용함 • 통합 쿼리 : 2개 이상의 필드를 결합하여 하나의 필드로 만듦 • 통과 쿼리 : 서버의 테이블을 사용할 때 SQL 서버로 직접 명령을 보냄 • 데이터 정의 쿼리 : 개체의 작성이나 변경(테이블의 생성, 변경, 삭제 등)을 실행함 • 하위 쿼리 : SQL의 SELECT문으로 구성되며 쿼리의 디자인 눈금에서 필드의 추출 조건으로 이용함

> **개념 체크**
>
> 1 조건에 해당하는 일련의 레코드를 일괄적으로 삭제하는 실행 쿼리는 ( ) 쿼리이다.
> 2 2개 이상의 필드를 결합하여 하나의 필드로 만드는 SQL 쿼리의 한 유형은 ( ) 쿼리이다.
> 3 선택 쿼리는 1개 또는 2개 이상의 테이블에서 지정한 조건에 따라 데이터를 추출한다. (O, X)
> 4 추가 쿼리는 기존 테이블의 끝에 다른 테이블에서의 쿼리 결과를 이용하여 추가한다. (O, X)
> 5 데이터 정의 쿼리는 개체의 작성이나 변경(테이블의 생성, 변경, 삭제 등)을 실행하는 SQL 쿼리이다. (O, X)
>
> 1 삭제 2 통합 3 O 4 O 5 O

쿼리의 작성은 [쿼리 마법사]와 [쿼리 디자인]이 있음

03 쿼리의 작성

1) 쿼리 디자인에서 새 쿼리 만들기

🏠 **따라하기 TIP**

따라하기 파일 • Part03_Chapter03_명함관리(쿼리)-따라파일.accdb

① 테이블/쿼리와 필드 이름, 필터, 정렬/그룹 속성 등을 지정하여 쿼리를 만든다.
② [만들기] 탭-[쿼리] 그룹-[쿼리 디자인]을 클릭한다.
③ [테이블 추가] 대화 상자가 나타나면 쿼리에 사용할 테이블이나 쿼리를 선택한 다음 [선택한 표 추가]를 클릭하여 테이블을 추가한다.

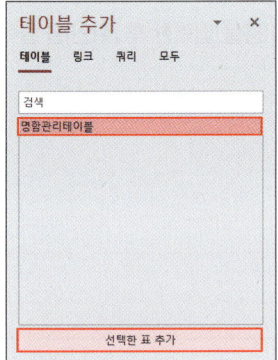

▶ 테이블 추가 명령

리본 메뉴	[쿼리 디자인] 탭-[쿼리 설정] 그룹-[테이블 추가](🖼)를 클릭함
바로 가기 메뉴	[테이블 표시]를 선택함

▶ 테이블 제거 명령

바로 가기 키	Delete 를 누름
바로 가기 메뉴	[테이블 제거]를 선택함

④ [쿼리 디자인] 창 상단의 테이블에서 필드를 더블클릭하거나 하단 필드 영역으로 드래그하여 추가한다.

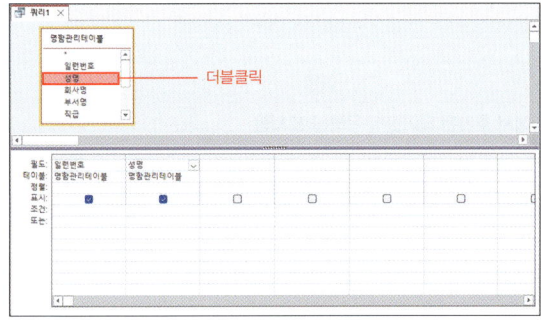

⑤ 일련번호, 성명, 회사명, 전화번호 필드까지 추가한 다음 [쿼리 디자인] 탭-[결과] 그룹-[실행]을 클릭한다.

여러 개의 필드 및 모든 필드 추가
- 연속된 여러 개의 필드 추가 : Shift+클릭
- 비연속적인 여러 개의 필드 추가 : Ctrl+클릭
- 모든 필드 추가 : 테이블 이름을 더블클릭한 다음 디자인 눈금으로 드래그 앤 드롭하거나 테이블의 필드 목록에서 별표(*)를 디자인 눈금으로 추가함(『테이블명.*』로 표시)

⑥ 데이터시트에 쿼리의 실행 결과가 나타난다.

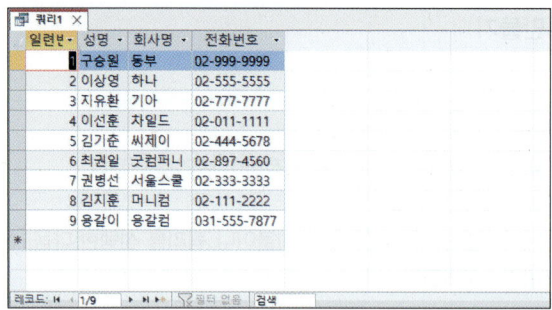

⑦ [빠른 실행 도구 모음]의 [저장](🖫)을 클릭하고 쿼리의 이름을 입력한 후 [확인]을 클릭한다.

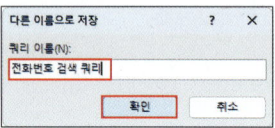

➕ 더 알기 TIP

[쿼리 디자인] 창의 구성 23년 상시, 18년 9월

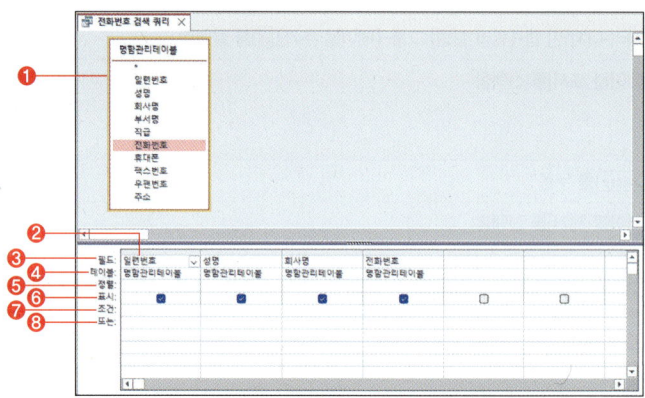

구성 요소	설명
❶ 필드 목록 상자	[테이블 표시]에서 추가된 테이블의 목록을 표시함
❷ 열 머리글	필드의 선택 및 열의 너비를 조정함
❸ 필드	필드 목록 상자에서 추가한 필드를 표시, 목록 단추(▽)를 클릭하여 다른 필드를 선택함
❹ 테이블	원본으로 사용할 테이블의 이름을 표시, 목록 단추(▽)를 클릭하여 다른 테이블 선택함
❺ 정렬	필드의 내용을 오름차순 또는 내림차순으로 정렬, 목록 단추(▽)를 클릭하여 선택함
❻ 표시	확인란의 선택 여부에 따라 해당 필드의 표시를 결정하며 기본적으로 선택 상태임
❼ 조건	쿼리의 조건식을 입력, 직접 입력 및 식 작성기를 이용함
❽ 또는	다른 조건을 추가함

2) 쿼리 마법사를 사용하여 쿼리 만들기

> 마법사가 지정한 내용에 따라 쿼리를 쉽게 만들 수 있다.

따라하기 TIP

따라하기 파일 • Part03_Chapter03_명함관리(쿼리)-따라파일.accdb

① [만들기] 탭-[쿼리] 그룹-[쿼리 마법사]를 클릭한다.
② [새 쿼리] 대화 상자가 표시되면 [단순 쿼리 마법사]를 선택하고 [확인]을 클릭한다.
③ [단순 쿼리 마법사]가 나타나면 다음 단계에 따라 쿼리를 만든다.

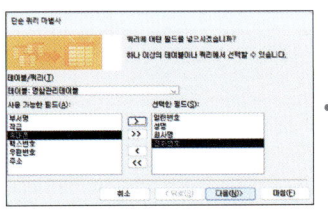 ▶ 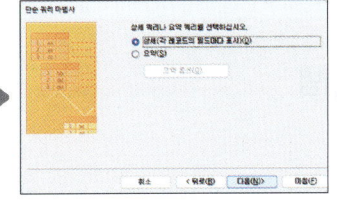 ▶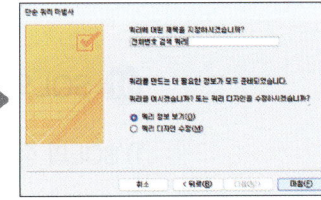

▲ 1단계 : 사용할 테이블/쿼리, 필드를 설정함   ▲ 2단계 : 상세 쿼리 및 요약 쿼리를 선택함   ▲ 3단계 : 제목 지정, 쿼리 정보 보기 및 쿼리 디자인을 수정함

④ 마법사를 이용한 단순 선택 쿼리의 결과가 나타난다.

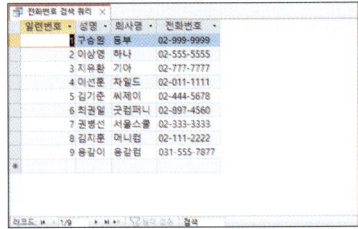

이론을 확인하는 기출문제

 합격 강의

01 다음 중 쿼리에 대한 설명으로 옳지 <u>않은</u> 것은?

① 쿼리는 테이블의 데이터를 이용하여 사용자가 원하는 형식으로 가공하여 보여줄 수 있다.
② 테이블이나 다른 쿼리를 이용하여 새로운 쿼리를 생성할 수 있다.
③ 쿼리는 단순한 조회 이외에도 데이터의 추가, 삭제, 수정 등을 수행할 수 있다.
④ 쿼리를 이용하여 추출한 결과는 폼과 보고서에서만 사용할 수 있다.

> 폼이나 보고서, 다른 쿼리 등에서 쿼리를 레코드 원본으로 사용할 수 있음

02 다음 중 쿼리에 대한 설명으로 옳지 <u>않은</u> 것은?

① 선택 쿼리나 크로스탭 쿼리를 열면 쿼리가 실행되고 그 결과를 데이터시트 보기 형태로 표시한다.
② 실행 쿼리를 실행하면 데이터가 변경되며, 변경된 사항은 [실행 취소]를 통해 원래대로 되돌릴 수 있다.
③ 쿼리 속성에서 원본으로 사용하는 테이블 레코드 전체 또는 편집 중인 레코드만 잠금을 설정할 수 있다.
④ 선택 쿼리를 저장해 놓으면 그 쿼리의 결과를 테이블처럼 사용할 수 있다.

> 보통 테이블의 값을 동시에 갱신할 경우에 사용하며 실행 쿼리를 실행하면 데이터가 변경되니, 한 번 변경된 사항은 되돌릴 수 없음

정답 01 ④ 02 ②

SECTION 02 단순 조회 쿼리(SQL문)

▶ 합격 강의

빈출 태그 SQL • SELECT

01 SQL의 개념

1) SQL의 정의

- 데이터베이스를 조작하기 위한 언어이며, Structured Query Language의 약어로 "구조화된 쿼리 언어"이다.
- SQL(Structured Query Language)은 관계형 데이터베이스(Relational Database)를 조작하는 프로그래밍 언어이다.
- 비절차적 언어로 프로그램에 처리 방법을 기술하지 않아도 되며, 대상이 되는 데이터가 무엇인지만을 지정할 뿐 데이터를 가져오는 방법까지는 기술하지 않는다.

2) SQL 명령어의 종류 24년 상시, 16년 10월, 15년 6월, 09년 10월

데이터 정의 언어(DDL : Data Definition Language)	CREATE(테이블 생성), ALTER(테이블 변경), DROP(테이블 삭제)
데이터 조작 언어(DML : Data Manipulation Language)	SELECT(검색), INSERT(삽입), UPDATE(갱신), DELETE(삭제)
데이터 제어 언어(DCL : Data Control Language)	GRANT(권한 부여), REVOKE(권한 해제), COMMIT(갱신 확정), ROLLBACK(갱신 취소)

DROP에서 옵션
- RESTRICT : 제거 또는 삭제 대상으로 지정된 테이블, 뷰, 행 등에 대해 이를 참조하는 데이터 객체가 존재하면 제거를 하지 않음
- CASCADE : 제거 대상의 제거와 함께 이를 참조하는 다른 데이터 객체에 대해서도 제거 작업을 실시함

3) 액세스에서 SQL문 보기

🔖 따라하기 TIP

따라하기 파일 • Part03_Chapter03_명함관리(쿼리)-완성파일.accdb

① [쿼리 디자인] 탭-[결과] 그룹-[보기]()를 클릭한 다음 [SQL 보기]를 선택한다. [SQL 보기]는 쿼리를 실행시킨 경우나 쿼리 창이 열려 있는 상태에서만 사용 가능하다.

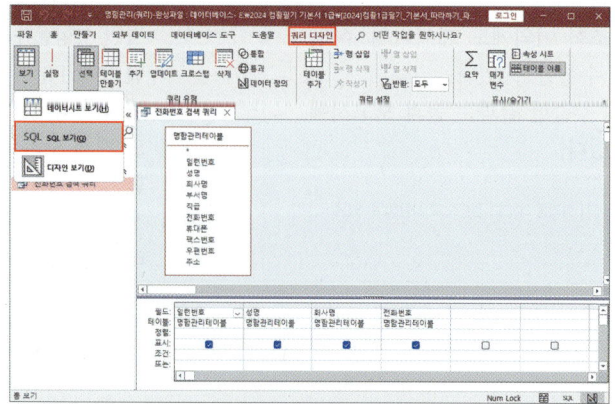

✅ 암기 TIP

S비S
SQL은 **비**절차적 언어

리본 메뉴	[쿼리 디자인] 탭–[결과] 그룹–[보기]를 클릭한 다음 [SQL 보기]를 선택함
바로 가기 메뉴	[SQL 보기]를 선택함

② SQL 입력창이 나타난다.

```
전화번호 검색 쿼리  ×
SELECT 명함관리테이블.일련번호, 명함관리테이블.성명, 명함관리테이블.회사명, 명함관리테이블.전화번호
FROM 명함관리테이블;
```

02 데이터 정의 언어(DDL)

1) CREATE TABLE 22년 상시, 20년 2월

- 테이블(Table)을 생성하기 위해 사용하는 명령이다.

CREATE TABLE 고객 (고객ID CHAR(20) NOT NULL, 고객명 CHAR(20) NOT NULL, 연락번호 CHAR(12), PRIMARY KEY (고객ID)); CREATE TABLE 계좌 (계좌번호 CHAR(10) NOT NULL, 고객ID CHAR(20) NOT NULL, 잔액 INTEGER DEFAULT 0, PRIMARY KEY (계좌번호), FOREIGN KEY (고객ID) REFERENCES 고객); (단, 고객과 계좌 간의 관계는 1:M이다.)	• CREATE TABLE : 테이블 생성 • CHAR(자릿수) : 문자형 변수 선언 및 크기(자릿수) 지정 • NULL : 아무것도 없음, 값 자체가 존재하지 않음 • NOT NULL : 값이 반드시 있어야 됨 • PRIMARY KEY : 기본키 지정 • INTEGER : 정수형(소수점이 없는) 변수 선언 • DEFAULT : 기본값 지정 • FOREIGN KEY : 외래키 지정 • REFERENCES : 참조 테이블 지정

- <고객> 테이블에서 '고객ID' 필드는 동일한 값을 입력할 수 없다.
- <계좌> 테이블에서 '계좌번호' 필드는 반드시 입력해야 한다.
- <고객> 테이블에서 '연락번호' 필드는 원하는 값으로 수정하거나 생략할 수 있다.
- <계좌> 테이블에서 '고객ID' 필드는 기본키가 아닌 외래키이므로 동일한 값을 입력할 수 있다.

> - <고객> 테이블에서 '고객ID' 필드와 <계좌> 테이블에서 '계좌번호' 필드는 기본키(PRIMARY KEY)이므로 반드시 입력(NOT NULL)해야 하며 동일한 값을 입력할 수 없음
> - <고객> 테이블에서 '연락번호' 필드는 기본키에 해당되지 않고 NOT NULL이 아니므로 원하는 값으로 수정하거나 생략할 수 있음
> - 한 고객이 여러 개의 계좌를 개설할 수 있으므로 <계좌> 테이블에서 '고객ID' 필드는 중복 가능함

기본키(PK : Primary Key)
- 후보키 중에서 선정되어 사용되는 키(⑩ 주민등록번호, 사원번호, 학번, 군번 등)
- 기본키는 널(NULL)이 될 수 없으며 중복될 수 없음

외래키(FK : Foreign Key)
- 외래키가 다른 참조 테이블의 기본키일 때 그 속성키를 외래키라고 함
- 하나의 테이블에는 여러 개의 외래키가 존재할 수 있음

2) ALTER TABLE

- 테이블(Table)의 정의를 변경할 때 사용하는 명령이다.

> ALTER TABLE 테이블명 {ADD | ALTER(MODIFY) | DROP} 변경하고자 하는 필드;
>
> - ADD : 필드 추가
> - ALTER(MODIFY) : 데이터 타입 및 크기 변경
> - DROP : 필드 제거

- 📌 ALTER TABLE 고객 ADD 직장명 CHAR(20);
  〈고객〉 테이블에 직장명 필드를 추가함(추가열에서는 NOT NULL 옵션은 사용 못함)
- 📌 ALTER TABLE 고객 ALTER(MODIFY) 연락번호 CHAR(20) NOT NULL;
  〈고객〉 테이블에서 연락번호 필드의 크기를 늘리고 NOT NULL로 변경함
- 📌 ALTER TABLE 고객 DROP 연락번호;
  〈고객〉 테이블에서 연락번호 필드를 제거함

3) DROP TABLE ^{25년 상시}

- 테이블(Table)을 제거할 때 사용하는 명령이다.

> DROP TABLE 테이블명 [CASCADE | RESTRICT];
>
> - CASCADE : 참조하는 모든 데이터 객체까지 모두 삭제
> - RESTRICT : 참조하는 데이터 객체가 존재하면 제거하지 않음

- 📌 DROP TABLE 고객 CASCADE;
  〈고객〉 테이블을 제거함(참조하는 모든 데이터 객체까지 모두 삭제)

03 SQL문–SELECT(검색문) 25년 상시, 24년 상시, 23년 상시, 22년 상시, 21년 상시, 20년 2월/7월, 19년 3월, 18년 3월/9월

- 검색문으로 테이블에서 데이터를 검색하며, SELECT–FROM–WHERE의 유형을 가진다.
- SQL 명령어는 대·소문자를 구별하지 않는다.
- SQL 문장 마지막에 세미콜론(;) 기호를 입력해야 한다.
- 여러 개 필드를 나열할 때는 콤마(,)로 구분한다.
- 여러 줄에 나누어서 입력할 수도 있다.

> SELECT [ALL | DISTINCT] 열 리스트
> FROM 테이블 리스트
> [WHERE 조건]
> [GROUP BY 열 리스트 [HAVING 조건]]
> [ORDER BY 열 리스트 [ASC | DESC]];

> **기적의 TIP**
>
> SELECT문은 자주 출제되므로 명령 구문에 대한 완벽한 학습이 필요합니다. DISTINCT와 같이 단어 의미가 바로 기능이 되는 경우가 많으므로 잘 익혀 두세요.

SELECT	검색하고자 하는 열 리스트를 선택함
ALL	검색 결과값의 모든 레코드를 검색함
DISTINCT	검색 결과값 중 중복된 결과값(레코드)을 제거, 중복되는 결과값은 한 번만 표시함
FROM	대상 테이블명
WHERE	검색 조건을 기술할 때 사용함
GROUP BY	그룹에 대한 쿼리 시 사용함
HAVING	그룹에 대한 조건을 기술함(반드시 GROUP BY와 함께 사용)
ORDER BY	검색 결과에 대한 정렬을 수행함
ASC	오름차순을 의미하며 생략하면 기본적으로 오름차순임
DESC	내림차순을 의미함

FROM 절에는 단일 테이블 이름 외에 저장된 쿼리 이름 또는 INNER JOIN, LEFT JOIN, RIGHT JOIN에 의해 생성되는 복합체로 지정할 수 있음

암기 TIP

- DISTINCT는 "뚜렷이 다른", "독특한"의 뜻이 있습니다. 그래서 중복된 값은 제거한답니다.
- ORDER BY...오토(?)바이가 순서(정렬)대로 세워져 있네요.
- ASC 에이 참, 올라(오름차순)가야 되네.

1) 기본 검색

+ 더 알기 TIP

| 참조 파일 | Part03_Chapter03_명함관리(쿼리)-기본, 중복 검색.accdb

[명함관리테이블]에서 성명과 회사명, 휴대폰을 검색해 보자.

```
SELECT 명함관리테이블.성명, 명함관리테이블.회사명, 명함관리테이블.전화번호
FROM 명함관리테이블;
```

▲ [명함관리테이블]에서 성명, 회사명, 휴대폰을 검색함

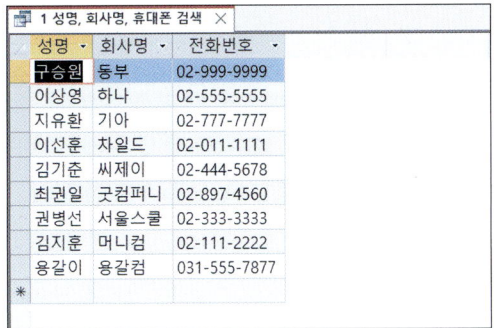

▲ [실행]()을 클릭한 결과

[명함관리테이블]에서 모든 열을 검색해 보자(모든 열 불러내기).

```
SELECT 명함관리테이블.*
FROM 명함관리테이블;
```

▲ 모든 열 이름을 SELECT구에 기술하는 번거로움을 덜기 위해 *(애스터리스크)를 사용함

개념 체크

1. SQL 명령어는 대·소문자를 구별하지 않는다. (○, ×)
2. SQL문장 마지막에 (   ) 기호를 입력해야 한다.
3. 검색 결과값 중 중복된 결과값(레코드)을 제거하고, 중복되는 결과값은 한 번만 표시하려면 (   ) 키워드를 사용한다.
4. SELECT 문에서 여러 개의 필드를 나열할 때는 콜론(:)으로 구분한다. (○, ×)
5. ORDER BY절에서 기본적으로 생략하면 오름차순 정렬이 수행된다. (○, ×)

1 ○ 2 세미콜론(;)
3 DISTINCT 4 × 5 ○

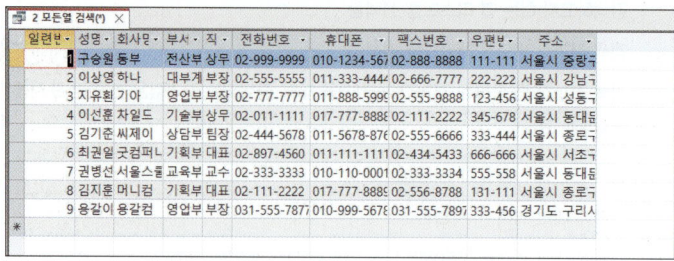

▲ [실행]([!])을 클릭한 결과

[명함관리테이블]의 행(튜플)의 개수를 계산해 보자.

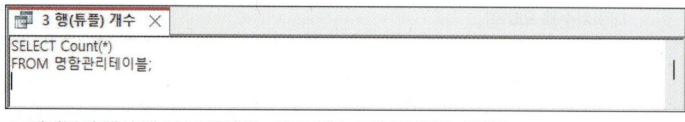

▲ 테이블의 행의 개수를 구할 때는 집계 함수 COUNT(*)를 사용함

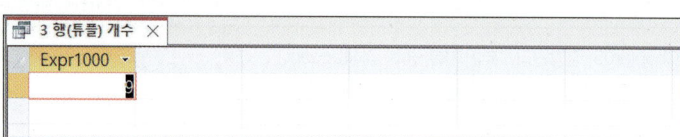

▲ [실행]([!])을 클릭한 결과

2) 중복되는 데이터 값을 제거(DISTINCT)하여 검색 ^{24년 상시, 23년 상시, 22년 상시, 20년 2월/7월, …}

'뚜렷한', '뚜렷이 다른', '별개의' 의미처럼 중복되는 값은 제거한다.

➕ 더 알기 TIP

[명함관리테이블중복]에서 성명의 중복된 값이 없게 검색해 보자(명함관리테이블에 미리 중복된 성명을 임의로 입력).

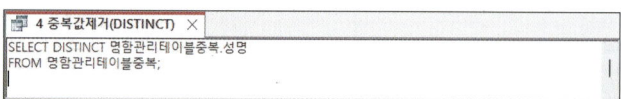

▲ 검색 결과값 중 중복된 결과값(레코드)을 제거하여 검색함

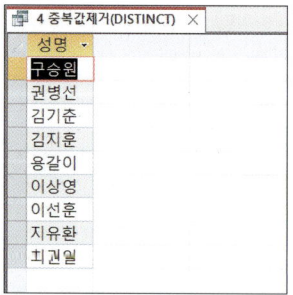

▲ [실행]([!])을 클릭한 결과

🚩 기적의 TIP

DISTINCT 명령을 묻는 문제가 자주 출제되고 있습니다. 쓰임새에 대한 정확한 이해가 필요합니다.

DISTINCT문이 없는 경우

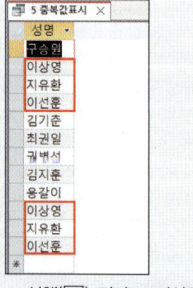

▲ DISTINCT문이 없는 SQL문

▲ 실행([!]) 결과 – 이상영, 지유환, 이선훈이 중복되어 나타남

3) 조건(WHERE)에 의한 검색 20년 2월, 15년 3월

➕ 더 알기 TIP

| 참조 파일 | Part03_Chapter03_인사관리(쿼리).accdb

[인사] 테이블로부터 부서명이 '홍보부'인 모든 데이터를 검색해 보자.

```
SELECT *
FROM 인사
WHERE 부서명='홍보부';
```

▲ WHERE구는 검색 조건을 기술할 때 사용함

▲ [실행](!)을 클릭한 결과

[인사] 테이블에서 나이가 30 이상인 데이터의 성명, 부서, 나이를 검색해 보자.

```
SELECT 성명, 부서명, 나이
FROM 인사
WHERE 나이>=30;
```

▲ WHERE구는 검색 조건을 기술할 때 사용하며 >=는 이상을 의미함

▲ [실행](!)을 클릭한 결과

4) 순서(ORDER BY)를 명시하는 검색 25년 상시, 24년 상시, 22년 상시, 20년 2월, 19년 8월, 18년 9월, 17년 3월, …

➕ 더 알기 TIP

[인사] 테이블에서 나이 열을 내림차순으로 정렬하여 모든 데이터를 검색해 보자.

```
SELECT *
FROM 인사
ORDER BY 나이 DESC;
```

▲ ORDER BY는 순서를 명시할 때 이용하며 DESC는 내림차순이며, 생략할 수 없음

▲ [실행](!)을 클릭한 결과

🚩 기적의 TIP

ORDER BY는 오름차순과 내림차순의 예로 출제됩니다. 반드시 숙지하세요.

[인사] 테이블에서 급여가 3,000,000원 이상인 직원에 대해 입사일의 오름차순으로, 같은 입사일에 대해서는 나이의 내림차순으로 직원의 성명, 급여, 입사일, 나이를 검색해 보자.

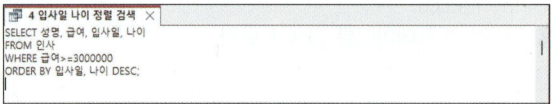

▲ WHERE구에 의해 조건을 주어 ORDER BY를 사용할 수 있음

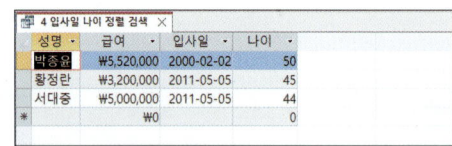

▲ [실행]()을 클릭한 결과

> ORDER BY절 사용 시 정렬방식을 별도로 지정하지 않으면 기본값은 오름차순인 'ASC'로 적용됨
>
> SELECT 학년, 반, 이름
> FROM 평균성적
> WHERE 평균 >= 90
> **ORDER BY 학년 DESC 반 ASC;**
>
> [평균성적] 테이블에서 '평균' 필드 값이 90 이상인 학생들을 검색하여 '학년' 필드를 기준으로 내림차순, '반' 필드를 기준으로 오름차순 정렬하여 표시함

5) 식을 이용한 쿼리 24년 상시, 23년 상시

➕ **더 알기 TIP**

[인사] 테이블에서 급여의 10%를 보너스로 계산하여 모든 데이터를 검색한다.

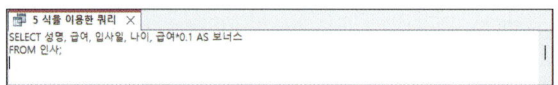

▲ AS문은 필드나 테이블의 이름을 별명(Alias)으로 지정할 때 사용함

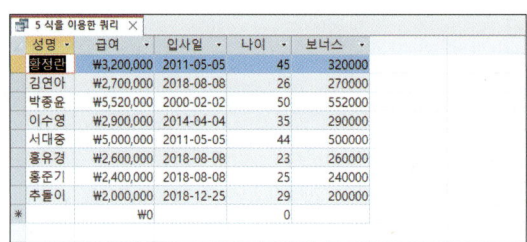

▲ [실행]()을 클릭한 결과

이론을 확인하는 기출문제

01 다음 중 데이터베이스에 저장된 데이터를 실제 처리하는데 사용되는 데이터 조작어에 해당하는 SQL문은?

① COMMIT
② SELECT
③ DROP
④ CREATE

데이터 조작어 : SELECT(검색), INSERT(삽입), UPDATE(갱신), DELETE(삭제)

02 아래의 설명 중 SQL문의 특징을 모두 고르시오.

> ㄱ) 여러 줄에 나누어 입력 가능하다.
> ㄴ) 문장 끝에는 콜론(:)을 붙인다.
> ㄷ) Keyword는 대문자로 입력해야 한다.
> ㄹ) Select 질의 시 정렬 순서의 기본값은 오름차순이다.

① ㄱ, ㄴ
② ㄴ, ㄷ, ㄹ
③ ㄱ, ㄹ
④ ㄱ, ㄷ

SQL문의 특징
• 여러 줄에 나누어 입력 가능함
• 문자 끝에는 세미콜론(;) 기호를 입력함
• 여러 개의 필드를 나열할 때는 ,(콤마)로 구분함
• 대소문자를 구별하지 않음
• 정렬 시 기본값은 오름차순임

03 부서별 제품별 영업 실적을 관리하는 테이블에서 부서 별로 영업 실적이 1억 원 이상인 제품의 합계를 구하고자 한다. 다음 중 이를 위한 SQL문에서 반드시 사용해야 할 구문에 해당하지 않는 것은?

① SELECT문
② GROUP BY절
③ HAVING절
④ ORDER BY절

ORDER BY절 : 검색 결과에 대한 정렬(오름차순, 내림차순)을 수행하는 명령으로 정렬에 대한 제시가 없으므로 해당되지 않음

오답 피하기
• ① SELECT문 : 검색하고자 하는 열 리스트 → "제품의 합계"
• ② GROUPBY절 : 그룹에 대한 쿼리 시 사용함 → "부서별로"
• ③ HAVING절 : 그룹에 대한 조건을 기술함 → "영업 실적이 1억 원 이상"

04 다음 중 주어진 [Customer] 테이블을 참조하여 아래의 SQL문을 실행한 결과로 옳은 것은?

```
SELECT Count(*)
FROM (SELECT Distinct City From Customer);
```

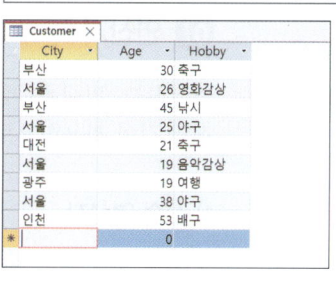

① 3   ② 5   ③ 7   ④ 9

• Select : 검색하고자 하는 열 리스트를 선택
• From : 대상 테이블 명
• Count(*) : 행(튜플)의 개수를 구함
• Distinct : 검색 결과값 중 중복된 결과값을 제거, 중복되는 결과값은 한 번만 표시함
• 따라서, City 필드에서 중복되는 지역은 제거 "부산, 서울, 대전, 광주, 인천"이 남게 되므로 5가 결과로 구해짐

05 다음 중 직원(사원번호, 부서명, 이름, 나이, 근무년수, 급여) 테이블에서 '근무년수'가 3 이상인 직원들을 나이가 많은 순서대로 조회하되, 같은 나이일 경우 급여의 오름차순으로 모든 필드를 표시하는 SQL문은?

① select * from 직원 where 근무년수 >= 3 order by 나이, 급여
② select * from 직원 order by 나이, 급여 where 근무년수 >= 3
③ select * from 직원 order by 나이 desc, 급여 asc where 근무년수 >= 3
④ select * from 직원 where 근무년수 >= 3 order by 나이 desc, 급여 asc

• 형식 : select 필드명 from 테이블명 where 조건 order by 필드 asc(오름차순, 생략가능)/desc(내림차순)
• 직원(사원번호, 부서명, 이름, 나이, 근무년수, 급여) 테이블에서 → from 직원
• '근무년수'가 3 이상인 직원들을 → where 근무년수 >= 3
• 나이가 많은 순서대로(내림차순) 조회하되 → order by 나이 desc
• 같은 나이일 경우 급여의 오름차순으로 → 급여 asc
• 모든 필드를 표시 → select *

정답 01 ② 02 ③ 03 ④ 04 ② 05 ④

식의 사용

빈출 태그 연산자 • 주요 함수

01 연산자 _{24년 상시, 16년 3월, 10년 10월}

연산자는 식(결과값을 얻기 위한 변수와 연산자의 결합) 안에서 사용되고, WHERE 절과 같이 사용함으로써 복잡한 검색 조건을 간단하게 설정할 수 있다.

1) 산술 연산자

숫자가 들어 있는 열의 값을 이용하여 계산하고자 할 때 사용하는 연산자이다.

종류	의미	사용 예

+	더하기(가산 연산자)	• SELECT 품명, 단가 +100 FROM 매출;
		  ◐ 매출 테이블의 단가에 100을 더하여 결과를 검색함
		    (단가가 일괄적으로 100원 오른 경우)
		• SELECT 품명, 단가 +100 AS 신단가 FROM 매출;
		  ◐ 신단가라는 별명(AS)을 이용하여 구할 수도 있음

−	빼기(감산 연산자)	SELECT 품명, 단가−70 FROM 매출; ◐ 매출 테이블의 단가에서 70을 빼고 결과를 검색함
*	곱하기(승산 연산자)	SELECT 품명, 단가 * 1.5 FROM 매출; ◐ 매출 테이블의 단가에 1.5를 곱하여 결과를 검색함
/	나누기(제산 연산자)	SELECT 품명, 단가/2 FROM 매출; ◐ 매출 테이블의 단가를 2로 나누어 결과를 검색함
\	나누기의 몫(제산 연산자)	SELECT 품명, 단가\2 FROM 매출; ◐ 매출 테이블의 단가를 2로 나눈 몫 결과를 검색함
Mod	나머지(잉여 연산자)	SELECT 품명, 단가 Mod 2 FROM 매출; ◐ 매출 테이블의 단가를 2로 나눈 나머지 결과를 검색함

2) 연결 연산자 _{24년 상시, 18년 3월}

문자열을 하나로 연결하기 위하여 사용하는 연산자이다.

종류	의미	사용 예
&	문자 연결 연산자	SELECT 품명, 단가, 모델명& '규격' FROM 매출; ◐ 매출 테이블의 모델명과 규격 문자열을 연결한 결과를 검색함

3) 비교 연산자 _{19년 8월}

열의 값을 어떤 값이나 다른 열의 값과 비교할 때 사용한다.

종류	의미	사용 예
=	같다	SELECT * FROM 매출 WHERE 단가=100; ◐ 단가가 100인 조건을 만족하는 결과를 검색함

🎯 개념 체크

1. 숫자가 들어있는 열의 값을 이용하여 계산하고자 할 때 사용하는 연산자를 (   ) 연산자라고 한다.
2. 문자열을 하나로 연결하기 위하여 사용하는 연산자를 (   ) 연산자라고 한다.
3. 산술 연산자 중, 나누기의 나머지를 구하는 연산자는 (   )이다.
4. 산술 연산자 중 더하기 연산자는 *를 사용한다. (ㅇ, ×)

1 산술 2 연결 3 Mod 4 ×

〉	크다	SELECT * FROM 매출 WHERE 단가〉150; ◘ 단가가 150보다 큰 조건을 만족하는 결과를 검색함	
〈	작다	SELECT * FROM 매출 WHERE 단가〈150; ◘ 단가가 150보다 작은 조건을 만족하는 결과를 검색함	
〉=	크거나 같다(이상)	SELECT * FROM 매출 WHERE 단가〉=150; ◘ 단가가 150보다 크거나 같은 조건을 만족하는 결과를 검색함	
〈=	작거나 같다(이하)	SELECT * FROM 매출 WHERE 단가〈=150; ◘ 단가가 150보다 작거나 같은 조건을 만족하는 결과를 검색함	
〈〉	같지 않다	SELECT * FROM 매출 WHERE 단가〈〉150; ◘ 단가가 150이 아닌 조건을 만족하는 결과를 검색함	

데이터 형식에 맞는 쿼리의 조건식
- 숫자 데이터 형식 : 〉= 2000 AND 〈=4000
- 문자 데이터 형식 : 〈〉 "중랑구", In ("서울","부산")
- 날짜 데이터 형식 : 〈 #1989-06-03#

※ 날짜 데이터 형식인 경우는 앞, 뒤에 #를 붙여서 사용함

4) 논리 연산자 19년 3월/8월, 07년 7월, 05년 5월

2개 이상의 조건을 연결할 때 사용하는 연산자이다.

종류	의미	사용 예
AND	'그리고'의 조건	SELECT * FROM 매출 WHERE 단가〉1000 AND 모델명= 'HTS'; ◘ 단가가 1000보다 크고 모델명이 'HTS'인 조건을 만족하는 결과를 검색함
OR	'또는'의 조건	SELECT * FROM 매출 WHERE 모델명= 'PJY' OR 모델명= 'HTS'; ◘ 모델명이 'PJY'이거나 모델명이 'HTS'인 조건을 만족하는 결과를 검색함
NOT	'부정'의 조건	SELECT * FROM 매출 WHERE NOT 모델명= 'PJY'; ◘ 모델명이 'PJY'가 아닌 조건을 만족하는 결과를 검색함 (SELECT * FROM 매출 WHERE 모델명〈 〉 'PJY';)와 같음

5) 문자 연산자 25년 상시, 24년 상시, 23년 상시, 21년 상시, 20년 2월/7월, 19년 3월/8월, 18년 9월, 17년 3월/9월, 16년 3월/10월, …

영어 표현으로 조건을 지정할 수 있는 연산자이다.

종류	의미	사용 예
BETWEEN ~ AND ~ ★	~와 ~사이	SELECT * FROM 게임 WHERE 기록 BETWEEN 100 AND 300; ◘ 게임 테이블에서 기록이 100점 이상 300점 이하인 레코드를 검색함
IN ★	안에	SELECT * FROM 게임 WHERE 기록 IN(100, 300); ◘ 게임 테이블에서 기록이 100점, 300점인 목록 안에 들어 있는 기록의 사람을 검색함 SELECT * FROM 게임 WHERE 기록=100 OR 기록=300; 와 결과 같음
LIKE ★	같은	SELECT * FROM 서적 WHERE 분류 LIKE '정보*'; ◘ 서적 테이블에서 분류가 '정보'로 시작하는 결과를 검색함

★ **BETWEEN 〈값1〉 AND 〈값2〉**
〈값1〉 이상, 〈값2〉 이하의 조건을 검색함

★ **IN(〈값1〉,〈값2〉,…)**
IN 연산자 뒤에 이어지는 값들의 목록 안에 들어 있는 결과를 검색함

★ **LIKE 〈값1〉***
- 〈값1〉로 시작하는 결과를 검색함
- 선택 쿼리에서 사용자가 지정한 패턴과 일치하는 데이터를 찾고자 할 때 사용되는 연산자

6) 집합 연산자

2개의 테이블 내용을 합쳐서 데이터를 검색하는 연산자이다.

종류	의미	사용 예
UNION	합집합	SELECT * FROM 품명A UNION SELECT * FROM 품명B; ◘ 품명A와 품명B 테이블로부터 모든 데이터 중복을 제거한 합집합을 검색함

02 주요 함수

- 함수란 주어진 데이터를 처리하고, 그 결과를 반환하는 기능을 가진 것을 의미한다.
- SQL에서는 괄호( )에 열이름이나 값을 지정하여 함수로 내보낸다.
- 괄호 안에 지정해서 함수로 보내는 데이터를 인수라 한다.

1) 집계 함수(집단 함수=그룹 함수) 및 GROUP BY, HAVING절 25년 상시, 24년 상시, 23년 상시, …

① 집계 함수
대상이 되는 행을 모은 '그룹' 개념으로 사용되는 함수이다.

종류	의미	사용 예
SUM( )	합계값을 구함	SELECT SUM(컴퓨터) FROM 성적; ◐ 성적 테이블에서 컴퓨터 점수의 합을 구함
AVG( )	평균값을 구함	SELECT AVG(컴퓨터) FROM 성적; ◐ 성적 테이블에서 컴퓨터 점수의 평균을 구함
COUNT(*)	행을 카운트함	SELECT COUNT(*) FROM 성적; ◐ 성적 테이블에서 학생 수를 검색함
MAX( )	최대값을 구함	SELECT MAX(컴퓨터) FROM 성적; ◐ 성적 테이블에서 컴퓨터 점수 중 최대값을 구함
MIN( )	최소값을 구함	SELECT MIN(컴퓨터) FROM 성적; ◐ 성적 테이블에서 컴퓨터 점수 중 최소값을 구함

② GROUP BY
그룹으로 나누어 집계하는 쿼리에 사용된다.

③ HAVING
그룹화된 데이터에 대한 조건을 설정할 때 사용된다(반드시 GROUP BY와 함께 사용).

+ 더 알기 TIP

[인사] 테이블에서 부서별 인원 수가 3명 이상인 부서명을 검색해 보자.

2) 문자열 함수 25년 상시, 24년 상시, 23년 상시, 22년 상시, 21년 상시, 18년 3월, 16년 3월/6월, 14년 6월, 13년 3월/6월, …

함수명	내용	함수명	내용
ASCII	문자 코드를 돌려줌	RIGHT	문자열의 오른쪽에서 지정된 수의 문자를 표시함
CHAR	문자를 돌려줌	MID	문자열의 지정된 위치에서 지정한 수만큼의 문자를 표시함
CONCAT	문자열을 연결함	STR	수치 형식에서 문자열 형식으로 변환함

기적의 TIP

집계 함수와 문자열 함수는 자주 출제되는 매우 중요한 내용입니다. 엑셀의 함수와 유사한 의미이므로 어렵지 않게 이해할 수 있으므로 반드시 알고 넘어가세요.

집계 함수
- TOTAL( )이라는 함수는 존재하지 않음
- COUNT( ) : 열(속성)의 개수를 구함
- COUNT(*) : 행(튜플)의 개수를 구함

WHERE절과 HAVING절의 차이
WHERE절과 HAVING절의 차이는 그룹 여부임

기타 집계 함수(그룹 함수)
- SUBTOTAL( ) : 부분합을 구하는 그룹 함수
- LARGE( ) : k번째 큰 값을 구하는 그룹 함수
- SMALL( ) : k번째 작은 값을 구하는 그룹 함수
- SUMPRODUCT( ) : 배열에서 해당 요소의 곱의 합을 구하는 그룹 함수
- 단, SIGN( ) 함수는 그룹 함수가 아님

함수명	내용	함수명	내용
INSTR ★	문자열을 검색하여 위치한 자릿수를 구함	STRREVERSE	지정한 문자열의 문자를 역순으로 정렬한 문자열을 반환함
LEFT	문자열의 왼쪽에서 지정된 수의 문자를 표시함	UCASE	대문자로 변환함
LEN	문자열의 길이를 돌려줌	LCASE	소문자로 변환함

3) 산술 함수 24년 상시, 18년 3월, 16년 3월, 13년 3월, 09년 7월, 08년 2월, 06년 2월, 05년 10월

함수명	내용	함수명	내용
ABS	절대값을 구함	CEIL	올림하여 정수를 구함
COS	코사인을 구함	FLOOR	내림하여 정수를 구함
LOG	대수를 구함	MOD	나머지를 구함
PI	원주율을 구함	POWER	거듭제곱을 구함
SIN	사인을 구함	TAN	탄젠트를 구함
SIGN	부호를 구함	RAND	난수를 생성함
SQRT	제곱근을 구함	TRUNC	버림
ROUND	반올림한 값을 구함	LN	자연 대수를 구함

4) 날짜/시간 함수 25년 상시, 24년 상시, 17년 3월, 16년 3월, 15년 10월, 12년 6월, 09년 10월, 07년 7월, 06년 7월, 05년 5월, …

함수명	내용	함수명	내용
NOW( )	현재의 날짜와 시간을 구함	DATE( )	현재의 날짜를 구함
TIME( )	현재의 시간을 구함	WEEKDAY(날짜)	날짜의 요일을 숫자로 구함
DATEVALUE	텍스트 날짜를 일련번호로 구함	CDATE	숫자나 숫자 형태의 텍스트를 날짜 데이터로 구함
ADD_MONTHS	월(月)을 더함	DATEADD	날짜에 지정한 기간을 더함
DATEDIFF	날짜의 차를 구함	DATENAME	날짜 요소를 문자열로 구함
DATEPART	날짜 요소를 문자열로 구함	DAY	일(日)을 구함
GETDATE	현재 날짜를 구함	MONTH	월(月)을 구함
SYSDATE	현재의 날짜와 시각을 구함	YEAR	년(年)수를 구함
SECOND	초(0~59) 사이의 정수를 반환함	TIMESERIAL	특정 시, 분, 초를 나타내는 시간이 포함된 Variant(Date) 형식을 반환함
MINUTE	분(0~59) 사이의 정수를 반환함	TIMEVALUE	시간을 포함하는 Variant(Date) 형식을 반환함

5) 선택 함수 24년 상시, 18년 3월

함수명	내용
IIF(조건식, 값1, 값2)	조건식이 참이면 값1, 거짓이면 값2를 반환함
CHOOSE(기준, 값1, 값2,…)	기준이 1이면 값1, 2면 값2,…순으로 값을 반환함
SWITCH(조건식1, 값1, 조건식2, 값2,…)	조건식1이 참이면 값1, 조건식2가 참이면 값2…순으로 반환함

★ InStr 함수

=InStr(3,"I Have A Dream","A",1)

- InStr(시작위치, 원본 문자열식, 검색할 문자열, 유형)
- 시작위치 : 3
- 원본 문자열식 : "I Have A Dream"
- 검색할 문자열 : "A"
- 유형 : 1 → 텍스트 비교
- 공백 포함, 대소문자 구분 안함
- "I Have a Dream"에서 "A"가 위치한 자릿수를 구하므로 결과는 4가 됨

=InStr(5,"I Have A Dream","A",1)

- 시작위치가 5이므로 앞의 "a"는 건너뛰고 뒤의 "A"의 위치를 반환하므로 결과는 8이 됨
- I와 H는 시작위치에서 벗어나므로 0이 됨

🚩 **기적의 TIP**

산술 함수는 ABS, SIGN, ROUND 함수를, 날짜/시간 함수는 NOW( ), CDATE, YEAR 함수를 중심으로 내용을 익혀 두세요.

VAL( )

숫자 형태의 문자열을 숫자 값으로 반환함

Format( )

폼이나 보고서의 특정 컨트롤에서 '=[단가]*[수량]*(1-[할인율])'과 같은 계산식을 사용하고, 계산 결과를 소수점 이하 첫째 자리까지 표시하고자 할 때 사용하는 함수로 계산 결과의 서식 유형을 설정함

이론을 확인하는 기출문제

01 다음 중 쿼리에서 사용하는 문자열 조건에 대한 설명으로 옳지 않은 것은?

① "수학" or "영어" : "수학"이나 "영어"인 레코드를 찾는다.
② LIKE "서울*" : "서울"이라는 문자열로 시작하는 필드를 찾는다.
③ LIKE "*신림*" : 문자열의 두 번째가 "신"이고 세 번째가 "림"인 문자열을 찾는다.
④ NOT "전산과" : 문자열의 값이 "전산과"가 아닌 문자열을 찾는다.

LIKE "*신림*" : "신림"이라는 단어를 포함하는 문자열을 찾음

오답 피하기

LIKE "?신림" : 문자열의 두 번째가 "신"이고 세 번째가 "림"인 문자열을 찾음

02 다음과 같은 SQL문에 대한 설명으로 옳지 않은 것은?

```
SELECT 부서, AVG(기본급) AS [부서별기본급평균]
FROM 직원 GROUP BY 부서;
```

① GROUP BY절을 생략할 수 있으며, 생략하여도 질의 결과는 같다.
② 다음 질의어와 항상 동일한 결과를 나타낸다.
　SELECT 부서, sum(기본급)/count(기본급) AS [부서별기본급평균] FROM 직원 GROUP BY 부서;
③ 표시되는 레코드의 수와 관계없이 질의의 결과 필드수는 항상 2개이다.
④ 질의의 결과는 반드시 '부서'의 개수(부서 필드의 값의 종류수) 만큼의 레코드를 표시한다.

GROUP BY절은 그룹에 대한 쿼리 시 사용되므로 생략 시 부서 그룹별로 결과가 나타나지 않음

03 다음의 수식을 보고서를 이용하여 인쇄할 경우 표시되는 결과로 옳은 것은?

```
=Left("부산 사하구 사하동", InStr("서울특별시 시흥구", "시"))
```

① 부산 사하
② 사하구 사하동
③ 서울특별시
④ 부산 사하구

• InStr("서울특별시 시흥구","시") : '서울특별시 시흥구' 문자열에서 왼쪽에서부터 '시' 문자가 있는 문자 번호를 출력함 → 5
• =Left("부산 사하구 사하동", 5) : '부산 사하구 사하동' 문자열에서 왼쪽에서 5번째까지의 문자를 출력함 → 부산 사하

04 다음 중 각 연산식에 대한 결과값이 옳지 않은 것은?

① IIF(1,2,3) → 결과값 : 2
② MID("123456",3,2) → 결과값 : 34
③ "A" & "B" → 결과값 : "AB"
④ 4 MOD 2 → 결과값 : 2

4 MOD 2 → 결과값 : 0(4를 2로 나눈 나머지를 구하므로 결과는 0이 됨)

오답 피하기

• ① : IIF(1,2,3) → 결과값 : 2 (IIF(조건,참,거짓)에서 조건이 1이상의 숫자일 경우 참으로 처리되므로 2가 결과가 됨)
• ② : MID("123456",3,2) → 결과값 : 34 (3번째에서 2개의 문자를 추출하므로 34가 결과가 됨)
• ③ : "A" & "B" → 결과값 : "AB" (문자를 연결하므로 "AB"가 결과가 됨)

정답 01 ③ 02 ① 03 ① 04 ④

05 다음 중 SQL문장의 WHERE절에 대한 설명으로 옳지 않은 것은?

① WHERE 부서 = '영업부' : 부서 필드의 값이 '영업부'인 레코드들이 검색됨
② WHERE 나이 Between 28 in 40 : 나이 필드의 값이 29에서 39 사이인 레코드들이 검색됨
③ WHERE 생일 = #1996-5-10# : 생일 필드의 값이 1996-5-10인 레코드들이 검색됨
④ WHERE 입사년도 = 1994 : 입사년도 필드의 값이 1994인 레코드들이 검색됨

- BETWEEN 〈값1〉 AND 〈값2〉 : 〈값1〉 이상, 〈값2〉 이하의 조건을 검색함
- WHERE 나이 Between 28 AND 40 : 나이 필드의 값이 28에서 40 사이인 레코드들이 검색됨

06 사원(사번, 성명, 거주지, 기본급, 부서명) 테이블에서 거주지가 '서울'이나 '인천'이 아닌 사원 중에 기본급의 최대값을 구하는 SQL 명령으로 맞는 것은?

① SELECT MAX(기본급) AS [최대값] FROM 사원 WHERE 거주지 NOT IN ('서울', '인천');
② SELECT [최대값] AS MAX(기본급) FROM 사원 WHERE(거주지 〈 〉 '서울') OR (거주지 〈 〉 '인천');
③ SELECT MAX(기본급) AS [최대값] FROM WHERE(거주지 〈 〉 '서울') OR (거주지 〈 〉 '인천');
④ SELECT [최대값] AS MAX(기본급) FROM 사원 WHERE 거주지 NOT IN ('서울', '인천');

SELECT MAX(기본급) AS [최대값] FROM 사원 WHERE 거주지 NOT IN ('서울', '인천');

- SELECT MAX(기본급) AS [최대값] FROM 사원 : [사원] 테이블에서 기본급의 최대값을 검색하되, 최대값이라는 이름으로 필드명을 대체함
- WHERE 거주지 NOT IN ('서울', '인천') : 거주지가 서울이 아니거나 인천이 아닌 사원을 검색함

07 다음 중 쿼리 작성 시 사용하는 특수 연산자와 함수에 대한 설명으로 옳지 않은 것은?

① YEAR(DATE()) → 시스템의 현재 날짜 정보에서 연도 값만을 반환한다.
② INSTR("KOREA","R") → 'KOREA'라는 문자열에서 'R'의 위치 '3'을 반환한다.
③ RIGHT([주민번호],2)="01" → [주민번호] 필드에서 맨 앞의 두 자리가 '01'인 레코드를 추출한다.
④ LIKE "[ㄱ-ㄷ]*" → 'ㄱ'에서 'ㄷ' 사이에 있는 문자로 시작하는 필드 값을 검색한다.

RIGHT([주민번호],2)="01" → [주민번호] 필드에서 맨 뒤의 두 자리가 '01'인 레코드를 추출함

08 다음 중 입사일이 '1990-03-02'인 사원의 현재까지 근무한 년 수를 출력하기 위한 SQL문으로 옳은 것은?

① select datediff("yyyy", '1990-03-02', date( ));
② select dateadd("yyyy", date( ), '1990-03-02');
③ select datevalue("yy", '1990-03-02', date( ));
④ select datediff("yy", '1990-03-02', date( ));

- datediff : 날짜의 차를 구함
- date( ) : 현재 날짜를 구함
- datediff("yyyy", '1990-03-02', date( )) ; → '1990-03-02'일부터 현재까지 근무한 년 수("yyyy")를 출력

오답 피하기
- dateadd : 날짜에 지정한 기간을 더함
- datevalue : 날짜(텍스트 형식)를 일련번호로 표시함

09 다음 중 SQL문에서 HAVING문을 사용하여 조건을 설정할 수 있는 것은?

① GROUP BY절
② LIKE절
③ WHERE절
④ ORDER BY절

- GROUP BY : 그룹에 대한 질의 시 사용
- GROUP BY 열리스트 [HAVING 조건]

SECTION 04 다중 테이블을 이용한 쿼리

출제빈도 상 중 (하)
반복학습 1 2 3

빈출 태그 조인 · 교차 조인 · 자연 조인

01 조인(Join)의 개념 25년 상시, 20년 2월/7월, 15년 10월, 08년 10월, 04년 2월/8월, 03년 2월

- 두 개 이상의 테이블을 연결하여 처리하는 것을 조인(Join) 또는 결합이라 한다.
- 두 테이블 모두 존재하는 필드명을 참조할 때의 형식은 "테이블명.필드명"으로 한다.
- 조인의 종류는 교차 조인(Cross Join), 자연 조인(내부 조인, 외부 조인) 등이 있다.
- 조인선은 두 테이블 사이의 연결을 의미한다.
- 조인선은 두 테이블 간에 관계가 설정되어 있는 경우 [쿼리] 창에 추가하면 자동으로 표시된다.
- 관계가 설정되지 않은 경우라도 데이터 형식이 같은 필드이면서 하나가 기본키로 설정된 경우 조인선은 자동으로 만들어진다.

> **기적의 TIP**
> 조인, 교차 조인, 내부 조인에 대한 개념 파악과 이해가 중요합니다. 조건에 맞는 명령문의 구현이 가능할 수 있도록 공부해 두세요.

02 교차 조인(Cross Join) 06년 5월, 05년 5월/7월/10월, 04년 10월, 03년 7월

(참조 파일 : Part03_Chapter03_교차조인.accdb)

- 두 개의 테이블을 직교에 의해 조인하는 것으로 가장 단순한 조인으로 카테젼 곱(Cartesian Product)이라고 한다.
- 쉼표로 테이블 이름을 나열하는 것으로 조인이 가능하다.
- 교차 조인은 2개 이상의 여러 테이블을 조인하는 경우에 조인 조건을 생략 또는 잘못 설정한 경우에 발생한다.
- 가능한 모든 행들의 조합이 표시된다.
- 첫 번째 테이블의 모든 행들은 두 번째 테이블의 모든 행들과 조인된다.
- 첫 번째 테이블의 행 수를 두 번째 테이블의 행 수로 곱한 것만큼의 행을 반환한다.
- 조인 조건이 없는 조인이라고 할 수 있다.
- 교차 조인 후 레코드(튜플)의 수 = 두 테이블의 레코드 수를 곱한 것
- 교차 조인 후 필드의 수 = 두 테이블의 필드 수를 더한 것

> **개념 체크**
>
> 1. 두 개 이상의 테이블을 연결하여 처리하는 것을 ( ) 또는 결합이라 한다.
> 2. 두 테이블 모두 존재하는 필드명을 참조할 때의 형식은 "( ).필드명"으로 한다.
> 3. 조인의 종류 중 가장 단순한 조인으로 카테시안 곱이라고 하는 것은 ( ) 조인이다.
> 4. 조인은 두 개 이상의 테이블을 연결하여 처리할 수 없다. (o, ×)
> 5. 교차 조인은 조인 조건을 생략 또는 잘못 설정한 경우에 발생한다. (o, ×)
>
> 1 조인 2 테이블 3 교차 4 × 5 o

```
SELECT <열이름1> [, <열이름2>…] FROM <테이블명1>, <테이블명2>;
```

보기A			
보기A번호	이름1	이름2	추가하려면 클릭
1	일	하나	
2	이	둘	
3	삼	셋	

▲ 필드 3개, 레코드 3개

보기B		
보기B번호	이름1	추가하려면 클릭
1	One	
2	Two	
3	Three	

▲ 필드 2개, 레코드 3개

➕ 더 알기 TIP

[보기A] 테이블과 [보기B] 테이블을 교차 조인해 보자.

▶ [실행](!)을 클릭한 결과 – 필드 5개, 레코드 9개

---

03 자연 조인(Natural Join) 22년 상시

자연 조인은 한쪽 테이블에 있는 열의 값과 또 다른 한쪽의 테이블에 있는 열의 값이 똑같은 행을 연결하는 결합이며, 등결합이라고도 한다.

1) 내부 조인(INNER JOIN) 20년 2월, 19년 8월, 17년 9월, 14년 3월, 13년 6월, 11년 7월, 10년 6월, 09년 2월, 07년 7월, …

(참조 파일 : Part03_Chapter03_내부조인.accdb)

내부 조인은 한쪽 테이블의 열의 값과 다른 한쪽의 테이블의 열의 값이 똑같은 행만을 결합하는 것으로, 가장 자주 사용하는 결합이다.

```
SELECT …… FROM 〈테이블명1〉 INNER JOIN 〈테이블명2〉
ON 〈테이블명1〉.〈열이름〉 = 〈테이블명2〉.〈열이름〉;
```

➕ 더 알기 TIP

[성명학과명] 테이블의 학번 열과 [휴대폰주소] 테이블의 학번 열을 내부 조인해 보자.

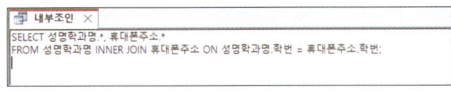

▲ [성명학과명] 테이블

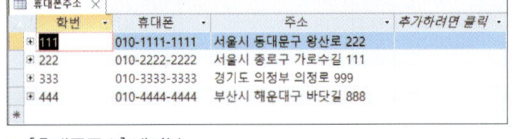
▲ [휴대폰주소] 테이블

▲ [실행](!)을 클릭한 결과 – 두 테이블 간 학번 필드가 같은 레코드만 조인되며 [성명학과명] 테이블의 555, 666, 777은 검색 대상에서 제외됨

- 조인에 사용되는 기준 필드의 데이터 형식은 동일하거나 호환되어야 함
- 쿼리에 여러 테이블을 포함할 때는 조인을 사용하여 원하는 결과를 얻을 수 있음
- 내부 조인은 조인되는 두 테이블에서 조인하는 필드가 일치하는 행만을 반환하려는 경우에 사용함
- 외부 조인은 조인되는 두 테이블에서 공통 값이 없는 데이터를 포함할지 여부를 지정할 수 있음

2) 외부 조인(Outer Join) 23년 상시, 20년 2월

- 조인의 목적에 따라 어느 한 테이블만 남겨야 되는 경우 사용하는 것이 외부 조인이다(내부 조인의 경우 어느 한쪽 테이블 밖에 존재하지 않은 값을 가진 행은 결합되지 않는다).
- 결합의 방향에 따라 왼쪽 외부 조인과 오른쪽 외부 조인으로 나눈다.

① 좌외부 조인(Left Join)
왼쪽의 테이블을 우선해서 왼쪽의 테이블에 관해 모든 행을 결과로 남기는 조인이다.

SELECT …… FROM 〈테이블명1〉 LEFT JOIN 〈테이블명2〉
ON 〈테이블명1〉.〈열이름〉 = 〈테이블명2〉.〈열이름〉;

따라하기 TIP

따라하기 파일 • Part03_Chapter03_좌우외부조인-따라파일.accdb

[동아리코드] 테이블의 [동아리코드] 열과 [학번성명동아리코드] 테이블의 [동아리코드] 열을 왼쪽 외부 조인해 보자.

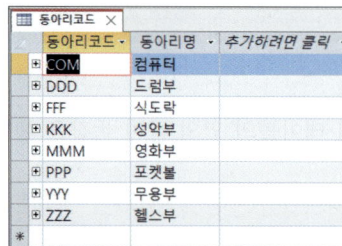
▲ [동아리코드] 테이블

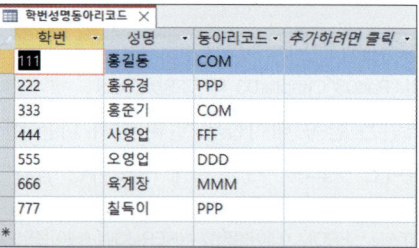
▲ [학번성명동아리코드] 테이블

① [만들기] 탭-[쿼리] 그룹의 [쿼리 디자인]을 클릭한 다음 [테이블 추가] 창이 나타나면 두 테이블을 모두 [선택한 표 추가] 단추를 클릭하여 추가한다.

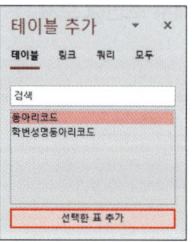

② 관계선의 바로 가기 메뉴에서 [조인 속성]을 클릭한다.

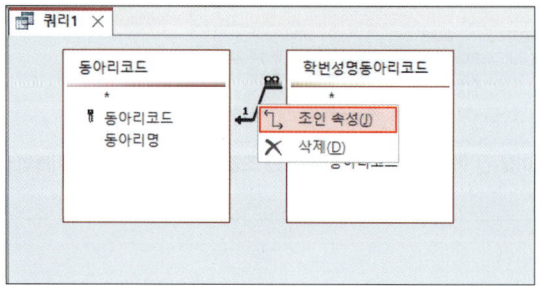

③ [조인 속성] 대화 상자에서 왼쪽 외부 조인을 위해 옵션 "2:"를 선택하고 [확인]을 클릭한다.

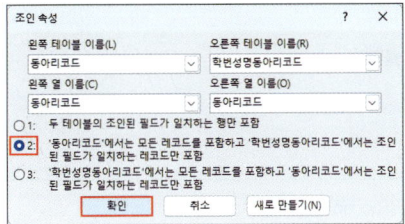

④ 각 테이블의 '*'을 더블클릭한다.

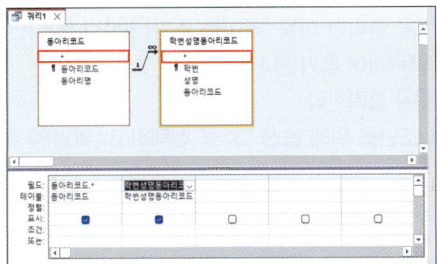

⑤ [쿼리 디자인] 탭-[결과] 그룹의 [실행]을 클릭하면 왼쪽의 [동아리코드] 테이블은 모두 나타나고 오른쪽의 [학번성명동아리코드] 테이블은 [동아리코드]가 같은 레코드만 나타나게 된다.

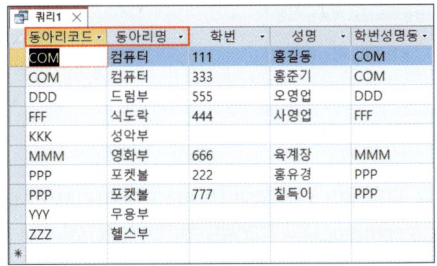

⑥ 쿼리 탭의 바로 가기 메뉴에서 [저장]을 클릭한 다음 "1 좌외부조인"으로 저장한다.

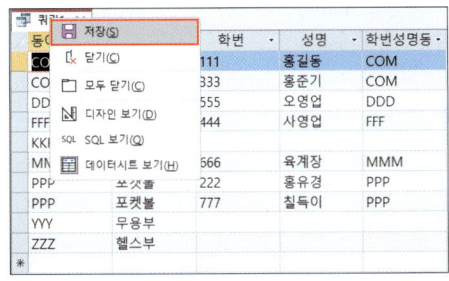 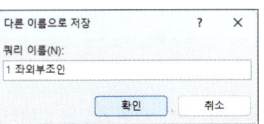

⑦ 쿼리탭의 바로 가기 메뉴에서 [SQL 보기]를 클릭하면 좌외부조인(LEFT JOIN) SQL을 볼 수 있다.

```
SELECT 동아리코드.*, 학번성명동아리코드.*
FROM 동아리코드 LEFT JOIN 학번성명동아리코드 ON 동아리코드.동아리코드 = 학번성명동아리코드.동아리코드;
```

② 우외부 조인(Right Join) 25년 상시, 23년 상시, 15년 6월

오른쪽 테이블을 우선해서 오른쪽의 테이블에 관해 모든 행을 결과로 남기는 조인이다.

SELECT …… FROM 〈테이블명1〉 RIGHT JOIN 〈테이블명2〉
ON 〈테이블명1〉.〈열이름〉 = 〈테이블명2〉.〈열이름〉;

따라하기 TIP

따라하기 파일 • Part03_Chapter03_좌우외부조인-따라파일.accdb

[동아리코드] 테이블의 [동아리코드] 열과 [학번성명동아리코드] 테이블의 [동아리코드] 열을 오른쪽 외부 조인해 보자.

① [만들기] 탭-[쿼리] 그룹의 [쿼리 디자인]을 클릭한 다음 [테이블 추가] 창이 나타나면 두 테이블을 모두 [선택한 표 추가] 단추를 클릭하여 추가한다.
② 관계선의 바로 가기 메뉴에서 [조인 속성]을 클릭한다.
③ [조인 속성] 대화 상자에서 오른쪽 외부 조인을 위해 옵션 "3:"을 선택하고 [확인]을 클릭한다.

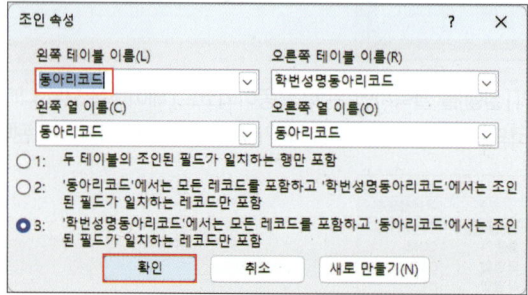

④ 각 테이블의 "*"을 더블클릭한다.
⑤ [쿼리 디자인] 탭-[결과] 그룹의 [실행]을 클릭하면 오른쪽의 [학번성명동아리코드] 테이블은 모두 나타나고 왼쪽의 [동아리코드] 테이블에서는 [동아리코드]가 일치하는 레코드만 나타나게 된다.
⑥ 쿼리탭의 바로 가기 메뉴에서 [저장]을 클릭한 다음 "2 우외부조인"으로 저장한다.

▲ 동아리코드 KKK, YYY, ZZZ은 검색되지 않음

⑦ 쿼리탭의 바로 가기 메뉴에서 [SQL 보기]를 클릭하면 우외부조인(RIGHT JOIN) SQL을 볼 수 있다.

```
SELECT 동아리코드.*, 학번성명동아리코드.*
FROM 동아리코드 RIGHT JOIN 학번성명동아리코드 ON 동아리코드.동아리코드 = 학번성명동아리코드.동아리코드;
```

이론을 확인하는 기출문제

01 다음 중 동호회 테이블과 사원 테이블을 조인하여 질의한 결과가 아래의 그림과 같이 나타나게 하기 위한 질의로 옳은 것은?

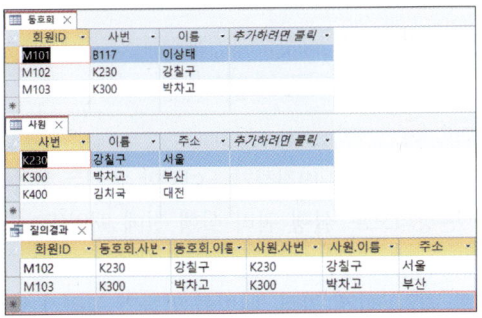

① SELECT 동호회.*, 사원.* FROM 동호회 INNER JOIN 사원 ON 동호회.사번 = 사원.사번;
② SELECT 동호회.*, 사원.* FROM 동호회 LEFT JOIN 사원 ON 동호회.사번 = 사원.사번;
③ SELECT 동호회.*, 사원.* FROM 동호회 RIGHT JOIN 사원 ON 동호회.사번 = 사원.사번;
④ SELECT 동호회.*, 사원.* FROM 동호회 OUTER JOIN 사원 ON 동호회.사번 = 사원.사번;

- 내부 조인(INNER JOIN) : 한쪽 테이블의 열의 값과 다른 한쪽의 테이블의 열의 값이 똑같은 행만을 결합하는 것
- SELECT... FROM 테이블명1 INNER JOIN 테이블명2 ON 테이블1.열이름=테이블2.열이름;

02 다음 중 두 테이블에서 조인(Join)된 필드가 일치하는 레코드만 결합하는 조인일 때, 괄호 안에 알맞은 것은?

```
SELECT 필드목록 FROM 테이블1 (     ) JOIN
테이블2 ON 테이블1.필드=테이블2.필드;
```

① INNER   ② OUTER
③ LEFT   ④ RIGHT

SELECT …… FROM 〈테이블명1〉 INNER JOIN 〈테이블명2〉 ON 〈테이블명1〉.〈열이름〉 = 〈테이블명2〉.〈열이름〉; 자연 조인은 한쪽 테이블에 있는 열의 값과 또 다른 한쪽의 테이블에 있는 열의 값이 똑같은 행을 연결하는 결합이며 등결합이라고도 함

03 사원관리 데이터베이스에는 [부서정보] 테이블과 실적 정보를 포함한 [사원정보] 테이블이 관계로 연결되어 있다. 다음 중 아래의 SQL문의 실행 결과에 대한 설명으로 옳은 것은?(단, 부서에는 여러 사원이 있으며, 한 사원은 하나의 부서에 소속되는 일대다 관계임)

```
SELECT 부서정보.부서번호, 부서명, 번호, 이름, 실적
FROM 부서정보
RIGHT JOIN 사원정보 ON 부서정보.부서번호 = 사원정보.부서번호;
```

① 두 테이블에서 부서번호가 일치되는 레코드의 부서번호, 부서명, 번호, 이름, 실적 필드를 표시한다.
② [부서정보] 테이블의 레코드는 모두 포함하고, [사원정보] 테이블에서는 실적이 있는 레코드만 포함하여 결과를 표시한다.
③ [부서정보] 테이블의 레코드는 [사원정보] 테이블의 부서번호와 일치되는 것만 포함하고, [사원정보] 테이블에서는 실적이 있는 레코드만 포함하여 결과를 표시한다.
④ [부서정보] 테이블의 레코드는 [사원정보] 테이블의 부서번호와 일치되는 것만 포함하고, [사원정보] 테이블에서는 모든 레코드가 포함하여 결과를 표시한다.

우외부 조인(Right Join) : 오른쪽 테이블을 우선해서 오른쪽의 테이블에 관해 모든 행을 결과로 남기는 조인이므로 [사원정보] 테이블에서는 모든 레코드가 포함하여 결과를 표시되며, [부서정보] 테이블의 레코드는 [사원정보] 테이블의 부서번호와 일치되는 것만 포함됨

정답 01 ① 02 ① 03 ④

SECTION 05 실행 쿼리(Action Query)

빈출 태그 실행 쿼리 • 삽입문(INSERT) • 갱신문(UPDATE) • 삭제문(DELETE)

> **기적의 TIP**
> 실행 쿼리의 종류별 구문 형식을 혼동하지 않도록 공부해 두세요.
>
> 실행 쿼리는 취소할 수 없음

01 실행 쿼리 25년 상시, 16년 6월, 15년 10월, 13년 10월, 08년 5월, 06년 2월, 04년 8월

(참조 파일 : Part03_Chapter03_인사관리(쿼리).accdb)
- 실행 쿼리는 2개 이상의 여러 레코드를 일괄적으로 변경하거나 이동할 수 있는 쿼리이다.
- 실행 쿼리를 통해 원본 테이블이 변경되므로 실행 쿼리 실행 전에 백업(Backup) 작업이 필요하다.
- 실행 쿼리에는 추가 쿼리, 업데이트 쿼리, 삭제 쿼리, 테이블 만들기 쿼리가 있다.
- 실행 쿼리는 [쿼리 디자인] 탭–[결과] 그룹–[실행](❗)을 클릭하여 실행시킨다.

1) INSERT(삽입문, ➕) 25년 상시, 22년 상시, 21년 상시, 19년 3월, 16년 3월/10월, 14년 6월/10월, 13년 6월, 11년 3월/10월, …

삽입문으로 테이블에 새로운 데이터(행)를 삽입하며, INSERT–INTO–VALUES의 유형을 가진다.

```
INSERT INTO 테이블명(필드이름1, 필드이름2, …)
VALUES (값1, 값2,…)
```

> **➕ 더 알기 TIP**
>
> [인사] 테이블에 사원번호 '888', 성명 '추돌이', 부서명 '광고부', 직급 '사원', 급여 2,000,000, 입사일 '2018-12-25', 나이 '29'를 삽입해 보자.
>
> ```
> 7 INSERT INTO VALUES
> INSERT INTO 인사 ( 사원번호, 성명, 부서명, 직급, 급여, 입사일, 나이 )
> VALUES ('888', '추돌이', '광고부', '사원', 2000000, '2018-12-25', 29);
> ```
>
> ▲ 열이름과 값을 기술하는 순서는, 똑같이 대응하는 열과 값의 데이터 형식과 일치해야 함(만약 열의 이름을 기술하지 않으면 이 테이블의 정의문에 명시된 모든 열이 기술된 것으로 취급됨)

> **삽입(INSERT)문**
> - 여러 개의 테이블이 아닌 하나의 테이블에만 추가할 수 있음
> - 다른 테이블의 레코드를 추출하여 추가하거나 필드 값을 직접 지정하여 추가할 수 있음
> - 레코드 전체 필드를 추가하는 경우 필드 이름을 생략함
> - 하나의 INSERT문으로 여러 개의 레코드와 필드의 삽입이 가능함

```
INSERT INTO 테이블명(필드이름1, 필드이름2, …)
SELECT 필드이름
FROM 테이블명
WHERE 검색 조건;
```

> **➕ 더 알기 TIP**
>
> [인사] 테이블에서 부서명이 '홍보부'인 사원의 사원번호, 성명, 부서명, 직급, 급여, 입사일, 나이를 검색해 '홍보부직원' 테이블에 삽입해 보자.
>
> ```
> 8 INSERT INTO SELECT FROM WHERE
> INSERT INTO 홍보부직원 ( 사원번호, 성명, 부서명, 직급, 급여, 입사일, 나이 )
> SELECT 사원번호, 성명, 부서명, 직급, 급여, 입사일, 나이
> FROM 인사
> WHERE 부서명='홍보부';
> ```
>
> ▲ 부속 쿼리문인 SELECT문을 실행하여 그 결과를 지정된 테이블에 삽입한 경우

2) UPDATE(갱신문, ✏️) 25년 상시, 24년 상시, 23년 상시, 22년 상시, 19년 8월, 18년 3월, 17년 3월, 16년 10월, 14년 3월/6월, …

갱신문으로 테이블에 저장되어 있는 데이터를 갱신하며, UPDATE-SET-WHERE의 유형을 가진다.

```
UPDATE 테이블명
SET 필드이름1= 값1, 필드이름2=값2, …
WHERE 조건
```

> UPDATE 학생 SET 주소='서울'
> WHERE 학번=100;
>
> [학생] 테이블에서 학번이 100인 레코드의 주소를 '서울'로 갱신함

➕ 더 알기 TIP

[인사] 테이블의 사원번호가 222인 사원의 급여를 3,000,000원으로 변경해 보자.

```
9 UPDATE SET WHERE(급여변경)
UPDATE 인사 SET 급여 = 3000000
WHERE 사원번호='222';
```

[인사] 테이블의 전산부 급여를 10% 인상해 보자.

```
10 UPDATE SET WHERE(급여인상)
UPDATE 인사 SET 급여 = 급여*1.1
WHERE 부서명='전산부';
```

> **급여 10% 인상**
> 급여를 10% 더 주는 것이기 때문에 급여 = 급여 + (급여 * 0.1)
> = (급여 * 1) + (급여 * 0.1)
> = 급여 * (1 + 0.1)
> = 급여 * 1.1

3) DELETE(삭제문, 🗙) 23년 상시, 09년 7월, 07년 7월, 05년 2월, 04년 10월

삭제문으로 테이블에 저장되어 있는 행을 삭제하며, DELETE-FROM-WHERE의 유형을 가진다.

```
DELETE * FROM 테이블명
[WHERE 조건];
```

➕ 더 알기 TIP

[인사] 테이블을 모두 삭제해 보자(모든 행을 삭제).

```
11 DELETE FROM(모든행삭제)
DELETE *
FROM 인사;
```

[인사] 테이블에서 사원번호가 '888'인 사원을 삭제해 보자.

```
12 DELETE FROM WHERE(조건삭제)
DELETE *
FROM 인사
WHERE 사원번호='888';
```

이론을 확인하는 기출문제

01 다음 중 회원 중에서 가입일이 2023년 6월 3일 이전인 준회원을 정회원으로 변경하고자 할 때 SQL문으로 옳은 것은?(단, 회원 테이블에는 회원번호, 성명, 가입일, 연락처, 등급 등의 필드가 있으며, 회원의 등급은 '등급' 필드에 저장되어 있다.)

① update 회원 set 등급 = '정회원' where 가입일 <= #2023-6-3# and 등급 = '준회원'
② update 회원 set 등급 = '정회원' where 가입일 <= "2023-6-3" and 등급 = '준회원'
③ update 회원 set 등급 = '정회원' where 가입일 <= #2023-6-3#
④ update 회원 set 등급 = '정회원' where 가입일 <= "2023-6-3"

- update 테이블명 set 열이름1=값1, 열이름2=값2, … where 조건 : 갱신문으로 테이블에 저장된 데이터를 갱신함
- update 회원 set 등급 = '정회원' where 가입일 <= #2023-6-3# and 등급 = '준회원'
- <= #2023-6-3# : 2023년 6월 3일 이전을 의미, 날짜는 앞뒤에 #를 붙임

02 다음 중 [주소록]이라는 연결 테이블의 내용을 [거래처] 테이블에 추가하는 SQL문으로 옳은 것은?(단, 두 테이블은 모두 '거래처번호', '거래처명', '연락처'라는 동일한 데이터 형식과 필드 순서를 갖고 있다. 또한 '거래처번호' 필드를 기준으로 [거래처] 테이블에 존재하지 않는 데이터만을 추가하고자 한다.)

① insert into 거래처(거래처번호, 거래처명, 연락처) set 주소록(거래처번호, 거래처명, 연락처) where 거래처번호 is not null
② insert into 거래처 select * from 주소록 where 거래처번호 not in (select 거래처번호 from 거래처)
③ insert into 거래처 values 주소록(거래처번호, 거래처명, 연락처)
④ insert into 거래처(거래처번호, 거래처명, 연락처) select 거래처번호, 거래처명, 연락처 from 주소록 where 거래처번호 not in (select 거래처번호 from 주소록)

- insert into 거래처 select * from 주소록 : [주소록] 테이블의 내용을 [거래처] 테이블에 추가
- where 거래처번호 not in (select 거래처번호 from 거래처) : '거래처번호' 필드를 기준으로 [거래처] 테이블에 존재하지 않는(not) 데이터만을 추가

03 다음 쿼리문에 대한 설명으로 가장 옳지 않은 것은?

```
DELETE * FROM 회원 WHERE 회원번호=300
```

① [회원] 테이블에서 회원번호가 300인 레코드를 삭제한다.
② WHERE절 이하 부분이 없으면 아무 레코드도 삭제하지 않는다.
③ 레코드를 삭제한 다음에는 삭제한 내용은 되돌릴 수 없다.
④ 질의문을 실행하는 경우 레코드 수에는 변화가 있을 수 있지만 필드 수에는 변화가 없다.

WHERE절 이하 부분이 없으면 [회원] 테이블에서 모든 레코드가 삭제됨

04 다음 중 실행 쿼리의 삽입(INSERT)문에 대한 설명으로 옳지 않은 것은?

① 한 개의 INSERT문으로 여러 개의 레코드를 여러 개의 테이블에 동일하게 추가할 수 있다.
② 필드 값을 직접 지정하거나 다른 테이블의 레코드를 추출하여 추가할 수 있다.
③ 레코드의 전체 필드를 추가할 경우 필드 이름을 생략할 수 있다.
④ 하나의 INSERT문을 이용해 여러 개의 레코드와 필드를 삽입할 수 있다.

여러 개의 테이블이 아닌 하나의 테이블에만 추가할 수 있음

05 다음 중 실행 쿼리가 아닌 것은?

① DELETE문
② UPDATE문
③ SELECT문
④ INSERT문

SELECT문은 특정 레코드를 선택하는 선택 쿼리임

오답 피하기

DELETE문은 삭제 쿼리, UPDATE문은 갱신 쿼리, INSERT문은 삽입 쿼리로 실행 쿼리임

정답 01 ① 02 ② 03 ② 04 ① 05 ③

SECTION 06 기타 데이터베이스 쿼리

출제빈도 상 중 하
반복학습 1 2 3

빈출 태그 매개 변수 쿼리 • 크로스탭 쿼리 • UNION(통합) 쿼리

01 매개 변수 쿼리 24년 상시, 23년 상시, 20년 7월, 17년 9월, 16년 3월/10월, 15년 6월, 14년 6월, 12년 6월, 10년 3월, …

실행할 때 레코드 검색 조건이나 필드에 삽입할 값과 같은 정보를 물어보는 쿼리이며, 두 조건 이상의 쿼리 작성이 가능하다.

> 🔔 **기적의 TIP**
>
> 매개 변수 쿼리와 크로스탭 쿼리의 개념과 용도를 잘 알아 두세요.

따라하기 TIP

따라하기 파일 • Part03_Chapter03_인사관리(쿼리)–따라파일.accdb

① [만들기] 탭–[쿼리] 그룹의 [쿼리 디자인]을 클릭한 다음 [테이블 추가] 창이 나타나면 '인사' 테이블을 [선택한 표 추가] 단추를 클릭하여 추가하고 모든 필드를 더블클릭한다.
② 바로 가기 메뉴의 [매개 변수]를 선택한다.

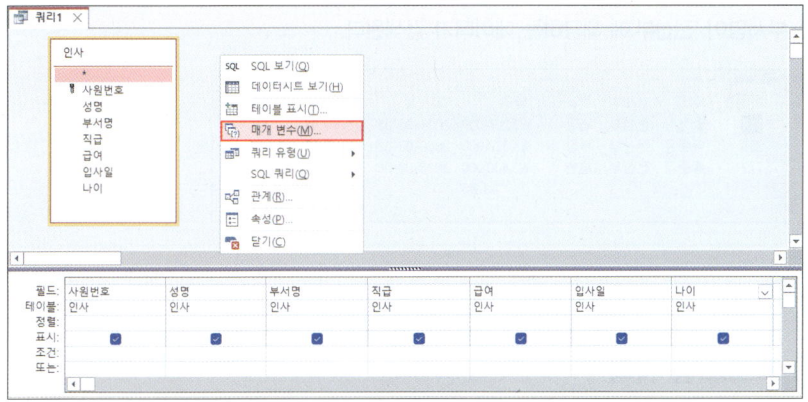

③ [쿼리 매개 변수] 대화 상자에서 매개 변수를 『[부서입력]★』으로 입력하고 데이터 형식을 '짧은 텍스트'로 설정한 후 [확인]을 클릭한다.

★ 매개 변수 입력 시
[ ]를 사용함

데이터 형식은 조건을 검색할 필드의 형식과 같아야 함. 아울러 기존 필드 이름과 겹쳐서도 안됨

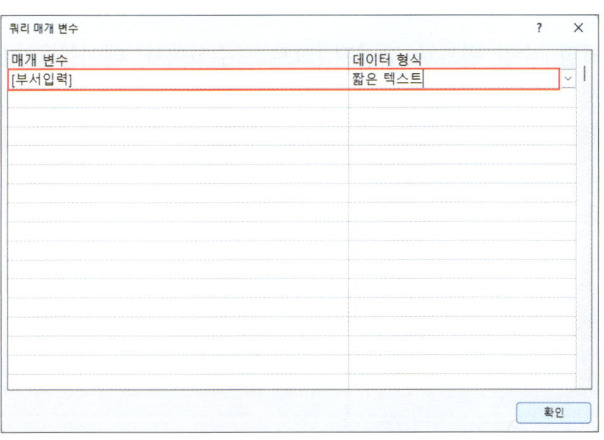

④ [디자인 보기] 창에서 [부서명] 필드의 [조건]란에 『[부서입력]』을 입력하고 [쿼리 디자인] 탭-[결과] 그룹-[보기]-[데이터시트 보기]를 실행한다.

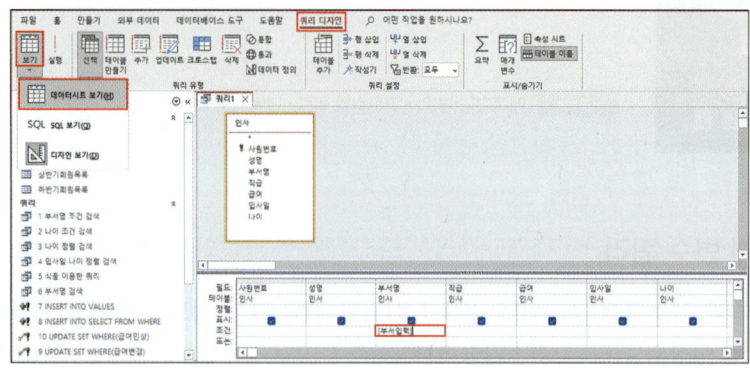

⑤ [데이터시트] 창이 나타나기 전에 조건으로 지정한 값을 물어보는 [매개 변수 값 입력] 대화 상자가 나타난다. 『전산부』를 입력하고 [확인]을 클릭한다.

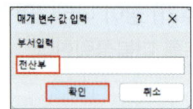

⑥ 부서명이 '전산부'에 해당하는 데이터가 검색된다.

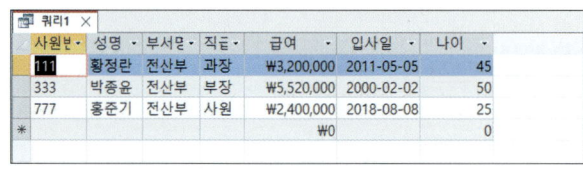

02 크로스탭 쿼리

> 주어진 데이터를 계산 및 요약 정리하여 보다 효율적으로 데이터를 분석할 수 있음

21년 상시, 19년 3월/8월, 18년 3월, 15년 10월, 12년 9월, 09년 10월, 08년 2월/5월, 06년 2월, …

- 테이블에서 특정한 필드의 합계, 평균, 개수와 같은 요약값을 표시하고, 그 값들을 묶어 데이터시트의 행(왼쪽)과 열(위쪽)에 나열해 주는 쿼리로, 엑셀의 피벗 테이블과 유사하다.
- 출고일자, 제품명, 지점, 수량 필드로 구성된 [크로스 주식회사] 테이블을 가지고 크로스탭 쿼리를 작성한다.
- 열 머리글에는 한 개의 필드를 지정할 수 있고, 행 머리글은 최대 3개까지 필드를 지정할 수 있다.

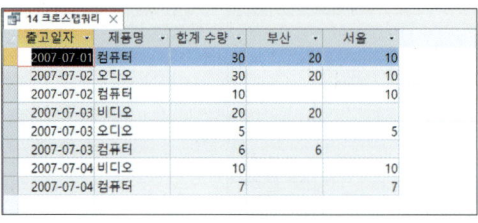

개념 체크

1 크로스탭 쿼리는 테이블에서 특정한 필드의 합계, 평균, 개수와 같은 (   ) 값을 표시한다.

2 행 머리글은 최대 (   )까지 필드를 지정할 수 있다.

3 크로스탭 쿼리는 엑셀의 피벗 테이블과 유사하다. (○, ×)

1 요약 2 3개 3 ○

따라하기 TIP

따라하기 파일 • Part03_Chapter03_인사관리(쿼리)-따라파일.accdb

① [만들기] 탭-[쿼리] 그룹-[쿼리 마법사]를 클릭한 다음 [새 쿼리] 대화 상자에서 [크로스탭 쿼리 마법사]를 선택한 후 [확인]을 클릭한다.

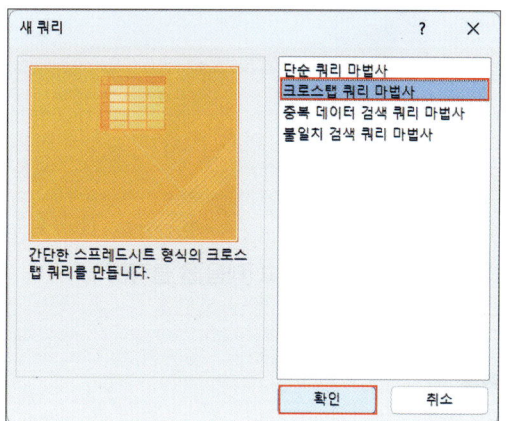

② 1단계 : 사용할 테이블을 설정하고 [다음]을 클릭한다.

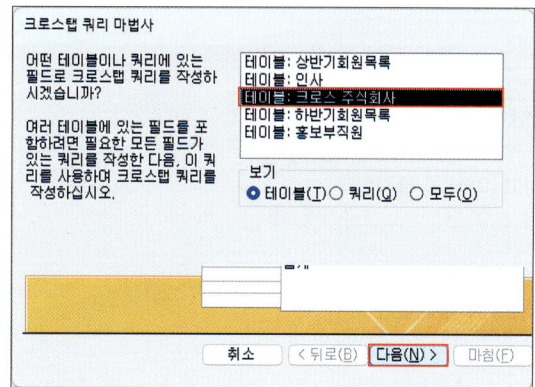

> **기적의 TIP**
>
> 행 머리글로 사용 가능한 필드는 최대 3개까지라는 점에 주의하세요.

③ 2단계 : 행 머리글로 사용할 필드(출고일자, 제품명)를 선택하고 [다음]을 클릭한다.

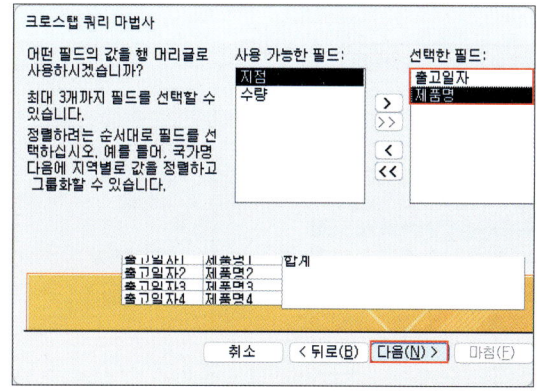

④ 3단계 : 열 머리글로 사용할 필드(지점)를 선택하고 [다음]을 클릭한다.

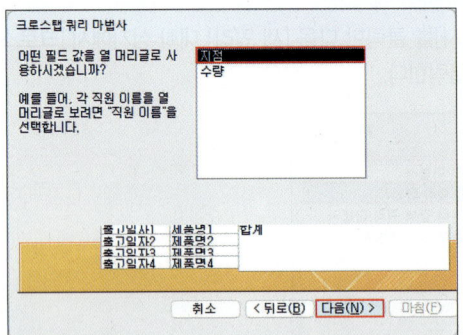

> **기적의 TIP**
> 크로스탭 쿼리 마법사에서 사용할 수 있는 함수에 유의하세요.

⑤ 4단계 : 계산에 사용될 필드(수량)와 함수(총계)를 설정하고 [다음]을 클릭한다.

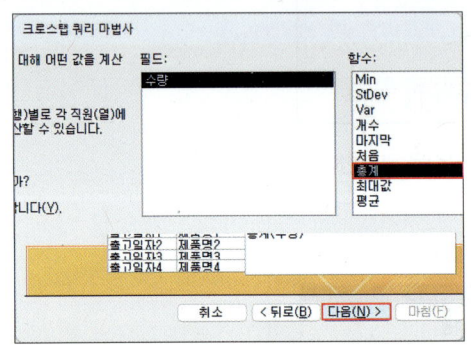

⑥ 5단계 : 쿼리의 이름을 입력하고 [마침]을 클릭한다.

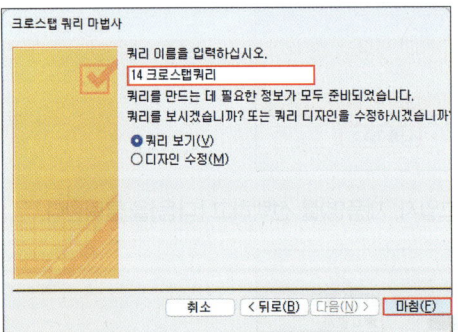

⑦ 크로스탭 쿼리의 결과 시트가 나타난다.

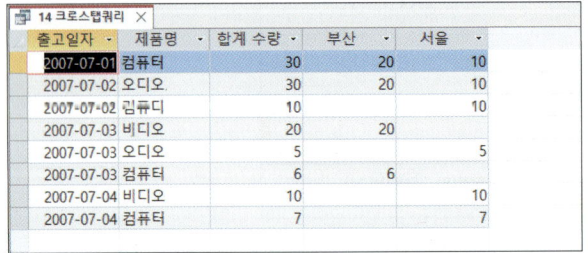

03 UNION(통합) 쿼리
25년 상시, 23년 상시, 22년 상시, 16년 6월, 15년 3월, 14년 3월, 11년 10월, 09년 4월/10월, …

- 2개 이상의 테이블이나 쿼리에서 대응되는 필드들을 결합하여 하나의 필드로 만들어 주는 쿼리이다.

```
SELECT 필드 이름
FROM 테이블 이름
UNION SELECT 필드 이름
FROM 테이블 이름
```

- 중복된 레코드는 한 번만 나타난다.
- 2개 테이블의 필드의 개수가 같아야 한다.
- 쿼리의 결과에 나타나는 필드 이름은 첫 번째로 지정한 테이블의 필드명이 표시된다.

따라하기 TIP

따라하기 파일 • Part03_Chapter03_인사관리(쿼리)-따라파일.accdb

다음 [상반기회원목록] 테이블과 [하반기회원목록] 테이블을 통합해 보자.

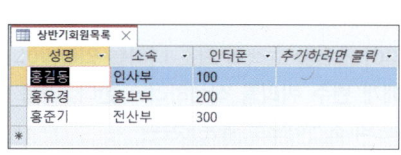
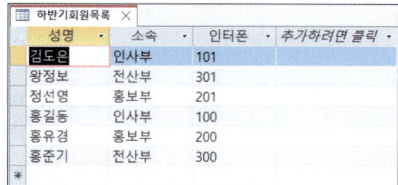

▲ [상반기회원목록] 테이블　　　　▲ [하반기회원목록] 테이블

① [만들기] 탭-[쿼리] 그룹-[쿼리 디자인]을 클릭한 후 [테이블 추가] 대화 상자에서 테이블의 선택 없이 [닫기]를 클릭한다.
② [쿼리 디자인] 탭-[쿼리 유형] 그룹-[통합]을 클릭한다.

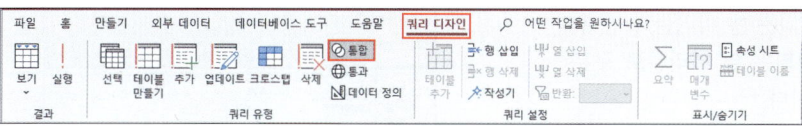

③ [쿼리 입력] 창이 나타나면 통합 SQL 구문을 입력하고 [실행]()을 클릭한다.

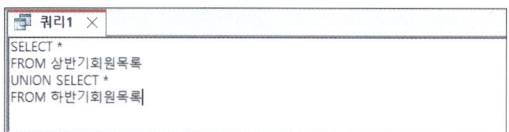

④ 두 테이블의 통합 쿼리가 실행되어 중복된 레코드는 한 번만 표시되어 나타난다.

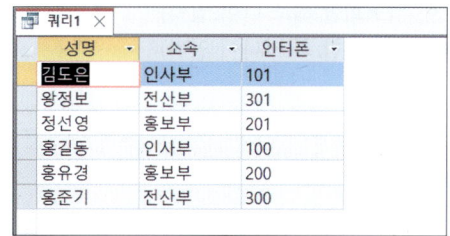

개념 체크

1. UNION 쿼리는 2개 이상의 테이블이나 쿼리에서 대응되는 필드들을 결합하여 하나의 ( )로 만들어 주는 쿼리이다.

2. UNION 쿼리를 사용할 때 2개 테이블의 필드의 ( )가 같아야 한다.

3. UNION 쿼리의 결과에 나타나는 필드 이름은 첫 번째로 지정한 테이블의 필드명이 표시된다. (○, ×)

4. UNION 쿼리를 사용하면 중복된 레코드가 결과에 모두 표시된다. (○, ×)

1 필드　2 개수　3 ○　4 ×

이론을 확인하는 기출문제

01 다음 중 '학번', '이름', '전화번호' 필드로 동일하게 구성되어 있는 [재학생] 테이블과 [졸업생] 테이블을 통합하여 나타내는 쿼리문으로 옳은 것은?

① Select 학번, 이름, 전화번호 From 재학생, 졸업생 Where 재학생.학번 = 졸업생.학번;
② Select 학번, 이름, 전화번호 From 재학생 JOIN Select 학번, 이름, 전화번호 From 졸업생;
③ Select 학번, 이름, 전화번호 From 재학생 OR Select 학번, 이름, 전화번호 From 졸업생;
④ Select 학번, 이름, 전화번호 From 재학생 UNION Select 학번, 이름, 전화번호 From 졸업생;

- UNION(통합) 쿼리 : 2개 이상의 테이블이나 쿼리에서 대응되는 필드들을 결합하여 하나의 필드로 만들어 주는 쿼리
- SELECT 필드 이름 FROM 테이블 이름 UNION SELECT 필드 이름 FROM 테이블 이름

02 다음 중 크로스탭 쿼리에 대한 설명으로 옳지 않은 것은?

① 쿼리 결과를 Excel 워크시트와 비슷한 표 형태로 표시하는 특수한 형식의 쿼리이다.
② 맨 왼쪽에 세로로 표시되는 행 머리글과 맨 위에 가로 방향으로 표시되는 열 머리글로 구분하여 데이터를 그룹화한다.
③ 그룹화한 데이터에 대해 레코드 개수, 합계, 평균 등을 계산할 수 있다.
④ 열 머리글로 사용될 필드는 여러 개를 지정할 수 있지만, 행 머리글로 사용할 필드는 하나만 지정할 수 있다.

열 머리글에는 한 개의 필드를 지정할 수 있고, 행 머리글은 최대 3개까지 필드를 설정할 수 있음

03 '갑' 테이블의 필드 A가 1, 2, 3, 4, 5의 값을 가지고 있고, '을' 테이블의 필드 A가 0, 2, 3, 4, 6의 값을 가지고 있다고 가정할 때 다음 SQL 구문의 실행 결과는?

```
SELECT A FROM 갑 UNION SELECT A FROM 을;
```

① 2, 3, 4
② 0, 1, 2, 3, 4, 5, 6
③ 1, 5, 6
④ 0, 1, 5, 6

UNION(통합) 쿼리
- 2개 이상의 테이블이나 쿼리에서 대응되는 필드들을 결합하여 하나의 필드로 만들어 주는 쿼리
- 중복된 레코드는 한 번만 나타남
- 2개 테이블의 필드의 개수가 같아야 함

04 아래와 같이 조회할 고객의 최소 나이를 입력받아 검색하는 매개 변수 쿼리를 작성하려고 한다. 다음 중 'Age' 필드의 조건식으로 옳은 것은?

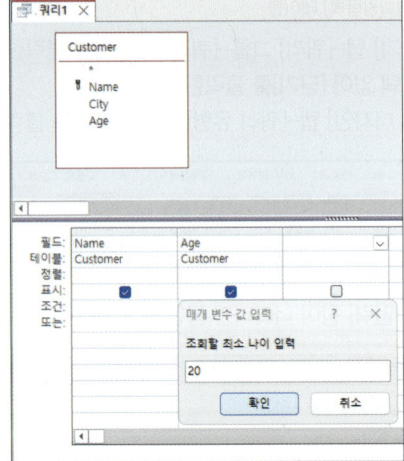

① >={조회할 최소 나이 입력}
② >="조회할 최소 나이 입력"
③ >=[조회할 최소 나이 입력]
④ >=(조회할 최소 나이 입력)

매개 변수 쿼리 : 실행할 때 레코드 검색 조건이나 필드에 삽입할 값과 같은 정보를 물어보는 쿼리이며, 두 조건 이상의 쿼리 작성이 가능함, 매개 변수 입력 시 대괄호 [ ]를 사용함

정답 01 ④ 02 ④ 03 ② 04 ③

CHAPTER

04

폼(Form) 작성

학습 방향

폼 작성 기본과 그에 따른 주요 속성을 익혀두시고 탭 순서 개요 및 설정 방법, 폼의 개념 및 용도, 특징에 대해 혼동하지 않도록 반복해서 익히는 것이 좋습니다. 컨트롤 관련 부분도 자주 출제되었던 문제 위주로 공부하세요

출제 빈도

SECTION 01 중 18%
SECTION 02 중 18%
SECTION 03 중 11%
SECTION 04 상 21%
SECTION 05 중 14%
SECTION 06 중 18%

SECTION 01 폼 작성 기본

빈출 태그 폼의 개념・폼의 구성 요소・폼 작성하기

01 폼의 개념   25년 상시, 19년 8월, 18년 3월, 15년 6월, 12년 9월, 11년 3월/10월, 10년 10월, 08년 5월/8월, 07년 2월/7월/10월, 05년 10월, …

> 데이터베이스에서는 폼을 이용하여 데이터를 입력하고 표시함

- 폼은 테이블이나 쿼리를 레코드 원본으로 사용하는 개체이다.
- 폼은 테이블이나 쿼리 데이터의 입력, 수정 및 편집 작업을 편리하고 쉽게 할 수 있도록 도와주는 개체이다.
- 폼에서 데이터를 입력 및 수정할 경우 연결된 테이블이나 쿼리에 그 변경된 내용이 반영된다.
- 폼은 보고서, 매크로, 모듈 등과 연결시켜 해당 작업을 자동화할 수 있다.
- 폼은 데이터베이스의 보안성을 높여준다.
- 폼은 테이블이나 쿼리와는 달리 이벤트를 설정할 수 있다.
- 폼은 테이블이나 쿼리의 데이터와 연결되어 있는 바운드 폼(Bound Form)과 그렇지 않은 언바운드 폼(Unbound Form)으로 나누어진다.

기적의 TIP
폼의 개념을 이해하고, 바운드와 언바운드의 차이에 대해 정확히 익혀 두세요.

02 폼의 표시 형식   23년 상시, 17년 3월, 15년 10월, 14년 10월

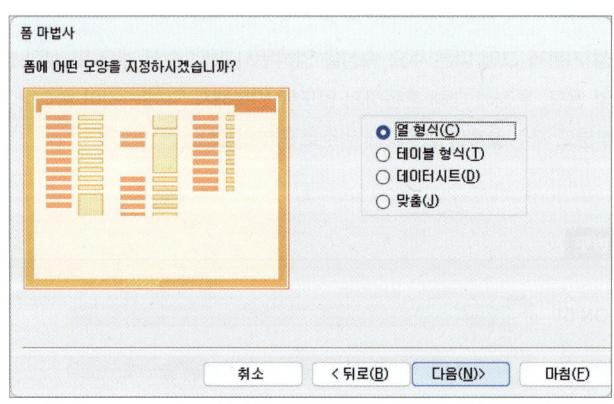

열 형식	• 한 레코드를 한 화면에 표시하며, 각 필드가 필드명과 함께 다른 줄에 표시됨 • 일반적으로 가장 많이 사용되는 형식
테이블 형식	각 레코드의 필드는 한 줄(행)에, 레이블은 폼의 맨 위(열)에 한 번 표시됨
데이터시트	폼이 데이터시트 보기에서 나타나는 형식으로 표시됨
맞춤	맞춤 형식으로 표시됨

개념 체크

1. 폼은 보고서, 매크로, 모듈 등과 연결시켜 해당 작업을 ( )할 수 있다.
2. 폼은 테이블이나 쿼리와 연결되어 있는 바운드 폼과 그렇지 않은 ( ) 폼으로 나누어진다.
3. 폼은 테이블이나 쿼리의 데이터와 연결되어 있지 않을 경우 바운드 폼이라고 한다. (○, ×)
4. 열 형식 폼이 생성된 후에는 컨트롤 레이아웃이 설정되어 각각의 컨트롤의 크기를 변경할 수 없다. (○, ×)

1 자동화   2 언바운드
3 ×   4 ○

03 폼의 구성 요소 20년 2월, 18년 3월, 17년 9월, 14년 3월, 12년 9월, 10년 3월, 09년 7월, 07년 2월/5월, 04년 5월

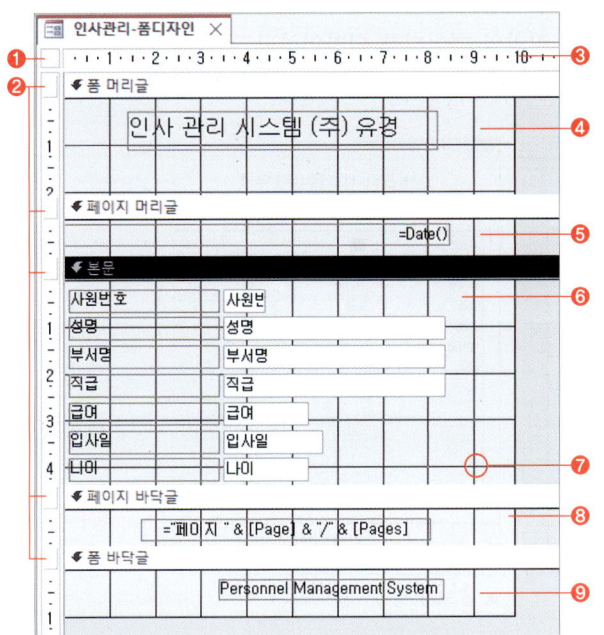
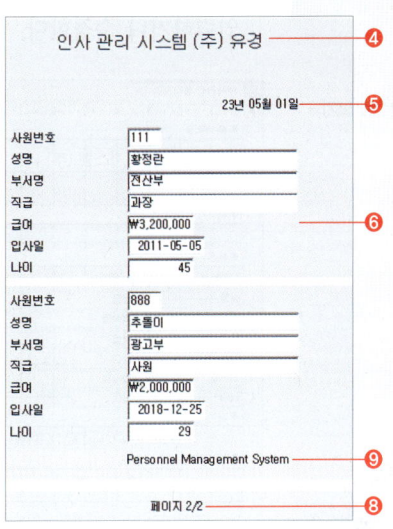

❶ 폼 선택기	폼의 디자인 보기 전체를 선택하거나 폼의 속성을 표시함(더블클릭)	
❷ 구역 선택기	각 구역을 선택하거나 해당 구역의 속성을 표시함(더블클릭)	
❸ 눈금자	[정렬] 탭-[크기 및 순서 조정] 그룹-[크기/공간]-[눈금자]에서 표시하거나 바로 가기 메뉴의 [눈금자]에서 표시할 수 있음	
❹ 폼 머리글	• 폼의 제목이나 각 레코드에 공통으로 적용되는 정보를 표시함 • 폼 보기(단일 폼)에서는 상단에 매 레코드마다 표시되나 [인쇄 미리 보기] 상태에서는 첫 번째 페이지의 위쪽에 한 번만 표시함	
❺ 페이지 머리글	• 각 페이지의 위쪽에 인쇄하는 정보(제목, 날짜, 페이지 번호, 삽입 그림 등)를 표시함 • [인쇄 미리 보기] 상태에서만 확인할 수 있음	
❻ 본문(세부 구역)	• 데이터 원본으로 사용할 테이블이나 쿼리의 실제 레코드를 표시함 • 형식에 따라 화면이나 페이지에 단일 폼 또는 연속 폼으로 레코드를 표시함	
❼ 눈금	[정렬] 탭-[크기 및 순서 조정] 그룹-[크기/공간]-[눈금]에서 표시하거나 바로 가기 메뉴의 [눈금]에서 표시할 수 있으며 정확하게 컨트롤을 배치할 때 사용함	
❽ 페이지 바닥글	• 각 페이지의 아래쪽에 인쇄하는 정보(날짜, 페이지 번호, 삽입 그림 등)를 표시함 • [인쇄 미리 보기] 상태에서만 확인할 수 있음	
❾ 폼 바닥글	• 각 레코드에 폼의 사용법이나 지시 사항, 명령 단추 등 각 레코드에 공통으로 적용되는 정보를 표시함 • 폼 보기(단일 폼)에서는 하단에 매 레코드마다 표시되나 [인쇄 미리 보기] 상태에서는 마지막 페이지의 본문 다음(페이지 바닥글 전)에 한 번만 표시함	

> **기적의 TIP**
>
> 폼의 구성 요소와 폼보기와 인쇄 미리보기에 대해 중점적으로 학습하세요.
>
> 폼의 디자인 작업 시 눈금과 눈금자는 필요에 따라 표시하거나 숨길 수 있음

기적의 TIP

폼 작성하기는 실습을 통해 내용을 익혀 두세요.

F5 : 폼 디자인 보기에서 폼 보기로 전환

04 폼 작성하기 23년 상시, 12년 3월, 11년 7월, 10년 6월, 09년 7월, 08년 2월, 04년 8월

- 폼을 작성하기 위해 테이블이나 쿼리를 원본 데이터로 사용한다.
- 디자인 보기에서 테이블이나 쿼리의 데이터를 디자인하고, 폼 보기에서 데이터를 입력하거나 수정한다.

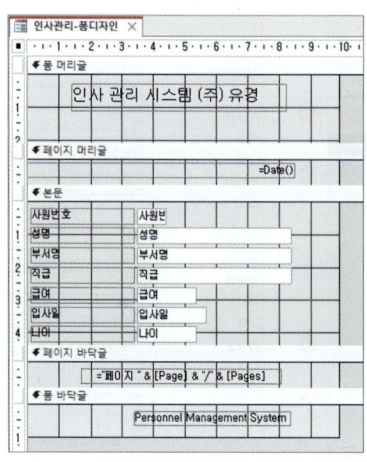
▲ 디자인 보기

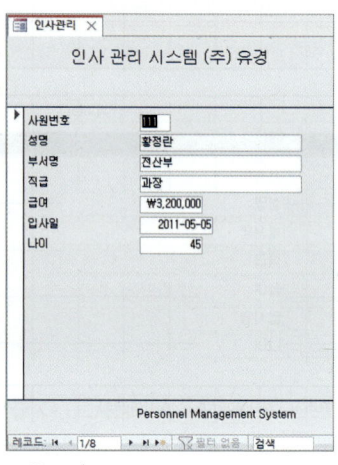
▲ 폼 보기

1) 폼 디자인을 이용하여 폼 작성하기 23년 상시, 17년 3월, 16년 3월

- 폼에 필드를 사용자가 직접 추가할 수 있으며, 여러 컨트롤을 이용하여 폼을 설계한다.
- 바운드 폼(Bound Form)★과 언바운드 폼(Unbound Form)★의 작성이 가능하다.

★ 바운드 폼(Bound Form)
폼에서 데이터의 입력 및 수정 등 편집이 가능함

★ 언바운드 폼(Unbound Form)
바운드 폼의 반대 개념으로 폼과 데이터가 연결되지 않음

🏠 따라하기 TIP

따라하기 파일 • Part03_Chapter04_인사관리(폼)-따라파일.accdb

① [만들기] 탭-[폼] 그룹에서 [폼 디자인]을 선택한다.
② 폼 디자인 창으로 전환되면 [양식 디자인] 탭-[도구] 그룹에서 [기존 필드 추가]를 클릭한다. [필드 목록] 창이 나타나면 '모든 테이블 표시'를 클릭하고 목록에서 인사 테이블에 있는 필드를 하나씩 폼 디자인 창으로 드래그하거나 더블클릭한다.

[폼 보기](단일 폼)
[양식 디자인] 탭-[보기] 그룹-[폼 보기]를 클릭하여 실행함

폼 머리글	폼 머리글	폼 머리글
본문 (각 레코드)	본문 (각 레코드)	본문 (각 레코드)
폼 바닥글	폼 바닥글	폼 바닥글

인쇄 미리 보기
[파일] 탭-[인쇄]-[인쇄 미리 보기]를 클릭하여 실행함

폼 머리글		
페이지 머리글	페이지 머리글	페이지 머리글
본문 (레코드들)	본문 (레코드들)	본문 (레코드들)
페이지 바닥글	폼 바닥글	페이지 바닥글

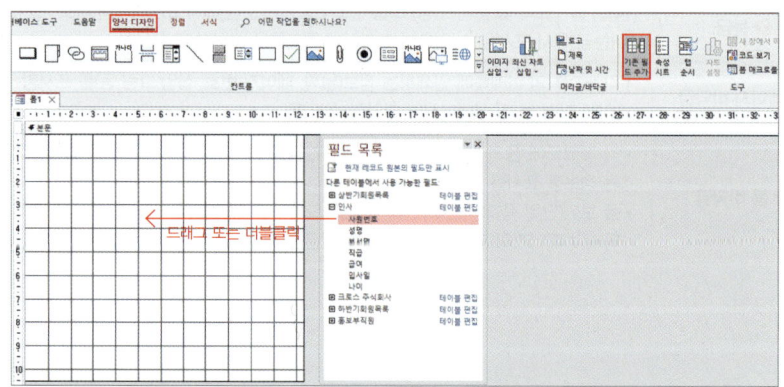

③ 폼 구역에 모든 필드가 추가되며 필드는 각각 '텍스트 상자'라는 컨트롤로 구성된다.

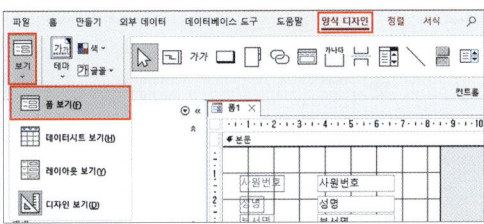

- 폼 디자인 도구를 이용하여 여러 컨트롤의 크기와 간격을 일정하게 설정할 수 있음
- 폼에서 연결된 테이블의 레코드를 삭제한 경우 영구적인 작업이므로 되돌릴 수 없음

④ [양식 디자인] 탭-[보기] 그룹-[폼 보기]를 클릭한다.

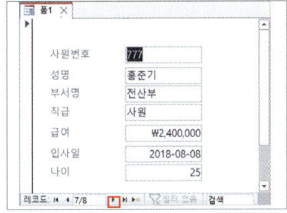

⑤ 각각의 레코드는 하나의 폼에 나타나며, [레코드 추가](▶*)를 클릭하여 새로운 데이터를 추가로 입력할 수도 있다.

➕ 더 알기 TIP

[폼 디자인]에서 레코드 원본 선택

바로 가기 메뉴의 [속성]을 이용하여 폼에서 사용할 테이블을 [레코드 원본]에서 직접 설정할 수도 있다.

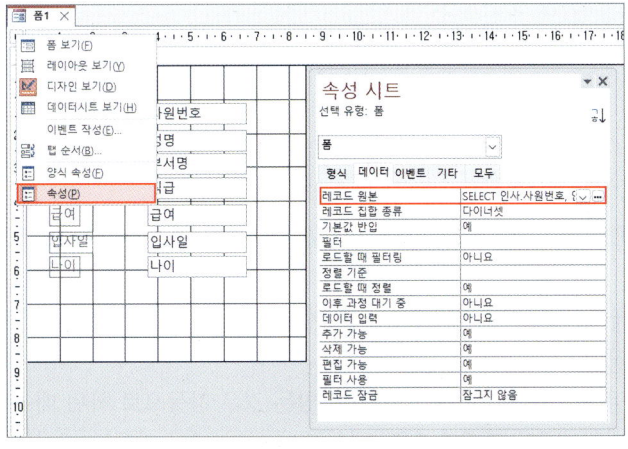

2) 마법사를 이용하여 폼 작성하기

테이블이나 쿼리 등 원본 데이터를 직접 선택하여 지정하며, 바운드 폼(Bound Form)만 작성된다.

🏠 따라하기 TIP

따라하기 파일 • Part03_Chapter04_인사관리(폼)-따라파일.accdb

① [만들기] 탭-[폼] 그룹에서 [폼 마법사]를 클릭한다.
② [폼 마법사]가 표시되면 [테이블/쿼리]의 목록 단추(☑)를 클릭하여 [테이블: 인사]로 선택하고 [사용 가능한 필드]의 [전체 필드 선택](>>) 단추를 클릭하여 전체 필드를 [선택한 필드]로 추가하고 [다음]을 클릭한다.

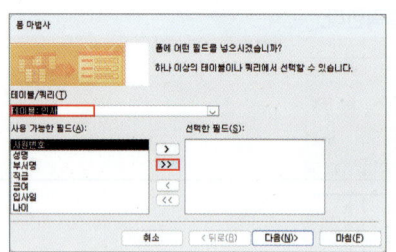 ➡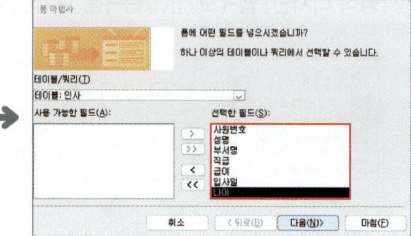

③ 폼의 모양을 지정하고 [다음]을 클릭한다.

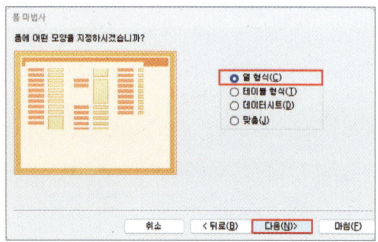

④ 폼의 제목을 입력하고 [마침]을 클릭하여 마법사를 종료한다.

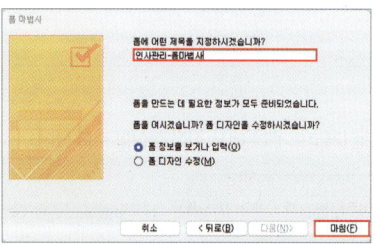

3) 자동 폼 만들기 15년 10월, 10년 3월, 04년 10월

- 개체의 데이터 원본으로 사용할 테이블이나 쿼리를 선택하면 폼을 자동으로 작성해 준다.
- 폼이 만들어지면서 레이아웃 보기 상태로 표시되며 텍스트 상자의 크기를 조정하고 폼의 디자인을 변경할 수 있다.
- 테이블 또는 쿼리와 일대다 관계가 있는 테이블이 있는 경우 자동으로 하위 데이터시트가 만들어진다. 단, 일대다 관계가 있는 테이블이 여러 개인 경우는 데이터시트가 추가되지 않는다.

✅ 개념 체크

1 자동 폼 만들기 기능을 사용하면 일대다 관계가 있는 테이블의 하위 데이터시트가 자동으로 만들어진다. (○, ×)

2 자동 폼 만들기 기능은 테이블만 데이터 원본으로 사용할 수 있다. (○, ×)

1 ○ 2 ×

- 레이아웃 보기에서 데이터시트를 선택한 다음 Delete 로 삭제하면 하위 데이터시트가 폼에 표시되지 않는다.

따라하기 TIP

따라하기 파일 • Part03_Chapter04_인사관리(폼)-따라파일.accdb

① 탐색 창에서 폼에 사용할 테이블을 선택하고 [만들기] 탭-[폼] 그룹에서 [폼]을 클릭한다.
② 선택된 테이블을 원본 데이터로 한 폼이 자동으로 생성된다.

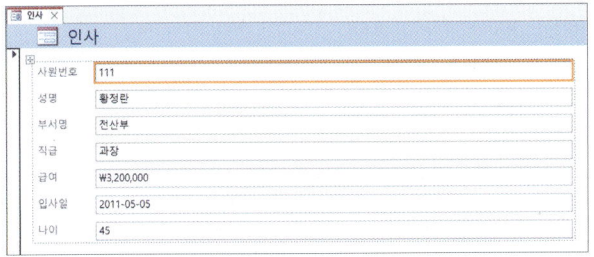

폼 스타일 변경
폼은 작성한 후에 [양식 레이아웃 디자인] 탭-[테마] 그룹-[테마]를 이용하여 적용된 스타일을 변경할 수 있음

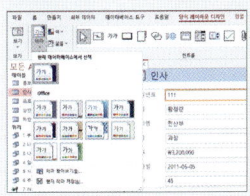

4) 분할 폼 만들기 23년 상시, 22년 상시, 21년 상시, 20년 2월/7월, 18년 3월/9월, 17년 9월, 16년 3월/10월, 15년 10월, 13년 10월,…

분할 표시 폼은 폼 보기와 데이터 시트 보기를 동시에 표시하도록 작성되는 폼이다.

따라하기 TIP

따라하기 파일 • Part03_Chapter04_인사관리(폼)-따라파일.accdb

① 탐색 창에서 폼에 사용할 테이블을 선택하고 [만들기] 탭-[폼] 그룹-[기타 폼]-[폼 분할]을 클릭한다.

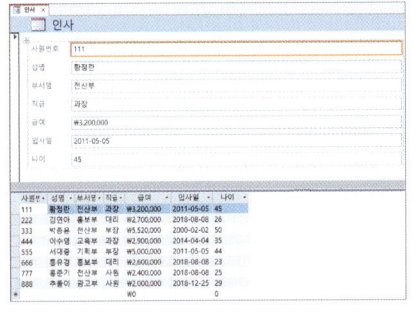

② 선택된 데이터를 원본으로 하여 폼 보기와 데이터 시트 보기 형태가 위 아래에 자동으로 작성된다.

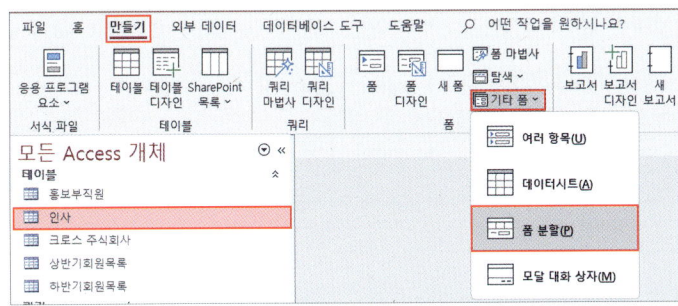

분할 표시 폼
- [만들기] 탭의 [폼] 그룹에서 [기타 폼]-[폼 분할]을 클릭하여 실행함
- 분할 표시 폼은 폼 보기와 데이터시트 보기를 동시에 표시하며 상호 동기화됨
- 분할 표시 폼을 만든 후에는 디자인 보기 또는 레이아웃 보기에서 폼 조정이 가능함
- 폼 속성 창의 '분할 표시 폼 방향'을 이용하여 폼의 위쪽, 아래쪽, 왼쪽, 오른쪽 등 데이터시트가 표시되는 위치를 정할 수 있음(디자인 보기만)
- 분할 표시 폼을 만든 후에 컨트롤의 크기 조정과 기존 필드 및 새로운 필드의 추가가 가능함
- 분할 표시 폼의 폼 부분을 사용하여 필드를 삭제하며 필드를 선택하고 Delete 를 누름(필드가 폼과 데이터시트에서 모두 제거됨)

5) 여러 항목 폼 만들기

여러 항목 폼은 여러 개의 레코드가 표시되는 폼이 작성된다.

> **따라하기 TIP**
>
> 따라하기 파일 • Part03_Chapter04_인사관리(폼)-따라파일.accdb

① 탐색 창에서 폼에 사용할 테이블을 선택하고 [만들기] 탭-[폼] 그룹-[기타 폼]-[여러 항목]을 클릭한다.

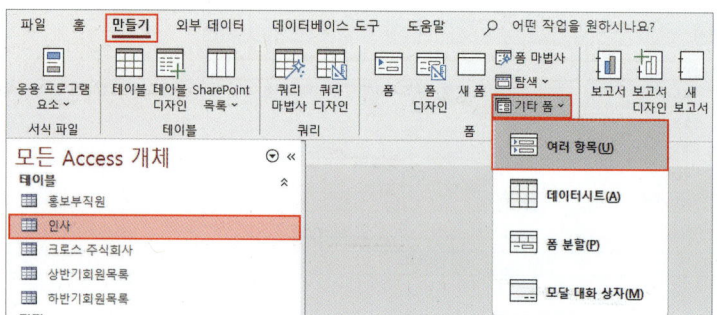

② 선택된 데이터를 원본으로 하여 한 페이지에 여러 개의 레코드가 표시되는 폼이 완성된다.

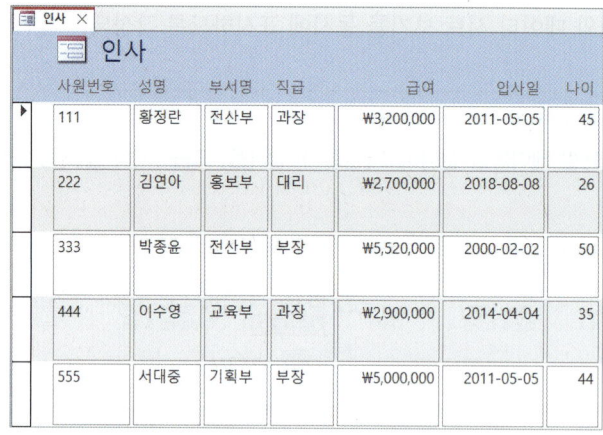

05 폼 다루기 16년 10월

1) 폼의 보기 형식

- 폼의 보기 형식에는 폼 보기, 레이아웃 보기, 디자인 보기가 있다.
- [양식 디자인] 탭-[보기] 그룹에 있는 보기 목록 단추를 이용한다.

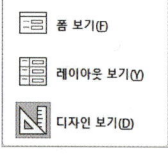

① 디자인 보기
- 컨트롤을 사용하여 폼을 설계하고 수정할 수 있는 보기 형식이다.

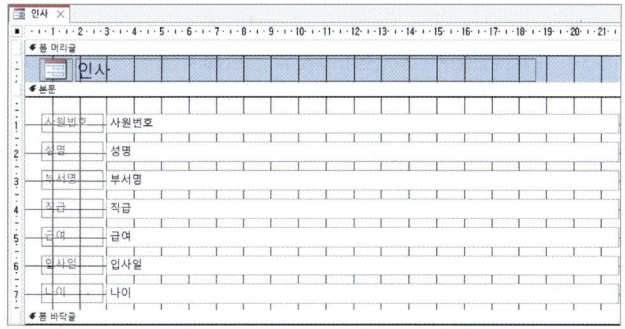

- 원본 데이터가 표시되지 않기 때문에 데이터의 추가 및 수정은 불가능하다.
- [양식 디자인] 탭-[컨트롤] 그룹에 사용할 컨트롤 목록이 표시된다.

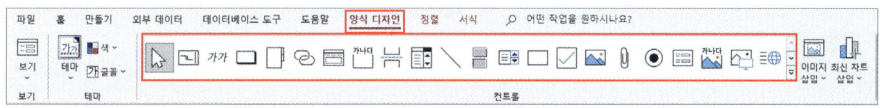

② 폼 보기
- 원본으로 지정한 테이블이나 쿼리의 레코드 원본이 표시된다.
- 데이터를 입력하거나 편집 및 수정이 가능하다.

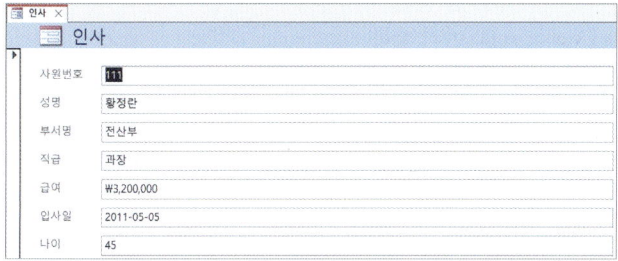

③ 레이아웃 보기
- 각 컨트롤에 실제 데이터가 표시된다.
- 레코드의 크기를 설정하거나 폼의 시각적 모양을 변경하는데 유용하다.

개념 체크

1. 폼의 보기 형식에는 ( ), 레이아웃 보기, 디자인 보기가 있다.
2. ( ) 보기를 사용하여 폼을 설계하고 수정할 수 있다.
3. 디자인 보기에서는 원본 데이터의 추가 및 수정이 가능하다. (○, ×)

1 폼 보기 2 디자인 3 ×

이론을 확인하는 기출문제

01 다음 중 폼에 대한 설명으로 옳지 않은 것은?
① 입력 및 편집 작업을 위한 인터페이스이다.
② 폼을 작성하기 위한 원본으로는 테이블만 가능하다.
③ 폼을 이용하면 여러 개의 테이블에 데이터를 한 번에 입력할 수 있다.
④ 바운드(Bound) 폼과 언바운드(Unbound) 폼이 있다.

> 폼의 레코드 원본으로 쿼리도 사용할 수 있음

02 다음 중 폼의 구성 요소에 대한 설명으로 옳지 않은 것은?
① 폼 머리글은 인쇄할 때 모든 페이지의 상단에 매번 표시된다.
② 하위 폼은 폼 안에 있는 또 하나의 폼을 의미한다.
③ 폼 바닥글은 폼 요약 정보 등과 같이 각 레코드에 동일하게 표시될 정보가 입력되는 구역이다.
④ 본문은 사용할 실제 내용을 입력하는 구역으로 폼 보기 형식에 따라 하나의 레코드만 표시하거나 여러 개의 레코드를 표시한다.

> 폼 머리글은 첫 번째 페이지의 위쪽에 한 번만 표시됨

03 다음 중 폼의 레코드 원본으로 사용할 수 없는 것은?
① 테이블
② 쿼리
③ SQL문
④ 매크로

> 폼은 테이블이나 쿼리, SQL문 등을 레코드 원본으로 사용함
>
> **오답 피하기**
> 매크로(Macro) : 여러 개의 명령문을 하나로 묶어서 일련의 필지를 미리 정의하는 기능으로, 반복적으로 수행되는 작업을 자동화할 때 사용함

04 [만들기] 탭-[폼] 그룹의 명령을 이용하여 폼 보기와 데이터 시트 보기를 동시에 표시하는 폼을 만들고자 한다. 다음 중 가장 적절한 폼 만들기 명령은?
① 여러 항목
② 폼 분할
③ 폼 마법사
④ 모달 대화 상자

> • 분할 표시 폼은 폼 보기와 데이터시트 보기를 동시에 표시하며 상호 동기화 됨
> • 분할 표시 폼을 만든 후에는 디자인 보기 또는 레이아웃 보기에서 폼 조정이 가능함
> • 분할 표시 폼을 만든 후에 컨트롤의 크기 조정과 기존 필드의 추가가 가능함

05 다음 중 폼 만들기 도구로 빈 양식의 폼에서 사용자가 직접 텍스트 상자, 레이블, 단추 등의 필요한 컨트롤들을 삽입하여 작성해야 하는 것은?
① 폼
② 폼 분할
③ 여러 항목
④ 폼 디자인

> 폼 디자인 : 폼에 필드를 사용자가 직접 추가할 수 있으며, 여러 컨트롤을 이용하여 폼을 설계함

06 다음 중 [폼 마법사]를 이용한 폼 작성 시 선택 가능한 폼의 모양 중 각 필드가 왼쪽의 레이블과 함께 각 행에 표시되고 컨트롤 레이아웃이 자동으로 설정되는 것은?
① 열 형식
② 테이블 형식
③ 데이터시트
④ 맞춤

> 열 형식 : 한 레코드를 한 화면에 표시하며, 각 필드가 필드명과 함께 다른 줄에 표시되며, 일반적으로 가장 많이 사용됨

정답 01 ② 02 ① 03 ④ 04 ② 05 ④ 06 ①

SECTION 02 폼의 주요 속성

출제빈도 상 **중** 하
반복학습 1 2 3

빈출 태그 폼의 주요 속성 • 탭 순서

01 폼 속성의 개요 12년 6월, 07년 5월

- 폼 속성은 폼의 크기와 형식, 폼과 연결된 테이블이나 쿼리 등 폼과 관련된 전반적인 사항을 정의하는 것이다.
- 폼 전체에 대한 속성과 각 구역별 속성 설정이 가능하다.
- 디자인 보기 형식에서 설정할 수 있다.
- 폼의 속성은 [형식], [데이터], [이벤트], [기타], [모두] 탭으로 구성된다.
- [모두] 탭에는 모든 속성이 포함되어 있다.

> **기적의 TIP**
>
> 폼 속성의 개념과 속성 창의 실행 방법에 대해 간단히 알아두세요.
>
> 폼과 컨트롤의 속성은 [디자인 보기] 형식에서 [속성 시트]를 이용하여 설정함

02 속성 시트 창의 실행 06년 2월

리본 메뉴	[양식 디자인] 탭-[도구] 그룹-[속성 시트](▥)를 클릭함
마우스 이용	• 폼 속성 창 실행 : 폼 선택기나 폼의 여백을 더블클릭함 • 구역 속성 창 실행 : 구역 선택기를 더블클릭함
바로 가기 키	F4 나 Alt + Enter 를 누름
바로 가기 메뉴	[속성]을 선택함

> **암기 TIP**
>
> **속성 시트 창의 바로 가기 키**
> 속성을 Alt (알기 위해) + Enter (들어가자)

> **개념 체크**
>
> 1 속성 시트 창을 실행하려면, 바로 가기 키로 ( )나 Alt + Enter 를 누른다.
>
> 2 폼 속성은 폼의 크기와 형식, 폼과 연결된 테이블이나 쿼리 등 폼과 관련된 전반적인 사항을 정의하는 것이다. (○, ×)
>
> 3 구역 선택기를 더블클릭하면 구역 속성 창이 실행된다. (○, ×)
>
> 1 F4 2 ○ 3 ○

03 폼의 주요 속성 25년 상시, 18년 9월, 15년 10월, 15년 6월, 13년 10월, 11년 10월, 06년 9월, 05년 7월

1) [형식] 탭 24년 상시, 22년 상시, 18년 9월, 16년 6월, 12년 6월, 10년 6월, 05년 2월/7월

폼 화면 자체와 관련된 속성의 설정이 가능하다.

그림 맞춤
왼쪽 위, 오른쪽 위, 가운데, 왼쪽 아래, 오른쪽 아래, 폼 가운데 중에서 선택함

테두리 스타일 종류

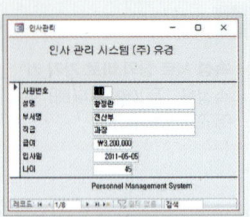
▲ 없음

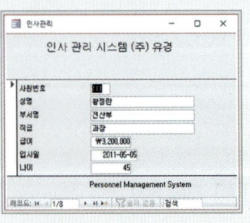
▲ 가늘게

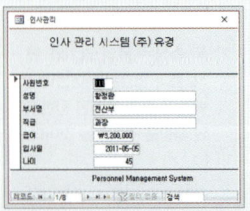
▲ 조정 가능

▲ 대화 상자

❶ 캡션		폼 보기의 제목 표시줄에 나타나는 텍스트를 설정함
❷ 기본 보기		폼 보기의 보기 형식을 지정하는 것으로, 단일 폼, 연속 폼, 데이터시트, 분할 표시폼이 있음 • 단일 폼 : 본문 영역에 한 개의 레코드만 표시함 • 연속 폼 : 본문 영역에 여러 개의 레코드를 표시하며, 매 레코드마다 폼 머리글과 폼 바닥글이 표시되지 않고 폼의 처음과 끝에 한 번만 표시함 • 데이터시트 : 폼의 기본 보기를 데이터시트 형식으로 표시함 • 분할 표시폼 : 폼 보기와 데이터시트 보기를 동시에 표시함
❸ 그림 유형		배경 그림을 데이터베이스 파일에 포함할지 여부를 설정함
❹ 그림		배경 그림 파일을 지정함
❺ 자동 가운데 맞춤		폼을 열 때 자동으로 중앙 정렬할지 여부를 설정함
❻ 자동 크기 조정		모든 레코드가 표시되도록 자동 크기 조절 여부를 설정함
❼ 테두리 스타일		작성할 폼의 테두리 스타일을 지정하는 것으로, [Access 옵션]–[현재 데이터베이스]의 [문서 창 옵션]을 '창 겹치기'로 설정해야 됨(액세스 재실행 시 적용됨) • 없음 : 폼 테두리와 제목 표시줄 및 컨트롤 상자가 없으며, 크기 조정이 불가능함 • 가늘게 : 폼 테두리와 제목 표시줄 및 컨트롤 상자가 있으며, 크기 조정이 불가능함 • 조정 가능 : 폼 테두리와 제목 표시줄 및 컨트롤 상자가 있으며, 크기 조정이 가능함 • 대화 상자 : 폼 테두리와 제목 표시줄 및 닫기 단추만 있으며, 크기 조정이 불가능함
❽ 레코드 선택기		레코드 선택기의 표시 여부를 설정함
❾ 탐색 단추		탐색 단추의 표시 여부를 설정함

⑩ 스크롤 막대	스크롤 막대의 표시 여부를 설정함
⑪ 컨트롤 상자	제목 표시줄에 조절 메뉴 상자와 제어 상자 표시 여부를 설정함
⑫ 닫기 단추	제목 표시줄에 닫기 단추 표시 여부를 설정함
⑬ 최소화 / 최대화 단추	제목 표시줄에 최소화, 최대화 단추 표시 여부를 설정함

2) [데이터] 탭 관련 속성 24년 상시, 23년 상시, 18년 9월, 12년 3월, 07년 7월, 05년 2월, 04년 8월, 03년 5월

폼에 연결된 테이블이나 쿼리에 대한 관련된 속성을 설정한다.

> **기적의 TIP**
>
> [데이터] 탭 관련 속성은 자주 출제되는 내용입니다. 레코드 원본은 정확히 파악해 두세요.

① 레코드 원본	폼에 연결할 데이터의 테이블 이름이나 쿼리를 입력하여 지정함
② 레코드 집합 종류	• 레코드 집합의 종류를 설정함 • 바운드 컨트롤의 제한 여부가 가능한 레코드의 집합 종류를 설정하는 것으로, 다이너셋, 다이너셋(업데이트 일관성 없음), 스냅숏 등이 있음 • 다이너셋(Dynaset) : 기본값으로 바운드 컨트롤의 입력, 수정, 삭제 등 편집이 가능함 • 스냅숏(Snapshot) : 바운드 컨트롤의 입력, 수정, 삭제 등 편집이 불가능함
③ 필터	레코드의 일부분만이 표시되도록 필터를 설정함
④ 정렬 기준	• 레코드 정렬 방법을 지정하며, 여러 개의 필드일 경우 필드명을 쉼표(,)로 구분함 • 내림차순 정렬은 필드명 뒤에 한 칸 띄고, DESC를 입력함
⑤ 추가 가능	레코드 추가 가능 여부를 설정함
⑥ 삭제 가능	레코드 삭제 가능 여부를 설정함
⑦ 편집 가능	저장된 레코드의 편집 가능 여부를 설정함
⑧ 필터 사용	필터의 사용 여부를 설정함
⑨ 레코드 잠금	동시에 같은 레코드를 편집하려고 할 때 레코드 잠그는 방법을 설정함 • 잠그지 않음 : 동시에 같은 레코드를 편집함(공유 잠금) • 모든 레코드 : 모든 레코드를 읽기만 가능하며, 편집할 수 없도록 잠금 • 편집한 레코드 : 한 번에 한 사용자만이 레코드 편집이 가능하며, 편집 중인 레코드는 다른 사용자가 편집할 수 없도록 잠금(독점 잠금)

> **개념 체크**
>
> 1 동시에 같은 레코드를 편집하려고 할 때 레코드 잠그는 방법을 설정하는 속성은 ( )이다.
>
> 2 바운드 컨트롤의 입력, 수정, 삭제 등 편집이 가능한 레코드 집합 종류는 ( )이다.
>
> 3 [데이터] 탭 속성 중 '편집 가능' 속성은 저장된 레코드의 편집 가능 여부를 설정한다. (ㅇ, ×)
>
> 4 스냅숏(Snapshot) 레코드 집합 종류는 바운드 컨트롤의 입력, 수정, 삭제 등 편집이 가능하다. (ㅇ, ×)
>
> 1 레코드 잠금 2 다이너셋
> 3 ㅇ 4 ×

모달 대화 상자
어떤 수행 동작을 실행하기 전까지 다른 작업을 할 수 없는 대화 상자

모달 폼
현재 모달 폼을 닫기 전까지 다른 창을 사용할 수 없으며, 모달의 기본값은 '아니요'이며, '예'를 선택함

폼의 모달 속성
- 현재 모달 폼을 닫기 전까지 다른 창을 사용할 수 없음
- VBA 코드를 이용하여 대화 상자의 모달 속성을 지정할 수 있음
- 폼이 모달 대화 상자이면 디자인 보기로 전환 후 데이터 시트 보기로 전환이 가능함
- 사용자 지정 대화 상자의 작성이 가능함

팝업과 모달을 "예"로 설정한 경우
팝업(Pop Up)과 모달(Modal)을 각각 "예"로 설정한 경우에는 해당 폼을 닫기 전까지 액세스의 주 메뉴를 선택하는 등 기타 아무런 작업을 수행할 수 없음

기적의 TIP
탭 순서의 개념과 필요성을 이해하고, 순서 설정 방법을 정확히 공부해 두세요.

3) [기타] 탭

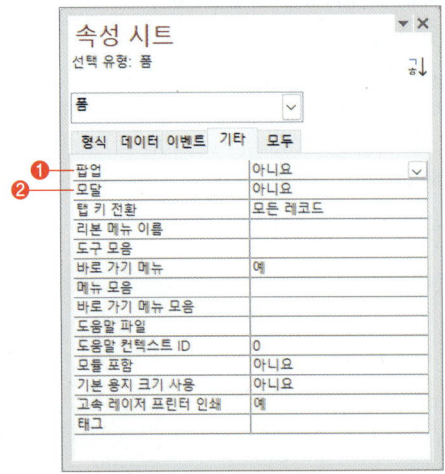

❶ 팝업	• 폼을 항상 다른 창 위에 나타나게(Pop Up) 할 것인지의 여부를 설정함 • 기본값은 "아니요"이며, "예"를 선택하는 경우 해당 폼은 항상 다른 창 위에 나타남
❷ 모달	• 폼을 모달(Modal) 폼으로 열 것인지의 여부를 설정함 • 기본값은 "아니요"이며, "예"를 선택하는 경우 현재 모달 폼을 닫기 전까지 다른 창을 사용할 수 없음

04 탭 순서(Tab Order) 24년 상시, 22년 상시, 21년 상시, 20년 2월, 19년 8월, 18년 9월, 17년 9월, 16년 10월, …

- 탭 순서는 폼 보기에서 Tab 이나 Enter 를 눌렀을 때 각 컨트롤 사이에 이동되는 순서를 설정하는 것이다.
- 탭 순서는 폼에 컨트롤을 추가하여 작성한 순서대로 설정된다.
- 탭 정지 속성의 기본값은 "예"이며, "아니요"를 선택하면 Tab 을 눌러도 커서가 오지 않는다.
- 단, 레이블 컨트롤과 이미지 컨트롤은 탭 순서에서 제외되며, 탭 정지 속성이 지원되지 않는다.

1) 탭 순서 설정
- 폼의 디자인 보기에서 [양식 디자인] 탭-[도구] 그룹-[탭 순서]를 실행한다.
- [탭 순서] 대화 상자의 [구역]에서 변경할 구역을 선택한다.
- 사용자 지정 순서에서 행을 클릭하여 선택하거나 여러 행을 클릭하고 끌어서 선택한 다음 원하는 순서대로 배치한다.
- 자동 순서(A) : 탭 순서를 왼쪽에서 오른쪽, 위에서 아래로 설정하거나 처음 설정된 탭 순서로 설정할 때 사용한다.

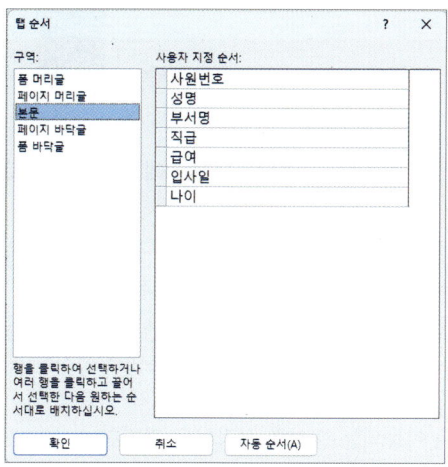

2) 컨트롤의 '탭 인덱스' 사용하기

- 탭 인덱스는 [기타] 탭의 [탭 인덱스] 속성을 이용하여 컨트롤의 순서를 설정하는 것이다.
- 해당 컨트롤을 더블클릭하여 [속성] 창이 나타나게 한다.
- 작성기 단추()를 클릭하면 [탭 순서] 대화 상자가 나타난다.
- 탭 인덱스 값은 0부터 『현재 컨트롤 수-1』까지 그 순서 값을 설정할 수 있다.
- 폼을 열면 현재 '탭 인덱스' 값 0인 컨트롤로 포커스(Focus)가 이동하게 된다.

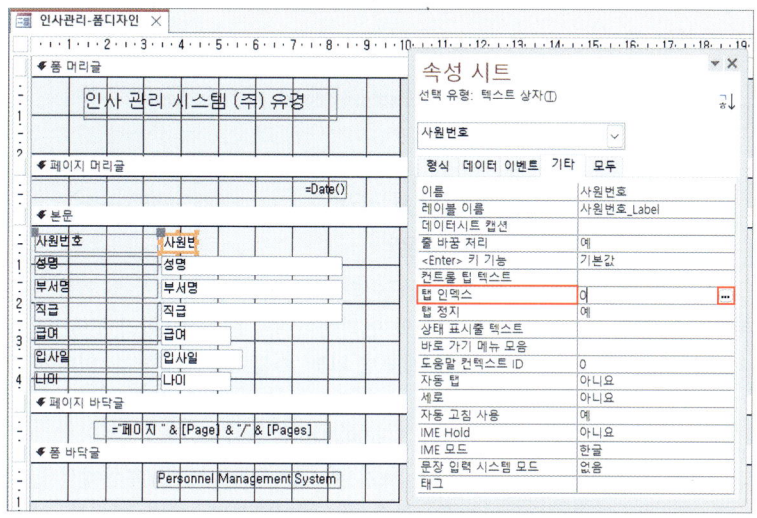

> ◎ **개념 체크**
>
> 1 탭 순서는 폼 보기에서 (   ) 이나 (   )를 눌렀을 때 각 컨트롤 사이에 이동되는 순서를 설정하는 것이다.
>
> 2 (   ) 컨트롤과 (   ) 컨트롤은 탭 순서에서 제외되며, 탭 정지 속성이 지원되지 않는다.
>
> 3 탭 순서는 폼에 컨트롤을 추가하여 작성한 순서대로 설정된다. (○, ×)
>
> 4 탭 인덱스 값은 0부터 시작하여 "현재 컨트롤 수-2"까지 설정할 수 있다. (○, ×)
>
> 1 Tab, Enter 2 레이블, 이미지
> 3 ○ 4 ×

이론을 확인하는 기출문제

01 데이터시트 형식으로 작성된 폼을 실행시켰을 때 한 화면에 하나의 레코드만 표시되게 하려고 한다. 폼의 어떤 속성을 선택해야 하는가?

① 기본 보기
② 컨트롤 상자
③ 레코드 선택기
④ 탐색 단추

> 기본 보기에서 단일 폼, 연속 폼, 데이터시트, 분할 표시 폼 중 하나를 선택할 수 있음

02 폼의 속성에 대한 설명으로 옳지 않은 것은?

① 데이터 속성으로 레코드 원본은 폼의 레코드 원본이 될 테이블, 쿼리 및 보고서를 지정할 수 있다.
② 열 형식으로 폼을 작성하고 실행했을 때 기본 보기 속성의 기본값은 "단일 폼"이다.
③ 자동 크기 조절 속성의 기본값은 "예"이다.
④ 최소화, 최대화 단추 속성의 기본값은 제목 표시줄에 최소화, 최대화 단추를 표시할 것인지 여부를 선택하는 것으로 기본값은 "둘 다 표시"이다.

> 보고서는 폼의 레코드 원본으로 지정할 수 없음

03 다음 중 폼에서 데이터를 입력받는 컨트롤의 순서를 정할 때 사용하는 속성은?

① 정렬 순서
② 필터
③ 데이터 입력
④ 탭 순서

> 탭 순서(Tab Order) : 폼 보기에서 Tab 을 눌렀을 때 각 컨트롤 사이에 이동되는 순서를 설정하는 것으로 탭 순서는 폼에 컨트롤을 추가하여 작성한 순서대로 설정됨

04 다음 중 폼의 탭 순서(Tab Order)에 대한 설명으로 옳지 않은 것은?

① 기본으로 설정되는 탭 순서는 폼에 컨트롤을 추가하여 작성한 순서대로 설정된다.
② [탭 순서] 대화 상자의 [자동 순서]는 탭 순서를 위에서 아래로, 오른쪽에서 왼쪽으로 설정한다.
③ 폼 보기에서 Tab 을 눌렀을 때 각 컨트롤 사이에 이동되는 순서를 설정하는 것이다.
④ 탭 정지 속성의 기본값은 '예'이다.

> [탭 순서] 대화 상자의 [자동 순서]는 탭 순서를 위에서 아래로, 왼쪽에서 오른쪽으로 설정됨

05 다음 중 폼 작업 시 탭 순서에서 제외되는 컨트롤로 옳은 것은?

① 레이블
② 언바운드 개체 틀
③ 명령 단추
④ 토글 단추

> 레이블 컨트롤과 이미지 컨트롤은 탭 순서에서 제외됨

06 다음 중 폼 작성 시 속성 설정에 대한 설명으로 옳지 않은 것은?

① 폼은 데이터의 입력, 편집 작업 등을 위한 사용자와의 인터페이스로 테이블, 쿼리, SQL문 등을 '레코드 원본' 속성으로 지정할 수 있다.
② 폼의 제목 표시줄에 표시되는 텍스트는 '이름' 속성을 이용하여 변경할 수 있다.
③ 폼의 보기 형식은 '기본 보기' 속성에서 단일 폼, 연속 폼, 데이터시트, 피벗 테이블, 피벗 차트, 분할 표시 폼 중 선택할 수 있다.
④ 이벤트의 작성을 위한 작성기는 식 작성기, 매크로 작성기, 코드 작성기 중 선택할 수 있다.

> 디자인 보기를 제외한 폼 보기 모드에서 폼의 제목 표시줄에 표시되는 텍스트는 '캡션' 속성을 이용하여 변경할 수 있음

정답 01 ① 02 ① 03 ④ 04 ② 05 ① 06 ②

SECTION 03 하위 폼

출제빈도 상 중 하
반복학습 1 2 3

빈출 태그 하위 폼

합격 강의

01 하위 폼의 개념 및 용도 25년 상시, 24년 상시, 20년 7월, 19년 3월, 16년 10월, 14년 10월, 13년 3월, …

1) 하위 폼의 개념
- 하위 폼은 폼 안에 들어 있는 또 하나의 폼이다.
- 폼/하위 폼의 조합을 계층형 폼 또는 마스터 폼/세부 폼, 상위/하위 폼이라고도 한다.

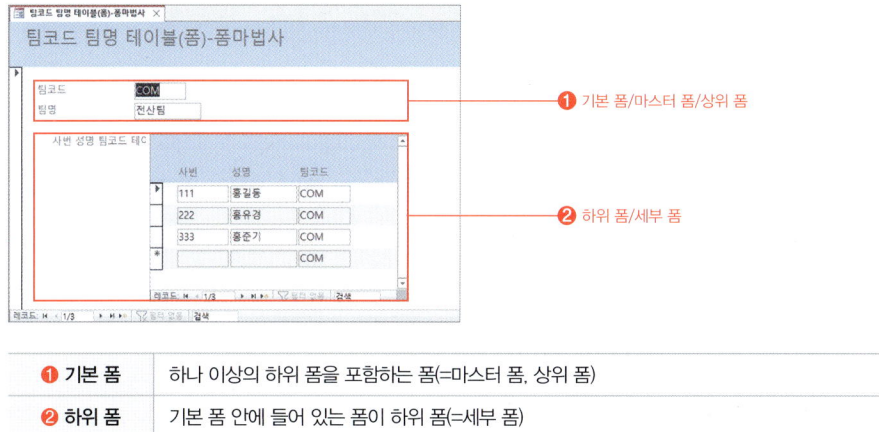

① 기본 폼/마스터 폼/상위 폼
② 하위 폼/세부 폼

① 기본 폼	하나 이상의 하위 폼을 포함하는 폼(=마스터 폼, 상위 폼)
② 하위 폼	기본 폼 안에 들어 있는 폼이 하위 폼(=세부 폼)

> **기적의 TIP**
> 하위 폼의 개념 및 용도와 특징을 잘 익혀두세요. 자주 시험에 출제되므로 꼭 이해하세요.

2) 하위 폼의 특징 25년 상시, 21년 상시, 19년 8월, 16년 6월/10월, 14년 6월, 13년 6월/10월, 08년 8월, 06년 5월

- 하위 폼을 사용하면 일대다 관계에 있는 테이블이나 쿼리 데이터를 효과적으로 표시할 수 있다.
- 기본 폼은 관계의 "일"쪽에 있는 데이터를 표시하며, 하위 폼은 관계의 "다"쪽에 있는 데이터를 표시한다.
- 기본 폼은 단일 폼으로만 표시할 수 있지만, 하위 폼은 데이터시트로 표시하거나 단일 폼 또는 연속 폼으로 표시할 수 있다.
- 기본 폼이 포함할 수 있는 하위 폼의 수에는 제한이 없다. 또한 하위 폼을 7개 수준까지 중첩시킬 수도 있다.
- 기본 폼 안에 하위 폼을 만들 수 있고, 그 하위 폼 안에 또 하위 폼을 계속해서 만들 수 있다.
- [데이터베이스] 창에서 테이블, 쿼리, 폼 등을 [폼] 창으로 드래그 앤 드롭하여 하위 폼으로 삽입할 수 있다.
- 기본 폼과 하위 폼은 서로 연결되어 있어서 하위 폼에는 기본 폼의 현재 레코드와 관련된 레코드만 표시된다.

- 기본 폼은 단일 폼으로만 표시, 연속 폼 형태로 표시할 수 없음
- 일대다 관계에 있는 테이블이나 쿼리는 폼 안에 하위 폼을 작성할 수 있음

02 하위 폼 만들기

새 레코드를 입력하면 기본 폼과 하위 폼에 자동으로 저장된다.

1) 폼 마법사를 사용하여 만들기

- 기본 폼과 하위 폼을 동시에 만들 수 있다.
- 마법사를 이용하여 하위 폼 생성시 기본 폼과 하위 폼 두 개가 [데이터베이스] 창에 생성된다.

🏠 **따라하기 TIP**

따라하기 파일 • Part03_Chapter04_팀원(일대다)(폼)-따라파일.accdb

① [만들기] 탭-[폼] 그룹에서 [폼 마법사]를 클릭한다.

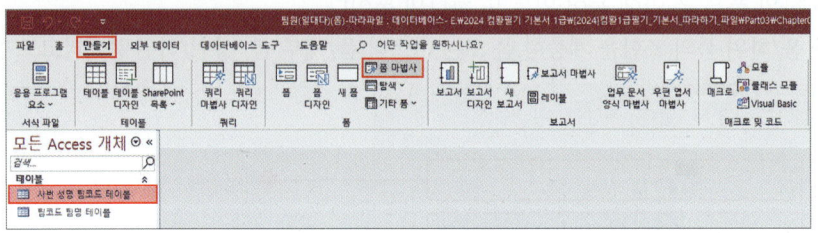

② 폼 마법사에서 [하위 폼]에 사용할 원본 데이터와 [기본 폼]에 사용할 원본 데이터를 선택한 필드로 보낸 후 [다음]을 클릭한다.

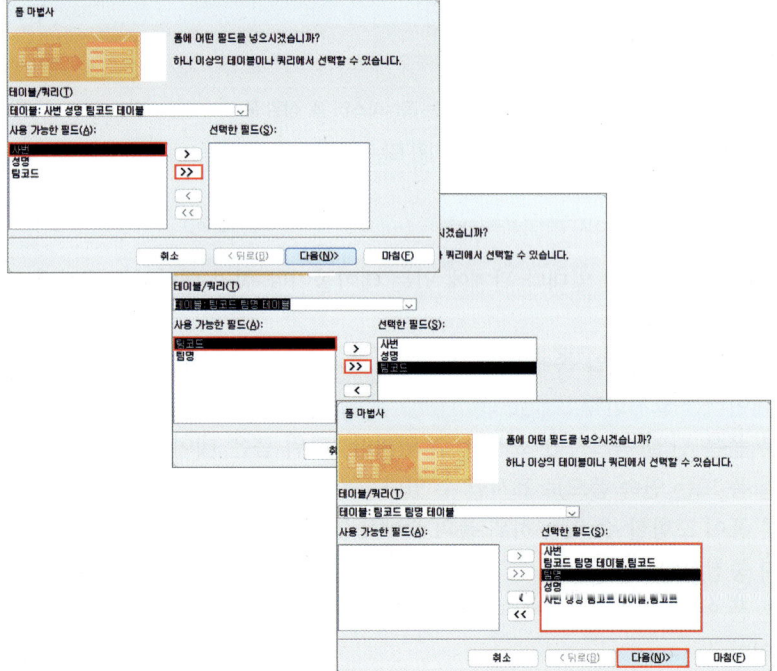

③ 기본 폼으로 사용할 원본 데이터를 목록에서 선택한다. 하단에 있는 [하위 폼이 있는 폼]을 선택한 후 [다음]을 클릭한다.

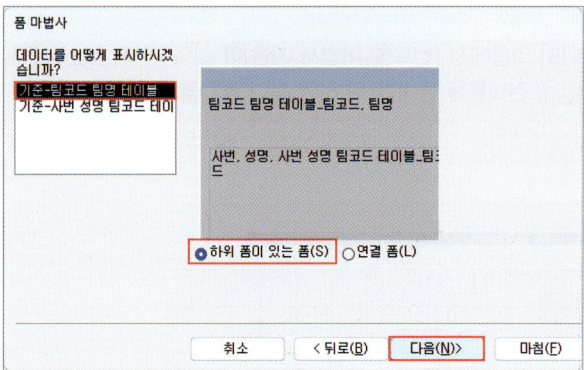

④ 하위 폼의 모양을 지정한 후 [다음]을 클릭한다.

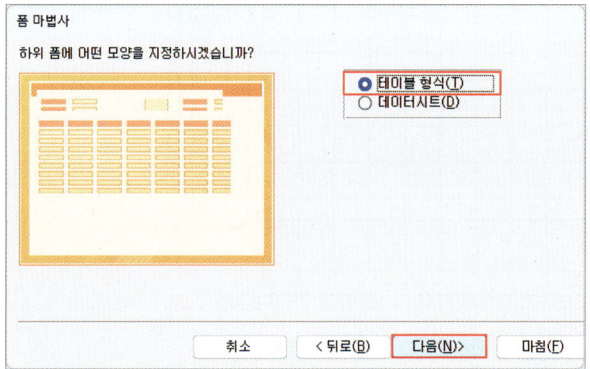

⑤ 폼과 하위 폼의 제목을 입력한 뒤 [마침]을 클릭하여 폼 마법사를 종료한다.

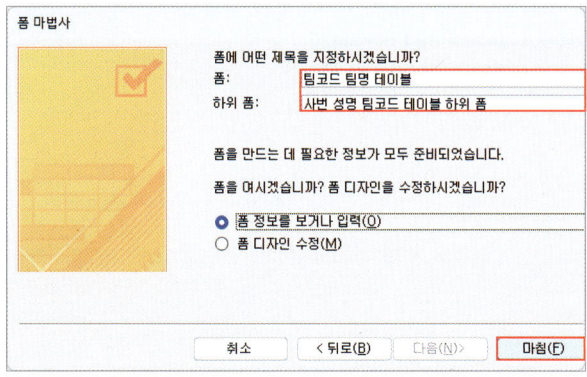

2) 기존 폼에 마법사를 이용하여 하위 폼 추가하기

🏠 **따라하기 TIP**

따라하기 파일 • Part03_Chapter04_팀원(일대다)(폼)-따라파일.accdb

① [양식 디자인] 탭-[컨트롤] 그룹에서 [컨트롤 마법사 사용]이 선택되어져 있는 상태에서 [하위 폼/하위 보고서]( ) 컨트롤을 클릭한 뒤 하위 폼이 배치될 곳을 드래그하여 지정한다.

　　[컨트롤] 그룹의 [컨트롤 마법사]( )가 선택되어 있지 않으면 하위 폼 마법사가 나타나지 않으며 하위 폼에 관한 모든 속성을 직접 설정해야 함

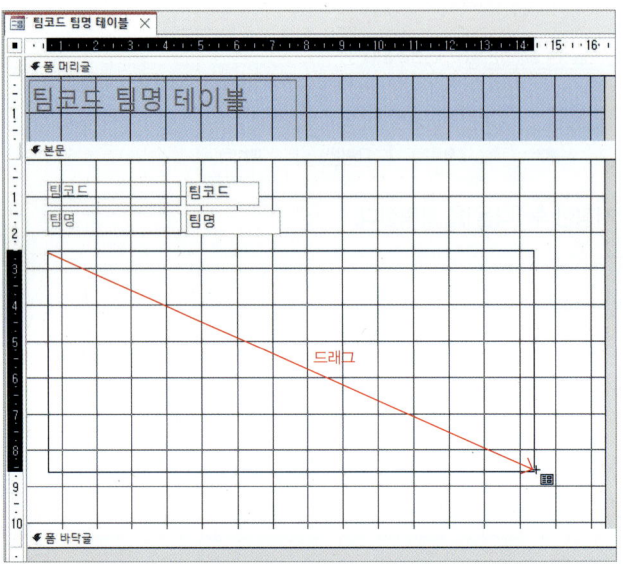

② [기존 테이블 및 쿼리 사용]을 선택하고 [다음]을 클릭한다.

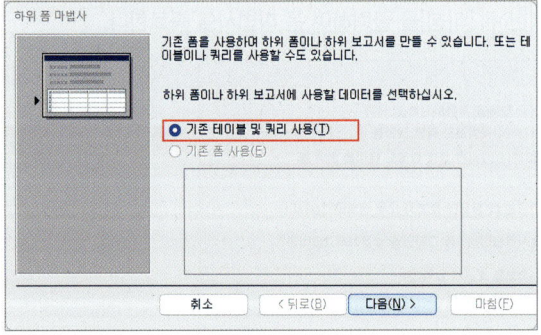

③ [기존 테이블 및 쿼리 사용]을 선택한 경우 사용할 원본 데이터를 선택한다. 선택한 필드에 사용할 필드를 추가한 후 [다음]을 클릭한다.

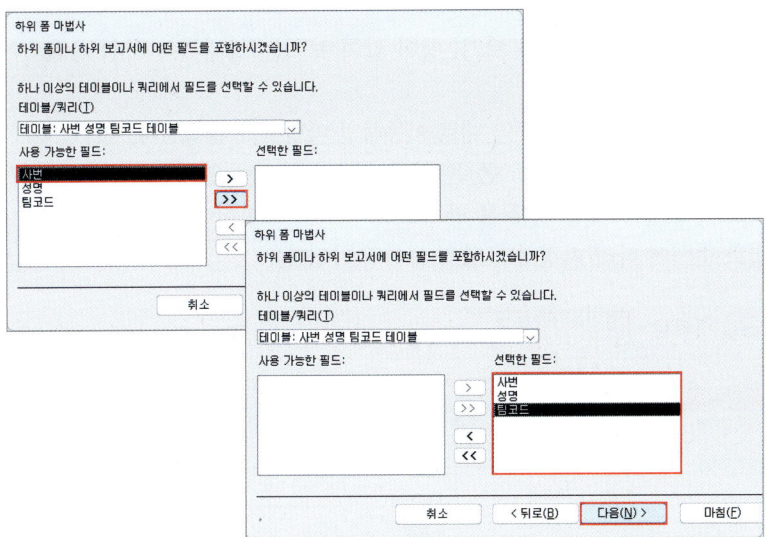

④ 기본 폼과 하위 폼을 연결하는 필드를 지정하는 방법을 설정한다. [목록에서 선택]할 경우 아래 목록에 표시된다. 목록에서 원하는 항목을 선택한 후 [다음] 을 클릭한다.

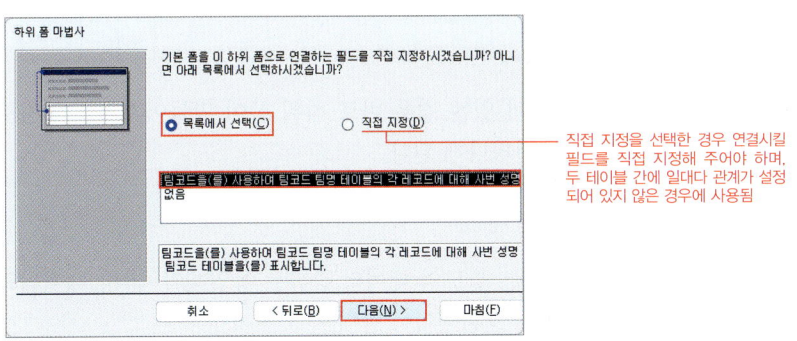

⑤ 하위 폼의 이름을 입력한 다음 [마침]을 클릭하여 마법사를 종료한다.

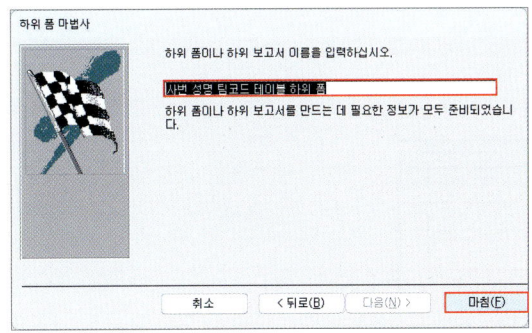

3) 마우스 끌기를 이용한 하위 폼 만들기

- [데이터베이스] 창에서 테이블, 쿼리, 폼 등을 [폼] 창으로 드래그 앤 드롭하여 작성할 수 있다.
- [데이터베이스] 창과 [디자인 보기] 창이 같이 보이는 상태에서 하위 폼을 작성할 수 있다.
- 개체를 [디자인 보기] 창의 구역 내로 이동하면 마법사가 실행된다.
- 기본 폼(팀코드 팀명 테이블 : 폼)은 디자인 보기 상태로 열어두고 탐색 창에서 하위 폼으로 추가할 개체를 기본 폼 안으로 드래그 앤 드롭한다.
- 단계별로 순서에 따라 지정하면 하위 폼이 추가된다.

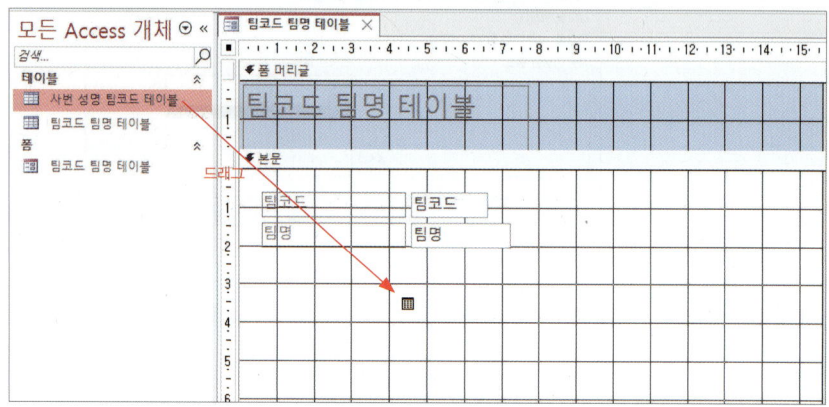

- 일대다 관계가 이미 설정되어 있는 경우 바로 하위 폼이 만들어지고 그렇지 않은 경우 [마법사] 대화 상자가 나타나게 된다.

4) 기본 폼과 하위 폼 연결하기 19년 3월

- 기본 폼과 하위 폼을 연결하는 필드의 데이터 종류는 동일해야 하며, 데이터의 형식이나 필드의 크기는 같거나 호환되어야 한다.
- 두 개 이상의 연결 필드를 지정할 때는 필드 이름을 세미콜론(;)으로 구분한다.
- 하위 폼을 마우스 오른쪽 버튼으로 선택한 다음 바로 가기 메뉴에서 [속성]을 선택한다.

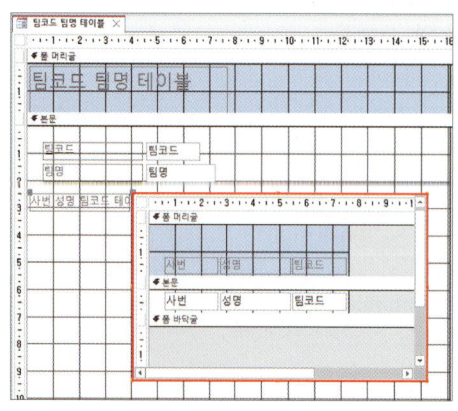

> **개념 체크**
>
> 1. 두 개 이상의 연결 필드를 지정할 때는 필드 이름을 (　　)로 구분한다.
> 2. 하위 폼을 만들기 위해선 [데이터베이스] 창과 [디자인 보기] 창이 같이 보이는 상태에서만 작성할 수 있다. (○, ×)
> 3. 일대다 관계가 설정되어 있지 않으면 하위 폼을 만들 수 없다. (○, ×)
> 4. 기본 폼과 하위 폼을 연결하는 필드의 데이터 종류는 동일해야 한다. (○, ×)
>
> 1 세미콜론(;) 2 ○ 3 × 4 ○

- 기본 폼과 하위 폼을 연결할 필드의 변경은 하위 폼 컨트롤의 속성 중 [데이터] 탭의 '하위 필드 연결'과 '기본 필드 연결'에서 할 수 있다.
- 작성기 단추(...)를 클릭하면 [하위 폼 필드 연결기] 대화 상자가 표시된다. 이를 이용하여 연결 필드를 설정한다.

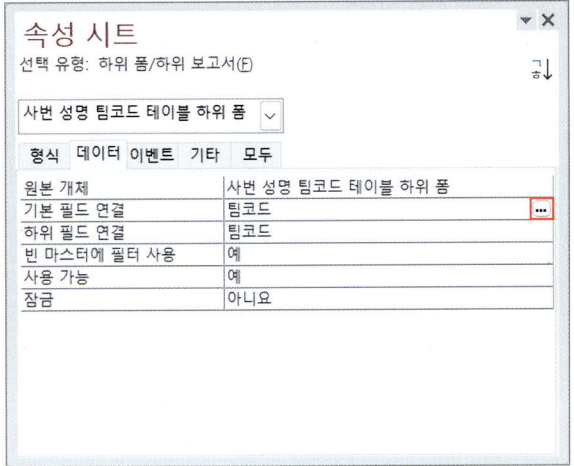

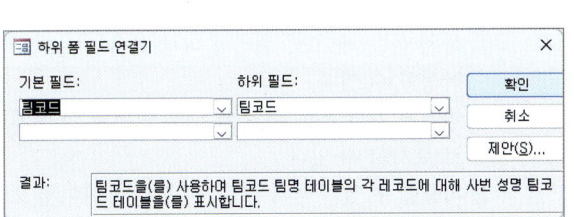

이론을 확인하는 기출문제

01 아래 내용 중 하위 폼에 대한 옳은 설명만을 나열한 것은?

ⓐ 하위 폼에는 기본 폼의 현재 레코드와 관련된 레코드만 표시된다.
ⓑ 하위 폼은 단일 폼으로 표시되며 연속 폼으로는 표시될 수 없다.
ⓒ 기본 폼과 하위 폼을 연결할 필드의 데이터 형식은 같거나 호환되어야 한다.
ⓓ 여러 개의 연결 필드를 지정하려면 콜론(:)으로 필드 명을 구분하여 입력한다.

① ⓐ, ⓑ, ⓒ
② ⓐ, ⓒ
③ ⓑ, ⓒ, ⓓ
④ ⓑ, ⓓ

- 하위 폼은 데이터시트로 표시하거나 단일 폼 또는 연속 폼으로 표시할 수 있음
- 여러 개의 연결 필드를 지정하려면 세미콜론(;)으로 필드명을 구분하여 입력함

02 다음 중 기본 폼과 하위 폼을 연결하기 위한 기본 조건에 대한 설명으로 옳지 않은 것은?

① 기본 필드와 하위 필드의 데이터 형식과 필드의 크기는 같거나 호환되어야 한다.
② 중첩된 하위 폼은 최대 2개 수준까지 만들 수 있다.
③ 테이블 간에 관계가 설정되어 있지 않은 경우에도 하위 폼으로 연결할 수 있다.
④ 하위 폼의 '기본 필드 연결' 속성은 기본 폼을 하위 폼에 연결해 주는 기본 폼의 필드를 지정하는 속성이다.

기본 폼이 포함할 수 있는 하위 폼의 수는 제한이 없고, 하위 폼을 7개 수준까지 중첩시킬 수 있음

03 다음 중 기본 폼과 하위 폼의 연결에 관한 설명으로 옳지 않은 것은?

① 두 개 이상의 연결 필드를 지정할 때는 필드들을 콤마(,)로 구분하여 연결한다.
② 폼이 연결되면 기본 폼과 하위 폼은 동기화되므로 하위 폼에는 기본 폼과 연관된 레코드만 표시된다.
③ 기본 폼과 하위 폼을 연결할 필드의 데이터 형식은 같거나 호환되어야 한다.
④ '하위 폼 필드 연결기' 대화 상자에서 기본 폼과 하위 폼의 연결 필드를 지정할 수 있다.

두 개 이상의 연결 필드를 지정할 때는 필드들을 세미콜론(;)으로 구분하여 연결함

04 다음 중 하위 폼에 대한 설명으로 옳지 않은 것은?

① 하위 폼은 테이블, 쿼리나 다른 폼을 이용하여 작성할 수 있다.
② 연결된 기본 폼과 하위 폼 모두 연속 폼의 형태로 표시할 수 있다.
③ 사용할 수 있는 하위 폼의 개수에는 제한이 없으나, 하위 폼의 중첩은 7개 수준까지만 가능하다.
④ 기본 폼과 하위 폼을 연결할 필드의 데이터 형식은 같거나 호환되어야 한다.

기본 폼은 단일 폼으로만 표시할 수 있지만, 하위 폼은 데이터시트를 포함하거나 단일 폼 또는 연속 폼으로 표시할 수 있음

정답 01 ② 02 ② 03 ① 04 ②

05 다음 중 기본 폼과 하위 폼에 대한 설명으로 옳지 않은 것은?

① '일대다' 관계일 때 하위 폼에는 '일'에 해당하는 데이터가 표시되며, 기본 폼에는 '다'에 해당하는 데이터가 표시된다.
② 하위 폼은 연속 폼의 형태로 표시할 수 있지만 기본 폼은 연속 폼의 형태로 표시할 수 없다.
③ 기본 폼 내에 포함시킬 수 있는 하위 폼의 개수는 제한이 없으며, 최대 7수준까지 하위 폼을 중첩시킬 수 있다.
④ 테이블, 쿼리나 다른 폼을 이용하여 하위 폼을 작성할 수 있다.

'일대다' 관계일 때 하위 폼에는 '다'에 해당하는 데이터가 표시되며, 기본 폼에는 '일'에 해당하는 데이터가 표시됨

06 다음 중 다른 폼에 삽입된 하위 폼에 대한 설명으로 적절하지 않은 것은?

① 기본이 되는 폼을 기본 폼, 기본 폼 안에 들어 있는 폼을 하위 폼이라고 한다.
② 하위 폼을 사용하면 일대다 관계에 있는 테이블을 효과적으로 표시할 수 있다.
③ 하위 폼에는 기본 폼의 현재 레코드와 관련된 레코드만 표시된다.
④ 하위 폼은 일대다 관계의 '일' 쪽에 있는 데이터를 표시한다.

하위 폼은 기본 폼안에 포함되는 폼을 의미하며, '일' 쪽의 레코드 안의 '다' 쪽의 레코드를 하위 폼으로 표시함

07 다음 중 하위 폼에 대한 설명으로 옳지 않은 것은?

① 하위 폼을 만들기 위해서는 두 테이블 간에 일대다의 관계를 반드시 설정해 두어야 한다.
② 기본 폼과 하위 폼을 연결할 필드의 이름은 달라도 되지만, 데이터 형식은 같거나 호환이 되어야 한다.
③ 기본 폼에 하위 폼을 추가하려면 도구상자에서 [하위 폼/하위 보고서] 단추를 클릭하여 추가할 수 있다.
④ 하나의 기본 폼에 여러 개의 하위 폼을 포함할 수 있다.

하위 폼은 두 테이블 간 일대다의 관계가 설정되어 있을 때 효과적으로 표시할 수 있을 뿐 반드시 일대다 관계일 필요는 없음

08 다음 중 하위 폼에 관한 설명으로 옳지 않은 것은?

① 하위 폼은 기본 폼 내에서만 존재하며 별도의 독립된 폼으로 열 수 없다.
② 일대다 관계가 설정되어 있는 테이블이나 쿼리를 효과적으로 사용하기 위하여 사용한다.
③ 하위 폼은 보통 일대다 관계에서 '다'에 해당하는 테이블이나 쿼리를 원본으로 한다.
④ 연결 필드의 데이터 형식과 필드 크기는 같거나 호환되어야 한다.

기본 폼 안에 하위 폼을 만들 수 있고, 그 하위 폼 안에 또 하위 폼을 계속해서 만들 수 있음

SECTION 04 컨트롤의 사용 1-컨트롤의 개념/컨트롤 만들기

출제빈도 상 중 하
반복학습 1 2 3

빈출 태그: 컨트롤의 개념 • 컨트롤 만들기

01 컨트롤(Control)의 개념 및 종류

1) 컨트롤의 개념 23년 상시, 14년 3월, 12년 6월, 11년 10월, 08년 2월/5월, 07년 5월

- 컨트롤은 데이터를 표시하고, 매크로 함수를 실행하며, 폼이나 보고서의 모양을 만드는 폼, 보고서의 개체를 말한다.
- 폼이나 보고서의 모든 정보는 컨트롤에 들어 있다.
- 컨트롤은 폼 디자인 보기나 보고서 디자인 보기에서 도구 상자를 이용하여 작성한다.
- 컨트롤은 바운드 및 언바운드하거나, 계산할 수 있다.

> **기적의 TIP**
> 기본이 되는 내용이므로 컨트롤의 개념과 종류를 잘 알아 두세요.

바운드 컨트롤	• 원본으로 사용된 테이블이나 쿼리의 필드에 연결됨 • 데이터베이스의 필드로부터 값을 표시하고, 입력하고, 업데이트할 수 있음
언바운드 컨트롤	데이터 원본이 없는 컨트롤로, 정보나 선, 사각형, 그림을 표시할 수 있음
계산 컨트롤	• 데이터 원본으로 식을 사용함 • 식은 폼이나 보고서의 원본으로 사용한 테이블 필드 또는 폼이나 보고서 쿼리의 데이터를 사용할 수 있고, 폼이나 보고서의 다른 컨트롤의 데이터를 사용할 수도 있음

2) 컨트롤의 종류 21년 상시, 16년 10월, 14년 10월, 08년 5월, 07년 7월/10월, 05년 10월, 04년 2월/10월, 03년 2월/7월, …

> **기적의 TIP**
> 컨트롤 도구 모음의 각 도구별 기능을 파악해두세요. 특히 레이블, 텍스트 상자, 콤보 상자, 목록 상자, 명령 단추는 정확히 기억하세요!

> **컨트롤 마법사가 지원되지 않는 컨트롤**
> 레이블, 옵션 단추, 확인란, 선, 사각형 등의 컨트롤은 컨트롤 마법사가 지원되지 않음

❶ 선택		잉크, 도형, 텍스트 영역 등의 개체를 선택함(텍스트 뒤에 가려진 개체로 작업할 때 특히 유용함)
❷ 텍스트 상자		레코드 원본의 데이터를 표시, 입력 또는 편집하거나, 계산 결과를 표시하거나, 사용자의 입력 내용을 적용할 때 사용하는 컨트롤
❸ 레이블		제목, 캡션, 지시 등의 설명문을 표시하는 컨트롤
❹ 단추		매크로의 실행 등 특별한 명령을 수행하는 기능을 가진 컨트롤
❺ 탭 컨트롤		탭을 가진 유형이 대화 상자를 만들 때 사용하는 컨트롤
❻ 하이퍼링크		웹 페이지와 파일에 빠르게 액세스할 수 있도록 문서에 링크를 만듦(하이퍼 링크를 사용하여 문서 내 원하는 부분으로 이동할 수도 있음)
❼ 탐색 컨트롤		탐색 컨트롤 설정 시 사용하는 컨트롤
❽ 옵션 그룹		폼이나 보고서에서 옵션 그룹은 틀과 옵션 단추, 확인란, 토글 단추 등으로 구성됨
❾ 페이지 나누기 삽입		페이지를 나누고자할 때 사용하는 컨트롤로 양식 인쇄 시 현재 위치에 있는 다음 페이지에서 시작함

⑩ 콤보 상자	• 목록 상자와 텍스트 상자의 기능이 결합된 형태 • 바운드된 콤보 상자에서 값을 선택하거나 문자열을 입력하면, 해당 값이 콤보 상자가 바운드된 필드에 삽입됨
⑪ 선	폼이나 보고서 작성 시 선을 그릴 때 사용하는 컨트롤
⑫ 토글 단추	• 폼에서 토글(전환) 단추를 독립형 컨트롤로 사용하여 원본 레코드 원본의 Yes/No 값을 나타낼 때 사용함 • 토글 단추가 눌러져 있을 때 원본 데이터의 필드 값은 '예'가 됨
⑬ 목록 상자	값 목록을 표시하고 선택하는 컨트롤로 콤보 상자와 유사함
⑭ 사각형	폼이나 보고서 작성 시 사각형을 그릴 때 사용하는 컨트롤
⑮ 확인란	• 폼, 보고서에서 원본 테이블, 쿼리, SQL문의 Yes/No 값을 표시하는 독립형 컨트롤 • 확인란에 확인 표시가 있으면 값은 'Yes'이고, 표시가 없으면 'No'임
⑯ 언바운드 개체 틀	동영상 파일이나 기타 여러 응용 프로그램을 삽입할 때 사용하는 컨트롤
⑰ 첨부 파일	폼이나 보고서에서 첨부 파일을 삽입할 때 사용하는 컨트롤
⑱ 옵션 단추	데이터베이스의 Yes/No 필드 값을 표시할 때 사용함
⑲ 하위 폼/하위 보고서	일대다 관계인 개체의 하위 폼/하위 보고서를 만들 때 사용하는 컨트롤
⑳ 바운드 개체 틀	OLE 개체 필드를 나타낼 때 사용하는 컨트롤
㉑ 이미지	폼이나 보고서에 그림을 표시하는 컨트롤
㉒ 웹 브라우저 컨트롤	웹 브라우저에 대한 링크를 만듦
㉓ 차트	테이블이나 쿼리를 사용하여 차트를 삽입함
㉔ 기본 컨트롤 설정	기본 컨트롤 설정 시 사용하는 컨트롤
㉕ 컨트롤 마법사 사용	콤보 상자, 목록 상자, 하위 폼/하위 보고서 등을 작성할 때 컨트롤 마법사를 선택해야만 마법사의 실행이 자동으로 이루어짐
㉖ ActiveX 컨트롤	ActiveX 컨트롤을 삽입할 때 사용하는 컨트롤

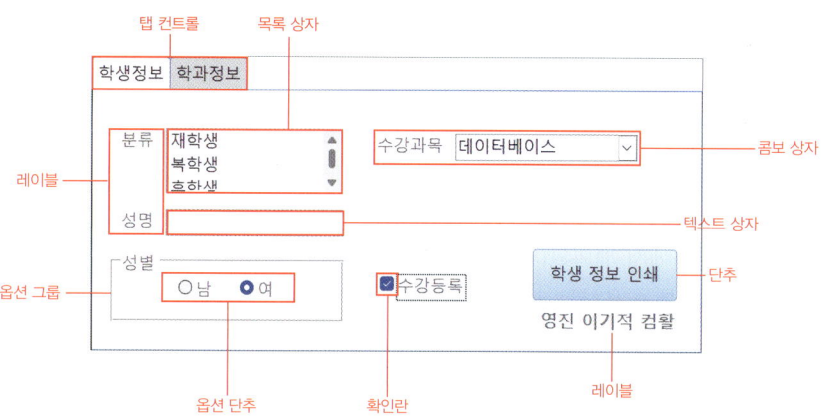

02 컨트롤 만들기 18년 3월, 10년 10월, 07년 7월, 05년 10월

1) 컨트롤 만들기

- 디자인 보기로 폼이나 보고서를 연다.
- 마법사를 사용하여 만들려면, [양식 디자인] 탭-[컨트롤] 그룹-[컨트롤 마법사](🪄)를 선택한다. 마법사를 사용하여 명령 단추, 목록 상자, 하위 폼, 콤보 상자, 옵션 그룹을 만들 수 있다.
- [양식 디자인] 탭-[컨트롤] 그룹에서 만들 컨트롤 도구를 클릭한다.
- 폼, 보고서에서 컨트롤의 위 왼쪽 모서리를 표시할 위치를 클릭하거나 마우스를 드래그하여 크기를 조정한다. 마우스 단추를 클릭했다가 놓으면 기본 크기의 컨트롤이 만들어진다.

2) 레이블 19년 8월, 15년 3월, 09년 2월/10월, 07년 10월, 06년 7월, 05년 10월, 04년 2월

[레이블] 컨트롤을 추가한 후 내용을 입력하지 않으면 추가된 레이블 컨트롤이 자동으로 사라짐

레이블 작성과 텍스트 입력
- 폼의 디자인 보기에서 [양식 디자인] 탭-[컨트롤] 그룹-[레이블](가가) 도구를 선택한 다음 레이블을 놓을 위치에서 클릭하거나 드래그하여 삽입함
- 레이블에 사용할 텍스트를 입력한다. 레이블에 두 줄 이상의 텍스트를 삽입하기 위해서는 내용을 모두 입력한 다음 레이블 크기를 조정하거나 Ctrl + Enter 나 Shift + Enter 를 누름

- 레이블은 제목이나 캡션, 간단한 지시 등의 설명 텍스트를 표시하는 컨트롤로 필드나 식의 값을 표시할 수 없다.
- 레이블은 항상 언바운드 컨트롤로, 다른 레코드로 이동해도 변경되지 않는다.
- 텍스트 상자, 콤보 상자, 목록 상자, 옵션 그룹, 옵션 단추, 확인란 등에 첨부되어 작성되는 연결 레이블은 폼의 데이터시트 보기에서 열 머리글로 표시된다.
- [양식 디자인] 탭-[컨트롤] 그룹-[레이블](가가) 도구로 작성한 레이블은 다른 컨트롤에 연결되지 않은 독립형 레이블로, 데이터시트 보기에 표시되지 않는다.

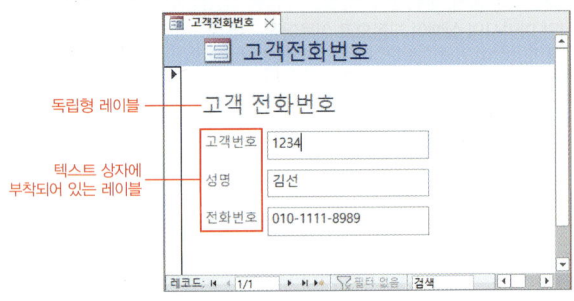

텍스트 상자
- Access의 표준 컨트롤로 텍스트 상자는 폼 및 보고서에서 데이터를 보고 편집하는 데 사용됨
- 텍스트 상자는 바운드 컨트롤, 언바운드 컨트롤, 계산 컨트롤로 사용할 수 있음
- 바운드 텍스트 상자는 테이블 필드 또는 쿼리의 데이터를 표시함
- 언바운드 텍스트 상자는 데이블의 필드 또는 쿼리에 연결되지 않음
- 보고서 작업 시 필드 목록 창에서 선택한 필드를 본문 영역에 추가할 때 텍스트 상자 컨트롤이 자동으로 생성됨
- [텍스트 상자] 컨트롤을 지칭하는 이름은 중복 설정이 불가능함

- 레이블은 필드나 식의 값을 표시하지 않는다.
- 레이블은 탭 순서에서 제외된다.
- 레이블은 마법사를 이용하는 컨트롤 마법사가 지원되지 않는다.
- 레이블의 이름은 작성되는 순서대로 Label0, Label1, Label2,…형식으로 부여된다.
- 레이블 컨트롤에 '&' 문자를 표시하기 위해서는 레이블 캡션 속성에서 '&&'처럼 입력해야 한다.

3) 텍스트 상자 21년 상시, 19년 8월, 16년 6월/10월, 15년 3월, 13년 6월, 09년 4월, 08년 5월, 07년 10월, 03년 7월

- 텍스트 상자는 레코드 원본 데이터에 연결된 바운드 텍스트 상자, 바운드되지 않아 데이터는 저장되지 않는 언바운드 텍스트 상자, 계산 텍스트 상자로 작성할 수 있다.
- 바운드 텍스트 상자는 필드 목록을 이용하거나 언바운드 텍스트 상자를 작성한 후 컨트롤 원본 속성에 연결할 필드를 설정한다.

- 계산 텍스트 상자는 언바운드 텍스트 상자를 작성한 후 컨트롤 원본 속성에 식을 입력한다.
- 텍스트 상자의 이름은 작성되는 순서대로 Text0, Text1, Text2,⋯형식으로 부여된다.

① 바운드 텍스트 상자

폼, 보고서에서 레코드 원본의 데이터를 나타낼 때 사용한다.

> 🖊 **따라하기 TIP**
>
> **필드 목록으로 바운드 텍스트 상자 만들기**
> ① [양식 디자인] 탭-[도구] 그룹-[기존 필드 추가]( )를 클릭해서 필드 목록이 표시되면 필드 목록에서 사용할 필드를 하나 이상 선택한다.
> ② 필드 목록의 필드를 폼으로 드래그한다.

기존 필드 추가
Alt + F8

② 언바운드 텍스트 상자

다른 컨트롤의 계산 결과를 나타내거나 사용자의 입력 내용을 받아들일 때 사용하며, 언바운드 텍스트 상자의 데이터는 저장되지 않는다.

> 🖊 **따라하기 TIP**
>
> **텍스트 상자 마법사를 이용하여 언바운드 텍스트 상자 만들기**
> ① [양식 디자인] 탭-[컨트롤] 그룹-[컨트롤 마법사 사용]( )이 선택된 상태에서 [양식 디자인] 탭-[컨트롤] 그룹-[텍스트 상자]( )를 클릭한 후, 해당 위치에서 마우스를 클릭하거나 드래그한다.
> ② [텍스트 상자 마법사] 대화 상자가 나타나면 단계별 지시에 따라 수행한다.

컨트롤 마법사를 해제한 다음 언바운드 텍스트 상자 만들기
[양식 디자인] 탭-[컨트롤] 그룹의 [컨트롤 마법사]( )가 해제된 상태에서 [양식 디자인] 탭-[컨트롤] 그룹의 [텍스트 상자]( )를 클릭한 후, 해당 위치에서 마우스를 클릭하거나 드래그하여 텍스트 상자를 만듦

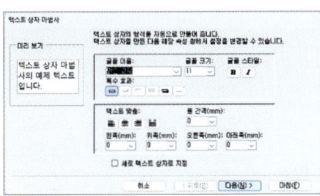
▲ 1단계 : 텍스트의 속성을 설정함

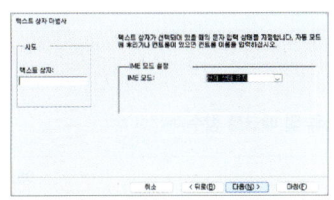
▲ 2단계 : 문자 입력 상태를 설정함

▲ 3단계 : 텍스트 상자의 이름을 설정함

4) 명령 단추 _{19년 8월, 09년 10월, 08년 5월, 04년 2월}

- 명령 단추는 단순히 클릭하기만 하면 매크로 함수를 수행하는 방법을 제공한다.
- 명령 단추에 텍스트나 그림을 표시할 수 있다.

- 폼 내에서 단추를 눌렀을 때 매크로와 모듈이 특정 기능을 수행하도록 할 수 있음
- 컨트롤 마법사를 사용하여 폼을 닫는 매크로 함수를 실행하는 '명령 단추'를 삽입할 수 있음

- 명령 단추 마법사를 사용하면 자동으로 단추와 이벤트 프로시저가 작성되고 28개 종류의 명령 단추를 제공한다.
- 명령 단추의 이름은 작성되는 순서대로 Command0, Command1, Command2, … 형식으로 부여된다.

따라하기 TIP

명령 단추 마법사를 이용하여 명령 단추 만들기

① [양식 디자인] 탭-[컨트롤] 그룹-[컨트롤 마법사 사용]( )이 선택된 상태에서 [양식 디자인] 탭-[컨트롤] 그룹-[단추]( )를 클릭한 후 해당 위치에서 마우스를 클릭하거나 드래그한다.

② [명령 단추 마법사] 대화 상자가 나타나면 단계별 지시에 따라 수행한다.

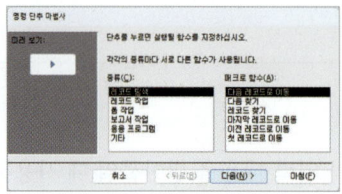 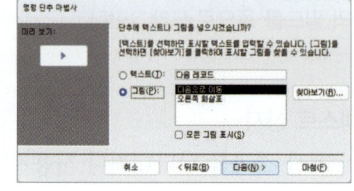

▲ 1단계 : 명령 단추에 실행될 함수를 설정함   ▲ 2단계 : 명령 단추에 표시할 그림이나 문자열을 설정함

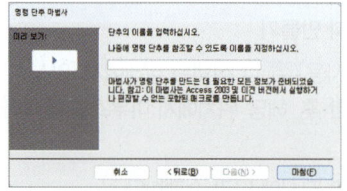

▲ 3단계 : 명령 단추의 이름을 설정함

▶ **명령 단추 마법사 종류 및 매크로 함수** 04년 10월

종류	매크로 함수
레코드 탐색	다음 레코드로 이동, 다음 찾기, 레코드 찾기, 마지막 레코드로 이동, 이전 레코드로 이동, 첫 레코드로 이동
레코드 작업	레코드 삭제, 레코드 인쇄, 레코드 저장, 레코드 취소, 새 레코드 추가, 중복 레코드
폼 작업	폼 닫기, 폼 데이터 새로 고침, 폼 열기, 폼 인쇄, 폼 필터 적용, 폼 필터 편집, 현재 폼 인쇄
보고서 작업	메일로 보고서 보내기, 보고서 미리 보기, 보고서 열기, 보고서 인쇄, 파일에 보고서 보내기
응용 프로그램	응용 프로그램 끝내기
기타	매크로 실행, 전화 걸기, 쿼리 실행, 테이블 인쇄

└ 레코드 탐색에 "이전 찾기"라는 매크로 함수는 없음

따라하기 TIP

직접 만들기

① [양식 디자인] 탭-[컨트롤] 그룹-[컨트롤 마법사 사용]( )이 해제된 상태에서 [양식 디자인] 탭-[컨트롤] 그룹-[단추]( )를 이용하여 폼에 삽입한다.

② 명령 단추의 [속성] 창을 열어서 단추를 클릭하면 실행될 매크로 또는 이벤트 프로시저를 설정할 수 있다.

5) 콤보 상자와 목록 상자 24년 상시, 23년 상시, 19년 8월, 17년 3월, 16년 6월, 12년 6월, 11년 7월, 08년 2월/8월, 06년 2월, …

① 콤보 상자
- 콤보 상자는 적은 공간에서 목록값을 선택하며 새로운 값을 입력할 경우 유용하다.
- 콤보 상자의 드롭다운 화살표(▽)를 클릭 전까지는 목록이 숨겨져 있으며, 클릭하면 목록이 표시된다.
- 콤보 상자는 텍스트 상자와 목록 상자의 기능이 결합된 컨트롤이다.
- 콤보 상자는 목록에 없는 값을 입력할 수 있다.

② 목록 상자
- 목록 상자는 값 또는 선택 항목 목록이 항상 표시된다.
- 목록 상자에 있는 항목만 선택할 수 있으며 값을 직접 입력할 수는 없다.

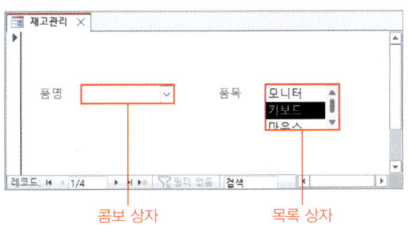

> **콤보 상자**
> - 열 개수보다 많은 숫자로 지정 불가능하며, 바운드 열의 기본값은 1임
> - 실제 행 수가 지정된 행 개수를 초과하면 세로 스크롤바가 표시됨
> - 콤보 상자의 행 원본 유형 속성이 '값 목록'으로 설정되어 있으면 폼 보기에서 폼이 열려 있을 때 값 목록을 편집할 수 있음
> - 콤보 상자와 목록 상자를 상호 변경하려면 컨트롤에서 마우스 오른쪽 단추를 클릭, 바로 가기 메뉴의 [변경]을 클릭한 다음 원하는 컨트롤 종류로 변경함

🏠 따라하기 TIP

따라하기 파일 • Part03_Chapter04_콤보상자-따라파일.accdb

마법사로 콤보 상자 컨트롤 만들기

① [양식 디자인] 탭-[컨트롤] 그룹-[컨트롤 마법사 사용](🔨)이 선택된 상태에서 [양식 디자인] 탭-[컨트롤] 그룹-[콤보 상자](📋)를 클릭한 후 해당 위치에서 마우스를 클릭하거나 드래그한다.

② 1단계 : 콤보 상자에 표시될 목록값의 형식 설정하고 [다음]을 클릭한다.

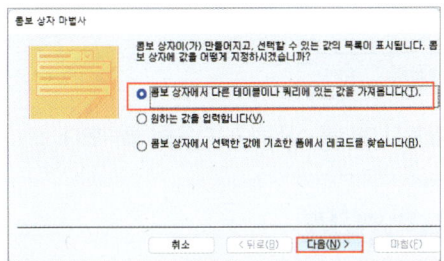

③ 2단계 : 콤보 상자에 연결할 테이블이나 쿼리를 설정하고 [다음]을 클릭한다.

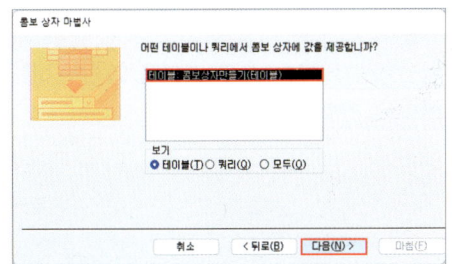

> **🎯 개념 체크**
>
> 1 콤보 상자는 (   ) 상자와 (   ) 상자의 기능이 결합된 컨트롤이다.
>
> 2 콤보 상자는 드롭다운 화살표를 클릭하기 전까지 목록이 숨겨져 있다. (○, ×)
>
> 3 목록 상자에서는 값을 직접 입력할 수 있다. (○, ×)
>
> 4 콤보 상자는 적은 공간에서 목록값을 선택하며 새로운 값을 입력할 경우 유용하다. (○, ×)
>
> 1 텍스트, 목록 2 ○
> 3 × 4 ○

④ 3단계 : 콤보 상자의 목록 값에 사용할 필드를 선택한 필드로 옮기고 [다음]을 클릭한다.

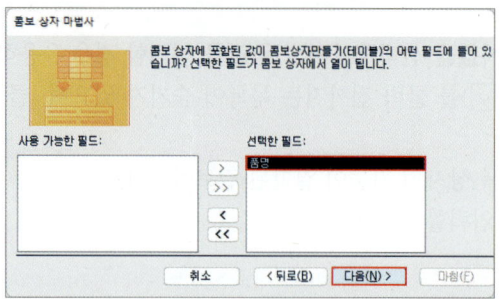

⑤ 4단계 : 콤보 상자의 목록에 적용할 정렬 순서를 선택하고 [다음]을 클릭한다.

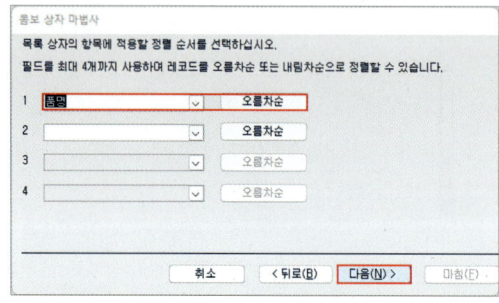

⑥ 5단계 : 콤보 상자의 열 너비를 설정하고 [다음]을 클릭한다.

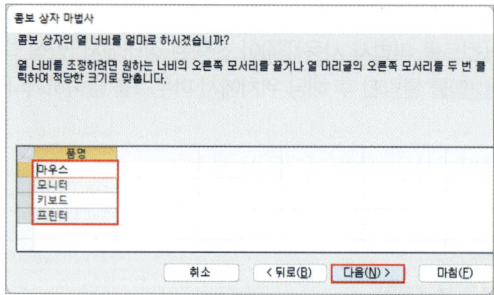

⑦ 6단계 : 콤보 상자에서 선택한 값을 저장할지 여부를 설정하고 [다음]을 클릭한다.

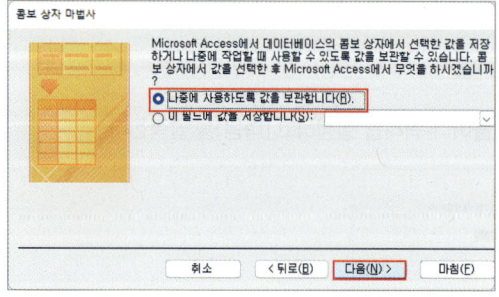

⑧ 7단계 : 콤보 상자의 레이블의 이름을 설정하고 [마침]을 클릭한다.

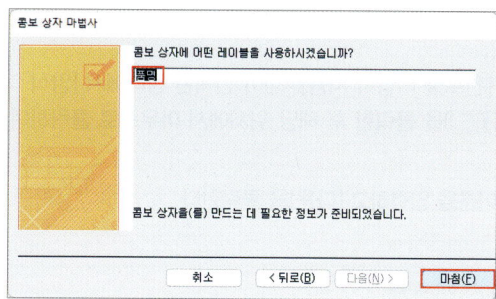

따라하기 TIP

직접 만들기

① [양식 디자인] 탭-[컨트롤] 그룹-[컨트롤 마법사 사용]( )이 해제된 상태에서 [디자인] 탭-[컨트롤] 그룹-[콤보 상자]( )나 [목록 상자]( )를 이용하여 폼에 삽입한다.
② 컨트롤의 [속성] 창에서 컨트롤 원본, 행 원본, 행 원본 유형 등의 속성을 설정한다.

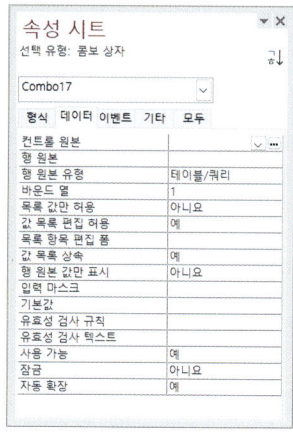

6) 옵션 그룹 14년 3월

- 옵션 그룹은 틀, 옵션 단추, 확인란, 토글 단추 등으로 구성된다.
- 옵션 그룹이 필드에 바운드될 때는 틀 내부에 있는 확인란, 토글 단추, 옵션 단추가 아니라 그룹 틀 자체만 바운드되므로 옵션 그룹 내의 각 컨트롤은 "옵션 값" 속성을 설정하고, 옵션 그룹 틀은 "컨트롤 원본" 속성을 설정한다.
- 옵션 그룹은 필드 크기가 정수인 숫자 데이터 형식이나 'Yes/No'로 설정된 필드에 설정한다.
- 몇 개의 컨트롤을 그룹으로 하여 제한된 선택 조합을 표시할 때 사용한다.
- 옵션 그룹에서는 원하는 값을 클릭하여 쉽게 내용을 선택할 수 있다.
- 한 옵션 그룹에서는 한 번에 하나의 옵션만 선택할 수 있다.

개념 체크

1 옵션 그룹은 틀, 옵션 단추, 확인란, 토글 단추 등으로 구성된다. (○, ×)
2 옵션 그룹 내의 각 컨트롤은 "컨트롤 원본" 속성을 설정하고, 옵션 그룹 틀은 "옵션 값" 속성을 설정한다. (○, ×)
3 옵션 그룹은 필드 크기가 정수인 숫자 데이터 형식이나 'Yes/No'로 설정된 필드에 설정한다. (○, ×)

1 ○ 2 × 3 ○

따라하기 TIP

따라하기 파일 • Part03_Chapter04_옵션그룹-따라파일.accdb

마법사로 만들기

① [양식 디자인] 탭-[컨트롤] 그룹-[컨트롤 마법사 사용]( )이 선택된 상태에서 [양식 디자인] 탭-[컨트롤] 그룹-[옵션 그룹]( )을 클릭한 후 해당 위치에서 마우스로 클릭하여 삽입한다.

② 1단계 : 옵션에 사용할 레이블의 이름을 입력하고 [다음]을 클릭한다.

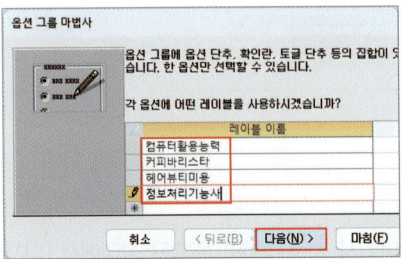

③ 2단계 : 옵션이 기본적으로 선택되도록 설정하고 [다음]을 클릭한다.

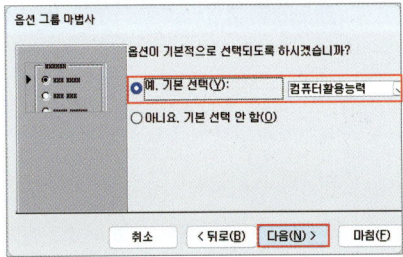

④ 3단계 : 옵션에 할당할 값을 설정하고 [다음]을 클릭한다.

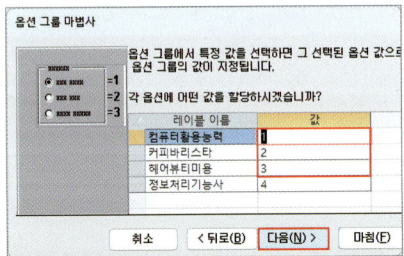

⑤ 4단계 : 옵션 그룹에 사용할 작업을 선택하고 [다음]을 클릭한다.

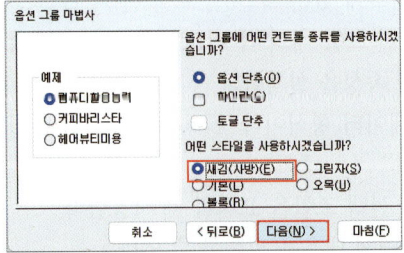

⑥ 5단계 : 옵션 그룹의 이름을 입력하고 [마침]을 클릭한다.

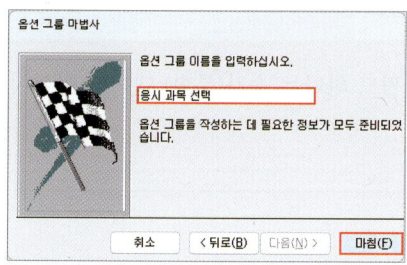

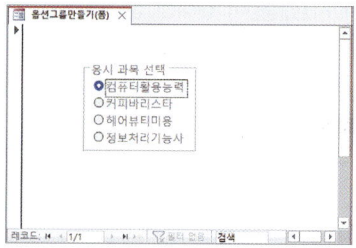

따라하기 TIP

직접 만들기

① [양식 디자인] 탭-[컨트롤] 그룹의 [컨트롤 마법사 사용]( )이 해제된 상태에서 [디자인] 탭-[컨트롤] 그룹-[옵션 그룹]( )을 클릭한 후 해당 위치에서 마우스로 클릭하여 삽입한다.

② [양식 디자인] 탭-[컨트롤] 그룹-[확인란]( )과 [옵션 단추]( )를 클릭하여 선택한 후 마우스 포인터를 옵션 그룹 위에 놓으면 옵션 그룹이 강조 표시되어 컨트롤이 옵션 그룹에 추가되어 표시된다.

③ [속성] 창을 실행하여 컨트롤 원본, 캡션 등의 컨트롤 속성을 설정한다.

7) 차트

- 작성된 테이블이나 쿼리를 이용해 데이터를 시각적으로 비교하거나 추세를 판단할 수 있도록 차트를 작성하는 기능이다.
- 차트의 원본이 되는 테이블이나 쿼리의 필드 하나는 숫자(통화) 데이터 형식이어야 한다.

> 📘 **따라하기 TIP**
>
> **따라하기 파일** • Part03_Chapter04_차트-따라파일.accdb
>
> **마법사로 만들기**
>
> ① [양식 디자인] 탭-[컨트롤] 그룹-[컨트롤 마법사 사용](🪄)이 선택된 상태에서 [디자인] 탭-[컨트롤] 그룹-[차트](📊)를 클릭한 후 해당 위치에 드래그하여 삽입한다.

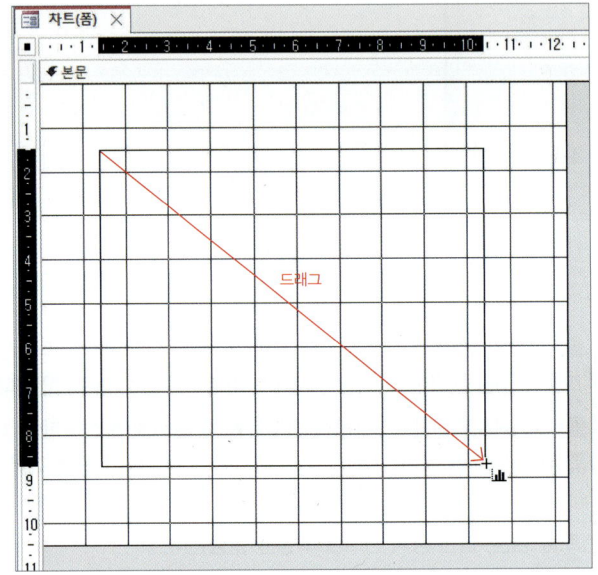

② [차트 마법사] 대화 상자가 나타나면 단계별 지시에 따라 수행한다.
③ 1단계 : 사용할 테이블이나 쿼리를 선택하고 [다음]을 클릭한다.

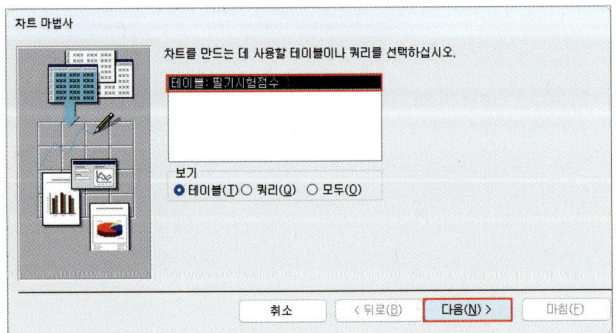

④ 2단계 : 차트를 만드는 데 사용할 필드를 지정하고 [다음]을 클릭한다.

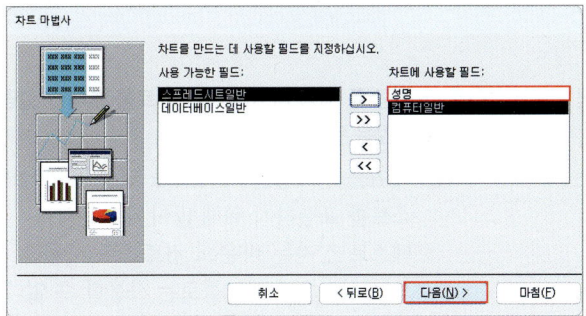

⑤ 3단계 : 차트의 유형을 선택하고 [다음]을 클릭한다.

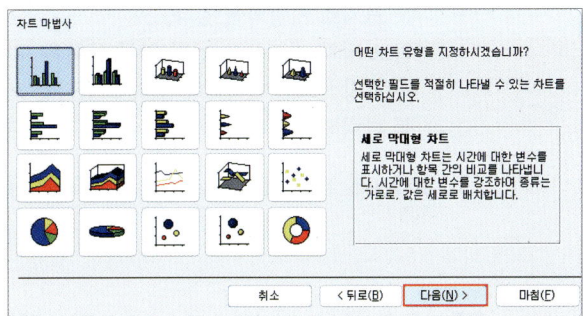

⑥ 4단계 : 차트에 데이터를 배치하는 단계이며, 필드 단추를 마우스로 드래그하여 끌어다 놓은 후 [다음]을 클릭한다.

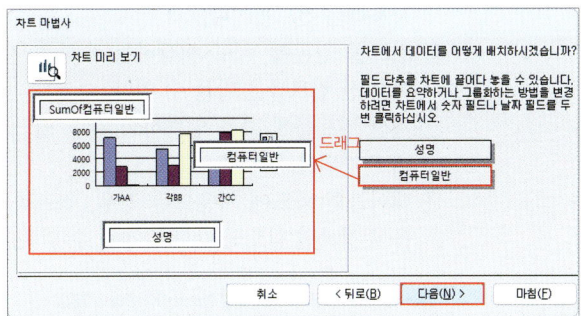

⑦ 5단계 : 차트의 제목, 범례 표시 여부를 설정한 후 [마침]을 클릭한다.

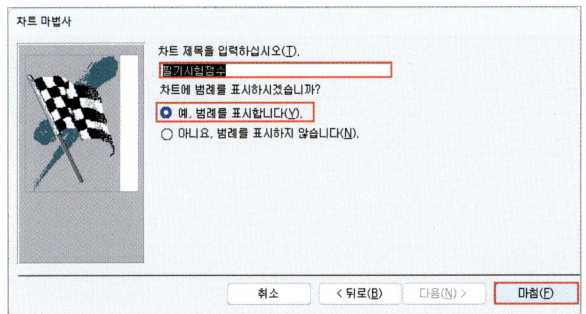

이론을 확인하는 기출문제

01 다음 중 제공된 항목에서만 값을 선택할 수 있으며 직접 입력할 수는 없는 컨트롤은?
① 텍스트 상자
② 레이블
③ 콤보 상자
④ 목록 상자

> 목록 상자 : 목록 상자는 목록을 항상 표시하고, 목록에 있는 값만 입력할 경우 유용함

02 다음 중 폼에서 데이터 원본으로 사용하는 테이블의 필드 값을 보여주고, 값을 수정할 수도 있는 컨트롤로 가장 적절한 것은?
① 바운드 컨트롤
② 언바운드 컨트롤
③ 계산 컨트롤
④ 탭 컨트롤

> 바운드 컨트롤 : 원본으로 사용된 테이블이나 쿼리의 필드에 연결되며 데이터베이스의 필드로부터 값을 표시하고, 입력, 업데이트할 수 있음
>
> **오답 피하기**
> • 언바운드 컨트롤 : 데이터 원본이 없는 컨트롤로 정보나 선, 사각형, 그림을 표시할 수 있음
> • 계산 컨트롤 : 데이터 원본으로 식을 사용함

03 아래 그림의 반 필드와 같이 데이터 입력 시 목록 상자에서 원하는 값을 선택하려고 할 때 설정해야 하는 필드 속성은?

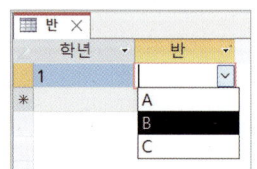

① 입력 마스크
② 캡션
③ 유효성 검사 규칙
④ 조회

> 조회 : 필드에 값을 직접 입력하지 않고 목록에서 값을 선택하는 필드를 만들 때 사용함
>
> **오답 피하기**
> • 입력 마스크 : 특정 형식의 숫자나 문자를 입력할 때 입력 형식을 지정해 주는 것
> • 캡션 : 폼 보기의 제목 표시줄에 나타나는 텍스트를 설정함
> • 유효성 검사 규칙 : 레코드, 필드, 컨트롤 등에 입력할 수 있는 데이터의 요구 사항을 지정함

04 다음 중 폼 작성 시 사용하는 컨트롤에 대한 설명으로 옳지 <u>않은</u> 것은?
① 레이블 컨트롤은 제목이나 캡션 등의 설명 텍스트를 표현하기 위해 많이 사용된다.
② 텍스트 상자는 바운드 컨트롤로 사용할 수 있으나 언바운드 컨트롤로는 사용할 수 없다.
③ 목록 상자 컨트롤은 여러 개의 데이터 행으로 구성되며 대개 몇 개의 행을 항상 표시할 수 있는 크기로 지정되어 있다.
④ 콤보 상자 컨트롤은 선택 항목 목록을 보다 간단한 방식으로 나타내기 위해 드롭다운 화살표를 클릭하기 전까지는 목록이 숨겨져 있다.

> 텍스트 상자는 바운드 컨트롤, 언바운드 컨트롤, 계산 컨트롤로 사용할 수 있음

05 다음 중 텍스트 상자(Text Box) 컨트롤에 대한 설명으로 가장 옳지 <u>않은</u> 것은?
① 어떤 값을 입력받거나 표시하는 경우에 주로 사용하는 컨트롤이다.
② 컨트롤 원본에 '='로 시작하는 수식을 지정하여 계산 컨트롤을 만들 수 있다.
③ 계산 컨트롤에 값을 입력하면 관련 필드의 값이 변경된다.
④ 테이블의 필드에 바운드된 경우, 컨트롤의 값을 수정하면 필드의 값도 수정될 수 있다.

> 계산 컨트롤에 값을 입력해도 관련 필드의 값이 변경되지 않음

정답 01 ④ 02 ① 03 ④ 04 ② 05 ③

SECTION 05 컨트롤의 사용 2-컨트롤 다루기/ 컨트롤의 주요 속성

출제빈도 상 중 하
반복학습 1 2 3

빈출 태그 컨트롤 다루기 • 주요 속성

01 컨트롤 다루기 21년 상시, 08년 10월

1) 컨트롤 선택 15년 10월

- 하나의 컨트롤을 선택할 경우 컨트롤의 아무 곳이나 마우스를 클릭하여 선택한다.
- 폼이나 보고서에서 인접 입력란이나 다른 컨트롤을 선택할 경우는 컨트롤 밖에서 시작하여 선택할 컨트롤이 모두 포함되도록 사각형을 마우스로 그린다.
- 폼이나 보고서에서 인접하지 않거나 겹친 컨트롤을 선택할 경우는 Shift 를 누른 상태에서 선택할 컨트롤을 클릭한다.
- 컨트롤 선택을 취소하려면 Shift 를 누른 상태에서 취소할 컨트롤을 클릭한다.
- 모든 컨트롤을 선택하려면 Ctrl + A 를 누른다.

> **기적의 TIP**
> 컨트롤 선택과 이동/복사 방법을 중심으로 학습하세요. 모든 컨트롤을 선택하는 바로 가기 키가 Ctrl + A 라는 것도 잊지 마세요.

2) 컨트롤의 이동과 복사 15년 3월, 03년 2월

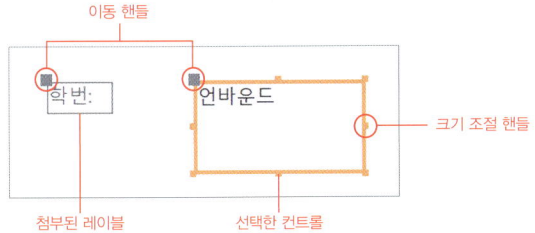

① 명령을 이용한 이동과 복사

- 이동 : 이동할 컨트롤이나 컨트롤 레이블을 선택한 다음, 잘라내어 해당 위치에서 붙여넣는다.
- 복사 : 복사할 컨트롤이나 컨트롤 레이블을 선택한 다음, 복사하여 해당 위치에서 붙여넣는다.
- 붙여넣을 위치 지정
  - 구역을 선택한 경우 : 해당 구역의 왼쪽 위에 컨트롤이 붙여진다.
  - 컨트롤을 선택한 경우 : 선택한 컨트롤 아래에 해당 컨트롤이 붙여진다.

▶ 명령 실행 방법

명령	리본 메뉴	아이콘	바로 가기 키	바로 가기 메뉴
복사	[홈] 탭-[클립보드] 그룹-[복사]	📋	Ctrl + C	[복사]
잘라내기	[홈] 탭-[클립보드] 그룹-[잘라내기]	✂	Ctrl + X	[잘라내기]
붙여넣기	[홈] 탭-[클립보드] 그룹-[붙여넣기]	📋	Ctrl + V	[붙여넣기]

> **개념 체크**
>
> 1 인접하지 않거나 겹친 컨트롤을 선택할 경우, ( )를 누른 상태에서 선택할 컨트롤을 클릭한다.
>
> 2 모든 컨트롤을 선택하려면 ( )를 누른다.
>
> 3 레이블이 있는 컨트롤을 복사하여 다른 구역에 붙여넣을 때, 레이블은 붙여넣기가 되지 않는다. (○, ×)
>
> 4 컨트롤을 선택 취소하려면 Ctrl 를 누른 상태에서 취소할 컨트롤을 클릭한다. (○, ×)
>
> 1 Shift 2 Ctrl + A 3 × 4 ×

- 레이블이 같이 있는 컨트롤의 경우 컨트롤을 복사하여 다른 구역에 붙여넣기를 하면 레이블도 같이 붙여넣기가 된다.

② **마우스를 이용한 이동** 04년 8월

- 컨트롤과 컨트롤 레이블을 함께 이동 : 이동할 컨트롤이나 컨트롤 레이블을 클릭하여 선택한 다음, 컨트롤이나 컨트롤 레이블 테두리 위에서 마우스 포인터가 이동 모양()일 때 해당 위치로 드래그 앤 드롭한다.

- 컨트롤과 컨트롤 레이블을 따로 이동 : 이동할 컨트롤이나 컨트롤 레이블을 클릭하여 선택한 다음, 컨트롤이나 컨트롤 레이블 왼쪽 모서리에 있는 이동 핸들 위에서 포인터가 위를 가리키는 이동 모양(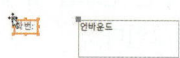)일 때 해당 위치로 드래그 앤 드롭한다.

- Shift 를 누른 상태에서 이동할 경우 다른 컨트롤과의 세로 및 가로 맞춤을 유지할 수 있다.
- Ctrl 을 누른 상태에서 방향키를 누를 경우 컨트롤은 미세하게 조금씩 이동한다.

3) 컨트롤의 삭제

- 삭제할 컨트롤을 클릭하여 선택한 다음 Delete 를 누르거나 바로 가기 메뉴에서 [삭제]를 실행한다.
- 컨트롤에 레이블이 있으면 컨트롤과 레이블이 같이 삭제된다.
- 레이블만 삭제하려면 레이블을 클릭한 다음 Delete 를 눌러 삭제한다.

4) 컨트롤의 크기 조정 06년 7월, 05년 2월/5월, 03년 7월

- 크기를 조정할 컨트롤을 클릭하여 선택한다. 크기 조정 핸들을 마우스로 드래그하여 컨트롤을 원하는 크기로 만든다.
- 여러 개의 컨트롤을 선택한 경우 한 컨트롤의 크기 조정 핸들을 끌면 선택한 모든 컨트롤의 크기가 조정된다.
- 컨트롤의 크기를 조금씩 조정할 경우에는 해당 컨트롤을 선택한 다음 Shift 를 누른 상태에서 키보드의 방향키를 눌러 조절한다.
- 내용에 맞게 컨트롤 크기 조정 : 크기를 조정할 컨트롤을 선택한 뒤 [정렬] 탭-[크기 및 순서 조정] 그룹-[크기/공간]-[자동]을 클릭하여 크기를 조정한다.
- 눈금을 사용하여 컨트롤 크기 조성 : 눈금이 나타나지 않으면 [정렬] 탭-[크기 및 순서 조정] 그룹-[크기/공간]-[눈금]을 클릭한다. 크기를 조정할 컨트롤을 선택한 뒤 [정렬] 탭-[크기 및 순서 조정] 그룹-[크기/공간]-[눈금에 맞춤]을 클릭하여 크기를 조정한다.

 개념 체크

1 Ctrl 을 누른 상태에서 방향키를 누를 경우 컨트롤은 미세하게 조금씩 이동한다. (○, ×)

2 컨트롤에 레이블이 있으면 컨트롤을 삭제할 때 레이블이 자동으로 삭제되지 않는다. (○, ×)

3 내용에 맞게 컨트롤 크기 조정을 하려면 [정렬] 탭-[크기 및 순서 조정] 그룹-[크기/공간]-[자동]을 클릭하여 크기를 조정한다. (○, ×)

1 ○ 2 × 3 ○

- 여러 개의 컨트롤 크기를 한꺼번에 일정하게 조정 : 크기를 조정할 컨트롤을 선택한다. [정렬] 탭-[크기 및 순서 조정] 그룹-[크기/공간]에서 다음 나타나는 명령 중 하나를 클릭한다.

가장 긴 길이에	선택한 컨트롤 중 가장 긴 컨트롤 길이로 모든 컨트롤의 길이를 조정함
가장 짧은 길이에	선택한 컨트롤 중 가장 짧은 컨트롤 길이로 모든 컨트롤의 길이를 조정함
가장 넓은 너비에	선택한 컨트롤 중 가장 넓은 컨트롤 너비에 맞춰 모든 컨트롤을 조정함
가장 좁은 너비에	선택한 컨트롤 중 가장 좁은 컨트롤 너비에 맞춰 모든 컨트롤을 조정함

5) 컨트롤의 맞춤 조정

- 컨트롤을 눈금으로 맞춤 조정 : 눈금이 나타나지 않으면 [정렬] 탭-[크기 및 순서 조정] 그룹-[크기/공간]-[눈금]을 선택한다.
- 맞춤 조정할 컨트롤을 선택하고 [정렬] 탭-[크기 및 순서 조정] 그룹-[맞춤]-[눈금에 맞춤]을 선택한다.
- 여러 개의 컨트롤 간의 맞춤 조정 : 맞춤 조정할 컨트롤을 선택한다. 같은 열이나 행에 있는 컨트롤만 선택할 수 있다. [정렬] 탭-[크기 및 순서 조정] 그룹-[맞춤]에서 하나를 선택한다.

인접해 있지 않는 컨트롤 선택
[Shift]를 사용하면 떨어져 있는 컨트롤을 여러 개 선택할 수 있음

눈금에 맞춤	선택한 모든 컨트롤을 눈금에 맞춤
왼쪽	선택한 모든 컨트롤의 왼쪽 가장자리를 가장 왼쪽에 있는 컨트롤의 왼쪽 가장자리에 맞춤
오른쪽	선택한 모든 컨트롤의 오른쪽 가장자리를 가장 오른쪽에 있는 컨트롤의 오른쪽 가장자리에 맞춤
위쪽	모든 컨트롤의 위 가장자리를 가장 위쪽에 있는 컨트롤의 위 가장자리에 맞춤
아래쪽	모든 컨트롤의 아래 가장자리를 가장 아래쪽에 있는 컨트롤의 아래 가장자리에 맞춤

- 여러 개의 컨트롤 간격을 일정하게 설정 : 간격을 조정할 컨트롤(최소한 3개 이상)을 선택한다. 레이블이 있는 컨트롤의 경우 레이블이 아닌 컨트롤을 선택한다. [정렬] 탭-[크기 및 순서 조정] 그룹-[크기/공간]-[가로 간격 같음]이나 [세로 간격 같음]을 클릭하여 조정한다.
- 여러 개의 컨트롤 사이 공간 넓히기/좁히기 : 조정하려는 컨트롤을 선택하고 [정렬] 탭-[크기 및 순서 조정] 그룹-[크기/공간]에서 가로 및 세로 간격에 있어 [넓게]나 [좁게]를 클릭한다.

6) 컨트롤의 그룹 설정/해제

- 여러 개의 컨트롤을 그룹할 경우 그룹화가 된 컨트롤을 한꺼번에 이동/복사할 수 있으며 그룹으로 묶인 컨트롤의 크기를 한 번에 조정할 수 있다.
- 그룹 설정 : 그룹화하고자 하는 컨트롤을 선택한 다음 [정렬] 탭-[크기 및 순서 조정] 그룹-[크기/공간]-[그룹]을 클릭한다.
- 그룹 해제 : 그룹화를 해제하고자 하는 컨트롤을 선택한 다음 [정렬] 탭-[크기 및 순서 조정] 그룹-[크기/공간]-[그룹 해제]를 선택하여 지정한다.

02 컨트롤의 주요 속성 16년 6월, 15년 3월/6월, 08년 2월/8월, 05년 5월

> **기적의 TIP**
> 컨트롤의 주요 속성은 자주 출제되는 내용입니다. 각 탭의 주요 기능을 알아두고, 그 중 [형식] 탭과 [데이터] 탭을 정확히 파악해 두세요.

- 컨트롤의 크기, 모양, 색상, 동작, 이름 등과 같은 컨트롤 속성의 전반적인 사항을 정의하는 기능이다.
- 컨트롤의 종류에 따라서 표시되는 속성은 다르다.
- 컨트롤의 속성은 각각의 컨트롤별로 지정할 수 있고, 여러 컨트롤을 선택하여 한꺼번에 지정할 수도 있다.
- 여러 컨트롤을 선택하는 경우 해당 그룹 전체에서 공유되는 속성만 표시된다.

1) 속성 시트 창의 실행

리본 메뉴	[양식 디자인] 탭-[도구] 그룹-[속성 시트](圖)를 클릭함
마우스 사용	컨트롤을 더블클릭함
바로 가기 키	F4나 Alt + Enter를 누름
바로 가기 메뉴	[속성]을 선택함

2) [형식] 탭 20년 7월, 07년 7월/10월, 06년 7월, 05년 2월, 03년 7월

형식	데이터를 표시하는 방법을 지정함
소수 자릿수	숫자를 표시할 때 사용되는 소수 자릿수를 지정함. 소수점 15자리까지 지정 가능함
표시	컨트롤을 화면에 표시하거나 숨길 수 있으며, '예' 선택 시 화면에 표시함
배경 스타일	• 컨트롤을 투명하게 할 것인지 여부를 지정함 • 값이 '보통'일 때 모든 컨트롤의 기본값으로, 컨트롤의 내부 색을 BackColor 속성으로 설정함 • '투명'일 때 컨트롤이 투명하게 되어, 컨트롤 뒤에 있는 폼이나 보고서의 색이 보임
배경색	컨트롤의 배경색을 지정함
특수 효과	• 컨트롤에 특별한 서식을 적용할 때 사용함 • 종류에는 기본, 볼록, 오목, 새김(사방), 그림자, 새김(밑줄)이 있음
테두리 스타일	• 컨트롤 테두리를 나타내는 방법을 지정함 • 종류에는 투명, 실선, 파선, 짧은 파선, 점선, 성긴 점선, 대시-점, 대시-점-점이 있음
테두리 색	컨트롤의 테두리 색상을 지정함
테두리 두께	• 컨트롤의 테두리 두께를 지정함 • 종류에는 가는선, 0, 1, …, 6pt가 있음
문자색	컨트롤의 텍스트 색상을 지정함
글꼴 이름	각 텍스트의 글자 모양을 지정함
글꼴 크기	각 텍스트의 글자 크기를 지정함
글꼴 두께	컨트롤에 표시되는 글자의 선 두께를 지정함
글꼴 기울임꼴	컨트롤에 표시되는 글자를 기울임꼴로 나타낼 것인지 지정함
글꼴 밑줄	컨트롤에 표시되는 글자에 밑줄을 표시할 것인지 지정함
텍스트 맞춤	컨트롤에서 텍스트 맞춤 형식을 지정함
캡션	컨트롤에 표시되는 텍스트를 지정함
열 개수	목록 상자나 콤보 상자의 목록 상자 부분에 표시되는 열 수를 지정함

> **개념 체크**
>
> 1 글꼴 두께를 설정할 때, 컨트롤에 표시되는 글자의 ( )를 지정한다.
>
> 2 컨트롤의 배경 스타일을 설정할 때, 값이 '보통'일 때 모든 컨트롤의 기본값으로, 컨트롤의 내부 색이 ( ) 속성으로 설정한다.
>
> 3 컨트롤의 종류에 따라서 표시되는 속성은 같다. (o, ×)
>
> 4 특수 효과에서 종류에는 기본, 볼록, 오목, 새김(사방), 그림자, 새김(밑줄)이 있다. (o, ×)
>
> 5 소수 자릿수 설정에서 소수점 10자리까지 지정 가능하다. (o, ×)
>
> 1 선 두께 2 BackColor 3 ×
> 4 o 5 ×

열 너비	• 여러 개의 열로 이루어진 콤보 상자나 목록 상자에서 각 열의 너비를 지정함 • 열 항목은 세미콜론(;)을 사용하여 구분함
중복 내용 숨기기	컨트롤 값이 이전 레코드의 컨트롤 값과 같은 경우, 보고서에서 컨트롤을 숨길 수 있도록 지정함
확장 가능	• 인쇄하거나 미리 보는 폼과 보고서에서 구역이나 컨트롤의 모양을 조절할 수 있음 • 구역이나 컨트롤에 들어 있는 모든 데이터를 인쇄하거나 미리 볼 수 있게 구역이나 컨트롤이 세로로 확장하도록 지정함
축소 가능	• 인쇄하거나 미리 보는 폼과 보고서에서 구역이나 컨트롤의 모양을 조절할 수 있음 • 구역이나 컨트롤에 들어 있는 모든 데이터를 인쇄하거나 미리 볼 수 있게 구역이나 컨트롤이 세로로 축소되도록 지정함

3) [데이터] 탭 20년 7월, 16년 3월, 15년 6월/10월, 09년 7월, 06년 2월/5월, 05년 2월, 04년 5월, 03년 9월

컨트롤 원본	• 컨트롤에 나타낼 데이터를 지정함 • 테이블, 쿼리, SQL문 등의 필드에 바운드된 데이터를 표시하고 편집할 수 있음
행 원본 유형	• 목록 상자, 콤보 상자, 차트와 같은 언바운드 OLE 개체 등에 데이터를 제공하는 방법을 지정함 • 종류로는 테이블/쿼리, 값 목록, 필드 목록이 있음
행 원본	목록 상자 및 콤보 상자에 표시될 목록으로 데이터를 지정함
목록 값만 허용	목록에 있는 값만 사용하게 할 때 지정함
바운드 열	현재 레코드에 저장될 데이터가 있는 열 번호를 지정함
기본값	새 레코드가 만들어질 때 필드에 자동으로 입력되도록 할 값을 지정함
입력 마스크	• 데이터를 쉽게 입력할 수 있도록 틀을 지정함 • 입력 마스크를 통해 입력할 수 있는 값을 제한할 수 있음
유효성 검사 규칙	필드에 입력될 내용에 대한 제한이나 조건을 설정함
사용 가능	컨트롤에 포커스 이동 가능 여부를 설정함
잠금	컨트롤에 있는 데이터의 수정 여부를 지정함

• '컨트롤 원본' 속성에서 함수나 수식 사용 시 문자는 큰따옴표("), 필드명이나 컨트롤 이름은 [ ]를 사용하여 구분함(⑩ [FirstName] & " " & [LastName])
• 앰퍼샌드(&)는 FirstName 필드 값, 공백 문자(따옴표로 묶인 공백) 및 LastName 필드 값을 결합함
• 날짜/시간 값을 사용하려면 해당 값을 파운드 기호(#)로 묶어서 나타냄(⑩ #2024-6-3#)
• Access에서 # 문자로 둘러싸인 유효한 날짜/시간 값을 발견하면 그 값이 날짜/시간 데이터 형식으로 자동 처리됨

4) [이벤트] 탭 25년 상시, 08년 5월

On Current	컨트롤에 포커스가 들어왔을 때 실행될 매크로나 프로시저를 지정함
On Dbl Click	컨트롤을 더블클릭하였을 때 실행될 매크로나 프로시저를 지정함
On Click	컨트롤을 마우스로 클릭하였을 때 실행될 매크로나 프로시저를 지정함

5) [기타] 탭 25년 상시, 20년 7월, 19년 3월, 13년 3월, 07년 7월, 05년 2월

이름	컨트롤의 이름을 지정함
IME 모드	포커스가 현재 컨트롤에 이동했을 때 입력 모드를 지정함
Enter 키 기능	입력란 컨트롤에서 Enter 를 누를 때 수행할 작업을 지정함
상태 표시줄 텍스트	컨트롤을 선택했을 때 상태 표시줄에 표시되는 텍스트를 지정함
컨트롤 팁 텍스트	마우스 포인터를 컨트롤 위에 올려놓았을 때 스크린 팁에 나타나는 텍스트를 지정함
탭 정지	Tab 을 사용해 포커스를 컨트롤로 옮길 수 있는지 여부를 지정함
탭 인덱스	컨트롤의 탭 순서를 지정함
여러 항목 선택	목록 상자에서 항목을 여러 개 선택할 수 있는지와 그 방법을 지정함

개념 체크

1 행 원본 유형에서 종류로는 테이블/쿼리, 값 목록, 필드 목록이 있다. (○, ×)

2 입력 마스크를 통해 입력할 수 있는 값을 제한할 수 없다. (○, ×)

3 On Click 이벤트는 컨트롤을 마우스로 클릭하였을 때 실행될 매크로나 프로시저를 지정한다. (○, ×)

4 상태 표시줄 텍스트는 컨트롤을 선택하지 않았을 때 상태 표시줄에 표시되는 텍스트를 지정한다. (○, ×)

5 탭 정지 설정은 Tab 을 사용해 포커스를 컨트롤로 옮길 수 있는지 여부를 지정한다. (○, ×)

1 ○ 2 × 3 ○ 4 × 5 ○

이론을 확인하는 기출문제

01 다음 중 콤보 상자 컨트롤의 각 속성에 대한 설명으로 옳지 않은 것은?

① 행 원본(Row Source) : 콤보 상자 컨트롤에서 사용할 데이터 설정
② 컨트롤 원본(Control Source) : 연결할(바운드할) 데이터 설정
③ 바운드 열(Bound Column) : 콤보 상자 컨트롤에 저장할 열 설정
④ 사용 가능(Enabled) : 컨트롤에 입력된 데이터의 편집 여부 설정

잠금 : 컨트롤에 입력된 데이터의 편집 여부 설정

02 다음 설명에 해당하는 폼의 속성으로 옳은 것은?

폼에 연결할 데이터의 테이블 이름이나 쿼리를 입력하여 설정

① 기본 보기   ② 캡션
③ 레코드 원본   ④ 레코드 잠금

오답 피하기
• 기본 보기 : 폼 보기의 기본 보기 형식을 설정함
• 캡션 : 폼 보기의 제목 표시줄에 나타나는 텍스트를 설정함
• 레코드 잠금 : 동시에 같은 레코드를 편집하려고 할 때 레코드 잠그는 방법을 설정함

03 다음 중 보고서에서 순번 항목과 같이 그룹 내의 데이터에 대한 일련번호를 표시하기 위해 해당 텍스트 상자 컨트롤을 설정하는 방법으로 가장 적절한 것은?

① 텍스트 상자의 컨트롤 원본을 '=1'로 지정하고, 누적 합계를 '그룹'으로 지정한다.
② 텍스트 상자의 컨트롤 원본을 '+1'로 지정하고, 누적 합계를 '그룹'으로 지정한다.
③ 텍스트 상자의 컨트롤 원본을 '+1'로 지정하고, 누적 합계를 '모두'로 지정한다.
④ 텍스트 상자의 컨트롤 원본을 '=1'로 지정하고, 누적 합계를 '모두'로 지정한다.

그룹 내의 데이터에 대한 일련번호를 표시하기 위해서는 텍스트 상자의 컨트롤 원본을 '=1'로 지정하고, 누적합계를 '그룹'으로 지정함

04 다음 중 폼에 삽입된 텍스트 상자 컨트롤의 이름을 변경하는 방법으로 옳은 것은?

① 텍스트 상자 컨트롤의 바로 가기 메뉴에서 '변경'을 선택한 후 이름을 입력한다.
② 텍스트 상자 컨트롤에 연결된 레이블 컨트롤에 이름을 입력한다.
③ 텍스트 상자 컨트롤의 속성 창을 열고 이름 항목에 입력한다.
④ 텍스트 상자 컨트롤을 클릭한 다음 컨트롤 안에 이름을 입력한다.

텍스트 상자 컨트롤의 속성 창을 열고 이름 항목에 입력하는 경우 폼에 삽입된 텍스트 상자 컨트롤의 이름이 변경됨

05 다음 중 보고서에서 '텍스트 상자' 컨트롤의 속성 설정에 대한 설명으로 옳지 않은 것은?

① '상태 표시줄 텍스트' 속성은 컨트롤을 선택했을 때 상태 표시줄에 표시할 메시지를 설정한다.
② '컨트롤 원본' 속성에서 함수나 수식 사용 시 문자는 작은따옴표('), 필드명이나 컨트롤 이름은 큰따옴표(")를 사용하여 구분한다.
③ '사용 가능' 속성은 컨트롤에 포커스를 이동시킬 수 있는지의 여부를 설정한다.
④ '중복 내용 숨기기' 속성은 데이터가 이전 레코드와 같을 때 컨트롤의 숨김 여부를 설정한다.

'컨트롤 원본' 속성에서 함수나 수식 사용 시 문자는 큰따옴표("), 필드명이나 컨트롤 이름은 [ ]를 사용하여 구분함

정답 01 ④ 02 ③ 03 ① 04 ③ 05 ②

SECTION 06 폼 작성 기타

빈출 태그: 계산 컨트롤

01 계산 컨트롤과 식 작성

1) 계산 컨트롤
- 계산 컨트롤은 데이터의 원본을 이용하여 식을 작성하는 것이다.
- 식은 폼이나 보고서에서 사용하는 테이블이나 다른 컨트롤의 데이터, 쿼리의 필드 데이터 등을 사용할 수 있다.
- 모든 계산 컨트롤은 등호(=) 연산자로 시작해야 한다.

2) 계산 컨트롤의 작성 24년 상시, 23년 상시, 22년 상시, 11년 3월, 07년 5월, 05년 2월/7월, 03년 9월
- 폼이나 보고서의 디자인 보기에서 계산 컨트롤로 사용할 컨트롤을 삽입한다.
- 삽입한 컨트롤의 [속성] 창을 표시한 다음, 컨트롤 원본 속성에 식을 입력한다.
- 식 작성기로 식을 만들기 위해서는 컨트롤 원본 속성의 작성 단추(…)를 클릭한다.

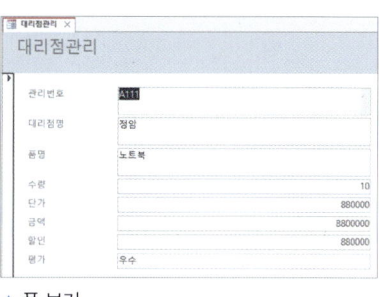

▲ 폼 디자인 보기   ▲ 폼 보기

- 텍스트 상자 컨트롤은 식을 직접 입력하여 작성할 수 있다.
- 테이블이나 쿼리, 폼, 보고서, 필드, 컨트롤의 이름은 대괄호([ ])로 묶어서 표현한다.

예) =[수량] * [단가]
    =[금액] * 0.1
    =IIf([금액])>=500000,"우수","보통")

- 개체명을 입력하면 특수 문자(공백이나 밑줄)를 포함한 개체명 외에는 자동으로 대괄호([ ])가 삽입된다.
- 실행 중인 폼이나 보고서 또는 컨트롤을 참조하기 위해서는 느낌표(!) 연산자를 사용한다.

> **기적의 TIP**
> 계산 컨트롤의 작성과 폼, 보고서에 사용하는 식 예제에 대해 자주 출제되고 있습니다. 여러 예제를 통해 정확히 이해하세요.

- F4, Alt + Enter : 속성 시트
- F5 : 폼 디자인 보기에서 폼 보기로 전환

> **개념 체크**
> 1. 모든 계산 컨트롤은 (   ) 연산자로 시작해야 한다.
> 2. 실행 중인 폼이나 보고서 또는 컨트롤을 참조하기 위해서는 (   ) 연산자를 사용한다.
> 3. 계산 컨트롤은 데이터의 원본을 이용하여 식을 작성하는 것이다. (o, ×)
> 4. 텍스트 상자 컨트롤은 식을 직접 입력하여 작성할 수 없다. (o, ×)
> 5. 개체명을 입력하면 특수 문자(공백이나 밑줄)를 포함한 개체명 외에는 자동으로 대괄호([ ])가 삽입된다. (o, ×)
>
> 1 등호(=) 2 느낌표(!)
> 3 o 4 × 5 o

> ⓓ 실행 중인 물품 폼 ◐ Forms![물품] 실행 중인 물품 보고서 ◐ Reports![물품]
> 실행 중인 물품 폼의 관리번호 컨트롤 ◐ Forms![물품]![관리번호]

- 폼, 보고서, 컨트롤의 속성을 참고할 때는 점(.) 연산자를 사용한다.

> ⓓ 물품 보고서에서 대리점명 컨트롤의 화면 표시(Visible) 속성
> ◐ Reports![물품]![대리점명].Visible

- 리터럴 문자열이 있는 필드나 컨트롤, 속성의 값을 조합하기 위해서는 연결(&) 연산자를 사용한다.

> ⓓ 리터럴 문자열 "[관리번호]="와 물품 폼의 관리번호 컨트롤 값의 조합
> ◐ "[관리번호]=" & Forms![물품]![물품번호]

3) 폼, 보고서에 사용하는 식 예제 23년 상시, 22년 상시, 12년 3월, 10년 3월/10월, 09년 7월, 08년 5월

① 계산 함수

CCur 함수
계산 결과 소수점이 나오는 경우 이를 화폐 단위로 변환하는 함수

식	결과
=Sum([금액])	[금액] 필드의 합계액을 산출하여 표시함
=Avg([데이터베이스])	[데이터베이스] 필드값의 평균을 산출하여 표시함
=Count([관리번호])	[관리번호] 필드의 레코드 개수를 표시함
=Avg([중간]+[기말])	[중간]과 [기말] 필드값의 합에 대한 평균을 산출하여 표시함

② 텍스트 값과 산술 연산

식	결과
="컴퓨터활용능력1급"	"컴퓨터활용능력1급"을 표시함
=[국가] & " " & [도시]	[국가]와 [도시] 필드값을 공백으로 구분하여 표시함
=[중간고사]+[기말고사]	[중간고사]와 [기말고사] 필드값의 합계를 표시함
=[수량] * [단가]	[수량] 필드와 [단가] 필드를 곱한 결과를 표시함
=[금액]-[할인액]	[금액] 필드에서 [할인액] 필드의 값을 빼서 그 결과를 표시함
=[금액] * 0.2	[금액] 필드의 값에 0.2를 곱한 결과를 표시함
=[합계]/3	[합계] 필드의 값을 3으로 나눈 결과를 표시함

③ 날짜 및 조건식

=NOW( )
오늘 날짜와 시간을 표시하는 함수

식	결과
=Date( )	현재 날짜를 표시함
=Time( )	현재 시각을 표시함
=DatePart("yyyy", [계약일])	[계약일] 필드값의 연도를 4자리로 표시함
=DateAdd("y", -100, [행사일])	[행사일] 필드값의 100일 전 날짜를 표시함
=DateDiff("d", [시작일], [종료일])	[시작일]과 [종료일] 필드값의 차이를 표시함
=IIf([점수]>=60, "합격","불합격")	[점수] 필드의 값이 60점 이상이면 "합격", 그렇지 않으면 "불합격"을 표시함
=IIf(IsNull([사번]), "사번입력", " ")	[사번] 필드의 값이 공백이면 "사번입력", 그렇지 않으면 비워둠

02 머리글 및 바닥글에 요약 정보 표시

- 폼이나 페이지의 머리글 및 바닥글에 폼이나 페이지에 대한 요약 사항이나 부수적인 정보를 나타낼 때 사용할 수 있다.
- 일반적으로 날짜나 시간, 레코드의 합계, 개수, 평균 등을 구하고자 할 때 계산식을 이용하여 표현할 수 있다.
- 폼에서 바로 가기 메뉴 중 [페이지 머리글/바닥글]을 클릭하여 페이지 머리글과 바닥글을 표시한다.
- [양식 디자인] 탭-[머리글/바닥글] 그룹-[날짜 및 시간]을 클릭하여 날짜와 시간을 삽입할 수 있다.

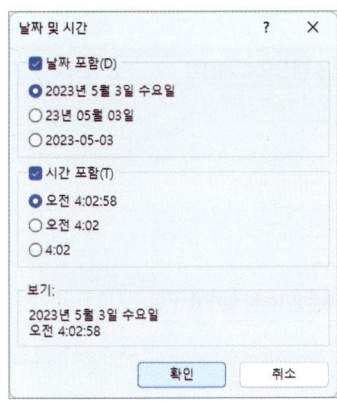

- [양식 디자인] 탭-[머리글/바닥글] 그룹에서 날짜 및 시간을 삽입하면 다음과 같이 폼 머리글에 『=Date( ), =Time( )』이 나타난다.

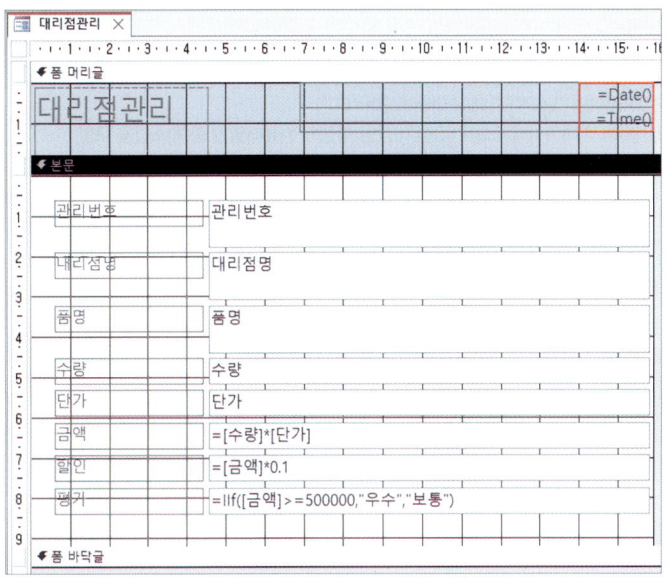

개념 체크

1 폼에서 바로 가기 메뉴 중 [페이지 머리글/바닥글]을 클릭하여 페이지 머리글과 (   )을 표시한다.

2 [양식 디자인] 탭-[머리글/바닥글] 그룹에서 날짜 및 시간을 삽입하면 다음과 같이 폼 머리글에 『(   ), (   )』이 나타난다.

3 머리글 및 바닥글은 폼이나 페이지에 대한 요약 정보를 표시하는 데 사용할 수 있다. (○, ×)

1 바닥글 2 =Date( ), =Time( )
3 ○

1) 도메인 계산 함수 03년 7월

DHAP이라는 함수는 존재하지 않음

- 테이블이나 쿼리, SQL 식에 의해 정의된 레코드 집합을 이용하여 통계 계산을 구할 때 사용하는 함수이다.
- 도메인 계산 함수는 폼이나 보고서의 계산 컨트롤, 쿼리 조건식, 매크로, 모듈에서 사용할 수 있다.

=도메인 계산 함수(인수, 도메인, 조건식)

함수	DSum(합계), DAvg(평균), DCount(개수), DMin(최소값), DMax(최대값), DLookUp(특정 필드값) 등
인수	• 함수를 구할 필드나 폼 컨트롤, 상수, 함수 등 • 각각을 큰따옴표(" ")로 묶어줘야 하며, 문자열을 연결할 때는 &를 사용함
도메인	테이블명이나 쿼리명 등
조건식	계산 조건을 설정, 생략이 가능하며, 생략 시 전체 도메인을 대상으로 계산함

2) 도메인 함수 사용 예
25년 상시, 24년 상시, 23년 상시, 22년 상시, 21년 상시, 20년 2월, 18년 9월, 15년 3월/6월, 14년 3월, …

DSum	특정 레코드 집합(도메인)의 합계를 계산 예) =DSum("[데이터베이스]","[성적]","[컴퓨터일반]>=80") ○ [성적] 테이블에서 컴퓨터일반이 80점 이상인 데이터베이스의 합계를 구함
DAvg	특정 레코드 집합(도메인)의 평균값을 계산함 예) =DAvg("[스프레드시트]","[성적]","[컴퓨터일반]>=80") ○ [성적] 테이블에서 컴퓨터일반이 80점 이상인 스프레드시트의 평균을 구함
DCount	특정 레코드 집합(도메인)의 레코드 개수를 계산 예) =DCount("[성명]","[성적]","[데이터베이스]=80") ○ [성적] 테이블에서 데이터베이스가 80점이고 성명 필드에 값이 들어 있는 레코드의 개수를 구함
DMin	특정 레코드 집합(도메인)의 최소값을 계산 예) =DMin("[컴퓨터일반]","[성적]","[데이터베이스]>=60") ○ 성적 테이블에서 데이터베이스가 60점 이상인 학생의 컴퓨터일반 중 최소값을 구함
DMax	특정 레코드 집합(도메인)의 최대값을 계산 예) =DMax("[컴퓨터일반]","[성적]","[데이터베이스]>=60") ○ 성적 테이블에서 데이터베이스가 60점 이상인 학생의 컴퓨터일반 중 최대값을 구함
DLookUp	레코드 집합(도메인)의 특정 필드값을 구함 예) =DLookUp("[스프레드시트]","[성적]","[성명]='안지현'") ○ 성적 테이블에서 성명이 안지현인 학생의 스프레드시트 점수를 구함

기적의 TIP
도메인 사용 함수는 조건에 맞는 함수 사용 예를 고르는 문제 유형으로 출제됩니다. 예를 통해 충분히 익혀 두세요.

개념 체크

1 도메인 계산 함수는 오직 테이블에서만 사용할 수 있다. (o, x)
2 DAvg 함수는 특정 레코드 집합(도메인)의 평균값을 계산한다. (o, x)
3 DMax 함수는 특정 레코드 집합(도메인)의 최소값을 계산한다. (o, x)

1 x 2 o 3 x

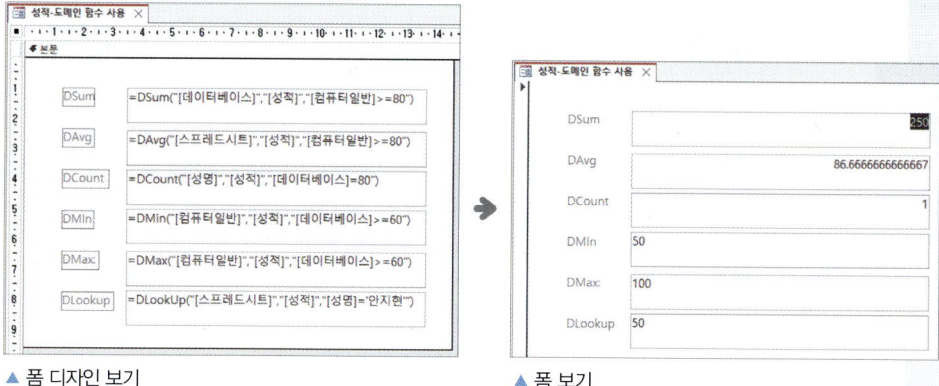

▲ 폼 디자인 보기　　　　　　　　　▲ 폼 보기

03 다른 형식으로 바꾸어 내보내기 13년 10월, 11년 3월, 08년 2월/8월, 05년 5월

- 폼을 작성한 다음 Microsoft Office Access 파일이나 Microsoft Excel, HTML 문서, 텍스트 파일, PDF 또는 XPS, Word(서식 있는 텍스트(*.rtf)), XML(*.xml) 형식 등으로 바꾸어 내보낼 수 있다.
- [외부 데이터] 탭-[내보내기] 그룹에서 [Excel]을 선택하여 [내보낼 데이터의 대상 선택] 대화 상자가 표시되면 내보내기할 파일 이름과 파일 형식을 지정한 다음 [확인]을 클릭한다.

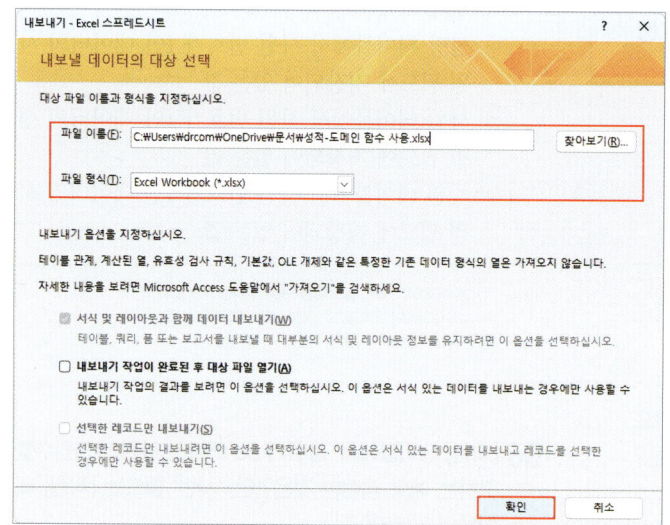

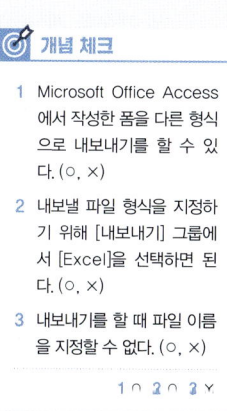

개념 체크

1 Microsoft Office Access에서 작성한 폼을 다른 형식으로 내보내기를 할 수 있다. (○, ×)

2 내보낼 파일 형식을 지정하기 위해 [내보내기] 그룹에서 [Excel]을 선택하면 된다. (○, ×)

3 내보내기를 할 때 파일 이름을 지정할 수 없다. (○, ×)

1 ○ 2 ○ 3 ×

이론을 확인하는 기출문제

01 [매출 실적 관리] 폼의 'txt평가' 컨트롤에는 'txt매출수량' 컨트롤의 값이 1,000 이상이면 우수, 500 이상이면 보통, 그 미만이면 저조라고 표시하고자 한다. 다음 중 'txt평가'의 컨트롤 원본으로 옳지 않은 것은?

① =IIf([txt매출수량]<500,"저조",IIf(txt매출수량>=1000,"우수","보통"))
② =IIf([txt매출수량]<500,"저조",IIf(txt매출수량>=500,"보통","우수"))
③ =IIf([txt매출수량]>=1000,"우수",IIf([txt매출수량]>=500,"보통","저조"))
④ =IIf([txt매출수량]>=500,IIf([txt매출수량]<1000,"보통","우수"),"저조")

=IIf([txt매출수량]<500,"저조",IIf(txt매출수량=500,"보통","우수")) : 500미만의 경우 "저조"로 표시가 되지만 500이상이면 "보통"이 되므로 1000이상의 경우 해당하는 조건이 존재하지 않음

02 다음 중 현재 폼에서 활성화되어 있는 ShipForm 폼의 DateDue 컨트롤의 Visible 속성을 참조하는 방법으로 옳은 것은?

① Forms![ShipForm]![DateDue].Visible
② Forms.[ShipForm]![DateDue].Visible
③ Forms![ShipForm].[DateDue]!Visible
④ Forms.[ShipForm].[DateDue].Visible

Forms![A][B].Visible : A 이름의 폼에 사용된 B 이름의 컨트롤을 보이거나 감춤

03 다음 중 〈학생〉 테이블에서 '학년' 필드가 1인 레코드의 개수를 계산하고자 할 때의 수식으로 옳은 것은? (단, 〈학생〉 테이블의 기본키는 '학번' 필드이다.)

① =DLookup("*","학생","학년=1")
② =DLookup(*,학생,학년=1)
③ =DCount(학번,학생,학년=1)
④ =DCount("*","학생","학년=1")

• 레코드의 개수를 계산하고자 할 때의 수식은 DCount 함수를 사용함
• 형식 : =DCount("구할 필드","테이블명","조건") → =DCount("*","학생","학년=1")

04 다음 중 특정 폼을 [내보내기] 그룹을 통해 다른 형식으로 바꾸어 저장하려고 할 때 지정할 수 없는 형식은?

① 텍스트 파일
② Microsoft Excel
③ Paradox
④ XML

오답 피하기
[내보내기]로 저장할 수 있는 종류는 Access, Excel, HTML, txt, PDF 또는 XPS, RTF, XML임

05 폼의 머리글에 아래와 같은 도메인 함수 계산식을 사용하는 컨트롤을 삽입하였다. 다음 중 계산 결과값에 대한 설명으로 옳은 것은?

= DLOOKUP("성명", "사원", "[사원번호] = 1")

① 성명 테이블에서 사원 번호가 1인 데이터의 성명 필드에 저장되어 있는 값
② 성명 테이블에서 사원 번호가 1인 데이터의 사원 필드에 저장되어 있는 값
③ 사원 테이블에서 사원 번호가 1인 데이터의 성명 필드에 저장되어 있는 값
④ 사원 테이블에서 사원 번호가 1인 데이터의 사원 필드에 저장되어 있는 값

• DLOOKUP : 특정 필드 값을 구할 때 사용하는 함수
• =DLOOKUP("구할 필드", "테이블명", "조건")이므로
→ =DLOOKUP("성명", "사원", "[사원번호] = 1")

06 [직원] 테이블에서 '점수'가 80 이상인 사원의 인원수를 구하는 예로 적절한 것은?(단, '사번' 필드는 [직원] 테이블의 기본키이다.)

① =Dcount("[직원]","[사번]","[점수]>80")
② =Dcount("[사번]","[직원]","[점수]>=80")
③ =Dlookup("[직원]","[사번]","[점수]>=80")
④ =Dlookup("*","[사번]","[점수]>=80")

=Dcount("필드명","테이블명","조건") : 테이블에서 조건에 맞는 레코드 중 필드명에 해당하는 레코드의 개수를 구함

정답 01 ② 02 ① 03 ④ 04 ③ 05 ③ 06 ②

CHAPTER

05

보고서(Report) 작성

학습 방향

보고서의 각 구역의 특징과 역할, 정렬과 그룹화, 특히 그룹화는 속성과 그룹 머리글 및 바닥글의 활용 영역 부분이 자주 출제되고 있습니다. 여러 보고서의 특징과 활용 용도에 대해 정확히 알아 두세요.

출제 빈도

SECTION 01	중	25%
SECTION 02	상	45%
SECTION 03	하	9%
SECTION 04	중	21%

SECTION 01 보고서 작성과 인쇄

빈출 태그: 보고서 • 보고서 만드는 방법 및 종류 • 보고서 인쇄

01 보고서(Report) 25년 상시, 24년 상시, 23년 상시, 22년 상시, 21년 상시, 19년 3월, 18년 3월, 15년 6월, 13년 3월, …

- 보고서는 데이터베이스에 저장된 테이블이나 쿼리의 내용을 화면이나 프린터로 출력하기 위한 개체이다.
- 보고서는 데이터 원본으로 테이블, 쿼리, SQL문을 사용하며 제목이나 날짜, 페이지 번호 같은 나머지 정보는 보고서 디자인에 저장된다.
- 보고서는 폼과는 달리 컨트롤에 데이터를 입력하거나 수정할 수 없다.
- 보고서는 그룹과 페이지에 데이터별 평균, 합계와 같은 요약 정보를 인쇄할 수 있다.

1) 액세스에서 보고서를 만드는 방법과 종류 18년 9월, 08년 8월, 07년 5월, 06년 7월, 05년 5월

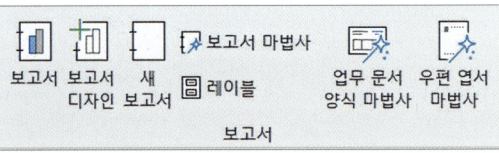

보고서	• 하나의 테이블이나 쿼리를 원본으로 사용하며 모든 필드를 사용함 • 그룹 또는 합계와 같은 기능을 추가할 수 있음
보고서 디자인	• 마법사를 사용하지 않고 새 보고서를 만듦 • 사용자가 보고서 작성에 필요한 모든 작업을 직접 수행함
새 보고서	• 선택된 테이블이나 쿼리를 이용하여 보고서를 작성할 수 있음 • 생성된 보고서는 빈 페이지로 표시되며 필드 목록 창이 표시되어 필드를 보고서에 추가할 수 있음
보고서 마법사	• 선택한 필드를 사용하여 자동으로 보고서를 만듦 • 마법사는 사용자가 지정한 레코드 원본, 필드, 레이아웃, 서식을 토대로 보고서를 만듦
레이블	• 우편물 레이블 인쇄용 보고서를 만들어 줌 • 우편번호, 주소, 수신자 이름 등의 내용이 필요함
업무 문서 양식 마법사	업무용 양식(거래 명세서, 세금 계산서) 보고서를 만들어 줌
우편 엽서 마법사	우편 엽서용 보고서를 만들어 줌

기적의 TIP

보고서의 개념과 종류를 정확히 알아 두세요. 또한 마법사 관련 기능과 종류도 잘 체크해 두세요.

보고서에서도 폼에서와 같이 이벤트 프로시저를 작성할 수 있으며 폼과 동일하게 컨트롤을 이용하여 테이블의 데이터를 표시함

개념 체크

1 보고서는 데이터베이스에 저장된 ( )이나 ( )의 내용을 화면이나 프린터로 출력하기 위한 ( )이다.
2 보고서는 폼과는 달리 컨트롤에 데이터를 ( )하거나 ( )할 수 없다.
3 보고서 디자인은 마법사를 사용하여 새 보고서를 만든다. (o, ×)
4 레이블 보고서는 우편물 레이블 인쇄용으로 만들어진다. (o, ×)
5 업무 문서 양식 마법사는 우편 엽서용 보고서를 만들어 준다. (o, ×)

1 테이블, 쿼리, 개체 2 입력, 수정 3 × 4 o 5 ×

02 보고서 작성

1) 디자인 보기를 이용하여 보고서 작성하기

따라하기 TIP

따라하기 파일 • Part03_Chapter05_성적처리-따라파일.accdb

① [만들기] 탭–[보고서] 그룹–[보고서 디자인]을 클릭한다.

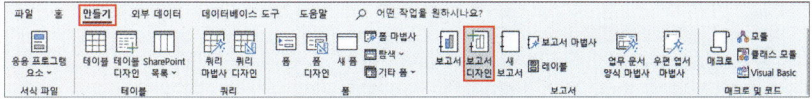

② 보고서 창이 표시되면 [보고서 디자인] 탭–[도구] 그룹에서 [기존 필드 추가]를 클릭한다.

기존 필드 추가
Alt + F8

③ 필드 목록 상자에서 추가할 필드를 마우스로 드래그하거나 목록에서 더블클릭하여 본문에 추가한다.

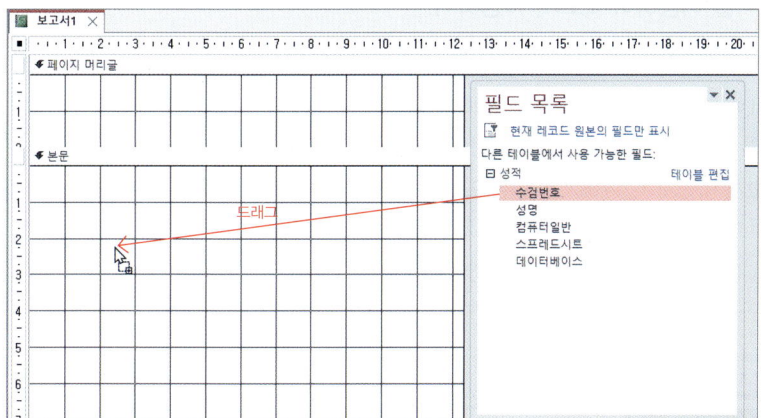

④ 필드 목록의 레코드가 본문 구역에 추가된다. [빠른 실행 도구 모음]의 [저장]( )을 클릭한 다음 보고서의 이름을 입력하고 [확인]을 클릭한다.

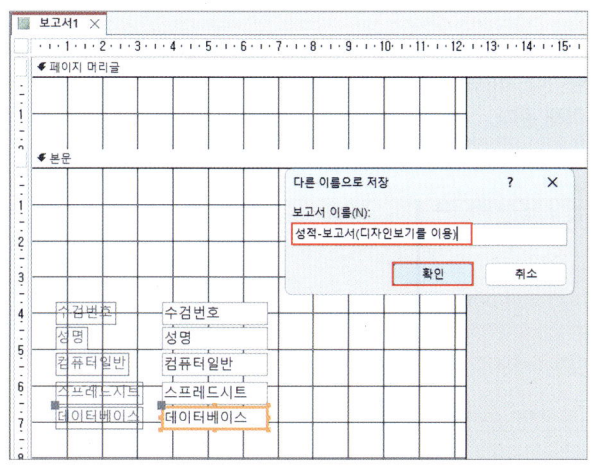

⑤ [보고서 디자인] 탭–[보기] 그룹의 [인쇄 미리 보기](🔍)를 클릭한다.

⑥ 인쇄 미리 보기 창이 열리며 디자인한 보고서의 출력 결과 화면이 나타난다. 이때 보고서를 인쇄하려면 [인쇄 미리 보기] 탭–[인쇄] 그룹의 [인쇄](🖨)를 클릭하여 인쇄한다.

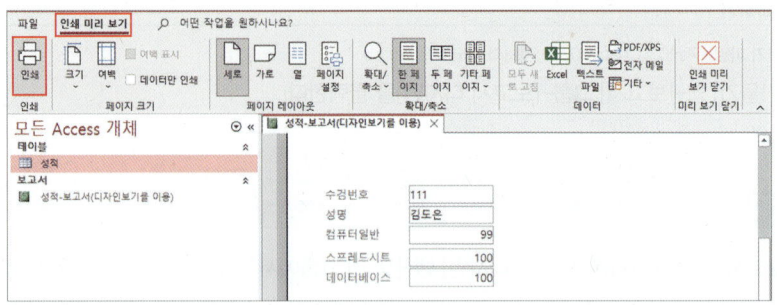

2) 마법사를 이용하여 보고서 작성하기 22년 상시, 20년 7월, 17년 9월, 14년 3월, 04년 8월

따라하기 TIP

따라하기 파일 • Part03_Chapter05_성적처리–따라파일.accdb

① [만들기] 탭–[보고서] 그룹–[보고서 마법사]를 클릭한다.

② 보고서 마법사 1단계에서는 원본으로 사용할 테이블이나 쿼리를 선택한 다음 [전체 선택 필드](>>)를 클릭하여 모든 필드를 선택하고 [다음]을 클릭한다.

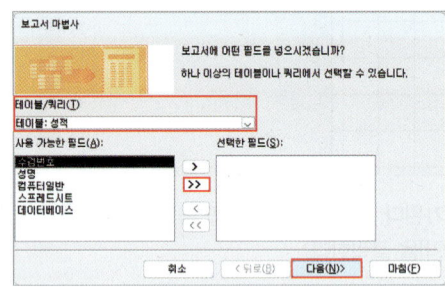

③ 2단계에서는 그룹 수준을 지정하고 [다음]을 클릭한다. 그룹은 나타낼 데이터를 계층별로 분류하여 표시하는 기능이다. 이 예에서는 그룹을 지정하지 않으므로 모든 필드를 계층 없이 같은 수준으로 출력해 준다.

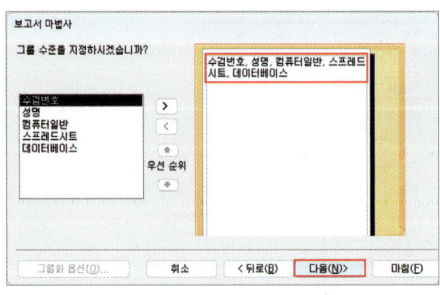

마법사를 통한 설정 사항
- 그룹 수준 지정
- 용지 방향 지정
- 서식 유형 지정
(단, 형식 속성 지정은 안됨)

마법사와 자동 보고서의 차이
마법사는 자동 보고서와는 달리 사용자가 원하는 필드만 사용할 수 있음

보고서의 레코드 원본
- [보고서 마법사]를 통해 필드들을 선택하여 레코드 원본으로 지정
- [속성 시트]의 '레코드 원본' 드롭다운 목록에서 테이블이나 쿼리를 선택하여 지정
- 쿼리 작성기를 통해 새 쿼리를 작성하여 레코드 원본으로 지정
- 여러 개의 테이블에서 필요한 필드를 선택하여 레코드 원본으로 지정할 수 있음

④ 3단계에서는 레코드의 정렬 순서를 지정하고 [다음]을 클릭한다. 필드를 최대 4개까지 사용하고, 레코드를 오름차순 또는 내림차순으로 정렬시킬 수 있다.

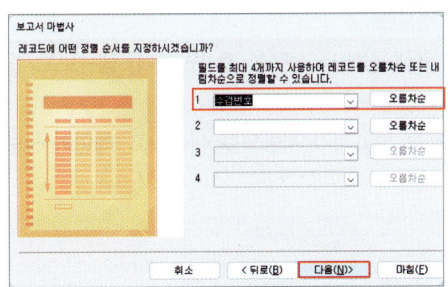

⑤ 4단계에서는 보고서의 모양을 지정하는 단계로서 모양과 용지 방향을 지정하고 [다음]을 클릭한다.

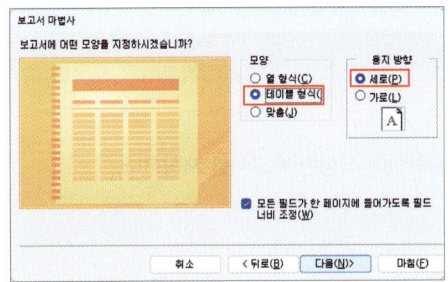

⑥ 5단계인 마지막 단계에서는 보고서의 제목을 지정하고, 미리 보기 여부를 선택한 후 [마침]을 클릭한다.

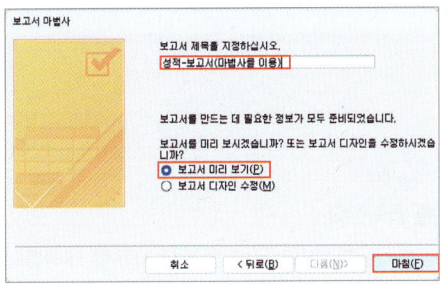

⑦ 보고서 마법사가 자동으로 서식과 레이아웃을 지정하여 보고서를 나타내 준다.

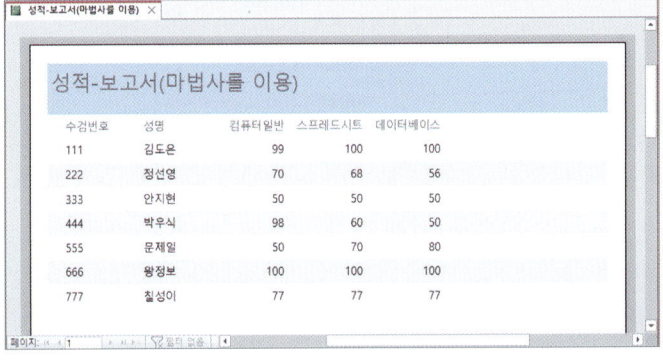

- 보고서에 포함할 필드가 모두 한 테이블에 있는 경우 해당 테이블을 레코드 원본으로 사용함
- 둘 이상의 테이블을 이용하여 보고서를 작성하는 경우 쿼리를 만들어 레코드 원본으로 사용함
- '보고서' 도구를 사용하면 정보를 입력하지 않아도 바로 보고서가 생성되므로 매우 쉽고 빠르게 보고서를 만들 수 있음
- '보고서 마법사'를 이용하는 경우 필드 선택은 여러 개의 테이블 또는 여러 개의 쿼리에서 가능함

3) 자동 보고서 만들기 : 보고서

🏠 **따라하기 TIP**

따라하기 파일 • Part03_Chapter05_성적처리-따라파일.accdb

① 보고서를 작성할 테이블이나 쿼리를 탐색 창에서 선택한 후 [만들기] 탭-[보고서] 그룹-[보고서]를 클릭한다.

② 선택한 테이블이나 쿼리를 원본으로 하는 보고서가 자동으로 생성되고 '레이아웃 보기' 형태로 화면에 표시된다.

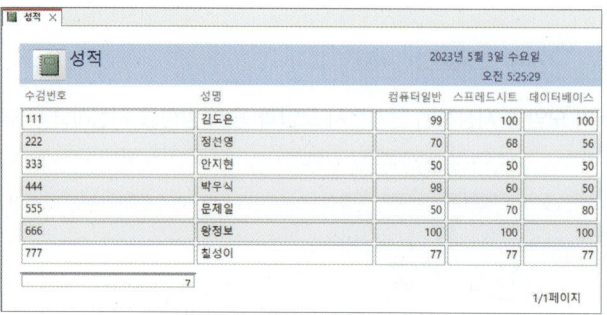

③ [빠른 실행 도구 모음]의 [저장](📧)을 클릭하여 작성된 보고서를 저장한다.

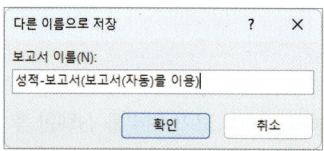

4) 새 보고서 만들기

🏠 **따라하기 TIP**

따라하기 파일 • Part03_Chapter05_성적처리-따라파일.accdb

① [만들기] 탭-[보고서] 그룹-[새 보고서]를 클릭한다.

② 비어있는 보고서와 필드 목록이 화면에 표시된다. 필드 목록 창에서 사용할 테이블의 필드를 더블클릭하거나 마우스로 드래그하여 본문에 위치시킨다.

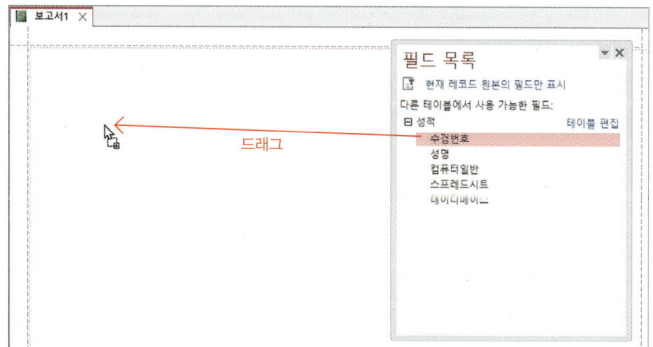

하위 보고서
- 일대다 관계가 적용된 테이블이나 쿼리의 데이터를 나타내려는 경우 유용
- 주 보고서와 하위 보고서에 모두 그룹화 및 정렬 설정이 가능함
- 주 보고서에는 최대 7개까지 중첩하여 하위 보고서를 작성할 수 있음
- 주 보고서에 하위 보고서를 연결하려면 레코드 원본 간에 관계를 만들어야 함
- 디자인 보기 화면에서 삽입된 하위 보고서의 크기를 조절할 수 있음

③ 보고서에 포함시킬 필드가 모두 추가되었으면 [빠른 실행 도구 모음]의 [저장](🖫)을 클릭하여 작성된 보고서를 저장한다.

수검번호	성명	컴퓨터일반	스프레드시트	데이터베이스
111	김도은	99	100	100
222	정선영	70	68	56
333	안지현	50	50	50
444	박우식	98	60	50
555	문제일	50	70	80
666	왕정보	100	100	100
777	칠성이	77	77	77

03 보고서 보기 형식 20년 2월, 17년 9월, 16년 3월, 15년 10월, 14년 10월

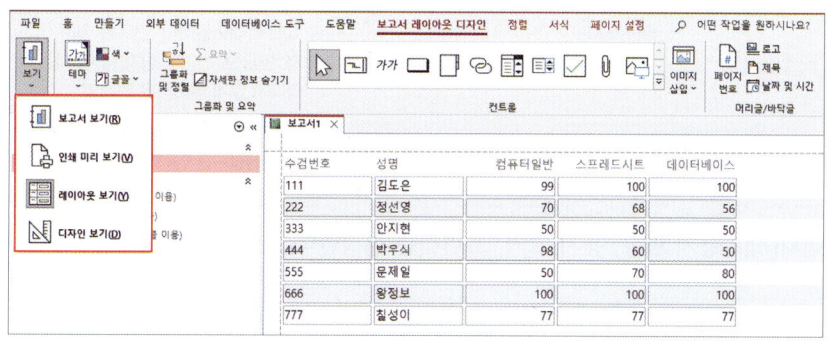

보고서 보기	작성된 보고서의 모양을 화면을 통해서 볼 수 있음
인쇄 미리 보기	폼이나 보고서, 데이터시트, 모듈을 미리 보기 위해 사용함
레이아웃 보기	매개 변수 쿼리를 원본으로 사용하는 보고서는 레이아웃 미리 보기를 하면 매개 변수가 무시되어 값을 입력할 필요가 없음
디자인 보기	• 테이블, 쿼리, 폼, 보고서, 매크로와 같은 데이터베이스 개체의 디자인을 표시하는 창 • 데이터베이스 개체를 새로 만들고, 기존 개체의 디자인을 수정할 수 있음

• [보고서 보기] : 인쇄 미리 보기와 비슷하지만 페이지의 구분 없이 한 화면에 보고서를 표시함
• [인쇄 미리 보기] : 종이에 출력되는 모양을 표시하며 인쇄를 위한 페이지 설정이 용이함
• [레이아웃 보기] : 출력될 보고서의 레이아웃을 보여주며 컨트롤의 크기 및 위치를 변경할 수도 있음
• [디자인 보기] : 보고서에 삽입된 컨트롤의 속성, 맞춤, 위치 등을 설정할 수 있음

04 보고서 인쇄하기
23년 상시, 15년 6월, 14년 6월, 13년 10월, 11년 3월, 10년 6월, 08년 5월, 07년 5월, 03년 7월, …

1) [페이지 설정] 대화 상자

- [인쇄 미리 보기] 탭–[페이지 레이아웃] 그룹–[페이지 설정]을 클릭하여 실행한다.
- 보고서를 처음 인쇄하기 전에 여백, 용지 방향 등의 페이지 설정 옵션을 확인할 수 있다.

① [인쇄 옵션] 탭 : 용지의 여백을 설정하고 데이터만 인쇄(레이블, 컨트롤의 테두리, 선, 사각형, 눈금선 등의 그래픽 개체들은 인쇄되지 않음)할지 여부를 지정할 수 있다.

> **기적의 TIP**
> [페이지] 설정 대화 상자의 각 탭의 기능을 중심으로 공부하세요.
>
> 인쇄 미리 보기에서 페이지 설정 대화 상자 열기 : ⓢ

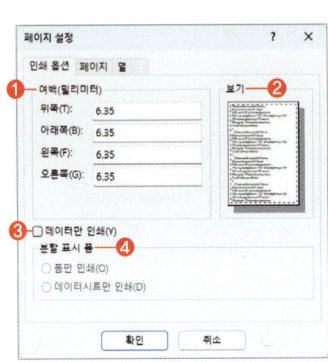

① 여백	위쪽, 아래 쪽, 왼쪽, 오른쪽의 여백을 지정함
② 보기	여백 설정 보기
③ 데이터만 인쇄	그래픽(레이블이나 컨트롤 테두리, 눈금선, 선이나 상자 등)이 나타나지 않게 데이터만 인쇄함
④ 분할 표시 폼	폼만 인쇄할지 또는 데이터시트만 인쇄할지를 선택함

② [페이지] 탭 : 용지 방향, 용지 크기, 프린터를 설정한다.

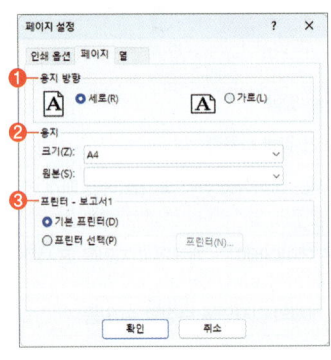

① 용지 방향	세로, 가로 용지 방향을 설정함
② 용지	크기 및 원본(수동 급지, 용지함 1, 자동 선택)을 설정함
③ 프린터	기본 프린터 및 프린터 선택을 설정함

③ [열] 탭 : 폼과 보고서의 열 개수, 열 크기, 열 레이아웃을 설정한다.

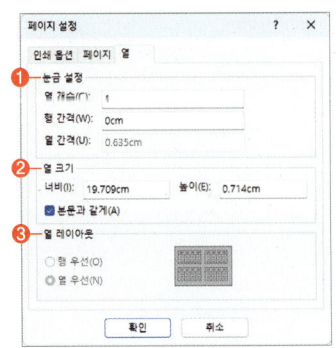

> **개념 체크**
>
> 1 보고서를 처음 인쇄하기 전에 여백, 용지 방향 등의 페이지 설정 옵션을 확인할 수 있는 대화 상자는?
>
> 2 [인쇄 옵션] 탭에서 용지의 여백을 설정하고 데이터만 인쇄할지 여부를 지정할 수 있는 옵션은?
>
> 3 [페이지 설정] 대화 상자를 실행하려면 [인쇄 미리 보기] 탭–[페이지 레이아웃] 그룹–[페이지 설정]을 클릭해야 한다. (ㅇ, ×)
>
> 4 [인쇄 옵션] 탭에서 그래픽 개체들을 인쇄할 수 없다. (ㅇ, ×)
>
> 5 열 레이아웃 설정에서 "행 우선" 옵션은 첫 번째 행부터 시작하여 다음 행으로 이동하면서 레코드를 인쇄한다. (ㅇ, ×)
>
> 1 [페이지 설정] 대화 상자
> 2 데이터만 인쇄 3 ㅇ 4 × 5 ×

❶ 눈금 설정	여러 열로 구성된 보고서나 레이블을 인쇄할 때 눈금선 설정을 조절함 • 열 개수 : 인쇄 시 한 페이지에 사용할 열의 개수를 지정함 • 행 간격 : 레코드와 레코드 사이의 간격을 지정함 • 열 간격 : 열과 열 사이의 간격을 지정함
❷ 열 크기	여러 열로 구성된 보고서나 레이블을 인쇄할 때 열의 크기를 조절함 • 너비 : 열의 너비를 지정함 • 높이 : 열의 높이를 지정함 • 본문과 같게 : 너비와 높이 상자의 값을 보고서 본문의 너비와 높이에 맞출 경우 선택함
❸ 열 레이아웃	여러 열로 구성된 보고서나 레이블을 인쇄할 때 레코드를 인쇄하는 순서를 지정함 • 행 우선 : 가장 왼쪽에 있는 열부터 다음 열로 이동하면서 레코드를 인쇄함 • 열 우선 : 첫 번째 행부터 시작하여 다음 행으로 이동하면서 레코드를 인쇄함

2) 보고서 인쇄

- [파일] 탭-[인쇄]-[인쇄]를 실행한 다음 [인쇄] 대화 상자에서 여러 설정을 선택하고 [확인]을 클릭한다.
- 인쇄 미리 보기의 확대/축소에서 1000%까지 확대가 지원된다.

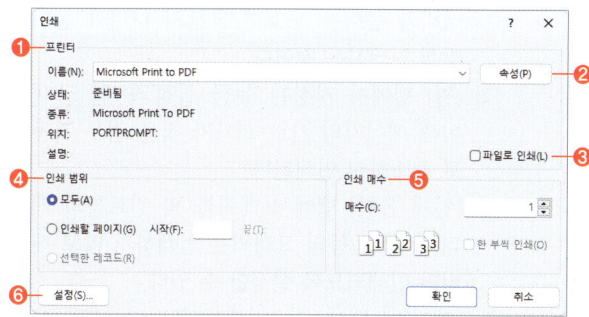

❶ 프린터	프린터 이름, 상태, 종류, 위치 정보를 표시함
❷ 속성	설치된 프린터 등록 정보를 표시함
❸ 파일로 인쇄	• 문서를 프린터로 직접 라우팅하지 않고 파일로 인쇄함 • 확장자는 *.prn으로 글꼴 선택 및 색 지정과 같은 프린터 서식이 저장됨
❹ 인쇄 범위	모두, 인쇄할 페이지(시작과 끝), 선택한 레코드 중 선택하여 설정함
❺ 인쇄 매수	인쇄할 매수를 설정함(매수 값은 공백일수 없으며 양수(1~9999)임)
❻ 설정	[페이지 설정] 대화 상자를 표시함

인쇄 미리보기에서 인쇄 대화 상자 열기
P 또는 Ctrl+P

3) 인쇄 미리 보기로 인쇄하기

인쇄 미리 보기는 [파일] 탭-[인쇄]-[인쇄 미리 보기]를 선택하거나 디자인 보기 상태에서 [보고서 디자인] 탭-[보기] 그룹-[보기]-[인쇄 미리 보기]를 선택하여 실행한다.

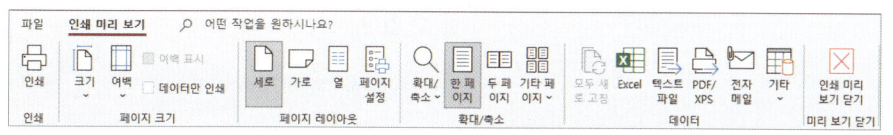

개념 체크

1 인쇄할 매수를 설정할 수 있는 범위는 1~( )이다.
2 인쇄 미리 보기의 확대/축소에서 최대 500%까지 확대가 지원된다. (o, x)
3 파일로 인쇄 옵션을 선택하면 문서를 프린터로 직접 라우팅하지 않고 파일로 인쇄한다. (o, x)

1 9999 2 × 3 ○

이론을 확인하는 기출문제

01 다음 중 액세스의 보고서에 대한 설명으로 옳은 것은?

① 보고서 머리글과 보고서 바닥글의 내용은 모든 페이지에 출력된다.
② 보고서에서도 폼에서와 같이 이벤트 프로시저를 작성할 수 있다.
③ 보고서의 레코드 원본으로 테이블, 쿼리, 엑셀과 같은 외부 데이터, 매크로 등을 지정할 수 있다.
④ 컨트롤을 이용하지 않고도 보고서에 테이블의 데이터를 표시할 수 있다.

> 보고서에서도 폼에서와 같이 이벤트 프로시저를 작성할 수 있으나 폼과는 달리 컨트롤에 데이터를 입력하거나 수정할 수는 없음

오답 피하기
- ① : 보고서 머리글은 보고서 첫 페이지 상단에 한 번만 표시되고 보고서 바닥글은 보고서의 맨 마지막 페이지에 한 번만 표시됨
- ③ : 보고서는 데이터 원본으로 테이블, 쿼리, SQL문을 사용함
- ④ : 보고서는 폼과 동일하게 컨트롤을 이용하여 테이블의 데이터를 표시함

02 다음 중 보고서에 대한 설명으로 옳지 않은 것은?

① 보고서에 포함할 필드가 모두 한 테이블에 있는 경우 해당 테이블을 레코드 원본으로 사용한다.
② 둘 이상의 테이블을 이용하여 보고서를 작성하는 경우 쿼리를 만들어 레코드 원본으로 사용한다.
③ '보고서' 도구를 사용하면 정보를 입력하지 않아도 바로 보고서가 생성되므로 매우 쉽고 빠르게 보고서를 만들 수 있다.
④ '보고서 마법사'를 이용하는 경우 필드 선택은 여러 개의 테이블 또는 하나의 쿼리에서만 가능하며, 데이터 그룹화 및 정렬 방법을 지정할 수도 있다.

> '보고서 마법사'를 이용하는 경우 필드 선택은 여러 개의 테이블 또는 여러 개의 쿼리에서 가능함

03 다음 중 보고서 인쇄 미리 보기에서의 [페이지 설정] 대화 상자에 대한 설명으로 옳지 않은 것은?

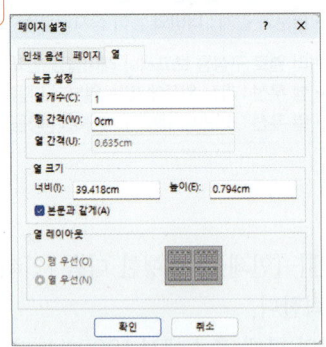

① [열] 탭의 '열 크기'에서 '본문과 같게'는 열의 너비와 높이를 보고서 본문의 너비와 높이에 맞춰 인쇄하는 것이다.
② [열] 탭에서 지정한 '눈금 설정'과 '열 크기'에 비해 페이지의 가로 크기가 작은 경우 자동으로 축소하여 인쇄된다.
③ [인쇄 옵션] 탭에서 레이블 및 컨트롤의 테두리, 눈금선 등의 그래픽은 인쇄하지 않고 데이터만 인쇄되도록 설정할 수 있다.
④ [페이지] 탭에서는 인쇄할 용지의 크기, 용지 방향, 프린터를 지정할 수 있다.

> [열] 탭에서 지정한 '눈금 설정'과 '열 크기'에 비해 페이지의 가로 크기가 작은 경우 자동으로 축소하여 인쇄되지 않음

04 다음 중 하위 보고서에 대한 설명으로 옳지 않은 것은?

① 관계 설정에 문제가 있을 경우, 하위 보고서가 제대로 표시되지 않을 수 있다.
② 디자인 보기 상태에서 하위 보고서의 크기 조절 및 이동이 가능하다.
③ 테이블, 쿼리, 폼 또는 다른 보고서를 이용하여 하위 보고서를 작성할 수 있다.
④ 하위 보고서에는 그룹화 및 정렬 기능을 설정할 수 없다.

> 하위 보고서에서 그룹화 및 정렬 기능을 설정할 수 있음

SECTION 02 보고서 구역 및 그룹화

빈출 태그 보고서 구성 · 정렬 및 그룹화

01 보고서의 구역

1) 보고서의 구성 25년 상시, 24년 상시, 23년 상시, 22년 상시, 21년 상시, 19년 8월, 18년 3월/9월, 17년 3월, 16년 6월/10월, …

- 보고서는 보고서 머리글/바닥글, 페이지 머리글/바닥글, 그룹 머리글/바닥글, 본문 등의 여러 구역으로 구성된다.
- 보고서의 머리글/바닥글, 페이지의 머리글/바닥글 구역은 숨기거나 나타낼 수 있으며 그룹이 설정되어 있는 경우 그룹 머리글과 그룹 바닥글이 표시된다.
- 보고서의 머리글/바닥글과 페이지의 머리글/바닥글은 [디자인 보기] 상태에서 바로 가기 메뉴의 [페이지 머리글/바닥글]이나 [보고서 머리글/바닥글]을 통해 삽입하거나 삭제하여 표시 유무를 선택할 수 있다(삭제 시 구역 안에 있는 컨트롤도 모두 삭제되며 취소할 수 없음).

> **기적의 TIP**
> 보고서의 영역은 자주 출제되는 매우 중요한 내용입니다. 구역별 기능을 정확히 이해하고, 사용되는 용도를 반드시 알아 두세요. 매우 중요합니다!

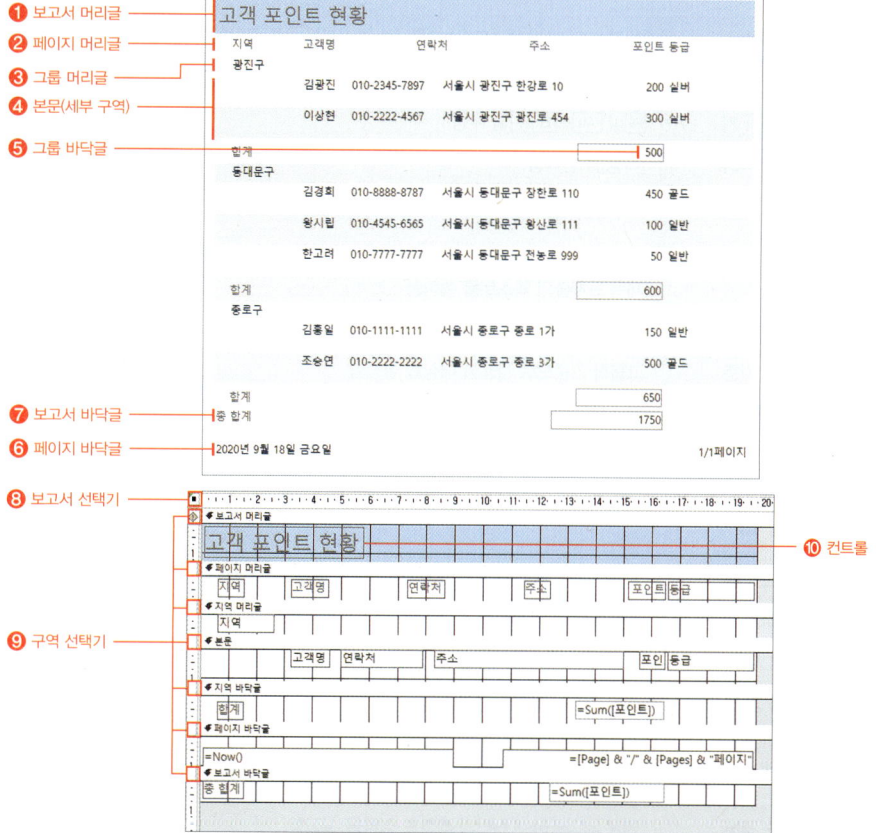

> **개념 체크**
>
> 1 보고서는 머리글/바닥글, 페이지 머리글/바닥글, 그룹 머리글/바닥글, 본문 등의 여러 구역으로 구성된다. (O, X)
>
> 2 그룹이 설정되어 있지 않은 경우에도 그룹 머리글과 그룹 바닥글이 표시된다. (O, X)
>
> 1 O 2 X

❶ 보고서 머리글	• 보고서의 첫 페이지 상단에 한 번만 표시됨(페이지 머리글 위에 인쇄됨) • 로고, 보고서 제목, 인쇄일 등의 항목을 삽입함
❷ 페이지 머리글	• 보고서의 페이지마다 상단에 표시됨 • 열 제목 등의 항목을 삽입함
❸ 그룹 머리글	• 그룹 설정 시 반복하여 그룹 상단에 표시됨 • 그룹명이나 요약 정보 등을 삽입함
❹ 본문(세부 구역)	• 보고서의 본문 데이터를 표시함 • 보고서가 원본으로 사용하는 레코드 원본의 각 레코드를 반복해서 표시함 • 실제 인쇄하고자 하는 부분
❺ 그룹 바닥글	• 그룹 설정 시 반복하여 그룹 하단에 표시됨 • 그룹별 요약 정보를 표시함
❻ 페이지 바닥글	• 보고서의 페이지마다 하단에 표시됨 • 페이지 번호나 날짜 등의 항목을 삽입함
❼ 보고서 바닥글	• 보고서의 맨 마지막 페이지에 한 번만 표시됨 • 보고서 총계나 안내 문구 등의 항목을 삽입함 • 보고서 디자인의 마지막 구역이지만 인쇄된 보고서의 마지막 페이지에서 페이지 바닥글 앞에 표시됨
❽ 보고서 선택기	보고서 선택 시 검정 네모가 표시되며, 디자인 보기 상태에서만 사용할 수 있음
❾ 구역 선택기	각 구역 선택 시 구역 부분이 반전되어 표시되며, 디자인 보기 상태에서만 사용할 수 있음
❿ 컨트롤	사용한 컨트롤을 표시함

2) 보고서의 주요 속성 12년 6월, 10년 10월

리본 메뉴	[보고서 디자인] 탭-[도구] 그룹-[속성 시트](🗐)를 클릭함
마우스 이용	보고서 여백이나 보고서 선택기, 구역 선택기를 더블클릭함
바로 가기 키	F4나 Alt + Enter를 누름
바로 가기 메뉴	[속성]을 선택함

① [형식] 탭

캡션	제목 표시줄의 텍스트를 설정함
페이지 머리글/바닥글	페이지의 머리글/바닥글 표시(인쇄) 유무를 설정함
그룹화 기준	그룹화 기준으로 사용할 대상을 설정함
너비	보고서의 너비를 설정함
그림	보고서에 넣을 그림을 설정함

② [데이터] 탭

레코드 원본	사용할 레코드의 원본(테이블, 쿼리, SQL 등)을 설정함
필터	필터의 조건을 설정함
필터 사용	필터 조건의 사용 유무를 설정함
정렬 기준	정렬 기준을 설정함

③ [기타] 탭

레코드 잠금	원본 테이블이나 쿼리의 레코드 잠금을 설정함
날짜 그룹화	날짜로 그룹화한 경우 날짜 형식을 설정함

개념 체크

1 보고서의 첫 페이지 상단에 한 번만 표시되는 구역은 ( )이다.
2 보고서의 페이지마다 상단에 표시되는 구역은 ( )이다.
3 그룹 설정 시 반복하여 그룹 하단에 표시되는 구역은 ( )이다.
4 보고서 바닥글은 보고서의 맨 마지막 페이지에 한 번만 표시된다. (○, ×)
5 보고서 선택기는 실행 보기 상태에서도 사용할 수 있다. (○, ×)

1 보고서 머리글 2 페이지 머리글 3 그룹 바닥글 4 ○ 5 ×

02 정렬 및 그룹화 25년 상시, 24년 상시, 22년 상시, 20년 2월, 17년 3월, 16년 6월/10월, 14년 6월, 13년 3월/6월, 12년 9월, …

- 정렬 및 그룹화는 보고서에서 유용하게 사용되는 것으로 데이터를 일정한 기준에 따라 정렬하고, 특정 기준의 레코드끼리 따로 분류하는 것을 의미한다.
- 디자인 보기로 보고서를 연 후 [보고서 디자인] 탭-[그룹화 및 요약] 그룹에서 [그룹화 및 정렬]을 클릭하거나 보고서의 바로 가기 메뉴에서 [정렬 및 그룹화]를 클릭한다.
- 정렬 및 그룹화 설정을 해제할 때는 행 선택기를 클릭한 다음 Delete 를 누른다.

> **기적의 TIP**
> 그룹화는 자주 출제되는 내용 입니다. 전반적으로 이해해 두세요. 특히 그룹화는 정확히 알고 넘어가세요.
>
> **중복 내용 숨기기 속성**
> 중복되는 필드를 맨 처음 한 번만 표시되도록 하는 속성임

1) 정렬

- 보고서에서 필드나 식은 10개까지 정렬할 수 있다.
- 첫 번째 필드나 식은 제 1정렬 기준, 두 번째 필드나 식은 제 2정렬 기준이 된다.
- 해당 필드에 대해 정렬 방식(오름차순, 내림차순)을 지정한다.

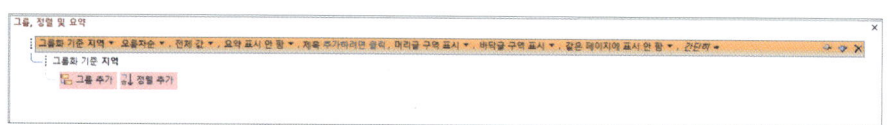

2) 그룹화 23년 상시, 21년 상시, 19년 3월/8월, 17년 3월, 16년 10월, 13년 6월, 12년 3월/6월, 11년 11월, 09년 4월/10월, 08년 5월, …

- 그룹화란 특정 필드를 기준으로 동일한 값을 갖는 레코드를 묶어서 표시하는 기능이다.
- 보고서에서는 필드나 식을 최대 10단계까지 그룹화할 수 있다.
- 그룹화된 데이터는 그 필드를 기준으로 정렬되고, 표시된다.
- 그룹화된 레코드들을 내부적으로 다시 그룹화할 수 있다.
- 그룹별로 머리글이나 바닥글을 지정할 수 있다.

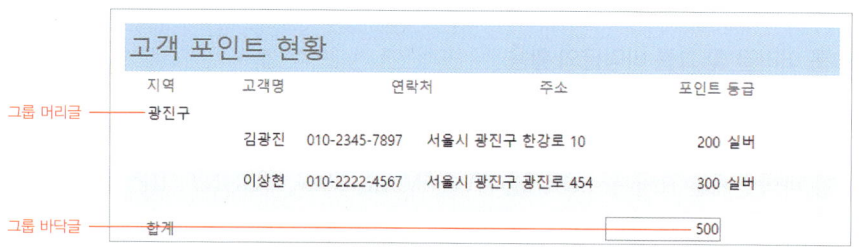

- 그룹 머리글 속성 [형식] 탭의 '반복 실행 구역' 속성을 "예"로 설정한 경우 해당 머리글이 페이지마다 표시된다.

① 그룹 속성 04년 2월/5월

- 설정할 그룹 속성이 있는 필드나 식을 클릭한다.
- 목록에서 그룹 속성을 설정한다. 그룹 수준을 만들어 다른 그룹화 속성을 설정하려면 머리글이나 바닥글 구역을 '표시'로 설정한다.

> **그룹화 수준이 저장된 컨트롤 속성 중 [데이터]-[누적 합계]**
> - 페이지별 누적 합계를 구하는 것이 아니라 그룹 또는 모든 데이터로 지정함
> - '아니요'(기본값)를 선택 : 레코드에서 원본으로 사용하는 필드 값을 표시함
> - '그룹'을 선택 : 동일한 그룹내 누적 합계를 표시함
> - '모두'를 선택 : 그룹과 관계없이 필드 전체값에 대한 누적 합계를 표시함
>
>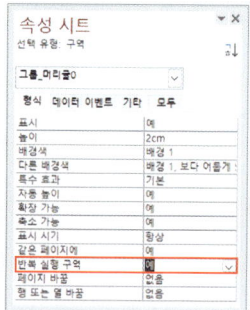
> ▲ '반복 실행 구역' 속성을 "예"로 설정함

❶ 머리글 구역	그룹 머리글의 표시 유무를 설정함	
❷ 바닥글 구역	그룹 바닥글의 표시 유무를 설정함	
❸ 그룹화 기준	새 그룹을 시작하는 값 또는 값의 범위를 선택함	
❹ 전체값	그룹화할 문자 간격 또는 개수를 설정함	
❺ 같은 페이지에 표시	그룹 머리글, 세부 구역, 그룹 바닥글 등을 포함한 그룹의 각 부분을 모두 같은 페이지에 인쇄할지를 지정함	

② 데이터 형식별로 그룹화하는 방법 20년 2월, 12년 3월

데이터 형식	설정	레코드 그룹화 기준
텍스트	모든 값	필드나 식에서 같은 값으로 그룹화
	접두사	식이나 필드에서 처음 몇 개의 문자가 같은 값으로 그룹화
날짜/시간	모든 값	필드나 식에서 같은 값으로 그룹화
	연도	연도가 같은 날짜로 그룹화
	분기	분기가 같은 날짜로 그룹화
	월	월이 같은 날짜로 그룹화
	주	주가 같은 날짜로 그룹화
	일	일이 같은 날짜로 그룹화
날짜/시간	시간	시간이 같은 시간으로 그룹화
	분	분이 같은 시간으로 그룹화
일련번호, 통화, 숫자	모든 값	필드나 식에서 같은 값으로 그룹화
	간격	지정한 간격에 포함되는 값으로 그룹화

③ 그룹 머리글 및 그룹 바닥글의 활용 20년 2월, 19년 8월, 09년 7월, 07년 10월, 06년 2월/5월/9월

- 그룹 머리글/바닥글에는 보고서의 필드나 식을 입력하여 출력할 수 있다.
- 그룹 머리글에는 그룹화된 필드값이 표시된다.
- 그룹 바닥글에는 요약 함수(SUM, AVG, MAX, MIN, COUNT, IIF 등) 등을 입력하여 그룹 집계를 출력한다.
- COUNT(*) 함수는 그룹 머리글/바닥글에서 사용하면 Null 필드를 포함한 그룹별 레코드의 개수를 결과로 산출하고, 보고서 머리글/바닥글에서 사용하면 전체 레코드의 개수를 결과로 산출한다.

개념 체크

1 그룹화할 문자 간격 또는 개수를 설정하는 속성은 ( )이다.
2 그룹의 각 부분을 모두 같은 페이지에 인쇄할지를 지정하는 속성은 ( )이다.
3 그룹 머리글과 그룹 바닥글에서 사용하면 Null 필드를 포함한 그룹별 레코드의 개수를 결과로 산출하는 함수는 ( )이다.
4 그룹 머리글에는 그룹화된 필드값이 표시되지 않는다. (○, ×)
5 그룹 속성 설정에서 머리글 구역과 바닥글 구역의 표시 유무를 설정할 수 있다. (○, ×)

1 전체값 2 같은 페이지에 표시
3 COUNT(*) 4 × 5 ○

이론을 확인하는 기출문제

01 다음 중 보고서의 시작 부분에 한 번만 표시되며 일반적으로 회사의 로고나 제목 등을 표시하는 구역은?

① 보고서 머리글
② 페이지 머리글
③ 그룹 머리글
④ 그룹 바닥글

> 보고서 머리글 : 보고서의 첫 페이지 상단에 한 번만 표시(페이지 머리글 위에 인쇄)되며 로고, 보고서 제목, 인쇄일 등의 항목을 삽입함
>
> **오답 피하기**
> - ② : 보고서의 매 페이지 상단에 표시되며, 열 제목 등의 항목을 삽입함
> - ③ : 그룹 설정 시 반복하여 그룹 상단에 표시되며 그룹명이나 요약 정보 등을 삽입함
> - ④ : 그룹 설정 시 반복하여 그룹 하단에 표시되며 그룹별 요약 정보를 삽입함

02 다음 중 "보고서 바닥글" 구역에 "=COUNT(*)"를 입력할 때 출력되는 결과로 올바른 것은?

① 그룹별 레코드의 개수
② 전체 레코드의 개수
③ 그룹별 최고값
④ 같은 값을 갖는 레코드의 개수

> COUNT(*) 함수 : 그룹 머리글/바닥글에서 사용하면 그룹별 레코드의 개수를 결과로 산출하고, 보고서 머리글/바닥글에서 사용하면 전체 레코드의 개수를 결과로 산출함

03 다음 중 정렬 및 그룹화 기능을 사용하여 업체별 판매금액의 합계를 보고서 형태로 작성하려는 작업에 관련된 설명으로 옳지 않은 것은?

① 업체명이나 업체번호 필드를 이용하여 데이터를 그룹화 한다.
② 그룹의 머리글이나 바닥글에 =Sum([판매금액])과 같은 함수를 이용하여 요약 정보를 생성한다.
③ 본문 영역에는 아무런 컨트롤도 추가하지 않고 간격을 0으로 좁힌다.
④ 전체 업체의 총 판매금액에 대한 사항은 페이지 바닥글에서 구성한다.

> 전체 업체의 총 판매금액에 대한 사항은 보고서 바닥글에서 구성함

04 보고서에서 합계를 구하기 위해서 Sum 함수를 이용하여 표시하려고 한다. 다음 중 합계를 표시하기에 적절하지 않은 영역은?

① 보고서 바닥글
② 그룹 바닥글
③ 페이지 바닥글
④ 보고서 머리글

> 페이지 바닥글 : 보고서의 모든 페이지 아래쪽에 표시되며 페이지 번호나 날짜 등의 항목을 표시하는데 사용함

05 다음은 보고서의 영역에 대한 설명으로 가장 옳지 않은 것은?

① 보고서의 제목과 같이 보고서의 첫 페이지만 나오는 내용을 주로 표시하는 구역이 보고서 머리글이다.
② 페이지 번호나 출력 날짜 등을 주로 표시하는 구역이 페이지 바닥글이다.
③ 수치를 가진 필드나 계산 필드의 총합계나 평균 등을 주로 표시하는 구역은 본문이다.
④ 주로 필드의 제목과 같이 매 페이지의 윗부분에 나타날 내용을 표시하는 구역은 페이지 머리글이다.

> 본문은 보고서의 레코드 원본에 해당하는 내용이 반복적으로 표시되는 부분이며, 수치를 가진 필드나 계산 필드의 총합계나 평균 등을 표시하는 구역은 주로 보고서 바닥글임

06 다음 중 그룹화된 보고서의 그룹 머리글과 그룹 바닥글에 대한 설명으로 옳지 않은 것은?

① 그룹 머리글은 각 그룹의 첫 번째 레코드 위에 표시된다.
② 그룹 바닥글은 각 그룹의 마지막 레코드 아래에 표시된다.
③ 그룹 머리글에 계산 컨트롤을 추가하여 전체 보고서에 대한 요약값을 계산할 수 있다.
④ 그룹 바닥글은 그룹 요약과 같은 항목을 나타내는데 효과적이다.

> 전체 보고서에 대한 요약값은 보고서 머리글이나 보고서 바닥글에 계산 컨트롤을 추가하여 계산할 수 있음

정답 01 ① 02 ② 03 ④ 04 ③ 05 ③ 06 ③

SECTION 03 다양한 보고서 작성

빈출 태그 우편물 레이블 보고서 • 크로스탭 보고서

> **차트 보고서**
> 테이블이나 쿼리를 이용하여 데이터를 시각적으로 나타내어 비교하고 추세를 효율적으로 판단할 수 있도록 차트로 작성한 보고서

01 우편물 레이블 보고서

24년 상시, 22년 상시, 20년 7월, 17년 3월, 16년 6월/10월, 14년 10월, 13년 6월, 10년 3월, …

- 우편물 레이블 마법사를 사용하여 우편 발송을 위해 편지 봉투에 붙일 주소 레이블을 작성하는 보고서이다.
- 우편물 레이블 마법사를 이용하여 작성할 수 있다.
- 우편물 레이블 보고서에서 범례는 지정하지 않으며 보고서 디자인 보기를 이용하여 우편물 레이블 보고서를 만들 수도 있다.

🏠 따라하기 TIP

따라하기 파일 • Part03_Chapter05_우편레이블-따라파일.accdb

우편물 레이블 보고서 작성

① [만들기] 탭-[보고서] 그룹-[레이블]을 클릭한다.

② 레이블 크기를 선택하고 [다음]을 클릭한다.

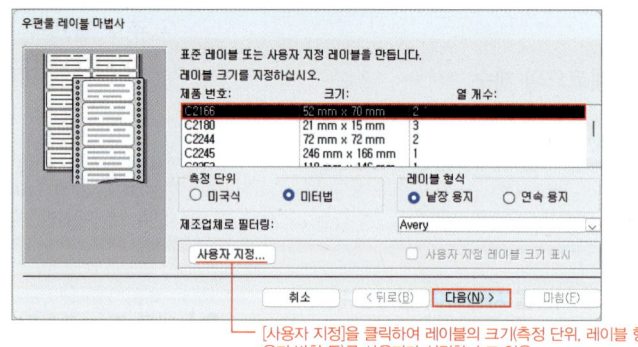

[사용자 지정]을 클릭하여 레이블의 크기(측정 단위, 레이블 형식, 용지 방향 등)를 사용자가 설정할 수도 있음

③ 텍스트의 모양(글꼴 이름, 글꼴 크기, 글꼴 두께, 텍스트 색, 기울임 꼴, 밑줄 등)을 지정하고 [다음]을 클릭한다.

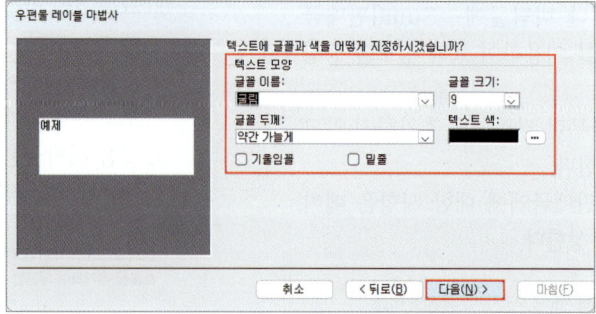

> **🎯 기적의 TIP**
> 우편물 레이블 보고서의 개념은 알아 두고 넘어가세요.
>
> 레이블 보고서에서 그룹 머리글과 그룹 바닥글이 있는 경우 각 열마다 나타나지 않음

④ 레이블에 포함하여 인쇄할 필드를 선택한다. 레이블에 필요한 문자열의 입력도 가능하다. {성명} 필드 뒤에 『귀하』를 입력하고 [다음]을 클릭한다.

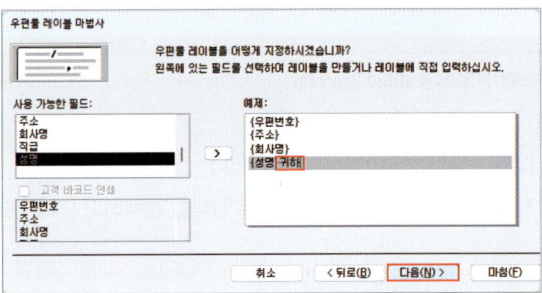

⑤ 정렬 기준 필드를 선택하고 [다음]을 클릭한다.

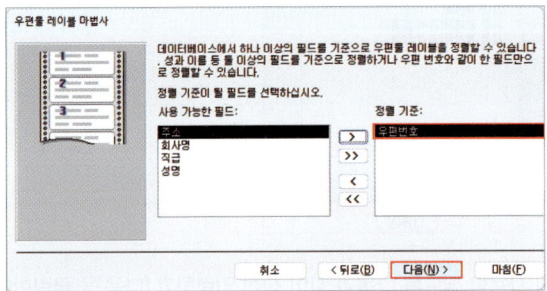

⑥ 레이블 보고서의 이름을 입력하고 [마침]을 클릭한다.

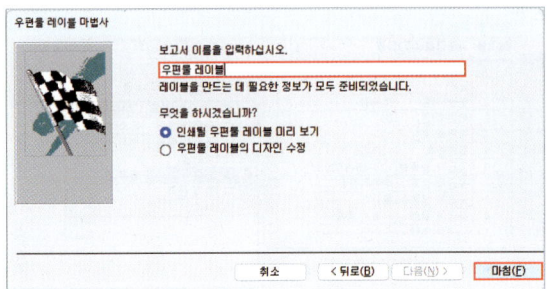

⑦ 우편물 레이블 보고서가 작성되어 나타난다.

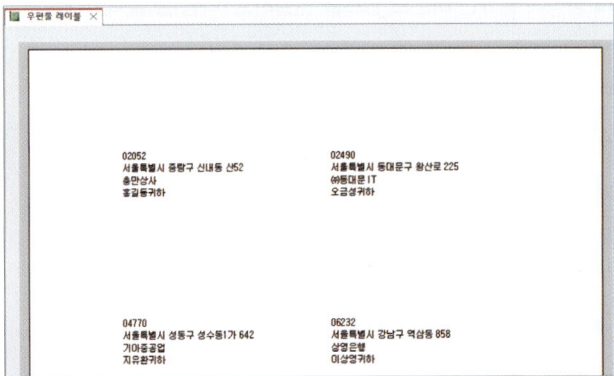

02 업무 문서 양식 보고서 17년 3월, 15년 10월, 07년 5월, 03년 9월

업무 문서 양식 마법사를 사용하여 거래 명세서, 세금 계산서를 작성하는 보고서이다.

따라하기 TIP

따라하기 파일 • Part03_Chapter05_거래명세-(주)유경-따라파일.accdb

업무 문서 작성

① [만들기] 탭-[보고서] 그룹-[업무 문서 양식 마법사]를 클릭한다.

② [업무 양식 마법사] 대화 상자가 표시되면 1단계에서는 업무 양식을 선택하고 [다음]을 클릭한다.

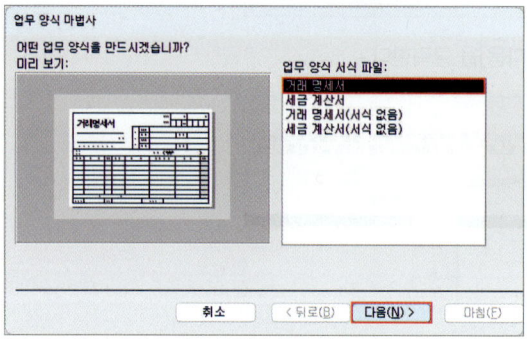

③ 2단계에서는 첫 번째 양식에 사용할 필드를 다음과 같이 직접 입력하고 [다음]을 클릭한다.

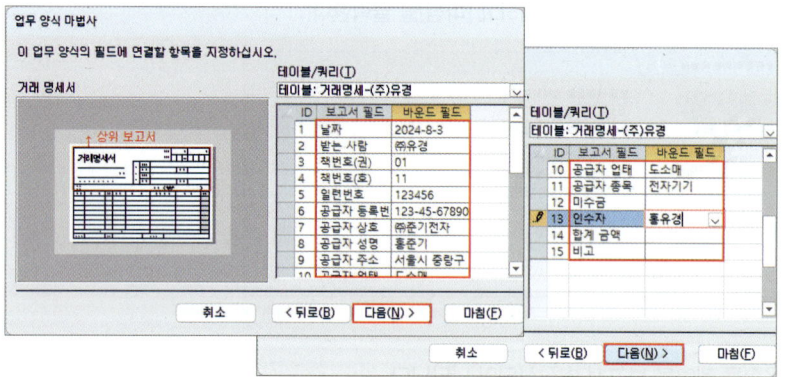

④ 3단계에서는 두 번째 양식에 필요한 바운드 필드를 연결하고 [다음]을 클릭한다.

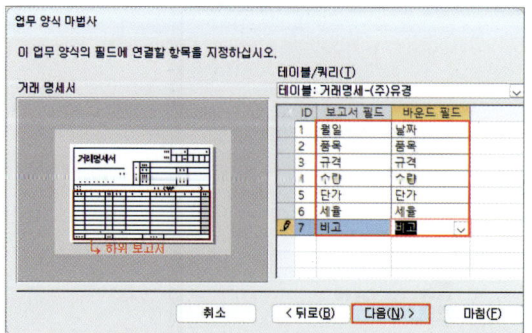

⑤ 4단계에서는 정렬 순서를 선택하고 [다음]을 클릭한다.

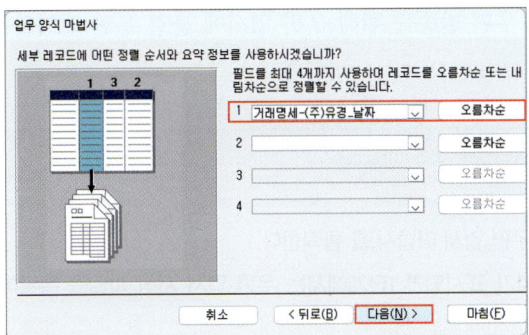

⑥ 5단계에서는 보고서 이름을 입력하고 [마침]을 클릭한다.

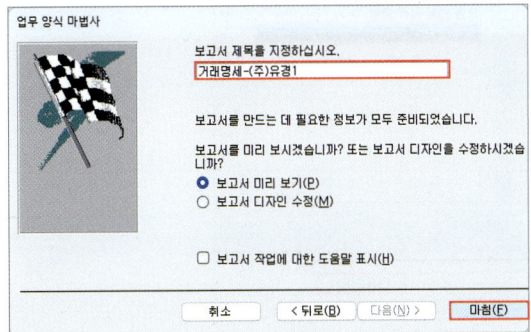

⑦ [업무 양식 마법사]의 [확인]을 클릭하면 업무 문서 양식 보고서가 작성되어 나타난다.

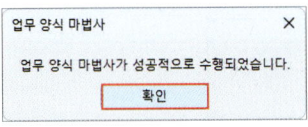

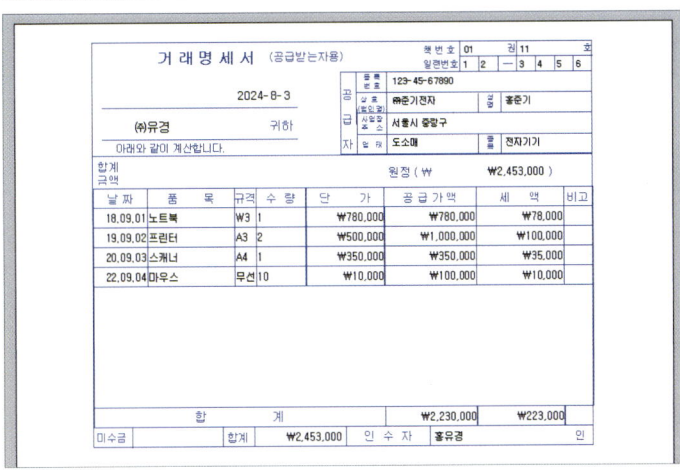

03 우편 엽서 보고서

우편 엽서 마법사를 사용하여 우편 발송을 위해 우편 엽서에 붙일 우편 레이블을 작성하는 보고서이다.

따라하기 TIP

따라하기 파일 • Part03_Chapter05_우편엽서발송-따라파일.accdb

우편 엽서 보고서 작성

① [만들기] 탭-[보고서] 그룹-[우편 엽서 마법사]를 클릭한다.

② [우편 엽서 마법사] 대화 상자가 표시되면 1단계에서는 우편 엽서 서식 파일을 목록에서 선택하고 [다음]을 클릭한다.

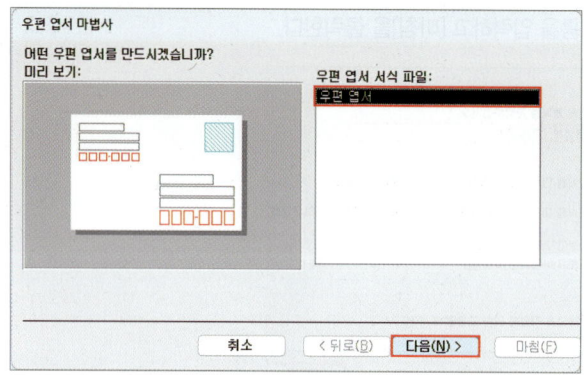

③ 2단계에서는 우편 엽서 필드에 (1)~(4)까지 직접 입력하고 (5)부터 나머지는 바운드 필드를 연결하고 [다음]을 클릭한다.

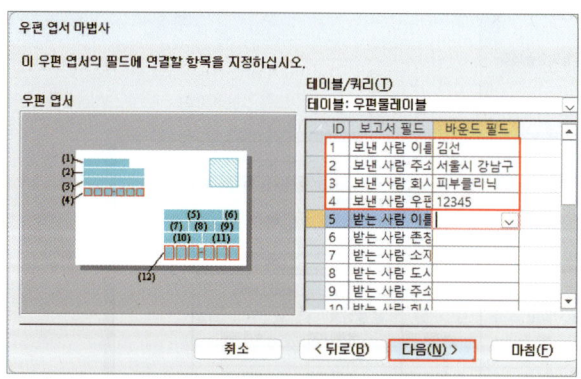

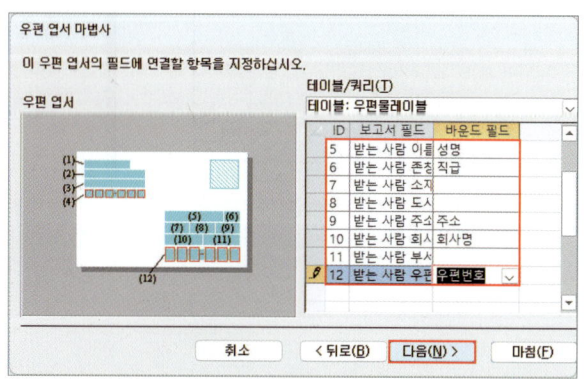

④ 3단계에서는 정렬 순서 및 요약 정보는 선택하지 않고 [다음]을 클릭한다.

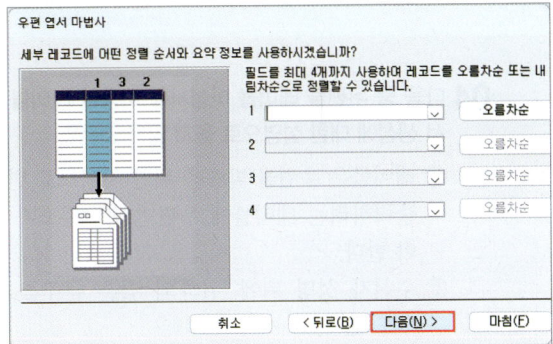

⑤ 4단계에서는 보고서 이름을 입력하고 [마침]을 클릭한다.

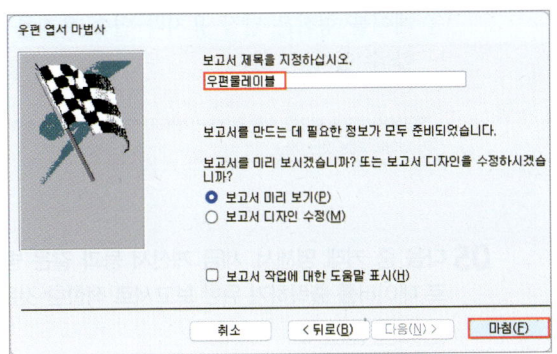

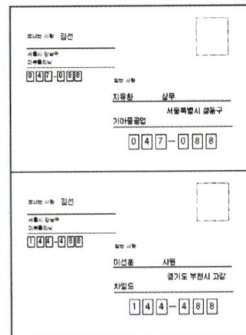

▲ 우편 엽서 보고서

이론을 확인하는 기출문제

01 다음 중 보고서 마법사를 통하여 보고서를 작성할 때 설정할 수 <u>없는</u> 사항은 무엇인가?
① 형식 속성 지정
② 그룹 수준 지정
③ 용지 방향 지정
④ 서식 유형 지정

> 형식 속성은 보고서 마법사가 아닌 보고서 작성 후에 보고서 속성에서 설정함

02 다음 중 작성할 수 있는 보고서의 종류로 옳지 <u>않은</u> 것은?
① 우편물 레이블
② 업무 문서 양식
③ 우편 엽서
④ 차트 보고서

> 차트는 기존의 보고서에 컨트롤 삽입과 같이 삽입하여 추가함
> **오답 피하기**
> 보고서 종류 : 레이블, 업무 문서 양식, 우편 엽서가 있음

03 다음과 같은 형식의 보고서에 대한 설명으로 바르지 <u>못한</u> 것은?

```
100-785
서울특별시 중구 정동 34-5
    김은규 귀하
121-757
서울특별시 마포구 공덕동 370-4
    박태진 귀하
```

① 우편 발송을 위해 편지 봉투에 붙일 주소 레이블을 작성하는 보고서이다.
② 레이블 마법사를 이용하여 작성할 수 있다.
③ 엑셀에 입력된 데이터를 액세스에 가져오지 않고 연결 테이블로 연결하여 레이블을 만들 수 있다.
④ 보고서 속성에서 레이블을 출력할 프린터를 지정할 수 있다.

> 보고서 속성에서 레이블을 출력할 프린터를 지정할 수 없음

04 다음 중 우편물 레이블 마법사를 이용한 레이블 보고서 생성에 대한 설명으로 옳지 <u>않은</u> 것은?
① 레이블은 우편물 발송을 위한 것이므로 반드시 출력하려는 테이블에 우편번호와 주소가 있어야 한다.
② 수신자 성명 뒤에 '귀하'와 같은 문구를 넣을 수도 있다.
③ 레이블의 크기는 다양하게 준비되어 있으며, 필요에 따라 사용자가 직접 지정할 수도 있다.
④ 레이블 형식은 낱장 용지나 연속 용지를 선택할 수 있다.

> 레이블은 우편물 발송을 위한 것이지만 반드시 테이블에 우편번호와 주소가 있어야 되는 것은 아님

05 다음 중 거래 명세서, 세금 계산서 등과 같은 방식으로 데이터를 출력하기 위한 보고서로 적합한 것은?
① 차트 보고서
② 크로스탭 보고서
③ 우편물 레이블 보고서
④ 업무문서 양식 보고서

> 업무 문서 양식 보고서 : 거래 명세서, 세금 계산서 같은 업무용 양식 보고서
> **오답 피하기**
> • 차트 보고서 : 작성된 테이블이나 쿼리를 이용해 데이터를 시각적으로 비교하거나 추세를 판단할 수 있도록 차트를 작성하는 기능
> • 크로스탭 보고서 : 여러 개의 열로 이루어진 보고서로, 각각의 열마다 그룹의 머리글과 바닥글, 세부 구역 등을 각 열마다 표시
> • 우편물 레이블 보고서 : 우편물 레이블 마법사를 사용하여 우편 발송을 위해 편지 봉투에 붙일 주소 레이블을 작성하는 보고서

06 다음 중 [업무 문서 양식 마법사]를 이용한 보고서 작성에 대한 설명으로 옳지 <u>않은</u> 것은?
① 테이블을 이용하여 세금계산서를 작성할 수 있다.
② 테이블을 이용하여 거래명세서를 작성할 수 있다.
③ 쿼리를 이용하여 우편물 레이블을 작성할 수 있다.
④ 쿼리를 이용하여 서식이 없는 세금계산서를 작성할 수 있다.

> 우편물 레이블은 [만들기] 탭-[보고서] 그룹-[레이블]을 실행, '우편물 레이블 마법사'를 이용하여 작성함

정답 01 ① 02 ④ 03 ④ 04 ① 05 ④ 06 ③

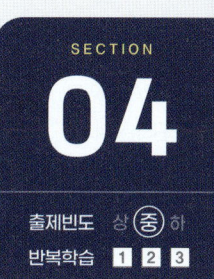

SECTION 04 보고서 작성 기타

빈출 태그 날짜와 페이지 번호 표시 • 집계 정보의 표시 • 조건부 서식

01 날짜와 페이지 번호 표시 05년 10월, 03년 5월/7월

1) 날짜 및 시간 출력

- 보고서를 작성할 때 Now(현재 날짜와 시간), Date(오늘 날짜), Time(현재 시간)과 같은 함수를 이용하여 출력할 수 있다.
- 날짜 및 시간을 입력할 보고서의 디자인 보기에서 열고 페이지 머리글/바닥글이나 보고서 머리글/바닥글에 [보고서 디자인] 탭-[컨트롤] 그룹-[텍스트 상자]를 이용하여 텍스트 상자를 만든 다음 날짜 및 시간을 출력하는 함수를 입력한다.
- 함수를 입력한 후 [보고서 디자인] 탭-[보기] 그룹-[보기]에서 [인쇄 미리 보기]를 선택하면 보고서에 날짜와 시간이 출력된다.
- [보고서 디자인] 탭-[머리글/바닥글] 그룹-[날짜 및 시간]을 클릭하여 날짜와 시간을 삽입할 수 있다.

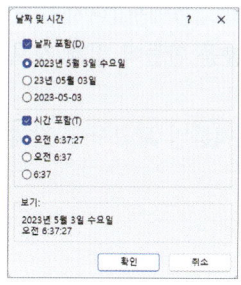

2) 페이지 번호 출력 24년 상시, 23년 상시, 22년 상시, 21년 상시, 20년 7월, 19년 3월, 18년 9월, 16년 6월, 15년 3월/6월, …

- 보고서에 페이지 번호가 자동으로 출력되도록 하는 기능이다.
- 보고서의 디자인 보기 창에서 [보고서 디자인] 탭-[머리글/바닥글] 그룹-[페이지 번호]를 선택한 후 페이지 번호의 형식과 위치 등을 설정한다.
- [보고서 디자인] 탭-[보기] 그룹에서 [인쇄 미리 보기]를 선택하면 설정된 내용에 따라 페이지 번호가 출력된다.

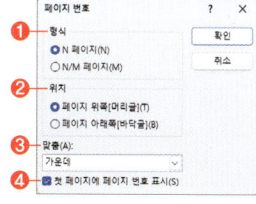

> **기적의 TIP**
> 페이지 번호 출력은 결과를 묻는 유형으로 자주 출제되고 있습니다. 페이지 식의 결과를 정확히 구할 수 있도록 공부해 두세요.

❶ 형식	• N 페이지 : 현재 페이지 번호만 표시함(예 3페이지) • N / M 페이지 : 현재 페이지/전체 페이지 번호를 표시함(예 2/10페이지)
❷ 위치	페이지 위쪽 [머리글]이나 페이지 아래쪽 [바닥글] 중에서 원하는 위치를 설정함
❸ 맞춤	• 페이지 번호를 표시할 위치(왼쪽, 가운데, 오른쪽, 안쪽, 바깥쪽)를 설정함 • 양면 인쇄 시 홀수 페이지 번호를 왼쪽에, 짝수 페이지 번호를 오른쪽에 인쇄하려면 "안쪽"을 선택함
❹ 첫 페이지에 페이지 번호 표시	첫 페이지에 페이지 번호를 표시할 것인지 여부를 설정함

- [Page] : 현재 페이지
- [Pages] : 전체 페이지
- & : 문자 연결 연산자

▶ 페이지 번호 식

페이지 식	결과
=[Page]	1, 2
=[Page] & "페이지"	1페이지, 2페이지
=[Page] & "/"& [Pages] & "페이지"	1/10페이지, 2/10페이지
=[Pages] & "페이지 중" & [Page] & "페이지"	10페이지 중 1페이지, 10페이지 중 2페이지
=Format([Page], "000")	001, 002

02 집계 정보의 표시 05년 10월, 04년 10월

- 보고서의 머리글이나 바닥글에 함수를 이용해 집계 정보를 표시할 수 있다.
- 집계 정보를 표시할 보고서를 열어 [보고서 디자인] 탭–[보기] 그룹에서 [디자인 보기]를 선택한 후 보고서 머리글/바닥글에 텍스트 상자 컨트롤을 만들어 집계 정보를 구하는 식을 입력한다.
- [보고서 디자인] 탭–[보기] 그룹에서 [인쇄 미리 보기]를 선택하면 보고서에 집계 정보가 출력된다.

03 조건부 서식 19년 3월, 18년 3월, 17년 3월/9월, 16년 6월, 15년 3월, 13년 10월, 11년 10월, 09년 4월, 08년 2월/5월, …

- 특정한 조건에 만족하는 컨트롤 값에만 사용자가 설정한 서식을 적용하는 기능이다.
- 여러 컨트롤에 같은 서식 규칙을 적용할 때는 Shift 나 Ctrl 을 누른 상태에서 각 컨트롤을 클릭한다.
- 단일 컨트롤에 서식을 지정하는 경우 서식 규칙 표시 필드에서 화살표(∨)를 클릭한다.
- 각 컨트롤 또는 컨트롤 그룹에 대해 최대 50개의 조건부 서식 규칙을 추가할 수 있다.
- 값과 일치하는 규칙이 발견되면 해당 서식이 적용되고 다른 규칙 검색이 중지된다.
- 조건 지정 시 만능 문자(*, ?)를 사용할 수 없다.
- [서식] 탭–[컨트롤 서식] 그룹–[조건부 서식]을 실행한다.

개념 체크

1. 특정한 조건에 만족하는 컨트롤 값에만 사용자가 설정한 서식을 적용하는 기능을 ( )이라고 한다.
2. 각 컨트롤 또는 컨트롤 그룹에 대해 최대 ( )개의 조건부 서식 규칙을 추가할 수 있다.
3. 조건 지정 시 사용할 수 없는 만능 문자는 ( )과 ( )이다.
4. 조건부 서식을 적용할 때는 Shift 나 Ctrl 을 누른 상태에서 각 컨트롤을 클릭해야 한다. (O, ×)

1 조건부 서식 2 50
3 *, ? 4 ○

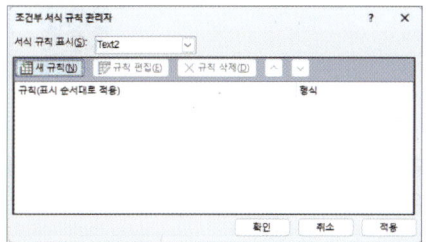
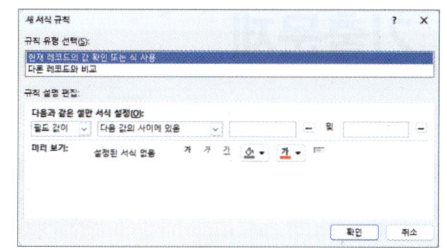

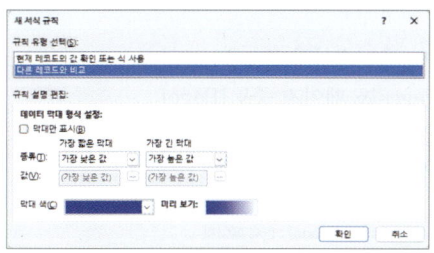

04 다른 형식으로 바꾸어 내보내기 13년 10월, 12년 9월, 09년 10월, 07년 2월, 06년 5월/9월, …

- 보고서를 작성한 다음 Microsoft Office Access 파일이나 Microsoft Excel, HTML 문서, 텍스트 파일, Word(*.rtf), PDF 또는 XPS, XML(*.xml) 형식 등으로 바꾸어 내보낼 수 있다.
- [외부 데이터] 탭-[내보내기] 그룹에서 내보내기할 형식의 아이콘을 클릭한 후 '내보내기' 창이 실행되면 내보내기할 파일 이름과 파일 형식을 지정한 다음 [확인]을 클릭한다.

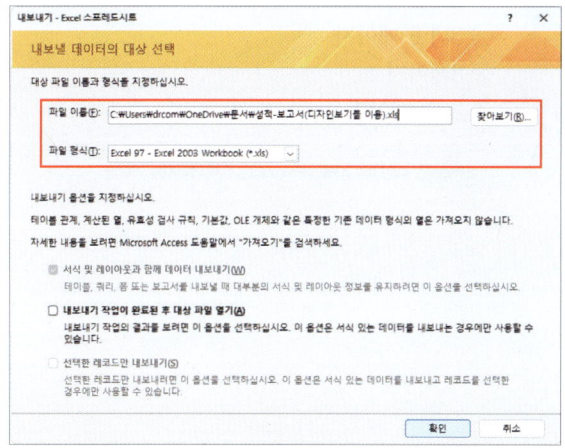

이론을 확인하는 기출문제

01 페이지 번호를 자동으로 출력하고자 한다. 다음 중 결과와 서식이 틀리게 짝지어진 번호는?

번호	결과 (단, 전체 페이지는 3페이지이다.)	서식
A	1, 2, 3	=[Page]
B	001, 002, 003	=Format([Page],"000")
C	1페이지, 2페이지, 3페이지	=[Page]&"페이지"
D	3의 1페이지, 3의 2페이지, 3의 3페이지	=[Pages]&"의" [Page]& "페이지"

① A ② B ③ C ④ D

=[Pages]&"의 " [Page]&"페이지" → =[Pages]&"의 " & [Page]&"페이지"로 수정해야 함

02 다음의 보고서에 있는 "서울 거주 회원수는 3명" 부분과 같이 출력하기 위하여 텍스트 상자에 작성할 수식으로 옳은 것은?(단, "서울"은 [주소] 필드에 저장된 값이며, "3"은 해당 주소에 거주하는 회원수를 관련 함수를 사용하여 산출하여야 함)

회원 명단

주소	회원번호	이름	나이
서울	123	홍유경	20
	222	홍준기	18
	333	송현아	25

회원수 : 서울 거주 회원수는 3명

① ="[주소] 거주 회원수는" & Count([회원번호]) & "명"
② ="[주소] 거주 회원수는" & Sum([이름]) & "명"
③ =[주소] & "거주 회원수는" & Count([주소]) & "명"
④ =[주소] & "거주 회원수는" & Sum([나이]) & "명"

- 필드명은 [ ] 안에 넣어 표기하며 문자열은 큰따옴표(" ") 안에 입력함
- 개수는 COUNT 함수를 이용하여 산출하며 각 필드와 문자 및 함수는 & 기호로 묶음

03 다음과 같이 페이지 번호를 출력하고자 할 때의 수식으로 옳은 것은?

100 페이지 중 1

① =[Page]& 페이지 중& [Pages]
② =[Pages]& 페이지 중& [Page]
③ =[Page]& " 페이지 중 "& [Pages]
④ =[Pages]& " 페이지 중 "& [Page]

[Pages] : 전체 페이지, [Page] : 현재 페이지

04 다음과 같이 페이지 번호 속성을 설정하였다. 전체 페이지 수가 10페이지인 경우 3번째 페이지의 번호 표시 형식으로 옳은 것은?

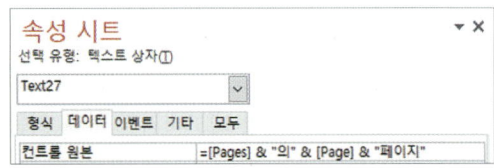

① 10의3페이지
② 3의 10페이지
③ 3페이지
④ 3-10페이지

=[Page]는 해당 페이지를, =[Pages]는 전체 페이지를 의미함

정답 01 ④ 02 ③ 03 ④ 04 ①

CHAPTER

06

데이터베이스 프로그래밍

학습 방향

매크로 함수의 개념을 묻는 문제와 매크로 만드는 방법과 실행에 대한 문제가 출제되므로 이에 대한 중점적인 학습이 요구됩니다. 아울러 주요 매크로 함수의 종류 및 기능, 객체 지향 프로그래밍의 개념과 구성, 모듈 작성 방법이 시험에 등장하므로 철저하게 기출문제를 분석하여 시험에 대비하세요.

출제 빈도

SECTION 01 하 12%
SECTION 02 중 30%
SECTION 03 상 58%

SECTION 01

매크로의 활용 1- 매크로 함수의 개념/매크로 만들기

빈출태그 매크로 함수 • 매크로 만들기

> 엑셀은 기본 매크로 함수가 없지만, 액세스는 매크로 함수가 제공됨

01 매크로 함수의 개념 25년 상시, 21년 상시, 20년 2월, 19년 8월, 18년 3월/9월, 17년 9월, 16년 3월, 10년 6월, …

- 매크로(Macro)는 여러 개의 명령문을 하나로 묶어서 일련의 절차를 미리 정의하는 기능이다.
- 반복적으로 수행되는 작업을 자동화하기 위한 것이다.
- 매크로 함수를 이용하면 작업 순으로 묶어 하나의 명령어로 저장할 수 있으므로 반복 작업을 쉽게 처리할 수 있다.
- 폼 열기나 보고서 인쇄와 같이 특별한 기능을 수행하는 하나 이상의 매크로 함수 집합이다.
- 주로 컨트롤의 이벤트에 연결하여 사용한다.
- 데이터베이스 파일을 열 때 매크로가 자동으로 실행되게 하려면 매크로 이름을 "AutoExec"로 설정한다.
- 엑셀은 매크로 기록 기능이 지원되지만, 액세스는 매크로 기록 기능이 지원되지 않는다.

02 매크로 만들기

1) 매크로 함수로 구성된 매크로 만들기

> 📘 **따라하기 TIP**

따라하기 파일 • Part03_Chapter06_명함관리-따라파일.accdb

① [만들기] 탭–[매크로 및 코드] 그룹–[매크로]를 클릭한다.

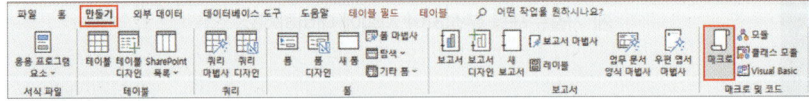

② [매크로] 창에서 목록 단추를 클릭하여 사용할 매크로 함수를 지정한다. 매크로 함수 Beep(경고음)와 MessageBox(메시지 상자)를 매크로 함수로 지정한다.

> 📘 **기적의 TIP**
>
> 매크로는 반복적으로 수행되는 작업을 자동화하기 위한 기능입니다. 이를 실행하기 위해 사용하는 매크로 함수의 개념을 이해해 두세요.

- 매크로를 한 단계씩 이동하면서 매크로의 흐름과 각 동작에 대한 정보를 확인할 수 있음
- 매크로는 작업을 자동화하고 양식, 보고서 및 컨트롤에 기능을 추가할 수 있게 해주는 도구임
- 이미 매크로에 추가한 작업을 반복해야 하는 경우 매크로 동작을 복사하여 붙여넣으면 됨
- 하위 매크로를 포함할 수 있으며 상자에 매크로를 실행할 때 사용할 바로 가기 키를 입력하고 매크로 함수와 인수를 지정함

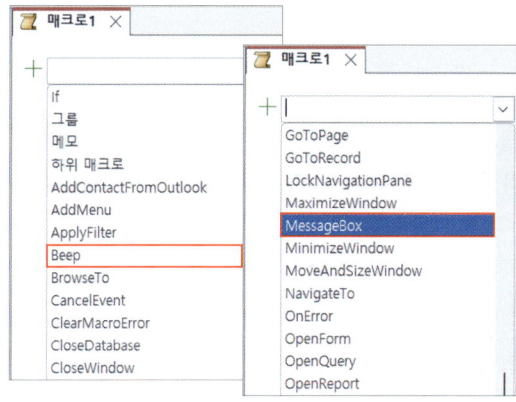

③ 매크로 함수의 메시지, 경고음, 종류, 제목 등을 입력한다.

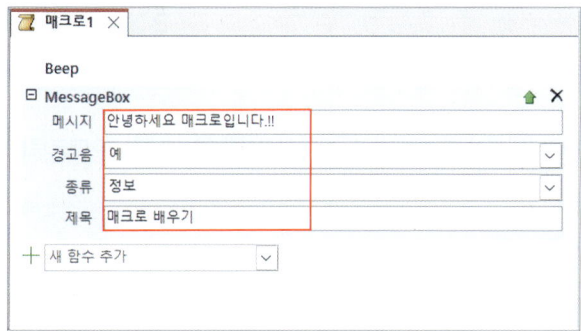

④ [파일] 탭-[저장]을 선택하거나 [빠른 실행 도구 모음]의 [저장](🖬)을 클릭한 후 매크로를 저장한다.

⑤ [매크로 이름]의 '매크로1'을 지우고 『경고음과 메시지 상자 나타내기』를 입력한 후 [확인]을 클릭한다.

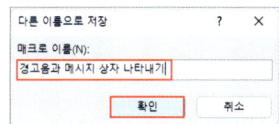

⑥ 작업한 매크로 개체를 더블클릭하거나 바로 가기 메뉴의 [실행](❗)을 클릭한다. 작성된 매크로가 실행된다.

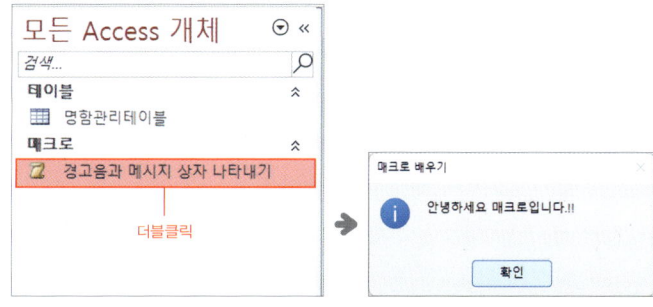

★ 매크로 그룹
여러 개의 단일 매크로를 하나의 그룹으로 하여 데이터베이스를 효율적으로 관리함

2) 매크로 그룹★ 만들기 | 09년 10월

🏠 **따라하기 TIP**

따라하기 파일 • Part03_Chapter06_명함관리-따라파일.accdb

① 매크로를 작성하기 위해서 [만들기] 탭-[매크로 및 코드] 그룹-[매크로]를 클릭한다.

② 매크로 창에서 [매크로 디자인] 탭-[표시/숨기기] 그룹-[함수 카탈로그]를 클릭하고 [그룹]을 더블클릭한다.

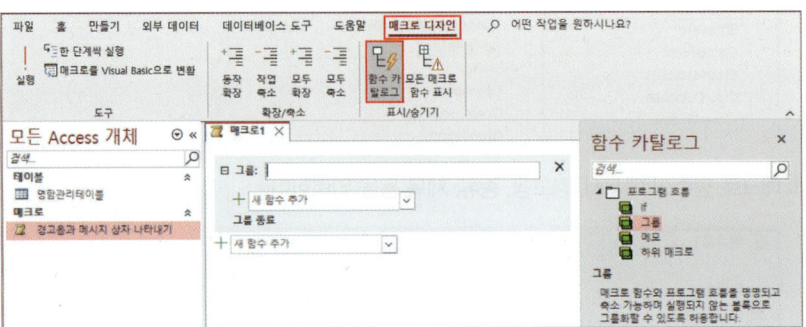

③ 각 매크로 함수를 지정하고 [빠른 실행 도구 모음]의 [저장](🖫)을 선택한 후 매크로를 저장한다.

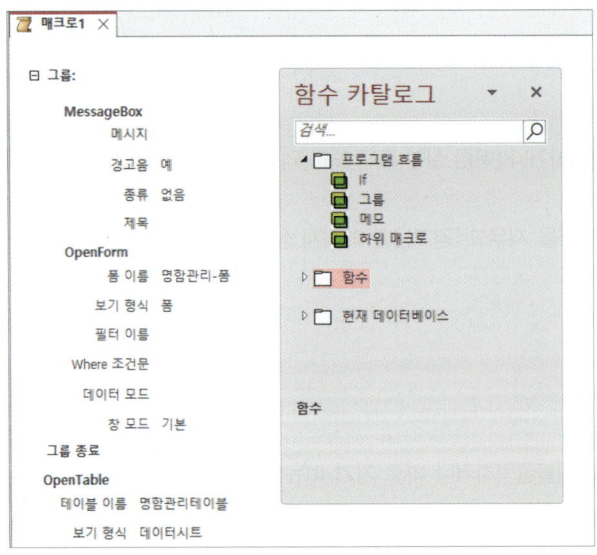

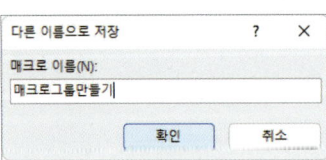

3) 조건이 입력된 매크로 만들기 09년 10월

매크로 창에서 [매크로 디자인] 탭–[표시/숨기기] 그룹–[함수 카탈로그]를 클릭한 다음 [프로그램 흐름]의 If를 더블클릭하여 조건이 참인 경우(Then), 참이 아닌 경우(Else) 실행할 작업을 설정하고 매크로를 [실행]한다.

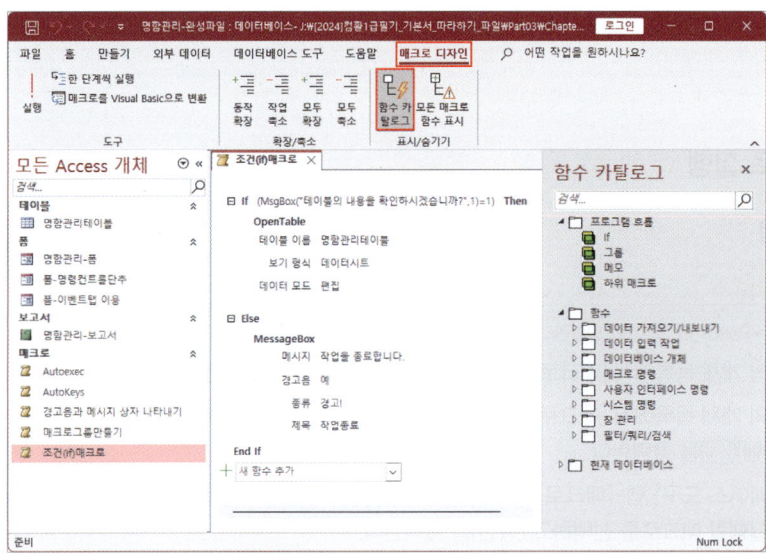

이론을 확인하는 기출문제

01 다음 중 액세스에서 매크로에 대한 설명으로 옳지 않은 것은?

① 하나의 매크로 그룹에 여러 개의 매크로를 만들 수 있다.
② 하나의 매크로에 여러 개의 매크로 함수를 지정할 수 있다.
③ AutoExec이라는 특수한 매크로 이름을 사용하면 테이블이 열릴 때마다 자동으로 실행된다.
④ 매크로 실행 시에 필요한 정보, 즉 인수를 지정할 수 있다.

- 테이블이 열릴 때마다 자동으로 실행되지 않음
- 매크로 이름을 "AutoExec"로 하면 데이터베이스 파일을 열 때 매크로를 자동으로 실행시킴

02 다음 중 액세스에서의 매크로 기능에 대한 설명으로 가장 옳지 않은 것은?

① 엑셀에서와 같이 사용자가 수행하는 작업에 대한 매크로를 자동적으로 기록해 준다.
② 액세스에서 제공하는 기본적인 매크로 함수를 이용하여 매크로를 작성한다.
③ 데이터 베이스 파일을 열 때 매크로를 자동으로 실행 시키려면 매크로 이름을 'AutoExec'로 작성한다.
④ 매크로 이름 열에 지정한 바로 가기 키를 이용하여 매크로를 실행할 수 있다.

엑셀은 매크로 기록 기능이 지원되지만, 액세스는 매크로 기록 기능이 지원되지 않음

정답 01 ③ 02 ①

SECTION 02

매크로의 활용 2- 실행/수정/주요 매크로 함수

출제빈도 상 중 하
반복학습 1 2 3

빈출 태그 매크로 실행 • 매크로 수정 • 주요 매크로 함수

Ctrl + Break
매크로 실행 중 매크로를 한 단계씩 실행

01 매크로 실행 06년 5월

1) 직접 실행

🏠 따라하기 TIP

따라하기 파일 • Part03_Chapter06_명함관리-따라파일.accdb

① 탐색 창의 개체 목록에서 [매크로]를 선택한 후 실행할 매크로를 더블클릭한다.
② 탐색 창의 개체 목록에서 [매크로]를 선택한 후 실행할 매크로를 지정하고 바로 가기 메뉴에서 [실행](!)을 클릭한다.
③ [데이터베이스 도구] 탭-[매크로] 그룹-[매크로 실행]을 선택한 후 [매크로 실행] 대화 상자에서 실행할 매크로를 선택하고 [확인]을 클릭한다.

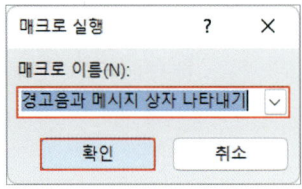

2) 바로 가기 키 이용

🏁 기적의 TIP

바로 가기 키를 이용하는 경우 기존 기능은 무시합니다. 기억하세요!

- AutoKeys 매크로 그룹을 만들어 특정 키나 키 조합에 매크로 함수나 매크로 함수 집합을 할당할 수 있다.
- 키나 키 조합을 누르면 매크로 함수가 실행된다.
- 복사 기능인 Ctrl + C 처럼 Access에서 이미 사용되는 키 조합에 새로운 매크로 함수를 할당하면 기존 기능이 무시된다.

🏠 따라하기 TIP

따라하기 파일 • Part03_Chapter06_명함관리-따라파일.accdb

① [만들기] 탭-[매크로 및 코드] 그룹-[매크로]를 선택한다.
② 매크로 창에서 [매크로 디자인] 탭-[표시/숨기기] 그룹-[함수 카탈로그]를 클릭하고 [하위 매크로]를 더블클릭한다.

③ 하위 매크로 : 상자에 매크로를 실행할 때 사용할 바로 가기 키를 입력하고, 매크로 함수와 인수를 지정한다. ^은 Ctrl 을, +는 Shift 를 의미하며 기능키는 중괄호({ })에 입력한다.

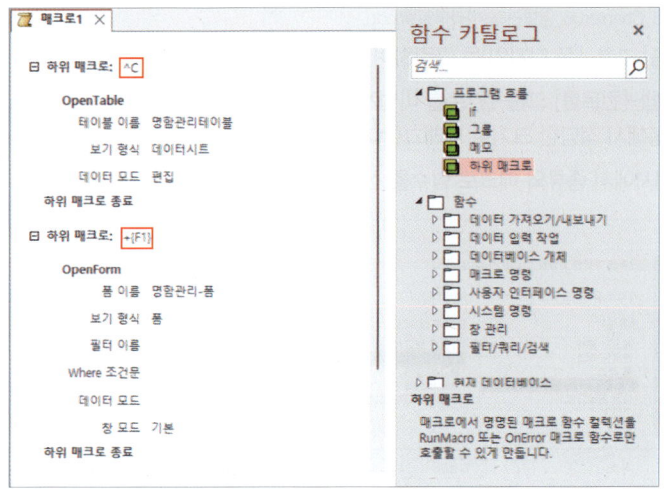

키 구문	키 조합
^A 또는 ^4	Ctrl + A 또는 Ctrl + 4
{F1}	F1
^{F1}	Ctrl + F1
+{F1}	Shift + F1
{Insert}	Insert
^{Insert}	Ctrl + Insert
+{Insert}	Shift + Insert
{Delete} 또는 {Del}	Delete
^{Delete} 또는 ^{Del}	Ctrl + Delete
+{Delete} 또는 +{Del}	Shift + Delete

④ [파일] 탭-[저장]이나 [빠른 실행 도구 모음]의 [저장](🖫) 클릭하여 'AutoKeys'라는 이름으로 매크로를 저장한다.

⑤ 지정한 바로 가기 키를 누르면 해당 매크로가 실행된다.

3) 자동 실행 매크로 17년 9월, 06년 9월

- 매크로 이름을 AutoExec★로 설정하면 데이터베이스를 처음 열 때 매크로가 자동으로 실행된다.
- AutoExec 매크로의 자동 실행을 원치 않는 경우 데이터베이스가 열리는 동안 Shift 를 누른다.

★ AutoExec
Automation(자동)과 Execution(실행)의 의미임

4) 명령 컨트롤 단추 이용

🔲 **따라하기** TIP

따라하기 파일 • Part03_Chapter06_명함관리-따라파일.accdb

① [만들기] 탭-[폼] 그룹-[폼 디자인]을 클릭하여 새 폼을 화면에 표시한다.

② [양식 디자인] 탭-[컨트롤] 그룹-[컨트롤 마법사 사용](🪄)이 선택된 상태에서 [단추](☐)를 클릭한 후 폼에서 적당한 크기로 드래그한다.

③ 명령 단추 마법사에서 종류와 매크로 함수를 선택한 후 [다음]을 클릭한다.

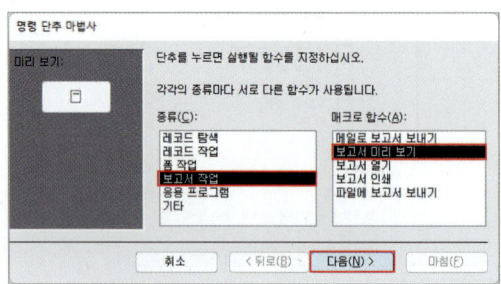

④ 미리 보기를 할 보고서를 선택한 후 [다음]을 클릭한다.

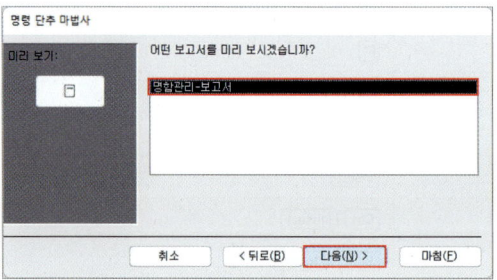

⑤ 단추에 넣을 텍스트나 그림을 선택한 후 [다음]을 클릭한다.

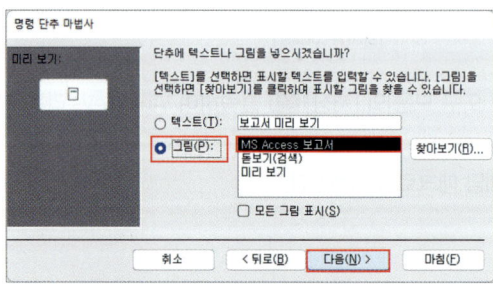

⑥ 단추의 이름을 입력하고 [마침]을 클릭한다.

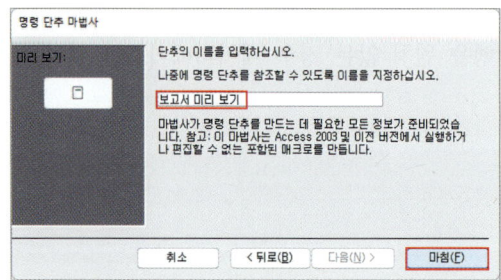

⑦ [양식 디자인] 탭-[보기] 그룹-[폼 보기]를 선택한 다음 [단추]를 클릭하면 보고서 미리 보기 매크로가 실행된다.

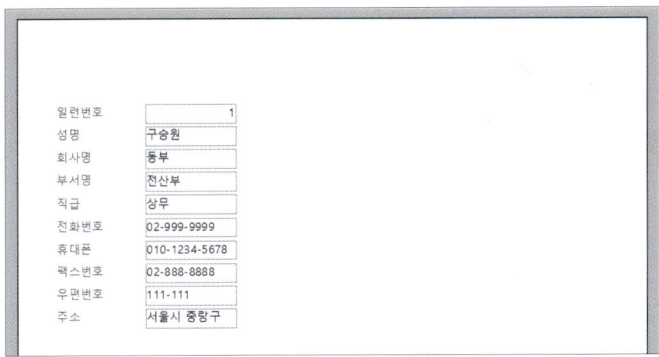

5) [이벤트] 탭 이용

🏠 따라하기 TIP

따라하기 파일 • Part03_Chapter06_명함관리-따라파일.accdb

① [만들기] 탭-[폼] 그룹-[폼 디자인]을 클릭하여 새 폼을 화면에 표시한다.
② [양식 디자인] 탭-[컨트롤] 그룹-[컨트롤 마법사 사용]( )이 선택되지 않은 상태에서 [단추]( )를 클릭한 후 폼에서 적당한 크기로 드래그하여 단추를 만든다.
③ 단추가 선택된 상태에서 마우스 오른쪽 단추를 클릭하여 [속성]을 실행한 후 [이벤트] 탭의 On Click 란에서 실행할 매크로를 지정한다.

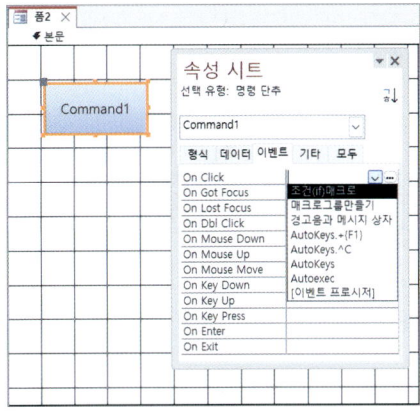

④ [파일] 탭-[저장]이나 [빠른 실행 도구 모음]의 [저장]( )을 클릭하여 폼을 저장한다.
⑤ [탐색] 창의 개체 목록에서 [폼]을 선택하여 매크로를 실행하기 위해 저장한 폼을 더블클릭하면 작성된 매크로 실행 단추가 나타난다. 이 단추를 클릭하면 해당 매크로가 실행된다.

6) 빠른 실행 도구 모음의 [사용자 지정] 이용

따라하기 TIP

따라하기 파일 • Part03_Chapter06_명함관리-따라파일.accdb

① 빠른 실행 도구 모음 오른쪽에 있는 [빠른 실행 도구 모음 사용자 지정]을 클릭한 후 메뉴가 표시되면 [기타 명령]을 클릭한다.

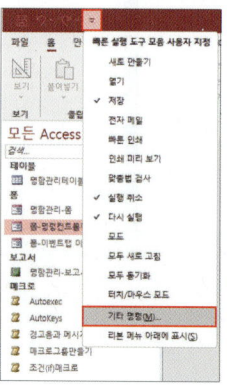

② [Access 옵션] 대화 상자가 표시되면 '명령 선택'을 '매크로'로 선택한 후 매크로 목록에서 빠른 실행 도구 모음에 등록할 '경고음과 메시지 상자 나타내기' 매크로를 선택하고 [추가]를 클릭한다.

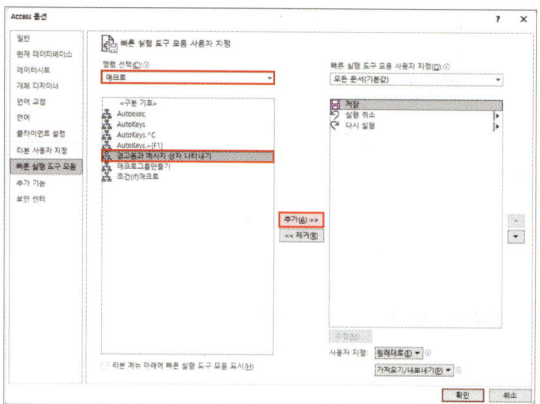

③ 오른쪽 목록에 선택된 매크로가 표시되면 [확인]을 클릭한다.

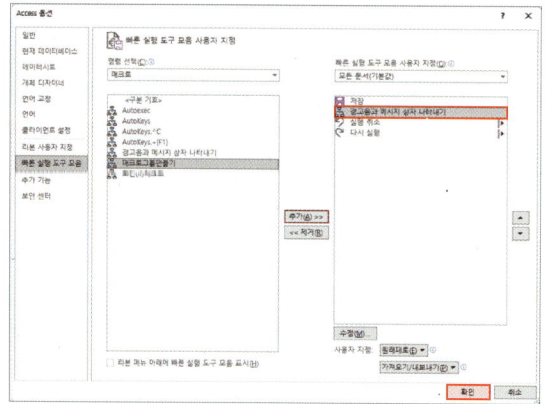

④ [빠른 실행 도구 모음]에 추가된 매크로가 표시된다. [빠른 실행 도구 모음]에 추가된 매크로 단추를 클릭하면 해당 매크로가 실행된다.

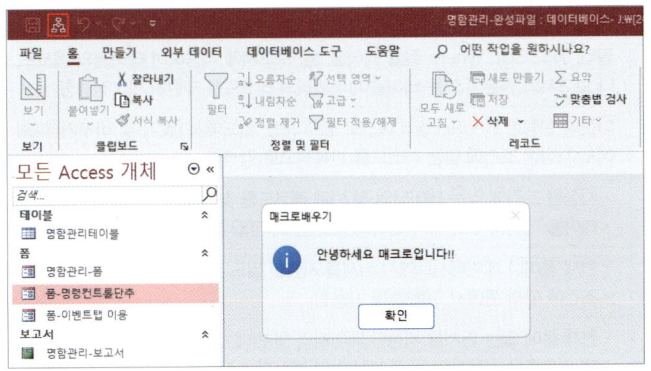

02 매크로 수정

따라하기 TIP

① 매크로를 수정하기 위해 탐색 창에서 수정할 매크로를 마우스 오른쪽 단추로 클릭한 후 바로 가기 메뉴에서 [디자인 보기]를 클릭한다.

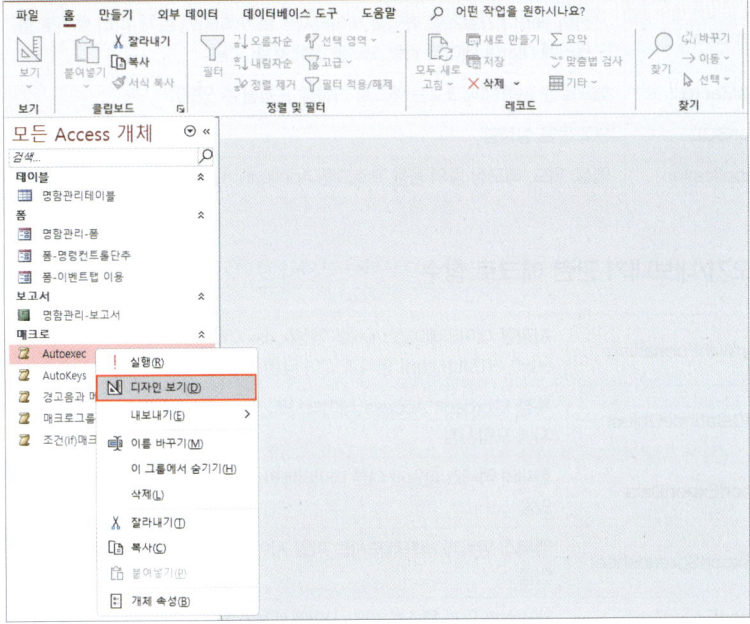

② [매크로] 창에서 수정한 후 매크로를 저장한다.
③ 매크로를 실행하면 수정한 내용에 맞는 매크로가 실행된다.

> **기적의 TIP**
> 주요 매크로 함수의 종류와 기능은 출제된 함수를 중심으로 정리해 두세요.

03 주요 매크로 함수의 종류 및 기능 12년 3월, 11년 7월/10월, 04년 8월, 03년 7월

1) 폼과 보고서 관련 매크로 함수 25년 상시, 20년 7월, 14년 10월, 13년 10월, 05년 4월

함수	설명
ApplyFilter	필터, 쿼리, SQL Where 절을 테이블, 폼, 보고서에 적용하여 테이블의 레코드, 폼이나 보고서의 원본이 되는 테이블이나 쿼리의 레코드를 제한하거나 정렬함
FindNextRecord	이전에 실행한 FindRecord 매크로 함수 또는 필드에서 [찾기 및 바꾸기] 대화 상자에서 지정한 조건에 맞는 레코드를 반복적으로 검색함
FindRecord	• 지정한 조건에 맞는 데이터의 첫 번째 레코드를 찾음 • 테이블 데이터시트, 쿼리 데이터시트, 폼 데이터시트, 폼에서 레코드를 찾음
GoToControl	• 현재 폼이나 데이터시트에서 커서를 지정한 필드나 컨트롤로 이동시킴 • 조건에 따라 폼에서 이동할 때 사용함
GoToPage	• 현재 폼에 있는 커서를 지정한 페이지의 첫 번째 컨트롤로 이동함 • 탭 컨트롤을 사용하여 한 폼에서 여러 페이지의 정보를 나타낼 수도 있음
GoToRecord	• 지정한 레코드를 열려 있는 테이블, 폼, 쿼리 결과 집합에서 현재 레코드로 이동함 • 맨 처음, 맨 마지막, 다음 레코드, 이전 레코드 등으로 이동할 수 있음

2) 실행 관련 매크로 함수 13년 6월, 09년 4월/7월, 07년 10월, 04년 10월

함수	설명
RunMenuCommand	액세스에서 제공하는 명령(메뉴 모음, 도구 모음, 바로 가기 메뉴)을 실행함
QuitAccess	액세스를 종료하기 전에 데이터베이스 개체를 저장하는 옵션을 지정하거나 액세스를 종료함
OpenQuery	• 선택 쿼리나 크로스탭 쿼리를 데이터시트 보기, 디자인 보기, 미리 보기로 엶 • 쿼리에 대하여 데이터 입력 모드를 선택할 수 있음
RunMacro	매크로를 실행함(매크로는 매크로 그룹에 포함될 수 있음)
RunSQL	SQL문을 실행함
RunApplication	엑셀, 워드, 메모장 등의 응용 프로그램(Application)을 실행함

3) 가져오기/내보내기 관련 매크로 함수 16년 6월, 12년 6월, 08년 8월, 07년 2월, 04년 5월/10월

함수	설명
ExportWithFormatting	지정한 데이터베이스 개체를 엑셀(*.xlsx)이나 서식 있는 텍스트(*.rtf), 텍스트(*.txt), HTML(*.htm) 형식과 같이 다른 파일 형식으로 내보내기 함
EMailDatabaseObject	특정 Microsoft Access 데이터시트, 폼, 보고서, 모듈 등을 전자 메일 메시지에 포함시킴
ImportExportData	현재의 액세스 파일과 다른 데이터베이스 간에 데이터를 가져오거나 내보낼 수 있음
ImportExportSpreadsheet	액세스 파일과 스프레드시트 파일 사이에서 데이터를 가져오거나 내보낼 수 있음
ImportExportText	액세스 파일과 텍스트 파일 사이에서 텍스트를 가져오거나 내보낼 수 있음

> **개념 체크**
>
> 1 액세스에서 제공하는 명령(메뉴 모음, 도구 모음, 바로 가기 메뉴)을 실행하는 매크로 함수는 (　)이다.
> 2 액세스 파일과 텍스트 파일 사이에서 텍스트를 가져오거나 내보낼 수 있는 매크로 함수는 (　)이다.
> 3 경고나 알림 메시지가 들어 있는 대화 상자를 표시하는 매크로 함수는 (　)이다.
> 4 FindRecord 매크로 함수는 지정한 조건에 맞는 데이터의 첫 번째 레코드를 찾는다. (○, ×)
>
> 1 RunMenuCommand
> 2 ImportExportText
> 3 MessageBox 4 ○

4) 개체 조작 관련 매크로 함수 20년 2월/7월, 19년 3월, 15년 10월, 13년 10월, 12년 6월

DeleteObject	선택된 데이터베이스 개체를 삭제함
CloseWindow	지정된 액세스 [개체] 창 또는 아무 것도 지정하지 않았을 경우에는 현재 [데이터베이스] 창을 닫음
OpenForm	폼 보기, 폼 디자인 보기, 인쇄 미리 보기, 데이터시트 보기로 폼을 열 수 있음
OpenQuery	선택 쿼리나 크로스 탭 쿼리를 데이터시트 보기, 디자인 보기, 미리 보기로 엶
OpenReport	• 보고서를 보기 형식(데이터시트 보기, 디자인 보기, 인쇄 미리 보기 등)으로 열거나 인쇄함 • 보고서에서 인쇄할 레코드를 제한할 수 있음
OpenTable	• 테이블을 데이터시트 보기, 디자인 보기, 미리 보기로 열 수 있음 • 테이블의 데이터 입력 모드를 선택할 수도 있음
PrintOut	• 열려져 있는 데이터베이스에서 현재 개체를 인쇄함 • 데이터시트, 보고서, 폼, 데이터 액세스 페이지, 모듈을 인쇄할 수 있음
SetValue	• 폼, 폼 데이터시트, 보고서의 필드, 컨트롤, 속성값을 설정함 • 개체를 반환하는 속성값을 설정할 때는 사용할 수 없음

5) 기타 매크로 함수 14년 10월, 12년 9월

Beep	지정된 매크로가 실행될 때 비프음을 출력함
MessageBox	경고나 알림 메시지가 들어 있는 대화 상자를 표시함
Cancel Event	인수가 없는 함수이며 매크로 실행 이벤트를 취소함

이론을 확인하는 기출문제

01 다음 중 매크로 함수에 대한 설명으로 옳지 않은 것은?

① FindRecord 함수는 필드, 컨트롤, 속성 등의 값을 설정한다.
② ApplyFilter 함수는 테이블이나 쿼리로부터 레코드를 필터링한다.
③ OpenReport 함수는 작성된 보고서를 호출하여 실행한다.
④ MessageBox 함수는 메시지 상자를 통해 경고나 알림 등의 정보를 표시한다.

> FindRecord 함수 : 지정한 조건에 맞는 데이터의 첫 번째 레코드를 찾음

02 매크로를 이용하여 외부의 응용 프로그램을 실행하려고 한다. 이 때 사용할 수 있는 가장 적절한 매크로 함수는 무엇인가?

① RunMenuCommand
② RunMacro
③ RunSQL
④ RunApp

> RunApplication : 엑셀, 워드, 메모장 등의 응용 프로그램(Application)을 실행함
>
> **오답 피하기**
> - RunMenuCommand : 액세스에서 제공하는 명령(메뉴 모음, 도구 모음, 바로 가기 메뉴)을 실행함
> - RunMacro : 매크로를 실행함(매크로는 매크로 그룹에 포함될 수 있음)
> - RunSQL : SQL문을 실행함

03 다음 중 폼을 디자인 보기나 데이터시트 보기로 열기 위해 사용하는 매크로 함수는?

① RunMenuCommand
② OpenForm
③ RunMacro
④ RunSQL

> OpenForm : 폼 보기, 폼 디자인 보기, 인쇄 미리 보기, 데이터 시트 보기로 폼을 열 수 있음
>
> **오답 피하기**
> - RunMenuCommand : 기본 메뉴나 도구 모음을 실행
> - RunMacro : 특정한 매크로를 실행
> - RunSQL : SQL 매크로 함수를 실행

04 다음 중 액세스에서 매크로의 실행 방법에 대한 설명으로 옳지 않은 것은?

① 매크로를 직접 실행하는 경우 매크로 이름을 'AutoExec'로 저장하면 매크로를 선택한 후 [데이터베이스 도구] 탭-[매크로] 그룹-[매크로 실행]을 클릭할 수 있다.
② 바로 가기 키를 이용한 실행 : 기능키나 키의 조합에 매크로를 할당하는 것으로, 특정 키를 누르면 매크로가 실행된다.
③ 빠른 실행 도구 모음에 연결하기 : 작성된 매크로를 빠른 실행 도구 모음 줄에 등록하여 실행할 수 있다.
④ 컨트롤을 이용한 매크로 실행 : 폼이나 보고서에 연결된 컨트롤의 이벤트에 매크로를 연결하여 실행한다.

> 매크로 이름을 "AutoExec"로 하면 데이터베이스 파일을 열 때 매크로를 자동으로 실행시킴

정답 01 ① 02 ④ 03 ② 04 ①

05 다음 보기의 매크로 함수 중 데이터를 내보내거나 가져오는 작업과 관련이 없는 함수는?

> ㉮ ExportWithFormatting
> ㉯ EMailDatabaseObject
> ㉰ RunApplication
> ㉱ ImportExportData

① ㉮　② ㉯　③ ㉰　④ ㉱

RunApplication : 응용 프로그램을 실행하는 실행 관련 매크로 함수

06 다음 중 매크로 함수 ExportWithFormatting에서 개체 유형이 테이블인 경우 출력 가능한 형식으로 옳지 않은 것은?

① MS-DOS 텍스트(*.txt)
② 서식 있는 텍스트(*.rtf)
③ HTML(*.htm; *.html)
④ Snapshot Viewer 형식(*.snp)

Snapshot Viewer 형식(*.snp) : 개체 유형이 "보고서"인 경우 출력 가능한 형식

07 다음 중 매크로 함수와 그에 대한 설명으로 옳지 않은 것은?

① ApplyFilter : 필터, 쿼리, SQL WHERE절을 테이블, 폼, 보고서에 적용하여 테이블의 레코드, 폼이나 보고서의 원본이 되는 테이블이나 쿼리의 레코드를 제한하거나 정렬할 수 있다.
② FindRecord : 지정한 조건에 맞는 데이터의 첫째 인스턴스를 찾을 수 있다.
③ RunSQL : Microsoft Access 안에서 Microsoft Excel, Microsoft Word, Microsoft PowerPoint와 같은 Windows 기반 또는 MS-DOS 기반 응용 프로그램을 실행할 수 있다.
④ Requery : 현재 개체의 지정한 컨트롤의 데이터를 업데이트할 수 있으며, 컨트롤을 지정하지 않으면 개체 원본 자체를 다시 쿼리한다.

RunSQL은 해당 SQL문을 사용해 액세스 실행 쿼리를 실행하는 데 사용함

08 다음 중 액세스의 매크로에 대한 설명으로 옳지 않은 것은?

① 반복적으로 수행되는 작업을 자동화하여 간단히 처리할 수 있도록 하는 기능이다.
② 매크로 함수 또는 매크로 함수 집합으로 구성되며, 각 매크로 함수의 수행 방식을 제어하는 인수를 추가할 수 있다.
③ 매크로를 이용하여 폼을 열고 닫거나 메시지 박스를 표시할 수도 있다.
④ 매크로는 주로 컨트롤의 이벤트에 연결하여 사용하며, 폼 개체 내에서만 사용할 수 있다.

매크로는 주로 컨트롤의 이벤트에 연결하여 사용하며, 작업을 자동화하고 폼, 보고서 및 컨트롤에 기능을 추가하는 데 사용되는 도구임

09 다음 중 액세스의 작업을 자동화하고 폼이나 보고서의 컨트롤에 기능들을 미리 정의하여 사용할 수 있도록 하는 기능은?

① 매크로
② 응용 프로그램 요소
③ 업무 문서 양식 마법사
④ 성능 분석 마법사

매크로(Macro) : 여러 개의 명령문을 하나로 묶어서 일련의 절차를 미리 정의하는 기능으로, 반복적으로 수행되는 작업을 자동화할 때 사용

10 다음 중 매크로(MACRO)에 관한 설명으로 옳지 않은 것은?

① 매크로는 작업을 자동화하고 폼, 보고서 및 컨트롤에 기능을 추가하는 데 사용되는 도구이다.
② 매크로 개체는 탐색 창의 매크로에 표시되지만 포함된 매크로는 표시되지 않는다.
③ 매크로가 실행 중일 때 한 단계씩 실행을 시작하려면 Ctrl + Break 를 누른다.
④ 자동실행 매크로가 실행되지 않게 하려면 Ctrl 을 누른 채 데이터베이스 파일을 연다.

AutoExec 매크로의 자동 실행을 원치 않는 경우 데이터베이스가 열리는 동안 Shift 를 누르면 됨

정답 05 ③　06 ④　07 ③　08 ④　09 ①　10 ④

SECTION 03 VBA를 이용한 모듈 작성

빈출 태그: 객체 지향 프로그래밍 • 이벤트 프로시저 • 주요 액세스 개체

01 객체 지향 프로그래밍

- 프로그래밍에 개체의 개념을 도입해 기존의 절차적인 프로그래밍 방식에서 탈피하여 데이터를 가장 우선적으로 고려하는 프로그래밍 기법이다.
- 객체는 현실 세계의 어떠한 구성 단위를 대표하는 것으로, 객체 지향형 프로그래밍에서는 모든 것을 객체로 나타내고 원하는 일은 객체에 메시지를 보내는 것으로 표현한다.

1) 개체의 구성

속성(Property)	• 각각의 객체가 가지는 고유의 특성 • 객체의 특성은 '객체명.속성명'의 형태로 표시함
메서드(Method)	• 각 객체의 기능이나 동작을 지시하는 행동 • 메서드의 동작은 '객체명.메서드'의 형태로 표시함
이벤트(Event)	마우스 클릭이나 키 누름과 같이 객체에 의해 인식되는 동작으로서 이벤트에 대한 응답을 사용자 정의할 수 있음

2) 모듈(Module) 작성

① 모듈의 개념
- 한 단위로 저장된 프로시저, 구문, VBA 선언의 집합으로, 액세스에는 기본 모듈과 클래스 모듈, 폼 모듈, 보고서 모듈이 있다.
- 모듈은 Visual Basic 프로그래밍 언어를 사용하여 작성한다.
- 폼과 보고서 모듈은 폼이나 보고서의 지역 코드를 포함하는 클래스 모듈이다.

② 모듈 작성 방법

[만들기] 탭-[매크로 및 코드] 그룹-[모듈]을 선택한다.

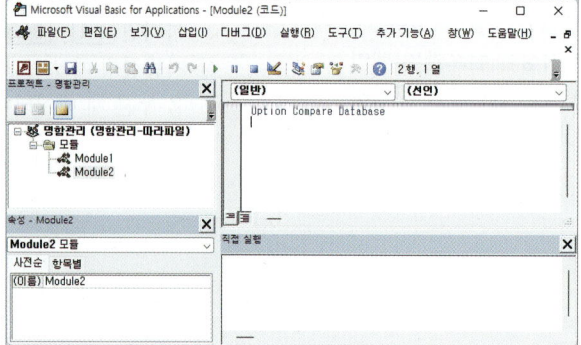

기적의 TIP

객체 지향 프로그래밍의 개념과 모듈 작성 내용은 정확히 알고 넘어가세요.

프로시저, 변수 이름 지정 방법
- 255자까지 가능함
- 문자, 숫자, 밑줄 문자(_)를 포함
- 문장 부호나 공백, 키워드는 사용 불가능함

```
Sum = 0
For i = 1 to 20
    Select Case (i Mod 4)
        Case 0
            Sum = Sum + i
        Case 1, 2, 3
    End Select
Next
```

1부터 20까지(For i = 1 to 20) 4로 나눈 나머지가(i Mod 4) 0인 경우(Case 0)의 합(Sum = Sum + i)을 구함(결과는 60)

- Sub 프로시저(Sub~End Sub)는 특정 동작을 수행하며 결과값을 반환하지 않음
- Function 프로시저(Function~End Function)는 결과값을 반환하며 사용자 정의 함수를 작성함
- 모듈은 여러 개의 프로시저로 구성됨
- Public : 전역 변수 선언
- Variant : 선언문에서 변수의 데이터 형식을 생략한 경우

02 이벤트 프로시저 25년 상시, 24년 상시, 23년 상시, 15년 6월, 11년 10월, 03년 7월

사용자나 프로그램 코드에 의해 초기화되거나 시스템에 의해 발생되는 이벤트에 대응하여 자동으로 실행되는 프로시저이다.

1) 데이터 이벤트 13년 10월, 10년 3월, 07년 2월

AfterUpdate	컨트롤이나 레코드의 데이터가 업데이트된 후에 발생함
BeforeUpdate	컨트롤이나 레코드의 변경된 데이터가 업데이트되기 전에 발생함
AfterInsert	새 레코드가 추가된 후 발생함
BeforeInsert	새 레코드에 첫 문자를 입력할 때(레코드가 실제로 만들어지기 전) 발생함
Current	포커스가 임의의 레코드로 이동되어 그 레코드가 현재 레코드가 되거나 폼이 새로 고쳐지거나 다시 쿼리될 때 발생함
Change	• 텍스트 상자의 내용이나 콤보 상자의 텍스트 부분이 바뀔 때 발생함 • 탭 컨트롤에서 다른 페이지로 이동할 때 발생함

2) 키보드 이벤트

KeyDown	폼이나 컨트롤에 포커스가 있는 동안 키를 누르면 발생함
KeyPress	폼이나 컨트롤에 포커스가 있을 때 ANSI 코드에 해당하는 키나 키 조합을 누르면 발생함

3) 마우스 이벤트 19년 3월, 14년 6월, 07년 2월

Click	개체를 마우스 단추로 클릭했다 놓을 때 발생함
DblClick	두 번 클릭 시간 한도 내에서 개체를 마우스 왼쪽 단추로 두 번 클릭할 때 발생함
MouseDown	마우스 단추를 클릭할 때 발생함

4) 인쇄 이벤트

Format	보고서 구역에 속할 데이터를 결정할 때, 미리 보기나 인쇄 서식을 설정하기 전에 발생함
NoData	• 데이터가 없는(빈 레코드 집합에 바운드된) 보고서를 인쇄하기 위해 서식을 설정한 후 보고서가 인쇄되기 전에 발생함 • 백지 보고서가 인쇄되는 것을 방지할 수 있음
Page	• 인쇄하기 위해 서식을 설정한 후 페이지가 인쇄되기 전에 발생함 • 페이지에 테두리를 그리거나 다른 그래픽 요소를 추가할 수 있음
Print	보고서 구역의 데이터 서식을 설정한 후, 인쇄되기 전에 발생함

5) 창 이벤트

Close	폼이나 보고서를 닫아 화면에서 없앨 때 발생함
Open	• 폼을 연 후, 첫 레코드를 화면에 표시하기 전에 발생함 • 보고서의 경우에는 보고서를 미리 보거나 인쇄하기 전에 발생함
Load	폼이 열리고 폼의 레코드가 표시될 때 발생함
UnLoad	• 폼을 닫은 후 폼이 화면에서 사라지기 전에 발생함 • 폼을 다시 로드하면 폼이 다시 표시되고 모든 컨트롤의 내용이 초기화됨

Private 변수와 Public 변수

- **Private** : 모듈 수준에서 private 변수를 선언하고 저장 공간을 할당할 때 사용(프로시저 내에서 사용할 때 프로시저의 시작 부분에 위치시킴)
- **Private 변수** : 선언된 모듈에서만 유효하므로 같은 모듈에 있는 프로시저만 사용할 수 있음
- **Option Private** : 특정 모듈의 내용을 해당 프로젝트 밖에서 참조하지 못하게 할 때 사용함(모듈 수준에서 모든 프로시저 앞에 선언해야 함. Option Private Module이 선언된 경우 그 변수는 해당 프로젝트에서만 사용할 수 있음)
- **Public** : Option Private Module의 영향을 받지 않는 이상 모든 프로그램의 모든 모듈에 있는 모든 프로시저에서 사용이 가능함(단, 클래스 모듈에서 고정 길이 문자열 변수를 선언하는 데 사용할 수 없음)
- **Public 변수** : 프로젝트의 모든 프로시저에서 사용할 수 있음

```
Dim i As Integer
Dim Num As Integer
For i = 0 To 7 Step 2
Num = Num + i
Next i
MsgBox Str(Num)
```

- For문에 의해 i 값을 0부터 7까지 2씩 증가(0, 2, 4, 6)하면서 반복함
- Num(0) = Num(0) + i(0),
  Num(2) = Num(0) + i(2),
  Num(6) = Num(2) + i(4),
  Num(12) = Num(6) + i(6) → 마지막 Num에는 0 + 2 + 4 + 6의 결과 12가 저장됨
- Num 변수의 값을 문자열(Str) 형식으로 변환하여 표시(MsgBox)함

6) 포커스 이벤트 09년 10월

Activate	폼이나 보고서가 포커스를 받아 현재 창으로 활성화 될 때 발생함
DeActivate	폼이나 보고서가 포커스를 [테이블] 창, [쿼리] 창, [폼] 창, [보고서] 창, [매크로] 창, [모듈] 창이나 [데이터베이스] 창으로 넘겨줄 때 발생함
GotFocus	폼이나 컨트롤이 포커스를 받을 때 발생함
LostFocus	폼이나 컨트롤이 포커스를 잃을 때 발생함

7) 오류와 타이밍 이벤트

Error	폼이나 보고서 사용 중에 런타임 오류가 발생할 때 발생함
Timer	폼 TimerInterval 속성에서 지정한 시간 간격에 따라 발생함

03 주요 액세스 개체의 종류 및 기능

1) Application 개체 19년 3월, 15년 3월, 09년 7월

- 액세스 Application 개체와 이 개체와 관련된 속성을 액세스한다.
- Application 개체에는 액세스 개체와 컬렉션이 모두 들어 있다.
- 액세스 개체마다 현재 Application 개체를 반환하는 Application 속성이 있는데 이 속성을 사용해 개체의 속성을 액세스할 수 있다.
- 메서드나 속성 설정을 액세스 응용 프로그램 전체에 적용할 수 있다.

> **기적의 TIP**
> 주요 액세스 개체의 종류 및 기능을 정확히 숙지해 두세요. 특히 DoCmd 개체를 중심으로 정리하세요.

속성	CurrentData	CurrentData 개체와 이와 관련된 컬렉션에 액세스할 수 있음
	CurrentProject	CurrentProject 개체와 관련된 컬렉션, 속성, 메서드에 액세스할 수 있음
	DoCmd	개체와 이와 관련된 메서드를 참조하거나 실행함
	Name	Application 개체의 이름을 지정함
	Visible	Microsoft Access 응용 프로그램이 최소화되는지 여부를 반환하거나 설정함
메서드	Quit	액세스를 종료함
	Run	액세스나 사용자 정의 Function 또는 Sub 프로시저를 수행함

2) Form 개체 23년 상시, 12년 3월, 11년 7월, 08년 2월

속성	RecordSource	• 폼 데이터 원본을 지정함 • 테이블, 쿼리, SQL 구문 등의 데이터 원본을 표시함
	RecordsetClone	폼의 RecordSource 속성이 지정하는 폼의 Recordset 개체를 참조함
	Bookmark	폼이 원본으로 사용하는 테이블, 쿼리, SQL 구문의 특정 레코드를 식별하는 책갈피를 설정함
	Visible	폼, 보고서, 폼 또는 보고서 구역, 컨트롤 등의 표시 여부를 지정함

> **개념 체크**
> 1 폼의 속성 중 데이터 원본을 지정하는 속성은 ( )이다.
> 2 폼, 보고서, 폼 또는 보고서 구역, 컨트롤 등의 표시 여부를 지정하는 속성은 ( )이다.
>
> 1 RecordSource 2 Visible

메서드	Requery	폼이나 컨트롤의 데이터 원본을 다시 쿼리하여 업데이트함
	Refresh	지정된 폼이나 데이터시트의 원본으로 사용하는 레코드를 즉시 업데이트함
	Recalc	폼의 모든 계산 컨트롤을 업데이트함
	SetFocus	지정한 폼, 컨트롤, 필드 등으로 이동함
	Undo	값이 변경된 폼이나 컨트롤을 원래 상태로 되돌림

3) Report 개체

속성	Visible	개체가 표시되는지 여부를 반환하거나 설정함
	Page	보고서의 현재 페이지 번호를 지정함
	Pages	보고서의 전체 페이지 수를 지정함

4) Control 개체 08년 2월/10월

속성 (콤보 상자 및 목록 상자)	ItemData	콤보 상자나 목록 상자에 지정된 행에 대한 바운드 열의 데이터를 반환함
	ItemSelected	다중 선택 목록 상자 컨트롤에서 선택된 행의 데이터를 액세스함
메서드	Requery	컨트롤의 원본 데이터를 다시 쿼리하여 업데이트함
	SetFocus	지정한 컨트롤로 포커스를 이동함
	Undo	값이 변경된 컨트롤을 원래 상태로 되돌림
	SizeToFit	컨트롤의 크기를 컨트롤 내의 텍스트나 이미지에 맞추어 조정함

5) DoCmd 개체 25년 상시, 24년 상시, 22년 상시, 21년 상시, 19년 8월, 17년 3월, 15년 6월, 09년 4월/10월, 06년 7월, …

DoCmd 개체는 액세스의 매크로 함수를 Visual Basic에서 실행하기 위한 개체로 메서드를 이용하여 매크로를 실행할 수 있다.

메서드	OpenQuery	선택 쿼리를 여러 보기 형식으로 열기를 실행함
	OpenReport	OpenReport 매크로 함수(보고서의 여러 보기 형식 열기 및 인쇄)를 실행함
	OpenForm	OpenForm 매크로 함수(폼을 여러 보기 형식으로 열기)를 실행함
	RunSQL	RunSQL 매크로 함수를 실행함
	RunCommand	기본 메뉴나 도구 모음을 실행함
	RunMacro	RunMacro 매크로 함수(특정한 매크로의 실행이 가능)를 실행함
	CopyObject	CopyObject 매크로 함수(지정한 데이터베이스 개체를 복사)를 실행함
	DeleteObject	DeleteObject 매크로 함수(지정한 데이터베이스 개체를 삭제)를 실행함
	OutputTo	OutputTo 매크로 함수(지정한 데이터베이스 개체를 다른 형식으로 내보냄)를 실행함
	GoToRecord	GoToRecord 매크로 함수(지정한 레코드로 이동)를 실행함
	GoToControl	GoToControl 매크로 함수(지정한 컨트롤로 포커스를 이동)를 실행함
	FindRecord	FindRecord 매크로 함수(지정한 조건에 맞는 레코드를 검색)를 실행함
	FindNext	FindNext 매크로 함수([찾기]에서 지정한 조건에 맞는 레코드를 검색)를 실행함

```
Private Sub Command1_
Click( )
DoCmd.OpenForm "사원
정보", acNormal
DoCmd.GoToRecord , ,
acNewRec
End Sub
```

▲ [사원정보] 폼이 열리고, 새 레코드를 입력할 수 있도록 비워진 폼이 표시됨

이론을 확인하는 기출문제

01 다음 중 VBA에서 프로시저, 형식, 데이터 선언과 정의 등의 선언 집단을 의미하는 것은?

① 매크로
② 모듈
③ 이벤트
④ 폼

> 모듈(Module) : 한 단위로 저장된 프로시저, 구문, VBA 선언의 집합으로 액세스에는 기본 모듈과 클래스 모듈, 폼 모듈, 보고서 모듈이 있음
>
> **오답 피하기**
> • 매크로 : 여러 개의 명령문을 하나로 묶어서 일련의 절차를 미리 정의하는 기능
> • 이벤트 : 마우스 클릭이나 키 누름과 같이 객체에 의해 인식되는 동작
> • 폼 : 테이블이나 쿼리 데이터의 입력, 수정 및 편집 작업을 편리하고 쉽게 할 수 있도록 도와주는 개체

02 다음 중 모듈에 대한 설명으로 옳지 <u>않은</u> 것은?

① 모듈은 클래스 모듈, 응용 모듈, 기타 모듈로 분류한다.
② 클래스 모듈은 사용자 정의 개체를 만들 때 사용한다.
③ 모듈은 선언부를 가진다.
④ 이벤트 프로시저는 특정 개체에 적용되는 SUB 프로시저이다.

> 액세스에는 기본 모듈과 클래스 모듈, 폼 모듈, 보고서 모듈이 있음

03 프로시저는 연산을 수행하거나 값을 계산하는 일련의 명령문과 메서드로 구성된다. 다음 예제 중 메서드에 해당하는 것은?

```
Private Sub OpenOrders_Click( )
DoCmd.OpenForm "Orders"
End Sub
```

① OpenOrders
② DoCmd
③ OpenForm
④ Orders

> OpenForm : OpenForm 매크로 함수(폼을 여러 보기 형식으로 열기)를 실행하는 메서드

04 다음 중 아래의 프로그램을 수행한 후 변수 Sum의 값으로 옳은 것은?

```
Sum = 0
For i = 1 to 20
    Select Case (i Mod 4)
    Case 0
    Sum = Sum + i
    Case 1, 2, 3
    End Select
Next
```

① 45
② 55
③ 60
④ 70

> 1부터 20까지(For i = 1 to 20) 4로 나눈 나머지가(i Mod 4) 0인 경우(Case 0)의 합(Sum = Sum + i)을 구함.(결과는 60)

05 다음 중 현재 폼에서 'cmd숨기기' 단추를 클릭하는 경우, DateDue 컨트롤이 표시되지 않도록 하기 위한 이벤트 프로시저로 옳은 것은?

① Private Sub cmd숨기기_Click( )
   Me.[DateDue]!Visible = False
   End Sub

② Private Sub cmd숨기기_DblClick( )
   Me!DateDue.Visible = True
   End Sub

③ Private Sub cmd숨기기_Click( )
   Me![DateDue].Visible = False
   End Sub

④ Private Sub cmd숨기기_DblClick( )
   Me.DateDue!Visible = True
   End Sub

> • 'cmd숨기기' 단추를 클릭하는 경우 → cmd숨기기_Click( )
> • DateDue 컨트롤이 표시되지 않도록 → Me![DateDue].Visible = False
> • ! : 실행 중인 폼이나 보고서 또는 컨트롤을 참조하기 위해서는 느낌표(!) 연산자를 사용함
> • [ ] : 테이블이나 쿼리, 폼, 모듈서, 필드, 컨트롤의 이름은 대괄호([ ])로 묶어서 표현함
> • . : 폼, 보고서, 컨트롤의 속성을 참고할 때는 점(.) 연산자를 사용함

정답 01 ② 02 ① 03 ③ 04 ③ 05 ③

INDEX

ㄱ

가져오기/내보내기 관련 매크로 함수 ·········· 3-208
개념 스키마 ·········· 3-7
개념적 데이터 모델 ·········· 3-14
개체-관계 모델(E-R Model) ·········· 3-15
개체 무결성 ·········· 3-10
개체의 구성 ·········· 3-212
개체 조작 관련 매크로 함수 ·········· 3-209
개체(Entity) ·········· 3-14
객체 지향 프로그래밍 ·········· 3-212
객체 지향형 데이터베이스 ·········· 3-9
계산 컨트롤 ·········· 3-165
계산 컨트롤의 작성 ·········· 3-165
계층적 데이터베이스 ·········· 3-8
관계 삭제 ·········· 3-66
관계 설정 ·········· 3-61
관계의 종류 ·········· 3-61
관계 편집 ·········· 3-66
관계형 데이터베이스 ·········· 3-9
관계(Relationship) ·········· 3-14
교차 조인(Cross Join) ·········· 3-106
구역 선택기 ·········· 3-123, 3-182
그룹 머리글 ·········· 3-182
그룹 머리글 및 그룹 바닥글의 활용 ·········· 3-184
그룹 바닥글 ·········· 3-182
그룹화 ·········· 3-183
기본 컨트롤 설정 ·········· 3-147
기본키의 종류 ·········· 3-56
기본키 지정하기 ·········· 3-57
기본키(PK : Primary Key) ·········· 3-10, 3-56, 3-93
기수(Cardinality) ·········· 3-9
기존의 데이터베이스 열기 ·········· 3-26
기타 필드 속성 ·········· 3-56
긴 텍스트 ·········· 3-34
긴 텍스트 형식 ·········· 3-45

ㄴ

날짜 및 시간 출력 ·········· 3-193
날짜/시간 ·········· 3-34
날짜/시간 연장됨 ·········· 3-34
날짜/시간 함수 ·········· 3-103
날짜/시간 형식 ·········· 3-43
내부 스키마 ·········· 3-7
내부 조인(INNER JOIN) ·········· 3-107
널(Null) ·········· 3-10
네트워크 데이터베이스 ·········· 3-8
논리 연산자 ·········· 3-101
논리적 데이터 모델 ·········· 3-14
눈금 ·········· 3-123
눈금자 ·········· 3-123

ㄷ

다대다 관계 설정하기 ·········· 3-65
단추 ·········· 3-146
대체키(Alternate Key) ·········· 3-10
데이터 내보내기(Export) ·········· 3-82
데이터 모델링(Modeling) ·········· 3-14
데이터베이스 관리 시스템(DBMS) ·········· 3-7
데이터베이스 관리자의 권한과 임무 ·········· 3-8

데이터베이스 모델 ·········· 3-8
데이터베이스 사용자 ·········· 3-8
데이터베이스 설계 ·········· 3-13
데이터베이스 설계 단계 ·········· 3-13
데이터베이스 설계 시 고려 사항 ·········· 3-13
데이터베이스 언어(DBL) ·········· 3-8
데이터베이스의 목적 ·········· 3-7
데이터베이스의 장단점 ·········· 3-6
데이터베이스의 정의 ·········· 3-6
데이터베이스의 특징 ·········· 3-6
데이터베이스의 필수 기능 ·········· 3-7
데이터 사전(Data Dictionary) ·········· 3-14
데이터 수정 ·········· 3-70
데이터시트 ·········· 3-122
데이터시트 보기에서 테이블 만들기 ·········· 3-29
데이터의 중복성으로 인한 문제점 ·········· 3-7
데이터 이벤트 ·········· 3-213
데이터 정의어 ·········· 3-8
데이터 정의 언어(DDL) ·········· 3-92, 3-93
데이터 제어 ·········· 3-8
데이터 제어 언어(DCL) ·········· 3-92
데이터 조작어 ·········· 3-8
데이터 조작 언어(DML) ·········· 3-92
데이터 찾기 ·········· 3-70
데이터 형식의 종류 ·········· 3-33
도메인 계산 함수 ·········· 3-168
도메인 함수 사용 예 ·········· 3-168
도메인(Domain) ·········· 3-9
디자인 보기를 이용하여 보고서 작성하기 ·········· 3-173
디자인 보기에서 테이블 만들기 ·········· 3-27

ㄹ

레이블 ·········· 3-146, 3-148
레코드 삭제 ·········· 3-70
레코드 추가 ·········· 3-69
릴레이션 스키마(Schema) ·········· 3-9
릴레이션의 구성 ·········· 3-9
릴레이션의 특징 ·········· 3-9
릴레이션 인스턴스(Instance) ·········· 3-9

ㅁ

마법사를 이용하여 보고서 작성하기 ·········· 3-174
마법사를 이용하여 폼 작성하기 ·········· 3-126
마우스 이벤트 ·········· 3-213
맞춤 ·········· 3-122
매개 변수 쿼리 ·········· 3-88, 3-115
매크로 그룹 만들기 ·········· 3-200
매크로 만들기 ·········· 3-198
매크로 수정 ·········· 3-207
매크로 실행 ·········· 3-202
매크로 함수의 개념 ·········· 3-198
매크로(Macro) ·········· 3-18
머리글 및 바닥글에 요약 정보 표시 ·········· 3-167
메서드(Method) ·········· 3-212
명령 단추 ·········· 3-149
명령 컨트롤 단추 이용 ·········· 3-204
모듈(Module) ·········· 3-18
모듈(Module) 작성 ·········· 3-212
목록 상자 ·········· 3-147, 3-151
무결성 제약 조건 ·········· 3-67

문자 연산자 ·········· 3-101
문자열 함수 ·········· 3-102

ㅂ

바꾸기 ·········· 3-71
바로 가기 키 이용 ·········· 3-202
바운드 개체 틀 ·········· 3-147
바운드 열 ·········· 3-163
바운드 폼(Bound Form) ·········· 3-124
보고서 머리글 ·········· 3-182
보고서 바닥글 ·········· 3-182
보고서 보기 형식 ·········· 3-177
보고서 선택기 ·········· 3-182
보고서에 사용하는 식 예제 ·········· 3-166
보고서의 구성 ·········· 3-181
보고서의 주요 속성 ·········· 3-182
보고서 인쇄하기 ·········· 3-178
보고서 작성 ·········· 3-173
보고서(Report) ·········· 3-18, 3-172
본문(세부 구역) ·········· 3-123, 3-182
분할 폼 만들기 ·········· 3-127
불일치 검색 쿼리 ·········· 3-88
비교 연산자 ·········· 3-100
빠른 실행 도구 모음의 [사용자 지정] 이용 ·········· 3-206

ㅅ

사각형 ·········· 3-147
산술 연산자 ·········· 3-100
산술 함수 ·········· 3-103
상태 표시줄 텍스트 ·········· 3-163
새로 데이터베이스 만들기 ·········· 3-24
새 보고서 만들기 ·········· 3-176
색인 ·········· 3-58
서식 파일을 이용하여 테이블 만들기 ·········· 3-31
선 ·········· 3-147
선택 쿼리 ·········· 3-88
선택 함수 ·········· 3-103
속성의 무순서 ·········· 3-9
속성의 원자값 ·········· 3-9
속성(Attribute) ·········· 3-9, 3-14
속성(Property) ·········· 3-212
순서(ORDER BY)를 명시하는 검색 ·········· 3-97
숫자 ·········· 3-34
슈퍼키(Super Key) ·········· 3-10
스키마(Schema) ·········· 3-7
식을 이용한 쿼리 ·········· 3-98
실행 쿼리 ·········· 3-88, 3-112

ㅇ

액세스에서 보고서를 만드는 방법과 종류 ·········· 3-172
액세스에서 SQL문 보기 ·········· 3-92
액세스의 개요 ·········· 3-18
액세스의 시작과 종료 ·········· 3-19
액세스 파일 가져오기 ·········· 3-72
액세스 파일로 내보내기 ·········· 3-82
언바운드 개체 틀 ·········· 3-147
언바운드 폼(Unbound Form) ·········· 3-124
업무 문서 양식 보고서 ·········· 3-188
엑셀 파일 가져오기 ·········· 3-73
엑셀 파일로 내보내기 ·········· 3-84

여러 항목 폼 만들기 ········· 3-128	컨트롤의 개념 ············· 3-146	필드의 이름 변경 ············· 3-38
연결 연산자 ············· 3-100	컨트롤의 그룹 설정/해제 ······ 3-161	필드 이름 지정 ············· 3-33
열 형식 ················ 3-122	컨트롤의 맞춤 조정 ········· 3-161	
옵션 그룹 ··········· 3-146, 3-153	컨트롤의 삭제 ············· 3-160	**ㅎ**
옵션 단추 ················ 3-147	컨트롤의 이동과 복사 ········ 3-159	하위 보고서 ················ 3-176
외래키(FK : Foreign Key) ··· 3-11, 3-93	컨트롤의 종류 ············· 3-146	하위 폼 만들기 ············· 3-138
외부 데이터 가져오기(Import) ····· 3-72	컨트롤의 주요 속성 ········· 3-162	하위 폼의 개념 ············· 3-137
외부 스키마 ················ 3-7	컨트롤의 크기 조정 ········· 3-160	하위 폼의 특징 ············· 3-137
외부 조인(Outer Join) ········ 3-108	콤보 상자 ················ 3-147	하위 폼/하위 보고서 ········ 3-147
우외부 조인(Right Join) ······· 3-110	쿼리의 작성 ················ 3-89	하이퍼링크 ············ 3-34, 3-146
우편물 레이블 보고서 ········· 3-186	쿼리의 종류 ················ 3-88	행 원본 ················ 3-163
우편 엽서 보고서 ············· 3-190	쿼리(Query) ··············· 3-18	행 원본 유형 ············· 3-163
웹 브라우저 컨트롤 ·········· 3-147	쿼리(Query)의 개념 ·········· 3-88	확인란 ················ 3-147
유일성 ··················· 3-10	크로스탭 쿼리 ········· 3-88, 3-116	확장 가능 ················ 3-163
유효성 검사 규칙 ············· 3-53	큰 번호 ··················· 3-34	후보키(Candidate Key) ········ 3-10
유효성 검사 텍스트 ············ 3-55	키보드 이벤트 ············· 3-213	
이미지 ··················· 3-147	키(Key)의 개념 ·············· 3-10	**A**
이벤트 프로시저 ············· 3-213	키(Key)의 종류 ·············· 3-10	ABS ··················· 3-103
이벤트(Event) ··············· 3-212		ActiveX 컨트롤 ············· 3-147
이상(Anomaly) 현상 ·········· 3-11	**E**	AfterUpdate ············· 3-213
인덱스(Index) ··············· 3-58	탐색 컨트롤 ············· 3-146	ALTER TABLE ············· 3-94
인쇄 이벤트 ················ 3-213	탭 순서(Tab Order) ········· 3-134	Application 개체 ············· 3-214
일대다 관계 설정하기 ············ 3-64	탭 컨트롤 ················ 3-146	ApplyFilter ············· 3-208
일대일 관계 설정하기 ············ 3-62	테이블 만들기 ············· 3-27	AutoExec ················ 3-203
일련번호 ················· 3-34	테이블 연결 ················ 3-79	AVG ··················· 3-102
입력 마스크 ················ 3-48	테이블의 구조 변경 ············ 3-36	
	테이블의 이름 변경 ············ 3-36	**B**
ㅈ	테이블 이름 지정 ············· 3-36	BeforeUpdate ············· 3-213
자동 보고서 만들기 : 보고서 ····· 3-176	테이블 형식 ················ 3-122	BETWEEN~AND~ ············ 3-101
자동 실행 매크로 ············· 3-203	테이블(Table) ··········· 3-9, 3-18	
자동 폼 만들기 ············· 3-126	테이블(Table)의 개념 및 특징 ····· 3-9	**C**
정규화(Normalization) ········ 3-11	텍스트 상자 ··········· 3-146, 3-148	CDATE ················ 3-103
정렬 ··················· 3-183	텍스트 파일 가져오기 ·········· 3-76	Change ················ 3-213
조건부 서식 ················ 3-194	텍스트 파일로 내보내기 ········· 3-85	CHOOSE ················ 3-103
조인(WHERE)에 의한 검색 ······· 3-97	토글 단추 ················ 3-147	CONCAT ················ 3-102
조인 속성 ················ 3-66	통화 ··················· 3-34	Control 개체 ············· 3-215
조인(Join)의 개념 ············ 3-106	숫자, 통화 형식 ············· 3-41	COUNT ················ 3-102
조회 마법사 ················ 3-34	튜플의 무순서 ··············· 3-9	CREATE TABLE ············· 3-93
조회 속성 ················ 3-51	튜플의 유일성 ··············· 3-9	Current ················ 3-213
좌외부 조인(Left Join) ········ 3-108	튜플(Tuple) ··············· 3-9	
중복 내용 숨기기 ············· 3-163		**D**
중복되는 데이터 값을 제거(DISTINCT)하여 검색	**ㅍ**	DATE ··················· 3-103
··················· 3-96	페이지 나누기 삽입 ··········· 3-146	DATEADD ················ 3-103
직접 실행 ················ 3-202	페이지 머리글 ··········· 3-123, 3-182	DATEDIFF ················ 3-103
집계 정보의 표시 ············· 3-194	페이지 바닥글 ··········· 3-123, 3-182	DAvg ··················· 3-168
집계 함수(집단 함수=그룹 함수) ··· 3-102	페이지 번호 출력 ············· 3-193	DblClick ················ 3-213
집합 연산자 ················ 3-101	포커스 이벤트 ············· 3-214	DCL ··················· 3-8
짧은 텍스트 ················ 3-34	폼 ··················· 3-166	DCount ················ 3-168
짧은 텍스트 형식 ············· 3-45	폼과 보고서 관련 매크로 함수 ····· 3-208	DDL ··················· 3-8
	폼 디자인을 이용하여 폼 작성하기 ···· 3-124	DELETE(삭제문) ············· 3-113
ㅊ	폼 머리글 ················ 3-123	DLookUp ················ 3-168
차수(Degree) ··············· 3-9	폼 바닥글 ················ 3-123	DML ··················· 3-8
차트 ··············· 3-147, 3-156	폼 선택기 ················ 3-123	DMax ··················· 3-168
참조 무결성 ············ 3-11, 3-67	폼 속성의 개요 ············· 3-131	DMin ··················· 3-168
창 이벤트 ················ 3-213	폼의 개념 ················ 3-122	DoCmd 개체 ············· 3-215
첨부 파일 ················ 3-147	폼의 구성 요소 ············· 3-123	DROP에서 옵션 ············· 3-92
축소 가능 ················ 3-163	폼의 보기 형식 ············· 3-128	DROP TABLE ············· 3-94
최소성 ··················· 3-10	폼의 주요 속성 ············· 3-132	DSum ··················· 3-168
	폼의 표시 형식 ············· 3-122	
ㅋ	폼 작성하기 ················ 3-124	**E**
컨트롤 ··················· 3-182	폼(Form) ··················· 3-18	EMailDatabaseObject ········ 3-208
컨트롤 마법사 사용 ············ 3-147	프로시저, 변수 이름 지정 방법 ····· 3-212	E-R 다이어그램(ERD) ·········· 3-15
컨트롤 만들기 ············· 3-148	필드 삭제 ················ 3-37	ExportWithFormatting ········ 3-208
컨트롤 선택 ················ 3-159	필드 삽입 ················ 3-36	
컨트롤 원본 ················ 3-163	필드 속성 ················ 3-40	
	필드의 이동 ················ 3-38	

F

FindNextRecord	3-208
FindRecord	3-208
Form 개체	3-214
Format	3-103

G

GoToControl	3-208
GROUP BY	3-102

H

HAVING	3-102

I

IIF	3-103
ImportExportData	3-208
ImportExportText	3-208
IN	3-101
INSERT(삽입문)	3-112
INSTR	3-103

L

LCASE	3-103
LEN	3-103
LIKE	3-101
LostFocus	3-214

M

MAX	3-102
Microsoft Access의 6가지 개체	3-18
MID	3-102
MIN	3-102
MINUTE	3-103
MOD	3-103
MONTH	3-103

N

NOW	3-103

O

OLE 개체	3-34
OpenForm	3-209, 3-215
OpenQuery	3-208, 3-209, 3-215
OpenReport	3-209, 3-215

P

POWER	3-103
Primary Key	3-56
PrintOut	3-209
Private 변수와 Public 변수	3-213

R

Report 개체	3-215
RIGHT	3-102
ROUND	3-103
RunApplication	3-208
RunMacro	3-208
RunMenuCommand	3-208
RunSQL	3-208

S

SIGN	3-103
SQL 명령어의 종류	3-92
SQL문-SELECT(검색문)	3-94
SQL의 개념	3-92
SQL 쿼리	3-88
SQRT	3-103
STR	3-102
STRREVERSE	3-103
SUM	3-102
SWITCH	3-103

T

TIMESERIAL	3-103
TIMEVALUE	3-103
TRUNC	3-103

U

UCASE	3-103
UNION	3-101
UNION(통합) 쿼리	3-119
UPDATE(갱신문)	3-113

V

VAL	3-103

W

WEEKDAY(날짜)	3-103

Y

YEAR	3-103
Yes/No	3-34
Yes/No 형식	3-46

기호

[데이터] 탭 관련 속성	3-133
[이벤트] 탭 이용	3-205
[Access 옵션] 대화 상자	3-22

 삶은 시계태엽처럼 감겨 있고,
우리는 그것이 풀리는 동안 살아갈 뿐이다.
그 움직임의 동력은 의지다.

아르투어 쇼펜하우어

이렇게 기막힌 적중률

컴퓨터활용능력
1급 필기 기본서
기출공략

"이" 한 권으로 합격의 "기적"을 경험하세요!

차례

대표 기출 60선

1과목	컴퓨터 일반	4-4
2과목	스프레드시트 일반	4-14
3과목	데이터베이스 일반	4-23

상시 기출문제

2025년 상시 기출문제 01회	4-32
2025년 상시 기출문제 02회	4-43
2025년 상시 기출문제 03회	4-54
2024년 상시 기출문제 01회	4-64
2024년 상시 기출문제 02회	4-74

상시 기출문제 정답 & 해설

2025년 상시 기출문제 01회 정답 & 해설	4-87
2025년 상시 기출문제 02회 정답 & 해설	4-91
2025년 상시 기출문제 03회 정답 & 해설	4-96
2024년 상시 기출문제 01회 정답 & 해설	4-101
2024년 상시 기출문제 02회 정답 & 해설	4-106

BONUS 또기적 합격자료집 — PDF

※ 참여 방법 : '이기적 스터디 카페' 검색 → 이기적 스터디 카페(cafe.naver.com/yjbooks) 접속 → '구매 인증 PDF 증정' 게시판 → 구매 인증 → 메일로 자료 받기

대표 기출 60선

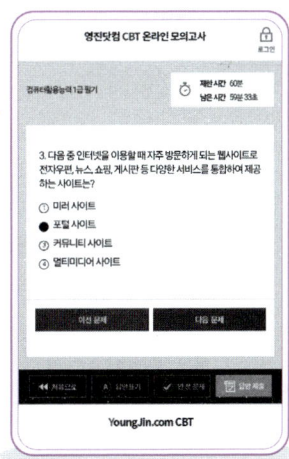
 ◀ 접속

CBT 온라인 문제집
① QR 코드 찍기(PC는 홈페이지 접속)
② 랜덤 모의고사 무료 응시
③ 풀이 후 자동 채점
④ 해설 즉시 확인 가능

대표 기출 60선

1과목 컴퓨터 일반

참고 파트01-챕터01-섹션01

01 | 운영체제의 목적(성능 평가 요소)

처리 능력 (Throughput)	시스템의 생산성을 나타내는 단위로, 일정 시간 동안 처리하는 일의 양
응답 시간 (Turnaround Time)	작업 의뢰 후 시스템에서 결과가 얻어질 때까지의 시간
신뢰도 (Reliability)	주어진 문제를 얼마나 정확하게 처리하는가의 정도
사용 가능도 (Availability)	시스템을 얼마나 빠르게 사용할 수 있는가의 정도

운영체제는 사용자 편의성과 시스템 생산성을 높이기 위한 프로그램이다. 다음 중 운영체제의 목적으로 가장 거리가 먼 것은?

① 처리 능력 증대
② 신뢰도 향상
③ 응답 시간 단축
④ 파일 전송

참고 파트01-챕터01-섹션01

02 | 바로 가기 키(Shortcut Key)

F2	선택한 항목 이름 바꾸기
F3	파일 탐색기에서 파일 또는 폴더 검색
F4	파일 탐색기의 주소 표시줄 목록 표시
F5	활성 창 새로 고침
F6	창이나 바탕 화면의 화면 요소들을 순환
F10	활성 앱의 메뉴 모음 활성화
Alt + F4	활성 항목을 닫거나 활성 앱을 종료
Alt + Tab	열려 있는 앱 간 전환
Alt + Esc	항목을 열린 순서대로 선택
Alt + Enter	선택한 항목의 속성 창을 표시
Ctrl + Esc	시작 화면 열기
Ctrl + Shift + Esc	작업 관리자 열기
Shift + F10	선택한 항목에 대한 바로 가기 메뉴 표시
Shift + Delete	휴지통에 버리지 않고 바로 삭제
⊞	시작 화면 열기 또는 닫기
⊞ + Pause	시스템 속성 대화 상자 표시
⊞ + L	PC를 잠그거나 계정을 전환
⊞ + D	바탕 화면 표시 및 숨김
⊞ + T	작업 표시줄의 앱을 순환
⊞ + R	실행 대화 상자 열기
⊞ + E	파일 탐색기 열기
Ctrl + F	파일 또는 폴더 검색

다음 중 Windows에서 사용하는 바로 가기 키에 대한 설명으로 옳지 않은 것은?

① ⊞ + L : 컴퓨터 잠금
② ⊞ + R : 실행 대화 상자 열기
③ ⊞ + Pause : 설정의 [시스템] 정보 표시
④ ⊞ + F : 장치 및 프린터 추가

※ 윈도우 10의 기능 업데이트로 인해 ⊞ + Pause 가 제어판의 [시스템] 창 표시에서 설정의 [시스템] 정보 표시로 바뀌었습니다.

정답 01 ④ 02 ④

참고 파트01-챕터01-섹션03 합격 강의

03 | 휴지통

- 작업 도중 삭제된 자료들이 임시로 보관되는 장소로, 필요한 경우 복원이 가능함
- 각 드라이브마다 따로 설정이 가능
- 복원시킬 경우, 경로 지정을 하지 않아도 자동으로 원래 위치로 복원
- 휴지통 내에서의 데이터 실행 작업은 불가능
- **휴지통에 보관되지 않고 완전히 삭제되는 경우**
  - 플로피 디스크나 USB 메모리, DOS 모드, 네트워크 드라이브에서 삭제한 경우
  - 휴지통 비우기를 한 경우
  - Shift + Delete 로 삭제한 경우
  - [휴지통 속성]의 [파일을 휴지통에 버리지 않고 삭제할 때 바로 제거]를 선택한 경우
  - 바로 가기 메뉴에서 Shift 를 누른 채 [삭제]를 선택한 경우
  - 같은 이름의 항목을 복사/이동 작업으로 덮어 쓴 경우

다음 중 Windows에서 사용하는 [휴지통]에 대한 설명으로 옳지 않은 것은?

① [명령 프롬프트] 창에서 삭제한 파일은 휴지통과 관계없이 영구히 삭제된다.
② 휴지통의 크기는 각각의 드라이브마다 다르게 지정할 수 있다.
③ USB 드라이브에서 삭제한 파일은 휴지통에서 복원 메뉴로 복원할 수 있다.
④ 휴지통의 최대 크기는 [휴지통 속성] 창에서 변경할 수 있다.

참고 파트01-챕터02-섹션01 합격 강의

04 | 설정

- 사용자 계정

계정 유형	기능
관리자 계정	• 컴퓨터에 대한 제어 권한이 가장 많으며 소프트웨어 및 하드웨어를 설치함 • 모든 파일에 액세스할 수 있으며 다른 사용자 계정도 변경 가능함
표준 계정	• 컴퓨터에 설치된 대부분의 프로그램을 사용할 수 있고 사용자 계정에 영향을 주는 설정을 변경할 수 있음 • 일부 소프트웨어 및 하드웨어를 설치 또는 제거할 수 없고 컴퓨터 작동에 필요한 파일은 삭제할 수 없음 • 다른 사용자나 컴퓨터 보안에 영향을 주는 설정은 변경할 수 없음

- 시스템 정보
  - 실행 방법 : [설정]-[시스템]-[정보]를 클릭함, ■+X, Y
  - [정보] : PC가 모니터링되고 보호되는 상황(바이러스 및 위협 방지, 방화벽 및 네트워크 보호, 웹 및 브라우저 컨트롤, 계정 보호, 장치 보안 등)에 대해 알 수 있음
  - [장치 사양] : 디바이스 이름, 프로세서(CPU), 설치된 RAM, 장치 ID, 제품 ID, 시스템 종류(32/64비트 운영체제), 펜 및 터치 등에 대해 알 수 있음
  - [이 PC의 이름 바꾸기] : 현재 설정되어 있는 PC의 이름을 변경할 수 있으며, 변경 후 시스템을 다시 시작해야 완전히 변경됨
  - [Windows 사양] : 에디션, 버전, 설치 날짜, OS 빌드, 경험 등을 알 수 있음
  - [제품 키 변경 또는 Windows 버전 업그레이드] : 정품 인증 및 제품 키 업데이트(제품 키 변경), Microsoft 계정 추가를 할 수 있음

다음 중 Windows에서 [설정]의 [시스템]-[정보]에 대한 설명으로 옳지 않은 것은?

① Windows의 버전과 CPU의 종류, RAM의 크기를 직접 변경할 수 있다.
② 현재 설정되어 있는 PC의 이름을 변경할 수 있다.
③ 컴퓨터 시스템의 종류와 제품 ID를 확인할 수 있다.
④ Windows의 정품 인증을 받을 수 있다.

Windows의 버전과 CPU의 종류, RAM의 크기를 알 수는 있지만 직접 변경할 수는 없음

참고 파트01-챕터02-섹션02

05 | 네트워크 명령어

- ⊞+R [실행]에서 『CMD』를 입력하여 실행
- 명령어는 대·소문자 상관없이 사용할 수 있음

명령	기능
ipconfig	사용자 자신의 컴퓨터 IP 주소를 확인하는 명령
ping	네트워크의 현재 상태나 다른 컴퓨터의 네트워크 접속 여부를 확인하는 명령
tracert	네트워크에 연결된 컴퓨터의 경로(라우팅 경로)를 추적할 때 사용하는 명령

다음 중 네트워크와 관련하여 Ping 서비스에 대한 설명으로 옳은 것은?

① 인터넷의 기원, 구성, 사용 가능한 인터넷 서비스 등 기초적인 정보를 제공하는 서비스이다.
② 웹 브라우저와 웹 서버 사이의 정보 전달을 위한 인터페이스를 제공해 주는 서비스이다.
③ DNS가 가지고 있는 특정 도메인의 IP 주소를 검색해 주는 서비스이다.
④ 지정된 호스트에 대해 네트워크층의 통신이 가능한지의 여부를 확인하는 서비스이다.

참고 파트01-챕터03-섹션04

06 | 문자 표현 코드

코드	설명
BCD 코드 (2진화 10진)	• Zone은 2비트, Digit는 4비트로 구성됨 • 6비트로 2^6=64가지의 문자 표현이 가능함 • 영문자의 대소문자를 구별하지 못함
ASCII 코드 (미국 표준)	• Zone은 3비트, Digit는 4비트로 구성됨 • 7비트로 2^7=128가지의 표현이 가능함 • 일반 PC용 컴퓨터 및 데이터 통신용 코드 • 대소문자 구별이 가능함 • 확장 ASCII 코드는 8비트를 사용하여 256가지의 문자를 표현함
EBCDIC 코드 (확장 2진화 10진)	• Zone은 4비트, Digit는 4비트로 구성됨 • 8비트로 2^8=256가지의 표현이 가능함 • 확장된 BCD 코드로 대형 컴퓨터에서 사용되는 범용 코드
유니코드(Unicode)	• 2바이트 코드로 세계 각 나라의 언어를 표현할 수 있는 국제 표준 코드 • 한글의 경우 조합, 완성, 옛 글자 모두 표현 가능함 • 16비트이므로 2^{16}인 65,536자까지 표현 가능함

※ 해밍 코드(Hamming Code) : 에러 검출과 교정이 가능한 코드로, 최대 2비트까지 에러를 검출하고 1비트의 에러 교정이 가능한 방식

다음 중 컴퓨터에서 문자를 표현하는 코드 체계에 대한 설명으로 옳지 않은 것은?

① BCD 코드 : 64가지의 문자를 표현할 수 있으나 영문 소문자는 표현 불가능하다.
② Unicode : 세계 각국의 언어를 4바이트 체계로 통일한 국제 표준 코드이다.
③ ASCII 코드 : 128가지의 문자를 표현할 수 있으며, 주로 데이터 통신용이나 PC에서 많이 사용된다.
④ EBCDIC 코드 : BCD 코드를 확장한 코드 체계로 256가지의 문자를 표현할 수 있다.

정답 05 ④ 06 ②

참고 파트01-챕터03-섹션06　　▶합격강의

07 | 제어 장치

구성 장치	기능
프로그램 카운터 (Program Counter)	다음에 수행할 명령어의 번지(주소)를 기억하는 레지스터
명령 해독기 (Instruction Decoder)	수행해야 할 명령어를 해석하여 부호기로 전달하는 회로
번지 해독기 (Address Decoder)	명령 레지스터로부터 보내온 번지(주소)를 해석하는 회로
부호기 (Encoder)	명령 해독기에서 전송된 명령어를 제어에 필요한 신호로 변환하는 회로
명령 레지스터 (IR : Instruction Register)	현재 수행 중인 명령어를 기억하는 레지스터
번지 레지스터 (MAR : Memory Address Register)	주소를 기억하는 레지스터
기억 레지스터 (MBR : Memory Buffer Register)	내용(자료)을 기억하는 레지스터

다음 중 컴퓨터의 제어 장치에 있는 레지스터에 관한 설명으로 옳지 않은 것은?

① 다음번에 실행할 명령어의 번지를 기억하는 프로그램 계수기(PC)가 있다.
② 현재 실행 중인 명령어를 기억하는 명령 레지스터(IR)가 있다.
③ 명령 레지스터에 있는 명령어를 해독하는 명령 해독기(Decoder)가 있다.
④ 해독된 데이터의 음수 부호를 검사하는 부호기(Encoder)가 있다.

참고 파트01-챕터03-섹션06　　▶합격강의

08 | 연산 장치

구성 장치	기능
가산기 (Adder)	2진수 덧셈을 수행하는 회로
보수기 (Complementor)	뺄셈을 수행하기 위하여 입력된 값을 보수로 변환하는 회로
누산기 (ACCumulator)	중간 연산 결과를 일시적으로 기억하는 레지스터
데이터 레지스터 (Data Register)	연산한 데이터를 기억하는 레지스터
프로그램 상태 워드 (PSW : Program Status Word)	명령어 실행 중에 발생하는 CPU의 상태 정보를 저장하는 상태 레지스터(Status Register)

다음 중 컴퓨터의 연산 장치에 관한 설명으로 옳지 않은 것은?

① 연산 장치가 수행하는 연산에는 산술, 논리, 관계, 이동(Shift) 연산 등이 있다.
② 연산 장치에는 뺄셈을 수행하기 위하여 입력된 값을 보수로 변환하는 보수기(Complementor)와 2진수 덧셈을 수행하는 가산기(Adder)가 있다.
③ 누산기(Accmulator)는 연산된 결과를 일시적으로 저장하는 레지스터이다.
④ 연산 장치에는 다음번 연산에 필요한 명령어의 번지를 기억하는 프로그램 카운터(Program Counter)를 포함한다.

참고 파트01-챕터03-섹션07 합격 강의

09 | 주기억 장치

- ROM(Read Only Memory)
  - 한 번 기록한 정보에 대해 오직 읽기만을 허용하도록 설계된 비휘발성 기억 장치
  - 수정이 필요 없는 기본 입출력 프로그램이나 글꼴 등의 펌웨어(Firmware)를 저장
- RAM(Random Access Memory)
  - 실행 중인 프로그램이나 데이터를 저장하며, 자유롭게 읽고 쓰기가 가능한 주기억 장치
  - 전원이 공급되지 않으면 기억된 내용이 사라지는 휘발성(소멸성) 메모리

종류	특징
SRAM (Static RAM)	• 정적인 램으로, 전원이 공급되는 한 내용이 그대로 유지됨 • 가격이 비싸고, 용량이 적으나 속도가 빨라 캐시(Cache) 메모리 등에 이용됨
DRAM (Dynamic RAM)	• 구조는 단순하지만 가격이 저렴하고 집적도가 높아 PC의 메모리로 이용됨 • 일정 시간이 지나면 전하가 방전되므로 재충전(Refresh) 시간이 필요함

다음 중 컴퓨터의 내부 기억 장치에 관한 설명으로 옳은 것은?

① RAM은 일시적으로 전원 공급이 없더라도 내용은 계속 기억된다.
② SRAM이 DRAM보다 접근 속도가 느리다.
③ 주기억 장치의 접근 속도 개선을 위하여 가상 메모리가 사용된다.
④ ROM에는 BIOS, 기본 글꼴, POST 시스템 등이 저장되어 있다.

참고 파트01-챕터03-섹션07 합격 강의

10 | 기타 기억 장치

- 캐시 메모리(Cache Memory)
  - 휘발성 메모리로, 속도가 빠른 CPU와 상대적으로 속도가 느린 주기억 장치 사이에 있는 고속의 버퍼 메모리
  - 자주 참조되는 데이터나 프로그램을 메모리에 저장
  - 컴퓨터의 처리 속도를 향상시켜 메모리 접근 시간을 감소시키는 데 목적이 있음
  - 캐시 메모리는 SRAM 등이 사용되며, 주기억 장치보다 소용량으로 구성
- 버퍼 메모리(Buffer Memory)
  - 읽거나 기록한 데이터를 일시적으로 기억할 수 있는 메모리
  - 두 개의 장치 사이에 위치하여 두 개의 장치가 데이터를 주고받을 때 생기는 속도 차이를 해결하기 위하여 중간에 데이터를 임시로 저장해 두는 공간
- 연관 메모리(Associative Memory)
  - 저장된 내용의 일부를 이용하여 기억 장치에 접근하여 데이터를 읽어오는 기억 장치
  - 캐시 메모리에서 특정 내용을 찾는 방식 중 매핑 방식에 주로 사용됨
  - CAM(Content Addressable Memory)이라고도 함
  - 메모리에 기억된 정보를 찾는데 저장된 내용에 의하여 접근함(병렬 탐색 가능)
- 가상 메모리(Virtual Memory)
  - 보조 기억 장치의 일부, 즉 하드디스크의 일부를 주기억 장치처럼 사용하는 메모리 사용 기법으로, 기억 장소를 주기억 장치의 용량으로 제한하지 않고, 보조 기억 장치까지 확대하여 사용함
  - 주기억 장치보다 큰 프로그램을 로드하여 실행할 경우에 유용함
  - 기억 공간의 확대에 목적이 있음(처리 속도 향상 아님)
  - 가상 기억 장치로는 임의 접근이 가능한 자기 디스크를 많이 사용함

다음 중 컴퓨터의 기억 장치에 관한 설명으로 옳지 않은 것은?

① 캐시 메모리(Cache Memory)는 CPU와 주기억 장치 사이에 위치하여 컴퓨터의 처리 속도를 향상시키는 역할을 하며 주로 동적 램(DRAM)을 사용한다.
② 가상 메모리(Virtual Memory)는 하드디스크의 일부를 주기억 장치처럼 사용하는 것으로 주기억 장치보다 큰 프로그램을 실행시킬 수 있다.
③ 버퍼 메모리(Buffer)는 두 개의 장치가 데이터를 주고받을 때 생기는 속도 차이를 해결하기 위하여 중간에 데이터를 임시로 저장해 두는 공간이다.
④ 연관 메모리(Associative Memory)는 저장된 내용의 일부를 이용하여 기억 장치에 접근하여 데이터를 읽어 오는 기억 장치이다.

[참고] 파트01-챕터03-섹션09

11 | USB(Universal Serial Bus) 포트

- 허브(Hub)를 사용하면 최대 127개의 주변기기 연결이 가능하며, 기존의 직렬, 병렬, PS/2포트 등을 하나의 포트로 대체하기 위한 범용 직렬 버스 장치
- 직렬 포트나 병렬 포트보다 빠른 속도로 데이터를 전송함
- 핫 플러그 인, 플러그 앤 플레이를 지원함
- USB 1.0에서는 1.5Mbps, USB 1.1에서는 최대 12Mbps, USB 2.0에서는 최대 480Mbps, USB 3.0에서는 최대 5Gbps, USB 3.1에서는 최대 10Gbps로 빨라짐
- USB 2.0의 포트 색깔은 검정색 또는 흰색이며 USB 3.0의 포트 색깔은 파랑색임

다음 중 Windows에서 사용하는 USB(Universal Serial Bus)에 대한 설명으로 옳은 것은?

① USB는 범용 병렬 장치를 연결할 수 있게 해주는 컴퓨터 인터페이스이다.
② 핫 플러그인(Hot Plug In) 기능은 지원하지 않으나 플러그 앤 플레이(Plug & Play) 기능은 지원한다.
③ USB 3.0은 이론적으로 최대 5Gbps의 전송 속도를 가지며, PC 및 연결기기, 케이블 등의 모든 USB 3.0 단자는 파란색으로 되어 있어 이전 버전과 구분이 된다.
④ 허브를 이용하여 하나의 USB 포트에 여러 개의 주변기기를 연결할 수 있으며, 최대 256개까지 연결할 수 있다.

[참고] 파트01-챕터03-섹션10

12 | 저작권에 따른 소프트웨어의 구분

상용 소프트웨어 (Commercial Software)	정식 대가를 지불하고 사용하는 프로그램으로 해당 프로그램의 모든 기능을 사용할 수 있음
공개 소프트웨어 (Freeware)	개발자가 무료로 자유로운 사용을 허용한 소프트웨어
셰어웨어 (Shareware)	정식 프로그램의 구매를 유도하기 위해 기능이나 사용 기간에 제한을 두어 무료로 배포하는 프로그램
에드웨어 (Adware)	광고가 소프트웨어에 포함되어 이를 보는 조건으로 무료로 사용할 수 있는 소프트웨어
데모 버전 (Demo Version)	정식 프로그램의 기능을 홍보하기 위해 사용 기간이나 기능을 제한하여 배포하는 프로그램
트라이얼 버전 (Trial Version)	상용 소프트웨어를 일정 기간 동안 사용해 볼 수 있는 체험판 소프트웨어
알파 버전 (Alpha Version)	베타 테스트를 하기 전에 제작 회사 내에서 테스트할 목적으로 제작하는 프로그램
베타 버전 (Beta Version)	정식 프로그램을 발표하기 전에 테스트를 목적으로 일반인에게 공개하는 프로그램
패치 프로그램 (Patch Program)	이미 제작하여 배포된 프로그램의 오류 수정이나 성능 향상을 위하여 프로그램 일부를 변경해 주는 프로그램
번들 프로그램 (Bundle Program)	특정한 하드웨어나 소프트웨어를 구매하였을 때 끼워주는 소프트웨어

다음 중 소프트웨어의 사용권에 따른 분류에 대한 설명으로 옳지 않은 것은?

① 애드웨어 : 배너 광고를 보는 대가로 무료로 사용하는 소프트웨어이다.
② 셰어웨어 : 정식 버전이 출시되기 전에 프로그램에 대한 일반인의 평가를 받기 위해 제작된 소프트웨어이다.
③ 번들 : 특정한 하드웨어나 소프트웨어를 구매하였을 때 포함하여 주는 소프트웨어이다.
④ 프리웨어 : 돈을 내지 않고도 사용 가능하고 다른 사람에게 전달해 줄 수 있는 소프트웨어이다.

참고 파트01-챕터03-섹션12

13 | 웹 프로그래밍 언어

자바(Java)	• 자바의 원시 코드를 고쳐 쓰거나 재컴파일할 필요가 없기 때문에 기종이나 운영체제와 무관한 응용 프로그램의 개발 도구로 각광받고 있음 • 멀티스레드를 지원하고 각각의 스레드는 독립적으로 동시에 서로 다른 일을 처리함 • 특정 컴퓨터 구조와 무관한 가상 바이트 머신 코드를 사용하므로 플랫폼이 독립적임 • 바이트 머신 코드를 생성함
ASP (Active Server Page)	• Windows 환경에서 동적인 웹 페이지를 제작할 수 있는 스크립트 언어 • HTML 문서에 명령어를 삽입하여 사용하며, 자바스크립트와는 달리 서버측에서 실행됨
PHP(Professional Hypertext Preprocessor)	웹 서버에서 작동하는 스크립트 언어로, UNIX, Linux, Windows 등의 환경에서 작동함
JSP (Java Server Page)	ASP, PHP와 동일하게 웹 서버에서 작동하는 스크립트 언어

다음 중 Java 언어에 대한 설명으로 옳지 않은 것은?

① 객체 지향 언어로 추상화, 상속화, 다형성과 같은 특징을 가진다.
② 인터프리터를 이용한 프로그래밍 언어로 특히 인공지능 분야에서 널리 사용되고 있다.
③ 네트워크 환경에서 분산 작업이 가능하도록 설계되었다.
④ 특정 컴퓨터 구조와 무관한 가상 바이트 머신 코드를 사용하므로 플랫폼이 독립적이다.

참고 파트01-챕터04-섹션01

14 | IPv6 주소

• 인터넷에 연결된 컴퓨터의 고유한 주소
• IPv6 주소체계는 128비트를 16비트씩 8부분으로 나누어 각 부분을 콜론(:)으로 구분함
• IPv6은 IPv4와 호환이 되며 16진수로 표기, 각 블록에서 선행되는 0은 생략할 수 있으며 연속된 0의 블록은 ::으로 한 번만 생략 가능함
• IPv6의 주소 개수는 약 43억의 네제곱임
• 주소 체계는 유니캐스트(Unicast), 애니캐스트(Anycast), 멀티캐스트(Multicast) 등 세 가지로 나뉨
• 인증 서비스, 비밀성 서비스, 데이터 무결성 서비스를 제공함으로써 보안 문제를 해결할 수 있음

다음 중 인터넷에서 사용하는 IPv6에 관한 설명으로 옳지 않은 것은?

① IPv4와의 호환성이 우수하다.
② 128비트의 주소를 사용하며, 주소의 각 부분은 .(Period)로 구분한다.
③ 실시간 흐름제어로 향상된 멀티미디어 기능을 지원한다.
④ 인증성, 기밀성, 데이터 무결성의 지원으로 보안 문제를 해결할 수 있다.

참고 파트01-챕터04-섹션02 합격 강의

15 | FTP(File Transfer Protocol)

- 파일 전송 프로토콜로, 파일을 전송하거나 받을 때 사용하는 서비스
- 바이너리(Binary) 모드는 그림 파일, 동영상 파일이나 실행 파일의 전송에 이용됨
- 아스키(ASCII) 모드는 아스키 코드의 텍스트 파일 전송에 이용됨
- 파일의 업로드나 다운로드 서비스를 제공하는 컴퓨터를 FTP 서버, 파일을 제공 받는 컴퓨터를 FTP 클라이언트라고 함
- 계정(Account) 없이 FTP를 사용할 수 있는 서버를 Anonymous FTP 서버라 함
- 일반적으로 Anonymous FTP 서버의 아이디(ID)는 Anonymous이며 비밀번호는 자신의 E-Mail 주소로 설정함

다음 중 인터넷을 이용한 FTP(File Transfer Protocol)에 관한 설명으로 옳지 않은 것은?

① 멀리 떨어져 있는 컴퓨터로부터 파일을 전송받거나 전송하는 서비스를 의미한다.
② 익명의 계정을 이용하여 파일을 전송할 수 있는 서버를 Anonymous FTP 서버라고 한다.
③ FTP 서버에 계정을 가지고 있는 사용자는 FTP 서버에 있는 프로그램을 다운로드 없이 실행시킬 수 있다.
④ 일반적으로 텍스트 파일의 전송을 위한 ASCII 모드와 실행 파일의 전송을 위한 Binary 모드로 구분하여 수행한다.

참고 파트01-챕터04-섹션04 합격 강의

16 | 그래픽 데이터의 표현 방식

비트맵 (Bitmap)	• 이미지를 점(Pixel, 화소)의 집합으로 표현하는 방식 • 고해상도를 표현하는 데 적합하지만 파일 크기가 커지고, 이미지를 확대하면 계단 현상이 발생함 • 다양한 색상을 이용하기 때문에 사실적 이미지 표현이 용이함 • Photoshop, Paint Shop Pro 등이 대표적인 소프트웨어임 • 비트맵 형식으로는 BMP, JPG, PCX, TIF, PNG, GIF 등이 있음
벡터 (Vector)	• 이미지를 점과 점을 연결하는 직선이나 곡선을 이용하여 표현하는 방식 • 그래픽의 확대·축소 시 계단 현상이 발생하지 않지만 고해상도 표현에는 적합하지 않음 • Illustrator, CorelDraw, 플래시 등이 대표적인 소프트웨어 • 벡터 파일 형식으로는 WMF, AI, CDR 등이 있음

다음 중 컴퓨터 그래픽과 관련하여 이미지를 표현하는 방식 중 비트맵(Bitmap) 방식에 관한 설명으로 옳지 않은 것은?

① 점과 점을 연결하는 직선이나 곡선을 이용하여 이미지를 표현하는 방식이다.
② 다양한 색상을 이용하기 때문에 사실적 표현이 용이하다.
③ 이미지를 확대하면 테두리가 거칠게 표현된다.
④ 비트맵 파일 형식으로는 BMP, TIF, GIF, JPEG 등이 있다.

17 | 그래픽 관련 용어

렌더링(Rendering)	컴퓨터 그래픽에서 3차원 질감(그림자, 색상, 농도 등)을 줌으로써 사실감을 추가하는 과정
디더링(Dithering)	표현할 수 없는 색상이 존재할 경우, 다른 색상들을 섞어서 비슷한 색상을 내는 효과
인터레이싱(Interlacing)	화면에 이미지를 표시할 때 한 번에 표시하지 않고 천천히 표시되면서 선명해지는 효과
모핑(Morphing)	사물의 형상을 다른 모습으로 서서히 변화시키는 기법으로 영화의 특수 효과에서 많이 사용함
모델링(Modeling)	물체의 형상을 컴퓨터 내부에서 3차원 그래픽으로 어떻게 표현할 것인지를 정하는 과정
안티 앨리어싱(Anti-aliasing)	3D의 텍스처에서 몇 개의 샘플을 채취해서 사물의 색상을 변경함으로써 계단 부분을 뭉개고 곧게 이어지는 듯한 화질을 형성하게 하는 것

다음 중 멀티미디어 그래픽과 관련하여 렌더링(Rendering) 기법에 대한 설명으로 옳은 것은?

① 제한된 색상을 조합하여 새로운 색을 만드는 기술이다.
② 2개의 이미지를 부드럽게 연결하여 변환하는 기술이다.
③ 3차원 그래픽에서 화면에 그린 물체의 모형에 명암과 색상을 입혀 사실감을 더해주는 기술이다.
④ 그림의 경계선을 부드럽게 처리해주는 필터링 기술이다.

18 | 네트워크 접속 장비

허브(Hub)	네트워크에서 연결된 각 회선이 모이는 집선 장치로서 각 회선을 통합적으로 관리하는 방식
라우터(Router)	데이터 전송을 위한 최적의 경로를 찾아 통신망에 연결하는 장치
브리지(Bridge)	독립된 두 개의 근거리 통신망(LAN)을 연결하는 접속 장치
리피터(Repeater)	장거리 전송을 위해 신호를 새로 재생시키거나 출력 전압을 높여 전송하는 장치
게이트웨이(Gateway)	네트워크에서 다른 네트워크로 들어가는 관문의 기능을 수행하는 지점을 말하며, 서로 다른 프로토콜을 사용하는 네트워크를 연결할 때 사용하는 장치

다음 중 정보 통신에 사용되는 네트워크 장비인 라우터(Router)에 관한 설명으로 옳은 것은?

① 네트워크를 구성할 때 각 회선을 통합적으로 관리하여 한꺼번에 여러 대의 컴퓨터를 연결하는 장치이다.
② 디지털 신호의 장거리 전송을 위해 수신한 신호를 재생시키거나 출력 전압을 높여주는 장치이다.
③ 네트워크에서 통신을 위해 가장 최적의 경로를 설정하여 전송하고 데이터의 흐름을 제어하는 장치이다.
④ 다른 네트워크로 데이터를 보내거나 받아들이는 역할을 하는 장치이다.

19 | 방화벽(Firewall)

- 방화벽은 인터넷의 보안 문제로부터 특정 네트워크를 격리시키는 데 사용되는 시스템
- 내부망과 외부망 사이의 상호 접속이나 데이터 전송을 안전하게 통제하기 위한 보안 기능
- 외부의 불법 침입으로부터 내부의 정보 자산을 보호
- 외부로부터 유해 정보 유입을 차단하기 위한 정책과 이를 지원하는 하드웨어 및 소프트웨어를 총칭
- 외부에서 내부 네트워크로 들어오는 패킷은 내용을 엄밀히 체크하여 인증된 패킷만 통과시키는 구조
- 외부로부터의 침입을 막을 수는 있지만, 내부에서 일어나는 해킹은 막을 수 없음
- 역추적 기능이 있어서 외부의 침입자를 역추적하여 흔적을 찾을 수 있음

다음 중 인터넷에서 방화벽을 사용하는 이유로 적절하지 않은 것은?

① 외부로부터 허가받지 않은 불법적인 접근이나 해커의 공격으로부터 내부의 네트워크를 효과적으로 보호할 수 있다.
② 방화벽의 접근제어, 인증, 암호화와 같은 기능으로 네트워크를 보호할 수 있다.
③ 역추적 기능이 있어서 외부의 침입자를 역추적하여 흔적을 찾을 수 있다.
④ 방화벽을 이용하면 외부의 보안이 완벽하며, 내부의 불법적인 해킹도 막을 수 있다.

20 | 암호화 기법

비밀키 암호화 (대칭키, 단일키)	• 송신자와 수신자가 서로 동일(대칭)한 하나(단일)의 비밀키를 가짐 • 암호화와 복호화의 속도가 빠름 • 단일키이므로 알고리즘이 간단하고 파일의 크기가 작음 • 사용자가 많아지면 관리할 키의 개수가 늘어남 • 대표적인 방식은 DES가 있음
공개키 암호화 (비대칭키, 이중키)	• 암호화키와 복호화키가 서로 다른(비대칭) 두 개(이중키)의 키를 가짐 • 암호화와 복호화의 속도가 느림 • 암호화는 공개키로, 복호화는 비밀키로 함 • 이중키이므로 알고리즘이 복잡하고 파일의 크기가 큼 • 암호화가 공개키이므로 키의 분배가 쉽고, 관리할 키의 개수가 줄어듦 • 대표적인 방식으로는 RSA가 있음

다음 중 정보보안을 위한 비밀키 암호화 기법에 대한 설명으로 옳지 않은 것은?

① 비밀키 암호화 기법의 안전성은 키의 길이 및 키의 비밀성 유지 여부에 영향을 많이 받는다.
② 암호화와 복호화 시 사용하는 키가 동일한 암호화 기법이다.
③ 알고리즘이 복잡하여 암호화나 복호화를 하는 속도가 느리다는 단점이 있다.
④ 사용자의 증가에 따라 관리해야 할 키의 수가 많아진다.

2과목 스프레드시트 일반

참고 파트02-챕터02-섹션01

21 | 데이터 입력 방법

Enter	다음 행으로 셀 포인터를 이동
Shift + Enter	윗 행으로 셀 포인터를 이동
Esc	입력 중인 데이터를 취소
강제로 줄 바꿈	• 데이터 입력 후 Alt + Enter 를 누르면 동일한 셀에서 줄이 바뀌며, 이 때 두 줄 이상의 데이터를 입력할 수 있음 • [셀 서식]의 [맞춤] 탭에서 [자동 줄 바꿈] 확인란을 선택하면 셀 너비에 맞추어 자동으로 줄이 바뀜
동일한 데이터 입력하기	범위를 지정하고 데이터 입력 후 Ctrl + Enter 나 Ctrl + Shift + Enter 를 누르면 선택 영역에 동일한 데이터가 한꺼번에 입력됨

다음 중 엑셀의 데이터 입력에 대한 설명으로 옳지 않은 것은?

① 한 셀에 여러 줄의 데이터를 입력하려면 Alt + Enter 를 사용한다.
② 셀에 데이터를 입력하고 Shift + Enter 를 누르면 셀 입력이 완료되고 바로 아래의 셀이 선택된다.
③ 같은 데이터를 여러 셀에 한 번에 입력하려면 Ctrl + Enter 를 사용한다.
④ 수식이 들어 있는 셀을 선택하고 채우기 핸들을 두 번 클릭하면 수식이 적용되는 모든 인접한 셀에 대해 아래쪽으로 수식을 자동 입력할 수 있다.

참고 파트02-챕터02-섹션01

22 | 각종 데이터 입력

• **한자 입력** : 한자의 음을 한글로 입력한 다음 를 누르고 목록에서 원하는 한자를 선택함
• **특수 문자** : [삽입] 탭-[기호] 그룹-[기호]를 실행하거나 한글 자음(ㄱ,ㄴ,ㄷ,…,ㅎ) 중의 하나를 누르고 를 눌러 목록에서 원하는 특수 문자를 선택함
• 분수는 숫자와 공백으로 시작하여(한 칸 띄운 다음에) 입력(예 0 2/3)
• 숫자로만 된 데이터를 문자 데이터로 입력하려면 데이터 앞에 작은따옴표(')를 먼저 입력(예 '010, '007)

다음 중 자료 입력에 대한 설명으로 옳지 않은 것은?

① 한자를 입력하려면 한글을 입력한 후 키보드의 한자 를 눌러 변환한다.
② 특수문자를 입력하려면 먼저 한글 자음을 입력한 후 키보드의 한/영 을 눌러 원하는 특수문자를 선택한다.
③ 숫자 데이터를 문자 데이터로 입력하려면 숫자 데이터 앞에 문자 접두어(')를 입력한다.
④ 분수 앞에 정수가 없는 일반 분수를 입력하려면 '0'을 먼저 입력하고 Space Bar 를 눌러 빈 칸을 한 개 입력한 후 '3/8'과 같이 분수를 입력한다.

참고 | 파트02-챕터02-섹션06

23 | 사용자 지정 표시 형식

- ; : 양수, 음수, 0값을 세미콜론(;)으로 구분함
- # : 유효 자릿수만 나타내고 유효하지 않은 0은 표시하지 않음
- 0 : 유효하지 않은 자릿수를 0으로 표시함
- ? : 유효하지 않은 자릿수를 공백으로 표시함
- , : 천 단위 구분 기호로 쉼표를 삽입, ,(쉼표) 이후에 더 이상 코드가 없으면 천 단위 배수로 표시함
- [글꼴색] : 각 구역의 첫 부분에 지정하며 대괄호 안에 글꼴 색을 입력함
- [조건] : 조건과 일치하는 숫자에만 서식을 적용하고자 할 때 사용, 조건은 대괄호로 묶어 입력하며 비교 연산자와 값으로 이루어짐

다음 중 아래 조건을 처리하는 셀 서식의 사용자 지정 표시 형식으로 옳은 것은?

> 셀의 값이 1000 이상이면 '파랑', 1000 미만 500 이상이면 '빨강', 500 미만이면 색을 지정하지 않고, 각 조건에 대해 천 단위 구분 기호(,)와 소수 이하 첫째 자리까지 표시한다.
> [표시 예] 1234.56 → 1,234.6, 432 → 432.0]

① [파랑][>=1000]#,##0.0;[빨강][>=500]#,##0.0;#,##0.0

② [파랑][>=1000]#,###.#;[빨강][>=500]#,###.#;#,###.#

③ [>=1000]<파랑>#,##0.0;[>=500]<빨강>#,##0.0;#,##0.0

④ [>=1000]<파랑>#,###.#;[>=500]<빨강>#,###.#;#,###.#

참고 | 파트02-챕터02-섹션07

24 | 조건부 서식

- 특정한 규칙을 만족하는 셀에 대해서만 각종 서식, 테두리, 셀 배경색 등의 서식을 설정함
- [홈] 탭-[스타일] 그룹-[조건부 서식]에서 선택하여 적용함
- 조건부 서식은 기존의 셀 서식에 우선하여 적용됨
- 여러 개의 규칙이 모두 만족될 경우 지정한 서식이 충돌하지 않으면 규칙이 모두 적용되며, 서식이 충돌하면 우선순위가 높은 규칙의 서식이 적용됨
- 규칙의 개수에는 제한이 없음
- 서식이 적용된 규칙으로 셀 값 또는 수식을 설정할 수 있음. 규칙을 수식으로 입력할 경우 수식 앞에 등호(=)를 반드시 입력해야 함

다음 중 아래의 [A1:E5] 영역에서 B열과 D열에만 배경색을 설정하기 위한 조건부 서식의 규칙으로 옳은 것은?

⬚	A	B	C	D	E
1	자산코드	L47C	S22C	N71E	S34G
2	비품명	디스크	디스크	디스크	모니터
3	내용연수	4	3	3	5
4	경과연수	2	1	2	3
5	취득원가	550,000	66,000	132,000	33,000

① =MOD(COLUMNS($A1),2)=1

② =MOD(COLUMNS(A$1),2)=0

③ =MOD(COLUMN($A1),2)=0

④ =MOD(COLUMN(A$1),2)=0

COLUMN은 열 번호를 구해주며 열을 2로 나눈 나머지를 MOD 함수로 구한 결과가 0인 경우 짝수 열이므로 [A1:E5] 영역일 경우 B열과 D열에만 배경색을 설정하기 위한 조건부 서식 규칙에 해당됨

참고 파트02-챕터03-섹션04~05 합격 강의

25 | 수학/통계 함수

ABS(수)	수의 절대값(부호 없는 수)을 구함
INT(수)	수를 가장 가까운 정수로 내린 값을 구함
SUM(수1, 수2,…)	인수로 지정한 숫자의 합계를 구함 (인수는 1~255개까지 사용)
AVERAGE(수1,수2,…)	인수로 지정한 숫자의 평균을 구함
TRUNC(수1, 수2)	• 수1을 무조건 내림하여 자릿수(수2) 만큼 반환함 • 수2를 생략하면 0으로 처리됨
MOD(수1, 수2)	수1을 수2로 나눈 나머지 값(수2가 0 이면 #DIV/0! 오류 발생)을 구함
POWER(수1, 수2)	수1을 수2만큼 거듭 제곱한 값을 구함
ROUND(수1, 수2)	수1을 반올림하여 자릿수(수2)만큼 반환함
SQRT(수)	수의 양의 제곱근(인수에 음수를 지정하면 #NUM! 오류 발생)을 구함
CHOOSE(인덱스 번호, 인수1, 인수2,…)	인덱스 번호에 따라 값이나 작업을 선택할 때 사용되는 인수로 254개까지 지정할 수 있음
COUNTA (인수1, 인수2 …)	공백이 아닌 인수의 개수를 구함
MAXA(수1, 수2, …)	• 인수 중에서 최대값을 구함(논리 값, 텍스트로 나타낸 숫자 포함) • TRUE : 1로 계산, 텍스트나 FALSE : 0으로 계산
MINA(수1, 수2, …)	• 인수 중에서 최소값을 구함(논리 값, 텍스트로 나타낸 숫자 포함) • TRUE : 1로 계산, 텍스트나 FALSE : 0으로 계산
SMALL(배열, k)	인수로 지정한 숫자 중 k번째로 작은 값을 구함
LARGE(배열, k)	인수로 지정한 숫자 중 k번째로 큰 값을 구함

다음 중 수식과 그 실행 결과값의 연결이 옳지 <u>않은</u> 것은?

① =ABS(INT(-7.9)) → 8
② =SUM(TRUNC(45.6), MOD(32,3)) → 47
③ =POWER(ROUND(2.3,0), SQRT(4)) → 9
④ =CHOOSE(3, SUM(10,10), INT(30.50),50) → 50

③ =POWER(ROUND(2.3,0), SQRT(4)) → 4
• ROUND(2.3,0) → 2(반올림한 값을 구함)
• SQRT(4) → 2(양의 제곱근을 구함)
• POWER(2,2) → 4(거듭 제곱한 값을 구함)

참고 파트02-챕터03-섹션05~06 합격 강의

26 | 논리, 문자열 함수

• IF(조건, 참, 거짓) : 조건이 맞으면 참 틀리면 '거짓'의 값 추출
• LEFT : 왼쪽에서 텍스트 추출
• RIGHT : 오른쪽에서 텍스트 추출
• IFS : 하나 이상의 조건이 충족되는지 확인하고 첫 번째 TRUE 조건에 해당하는 값을 반환하며 여러 중첩된 IF문 대신 사용할 수 있으며 최대 127개까지 조건을 줄 수 있음
• SWITCH : 값의 목록에 대한 하나의 값(식이라고 함)을 계산하고 첫 번째 일치하는 값에 해당하는 결과를 반환함
• REPLACE : 시작 위치의 바꿀 개수만큼 텍스트1의 일부를 다른 텍스트2로 교체함
• SUBSTITUTE : 텍스트에서 찾을 위치의 텍스트를 찾아서 새로운 텍스트로 대체함
• CONCAT : 텍스트를 연결하여 나타냄

다음 워크시트에서 [A] 열의 사원코드 중 첫 문자가 A 이면 50, B이면 40, C이면 30의 기말수당을 지급하고자 할 때 수식으로 옳은 것은?

	A	B
1	사원코드	기말수당
2	A101	50
3	B101	40
4	C101	30
5	* 수당단위는 천원임	

① =IF(LEFT(A2,1)="A",50,IF(LEFT(A2,1)= "B",40,30))
② =IF(RIGHT(A2,1)="A",50,IF(RIGHT(A2,1)= "B",40,30))
③ =IF(LEFT(A2,1)='A',50,IF(LEFT(A2,1)= 'B',40,30))
④ =IF(RIGHT(A2,1)='A',50,IF(RIGHT(A2,1)= 'B',40,30))

① =IF(LEFT(A2,1)="A",50,IF(LEFT(A2,1)="B",40,30))
→ A2 셀의 텍스트 데이터 "A101"의 왼쪽에서 1자리를 추출하여 "A"와 같으면 50, "B"이면 40 아니면 30을 결과로 나타냄

[참고] 파트02-챕터03-섹션06

27 | 찾기, 참조 함수

- **XLOOKUP**(찾을 값, 찾을 범위, 반환 범위, 찾을 값 없을 때 텍스트, 일치 유형, 검색 방법) : "찾을 값"을 "찾을 범위"에서 찾아서 "반환 범위"의 값을 반환함
- **VLOOKUP**(값, 범위, 열 번호, 방법) : 범위의 첫 번째 열에서 값을 찾아 지정한 열에서 대응하는 값을 반환함
- **HLOOKUP**(값, 범위, 행 번호, 방법) : 범위의 첫 번째 행에서 값을 찾아 지정한 행에서 대응하는 값을 반환함
- **CHOOSE**(인덱스번호, 인수1, 인수2, …) : 인덱스 번호에 의해 인수를 순서대로 선택함
- **CELL**(정보 유형, 참조 영역) : 참조 영역의 정보 유형을 반환함
- **정보 유형 "row"** : 참조 영역 안에서 셀의 행 번호를 반환
- **TYPE**(숫자, 텍스트, 논리값 등) : 값의 유형을 반환함

값(Value)	TYPE 결과
숫자	1
텍스트	2
논리값	4
오류값	16
배열	64
복합 데이터	128

- **OFFSET**(기준 셀 범위, 행 수, 열 수, 구할 셀 높이, 구할 셀 너비) : 셀 범위에서 지정한 행 수와 열 수인 범위에 대한 참조를 구함, 행 수는 양수는 아래 방향, 음수는 위 방향, 열 수는 양수는 오른쪽 방향, 음수는 왼쪽 방향을 의미함
- **INDEX**(셀 범위, 행 번호, 열 번호) : 셀 범위에서 행, 열 번호 값을 산출함
- **MATCH**(검색 자료, 셀 범위, 검색 유형) : 셀 범위에서 검색 자료의 상대 위치(몇 번째 행) 또는 열을 표시함
- **XMATCH** : 배열 또는 셀 범위에서 지정된 항목을 검색한 다음 항목의 상대 위치를 반환함. MATCH 함수와 기본 기능은 같으나 XMATCH 함수는 와일드카드 문자를 사용할 수 있으며 검색 방법 기능이 추가됨

다음 중 아래의 워크시트에서 수식의 결과로 '부사장'을 출력하지 <u>않는</u> 것은?

	A	B	C	D
1	사원번호	성명	직함	생년월일
2	101	구민정	영업 과장	1980-12-08
3	102	강수영	부사장	1965-02-19
4	103	김진수	영업 사원	1991-08-03
5	104	박용만	영업 사원	1990-09-19
6	105	이순신	영업 부장	1971-09-20

① =CHOOSE(CELL("row",B3), C2, C3, C4, C5, C6)
② =CHOOSE(TYPE(B4), C2, C3, C4, C5, C6)
③ =OFFSET(A1:A6,2,2,1,1)
④ =INDEX(A2:D6,MATCH(A3, A2:A6, 0), 3)

- CELL("row",B3) → [B3] 셀의 행 번호는 3
- =CHOOSE(3, C2, C3, C4, C5, C6) → 3이므로 세 번째의 C4 값인 "영업 사원"이 표시됨

오답 피하기

- TYPE(B4) → B4가 "김진수", 텍스트이므로 2가 산출됨
- =CHOOSE(2, C2, C3, C4, C5, C6) → 2이므로 두 번째의 C3 값인 "부사장"이 표시됨
- =OFFSET(A1:A6,2,2,1,1) → A1을 기준으로 아래로 2행, 오른쪽으로 2열, 셀 높이, 너비가 1이므로 "부사장"이 표시됨
- MATCH(A3, A2:A6, 0) → A3 셀의 값 102를 A2:A6에서 찾아서 102의 위치값 2를 구함
- =INDEX(A2:D6, 2, 3) → A2:D6에서 2행 3열의 값이므로 "부사장"이 표시됨

[참고] 파트02-챕터03-섹션07

28 | D 함수

- **DSUM**(데이터베이스, 필드, 조건 범위) : 조건을 만족하는 필드의 합계를 구함
- **DAVERAGE**(데이터베이스, 필드, 조건 범위) : 조건을 만족하는 필드의 평균을 구함
- **DCOUNT**(데이터베이스, 필드, 조건 범위) : 조건을 만족하는 필드의 개수(수치)를 구함
- **DCOUNTA**(데이터베이스, 필드, 조건 범위) : 조건을 만족하는 모든 필드의 개수를 구함
- **DMAX**(데이터베이스, 필드, 조건 범위) : 조건을 만족하는 필드의 최대값을 구함
- **DMIN**(데이터베이스, 필드, 조건 범위) : 조건을 만족하는 필드의 최소값을 구함

다음 중 아래의 시트에서 수식 =DSUM(A1:D7, 4, B1:B2)을 실행했을 때의 결과값으로 옳은 것은?

	A	B	C	D
1	성명	부서	1/4분기	2/4분기
2	김남이	영업1부	10	15
3	이지영	영업2부	20	25
4	하나미	영업1부	15	20
5	임진태	영업2부	10	10
6	현민대	영업2부	20	15
7	한민국	영업1부	15	20

① 10 ② 15 ③ 40 ④ 55

=DSUM(A1:D7, 4, B1:B2) : 조건 범위가 [B1:B2]이므로 부서가 '영업1부'인 경우 필드가 4인 2/4분기의 합을 구하므로 결과는 55가 됨(15+20+20)

정답 27 ① 28 ④

참고 파트02-챕터03-섹션08~09

29 | 배열과 배열 수식/배열 함수

- 열은 콤마(,)를 사용하여 구분하고, 행은 세미콜론(;)을 사용하여 구분함
- Ctrl + Shift + Enter 를 누르면 수식은 자동으로 중괄호({ })로 둘러싸이며 배열 수식임을 표시함
- 배열 수식은 기본적으로 행과 열이 서로 대응하는 원소끼리 수행함
- MDETERM : 배열의 행렬식을 구함
- MINVERSE : 배열로 저장된 행렬에 대한 역행렬을 구함
- MMULT : 배열의 행렬 곱을 구함
- PERCENTILE.INC : 범위에서 k번째 백분위수 값을 구함
- FREQUENCY : 값의 범위 내에서 해당 값의 발생 빈도를 계산하여 세로 배열 형태로 나타내 줌

다음 중 배열 수식 및 배열 함수에 대한 설명으로 옳지 않은 것은?

① 배열 수식에서 사용되는 배열 상수에는 숫자, 텍스트, TRUE나 FALSE 등의 논리값 또는 #N/A와 같은 오류값이 포함될 수 있다.
② MDETERM 함수는 배열로 저장된 행렬에 대한 역행렬을 산출한다.
③ PERCENTILE.INC 함수는 범위에서 k번째 백분위수 값을 구하며, 이 때 k는 경계값을 포함한 0에서 1 사이의 수이다.
④ FREQUENCY 함수는 값의 범위 내에서 해당 값의 발생 빈도를 계산하여 세로 배열 형태로 나타낸다.

참고 파트02-챕터04-섹션01

30 | 정렬

- 오름차순 정렬은 숫자일 경우 작은 값에서 큰 값 순서로 정렬되며, 내림차순 정렬은 그 반대로 재배열됨
- 영문 대/소문자를 구분하여 정렬하는 기능을 제공하며, 오름차순 정렬 시 소문자가 우선순위를 갖음
- 오름차순 정렬 : 숫자 – 기호 문자 – 영문 소문자 – 영문 대문자 – 한글 – 빈 셀(단, 대/소문자 구분하도록 설정했을 때)
- 내림차순 정렬 : 한글 – 영문 대문자 – 영문 소문자 – 기호 문자 – 숫자 – 빈 셀(단, 대/소문자 구분하도록 설정했을 때)
- 정렬 전에 숨겨진 행 및 열 표시 : 숨겨진 열이나 행은 정렬 시 이동되지 않음
- 최대 64개의 열을 기준으로 정렬할 수 있음

다음 중 데이터 정렬 기능에 대한 설명으로 옳지 않은 것은?

① 원칙적으로 숨겨진 행이나 열에 있는 데이터는 정렬에 포함되지 않는다.
② 정렬은 기본적으로 왼쪽에서 오른쪽으로 열 단위로 정렬한다.
③ 영문자는 대/소문자를 구분하여 정렬할 수 있다.
④ 빈 셀은 오름차순/내림차순 정렬 방법에 상관없이 항상 가장 마지막으로 정렬된다.

[참고] 파트02-챕터04-섹션02 합격 강의

31 | 필터

- **자동 필터** : 자동 필터를 이용하여 추출한 데이터는 항상 레코드(행) 단위로 표시, 같은 열에 여러 개의 항목을 동시에 선택하여 데이터를 추출할 수 있음
- **고급 필터** : 조건 범위와 복사 위치는 고급 필터 명령을 실행하기 전에 설정해 놓아야 함, 결과를 '현재 위치에 필터'로 선택한 경우 복사 위치를 지정할 필요가 없으며, [자동 필터]처럼 현재 데이터 범위 위치에 고급 필터 결과를 표시함
- **단일 조건** : 첫 행에 필드명을 입력하고, 필드명 아래에 검색할 값을 입력
- **AND 조건** : 첫 행에 필드명을 나란히 입력하고, 동일한 행에 조건을 입력
- **OR 조건** : 첫 행에 필드명을 나란히 입력하고, 서로 다른 행에 조건을 입력
- **복합 조건(AND, OR 결합)** : 첫 행에 필드명을 나란히 입력하고, 동일한 행에 조건을 입력, 그리고 다음 동일한 행에 두 번째 조건을 입력
- 고급 필터에서 조건 범위를 만들 때 만능 문자(?, *)를 사용할 수 있음

다음 중 자동 필터에 관한 설명으로 옳지 <u>않은</u> 것은?

① 날짜가 입력된 열에서 요일로 필터링하려면 '날짜 필터' 목록에서 필터링 기준으로 사용할 요일을 하나 이상 선택하거나 취소한다.
② 두 개 이상의 필드에 조건을 설정하는 경우 필드 간에는 AND 조건으로 결합되어 필터링된다.
③ 열 머리글에 표시되는 드롭다운 화살표에는 해당 열에서 가장 많이 나타나는 데이터 형식에 해당하는 필터 목록이 표시된다.
④ 자동 필터를 사용하면 목록 값, 서식 또는 조건 등 세 가지 유형의 필터를 만들 수 있으며, 각 셀의 범위나 표 열에 대해 한 번에 한 가지 유형의 필터만 사용할 수 있다.

'날짜 필터' 목록에서 필터링 기준으로 사용할 요일은 지원되지 않음

[참고] 파트02-챕터04-섹션05 합격 강의

32 | 부분합

- 워크시트에 있는 데이터를 일정한 기준으로 요약하여 통계 처리를 수행함
- 기준이 될 필드(열)로 먼저 정렬(오름차순 또는 내림차순)해야 함
- **그룹화할 항목** : 부분합을 계산할 기준 필드
- **사용할 함수** : 합계, 개수, 평균, 최대값, 최소값, 곱, 숫자 개수, 표본 표준 편차, 표준 편차, 표본 분산, 분산 등 계산 항목에서 선택한 필드를 계산할 방식을 지정함
- **새로운 값으로 대치** : 이미 부분합이 작성된 목록에서 이전 부분합을 지우고 현재 설정대로 새로운 부분합을 작성하여 삽입함
- **모두 제거** : 목록에 삽입된 부분합이 삭제되고, 원래 데이터 상태로 돌아감

다음 중 부분합에 대한 설명으로 옳지 <u>않은</u> 것은?

① 부분합을 작성하려면 첫 행에는 열 이름표가 있어야 하며, 그룹화할 항목을 기준으로 반드시 정렬해야 제대로 된 결과를 얻을 수 있다.
② 그룹화를 위한 데이터의 정렬을 오름차순으로 할 때와 내림차순으로 할 때의 그룹별 부분합의 결과는 서로 다르다.
③ 부분합을 제거하면 부분합과 함께 표에 삽입된 개요 및 페이지 나누기도 모두 제거된다.
④ 부분합 대화 상자에서 '새로운 값으로 대치'를 해제하지 않고 부분합을 실행하면 이전에 작성한 부분합은 삭제되고 새롭게 작성한 부분합만 표시된다.

참고 파트02-챕터04-섹션05

33 | 데이터 표

- 워크시트에서 특정 데이터를 변화시켜 수식의 결과가 어떻게 변하는지 보여 주는 셀 범위를 데이터 표라고 함
- 데이터 표 범위를 지정한 다음 [데이터] 탭-[예측] 그룹-[가상 분석]을 클릭한 후 [데이터 표] 메뉴를 실행하고, '행 입력 셀'과 '열 입력 셀'을 지정하여 작성함
- 데이터 표의 수식은 데이터 표를 작성하기 위해 필요한 변수가 하나인지 두 개인지에 따라 수식의 작성 위치가 달라짐
- 데이터 표 기능을 통해 입력된 셀의 일부분만 수정하거나 삭제할 수 없음(데이터 표 범위의 전체를 수정해야 함)

아래 시트에서 [표1]의 할인율 [B3]을 적용한 할인가 [B4]를 이용하여 [표2]의 각 정가에 해당하는 할인가 [E3:E6]를 계산하고자 한다. 다음 중 이때 가장 적합한 데이터 도구는?

	A	B	C	D	E
1	[표1] 할인 금액			[표2] 할인 금액표	
2	정가	₩10,000		정가	₩9,500
3	할인율	5%			₩10,000
4	할인가	₩9,500			₩15,000
5					₩24,000
6					₩30,000

① 통합
② 데이터 표
③ 부분합
④ 시나리오 관리자

참고 파트02-챕터04-섹션06

34 | 피벗 테이블/피벗 차트 보고서

- 피벗 테이블은 방대한 양의 자료를 빠르게 요약하여 보여 주는 대화형 테이블
- 피벗 테이블 보고서는 각 필드에 다양한 조건을 지정할 수 있으며, 일정한 그룹별로 데이터 집계가 가능함
- 피벗 차트 작성 시 자동으로 피벗 테이블도 함께 만들어짐. 즉, 피벗 테이블을 만들지 않고는 피벗 차트를 만들 수 없음
- 피벗 테이블과 피벗 차트를 함께 만든 후에 작성된 피벗 테이블을 삭제하면 피벗 차트는 일반 차트로 변경됨
- **데이터 새로 고침** : 피벗 테이블은 원본 데이터와 연결되어 있지만 원본 데이터가 변경될 때 자동으로 피벗 테이블 내용을 변경하지 못함

다음 중 피벗 테이블과 피벗 차트에 대한 설명으로 옳지 <u>않은</u> 것은?

① 새 워크시트에 피벗 테이블을 생성하면 보고서 필터의 위치는 [A1] 셀, 행 레이블은 [A3] 셀에서 시작한다.
② 피벗 테이블과 연결된 피벗 차트가 있는 경우 피벗 테이블에서 [모두 지우기] 명령을 사용하면 피벗 테이블과 피벗 차트의 필드, 서식 및 필터가 제거된다.
③ 하위 데이터 집합에도 필터와 정렬을 적용하여 원하는 정보만 강조할 수 있으나 조건부 서식은 적용되지 않는다.
④ [피벗 테이블 옵션] 대화 상자에서 오류값을 빈 셀로 표시하거나 빈 셀에 원하는 값을 지정하여 표시할 수도 있다.

하위 데이터 집합에 대해 필터, 정렬, 그룹 및 조건부 서식을 적용하여 원하는 정보만 강조할 수 있음

35 | 목표값 찾기

- 수식의 결과값은 알고 있으나 그 결과값을 얻기 위한 입력값을 모를 때 목표값 찾기 기능을 이용함
- 수식에서 참조한 특정 셀의 값을 계속 변화시켜 수식의 결과값을 원하는 값으로 찾음
- [데이터] 탭–[예측] 그룹–[가상 분석]을 클릭한 후 [목표값 찾기] 메뉴를 선택하여 수식 셀, 찾는 값, 값을 바꿀 셀을 지정함
- **찾는 값** : 수식 셀의 결과로, 원하는 특정한 값을 숫자 상수로 입력함

다음 중 아래 그림과 같이 목표값 찾기를 지정했을 때의 설명으로 옳은 것은?

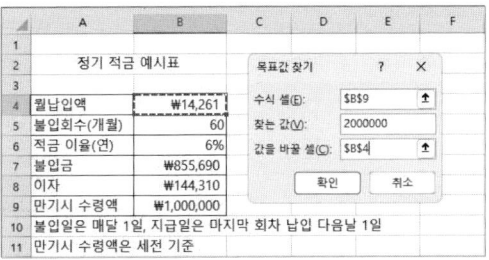

① 만기 시 수령액이 2,000,000원이 되려면 월 납입금은 얼마가 되어야 하는가?
② 만기 시 수령액이 2,000,000원이 되려면 적금 이율(연)이 얼마가 되어야 하는가?
③ 불입금이 2,000,000원이 되려면 만기 시 수령액은 얼마가 되어야 하는가?
④ 월 납입금이 2,000,000원이 되려면 만기 시 수령액은 얼마가 되어야 하는가?

36 | 시나리오

- 변경 요소가 많은 작업표에서 가상으로 수식이 참조하고 있는 셀의 값을 변화시켜 작업표의 결과를 예측하는 기능
- 변경 요소가 되는 값의 그룹을 '변경 셀'이라고 하며, 하나의 시나리오에 최대 32개까지 변경 셀을 지정할 수 있음
- 변경 셀로 지정한 셀에 계산식이 포함되어 있으면 자동으로 상수로 변경되어 시나리오가 작성됨
- '결과 셀'은 변경 셀 값을 참조하는 수식으로 입력되어야 함
- **병합** : 열려 있는 다른 통합 문서의 워크시트에서 시나리오를 가져와 현재 시트의 시나리오에 추가함

아래는 연이율 6%의 대출금 5,000,000원을 36개월, 60개월, 24개월로 상환 시 월상환액에 따른 시나리오 요약 보고서를 작성한 것이다. 다음 중 이에 관한 설명으로 옳지 않은 것은?

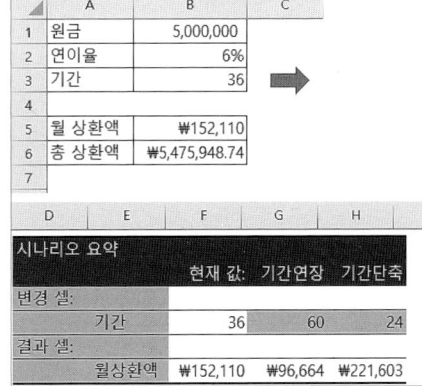

① 시나리오 추가 시 사용된 [변경 셀]은 [B3] 셀이다.
② [B3] 셀은 '기간'으로 [B5] 셀은 '월상환액'으로 이름이 정의되어 있다.
③ 일반적으로 시나리오를 만들 때 [변경 셀]에는 사용자가 값을 입력할 수는 있으나 여러 개의 셀을 참조할 수는 없다.
④ [B5] 셀은 시나리오 요약 시 [결과 셀]로 사용되었으며, 수식이 포함되어 있다.

정답 35 ① 36 ③

참고 파트02-챕터05-섹션02

37 | 페이지 설정

- [페이지] 탭에서 '자동 맞춤'의 용지 너비와 용지 높이를 각각 1로 지정하면 여러 페이지가 한 페이지에 인쇄됨
- 배율은 워크시트 표준 크기의 10%에서 400%까지 설정함
- 머리글/바닥글은 [머리글/바닥글] 탭에서 설정함
- 셀에 설정된 메모는 '시트에 표시된 대로' 인쇄할 수 있음

다음 중 엑셀의 [페이지 설정] 대화 상자에 대한 설명으로 옳은 것은?

① 인쇄 배율을 수동으로 설정할 수 있으며, 배율은 워크시트 표준 크기의 10%에서 200%까지 설정 가능하다.
② [시트] 탭에서 머리글/바닥글과 행/열 머리글이 인쇄되도록 설정할 수 있다.
③ [페이지] 탭에서 '자동 맞춤'의 용지 너비와 용지 높이를 각각 1로 지정하면 여러 페이지가 한 페이지에 인쇄된다.
④ 셀에 설정된 메모는 시트에 표시된 대로 인쇄할 수는 없으나 시트 끝에 인쇄되도록 설정할 수 있다.

참고 파트02-챕터06-섹션02

38 | 차트

- **분산형(XY 차트)**
  - 데이터의 불규칙한 간격이나 묶음을 보여주는 것으로, 데이터 요소 간의 차이점보다는 큰 데이터 집합 간의 유사점을 표시하려는 경우에 사용함
  - 각 항목의 값을 점으로 표시함
  - 두 개의 숫자 그룹을 XY 좌표로 이루어진 한 계열로 표시 (XY 차트라고도 함)
  - 주로 과학, 공학용 데이터 분석에서 사용함
  - 3차원 차트로 작성할 수 없음
  - 가로축은 항목 축이 아닌 값 축 형식으로 나타남
- **주식형 차트** : 주식 가격, 온도 변화와 같은 과학 데이터를 나타내는 데 사용하며 3차원 차트로 작성할 수 없음
- **영역형 차트** : 일정한 시간에 따라 데이터의 변화 추세(데이터 세드의 차이점을 강조)를 표시, 데이터 계열값의 합계를 표시하여 전체 값에 대한 각 값의 관계를 표시함
- **방사형 차트** : 많은 데이터 계열의 합계 값을 비교할 때 사용하며 각 항목마다 가운데 요소에서 뻗어 나온 값 축을 갖고, 선은 같은 계열의 모든 값을 연결, 3차원 차트로 작성할 수 없음

다음 중 아래에서 설명하는 차트의 종류로 가장 적절한 것은?

- 가로축의 값이 일정한 간격이 아닌 경우
- 가로축의 데이터 요소 수가 많은 경우
- 데이터 요소 간의 차이점보다는 큰 데이터 집합 간의 유사점을 표시하려는 경우

① 주식형 차트
② 분산형 차트
③ 영역형 차트
④ 방사형 차트

참고 파트02-챕터07-섹션01

39 | 매크로

- 자주 사용하는 명령, 반복적인 작업 등을 매크로로 기록하여 해당 작업이 필요할 때마다 바로 가기 키(단축 키)나 실행 단추를 클릭하여 쉽고, 빠르게 작업을 수행할 수 있음
- 매크로는 해당 작업에 대한 일련의 명령과 함수를 Microsoft Visual Basic 모듈로 저장한 것으로 Visual Basic 언어를 기반으로 함
- **매크로 이름** : 기록할 매크로 이름을 지정하는 것으로 기본적으로는 매크로1, 매크로2와 같이 붙여짐, 첫 글자는 반드시 문자이어야 하며, 나머지는 문자, 숫자, 밑줄 등을 사용하여 입력할 수 있음
- 매크로 이름에 공백이나 #, @, $, %, & 등의 기호 문자를 사용할 수 없음
- **매크로 편집** : Alt + F11
- **한 단계씩 코드 실행** : F8
- **모듈 창의 커서 위치까지 실행** : Ctrl + F8
- **매크로 실행** : F5

다음 중 매크로 편집에 사용되는 Visual Basic Editor에 관한 설명으로 옳지 않은 것은?

① Visual Basic Editor는 단축키 Alt + F11을 누르면 실행된다.
② 작성된 매크로는 한 번에 실행되며, 한 단계씩 실행될 수는 없다.
③ Visual Basic Editor는 프로젝트 탐색기, 속성 창, 모듈 시트 등으로 구성되어 있다.
④ 실행하고자 하는 매크로 구문 내에 커서를 위치시키고 F5를 누르면 매크로가 바로 실행된다.

[한 단계씩 코드 실행]에서 한 단계씩 실행 가능함

참고 파트02-챕터07-섹션02

40 | VBA 프로그래밍

- VBA 구문은 한 가지 종류의 수행, 선언, 정의 등을 표현할 수 있는 명령문
- 한 줄에 두 개 이상의 명령문을 입력할 때는 콜론(:)을 사용함
- 명령문이 길어져서 두 줄 이상 나누어 입력할 때 공백과 밑줄(_)을 줄 연속 문자로 사용함
- Range("A1").Formula = 3*4 → [A1] 셀에 3*4의 결과 12가 입력됨. 수식이 그대로 셀에 나타나려면 Range("A1").Formula = "=3*4"로 하고 해당 셀이 텍스트 표시 형식이어야 함
- ClearFormats 메서드 : 개체의 서식을 지움
- Range.ClearFormats 메서드 : 개체의 서식을 지움
- 구문 : expression.ClearFormats → expression : Range 개체를 나타내는 변수
- 예제 : Sheet1에 있는 셀 범위 A1:C3에 적용된 모든 서식을 지우는 예제 → Worksheets("Sheet1").Range("A1:C3").ClearFormats

다음 중 각 VBA 코드에 대한 설명으로 옳지 않은 것은?

① Range("A5").Select ⇒ [A5] 셀로 셀 포인터를 이동한다.
② Range("C2").Font.Bold = "True" ⇒ [C2] 셀의 글꼴 스타일을 '굵게'로 설정한다.
③ Range("A1").Formula = 3*4 ⇒ [A1] 셀에 수식 '=3*4'가 입력된다.
④ Workbooks.Add ⇒ 새 통합 문서를 생성한다.

3과목 데이터베이스 일반

참고 파트03-챕터01-섹션01

41 | 데이터베이스의 장 · 단점

장점	· 중복을 최소화하여 자료의 일치를 기함 · 데이터의 물리적, 논리적 독립성을 유지함 · 단말기를 통해 요구된 내용을 즉시 처리하는 실시간 접근이 가능함 · 데이터 보안을 유지하여 데이터의 손실을 방지함 · 최신 데이터를 유지하므로 데이터의 계속적인 변화에 적응함 · 데이터의 내용에 의한 액세스를 함 · 일관성, 무결성의 유지 및 데이터의 공유와 표준화가 가능함
단점	· 운영 비용 면에서 부담이 크며, 전산 비용이 증가되고 복잡함 · 자료의 처리 방법이 복잡함 · 시스템의 취약성이 있음 · 예비(Backup)와 회복(Recovery) 기법이 어려워짐

다음 중 데이터베이스를 이용하는 경우의 장점으로 가장 옳은 것은?

① 데이터 간의 종속성을 유지할 수 있다.
② 데이터 관리 비용을 절감할 수 있다.
③ 데이터의 일관성 및 무결성을 유지할 수 있다.
④ 데이터를 중복적으로 관리하므로 시스템에 문제가 발생하더라도 복구가 쉽다.

참고 파트03-챕터01-섹션01

42 | 데이터베이스 언어(DBL)

데이터 정의어 (DDL : Data Definition Language)	• 데이터베이스 구조와 관계, 데이터베이스 이름을 정의함 • 데이터 항목, 키 값의 고정, 데이터의 형과 한계를 규정함 • 데이터 액세스 방법 등을 규정함
데이터 조작어 (DML : Data Manipulation Language)	• 주 프로그램에 내장하여 데이터베이스를 실질적으로 운영 및 조작함 • 데이터의 삽입, 삭제, 검색, 변경, 연산 등의 처리를 위한 연산 집합
데이터 제어어 (DCL : Data Control Language)	• 데이터베이스를 공용하기 위하여 데이터 제어를 정의 및 기술함 • 데이터 보안, 무결성, 회복, 병행 수행 등을 제어함

다음은 데이터베이스관리시스템(DBMS)의 기능과 각 기능에 대한 설명이다. 바르게 짝지어진 것은?

ⓐ 조작기능   ⓑ 제어기능   ⓒ 정의기능

㉮ 데이터의 정확성과 보안성을 유지하기 위한 무결성, 보안 및 권한 검사, 병행 제어 등의 기능을 정의하는 기능
㉯ 데이터 형(type), 구조, 데이터를 이용하는 방식을 정의하는 기능
㉰ 데이터의 검색, 삽입, 삭제, 변경 등을 처리하기 위한 접근 수단을 정의하는 기능

① ⓐ-㉮, ⓑ-㉯, ⓒ-㉰
② ⓐ-㉰, ⓑ-㉮, ⓒ-㉯
③ ⓐ-㉯, ⓑ-㉰, ⓒ-㉮
④ ⓐ-㉯, ⓑ-㉮, ⓒ-㉰

참고 파트03-챕터01-섹션01

43 | 키의 종류

• **후보키** : 한 테이블에서 유일성과 최소성을 만족하는 키(예 주민번호, 사원번호 등)
• **기본키**(PK : Primary Key) : 후보키 중에서 선정되어 사용되는 키(기본키는 두 개 이상의 필드에 설정할 수 있음)
• **슈퍼키** : 어떠한 열도 후보키가 없을 때 두 개 이상의 열을 복합(연결)할 경우 유일성을 만족하여 후보키가 되는 키(복합키, 연결키라고도 함)
• **외래키**(FK : Foreign Key) : 외래키(FK)가 다른 참조 테이블(릴레이션)의 기본키(PK)일 때 그 속성키를 외래키라고 함

다음 중 키의 개념에 대한 설명으로 옳지 않은 것은?

① 후보키(Candidate Key)는 유일성과 최소성을 만족한다.
② 슈퍼키(Super Key)는 유일성은 가지지만 최소성을 가지지 않는 키이다.
③ 기본키(Primary Key)로 지정된 속성은 모든 튜플에 대해 널(Null)값을 가질 수 없다.
④ 외래키(Foreign Key)는 후보키 중에서 기본키로 정의되지 않은 나머지 후보키들을 말한다.

참고 파트03-챕터01-섹션01

44 | 정규화(Normalization)

• 관계형 데이터베이스를 설계할 때 데이터의 중복 최소화와 불일치를 방지하기 위해 릴레이션 스키마를 분해해 가는 과정
• 데이터베이스의 논리적 설계 단계에서 수행됨
• 정규형(NF : Normal Form)에는 제1정규형(1NF), 제2정규형(2NF), 제3정규형(3NF), BCNF형, 제4정규형(4NF), 제5정규형(5NF) 등이 있음
• 정규화를 수행하더라도 데이터 중복의 최소화는 가능하지만 데이터의 중복을 완전히 제거할 수는 없음

다음 중 정규화에 대한 설명으로 옳지 않은 것은?

① 정규화를 통해 삽입, 삭제, 갱신 이상의 발생을 방지할 수 있다.
② 정규화를 통해 데이터 삽입 시 테이블 재구성의 필요성을 줄일 수 있다.
③ 정규화는 테이블 속성들 사이의 종속성을 최대한 배제하는 과정으로 볼 수 있다.
④ 정규화를 수행하여 데이터의 중복을 완전히 제거할 수 있다.

참고 파트03-챕터02-섹션02

45 | 데이터 형식의 종류

- 일련번호
  - 레코드 추가 시 자동으로 고유 번호를 부여할 때 사용함
  - 번호가 부여되면 변경하거나 삭제할 수 없음
  - 기본키를 설정하는 필드에서 주로 사용함
- Yes/No
  - True/False, Yes/No, On/Off처럼 두 값 중 하나만을 선택하는 경우에 사용함
  - Null 값을 허용하지 않음
  - 기본 필드 크기 : 1비트

다음 중 레코드가 추가될 때마다 시스템에서 자동으로 값을 입력해주며 업데이트나 수정이 불가능한 데이터 형식은?

① 짧은 텍스트
② 숫자
③ 일련번호
④ Yes/No

참고 파트03-챕터02-섹션06

47 | 인덱스(Index)

- 인덱스는 테이블 검색 및 정렬 속도를 높여 줌
- 테이블의 기본키는 자동으로 인덱스됨
- OLE 개체 데이터 형식의 필드는 인덱스를 지정할 수 없음
- 인덱스는 테이블당 32개까지 허용됨

다음 중 데이터베이스에서 인덱스를 사용하는 목적으로 가장 적절한 것은?

① 데이터 검색 및 정렬 작업 속도 향상
② 데이터의 추가, 수정, 삭제 속도 향상
③ 데이터의 일관성 유지
④ 최소 중복성 유지

참고 파트03-챕터02-섹션06

46 | 유효성 검사 규칙

- 유효성 검사 규칙은 레코드, 필드, 컨트롤 등에 입력할 수 있는 데이터 요구 사항을 지정할 수 있는 속성임
- 유효성 검사 규칙과 유효성 검사 텍스트 속성은 옵션 그룹에 있는 확인란, 옵션 단추 또는 토글 단추 컨트롤에는 적용되지 않고 옵션 그룹 자체에만 적용됨
- 일련번호나 OLE 개체에서는 유효성 검사 규칙이 지원되지 않음

[직원] 테이블의 '급여' 필드는 데이터 형식이 숫자이고, 필드 크기가 정수(Long)로 설정되어 있다. 다음 중 '급여' 필드에 입력 가능한 숫자를 백만 원 이상, 오백만 원 이하로 설정하기 위한 유효성 검사 규칙으로 옳은 것은?

① <= 1000000 Or <= 5000000
② >= 1000000 And <= 5000000
③ >= 1000000, <= 5000,000
④ 1,000,000 <= And <= 5,000,000

참고 파트03-챕터02-섹션07

48 | 참조 무결성

- **참조 무결성** : 두 테이블의 연관된 레코드들 사이의 일관성을 유지하는 데 사용하고 주어진 속성들의 집합에 대한 테이블의 한 값이 반드시 다른 테이블에 대한 속성 값으로 나타나도록 보장해야 함
- **개체 무결성** : 테이블에서 기본키를 구성하는 속성(열) 값은 널 값이나 중복 값을 가질 수 없음

[성적] 테이블의 '과목코드' 필드와 [과목] 테이블의 '과목코드' 필드를 이용하여 두 테이블 간 관계가 설정되어 있다. 이 때 [성적] 테이블의 '과목코드' 필드를 무엇이라 부르며, 두 테이블 간에 준수되어야 할 제약을 무엇이라 하는가?(단, [과목] 테이블의 '과목 코드' 필드는 기본키로 설정되어 있음)

① 외래키-참조 무결성
② 외래키-개체 무결성
③ 기본키-참조 무결성
④ 기본키-개체 무결성

정답 45 ③ 46 ② 47 ① 48 ①

49 | SQL문-SELECT(검색문)

SELECT [ALL | DISTINCT] 열 리스트
FROM 테이블 리스트
[WHERE 조건]
[GROUP BY 열 리스트 [HAVING 조건]]
[ORDER BY 열 리스트 [ASC | DESC]];

SELECT	검색하고자 하는 열 리스트를 선택함
ALL	검색 결과값의 모든 레코드를 검색함
DISTINCT	검색 결과값 중 중복된 결과값(레코드)을 제거. 중복되는 결과값은 한 번만 표시함
FROM	대상 테이블명
WHERE	검색 조건을 기술할 때 사용함
GROUP BY	그룹에 대한 쿼리 시 사용함
HAVING	그룹에 대한 조건을 기술함(반드시 GROUP BY 와 함께 사용)
ORDER BY	검색 결과에 대한 정렬을 수행함
ASC	오름차순을 의미하며 생략하면 기본적으로 오름차순임
DESC	내림차순을 의미함

[평균성적] 테이블에서 '평균' 필드 값이 90 이상인 학생들을 검색하여 '학년' 필드를 기준으로 내림차순, '반' 필드를 기준으로 오름차순 정렬하여 표시하고자 한다. 다음 중 아래 SQL문의 각 괄호 안에 넣을 예약어로 옳은 것은?

SELECT 학년, 반, 이름
FROM 평균성적
WHERE 평균 >= 90 (㉠) 학년 (㉡) 반 (㉢);

① ㉠ GROUP BY, ㉡ DESC, ㉢ ASC
② ㉠ GROUP BY, ㉡ ASC, ㉢ DESC
③ ㉠ ORDER BY, ㉡ DESC, ㉢ ASC
④ ㉠ ORDER BY, ㉡ ASC, ㉢ DESC

50 | 연산자의 사용

- BETWEEN 〈값1〉 AND 〈값2〉 : 〈값1〉 이상, 〈값2〉 이하의 조건을 검색함
- IN(〈값1〉, 〈값2〉, …) : IN 연산자 뒤에 이어지는 값들의 목록 안에 들어 있는 결과를 검색함
- LIKE 〈값〉* : 〈값1〉로 시작하는 결과를 검색함
- INSTR : 문자열을 검색하여 위치한 자릿수를 구함

다음 중 도서명에 '액세스'라는 단어가 포함된 도서 정보를 검색하려고 할 때, 아래 SQL문의 WHERE절에 들어갈 조건으로 옳은 것은?

SELECT 도서명, 저자, 출판연도, 가격
FROM 도서
WHERE _____;

① 도서명 = "*액세스*"
② 도서명 IN "*액세스*"
③ 도서명 BETWEEN "*액세스*"
④ 도서명 LIKE "*액세스*"

51 | INSERT문

- 삽입문 : 테이블에 새로운 데이터(행)를 삽입하며, INSERT-INTO-VALUES의 유형을 가짐
- 형식

INSERT INTO 테이블명(필드이름1, 필드이름2, …)
VALUES (값1, 값2, …)

다음 SQL문의 INSERT를 이용해서 [학생] 테이블에 학번 : "200878", 이름 : "정몽주", 학년 : "1"인 자료를 삽입하려고 한다. (ⓐ) 안에 들어갈 내용으로 옳은 것은?

INSERT INTO 학생(학번,이름,학년) (ⓐ) ("200878","정몽주","1");

① VALUES
② INTO
③ WHERE
④ FROM

정답 49 ③ 50 ④ 51 ①

52 | UPDATE문

- **갱신문** : 테이블에 저장되어 있는 데이터를 갱신하며, UPDATE-SET-WHERE의 유형을 가짐
- **형식**

```
UPDATE 테이블명
SET 필드이름1= 값1, 필드이름2=값2, …
WHERE 조건
```

다음 중 사원 테이블에서 호봉이 6인 사원의 연봉을 3% 인상된 값으로 수정하는 실행 쿼리를 작성하고자 할 때, 아래의 각 괄호에 넣어야 할 구문을 순서대로 나열한 것은?

```
UPDATE 사원
    (        ) 연봉=연봉*1.03
    (        ) 호봉=6;
```

① FROM, WHERE
② SET, WHERE
③ VALUE, SELECT
④ INTO, VALUE

53 | 폼의 개념

- 폼은 테이블이나 쿼리를 레코드 원본으로 사용하는 개체
- 폼은 테이블이나 쿼리 데이터의 입력, 수정 및 편집 작업을 편리하고 쉽게 할 수 있도록 도와주는 개체
- 폼에서 데이터를 입력 및 수정할 경우 연결된 테이블이나 쿼리에 그 변경된 내용이 반영됨
- 폼은 보고서, 매크로, 모듈 등과 연결시켜 해당 작업을 자동화 할 수 있음
- 폼은 데이터베이스의 보안성을 높여줌
- 폼은 테이블이나 쿼리와는 달리 이벤트를 설정할 수 있음
- 폼은 테이블이나 쿼리의 데이터와 연결되어 있는 바운드 폼(Bound Form)과 그렇지 않은 언바운드 폼(Unbound Form)으로 나뉨
- **바운드 컨트롤** : 테이블이나 쿼리의 필드를 데이터 원본으로 사용하는 컨트롤로 데이터베이스에 있는 필드의 값(짧은 텍스트, 날짜, 숫자, Yes/No 값, 그림 또는 그래프)을 표시할 수 있음
- **언바운드 컨트롤** : 데이터 원본(예 필드 또는 식)이 없는 컨트롤로 정보, 그림, 선 또는 직사각형을 표시할 때 사용함
- **계산 컨트롤** : 필드 대신 식을 데이터 원본으로 사용하는 컨트롤로 식을 정의하여 컨트롤의 데이터 원본으로 사용할 값을 지정함
- **레이블 컨트롤** : 제목이나 캡션 등의 설명 텍스트를 표시할 때 사용하는 컨트롤로 필드나 식의 값을 표시할 수 없음

다음 중 폼에 대한 설명으로 옳지 않은 것은?

① 입력 및 편집 작업을 위한 인터페이스이다.
② 폼을 작성하기 위한 원본으로는 테이블만 가능하다.
③ 폼을 이용하면 여러 개의 테이블에 데이터를 한 번에 입력할 수 있다.
④ 바운드(Bound) 폼과 언바운드(Unbound) 폼이 있다.

[참고] 파트03-챕터04-섹션02 합격 강의

54 | 탭 순서

- 탭 순서는 폼 보기에서 Tab 이나 Enter 를 눌렀을 때 각 컨트롤 사이에 이동되는 순서를 설정함
- 탭 순서는 폼에 컨트롤을 추가하여 작성한 순서대로 설정됨
- 탭 정지 속성의 기본값은 '예'이며, '아니요'를 선택하면 Tab 을 눌러도 커서가 오지 않음
- 단, 레이블 컨트롤과 이미지 컨트롤은 탭 순서에서 제외되며, 탭 정지 속성이 지원되지 않음

다음 중 폼에서의 탭 순서(Tab Order) 지정에 관한 설명으로 옳지 않은 것은?

① 폼 보기에서 Tab 이나 Enter 를 눌렀을 때 포커스(Focus)의 이동 순서를 지정하는 것이다.
② 키보드를 이용하여 컨트롤 간 이동을 신속하게 할 수 있는 기능이다.
③ 레이블 컨트롤을 포함한 모든 컨트롤에 탭 순서를 지정할 수 있다.
④ 해당 컨트롤의 '탭 정지' 속성을 '아니요'로 지정하면 탭 순서에서 제외된다.

[참고] 파트03-챕터04-섹션03 합격 강의

55 | 하위 폼

- 하위 폼은 폼 안에 들어 있는 또 하나의 폼
- 폼/하위 폼의 조합을 계층형 폼 또는 마스터 폼/세부 폼, 상위/하위 폼이라고도 함
- 하위 폼을 사용하면 일대다 관계에 있는 테이블이나 쿼리 데이터를 효과적으로 표시할 수 있음
- 기본 폼은 관계의 '일'쪽에 있는 데이터를 표시하며, 하위 폼은 관계의 '다'쪽에 있는 데이터를 표시함
- 기본 폼은 단일 폼으로만 표시할 수 있지만, 하위 폼은 데이터시트로 표시하거나 단일 폼 또는 연속 폼으로 표시할 수 있음
- 기본 폼이 포함할 수 있는 하위 폼의 수에는 제한이 없다. 또한 하위 폼을 7개 수준까지 중첩시킬 수도 있음

다음 중 기본 폼과 하위 폼을 연결하기 위한 기본 조건에 대한 설명으로 옳지 않은 것은?

① 기본 필드와 하위 필드의 데이터 형식과 필드의 크기는 같거나 호환되어야 한다.
② 중첩된 하위 폼은 최대 2개 수준까지 만들 수 있다.
③ 테이블 간에 관계가 설정되어 있지 않은 경우에도 하위 폼으로 연결할 수 있다.
④ 하위 폼의 '기본 필드 연결' 속성은 기본 폼을 하위 폼에 연결해 주는 기본 폼의 필드를 지정하는 속성이다.

56 | 도메인 함수

- 테이블이나 쿼리, SQL 식에 의해 정의된 레코드 집합을 이용하여 통계 계산을 구할 때 사용하는 함수
- 도메인 계산 함수는 폼이나 보고서의 계산 컨트롤, 쿼리 조건식, 매크로, 모듈에서 사용할 수 있음
- =도메인 계산 함수(인수, 도메인, 조건식)
- DSum(합계), DAvg(평균), DCount(개수), DMin(최소값), DMax(최대값), DLookUp(특정 필드값) 등

폼 바닥글에 [사원] 테이블의 '직급'이 '과장'인 레코드들의 '급여' 합계를 구하고자 한다. 다음 중 폼 바닥글의 텍스트 상자 컨트롤에 입력해야 할 식으로 옳은 것은?

① =DHAP("[사원]", "[급여]", "[직급]='과장'")
② =DHAP("[급여]", "[사원]", "[직급]='과장'")
③ =DSUM("[사원]", "[급여]", "[직급]='과장'")
④ =DSUM("[급여]", "[사원]", "[직급]='과장'")

57 | 보고서

- 보고서는 데이터베이스에 저장된 테이블이나 쿼리의 내용을 화면이나 프린터로 출력하기 위한 개체
- 보고서는 데이터 원본으로 테이블, 쿼리, SQL문을 사용하며 제목이나 날짜, 페이지 번호 같은 나머지 정보는 보고서 디자인에 저장됨
- 보고서는 폼과는 달리 컨트롤에 데이터를 입력하거나 수정할 수 없음
- 보고서는 그룹과 페이지에 데이터별 평균, 합계와 같은 요약 정보를 인쇄할 수 있음

다음 중 Access의 보고서 개체에 대한 설명으로 옳지 않은 것은?

① 보고서는 테이블이나 쿼리의 내용을 화면이나 프린터로 인쇄하기 위한 개체이다.
② 보고서의 레코드 원본으로 테이블, 쿼리, SQL문을 사용한다.
③ 보고서에도 조건부 서식을 적용할 수 있다.
④ 보고서의 컨트롤을 이용하여 레코드 원본으로 사용된 테이블에 데이터를 입력하거나 수정할 수 있다.

58 | 보고서의 구성

- 보고서는 보고서 머리글/바닥글, 페이지 머리글/바닥글, 그룹 머리글/바닥글, 본문 등의 여러 구역으로 구성됨
- 보고서의 머리글/바닥글, 페이지의 머리글/바닥글 구역은 숨기거나 나타낼 수 있으며 그룹이 설정되어 있는 경우 그룹 머리글과 그룹 바닥글이 표시됨

다음 중 보고서의 각 구역에 관한 설명으로 옳지 않은 것은?

① 보고서 머리글은 보고서의 맨 앞에 한 번 출력되며, 일반적으로 로고나 제목 및 날짜와 같이 표지에 나타나는 정보를 추가한다.
② 그룹 머리글은 각 새 레코드 그룹의 맨 앞에 출력되며, 그룹 이름을 출력하려는 경우에 사용한다.
③ 본문은 레코드 원본의 모든 행에 대해 한 번씩 출력되며, 보고서의 본문을 구성하는 컨트롤이 여기에 추가된다.
④ 보고서 바닥글은 모든 페이지의 맨 끝에 출력되며, 페이지 번호 또는 페이지별 정보를 표시하려는 경우에 사용한다.

- 페이지 바닥글 : 보고서의 매 페이지의 하단에 표시됨. 페이지 번호나 날짜 등의 항목을 삽입함
- 보고서 바닥글 : 보고서의 맨 마지막 페이지에 한 번만 표시됨. 보고서 총계나 안내 문구 등의 항목을 삽입함. 보고서 디자인의 마지막 구역이지만 인쇄된 보고서의 마지막 페이지에서 페이지 바닥글 앞에 표시됨

59 | 페이지 번호 출력

- =[Page] → 1, 2
- =[Page] & "페이지" → 1페이지, 2페이지
- =[Page] & "/"& [Pages] & "페이지" → 1/10페이지, 2/10페이지
- =[Pages] & "페이지 중" & [Page] & "페이지" → 10페이지 중 1페이지, 10페이지 중 2페이지
- =Format([Page], "000") → 001, 002

다음 중 보고서 페이지 번호를 표시하는 컨트롤에 입력된 컨트롤 원본과 그 결과가 맞게 연결된 것을 모두 고른 것은?(단, 전체 페이지는 5페이지임)

	컨트롤 원본	결과
ⓐ	="Page" & [Page] & "/" & [Pages]	1/5 Page
ⓑ	=[Page] & "페이지"	1페이지
ⓒ	=[Page] & "/" & [Pages] & "Page"	Page1/5
ⓓ	=Format([Page], "00")	01

① ⓐ, ⓑ, ⓒ
② ⓑ, ⓒ, ⓓ
③ ⓐ, ⓒ
④ ⓑ, ⓓ

60 | 매크로

- 매크로(Macro)는 여러 개의 명령문을 하나로 묶어서 일련의 절차를 미리 정의하는 기능
- 반복적으로 수행되는 작업을 자동화하기 위한 것
- 매크로 함수를 이용하면 작업 순으로 묶어 하나의 명령어로 저장할 수 있으므로 반복 작업을 쉽게 처리할 수 있음
- 엑셀은 매크로 기록 기능이 지원되지만, 액세스는 매크로 기록 기능이 지원되지 않음

다음 중 액세스에서의 매크로 기능에 대한 설명으로 가장 옳지 않은 것은?

① 엑셀에서와 같이 사용자가 수행하는 작업에 대한 매크로를 자동적으로 기록해 준다.
② 액세스에서 제공하는 기본적인 매크로 함수를 이용하여 매크로를 작성한다.
③ 데이터베이스 파일을 열 때 매크로를 자동으로 실행시키려면 매크로 이름을 'AutoExec'로 작성한다.
④ 매크로 이름 열에 지정한 바로 가기 키를 이용하여 매크로를 실행할 수 있다.

상시 기출문제

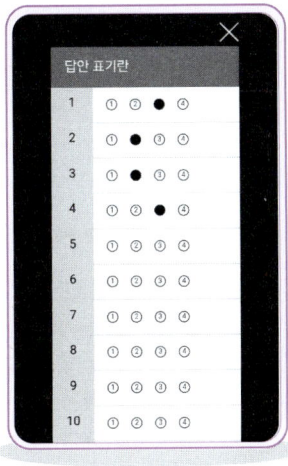

자동 채점 서비스
① 상단 QR 코드 찍기
② 오픈된 답안 표기란에 정답 체크
③ 입력 후 X 클릭, '답안 제출'
④ 자동 채점과 해설까지 즉시 제공

2025년 상시 기출문제 01회

풀이 시간 _____분   내 점수 _____점

시험 시간	합격 점수	문항수
60분	60점	총 60개

1과목 컴퓨터 일반

[참고] 파트01-챕터04-섹션02

01 다음 중 1992년 닐 스티븐슨이 출간한 소설『스노 크래시』에서 사용한 인터넷 신조어로 실제 생활과 연결된 3차원의 가상 세계나 현실감 있는 4차원 가상 시공간을 의미하며, 가상 자아인 아바타(Avatar)를 사용하는 것은?

① 블록체인(Blockchain)
② 핀테크(FinTech)
③ Chat GPT
④ 메타버스(Metaverse)

[참고] 파트01-챕터04-섹션04

02 다음 중 그래픽 데이터의 벡터 방식에 대한 설명으로 옳지 않은 것은?

① 그래픽의 확대/축소 시 계단 현상이 발생하지 않지만, 고해상도 표현에는 적합하지 않다.
② 점과 점을 연결하는 직선이나 곡선을 이용하여 이미지를 표현하므로 이미지를 확대하여도 테두리가 매끄럽게 표현된다.
③ 벡터 방식은 수학적 개념이 포함되므로 비트맵 방식과 비교하여 기억 공간을 많이 차지한다.
④ 벡터 파일 형식으로는 WMF, AI, CDR 등이 있다.

[참고] 파트01-챕터03-섹션07

03 다음 중 아래의 기능을 수행하는 기억 장치로 옳은 것은?

- 하드디스크의 일부를 주기억 장치처럼 사용한다.
- 프로그램을 크기가 일정한 페이지로 사용하는 페이징 기법과 일정하지 않은 크기로 사용하는 세그멘테이션 기법이 있다.
- 기억 공간을 확대하여 사용하기 위한 목적이다.

① 가상 메모리(Virtual Memory)
② 플래시 메모리(Flash Memory)
③ 연관 메모리(Associative Memory)
④ 캐시 메모리(Cache Memory)

[참고] 파트01-챕터01-섹션04

04 다음 중 Windows의 보조프로그램 중 [명령 프롬프트]에 관한 설명으로 옳지 않은 것은?

① MS-DOS 명령 및 기타 컴퓨터 명령을 텍스트 기반으로 실행한다.
② [명령 프롬프트] 창에서 표시되는 텍스트를 복사하여 메모장에 붙여 넣을 수 있다.
③ [실행]에서 'taskmgr'을 입력하면 [명령 프롬프트] 창이 표시된다.
④ [명령 프롬프트] 창에서 'exit'를 입력하여 종료할 수 있다.

[참고] 파트01-챕터03-섹션06

05 다음 중 레지스터의 특징으로 옳지 않은 것은?

① 중앙 처리 장치(CPU)에서 명령이나 연산 결과 값을 일시적으로 저장하는 임시 기억 장소이다.
② 레지스터의 크기는 한 번에 처리 가능한 데이터의 크기로 워드(Word) 크기 및 메모리 용량과 관계가 있다.
③ 기본 소자인 플립플롭(Flip-Flop)이나 플립플롭의 기본 구성 요소인 래치(Latch)를 직렬이나 병렬로 연결한 구조이다.
④ 메모리 중에서 레지스터가 가장 속도가 빠르며 저장된 내용이 지워지지 않는 비휘발성 메모리의 특징을 지닌다.

[참고] 파트01-챕터03-섹션12

06 다음 중 언어 번역 및 컴파일러의 특징이 아닌 것은?

① 컴파일러는 목적 프로그램을 생성한다.
② 인터프리터와 비교하여 번역 속도와 실행 속도가 모두 빠른 장점이 있다.
③ 번역 전의 입력되는 프로그램을 원시 프로그램이라 한다.
④ C, C++, JAVA 등의 고급 언어가 컴파일 언어에 해당한다.

07 다음 중 한글 Windows에서 사용하는 연결 프로그램에 대한 설명으로 옳지 않은 것은?

① 응용 프로그램의 파일 확장자에 의해 연결 프로그램이 결정된다.
② 연결 프로그램이 지정되어 있는 파일에 대해 열기를 선택하거나 더블클릭하면 자동으로 해당 연결 프로그램이 실행된다.
③ 연결 프로그램이 지정되어 있지 않은 확장자를 갖는 파일을 열기 위해서는 바로 가기 메뉴의 [연결 프로그램]이나 [속성]에서 어떤 응용 프로그램을 사용할 것인가를 설정해야 한다.
④ 서로 다른 확장자를 갖는 파일은 반드시 서로 다른 연결 프로그램이 지정되어야 한다.

08 다음 중 아래의 기능을 수행하는 코드로 옳은 것은?

> 가. Zone은 3비트, Digit는 4비트로 구성된다.
> 나. 일반 PC용 컴퓨터 및 데이터 통신용 코드로 사용된다.
> 다. 128개의 문자를 표현할 수 있다.
> 라. 7비트로 구성되어 있으나 실제 사용은 패리티 체크 비트를 포함한 8비트로 사용한다.

① ASCII
② 유니코드
③ BCD
④ EBCDIC

09 다음 중 크라임웨어(Crimeware)가 아닌 것은?

① 키로거(Keylogger)
② DNS
③ 브라우저 하이재커(Browser Hijacker)
④ 피싱(Phishing)

10 다음의 네트워크 구성에 대한 설명 중 스타형으로 옳은 것은?

① 한 통신 회선에 여러 대의 단말기가 접속되는 형태로 회선 길이에 제한이 있으며, 구조가 간단하며 단말기의 추가 및 제거가 쉽다.
② 컴퓨터와 단말기들을 서로 이웃하는 것끼리만 연결한 형태로 LAN에서 가장 많이 사용한다.
③ 모든 단말기와 단말기들을 통신 회선으로 연결한 형태로 노드의 연결성이 뛰어나므로 응답 시간이 빠르다.
④ 중앙에 컴퓨터와 단말기들이 1:1로 연결된 형태로, 네트워크 구성의 가장 기본적인 형태이다.

11 다음 중 아래의 기능을 수행하는 것으로 옳은 것은?

> • 오류를 스스로 검출하여 교정이 가능한 코드이다.
> • 2비트의 오류를 검출할 수 있고 1비트의 오류를 교정할 수 있다.

① 유니코드
② 해밍코드
③ 아스키코드
④ 패리티 체크 비트

12 다음 중 컴퓨터의 저장 장치에서 동일한 디스크 시스템을 하나 더 운영하여 하나의 디스크 시스템에서 오류가 발생하였을 경우 다른 디스크 시스템으로 신속하게 전환함으로써 시스템 장애 시간을 최소화하는 기법을 의미하는 용어는?

① 미러링(Mirroring)
② 스풀링(Spooling)
③ 멀티태스킹(Multitasking)
④ 버퍼링(Buffering)

13 다음 중 컴퓨터에서 사용하는 멀티미디어의 특징에 대한 설명으로 옳지 않은 것은?

① 디지털화 : 다양한 아날로그 데이터를 디지털 데이터로 변환하여 통합 처리한다.
② 양방향성 : 정보 제공자와 사용자 간의 소통을 통한 상호 작용에 의해 데이터가 전달된다.
③ 정보의 통합성 : 텍스트, 그래픽, 사운드, 동영상, 애니메이션 등의 여러 미디어를 통합하여 처리한다.
④ 선형성 : 데이터가 일정한 방향으로 처리되고 순서에 관계 없이 원하는 부분을 선택적으로 처리한다.

14 다음 중 프로그램 언어의 번역 및 오류 처리와 관련된 용어의 설명으로 옳지 않은 것은?

① 버그(Bug)는 소프트웨어나 하드웨어의 오류나 결함을 의미한다.
② 링커(Linker)는 원시 프로그램의 오류를 찾아 수정하는 것을 의미한다.
③ 덤프(Dump)는 프로그램의 오류를 체크하기 위해 필요한 데이터 내용을 그대로 출력하는 것을 의미한다.
④ 로더(Loader)는 로드 모듈 프로그램을 주기억 장치 내로 옮겨서 실행해 주는 소프트웨어이다.

15 다음 중 CPU의 구성 요소 중에서 제어 장치의 구성 요소로 옳지 않은 것은?

① 메모리 주소 레지스터(Memory Address Register)와 메모리 버퍼 레지스터(Memory Buffer Register)
② 명령 레지스터(Instruction Register)와 명령 해독기(Instruction Decoder)
③ 누산기(Accumulator)와 보수기(Complementor)
④ 명령 계수기(Program Counter)와 부호기(Encoder)

16 다음 중 한글 Windows의 [휴지통 속성] 창에서 수행할 수 있는 작업으로 옳지 않은 것은?

① 각 드라이브의 휴지통 최대 크기(MB) 설정
② 휴지통의 바탕 화면 표시 설정
③ 삭제 확인 대화 상자의 표시 설정
④ 파일을 휴지통에 버리지 않고 바로 삭제하는 기능 설정

17 다음 중 저작권에 대한 설명으로 가장 적절하지 않은 것은?

① 저작 재산권은 저작자가 생존하는 동안과 저작 시점에 따라 사망 후 70년 동안 존속한다.
② 저작권은 저작자의 권리를 보호함을 목적으로 한다.
③ 영리를 목적으로 하지 않는 공연 또는 방송인 경우 저작 재산권을 제한할 수 있다.
④ 프로그램을 작성하기 위하여 사용하고 있는 프로그램 언어, 규약 및 해법에도 저작권이 적용된다.

18 다음 중 정보 전송 방식에 대한 설명으로 옳지 않은 것은?

① 전송 방향은 무지향, 양방향, 스테레오 방식이 있다.
② 라디오, TV 방송 등은 단방향(Simplex) 방식에 해당한다.
③ 무전기는 동시 전송이 불가능한 반이중(Half Duplex) 방식에 해당한다.
④ 전화는 전이중(Full Duplex) 방식에 해당한다.

[참고] 파트01-챕터04-섹션05

19 다음 중 네트워크 장비와 기능에 대한 연결이 옳게 짝지어진 것은?

> ⓐ 디지털 신호를 아날로그 신호로 변환하는 변조 과정과 아날로그 신호를 디지털 신호로 변환하는 복조 과정을 수행하는 장치
> ⓑ 독립된 두 개의 근거리 통신망(LAN)을 연결하는 접속 장치

① ⓐ 브리지, ⓑ 모뎀
② ⓐ 모뎀, ⓑ 브리지
③ ⓐ 허브, ⓑ 라우터
④ ⓐ 라우터, ⓑ 허브

[참고] 파트01-챕터04-섹션02

20 다음 중 인터넷을 이용한 전자우편에 관한 설명으로 옳지 않은 것은?

① 보내기, 받기, 첨부, 전달, 답장 등의 기능이 있다.
② 전자우편 주소는 '사용자@호스트' 형식으로 표현한다.
③ 기본적으로 16비트의 유니코드를 사용하여 메시지를 전달한다.
④ SMTP, POP3, MIME 등의 프로토콜을 사용한다.

2과목 스프레드시트 일반

[참고] 파트02-챕터04-섹션01

21 다음 중 엑셀의 정렬 기능에 대한 설명으로 옳지 않은 것은?

① 정렬 방식에는 오름차순과 내림차순이 있으며, 오름차순과 내림차순 정렬 모두 공백(빈 셀)은 맨 나중에 정렬된다.
② 셀 값에 따라 정렬이 수행되며, 기본적으로 열 단위로 정렬된다.
③ 정렬 범위를 별도로 설정하지 않고 표 범위 내에 셀 포인터를 두고 정렬을 실행하면 표 범위 전체가 정렬 범위로 자동으로 설정된다.
④ 영문자 대/소문자를 구분하여 정렬할 수 있는 기능을 제공하며, 오름차순 시 소문자가 우선순위를 갖는다.

[참고] 파트02-챕터03-섹션05, 06

22 다음 중 워크시트에서 [B9] 셀에 아래의 수식을 입력했을 때의 결과로 옳은 것은?

=INDEX(A1:C7,MATCH(LARGE(C2:C7,2),C1:C7,0),2)

	A	B	C
1	부서명	성명	실적
2	인사부	홍길동	6,550,000
3	홍보부	이대한	5,500,000
4	인사부	한상공	4,800,000
5	홍보부	이다정	2,985,000
6	상담부	정혜진	1,900,000
7	상담부	김선이	8,900,000

① 홍길동
② 한상공
③ 이다정
④ 김선이

[참고] 파트02-챕터07-섹션01

23 다음 중 매크로 기록 시 [매크로 기록] 대화 상자에서 사용자가 설정할 수 있는 항목으로 옳지 않은 것은?

① 매크로 이름
② 매크로 보안
③ 매크로 저장 위치
④ 바로 가기 키

[참고] 파트02-챕터06-섹션02

24 다음 중 차트를 작성할 때 2개의 데이터 계열을 가지고 작성할 수 없는 차트는?

① 방사형 차트
② 영역형 차트
③ 원형 차트
④ 세로 막대형 차트

참고 파트02-챕터01-섹션01

25 다음 중 Excel의 리본 메뉴에 대한 설명으로 옳지 않은 것은?

① 리본 메뉴의 키 팁을 켜거나 끄기 위해서 Alt 나 F10 을 누른다.
② 리본 메뉴는 탭, 그룹 및 명령의 세 요소로 구성되어 있다.
③ 리본 메뉴를 축소하거나 원래 상태로 되돌리려면 Ctrl + F10 을 누른다.
④ 리본 메뉴를 빠르게 축소하려면 [파일] 탭을 제외한 활성 탭의 이름을 두 번 클릭하고 리본 메뉴를 원래 상태로 되돌리려면 탭을 다시 두 번 클릭한다.

참고 파트02-챕터03-섹션07

26 다음 중 50,000,000원을 5년간 대출할 때 연 4.8%의 이자율이 적용된다면 매월 초 상환해야 할 불입액을 구하기 위한 수식으로 옳은 것은?

① =PMT(4.8%, 5, -50000000)
② =PMT(4.8%*12, 5/12, -50000000)
③ =PMT(4.8%, 5*12, -50000000,0,1)
④ =PMT(4.8%/12, 5*12, -50000000,0,1)

참고 파트02-챕터05-섹션01

27 다음 중 [인쇄 미리 보기] 상태에서 설정할 수 있는 기능에 대한 설명으로 옳지 않은 것은?

① '여백 표시'가 되어 있는 경우 미리 보기로 표시된 워크시트의 열 너비를 조정할 수 있다.
② [페이지 설정]에서 '인쇄 영역'을 변경하여 인쇄할 수 있다.
③ [머리글/바닥글]로 설정한 내용은 매 페이지 상단이나 하단의 별도 영역에, 인쇄 제목의 반복할 행/열은 매 페이지의 본문 영역에 반복 출력된다.
④ [페이지 설정]에서 확대/축소 배율을 10%에서 최대 400%까지 설정하여 인쇄할 수 있다.

참고 파트02-챕터04-섹션02

28 다음 중 아래 워크시트에서 [A1:C5] 영역에 [A8:C10] 영역을 조건 범위로 설정하여 고급 필터를 실행할 경우 필드명을 제외한 결과 행의 개수는?

	A	B	C
1	성명	거주지	마일리지
2	이다정	서울	2000
3	김지현	경기	2500
4	홍길동	경기	1700
5	박동현	충남	3000
6			
7			
8	성명	거주지	마일리지
9	박*		
10		경기	>2000

① 1개   ② 2개
③ 3개   ④ 4개

참고 파트02-챕터07-섹션01

29 다음 중 워크시트 상에서 매크로를 연결할 수 없는 양식 컨트롤의 유형은?

① 레이블   ② 단추
③ 확인란   ④ 텍스트 필드

참고 파트02-챕터02-섹션05

30 다음 중 아래 시트처럼 선택된 범위의 셀에서 [A5] 셀까지 Ctrl 을 누른 채 채우기 핸들을 이용하여 자동 채우기를 실행했을 때 [A5] 셀에 표시되는 값으로 옳은 것은?

	A	B
1		
2	2025-03-14	
3	2025-03-15	
4		
5		
6		

① 2025-03-14
② 2025-03-15
③ 2025-03-16
④ 2025-03-17

31 다음 중 정보 함수에 대한 설명으로 옳은 것은?

① ISBLANK 함수: 값이 '0'이면 TRUE를 반환한다.
② ISERR 함수: 값이 #N/A를 제외한 오류값이면 TRUE를 반환한다.
③ ISODD 함수: 숫자가 짝수이면 TRUE를 반환한다.
④ TYPE 함수: 값의 데이터 형식을 나타내는 문자를 반환한다.

32 다음 중 개요에 대한 설명으로 옳지 않은 것은?

① 개요 기호를 설정하면 그룹의 요약 정보만 또는 필요한 그룹의 데이터만 확인할 수 있어 편리하다.
② 그룹별로 요약된 데이터에서 [개요 지우기]를 실행하면 설정된 개요 기호와 함께 개요 설정에 사용된 요약 정보도 함께 제거된다.
③ [부분합]을 실행하면 각 정보 행 그룹의 바로 아래나 위에 요약 행이 삽입되고, 개요가 자동으로 만들어진다.
④ 그룹화하여 요약하려는 데이터 목록이 있는 경우 데이터에 최대 8개 수준의 개요를 설정할 수 있으며 한 수준은 각 그룹에 해당한다.

33 다음 중 [데이터]-[데이터 가져오기 및 변환]에서 가져올 수 없는 파일 형식은?

① Access(*.mdb)
② 웹(*.htm)
③ XML 데이터(*.xml)
④ MS-Word(*.doc)

34 다음 중 데이터 통합에 대한 설명으로 옳지 않은 것은?

① 데이터 통합은 여러 셀 범위를 통합하여 합계, 평균, 최대값, 최소값, 표준편차 등을 계산할 수 있는 기능이다.
② 서로 다른 통합 문서에 분산 입력된 데이터를 통합하기 위해서는 모든 통합 문서를 열어 놓고 실행해야 한다.
③ 참조 영역의 범위에 열 이름표와 행 이름표를 복사할 것인지를 설정하려면 '사용할 레이블'에서 옵션을 체크한다.
④ '원본 데이터에 연결' 옵션을 선택하면 원본 데이터의 변경이 통합된 데이터에 즉시 반영된다.

35 아래의 프로시저를 이용하여 [A1:A10] 영역에 입력되어 있는 데이터를 적용된 서식과 내용은 그대로 두고 메모만 지우려고 한다. 다음 중 괄호 안에 들어갈 코드로 옳은 것은?

```
Sub test()
Range("a1:a10").Select
Selection.(        )
End Sub
```

① Clear
② ClearFormats
③ ClearContents
④ ClearComments

36 다음 중 시트 그룹 설정에 대한 설명으로 옳지 않은 것은?

① 시트 그룹 설정 시 비연속적인 시트의 선택은 Ctrl 을 사용한다.
② 입력이 그룹 전체 시트에 반영된다.
③ 글꼴이 그룹 전체 시트에 반영된다.
④ Esc 를 2번 누르면 그룹이 해제된다.

37 다음 중 아래의 시트와 같이 [A1:A3] 셀에 입력된 문자열을 [A4] 셀에 직접 입력하지 않고 목록으로 표시하여 입력하기 위한 기능인 [드롭다운 목록에서 선택]의 바로 가기 키로 옳은 것은?

① Shift + ↓
② Tab + ↓
③ Alt + ↓
④ Ctrl + ↓

38 성명 필드에 아래와 같이 [사용자 지정 자동 필터]의 조건을 설정하였다. 다음 중 결과로 표시되는 성명으로 옳지 않은 것은?

① 남이수
② 이연
③ 연지혜
④ 홍지연

39 다음 중 아래의 워크시트에서 표준편차가 8이 되려면 엑셀 점수가 몇 점이 되어야 하는지 알고 싶을 때 사용할 수 있는 기능은?

① 부분합
② 목표값 찾기
③ 데이터 표
④ 피벗 테이블

40 아래의 차트에서 범례의 "컴퓨터, 엑셀, 액세스"를 "액세스, 엑셀, 컴퓨터" 순으로 변경하고자 할 때 사용하는 것은?

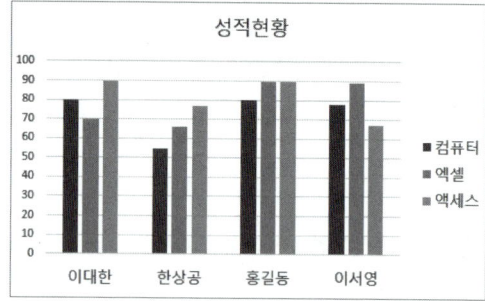

① 그림 영역 서식
② 차트 영역 서식
③ 데이터 선택
④ 범례 서식

3과목 데이터베이스 일반

41 다음 중 데이터를 입력 또는 삭제 시 이상(Anomaly) 현상이 일어나지 않도록 데이터베이스를 설계하기 위한 기술을 의미하는 용어는?

① 자동화
② 정규화
③ 순서화
④ 추상화

42 다음 중 테이블에서 필드의 데이터 형식에 대한 설명으로 옳지 않은 것은?

① 데이터 형식이 날짜/시간인 경우 자세한 날짜나 간단한 시간으로 설정할 수 있다.
② 데이터 형식이 숫자인 경우 숫자가 입력된 필드라도 데이터 형식을 짧은 텍스트로 변경할 수 있다.
③ 필드 크기가 기존 크기보다 작게 변경되면 데이터의 손실이 발생한다.
④ 데이터 형식이 숫자인 경우 필드에 정수 데이터를 입력한 후 데이터 형식을 일련번호로 바꿀 수 있다.

43 다음 중 특정 컨트롤로 포커스를 이동하고자 할 때 사용하는 매크로 함수로 옳은 것은?

① GoToRecord
② RunCode
③ GoToControl
④ SetValue

44 다음 중 릴레이션에서 기본키(PK)로 사용하기에 가장 적절한 것은?

① 변경 빈도가 자주 발생하는 필드
② 필드 특성상 Null 값이 발생하는 필드
③ 특정 레코드를 유일하게 구별할 수 있는 필드
④ 중복된 값이 발생하는 필드

45 다음 중 문자열 처리 함수 instr의 식이 아래와 같을 때, 결과값으로 옳은 것은?

=InStr(7,"Artificial","i")+InStr("intelligence","i")

① 8
② 9
③ 10
④ 11

46 다음 중 아래의 속성 시트에서 읽기 전용 폼을 만들기 위한 폼과 컨트롤의 속성 설정이 옳지 않은 것은?

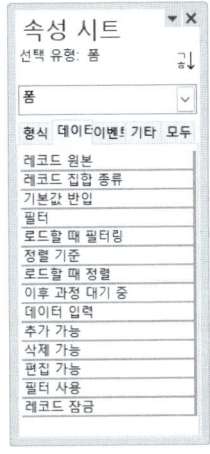 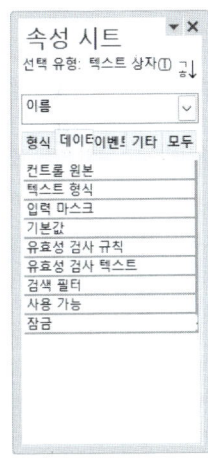

① [편집 가능] 속성을 '아니요'로 설정한다.
② [삭제 가능] 속성을 '아니요'로 설정한다.
③ [잠금] 속성을 '아니요'로 설정한다.
④ [추가 가능] 속성을 '아니요'로 설정한다.

47 다음 중 회원(회원번호, 이름, 나이, 주소) 테이블에서 회원수가 몇 명인가를 알아보기 위한 질의문으로 옳은 것은?

① select sum(*) as 회원수 from 회원
② select count(*) as 회원수 from 회원
③ insert count(*) as 회원수 from 회원
④ insert sum(*) as 회원수 from 회원

48 다음 중 아래의 [폼] 그룹에서 폼을 작성할 때 레코드 원본으로 사용할 수 없는 것은?

① 테이블
② 쿼리
③ SQL문
④ 매크로

49 다음 중 테이블 연결을 통해 연결된 테이블과 가져오기 기능을 통해 생성된 테이블과의 차이점에 대한 설명으로 옳지 않은 것은?

① 연결된 테이블의 데이터를 삭제하면 연결되어 있는 원본 데이터베이스의 데이터도 삭제된다.
② 연결된 테이블을 삭제해도 원본 테이블은 삭제되지 않는다.
③ 가져오기 기능을 통해 생성된 테이블을 삭제해도 원본 테이블은 삭제되지 않는다.
④ 연결된 테이블을 이용하여 폼이나 보고서를 생성할 수 있다.

50 다음 중 인덱스(Index)에 대한 설명으로 옳지 않은 것은?

① 일반적으로 검색을 자주하는 필드에 대해 인덱스를 설정하는 것이 바람직하다.
② 인덱스를 설정하면 레코드의 조회는 물론 레코드의 갱신 속도가 빨라진다.
③ 한 테이블에서 여러 개의 인덱스를 생성할 수 있다.
④ 중복 불가능한 인덱스를 생성하면 동일한 값이 중복적으로 입력될 수 없다.

51 다음 중 특정 필드의 입력 마스크를 'LA09#'으로 설정하였을 때 입력이 가능한 데이터로 옳은 것은?

① 12345
② A상345
③ A123A
④ A1BCD

52 다음 중 테이블에서 내보내기가 가능한 파일 형식에 해당하지 않는 것은?

① 엑셀(Excel) 파일
② ODBC 데이터베이스
③ HTML 문서
④ VBA 코드

53 다음 중 현재 폼에서 'cmd숨기기' 단추를 클릭하는 경우, DateDue 컨트롤이 표시되지 않도록 하기 위한 이벤트 프로시저로 옳은 것은?

① Private Sub cmd숨기기_Click()
　　Me.[DateDue]!Visible = False
　End Sub
② Private Sub cmd숨기기_DblClick()
　　Me!DateDue.Visible = True
　End Sub
③ Private Sub cmd숨기기_Click()
　　Me![DateDue].Visible = False
　End Sub
④ Private Sub cmd숨기기_DblClick()
　　Me.DateDue!Visible = True
　End Sub

54 다음 중 개체-관계 모델의 E-R 다이어그램에서 속성을 의미하는 것은?

① 직사각형
② 타원
③ 마름모
④ 삼각형

55 다음 중 릴레이션(Relation)에 대한 설명으로 옳지 않은 것은?

① 한 릴레이션에 포함된 튜플(Tuple)의 수를 인스턴스(Instance)라 한다.
② 연관된 속성의 집합으로 관계형 모델에서의 테이블(Table)을 의미한다.
③ 한 릴레이션을 구성하는 속성(Attribute)들 사이에는 순서가 없다.
④ 한 릴레이션에 포함된 튜플을 유일하게 식별하기 위한 속성들의 부분 집합을 키(Key)로 설정한다.

56 다음 중 외래키 값을 관련된 테이블의 기본키 값과 동일하게 유지해 주는 제약 조건은?

① 동시 제어성
② 관련성
③ 참조 무결성
④ 동일성

57 부서별 제품별 영업 실적을 관리하는 테이블에서 부서별로 영업 실적이 1억 원 이상인 제품의 합계를 구하고자 한다. 다음 중 이를 위한 SQL문에서 반드시 사용해야 할 구문에 해당하지 않는 것은?

① SELECT문
② GROUP BY절
③ HAVING절
④ ORDER BY절

58 다음 중 그룹화된 보고서의 그룹 머리글과 그룹 바닥글에 대한 설명으로 옳지 않은 것은?

① 그룹 머리글은 각 그룹의 첫 번째 레코드 위에 표시된다.
② 그룹 바닥글은 각 그룹의 마지막 레코드 아래에 표시된다.
③ 그룹 머리글에 계산 컨트롤을 추가하여 전체 보고서에 대한 요약값을 계산할 수 있다.
④ 그룹 바닥글은 그룹 요약과 같은 항목을 나타내는 데 효과적이다.

참고 파트03-챕터02-섹션02

59 다음 보기에서 데이터 형식의 필드에 할당되는 크기가 큰 것부터 작은 순으로 옳은 것은?

> 가. 정수(Integer) 형식
> 나. 날짜/시간 형식
> 다. Yes/No 형식
> 라. 일련번호 형식

① 나-라-가-다
② 가-나-다-라
③ 다-가-라-나
④ 라-다-나-가

참고 파트03-챕터06-섹션03

60 다음 중 아래의 프로그램을 수행한 후 변수 Sum의 값으로 옳은 것은?

```
Sum = 0
For i = 1 to 20
Select Case (i Mod 4)
Case 0
Sum = Sum + i
Case 1, 2, 3
End Select
Next
```

① 45
② 55
③ 60
④ 70

2025년 상시 기출문제 02회

풀이 시간 _____ 분   내 점수 _____ 점

시험 시간	합격 점수	문항수
60분	60점	총 60개

1과목 컴퓨터 일반

참고 파트01-챕터04-섹션02

01 다음 중 핀테크(FinTech)에 대한 설명으로 옳지 않은 것은?

① 핀테크는 Finance(금융)와 Technology(기술)의 합성어이다.
② SNS나 모바일 플랫폼, 빅 데이터 등의 IT를 토대로 하는 금융 서비스를 의미한다.
③ 실생활에서 핀테크의 활용 분야는 모바일 뱅킹이나 앱 카드, 다수의 개인으로부터 자금을 모으는 크라우드 펀딩(Crowd Funding), 투자 자문을 수행하는 로보어드바이저(RoboAdvisor) 등이 있다.
④ '공공 거래 장부'로 불리며 임의로 수정이 불가능한 분산 컴퓨터 기반의 기술이다.

참고 파트01-챕터01-섹션01

02 다음 중 Windows의 바로 가기 키에 대한 기능으로 옳은 것은?

① `Alt`+`Print Screen` : 현재 활성화된 창을 인쇄한다.
② `Alt`+`Enter` : 선택된 항목의 속성 창을 표시한다.
③ `Ctrl`+`Esc` : 열려 있는 창을 닫는다.
④ `Alt`+`F4` : 시작 메뉴를 표시한다.

참고 파트01-챕터05-섹션03

03 다음 중 프로그램에 대해 직접 감염시키지는 않으나 그 프로그램의 시작 위치를 바이러스의 시작 위치로 변경하여 프로그램을 실행하면 바이러스가 대신 실행되는 바이러스는?

① 산란형 바이러스
② 연결형 바이러스
③ 기생형 바이러스
④ 겹쳐쓰기형 바이러스

참고 파트01-챕터04-섹션05

04 다음 중 데이터베이스와 통신 기술, GPS를 이용하여 주변의 위치 및 위치와 관련된 부가 서비스를 제공하는 기술로 옳은 것은?

① 빅 데이터(Big Data)
② 위치 기반 서비스(LBS)
③ 시맨틱 웹(Semantic Web)
④ 사물 인터넷(IoT)

참고 파트01-챕터03-섹션08

05 다음 중 OLED(Organic Light Emitting Diodes)에 대한 설명으로 옳지 않은 것은?

① 자체 발광의 차세대 디스플레이로 형광성 유기 화합물을 기반으로 한 발광 소자의 일종이다.
② 액정과 달리 자체적으로 빛을 발산하기 때문에 백라이트가 필요 없으나 스마트폰이나 태블릿 수준의 작은 화면에서 고전력으로 작동한다는 단점이 있다.
③ 백라이트가 없으므로 제품을 더욱 얇게 제작할 수 있으며, 플라스틱이나 특수 유리 등을 이용해 휘거나 구부릴 수 있는 디스플레이 기기도 만들 수 있다.
④ 수동형 구동 방식과 능동형 구동 방식으로 구분한다.

참고 파트01-챕터03-섹션09

06 다음 중 인터럽트가 발생하는 원인으로 가장 옳지 않은 것은?

① 정전이나 기계적인 장애나 문제가 생겼을 때 발생한다.
② SVC(Supervisor Call) 명령을 수행한 경우에 발생한다.
③ 불법적인 명령 수행을 수행한 경우에 발생한다.
④ 프로그램 실행에 따라 부프로그램을 호출한 경우에 발생한다.

참고 파트01-챕터03-섹션07

07 다음 중 컴퓨터 기억 장치와 관련하여 캐시 메모리(Cache Memory)에 대한 설명으로 옳지 않은 것은?

① 속도가 빠른 중앙 처리 장치와 상대적으로 속도가 느린 주기억 장치 사이에 위치하며 컴퓨터 처리의 속도를 향상시키는 역할을 한다.
② 캐시 메모리는 DRAM보다 접근 속도가 빠른 SRAM 등이 사용되며 주기억 장치보다 소용량으로 구성된다.
③ 컴퓨터의 CPU 내부에 비휘발성 메모리로 구성되며 고속의 액세스가 가능한 기억 장치이다.
④ 캐시 메모리의 효율성은 적중률(Hit Ratio)로 나타낼 수 있으며, 적중률이 높을수록 시스템의 전체적인 속도가 향상된다.

참고 파트01-챕터03-섹션07

08 다음 아래의 내용에서 괄호 안에 알맞은 것은?

- 하드디스크는 하나의 디스크를 여러 개의 분할 영역으로 설정할 수 있는데, 이렇게 분할된 (   )는(은) 포맷을 해야 사용할 수 있다.
- 운영체제에서는 (   )가(이) 하나의 드라이브로 인식된다.

① Registry
② File System
③ Zip Drive
④ Partition

참고 파트01-챕터03-섹션06

09 다음 중 컴퓨터의 연산 장치에 관한 설명으로 옳지 않은 것은?

① 연산 장치가 수행하는 연산에는 산술, 논리, 관계, 이동(Shift) 연산 등이 있다.
② 연산 장치에는 뺄셈을 수행하기 위하여 입력된 값을 보수로 변환하는 보수기(Complementor)와 2진수 덧셈을 수행하는 가산기(Adder)가 있다.
③ 누산기(Accumulator)는 연산된 결과를 일시적으로 저장하는 레지스터이다.
④ 연산 장치에는 다음번 연산에 필요한 명령어의 번지를 기억하는 프로그램 카운터(Program Counter)를 포함한다.

참고 파트01-챕터04-섹션03, 04

10 다음 중 멀티미디어에 관련된 설명으로 옳지 않은 것은?

① 웹에서 멀티미디어 데이터를 다운로드하면서 동시에 재생해 주는 기술을 스트리밍 기술이라고 한다.
② 멀티미디어 데이터의 전송 및 보관을 위해 대용량의 동영상 및 사운드 파일을 압축하거나 압축을 푸는 데 사용되는 모든 기술, 도구 등을 통칭하여 코덱(CODEC)이라 한다.
③ 텍스트, 그래픽, 사운드, 동영상, 애니메이션 등의 여러 미디어를 통하여 처리하는 멀티미디어의 특징을 비선형성(Non-Linear)이라 한다.
④ 정보 제공자와 사용자 간의 상호작용에 의해 데이터가 전달되는 쌍방향성의 특징이 있다.

참고 파트01-챕터05-섹션03

11 다음 중 E-Mail을 통해 수신자의 컴퓨터를 감염시키는 악성 컴퓨터 바이러스로, 첨부된 파일을 실행하지 않고 메일을 보기만 해도 자동으로 감염되는 바이러스이며 시스템의 실행 속도가 느려지고 원격으로 컴퓨터 시스템을 조정할 수 있게 되는 바이러스는?

① Nimda
② Love
③ Melisa
④ 부트 바이러스

참고 파트01-챕터04-섹션02

12 다음 중 IoT(사물 인터넷) 디바이스에서 사용되는 저전력 광역 무선 네트워크 기술로 소량의 데이터를 장거리로 전송할 수 있는 기술은?

① LTE
② LPWA
③ WiFi
④ USN

참고 파트01-챕터01-섹션02

13 다음 중 한글 Windows의 레지스트리(Registry)에 대한 설명으로 옳지 않은 것은?

① 한글 Windows에서 레지스트리를 편집하기 위한 명령은 'regedit.exe'이다.
② 레지스트리는 Windows의 구성 정보를 담고 있는 데이터베이스이다.
③ 레지스트리의 정보는 컴퓨터가 부팅(Booting)될 때만 참조한다.
④ 레지스트리를 잘못 변경하면 시스템 불안정성, 애플리케이션 오류, Windows 시작 방지 등의 중요한 문제가 발생할 수 있다.

참고 파트01-챕터05-섹션01

14 다음 중 저작권법에 대한 설명으로 가장 옳지 않은 것은?

① 저작자의 권리와 이에 인접하는 권리를 보호하고 저작물의 공정한 이용을 도모함으로써 문화 및 관련 산업의 향상 발전에 이바지함을 목적으로 한다.
② 원저작물을 번역, 편곡, 변형, 각색, 영상 제작 그 밖의 방법으로 작성한 창작물은 2차적 저작물이라 하며 독자적인 저작물로서 보호되지 않는다.
③ 컴퓨터 프로그램을 제작하기 위해 사용하는 프로그램 언어와 헌법, 법률, 조약, 명령, 조례 및 규칙법 등은 저작권으로 보호되지 않는다.
④ 상용 소프트웨어를 복사하여 개인적인 금전 취득을 위해 판매하는 경우 저작권법에 저촉된다.

참고 파트01-챕터05-섹션02

15 다음 중 아래의 내용에 해당하는 것은?

> 인터넷 사용자의 PC에 잠입하여 내부 파일(문서나 이미지 파일, 스프레드시트 파일 등)을 암호화하여 파일들의 확장자를 변경하고 파일이 열리지 않도록 한 다음 해독용 키 프로그램의 전송을 빌미로 금전 등을 요구하는 악성 프로그램이다.

① 내그웨어(nagware)
② 스파이웨어(spyware)
③ 애드웨어(adware)
④ 랜섬웨어(ransomware)

참고 파트01-챕터04-섹션02

16 다음 보기 중 전자우편을 위한 프로토콜만으로 바르게 짝지어진 것은?

> ⓐ SMTP ⓑ POP3 ⓒ FTP
> ⓓ MIME ⓔ DNS   ⓕ IMAP

① ⓐ, ⓑ, ⓒ, ⓓ
② ⓐ, ⓑ, ⓓ, ⓕ
③ ⓑ, ⓒ, ⓓ, ⓔ
④ ⓒ, ⓓ, ⓔ, ⓕ

참고 파트01-챕터03-섹션07

17 다음 보기의 내용에 적합한 기억 소자로 옳은 것은?

> • 전원이 계속 공급되더라도 주기적으로 재충전 되어야 기억된 내용을 유지할 수 있는 기억 소자이며, 회로가 비교적 간단하고 가격이 저렴하다.
> • 집적도가 높기 때문에 대용량의 기억 장치에 주로 사용된다.

① SRAM(Static RAM)
② DRAM(Dynamic RAM)
③ PROM(Programmable ROM)
④ EPROM(Erasable ROM)

참고 파트01-챕터04-섹션05

18 다음 중 사물 인터넷에 대한 설명으로 옳지 않은 것은?

① IoT(Internet of Things)라고도 하며 각종 사물에 센서와 통신 기능을 내장하여 인터넷에 연결하는 기술이다.
② 사물 인터넷 기반 서비스는 개방형 아키텍처를 필요로 하기 때문에 정보 공유에 대한 부작용을 최소화하기 위한 정보 보안 기술의 적용이 중요하다.
③ 사물들은 자신을 구별할 수 있는 유일한 IP를 가지고 스마트 센싱 기술과 무선 통신 기술을 융합하여 실시간으로 데이터를 주고받는 기술이다.
④ 사물과 공간, 데이터 등을 이더넷으로 서로 연결시켜 주는 것으로 사물 인터넷은 사람을 제외한 사물과 사물 간의 통신 기술이다.

19 다음 중 아래의 내용에 해당하는 정보 처리 방식으로 옳은 것은?

- 하나의 시스템을 여러 사용자가 공유하여 동시에 대화식으로 작업을 수행할 수 있다.
- 시스템은 일정 시간 단위로 CPU 사용을 한 사용자에서 다음 사용자로 신속하게 전환한다.
- 사용자들은 실제로 자신만이 컴퓨터를 사용하고 있는 것처럼 보이는 처리 방식이다.

① 오프라인 시스템(Off-Line System)
② 일괄 처리 시스템(Batch Processing System)
③ 시분할 시스템(Time Sharing System)
④ 분산 시스템(Distributed System)

20 한글 Windows의 파일 탐색기에서 바탕 화면에 선택된 폴더나 파일에 대한 바로 가기를 만들기 위해 폴더나 파일을 드래그할 때 사용하는 바로 가기 키로 옳은 것은?

① Ctrl + Alt
② Ctrl + Shift
③ Shift + Alt
④ Shift

2과목 스프레드시트 일반

21 아래 시트의 〈조건〉처럼 택배사의 고객별 이용 횟수에 따라 택배 비용을 책정하고자 한다. [C2] 셀에 입력할 수식으로 옳지 않은 것은?(단, [C2] 셀의 수식을 [C6] 셀까지 채우기 핸들로 복사함)

〈조건〉

횟수	택배 비용
5회 이하	5,000원
10회 이하	10,000원
10회 초과	무료

	A	B	C
1	고객명	이용횟수	택배비용
2	한상공	12	무료
3	이대한	9	10000
4	홍길동	5	5000
5	이다정	10	10000
6	이서연	3	5000

① =IF(B2>10,"무료",IF(B2>5,10000,5000))
② =IF(B2<=5,5000,IF(B2<=10,10000,"무료"))
③ =IF(B2<=5,5000,IF(AND(B2>5,B2<=10),10000,"무료"))
④ =IF(B2<=5,5000,IF(OR(B2>5,B2<=10),10000,"무료"))

22 다음 중 아래 설명에 해당하는 차트 종류는?

- 항목의 값을 점으로 표시한다.
- 두 개의 값 축, 즉 가로(x) 및 세로(y) 값 축이 있다.
- 일반적으로 과학, 통계 및 공학 데이터와 같은 숫자 값을 표시하고 비교하는 데 사용된다.
- 가로축의 값이 일정한 간격이 아닌 경우에 사용된다.
- 가로축의 데이터 요소 수가 많은 경우에 사용된다.
- 기본적으로 5개의 하위 차트 종류가 제공되며, 3차원 차트로 작성할 수 없다.

① 분산형 차트
② 도넛형 차트
③ 방사형 차트
④ 혼합형 차트

23 다음 중 워크시트 이름으로 사용할 수 있는 것은?

① 판매*현황:
② [판매현황]
③ 판매₩현황
④ 판매$현황

24 다음 중 영문 대/소문자를 구분하도록 설정했을 때 오름차순 정렬의 순서로 옳은 것은?

① A - a - @ - 5 - 3
② 3 - 5 - @ - a - A
③ a - A - @ - 5 - 3
④ 3 - 5 - @ - A - a

25 다음 중 아래의 수식을 [A7] 셀에 입력한 경우 표시되는 결과값으로 옳은 것은?

=IFERROR(VLOOKUP(A6,$A$1:$B$4,2),"입력 오류")

	A	B	C
1	0	미흡	
2	10	분발	
3	20	적정	
4	30	우수	
5			
6	-5		
7			
8			

① 미흡
② 분발
③ 입력오류
④ #N/A

26 다음의 시트처럼 범위를 설정한 경우 셀 포인터의 이동이 옳지 않은 것은?

① [B3] 셀에서 Shift+Enter를 누르면 셀 포인터는 [C6] 셀로 이동한다.
② [B3] 셀에서 Ctrl+Enter를 누르면 셀 포인터는 [C6] 셀로 이동한다.
③ [B3] 셀에서 Enter를 3번 누르면 셀 포인터는 [B6] 셀로 이동한다.
④ [B3] 셀에서 Enter를 4번 누르면 셀 포인터는 [C3] 셀로 이동한다.

27 다음 중 엑셀에서 사용하는 바로 가기 키와 같은 키로 매크로의 바로 가기 키를 지정했을 경우, 해당 바로 가기 키를 눌렀을 때 실행되는 것은?

① 충돌하므로 오류 메시지가 표시된다.
② 매크로의 바로 가기 키가 동작한다.
③ 엑셀의 바로 가기 키가 동작한다.
④ 아무런 동작도 수행되지 않는다.

참고 파트02-챕터02-섹션04

28 다음 워크시트에서 지급액(B2:B5)을 현재의 값에 '추가지급분(D2)'을 더한 값으로 변경하고자 할 때 필요한 기능을 순서대로 바르게 나열한 것은?

	A	B	C	D	E
1	지점명	지급액		추가지급분	
2	서울	100000		5000	
3	용인	150000			
4	인천	180000			
5	부산	160000			
6					

① [홈]-[클립보드]-[복사], [홈]-[클립보드]의 [선택하여 붙여넣기]
② [홈]-[클립보드]-[복사], [홈]-[클립보드]의 [붙여넣기]
③ [홈]-[클립보드]-[잘라내기], [홈]-[클립보드]의 [붙여넣기]
④ [홈]-[클립보드]-[잘라내기], [홈]-[클립보드]의 [선택하여 붙여넣기]

참고 파트02-챕터05-섹션02

29 다음 중 워크시트에 입력된 차트, 도형, 그림, 워드아트, 클립아트, 괘선 등 모든 그래픽 요소를 제외하고 텍스트만 빠르게 출력하려고 할 때 설정해야 할 항목으로 옳은 것은?

① [페이지 설정] 대화 상자의 [시트] 탭에서 [간단하게 인쇄] 항목
② [페이지 설정] 대화 상자의 [시트] 탭에서 [인쇄 영역 설정] 항목
③ [인쇄] 대화 상자의 [인쇄 대상]에서 [인쇄 영역 설정] 항목
④ [인쇄] 대화 상자의 [인쇄 대상]에서 [간단하게 인쇄] 항목

참고 파트02-챕터02-섹션04

30 '=A20*B21'이나 '...입니까?'와 같이 곱셈 수식이나 의문문을 *와 ?의 기호를 이용하여 검색하고자 할 때 아래 그림의 [찾을 내용]에 입력해야 할 방법으로 옳은 것은?

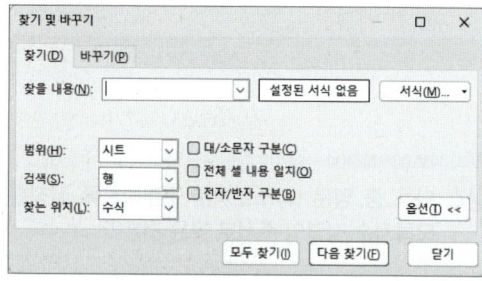

① '의 기호 뒤에 * 혹은 ?를 붙인다.
② ~의 기호 뒤에 * 혹은 ?를 붙인다.
③ "의 기호 뒤에 * 혹은 ?를 붙인다.
④ * 혹은 ? 기호만 입력한다.

참고 파트02-챕터02-섹션01

31 다음 중 메모에 대한 설명으로 옳지 않은 것은?

① 새 메모를 작성하려면 바로 가기 키 Shift + F2 를 누르거나 [검토] 탭-[메모] 그룹에서 '새 메모'를 클릭한다.
② 셀을 이동하면 메모를 제외한 수식, 결과값, 셀 서식 등이 이동된다.
③ 한 시트에 여러 개의 메모가 삽입되어 있는 경우 [검토] 탭-[메모] 그룹의 '이전' 또는 '다음'을 이용하여 메모들을 탐색할 수 있다.
④ 통합 문서에 포함된 메모를 시트에 표시된 대로 인쇄하거나 시트 끝에 인쇄할 수 있다.

32. 다음 중 부분합 실행 결과에 대한 설명으로 옳지 않은 것은?

	A	B	C	D
1	성명	과목	점수	
2	전체 평균		84	
3	총합계		504	
4	이대한 평균		90	
5	이대한 요약		180	
6	이대한	컴퓨터	80	
7	이대한	엑셀	100	
8	한상공 평균		78.5	
9	한상공 요약		157	
10	한상공	컴퓨터	89	
11	한상공	엑셀	68	
12	홍길동 평균		83.5	
13	홍길동 요약		167	
14	홍길동	컴퓨터	77	
15	홍길동	엑셀	90	
16				

① 성명을 기준으로 항목이 그룹화되었다.
② 점수에 대해 평균을 구한 다음 합계를 구하였다.
③ 부분합 개요 기호 지우기가 실행되었다.
④ 데이터 아래에 요약 표시가 해제되었다.

33. 다음 중 [페이지 설정]-[머리글/바닥글] 탭에서 '머리글 편집' 및 '바닥글 편집' 시 사용하는 단추의 기능과 표시되는 값으로 옳지 않은 것은?

① : 페이지 번호 삽입, &[페이지 번호]
② : 시트 이름 삽입, &[탭]
③ : 파일 경로 삽입, &[경로]&[파일]
④ : 그림 삽입, &[그림]

34. 다음 중 이다정의 성적표에서 인문 과목들의 점수 변동에 따라 평균 점수의 변화를 한 번의 연산으로 빠르게 계산할 수 있는 도구로 옳은 것은?

① 목표값 찾기
② 데이터 표
③ 피벗 테이블
④ 시나리오

35. 다음 중 윗주의 기능에 대한 설명으로 옳지 않은 것은?

① 셀 데이터를 삭제하면 윗주도 함께 삭제된다.
② 데이터가 입력되지 않은 셀에 윗주를 삽입할 수 없다.
③ 숫자가 입력된 셀에 윗주를 삽입하면 화면에 윗주가 표시된다.
④ 윗주는 셀에 대한 주석을 설정하는 것이다.

36. 다음 중 차트에 그려진 데이터는 분포 내의 빈도를 나타내며, 계급구간이라고 하는 차트의 각 열을 변경하여 데이터를 더 세부적으로 분석할 수 있는 차트는?

① 트리맵 차트
② 폭포 차트
③ 히스토그램 차트
④ 상자 수염 차트

37. 다음 중 아래 수식의 결과와 동일한 결과를 반환하는 수식으로 옳은 것은?

=SUMPRODUCT((A1:A100=C1)*(B1:B100=D1))

① =SUMIFS(A1:A100,C1,B1:B100,D1)
② =COUNTIFS(A1:A100,C1,B1:B100,D1)
③ =AVERAGEIFS(A1:A100,C1,B1:B100,D1)
④ =SUBTOTAL(SUM,A1:A100,B1:B100)

38 다음 중 데이터의 필터 기능에 대한 설명으로 옳지 않은 것은?

① 필터 기능은 조건을 기술하는 방법에 따라 자동 필터와 고급 필터로 구분할 수 있다.
② 자동 필터에서 조건 지정 시 각 열에 설정된 조건들은 OR 조건으로 묶여 처리된다.
③ 필터 기능은 많은 양의 자료에서 설정된 조건에 맞는 자료만을 추출하여 나타내는 기능이다.
④ 고급 필터를 이용하면 조건에 맞는 행에서 원하는 필드만 선택하여 다른 영역에 복사할 수 있다.

39 다음 중 워크시트를 보호하기 위한 [시트 보호] 대화 상자에서 '워크시트에서 허용할 내용'으로 지정할 수 있는 내용이 아닌 것은?

① 하이퍼링크 삽입
② 자동 필터 사용
③ 시나리오 편집
④ 시트 이름 바꾸기

40 다음 중 엑셀의 오차 막대에 대한 설명으로 옳지 않은 것은?

① 3차원 차트는 오차 막대를 표시할 수 없다.
② 차트에 고정값, 백분율, 표준 편차, 표준 및 오차, 사용자 지정 중 선택하여 오차량을 표시할 수 있다.
③ 오차 막대를 화면에 표시하는 방법에는 2가지로 양의 값, 음의 값이 있다.
④ 차트에 오차 막대를 추가하려면 데이터 계열을 선택한 후 [차트 디자인]-[차트 레이아웃]-[차트 요소 추가]-[오차 막대]를 클릭한다.

3과목 데이터베이스 일반

41 다음 중 데이터베이스의 정규형 중 하나로 릴레이션에 속한 모든 도메인이 원자값으로 구성되어야 하고 중복되는 항목이 없어야 하는 정규형은?

① 제1정규형
② 제2정규형
③ 제3정규형
④ 제4정규형

42 다음 중 업데이트 쿼리의 기능에 대한 설명으로 옳지 않은 것은?

① 레코드의 모든 데이터를 변경할 수 있다.
② 기존 데이터의 값을 널(Null) 값으로 변경할 수 있다.
③ 여러 테이블의 값을 한 번에 변경할 수 있다.
④ 테이블에 새로운 데이터(행)를 삽입할 수 있다.

43 다음 중 Access의 DoCmd 개체의 메서드가 아닌 것은?

① SetValue
② OpenReport
③ GoToRecord
④ RunCode

44 다음 중 1, 2,…, 99까지 입력되어 있는 회원번호 필드(데이터 형식 : 짧은 텍스트)의 값을 001, 002,…, 099와 같이 3자리의 문자 형태로 변경하려고 할 때 SQL문으로 옳은 것은?

① update 회원 set 회원번호 = right("00"& 회원번호,3)
② update 회원 set 회원번호 = left("00"& 회원번호,3)
③ update 회원 set 회원번호 = right(회원번호& "00",3)
④ update 회원 set 회원번호 = left(회원번호& "00",3)

45 다음 중 〈지점관리〉 테이블에 입력된 지점명 필드의 데이터를 이용하여 아래의 SQL문을 실행한 결과로 옳은 것은?

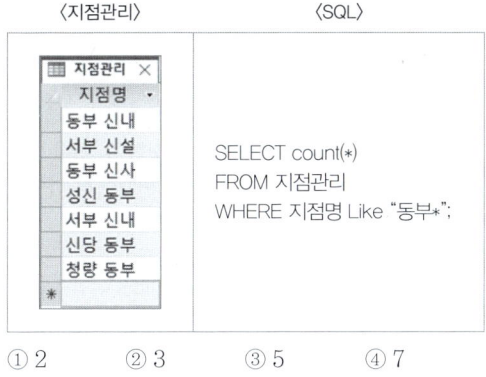

① 2　② 3　③ 5　④ 7

46 다음 중 입사일이 '2004-10-01'인 사원의 현재까지 근무한 연수를 출력하기 위한 SQL문으로 옳은 것은?

① select dateadd("yyyy",date( ),'2004-10-01');
② select datediff("yyyy",'2004-10-01',date( ));
③ select datevalue("yy",'2004-10-01',date( ));
④ select datediff("yy",'2004-10-01',date( ));

47 다음 중 입력 마스크를 아래와 같이 정의하고 'sunny', 'moon'의 데이터를 각각 입력했을 때 테이블에 입력된 결과로 옳은 것은?

>L<???

① SUNNY, MOON
② sunny, moon
③ Sunn, Moon
④ sUNN, mOON

48 인덱스(Index)를 사용하면 찾기 및 정렬 속도가 빨라진다. 다음 중 테이블에서 필드 속성으로 인덱스를 지정할 수 없는 것은?

① 일련번호
② Yes/No
③ 짧은 텍스트
④ OLE 개체

49 〈구매〉 테이블은 '고객번호'와 '구매내역' 필드로 구성되고 〈고객〉 테이블은 '고객번호'와 '고객명'으로 구성되어 있다. 다음 아래의 [관계 편집]과 [조인 속성] 대화 상자처럼 〈구매〉 테이블의 모든 레코드는 표시하고, 〈고객〉 테이블에서는 '구매.고객번호' 필드와 일치하는 레코드만 표시하는 조인으로 옳은 것은?

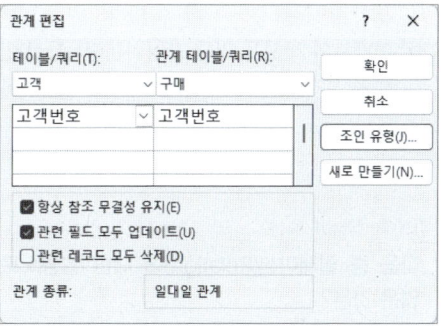

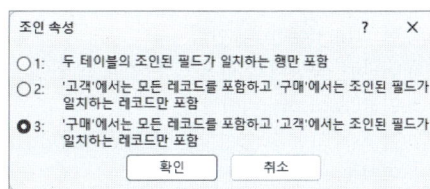

① 카테션 조인
② 내부 조인
③ 왼쪽 외부 조인
④ 오른쪽 외부 조인

50 다음 중 액세스의 데이터 형식이 아닌 것은?
① 짧은 텍스트
② 날짜/시간
③ CSV
④ 일련번호

51 다음 중 폼 작성 시 속성 설정에 대한 설명으로 옳지 않은 것은?
① 폼은 데이터의 입력, 편집 작업 등을 위한 사용자와의 인터페이스로 테이블, 쿼리, SQL문 등을 '레코드 원본' 속성으로 지정할 수 있다.
② 폼의 제목 표시줄에 표시되는 텍스트는 '이름' 속성을 이용하여 변경할 수 있다.
③ 폼의 보기 형식은 '기본 보기' 속성에서 단일 폼, 연속 폼, 데이터시트, 피벗 테이블, 피벗 차트, 분할 표시 폼 중 선택할 수 있다.
④ 이벤트의 작성을 위한 작성기는 식 작성기, 매크로 작성기, 코드 작성기 중 선택할 수 있다.

52 다음 중 릴레이션(Relation)에 대한 설명으로 옳지 않은 것은?
① 한 릴레이션에 포함된 튜플(Tuple)의 수를 인스턴스(Instance)라 한다.
② 연관된 속성의 집합으로 관계형 모델에서의 테이블(Table)을 의미한다.
③ 한 릴레이션을 구성하는 속성(Attribute)들 사이에는 순서가 없다.
④ 한 릴레이션에 포함된 튜플을 유일하게 식별하기 위한 속성들의 부분 집합을 키(Key)로 설정한다.

53 다음 중 데이터베이스인 Access에서 암호를 설정하는 방법으로 옳은 것은?
① [데이터베이스 압축 및 복구] 도구에서 파일 암호를 설정할 수 있다.
② 데이터베이스를 단독 사용 모드(단독으로 열기)로 열어야 파일 암호를 설정할 수 있다.
③ 데이터베이스를 MDE 형식으로 저장한 후 파일을 열어야 파일 암호를 설정할 수 있다.
④ [Access 옵션] 창의 보안 센터에서 파일 암호를 설정할 수 있다.

54 다음 중 테이블의 특정 필드에서 엑셀 파일을 삽입하려고 할 때 가장 적절한 데이터 형식으로 옳은 것은?
① 하이퍼링크
② 일련번호
③ 긴 텍스트
④ 첨부 파일

55 다음 중 보고서에 관한 설명으로 옳지 않은 것은?
① 보고서는 데이터 원본으로 테이블이나 쿼리, 기존 작성된 보고서를 지정하여 사용할 수 있다.
② 보고서는 폼과는 달리 컨트롤에 데이터를 입력하거나 수정할 수 없다.
③ 데이터베이스에 저장된 테이블이나 쿼리의 내용을 화면이나 프린터로 출력하기 위한 개체이다.
④ 레코드 원본에서 SQL 명령을 입력하는 경우 그 결과로 보고서를 작성할 수 있다.

56 다음 중 기본 폼과 하위 폼의 연결에 관한 설명으로 옳지 않은 것은?

① 두 개 이상의 연결 필드를 지정할 때는 필드들을 콤마(,)로 구분하여 연결한다.
② 폼이 연결되면 기본 폼과 하위 폼은 동기화되므로 하위 폼에는 기본 폼과 연관된 레코드만 표시된다.
③ 기본 폼과 하위 폼을 연결할 필드의 데이터 형식은 같거나 호환되어야 한다.
④ '하위 폼 필드 연결기' 대화 상자에서 기본 폼과 하위 폼의 연결 필드를 지정할 수 있다.

57 다음 중 액세스에서 매크로에 대한 설명으로 옳지 않은 것은?

① 하나의 매크로 그룹에 여러 개의 매크로를 만들 수 있다.
② 하나의 매크로에 여러 개의 매크로 함수를 지정할 수 있다.
③ AutoExec이라는 특수한 매크로 이름을 사용하면 테이블이 열릴 때마다 자동으로 실행된다.
④ 매크로 실행 시에 필요한 정보, 즉 인수를 지정할 수 있다.

58 다음 중 SQL문의 각 예약어에 대한 설명으로 옳지 않은 것은?

① SQL문에서 검색 결과가 중복되지 않게 표시하기 위해서 'DISTINCT'를 입력한다.
② ORDER BY 문을 사용할 때는 HAVING절을 사용하여 조건을 지정한다.
③ FROM절에는 SELECT문에 나열된 필드를 포함하는 테이블이나 쿼리를 지정한다.
④ 특정 필드를 기준으로 그룹화하여 검색할 때는 GROUP BY문을 사용한다.

59 다음 중 액세스를 이용하여 테이블을 작성할 때 고려하지 않아도 될 사항은?

① 필드 크기
② 필드 이름
③ 필드의 데이터 형식
④ 레코드 수

60 다음 중 〈과목코드〉 테이블의 '과목코드' 필드에 대한 속성에 관한 설명으로 옳지 않은 것은?

① 과목코드 필드에서 입력 가능한 숫자는 255까지 가능하다.
② 과목코드는 반드시 입력해야 한다.
③ 과목코드는 중복될 수 없다.
④ 새 레코드 생성 시 0이 자동으로 입력된다.

2025년 상시 기출문제 03회

풀이 시간 _____ 분   내 점수 _____ 점

시험 시간	합격 점수	문항수
60분	60점	총 60개

1과목 컴퓨터 일반

01 다음 중 인터넷이 가능한 스마트폰을 모뎀처럼 통신 중계기 역할로 사용하는 방법으로 PC나 노트북, 태블릿 등의 IT 기기를 스마트폰에 연결하여 무선 인터넷 사용이 가능하고 모바일 데이터 연결을 공유하는 기능은?

① 테더링(Tethering)
② 와이파이(WiFi)
③ 블루투스(Bluetooth)
④ 와이브로(Wibro)

02 다음 중 프린터의 스풀(Spool) 기능에 관련된 설명으로 옳은 것은?

① 스풀 기능은 인쇄할 내용을 직접 프린터로 전송하여 속도가 빠르다.
② 스풀 기능은 문서 전체 단위로 실행된다.
③ 프린터가 인쇄 중이라도 다른 응용 프로그램을 실행할 수 있다.
④ 저속 프린터의 경우 스풀을 사용하면 컴퓨터 전체 효율이 현저하게 낮아진다.

03 다음 중 Windows에서 디스크의 사용 가능한 공간을 늘리기 위하여 인터넷 관련 캐시 파일, 휴지통의 파일, 임시 파일 등 불필요한 파일들을 삭제하는 작업은?

① 디스크 검사
② 디스크 정리
③ 디스크 포맷
④ 드라이브 조각 모음 및 최적화

04 다음 중 인터넷 익스플로러처럼 인터넷을 사용하기 위한 웹 브라우저가 아닌 것은?

① 크롬(Chrome)
② 마이크로소프트 엣지(Microsoft Edge)
③ 파이어폭스(Firefox)
④ 안드로이드(Android)

05 다음 중 네트워크와 관련하여 OSI 7계층 참조 모델에서 각 계층의 대표적인 장비로 옳지 않은 것은?

① 트랜스포트 계층(Transport Layer) – 허브(Hub)
② 네트워크 계층(Network Layer) – 라우터(Router)
③ 데이터링크 계층(Data-link Layer) – 브리지(Bridge)
④ 물리 계층(Physical Layer) – 리피터(Repeater)

06 다음 중 정보를 전송하기 위하여 송·수신기가 같은 상태를 유지하도록 하는 프로토콜의 기능을 의미하는 것은?

① 연결 제어
② 흐름 제어
③ 오류 제어
④ 동기화

07 다음 중 정보 보안의 기밀성을 침해하는 것으로 옳은 것은?

① 스푸핑(Spoofing)
② 스니핑(Sniffing)
③ 백도어(Back Door)
④ 웜(Worm)

08 다음 중 PnP 기능에 대한 설명으로 옳은 것은?

① 파일을 전송하는 프로토콜이다.
② 하나의 CPU로 여러 개의 프로그램을 동시에 처리하는 기법이다.
③ 인터넷상에서 개인끼리 파일을 공유하는 기술이나 행위를 의미한다.
④ 새로운 하드웨어를 장착하고 시스템을 가동하면 자동으로 하드웨어를 인식하고 실행하는 기능이다.

09 다음 중 아래의 화면은 명령 프롬프트에서 어떤 명령을 실행한 결과인가?

```
127.0.0.1 32바이트 데이터 사용:
127.0.0.1의 응답: 바이트=32 시간<1ms TTL=128
127.0.0.1의 응답: 바이트=32 시간<1ms TTL=128
127.0.0.1의 응답: 바이트=32 시간<1ms TTL=128
127.0.0.1의 응답: 바이트=32 시간<1ms TTL=128

127.0.0.1에 대한 Ping 통계:
    패킷: 보냄 = 4, 받음 = 4, 손실 = 0 (0% 손실),
왕복 시간(밀리초):
    최소 = 0ms, 최대 = 0ms, 평균 = 0ms
```

① ping
② ipconfig
③ tracert
④ nslookup

10 다음 중 한글 Windows의 [작업 표시줄 및 시작 메뉴]에 대한 설명으로 옳지 않은 것은?

① 작업 표시줄에서 PC에 설치된 모든 프로그램이나 앱을 실행할 수 있다.
② 화면에서 작업 표시줄의 위치는 사용자가 지정할 수 있다.
③ 작업 표시줄은 작업 시 필요에 의해 숨기기할 수 있다.
④ 시작 메뉴는 Ctrl + Esc 로 호출할 수 있다.

11 다음 중 패치 프로그램에 대한 설명으로 옳은 것은?

① 프로그램의 오류 수정이나 성능 향상을 위해 프로그램의 일부를 변경해 주는 프로그램으로 Windows의 업데이트가 이에 해당한다.
② 컴퓨터 하드웨어 및 소프트웨어 성능을 비교 평가하는 프로그램이다.
③ 베타 테스트를 하기 전에 프로그램 개발사 내부에서 미리 평가하고 오류를 찾아 수정하기 위해 시험해 보는 프로그램이다.
④ 정식으로 프로그램을 공개하기 전에 한정된 집단 또는 일반인에게 공개하여 기능을 시험하는 프로그램이다.

12 다음 주어진 〈보기〉 중에서 가장 작은 컴퓨터 정보 표현 단위로 표현 가능한 정보의 개수는?

〈보기〉

바이트(Byte), 워드(Word), 레코드(Record), 니블(Nibble)

① 4
② 16
③ 32
④ 256

13 다음 중 정보 통신을 위한 디지털 방식의 통신 선로에서 전송 신호를 증폭하거나 재생하고 전달하는 중계 장치로 옳은 것은?

① 게이트웨이(Gateway)
② 모뎀(Modem)
③ 리피터(Repeater)
④ 라우터(Router)

14 다음 중 인터넷 주소 체계에서 IPv6에 대한 설명으로 옳지 않은 것은?

① 16비트씩 8부분으로 구성되며, 각 부분은 점(.)으로 구분한다.
② 각 부분은 4자리의 16진수로 표현하며, 앞자리의 0은 생략할 수 있다.
③ IPv4에 비해 등급별, 서비스별로 패킷을 구분할 수 있어 품질 보장이 용이하다.
④ 유니캐스트, 애니캐스트, 멀티캐스트 형태의 유형으로 할당하기 때문에 할당된 주소의 낭비 요인을 줄이고 간단하게 결정할 수 있다.

15 다음 중 한글 Windows의 [설정]-[개인 설정]-[테마]의 '관련 설정'에서 '바탕 화면 아이콘 설정'을 이용하여 지정이 가능한 아이콘의 종류가 아닌 것은?

① 컴퓨터
② 즐겨찾기
③ 문서
④ 네트워크

16 다음 중 시스템 소프트웨어에 관한 설명으로 옳지 않은 것은?

① 일반적으로 시스템 소프트웨어는 운영체제가 대표적인 시스템 소프트웨어이다.
② 시스템 소프트웨어는 제어 프로그램과 처리 프로그램으로 구성된다.
③ 컴퓨터 시스템의 각종 하드웨어적인 자원과 소프트웨어적인 자원을 효율적으로 운영, 관리한다.
④ 회사 내의 특정 업무를 처리하기 위해 개발된 소프트웨어이다.

17 'Malware'는 사용자가 원하지 않는 악의적인 동작을 하도록 제작된 프로그램 또는 코드를 의미한다. 다음 중 'Malware'에 속하지 않는 것은?

① 컴퓨터 바이러스
② 방화벽
③ 인터넷 웜
④ 트로이 목마

18 다음 중 데이터 보안 침해 형태 중 위협 보안 요건으로 옳은 것은?

① 가로막기(Interruption) : 정보의 기밀성(Secrecy) 저해
② 가로채기(Interception) : 정보의 무결성(Integrity) 저해
③ 변조/수정(Modification) : 정보의 무결성(Integrity) 저해
④ 위조(Fabrication) : 정보의 가용성(Availability) 저해

19 다음 중 컴퓨터의 수 연산에서 사용되는 보수(Complement)에 대한 설명으로 옳지 않은 것은?

① 보수는 컴퓨터 연산에서 덧셈 연산을 이용하여 뺄셈을 수행하기 위해 사용한다.
② N진법에는 N의 보수와 N-1의 보수가 존재한다.
③ 2진수 1010의 1의 보수는 0을 1로, 1을 0으로 바꾼 0101에 1을 더한 것이다.
④ 2진수 10101의 2의 보수는 01011이다.

20 다음 중 한글 Windows의 파일 탐색기에서 파일이나 폴더를 선택하는 방법으로 옳지 않은 것은?

① 비연속적인 파일이나 폴더를 선택하고자 할 때에는 Ctrl 과 함께 클릭한다.
② 연속적인 파일이나 폴더를 선택하고자 할 때에는 Shift 와 함께 클릭한다.
③ 여러 개의 파일을 한꺼번에 선택할 경우에는 마우스를 사용하여 사각형 모양으로 드래그한다.
④ 모든 파일과 하위 폴더를 한꺼번에 선택하려면 Alt + A 를 사용한다.

2과목 스프레드시트 일반

21 다음 중 아래 워크시트를 이용한 수식의 실행 결과가 나머지 셋과 다른 것은?

▲	A	B
1	결과	
2	33	
3	TRUE	
4	55	
5	#REF!	
6	88	
7	#N/A	
8		

① =IFERROR(ISLOGICAL(A3), "ERROR")
② =IFERROR(ISERR(A7), "ERROR")
③ =IFERROR(ISERROR(A7), "ERROR")
④ =IF(ISNUMBER(A4), TRUE, "ERROR")

22 다음 중 엑셀의 데이터 입력에 대한 설명으로 옳지 않은 것은?

① 한 셀에 여러 줄의 데이터를 입력하려면 Alt + Enter 를 사용한다.
② 셀에 데이터를 입력하고 Shift + Enter 를 누르면 셀 입력이 완료되고 바로 아래의 셀이 선택된다.
③ 같은 데이터를 여러 셀에 한 번에 입력하려면 Ctrl + Enter 를 사용한다.
④ 수식이 들어 있는 셀을 선택하고 채우기 핸들을 두 번 클릭하면 수식이 적용되는 모든 인접한 셀에 대해 아래쪽으로 수식을 자동 입력할 수 있다.

23 다음 중 셀 영역을 선택한 후 상태 표시줄의 바로 가기 메뉴인 [상태 표시줄 사용자 지정]에서 선택할 수 있는 자동 계산에 해당하지 않는 것은?

① 선택한 영역 중 숫자 데이터가 입력된 셀의 수
② 선택한 영역 중 데이터가 입력된 셀의 수
③ 선택한 영역 중 문자 데이터가 입력된 셀의 수
④ 선택한 영역의 합계, 평균, 최소값, 최대값

24 다음 중 수식에서 발생하는 각 오류에 대한 원인으로 옳지 않은 것은?

① #NULL! - 배열 수식이 들어 있는 범위와 행 또는 열수가 같지 않은 배열 수식의 인수를 사용하는 경우
② #VALUE! - 수식에서 잘못된 인수나 피연산자를 사용한 경우
③ #NUM! - 수식이나 함수에 잘못된 숫자 값이 포함된 경우
④ #NAME? - 수식에서 이름으로 정의되지 않은 텍스트를 큰따옴표로 묶지 않고 입력한 경우

25 다음 중 [페이지 나누기 미리 보기] 상태에서 설정할 수 있는 기능에 대한 설명으로 옳지 않은 것은?

① 행 높이와 열 너비를 변경하면 자동 페이지 나누기의 위치도 변경된다.
② 수동으로 삽입한 페이지 나누기를 제거하려면 페이지 나누기를 페이지 나누기 미리 보기 영역 밖으로 끌어다 놓는다.
③ [페이지 나누기 삽입] 기능은 선택한 셀의 아래쪽 행 오른쪽 열로 페이지 나누기를 삽입한다.
④ 수동 페이지 나누기를 모두 제거하려면 임의의 셀의 바로 가기 메뉴에서 [페이지 나누기 모두 원래대로]를 클릭한다.

[참고] 파트02-챕터07-섹션02

26 다음 중 매크로 편집에 사용되는 Visual Basic Editor에 관한 설명으로 옳지 않은 것은?

① Visual Basic Editor는 바로 가기 키 Alt + F11을 누르면 실행된다.
② 작성된 매크로는 한 번에 실행되며, 한 단계씩 실행될 수는 없다.
③ Visual Basic Editor는 프로젝트 탐색기, 속성 창, 모듈 시트 등으로 구성되어 있다.
④ 실행하고자 하는 매크로 구문 내에 커서를 위치시키고 F5를 누르면 매크로가 바로 실행된다.

[참고] 파트02-챕터05-섹션01

27 다음 중 [인쇄 미리 보기] 화면에서 설정할 수 없는 기능은?

① 상하좌우의 여백 조정
② 머리글과 바닥글의 여백 조정
③ 셀의 행 높이 조정
④ 셀의 열 너비 조정

[참고] 파트02-챕터03-섹션04

28 다음 중 아래의 워크시트에서 '황영철' 사원의 근속연수를 오늘 날짜를 기준으로 구하고자 할 때, [D8] 셀에 입력할 수식으로 옳은 것은?

	A	B	C	D
1	사원명	입사일자	부서	연봉
2	홍길동	2010-12-12	영업부	4000만원
3	이다정	1999-12-01	연구소	6000만원
4	황영철	2005-10-05	총무부	4000만원
5	한온영	2010-10-08	경리부	3800만원
6	장인선	2022-02-04	기획실	2700만원
7				
8	사원명	황영철	근속년수	

① =YEAR(TODAY( ))-YEAR(HLOOKUP(B8, A2:D6,2,0))
② =YEAR(TODAY( ))-YEAR(HLOOKUP(B8, A2:D6,2,1))
③ =YEAR(TODAY( ))-YEAR(VLOOKUP(B8, A2:B6,2,0))
④ =YEAR(TODAY( ))-YEAR(VLOOKUP(B8, A2:B6,2,1))

[참고] 파트02-챕터06-섹션04

29 다음 중 아래 차트와 같이 X축을 위쪽에 표시하기 위한 방법으로 옳은 것은?

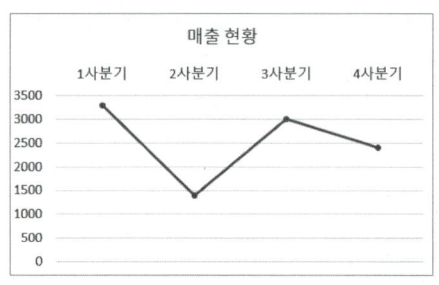

① 가로축을 선택한 후 [축 서식]의 축 옵션에서 세로축 교차를 '최대 항목'으로 설정한다.
② 가로축을 선택한 후 [축 서식]의 축 옵션에서 '항목을 거꾸로'를 설정한다.
③ 세로축을 선택한 후 [축 서식]의 축 옵션에서 가로축 교차를 '축의 최대값'으로 설정한다.
④ 세로축을 선택한 후 [축 서식]의 축 옵션에서 '값을 거꾸로'를 설정한다.

[참고] 파트02-챕터03-섹션04

30 다음 중 아래의 워크시트에서 작성한 수식으로 결과 값이 다른 것은?

	A	B	C	D
1	1	30		
2	2	20		
3	3	10		
4				
5				
6				

① {=SUM((A1:A3*B1:B3)}
② {=SUM(A1:A3*{30;20;10})}
③ {=SUM(A1:A3*{30,20,10})}
④ =SUMPRODUCT(A1:A3, B1:B3)

[참고] 파트02-챕터02-섹션05

31 다음 중 날짜 데이터의 자동 채우기 옵션에 포함되지 않는 내용은?

① 일 단위 채우기
② 주 단위 채우기
③ 월 단위 채우기
④ 평일 단위 채우기

32 다음 중 [페이지 설정] 대화 상자의 [시트] 탭에 대한 설명으로 옳지 않은 것은?

① 인쇄 영역을 지정하지 않으면 기본적으로 워크시트의 모든 내용을 인쇄한다.
② 반복할 행은 "$1:$3"과 같이 행 번호로 나타낸다.
③ 메모의 인쇄 방법을 '시트 끝'으로 선택하면 원래 메모가 속한 각 페이지의 끝에 모아 인쇄된다.
④ 여러 페이지가 인쇄될 경우 열 우선을 선택하면 오른쪽 방향으로 인쇄를 마친 후에 아래쪽 방향으로 진행된다.

33 다음 중 참조의 대상 범위로 사용하는 이름 정의 시 이름의 지정 방법에 대한 설명으로 옳지 않은 것은?

① 이름은 대소문자를 구분하지 않는다.
② 'C9'처럼 셀 주소와 같은 형태의 이름을 사용할 수 있다.
③ 이름 상자의 화살표 단추를 누르고 정의된 이름 중 하나를 클릭하면 해당 셀 또는 셀 범위가 선택된다.
④ 같은 통합 문서에서 동일한 이름을 중복하여 사용할 수 없다.

34 아래 워크시트에서 매출액[B3:B9]을 이용하여 매출 구간별 빈도수를 [F3:F6] 영역에 계산하고자 한다. 다음 중 이를 위한 배열 수식으로 옳은 것은?

	A	B	C	D	E	F	G
1							
2		매출액		매출구간		빈도수	
3		75		0	50	1	
4		93		51	100	2	
5		130		101	200	3	
6		32		201	300	1	
7		123					
8		257					
9		169					
10							

① {=PERCENTILE.INC(B3:B9,E3:E6)}
② {=PERCENTILE.INC(E3:E6,B3:B9)}
③ {=FREQUENCY(B3:B9,E3:E6)}
④ {=FREQUENCY(E3:E6,B3:B9)}

35 다음 중 아래 워크시트의 [A1] 셀에 사용자 지정 표시 형식 '#,###,'을 적용했을 때 표시되는 값은?

	A	B
1	2451648.81	
2		

① 2,451   ② 2,452
③ 2   ④ 2.4

36 다음 중 엑셀의 화면 설정에 대한 설명으로 옳은 것은?

① 워크시트 화면의 확대/축소 배율 지정은 모든 시트에 같은 배율로 적용된다.
② 틀 고정과 창 나누기를 동시에 수행할 수 있다.
③ 화면에 표시되는 틀 고정 형태는 인쇄 시 적용되지 않는다.
④ 틀 고정 구분 선은 마우스 드래그로 위치를 변경할 수 있다.

37 다음 중 VBA의 프로시저(Procedure)에 관한 설명으로 옳지 않은 것은?

① 프로시저는 특정한 기능을 수행하는 명령문들의 집합이다.
② 사용자가 직접 기록한 매크로도 프로시저로 기록된다.
③ 모듈은 하나 이상의 프로시저들을 이용하여 구성할 수 있다.
④ Sub ~ End Sub 프로시저는 명령문들의 실행 결과를 반환한다.

38 다음 중 하이퍼링크를 삽입할 때 연결 대상이 될 수 없는 것은?

① 기존 파일/웹 페이지
② 현재 문서
③ 전자 메일 주소
④ 매크로 바로 가기 키

39 다음 중 원형 차트에 대한 설명으로 옳지 않은 것은?

① 항상 한 개의 데이터 계열만을 가지고 있으므로 축이 없다.
② 차트 계열 요소의 값들을 '데이터 테이블'로 나타낼 수 있다.
③ 차트의 각 조각을 분리할 수 있고, 첫째 조각의 각을 조정할 수 있다.
④ 항목의 값들이 항목 합계의 비율로 표시되므로 중요한 요소를 강조할 때 사용한다.

40 다음 중 피벗 차트 보고서에 대한 설명으로 옳지 않은 것은?

① 피벗 차트 보고서에 필터를 적용하면 피벗 테이블 보고서에 자동 적용된다.
② 피벗 차트 보고서는 주식형, 분산형, 거품형, 트리맵, 선버스트 등 다양한 차트로 변경할 수 있다.
③ 피벗 차트에는 표준 차트와 마찬가지로 데이터 계열, 범주, 데이터 표식, 축이 표시된다.
④ 피벗 차트 보고서를 삭제해도 관련된 피벗 테이블 보고서는 삭제되지 않는다.

3과목 데이터베이스 일반

41 다음 중 DBMS의 단점에 대한 설명으로 옳지 않은 것은?

① 하드웨어나 DBMS 구입 비용, 전산화 비용 등이 증가함
② DBMS와 데이터베이스 언어를 조작할 수 있는 고급 프로그래머가 필요함
③ 데이터를 통합하는 중앙 집중 관리가 어려움
④ 데이터의 백업과 복구에 많은 비용과 시간이 소요됨

42 다음 중 성적(학번, 이름, 학과, 점수) 테이블의 레코드 수가 10개, 평가(학번, 전공, 점수) 테이블의 레코드 수가 5개일 때, 아래 SQL의 결과에 대한 설명으로 옳은 것은?

```
SELECT 학번, 학과, 점수 FROM 성적 UNION ALL
SELECT 학번, 전공, 점수 FROM 평가 ORDER BY 학번
```

① 쿼리 실행 결과의 필드 수는 모든 테이블의 필드를 더한 개수만큼 검색된다.
② 쿼리 실행 결과의 총 레코드 수는 15개이다.
③ 쿼리 실행 결과의 필드는 평가.학번, 평가.전공, 평가.점수이다.
④ 쿼리 실행 결과는 학번의 내림차순으로 정렬되어 표시된다.

43 폼의 머리글에 아래와 같은 도메인 함수 계산식을 사용하는 컨트롤을 삽입하였다. 다음 중 계산 결과값에 대한 설명으로 옳은 것은?

```
=DLOOKUP("성명", "사원", "[사원번호] = 1")
```

① 성명 테이블에서 사원 번호가 1인 데이터의 성명 필드에 저장되어 있는 값
② 성명 테이블에서 사원 번호가 1인 데이터의 사원 필드에 저장되어 있는 값
③ 사원 테이블에서 사원 번호가 1인 데이터의 성명 필드에 저장되어 있는 값
④ 사원 테이블에서 사원 번호가 1인 데이터의 사원 필드에 저장되어 있는 값

44 다음 중 아래 그림과 같이 '성명' 필드가 'txt검색' 컨트롤에 입력된 문자를 포함하는 레코드만을 표시하도록 하는 프로시저의 코드로 옳은 것은?

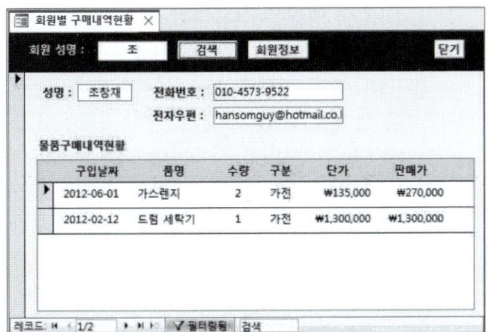

① Me.Filter = "성명 = '*' & txt검색 & '*'"
　Me.FilterOn = True
② Me.Filter = "성명 = '*' & txt검색 & '*'"
　Me.FilterOn = False
③ Me.Filter = "성명 like '*' & txt검색 & '*'"
　Me.FilterOn = True
④ Me.Filter = "성명 like '*' & txt검색 & '*'"
　Me.FilterOn = False

45 다음 중 후보키(Candidate key)가 만족해야 할 두 가지 성질로 가장 타당한 것은?

① 유일성과 최소성
② 유일성과 무결성
③ 독립성과 최소성
④ 독립성과 무결성

46 다음 중 VBA 코드로 작성한 모듈에서 txt날짜_DblClick인 프로시저가 실행되는 시점으로 옳은 것은?

① 다른 프로시저에서 이 프로시저를 호출해야 실행된다.
② 해당 폼을 열면 폼에 속해 있는 모든 프로시저가 실행된다.
③ txt날짜 컨트롤이 더블클릭될 때 실행된다.
④ 해당 폼의 txt날짜 컨트롤에 값이 입력되면 실행된다.

47 다음 중 개체–관계(E-R) 모델에 대한 설명으로 옳지 않은 것은?

① 1976년 P. Chen이 제안한 모델이다.
② 개체 타입과 이들 간의 관계 타입을 이용해서 현실 세계를 개념적으로 표현하는 방법이다.
③ E-R 모델의 기본적인 아이디어를 시각적으로 가장 잘 나타낸 것이 E-R 다이어그램이다.
④ E-R 다이어그램은 개체 타입을 직사각형, 관계 타입을 다이아몬드, 속성을 화살표로 표현한다.

48 회원목록 보고서는 '지역' 필드를 기준으로 정렬되어 있다. 다음 중 동일한 지역인 경우 지역명이 맨 처음에 한 번만 표시되도록 하기 위한 속성으로 옳은 것은?

① [확장 가능] 속성을 '아니요'로 설정
② [누적 합계] 속성을 '예'로 설정
③ [중복 내용 숨기기] 속성을 '예'로 설정
④ [표시] 속성을 '아니요'로 설정

49 다음 중 각 데이터 형식에 대한 설명으로 옳지 않은 것은?

① 조회 마법사는 필드에 값을 직접 입력하지 않고 다른 테이블에서 값을 선택할 때 사용한다.
② Yes/No 형식은 Yes/No, True/False, On/Off 등 두 값 중 하나만 입력하는 경우에 사용하는 것으로 기본 필드 크기는 1비트이다.
③ 설명, 참고 사항 등 255자를 초과해서 저장할 때는 긴 텍스트 데이터 형식을 사용한다.
④ 일련번호는 번호가 부여된 후 변경하거나 삭제할 수 있으며 크기는 2바이트이다.

50 다음 중 아래의 SQL 명령에서 BETWEEN 연산의 의미와 동일한 것은?

```
SELECT *
FROM 성적
WHERE (점수 BETWEEN 90 AND 95) AND 학과 = "컴퓨터공학과"
```

① 점수 >= 90 AND 점수 <= 95
② 점수 > 90 AND 점수 < 95
③ 점수 > 90 AND 점수 <= 95
④ 점수 >= 90 AND 점수 < 95

51 다음 중 테이블에 데이터가 입력되는 방식을 제어하기 위한 방법으로 적절하지 않은 것은?

① 유효성 검사 규칙을 설정하여 필드에 입력되는 데이터 값의 범위를 설정한다.
② 입력 마스크를 이용하여 필드의 각 자리에 입력되는 값의 종류를 제한한다.
③ 색인(index)을 이용하여 해당 필드에 중복된 값이 입력되지 않도록 설정한다.
④ 기본키(Primary Key) 속성을 이용하여 레코드 추가 시 기본으로 입력되는 값을 설정한다.

52 다음 중 데이터베이스의 설계 단계로 옳은 것은?

① 요구 조건 분석 단계 → 개념적 설계 단계 → 논리적 설계 단계 → 물리적 설계 단계 → 구현
② 개념적 설계 단계 → 논리적 설계 단계 → 물리적 설계 단계 → 구현 → 요구 조건 분석 단계
③ 논리적 설계 단계 → 물리적 설계 단계 → 구현 → 요구 조건 분석 단계 → 개념적 설계 단계
④ 피드백 분석 단계 → 개념적 설계 단계 → 논리적 설계 단계 → 물리적 설계 단계 → 개선 단계

53 다음 중 SQL문에 대한 설명으로 옳지 않은 것은?

① INSERT 명령을 사용하여 조건에 맞는 레코드를 삽입할 수 있다.
② DROP 명령을 사용하여 조건에 맞는 레코드를 삭제할 수 있다.
③ UPDATE 명령을 사용하여 조건에 맞는 레코드를 갱신할 수 있다.
④ SELECT 명령을 사용하여 조건에 맞는 레코드를 검색할 수 있다.

54 다음 중 폼에 삽입된 텍스트 상자 컨트롤의 이름을 변경하는 방법으로 옳은 것은?

① 텍스트 상자 컨트롤의 바로 가기 메뉴에서 '변경'을 선택한 후 이름을 입력한다.
② 텍스트 상자 컨트롤에 연결된 레이블 컨트롤에 이름을 입력한다.
③ 텍스트 상자 컨트롤의 속성 창을 열고 이름 항목에 입력한다.
④ 텍스트 상자 컨트롤을 클릭한 다음 컨트롤 안에 이름을 입력한다.

55 다음 중 매크로에 대한 설명으로 옳지 않은 것은?

① 매크로는 작업을 자동화하고 폼, 보고서 및 컨트롤에 기능을 추가하는 데 사용되는 도구이다.
② 특정 조건이 참일 때에만 매크로 함수를 실행하도록 설정할 수 있다.
③ 하나의 매크로에는 하나의 매크로 함수만 포함될 수 있다.
④ 매크로를 컨트롤의 이벤트 속성에 포함할 수 있다.

56 다음 중 데이터베이스의 3단계 구조 중 하나로 데이터베이스 전체의 논리적인 구조를 보여주는 스키마는?

① 외부 스키마
② 개념 스키마
③ 서브 스키마
④ 내부 스키마

57 다음 중 정규화에 대한 설명으로 옳지 않은 것은?

① 한 테이블에 너무 많은 정보를 포함해서 발생하는 이상 현상을 제거한다.
② 정규화를 실행하면 모든 테이블의 필드 수가 같아진다.
③ 정규화를 실행하면 테이블이 나누어져 최종적으로는 일관성을 유지하게 된다.
④ 정규화를 실행하는 목적 중 하나는 데이터 중복의 최소화이다.

58 다음 중 폼에 관련된 설명으로 옳지 않은 것은?

① 폼을 구성하는 컨트롤들은 마법사를 이용하여 손쉽게 작성할 수도 있다.
② 모달 폼은 다른 폼 안에 컨트롤로 삽입되어 연결된 폼을 의미한다.
③ 폼은 매크로나 이벤트 프로시저를 이용하여 작업을 자동화할 수 있다.
④ 폼의 디자인 작업 시 눈금과 눈금자는 필요에 따라 표시하거나 숨길 수 있다.

59 다음 중 문자열 함수의 실행 결과로 옳지 않은 것은?

① =Instr("Blossom","son") = Null
② =Left("Blossom",3) = Blo
③ =Mid("Blossom", 3, 3) = oss
④ =Len("Blossom") = 7

60 다음 중 아래 <학생> 테이블에 대한 SQL문의 실행 결과로 옳은 것은?

학번	전공	학년	나이
1002	영문	SO	19
1004	통계	SN	23
1005	영문	SN	21
1008	수학	JR	20
1009	영문	FR	18
1010	통계	SN	25

```
SELECT AVG([나이]) FROM 학생
WHERE 학년="SN" GROUP BY 전공
HAVING COUNT(*) >= 2;
```

① 21
② 22
③ 23
④ 24

2024년 상시 기출문제 01회

시험 시간	합격 점수	문항수
60분	60점	총 60개

1과목 컴퓨터 일반

01 다음 중 전자우편에서 스팸(SPAM) 메일에 대한 설명으로 옳지 않은 것은?

① 다수의 불특정인에게 보내는 광고성 메일이나 메시지를 의미한다.
② 바이러스를 유포시켜 개인 정보를 탈취하거나 데이터를 파괴하는 행위이다.
③ 일반적으로 상업용을 목적으로 발송된다.
④ 요청에 의한 것이 아닌 대량으로 전송되는 모든 형태의 통신이다.

02 다음 중 한글 Windows 10의 시스템이 종료되었을 때 저장된 정보가 없어지는 기억 장치로 옳은 것은?

① HDD
② SSD
③ DVD
④ RAM

03 다음 중 아래에서 설명하는 통신망으로 옳은 것은?

- 단일 회사의 사무실 공간이나 건물 내에 설치되어 패킷 지연이 최소화된다.
- 설치 이후 확장성이 좋으며 재배치가 용이하다.
- 낮은 에러율로 정보 전송에 있어서 신뢰성이 확보된다.
- 네트워크 내의 모든 정보 기기와 통신이 가능하다.

① 부가가치통신망(VAN)
② 종합정보통신망(ISDN)
③ 근거리 통신망(LAN)
④ 광대역통신망(WAN)

04 변조는 데이터 전송 시 사용되는 기능이다. 다음 중 변조의 필요성에 대한 설명으로 옳은 것은?

① 변조란 데이터를 전송하기 위한 반송파를 발생시키는 것이다.
② 변조는 근거리 전송에만 사용되며, 장거리 전송에는 사용되지 않는다.
③ 변조는 데이터를 손실 없이 가능하면 멀리 전송하기 위한 것이다.
④ 변조는 수신된 데이터를 원래의 데이터로 복원시키는 기능이다.

05 다음 중 한글 Windows 10에서 컴퓨터에 설치된 디바이스 하드웨어를 확인하거나 설정 및 디바이스 사용 안 함, 디바이스 제거, 드라이버의 업데이트 등 드라이버 소프트웨어를 관리할 수 있는 곳은?

① 시스템 정보
② 작업 관리자
③ 장치 관리자
④ 레지스트리 편집기

06 다음 중 인터프리터의 특징으로 옳지 않은 것은?

① 인터프리터는 실행할 때마다 한 줄씩 소스 코드를 기계어로 번역하는 방식이다.
② 인터프리터 언어의 실행 속도는 컴파일 언어보다 느리다.
③ 인터프리터 언어는 프로그램 수정이 간단하나 소스 코드가 쉽게 공개된다.
④ 인터프리터 언어는 Python, SQL, Ruby, R, JavaScript, Scratch, C, C++, C# 등이 있다.

07 다음 중 Windows 10의 기본 프린터 설정에 관한 설명으로 옳지 않은 것은?

① 기본 프린터는 해당 프린터 아이콘에 체크 표시가 추가된다.
② 기본 프린터는 한 대만 지정할 수 있다.
③ 인쇄 시 특정 프린터를 지정하지 않으면 기본 프린터로 인쇄된다.
④ 네트워크 프린터를 제외한 로컬 프린터만 기본 프린터로 지정할 수 있다.

08 다음 중 보기에서 설명하는 컴퓨터의 하드디스크 연결 방식으로 옳은 것은?

- 직렬(Serial) 인터페이스 방식이다.
- 핫 플러그인(Hot Plug In)을 지원한다.
- 데이터 선이 얇아 내부의 통풍이 잘된다.
- 데이터 전송 속도가 빠르다.

① IDE
② EIDE
③ SCSI
④ SATA

09 다음 중 64가지의 각기 다른 자료를 나타내려고 하면 최소한 몇 개의 비트(Bit)가 필요한가?
① 1 ② 3 ③ 5 ④ 6

10 다음 중 인터넷 관련 캐시 파일, 휴지통의 파일, 임시 파일 등을 삭제하여 하드디스크의 공간을 늘리는 역할을 하는 것은?
① 백업
② 디스크 정리
③ 디스크 조각 모음
④ 압축

11 다음 중 웹 프로그래밍 언어인 JSP에 대한 설명으로 옳지 않은 것은?

① 웹 서버에서 동적으로 웹 브라우저를 관리하는 스크립트 언어이다.
② 웹 환경에서 작동되는 웹 어플리케이션을 개발할 수 있다.
③ JAVA 언어를 기반으로 하여 윈도우즈 운영체제에서만 실행이 가능하다.
④ HTML 문서 내에서는 <% … %>와 같은 형태로 작성된다.

12 다음 중 파일의 성격 유형 분류에 해당하는 확장자의 종류로 옳지 않은 것은?

① 실행 파일 : COM, EXE, ZIP
② 그림 파일 : BMP, JPG, GIF
③ 사운드 파일 : WAV, MP3, MID
④ 동영상 파일 : MPG, AVI, MOV

13 다음 중 한글 Windows 10의 파일 삭제에 대한 설명으로 옳지 않은 것은?

① 삭제할 파일을 선택한 다음 Shift 와 Delete 를 함께 누르면 휴지통에 저장되지 않고 영구히 삭제된다.
② 명령 프롬프트 창에서 삭제한 파일은 휴지통에 보관한다.
③ Shift 를 누른 상태에서 삭제할 파일을 마우스 왼쪽 버튼으로 드래그하여 바탕 화면의 휴지통 아이콘에 올려놓으면 휴지통에 보관되지 않고 영구적으로 삭제된다.
④ 하드디스크 드라이브마다 휴지통 크기를 다르게 설정할 수 있다.

14 다음 중 한글 Windows에서 시스템에 설치되어 있는 [글꼴]에 대한 설명으로 옳지 않은 것은?

① 글꼴 파일은 png 또는 txt의 확장자를 가지고 있다.
② C:\Windows\Fonts 폴더에 글꼴이 설치되어 있다.
③ 설치되어 있는 글꼴을 폴더에서 제거할 수 있다.
④ 트루타입 글꼴 파일도 있고 여러 가지 트루타입의 글꼴을 모아놓은 글꼴 파일도 있다.

15 다음 중 컴퓨터 시스템에서 사용하는 채널(Channel)에 관한 설명으로 옳지 않은 것은?

① 주변 장치에 대한 제어 권한을 CPU로부터 넘겨받아 CPU 대신 입출력을 관리한다.
② 입출력 작업이 끝나면 CPU에게 인터럽트 신호를 보낸다.
③ CPU와 주기억 장치의 속도차를 해결하기 위하여 사용된다.
④ 채널에는 셀렉터(Selector), 멀티플랙서(Multiplexer), 블록 멀티플랙서(Block Multiplexer) 등이 있다.

16 다음 중 PC에서 CMOS 셋업 시의 비밀번호를 잊어버린 경우에 해결 방법으로 가장 옳은 것은?

① 컴퓨터의 하드디스크를 포맷하고, 운영체제를 다시 설치하여야 한다.
② 시동 디스크를 이용하여 컴퓨터를 다시 부팅한다.
③ 컴퓨터 본체의 리셋 버튼을 눌러 다시 부팅한다.
④ 메인 보드에 장착되어 있는 배터리를 뽑았다가 다시 장착한다.

17 다음 중 컴퓨터에서 사용하는 유니코드(Unicode)에 대한 설명으로 옳지 않은 것은?

① 세계 각국의 언어를 통일된 방법으로 표현할 수 있게 제안된 국제적인 코드 규약의 이름이다.
② 8비트 문자코드인 아스키(ASCII) 코드를 32비트로 확장하여 전 세계의 모든 문자를 표현하는 표준코드이다.
③ 한글은 조합형, 완성형, 옛글자 모두를 표현할 수 있다.
④ 최대 65,536자의 글자를 코드화할 수 있다.

18 다음 중 디지털 콘텐츠의 제작 및 유통, 보안 등의 모든 과정을 관리할 수 있게 하는 기술 표준을 제시한 MPEG의 종류로 옳은 것은?

① MPEG-3
② MPEG-4
③ MPEG-7
④ MPEG-21

19 다음 멀티미디어 용어 중 선택된 두 개의 이미지에 대해 하나의 이미지가 다른 이미지로 자연스럽게 변화하도록 하는 특수 효과를 뜻하는 것은?

① 렌더링(Rendering)
② 안티앨리어싱(Anti-Aliasing)
③ 모핑(Morphing)
④ 블러링(Bluring)

20 다음 중 정보 보안을 위한 비밀키 암호화 기법의 설명으로 옳지 않은 것은?

① 서로 다른 키로 데이터를 암호화하고 복호화한다.
② 암호화와 복호화의 속도가 빠르다.
③ 알고리즘이 단순하고 파일의 크기가 작다.
④ 사용자의 증가에 따라 관리해야 할 키의 수가 상대적으로 많아진다.

2과목 스프레드시트 일반

21 다음 아래의 시트에서 [B1] 셀에 '=MID(CONCAT(LEFT(A1,3),RIGHT(A1,3)),3,3)' 수식을 입력한 결과로 옳은 것은?

	A	B
1	가나다라마바사	
2		

① 마바사
② 다라마
③ 가나다
④ 다마바

22 다음 중 셀 포인터의 이동 작업에 사용되는 바로 가기 키의 기능으로 옳은 것은?

① Ctrl + Shift + Home : [A1] 셀로 이동한다.
② Ctrl + Page Down : 한 화면을 오른쪽으로 이동한다.
③ Alt + Page Down : 다음 시트로 이동한다.
④ Shift + Tab : 셀 포인터가 왼쪽으로 이동한다.

23 다음 아래의 삭제 대화 상자는 [홈] 탭-[셀] 그룹-[삽입]에서 [셀 삽입]을 클릭했을 때 나타나는 대화 상자이다. 바로 가기 키로 옳은 것은?

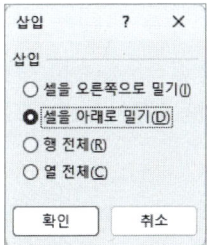

① Alt + + 를 누른다.
② Alt + - 를 누른다.
③ Ctrl + + 를 누른다.
④ Ctrl + - 를 누른다.

24 다음 중 아래 워크시트의 [A1] 셀에 '#,###,,'처럼 사용자 지정 표시 형식을 설정했을 때의 결과로 옳은 것은?

	A	B
1	343899.89	
2		

① 3
② 3,438
③ 4
④ 아무것도 표시되지 않음

25 다음 중 차트의 오차 막대에 관한 설명으로 옳지 않은 것은?

① 데이터 계열의 각 데이터 표식에 대한 오류 가능성이나 불확실성의 정도를 표시한다.
② 3차원 세로 막대형 차트에서 사용 가능하다.
③ 고정값, 백분율, 표준 편차, 표준 오차 등으로 설정할 수 있다.
④ 분산형과 거품형 차트에 X값, Y값 또는 이 두 값 모두에 대한 오차 막대를 나타낼 수 있다.

26 다음 중 셀에 수식을 입력하는 방법에 대한 설명으로 옳지 않은 것은?

① 수식에서 통합 문서의 여러 워크시트에 있는 동일한 셀 범위 데이터를 이용하려면 3차원 참조를 사용한다.
② 계산할 셀 범위를 선택하여 수식을 입력한 다음 Ctrl + Enter 를 누르면 동일한 수식을 선택한 범위의 모든 셀에 빠르게 입력할 수 있다.
③ 수식을 입력한 후 결과값이 수식이 아닌 상수로 입력되게 하려면 수식을 입력한 후 바로 Alt + F9 를 누른다.
④ 배열 상수에는 숫자나 텍스트 외에 'TRUE', 'FALSE' 등의 논리값 또는 '#N/A'와 같은 오류값도 포함될 수 있다.

참고 파트02-챕터02-섹션06

27 다음 중 셀 서식 관련 바로 가기 키에 대한 설명으로 옳지 않은 것은?

① `Ctrl`+`1` : 셀 서식 대화 상자가 표시된다.
② `Ctrl`+`2` : 선택한 셀에 글꼴 스타일 '굵게'가 적용되며, 다시 누르면 적용이 취소된다.
③ `Ctrl`+`3` : 선택한 셀에 밑줄이 적용되며, 다시 누르면 적용이 취소된다.
④ `Ctrl`+`5` : 선택한 셀에 취소선이 적용되며, 다시 누르면 적용이 취소된다.

참고 파트02-챕터06-섹션02

28 다음 아래의 내용에 해당하는 차트로 옳은 것은?

- 일반적으로 과학, 통계 및 공학 데이터와 같은 숫자 값을 표시하고 비교하는 데 사용된다.
- 워크시트의 여러 열과 행에 있는 데이터를 XY 차트로 그릴 수 있다.
- x 값을 한 행이나 열에 두고 해당 y값을 인접한 행이나 열에 입력한다.
- 두 개의 값 축, 즉 가로(x) 및 세로(y) 값 축이 있다.
- x 및 y의 값이 단일 데이터 요소로 결합되어 일정하지 않은 간격이나 그룹으로 표시된다.

① 표면형 차트
② 분산형 차트
③ 꺾은선형 차트
④ 방사형 차트

참고 파트02-챕터01-섹션03

29 다음 중 시트 보호 설정 시 '워크시트에서 허용할 내용'으로 옳지 않은 것은?

① 셀 서식, 열 서식, 행 서식
② 행 삽입, 열 삽입, 하이퍼링크 삽입
③ 열 삭제, 행 삭제, 정렬, 자동 필터 사용
④ 시트 이름 바꾸기, 탭 색 변경하기

참고 파트02-챕터03-섹션06

30 다음 중 아래의 시트처럼 코드별 해당 과일을 표시하기 위해 [B2] 셀에 입력할 수식으로 옳은 것은?(단, [B2] 셀의 수식을 [B6] 셀까지 복사한다.)

	A	B	C
1	코드	과일	
2	A	사과	
3	B	바나나	
4	O	오렌지	
5	S	딸기	
6	X	없음	
7			

① =CHOOSE(A2,"사과","바나나","오렌지","딸기","없음")
② =IF(A2="A","사과",A2="B","바나나",A2="O","오렌지",A2="S","딸기","없음")
③ =IFS(A2="A","사과",A2="B","바나나",A2="O","오렌지",A2="S","딸기","없음")
④ =IFS(A2="A","사과",A2="B","바나나",A2="O","오렌지",A2="S","딸기",TRUE,"없음")

참고 파트02-챕터04-섹션08

31 다음 중 상품 가격이 200,000원인 물품의 총판매액이 15,000,000원이 되려면 판매 수량이 몇 개가 되어야 하는지 알고 싶을 때 사용하는 기능은?

① 통합
② 부분합
③ 목표값 찾기
④ 시나리오 관리자

참고 파트02-챕터02-섹션05

32 다음 중 날짜 데이터의 자동 채우기 옵션에 포함되지 않는 내용은?

① 주 단위 채우기
② 일 단위 채우기
③ 월 단위 채우기
④ 평일 단위 채우기

33 다음 중 엑셀의 참조에 대한 설명으로 옳지 않은 것은?

① 참조는 워크시트의 셀이나 셀 범위를 나타내며 수식에 사용할 값이나 데이터를 찾을 수 있다.
② 문자(총 16,384개의 열에 대해 A부터 XFD까지)로 열을 참조하고 숫자(1부터 1,048,576까지)로 행을 참조하는 A1 참조 스타일이 기본적으로 사용된다.
③ 통합 문서의 여러 워크시트에 있는 동일한 셀 데이터나 셀 범위 데이터를 분석하려면 2차원 참조 스타일인 R1C1 참조 스타일을 사용한다.
④ R1C1 참조 스타일은 워크시트의 행과 열 모두에 번호가 매겨지는 참조 스타일을 사용할 수도 있다.

34 다음 중 아래의 빈칸 ㉠과 ㉡에 들어갈 내용으로 옳은 것은?

[㉠]와/과 [㉡]은/는 엑셀의 연산이나 기타 기능에 상관없이 사용자에게 셀에 입력된 데이터의 추가정보를 제공하기 위해서 사용하는 것이다. 셀의 데이터를 삭제할 때 [㉠]은/는 함께 삭제되지 않으며, [㉡]은/는 함께 삭제된다.

① ㉠ : 메모, ㉡ : 윗주
② ㉠ : 윗주, ㉡ : 메모
③ ㉠ : 메모, ㉡ : 회람
④ ㉠ : 회람, ㉡ : 메모

35 다음 중 다양한 상황과 변수에 따른 여러 가지 결과값의 변화를 가상의 상황을 통해 예측하여 분석할 수 있는 도구는?

① 시나리오 관리자
② 목표값 찾기
③ 부분합
④ 통합

36 다음 중 아래의 괄호 안에 들어갈 단추명이 바르게 연결된 것은?

매크로 대화 상자의 (㉮) 단추는 바로 가기 키나 설명을 변경할 수 있고, (㉯) 단추는 매크로 이름이나 명령 코드를 수정할 수 있다

① ㉮-옵션, ㉯-편집
② ㉮-편집, ㉯-옵션
③ ㉮-매크로, ㉯-보기 편집
④ ㉮-편집, ㉯-매크로 보기

37 다음 중 입력 데이터가 '3275860'이고 [셀 서식]의 표시 형식이 '###0,'으로 설정되었을 때 표시되는 값으로 옳은 것은?

① 3,275
② 3275
③ 3276
④ 3,276

38 다음 아래의 시트처럼 홀수 열에만 서식을 적용하는 조건부 서식의 수식으로 옳은 것은?

	A	B	C	D	E
1	지점명	1사분기	2사분기	3사분기	4사분기
2	동부	10	20	30	40
3	서부	15	30	45	60
4	남부	20	30	40	50
5	북부	25	30	35	40

① =ISODD(ROW( ))
② =ISEVEN(ROW( ))
③ =ISODD(COLUMN( ))
④ =ISEVEN(COLUMN( ))

참고 파트02-챕터02-섹션06

39 다음 중 [B7] 셀에 '한상공'을 입력하면 [B8] 셀에 해당하는 ⓐ'직급'과 [B9] 셀에 해당하는 ⓑ'합계'를 구하는 수식으로 옳게 짝지어진 것은?

	A	B	C	D	E	F
1	사원번호	직급	근무평가	연수점수	합계	성명
2	23A001	과장	88	90	178	이대한
3	02B222	대리	75	60	135	한상공
4	12A333	사원	86	80	166	이기적
5	20C444	부장	90	100	190	김선
6						
7	성명	한상공				
8	직급	ⓐ				
9	합계	ⓑ				

① ⓐ =VLOOKUP(B7,F2:F5,B2:B5),
　ⓑ =HLOOKUP(B7,F2:F5,E2:E5)
② ⓐ =VLOOKUP(B7,F2:F5,B2:B5),
　ⓑ =VLOOKUP(B7,F2:F5,E2:E5)
③ ⓐ =HLOOKUP(B7,F2:F5,B2:B5),
　ⓑ =HLOOKUP(B7,F2:F5,E2:E5)
④ ⓐ =XLOOKUP(B7,F2:F5,B2:B5),
　ⓑ =XLOOKUP(B7,F2:F5,E2:E5)

참고 파트02-챕터05-섹션02

40 다음 중 문서를 인쇄했을 때 문서의 위쪽에 "-1 Page-" 형식으로 페이지 번호를 표시하는 방법으로 옳은 것은?

① -#[페이지 번호] Page-
② #-[페이지 번호] Page-
③ -&[페이지 번호] Page-
④ &-[페이지 번호] Page

3과목 데이터베이스 일반

참고 파트03-챕터02-섹션03

41 다음 중 액세스에서 테이블의 필드 이름을 지정하는 방법으로 옳지 않은 것은?

① 필드 이름은 공백을 포함하여 64자까지 지정할 수 있지만, 공백으로 시작하는 필드 이름은 줄 수 없다.
② 필드 이름 첫 글자는 숫자로 시작할 수 있다.
③ 필드 이름과 테이블 이름은 동일하게 지정할 수 없다.
④ 테이블 내에서 필드 이름이 중복될 수는 없다.

참고 파트03-챕터03-섹션03

42 다음 중 테이블에서 이미 작성된 필드의 순서를 변경하려고 할 때 옳지 않은 것은?

① 데이터시트 보기에서 이동시킬 필드를 선택한 후 새로운 위치로 드래그 앤 드롭하여 필드를 이동시킬 수 있다.
② 디자인 보기에서 이동시킬 필드를 선택한 후 새로운 위치로 드래그 앤 드롭하여 필드를 이동시킬 수 있다.
③ 디자인 보기에서 한 번에 여러 개의 필드를 선택한 후 이동시킬 수 있다.
④ 데이터시트 보기에서 「잘라내기」와 「붙여넣기」를 이용하여 필드를 이동시킬 수 있다.

참고 파트03-챕터03-섹션01

43 다음 중 하나의 테이블로만 구성되어 있는 데이터베이스에서 사용할 수 없는 쿼리 마법사는?

① 단순 쿼리 마법사
② 중복 데이터 검색 쿼리 마법사
③ 크로스탭 쿼리 마법사
④ 불일치 검색 쿼리 마법사

44 다음 중 SQL 명령 중 DDL에 해당하는 것으로만 옳게 짝지어진 것은?

① CREATE, ALTER, SELECT
② CREATE, ALTER, DROP
③ CREATE, UPDATE, DROP
④ DELETE, ALTER, DROP

45 다음의 데이터베이스 설계 단계 중 가장 먼저 행해지는 것은?

① 물리 설계
② 논리 설계
③ 개념 설계
④ 요구 분석

46 다음 중 일반적으로 보고서의 시작 부분에 한 번만 표시하는 회사의 로고나 보고서 제목, 인쇄일 등을 표시하는 구역으로 옳은 것은?

① 그룹 머리글
② 그룹 바닥글
③ 보고서 머리글
④ 페이지 머리글

47 다음은 학생이라는 개체의 속성을 나타내고 있다. 여기서 '학과'를 기본키로 사용하기 곤란한 이유로 가장 타당한 것은?

학생(학과, 성명, 학번, 세부전공, 주소, 우편번호)

① 학과는 기억하기 어렵다.
② 동일한 학과명을 가진 학생이 두 명 이상 존재할 수 있다.
③ 학과는 기억 공간을 많이 필요로 한다.
④ 학과는 정렬하는 데 많은 시간이 소요된다.

48 다음 중 테이블의 '디자인 보기'에서 필드마다 한/영 키를 사용하지 않고도 데이터 입력 시의 한글이나 영문 입력 상태를 정할 수 있는 필드 속성은?

① 캡션
② 기본값
③ IME 모드
④ 인덱스

49 다음 중 쿼리를 실행할 때마다 아래처럼 메시지 상자를 표시하여 사용자에게 조건 값을 입력받아 쿼리를 실행하는 유형은?

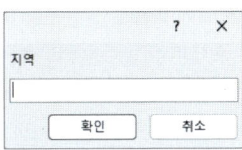

① 크로스탭 쿼리
② 매개 변수 쿼리
③ 통합 쿼리
④ 실행 쿼리

50 다음 중 [속성 시트] 창에서 하위 폼의 제목(레이블)을 변경하기 위한 방법으로 옳은 것은?

① [형식] 탭의 '캡션'을 수정한다.
② [데이터] 탭의 '표시'를 수정한다.
③ [이벤트] 탭의 '제목'을 수정한다.
④ [기타] 탭의 '레이블'을 수정한다.

51 다음 중 외래키 값이 참조하는 테이블의 기본키 값과 동일하게 유지해 주는 제약 조건은?

① 동일성
② 관련성
③ 참조 무결성
④ 동시 제어성

52 다음 중 관계형 데이터베이스에서 사용되는 용어에 대한 설명으로 옳은 것은?

① 도메인(Domain) : 테이블에서 행을 나타내는 말로 레코드와 같은 의미
② 튜플(Tuple) : 하나의 속성이 취할 수 있는 값의 집합
③ 속성(Attribute) : 테이블에서 열을 나타내는 말로 필드와 같은 의미
④ 차수(Degree) : 한 릴레이션에서의 튜플의 개수

53 〈고객포인트〉 폼에서 '등급'을 임의로 수정할 수 없도록 설정하는 방법은?

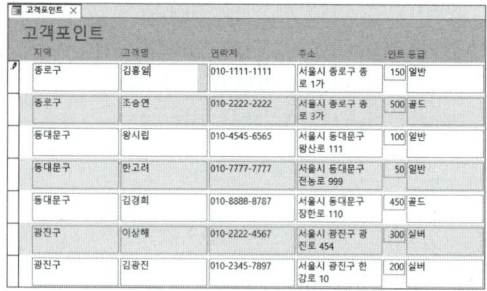

① '표시' 속성을 '아니요'로 설정한다.
② '사용 가능' 속성을 '아니요'로 설정한다.
③ '잠금' 속성을 '예'로 설정한다.
④ '탭 정지' 속성을 '아니요'로 설정한다.

54 다음 중 보고서의 원본으로 사용할 수 없는 것은?

① 폼
② 쿼리
③ 테이블
④ SQL 구문

55 다음 아래의 [찾기 및 바꾸기] 대화 상자에서 와일드카드를 사용하고자 할 때 옳지 않은 것은?

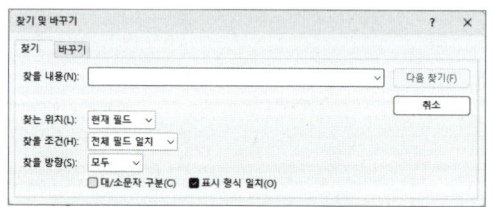

① a[b-c]d : abc, acd 등을 찾는다.
② 소?자 : 소유자, 소개자, 소비자를 찾는다.
③ 1#3 : 103, 113, 123 등을 찾는다.
④ 소[!비유]자 : 소유자, 소개자, 소비자 등을 찾는다.

56. 다음 중 함수에 대한 설명으로 옳지 않은 것은?

① ROUND() : 인수로 입력한 숫자를 지정한 자리수로 반올림해 준다.
② VALUE() : 문자열에 포함된 숫자를 적절한 형식의 숫자값으로 반환한다.
③ INSTR() : 문자열에서 특정한 문자 또는 문자열이 존재하는 위치를 구해 준다.
④ DSUM() : 지정된 레코드 집합에서 해당 필드 값의 합계를 계산할 수 있다.

57. 다음 중 특정 필드에 입력 마스크를 '09#L'로 설정하였을 때의 입력 데이터로 옳은 것은?

① 123A
② A124
③ 12A4
④ 12AB

58. 다음과 같이 페이지 번호를 출력하고자 할 때의 수식으로 옳은 것은?

```
10 페이지 중 1
```

① =[Page]& 페이지 중& [Pages]
② =[Pages]& 페이지 중& [Page]
③ =[Page]& " 페이지 중 "& [Pages]
④ =[Pages]& " 페이지 중 "& [Page]

59. 다음 중 아래의 기능을 가진 컨트롤은?

- 좁은 공간에서 효율적으로 사용할 수 있다.
- 직접 입력하거나 목록에서 선택할 수 있다.
- 테이블 또는 쿼리를 목록의 값 원본으로 지정할 수도 있다.
- 목록에 있는 값만 입력하도록 설정할 수 있다.

① 텍스트 상자
② 콤보 상자
③ 확인란
④ 토글 단추

60. 다음 중 프로시저에 대한 설명으로 옳지 않은 것은?

① 프로시저는 연산을 수행하거나 값을 계산하는 일련의 명령문과 메서드로 구성된다.
② 명령문은 대체로 프로시저나 선언 구역에서 한 줄로 표현되며 명령문의 끝에는 세미콜론(;)을 찍어 구분한다.
③ 이벤트 프로시저는 특정 객체에 해당 이벤트가 발생하면 자동적으로 실행되나 다른 프로시저에서도 이를 호출하여 실행할 수 있다.
④ Function 프로시저는 Function 문으로 함수를 선언하고 End Function 문으로 함수를 끝낸다.

2024년 상시 기출문제 02회

풀이 시간 _____ 분   내 점수 _____ 점

시험 시간	합격 점수	문항수
60분	60점	총 60개

1과목 컴퓨터 일반

참고 파트01-챕터03-섹션07

01 다음 중 컴퓨터에서 사용하는 캐시 메모리에 관한 설명으로 옳은 것은?

① 중앙 처리 장치와 주기억 장치 사이에 위치하여 컴퓨터의 처리 속도를 향상시키는 역할을 한다.
② RAM의 종류 중 DRAM이 캐시 메모리로 사용된다.
③ 보조 기억 장치의 일부를 주기억 장치처럼 사용하는 메모리이다.
④ 주기억 장치의 용량보다 큰 프로그램을 로딩하여 실행시킬 때 사용된다.

참고 파트01-챕터03-섹션04

02 다음 중 전송 오류 검출 방식이 아닌 것은?

① CRC(순환 중복 검사) 방식
② 패리티 검사 방식
③ 정마크 부호 방식
④ CSMA/CD(매체 접근 제어) 방식

참고 파트01-챕터03-섹션04

03 다음 중 컴퓨터 통신과 관련하여 P2P 방식에 관한 설명으로 옳은 것은?

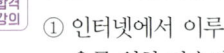

① 인터넷에서 이루어지는 개인 대 개인의 파일 공유를 위한 기술이다.
② 인터넷을 통해 MP3를 제공해 주는 기술 및 서비스이다.
③ 인터넷을 통해 동영상을 상영해 주는 기술 및 서비스이다.
④ 여러 사용자가 동시에 온라인 게임을 할 수 있도록 제공해 주는 기술이다.

참고 파트01-챕터04-섹션05

04 다음 중 사물 인터넷에 대한 설명으로 옳지 않은 것은?

① IoT(Internet of Things)라고도 하며 개인 맞춤형 스마트 서비스를 지향한다.
② 사람을 제외한 사물과 공간, 데이터 등을 이더넷으로 서로 연결시켜 주는 무선 통신 기술을 의미한다.
③ 스마트 센싱 기술과 무선 통신 기술을 융합하여 실시간으로 데이터를 주고받는 기술이다.
④ 사물 인터넷 기반 서비스는 개방형 아키텍처를 필요로 하기 때문에 정보 공유에 대한 부작용을 최소화하기 위한 정보 보안 기술의 적용이 중요하다.

참고 파트01-챕터03-섹션12

05 다음 중 프로그래밍 언어에 대한 설명으로 옳지 않은 것은?

① HTML5는 액티브X나 플러그인 등의 프로그램 설치 없이 동영상이나 음악 재생을 실행할 수 있는 웹 표준 언어이다.
② 자바(Java)는 HTML 문서 속에 내장시켜서 사용할 수 있다.
③ ASP는 Windows 환경에서 동적인 웹 페이지를 제작할 수 있는 스크립트 언어이다.
④ WML은 무선 접속을 통하여 웹 페이지의 텍스트와 이미지 부분이 표시될 수 있도록 해주는 웹 프로그래밍 언어이다.

참고 파트01-챕터01-섹션02

06 한글 Windows에서 LNK 확장자를 갖는 파일에 대한 다음 설명 중 옳지 않은 것은?

① 바로 가기 아이콘과 관계가 있다.
② 시스템에 여러 개 존재할 수 있다.
③ 연결 대상 파일의 위치 정보를 가지고 있다.
④ 연결 정보를 가지고 있으므로 삭제하면 연결 프로그램에 중요한 영향을 끼친다.

07 다음 중 방화벽(Firewall)에 대한 설명으로 옳지 않은 것은?
① 보안이 필요한 네트워크의 통로를 단일화하여 관리한다.
② 내부 네트워크에서 외부로 나가는 패킷을 체크하여 인증된 패킷만 통과시킨다.
③ 역추적 기능으로 외부 침입자의 흔적을 찾을 수 있다.
④ 방화벽은 외부 네트워크와 내부 네트워크 사이에 위치한다.

08 다음 중 3D 프린터에 대한 설명으로 옳지 않은 것은?
① 입력한 도면을 바탕으로 3차원의 입체적인 공간에 물품을 만들어 내는 프린터이다.
② 2D 이미지를 인쇄하는 잉크젯 프린터의 인쇄 원리와 같으며 제작 방식에 따라 층(레이어)으로 겹겹이 쌓아 입체 형상을 만들어내는 적층형과 큰 덩어리를 조각하듯이 깎아내는 절삭형으로 나뉜다.
③ 기계, 건축, 예술, 우주 등 많은 분야에서 응용되고 있으며, 의료 분야에서도 활발히 활용되고 있다.
④ 출력 속도의 단위는 LPM, PPM, IPM 등이 사용된다.

09 다음 중 운영체제에서 관리하는 가상 메모리는 실제로 어떤 장치에 존재하는가?
① 하드디스크 장치
② 주기억 장치
③ 프로세서 장치
④ 캐시 기억 장치

10 다음 중 32비트 및 64비트 버전의 Windows OS에 관한 설명으로 옳지 않은 것은?
① 64비트 버전의 Windows에서는 대용량 RAM을 32비트 시스템보다 효과적으로 처리한다.
② 64비트 버전의 Windows을 설치하려면 64비트 버전의 Windows를 실행할 수 있는 CPU가 필요하다.
③ 64비트 버전의 Windows에서 하드웨어 장치가 정상적으로 동작하려면 64비트용 장치 드라이버가 필요하다.
④ 앱이 64비트 버전의 Windows용으로 설계된 경우 호환성 유지를 위해 32비트 버전의 Windows에서도 작동되도록 설계되어 있다.

11 다음 중 인터넷 통신 장비인 게이트웨이(Gateway)의 기본적인 역할에 관한 설명으로 옳은 것은?
① 현재 위치한 네트워크에서 다른 네트워크로 연결할 때 사용된다.
② 인터넷 신호를 증폭하며 먼 거리로 정보를 전달할 때 사용된다.
③ 네트워크 계층의 연동 장치로 경로 설정에 사용된다.
④ 문자로 된 도메인 이름을 숫자로 이루어진 실제 IP 주소로 변환하는 데 사용된다.

12 다음 중 한글 Windows의 [보조프로그램]의 [그림판]에 관한 설명으로 옳지 않은 것은?
① [그림판]으로 작성된 파일의 형식은 BMP, JPG, GIF 등으로 저장할 수 있다.
② 레이어 기능으로 그림의 작성과 편집 과정을 편리하게 하여 준다.
③ 배경색을 설정하려면 [홈] 탭의 [색] 그룹에서 색2를 클릭한 다음 원하는 색 사각형을 클릭한다.
④ 정원 또는 정사각형을 그리려면 타원이나 직사각형을 선택한 후에 Shift를 누른 상태로 그리면 된다.

참고 파트01-챕터04-섹션01

13 다음 중 쿠키에 대한 설명으로 옳은 것은?

① 특정 웹 사이트 접속 시 반복적으로 사용되는 접속 정보를 가지고 있는 파일이다.
② 인터넷 사용 시 네트워크에 접속하기 위한 프로그램이다.
③ 웹 브라우저에서 기본으로 제공하지 않는 기능을 부가적으로 설치하여 구현되도록 한다.
④ 자주 사용하는 사이트의 자료를 저장한 후 다시 동일한 사이트 접속 시 자동으로 자료를 불러온다.

참고 파트01-챕터04-섹션02

14 다음 중 텔레매틱스(Telematics)에 대한 설명으로 옳지 않은 것은?

① 통신(Telecommunication)과 정보과학(Informatics)의 합성어이다.
② 차량에 장착된 특수한 장치와 노변의 장치를 이용하여 안전하게 차량을 제어하는 시스템이다.
③ 다양한 멀티미디어 서비스를 제공하며 여러 IT 기술을 차량에 접목하여 새로운 부가 가치를 창출한다.
④ 자동차에 무선 통신 기술을 접목한 것으로 '차량 무선 인터넷 서비스'라고 한다.

참고 파트01-챕터03-섹션04

15 7bit ASCII 코드에 1bit 짝수 패리티(Even Parity) 비트를 첨부하여 데이터를 송신하였을 경우 수신된 데이터에 에러가 발생하는 것은 어느 것인가?(단, 우측에서 첫 번째 비트가 패리티 비트이다.)

① 10101100
② 01110111
③ 10101011
④ 00110101

참고 파트01-챕터04-섹션03

16 다음 중 다양한 정보의 데이터베이스를 구축하여 사용자가 요구하는 정보를 원하는 시간에 서비스 받을 수 있는 멀티미디어 서비스를 무엇이라 하는가?

① 폴링(Polling)
② P2P(Peer-to-Peer)
③ VCS(Video Conference System)
④ VOD(Video-On-Demand)

참고 파트01-챕터01-섹션03

17 다음 중 Windows의 [폴더 옵션] 창에서 설정할 수 있는 작업으로 옳지 않은 것은?

① 탐색 창, 미리 보기 창, 세부 정보 창의 표시 여부를 선택할 수 있다.
② 숨김 파일이나 폴더의 표시 여부를 지정할 수 있다.
③ 폴더에서 시스템 파일을 검색할 때 색인의 사용 여부를 선택할 수 있다.
④ 알려진 파일 형식의 파일 확장명을 숨기도록 설정할 수 있다.

참고 파트01-챕터04-섹션01

18 다음 중 인터넷에서 사용하는 표준 주소 체계인 URL(Uniform Resource Locator)의 4가지 구성 요소를 순서대로 옳게 나열한 것은?

① 프로토콜, 서버 주소, 포트 번호, 파일 경로
② 서버 주소, 프로토콜, 포트 번호, 파일 경로
③ 프로토콜, 서버 주소, 파일 경로, 포트 번호
④ 포트 번호, 프로토콜, 서버 주소, 파일 경로

참고 파트01-챕터03-섹션09

19 다음 중 PC의 CMOS에서 설정 가능한 항목으로 옳지 않은 것은?

① 시스템 날짜와 시간
② 부팅 순서
③ Windows 로그인 암호 변경
④ 칩셋 설정

참고 파트01-챕터04-섹션04

20 다음 중 이미지 데이터의 표현 방식에서 벡터(Vector) 방식에 관한 설명으로 옳지 않은 것은?

① 벡터 방식의 그림 파일 형식에는 wmf, ai 등이 있다.
② 이미지를 점과 선을 이용하여 표현하는 방식이다.
③ 그림을 확대하거나 축소할 때 계단 현상이 발생하지 않는다.
④ 포토샵, 그림판 등의 소프트웨어로 그림을 편집할 수 있다.

2과목 스프레드시트 일반

참고 파트02-챕터04-섹션02

21 다음 중 자동 필터에 관한 설명으로 옳지 않은 것은?

① 데이터에 필터를 적용하면 지정한 조건에 맞는 행만 표시되고 나머지 행은 숨겨지며, 필터링된 데이터는 다시 정렬하거나 이동하지 않고도 복사, 찾기, 편집 및 인쇄를 할 수 있다.
② '상위 10 자동 필터'는 숫자 데이터 필드에서만 설정 가능하고, 텍스트 데이터 필드에서는 사용할 수 없다.
③ 한 열에 숫자 입력 셀이 5개 있고, 텍스트 입력 셀이 3개 있는 경우 자동 필터는 셀의 수가 적은 '텍스트 필터' 명령으로 표시된다.
④ 날짜 데이터는 연, 월, 일의 계층별로 그룹화되어 계층에서 상위 수준을 선택하거나 선택을 취소하는 경우 해당 수준 아래의 중첩된 날짜가 모두 선택되거나 선택 취소된다.

참고 파트02-챕터02-섹션05

22 다음 중 데이터 입력에 대한 설명으로 옳은 것은?

① `Ctrl`+`E`는 값을 자동으로 채워주는 [빠른 채우기]의 바로 가기 키이다.
② 데이터를 입력하는 도중에 입력을 취소하려면 `Tab`을 누른다.
③ 텍스트, 텍스트/숫자 조합, 날짜, 시간 데이터는 셀에 입력하는 처음 몇 자가 해당 열의 기존 내용과 일치하면 자동으로 입력된다.
④ 여러 셀에 동일한 데이터를 입력하려면 해당 셀을 범위로 지정하여 데이터를 입력한 후 `Alt`+`Enter`를 누른다.

참고 파트02-챕터05-섹션02

23 다음 중 [페이지 설정] 대화 상자에 대한 설명으로 옳지 않은 것은?

① 인쇄 배율을 수동으로 설정할 수 있으며, 배율은 워크시트 표준 크기의 10%에서 400%까지 설정할 수 있다.
② [시트] 탭에서 머리글/바닥글과 행/열 머리글이 인쇄되도록 설정할 수 있다.
③ [페이지] 탭에서 '자동 맞춤'의 용지 너비와 용지 높이를 각각 1로 지정하면 여러 페이지가 한 페이지에 인쇄된다.
④ 셀에 설정된 메모는 '시트에 표시된 대로'나 '시트 끝'에 인쇄되도록 설정할 수 있다.

참고 파트02-챕터06-섹션02

24 다음 중 항목의 구성비를 표현하는 데 적합한 차트인 원형 차트 및 도넛형 차트에 대한 설명으로 옳지 않은 것은?

① 원형 차트의 모든 조각을 차트 중심에서 끌어낼 수 있다.
② 도넛형 차트는 원형 차트와 마찬가지로 전체에 대한 각 부분의 구성비를 보여 주지만 데이터 계열이 두 개 이상 포함될 수 있다는 점이 다르다.
③ 원형 차트는 첫째 조각의 각을 0도에서 360도 사이의 값을 이용하여 회전시킬 수 있으나 도넛형 차트는 첫째 조각의 각을 회전시킬 수 없다.
④ 도넛형 차트의 도넛 구멍 크기는 0%에서 90% 사이의 값으로 변경할 수 있다.

25 다음 중 아래의 차트에 대한 설명으로 옳지 않은 것은?

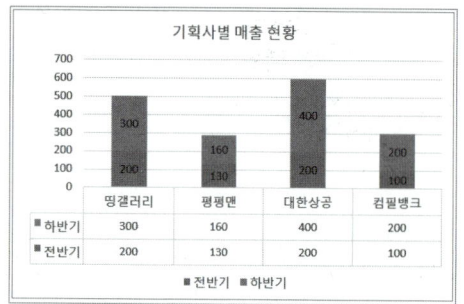

① 레이블 내용으로 값이 표시되어 있다.
② 범례 표지를 포함한 데이터 테이블이 나타나도록 설정되어 있다.
③ 범례는 아래쪽으로 설정되어 있다.
④ 누적 트리맵 차트로 데이터를 계층 구조 보기로 제공하므로 다른 범주 수준을 비교하는 간편한 방법으로 사용된다.

26 다음 중 [셀 서식]-[맞춤] 탭의 '텍스트 방향'에서 설정할 수 없는 항목은?

① 텍스트 방향대로
② 텍스트 반대 방향으로
③ 왼쪽에서 오른쪽
④ 오른쪽에서 왼쪽

27 다음 중 화면 제어에 관한 설명으로 옳지 않은 것은?

① 틀 고정은 행 또는 열, 열과 행으로 모두 고정이 가능하다.
② 창 나누기는 워크시트를 여러 개의 창으로 분리하는 기능으로 최대 4개까지 분할할 수 있다.
③ [창] 그룹-[틀 고정]을 실행하면 현재 셀의 위쪽과 왼쪽에 틀 고정선이 나타난다.
④ 틀 고정선은 마우스를 드래그하여 위치를 변경할 수 있다.

28 다음 중 수식에 잘못된 인수나 피연산자를 사용할 때 표시되는 오류 메시지로 옳은 것은?

① #DIV/0!
② #NUM!
③ #NAME?
④ #VALUE!

29 아래 시트에서 [표1]의 할인율 [B3]을 적용한 할인가 [B4]를 이용하여 [표2]의 각 정가에 해당하는 할인가 [E3:E6]을 계산하고자 한다. 다음 중 가장 적합한 데이터 도구는?

	A	B	C	D	E	F
1	[표1] 할인 금액			[표2] 할인 금액표		
2	정가	₩10,000		정가	₩9,500	
3	할인율	5%			₩10,000	
4	할인가	₩9,500			₩15,000	
5					₩24,000	
6					₩30,000	
7						

① 통합
② 데이터 표
③ 부분합
④ 시나리오 관리자

30 다음 중 10,000,000원을 2년간 연 5.5%의 이자율로 대출할 때, 매월 말 상환해야 할 불입액을 구하기 위한 수식으로 옳은 것은?

① =PMT(5.5%/12, 24, -10000000)
② =PMT(5.5%, 24, -10000000)
③ =PMT(5.5%, 24, -10000000,0,1)
④ =PMT(5.5%/12, 24, -10000000,0,1)

참고 파트02-챕터03-섹션09

31 다음 배열 수식 및 배열 함수에 대한 설명으로 옳지 않은 것은?

① 배열 수식에서 사용되는 배열 상수의 숫자로는 정수, 실수, 지수 형식의 숫자를 사용할 수 있다.
② MDETERM 함수는 배열로 저장된 행렬에 대한 역행렬을 산출한다.
③ PERCENTILE.INC 함수는 범위에서 k번째 백분위수 값을 구하며, 이때 k는 0에서 1까지 백분위수 값 범위이다.
④ FREQUENCY 함수는 값의 범위 내에서 해당 값의 발생 빈도를 계산하여 세로 배열 형태로 나타낸다.

참고 파트02-챕터04-섹션05

32 다음 중 부분합에 관한 설명으로 옳지 않은 것은?

① 여러 함수를 이용하여 부분합을 작성하려면 두 번째부터 실행하는 [부분합] 대화 상자에서 '새로운 값으로 대치'가 반드시 선택되어 있어야 한다.
② 부분합을 작성한 후 개요 기호를 눌러 특정한 데이터가 표시된 상태에서 차트를 작성하면 화면에 표시된 데이터만 차트에 표시된다.
③ 부분합을 실행하기 전에 그룹화하고자 하는 필드를 기준으로 정렬되어 있어야 올바른 결과를 얻을 수 있다.
④ 그룹별로 페이지를 달리하여 인쇄하기 위해서는 [부분합] 대화 상자에서 '그룹 사이에서 페이지 나누기'를 선택한다.

참고 파트02-챕터02-섹션03

33 다음 중 [Excel 옵션]-[고급]에서 [소수점 자동 삽입]의 [소수점 위치]를 -2로 설정한 다음 시트에서 1을 입력하는 경우의 결과로 옳은 것은?

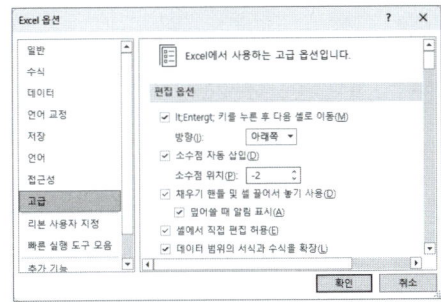

① 0.01
② 0.001
③ 100
④ 1000

참고 파트02-챕터04-섹션06

34 다음 중 피벗 테이블에 대한 설명으로 옳지 않은 것은?

① 피벗 차트 보고서는 피벗 테이블 보고서를 만들지 않고는 만들 수 없으며, 피벗 테이블과 피벗 차트를 함께 만든 후 피벗 테이블을 삭제하면 피벗 차트는 일반 차트로 변경된다.
② 피벗 테이블 보고서에서 필드 단추를 다른 열이나 행의 위치로 끌어다 놓으면 데이터 표시 형식이 달라진다.
③ 피벗 테이블 보고서는 엑셀에서 작성된 데이터를 대상으로 새로운 대화형 테이블을 만드는 데 사용하며 외부 액세스 데이터베이스에서 만들어진 데이터는 호환되지 않으므로 사용할 수 없다.
④ 피벗 테이블 보고서를 이용하면 필터, 정렬, 그룹 및 조건부 서식을 적용하여 가장 유용한 하위 데이터 집합에서 원하는 정보만 강조할 수 있다.

참고 파트02-챕터04-섹션02

35 다음 중 아래 시트에서 사원명이 두 글자이면서 실적이 전체 실적의 평균을 초과하는 데이터를 검색할 때, 고급 필터의 조건으로 옳은 것은?

	A	B
1	사원명	실적
2	유민	15,030,000
3	오성준	35,000,000
4	김근태	18,000,000
5	김원	9,800,000
6	정영희	12,000,000
7	남궁정훈	25,000,000
8	이수	30,500,000
9	김용훈	8,000,000

①
사원명	실적조건
="=??"	=$B2>AVERAGE($B$2:$B$9)

②
사원명	실적
="=??"	=$B2&">AVERAGE($B$2:$B$9)"

③
사원명	실적
=LEN($A2)=2	=$B2>AVERAGE($B$2:$B$9)

④
사원명	실적조건
="=**"	=$B2>AVERAGE($B$2:$B$9)

참고 파트02-챕터03-섹션05, 09

36 매출액 [B3:B9]을 이용하여 매출 구간별 빈도수를 [F3:F6] 영역에 계산한 후 그 값만큼 "★"을 반복하여 표시하고자 한다. 다음 중 [F3] 셀에 입력될 수식으로 옳은 것은?

	A	B	C	D	E	F
1						
2		매출액		매출구간		빈도수
3		75		0	50	★
4		93		51	100	★★
5		130		101	200	★★★
6		32		201	300	★
7		123				
8		257				
9		169				

① =REPT("★",FREQUENCY(B3:B9))
② =REPT("★",FREQUENCY(E3:E6))
③ =REPT("★",FREQUENCY(E3:E6,B3:B9))
④ =REPT("★",FREQUENCY(B3:B9,E3:E6))

참고 파트02-챕터02-섹션04

37 다음 중 [찾기 및 바꾸기] 대화 상자에 대한 설명으로 옳지 않은 것은?

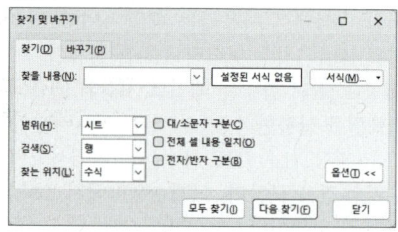

① 문서에서 '찾을 내용'에 입력한 내용과 일치하는 이전 항목을 찾으려면 Shift 를 누른 상태에서 [다음 찾기] 단추를 클릭한다.
② '찾을 내용'에 입력한 문자만 있는 셀을 검색하려면 '전체 셀 내용 일치'를 선택한다.
③ 별표(*), 물음표(?) 및 물결표(~) 등의 문자가 포함된 내용을 찾으려면 '찾을 내용'에 작은따옴표(') 뒤에 해당 문자를 붙여 입력한다.
④ 찾을 내용을 워크시트에서 검색할지 전체 통합 문서에서 검색할지 등을 선택하려면 '범위'에서 '시트' 또는 '통합 문서'를 선택한다.

참고 파트02-챕터07-섹션01

38 통합 문서를 열 때마다 특정 작업이 자동으로 수행되는 매크로를 작성하려고 한다. 이때 사용해야 할 매크로 이름으로 옳은 것은?

① Auto_Open
② Auto_Exec
③ Auto_Macro
④ Auto_Start

참고 파트02-챕터05-섹션02

39 다음 중 인쇄 시 테두리나 그래픽 등을 생략하고 데이터만 인쇄하려고 할 때 설정해야 할 것으로 올바른 것은?

① 눈금선
② 행/열 머리글
③ 간단하게 인쇄
④ 흑백으로

참고 파트02-챕터07-섹션03

40 다음 중 1부터 10까지의 합을 구하는 VBA 모듈로 옳지 않은 것은?

합격 강의

①
```
no = 0
sum = 0
Do While no <= 10
sum = sum + no
no = no + 1
Loop
MsgBox sum
```

②
```
no = 0
sum = 0
Do
sum = sum + no
no = no + 1
Loop While no <= 10
MsgBox sum
```

③
```
no = 0
sum = 0
Do While no < 10
sum = sum + no
no = no + 1
Loop
MsgBox sum
```

④
```
sum = 0
For no = 1 To 10
sum = sum + no
Next
MsgBox sum
```

3과목 데이터베이스 일반

참고 파트03-챕터06-섹션03

41 다음 중 특정 컨트롤로 포커스를 이동시킬 때 사용하는 매크로 함수는?

① GoToRecord
② GoToControl
③ SetValue
④ RunCode

참고 파트03-챕터04-섹션06

42 다음 중 현재 폼에서 활성화되어 있는 ShipForm 폼의 DateDue 컨트롤의 Visible 속성을 참조하는 방법으로 옳은 것은?

합격 강의

① Forms![ShipForm]![DateDue].Visible
② Forms.[ShipForm]![DateDue].Visible
③ Forms![ShipForm].[DateDue]!Visible
④ Forms.[ShipForm].[DateDue].Visible

참고 파트03-챕터02-섹션02

43 다음 중 레코드가 추가될 때마다 시스템에서 자동으로 값을 입력해 주며 업데이트나 수정이 불가한 데이터 형식은?

① 짧은 텍스트
② 숫자
③ 일련번호
④ Yes/No

참고 파트03-챕터03-섹션02

44 다음 중 아래 그림과 같은 결과를 표시하는 쿼리로 옳은 것은?

합격 강의

movie

영화명	감독	장르	제작년도
베테랑	백감독	멜로	2013
베테랑	류승완	액션	2015
퇴마전	김휘	스릴러	2014
Mother	난니 모레티	멜로	2015

① SELECT * FROM movie ORDER BY 영화명, 장르;
② SELECT * FROM movie ORDER BY 영화명 DESC, 장르 DESC;
③ SELECT * FROM movie ORDER BY 제작년도, 장르 DESC;
④ SELECT * FROM movie ORDER BY 감독, 제작년도;

참고 파트03-챕터02-섹션06

45 [직원] 테이블의 '급여' 필드는 데이터 형식이 숫자이고, 필드 크기가 정수(Long)로 설정되어 있다. 다음 중 '급여' 필드에 입력이 가능한 숫자를 백만 원 이상, 오백만 원 이하로 설정하기 위한 유효성 검사 규칙으로 옳은 것은?

① <= 1000000 Or <= 5000000
② >= 1000000 And <= 5000000
③ >= 1000000, <= 5000,000
④ 1,000,000 <= And <= 5,000,000

46 다음 중 [학생] 테이블에서 '점수'가 60 이상인 학생들의 인원수를 구하는 식으로 옳은 것은?(단, '학번' 필드는 [학생] 테이블의 기본키이다.)

① =DCount("[학생]","[학번]","[점수]>= 60")
② =DCount("[학번]","[학생]","[점수]>= 60")
③ =DLookUp("[학생]","[학번]","[점수]>= 60")
④ =DLookUp("*","[학생]","[점수]>= 60")

47 다음은 색인(Index)에 대한 설명이다. 가장 옳지 않은 것은?

① 하나의 필드나 필드 조합에 인덱스를 만들어 레코드 찾기와 정렬을 효율적으로 수행할 수 있게 한다.
② 색인을 많이 설정하면 테이블의 변경 속도가 저하될 수 있다.
③ 인덱스를 삭제하면 필드나 필드 데이터도 함께 삭제된다.
④ 레코드를 변경하거나 추가할 때마다 자동으로 업데이트된다.

48 회원(회원번호, 이름, 나이, 주소)테이블에서 회원번호가 555인 회원의 주소를 '부산'으로 변경하는 질의문으로 옳은 것은?

① UPGRAGE 회원 set 회원번호=555 where 주소='부산'
② UPGRAGE 회원 set 주소='부산' where 회원번호=555
③ UPDATE 회원 set 회원번호=555 where 주소='부산'
④ UPDATE 회원 set 주소='부산' where 회원번호=555

49 다음 중 다양한 사용자의 요구 사항을 분석하여 정보 구조를 표현한 관계도(ERD)를 생성하는 데이터베이스 설계 단계는?

① 요구 조건 분석
② 개념적 설계
③ 논리적 설계
④ 물리적 설계

50 다음 중 아래와 같이 표시된 폼의 탐색 단추에 대한 설명으로 옳지 않은 것은?

레코드: ┃◀ ◀ 4/4 ▶ ▶┃ ▶*
　　　　 ㉠ ㉡　　　　 ㉢ ㉣

① ㉠ 첫 레코드로 이동한다.
② ㉡ 이전 레코드로 이동한다.
③ ㉢ 마지막 레코드로 이동한다.
④ ㉣ 이동할 레코드 번호를 입력하여 이동한다.

51 다음 중 기본 폼과 하위 폼에 대한 설명으로 옳지 않은 것은?

① '일대다' 관계일 때 하위 폼에는 '일'에 해당하는 데이터가 표시되며, 기본 폼에는 '다'에 해당하는 데이터가 표시된다.
② 하위 폼은 연속 폼의 형태로 표시할 수 있지만 기본 폼은 연속 폼의 형태로 표시할 수 없다.
③ 기본 폼 내에 포함시킬 수 있는 하위 폼의 개수는 제한이 없으며, 최대 7 수준까지 하위 폼을 중첩시킬 수 있다.
④ 테이블, 쿼리나 다른 폼을 이용하여 하위 폼을 작성할 수 있다.

52 다음 중 아래의 탭 순서 대화 상자에 대한 설명으로 옳지 않은 것은?

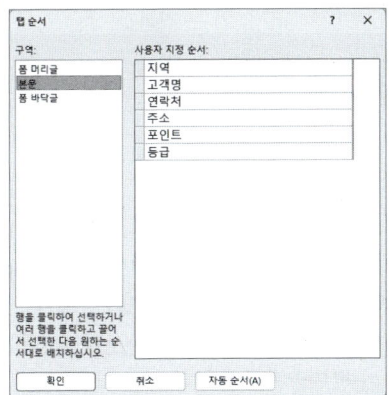

① 폼 보기에서 Tab 이나 Enter 를 눌렀을 때 포커스(Focus)의 이동 순서를 지정하는 것이다.
② 키보드를 이용하여 컨트롤 간 이동을 신속하게 할 수 있는 기능이다.
③ 레이블 컨트롤을 포함한 모든 컨트롤에 탭 순서를 지정할 수 있다.
④ 해당 컨트롤의 '탭 정지' 속성을 '아니요'로 지정하면 탭 순서에서 제외된다.

53 다음 데이터베이스 관련 용어 중에서 성격이 다른 것은?

① DDL
② DBA
③ DML
④ DCL

54 폼이나 보고서의 특정 컨트롤에서 '=[단가]*[수량]*(1-[할인률])'과 같은 계산식을 사용하고자 한다. 이 때 계산 결과를 소수점 이하 첫째 자리까지 표시하기 위한 함수는?

① CIng( )
② Val( )
③ Format( )
④ DLookUp( )

55 다음 중 데이터를 입력 또는 삭제 시 이상(Anomaly) 현상이 일어나지 않도록 데이터베이스를 설계하기 위한 기술을 의미하는 용어는?

① 자동화
② 정규화
③ 순서화
④ 추상화

56 다음 중 각 데이터 형식에 대한 설명으로 옳지 않은 것은?

① 조회 마법사는 필드에 값을 직접 입력하지 않고 다른 테이블에서 값을 선택할 때 사용한다.
② Yes/No 형식은 Yes/No, True/False, On/Off 등 두 값 중 하나만 입력하는 경우에 사용하는 것으로 기본 필드 크기는 1비트이다.
③ 설명, 참고 사항 등 255자를 초과해서 저장할 때는 긴 텍스트 데이터 형식을 사용한다.
④ 일련번호는 번호가 부여된 후 변경하거나 삭제할 수 있으며 크기는 2바이트이다.

57 다음 중 <학생> 테이블의 '나이' 필드에 유효성 검사규칙을 아래와 같이 지정한 경우 데이터 입력 상황에 대한 설명으로 옳은 것은?

유효성 검사 규칙	>20
유효성 검사 테스트	숫자는 >20으로 입력합니다.

① 데이터를 입력하려고 하면 항상 '숫자는 >20으로 입력합니다.'라는 메시지가 먼저 표시된다.
② 20을 입력하면 '숫자는 >20으로 입력합니다.'라는 메시지가 표시된 후 입력 값이 정상적으로 저장된다.
③ 20을 입력하면 '숫자는 >20으로 입력합니다.'라는 메시지가 표시되며, 값을 다시 입력해야만 한다.
④ 30을 입력하면 '유효성 검사 규칙에 맞습니다.'라는 메시지가 표시된 후 입력 값이 정상적으로 저장된다.

58 다음 중 아래 VBA 코드를 실행했을 때 MsgBox에 표시되는 값은?

```
Dim i As Integer
Dim Num As Integer
For i = 0 To 7 Step 2
Num = Num + i
Next i
MsgBox Str(Num)
```

① 7
② 12
③ 24
④ 28

59 다음 중 각 연산식에 대한 결과값이 옳지 않은 것은?

① IIF(1,2,3) → 결과값: 2
② MID("123456",3,2) → 결과값: 34
③ "A" & "B" → 결과값: "AB"
④ 4 MOD 2 → 결과값: 2

60 다음 중 보고서의 그룹 바닥글 구역에 '=COUNT(*)'를 입력했을 때 출력되는 결과로 옳은 것은?

① Null 필드를 포함한 그룹별 레코드 개수
② Null 필드를 포함한 전체 레코드 개수
③ Null 필드를 제외한 그룹별 레코드 개수
④ Null 필드를 제외한 전체 레코드 개수

상시 기출문제
정답 & 해설

▶ 빠른 정답 확인표

2025년 상시 기출문제 01회

01 ④	02 ③	03 ①	04 ③	05 ④
06 ②	07 ④	08 ①	09 ②	10 ④
11 ②	12 ①	13 ④	14 ②	15 ③
16 ②	17 ④	18 ①	19 ②	20 ③
21 ②	22 ①	23 ②	24 ③	25 ③
26 ④	27 ②	28 ②	29 ④	30 ②
31 ②	32 ②	33 ④	34 ②	35 ④
36 ④	37 ③	38 ①	39 ②	40 ④
41 ②	42 ④	43 ①	44 ③	45 ②
46 ③	47 ②	48 ④	49 ①	50 ②
51 ②	52 ④	53 ③	54 ②	55 ①
56 ③	57 ④	58 ③	59 ①	60 ③

2024년 상시 기출문제 01회

01 ②	02 ④	03 ③	04 ③	05 ③
06 ④	07 ④	08 ④	09 ④	10 ④
11 ③	12 ①	13 ④	14 ①	15 ①
16 ④	17 ②	18 ④	19 ③	20 ①
21 ④	22 ④	23 ④	24 ④	25 ②
26 ③	27 ③	28 ②	29 ④	30 ④
31 ③	32 ①	33 ④	34 ①	35 ①
36 ①	37 ③	38 ④	39 ④	40 ③
41 ③	42 ④	43 ④	44 ②	45 ④
46 ③	47 ②	48 ③	49 ②	50 ①
51 ③	52 ②	53 ③	54 ③	55 ③
56 ②	57 ①	58 ④	59 ②	60 ②

2025년 상시 기출문제 02회

01 ④	02 ②	03 ②	04 ②	05 ②
06 ④	07 ③	08 ④	09 ④	10 ③
11 ①	12 ②	13 ③	14 ②	15 ④
16 ②	17 ②	18 ④	19 ③	20 ②
21 ④	22 ①	23 ②	24 ②	25 ③
26 ②	27 ②	28 ①	29 ①	30 ②
31 ②	32 ②	33 ②	34 ②	35 ②
36 ③	37 ②	38 ②	39 ④	40 ③
41 ①	42 ④	43 ①	44 ①	45 ①
46 ②	47 ③	48 ④	49 ④	50 ③
51 ②	52 ①	53 ②	54 ④	55 ①
56 ①	57 ②	58 ②	59 ②	60 ①

2024년 상시 기출문제 02회

01 ①	02 ④	03 ①	04 ②	05 ②
06 ④	07 ②	08 ④	09 ①	10 ②
11 ①	12 ①	13 ①	14 ①	15 ③
16 ④	17 ①	18 ①	19 ①	20 ④
21 ③	22 ①	23 ②	24 ③	25 ④
26 ②	27 ④	28 ④	29 ①	30 ①
31 ①	32 ①	33 ③	34 ③	35 ①
36 ④	37 ③	38 ①	39 ③	40 ③
41 ②	42 ①	43 ③	44 ①	45 ②
46 ②	47 ③	48 ④	49 ②	50 ④
51 ①	52 ③	53 ②	54 ③	55 ②
56 ④	57 ③	58 ②	59 ④	60 ①

2025년 상시 기출문제 03회

01 ①	02 ③	03 ②	04 ④	05 ①
06 ④	07 ②	08 ④	09 ①	10 ①
11 ①	12 ②	13 ③	14 ①	15 ②
16 ④	17 ②	18 ③	19 ③	20 ④
21 ②	22 ②	23 ③	24 ①	25 ③
26 ②	27 ③	28 ③	29 ③	30 ②
31 ②	32 ③	33 ②	34 ③	35 ②
36 ③	37 ④	38 ④	39 ②	40 ②
41 ③	42 ②	43 ③	44 ③	45 ①
46 ③	47 ④	48 ③	49 ④	50 ①
51 ④	52 ①	53 ③	54 ③	55 ③
56 ②	57 ②	58 ②	59 ①	60 ④

상시 기출문제 정답 & 해설

2025년 상시 기출문제 01회

01 ④	02 ③	03 ①	04 ③	05 ④
06 ②	07 ④	08 ①	09 ②	10 ④
11 ②	12 ①	13 ④	14 ②	15 ②
16 ②	17 ④	18 ①	19 ②	20 ③
21 ②	22 ①	23 ②	24 ③	25 ③
26 ④	27 ②	28 ②	29 ④	30 ②
31 ②	32 ②	33 ④	34 ②	35 ④
36 ④	37 ③	38 ①	39 ②	40 ③
41 ②	42 ③	43 ③	44 ③	45 ②
46 ③	47 ②	48 ④	49 ③	50 ②
51 ②	52 ④	53 ③	54 ②	55 ①
56 ③	57 ④	58 ③	59 ①	60 ②

1과목 컴퓨터 일반

01 ④

오답 피하기
- 블록체인(Blockchain) : 분산 컴퓨팅 기술을 기반으로 데이터의 위변조를 방지하기 위한 분산 원장 기술
- 핀테크(FinTech) : 금융(Finance)과 기술(Technology)의 합성어로, IT의 첨단 기술을 기반으로 하는 금융 서비스로 모바일 결제, 송금, 크라우드 펀딩 등이 있음
- Chat GPT : OpenAI에서 개발한 대화형 인공 지능 서비스

02 ③

벡터(Vector) 방식 : 고해상도 표현에 적합하지 않으므로 기억 공간을 많이 차지하지 않음

오답 피하기

비트맵(Bitmap) : 고해상도를 표현하므로 파일 크기가 크고 기억 공간을 많이 차지함

03 ①

오답 피하기
- 플래시 메모리(Flash Memory) : EEPROM의 일종으로, PROM 플래시라고도 하며, 전기적으로 내용을 변경하거나 일괄 소거도 가능
- 연관 메모리(Associative Memory) : 저장된 내용 일부를 이용하여 기억 장치에 접근하여 데이터를 읽어오는 기억 장치
- 캐시 메모리(Cache Memory) : 휘발성 메모리로, 속도가 빠른 CPU와 상대적으로 속도가 느린 주기억 장치 사이에 있는 고속의 버퍼 메모리

04 ③

[실행]에서 'taskmgr'을 입력하면 작업 관리자가 실행됨

05 ④

중앙 처리 장치(CPU)에서 명령이나 연산 결과값을 일시적으로 저장하는 임시 기억 장소이므로 휘발성의 특징이 있음

06 ②

컴파일러의 번역 속도는 전체를 번역하므로 느림

오답 피하기

인터프리터는 행 단위로 번역하므로 번역 속도가 빠름

07 ④

서로 다른 확장명의 파일들이 하나의 연결 프로그램으로 지정될 수 있고, 필요에 따라 연결 프로그램을 바꿀 수 있음

08 ①

오답 피하기
- 유니코드 : 2바이트 코드로 세계 각 나라의 언어를 표현할 수 있는 국제 표준 코드
- BCD : 2진화 10진 코드로 Zone은 2비트, Digit는 4비트로 구성되며 6비트이므로 64가지의 문자 표현이 가능함
- EBCDIC : 확장 2진화 10진 코드로 Zone은 4비트, Digit는 4비트로 구성되며 8비트이므로 256가지의 표현이 가능함

09 ②

크라임웨어(Crimeware) : 범죄용 프로그램으로 인터넷상에서 불법 범죄 활동을 하기 위해 만들어진 프로그램이며 키로거, 브라우저 하이재커, 피싱, 스파이웨어 등이 있음

오답 피하기

DNS(Domain Name System) : 문자 형태로 된 도메인 네임(Domain Name)을 컴퓨터가 인식할 수 있는 숫자로 된 IP 어드레스(IP Address)로 변환해 주는 컴퓨터 체계

10 ④

스타(Star)형
- 중앙에 컴퓨터와 단말기들이 1:1(Point-To-Point)로 연결된 형태로, 네트워크 구성의 가장 기본적인 형태
- 모든 통신 제어가 중앙의 컴퓨터에 의해 행해지는 중앙 집중 방식
- 일반적인 온라인 시스템의 전형적 방식으로, 회선 교환 방식에 적합함

오답 피하기
- ① : 버스(Bus)형
- ② : 링(Ring)형(=루프(Loop)형)
- ③ : 망(Mesh)형

11 ②

오답 피하기
- 유니코드 : 2바이트 코드로 세계 각 나라의 언어를 표현할 수 있는 국제 표준 코드, 한글의 경우 조합, 완성, 옛 글자 모두 표현이 가능함
- 아스키코드 : 7비트 코드로 일반 PC용 컴퓨터 및 데이터 통신용으로 사용됨
- 패리티 체크 비트 : 원래 데이터 1비트를 추가하여 에러 발생 여부를 검사하는 체크 비트

12 ①

미러링(Mirroring) 방식 : 거울 저장 방식으로 같은 자료를 2개의 디스크에 동일하게 기록하므로 장애 시 복구가 쉬우며 읽는 속도가 빠름(RAID 1)

오답 피하기
- 스풀링(Spooling) : 장치의 이용 효율을 높이기 위해 중앙 처리 장치 (CPU)의 처리 동작과 저속의 입출력 장치의 동작이 동시에 이루어지도록 하는 처리 방식
- 멀티태스킹(Multitasking) : Windows에서 한 번에 2가지 이상일을 동시에 처리하는 것으로 다중 작업이라 함
- 버퍼링(Buffering) : 두 개의 장치 사이에 위치하여 두 개의 장치가 데이터를 주고받을 때 생기는 속도 차이를 해결하기 위하여 중간에 데이터를 임시로 저장해 두는 방식

13 ④

사용자의 선택에 따라 정보를 처리하므로 멀티미디어는 비선형성의 특징을 지님

14 ②

디버깅(Debugging) : 에러가 발생한 부분을 찾아내서 바르게 수정하는 과정

오답 피하기
링커(Linker) : 목적 프로그램을 실행 가능한 프로그램으로 만드는 과정(연계 편집기)

15 ③

누산기(Accumulator)와 보수기(Complementor) : 연산 장치의 구성 요소

16 ②

[설정]-[개인 설정]-[테마]의 관련 설정에서 [바탕 화면 아이콘 설정]을 사용하여 바탕 화면에 표시할 아이콘(컴퓨터, 휴지통, 문서, 제어판, 네트워크)을 선택할 수 있음

17 ④

프로그램을 작성하기 위하여 사용하고 있는 프로그램 언어, 규약 및 해법은 저작권이 적용되지 않음

18 ①

전송 방향에 따라 단방향(Simplex) 방식, 반이중(Half Duplex) 방식, 전이중 (Full Duplex) 방식 등이 있음

19 ②

오답 피하기
- 허브 : 네트워크에서 연결된 각 회선이 모이는 집선 장치로서 각 회선을 통합적으로 관리하는 방식
- 라우터 : 데이터 전송을 위한 최적의 경로를 찾아 통신망에 연결하는 장치

20 ③

전자우편은 기본적으로 7비트의 ASCII 코드를 사용하여 전송함

2과목 스프레드시트 일반

21 ②

기본적으로 행 단위로 정렬됨

22 ①

- LARGE(C2:C7,2) : [C2:C7] 범위에서 2번째로 큰 수를 구함 → 6550000
- MATCH(6550000,C1:C7,0) : [C1:C7] 범위에서 6550000과 첫 번째로 일치하는 위치값을 구함 → 1
- INDEX(A1:C7,1,2) : [A1:C7] 범위에서 1행, 2열의 값을 구함 → 홍길동

23 ②

매크로 보안 : [개발 도구] 탭-[코드] 그룹의 [매크로 보안]에서 설정함

24 ③

원형 차트
- 워크시트의 한 열이나 행에 있는 데이터를 원형 차트로 그릴 수 있음
- 원형 차트에서는 데이터 계열 하나에 있는 항목의 크기가 항목 합계에 비례하여 표시됨
- 원형 차트의 데이터 요소는 원형 전체에 대한 백분율로 표시됨

오답 피하기
- 방사형 차트 : 워크시트의 여러 열이나 행에 있는 데이터를 방사형 차트로 그릴 수 있으며 항목마다 가운데 요소에서 뻗어 나온 값 축을 갖고, 선은 같은 계열의 모든 값을 연결함
- 영역형 차트 : 일정한 시간에 따라 데이터의 변화 추세(데이터 세트의 차이점을 강조)를 표시함
- 세로 막대형 차트 : 각 항목 간의 값을 비교하는 데 사용함

25 ③

리본 메뉴 축소 : Ctrl + F1

오답 피하기
Ctrl + F10 : 선택한 통합 문서 창을 최대화하거나 복원함

26 ④

PMT 함수(PayMenT)
- 정기적으로 지불하고 일정한 이자율이 적용되는 대출에 대해 매회 지급액을 구하는 함수
- 형식 : =PMT(rate, nper, pv, fv, type)
- rate(이율) → 4.8%/12, nper(횟수) : 5*12, pv(현재 가치) : -50000000(결과를 양수로 나오도록 하기 위해 - 사용), fv(미래 가치) → 0(대출금의 미래 가치는 0, 생략 가능), type(납입 시점) → 0 또는 생략(기말), 1(기초)
- =PMT(4.8%/12, 5*12, -50000000, 0, 1) → 935,246

27 ②

[인쇄 미리 보기] 상태에서 [페이지 설정]-[시트] 탭의 '인쇄 영역'은 반전되어 사용할 수 없음

28 ②

- 조건 범위 : 다른 행의 경우 OR(또는), 같은 행의 경우 AND(그리고)

성명	거주지	마일리지
박*		
	경기	>2000

• 박* : 성명이 박으로 시작하거나(OR) 거주지가 '경기'이면서(AND) 마일리지가 2000보다 큰 경우이므로 '김지현', '박동현'이 필터링되어 결과 행은 2가 됨

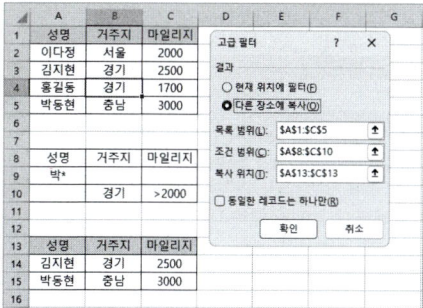

29 ④
양식 컨트롤 중 텍스트 필드, 콤보 목록, 콤보 드롭다운은 매크로를 연결할 수 없음

30 ②
Ctrl 을 누른 채 채우기 핸들을 이용하여 자동 채우기를 실행하면 복사됨

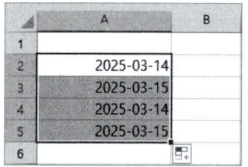

31 ②
오답 피하기
- ISBLANK 함수 : 값이 빈 셀을 참조하는 경우 TRUE를 반환함
- ISODD 함수 : 숫자가 홀수이면 TRUE를 반환함
- TYPE 함수 : 값의 데이터 형식을 나타내는 숫자를 반환함

32 ②
그룹별로 요약된 데이터에서 [개요 지우기]를 실행하면 설정된 개요 기호가 지워지지만 개요 설정에 사용된 요약 정보는 제거되지 않음

33 ④
MS-Word(*.doc)는 워드프로세서 문서로 '외부 데이터 가져오기'를 할 수 없음

34 ②
통합할 다른 문서가 열려있지 않더라도 데이터 통합 작업을 할 수 있음. [통합] 대화 상자에서 [찾아보기] 단추를 클릭하여 열리지 않은 통합 문서도 불러올 수 있음

35 ④
ClearComments : 메모를 지움

오답 피하기
- Clear : 내용과 서식을 지움
- ClearFormats : 서식을 지움
- ClearContents : 내용을 지움

36 ④
Esc 를 2번 누르면 그룹이 해제되지 않음

오답 피하기
시트 탭에서 마우스 오른쪽 단추를 누른 후 바로 가기 메뉴에서 '시트 그룹 해제'를 클릭함

37 ③
Alt + ↓ : 드롭다운 목록에서 선택

38 ①
- =이* : 성명이 '이'로 시작하는 경우 → 이연
- 또는 : 두 조건 중 하나라도 만족하는 경우 필터링
- =*연* : 성명에 '연'이 들어가 있는 경우 → 연지혜, 홍지연

39 ②
목표값 찾기 : 수식의 결과값은 알고 있으나 그 결과값을 얻기 위한 입력값을 모를 때 목표값 찾기 기능을 이용함

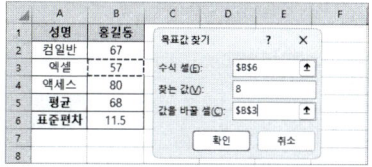

40 ③
차트를 클릭하여 선택한 다음 [차트 디자인] 탭-[데이터] 그룹-[데이터 선택]에서 범례 항목(계열)의 위로 이동, 아래로 이동 단추를 이용하여 변경할 수 있음

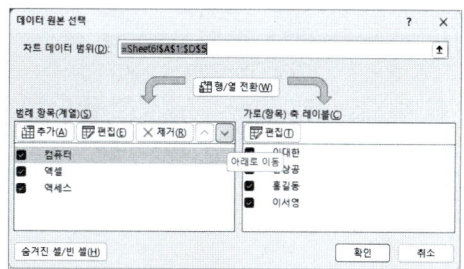

3과목 데이터베이스 일반

41 ②
- 정규화(Normalization) : 관계형 데이터베이스 설계 시 데이터의 중복과 불일치를 최소화/방지하여 이상(Anomaly) 현상이 발생하지 않도록 하기 위한 것으로, 릴레이션 스키마를 분해해 나가는 과정
- 이상(Anomaly) 현상 : 관계형 데이터베이스의 릴레이션을 조작할 때 발생하는 현상으로 삽입 이상, 삭제 이상, 갱신 이상 등이 있음

42 ④
데이터 형식이 숫자인 경우 필드에 정수 데이터를 입력한 후 데이터 형식을 일련번호로 바꿀 수 없음

43 ③

GoToControl : 특정 컨트롤로 포커스를 이동

오답 피하기

- GoToRecord : 지정한 레코드로 이동
- RunCode : 프로시저를 실행
- SetValue : 필드나 속성, 컨트롤의 값을 설정

44 ③

기본키(PK : Primary Key)

- 후보키 중에서 선정되어 사용되는 키(⑩ 사원번호, 주민번호 등)
- 기본키는 널(Null)이 될 수 없으며 중복될 수 없음
- 특정 레코드를 유일하게 구별할 수 있는 필드

45 ②

- InStr : 문자열을 검색하여 위치한 자릿수를 구함
- InStr(7,"Artificial","i") : 시작 위치가 7이므로 7번째 위치부터 "i"를 찾으므로 위치값이 8이 됨
- InStr("intelligence","i") : 시작 위치가 생략되어 있으므로 처음부터 "i"를 찾으므로 위치값이 1이 됨
- =InStr(7,"Artificial","i")+InStr("intelligence","i") → 8+1이므로 결과는 9가 됨

46 ③

[잠금] 속성을 '예'로 설정해야 함

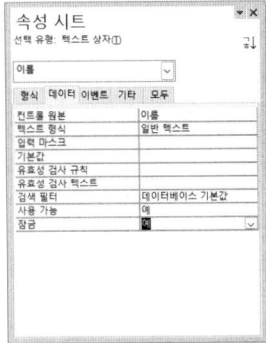

47 ②

- select : 검색문
- count(*) : 행을 카운트함
- as 회원수 : 필드명을 '회원수'라는 이름으로 지정함
- from 회원 : 회원 테이블

48 ④

매크로는 폼 작성 시 폼의 레코드 원본으로 사용할 수 없음

49 ①

테이블 연결은 연결된 테이블의 내용을 변경하면 그 원본 내용도 함께 변경되며, 연결된 테이블을 삭제하면 Access 테이블을 여는 데 사용하는 정보만 삭제하므로 원본 테이블은 삭제되지 않음

50 ②

인덱스를 설정하면 검색과 쿼리 속도를 향상시킬 수 있지만 데이터를 추가하거나 업데이트할 때는 속도가 느려짐

51 ②

- L : 필수 요소, A부터 Z까지의 영문자나 한글을 입력함 → A
- A : 필수 요소, 영문자나 한글, 숫자를 입력함 → 상
- 0 : 필수 요소, 0~9까지의 숫자를 입력함 → 3
- 9 : 선택 요소, 숫자나 공백을 입력함(덧셈, 뺄셈 기호 사용할 수 없음) → 4
- # : 선택 요소, 숫자나 공백을 입력함(덧셈, 뺄셈 기호 사용할 수 있음) → 5

오답 피하기

- ① : 12345 → 첫 번째 데이터 1이 영문자나 한글이 아님[L]
- ③ : A123A → 다섯 번째 데이터 A가 숫자나 공백이 아님[#]
- ④ : A1BCD → 세 번째 데이터 B가 숫자가 아님[0], 네 번째 데이터 C가 숫자나 공백이 아님[9], 다섯 번째 데이터 D가 숫자나 공백이 아님[#]

52 ④

[외부 데이터] 탭-[내보내기] 그룹에서 VBA 코드로 내보내는 기능은 지원되지 않음

53 ③

- 실행 중인 폼이나 보고서 또는 컨트롤을 참조하기 위해서는 느낌표(!) 연산자를 사용함
- 테이블이나 쿼리, 폼, 보고서, 필드, 컨트롤의 이름은 대괄호([ ])로 묶어서 표현함
- 폼, 보고서, 컨트롤의 속성을 참고할 때는 점(.) 연산자를 사용함
- Me : 현재 실행 중인 폼
- Private Sub cmd숨기기_Click() : 'cmd숨기기' 단추를 클릭(Click)하는 경우
- Me![DateDue].Visible = False : [DateDue] 컨트롤이 표시(Visible)되지 않도록(False) 함

54 ②

타원은 개체-관계 모델의 E-R 다이어그램에서 속성을 의미함

오답 피하기

직사각형 : 개체, 마름모 : 관계

55 ①

기수(Cardinality) : 한 릴레이션(테이블) 내에서 튜플(Tuple)의 개수

56 ③

참조 무결성

- 참조 무결성은 참조하고 참조되는 테이블 간의 참조 관계에 아무런 문제가 없는 상태를 의미함
- 다른 테이블을 참조하는 테이블 즉, 외래키 값이 있는 테이블의 레코드를 삭제해도 참조 무결성은 위배되지 않음
- 다른 테이블을 참조하는 테이블의 레코드 추가 시 외래키 값이 널(Null)인 경우에는 참조 무결성이 유지됨
- 다른 테이블에 의해 참조되는 테이블에서 레코드를 추가하는 경우에는 참조 무결성이 유지됨

57 ④

ORDER BY절 : 검색 결과에 대한 정렬(오름차순, 내림차순)을 수행하는 명령으로 정렬에 대한 제시가 없으므로 해당하지 않음

오답 피하기
- ① SELECT문 : 검색하고자 하는 열 리스트 → "제품의 합계"
- ② GROUP BY절 : 그룹에 대한 쿼리 시 사용함 → "부서별로"
- ③ HAVING절 : 그룹에 대한 조건을 기술함 → "영업 실적이 1억 원 이상"

58 ③

전체 보고서에 대한 요약값은 보고서 머리글이나 보고서 바닥글에 계산 컨트롤을 추가하여 계산할 수 있음

59 ①

- 나. 날짜/시간 형식 : 8바이트
- 라. 일련번호 형식 : 4바이트
- 가. 정수(Integer) 형식 : 2바이트
- 다. Yes/No 형식 : 1비트

60 ③

1부터 20까지(For i = 1 to 20) 4로 나눈 나머지가(i Mod 4) 0인 경우(Case 0)의 합(Sum = Sum + i)을 구함(결과는 60)

2025년 상시 기출문제 02회

01 ④	02 ②	03 ②	04 ②	05 ②
06 ④	07 ③	08 ④	09 ④	10 ②
11 ①	12 ②	13 ③	14 ②	15 ④
16 ②	17 ②	18 ④	19 ③	20 ②
21 ④	22 ①	23 ②	24 ②	25 ③
26 ②	27 ②	28 ①	29 ①	30 ②
31 ②	32 ②	33 ②	34 ②	35 ③
36 ③	37 ②	38 ②	39 ④	40 ②
41 ②	42 ④	43 ①	44 ①	45 ①
46 ②	47 ③	48 ④	49 ④	50 ②
51 ②	52 ①	53 ②	54 ②	55 ①
56 ①	57 ③	58 ②	59 ④	60 ①

1과목 컴퓨터 일반

01 ④

'공공 거래 장부'로 불리며 임의로 수정 불가능한 분산 컴퓨터 기반의 기술은 블록체인(Blockchain)에 대한 설명임

02 ②

Alt + Enter : 선택된 항목의 속성 창을 표시함

오답 피하기
- ① Alt + Print Screen : 현재 활성화된 창을 클립보드로 복사함
- ③ Ctrl + Esc : 시작 메뉴를 표시함
- ④ Alt + F4 : 열려 있는 창을 닫음

03 ②

오답 피하기
- 산란형 바이러스 : 확장자가 EXE인 실행 파일의 감염 없이 확장자가 COM인 같은 이름의 파일을 생성(산란)시키는 바이러스로 COM이 먼저 실행되어 바이러스가 실행됨
- 기생형 바이러스 : 프로그램의 손상 없이 프로그램의 앞·뒤 부분에 위치(기생)하는 바이러스
- 겹쳐쓰기형 바이러스 : 프로그램의 일부분에 겹쳐 쓰기 되어 원파일을 파괴하는 바이러스

04 ②

오답 피하기
- 빅 데이터(Big Data) : 수치나 문자, 영상 등 다양한 형태의 데이터로 생성 주기가 짧은 방대한 규모의 디지털 데이터
- 시맨틱 웹(Semantic Web) : '의미론적인 웹'이라는 뜻으로 사람 대신 개인 맞춤형의 새로운 정보를 생성, 제공할 수 있도록 이해하기 쉬운 의미를 가진 웹 3.0의 차세대 지능형 웹
- 사물 인터넷(IoT) : 사람과 사물, 공간, 데이터 등을 이더넷으로 서로 연결해 주는 무선 통신 기술로 스마트 센싱 기술과 무선 통신 기술을 융합하여 실시간으로 데이터를 주고받는 기술

05 ②

스마트폰이나 태블릿 수준의 작은 화면에서 저전력으로 높은 휘도의 빛을 얻어 작동함

06 ④

인터럽트(Interrupt)는 프로그램 처리 중 특수한 상태가 발생, 처리를 중지하고 특수한 상태를 처리한 후 다시 정상적인 처리를 하는 것으로 프로그램 실행에 따라 부프로그램을 호출하는 경우에는 발생하지 않음

07 ③

캐시 메모리(Cache Memory)는 휘발성 메모리로 구성됨

08 ④

파티션(Partition)
- 하드디스크를 분할하는 기능으로, 포맷을 해야 사용할 수 있음
- 파티션을 나누어 하나 이상의 운영체제를 사용할 수 있으며, 파티션마다 운영체제를 달리 사용할 수 있음
- 운영체제에서는 파티션이 하나의 드라이브로 인식됨

09 ④

프로그램 카운터(Program Counter)는 제어 장치의 구성 요소임

10 ③

여러 미디어를 통하여 처리하는 멀티미디어의 특징은 통합성을 의미함

오답 피하기

비선형성(Non-Linear) : 사용자의 선택에 따라 정보를 처리함

11 ①

오답 피하기
- Love : 웜(worm)의 일종으로 전자우편을 통해 전파되며 감염된 파일을 실행하면 윈도우 시작 시 실행되도록 시스템의 레지스트리를 변경함
- Melisa : 전자우편으로 첨부된 파일을 클릭하는 순간 시스템이 감염되는 워드 매크로 바이러스
- 부트 바이러스 : 하드디스크의 부트 섹터에 감염되는 바이러스

12 ②

LPWA(Low Power Wide Area) : 저전력 광역 통신 기술이라고 하며 사물 인터넷 분야에서 사용하는 기술로 소량의 데이터를 저비용, 저전력을 기반으로 안정적인 무선 통신을 통해 장거리까지 전송이 가능한 IoT 기술

오답 피하기
- LTE : 3G 이동 통신 기술을 오랫동안 진화(Evolution)시킨 기술
- WiFi : 일정 영역의 공간에서 무선 인터넷의 사용이 가능한 근거리 무선 통신 기술
- USN : 유비쿼터스 센서 네트워크 기술

13 ③

레지스트리의 정보는 컴퓨터가 실행 중인 동안 참조됨

14 ②

2차적 저작물도 독자적인 저작물로서 보호됨

15 ④

오답 피하기
- 내그웨어(Nagware) : 사용하는 프로그램에 대해 비용을 지불하여 사용자 등록을 하도록 주기적으로 요구하는 소프트웨어
- 스파이웨어(Spyware) : 컴퓨터 시스템에 몰래 설치되어 악의적으로 개인 정보를 수집하는 소프트웨어
- 애드웨어(Adware) : 광고를 보는 조건으로 사용하는 소프트웨어

16 ②

- ⓐ SMTP : 사용자의 컴퓨터에서 작성한 메일을 다른 사람의 계정이 있는 곳으로 전송해 주는 전자우편을 송신하기 위한 프로토콜
- ⓑ POP3 : 메일 서버에 도착한 E-mail을 사용자 컴퓨터로 가져올 수 있도록 메일 서버에서 제공하는 전자우편을 수신하기 위한 프로토콜
- ⓓ MIME : 전자우편으로 멀티미디어 정보를 전송할 수 있도록 해 주는 멀티미디어 지원 프로토콜
- ⓕ IMAP : 사용자가 메일 서버에서 메일을 관리하고 수신하기 위한 프로토콜로 전자우편의 헤더(머리글) 부분만 수신함

오답 피하기
- ⓒ FTP : 파일 전송 프로토콜
- ⓔ DNS : 도메인 네임과 IP 주소를 대응(Mapping)시켜 주는 역할을 담당하는 분산 네이밍 시스템

17 ②

DRAM(Dynamic RAM)
- 구조는 단순하지만 가격이 저렴하고 집적도가 높아 PC의 메모리로 이용됨
- 일정 시간이 지나면 전하가 방전되므로 재충전(Refresh) 시간이 필요함

오답 피하기
- SRAM(Static RAM) : 정적인 램으로, 전원이 공급되는 한 내용이 그대로 유지됨
- PROM(Programmable ROM) : 사용자가 ROM Writer를 이용하여 한 번에 한해 기록(쓰기)이 가능한 ROM
- EPROM(Erasable ROM) : 기록된 내용을 자외선을 이용하여 반복해서 여러 번 정보를 기록할 수 있는 ROM

18 ④

사물 인터넷의 주체는 사람이므로 사람을 포함한 사물과 사물 간의 통신 기술임

19 ③

오답 피하기
- 오프라인 시스템(Off-Line System) : 중앙 처리 장치와 입출력 장치가 통신 회선으로 연결되지 않은 처리 방식
- 일괄 처리 시스템(Batch Processing System) : 발생된 자료를 일정 기간 모아 두었다가 한꺼번에 처리하는 방식
- 분산 시스템(Distributed System) : 지역별로 발생된 자료를 분산 처리하는 방식

20 ②

[파일 탐색기]에서 바로 가기를 만들 항목을 Ctrl + Shift 를 누른 상태로 바탕 화면으로 드래그 앤 드롭함

2과목 스프레드시트 일반

21 ④

④의 수식에서 OR 함수는 조건 중 어느 하나라도 참이면 참이 되며 수식 B2>5에서 이용 횟수 12가 5를 초과, 참이 되어 택배 비용이 10,000이 되어 "무료"가 나오지 않음

22 ①

오답 피하기
- 도넛형 차트 : 전체 합계에 대한 각 항목의 구성 비율을 표시하며 원형 차트와 비슷하지만 여러 데이터 계열을 표시할 수 있다는 점이 다름
- 방사형 차트 : 각 항목마다 가운데 요소에서 뻗어나온 값 축을 갖고, 선은 같은 계열의 모든 값을 연결함(가로, 세로축 없음)
- 혼합형 차트 : 여러 열과 행에 있는 데이터를 혼합 차트로 그릴 수 있으며 특히 데이터 범위가 광범위한 경우 데이터를 쉽게 이해할 수 있도록 만들기 위해 두 개 이상의 차트 종류를 결합함

23 ④

워크시트 이름에 : ₩, /, ?, *, [ ] 기호는 사용할 수 없음

24 ②

오름차순 정렬 : 숫자(3, 5) – 기호 문자(@) – 영문 소문자(a) – 영문 대문자(A)

25 ③
- VLOOKUP(A6,$A$1:$B$4,2) : [A6] 셀의 값 –5를 [$A$1:$B$4] 범위의 첫 열에서 찾아서 2번째 열의 값을 가져오는데 값이 없어서 #N/A가 발생함
- IFERROR(수식, 오류 발생 시 표시값) : 수식의 결과가 오류값일 때 다른 값(공백 등)으로 표시함
- =IFERROR(#N/A,"입력 오류")이므로 결과는 "입력 오류"가 됨

26 ②

[B3] 셀에서 Ctrl + Enter 를 누르면 셀 포인터는 [C6] 셀로 이동하지 않음

27 ②

엑셀에서 사용하는 바로 가기 키와 같은 키로 매크로의 바로 가기 키를 지정했을 경우 매크로의 바로 가기 키가 동작함

28 ①

[D6] 셀을 클릭하여 선택한 다음 [홈]-[클립보드]-[복사]를 누른 후 [B2:B5] 범위를 드래그하여 선택하고 [홈]-[클립보드]의 [선택하여 붙여넣기]를 클릭, '연산'에서 '더하기'를 선택하고 [확인]을 누름

29 ①

[페이지 설정] 대화 상자의 [시트] 탭에서 [간단하게 인쇄] : 테두리, 그래픽 등을 인쇄하지 않음

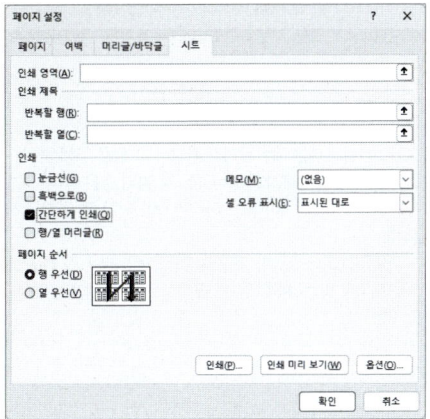

30 ②

*와 ?의 기호를 이용하여 검색하고자 할 때는 ~의 기호 뒤에 * 혹은 ?를 붙임

31 ②

셀을 이동하면 메모도 이동됨

32 ②

나중에 구한 함수가 위에 위치하므로 합계를 먼저 구하고 평균을 나중에 구한 결과임

33 ②

📗 : 파일 이름 삽입, &[파일]

오답 피하기

▦ : 시트 이름 삽입, &[탭]

34 ②

워크시트에서 특정 데이터를 변화시켜 수식의 결과가 어떻게 변하는지 보여주는 셀 범위를 데이터 표라고 하며 데이터 표를 사용하여 여러 결과를 계산할 때 사용함

오답 피하기
- 목표값 찾기 : 수식의 결과값은 알고 있으나 그 결과값을 얻기 위한 입력값을 모를 때 목표값 찾기 기능을 이용함
- 피벗 테이블 : 엑셀의 레코드 목록, 외부 데이터, 다중 통합 범위, 다른 피벗 테이블을 바탕으로 한 새로운 형태의 통계 분석표를 작성함
- 시나리오 : 변경 요소가 많은 작업표에서 가상으로 수식이 참조하고 있는 셀의 값을 변화시켜 작업표의 결과를 예측하는 기능

35 ③

숫자가 입력된 셀에 윗주를 삽입하면 화면에 윗주가 표시되지 않음

36 ③
- 트리맵 차트 : 데이터를 계층 구조 보기로 제공하고 다른 범주 수준을 비교하는 간편함
- 폭포 차트 : 값을 더하거나 뺄 때 재무 데이터의 누적 합계를 보여줌
- 상자 수염 차트 : 데이터 분포를 사분위수로 나타내며 평균 및 이상값을 강조하여 표시함

37 ②
- =SUMPRODUCT : 범위의 대응되는 값끼리 곱해서 그 합을 구해 줌
- =SUMPRODUCT((A1:A100=C1)*(B1:B100=D1)) : 각 범위 같은 행에서 C1, D1인 경우 TRUE(1)*TRUE(1) 즉, 1이 되고 아니면 0이 되어 둘 다 만족하는 1의 값이 더해짐
- =COUNTIFS(A1:A100,C1,B1:B100,D1) : 조건이 여러 개인 경우 각 범위 내에서 주어진 조건이 모두 맞는 셀의 개수를 구하므로 각 범위에서 C1, D1인 경우의 수를 구함

38 ②
자동 필터에서 조건 지정 시 각 열에 설정된 조건들은 AND 조건으로 묶여 처리됨

39 ④
시트 이름 바꾸기는 '워크시트에서 허용할 내용'으로 지원되지 않음

40 ③
오차 막대를 화면에 표시하는 방법에는 3가지로 모두, 음의 값, 양의 값이 있음

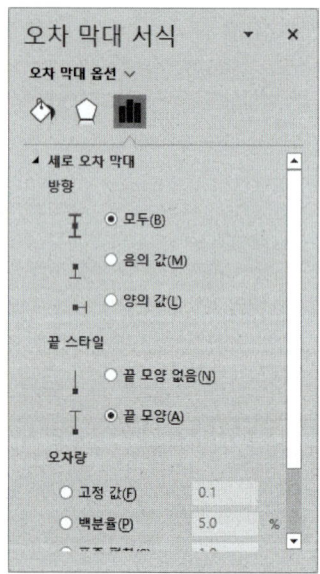

3과목 데이터베이스 일반

41 ①
- 정규화(Normalization) : 관계형 데이터베이스를 설계할 때 데이터의 중복 최소화와 불일치를 방지하기 위해 릴레이션 스키마를 분해해 가는 과정
- 제1정규형(1NF) : 원자값, 최소한의 값, 반복되는 열이 없음

오답 피하기
- 제2정규형(2NF) : 키를 결정하면 다른 열의 값이 결정, 기본키에 완전 함수적 종속(=부분 함수 종속 제거)
- 제3정규형(3NF) : 기본키 열 이외의 열의 값에 따라 다른 열의 값이 결정되는 일이 없음, 서로 기본키에 이행적 종속이 아니면 독립적(이행 함수 종속 제거)
- BCNF(Boyce & Codd NF) : 엄격한 3차 정규형, 모든 결정자가 후보키가 아닌 함수 종속을 제거(=결정자를 모두 후보키로)
- 제4정규형(4NF) : 두 개의 상호 독립적인 다중값 속성을 서로 다른 두 릴레이션으로 분리(다중 종속 제거)
- 제5정규형(5NF) : 후보키를 통하지 않은 조인 종속 제거

42 ④
④는 INSERT(삽입문) 쿼리로 테이블에 새로운 데이터(행)를 삽입하며, INSERT-INTO-VALUES의 유형을 가짐

오답 피하기
UPDATE(갱신문) : 갱신문으로 테이블에 저장된 데이터를 갱신하며, UPDATE-SET-WHERE의 유형을 가짐

43 ①
SetValue : 필드나 속성, 컨트롤의 값을 설정하는 기능으로 DoCmd 개체의 메서드가 아닌 매크로 함수에 해당함

오답 피하기
- DoCmd 개체는 액세스의 매크로 함수를 Visual Basic에서 실행하기 위한 개체로 메서드를 이용하여 매크로를 실행할 수 있음
- OpenReport : 보고서를 디자인 보기 또는 인쇄 미리 보기 형식으로 열거나 인쇄함
- GoToRecord : 지정한 레코드를 테이블, 폼, 쿼리 결과 집합에서 현재 레코드로 만듦
- RunCode : Visual Basic Function 프로시저를 실행함

44 ①
- "00"& 회원번호 : 기존 회원번호 앞에 "00"를 붙임(001, 002, …, 0099)
- right("00"& 회원번호,3) : 001, 002, …, 0099를 오른쪽에서 3자리 추출함
- update 회원 set 회원번호 = : 추출한 3자리로 회원 테이블의 회원번호 필드를 변경함

45 ①
- count(*) : 행을 카운트함
- WHERE 지점명 Like "동부*" : 지점명이 동부로 시작하는 행만 카운트함 → 동부 신내, 동부 신사
- * : 여러 문자를 의미함

46 ②
- datediff("yyyy", '2004-10-01', date()) : 지정된 두 날짜 간의 연수를 구함
- "yyyy" : 연도를 산출함
- date() : 오늘 날짜 산출

47 ③
리터럴(Literal) 표시 문자

문자	기능	결과
>	모든 문자를 대문자로 변환함	S, M
L	필수 요소로, A부터 Z까지의 영문자나 한글을 입력함	
<	모든 문자를 소문자로 변환함	unn, oon
?	선택 요소로, A부터 Z까지의 영문자나 한글을 입력함	

지문에 ?가 3개이므로 세 자리까지 결과로 표시됨

48 ④
OLE 개체 데이터 형식의 필드는 인덱스를 사용할 수 없음

49 ④
[관계 편집] 대화 상자에서 〈구매〉 테이블이 오른쪽에 위치하고 〈조인 속성〉 대화 상자에서 '구매'에서는 모든 레코드를 포함하고 '고객'에서는 조인된 필드가 일치하는 레코드만 포함이므로 해당되는 조인은 오른쪽 외부 조인임

50 ③
CSV(Comma Seperated Values) : 콤마로 분리된 값으로 액세스의 데이터 형식에서 지원되지 않음

오답 피하기
- 짧은 텍스트 : 계산이 필요 없는 성명, 주소, 전화번호, 부품번호, 우편번호 등의 데이터를 저장할 때에는 짧은 텍스트 형식을 사용함(크기 : 최대 255자까지 입력)
- 날짜/시간 : 날짜나 시간 데이터를 저장할 때 사용함(크기 : 8바이트)
- 일련번호 : 레코드 추가 시 자동으로 고유 번호를 부여할 때 사용하고, 번호가 부여되면 변경하거나 삭제할 수 없음(크기 : 4바이트)

51 ②
디자인 보기를 제외한 폼 보기 모드에서 폼의 제목 표시줄에 표시되는 텍스트는 '캡션' 속성을 이용하여 변경할 수 있음

52 ①
기수(Cardinality) : 한 릴레이션(테이블)에서의 튜플(Tuple)의 개수

53 ②
- 데이터베이스 암호를 설정하거나 제거하려면 데이터베이스를 단독 사용 모드로 열어야 함
- 데이터베이스를 단독 사용 모드로 열려면 데이터베이스를 닫은 다음 [파일] 탭-[열기] 명령을 사용하여 다시 연 다음 [열기] 대화 상자에서 [열기] 단추 옆에 있는 화살표를 클릭한 후 [단독으로 열기]를 선택함

54 ④
첨부 파일
- 전자 메일 메시지에 파일을 첨부하는 것과 마찬가지로 이미지, 스프레드시트 파일, 문서, 차트 및 기타 지원되는 유형의 파일을 데이터베이스의 레코드에 첨부할 수 있음
- 데이터베이스 디자이너가 첨부 파일 필드를 설정하는 방법에 따라 첨부 파일을 보고 편집할 수 있음
- 첨부 파일 필드는 OLE 개체 필드보다 유연성이 뛰어나며 원본 파일의 비트맵 이미지를 만들지 않기 때문에 저장 공간을 더 효율적으로 사용함

오답 피하기
- 하이퍼링크 : 텍스트로 저장되고 하이퍼링크 주소로 사용되는 텍스트 또는 텍스트와 숫자의 조합이며 하이퍼링크 데이터 형식의 각 부분은 최대 2,048자까지 포함할 수 있음
- 일련번호 : 새 레코드가 테이블에 추가될 때마다 Microsoft Access에서 할당하는 고유한 순차 번호(1씩 증가)로 일련번호 필드는 업데이트할 수 없으며 크기는 4바이트임
- 긴 텍스트 : 긴 텍스트 또는 텍스트와 숫자의 조합으로 최대 63,999자까지 입력할 수 있음

55 ①
데이터 원본으로 기존 작성된 보고서를 지정하여 사용할 수 없음

56 ①
두 개 이상의 연결 필드를 지정할 때는 필드들을 세미콜론(;)으로 구분하여 연결함

57 ③
- 테이블이 열릴 때마다 자동으로 실행되지 않음
- 매크로 이름을 "AutoExec"로 하면 데이터베이스 파일을 열 때 매크로를 자동으로 실행시킴

58 ②
GROUP BY 다음에 HAVING절을 사용하여 그룹에 조건을 적용함

59 ④
테이블을 작성할 때 레코드 수는 고려 대상이 아님

60 ①
유효성 검사 규칙이 '<=99'이므로 과목코드는 99까지임

오답 피하기
- ② : 과목코드는 반드시 입력해야 한다 → 필수가 예
- ③ : 과목코드는 중복될 수 없다 → 인덱스가 예(중복 불가능)
- ④ : 새 레코드 생성 시 0이 자동으로 입력된다 → 기본값이 0

2025년 상시 기출문제 03회

4-54p

01 ①	02 ③	03 ②	04 ④	05 ①
06 ④	07 ②	08 ④	09 ①	10 ①
11 ①	12 ②	13 ③	14 ①	15 ②
16 ④	17 ②	18 ③	19 ③	20 ④
21 ①	22 ②	23 ③	24 ①	25 ②
26 ②	27 ③	28 ③	29 ③	30 ③
31 ②	32 ③	33 ③	34 ③	35 ②
36 ③	37 ④	38 ④	39 ②	40 ②
41 ③	42 ②	43 ③	44 ③	45 ①
46 ③	47 ④	48 ③	49 ④	50 ①
51 ④	52 ①	53 ②	54 ③	55 ③
56 ②	57 ②	58 ②	59 ①	60 ④

1과목 컴퓨터 일반

01 ①

테더링(Tethering) : 테더(Tether)는 '밧줄'이라는 뜻으로, 인터넷이 가능한 스마트폰과 다른 IT 기기를 밧줄로 연결한다는 의미처럼 스마트폰의 인터넷 통신망을 이용하여 다른 기기와 인터넷을 공유하는 기술

오답 피하기

- 와이파이(WiFi : Wireless Fidelity) : 일정 영역의 공간에서 무선 인터넷의 사용이 가능한 근거리 무선 통신 기술
- 블루투스(Bluetooth) : 무선 기기(이동 전화, 컴퓨터, PDA 등) 간 정보 전송을 목적으로 하는 근거리 무선 접속 프로토콜로 IEEE 802.15.1 규격을 사용하는 PANs(Personal Area Networks)의 산업 표준
- 와이브로(Wibro) : 무선과 광대역 인터넷을 통합한 의미로 휴대용 단말기를 이용하여 정지 및 이동 중에 인터넷에 접속 가능함

02 ③

오답 피하기

- 스풀 기능은 인쇄할 내용을 하드디스크에 저장한 다음 스풀링함
- 스풀 기능은 문서 전체나 페이지 단위로 가능함
- 프린터와 같은 저속의 입출력 장치를 CPU와 병행하여 작동시켜 컴퓨터의 전체 효율을 향상시켜 주는 기능임

03 ②

오답 피하기

- 디스크 검사 : 파일과 폴더 및 디스크의 논리적, 물리적인 오류를 검사하고 수정함
- 디스크 포맷 : 하드디스크 등을 초기화하는 것으로 트랙과 섹터로 구성하는 작업
- 드라이브 조각 모음 및 최적화 : 디스크에 단편화되어 저장된 파일들을 모아서 디스크를 최적화함

04 ④

안드로이드(Android) : 오픈 소스 소프트웨어 기반의 모바일 운영체제

05 ①

허브(Hub)는 집선 장치로 물리 계층(Physical Layer)에 해당하는 장비로 트랜스포트 계층의 대표적인 장비가 아님

06 ④

동기화 : 데이터를 전송하고 수신할 때 동일한 속도로 데이터를 전송하여 오류가 발생하지 않도록 하며 속도와 위상을 서로 맞추어 동기화시킴

07 ②

스니핑(Sniffing) : 특정한 호스트에서 실행되어 호스트에 전송되는 정보(계정, 패스워드 등)를 엿보는 행위로 전송되는 데이터를 가는 도중에 도청 및 몰래 보는 행위인 가로채기(Interception)에 해당하므로 정보의 기밀성(Secrecy)을 저해 및 침해함

오답 피하기

- 스푸핑(Spoofing) : '속임수'의 의미로 어떤 프로그램이 정상적으로 실행되는 것처럼 위장하는 것
- 백도어(Back Door) : 시스템 관리자의 편의를 위한 경우나 설계상 버그로 인해 시스템의 보안이 제거된 통로를 말하며, 트랩 도어(Trap Door)라고도 함
- 웜(Worm) : 감염 대상을 갖고 있지는 않으나 연속적으로 자신을 복제하여 시스템의 부하를 증가시키는 프로그램

08 ④

플러그 앤 플레이(PnP : Plug & Play)
자동 감지 설치 기능으로 컴퓨터에 장치를 연결하면 자동으로 장치를 인식하여 설치 및 환경 설정을 용이하게 하므로 새로운 주변 장치를 쉽게 연결함

오답 피하기

- ① : FTP에 대한 설명
- ② : 멀티 프로그래밍에 대한 설명
- ③ : P2P에 대한 설명

09 ①

- ping : 네트워크의 현재 상태나 다른 컴퓨터의 네트워크 접속 여부를 확인하는 명령
- ping 127.0.0.1 : 명령 프롬프트에서 루프백 주소(127.0.0.1)를 이용하여 PC의 TCP/IP의 활성화를 확인할 수 있음
- 패킷 : 보냄 = 4, 받음 = 4, 손실 = 0(0% 손실) → 정상적인 통신을 의미함

오답 피하기

- ipconfig : 사용자 자신의 컴퓨터 IP 주소를 확인하는 명령
- tracert : 네트워크에 연결된 컴퓨터의 경로(라우팅 경로)를 추적할 때 사용하는 명령
- nslookup : URL 주소로 IP 주소를 확인하는 명령

10 ①

작업 표시줄은 현재 수행 중인 프로그램이나 앱이 표시됨

11 ①

오답 피하기

- ② : 벤치마크(Benchmark)에 대한 설명
- ③ : 알파 테스트(Alpha Test)에 대한 설명
- ④ : 베타 테스트(Beta Test)에 대한 설명

12 ②

니블(Nibble) : 4비트로 표현이 가능한 정보의 개수는 2의 4제곱($2 \times 2 \times 2 \times 2$)이므로 16개임

13 ③

오답 피하기
- 게이트웨이(Gateway) : 네트워크에서 다른 네트워크로 들어가는 관문의 기능을 수행하는 지점을 말하며, 서로 다른 프로토콜을 사용하는 네트워크를 연결할 때 사용하는 장치
- 모뎀(Modem) : 변복조 장치
- 라우터(Router) : 데이터 전송을 위한 최적의 경로를 찾아 통신망에 연결하는 장치

14 ①

IPv6의 경우 128비트를 16비트씩 8개의 영역으로 구성되어 있으며, 각 부분은 콜론(:)으로 구분함

15 ②

'바탕 화면 아이콘 설정'을 이용하여 지정이 가능한 아이콘의 종류는 컴퓨터, 휴지통, 문서, 제어판, 네트워크 등이 있음

16 ④

회사 내의 특정 업무를 처리하기 위해 개발된 소프트웨어는 응용 소프트웨어임

17 ②

방화벽 : 해킹 등에 의한 외부로의 정보 유출을 막기 위해 사용하는 보안 시스템

오답 피하기
Malware : 악성 코드를 의미하며 컴퓨터 바이러스, 인터넷 웜, 트로이 목마 등이 있음

18 ③

변조/수정(Modification)은 정보의 무결성(Integrity)을 저해함

오답 피하기
- ① 가로막기(Interruption) : 정보의 가용성(Availability) 저해
- ② 가로채기(Interception) : 정보의 기밀성(Secrecy) 저해
- ④ 위조(Fabrication) : 정보의 무결성(Integrity) 저해

19 ③

2진수 1010의 1의 보수는 0을 1로, 1을 0으로 바꾼 0101이 됨

오답 피하기
2진수 1010의 1의 보수는 0을 1로, 1을 0으로 바꾼 0101이며 1을 더하면 2의 보수(0110)가 됨

20 ④

모든 파일과 하위 폴더를 한꺼번에 선택하려면 Ctrl + A 를 사용해야 함

2과목 스프레드시트 일반

21 ②

② =IFERROR(ISERR(A7), "ERROR") → FALSE

- IFERROR(수식, 오류 발생 시 표시값) : 수식의 결과가 오류값일 때 다른 값(공백 등)으로 표시함
- ISERR(value) : 값이 #N/A를 제외한 오류값을 참조할 때 TRUE 값을 반환함

오답 피하기

① =IFERROR(ISLOGICAL(A3), "ERROR") → TRUE

ISLOGICAL(value) : 값이 논리값을 참조할 때 TRUE 값을 반환함

③ =IFERROR(ISERROR(A7),"ERROR") → TRUE

ISERROR(value) : 값이 오류값(#N/A, #VALUE!, #REF!, #DIV/0!, #NUM!, #NAME?, #NULL!)을 참조할 때 TRUE 값을 반환함

④ =IF(ISNUMBER(A4), TRUE, "ERROR") → TRUE

ISNUMBER(value) 값이 숫자를 참조할 때 TRUE 값을 반환함

22 ②

셀에 데이터를 입력하고 Shift + Enter 를 누르면 셀 입력이 완료되고 바로 윗 셀이 선택됨

23 ③

문자 데이터가 입력된 셀의 수는 해당하지 않음

오답 피하기
평균, 개수(데이터가 입력된 셀의 수), 숫자 셀 수, 최소값, 최대값, 합계를 선택하면 자동으로 계산되어 나타남

24 ①

#NULL! : 교점 연산자(공백)를 사용했을 때 교차 지점을 찾지 못한 경우

25 ③

[페이지 나누기 삽입] 기능은 선택한 셀의 윗 행, 왼쪽 열로 페이지 나누기를 삽입함

26 ②

- [한 단계씩 코드 실행]에서 한 단계씩 실행 가능함
- 한 단계씩 코드 실행의 바로 가기 키 : F8

27 ③

[인쇄 미리 보기] 화면에서 셀의 행 높이는 조정할 수 없음

28 ③

- TODAY( ) : 현재 컴퓨터 시스템의 날짜만 반환함
- YEAR(날짜) : 날짜의 연도 부분만 따로 추출함
- VLOOKUP(값, 범위, 열 번호, 찾는 방법) : 범위의 첫 번째 열에서 값을 찾아 지정한 열에서 대응하는 값을 반환함
- 찾는 방법 : FALSE(=0)로 지정되면 정확한 값을 찾아주며, 만약 그 값이 없을 때는 #N/A 오류가 발생함
- YEAR(VLOOKUP(B8,A2:B6,2,0)) : "황영철"을 첫 열에서 찾아서 해당 2열의 날짜에서 연도만 추출함

29 ③

세로축을 선택한 후 [축 서식]의 축 옵션에서 가로축 교차를 '축의 최대값'으로 설정하면 가로축 교차가 축의 최대값으로 위치하게 됨

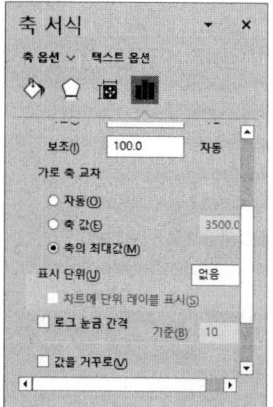

30 ③

{=SUM(A1:A3*{30,20,10})} → 360 (A1:A3 범위의 합 6을 6*30+6*20+6*10으로 계산하여 결과가 360이 됨)

오답 피하기

- ① {=SUM((A1:A3*B1:B3))} → 100(1*30+2*20+3*10으로 계산하여 결과가 100이 됨)
- ② {=SUM(A1:A3*{30;20;10})} → 100(행 구분을 세미콜론(;)으로 하여 1*30+2*20+3*10으로 계산하여 결과가 100이 됨)
- ④ =SUMPRODUCT(A1:A3, B1:B3) → 100(SUMPRODUCT에 의해 해당 요소들을 모두 곱하고 그 곱의 합을 구하므로 1*30+2*20+3*10으로 계산하여 결과가 100이 됨)
- 배열 수식은 Ctrl + Shift + Enter 을 누르면 중괄호({ })가 자동으로 생성됨

31 ②

[홈] 탭-[편집] 그룹-[채우기]-[계열]에서 지원되는 날짜 단위는 '일, 평일, 월, 년' 등이 있으며 '주' 단위는 지원되지 않음

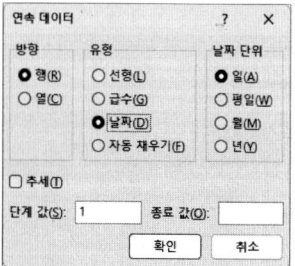

32 ③

시트 끝을 선택하면 각 페이지의 메모가 문서의 마지막에 한꺼번에 인쇄됨

33 ②

셀 주소와 같은 형태의 이름은 사용할 수 없음

34 ③

- FREQUENCY 함수 : 값의 범위 내에서 해당 값의 발생 빈도를 계산하여 세로 배열 형태로 나타내주는 함수
- 형식 : =FREQUENCY(배열, 구간 배열)
  - 배열 : 빈도를 계산할 값의 집합 → B3:B9
  - 구간 배열 : 배열에서 값을 분류할 간격 → E3:E6
- [F3:F6] 범위를 설정한 다음 =FREQUENCY(B3:B9,E3:E6) 입력하고 배열 수식이므로 Ctrl + Shift + Enter 를 누르면 수식 앞뒤에 중괄호({ })가 자동으로 표시되며 결과가 구해짐

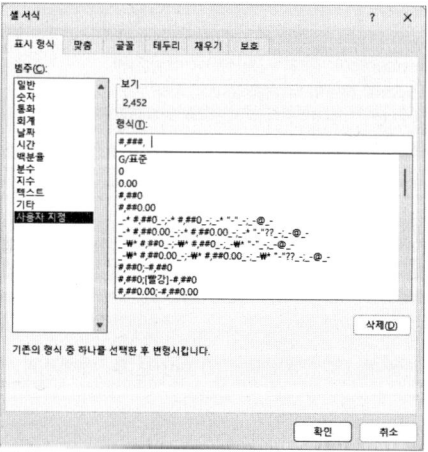

오답 피하기

=PERCENTILE.INC(배열, k) : 배열에서 k번째 백분위수 값을 구함

35 ②

- # : 유효 자릿수만 나타내고 유효하지 않은 0은 표시하지 않음
- , : 천 단위 구분 기호로 쉼표를 삽입함. 쉼표 이후에 더 이상 코드를 사용하지 않으면 천 단위 배수로 표시함(2,451,649 → 2,452)

입력값	표시 형식	결과
2451648.81	#,###,	2,452 • 소수점 이하는 표시 형식에서 지정하지 않음 • 앞 콤마 : 천 단위 구분 기호 쉼표를 삽입함 • 뒤 콤마 : 천 단위 배수로 표시하면서 반올림함

36 ③

오답 피하기

- ① : 워크시트 화면의 확대/축소 배율 지정은 모든 시트에 같은 배율로 적용되지 않음
- ② : 틀 고정과 창 나누기는 동시에 수행할 수 없음
- ④ : 틀 고정 구분 선은 마우스 드래그로 위치를 변경할 수 없음

37 ④

Sub ~ End Sub 프로시저는 명령문들의 실행 결과를 반환하지 않음

오답 피하기

Function ~ End Function : 명령문들의 실행 결과를 반환함

38 ④

연결 대상 : 기존 파일/웹 페이지, 현재 문서, 새 문서 만들기, 전자 메일 주소 등

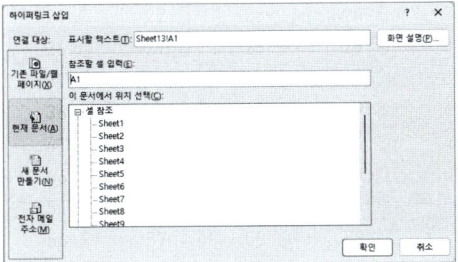

39 ②

원형 차트는 '데이터 테이블'을 나타낼 수 없음

40 ②

피벗 차트 보고서는 주식형, 분산형, 거품형, 트리맵, 선버스트, 히스토그램, 상자 수염, 폭포, 깔때기형 차트 등으로 변경할 수 없음

3과목 데이터베이스 일반

41 ③

DBMS는 여러 응용 시스템 간에 공유 가능하도록 통합, 저장된 운영 데이터의 집합을 관리함

42 ②

UNION(통합) 쿼리 : 2개 이상의 테이블이나 쿼리에서 대응되는 필드들을 결합하여 하나의 필드로 만들어 주는 쿼리이므로 총 레코드의 개수 15개가 됨

43 ③

- DLOOKUP : 특정 필드 값을 구할 때 사용하는 함수
- =DLOOKUP("구할 필드", "테이블명", "조건")이므로 → = DLOOKUP("성명", "사원", "[사원번호] = 1")

44 ③

| Me.Filter = "성명 like '*" & txt검색 & "*'" |
| → 'txt검색' 컨트롤에 입력된 문자를 포함하는 경우이므로 like와 *를 사용함 |
| Me.FilterOn = True |
| → 포함하는 레코드만을 표시하기 위해서 Me.FilterOn을 True로 지정함 |

45 ①

후보키(Candidate Key) : 한 테이블에서 유일성과 최소성을 만족하는 키 (예 사원번호, 주민등록번호)

46 ③

DblClick : txt날짜 컨트롤이 더블클릭될 때 실행됨

47 ④

E-R 다이어그램은 속성 타입을 타원으로 표현한다.

48 ③

동일한 지역인 경우 지역명이 맨 처음에 한 번만 표시되도록 하기 위한 속성은 [중복 내용 숨기기] 속성을 '예'로 설정하면 됨

49 ④

일련번호
- 레코드 추가 시 자동으로 고유 번호를 부여할 때 사용함
- 번호가 부여되면 변경하거나 삭제할 수 없음
- 기본키를 설정하는 필드에서 주로 사용함
- 크기 : 4바이트(복제 ID : 16바이트)

50 ①

- BETWEEN 90 AND 95 : 점수가 90 이상(>=), 95 이하(<=)를 의미함
- ① 점수 >= 90 AND 점수 <= 95 : 점수가 90 이상, 95 이하를 의미함

51 ④

필드 속성의 '기본값'을 이용하여 새 레코드를 만들 때 필드에 자동으로 입력하는 값을 설정함

52 ①

데이터베이스 설계 단계

① 요구 조건 분석 단계
데이터베이스 사용자의 요구 사항 및 조건 등을 조사하여 요구 사항을 분석하는 단계로 요구 명세서가 산출됨
② 개념적 설계 단계
현실 세계에 대해 추상적인 개념(정보 모델링)으로 표현하는 단계
③ 논리적 설계 단계
개념 세계를 데이터 모델링(Modeling)을 거쳐 논리적으로 표현
④ 물리적 설계 단계
컴퓨터 시스템의 저장 장치에 저장하기 위한 구조와 접근 방법 및 경로 등을 설계
⑤ 구현
구현 후 운영과 그에 따른 감시 및 개선 작업이 이루어짐

53 ②

DELETE 명령을 사용하여 조건에 맞는 레코드를 삭제할 수 있음

오답 피하기

DROP : 테이블이나 뷰, 인덱스를 제거하는 명령

54 ③

텍스트 상자 컨트롤의 속성 창을 열고 이름 항목에 입력하는 경우 폼에 삽입된 텍스트 상자 컨트롤의 이름이 변경됨

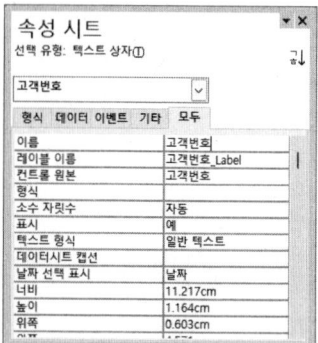

55 ③

하나의 매크로에는 여러 개의 매크로 함수를 지정할 수 있음

56 ②

개념 스키마(Conceptual Schema) : 논리적(Logical) 입장에서의 데이터베이스 전체 구조를 의미함

오답 피하기

- 외부 스키마(External Schema) : 서브 스키마(Sub Schema) 또는 뷰(View)라고도 하며 스키마 전체를 이용자의 관점에 따라 부분적으로 분할한 스키마의 부분 집합
- 내부 스키마(Internal Schema) : 물리적 입장에서 액세스하는 데이터베이스 구조를 의미함

57 ②

정규화는 관계형 데이터베이스를 설계할 때 데이터의 중복 최소화와 불일치를 방지하기 위해 릴레이션 스키마를 분해해 가는 과정으로 정규화를 실행하더라도 모든 테이블의 필드 수가 같아지지는 않음

58 ②

폼의 모달 속성
- 현재 모달 폼을 닫기 전까지 다른 창을 사용할 수 없음
- VBA 코드를 이용하여 대화 상자의 모달 속성을 지정할 수 있음
- 폼이 모달 대화 상자이면 디자인 보기로 전환 후 데이터 시트 보기로 전환이 가능함
- 사용자 지정 대화 상자의 작성이 가능함

오답 피하기

다른 폼 안에 컨트롤로 삽입되어 연결된 폼을 의미하는 것은 하위 폼에 대한 설명

59 ①

- Instr : 문자열을 검색하여 위치한 자릿수를 구함
- =Instr("Blossom","son") : "Blossom"에서 "son"이 없으므로 결과는 0이 됨

오답 피하기

- ② =Left("Blossom",3) = Blo : 왼쪽에서 3개 문자를 추출함
- ③ =Mid("Blossom", 3, 3) = oss : 3번째부터 3개 문자를 추출함
- ④ =Len("Blossom") = 7 : 문자열의 길이를 구함

60 ④

- SELECT : 검색하고자 하는 열 리스트
- FROM : 대상 테이블명
- WHERE : 검색 조건을 기술
- GROUP : 그룹에 대한 쿼리 시 사용
- HAVING : 그룹에 대한 조건을 기술함(반드시 GROUP BY와 함께 사용)
- AVG() : 평균값을 구함
- COUNT(*) : 행을 카운트함

SELECT AVG([나이]) FROM 학생	학생 테이블에서 [나이]의 평균을 구함
WHERE 학년="SN" GROUP BY 전공	학년이 "SN"이고 전공별로 그룹화했을 때 같은 전공이 2개 이상인 경우 → 통계과의 학번이 1004와 1010인 경우가 해당함
HAVING COUNT(*) >= 2;	

- 통계과에서 학번 1004의 나이는 23세, 1010의 나이는 25세이므로 평균(AVG)을 구하게 되면 24세가 됨

2024년 상시 기출문제 01회

4-64p

01 ②	02 ④	03 ③	04 ③	05 ③
06 ④	07 ④	08 ④	09 ④	10 ②
11 ③	12 ①	13 ②	14 ①	15 ③
16 ④	17 ②	18 ④	19 ③	20 ①
21 ④	22 ④	23 ③	24 ④	25 ②
26 ③	27 ③	28 ②	29 ④	30 ④
31 ③	32 ①	33 ③	34 ①	35 ①
36 ①	37 ③	38 ③	39 ④	40 ③
41 ③	42 ④	43 ③	44 ②	45 ④
46 ③	47 ②	48 ③	49 ②	50 ①
51 ③	52 ③	53 ③	54 ①	55 ③
56 ②	57 ①	58 ④	59 ②	60 ②

1과목 컴퓨터 일반

01 ②
스팸(SPAM) 메일은 바이러스를 유포시켜 개인 정보를 탈취하거나 데이터를 파괴하는 행위의 기능은 없음

02 ④
RAM(Random Access Memory)
- 실행 중인 프로그램이나 데이터를 저장하며, 자유롭게 읽고 쓰기가 가능한 주기억 장치
- 전원이 공급되지 않으면 기억된 내용이 사라지는 휘발성(소멸성) 메모리

오답 피하기
- HDD(Hard Disk Drive) : 하드디스크는 디스크 표면을 전자기적으로 변화시켜 대량의 데이터를 저장하고 비교적 빠르게 접근할 수 있는 보조 기억 장치로 비휘발성임
- SSD(Solid State Drive) : 무소음, 저전력, 소형화, 경량화, 고효율의 속도를 지원하는 반도체 보조 기억 장치이며 비휘발성임
- DVD(Digital Versatile Disk) : 광디스크 방식의 보조 기억 장치로 4.7GB의 기본 용량(최대 17GB)을 가지며 비휘발성임

03 ③
근거리 통신망(LAN) : 수 km 이내의 거리(한 건물이나 지역)에서 데이터 전송을 목적으로 연결된 통신망

오답 피하기
- 부가가치통신망(VAN) : 통신 회선을 직접 보유하거나 통신 사업자의 회선을 임차하여 이용하는 형태(하이텔, 천리안, 유니텔 등)
- 종합정보통신망(ISDN) : 여러 가지 통신 서비스를 하나의 디지털 통신망으로 통합한 통신망
- 광대역통신망(WAN) : 원거리 통신망이라고도 하며, 하나의 국가 등 매우 넓은 네트워크 범위를 갖는 통신망

04 ③
변조(Modulation) : 디지털 신호를 아날로그 신호로 변경하는 것으로 전화 회선을 통해 데이터의 손실 없이 가능하면 먼 거리를 전송하기 위해 사용됨

오답 피하기
모뎀(MODEM) : 디지털 신호를 아날로그 신호로 변환하는 변조 과정과 아날로그 신호를 디지털 신호로 변환하는 복조 과정을 수행하는 장치

05 ③
장치 관리자 : 컴퓨터에 설치된 디바이스 하드웨어 설정 및 드라이버 소프트웨어를 관리함

오답 피하기
- 시스템 정보 : 디바이스 이름, 프로세서(CPU), 설치된 RAM, 장치 ID, 제품 ID, 시스템 종류(32/64비트 운영체제), 펜 및 터치 등에 대해 알 수 있음
- 작업 관리자 : 내 PC에서 실행되고 있는 프로그램(앱)들에 대한 프로세스, 성능, 앱 기록, 시작 프로그램, 사용자, 세부 정보, 서비스 등에 대한 정보를 제공해 줌
- 레지스트리 편집기 : 레지스트리는 Windows에서 사용하는 환경 설정 및 각종 시스템과 관련된 정보가 저장된 계층 구조식 데이터베이스로 'regedit' 명령으로 실행함

06 ④
- C, C++, C# 언어는 컴파일러 언어임
- 컴파일러(Compiler)는 고급 언어를 기계어로 번역하는 프로그램으로 전체를 한 번에 번역하고 실행 속도가 빠르며 목적 프로그램을 생성함

오답 피하기
인터프리터(Interpreter)
- 대화식 언어로 작성된 프로그램을 필요할 때마다 매 번 기계어로 번역하여 실행하는 프로그램(Python, SQL, Ruby, R, JavaScript, Scratch, BASIC, LISP, SNOBOL, APL 등)
- 행 단위로 번역하고 실행 속도가 느리며 목적 프로그램을 생성하지 않음

07 ④
기본 프린터 : 프로그램에서 사용할 프린터를 지정하지 않고 인쇄 명령을 선택했을 때 컴퓨터가 자동으로 문서를 보내는 프린터로 네트워크 프린터도 기본 프린터로 지정할 수 있음

08 ④

오답 피하기
- IDE : 저가에 안정적이지만 연결할 수 있는 주변 장치의 수가 2개로 한정됨
- EIDE : IDE의 확장판으로 종전의 단점을 보완하여 주변기기를 4개까지 연결함
- SCSI : 시스템 구분 없이 주변 장치를 7개에서 최대 15개까지 연결함

09 ④
2^6=64이므로 6비트로 64가지의 각기 다른 자료를 나타낼 수 있음

10 ②
디스크 정리
- Windows에서 디스크의 사용 가능한 공간을 늘리기 위하여 불필요한 파일들을 삭제하는 작업으로 디스크의 전체 크기와는 상관없음
- 디스크 정리 대상에 해당하는 파일은 임시 파일, 휴지통에 있는 파일, 다운로드한 프로그램 파일, 임시 인터넷 파일, 오프라인 웹 페이지 등이 있음

오답 피하기
- 백업(Backup) : 하드디스크의 중요한 파일들을 다른 저장 장치로 저장하는 것으로 불의의 사고로부터 데이터를 보호하기 위해 사용
- 디스크 조각 모음 : 디스크에 단편화되어 저장된 파일들을 모아서 디스크를 최적화함
- 압축 : 디스크 공간의 절약이나 전송 시간의 효율화를 위해 파일의 용량을 줄이는 기술

11 ③

JSP(Java Server Page) : Java의 장점을 그대로 수용, 자바 서블릿 코드로 변환되어 실행되며 여러 운영체제에서 실행할 수 있음

12 ①

ZIP : 압축 파일의 확장자

13 ②

명령 프롬프트 창에서 삭제한 파일은 휴지통에 보관되지 않음

14 ①

txt는 텍스트 파일 확장자이지만, png는 이미지 확장자임

15 ③

CPU와 주기억 장치의 속도차를 해결하기 위하여 사용되는 것은 캐시 메모리(Cache Memory)임

16 ④

CMOS 셋업 시의 비밀번호를 잊어버린 경우 메인 보드에 장착되어 있는 배터리를 뽑았다가 다시 장착함

17 ②

유니코드(Unicode)
- 2바이트 코드로 세계 각 나라의 언어를 표현할 수 있는 국제 표준 코드
- 16비트이므로 65,536자까지 표현할 수 있음

오답 피하기

ASCII 코드(미국 표준 코드) : Zone은 3비트, Digit는 4비트로 구성됨, 7비트로 128가지의 표현이 가능함, 일반 PC용 컴퓨터 및 데이터 통신용 코드, 대소문자 구별이 가능함

18 ④

오답 피하기

- MPEG-3 : HDTV 방송(고 선명도의 화질)을 위해 고안되었으나, MPEG-2 표준에 흡수, 통합되어 현재는 존재하지 않는 규격
- MPEG-4 : 동영상의 압축 표준안 중에서 IMT-2000 멀티미디어 서비스, 차세대 대화형 인터넷 방송의 핵심 압축 방식으로 비디오/오디오를 압축하기 위한 표준
- MPEG-7 : 인터넷상에서 멀티미디어 동영상의 정보 검색이 가능, 정보검색 등을 효율적으로 사용하기 위한 콘텐츠 저장 및 검색을 위한 표준

19 ③

모핑(Morphing) : 사물의 형상을 다른 모습으로 서서히 변화시키는 기법으로 영화의 특수 효과에서 많이 사용함

오답 피하기

- 렌더링(Rendering) : 그림자, 색상, 농도 등의 3차원 질감을 줌으로써 사실감을 추가하는 과정
- 안티앨리어싱(Anti-Aliasing) : 화면의 해상도가 낮아 도형이나 문자를 그릴 때 각이 계단처럼 충이 나면서 테두리가 거칠게 표현되는 계단 현상(Aliasing) 부분을 뭉개고 곧아지는 듯한 화질로 형성하는 것
- 블러링(Blurring) : 특정 부분을 흐릿하게 하는 효과로 원하는 영역을 선명하지 않게 만드는 기법

20 ①

서로 다른 키로 데이터를 암호화하고 복호화하는 것은 공개키(비대칭키, 이중키) 암호화 기법임

오답 피하기

비밀키(대칭키, 단일키) 암호화 : 송신자와 수신자가 서로 동일(대칭)한 하나(단일)의 비밀키를 가짐

2과목 스프레드시트 일반

21 ④

- LEFT(문자열, 개수) 문자열의 왼쪽에서 지정한 개수만큼 문자를 추출함
- LEFT(A1,3) → 가나다 ("가나다라마바사"에서 왼쪽부터 3개 추출)
- RIGHT(문자열, 개수) 문자열의 오른쪽에서 지정한 개수만큼 문자를 추출함
- RIGHT(A1,3) → 마바사 ("가나다라마바사"에서 오른쪽부터 3개 추출)
- CONCAT : 텍스트를 연결하여 나타냄
- CONCAT(LEFT(A1,3),RIGHT(A1,3)) → "가나다"와 "마바사"를 연결 → 가나다마바사
- MID(문자열, 시작 위치, 개수) : 문자열의 시작 위치에서부터 지정한 개수만큼 문자를 추출함
- =MID(CONCAT(LEFT(A1,3),RIGHT(A1,3)),3,3) → "가나다마바사"에서 3번째부터 3개를 추출 → 다마바

	A	B	C	D	E	F
1	가나다라마바사	다마바				
2						

B1 =MID(CONCAT(LEFT(A1,3),RIGHT(A1,3)),3,3)

22 ④

- Tab : 현재 셀의 오른쪽으로 이동
- Shift + Tab : 현재 셀의 왼쪽으로 이동함

오답 피하기

- ① : [A1] 셀로 이동한다 → Ctrl + Home
- ② : 한 화면을 오른쪽으로 이동한다 → Alt + Page Down
- ③ : 다음 시트로 이동한다 → Ctrl + Page Down

23 ③

셀 삽입의 바로 가기 키 : Ctrl + +

오답 피하기

셀 삭제의 바로 가기 키 : Ctrl + -

24 ④

- ,(쉼표) 이후에 더 이상 코드를 사용하지 않으면 천 단위 배수로 표시함
- #,###., : ,(쉼표)가 2개이므로 백만 단위 이하를 생략하며 셀에 아무것도 표시되지 않음

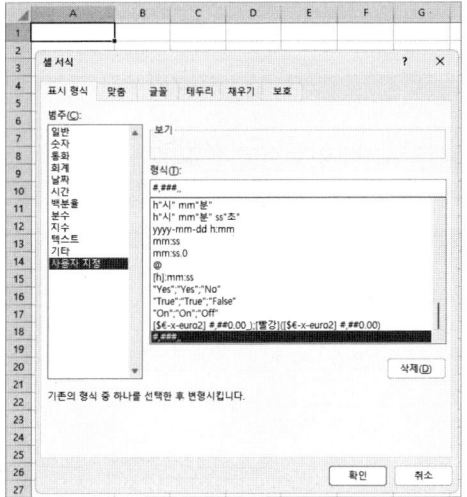

25 ②

3차원 차트는 오차 막대를 사용할 수 없음

26 ③

수식을 입력한 후 결과값이 수식이 아닌 상수로 입력되게 하려면 수식을 입력한 후 바로 F9를 누름

27 ③

Ctrl + 3 : 선택한 셀에 기울임이 적용되며, 다시 누르면 적용이 취소됨

오답 피하기

Ctrl + 4 : 선택한 셀에 밑줄이 적용되며, 다시 누르면 적용이 취소됨

28 ②

오답 피하기

- 표면형 차트 : 두 데이터 집합 간의 최적 조합을 찾을 때 유용함
- 꺾은선형 차트 : 일정한 배율의 축에 시간에 따른 연속 데이터가 표시되며 월, 분기, 회계 연도 등과 같은 일정 간격에 따라 데이터의 추세를 표시하는 데 유용함
- 방사형 차트 : 워크시트의 여러 열이나 행에 있는 데이터를 차트로 그릴 수 있으며 여러 데이터 계열의 집계 값을 비교함

29 ④

시트 이름과 탭 색 변경은 시트 보호와 상관없음

30 ④

IFS 함수

- 형식 : =IFS(조건식1, 참인 경우 값1, 조건식2, 참인 경우 값2, ……)
- 하나 이상의 조건이 충족되는지 확인하고 첫 번째 TRUE 조건에 해당하는 값을 반환함
- 여러 중첩된 IF문 대신 사용할 수 있고 여러 조건을 사용할 수 있음

31 ③

목표값 찾기 : 수식의 결과값은 알고 있으나 그 결과값을 얻기 위한 입력값을 모를 때 목표값 찾기 기능을 이용함

오답 피하기

- 통합 : 하나 이상의 원본 영역을 지정하여 하나의 표로 데이터를 요약
- 부분합 : 워크시트에 있는 데이터를 일정한 기준으로 요약하여 통계 처리를 수행
- 시나리오 관리자 : 변경 요소가 많은 작업표에서 가상으로 수식이 참조하고 있는 셀의 값을 변화시켜 작업표의 결과를 예측하는 기능

32 ①

- [홈] 탭-[편집] 그룹-[채우기]-[계열]의 [연속 데이터]에서 '날짜 단위'에 주 단위는 지원되지 않음
- 날짜 단위 : 일, 평일, 월, 년 등

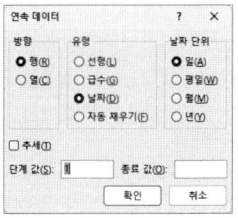

33 ③

통합 문서의 여러 워크시트에 있는 동일한 셀 데이터나 셀 범위 데이터를 분석하려면 3차원 참조 스타일을 사용함(예 : =sheet1:sheet3!A1)

34 ①

- 셀의 데이터를 삭제할 때 [메모]는 함께 삭제되지 않으며, [윗주]는 함께 삭제됨
- [검토]-[메모]-[새 메모], [홈]-[글꼴]-[윗주 필드 표시/숨기기]-[윗주 편집]

35 ①

시나리오 관리자 : 변경 요소가 많은 작업표에서 가상으로 수식이 참조하고 있는 셀의 값을 변화시켜 작업표의 결과를 예측하는 기능

오답 피하기

- 목표값 찾기 : 수식의 결과값은 알고 있으나 그 결과값을 얻기 위한 입력값을 모를 때 목표값 찾기 기능을 이용함
- 부분합 : 워크시트에 있는 데이터를 일정한 기준으로 요약하여 통계 처리를 수행
- 통합 : 하나 이상의 원본 영역을 지정하여 하나의 표로 데이터를 요약

36 ①

- [옵션] 단추 : 바로 가기 키나 설명을 변경할 수 있음

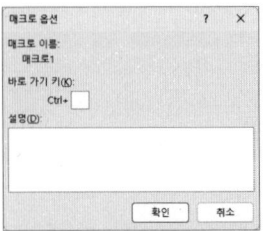

- [편집] 단추 : 매크로 이름이나 명령 코드를 수정할 수 있음

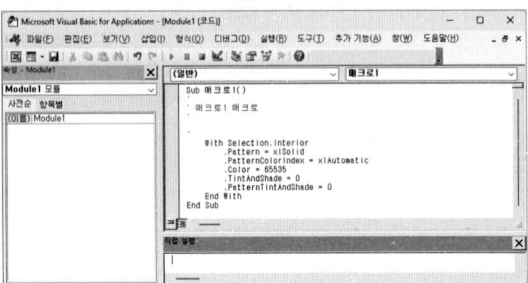

37 ③

###0, : 콤마(,) 뒤에 코드가 없으므로 뒤의 세 자리 860이 삭제되면서(천 단위 배수) 반올림되어 표시되므로 결과는 3276이 됨

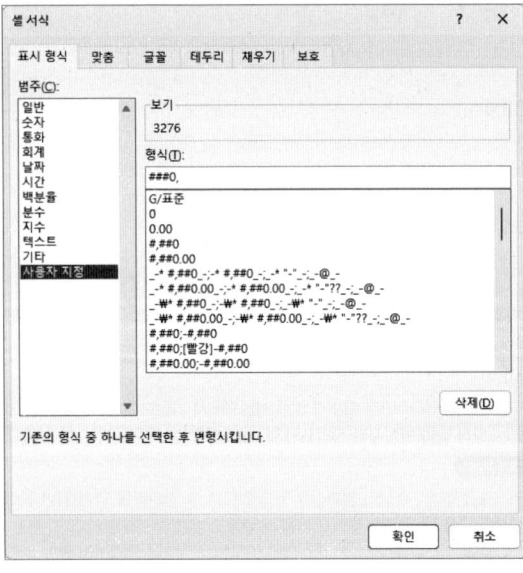

38 ③

- ISODD(숫자) : 숫자가 홀수일 때 TRUE, 짝수이면 FALSE를 반환함
- COLUMN() : 열 번호를 반환함
- ③ =ISODD(COLUMN()) : 열 번호가 홀수(A, C, E열)일 때 조건부 서식이 적용됨

오답 피하기

- ISEVEN(숫자) : 숫자가 짝수일 때 TRUE, 홀수이면 FALSE를 반환함
- ROW() : 행 번호를 반환함
- ① =ISODD(ROW()) : 행 번호가 홀수(1, 3, 5)일 때 조건부 서식이 적용됨
- ② =ISEVEN(ROW()) : 행 번호가 짝수(2, 4, 6)일 때 조건부 서식이 적용됨
- ④ =ISEVEN(COLUMN()) : 열 번호가 짝수(B, D열)일 때 조건부 서식이 적용됨

39 ④

XLOOKUP 함수

- 형식 : =XLOOKUP(찾을 값, 찾을 범위, 반환범위, 찾을 값 없을 때 텍스트, 일치 유형, 검색 방법)
- "찾을 값"을 "찾을 범위"에서 찾아서 "반환 범위"의 값을 반환함
- ⓐ =XLOOKUP(B7,F2:F5,B2:B5) : [B7] 셀의 '한상공'을 [F2:F5] 범위에서 찾아서 [B2:B5] 범위의 값을 반환함(대리)
- ⓑ =XLOOKUP(B7,F2:F5,E2:E5) : [B7] 셀의 '한상공'을 [F2:F5] 범위에서 찾아서 [E2:E5] 범위의 값을 반환함(135)

40 ③

- &[페이지 번호] : 페이지 번호 삽입
- –&[페이지 번호] Page– : –1 Page–

3과목 데이터베이스 일반

41 ③
필드 이름과 테이블 이름은 동일하게 지정할 수 있음

42 ④
데이터시트 보기에서 「잘라내기」와 「붙여넣기」를 이용하여 필드를 이동시킬 수 없음

43 ④
불일치 검색 쿼리 마법사 : 다른 테이블의 레코드와 관련이 없는 레코드를 찾는 쿼리이므로 하나의 테이블로만 구성된 경우는 실행할 수 없음

오답 피하기
- 단순 쿼리 마법사 : 선택한 필드를 사용하여 선택 쿼리를 만듦
- 중복 데이터 검색 쿼리 마법사 : 한 테이블이나 쿼리에서 중복된 필드 값이 있는 레코드를 찾는 쿼리를 만듦
- 크로스탭 쿼리 마법사 : 간단한 스프레드시트 형식의 크로스탭 쿼리를 만듦

44 ②
데이터 정의 언어(DDL : Data Definition Language) : CREATE(테이블 생성), ALTER(테이블 변경), DROP(테이블 삭제)

오답 피하기
- 데이터 조작 언어(DML : Data Manipulation Language) : SELECT(검색), INSERT(삽입), UPDATE(갱신), DELETE(삭제)
- 데이터 제어 언어(DCL : Data Control Language) : GRANT(권한 부여), REVOKE(권한 해제), COMMIT(갱신 확정), ROLLBACK(갱신 취소)

45 ④
데이터베이스 설계 단계 : 요구 조건 분석 → 개념적 설계 → 논리적 설계 → 물리적 설계 → 구현

46 ③
보고서 머리글
- 보고서의 첫 페이지 상단에 한 번만 표시됨(페이지 머리글 위에 인쇄됨)
- 로고, 보고서 제목, 인쇄일 등의 항목을 삽입함

오답 피하기
- 그룹 머리글 : 그룹 설정 시 반복하여 그룹 상단에 표시됨
- 그룹 바닥글 : 그룹 설정 시 반복하여 그룹 하단에 표시됨
- 페이지 머리글 : 보고서의 매 페이지의 상단에 표시됨(열 제목 등의 항목을 삽입함)

47 ②
기본키는 한 테이블에서 유일성과 최소성을 만족하는 후보키 중 선정되어 사용되는 키이므로 동일한 학과명을 가진 학생이 두 명 이상 존재하기 때문에 '학과'를 기본키로 사용할 수 없음

48 ③
IME 모드 : 필드로 포커스가 이동되었을 때 설정될 한글, 영숫자 등의 입력 상태를 지정함

오답 피하기
- 캡션 : 폼이나 데이터시트에서 사용할 필드 레이블
- 기본값 : 새 레코드를 만들 때 필드에 자동으로 입력되는 값
- 인덱스 : 찾기 및 정렬 속도는 빨라지지만 업데이트 속도는 느려짐

49 ②
매개 변수 쿼리 : 실행할 때 검색 조건의 일정한 값(매개 변수)을 입력하여 원하는 정보를 추출함

오답 피하기
- 크로스탭 쿼리 : 테이블이나 쿼리의 필드별 합계, 개수, 평균 등의 요약을 계산함
- 통합 쿼리 : 2개 이상의 테이블이나 쿼리에서 대응되는 필드들을 결합하여 하나의 필드로 만들어 주는 쿼리
- 실행 쿼리 : 여러 레코드의 변경과 이동을 일괄적으로 실행함

50 ①
[속성 시트] 창에서 하위 폼의 제목(레이블)을 변경하려면 [형식] 탭의 '캡션'을 수정하면 됨

51 ③
참조 무결성 : 참조 무결성은 참조하고 참조되는 테이블 간의 참조 관계에 아무런 문제가 없는 상태를 의미함

52 ③

오답 피하기
- 도메인(Domain) : 하나의 속성이 취할 수 있는 값의 집합
- 튜플(Tuple) : 테이블에서 행을 나타내는 말로 레코드와 같은 의미
- 차수(Degree) : 한 릴레이션(테이블)에서 속성(필드=열)의 개수

53 ③
'잠금' 속성을 '예'로 설정하면 내용을 수정할 수 없음

54 ①
보고서는 데이터 원본으로 테이블, 쿼리, SQL문을 사용함

55 ④
! : 대괄호 안에 있지 않은 문자를 찾음으로 "소[!비유]자"를 입력하면 소개자는 찾지만 소비자와 소유자는 무시함

오답 피하기
- – : 영문자의 경우, 문자 범위 내에서 하나의 문자를 찾음
- ? : 한 자리의 문자만 찾음
- # : 숫자 한 자리를 찾음

56 ②
Val(문자열) : 숫자 형태의 문자열을 숫자값으로 변환

57 ①

오답 피하기

문자	의미	09#L로 설정한 경우
0	필수요소, 0~9까지의 숫자	② A124 → 첫 글자가 A라 틀림
9	선택요소, 숫자나 공백	
#	선택요소, 숫자나 공백	③ 12A4, ④ 12AB → 세 번째 글자가 A라 틀림
L	필수요소, A~Z, 한글	

58 ④
- [Pages] : 전체 페이지, [Page] : 현재 페이지
- & : 문자 연결 연산자
- =[Pages]& " 페이지 중 "& [Page] → 10 페이지 중 1

59 ②

> 오답 피하기

- 텍스트 상자 : 레코드 원본의 데이터를 표시, 입력 또는 편집하거나, 계산 결과를 표시하거나, 사용자의 입력 내용을 적용할 때 사용하는 컨트롤
- 확인란 : 폼, 보고서에서 원본 테이블, 쿼리, SQL문의 Yes/No 값을 표시하는 독립형 컨트롤
- 토글 단추 : 폼에서 토글(전환) 단추를 독립형 컨트롤로 사용하여 원본 레코드 원본의 Yes/No 값을 나타낼 때 사용함

60 ②
- 한 줄에 두 개 이상의 명령문을 입력하는 경우 명령어의 끝에는 콜론(:)을 찍어 구분함
- 예 : For i = 1 To 10: sum = sum + i: Next: MsgBox sum

2024년 상시 기출문제 02회

01 ①	02 ④	03 ①	04 ②	05 ②
06 ④	07 ②	08 ④	09 ①	10 ④
11 ①	12 ②	13 ①	14 ②	15 ③
16 ④	17 ①	18 ①	19 ③	20 ④
21 ③	22 ①	23 ②	24 ③	25 ④
26 ②	27 ①	28 ④	29 ③	30 ①
31 ②	32 ①	33 ③	34 ③	35 ①
36 ④	37 ③	38 ①	39 ③	40 ③
41 ②	42 ①	43 ③	44 ①	45 ②
46 ②	47 ③	48 ④	49 ③	50 ④
51 ①	52 ③	53 ②	54 ③	55 ②
56 ④	57 ③	58 ②	59 ④	60 ①

1과목 컴퓨터 일반

01 ①

캐시 메모리(Cache Memory) : CPU와 주기억 장치 사이에 있는 고속의 버퍼 메모리, 자주 참조되는 데이터나 프로그램을 메모리에 저장, 메모리 접근 시간을 감소시키는 데 그 목적이 있음, RAM의 종류 중 SRAM이 캐시 메모리로 사용됨

02 ④

CSMA/CD(반송파 감지 다중 접근/충돌 검사) 방식 : LAN의 접근 방식으로 한 회선을 여러 사용자가 사용할 때 이용하는 방식

> 오답 피하기

전송 오류 검출 방식은 패리티 비트, 정마크 부호 방식, 해밍 코드, 블록합 검사, CRC 등이 있음

03 ①

P2P(Peer To Peer) : 인터넷상에서 개인끼리 파일을 공유하는 기술이나 행위로, 컴퓨터와 컴퓨터가 동등하게 연결되는 방식

04 ②

사물 인터넷(IoT : Internet of Things) : 인간 대 사물, 사물 대 사물 간에 인터넷으로 연결되어 정보의 소통이 가능한 기술

05 ②

자바 스크립트(Java Script) : 스크립트는 HTML 문서 속에 직접 기술하며, 'Script'라는 꼬리표를 사용함

06 ④

바로 가기를 삭제해도 원본 프로그램에는 영향을 미치지 않음

07 ②

방화벽(Firewall) : 외부 네트워크에서 내부로 들어오는 패킷을 체크하여 인증된 패킷만 통과시킴

08 ④

3D 프린터의 출력 속도의 단위는 MMS가 사용되며, MMS(MilliMeters per Second)는 '1초에 이동하는 노즐의 거리'를 의미함

> 오답 피하기

- LPM(Lines Per Minute) : 1분당 인쇄되는 라인 수(활자식 프린터, 잉크젯 프린터 등)
- PPM(Pages Per Minute) : 1분당 인쇄되는 페이지 수(잉크젯 프린터, 레이저 프린터 등)
- IPM(Images Per Minute) : ISO(국제 표준화 기구)에서 규정한 잉크젯 속도 측정 방식으로 각 프린터 업체의 자체 기준에 맞춘 고속 모드로 출력된 PPM과는 달리 일반(보통) 모드에서 ISO 규격 문서를 측정함

09 ①

가상 메모리(Virtual Memory) : 보조 기억 장치의 일부, 즉 하드디스크의 일부를 주기억 장치처럼 사용하는 메모리 사용 기법으로, 기억 장소를 주기억 장치의 용량으로 제한하지 않고, 보조 기억 장치까지 확대하여 사용

10 ④

앱이 64비트 버전의 Windows용으로 설계된 경우, 32비트 버전과의 호환성 유지 기능은 지원되지 않음

11 ①

게이트웨이(Gateway) : 네트워크에서 다른 네트워크로 들어가는 관문의 기능을 수행하는 지점을 의미하며 서로 다른 프로토콜을 사용하는 네트워크를 연결할 때 사용하는 장치

> 오답 피하기

- ② : 리피터(Repeater)에 관한 설명
- ③ : 라우터(Router)에 관한 설명
- ④ : DNS(Domain Name System)에 관한 설명

12 ②

그림판은 레이어 기능이 지원되지 않으며, 레이어 기능은 포토샵 같은 소프트웨어에서 가능함

13 ①

쿠키(Cookie) : 인터넷 웹 사이트의 방문 정보를 기록하는 텍스트 파일

14 ②

첨단 도로 시스템(Automated Highway Systems) : 차량에 장착된 특수한 장치와 노변의 장치를 이용하여 안전하게 차량을 제어하는 시스템

15 ③

짝수 검사이므로 수신된 데이터의 '1'의 개수가 짝수이어야 하므로, 1의 개수가 홀수이면 오류가 발생함

16 ④

주문형 비디오 (Video On Demand) : 각종 영상 정보(뉴스, 드라마, 영화, 게임 등)를 데이터베이스로 구축하여 사용자의 요구에 따라 프로그램을 즉시 전송하여 가정에서 원하는 정보를 이용

> 오답 피하기

- 폴링(Polling) : 회선 제어 기법인 멀티 포인트에서 호스트 컴퓨터가 단말 장치들에게 '보낼(송신) 데이터가 있는가?'라고 묻는 제어 방법
- P2P(Peer-to-Peer) : 동배 시스템이라 하며 네트워크상의 모든 컴퓨터가 동등한 위치에서 자료를 교환할 수 있는 시스템
- VCS(Video Conference System) : 화상 회의 시스템으로 서로 먼 거리에 떨어져 있는 사람들끼리 각자의 실내에 설치된 TV 화면에 비친 화상 및 음향 등을 통하여 회의를 진행할 수 있도록 만든 시스템

17 ①

파일 탐색기의 [보기] 탭-[창] 그룹에서 탐색 창, 미리 보기 창, 세부 정보 창의 표시 여부를 선택할 수 있음

18 ①

표준 주소 체계인 URL(Uniform Resource Locator) : 프로토콜 ://서버 주소[: 포트 번호]/파일 경로/파일명

19 ③

- CMOS 셋업에서 Windows 로그인 암호 변경 설정은 지원되지 않음
- 시스템의 날짜/시간, 하드디스크 유형, 부팅 순서, 칩셋 및 USB 관련, 전원 관리, PnP/PCI 구성, 시스템 암호 등을 설정함

20 ④

벡터(Vector) 방식은 일러스트레이터(Illustrator)나 코렐드로우(CorelDraw) 등으로 편집함

> 오답 피하기

포토샵이나 그림판은 비트맵 방식의 그림을 편집할 수 있음

2과목　스프레드시트 일반

21 ③

한 열에 숫자 입력 셀이 5개 있고, 텍스트 입력 셀이 3개 있는 경우 자동 필터는 셀의 수가 많은 '숫자 필터' 명령으로 표시됨

22 ①

> 오답 피하기

- ② : 데이터를 입력하는 도중에 입력을 취소하려면 Esc 를 누름
- ③ : 텍스트, 텍스트/숫자 조합은 셀에 입력하는 처음 몇 자가 해당 열의 기존 내용과 일치하면 자동으로 입력되지만 날짜, 시간 데이터는 자동으로 입력되지 않음
- ④ : 여러 셀에 동일한 데이터를 입력하려면 해당 셀을 범위로 지정하여 데이터를 입력한 후 Ctrl + Enter 를 누름

23 ②

머리글/바닥글은 [머리글/바닥글] 탭에서 설정함

24 ③

도넛형 차트 : 첫째 조각의 각 0~360도 회전 가능

25 ④
누적 세로 막대형 차트로 개별 요소를 전체적인 관점에서 비교할 때 사용함

오답 피하기

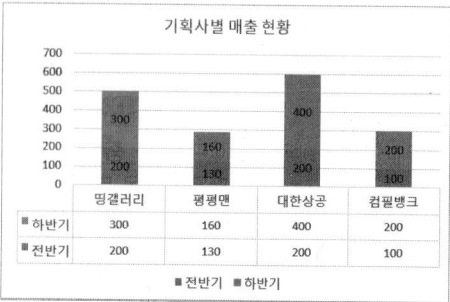

- ① : 레이블 내용으로 값이 표시되어 있음
- ② : 범례 표지를 포함한 데이터 테이블이 나타나도록 설정되어 있음
- ③ : 범례는 아래쪽으로 설정되어 있음

26 ②
텍스트 방향 : 텍스트 방향대로, 왼쪽에서 오른쪽, 오른쪽에서 왼쪽

27 ④
창 나누기의 경우에는 구분된 선을 마우스로 드래그하여 경계선을 이동할 수 있지만 틀 고정선은 마우스를 드래그하여 위치를 변경할 수 없음

28 ④
#VALUE! : 함수의 인수로 잘못된 값을 사용한 경우나 수치를 사용해야 할 장소에 다른 데이터를 사용한 경우

오답 피하기
- #DIV/0! : 0으로 나누기 연산을 시도한 경우
- #NUM! : 숫자가 필요한 곳에 잘못된 값을 지정한 경우
- #NAME? : 함수 이름이나 정의되지 않은 셀 이름을 사용한 경우

29 ②
데이터 표 : 워크시트에서 특정 데이터를 변화시켜 수식의 결과가 어떻게 변하는지 보여 주는 셀 범위를 데이터 표라고 함

오답 피하기
- 통합 : 하나 이상의 원본 영역을 지정하여 하나의 표로 데이터를 요약
- 부분합 : 워크시트에 있는 데이터를 일정한 기준으로 요약하여 통계 처리를 수행
- 시나리오 관리자 : 변경 요소가 많은 작업표에서 가상으로 수식이 참조하고 있는 셀의 값을 변화시켜 작업표의 결과를 예측하는 기능

30 ①
- PMT(PayMenT) 함수 : 정기적으로 지불하고 일정한 이자율이 적용되는 대출에 대해 매회 지급액을 구하는 함수
- PMT(이자율%/12, 기간(연*12), 현재 가치(대출금), 미래 가치, 납입 시점)
- 이자율%/12 : 5.5%/12
- 기간(연*12) : 2*12
- 현재 가치(대출금) : 10,000,000(불입액을 양수로 나오게 하기 위해 -10000000으로 입력함)
- 미래 가치(최종 불입액 후 잔액) : 생략하면 0
- 납입 시점 : 매월 말은 0 또는 생략, 1은 기초

31 ②
MDETERM 함수는 배열의 행렬식을 구하며, MINVERSE 함수가 배열의 역행렬을 산출함

32 ①
'새로운 값으로 대치'는 이미 부분합이 작성된 목록에서 이전 부분합을 지우고 현재 설정 대로 새로운 부분합을 작성하여 삽입하므로, 여러 함수를 이용하여 부분합을 작성하려면 두 번째부터 실행하는 [부분합] 대화 상자에서 '새로운 값으로 대치'의 선택을 해제해야 함

33 ③
소수점의 위치가 -2인 경우 1을 입력하면 결과는 100이 됨

오답 피하기
소수점의 위치가 2인 경우 1을 입력하면 결과는 0.01이 됨

34 ③
외부 액세스 데이터베이스에서 만들어진 데이터도 호환 가능함

35 ①
- 사원명이 두 글자인 사원을 필터링하기 위한 조건 : ="=??" → =??
- 조건을 =??로 나타내야 하므로 ="=??"처럼 " "안에 =를 하나 더 입력함
- ?는 한 글자를 의미하므로 두 글자의 경우 ??로 입력함
- 수식을 조건으로 하는 경우 필드명을 다르게 해야 함 : 실적조건
- 실적이 전체 실적의 평균을 초과하는 데이터를 검색 : =$B2>AVERAGE($B$2:$B$9) → FALSE

- 사원명이 두 글자이면서 실적 평균인 19,166,251을 초과하는 '이수, 30,500,000'이 필터링됨

36 ④
- =REPT(텍스트, 반복 횟수) : 텍스트를 지정된 횟수만큼 반복함
- =FREQUENCY(배열, 구간 배열) : 값의 범위 내에서 해당 값의 발생 빈도를 계산하여 세로 배열 형태로 나타냄

37 ③
별표(*), 물음표(?) 및 물결표(~) 등의 문자가 포함된 내용을 찾으려면 '찾을 내용'을 입력할 때 물결표(~) 뒤에 해당 문자를 붙여서 입력함 @ : ~*, ~?, ~~)

38 ①
Auto_Open 매크로 이름을 사용하면 파일을 열 때 특정 작업이 자동으로 수행됨

39 ③
간단하게 인쇄 : 테두리, 그래픽 등은 인쇄하지 않음

40 ③

Do While에서 조건이 no 〈 100이기 때문에 1부터 9까지의 합 45가 결과로 구해지며 1부터 10까지의 합을 구하기 위해서는 ①처럼 Do While no 〈= 10이 되어야 함

오답 피하기
- 반복 제어문 Do While ~ Loop와 Do ~ Loop While 명령 모두 조건이 no 〈= 10처럼 되어야 1부터 10까지의 합을 구함
- 반복 제어문 For ~ Next는 no = 1 To 10에 의해 1부터 10까지의 합이 구해짐

3과목 데이터베이스 일반

41 ②

GoToControl : 현재 폼이나 데이터시트에서 커서를 지정한 필드나 컨트롤로 이동시킴

오답 피하기
- GoToRecord : 열려 있는 테이블, 폼, 쿼리 결과 집합에서 지정한 레코드를 현재 레코드로 이동함
- SetValue : 폼, 폼 데이터시트, 보고서의 필드, 컨트롤, 속성값을 설정함
- RunCode : 프로시저 코드를 실행함

42 ①

Forms![A]![B].Visible : A 이름의 폼에 사용된 B 이름의 컨트롤을 보이거나 감춤

43 ③

일련번호 : 레코드 추가 시 자동으로 고유 번호를 부여할 때 사용함. 번호가 부여되면 변경하거나 삭제할 수 없음. 기본키를 설정하는 필드에서 주로 사용됨

44 ①

- ORDER BY : 검색 결과에 대한 정렬을 수행함
- ASC : 오름차순을 의미하며 생략하면 기본적으로 오름차순임
- DESC : 내림차순을 의미함
- ① : 'SELECT * FROM movie ORDER BY 영화명, 장르;'는 영화명, 장르 모두 정렬 방법이 생략되어 있으므로 오름차순으로 정렬됨

45 ②

입력이 가능한 숫자를 백만 원 이상(〉= 1000000), 오백만 원 이하(〈= 5000000)로 설정하기 위한 유효성 검사 규칙은 And를 사용함 → 〉= 1000000 And 〈= 5000000

46 ②

=DCount("[학번]","[학생]","[점수]>=60") : =DCount(인수, 도메인(테이블명이나 쿼리명), 조건식)으로 특정 레코드의 집합(도메인)의 레코드 개수를 계산함

47 ③

인덱스 삭제 시 인덱스만 제거되고 필드 자체는 제거되지 않음

48 ④

UPDATE 테이블 SET 필드명=수정 내용 WHERE 조건 : 테이블에서 조건에 맞는 필드의 해당 필드의 내용을 수정함

49 ②

- 개체–관계 모델 : 개체 타입과 이들 간의 관계 타입을 이용해 현실 세계를 개념적으로 표현한 방법
- ERD(Entity Relationship Diagram) : 개체–관계 모델에 의해 작성된 설계도로 개체, 속성, 관계, 링크 등으로 구성됨
- 개념적 설계 단계 : 현실 세계에 대한 추상적인 개념(정보 모델링)으로 표현하는 단계

오답 피하기
- 요구 조건 분석 단계 : 데이터베이스 사용자의 요구 사항 및 조건 등을 조사하여 요구 사항을 분석하는 단계
- 논리적 설계 단계 : 개념 세계를 데이터 모델링을 거쳐 논리적으로 표현하는 단계
- 물리적 설계 단계 : 컴퓨터 시스템의 저장 장치에 저장하기 위한 구조와 접근 방법 및 경로 등을 설계하는 단계

50 ④

④ : 새(빈) 레코드를 추가함

51 ①

'일대다' 관계일 때 하위 폼에는 '다'에 해당하는 데이터가 표시되며, 기본 폼에는 '일'에 해당하는 데이터가 표시됨

52 ③

레이블 컨트롤과 이미지 컨트롤은 탭 순서에서 제외되며, 탭 정지 속성이 지원되지 않음

53 ②

데이터베이스관리자(DBA) : 데이터베이스를 관리하는 책임자, 전체 시스템에 대한 권한을 행사하는 사람

오답 피하기
- 데이터 정의어(DDL : Data Definition Language) : 데이터 베이스 구조와 관계, 데이터 베이스이름 정의, 데이터 항목, 키 값의 고정, 데이터의 형과 한계 규정
- 데이터 조작어(DML : Data Manipulation Language) : 주 프로그램에 내장하여 데이터 베이스를 실질적으로 운영 및 조작, 데이터의 삽입, 삭제, 검색, 변경 연산 등의 처리를 위한 연산 집합
- 데이터 제어어(DCL : Data Control Language) : 데이터베이스를 공용하기 위하여 데이터 제어를 정의 및 기술, 데이터 보안, 무결성, 회복, 병행수행 등을 제어

54 ③

Format() : 숫자, 날짜, 시간, 텍스트의 표시 및 인쇄 방법을 사용자 지정

오답 피하기
- CIng(숫자) : 숫자 값을 Long형식으로 변환
- Val(문자열) : 숫자 형태의 문자열을 숫자값으로 변환
- DLookUp(인수, 도메인, 조건식) : 레코드 집합(도메인)의 특정 필드값을 구함

55 ②

- 정규화(Normalization) : 이상(Anomaly) 현상이 발생하지 않도록 하기 위한 것으로 관계형 데이터베이스를 설계할 때 데이터의 중복 최소화와 불일치를 방지하기 위해 릴레이션 스키마를 분해해 가는 과정
- 이상(Anomaly) 현상 : 관계형 데이터베이스의 릴레이션을 조작할 때 발생하는 현상으로 삽입 이상, 삭제 이상, 갱신 이상 등이 있음

56 ④

일련번호는 번호가 부여되면 변경하거나 삭제할 수 없으며 크기는 4바이트임

57 ③

- 유효성 검사 규칙 : 레코드, 필드, 컨트롤 등에 입력할 수 있는 데이터 요구 사항을 지정할 수 있는 속성 → ">20"
- 유효성 검사 테스트 : 유효성 검사 규칙에 위반하는 데이터를 입력할 때 표시할 오류 메시지를 지정할 수 있는 속성 → "숫자는 >20으로 입력합니다."
- 유효성 검사 테스트 메시지가 표시된 다음 값을 다시 입력해야 됨(20보다 큰 수를 입력)

58 ②

VBA 코드	의미
Dim i As Integer	i를 정수화(Integer) 변수로(As) 선언(Dim)함
Dim Num As Integer	Num을 정수화(Integer) 변수로(As) 선언(Dim)함
For i = 0 To 7 Step 2	For문에 의해 i 값을 0부터 7까지 2씩 증가(0, 2, 4, 6)하면서 반복함
Num = Num + i	Num(0)=Num(0)+i(0), Num(2)=Num(0)+i(2), Num(6)=Num(2)+i(4), Num(12)=Num(6)+i(6) → 마지막 Num에는 0+2+4+6의 결과 12가 저장됨
Next i	For문의 마지막을 의미함
MsgBox Str(Num)	Num 변수의 값을 문자열(Str) 형식으로 변환하여 표시(MsgBox)함

59 ④

4 MOD 2 → 결과값 : 0 (4를 2로 나눈 나머지를 구하므로 결과는 0이 됨)

오답 피하기

- ① : IIF(조건,참,거짓)에서 조건이 1 이상의 숫자일 경우 참으로 처리되므로 2가 결과값이 됨
- ② : 3번째에서 2개의 문자를 추출하므로 34가 결과값이 됨
- ③ : 문자를 연결하므로 "AB"가 결과값이 됨

60 ①

보고서의 그룹 바닥글 구역에 '=COUNT(*)'를 입력하면 Null 필드를 포함한 그룹별 레코드 개수를 출력할 수 있음

MEMO

자격증은 이기적!

합격입니다.

이기적 강의는 무조건 0원!
이기적 영진닷컴

공부하다가 궁금한 사항은?
이기적 스터디 카페